Três Livros de
Filosofia Oculta

Escritos por

Henrique Cornélio Agrippa
de Nettesheim

*Completamente anotado, com comentários modernos
da Foundation Book of Western Occultism*

Henrique Cornélio Agrippa
Compilação e Notas de
Donald Tyson

Três Livros de Filosofia Oculta

Escritos por

Henrique Cornélio Agrippa
de Nettesheim
Completamente anotado, com comentários modernos
da Foundation Book of Western Occultism

Tradutor:
Marcos Malvezzi

MADRAS®

Publicado originalmente em inglês sob o título *Three Books of Occult Philosophy*, escrito por Henry Cornelius Agrippa of Nettesheim, por Llewellyn Publications Woodbury, MN 55125 USA, www.llewellyn.com
© 1993, Donald Tyson.
Direitos de edição e tradução para todos os países de língua portuguesa.
Tradução autorizada do inglês.
© 2025, Madras Editora Ltda.

Editor:
Wagner Veneziani Costa (*in memoriam*)

Produção e Capa:
Equipe Técnica Madras

Tradução:
Marcos Malvezzi

Revisão:
Sérgio Scutto
Silvia Massimini Felix
Denise R. Camargo
Carolina Hidalgo Castelani

Dados Internacionais de Catalogação na Publicação (CIP)
(Câmara Brasileira do Livro, SP, Brasil)

Tyson, Donald
 Três livros de filosofia oculta/escritos por Henrique Cornélio Agrippa de Nettesheim; compilação e notas de Donald Tyson ; tradução Marcos Malvezzi. – São Paulo : Madras, 2025.
 Título original: Three books of occult philosophy.
 "Completamente anotado, com comentários
 modernos da Foundation Books of Western Occultism".
 Bibliografia
 ISBN 978-85-370-0380-0
 1. Magia - Obras anteriores a 1800 2. Ocultismo - Obras anteriores a 1900 I. Agrippa von Nettesheim, Heinrich Cornelius, 1486?-1535. II. Título.

08-06187 CDD-133

 Índices para catálogo sistemático:
 1. Filosofia oculta 133

Proibida a reprodução total ou parcial desta obra, de qualquer forma ou por qualquer meio eletrônico, mecânico, inclusive por meio de processos xerográficos, incluindo ainda o uso da internet, sem a permissão expressa da Madras Editora, na pessoa de seu editor (Lei nº 9.610, de 19.2.98).

Todos os direitos desta edição, em língua portuguesa, reservados pela

MADRAS EDITORA LTDA.
Rua Paulo Gonçalves, 88 – Santana
CEP: 02403-020 – São Paulo/SP
Tel.: (11) 2281-5555 — (11) 98128-7754
www.madras.com.br

Dedicatória

*À minha mãe,
Ida Tyson,
por seu apoio inabalável.*

Agradecimentos

Meus sinceros agradecimentos a todos os autores e editores que me permitiram usar citações de obras que ainda se encontram sob direitos autorais. Essas citações tornaram as notas muito mais vivas e úteis do que seriam sem elas. Agradeço pela autorização de usar extratos de:
The Odyssey of Homer (Odisseia, de Homero), traduzido por Richmond Lattimore. © 1965 Richmond Lattimore. Reimpresso por permissão da Harper Collins Publishers Inc.
The Illiad of Homer (Ilíada, de Homero), traduzido por Richmond Lattimore. © 1951 The University of Chicago. Reimpresso por permissão da University of Chicago Press.
Kabbalah, de Gershom Scholem. © 1974 Keter Publishing House Jerusalem Ltda. Reimpresso por permissão da Keter Publishing House.
The White Goddess, de Robert Graves. © 1948 e renovado © 1975 Robert Graves. Reimpresso por permissão da Farrar, Straus and Giroux, Inc.
Pharsalia, de Lucano, traduzido por Robert Graves. © 1961 Robert Graves. Reimpresso por permissão da A. P. Watt Ltd, nos interesses dos herdeiros de Robert Graves.
Ptolemy: Tetrabiblos, traduzido por F. E. Robbins. Reimpresso por permissão da The Loeb Classical Library, Harvard University Press, 1940.
Mathematics Useful for Understanding Plato, de Theon de Smyrna, traduzido por Robert e Deborah Lawlor. © 1978 Wizards Bookshelf. Reimpresso por permissão da Wizards Bookshelf.
Shamanism: Archaic Techniques of Ecstacy, de Mircea Eliade, traduzido por Willard R. Trask. Bollingen Series LXXVI. © 1964 Princeton University Press. Reimpresso por permissão da Princeton University Press.
Eleusis and the Eleusinian Mysteries, de George E. Mylonas. © 1961 Princeton University Press. Reimpresso por permissão da Princeton University Press.
The Survival of the Pagan Gods: The Mythological Tradition and Its Place in Renaissance Humanism and Art, de Jean Seznec, traduzido por Barbara F. Sessions. Bollingen Series XXXVIII. © 1953 Princeton University Press. Reimpresso por permissão da Princeton University Press.

Ancient Astrology Theory and Practice por *Firmicus Maternus*, traduzido por Jean Rhys Bram. © 1975 Jean Rhys Bram. Reimpresso por permissão da Noyes Press.

The Letters of the Younger Pliny, traduzido por Betty Radice. © 1963 Betty Radice. Reimpresso por permissão da Penguin Books Ltd.

The Early History of Rome, de Tito Lívio, traduzido por Aubrey de Selincourt. © 1960 Patrimônio de Aubrey de Selincourt. Reimpresso por permissão da Penguin Books Ltd.

The Voyage of Argo, de Apolônio de Rhodes, traduzido por E. V. Rieu. © 1959, 1971 E. V. Rieu. Reimpresso por permissão da Penguin Books Ltd.

The Conquest of Gaul, de César, traduzido por S. A. Handford. © 1951 Patrimônio de S. A. Handford. Reimpresso por permissão da Penguin Books Ltd.

Hesiod and Theognis, traduzido por Dorothea Wender. © 1973 Dorothea Wender. Reimpresso por permissão da Penguin Books Ltd.

The History of Magic and Experimental Science, de Lynn Thorndike. 8 volumes. Volumes I-IV © 1934; volumes V-VI © 1941; volumes VII e VIII © 1958. Reimpresso por permissão da Columbia University Press.

Índice

Ao leitor, por Donald Tyson 11
A vida de Agrippa 13
A respeito da *Filosofia Oculta* 45
Nota sobre o texto 50

Três Livros de Filosofia Oculta
Um encômio dos três livros de Cornélio Agrippa, cavaleiro, por
    Eugenius Philalethes 53
    A vida de Henrique Cornélio Agrippa, cavaleiro 55
    Ao leitor 57
    Ao R.P.D. Johannes Trithemius, abade de São Tiago
    nos subúrbios de Herbipolis 59
    Johannes Trithemius, abade de São Tiago de Herbipolis 63
    Ao reverendo padre em Cristo e ilustríssimo príncipe Hermano,
    conde de Wyda 65
    Leitor judicioso! 67
    A meu honorável, e não menos douto amigo, Robert Childe,
doutor em física 69
Livro I 71
Livro II 343
Livro III 583
Ao reverendo Padre e Doutor de Divindade Aurélio de Aquapendente,
frade agostiniano; Henrique Cornélio Agrippa manda saudações 866
Para o mesmo homem 868
Henrique Cornélio Agrippa envia saudações a um certo amigo
da Corte do Rei 870
A censura, ou retratação de Henrique Cornélio Agrippa, acerca da
magia, após sua declamação da vaidade das ciências, e da excelência da palavra de Deus da magia em geral 876
Da Magia Natural 877
Da Magia Matemática 880
Da Magia de Encantamento 881
De goetia e necromancia 884

9

Da teurgia 889
Da Cabala 891
De ilusionismo e prestidigitação 897
Apêndice I
Tábua de Esmeralda 901
Tábua de Esmeralda de Hermes Trismegisto 904
Apêndice II
A Alma do Mundo 906
Apêndice III
Os elementos 914
Apêndice IV
Os humores 926
Apêndice V
Quadrados mágicos 931
Apêndice VI
As *Sephiroth* 953
Apêndice VII
Cabala Prática 964
Apêndice VIII
Geomancia 977
Dicionário biográfico 991
Dicionário geográfico 1058
Índice de citações bíblicas 1072
Bibliografia 1082

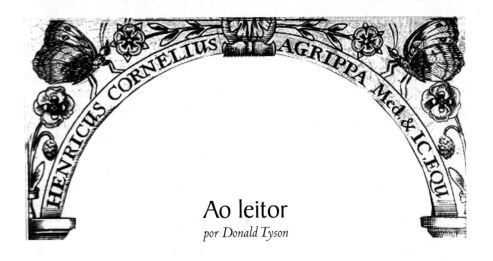

Ao leitor
por Donald Tyson

Editar e anotar os *Três Livros de Filosofia Oculta* foi uma tarefa monumental. Foi necessário reconstruir e redesenhar, ou pelo menos realizar emendas em todas as tabelas e ilustrações, geralmente sem orientação, uma vez que os erros da edição em inglês foram transcritos de seu modelo em latim. Obras modernas como *O Mago*, de Barrett, não ajudaram nesse sentido, pois elas apenas traziam os mesmos erros. Felizmente, examinando a lógica interior das estruturas, foi possível corrigi-las, talvez pela primeira vez nos 500 anos da história da obra.

Todos os nomes e ervas farmacológicas, pedras mágicas, lugares obscuros ou esquecidos e autoridades há muito falecidas tiveram sua origem localizada e verificada, sempre que possível. Alguns nomes foram inevitavelmente corrompidos, ou encontrados em obras que só existem em manuscrito ou em raras cópias em latim ou grego. Às vezes, não há informação suficiente para se determinar de que autoria Agrippa está citando. Outras vezes, Agrippa refere-se a obras que não existem mais, embora seja difícil saber ao certo, já que existem nas bibliotecas europeias muitos manuscritos que até os estudiosos ignoram.

Para a compilação das notas, eu tentei primeiro citar as próprias fontes que Agrippa tinha a seu dispor enquanto escrevia; depois, dei preferência a obras clássicas a que ele devia ter acesso; em seguida, a obras contemporâneas de Agrippa, que ilustram sua época; e por fim, a obras modernas, que contribuem com algumas informações úteis.

Dentro de minhas melhores possibilidades, procurei e, portanto, cito referências de páginas exatas àquelas obras citadas ou aludidas no texto. Quando as citações de Agrippa são obscuras ou incompletas, cito a mesma obra nas notas para efeito de comparação. Meu objetivo foi colocar neste volume que o leitor tem em mãos o material de referência usado por Agrippa, tanto quanto poderia ser comprimido em um espaço pequeno, e fazer referência devida àquelas fontes que não poderiam, ou não precisavam, ser citadas nas notas. Meu propósito em incluir tão copiosas notas é que o leitor sério possa considerar o texto dentro do contexto de suas alusões clássicas, sem o trabalho cansativo e vexatório de pesquisar as referências.

Algumas omissões foram inevitáveis. Não foi possível, com o tempo e os recursos que me eram disponíveis, determinar e verificar a origem de todas as centenas de fontes de Agrippa. O leitor pode ter certeza de que não foi por falta de tentativa, e, se ele tiver alguma dúvida, a mesma dúvida deve ter aparecido na mente do editor, que achou impossível resolvê-la.

Há tantos vultos clássicos, semimíticos e históricos mencionados que considerei útil compilá-los no fim do livro e apresentar uma curta biografia de cada um. Nessas sínteses biográficas, tentei abordar os assuntos que levam Agrippa a mencionar seus nomes. Do mesmo modo, as numerosas referências a lugares obscuros no mundo antigo foram identificadas, examinadas com relação à menção de Agrippa e localizadas no mapa – algo que o editor crê que o leitor só compreenderá se tentar localizar tais lugares usando os Atlas convencionais.

Os apêndices foram incluídos para iluminar tópicos importantes que Agrippa apenas abordou de modo superficial, como a Alma do Mundo, os elementos, os humores, geomancia, a doutrina hebraica esotérica das emanações, e outros. No apêndice V, os quadrados e selos mágicos, bem como os sigilos relacionados de seus espíritos, são explicados e devidamente representados, talvez pela primeira vez. O uso desses sigilos é praticamente universal no ocultismo moderno, mas os erros são copiados porque aqueles que os usam transmitem-nos sem saber o que significam ou como fazê-los. Esse apêndice justifica muito a compra deste livro para quem tem um interesse profundo na magia ocidental.

De fato, tantos erros passados na tradição ocultista ocidental há séculos são corrigidos aqui pela primeira vez que nenhum verdadeiro estudante da Arte pode se dar ao luxo de não ter este livro. Não estou me gabando – é simplesmente um fato. Essas correções devem ser mencionadas, mas tentei indicar as mais importantes nas notas.

O editor não tem a pretensão de ser onisciente. Em muitas ocasiões, senti uma falta profunda do latim, do grego e do hebraico. Parte de minha análise astrológica é conjetural, pois estou longe de ser um especialista em Astrologia antiga. É muito improvável que as informações fornecidas nas notas não contenham nenhum erro. Peço perdão por quaisquer incorreções que possam ter passado para o texto, erros que lamento tanto quanto o leitor.

Apesar do grande trabalho que me deu este livro, valorizo cada minuto passado nele, pois me deu o que espero dar ao leitor sério – o equivalente a um grau universitário em magia da Renascença. Essa, desconfio eu, era a intenção de Agrippa. Ele leva o leitor de um tema a outro, de uma autoridade clássica a outra, até que um cabedal de conhecimentos se acumule, abrangendo todo o escopo do ocultismo neoclássico e hebraico, como era compreendido no fim da Idade Média. Agrippa sabia que nunca seria capaz de compilar toda a literatura da magia em um único volume, por isso indicou o caminho. O leitor lucrará enormemente se seguir sua direção.

A vida de Agrippa

enrique Cornélio Agrippa de Nettesheim nasceu em 14 de setembro de 1486, na cidade alemã de Colônia. Sobre sua família, os Von Nettesheim eram pequenos nobres que tinham servido na casa real da Áustria por várias gerações. Quando Agrippa nasceu, seu pai ainda estava engajado nesse serviço, e o próprio Agrippa menciona em suas cartas (epístola 18, livro 6; epístola 21, l. 7)* que quando menino aspirava a nada mais nobre que assistir o novo imperador alemão Maximiliano I, que sucedera a seu pai em 1493, o imperador Frederico III, quando Agrippa tinha 7 anos.

O nome Agrippa era incomum naquela época. Há duas explicações possíveis para isso. Aulo Célio (*Noctes Atticae* 16.16) diz que a palavra "agrippa" foi cunhada pelos romanos para indicar uma criança que nascesse virada e a dificuldade vivida pela mãe nesse tipo de parto. Assim era usado o termo pelos romanos, e há evidência do mesmo uso em épocas posteriores pelos estudiosos europeus e membros da nobreza, ansiosos para demonstrar sua sapiência clássica. O nome pode ter sido dado ao bebê von Nettesheim para celebrar o modo como nascera.

A outra possibilidade envolve a cidade de Colônia, que se erguia na região do principal povoado dos Ubii chamado Oppidum (ou Civitas Ubiorum). A esposa do imperador Cláudio, Agrippina, nasceu nesse local, e por causa dela foi estabelecida, no ano 51, uma colônia na localidade chamada Colônia Agrippina, ou Agrippinesis, em homenagem a ela. Os habitantes eram chamados de agrippinenses. Nettesheim, ou Nettersheim, era uma pequena aldeia a cerca de 40 quilômetros a sudoeste de Colônia; mas foi Colônia que serviu de residência para a família Von Nettesheim quando ela não se encontrava presente na corte imperial. Como era costume os nomes indicarem o local de origem, talvez Agrippa significasse de fato Colônia, o verdadeiro lar da família.

Agrippa tirou a primeira e a última parte de seu nome – quase sou inclinado a dizer a metade alemã – e

---

* Todas as referências às cartas são do volume 2 da *Ópera* latina publicada em Lion.

em seus escritos refere-se a si mesmo como Cornélio Agrippa.

Quando garoto, Agrippa exibia um intelecto precoce e se tornou o assunto da cidade quando se recusou a falar qualquer língua além do latim. Seu talento para línguas era apoiado por uma memória extraordinariamente retentora. É provável que os estudos desse filho de uma família nobre destinada à corte imperial fossem supervisionados, pelo menos de modo indireto, pelo arcebispo de Colônia.

O próprio Agrippa confessa em uma carta (epístola 23, l, l) que desde muito jovem ele era dominado por uma curiosidade pelos mistérios. Esse interesse pelas coisas secretas pode ter sido romantizado e exagerado pela sombra histórica do grande estudioso do oculto e célebre mestre da magia Alberto Magno (1193-1280), que ensinava Filosofia em Colônia, cidade onde também foi sepultado. Ele escreve a Teodorico, bispo de Cirene, que um dos primeiros livros de magia que estudou foi *Speculum*, de Alberto.

Devia ser fácil para um jovem corajoso e rico adquirir os grimórios de magia em um centro comercial e escolástico tão prolífero.

Em 22 de julho de 1499, ele se matriculou na faculdade de Artes da Universidade de Colônia sob Petrus Capitis de Dunnen e, em 14 de março de 1502, recebeu a licenciatura. Seus outros títulos formais são considerados incertos, mas não parecem improváveis. Agrippa afirmava possuir doutorado em Direito Canônico e Civil, bem como em Medicina, mas as datas e os lugares em que tais doutorados foram obtidos ainda são motivo de especulação.

Agrippa escreve (epístola 21, l. 7) que serviu ao imperador Maximiliano I como secretário, depois como soldado. Os eventos iniciais de sua vida na corte são obscuros. Ele era o tipo de jovem que devia agradar ao intelectual e fisicamente audacioso Maximiliano. Aos 20 anos, ele aparece na Universidade de Paris, ostensivamente como estudante, mas talvez na realidade fosse um espião diplomático e instrumento para as contínuas intrigas do imperador. As habilidades linguísticas de Agrippa, sua perspicácia e sua inabalável lealdade faziam dele a escolha perfeita para tal missão.

Em Paris, Agrippa reuniu à sua volta, como faria com frequência em anos vindouros, um grupo de estudiosos empenhados em pesquisar os mistérios ocultos. Foi em meio a esse grupo que se urdiu a incrível trama que tanto influenciaria sua vida, mais tarde. Um de seus colegas estudantes, o espanhol Juanetin de Gerona (ou, na forma latinizada, Ianotus Bascus de Charona), tinha sido expulso do distrito de Tarragona por uma revolta de camponeses. Foi decidido que ele retornaria ao poder em Tarragona, e, por gratidão, aliou-se a Maximiliano I contra seu próprio rei, Fernão da Espanha, tornando-se, na prática, um traidor. Os detalhes completos da trama não são conhecidos, e só com dificuldade imaginados – a política do período era incrivelmente cheia de reviravoltas. O seguinte relato da aventura escrita por Molley, *Life of Agrippa*, é conjetural, e nenhum biógrafo depois dele pôde determinar com certeza a geografia do episódio.

Agrippa escreveu para um amigo na corte, que de bom grado encorajou a intriga (epístola 4, l. 1), mas não se sabe com clareza se o próprio imperador sabia. O ponto central da trama era um plano audacioso para a tomada do Forte Negro (Fuerto Negro), que se situava em um lugar muito alto, de onde se via a cidade de Tarragona. Ele deveria ser guardado até que chegassem reforços para abafar o levante local catalão. O forte não podia ser tomado por meio de um ataque direto, mas sim por subterfúgio, com um grupo liderado por Agrippa e outros. Agrippa foi o cérebro e o principal perpetrador de toda a operação.

Pouco antes da tentativa de tomada, que ocorreu no verão de 1508, Agrippa tinha grandes dúvidas quanto ao valor de seus colegas conspiradores e à lealdade dos cortesãos de Maximiliano, que estavam ansiosos demais para jogar um deles aos lobos da fortuna ao menor sinal de fraqueza. Talvez ainda mais constrangedores para um jovem de honra imaculada fossem os métodos empregados: "Só com uma consciência deturpada poder-se-ia querer continuar com tão cruéis artifícios, que afinal de contas estão mais próximos de crime que de bravura, e tudo em nome de um príncipe mal-intencionado que nos expõe ao ódio universal, provando-se totalmente ímpio e louco" (epístola 5, l. 1).

Como Agrippa e seu pequeno bando de conspiradores tomaram a fortaleza inexpugnável, erguida em um passado obscuro pelos celtas? É tentador especular que o uso da magia foi aplicado, uma vez que ela era uma parte central da vida intelectual de Agrippa, na época. A tomada do forte provavelmente continha um elemento em comum com a prestidigitação em palcos – quando o truque é conhecido, o espectador tende a vê-lo com desprezo por causa de sua simplicidade. Sequestros, subornos, mentiras – é impossível saber as ações do plano. De alguma forma, Agrippa e seus homens ganharam o comando completo de Fuerto Negro.

Após terem capturado o forte, não se sabe se os conspiradores tinham alguma ideia do que fazer com ele. Agrippa foi enviado com um pequeno contingente para guarnecer a casa de Gerona em Villarodona, uma cidadezinha na província de Tarragona. Gerona, por sua vez, partiu para Barcelona para buscar assistência, mas foi capturado no caminho pelos rebeldes. Depois de muitos dias de angustiada espera, sem uma notícia da volta dele, Agrippa foi informado da captura de Gerona e de que a casa logo estaria sitiada. Era impossível defender a casa com tão poucos homens contra um contingente grande e determinado. Por prudência, Agrippa decidiu abandoná-la e se transferiu para uma torre de pedra a cinco quilômetros dali, quase totalmente cercada de água e muito mais fácil de fortificar.

Mal ele tinha se assentado entre as muralhas, o exército de camponeses o atacou. Mas Agrippa tinha feito uma boa escolha. Os camponeses obstinados se prepararam para um cerco longo, determinados a capturar "o alemão", como chamavam Agrippa, culpando suas artes negras pelo massacre da guarnição de Fuerto Negro. Passaram-se semanas. Era necessário levar uma mensagem para fora do local sitiado, para que fosse possível uma fuga através do pântano e do lago que ficavam atrás da torre, mas isso não poderia ser feito por meios convencionais.

Agrippa teve então a ideia de disfarçar o filho do guardião da torre; e o plano funcionou tão bem que o garoto conseguiu sair da torre e retornar com uma resposta do arcebispo de Tarragona, que se opunha à causa dos rebeldes, sem jamais ter sido desafiado. Na escuridão da noite, o grupo sitiado desceu da torre por trás e esperou até a manhã de 14 de agosto de 1508, quando, às 9h, dois barcos de pesca atravessaram o lago, transportando-os em segurança.

Para os camponeses, essa fuga – tão audaciosa e inesperada – deve ter parecido mais que natural. Ela sustentava a lenda do poder profano de Agrippa, que na época começava a criar raízes.

Um Agrippa desmoralizado parece ter lavado as mãos de uma vez por todas, tanto da intriga não resolvida em Tarragona quanto de todas as maquinações políticas em geral. Depois de passar nove ou dez dias na segurança da abadia, em 24 de agosto de 1508, ele partiu para ver e conhecer mais do mundo, enquanto ao mesmo tempo procurava notícias de seus companheiros espalhados. Ele não tinha pressa em voltar para a corte de Maximiliano. Na verdade, sua opinião a respeito do serviço à corte nunca se recuperou do efeito decepcionante do incidente em Tarragona.

Ele viajou primeiro a Barcelona, depois a Valença, onde conheceu o astrólogo Camparatus Saracenus, um discípulo de Zacutus. Vendeu seus cavalos e embarcou para a Itália, parando nas ilhas Baleares e na Sardenha, depois em Nápoles. De lá, ele singrou para a França. O tempo todo continuou escrevendo cartas e indagando acerca do destino dos membros de seu círculo de Paris. Em Avignon, ele foi obrigado a parar um pouco para obter dinheiro, pois as viagens tinham exaurido seus recursos financeiros. Em uma carta, ele expressou seu desejo de mais uma vez poder contar com seus companheiros de Paris: "Nada mais resta, depois de tantos perigos, que insistirmos em encontrar nossos irmãos combatentes e nos absolver dos juramentos de nossa confederação para que recuperemos nosso velho estado de companheirismo e o mantenhamos intacto" (epístola 9, l. 1).

Pouca dúvida há de que o círculo de Paris era mais que apenas um casamento político de conveniência. Era uma irmandade oculta de homens jovens atraídos por Agrippa graças ao seu conhecimento e entusiasmo pelos mistérios da magia e da religião. Embora o termo "rosa-cruz" nada signifique antes do surgimento de um panfleto publicado em Cassel, Alemanha, em 1614, o grupo de aspirantes de Agrippa pode ser visto como um protótipo desse movimento. Para Agrippa, a magia era a mais nobre e sagrada das disciplinas, capaz de transformar a alma. Ele certamente teria comunicado essa crença a seus seguidores, e nunca teria tolerado nada menos que reverência pelo estudo das artes mágicas.

Era um tempo de intenso debate e estudos dos mistérios para Agrippa. Mesmo quando seus amigos não podiam estar com ele, indicavam outros com semelhante interesse como potenciais membros da irmandade: "O portador destas cartas", escreve um amigo a Agrippa, "é alemão, nativo de Nuremberg, mas residente atual de Lion; e é um inquiridor curioso dos mistérios ocultos, um homem livre, em nada impedido, que, impelido não sei por quais rumores sobre você, deseja sondar sua profundidade" (epístola 11, l. 1).

Quando os meios financeiros permitiram, Agrippa foi a Lion, onde seus amigos o aguardavam, e prosseguiu com seus estudos, que naquela época provavelmente se concentravam em aprender hebraico e a cabala das obras de Johannes Reuchlin: *De verbo mirifico*, publicadas na Alemanha em 1494, bem como a gramática e o dicionário de hebraico de Reuchlin, publicados em 1506. Reuchlin teve uma influência enorme, naqueles dias, em mentes como Erasmo e Lutero. Seus escritos determinaram o tom filosófico da Reforma.

Com 23 anos de idade, Agrippa desfrutava o auge da era de ouro de sua maturidade intelectual. Ele já tinha compilado as notas para sua *Filosofia oculta*. Transbordando com a sabedoria de Reuchlin, ele decidiu dar uma série de palestras a respeito do *Mundo mirífico* no verão de 1509 na universidade de Dole. As aulas eram gratuitas e dadas ao público geral, em homenagem à princesa Margaret, filha do imperador Maximiliano I. Ela tinha 29 anos e fora nomeada pelo pai governadora da Holanda, de Borgonha e Charolais, tornando-se mestra de Dole. A princesa era renomada por seu incentivo ao aprendizado e, mais importante sob o ponto de vista de Agrippa, por sua generosidade para com as artes e as letras. Agrippa achou prudente iniciar a série de palestras com um panegírico da princesa Margaret. Um amigo providenciou para que uma cópia do tributo chegasse à corte dela.

Embora Agrippa não pudesse saber disso, aquele foi o período mais promissor e talvez mais feliz de sua vida. Suas aulas eram recebidas com as maiores aclamações. A universidade lhe conferiu o título de professor de teologia e um estipêndio. Vinham homens de lugares distantes apenas para conversar com ele a respeito de assuntos arcanos.

Para solidificar os favores da princesa Margaret, Agrippa escreveu em 1509 *De nobilitate et praecelletia faeminei sexus* (A nobreza do sexo feminino e a superioridade das mulheres sobre os homens). O texto contém sentimentos que enalteceriam Agrippa aos olhos das feministas de hoje:

> ... a tirania dos homens prevalecendo sobre as leis e os direitos divinos da natureza destrói pela lei a liberdade das mulheres, abole-a pelo uso e costume, extingue-a pela educação. Pois a mulher, assim que nasce, fica detida em casa, no ócio, e como se fosse destituída da capacidade para ocupações maiores, nada mais pode conceber além da agulha e da linha. E, então, quando chega aos anos da puberdade, é entregue ao ciumento império de um homem ou trancafiada para sempre entre as vestais. A lei também proíbe que ela ocupe cargos públicos. Nem a prudência lhe dá o direito de se pronunciar em tribunais abertos (Citado por Morley, 1856, 1: 109).

Também em 1509 e no início de 1510, Agrippa escreveu a primeira versão dos *Três Livros de Filosofia Oculta*, que enviou para ser lida e comentada ao abade Johannes Trithemius, de São Tiago em Wurtzburg. Ex-abade do mosteiro beneditino de São Martinho em Sponheim (ou Spanheim), em outubro de 1506, ele tinha se tornado chefe da abadia de São Tiago em Wurtzburg. Segundo Henry Morley, Agrippa conheceu Trithemius quando retornou da Espanha (Morley 1:214).

A respeito da *Filosofia Oculta*, escreve Frances A. Yates: "A obra foi dedicada a Trithemius, que sem dúvida exerceu importante influência nos estudos de Agrippa" (Yates 1983, 38). Embora eu não possa provar, com base nas informações que compilei acerca da vida de Agrippa, creio que tal afirmação subestima o caso. O tom das cartas entre o abade e Agrippa, a natureza dos escritos de Trithemius, o fato de ele ter deixado alguns desses escritos a Agrippa quando morreu e a harmonia existente entre as ideias dos dois homens levam-me a acreditar que Trithemius era o mestre místico e professor de Agrippa, particularmente na área de magia que lidava com a invocação de espíritos. Eu não me surpreenderia se descobrisse que os dois se correspondiam, e até já tinham se conhecido, antes de 1508, talvez quando o jovem Agrippa ainda morava em Colônia. Quando seu interesse prematuro pela magia começou a despertar, ter-lhe-ia sido natural procurar o reconhecido mestre de sua arte em Spanheim. É preciso deixar claro que tudo isso é apenas conjetura de minha parte.

Foi mais ou menos nessa época que a sorte de Agrippa começou a mudar para pior. Se ele tivesse sido menos honesto e de mente nobre, poderia ter previsto tal mudança. O líder dos monges franciscanos na Borgonha, João Catilinet, foi escolhido para fazer os sermões da Quaresma em 1510, diante da princesa Margaret, em Ghent. Ele escolheu como tema as palestras sobre Reuchlin feitas em Dole e atacou tanto as ideias quanto o jovem e entusiasta expoente como ímpios. Margaret era uma cristã devota. A opinião que ela formara de Agrippa, a distância, ficou envenenada. Naquele século, era sempre perigoso defender os judeus diante da Igreja conservadora, que ainda os culpava pela crucificação de Cristo.

Se Margaret leu o panegírico a ela, não se sabe – foi enviado a sua corte, mas isso não significa que ela o viu. A princesa ainda não tinha lido o tratado de Agrippa *Sobre a preeminência das mulheres*, que só seria publicado em 1532. A publicação foi postergada por tanto tempo por causa da opinião desfavorável criada na mente de Margaret a respeito de Agrippa pelo monge franciscano. Se ela o tivesse lido, as audaciosas ideias contidas na obra poderiam ter aplacado sua hostilidade, mas isso não aconteceu. Agrippa perdera, pelo menos no momento, a patronagem de quem ele buscara mais que de qualquer outro.

Contra a vontade, ele se viu forçado a se afastar do caminho de um estudioso e retornar ao do diplomata na corte de Maximiliano. No fim do verão ou início do outono de 1510, foi enviado como embaixador para a corte de Henry VIII em Londres. Agrippa se instalou na cidade de Stepney, perto de Londres, na casa de Colet, decano da Igreja de Saint Paul. Lá, quando não estava ocupado com seus deveres da corte – que pareciam consistir em bailes de máscara, torneios, luta livre e outras diversões –, ele encontrou um espírito congenial e se dedicou a um sério estudo das Epístolas de São Paulo, sob a orientação do bom decano.

Foi nesse período, creio, que Agrippa começou a mesclar seu entusiasmo por magia e pelo estudos do oculto com um fervor cada vez maior pelas verdades do Cristianismo. Sempre fora devoto, mas o *glamour* da magia tinha feito as virtudes de sua fé cristã parecerem fracas, em comparação. Agora, com o exemplo de um verdadeiro cristão, o decano Colet, sempre por perto, Agrippa começava a reavaliar os ensinamentos de Cristo. A paixão própria de sua natureza provocou, pelo menos por algum tempo, uma repulsa pelas crenças pagãs que até pouco tempo antes ele considerava sacratíssimas. A ambivalência entre os ensinamentos cristãos e pagãos persistiria até o fim de sua vida.

Durante sua visita à Inglaterra, ele deve ter visitado Stonehenge, ou algum outro sítio neolítico, pois menciona "pilhas de pedra, que vi na Inglaterra, ajuntadas por meio de alguma incrível arte" (*Filosofia oculta*, 2.1). Na casa do decano Colet, ele escreveu *Expostulação acerca do mundo mirífico*, endereçando-a a João Catilinet, provavelmente sem muito efeito. O tom do texto não despertaria no monge franciscano uma disposição para perdoar, como este breve extrato demonstra:

> Mas você, a quem eu era totalmente desconhecido, que nunca assistiu a nenhuma de minhas aulas e nunca me ouviu em lugar algum falando em conversas particulares desses assuntos – que, pelo que eu saiba, jamais me viu –, ousou pronunciar contra mim uma opinião injusta, que seria melhor se fosse omitida, e assim deveria de fato ter sido; pois não só tal opinião é falsa, mas também não é digno de um homem religioso disseminar entre as sérias e sagradas comunidades cristãs tamanha calúnia e injúria, ato que não condiz com o ofício divino de um pastor (Citado por Morley 1:244).

Há motivos para se acreditar que Agrippa esteve em alguma missão secreta na Inglaterra. Ele fala de "muito secreto propósito" (*Opera* 2.596). Tal ideia não era improvável, se nos lembrarmos das constantes intrigas de Maximiliano. Morley especula que a tarefa de Agrippa era plantar as sementes da discórdia na mente do rei Henry contra o papa Júlio II (Morley 1:229), mas penso que Maximiliano não era tão ingênuo a ponto de acreditar que Henry se deixasse abalar pelas palavras de um jovem diplomata alemão, em um assunto tão sério – a menos que Maximiliano esperasse que Agrippa fosse apelar para as artes negras para influenciar a mente do rei.

Em 1511, Agrippa voltou a Colônia. Deu uma série de palestras chamadas *Quodlibetal* a respeito de vários assuntos da divindade na Universidade de Colônia, indicando que seu coração ainda batia forte pelos interesses escolásticos. Mais ou menos nessa época, a fúria dos teólogos ortodoxos contra Reuchlin e os judeus estava atingindo seu ápice fanático em Colônia. Livros judaicos eram ajuntados e queimados aos montes. Com certeza, Agrippa devia ter muito material para debates calorosos.

É uma surpresa, portanto, que na primavera ou início do verão de 1511 ele tenha entrado no serviço militar. Talvez a honra o tenha levado a oferecer sua espada. Ou talvez tivesse algum outro plano – ele escreve para um amigo (epístola 30, l. 1) sobre a possibilidade de conseguir para ambos um título de professor na universidade italiana de Pavia. Mas, naquele momento, tudo não passou de um sonho. A tarefa imediata do capitão Agrippa era levar mil peças de ouro de Trento para o acampamento militar de Maximiliano em Verona. E isso ele fez sem incidentes.

De seu outro serviço militar nas guerras italianas pouco se sabe, exceto que Agrippa foi um soldado muito infeliz. Ele escreve: "Estive por vários anos sob o comando do imperador, e por minha decisão, um soldado. Segui o acampamento do imperador e do rei [francês]: em muitos conflitos, minha ajuda foi prestimosa: diante de meu rosto passava a morte, e eu segui o menestrel da morte, com a mão direita imersa em sangue, a esquerda dividindo os espólios: meu estômago estava farto da presa, e meus pés trilhavam por cima dos cadáveres dos abatidos: e, assim, acabei me esquecendo de minha honra mais íntima, envolvendo-me 15 vezes na sombra tartárea" (epístola 19, l. 2).

Em 1511, ou talvez no ano seguinte, ele recebeu o título de cavaleiro no campo. Não se sabe que serviço ou façanha armada gerou tal recompensa.

Naquela época, as guerras eram eventos sazonais. No fim do verão de 1511, Agrippa foi escolhido para atuar como teólogo no Concílio de Pisa, realizado pelo rei Luís XII da França e pelo imperador Maximiliano I da Alemanha, com o objetivo ostensivo de reformar abusos eclesiásticos, mas cujo verdadeiro intento era desafiar a autoridade do papa Júlio II. Agrippa era uma escolha natural para representar a Alemanha, pois já se encontrava na Itália (um destino não muito apreciado para os bispos alemães naquele ano de guerra) e era bem conhecido como hábil orador. Junto a outros que compareceram ao Concílio, ele arriscou ser excomungado. Aproveitou-se da ocasião para falar de Platão na Universidade de Pisa. Quando o Concílio foi transferido para Milão, Agrippa retornou ao serviço militar, não muito perturbado pela ordem de excomunhão declarada contra ele e seus colegas membros do Concílio.

A sorte do papa Júlio melhorou no fim de 1511, e Maximiliano achou prudente abandonar Luís e se aliar a Henry VIII, que estava se preparando para invadir a França. Agrippa se recusou a abandonar os soldados que tinham lutado ao lado dele por tantos meses. Ele permaneceu na Itália com um pequeno contingente de soldados alemães e lutou com os franceses contra os exércitos suíços e venezianos do papa em Pisa, aguardando uma ordem específica do imperador para que saísse da Itália antes de abandoná-los. Nada havia de traiçoeira nessa decisão. Fora Maximiliano quem ferira a própria honra, não Agrippa.

Perto do dia 1º de julho de 1512, Agrippa foi feito prisioneiro perto de Pavia pelos suíços, junto a um contingente de cerca de 300 soldados alemães.

Ele obteve a liberdade, talvez com a ajuda de seu novo patrono, William Palaeologus, o marquês de Monferrat. No fim de novembro, ele se engajou formalmente a serviço do marquês, o que podia fazer sem problemas, uma vez que os objetivos do marquês condiziam com os do imperador Maximiliano, e se instalou na cidade principal de Monferrat, Casale.

Em fevereiro de 1513, quando o idoso Júlio II morreu, o novo papa, Leão X, enviou uma carta a Agrippa por meio de seu secretário revogando sua excomunhão. As exigências militares a Agrippa eram esporádicas. Ele tinha se tornado capitão de uma tropa de soldados, sob o comando de Maximiliano Sforza, o novo duque de Milão, mas as lutas foram poucas. Durante os dois anos seguintes, serviu a seus mestres mais na condição de diplomata do que como soldado.

No verão de 1515, com a bênção de seu patrono Monferrat, Agrippa deu uma série de palestras sobre o *Pymander* de Hermes Trismegisto na Universidade de Pavia, das quais só resta hoje a oração introdutória. De acordo com Morley, elas foram tão aplaudidas que a universidade conferiu a ele doutorado em Divindade, Direito e Medicina.

Deve ter sido nesse período em Pavia que Agrippa se casou pela primeira vez, com uma mulher natural da cidade. Morley, que confunde a primeira mulher de Agrippa com a segunda, diz que ela nascera em Genebra e desposou Agrippa em sua viagem da Itália à França em 1509; mas Nauert, que parece estar mais bem informado, afirma com convicção que a primeira mulher de Agrippa, cujo nome não menciona,

era de uma família nobre de Pavia, e que a mais antiga menção do casamento aparece em uma carta datada de 24 de novembro de 1515 (ver epístola 48, l. 1). Embora não se fale muito dela, é evidente que Agrippa a amava muito.

Sua felicidade nessa fase da vida pode ser imaginada. Seguro de um patrono fiel, fazendo o trabalho que ele mais amava, abençoado com uma esposa adorável e dois filhos, um menino e uma menina, sem a perspectiva imediata de serviço militar, aquele foi um período de ouro, doce e amargo em sua brevidade. Anos depois, Agrippa escreveria a respeito de sua mulher:

> Dou graças inumeráveis ao Deus onipotente, que me uniu a uma esposa de acordo com meu coração; uma donzela nobre e de boas maneiras, jovem, bela, que vive em perfeita harmonia com todos os meus hábitos, que nunca me dirige uma palavra de repreensão, motivo por qual me considero o mais feliz de todos os homens; por mais que mude nossa situação, em prosperidade e adversidade, ela é sempre gentil comigo, sempre afável, constante; justa na opinião e sábia nos conselhos, sempre dona de si (Epístola 19, l. 2).

Alguns homens parecem destinados a nunca ter paz e segurança duradouras. No mesmo ano em que Agrippa ganhava fama por suas palestras em Pavia, Luís XII da França faleceu. Seu sucessor, Francisco I, invadiu Milão. Mais uma vez, Agrippa foi obrigado, contra sua vontade, a vestir o uniforme de soldado em defesa de seu novo mestre, Maximiliano Sforza. Na batalha de Marignano, ocorrida em 14 de setembro de 1515, as forças suíças e italianas de Maximiliano com Agrippa foram derrotadas pelos reforços franceses e venezianos. Em Pavia, o poder passou para os franceses. Agrippa descobriu que não poderia mais dar aulas na universidade. Seu pagamento militar acabou.

O estado de espírito de Agrippa é claramente demonstrado por esta carta:

> Ou por nossa impiedade, ou pela influência dos corpos celestes, ou ainda pela providência de Deus, que tudo governa, uma grande praga de armas, ou pestilência de soldados, espalha-se por toda parte, de modo que não se pode viver com segurança nem nas cavernas das montanhas. Para onde, pergunto, nesse tempo de suspeitas, irei com minha mulher e filho e família, uma vez que o lar e os bens da casa nos foram tirados em Pavia, e fomos espoliados de quase tudo o que possuíamos, exceto algumas coisas que se salvaram. Meu espírito está combalido e meu coração se perturba em meu peito, porque o inimigo persegue minha alma e humilha minha esposa. Penso em minha substância perdida, no dinheiro gasto, no estipêndio perdido, na nossa falta de renda, na exorbitância de tudo e no futuro que ameaça vir com mais males que o presente; e louvo antes os mortos que os vivos, tampouco encontro alguém que me console. Mas, voltando-me para mim mesmo, vejo que a sabedoria é mais forte que tudo e digo, Senhor, quem sou eu para que te apercebas de mim, ou para que tenhas misericórdia de mim? (Epístola 49, l. 1).

Para retribuir ao marquês por seu contínuo apoio durante aqueles perigosos e tortuosos períodos políticos, Agrippa dedicou-lhe duas de suas obras: *Diálogo sobre o homem* e *Caminho triplo para conhecer Deus*. O primeiro não existe mais.

Em 1516, ele morou com a família em Casale, sob a tutela do marquês, enquanto seus amigos faziam os maiores esforços para encontrar-lhe um local e uma renda. Para ocupar o tempo, ele dava aulas de Teologia na Universidade de Turim. Provavelmente, concentravam-se essas aulas nas epístolas de São Paulo, a que Agrippa tanto estudo dedicou durante sua permanência na Inglaterra. Por fim, no verão de 1517, Agrippa entrou para a corte do duque de Savoy, Carlos III, chamado de O Gentil, que era meio-irmão de Filiberto, o falecido marido de Margaret da Áustria. Embora não tivesse treino nem experiência na medicina prática, ele serviu como médico da corte. Monferrat tinha vínculos estreitos com a casa ducal de Savoy. Nessa época, a Alemanha e a França viviam em paz.

Não se pode evitar o pensamento de que, diante do rudimentar estado da Medicina do período, Agrippa, com sua prática mentalidade alemã e vasto conhecimento de magia natural, seria um médico melhor que muitos os que haviam sido treinados na profissão desde a infância. Em alguns sentidos, ele lembra seu contemporâneo Paracelso. Impaciente com as platitudes aceitas, ele tentava desvendar a verdade viva do passado, por meio de textos antigos, e do futuro a partir de experimentos. Mas Agrippa apreciava a prática de aplicar sanguessugas. Foi a necessidade que o levou a se autorrepresentar como curandeiro.

Um de seus amigos não via com bons olhos o novo cargo de Agrippa, e escreveu expressando sua insatisfação em termos que se revelariam proféticos. De sua posição na corte de Savoy, ele registrou:

> Não a elogio; seu pagamento será baixo, e você o receberá no dia do juízo. Enviei várias cartas ao governador de Grenole, pela mão do sobrinho dele, e espero logo obter uma resposta; depois do quê, se você me permitir, providenciarei tudo. Enquanto isso, veja para que o duque de Savoy não feche o seu caminho para uma boa sorte maior (Epístola 5, l. 2).

Por que Agrippa não comunicou sua situação a seu pai nem voltou com a família para Colônia? Foi o orgulho que o impedira de escrever. Uma vez que fora à Itália para ganhar a vida, não suportava a ideia de voltar arrasado, implorando caridade. Seus amigos e parentes em Colônia não receberam notícias dele durante esse período e imaginaram que teria sido morto nas guerras italianas.

Embora Agrippa trabalhasse como médico para o duque de Savoy no verão e até o outono de 1517, ele não foi pago. O duque ainda não tinha determinado o salário adequado. Pode-se supor que Agrippa ganhava o pão de cada dia ao tratar pacientes por conta própria, fazendo o trabalho de um estudioso, escrevendo cartas, elaborando documentos legais, e assim por diante. No fim de novembro, o duque finalmente estipulou o pagamento pelos serviços de Agrippa. Era tão baixo que Agrippa não só recusou o cargo, como também nem tocou no pagamento retroativo pelos meses que já tinha trabalhado e ao qual tinha direito.

Felizmente, aparecera uma vaga para ele de orador e advogado na cidade alemã de Metz. Fortalecido por essa boa notícia, Agrippa por fim foi capaz de reconciliar o orgulho com a vergonha e retornou a Colônia com a família para garantir a seus pais que estava prosperando. Para sua surpresa, descobriu que todos estavam de luto por ele, acreditando que teria morrido nas mãos dos franceses em Pavia.

Após uma visita de vários meses aos pais, ele foi com esposa e filho assumir seus deveres oficiais em Metz. Sua filha, que na época devia ser ainda bebê, não é mencionada, mas com certeza deve ter ido junto. Ao chegar, Agrippa se apresentou diante dos magistrados de Metz. Seu breve discurso a eles, que exalta a cidade de Metz e explica sobre si mesmo, ainda existe. Ainda existem também três discursos que ele escreveu depois, durante o período de sua posição oficial. São documentos oficiais, porém prosaicos.

Sem dúvida, Agrippa teve mais prazer em escrever um tratado *Sobre o pecado original*, que completou alguns meses após se instalar em Metz em 1518. Provavelmente, escreveu sua obra curta, *De geomancia*, em meio à estada na cidade – pelo menos foram encontrados seus papéis lá. Por volta dessa época, Teodorico, bispo de Cirene, escreveu pedindo a Agrippa uma receita contra a peste. Ele respondeu com o breve tratado *Antídotos mais seguros contra a peste*. O texto mostra que ele teria sido um bom médico. A melhor proteção, diz ele, é sair da cidade até a peste acabar. Se você não puder sair, sua residência e suas roupas devem ser purificadas com o calor e a fumaça de um fogo ardente. É bom lavar as mãos e o rosto com frequência em vinagre e água de rosa, e sufumigar a casa com arruda batida em vinagre, inalando o vapor e deixando-o passar por todo o corpo e pelas roupas. Muitos dos outros remédios que ele menciona seriam inúteis, mas esses, ao menos, funcionam.

Agrippa viajou de Metz a Colônia em 1518, provavelmente para ficar ao lado de seu pai doente. Quando voltou a Metz, recebeu uma carta de sua mãe informando-o da morte do pai. Ele ficou muito abalado:

> Entristece-me muito, e só encontro um conforto para essa dor: que devemos aceitar as determinações divinas; pois sei que Deus dá aos homens dádivas, nem sempre agradáveis, e com frequência até de adversidade, mas sempre nos auxilia aqui, ou na pátria celestial. Pois Deus age de acordo com Sua própria natureza, Sua essência, que é integralmente boa; portanto, Ele nada determina que não seja bom e salutar. Entretanto, essa é minha natureza humana: entristecer-me com veemência, e as profundezas de meu ser se agitam (Epístola 19, l. 2).

A morte de seu pai, a mais pessoal de todas as mortes, pode ter impulsionado Agrippa pelo caminho que tinha começado a seguir enquanto estava na casa do decano Colet, na Inglaterra: o estudo sério e dirigido da Teologia. O tema aparece com maior frequência em suas cartas. Em 1519, ele começou a desfrutar o prazer de jantar com seu amigo, o padre Claudius Deodatus (Nauert o menciona como Claude Dieudonne), no mosteiro celestino, local em que se envolvia em conversas a respeito do estado do homem antes da Queda, a queda dos anjos e outros tópicos extraordinários. Ele não fazia a menor questão de esconder sua admiração por Martinho Lutero, que estava começando a atrair a atenção por se colocar contra a corrupção na Igreja. O próprio padre Claudius se reunia frequentemente com ele para estudar as obras de Erasmo e Faber d'Etaples.

Apesar de toda a sua coragem, inteligência e eloquência, Agrippa tinha a inocência de uma criança. Ele não parecia desconfiar que os fios que vinha tecendo por toda a sua vida estavam conspirando para formar o nó que lhe seria passado em volta do pescoço. Como ele amava a verdade, acreditava que todos os outros homens a receberiam com os braços abertos. Como era um homem honorável, esperava honra dos outros. Como seus pensamentos voavam livres para onde quisessem ir, ele de fato acreditava que os outros homens lhe agradeceriam por lhes revelar sua servidão intelectual e ignorância.

Todos os assuntos que tinham interessado a alma de Agrippa desde a infância eram proibidos pela Igreja. Magia, filosofia grega, a cabala dos judeus, Hermes Trismegisto eram o mais puro veneno para o papa e seus bispos. Ora, Agrippa abriu seu coração, que buscava a verdade para adotar as primeiras ideias de reforma! Uma reação era inevitável.

Uma carta a Agrippa de seu discípulo, o padre Claudius, revela que as nuvens escuras estavam se formando:

Suas conclusões eu copiei com as próprias mãos em horas furtadas (pois sou ocupado demais, e quase não tenho horários de folga); não me atreveria a delegar essa tarefa a pessoa alguma, porque nossos irmãos são grosseiros e idiotas, perseguindo por inveja todos os que amam a boa literatura. Eles depreciam, e não pouco, o mestre Jacques Faber, também você e a mim; alguns chegaram a me atacar com insultos nada pequenos. Por isso, achei melhor esconder suas conclusões, para que o ódio deles não aumente (Epístola 24, l. 2).

O prior do mosteiro celestino, Claudius Salini, após interrogar o padre Claudius Deodatus acerca de suas frequentes e demoradas visitas à casa de Agrippa, ficou convencido de que Agrippa estava ensinando heresia e proibiu o monge de vê-lo. Havia pouca coisa que o pequeno Salini podia fazer contra ele, de modo direto. Mas os moinhos dos boatos estavam girando e soprando uma brisa nefasta. Devemos nos lembrar de que Metz não era uma cidade com a mente voltada para a reforma. Ela tinha perseguido os judeus com grande crueldade e resistido às ideias de Lutero com igual ferocidade.

Agrippa teve a infeliz ideia de entrar em debate com um dos diáconos da cidade, Nicolas Roscius, a respeito das visões de Faber d'Etaples. Faber, um monge que na época tinha 83 anos de idade, havia expressado a opinião aparentemente inócua de que a lenda de Santa Ana, mãe da Virgem Maria, segundo a qual ela teria tido três maridos e três filhas com o nome de Maria, não era verdadeira. Sua obra *Upon Three and One** era o tema de debate. Agrippa reforçou sua imprudência concordando, de modo casual, que aquela discussão informal devia ser submetida a juízes independentes para ser julgada.

Tendo de viajar a trabalho, quando voltou a Metz, Agrippa descobriu que três padres tinham se constituído juízes na disputa, que adquirira vida própria, e do púlpito o denunciavam da maneira mais violenta. Agrippa descreve as manobras do prior Salini, "que pregava contra ele vociferando, com gestos de efeito, com as mãos abertas para depois se fecharem dramaticamente de novo, rangendo os dentes, espumando, cuspindo, batendo os pés, pulando, esbofeteando o próprio rosto, arrancando os cabelos e roendo as unhas" (da carta de Agrippa em defesa da obra de Faber d'Etaples, citada por Morley 2:45).

Foi nesse ponto que Agrippa deixou de ver Metz como a cidade de seu futuro e começou a desejar com fervor que ela já fosse a cidade de seu passado. A invectiva dos padres não produziu nada diretamente, mas as sementes haviam sido plantadas. Em setembro de 1519, quando Agrippa escreveu a Faber d'Etaples elogiando seu trabalho e lhe enviou sua defesa das doutrinas do idoso monge, Faber respondeu com o excelente conselho: "Na minha opinião, mais feliz é quem não contesta do que quem contesta. Se possível, aja de um modo que não ofenda Deus nem seu próximo" (talvez Epístola 29, l. 2 – Morley não é claro

---

* N. T.: Título em inglês no original.

nessa referência). Em outra carta, Faber alerta Agrippa para não atrair a mesma censura que assediou Reuchlin. Mas era tarde demais.

O clima filosófico de Metz pode ser inferido a partir das referências esparsas nas cartas. Quando um amigo de Agrippa entrou em conflito com a Igreja e saiu da cidade de repente, Agrippa escreveu: "Eu sei, e você pode acreditar, com certeza, que tudo estará bem se você ficar em segurança e liberdade longe daqui. O que mais lhe desejo duvido que posso registrar por escrito em uma carta" (Epístola 36, l. 2). Agrippa pede a seu amigo que lhe providencie uma cópia das obras de Martinho Lutero. Em outra carta, ele escreve: "Apego-me a essa cidade, pregado por não sei qual prego: mas apego-me a tal ponto que não consigo decidir se devo ir ou ficar. Nunca estive em um lugar do qual me sinto mais disposto a sair (submetendo-me a você) do que dessa cidade de Metz, a madrasta de toda a erudição e virtude" (Epístola 33, l. 2). Ele alerta outro amigo: "Quando eu partir, quando eles não tiverem mais de se preocupar comigo, deverão se preocupar com você, meu amigo" (Epístola 44, l. 2).

Nesse período crítico, quando Agrippa estava sob suspeita e ataque de todos os setores oficiais, ocorreu um evento que seria um pivô em sua vida. Uma camponesa do vilarejo de Vuoypy (Nauert escreve Woippy), a noroeste de Metz, cuja mãe morrera na fogueira como bruxa, também foi acusada de bruxaria. Um grupo de camponeses invadiu sua casa, pegou-a à força e trancafiou-a em uma prisão rudimentar. Oito acusadores a levaram a Metz para o julgamento. Lá, ouviram o conselho do inquisidor de Metz, Nicolas Savin, enquanto o caso foi adiado por dois dias. Para cair nas graças do inquisidor, eles lhe deram ovos, manteiga e bolos; o juiz que ia ouvir o caso recebeu peças de ouro.

Agrippa ficou horrorizado diante da natureza nada convencional de tais procedimentos. Ele se ofereceu para defender os direitos legais da mulher, mas foi acusado por Savin de favorecer uma herege (até então, nenhum julgamento fora feito) e foi expulso da sala do tribunal. Sem que ele soubesse, Savin mandou os acusadores levarem a mulher de volta à prisão em Vuoypy. Lá, o juiz, João Leonardo, ouviu o caso em companhia do inquisidor, embora estivesse fora de sua jurisdição e os julgamentos duplos fossem ilegais. O marido da acusada foi impedido de vê-la por medo de que ele levantasse uma objeção ou recorresse do processo.

Usando o infame *Malleus Maleficarum*, de Heinrich Kramer e James Sprenger, publicado pela primeira vez em 1486, como guia, Savin supervisionou a tortura da mulher, em uma tentativa de extrair uma confissão. Tão horrorizados ficaram os magistrados e os homens nomeados como interrogadores que saíram do local, deixando a camponesa sozinha com o inquisidor e o carrasco. A tortura foi reforçada sem testemunhas. A acusada foi surrada, ficou sem comida e água e foi atirada em um calabouço descrito como "imundo" de acordo com os modestos padrões da época.

Seu fim parecia certo. De repente, porém, algo estranho aconteceu, quase sobrenatural. O corrupto juiz Leonardo adoeceu e, em seu leito de morte, sua consciência foi assombrada pelos tormentos da pobre mulher. Ele solicitou a libertação dela e escreveu a Savin dizendo estar plenamente convencido de que ela era inocente. Savin se recusou a soltá-la. Como o juiz se dera ao trabalho de recorrer a ele, ele considerava aquilo uma prova de que o caso estava em sua jurisdição.

Agrippa estava decidido a não deixar a mulher ser executada. Com essa atitude, ele estava apenas sendo fiel ao seu ofício e dever, embora soubesse que isso acabaria levando à sua ruína. Mas a força motivadora por trás da defesa oferecida era sua reverência pela verdade. Ele achava intolerável que uma besta em forma humana como Savin fizesse pouco caso de toda lei, justiça e processo legal, sem pagar por isso.

Ao juiz apontado como substituto pelo falecido João Leonardo, Agrippa enviou esta carta, que merece ser reproduzida na íntegra:

> O senhor viu nestes últimos dias, homem honradíssimo, pelos atos em si, aqueles artigos ímpios de uma informação absolutamente injusta, por meio da qual o irmão Nicolas Savin, do convento dominicano, inquisidor de hereges, cometeu a fraude de arrastar para o matadouro essa mulher inocente, contrariando a consciência cristã, a bondade fraterna, o costume sacerdotal, a profissão por ele exercida, a forma das leis e dos cânones: e também, como homem ímpio, expôs a mesma mulher, de maneira perversa e errada, a enormes e atrozes tormentos: pelo qual conquistou para si um nome de crueldade que jamais morrerá, conforme testificou o senhor oficial João Leonardo, seu predecessor já falecido, em seu leito de morte: e os próprios senhores do capítulo conhecem o fato, abominando-o. Entre aqueles artigos de acusação, um e o primeiro é que a mãe da referida mulher foi condenada à fogueira por bruxaria. Considero esse homem impertinente, intrusivo e incompetente para exercer a função judicial nesse caso; mas antes que o senhor seja iludido por falsos profetas que afirmam ser Cristo, e são na verdade o Anticristo, eu rogo à sua reverência que me preste ajuda e dê atenção a uma conversa que teve comigo, a respeito da posição desse artigo, pelo supracitado irmão sedento de sangue. Pois ele afirmou, prepotente, que o fato era decisivo no mais alto grau, suficiente para que se usasse a tortura; e não sem base, ele afirmou tal coisa de acordo com o conhecimento de sua seita, que ele deriva das profundezas do *Malleus Maleficarum* e dos princípios da teologia peripatética, dizendo: "Deve ser assim, porque é costume das bruxas, desde o princípio, sacrificar seus bebês aos demônios, e além disso" (disse ele), "geralmente seus bebês são o fruto de relações com íncubos. Assim, em seus filhos, por hereditariedade, habita o mal." Ó sofismo egrégio! É assim que praticamos a Teologia nestes dias? Essas falsidades nos levam a torturar mulheres inofensivas? Não há nenhuma graça no batismo, nenhuma eficácia na ordem dos padres: "Sai, espírito impuro, e dá lugar ao Espírito Santo", se, porque um pai ou mãe ímpios foram sacrificados, os filhos devem ser entregues ao Diabo? Quem quiser que acredite nessa ideia de que os íncubos podem gerar filhos na carne. Qual é o fruto dessa posição impossível, se

admitida, senão que, de acordo com a heresia dos faustianos e donatistas, o resultado obtido é um mal maior? Mas, falando como um dos fiéis, o que importa se alguém for filho de um íncubo, que mal há em ter sido oferecido, como bebê, ao Diabo? Não somos todos, por natureza de nossa humanidade, nascidos com pecado, maldição e perdição eterna, filhos do Diabo, filhos da ira Divina e herdeiros da danação até que pela graça do batismo Satanás é expulso, e nós nos tornamos novas criaturas em Jesus Cristo, de quem ninguém pode ser separado, exceto por sua própria ofensa. O senhor vê agora o valor dessa posição como um pedido de julgamento, hostil à lei, que é perigoso de receber, escandaloso de propor. Adeus, e evite ou expulse esse irmão blasfemo. Escrita esta manhã na cidade de Metz (Epístola 39, l. 2).

Tão persistente, e tão lúcido foi Agrippa, que o inquisidor caiu em descrédito e foi tirado do caso. A mulher acusada recebeu absolvição do vigário da igreja de Metz. Seus acusadores foram multados em 100 francos por uma acusação injusta.

Era o fim da carreira de Agrippa em Metz, e ele sabia disso. Não bastava ele ter defendido posições que eram consideradas heréticas e desafiado a vontade dos dominicanos, agora tinha zombado do inquisidor deles e abalado, ainda que por pouco tempo, sua autoridade absoluta, que se baseava no terror. As pessoas evitavam Agrippa nas ruas, temendo ser vistas na companhia dele. Cedendo ao inevitável, ele se demitiu do cargo. No fim de janeiro de 1520, voltou com sua esposa e seu jovem filho – sua filha tinha morrido e sido enterrada em Metz – a Colônia, praticamente expulso de Metz, com os lobos em seus calcanhares.

Mais uma vez, Agrippa desfrutaria a relativa segurança de sua hereditariedade, que a família partilhava com sua mãe e irmã. A Universidade de Colônia não era receptiva às suas opiniões, mas muita gente na cidade pensava como ele. Ecos de Metz continuavam chegando-lhe aos ouvidos. Um amigo, Jehan Rogier, a quem Agrippa costuma se referir como Brennonius, escreveu que o inquisidor Savin tinha conseguido atirar uma velha senhora à fogueira, acusando-a de bruxaria, e iniciado uma enlouquecida caça às bruxas. Por toda Metz e nas regiões vizinhas, mulheres eram aprisionadas. Por mim, o bom senso prevaleceu, e elas foram libertadas. A camponesa cuja vida Agrippa salvara, à custa de sua carreira, sabia que Brennon era amigo de Agrippa e continuava lhe mandando ovos e manteiga de presente, só por esse motivo (Epístola 53, l. 2).

Brennon deveria visitar Agrippa em Colônia perto da Páscoa de 1520, levando consigo um manuscrito que tinha guardado, com o título de *De variis admirandisque animae humanae naturis* (Da variada e admirável natureza da alma humana), do autor não identificado Marcus Damascenus. A visita foi adiada, e não se sabe ao certo se Brennon foi de fato a Colônia, mas de qualquer forma ele enviou o manuscrito a Agrippa, que em 1523 ainda estava planejando editá-lo. É desse documento que ele faz reverência a Damascenus na *Filosofia oculta* (l. 1, capítulos 58 e 65). Nessa época, uma parte dos escritos do abade Trithemius, morto havia pouco tempo, chegou às mãos de Agrippa, e ele ansiava por discutir tais textos com Brennon.

No começo de 1521, a mulher de Agrippa morreu após sofrer de uma longa e dolorosa doença. Bem nessa época, ele estava tentando voltar a Metz para esclarecer algumas pendências após sua saída apressada daquela cidade. Se sua mulher o acompanhou na viagem e morreu no caminho, ou se Agrippa levou o corpo dela a Metz para ser enterrado ao lado de sua filha ainda bebê, não se sabe com certeza. De qualquer forma, ela foi sepultada na Igreja da Santa Cruz, em Metz, pelo cura da igreja, o amigo de Agrippa, Jehan Rogier Brennonnius.

Com esse vínculo rompido, Agrippa levou o filho para Genebra para ganhar a vida como médico. Ficou lá por quase dois anos. Genebra era uma cidade onde ele podia expressar seus pensamentos livremente. Ele acompanhava com grande interesse o progresso de Martinho Lutero. Em 20 de setembro de 1522, escreveu a um amigo pedindo que lhe arrumasse uma cópia do ataque contra Lutero, escrito por Henry VIII da Inglaterra, junto a outra obra, dizendo: "Custem quanto custar, eu pagarei ao portador no ato". Tal afirmação sugere não só seu interesse fervoroso, mas também que ele não estava sem recursos.

Todo esse tempo, Agrippa continuava procurando uma posição na corte do duque de Savoy, cuja porta mais uma vez se abria. Ele não podia saber que estava correndo atrás de uma sombra. Enquanto aguardava em Genebra, casou-se pela segunda vez, agora com uma jovem suíça de 19 anos de família nobre, mas sem posses, chamada Jana Loysa Tytia. Por fim, quando não aguentava mais ficar à toa em Genebra esperando uma decisão firme do duque de Savoy, Agrippa aceitou o emprego de médico na cidade de Friburgo em outubro de 1522.

Ele deixou Aymon, seu segundo filho com a segunda esposa, com o abade Bonmont, em Genebra, e viajou com a esposa à cidade suíça de Friburgo no início de 1523. Bonmont era o padrinho de Aymon e cuidou da educação inicial do menino. Ele também tinha conexões em Friburgo e ajudou Agrippa a ser bem recebido. Bonmont escreveu a Agrippa pouco depois de sua chegada à cidade: "Quanto ao nosso filhinho Aymon, digo-lhe que não precisa se preocupar com ele, pois o tenho como um filho, e não pouparia esforços nem trabalho para cuidar da boa formação do menino, fazendo dele um homem" (Epístola 39, l. 3).

Agrippa encontrou felicidade em Friburgo. Lá, era respeitado como um estudioso pensador progressista, o que acontecia de um modo geral em toda a Suíça. Seus deveres consistiam não só na Medicina, mas também em auxiliar os magistrados da cidade, e com frequência contavam com ele em questões políticas.

Como costuma acontecer na vida, quando ele não tinha necessidade de emprego, as ofertas começavam a aparecer. Ele recusou uma posição com o duque de Bourbon; mas, quando lhe propuseram o cargo de médico da corte da rainha mãe da França, Louise de Savoy, ele sucumbiu à tentação. Seu pagamento em Friburgo era baixo – o que os cidadãos suíços não proporcionavam em moeda, compensavam em respeito. Mas Agrippa não podia garantir o futuro de sua nova família só com elogios. Ele já tinha 38 anos. Sua mulher lhe dera dois filhos e estava grávida pela terceira vez. Talvez ele estivesse naquela idade pragmática em que não podia mais recusar a perspectiva de segurança financeira. Em março ou abril de 1524, deixou Friburgo, relutante, e viajou para Lion, na França. No início de maio, instalou-se em Lion com a esposa e os dois filhos.

A rainha mãe era uma católica de mentalidade tacanha, totalmente contrária às reformas de Martinho Lutero. Além disso, era parcimoniosa e avara ao ponto da criminalidade. Quatros anos antes, ela tinha feito um desfalque de 400 mil coroas destinadas ao pagamento de mercenários suíços, contribuindo para a expulsão dos franceses da Itália. Tampouco era uma mulher de perdoar facilmente. Tudo isso Agrippa foi descobrindo aos poucos, para sua tristeza. Mas, nos primeiros meses de sua estada em Lion, ele tinha esperança à sua frente.

Deve ter sido por volta dessa época que escreveu seu *Comentário da Ars Brevis* de Raymond Lully. Estava estudando Lully, Cabala e Astrologia, e logo criou um círculo de amigos literários ao seu redor, enquanto esperava em Lion.

No fim de julho de 1525, sua esposa deu à luz um terceiro filho, o quarto de Agrippa. Sua única filha pela segunda mulher morrera quando era bebê. O rei Francisco fora derrotado pelo duque de Bourbon e aprisionado na Espanha, o que tornava Louise a regente da França, em sua ausência. No fim de agosto, ela viajou à Espanha para visitar seu filho, deixando Agrippa ainda em Lion, apegando-o às promessas efêmeras de seus cortesãos.

Com muito tempo livre, ele compôs o tratado *De Sacramento Matrimonii Declamatio*, provavelmente escrito como um tributo pessoal à sua primeira esposa. No tratado, ele defende o casamento por amor, como um vínculo eterno:

> Quem desposa uma única mulher, que a trate com um amor inviolável e constante atenção até o último momento da vida dela; que pai, mãe, filhos, irmãos e irmãs cedam lugar a ela: que todo o círculo de amizades ceda lugar à boa vontade estabelecida entre homem e mulher. Que, em verdade, assim seja; pois pai, mãe, filhos, irmãos, irmãs, parentes e amigos são dádivas da natureza e da sorte; marido e mulher são um mistério de Deus (citado por Morley 2:89).

Talvez esperando algum reconhecimento, Agrippa dedicou seu tratado do casamento à irmã do rei da França, Margaret de Valois, que em breve seria mais conhecida como Margaret de Navarro. Ela é lembrada como autora de uma coleção de contos ribaldos chamada de *Heptameron*, ainda lida hoje – um feito notável para uma mulher da nobreza francesa do século XVI. Qualquer pessoa que leia *Heptameron* perceberá logo que sua moralidade duvidosa não combina com os preceitos rígidos de Agrippa acerca do casamento. Ela deve ter considerado o presente dele uma censura indireta a seu estilo de vida. Em reconhecimento pela dedicatória, ela mandou a Agrippa a quantia de 30 peças de ouro, mas jamais o recebeu em seu círculo de amizades.

Anos mais tarde, os sentimentos exprimidos no tratado induziriam a rainha da Inglaterra, Catherine de Aragão, a pedir a Agrippa que viesse para a Inglaterra e a defendesse contra o divórcio exigido por Henry VIII. Contudo, naqueles anos tardios de sua vida, Agrippa desistira de confiar em rainhas, e não desejava antagonizar outro rei – e não atendeu ao pedido dela.

A espera em Lion começava a fazê-lo apertar seus recursos a ponto de exaustão. Haviam-lhe prometido dinheiro, mas ele não conseguia arrancar nada do tesoureiro da rainha mãe, Barguyn. Uma carta escrita a João Chapelain, um dos médicos do rei, pedindo que ele interviesse com Louise, revela o estado de espírito de Agrippa: "Vá até ela, aperte-a, segure-a, peça-lhe, rogue-lhe, exija dela, atormente-a: faça orações, apelos, reclamações, suspire, chore e faça tudo o que mexe com as pessoas" (Epístola 6, l. 4). Ele ri da própria desgraça, mas não há um tom histérico nesse riso.

Uma carta mais séria deixa clara sua posição desafortunada:

> Sua carta, escrita no dia 29 de junho, meu caríssimo Chapelain, eu recebi em 7 de julho, e soube por meio dela que nosso amigo Barguyn mencionou o pagamento de meu salário a um Antony Bullion, de Lion. Se Barguyn me quisesse bem, como você diz na carta, e desejasse que meu dinheiro me fosse pago, ele não teria me encaminhado a Antony, que ele sabe, não está aqui, mas sim no Martinho de Troyes, conforme arranjado, ou a algum outro, ou residente aqui ou de passagem pela cidade. No dia em que eu recebi sua carta, fui com M. Aimar de Beuajolois, um juiz, homem educado e um de meus melhores amigos aqui, e tive certa dificuldade para me encontrar com Thomas Bullion, o irmão de Antony; ele não chegou a negar que tivesse ordens para me pagar, mas disse que a ordem era esta: ele me pagaria se pudesse – se sobrasse algum dinheiro com ele. Por fim, ele disse que consultaria novamente suas instruções, e que eu teria uma resposta na manhã seguinte. No dia seguinte, portanto, quando ansiosamente procuramos várias vezes o homem, ele se escondeu em casa, fingindo não estar, até bem tarde da noite, quando saímos, tendo criado grande intimidade com sua porta. No dia seguinte, porém, o referido juiz se encontra com ele, pergunta a meu respeito e o pressiona: ele responde que irá à minha casa para tratar do estipêndio; e com essa mentira, preparando-se para fugir, montou em seu cavalo e foi embora, como se disse, para se juntar à corte. Veja como brincam conosco! Pense como estou cercado de tristezas por todos os lados – dores, de fato, maiores e mais incessantes do que me dou ao trabalho de escrever. Não tenho um amigo aqui para me ajudar; todos me consolam com palavras vazias; e o meu título na corte, que deveria me trazer honra e lucro, piora minha amargura, acrescentando contra mim inveja e menosprezo. Ainda no suspense dessa contínua esperança, até agora nenhum mensageiro me diz se devo ficar neste lugar ou desistir; aqui, portanto, vivo com minha grande família como um peregrino em uma caravana, e na mais cara de todas as cidades, sob a carga de enormes despesas, sujeito a perdas nada pequenas. Você escreve dizendo que a rainha, um dia, atenderá ao meu

pedido; mas que ela é sempre vagarosa – vagarosa inclusive com suas questões. E se, nesse meio tempo, eu perecer? De fato, uma fortuna tão lenta não pode me salvar, por mais poderosa que seja essa deusa. Talvez você diga que deveria fazer algum sacrifício a ela – um carneiro, um touro, e dos mais gordos – para que suas asas cresçam e ela voe com maior rapidez ao meu encontro. Mas minha falta de tudo é tão extrema que não posso providenciar um bolo ou sequer uma pitada de incenso (Epístola 25, l. 4).

Agrippa fazia qualquer tipo de trabalho que aparecesse para poder sustentar a família, enquanto as dívidas se acumulavam. Um cortesão lhe pediu uma previsão astrológica. Ele o atendeu, mas não deixou dúvidas quanto à sua opinião sobre aqueles que deixavam suas ações ser determinadas pelo curso dos astros:

Por que nos damos ao trabalho de saber se a vida e o destino do homem dependem dos astros? Não é a Deus, que os fez e fez o firmamento, e que não erra nem se engana, que deveríamos deixar essas coisas – satisfeitos, por sermos homens, em alcançar o que estiver ao nosso alcance, ou seja, o conhecimento humano? Mas como somos também cristãos e acreditamos em Cristo, confiemos a Deus nosso Pai as horas e os momentos que estão em Suas mãos. E se essas coisas não dependem dos astros, então os astrólogos, de fato, seguem um caminho vão. Mas a raça dos homens, tão tímida, está mais disposta a ouvir fábulas de fantasmas e acreditar em coisas que não existem do que nas coisas que existem. Portanto, ansiosos demais em sua cegueira, eles se apressam em aprender segredos do futuro, e naquele que for o menos possível (como a volta do Dilúvio) é que eles acreditam mais; assim também o menos provável é o que eles mais acreditam dos astrólogos, como se o destino das coisas pudesse ser mudado a partir do julgamento da Astrologia – uma fé que, sem dúvida, serve para não deixar esses praticantes passar fome (Epístola 8, l. 4).

No verão de 1526, a própria rainha mãe pediu uma previsão astrológica a respeito do resultado da guerra entre seu filho, Francisco I, e as forças de Bourbon e do imperador Carlos V, sucessor de Maximiliano em 1520. Agrippa mal podia conter seu desgosto e raiva de si mesmo. Após engolir o orgulho e deixar os lacaios da rainha mantê-lo esperando como um cachorro por dois anos sem o mínimo pagamento, Louise agora começava a mostrar sua verdadeira opinião do valor dele. Ele seria astrólogo da corte. Era intolerável.

Ele escreveu para o seu amigo Chapelain:

Eu estou no caminho certo para me tornar um profeta e obedecer à minha senhora; gostaria de prever algo agradável para ela, mas que profecias agradáveis posso obter das fúrias do Inferno? Todos os loucos profetas da Antiguidade só previam assassinatos, massacres, guerras e tumultos, e eu não sei como as pessoas loucas podem prever senão as obras de um louco. Temo, enfim, também profetizar nesse sentido, a menos que o bom Apolo, escapando das fúrias, me visite com sua luz em raios de ouro.

Mas não montarei no tripé para profetizar ou adivinhar e mandarei o resultado logo à princesa, usando aquelas superstições astrológicas pelas quais a rainha se mostra tão ansiosa para ser ajudada – usando-as, como você sabe, sem querer, e impelida por suas preces violentas. Escrevi, portanto, ao senescal para que a admoestasse a fim de não abusar mais de meu talento, condenando-o a uma arte tão indigna, nem me force mais a defrontar essa obra leviana, quando posso ser-lhe útil com estudos mais proveitosos (Epístola 29, l. 4).

A raiva de Agrippa era compreensível. Ele estava no primor de seu desenvolvimento intelectual, versado em muitas artes e ciências, com um vasto entendimento dos homens e do mundo. Se Louise o tivesse escolhido como conselheiro em questões do Estado, não teria feito melhor escolha. Mas, em vez disso, ela queria que ele bancasse o bobo da corte e lhe dissesse exatamente o que queria ouvir, independentemente de seu bom julgamento. Não só Agrippa foi imprudente a ponto de revelar que considerava os astros favoráveis à causa de Bourbon, mas ainda prognosticou, em particular e não em público, o falecimento do filho de Louise. No ano seguinte, suas previsões se tornariam mais específicas. O cronista francês Claude Bellievre escreveu que, em maio de 1527, Agrippa previu dos céus a morte de Francisco I dali a seis meses.

O que Agrippa não sabia era que por algum tempo Louise vinha interceptando e lendo suas cartas a membros de sua corte, cartas estas que nem sempre continham comentários muito lisonjeiros a respeito dela. Ele devia estar começando a suspeitar do que seria óbvio para um homem menos inocente: que a rainha mãe e sua corte riam de seu desespero, e não tinha a menor intenção de cumprir suas promessas.

Em setembro, a esposa de Agrippa sofreu um ataque duplo de febre terçã. Ela estava grávida na época. Sob essa carga pesada de preocupações, Agrippa completou sua *Incerteza e Frivolidade das Ciências*. Também estava trabalhando em um tratado sobre dispositivos de guerra intitulado *Piromaquia*, como mostra este trecho de uma carta:

> Venho escrevendo estes dias um volume de tamanho considerável, o qual intitulei *Da Incerteza e Frivolidade das Ciências; e da Excelência da Palavra de Deus*. Se você alguma vez o vir, penso que elogiará o plano, admirará o tratamento e considerará indigno de sua majestade [Francisco I, rei da França]: mas não pretendo dedicar a obra àquele rei, pois ela encontrou alguém que é mais desejoso de ser seu patrono e muito mais digno dela. Mas estou escrevendo agora sobre *Piromaquia*, e nem tanto escrevendo quanto experimentando; e tenho agora em minha casa construções e modelos de máquinas de guerra por mim inventadas, construídas com considerável custo; são ao mesmo tempo úteis e mortais, como nossa época (que eu saiba) jamais viu...." (Epístola 41, l. 4).

A construção de máquinas para sitiar um local mostra que Agrippa ainda procurava o apreço quimérico de reis e príncipes. *A Incerteza e a Frivolidade das Ciências* foi dedicado a um amigo, Agostinho Furnario, cidadão de Gênova. Se ele é a pessoa referida na carta, não se sabe ao certo, mas é provável. *Piromaquia* deveria ser um presente para o rei Francisco quando, e se, ele viesse a Lion.

Enquanto passeava pela Igreja de São Tiago, em 7 de outubro de 1526, ele começou a conversar com um homem que não conhecia, e lhe falou de sua expectativa diária de ser pago pelo tesoureiro real. O homem replicou: "Eu sirvo na sala de Barguyn, o tesoureiro, e, como amigo, lhe aviso que não se iluda com nenhuma falsa sugestão, mas procure um meio melhor de prosperar. Há bem pouco tempo, eu vi seu nome riscado da lista de pensão" (Epístola 5, l. 4).

Essa revelação abalou Agrippa como se um raio tivesse caído nele. No mesmo instante, ele percebeu como estava sendo tolo. Ele fala de sua amargura a Chapelain, o médico do rei Francisco:

> Ouça as regras que prescrevi para mim mesmo se for novamente tentado a retornar ao serviço da corte: para me tornar um devido cortesão, esbanjarei adulações, pouco ligarei para a fé, terei profusa eloquência, serei ambíguo em conselhos, como os oráculos do passado; mas irei atrás de lucro e procurarei minha vantagem pessoal acima de qualquer outra coisa: não cultivarei amizades, exceto por dinheiro; serei sábio comigo mesmo, só elogiarei alguém se vir vantagem nisso, denegrirei qualquer homem que eu bem entender e farei expulsar quantos homens eu puder, desde que possa me apoderar do que eles deixarem para trás; ocuparei meia dúzia de cadeiras, desprezando aquele que me oferecer sua hospitalidade, mas não seu dinheiro, como se menospreza uma árvore estéril. Não confiarei na palavra de homem algum nem em sua amizade; levarei a mal todas as coisas, ficarei ressentido e planejarei vingança; só o príncipe eu devo observar e venerar; só ele lisonjearei e com ele concordarei, infestarei, apenas por medo ou ganância para meu lucro pessoal (Epístola 53, l. 4).

No começo de maio de 1527, a esposa de Agrippa deu à luz um quarto filho, o quinto de Agrippa. Ele, por fim, pediu permissão para sair da França com sua família em julho. Já tinha perdido as esperanças de receber qualquer coisa de Louise:

> Cuidado para nunca mais se referir a mim como conselheiro ou médico da rainha. Detesto esse título. Condeno toda esperança que já existiu em mim. Renuncio toda fidelidade que já jurei a ela. Ela nunca mais será minha senhora (pois já deixou de ser), mas resolvi pensar nela como uma atroz e pérfida Jezebel, uma vez que dela vêm antes palavras desonestas que ações honestas (Epístola 62, l. 4).

A rainha mãe ainda não pararia de rir de seu médico e astrônomo alemão. Só em 6 de dezembro Agrippa pôde finalmente sair de Lion. Ele viajou para Paris, a caminho de Antuérpia, mas deteve-se em Paris por seis meses, providenciando os papéis necessários para deixar a França. Ao menos, tinha uma esperança a acalentar. Havia a perspectiva de obter a patronagem de Margaret da Áustria, que ele buscara em vão muitos anos antes.

Quando seus bens domésticos ficaram detidos em Antuérpia,

Agrippa foi obrigado a atravessar a fronteira sozinho para liberá-los, deixando a família em Paris. Sua esposa, grávida de novo, adoeceu. Não havia dinheiro para pagar assistência médica. Um parente escreveu a Agrippa em Antuérpia informando-o do mais recente problema. Ele quase enlouqueceu:

> Ora! O que você me diz, meu caro primo? Minha amada esposa sofrendo de tão perigosa doença, e grávida, e eu ausente, mal conseguindo – sob risco de vida – partir sozinho, para que enfim encontrasse meios de trazer segurança àquela que é minha única alma, meu espírito, minha sanidade, minha salvação, minha vida? Ah, como me foram cruéis os dados jogados pelo destino! Estou agora em total agonia. Minha esposa está em Paris, perecendo miseravelmente, e eu não posso me aproximar dela para lhe dar consolo; meus filhos em prantos, toda a família lamenta, e essa espada lhe atravessa a alma. Oh, se ao menos eu pudesse carregar o fardo no lugar dela, e ela ficasse sã! O que farei? A quem recorrerei? A quem devo implorar? Exceto a você, não tenho ninguém (Epístola 55, l. 5).

Esse foi o pior momento do presente ciclo. Sua esposa se recuperou. Em 5 de novembro de 1528, a família conseguiu seguir para Mechlin, onde Agrippa se juntou a eles. De lá, prosseguiram para Antuérpia.

Antuérpia tinha um clima melhor do que Lion. Agrippa fez amigos lá e foi recebido por famílias honoráveis. Ele começou a praticar seu ofício de medicina, logo conquistando fama, que se espalhou além dos limites da cidade. A corte real ficou sabendo. Margaret da Áustria, bem impressionada tanto pelas habilidades de Agrippa quanto pelos encantos de sua mulher, nomeou-o para o posto de conselheiro, ou conselheiro na questão dos arquivos, historiógrafo do imperador. Ao mesmo tempo, Agrippa obteve licença para imprimir e reter os direitos autorais de suas obras por seis anos.

A muito esperada e tardia impressão do tratado *Da nobreza e preeminência das mulheres* aconteceu por fim, junto à de algumas outras obras. A esposa de Agrippa deu à luz outro menino em 13 de março, seu quinto filho e o sexto de Agrippa – mas a família consistia em cinco meninos, pois um deles, provavelmente o mais velho, com sua primeira mulher, morreu na França. Eram enviados alunos para ser instruídos por Agrippa, tamanha era a sua fama. Um deles foi Johann Wierus, cidadão de Gravelines, que em seu *De praestigiis daemonum* faria, mais tarde, um esboço biográfico de Agrippa. É significativo que Wier, como a maioria dos homens que conheceu Agrippa intimamente, só falava dele em termos de grande respeito e refutava as mentiras ditas contra ele.

Em julho de 1529, Agrippa tinha tanto o tempo livre quanto o dinheiro para se dedicar à prática de Alquimia. Ele escreve acerca de uma destilação lenta que deve ser observada com cuidado em seu laboratório (Epístola 73, l. 5). Esse interesse não era novo. Em 1526, o cura de Santa Cruz em Metz, Jehan Rogier Brennonius, tinha escrito a respeito das atividades de um alquimista a que ele chama de "nosso Tyrius", um relojoeiro de profissão que "descobriu uma água doce na qual todo metal se dissolve com facilidade por meio do calor do Sol" (Epístola 27, l. 4). Foi só em Antuérpia que Agrippa conseguiu estudar seriamente esse tema fascinante. Deve ter sido quando tentou produzir ouro, com sucesso apenas mínimo (ver *Filosofia Oculta*, l. 1, cap. 14).

Sua felicidade acabou, quando sua segunda mulher morreu em 7 de agosto de 1529, vítima da peste. Isso o abalou, se possível, de maneira mais profunda que a perda da primeira esposa:

> Ah, ela morreu e eu a perdi, mas a glória eterna a envolve. Estava bem por quase um mês, próspera e feliz em todas as coisas, a boa sorte nos sorria de todos os lados, e já estávamos planejando adquirir uma casa nova e maior, para os dias que estavam por vir, quando, no último dia de São Laurêncio, uma violenta febre pestilenta a atacou, com abscesso da virilha... ai de mim, nenhum remédio funcionou, e no sétimo dia, que era o sétimo dia de agosto, por volta das nove horas da manhã, com grande dificuldade, mas claro intelecto, uma alma firme na direção de Deus e uma consciência inocente, enquanto estávamos em volta dela, seu espírito a abandonou, e a peste se espalhou por todo o seu corpo em grandes pústulas (Epístola 81, l. 5).

A peste se alastrara pela cidade de Antuérpia. Agrippa ficou na cidade para tratar os doentes, enquanto os médicos locais mais tímidos fugiram para o campo. Depois que a pestilência começou a diminuir, os médicos da cidade acusaram Agrippa de praticar Medicina sem as devidas credenciais e o obrigaram a parar, privando-o de sua principal fonte de renda. Suspeita-se que a motivação deles foi mais a vergonha pela própria covardia e ciúme dos métodos de Agrippa do quem uma preocupação pelos pacientes.

A publicação das obras de Agrippa, por tanto tempo apenas nos manuscritos, começou a se desenvolver em 1530. Em setembro, ele publicou sua *Incerteza e Frivolidade das Ciências*. Antes, ele havia imprimido, em conformidade com sua posição oficial de historiógrafo, a *Historieta da recente dupla coroação do imperador em Bolonha pelo papa Clemente VII*. Sua protetora, Margaret da Áustria, morreu no fim de 1530, com 52 anos, e Agrippa compôs o discurso para o funeral.

Em fevereiro de 1531, a primeira edição de *Filosofia oculta* saía do prelo de João Graphaeus de Antuérpia, paga, ao que tudo indica, pelo próprio Agrippa. Embora seja intitulada *Três Livros de Filosofia Oculta de Agrippa*, e inclua o índice de toda a obra, ela termina no fim do primeiro livro. A obra é dedicada a Hermano, arcebispo de Colônia, que se mostrara muito gentil com Agrippa.

Com a morte de Margaret da Áustria, ele precisava desesperadamente de patrocínio. A publicação de *Incerteza e Frivolidade das Ciências* tinha despertado a ira de cortesãos, padres e outros oficiais superiores, todos os quais são satirizados na obra, sem misericórdia. O lançamento posterior de *Filosofia oculta* deixou Agrippa vulnerável a acusações de ser um feiticeiro. Se antes havia suspeitas – agora, acreditavam seus inimigos, existia uma prova impressa.

Talvez não surpreenda aqueles que vêm lendo essa história até este ponto que o salário prometido a Agrippa como historiógrafo oficial, além das despesas que ele incorreu no cumprimento do dever, nunca lhe foi pago. Não era à toa que os príncipes ficavam ricos, pois nunca pagavam suas contas! Embora Margaret tivesse ordenado aos tesoureiros pagar, eles tinham atrasado; agora que ela estava morta, Agrippa solicitou ao imperador Carlos V com tal tenacidade a remuneração que lhe era devida que o imperador estava a ponto de mandar executá-lo para se livrar da importunação. Dois cardeais, em defesa de Agrippa, conseguiram aplacar a irritação real por algum tempo. Os padres tinham se colocado contra ele, algo que Agrippa só agora, muito tempo depois, começava a perceber.

Enquanto esperava seu salário, ele vinha vivendo com dinheiro emprestado. Agora que não havia salário, seus credores o cercavam. A maioria de seus amigos mais íntimos estava distante. Em vão, ele pediu ao conselho privado do imperador que lhe desse dinheiro suficiente para pagar seus credores ou que lhe concedesse uma ordem de liberdade para ele ganhar dinheiro e saudar suas dívidas. O conselho o mandou recorrer ao imperador. Por sete meses, ele rastejou atrás de Carlos implorando por dinheiro para sustentar sua família. "O imperador se fizera surdo a ele, permanecia impassível como uma estátua diante de suas súplicas; importava-se tão pouco com seus apelos incessantes quanto com o coaxar de uma rã sedenta" (Morley 2:272-3).

Em junho de 1531, Agrippa foi jogado na cadeia em Bruxelas, por um de seus credores. Seus amigos logo providenciaram para que fosse solto, mas o episódio deve ter sido um golpe humilhante nos sentimentos de um homem tão orgulhoso. Logo veio uma pequena consolação com uma garantia escrita, afixada com o selo do imperador, de um pequeno salário. Mas também não passou de uma promessa. Agrippa se retirou para uma casa pequena em Mechlin, em dezembro de 1531, que mal conseguia pagar com a pensão prometida, mas não dada.

Em Mechlin, Agrippa desposou uma cidadã do local, segundo Johann Wierus. Agrippa mesmo nada diz dela. Não é difícil saber por quê. Ela o traía. O satirista francês Rabelais, com seu duro coração gaulês, zomba de Agrippa por ser cego à infâmia de sua jovem esposa.

> Com dificuldade, na ilha do Trigo Integral, vive Sua Trippa; sabes como pelas Artes da Astrologia, Geomancia, Quiromancia, Metopomancia, e outras de igual caráter e natureza, ele prevê todas as coisas que vão acontecer: Falemos então um pouco e conversemos com ele sobre tua Questão. Disso (respondeu Panurge) nada sei: Mas disso acerca dele, tenho certeza: um dia, e não faz muito tempo, enquanto ele tagarelava, com o Grande Rei, de Coisas Celestiais, Sublimes e Transcendentes, os Lacaios e Pajens da Corte, nos Degraus superiores entre duas Portas, fartavam-se, um após outro, de sua Esposa: que é faceira e nada comedida. Assim, aquele que parecia ver com tanta

clareza todas as Coisas Celestes e Terrestres sem Óculos, que falava com firmeza de Aventuras passadas, com grande confiança abordava Casos e Acidentes presentes e, orgulhosamente, professava o presságio de todos os futuros Eventos e Contingências, não foi capaz, com toda a sua Habilidade e Astúcia, de perceber a Manha de sua Esposa, a qual ele afirmava ser muito casta; e até a presente Hora não tem a menor Ideia do contrário (*Gargântua*, 3:25).

Três anos depois, ele se divorciou dessa mulher, em Bonn.

Forçado a deixar Mechlin por causa de um imposto injusto do qual o imperador se recusou a isentá-lo, Agrippa viajou, na primavera de 1532, para Poppelsdoft a convite do arcebispo de Colônia, que gentilmente o convidou a ficar em sua residência por algum tempo. Pelo menos Agrippa escolheu com sabedoria uma dedicatória de suas obras. O arcebispo gostou de *Filosofia oculta*. Necessitado de patronagem, Agrippa tinha ao menos um que não o abandonaria. Enquanto isso, em Colônia, a impressão da primeira edição dos três livros completos da *Filosofia Oculta* estava em andamento.

A publicação de seus escritos teve o mesmo efeito sobre seus críticos do que se ele cutucasse um ninho de vespas com uma vareta. Foram feitas tentativas de proibir a venda e a leitura de *Incerteza e Frivolidade das Ciências*. Agrippa foi acusado de impiedade, que na época era um crime capital, punível com morte. O imperador Carlos V exigiu que ele retratasse todas as suas opiniões condenadas pelos monges de Louvain em seus textos. Tendo recebido formalmente as acusações, ele preparou uma defesa no fim de janeiro de 1532 e a apresentou ao chefe do Senado em Mechlin. Dez meses se passaram e seu nome ainda não estava limpo. Ele desobedeceu à exigência do imperador de se retratar em público, dizendo: "Pois o imperador não pode condenar alguém que não foi julgado pela lei...". Sua defesa, a *Apologia*, foi impressa em 1533.

Tendo sobrevivido a todos os tipos de tempestades na vida, o estudioso se mostrou filosófico quanto a esse último ataque:

Sou condenado – tirania ímpar – antes de se ouvir a defesa, e a essa tirania o imperador é provocado por supersticiosos monges e sofistas. Minhas opiniões se mostram em meu rosto, e eu quero que o imperador saiba que não posso lhe vender fumaça nem óleo. Mas tenho vivido honestamente, sem motivo para me ruborizar por minhas ações, e pouco do que reclamar da sorte, exceto o fato de ter nascido a serviço de reis ingratos. Meu erro e minha impiedade, admito, merecem condenação, pois, desrespeitando as Escrituras, eu coloquei minha confiança em príncipes. Quis viver como filósofo em cortes em que a arte e a literatura não são honradas nem recompensadas. Se não sou sábio, certamente aí está minha maior insensatez: ter confiado meu bem-estar ao poder de outro e, ansioso e incerto quanto ao meu futuro, depositado esperança naqueles cujas ações não correspondem a suas promessas. Tenho vergonha agora de minha falta de sabedoria (*Querela super calumnia*, conforme citado por Morley 2:301).

Esses pensamentos, um sumário de uma vida turbulenta, aparecem na última obra escrita por Agrippa, *Queixa contra a calúnia dos monges e escolares*, impressa junto a *Apologia*, em 1533. A maior parte do fogo se apagou, a virulência abrandou, sendo substituída por uma clareza de visão e uma resignada tristeza.

Quando solicitou sua pensão, garantida pelo selo real, ele foi caçoado. Os oficiais do duque de Brabant disseram que, como ele abandonara sua residência em Mechlin, havia na verdade abandonado o cargo, e não tinha direito a dinheiro algum. Não adiantou Agrippa argumentar que ainda possuía uma casa na cidade, que era historiógrafo de Carlos V, e não do duque de Brabant ou do conde de Flandres. De nada serviu o argumento. Os oficiais mesquinhos que controlavam a bolsa sabiam muito bem que o imperador não intercederia a favor de Agrippa.

Em 1532, ele se mudou com a família e sua biblioteca para Bonn. Ainda havia batalhas a ser travadas. Os monges dominicanos fizeram atrasar o lançamento da edição completa de *Filosofia Oculta*. Um deles, Conrad Colyn de Ulm, inquisidor de Colônia, denunciou os livros nos mais fortes termos. Felizmente o arcebispo de Colônia, a quem os livros eram dedicados, tinha poder em sua esfera. Agrippa apresentou uma defesa acalorada da obra diante dos magistrados de Colônia, argumentando que os livros tinham sido aprovados por todo o conselho do imperador e apareceriam sob privilégio imperial. Os livros foram, por fim, publicados em 1533.

Vale considerarmos brevemente as circunstâncias que permitiram a aparição de *Filosofia Oculta* ao mundo. Os livros foram dedicados a Hermannus (Hermano), arcebispo de Colônia, que tinha grande amizade com o autor e admirava a obra em si. Hermano, o último protetor de Agrippa na Terra, era um reformista em desavença com a Igreja estabelecida. A obra foi publicada em Colônia sob a autoridade dele, e Colônia também era a cidade hereditária da família de Agrippa, permitindo-lhe ter apoio de uma variedade de fontes. Por fim, Agrippa teve a sorte de possuir aprovação imperial da obra, obtida sob o favorecimento de Margaret da Áustria.

No mesmo ano, o *Comentário* de Agrippa sobre *Ars Brevis* de Raymond Lully também foi impresso em Colônia, além da *Disputa acerca da monogamia de Ana*, a defesa de Agrippa das visões de Faber d'Etaples, escrita em 1519.

A vida de nosso estudioso errante estava chegando ao fim. Ele passou o verão de 1533 em férias com Hermannus em Wisbaden. No ano seguinte, residiu em Bonn. Na primavera de 1535, ele se divorciou da terceira esposa, naquela cidade. A pequena quantia em dinheiro que lhe era dada pelo arcebispo lhe permitia alimentar e vestir seus meninos, e pouco mais que isso. O tempo todo, a ira de seus inimigos continuava a atacá-lo, implacável. O imperador Carlos V, por insistência dos dominicanos, tinha sentenciado Agrippa à morte como herege. Ele conseguiu fugir para a França, onde o imperador, sem renunciar à sentença, o condenou ao exílio.

Assim que entrou na França, o rei Francisco o jogou na prisão. Seus amigos conseguiram libertá-lo. Ele vagou por alguns meses, tentando chegar a Lion, onde poderia publicar suas cartas, além da coletânea de suas obras. Sem dúvida, Agrippa ainda estava lutando para salvar sua reputação e queria expor ao mundo a história de sua vida. Antes de chegar a Lion, ele adoeceu. Foi levado para a casa de um tal M. Vachon, o receptor-geral da província de Dauphine, que ficava na Rue des Clercs, em Grenoble. Lá, só entre estranhos em uma terra hostil, assediado por todos os lados por seus inimigos, com a prematura idade de 49 anos, ele morreu. Seu corpo foi sepultado no convento dos dominicanos, seus mais detestáveis inimigos.

Agrippa devia saber que seu fim estava próximo e tomou providências para que seus manuscritos fossem levados a Lion e colocados nas mãos de seu publicador. Pouco depois de sua morte, a coletânea de suas obras e suas cartas foram publicadas naquela cidade. Juntas, elas formavam a primeira edição da *Ópera* latina, frequentemente consultada ainda hoje.

Um espúrio *Quarto livro de filosofia oculta* foi acrescentado aos três originais, mas o fiel pupilo de Agrippa, Johann Wierus, o denunciou como fraude:

> A estes pode ser acrescentada uma obra póstuma publicada [1567] e atribuída a meu finado e honorável anfitrião e preceptor Henrique Cornélio Agrippa, morto já há mais de 40 anos; de onde concluo ser erroneamente atribuída a ele, sob o título de *O quarto livro de filosofia oculta, ou de cerimônias mágicas*, que pretende ser uma chave para os três primeiros livros de *Filosofia Oculta*, e de todos os tipos de operações mágicas (*De praestigiis daemonum*).

Quanto à edição de Lion, Henry Morley diz que a *Incerteza e Frivolidade das Ciências* sofreu extensos cortes para agradar os censores (Morley 2:317).

O relato precedente da vida de Agrippa é tirado basicamente da biografia em dois volumes de Henry Morley, *The Life of Henry Cornelius Agrippa*, publicada pela editora Chapman and Hall, Londres, 1856. Morley, por sua vez, obteve quase todo o seu material biográfico de uma leitura apurada das cartas de Agrippa, conforme aparecem na *Ópera* latina em Lion. É sem dúvida uma bênção que essas cartas tenham sobrevivido. Se não tivessem, hoje saberíamos tão pouco a respeito de Agrippa quanto de Shakespeare.

Há um segundo relato não oficial, esparso, da vida de Agrippa composto de fábulas e difamações difundidas por monges crédulos. Por exemplo, quando Agrippa menciona em uma de suas cartas (Epístola 9, l. I) que precisa parar em Avignon por algum tempo para obter dinheiro antes de prosseguir viagem até Lion, isso foi interpretado como uma oportunidade para ele montar seu aparato alquímico e fabricar ouro. É verdade que Agrippa se envolveu com a Alquimia, mas provavelmente ele estava mais interessado em encontrar extratos médicos úteis do que a pedra filosofal. Ele mesmo diz na *Filosofia Oculta* (1:14), acerca de sua produção de ouro: "E nós sabemos como fazer isso, e já vimos ser feito: mas não pudemos fazer mais ouro que o peso do qual extraímos o Espírito". Essa não parece uma prescrição para alguém ficar rico.

Também foi dito por Martinho Del Rio (em sua *Disquisitionum magicarum libri sex*, 1ª edição, Louvain, 1599-1600) e outros que Agrippa pagava suas contas em hospedarias com pedaços de chifre, lançando sobre eles um *glamour* que os fazia parecer, aos olhos de quem recebia, moedas, até ele se afastar, quando então voltavam à sua aparência verdadeira. Mas essa mesma fábula é contada de muitos outros magos, como Fausto e Simão, o Mágico.

A história mais famosa é uma variação do conto do aprendiz de feiticeiro. Deve ter sido inspirada, como observa Lynn Thorndike (*History of Magic*, 5:8:136, n. 35), por um comentário de Wierus, que diz que certa vez, quando ainda era aluno de Agrippa, ele copiou várias páginas da edição manuscrita de seu mestre da *Steganographia* de Trithemius, sem o conhecimento de Agrippa (*De praestigiis daemonum*, 2:6). Del Rio, usando essa semente para inspirar sua fantasia, relata os seguintes eventos:

> Isso aconteceu com Cornélio Agrippa em Louvain. Ele tinha um hóspede curioso demais; e certa vez Agrippa saiu e deixou as chaves de seu museu com a esposa, da qual viria a se divorciar mais tarde, proibindo-a de deixar qualquer pessoa entrar. O jovem irresponsável jamais deixava de insistir com a mulher para que o deixasse entrar, até que um dia ela cedeu. Entrando no museu, ele encontrou um livro de conjurações – e o leu. Eis que alguém bate à porta! Ele não se deixa perturbar e continua com a leitura. Alguém bate novamente; e como o jovem mal-educado não dá atenção, entra um demônio e pergunta por que foi chamado. O que lhe ordenam a fazer? O medo sufoca a voz do jovem, o demônio tapa-lhe a boca, e assim ele paga por sua profana curiosidade. Logo, o mago retorna e vê demônios dançando sobre o corpo; ele usa suas artes costumeiras, eles vêm conforme ele os invoca, explicam o que aconteceu; e ele ordena ao espírito homicida que entre no cadáver e ande com ele, de tempos em tempos, na praça do mercado (que outros estudantes costumavam frequentar), até um dia poder abandonar o corpo. Ele faz isso três ou quatro vezes, e então cai: o demônio que tinha animado os membros mortos foge. Por muito tempo se pensou que aquele jovem tivesse tido uma morte súbita, mas sinais de sufocação despertaram suspeita, e o tempo, enfim, revelou tudo.

Morley, que cita esse conto (2:314-5), diz que Del Rio o tirou inteirinho de uma obra anterior publicada em latim, italiano, francês e espanhol, com o título em francês de *Theatre de la Nature*, em italiano de *Stroze Cigogna* e em espanhol de *Valderama*.

Outra fábula de grande divulgação era a de que Agrippa tinha sempre consigo um demônio familiar na forma de uma cadela preta. Esse espírito ia a qualquer lugar, por mais distante que fosse, em um piscar de olhos e trazia a Agrippa notícias de todos os acontecimentos no mundo, informando-o acerca de guerras, pestes, inundações e outros eventos importantes. Essa história, assim como a outra, tem um fundo de verdade. Agrippa era apaixonado por cães e sempre os tinha, aonde quer que fosse. Wierus diz que, quando conheceu Agrippa, seu mestre tinha dois cachorros, um macho preto chamado Monsieur e uma cadela chamada Mamselle. Ele gostava muito de Monsieur e esbanjava carinhos com ele, deixava o cão ficar ao lado de sua cadeira quando comia e até o levava para a cama, à noite. Isso foi no período depois de Agrippa se divorciar de sua terceira esposa em 1535. Provavelmente, sentia-se muito solitário.

Wierus escreve: "E quando Agrippa e eu estávamos comendo ou estudando juntos, esse cão sempre ficava entre nós" (*De praestigiis daemonum*, 2:5). Bodin, em seu *Demonomanie*, distorce esse inocente comentário, inferindo que Agrippa e Wierus eram amantes homossexuais, e que o cão, erroneamente considerado uma cadela, ficava entre eles na cama (*De la Demonomanie des Sorciers*, edição de 1580, 219-20). Na obra *Elogia* de Jovius, lemos que a coleira do cachorro tinha palavras mágicas inscritas.

A explicação para o vasto e oportuno conhecimento que Agrippa tinha dos eventos mundiais é óbvia para qualquer um que examine a *Ópera*. Ele era um incurável escritor de cartas, correspondendo-se com muitos e muitos homens cultos e proeminentes em toda a Europa. Dificilmente haveria melhor meio de se obter informações de eventos no início do século XVI, quando as viagens eram lentas e as comunicações incertas, que por meio de cartas.

A morte de Agrippa foi difamada por seus inimigos com as mesmas mentiras escandalosas. Um padre chamado Thevet escreveu:

Por fim, dirigindo-se a Lion, muito abatido e privado de suas faculdades, ele tentou todos os meios disponíveis para ganhar a vida, agitando, com a destreza que lhe era possível, a ponta de seu bastão; e mesmo assim ganhava tão pouco que morreu em uma estalagem miserável, desgraçado e abominado por todo o mundo, que o detestava como um mago amaldiçoado e execrável, porque sempre carregara consigo como companheiro um demônio disfarçado de cachorro, de cujo pescoço, ao sentir que a morte se aproximava, ele removeu a coleira, toda inscrita com caracteres mágicos, e depois, em estado quase louco, afastou o animal com estas palavras: "Vá embora, vil besta que me levou à total perdição". E, logo depois, esse cão, que lhe era tão próximo e seu assíduo companheiro em suas viagens, não foi mais visto; pois, de acordo com a ordem que lhe fora dada por Agrippa, ele começou a correr em direção ao Inferno, para onde pulou e de onde nunca mais saiu, por motivo de ter provavelmente lá se afogado (*Portraits et Vier des Hommes Illustres*, Paris, edição de 1584, 2:543).

O mesmo homem dá a Agrippa este grosseiro epitáfio, que é mais uma condenação de seu compositor que de seu objeto:

Esta tumba não é guardada pelas graças, mas sim pelas negras filhas do Inferno; não as musas, mas fúrias com cobras ao seu redor. Alecto apanha as cinzas, mistura-as com acônito e dá a bem-vinda oferenda para ser devorada pelo cão estígio, que agora persegue cruelmente pelos caminhos de Orço e apanha aquele que em vida era seu companheiro, e salta sobre ele. E saúda as fúrias porque as conhece todas, chamando cada uma pelo nome. Ó famigeradas Artes, que só proporcionam esta conveniência – que, como hóspede conhecido, ele possa se aproximar das águas estígias.

Apesar de absurdo e tolo, os sentimentos exprimidos nesse epitáfio resumem a memória pública de Cornélio Agrippa. O que, enfim, é mais forte: a verdade ou as mentiras de tolos maldosos? É triste o fato de que, apesar de os eventos de sua vida serem claros para quem os estudar, esse honorável e corajoso homem ainda tenha sua imagem denegrida.

O breve relato biográfico fornecido por Lynn Thorndike em sua *History of Magic* merece menção especial por causa de sua surpreendente malignidade. Assim começa:

> Nem Cornélio Agrippa de Nettesheim deve ser reconhecido como de peso na história intelectual nem seu livro de filosofia oculta considerado uma obra importante na história da ciência mágica e experimental como pode parecer à primeira vista. Ele não era um indivíduo de sólida formação, aprendizado acadêmico e posição fixa, mas antes um daqueles gênios instáveis e vagabundos intelectuais tão comuns no fim do século XV e começo do XVI (*History of Magic*, 5:8:127).

Suas principais objeções a Agrippa parecem ser a de que ele não era um membro proeminente do corpo docente de uma universidade importante e que praticava medicina sem uma licença. Como é possível menosprezar sua formação e aprendizado, quando ele tinha uma mente tão avançada e acima dos padrões acadêmicos estultificados da época, é difícil de entender. Talvez ele não tivesse o dogmatismo e a hipocrisia de uma educação formal na Igreja, mas estava longe de ser inculto. Erasmo, com quem Agrippa se correspondia, chamava-o de um "gênio inflamado" (Erasmo, *Epístolas*, l. 27). Ele criticava Agrippa por sua falta de discrição em sua escolha de temas e seu estilo "perturbado", mas não menosprezava sua educação. Agrippa aprendeu a maior parte do que sabia sozinho, de livros, e não com professores.

Quanto à sua falta de bagagem universitária, Agrippa teria ficado, de bom grado, permanentemente em Pavia. Os eventos políticos tornaram tal coisa impossível, para sua grande tristeza. Quanto à falta de certificação médica, o que significava tal coisa no começo no século XVI? O fato de as pessoas o procurarem para remédios e conselho sugere que ele era um médico ao menos tão bom quanto os curandeiros que matavam de acordo com antigas prescrições. Durante a peste em Antuérpia, ele permaneceu na cidade, curando os doentes, enquanto seus colegas mais aclamados fugiram. Se ele tivesse sido menos honesto, teria enriquecido na medicina, área para a qual possuía um grande talento natural.

O que, então, pode ser dito em memória de Cornélio Agrippa? Ele foi um gênio cuja mente eclética se recusava a ser prisioneira do dogma. Em toda a sua vida, ele teve como amante a Verdade, e mesmo em seus dias mais negros nunca deixou de venerá-la. Sua coragem, tanto física quanto intelectual, permanecia inabalável em períodos de provação. Ele sempre se comportou com honra. Se tinha falhas, eram estas: uma mente impaciente com regras fúteis e formas sem sentido, cuja sagacidade e audácia às vezes eram mais rápidas do que a disciplina e um coração inocente que o levava a acreditar na palavra do homem. Na hora da morte, ele não tinha do que se envergonhar. Deixou como legado um livro que tem perdurado há 500 anos.

A respeito da *Filosofia Oculta*

A primeira edição coesa dos *Três Livros de Filosofia Oculta, ou de magia,* foi escrita por Agrippa no fim de 1509 e no início de 1510. Mal a tinta havia secado, ele enviou a obra ao abade Trithemius para sua aprovação. Ele tinha visitado Trithemius em seu mosteiro de São Tiago em Wurtzburg na primavera de 1509, e as longas conversas que os dois tiveram sobre assuntos ocultos permaneciam vivas em sua memória. A versão manuscrita lida por Trithemius ainda existe (Würtzburg, Universitätsbibliotek, MS. cap. q. 30).

A primeira edição publicada apareceu em Antuérpia (a obra também foi vendida em Paris), da prensa de João Graphaeus, no mês de fevereiro de 1531, para ser vendida por ele sob o sinal da Limeira na rua Lombardenveste. Não tem números, sendo paginada apenas pelas letras nas folhas de A a V. O título é *Três Livros de Filosofia Oculta de Agrippa*. Embora contenha o índice dos três livros completos, a obra se interrompe bruscamente no fim do Livro Um, com esta nota:

Ao leitor

Caríssimo leitor, o autor desta divina obra pretendia trazer à luz também o segundo e terceiro livros, que são na verdade prometidos aos leitores no começo da obra, mas de maneira quase súbita e inesperada, a morte da abençoada Margaret, bem como outras preocupações, fizeram-no mudar de rumo, levando-o a desistir do que tinha começado. Mas não se deve duvidar de que, quando ele compreender que este pequeno livro não será desprezado, nem mal recebido pelos cultos, ele editará também os outros dois. No presente, receba este e abrace com boa vontade os mais ocultos mistérios e segredos das mais divinas coisas neles contidas.

Adeus.

A obra é prefixada com uma cópia do privilégio imperial, datada de 7 de janeiro de 1529, concedendo a Agrippa seis anos de direitos autorais de *Filosofia Oculta* e outros escritos. É dedicada ao reverendo padre em Cristo, ilustríssimo príncipe Hermano, conde de Wied e arcebispo de Colônia.

A primeira edição completa foi publicada em Colônia em julho de 1533, sem o nome de seu lugar de origem ou casa impressora – Soter e Hetorpius. Não se achou conveniente mencionar a impressão porque o livro tinha atraído uma considerável resistência do inquisidor de Colônia, Conrad Colyn de Ulm. Essa batalha para publicação é detalhada por Henry Morley em *Life of Agrippa*, 2:305-10.

A edição inglesa, que é o texto da presente obra, traz o título de *Três livros de filosofia oculta, escritos por Henrique Cornélio Agrippa de Nettesheim, Conselheiro de Carlos V, Imperador da Alemanha e Juiz da corte prerrogativa*, traduzido por J. F., Londres, 1651. Morley a considera "a melhor de todas as traduções inglesas", mas acrescenta que "não é completa e contém muitos erros crassos" (Morley: 1:114-5, nota de rodapé). Que ela contém erros é inegável; mas, por outro lado, a maioria delas também continha, na edição incluída na *Ópera* latina publicada em Lion, pouco depois da morte de Agrippa, que parece ter sido a fonte usada na tradução. Quanto ao fato de estar incompleta, ela corresponde mais ou menos ao texto da versão na *Ópera* – não posso falar da edição de 1533, que não vi.

"J.F." são as iniciais de James Freake, segundo a "Lista de Livros Citados" no *Oxford English Dictionary*, edição compacta, 2.4101 (velha edição). Seu primeiro nome é mencionado, não na lista, mas nas definições de vários verbetes – por causa das muitas palavras obscuras em *Filosofia Oculta*, ele é citado com frequência pelo *OED*. Apesar de meus esforços, e para minha vexação, não consegui encontrar informação alguma acerca de James Freake em outros livros de referência.

Após preparar esta edição para ser impressa, encontrei uma afirmação de que as letras J. F. significariam John French (ver bibliografia de Laycock, *Enochian Dictionary*). Segundo a "Lista de Livros Citados" do *OED*, John (não James) French é responsável por duas obras alquímicas, publicadas em 1650 e 1651 – o que faz dele um bom candidato à autoria da *Filosofia Oculta*, versão inglesa de 1651.

É essa tradução inglesa (não vi nenhuma outra) que forma o texto de *O Mago*, de Francis Barrett, publicado em Londres, 1801. O livro de Barrett é composto de grandes blocos de material plagiado de *Filosofia oculta* e do espúrio *Quarto livro de filosofia oculta*. Nada contém de original. Em nenhum lugar, Barrett reconhece que seu livro foi escrito por Cornélio Agrippa. Qualquer pessoa que lesse *O Mago*, como eu li anos atrás, ficaria surpresa com seu nível de excelência. Mas tal excelência vem de Agrippa; embora as pranchas de *Filosofia Oculta* tenham sido redesenhadas com elegância, ainda apresentam os erros originais. Barrett mesmo só merece desprezo.

A tradução de Freake também foi a base de *The Philosophy of Natural Magic*, reimpresso em Chicago, 1913, pelo editor do oculto e pirata literário L. W. de Laurence, da edição preparada por Wallis F. Whitehead, publicada por E. Loomis and Company. Ela consiste no primeiro dos três livros da *Filosofia Oculta*, com um relato breve e incompleto da vida de Agrippa, de Morley. O texto tem ortografia modernizada e algumas modificações de pontuação, mas fora isso o texto de Freake não sofreu mudanças. Também contém algumas (pouquíssimas) notas de rodapé e uma miscelânea de baboseiras ocultas anexada ao fim de uma variedade de fontes. Eu só a menciono porque ele foi reimpresso pela University Books, em 1974, e é o único texto da *Filosofia Oculta*, embora incompleto, que foi relativamente fácil de obter.

Agrippa tinha uma mente clara e ordenada. A estrutura de *Filosofia Oculta* é bastante lógica, apesar de sua tendência a pular de um assunto para outro e de abordar temas únicos em vários lugares. A estrutura maior segue a divisão trina do mundo estabelecida na primeira frase do primeiro capítulo:

> Vendo que existe um mundo triplo, elementar, celestial e intelectual, e que todo inferior é governado por seu superior, e recebe a influência das virtudes dele, de modo que o original e principal Trabalhador de todos, por meio de anjos, dos céus, das estrelas, elementos, animais, plantas, metais e pedras transmite de si as virtudes de sua onipotência sobre nós, para cujo serviço ele fez, criou todas essas coisas, os sábios não consideram de modo algum irracional que nos seria possível ascender pelos mesmos graus, através de cada mundo, até o mesmo velho mundo original, o Criador de todas as coisas, e Primeira Causa, de onde todas as coisas são e procedem; e também não apenas desfrutar essas virtudes, que já se encontram entre a mais excelente espécie de coisas, mas ainda atrair novas virtudes do alto.

O livro I trata da magia no mundo natural ou elementar das pedras, ervas, árvores, metais, e assim por diante; o livro II examina o mundo celestial ou matemático, a influência do firmamento e dos números (os planetas e estrelas, como se movem de acordo com relações matemáticas e geométricas estritas, são considerados parte da magia matemática); o livro III analisa o mundo intelectual de deuses pagãos, espíritos, anjos, demônios e os métodos de magia cerimonial usados para interagir com esses seres, bem como com Deus.

O sistema de magia de Agrippa é uma amálgama de ocultismo grego e romano extraído de fontes clássicas como Plínio, o Velho, Ovídio, Virgílio, Apuleio e, claro, Hermes Trismegisto, além de escritores de período posterior, como Ficino; e a Cabala judaica medieval, derivada dos escritos de Reuchlin e Pico della Mirandola. Agrippa foi talvez o primeiro a integrar essas duas correntes ocultas, que até aquela época eram separadas (o neoplatonismo exerceu alguma influência sobre os cabalistas judeus, mas a Cabala não influenciou em nada os descendentes do neoplatonismo).

Frances A. Yates afirma que Agrippa se considerava um cabalista cristão segundo o modelo de Pico della Mirandola, que foi o primeiro a apresentar a Cabala a estudiosos ocidentais não judeus. Afirmando a supremacia de Cristo, ele segue Mirandola em usar o nome de Jesus (IHShVH) como o nome supremo de poder, substituindo o nome Javé ou Jeová (IHVH) dos cabalistas judeus.

Quanto ao propósito por trás de *Filosofia Oculta*, a escritora diz: "Na verdade, creio que o objetivo de Agrippa é justamente proporcionar os procedimentos técnicos para se adquirir uma filosofia mais poderosa e 'realizadora de milagres' que Reuchlin pedia, uma filosofia ostensivamente neoplatônica, mas incluindo uma essência hermética/cabalística" (Yates 1985, 5:46).

Não foi o acaso nem o descuido que fez com que elementos da Cabala se encontrem espalhados pelos três livros, mas um esforço deliberado de energizar com fórmulas e procedimentos práticos a Filosofia clássica que começava a ressurgir à luz da Renascença; e também, como vê Yates, santificar o misticismo dos pagãos. A Cabala era, para Agrippa, a magia de Deus.

Havia um ditado comum na época de Agrippa: "Aprende grego e vira herege". Essa insularidade e idolatria ele tenta superar, firme na fé em que os milagres do mundo antigo, desenterrados e vitais, podem transcender a árida paralisia e o dogmatismo dos escolásticos católicos. Yates comenta: "A filosofia oculta de Agrippa pretende ser uma magia muito branca. Na verdade, ela é uma religião, alegando acesso aos poderes superiores, e cristã, porque aceita o nome de Jesus como principal dentre os nomes que operam milagres" (*Ibid.*).

Filosofia Oculta teve uma enorme influência naqueles que buscam uma percepção mística da verdade por meio da arte da magia. Era o mais importante repositório de conhecimento prático, dando uma hoste de nomes, associações e usos de espíritos, caracteres e alfabetos ocultos, sigilos, ervas, pedras, símbolos, cores, fumaças, números, orações, estrelas, animais e outros elementos de emprego mágico. As principais teses ocultas do mundo clássico estão nele claramente estabelecidas, enquanto antes disso, até então, eram apenas implicadas por exemplos. Os métodos da misteriosa Cabala dos hebreus são explicados em detalhe, e todos os seus segredos são expostos. Na prática, Agrippa tinha produzido a enciclopédia mágica da Renascença, a fonte de referência em um volume de fácil acesso para todas as perguntas de natureza prática acerca da magia.

Seria difícil exagerar a influência que o livro exerce até hoje dentro do mundo oculto. Aqueles que o detratam – Lynn Thorndike, por exemplo, que o chama de "livro decepcionante" – são os que não respeitam nem conhecem os leitores para quem o livro foi escrito. *Filosofia Oculta* é um livro de magia escrito para magos. É um livro-texto detalhado da Arte. Entre os ocultistas europeus, ele serve como único e mais importante guia para os últimos cinco séculos.

Qualquer pessoa que examine com seriedade os métodos da magia moderna, pelo menos como ela funciona nos países de língua inglesa, reconhecerá que eles se baseiam principalmente nos ensinamentos da Golden Dawn (ou "Aurora Dourada"), uma sociedade de magia vitoriana, e nos escritos do mago Aleister Crowley. Este foi membro da Golden Dawn quando era jovem, e seu sistema mágico se baseia nos ensinamentos da sociedade com pouquíssimas inovações. A Golden Dawn, por sua vez, usou como fonte primária para nomes de espíritos, sigilos, quadrados mágicos e métodos cabalísticos a *Filosofia Oculta*, ou, de modo mais específico, *O Mago*, de Barret, que é a *Filosofia Oculta* mutilada. Portanto, uma única linha une a magia cerimonial da atualidade, que vem sendo usada por milhares de pessoas, a essa enciclopédia mágica da Renascença.

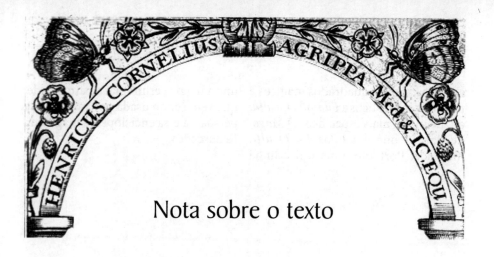

Nota sobre o texto

sforcei-me para preservar a textura e a qualidade da tradução de Freake, desde que não interferisse com a clareza do sentido que Agrippa quis passar.

A ortografia foi modernizada, mas no caso de escolha entre uma forma moderna e uma mais antiga ainda reconhecida nos dicionários, a mais antiga foi a preferida. A grafia de nomes e lugares, quando modificada pelas peculiaridades do período ou erros tipográficos, foi corrigida; mas em caso de dúvida quanto a que pessoa, lugar ou coisa se referem, ou quando uma forma mais antiga, porém aceita, de um nome ainda é usada, a forma original geralmente é mantida, com uma referência nas notas de rodapé.

A pontuação antiga permanece quase intacta. Ela tem uma lógica própria que se tornará familiar ao leitor, com o uso. Foram feitas emendas quando o sistema de pontuação estabelecido em determinado trecho de um capítulo foi violado de modo arbitrário, quando erros óbvios ou de impressão foram cometidos, em que a pontuação interferia no sentido do texto.

Com relutância, eu omiti o uso aleatório de letras maiúsculas e de itálicos que permeiam a edição de Freake. Embora os ache atraentes, tais artifícios dificultam a compreensão do tema e, em alguns capítulos, ela já é difícil por si. Abri uma exceção no caso de nomes pessoais, os quais retêm o itálico no corpo do texto, embora não entre aspas. Como os nomes são muitos, o uso de itálicos é útil, como um instrumento de referência na hora de procurar um autor específico.

O maior contraste com o texto original da tradução foi a inclusão de quebras de parágrafos. Agrippa não faz parágrafos. Freake o faz raramente – por exemplo, o capítulo X do livro II tem mais de dez páginas e consiste em dois parágrafos, o primeiro com menos de uma página, o segundo com mais de oito. Mesmo quando Freake quebra o texto, ele o faz sem consideração pelo assunto. Dentro do possível, mantive a divisão original de parágrafos. A necessidade de quebrar mais o texto para descansar os olhos possibilitou iluminar o significado de Agrippa, por meio do agrupamento lógico e sistemático de categorias e ideias.

Henrique Cornélio Agrippa de Nettesheim

Três Livros de
Filosofia Oculta

*Escritos por Henrique Cornélio Agrippa
de Nettesheim,
Conselheiro de Carlos V,
Imperador da Alemanha,
e
Juiz da corte prerrogativa
Traduzido do latim para a língua inglesa por J. Freake
Compilação e Comentários de
Donald Tyson*

Um encômio dos três livros de Cornélio Agrippa, cavaleiro
por Eugenius Philalethes[1]

rande, glorioso pseudônimo! O qual eu não deveria mencionar,
Para que não pareça que o valorizo pela fama.
Apóstolo da natureza e sumo sacerdote por ela escolhido.
Dela o místico e brilhante evangelista.
Como me extasio quando o contemplo,
E me elevo acima de tudo o que vejo!
Os espíritos de suas linhas infundem um fogo
Como a Alma do Mundo,[2] que me faz aspirar:
Sou descarnado por seus livros e por você,
E em seus escritos encontro meu êxtase.
Ou porventura arrisco-me a me perder me entre as linhas.
Seus elementos[3] varrem minha alma novamente.
Posso despir meu Eu diante de seu espelho brilhante,
E depois retomo o invólucro que eu era.
Ora sou Terra, ora uma Estrela, e depois
Um Espírito; ora uma Estrela, ora Terra de novo;
Ou se puder me tornar tudo o que existe,
No momento mais ínfimo, sou os Três.
Comporto o céu e a terra, e as coisas do alto,
E ainda mais, uno forças com o Júpiter de cada uma.
Ele coroa minha alma com fogo, e lá brilha
Como o arco-íris em uma nuvem minha.
Porém, há uma lei, a qual me norteia
As cinzas e o próprio fogo se dissipam,
Mas em sua esmeralda[4] ele ainda aparece;
Nada mais são que mortalhas que ele por aqui espalha.
Quem vê esse fogo sem sua máscara, seu olho
Deve ser engolido pela luz, e morrer.
Esses são os mistérios por que chorei,
Glorioso Agrippa, onde sua língua adormeceu,

Onde sua textura sombria me fez vagar longe,
Enquanto pela noite sem trilhas, eu localizei a estrela,
Mas encontrei aqueles mistérios pelos quais
Seu livro foi mais de três vezes coberto de betume.
Agora um novo leste além das estrelas eu vejo
Onde nasce o dia de sua divindade:
O céu faz um comércio aqui com o homem, se ao menos
Ele tiver mãos gratas e olhos para ver.
E então, vocês estudiosos que buscam a verdade,
E sem argumentos, mas com barulho, e orgulho;
Vocês que tudo amaldiçoam, exceto aquilo que vocês mesmos inventam,
E no entanto nada encontram por experimento:
Seu destino é escrito por uma mão invisível,
Mas seus três livros com os três mundos[5] perseverarão.

Notas – Um Encômio

1. Pseudônimo de Thomas Vaughan (ver nota biográfica). Esse poema aparece na obra mística alquímica *Anthroposophia Theomagica* (1650). Acima do poema, Vaughan diz: "Mas não serei eu visto como um conjurador, uma vez que sigo os princípios de Cornélio Agrippa, aquele grande Arquimago, como o chamam os jesuítas anticristãos? Ele de fato é o meu autor, e depois de Deus, a ele devo tudo" (*Magical Writings of Thomas Vaughan*, ed. A. E. Waite [London: George Redway, 1888], 33).
2. Ver apêndice II.
3. Ver apêndice III.
4. Ver apêndice I.
5. O natural, o celestial e o inteligível.

A vida de Henrique Cornélio Agrippa, cavaleiro

 enrique Cornélio Agrippa, descendente de uma família nobre de Nettesheim, na Bélgica, doutor em Direito e Física, mestre das Listas e juiz da Corte Espiritual, desde jovem aplicou a mente a aprender, e com sua feliz argúcia, obteve grande conhecimento de todas as artes e ciências; após o que também seguiu o exército dos príncipes, e, por seu valor, recebeu o título de cavaleiro no campo.

E quando, por esses meios, ele se tornou famoso por sua erudição e suas armas, por volta de 1530, dedicou-se a escrever, e compôs os Três Livros de *Filosofia Oculta*; e depois uma invectiva ou declamação cínica da *Incerteza e Frivolidade de Todas as Coisas*, na qual ensinava que não existe certeza em coisa alguma, exceto nas palavras sólidas de Deus, e que ela se esconde na eminência da palavra de Deus. Ele também escreveu uma *História da Dupla Coroação do Imperador Carlos*, e também da *Excelência do Sexo Feminino*, e das *Aparições de Espíritos*; mas, vendo que ele publicara comentários a respeito da Ars Brevis de *Raymundus Lully* e era um entusiasta de filosofia oculta e Astrologia, houve quem acreditasse que tinha um pacto com demônios, ao que ele refutou em sua Apologia publicada, mostrando que se mantinha nos confins da arte.

Em 1538, Agrippa escreveu muitos discursos eruditos, todos os quais manifestam a excelência de sua argúcia; mas particularmente dez deles: o primeiro a respeito do Banquete de *Platão*, feito na Academia de Tricina e contendo o elogio do amor; o segundo sobre *Hermes Trismegisto*, e o poder e sabedoria de Deus; o terceiro para quem iria receber o grau de doutorado; o quarto pelos Senhores de Metz, quando ele foi escolhido como seu advogado, síndico e orador; o quinto ao senado de Luxemburgo, para os Senhores de Metz; o sexto para cumprimentar o Príncipe e o Bispo de lá, escrito para os Senhores de Metz; o sétimo para cumprimentar um homem nobre, também para os Senhores de Metz; o oitavo para um parente dele, um carmelita que se tornara bacharel de Divindade, quando recebeu sua regência em Paris; o nono para o filho de *Cristiano*, rei de Dinamarca, Noruega e Suécia, feito quando da vinda do imperador; o décimo no funeral de *Margaret*, princesa da Áustria e Borgonha.

Ele também escreveu um Diálogo acerca do Homem, e uma Declamação de uma Disputável Opinião a respeito do Pecado Original ao Bispo de Cirene; uma Epístola a *Miguel de Arando*, bispo de Saint Paul; uma Queixa de Uma Calúnia Não Provada, impressa em Estrasburgo em 1539.

E assim, por esses monumentos publicados, o nome de Cornélio ficou famoso por sua variedade de conhecimentos não só entre os alemães, mas também em outras nações; pois o próprio *Momo* censura todos entre os deuses; entre os heróis, *Hércules* caça monstros; entre os demônios, *Plutão*, o rei do Inferno, se enfurece com os fantasmas; entre os filósofos, *Demócrito* ri de todas as coisas, ao contrário de *Heráclito*, que chora por todas as coisas; *Pirrias* é ignorante de todas as coisas, e *Aristóteles* pensa que sabe tudo; *Diógenes* condena tudo; e Agrippa não poupa ninguém, ele condena, sabe, é ignorante, chora, ri, se enfurece, persegue, censura tudo, sendo ao mesmo tempo filósofo, demônio, herói, um deus, e todas as coisas.

Ao leitor

ão duvido que o título de nosso livro, Da Filosofia Oculta, Ou Da Magia, possa, por sua raridade, atrair muitos à leitura, entre os quais alguns de louco[1] julgamento, e alguns perversos ouvirão o que eu digo e, por causa de sua flagrante ignorância, poderão interpretar no pior sentido o nome de magia, e embora mal tenham visto o título, conclamarão que eu ensino artes proibidas, semeio a semente de heresias, ofendo ouvidos puros e escandalizo mentes de excelência; que sou um feiticeiro, e supersticioso, e demoníaco, quando de fato sou um mago.

A esses explico que mago, entre os homens de cultura e educação, não significa um feiticeiro, ou alguém supersticioso ou demoníaco; mas sim um sábio, um sacerdote, um profeta; e que as sibilas eram magas e, portanto, profetizavam, claramente de Cristo;[2] e que os sábios, na qualidade de reis magos,[3] por meio dos maravilhosos segredos do mundo, sabiam que Cristo, o autor do mundo, nascera, e vieram antes de todos para venerá-lo; e que o nome da magia era recebido por filósofos, recomendado por adivinhos, e não inaceitável pelo Evangelho.

Creio que os desdenhosos censores prefeririam protestar contra as sibilas, os santos magos e até o próprio Evangelho a ver com bons olhos o nome da magia; tão conscienciosos eles são que nem *Apolo*, nem todas as musas, nem um anjo do céu podem me redimir da praga deles. A eles recomendo então que não leiam nossos escritos, nem os entendam, nem se recordem deles. Pois são perniciosos e cheios de veneno; o portão de Aqueronte[4] está neste livro; ele joga pedras, e que eles atentem para que não apedreje seus cérebros.

Mas você que o lê sem preconceitos, se for discreto e prudente como as abelhas o são para juntar mel, leia com confiança e acredite que lucrará muito com a leitura, além de ter grande prazer; mas, se encontrar aqui coisas que não lhe sejam agradáveis, ignore-as e não as use; pois eu não as aprovo, apenas as declaro a você; mas não recuse as outras coisas, pois aqueles que examinam os livros dos médicos, estudando antídotos e remédios, também leem sobre os venenos. Eu confesso que a magia em si ensina muitas coisas supérfluas e curiosos prodígios para ostentação; deixe-as, como coisas vazias; porém, não fique ignorante de suas causas. Aquelas coisas, contudo, que são para o benefício do homem, para afastar eventos malignos, para destruir feitiçarias, para curar doenças, para exterminar fantasmas, para preservar vida, honra, fortuna, podem ser feitas sem ofensa a Deus, ou injúria à religião, pois são lucrativas e tão necessárias.

Se o admoestei, é porque escrevi muitas coisas em tom narrativo ou afirmativo; pois assim pareceu necessário que abordássemos menos coisas segundo o julgamento dos platônicos e outros filósofos gentios, quando sugeriam um argumento que serviria para escrevermos de acordo com nosso propósito; portanto, se algum erro foi cometido, ou se algo foi falado com maior liberdade, perdoe minha juventude. Quando escrevi, era ainda muito jovem, e posso me desculpar e dizer que, quando era criança, falava como criança e entendia como criança; mas, ao me tornar homem, abandonei aquelas coisas que fazia quando menino, e em meu livro *Da Frivolidade e Incerteza das Ciências*,[5] eu basicamente retratei este livro.

Mais uma vez, aqui, você pode me culpar, dizendo: enquanto você era jovem, escrevia; agora que é velho, retrata suas palavras; o que escreveu então? Eu confesso que, quando era muito jovem, me dediquei a escrever estes livros, mas esperando que os apresentaria com correções e adições, e por esse motivo o dei a *Trithemius*, um abade napolitano, antes spanhemensiano, homem laborioso no estudo de coisas secretas. Aconteceu, porém, que a obra foi interceptada antes que a acabasse e disseminada imperfeita e não lapidada na Itália, França e Alemanha, passando pelas mãos de muitos homens, e alguns, por impaciência ou imprudência, não sei qual, a queriam imprimir imperfeita como estava; bem que eu, sendo o primeiro afetado, quis impedir, imprimindo-a eu mesmo, pensando que haveria menor perigo se os livros saíssem de minhas mãos com algumas emendas do que em fragmentos, das mãos de outros homens. Além disso, não considerei crime não deixar o testemunho de minha juventude morrer.

Também acrescentamos alguns capítulos e inserimos muitas coisas que nos pareceriam inapropriado ignorar, e que o leitor curioso será capaz de compreender pela singularidade da própria frase; pois não estávamos dispostos a recomeçar todo o trabalho e revelar tudo o que tínhamos feito, se não o corrigíssemos e adicionássemos um certo floreado.

Por tudo isso, rogo a você, gentil leitor, mais uma vez, que não pondere essas coisas de acordo com o momento em que elas são registradas, e perdoe minha curiosa juventude, se encontrar aqui alguma coisa que o desagrade.

---

1. Imperfeito.
2. Ver nota 15, livro I, capítulo LX.
3. Mateus 2: 1-2.
4. Um nome da terra dos mortos, derivado do Rio Aqueronte que, segundo se contava, corria através do submundo. Os etruscos veneravam Acheron e sacrificavam para esse deus para deificar as almas de seus mortos.
5. *De incertitudine et vanitate scientiarum*, etc., Antuérpia, 1531.

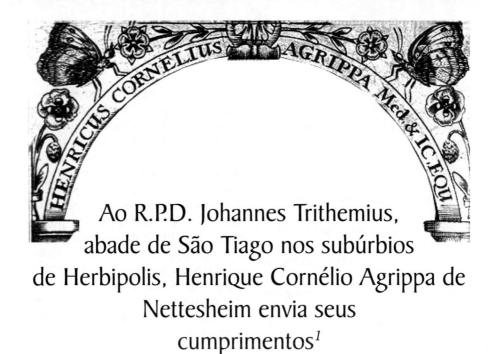

Ao R.P.D. Johannes Trithemius, abade de São Tiago nos subúrbios de Herbipolis, Henrique Cornélio Agrippa de Nettesheim envia seus cumprimentos[1]

uando estive recentemente (reverendíssimo padre) por algum tempo em conversa com o senhor em seu mosteiro de Herbipolis, falamos de diversas coisas ligadas à Química, à Magia e à Cabala, além de outros assuntos que ainda se encontram ocultos em ciências e artes secretas; e havia uma grande pergunta entre todas: por que a Magia, enquanto considerada por todos os grandes filósofos a principal ciência, e venerada por antigos sábios e sacerdotes, passou a ser, no início da Igreja Católica, uma coisa odiosa e vista com desconfiança pelos santos padres, para depois explodir entre os adivinhadores e ser condenada pelos cânones sagrados, além de ser proibida por todas as leis e determinações.

Bem, a causa, como a concebo, não é outra senão esta: com uma fatal depravação dos tempos e dos homens, muitos falsos filósofos se imiscuíram nela, e estes, sob o nome de magos, acumulando por vários tipos de erros e facções de falsas religiões muitas amaldiçoadas superstições e ritos perigosos, e muitos sacrilégios ímpios, fora da religião ortodoxa, em perseguição da natureza e destruição dos homens, e injúria de Deus, publicaram muitos livros malignos e até ilegais, como os que vemos disseminados hoje em dia, aos quais eles furtivamente prefixaram os nomes mais honestos e o título de magia. Por meio desse título sagrado de magia, eles esperavam ganhar a credibilidade às suas famigeradas e detestáveis insanidades.

Daí que esse nome de magia, até então honorável, tornou-se hoje odioso aos homens bons e honestos, implicando crime capital caso alguém se professe um mago, seja em doutrina ou em obras, a menos que seja uma velha caduca que mora no campo, à qual se atribuem habilidades e um poder divino, e que (como diz *Apuleio*)² ela possa fazer baixar o céu, erguer a terra, secar fontes, deslizar montanhas, invocar fantasmas, chamar deuses, extinguir estrelas, iluminar o Inferno ou, como canta *Virgílio*:³

> Ela promete por seus encantamentos gerar grandes preocupações,
> Ou aliviar a mente dos homens, e fazer as estrelas
> Retrocederem; e os rios pararem seu curso,
> E invocar os fantasmas da noite a seu bel-prazer,
> Fazer a terra gemer, e as árvores tombarem
> Das montanhas.

Daí aquelas coisas que *Lucano*⁴ relata em Tessália, a respeito das magas, e *Homero*⁵ da onipotência de *Circe*, das quais muitos, confesso, têm uma opinião falaciosa, com uma diligência supersticiosa e um labor pernicioso, não sabendo sequer o que é uma arte ímpia, mas presumindo que são capazes de se investir do venerável título de magia.

Sendo assim as coisas, eu me surpreendia com frequência, e não menos zangado, por não existir ainda um homem que desafiasse essa sublime e sagrada disciplina com o crime de impiedade, ou que a tivesse nos transmitido com pureza e sinceridade, pois já vi nossos escritores modernos, *Roger Bacon*, *Robert*, um inglês,⁶ *Peter Apponus*,⁷ *Albertus*, o Teutônico,⁸ *Arnoldas de Villa Nova*, *Anselmo*, o Parmesão,⁹ *Picatrix*, o Espanhol, *Cicclus Asculus*¹⁰ de Florença, e muitos outros escritores de nome obscuro, que prometiam tratar de magia, mas nada faziam senão criar brinquedos irracionais e superstições indignas dos homens honestos.

Por isso, meu espírito se comoveu, e, em parte por admiração, em parte por indignação, eu me dispus a bancar o filósofo, supondo que faria um trabalho recomendável, pois desde minha juventude sempre fui um buscador curioso e destemido de efeitos fantásticos e de operações cheias de mistérios; que eu possa, assim, recuperar aquela antiga magia, a disciplina dos sábios, de todos os erros da impiedade, purificá-la e adorná-la, com seu devido lustre, e vingá-la das injúrias de seus caluniadores. Há muito eu vinha deliberando tal procedimento em minha mente, mas não me atrevia a executá-lo; mas, após algumas conversas entre nós acerca dessas coisas em Herbipolis, seu conhecimento transcendente, sua erudição e seu ardor me deram coragem e desembaraço.

Selecionando a opinião de filósofos de renomada credibilidade, purgando a intromissão dos ímpios (que, com um conhecimento falso, ensinam que as tradições dos magos devem ser aprendidas nos livros das trevas e em instituições de operações sinistras) e removendo toda a escuridão, consegui por fim compor três compêndios de magia, intitulados *De Filosofia Oculta*, sendo um título menos ofensivo; livros estes que submeto a você (já que seu conhecimento é excelente em tais assuntos), para corrigir e censurar, caso eu tenha escrito algo que possa ser de natureza injuriosa, ofensiva a Deus ou à religião. Nesse caso, condene o erro; mas, se o escândalo da impiedade for dissolvido e purgado, você pode defender a tradição da verdade. E isso poderá fazer com estes livros, e com a própria magia, que nada que seja benéfico seja mantido oculto e que nada que possa ferir seja aprovado. É por esse motivo que desejo que os livros passem por seu crivo e que sejam enfim considerados dignos de publicação e sucesso entre o público, sem medo de sofrer censura na posteridade.

Adeus, e perdoe esses meus ousados empreendimentos.

Notas – Ao R.P.D. Johannes Trithemius

1. Essa carta também aparece como a carta 23, l. 1, no Epistolário da *Ópera* latina das obras de Agrippa (c. 1600), reimpressa em fac-símile em dois volumes por Georg Verlag, Hildesheim e New York, 1970, II:620-3.
2. Sócrates descreve a bruxa Meroe a Apuleio: Com certeza, ela é uma maga que tem poder para governar o firmamento, fazer baixar o céu, remexer a terra, desviar as águas para as colinas e as colinas às águas, levantar ao ar os espíritos terrestres e puxar os deuses do céu, extinguir planetas e iluminar a escuridão profunda do Inferno. (*Apuleio, O asno de ouro*, cap. 4, traduzido para o inglês por W. Adlington [1566] [London, ed. de 1639]).
3. Essa citação é de *Eneida*, l. 4, linhas 487-91. Lembro-me desta descrição em Ovídio, dita por Hipsipile, amante do herói Jasão, sobre sua rival, a bruxa Medeia: mas com seus encantamentos, ela o influenciou; e com sua foice encantada, ela ceifa as plantas temíveis. Ela se empenha em atrair a recalcitrante Lua de sua carruagem e em envolver os cavalos do Sol em trevas. Ela domina as ondas e para o curso dos rios: ela remove as florestas e as rochas firmes de seus lugares originais. Entre as tumbas, ela vaga sem cinturão, com os cachos soltos, e pega certos ossos das pilhas ainda quentes (Epístola VI: "Hypsipyle to Jason". Em *The Heroides*, traduzido para o inglês por H. T. Riley [London: George Bell and Sons, 1883], 56-7). Há uma notável semelhança nas descrições dos poderes de bruxaria em Virgílio, Apuleio, Ovídio e Lucano – pode-se presumir que os três últimos se basearam em Virgílio.
4. Isto é, Erichtho, uma superpoderosa bruxa de Tessália. Ver *Pharsalia*, de Lucano, 6, c. linha 506.
5. Ver a *Odisseia* 10.
6. Robertus Anglicus.
7. Petro de Apono.
8. Alberto Magno.
9. Georgio Anselmi.
10. Cecco d'Ascoli.

Johannes Trithemius

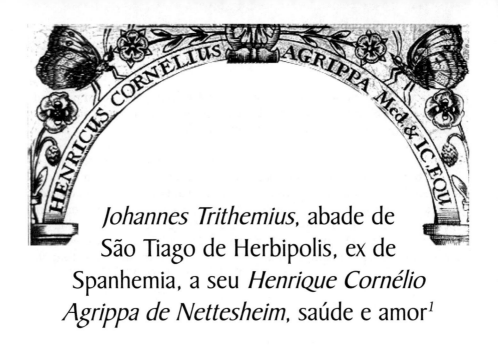

Johannes Trithemius, abade de São Tiago de Herbipolis, ex de Spanhemia, a seu *Henrique Cornélio Agrippa de Nettesheim*, saúde e amor[1]

ua obra (renomado Agrippa) intitulada *De Filosofia Oculta*, que me enviou por este portador para ser por mim examinada, com que prazer a recebi não há língua humana mortal que possa exprimir, nem pena com que eu possa escrever. Maravilhei-me diante de seu conhecimento mais que vulgar, e que ainda sendo tão jovem conseguisse penetrar em segredos que têm sido mantidos ocultos de homens bem instruídos, registrados não só de modo claro e verdadeiro, mas também apropriado e elegante. Em primeiro lugar, agradeço-lhe por sua boa vontade para comigo, e se eu for capaz, agradecerei novamente com as maiores de minhas forças; sua obra, que nenhum homem de conhecimento é capaz de elogiar o suficiente, eu aprovo.

Agora, para que você prossiga em direção a coisas superiores, como já começou, e não deixe sua perspicácia ociosa, com toda a minha sinceridade eu aconselho, peço e imploro que se empenhe em continuar em busca de coisas melhores e demonstre a luz da verdadeira sabedoria aos ignorantes, uma vez que você mesmo é iluminado. Tampouco deixe que a opinião de indivíduos leviano e fúteis o afaste de seu propósito. Deles eu digo, um boi exausto pisa duro, enquanto nenhum homem, segundo o julgamento do sábio, pode ser verdadeiramente instruído se estiver comprometido com os rudimentos de uma única faculdade; mas você foi agraciado por Deus com um discernimento grande e sublime; não são os bois que você deve imitar, mas sim os pássaros. Também não se contente com os particulares, mas almeje com confiança o que é universal; pois, quanto mais instruído um indivíduo é considerado, de mais coisas ele é ignorante. Além disso, sua perspicácia é perfeitamente apta para todas as coisas e pode ser empregada de modo racional não em poucas ou ínfimas coisas, mas em muitas e mais sublimes.

Entretanto, esta regra eu o aconselho a observar: comunique segredos vulgares a amigos vulgares, mas os segredos superiores só aos amigos superiores e também secretos. Dê feno a um boi, açúcar a um papagaio; compreenda o que quero dizer, para não ser pisoteado pelas patas do boi, como acontece com frequência.

Adeus, meu feliz amigo, e se estiver ao meu alcance servi-lo, ordene-me, e a seu prazer será tudo feito, sem demoras; que nossa amizade aumente a cada dia; escreva-me com frequência e envie-me alguns de seus trabalhos, rogo-lhe com sinceridade. Mais uma vez, adeus.

De nosso mosteiro em Peapolis, 8º dia de abril, MDX d.C.

Nota – Johannes Trithemius

1. Esta carta também aparece como carta 24, l. 1, Epistolário da *Ópera* latina das obras de Agrippa, 2:623-4.

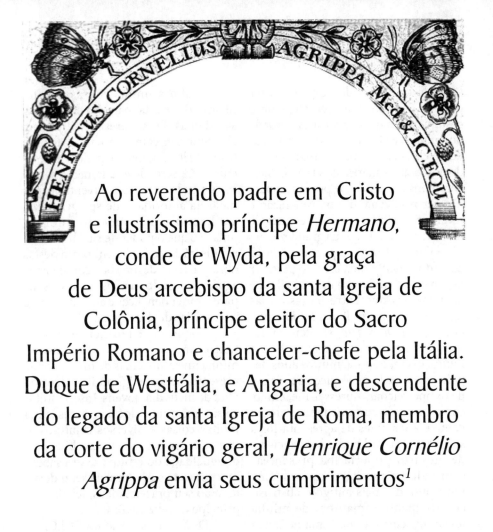

Ao reverendo padre em Cristo e ilustríssimo príncipe *Hermano*, conde de Wyda, pela graça de Deus arcebispo da santa Igreja de Colônia, príncipe eleitor do Sacro Império Romano e chanceler-chefe pela Itália. Duque de Westfália, e Angaria, e descendente do legado da santa Igreja de Roma, membro da corte do vigário geral, *Henrique Cornélio Agrippa* envia seus cumprimentos[1]

al é a grandeza de sua renomada fama (reverendíssimo e ilustre príncipe), tal é a grandeza de suas virtudes e o esplendor de sua sabedoria, e sério discurso, com sólida prudência e elegante prontidão de oratória, conhecimento de muitas coisas, fiel na religião e meritórias condições, com as quais é agraciado além do costume comum aos outros; e nada digo daqueles antigos monumentos à sua eminente nobreza, dos antigos tesouros de suas riquezas, velhas e novas, da amplitude de seu domínio, dos ornamentos das sagradas dignidades, com a excelência que lhe é própria, e que acrescente à boa forma e à força do corpo.

Embora sejam grandiosas todas essas coisas, eu o considero maior que todas elas, pois aqueles que por suas heroicas e superilustres virtudes à sua eminência se sentem atraídos, e quanto mais nobres e doutos, e mais apegados às virtudes, mais se insinuam em seu favor. Quanto a mim também, resolvido estou em obter seu favor, mas segundo os modos do povo de Partia, ou seja, não sem um presente, com o costume de saudar os príncipes, herdado dos antigos e ainda observado nos dias de hoje. E quando vejo outros homens doutos se aproximarem de sua eminência com bons e grandiosos presentes, para não ser negligente de sua veneração e reverência, não ouso me apresentar de mãos vazias diante de sua grandeza.

Com atenção, perscrutando cuidadosamente meu estúdio para ver que presente eu deveria dar a tão ilustre príncipe, eis que entre tantas coisas dispostas a esmo, os livros *De Filosofia Oculta, Ou De Magia*, se ofereceram, os quais tentei escrever quando era muito jovem, e agora, muitos anos depois, como se já os esquecesse, deixei de os aperfeiçoar. Apressei-me, então, como que para cumprir meus votos, a completá-los antes de apresentá-los à sua honra. Sem dúvida, convenci-me de que não poderia lhe presentear com nada mais aceitável que com uma nova obra do mais antigo e abstruso conhecimento; uma obra de minha juventude curiosa, mas uma doutrina da Antiguidade, a qual ninguém, atrevo-me a dizer, tentou recuperar.

Embora minhas obras não tenham sido escritas para sua eminência, são dignas de sua presença e podem abrir-me um caminho para obter seu favor. Eu lhe imploro, se puder, deixe-as entrar. Eu serei devotadamente seu se estes estudos de minha juventude, por meio da autoridade de sua grandeza, ganharem conhecimento público, uma vez que o poder de sua dignidade expulsará a inveja. A lembrança destas obras é o fruto de uma boa consciência, agora que, sendo eu mais velho, elas me parecem ser benéficas e absolutamente necessárias de divulgação.

O que sua eminência tem, portanto, não é apenas o trabalho de minha juventude, mas de minha idade presente, pois corrigi muitos erros da obra de meus dias jovens. Inseri muitas coisas em muitos locais e acrescentei muitas coisas e diversos capítulos, o que pode ser facilmente percebido pela desigualdade do estilo; e assim saberá que por toda a minha vida serei devotado ao seu prazer. Adeus, felicíssimo príncipe da feliz Colônia.

De Mechlinia, Ano XXXI d.C. No mês de janeiro.

Nota – Ao reverendo padre

1. Esta carta também aparece como carta 13, l. 6 do Epistolário da *Ópera* latina, 2:952-4.

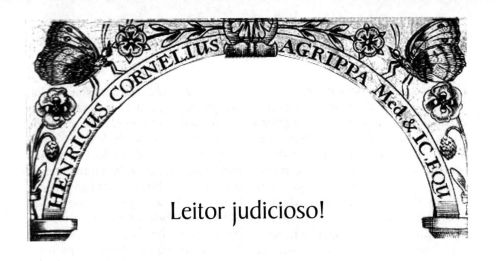

Leitor judicioso!

Há o lado externo e o lado interno da Filosofia; mas o primeiro sem o segundo é como um adorno vazio. Entretanto, a maioria se contenta com isso. Ter uma breve noção de uma Deidade, apreender alguns movimentos do mundo celestial, bem como suas operações comuns, e conceber algumas produções terrestres não passa de superficial e vulgar. Mas esta é a filosofia verdadeira, sublime, ainda que oculta: compreender as misteriosas influências do mundo intelectual sobre o celestial, e de ambos sobre o terrestre; saber como nos preparar e estar aptos para receber essas operações superiores, tornando-nos também capazes de realizar coisas maravilhosas, que parecem mesmo impossíveis ou pelo menos ilegais, quando na verdade elas podem ser efetuadas por um poder natural e sem ofensa a Deus ou violação à religião.

Defender reinos, descobrir os conselhos secretos dos homens, vencer os inimigos, redimir os cativos, aumentar a riqueza, obter o favor dos homens, eliminar doenças, preservar a saúde, prolongar a vida, ver e saber de coisas feitas a muitas milhas de distância e outros feitos assim, por virtude de influências superiores, podem parecer coisas incríveis; leia, porém, o tratado a seguir e verá a possibilidade confirmada pela razão e pelo exemplo.

Falo agora com o leitor judicioso, pois quanto aos outros, não sabem, nem acreditam, nem querem saber coisa alguma, exceto o que for vulgar; tampouco pensam que além disso há algo que vale a pena saber; quando de fato existem mistérios profundos em todos os seres, desde Deus no mais alto dos céus até os demônios no mais baixo dos infernos; sim, em números, nomes, letras, caracteres, gestos, tempo, lugar e coisas assim, tudo discutido em profundidade por esse culto e douto autor.

Não posso negar que na obra dele há muita superstição e frivolidade. Mas lembre-se de que o melhor ouro deve ter o melhor preço; considere o leitor o tempo das trevas, e da juventude do autor, o momento e o lugar em que ele descobriu as coisas de que escreve, e admirará sua solidez, em vez de condenar sua frivolidade. O ouro tem muita negritude em toda a sua volta quando é extraído da terra. Verdades misteriosas não brilham como raios do Sol logo que são libertadas de uma longa escuridão, mas encontram-se encobertas em obscuridade. Direi, ainda, que Agrippa talvez obscureça esses mistérios como um filósofo hermético, de propósito, para que só os filhos da arte os compreendam. Talvez ele misture o joio com o trigo, de modo que só os pássaros de vista apurada o identificariam, não deixando que os porcos o pisoteiem.

Previno-me de dizer muito que desculpe ou elogie o autor; pois no começo e no fim deste livro há várias epístolas dele e de outros, nas quais ele mesmo se desculpa; e de outros que louvam o que é mais valioso nele – entre os quais aquele honroso testemunho dado a ele pelo autor[1] da brilhante e sublime *Antroposofia Teomágica*, publicada recentemente. Só o que direi para persuadir o leitor a ler este livro é que eu desejo que você dê uma olhada no índice dos capítulos aqui contidos, que se encontra no fim:[2] e verá tamanha variedade de temas, que o deixará impaciente enquanto não ler tudo.

Atrevo-me agora a falar apenas um pouco de mim. Se essa minha tradução não corresponder ao valor do autor nem à expectativa do leitor, considere que a rudeza do estilo do autor em muitos lugares, as muitas erratas literais, como no caso de construção gramatical, podem, infelizmente, ter produzido erros na tradução. Mesmo assim, embora sem muita elegância (que, aliás, o tema não comportaria), espero ter usado frases tão inteligíveis em inglês quanto o original me permitia. Quanto aos termos de arte, que são muitos, vários deles não encontrariam expressão em inglês, por isso usei latinismos ou adaptações do grego, conforme os fui encontrando. Espero que um artista seja capaz de entendê-los. E quanto às erratas, uma leitura superficial do livro as revelará, como mencionado. Caso o leitor encontre mais, e é possível que encontre, seja leniente e atribua-as a erros de impressão; pois por tudo o que aqui eu lhe apresento, você sempre será grato a este amigo.

James Freake

Notas – Leitor judicioso!

1. Thomas Vaughan.
2. Provavelmente, Freake se refere ao fim da primeira parte, já que esse é o local em que o índice se encontra, tanto na versão em inglês quanto em latim.

A meu honorável, e não menos douto amigo, Robert Childe, doutor em Física

enhor! Grandes homens declinam, homens poderosos podem cair, mas um filósofo honesto mantém seu posto para sempre. A você, portanto, eu peço permissão para apresentar o que sei que você será capaz de proteger; não com a espada, mas com a razão; e não apenas isso, mas também com sua aceitação, será capaz de acrescentar brilho. Vejo que não foi em vão que você percorreu mar e terra, pois fez não de outro, mas de si mesmo, um prosélito, convertendo-se das vulgares e irracionais incredulidades para a adoção racional das verdades sublimes, herméticas e teomágicas. Em uma, é hábil como se *Hermes* tivesse sido seu tutor; em outra, tem um discernimento como se *Agrippa* fosse seu mestre.

Com muitos filósofos ultramarinos, dos quais nós apenas lemos, você conversou: muitos países, raridades e antiguidades de que só ouvimos falar você viu. Aliás, você não apenas ouviu, mas viu, não só em mapas, mas na própria Roma os modos de Roma. Lá, observou muita cerimônia, e pouca religião; e na selvageria da Nova Inglaterra, você viu entre alguns não a religião nem a cerimônia, mas o que a natureza lhes dita. E a variedade disso não é pequena, nem sua observação limitada. Em sua passagem lá por mar, você viu as maravilhas de Deus nas profundezas; e, por terra, você viu as fantásticas obras de Deus nas montanhas inacessíveis. Não deixou de olhar por baixo de nenhuma pedra, olhar este que o levou à descoberta do que era oculto e digno de ser exposto.

É parte de minha ambição levar o mundo a saber que eu honro pessoas como você, e meu douto amigo, e seu colega de viagem, o doutor Charlet, que, como verdadeiros filósofos, abrem mão de suas vantagens mundanas para se tornar mestres daquilo que os tornou hoje verdadeiramente honoráveis. Ainda que eu soubesse tantas línguas quanto vocês, as expressões retóricas e patéticas de cada uma não seriam suficientes para eu expressar minha estima e afeição pelos dois.

Agora, Senhor! Em referência a essa minha tradução, se seu julgamento encontrar alguma falha nela, tenha a candura de suprir a falta. Que este tratado *De Filosofia Oculta* chegando

como um estranho para os ingleses seja apreciado por você, lembrando que também foi um estranho no país de origem de tal texto. Esse estranho, eu vesti com trajes ingleses; se não estiver de acordo com a moda, e for um tanto desagradável, que a sua apreciação o corrija; você sabe que estrangeiros costumam induzir uma moda, principalmente se seus hábitos forem apreciados. A sua aprovação é aquilo de que esta obra precisa, e que me deixará profundamente grato,
Sinceramente seu,
James Freake

Estudiosos pragmáticos, homens feitos de orgulho
E argumentos vociferantes que zombam da verdade,
E caçoam de tudo o que vocês criam,
E acham que esses tratados de grande conhecimento não passam de mentiras,
Não ousem, exceto com mãos beatificadas,
Tocar nesses livros que ficarão com o mundo;
São eles de fato misteriosos, raros e ricos,
E transcendem em muito o comum.

Io. Booker

Três Livros de Filosofia Oculta ou de Magia

*Escritos por aquele famoso homem,
Henrique Cornélio Agrippa, Cavaleiro
e Doutor em Direito, Conselheiro
da Sagrada Majestade de César e Juiz
da Corte Primeira*

Livro I

Livro I

Índice

Capítulo I
Como os magos coletam virtudes do mundo triplo, é declarado nestes três livros......78

Capítulo II
O que é magia, quais são suas partes e como os professores devem ser qualificados......80

Capítulo III
Dos quatro elementos, suas qualidades e misturas múltiplas......83

Capítulo IV
De uma tripla consideração dos elementos......85

Capítulo V
Da maravilhosa natureza do Fogo e da Terra......88

Capítulo VI
Da maravilhosa natureza da Água, do Ar e dos ventos......91

Capítulo VII
Dos tipos de compostos, sua relação com os elementos, e a relação entre os elementos em si e a alma, os sentidos e as disposições dos homens......99

Capítulo VIII
Como os elementos se encontram nos céus, nas estrelas, nos demônios, nos anjos e, por fim, no próprio Deus......103

Capítulo IX
Das virtudes das coisas naturais, dependendo imediatamente dos elementos......106

Capítulo X
Das virtudes ocultas das coisas......109

Capítulo XI
Como as virtudes ocultas são infundidas nas várias espécies de coisas pelas ideias, com a ajuda da Alma do Mundo e dos raios das estrelas; e em quais coisas essa virtude prolifera mais......112

Capítulo XII
Como as virtudes específicas são infundidas em indivíduos específicos, mesmo da mesma espécie......114

Capítulo XIII
De onde procedem as virtudes ocultas das coisas..................116
Capítulo XIV
Do Espírito do Mundo, o que é, como é e por qual meio ele une
as virtudes ocultas aos seus sujeitos..................123
Capítulo XV
Como devemos descobrir e examinar as virtudes das coisas por
meio da semelhança..................126
Capítulo XVI
Como as operações de várias virtudes passam de uma coisa
para outra e são comunicadas uma à outra..................130
Capítulo XVII
Como por inimizade e amizade as virtudes das coisas devem
ser tentadas e descobertas..................132
Capítulo XVIII
Das inclinações das inimizades..................139
Capítulo XIX
Como as virtudes das coisas devem ser tentadas e descobertas,
que existem nelas de maneira específica ou, em qualquer indivíduo, por meio
de um dom especial..................146
Capítulo XX
As virtudes naturais existem em algumas coisas durante toda a
sua substância, e em outras, em certas partes e membros..................148
Capítulo XXI
Das virtudes das coisas que só existem nelas em seu tempo de vida, e de outras que permanecem depois da morte..................153
Capítulo XXII
Como as coisas inferiores se sujeitam a corpos superiores e como os corpos,
as ações e as disposições dos homens são atribuídos aos astros e signos.....156
Capítulo XXIII
Como saberemos quais astros regem as coisas naturais e quais
coisas são regidas pelo Sol, que são chamadas solares..................160
Capítulo XXIV
Quais coisas são lunares ou regidas pela Lua..................166
Capítulo XXV
Quais coisas são saturninas ou regidas por Saturno..................169
Capítulo XXVI
Quais coisas são regidas por Júpiter, sendo chamadas jovianas..................172
Capítulo XXVII
Quais coisas são regidas por Marte, sendo chamadas marciais..................175
Capítulo XXVIII
Quais coisas são regidas por Vênus, sendo chamadas venéreas..................177
Capítulo XXVIII
Quais coisas são regidas por Mercúrio, sendo chamadas mercuriais..........180

Capítulo XXX
Como todo o mundo sublunar e aquelas coisas que se encontram
nele são distribuídos aos planetas 182
Capítulo XXXI
Como as províncias e os reinos são distribuídos aos planetas 184
Capítulo XXXII
Quais coisas são regidas pelos signos, pelas estrelas fixas e
suas imagens..186
Capítulo XXXIII
Dos selos e do caráter das coisas naturais 191
Capítulo XXXIV
Como, pelas coisas naturais e suas virtudes, nós podemos
invocar e atrair influências e virtudes dos corpos celestes............................195
Capítulo XXXV
Das misturas das coisas naturais entre si e seu benefício..............................197
Capítulo XXXVI
Da união das coisas misturadas e a introdução de uma forma
mais nobre e os sentidos da vida 199
Capítulo XXXVII
Como, por certas preparações naturais e artificiais, nós podemos atrair dons
celestiais e vitais..202
Capítulo XXXVIII
Como podemos atrair não só dons celestiais e vitais, mas também certos
dons intelectuais e divinos do alto 204
Capítulo XXXIX
Que podemos, por meio de certas matérias do mundo, agitar os
deuses do mundo e seus espíritos ministrantes...207
Capítulo XL
De amarrações, de que tipo são elas e como são feitas..................................212
Capítulo XLI
De feitiçarias e seu poder 214
Capítulo XLII
Das maravilhosas virtudes de algumas espécies de feitiçarias 217
Capítulo XLIII
De perfumes, ou sufumigações, seu modo de agir e seu poder....................224
Capítulo XLIV
A composição de algumas fumigações apropriadas aos planetas................228
Capítulo XLV
De colírios, unções, remédios de amor e suas virtudes.................................231
Capítulo XLVI
De alijamentos naturais e suspensões...235
Capítulo XLVII
De anéis e suas composições..237
Capítulo XLVIII
Da virtude dos lugares, e que lugares são apropriados a cada estrela 240

Capítulo XLIX
De luz, cores, velas e lâmpadas, e a quais estrelas, casas e elementos várias cores são atribuídas..................243

Capítulo L
Da fascinação e sua arte..................247

Capítulo LI
De certas observações, produzindo virtudes maravilhosas..................249

Capítulo LII
Da expressão, e gesto, e hábito, e figura do corpo, e a quais estrelas cada um responde; onde se originam a fisiognomia, a metoposcopia e a quiromancia..................254

Capítulo LIII
Da adivinhação e suas espécies..................258

Capítulo LIV
De diversos animais e outras coisas que têm um significado em *augurias*..................262

Capítulo LV
Como *auspicios* são verificados à luz do instinto natural, e algumas regras para descobri-los..................272

Capítulo LVI
Das previsões por raios e relâmpagos, e como as coisas monstruosas e prodigiosas devem ser interpretadas..................279

Capítulo LVII
De Geomancia, Hidromancia, Aeromancia, Piromancia, quatro adivinhações de elementos..................282

Capítulo LVIII
De como reviver os mortos, do sono e da falta de víveres por muitos anos..................285

Capítulo LIX
Da adivinhação dos sonhos..................291

Capítulo LX
Da loucura, e de adivinhação feita quando os homens estão acordados, e do poder de um humor melancólico, por meio do qual os espíritos às vezes são induzidos ao corpo do homem..................293

Capítulo LXI
Da formação do homem, dos sentidos externos, e também dos internos e da mente; do apetite triplo da alma e paixões da vontade..................299

Capítulo LXII
Das paixões da mente, seus originais, sua diferença e suas espécies..................304

Capítulo LXIII
Como as paixões da mente mudam o corpo em si, mudando os acidentes e movendo o espírito..................306

Capítulo LXIV
Como as paixões da mente mudam o corpo por meio de imitação de alguma semelhança; também da transformação e translação do homem, e que força o poder imaginativo tem não só sobre o corpo, mas também sobre a alma....309
Capítulo LXV
Como as paixões da mente podem influir por si sós o corpo
de outra pessoa 313
Capítulo LXVI
Que as paixões da mente são auxiliadas por uma estação celestial,
e como a constância da mente é necessária em toda obra........................... 315
Capítulo LXVII
Como a mente do homem pode se juntar à mente e à inteligência dos celestiais e com eles imbuir certas virtudes maravilhosas em coisas
inferiores.. 317
Capítulo LXVIII
Como nossa mente pode mudar e amarrar coisas inferiores ao
que ela deseja.. 320
Capítulo LXIX
Da fala e da virtude das palavras.. 322
Capítulo LXX
Da virtude dos nomes próprios... 324
Capítulo LXXI
De muitas palavras ajuntadas, como em orações e versos, e das virtudes e
usos dos encantamentos 327
Capítulo LXXII
Do fantástico poder dos encantamentos 330
Capítulo LXXIII
Da virtude de escrever e de fazer imprecações e inscrições........................ 334
Capítulo LXXIV
Da proporção, correspondência, redução de letras aos signos
celestiais e planetas, de acordo com várias línguas, com uma tabela
ilustrativa 336

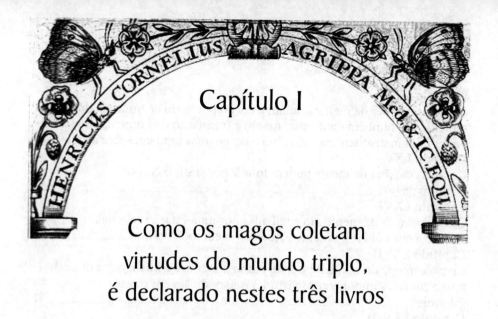

Capítulo I

Como os magos coletam virtudes do mundo triplo, é declarado nestes três livros

endo que existe um mundo triplo,[1] elementar, celestial e intelectual, e que todo inferior é governado por seu superior e recebe a influência das virtudes dele, de modo que o original e principal Trabalhador de todos, por meio de anjos, dos céus, das estrelas, elementos, animais, plantas, metais e pedras, transmite de si as virtudes de sua onipotência sobre nós, para cujo serviço ele fez, criou todas essas coisas, os sábios não consideram de modo algum irracional que nos seria possível ascender pelos mesmos graus, através de cada mundo, até o mesmo velho mundo original, o Criador de todas as coisas e Primeira Causa, de onde todas as coisas são e procedem; e também não apenas desfrutar essas virtudes, que já se encontram entre a mais excelente espécie de coisas, mas ainda atrair novas virtudes do alto.

Por isso, buscam as virtudes do mundo elementar, com a ajuda da Física e da Filosofia natural nas várias misturas de coisas naturais, em seguida do mundo celestial nos raios e suas influências, de acordo com as regras dos astrólogos e as doutrinas dos matemáticos, adicionando as virtudes celestiais às anteriores; além disso, eles ratificam e confirmam todas elas com os poderes de diversas inteligências, por meio de cerimônias sagradas de religião.

A ordem e o processo de tudo isso, eu me esforçarei para expressar nestes livros. O primeiro contém magia natural; o segundo, celestial; e o terceiro, cerimonial. Mas não sei se seria uma presunção imperdoável em mim, homem de tão pouco julgamento e conhecimento, em minha juventude, dedicar-me a um empreendimento tão difícil, tão duro e intricado quanto esse. Portanto, quaisquer coisas já ditas ou que venham a ser ditas aqui por mim, não desejo que sejam aprovadas por quem quer que seja, exceto pela Igreja universal, a congregação dos fiéis.[2]

Notas – Capítulo I

1. Agrippa divide o Universo nas regiões terrestre, astrológica e espiritual, cada uma dando origem ao seu tipo próprio de magia. Essa divisão reflete a divisão trina de Platão:
Eles [os espíritos] são os enviados e intérpretes que tramitam entre céu e terra, voando para o alto com nossa adoração e nossas orações, descendo com as respostas e mandamentos; e como se encontram entre os dois estados, fundem os dois lados e os mesclam em um grande todo. Eles formam o meio das artes proféticas, dos ritos sacerdotais de sacrifício, iniciação e encantamento, ou adivinhação e feitiçaria, pois o divino não se mistura diretamente com o humano, e é só pela mediação do mundo espiritual que o homem pode ter alguma interação, em vigília ou sono, com os deuses. E do homem versado nessas questões se diz que tem poder espiritual, ao contrário dos poderes mecânicos do homem que é especialista nas artes mais mundanas [*Symposium*, trad. para o inglês de M. Joyce. Em *Collected Dialogues*, ed. Edith Hamilton and Huntington [Princeton University Press, 1973], 555).
Hermes Trismegisto divide a região mais alta e separa os espíritos em deuses e almas, chegando assim a um Universo de quatro partes:
Há no Universo quatro regiões sujeitas a uma lei que não pode ser transgredida e a um governo monárquico; a saber, o céu, o éter, o ar e a terra. Acima, meu filho, no céu, vivem os deuses, sobre os quais – assim como sobre tudo – rege o Criador do Universo; no éter vivem as estrelas, sobre as quais rege a grande luminária, o Sol; no ar vivem as almas, sobre as quais rege a Lua; e na terra vivem os homens, sobre os quais rege aquele que é rei por ora; pois os deuses, meu filho, fazem nascer no momento certo um homem que seja digno de governar a terra ("Aphrodite", excerto 24. Em *Hermetica*, traduzido para o inglês por W. Scott [Boston: Shambahla, 1985, 1:495, 497).
2. Agrippa sabia que estava cruzando uma linha muito tênue entre Filosofia e bruxaria, segundo as opiniões da época, sujeita aos caprichos da Igreja. Ver a advertência, nesse sentido, no fim da carta de Trithemius a Agrippa, p. lvii.

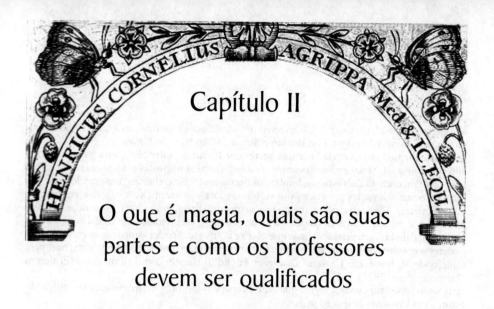

Capítulo II

O que é magia, quais são suas partes e como os professores devem ser qualificados

Magia é uma faculdade de maravilhosa virtude, cheia dos mais nobres mistérios, contendo a mais profunda contemplação das coisas mais secretas junto à natureza, ao poder, à qualidade, à substância e às virtudes delas, bem como o conhecimento de toda a natureza, e ela nos instrui acerca da diferença e da concordância das coisas entre si, produzindo assim maravilhosos efeitos, unindo as virtudes das coisas pela aplicação delas uma em relação a outra, unindo-as e tecendo-as bem próximas por meio dos poderes e das virtudes dos corpos superiores.

Essa é a mais perfeita e principal ciência, a mais sagrada e sublime espécie de filosofia e, por fim, a mais absoluta perfeição de toda a excelentíssima Filosofia. Pois, vendo que a filosofia reguladora é dividida em natural, matemática e teológica — a filosofia natural, aliás, ensina a natureza das coisas que estão no mundo, explorando e investigando suas causas, efeitos, tempos, lugares, maneiras, eventos, o todo e as partes, e também:

O número e a natureza dessas coisas,
Chamadas elementos, o que o Fogo, a Terra, o Ar geram:
De onde se originaram os firmamentos;
De onde vem a maré, de onde vem o arco-íris vestido de cores alegres.
O que faz as nuvens reunidas ficarem negras,
Para enviar relâmpagos e produzir trovões;
O que gera as chamas da noite e cria os cometas;
O que faz a Terra tão firme, e de repente tão trêmula;
Qual é a semente dos metais e do ouro
Que virtudes, riqueza, se guardam no cofre da natureza.[1]

De todas essas coisas trata a filosofia natural, ensinando-nos, segundo a musa de *Virgílio*:

... de onde emanam todas as coisas,
A humanidade, os animais, o fogo, a chuva e a neve.
De onde emanam os terremotos, por todo o oceano se agita.
Sobre suas ribeiras, para de novo retroceder:
De onde vem a força das ervas, a coragem, a ira dos brutos,
De onde vêm todos os tipos de pedras, coisas rastejantes e frutas.[2]

Mas a filosofia matemática nos ensina a conhecer a quantidade dos corpos naturais, que se estendem em três dimensões, bem como a conceber o movimento e o curso dos corpos celestiais:

... como em grande pressa.
O que faz as estrelas douradas marcharem tão rápido;
O que faz a Lua às vezes esconder o rosto,
Também o Sol, como que por alguma desgraça.[3]

E como entoa *Virgílio*:

Como o Sol rege com doze signos do zodíaco,
O orbe, cuja circunferência é medida com linhas,
Faz o céu estrelado se tornar conhecido,
E estranhos eclipses do Sol, e a Lua, Arturo também, e as Estrelas de Chuva,
As Sete Estrelas igualmente,
Por que o Sol de inverno se volta para o oeste tão rápido;
O que torna as noites tão longas antes de acabarem?[4]

Tudo o que é compreendido pela filosofia matemática.

E assim, contemplando os céus, podemos prever
todas as estações; o tempo de colher e o tempo de semear,
e o momento de às profundezas se lançar;
e na guerra proceder, e de, na paz, adormecer;
e o momento de, às árvores, fazer ruir;
para depois, de novo, plantar e de seus bens fruir.[5]

Ora, a filosofia teológica, ou divindade, ensina o que é Deus, o que é a mente, uma inteligência, um anjo, um demônio, a alma, a religião, o que são as sagradas instituições, os ritos, templos, observações e santos mistérios: ela nos instrui também acerca da fé, dos milagres, das virtudes das palavras e números, as operações secretas e os mistérios dos selos, e ,como dizia *Apuleio*, ensina-nos a compreender devidamente e nos habilitarmos nas leis cerimoniais, na equidade das coisas sagradas e nas regras das religiões. Mas deixe-me voltar a essas três principais faculdades que a Magia abrange, une e opera. Não à toa, portanto, que os antigos a estimavam como a mais sagrada e nobre filosofia.

Como podemos verificar, ela foi trazida à luz pelos mais sábios autores, e mais famosos escritores, entre os quais particularmente *Zamolxis* e *Zoroastro*, que eram tão famosos que muitos acreditavam terem sido eles os inventores dessa ciência. Seguiram o caminho deles *Abbaris*, o Hiperbóreo, *Charmondas, Damigeron, Eudóxio, Hermippus*. Houve ainda outros nomes eminentes, homens de primeira linha, como *Hermes Trismegisto, Porfírio, Jâmblico, Plotino, Proclo, Dardano,*

Orfeu, o Trácio, *Gog*, o Grego, *Germa*, o Babilônio, *Apolônio* de Tiana. *Ostanes* também escreveu obras excelentes nessa arte, as quais se perderam e foram depois recuperadas por *Demócrito* de Abdera,[6] que as apresentou com seus comentários. *Pitágoras, Empédocles, Demócrito, Platão* e muitos outros renomados filósofos fizeram longas viagens marítimas para aprender essa arte: e, ao retornar, divulgaram-na com magnífica devoção, considerando-a um grande segredo. Também é fato bem conhecido que *Pitágoras* e *Platão* procuraram os profetas de Mênfis[7] para aprendê-la, e viajaram por quase toda a Síria, Egito, Judeia e escolas dos caldeus, para que não permanecessem ignorantes dos mais sagrados memoriais e registros de Magia e também para se suprirem de coisas divinas.

Assim, quem desejar se primar nessa faculdade, se não for versado em Filosofia natural, pela qual se descobre a qualidade das coisas e na qual se encontram as propriedades ocultas de todo ser, e se não for versado em Matemática e nos aspectos e cifras das estrelas, sobre as quais depende a sublime virtude e a propriedade de tudo; e se não for versado em Teologia, na qual se manifestam as substâncias imateriais[8] que dispensam e ministram todas as coisas, não será capaz de entender a racionalidade da Magia. Pois nenhuma obra é feita por mera magia, tampouco é meramente mágica, sem abranger essas três faculdades.

Notas – Capítulo II

1. Essa citação não é de Virgílio, mas não fui capaz de localizar a fonte.
2. A segunda e terceira linhas dessa citação são de Georgics 2, linhas 479-80. As outras, eu não consegui identificar.
3. Não são de Virgílio, mas, novamente, não consegui encontrar a fonte.
4. Uma mescla de Georgics 1, linhas 231-2, Georgics 2, linhas 477-8, e as linhas 744-6 da *Eneida*.
5. Georgics 1, linhas 252-6.
6. Isto é, pseudo-Demócrito, O alquimista. Ver nota bibliográfica de Ostanes.
7. Isso também é confirmado pelos mais doutos dentre os gregos (como Sólon, Tales, Platão, Eudóxio, Pitágoras e, alguns dizem, Licurgo), que foram ao Egito e conversaram com os sacerdotes; dos quais dizem que Eudóxio foi ouvinte de Chonuphus de Mênfis, Sólon de Sonchis de Sais e Pitágoras de Oenuphis de Heliópolis. O último (como é provável), que era admirado com fervor pelos homens, e eles por ele, imitava o modo simbólico e misterioso dos egípcios, obscurecendo seus sentimentos com intricados enigmas. (Plutarco, *Isis and Osiris 10*, traduzido para o inglês por William Baxter. Em *Plutarch's Essays and Miscellanies*, ed. William W. Goodwin [London: Simpkin, Marshall, Hamilton, Kent and Co., 1874-8], 4:72).
8. Especificamente, os espíritos do ar mencionados por Hermes, Agostinho, Platão e outros.

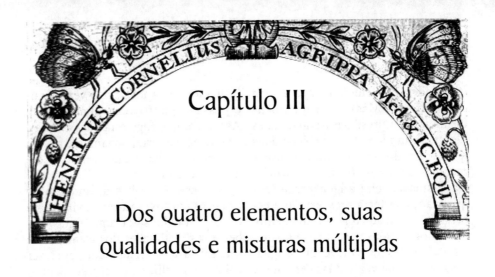

Capítulo III

Dos quatro elementos, suas qualidades e misturas múltiplas

Existem quatro elementos[1] e bases originais de todas as coisas corpóreas – fogo, terra, água, ar – dos quais todos os corpos inferiores são compostos; não por meio de um acúmulo de todos eles, mas pela transmutação e união. E quando são destruídos, decompõem-se nos elementos; pois nenhum dos elementos sensíveis é puro, mas todos são mais ou menos mistos e passíveis de se transformar uns nos outros. A terra, por exemplo, fica mole, dissolve-se e vira água, para depois endurecer e espessar, tornando-se terra novamente; se, no entanto, como água, ela evaporar por ação do calor, passa para o ar, que, sendo alimentado, passa para o fogo. Este, ao se extinguir, retorna mais uma vez ao ar, mas, esfriando após o retorno, torna-se terra, ou pedra, ou enxofre, e isso se manifesta pelo relâmpago.[2]

Platão também tinha essa opinião de que a Terra era totalmente mutável e que o resto dos elementos são transformados uns nos outros, sucessivamente.[3]

Parece que Agrippa não leu Platão com a devida atenção:

Mas na opinião dos mais sutis filósofos, a terra não é mudada, mas abrandada e misturada com outros elementos que não a dissolvem, e retorna ao que era.

Ora, cada um dos elementos tem duas qualidades especiais, a primeira sendo a de reter a própria identidade; a segunda, como um meio de aceitar o que vem depois de si. Pois o fogo é quente e seco, a terra seca e fria, a água fria e úmida, o ar úmido e quente. E assim, nesse sentido, os elementos, de acordo com duas qualidades contrárias, são contrários um ao outro, como fogo e água, terra e ar. Além disso, os elementos são contrários em outro sentido, pois alguns são pesados, como terra e água, e outros são leves, como ar e fogo. Os estoicos chamavam os primeiros de passivos e os últimos, de ativos.

Entretanto, *Platão* faz mais uma distinção[4] e atribui a cada um três qualidades – ao fogo: brilho, finura e movimento; à terra: escuridão, espessura e quietude. E de acordo com essas qualidades, os elementos fogo e terra são contrários. Mas os outros elementos tomam emprestadas as qualidades destas, de modo que o ar recebe duas qualidades do fogo – finura e movimento – e uma da terra – escuridão. Da mesma maneira, a água recebe duas qualidades da terra – escuridão e espessura – e uma do fogo – movimento. Mas o fogo é duas vezes mais fino que o ar, três vezes mais móvel que a água. A água, por sua vez, é duas vezes mais brilhante que a terra, três vezes mais espessa e quatro vezes mais móvel. Assim como o fogo está para a água e a água para a terra, novamente a terra está para a água, a água para o ar e o ar para a terra.

E essa é a raiz e a fundação de todos os corpos, naturezas, virtudes e obras maravilhosas; e aquele que souber essas qualidades dos elementos e suas misturas terá facilidade para fazer coisas maravilhosas e surpreendentes, perfeitas na Magia.

Notas – Capítulo III

1. Ver apêndice III.
2. "O relâmpago e o trovão são acompanhados de um forte cheiro de enxofre, e a luz por eles produzida é de uma aparência sulfúrea" (Plínio, *Natural History* 35:50, traduzido para o inglês por John Bostock e H.T. Riley [London: Henry G. Bohn, 1857], 6:293).
3. Em primeiro lugar, vemos o que chamamos apenas de água por condensação, eu suponho, tornar-se pedra e terra, e esse mesmo elemento, quando derretido e disperso, vira vapor e passa para o ar. O ar, por sua vez, quando inflamado, torna-se fogo, e este, quando condensado e extinto, produz nuvem e névoa – e destas, quando ainda mais comprimidas, flui a água e da água vêm terra e pedras mais uma vez – e assim as gerações parecem ser transmitidas de uma para outra, em um ciclo. (*Timaeus* 49c, traduzido para o inglês por B. Jowett [Hamilton and Cairns]) Mas Platão diz, ainda: Agora é o momento de explicar o que antes foi dito de maneira obscura. Houve um erro ao se imaginar que todos os quatro elementos podiam ser gerados pelos outros e uns nos outros. Digo que essa foi uma suposição errônea, pois são gerados a partir dos triângulos de que selecionamos quatro espécies – três [fogo, ar e água] do que tem os lados desiguais, e só o quarto [terra] se estrutura a partir do triângulo isósceles. Assim, não pode se resolver uns nos outros, um grande número de corpos menores sendo combinados em alguns maiores, ou o inverso. Mas três dos elementos podem ser assim resolvidos e compostos, pois têm a mesma origem (*Ibid*. 54c). E, mais adiante, ele é mais específico: A terra, ao se encontrar com o fogo e ser dissolvida por sua agudez, quer a dissolução ocorra no fogo em si, quer talvez em alguma massa de ar ou de água, é transportada de um lado para outro até que suas partes, encontrando-se e entrando em harmonia novamente, se tornem terra, pois nunca podem assumir nenhuma outra forma (*Ibid*. 56d).
4. Ver apêndice III.

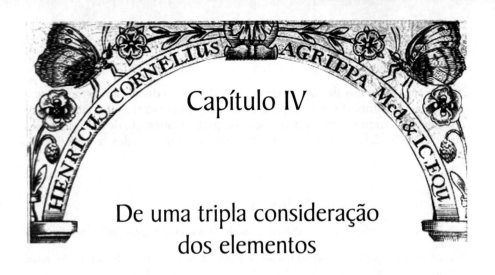

Capítulo IV

De uma tripla consideração dos elementos

Há, então, como dissemos, quatro elementos, sem o conhecimento dos quais nada podemos realizar na Magia. Ora, cada um deles tem uma tripla natureza,[1] de modo que o número de quatro pode compor o número de doze; e passando o número de sete para dez, pode ocorrer um progresso à suprema Unidade, da qual toda virtude e operação maravilhosa dependem.[2]

Da primeira ordem[3] são os elementos puros, que não são compostos nem mudados, tampouco admitem mistura, mas são incorruptíveis, e por meio dos quais as virtudes de todas as coisas naturais são postas em efeito. Nenhum homem é capaz de declarar as virtudes desses elementos, porque eles podem fazer de tudo, sobre tudo. Aquele que ignorar isso nunca conseguirá concretizar nenhuma matéria maravilhosa.

Da segunda ordem[4] são elementos compostos, mutáveis e impuros, mas que podem por meio da Arte ser reduzidos à sua simplicidade pura, cuja virtude, quando se encontram assim reduzidos, está, acima de todas as coisas perfeitas, em todas as operações ocultas e comuns da natureza: e essas são as bases de toda a magia natural.

Da terceira ordem[5] são aqueles elementos que por si sós não são elementos, e sim duas vezes compostos, variados e mutáveis uns em outros. Eles são o meio infalível, por isso chamado de natureza do meio ou alma da natureza do meio: poucos são os indivíduos que entendem os profundos mistérios desses elementos. Neles, por meio de certos números, graus e ordens, existe a perfeição de todo efeito em todas as coisas, naturais, celestiais ou supracelestiais; eles estão cheios de maravilhas, mistérios, e são operativos, naturais na magia, tão divinos: pois, a partir deles, emanam as uniões, dissociações e transmutações de todas as coisas, o saber e o pré-saber das coisas futuras, bem como o afastamento do mal e a obtenção de bons espíritos.

Sem esses três elementos, ou o conhecimento deles, que nenhum homem acredite que é capaz de produzir coisa alguma nas ciências ocultas da magia e da natureza. Mas aquele que souber reduzir os elementos de uma ordem em elementos de outra, impuro em puro, composto em simples, e entender de modo distinto a natureza, virtude e poder deles em números, graus e ordem, sem dividir a substância, terá facilidade para alcançar o conhecimento e a perfeita operação de todas as coisas naturais e dos segredos celestiais.[6]

Notas – Capítulo IV

1. Talvez seja uma referência às qualidades cardeais, fixas e mutáveis, mostradas nos signos do zodíaco.
2. Esses números parecem se referir aos sete planetas, doze signos do zodíaco e dez Sefirotes. Podem ser manipulados desta forma: $7 + 12 = 19 = 1 + 9 = 10 = 1 + 0 = 1$.
3. Talvez os números primos de um dígito, ou seja, 2, 3, 5 e 7.
4. Talvez os números de um dígito compostos, ou seja, 4, 6, 8 e 9.
5. Talvez números de mais de um dígito, que podem ser reduzidos a um único dígito por adição mágica ou cabalística. Por exemplo, $12 = 1 + 2 = 3$. Desse modo, eles são reduzíveis a um ou outro dos primeiros dois grupos, ou em unidade. É na manipulação de letras hebraicas mediante seus valores numéricos que boa parte da magia se baseia.
6. Este capítulo tem a distinção de ser o mais obscuro em todo o livro. Thomas Vaughan, que praticamente venerava Agrippa ("ouça o oráculo de magia, o grande, o solene Agrippa"), cita *verbatim* a partir da edição inglesa, ainda que com alguns erros menores, em sua obra *Anima Magica Abscondita*. Vaughan cita ainda uma passagem paralela dos escritos do abade Trithemius, que, embora longa, me sinto inclinado a reproduzir aqui por causa da obscuridade da questão:
"O primeiro princípio consiste naquela substância por meio da qual (mais importante que de quem) toda potencialidade das maravilhas naturais se desenvolve no concreto. Dissemos 'por meio da qual' porque o Absoluto que procede da unidade não é composto nem tem a menor vicissitude. Da Tríade e da Tétrade há uma progressão arcana para a Mônada, para a completude da Década, porque assim se dá a regressão do número para a unidade e, de modo semelhante, a descida à Tétrade e a ascensão à Mônada. Só assim pode a Díade ser completada. Com alegria e triunfo é Mônada convertida em Tríade. Ninguém que ignore esse princípio, que segue o princípio da Mônada, pode alcançar a Tríade nem se aproximar da mais sagrada Tétrade. Se conhecessem todos os livros dos sábios; se estivessem perfeitamente familiarizados com o curso das estrelas, suas virtudes, poderes, operações e propriedades; e entendessem com clareza seus tipos, sinetes, sigilos e os maiores segredos, ainda assim nenhuma maravilha tais homens poderiam realizar a partir dessas operações sem o conhecimento desse princípio que vem de um princípio e retorna a um princípio; de fato, todos, sem exceção, que descobri experimentando em magia natural nada alcançaram ou, após longas e improdutivas operações, se desviaram para buscas fúteis, frívolas e supersticiosas. Agora, o segundo princípio, que é separado do primeiro em ordem, e não em dignidade, que por sua existência cria a Tríade, é aquele que realiza maravilhas pela Díade. Simples, porém na Tríade é composto, pois, sendo purificado pelo fogo, gera água pura, e reduzido à sua simplicidade revelará ao realizador dos mistérios arcanos a completude de seus trabalhos. Aí se encontra o centro de toda magia natural, cuja circunferência unida em si mesma exibe um círculo, uma vasta linha no infinito. Sua virtude está acima de todas as coisas purificadas, e é menos simples que todas as coisas, composto na escala da Tríade. Essa é a Tétrade, em cuja capacidade a Tríade se juntou à Díade, fazendo de todas as coisas uma e funcionando de modo magnífico. A Tríade reduzida à Unidade contém todas as coisas, *per aspectum*, em si e faz o que quiser. O terceiro princípio é, por si, princípio nenhum, mas entre este e a Díade está o fim de toda a ciência e arte mística, e o centro infalível do princípio meditativo. Não é mais fácil errar em um que em outro, pois são poucos os que progridem na terra que compreendem o fundamento de seus

mistérios, seja progredindo por meio de uma multiplicação por 8 através do setenário na Tríade ou permanecendo fixo. Aí está a consumação da escala e série do Número. Foi assim que todo filósofo e todo verdadeiro escrutador dos segredos naturais alcançou resultados admiráveis; foi por esse meio, reduzido na Tríade a um elemento simples, que eles subitamente operaram curas milagrosas de doenças e todos os tipos de males, de maneira pura e natural, e as operações de magia natural e sobrenatural obtiveram resultados sob a direção da Tétrade. Por esse meio, a previsão de eventos futuros era realizada de verdade, e não há outra maneira possível de arrancar da natureza coisas mantidas em segredo. Só por esse meio o segredo da natureza se abriu para os alquimistas; sem ele, não se atinge a menor compreensão da Arte nem se descobre o fim do experimento. Acredite-me, erram todos aqueles que, destituídos desses três princípios, sonham que conseguirão realizar alguma coisa nos serviços secretos da natureza." Até aqui, Trithemius, para a melhor compreensão do leitor, informou que há um Binário duplo, de luz e confusão; mas ele observa com atenção Agrippa, "Das escalas dos números", e o leitor entenderá tudo, pois nosso abade emprestou dele a linguagem, tendo examinado seus escritos antes de publicar qualquer coisa da própria autoria (Vaughan Anima Magica Abscondita. Em *The Magical Writings of Thomas Vaugham*, ed. A. E. Waite [London: George Redway, 1888], 58-60).

Capítulo V

Da maravilhosa natureza do Fogo e da Terra

á duas coisas (dizia *Hermes*) – [1] fogo e terra – que bastam para a operação de todas as coisas maravilhosas: o primeiro é ativo; a segunda, passiva.

O fogo (como dizia *Dionísio*),[2] em todas as coisas, e por meio de todas as coisas, vem e vai sempre brilhante, é brilhante em todas as coisas e ao mesmo tempo oculto e desconhecido; quando está sozinho (sem outra matéria se aproximando, sobre a qual ele deveria manifestar sua devida ação), ele é ilimitado e invisível, autossuficiente para toda ação que lhe é própria, móvel, entregando-se de certa maneira a todas as coisas que a ele se achegam, renovando, respeitando a natureza, iluminando, não compreendido por luzes que são veladas, claro, saltitante em retrocesso, curvando-se para a frente, rápido de movimento, algo sempre em ascensão, compreendendo os outros, e não sendo compreendido, não precisando de outro, secretamente crescendo sozinho e manifestando sua grandeza às coisas que o recebem. Ativo, poderoso, de presença invisível em todas as coisas, ele não aceita afrontas nem oposição e, como por vingança, reduz tudo à obediência a si, incompreensível, impalpável, não diminuído, muito rico em todas as formas de si. O fogo (como dizia *Plínio*) é a parte ilimitada e malvada da natureza das coisas, podendo destruir ou produzir a maioria delas.

O fogo em si é um e penetra todas as coisas (como dizem os pitagóricos). Também se espalha pelo firmamento e brilha: mas no lugar infernal, estreito, escuro e atormentador, participando assim dos dois extremos. Portanto, o fogo em si é um, mas naquilo que o recebe é múltiplo e, em diferentes sujeitos, distribuído de maneira diferente, como *Cleantes* testemunha em *Cícero*. Aquele fogo que usamos é, portanto, oriundo de outras coisas. Ele está nas pedras e é gerado pelo golpe do aço; está na terra e, após escavação, gera fumaça; está na água, e aquece as termas e os poços; está no fundo do mar e, espalhado pelos ventos, deixa-o quente; está no ar e o faz queimar (como vemos, às vezes). E todos os animais, todos os seres vivos e também todos os vegetais são preservados pelo calor: e tudo o que vive, vive graças ao fogo inerente.

As propriedades do fogo que está acima são o calor, que torna as coisas férteis, e a luz, que dá vida às coisas. As propriedades do fogo infernal são um calor de estorricar, que consome todas as coisas, e a escuridão, que torna todas as coisas estéreis. O fogo celestial, brilhante, afasta espíritos das trevas; também esse nosso fogo feito com madeira tem o mesmo efeito, tendo uma analogia com o *veículo* – e sendo o veículo – daquela luz superior; com Aquele que disse "Eu sou a luz do mundo",[3] que é o verdadeiro fogo de quem provêm todas as coisas boas; Ele, enviando a luz de Seu fogo, comunicando-o em primeiro lugar ao Sol, e ao resto dos corpos celestes, e por meio destes, como instrumentos mediadores, transmitindo essa luz ao nosso fogo.

Portanto, assim como os espíritos das trevas são mais fortes no escuro, também os bons espíritos, anjos de luz, são fortalecidos não só pela luz do Sol, que é divina e celestial, mas também pela luz de nosso fogo comum. Não foi à toa que os primeiros e mais sábios instituidores das religiões e cerimônias determinaram que as orações, cantorias e toda espécie de adoração divina não fossem realizadas sem velas ou tochas acesas. (Daí também advém a frase significativa de *Pitágoras*: não fale de Deus sem uma luz.)[4] E eles ordenavam que, para afastar espíritos ímpios, luzes e fogos deveriam ser acesos ao lado dos corpos dos mortos, para que eles não fossem removidos até as expiações terem sido realizadas de uma maneira sagrada, para depois serem enterrados. E o próprio grande *Jeová*, na velha lei, ordenou que todos os seus sacrifícios fossem oferecidos com fogo e que o fogo deveria sempre ficar aceso sobre o altar,[5] costume que os sacerdotes do altar sempre observavam e mantiveram entre os romanos.

Ora, a base, a fundação de todos os elementos, é a terra, pois ela é o objeto, sujeito e receptáculo de todos os raios e influências celestiais; nela estão contidas as sementes e as virtudes seminais de todas as coisas; e por isso se diz que ela é animal, vegetal e mineral. Frutificada pelos outros elementos e pelos céus, ela gera tudo de si; recebe a abundância de todas as coisas e, sendo a primeira fonte, é dela que brotam todas as coisas. Ela é o centro, a fundação e a mãe de todas as coisas. Pegue dela quanto você quiser – separada, lavada, depurada, sutilizada –, se a deixar exposta ao ar livre por algum tempo, sendo plena e abundante de virtudes celestes, ela gerará plantas, minhocas e outros seres vivos, além de pedras e brilhantes fagulhas de metais.[6]

Nela se encerram grandes segredos, se em algum momento ela for purificada com a ajuda do fogo e reduzida à sua simplicidade por uma lavagem conveniente. Ela é a primeira matéria de nossa criação e o remédio mais verdadeiro capaz de nos restaurar e preservar.[7]

Notas – Capítulo V

1. Disse Hermes:
Separe a terra do fogo, o sutil do grosseiro, com delicadeza e cuidado. Ascenda da terra ao céu e desça de novo à terra para unir o poder das coisas superiores e inferiores; assim, você obterá a glória do mundo inteiro e as sombras o deixarão (*Tábua de esmeralda*, de Hermes Trismegisto). Ver Apêndice I.
2. Dionísio, o Areopagita, no capítulo 15 de seu livro *Concerning the Celestial Hierarchy*, em que o fogo é discutido em detalhe.
3. João 8:12.
4. "Não fale de interesses pitagóricos sem uma luz"(*Jâmblico Life of Pythagoras*, cap. 18, traduzido para o inglês por Thomas Taylor [1818] [London: John M. Watkins, 1926], 45). A mesma expressão também aparece no cap. 23, p. 57. É incluída em uma lista de coisas, que deveriam ou não deveriam ser feitas, que era recitada aos iniciados na escola de Pitágoras. Taylor menciona em uma nota que ele interpolou as palavras "interesses pitagóricos", que não aparecem no original.
5. Levítico 6,12-3.
6. A crença de que algumas plantas e animais, principalmente insetos, nasciam por geração espontânea na terra, sem união sexual, era universal na Antiguidade:

> Destes, todos os quais produzidas pela união de animais da mesma espécie, geram prole à sua semelhança; mas todos os que não são produzidos por animais, mas sim a partir da decomposição da matéria, geram, ou melhor, produzem, outra espécie, e a cria não é feminina nem masculina; é o caso de alguns insetos. (*Aristóteles, On the Generation of Animals* 1.1.715b, traduzido para o inglês por A. Platt. Em *The Basic Works*, ed. Richard McKeon [New York: Randon House, 1941], 666).

Plínio repete boa parte do que diz Aristóteles:

> Muitos insetos, porém, são gerados de uma maneira diferente; e alguns, de modo particular, do orvalho... Do mesmo modo, também alguns animais são gerados na terra a partir da chuva, e alguns, da madeira... Também da carne putrefata há certos animais produzido e até no cabelo de homens vivos...

> Outros insetos são ainda gerados da sujeira, produzidos por efeitos dos raios do Sol – essas pulgas são chamadas "petauristas", por causa do que fazem com as pernas traseiras. E outros ainda são produzidos com asas da poeira úmida que é encontrada em buracos e cantos (Plínio 11.37-9 [Bostock e Riley, 3:39-40]).

A crença na geração espontânea persistiu com obstinação. Embora Redi tivesse provado em 1668 que as larvas não surgiam da carne podre, a questão ainda era levantada quando Goldsmith escreveu *Animated Nature* (1774):

> Mas descobertas posteriores nos ensinaram a ser mais cuidadosos antes de chegar a conclusões gerais, e induzem muitos a duvidar de que a vida animal possa ser produzida da putrefação (London: Thomas Nelson, 1849, 97).

Claro que ele não era autoridade no assunto. O dr. Johnson disse certa vez, acerca de Goldsmith: "Se ele sabe distinguir um cavalo de uma vaca, é por aí que cessa seu conhecimento de zoologia".

> Além de plantas e animais, supunha-se que os metais também cresciam no solo, exatamente como os cristais de fato crescem. O cristal de rocha, por outro lado, era considerado gelo formado sob temperaturas muito frias que o tinham levado a se petrificar.

7. A primeira matéria, ou matéria-prima, é um conceito alquímico. Só quando metais básicos são reduzidos ao seu estado original, puro, anterior à corrupção de impressões e paixões, é que eles são aptos a receber o padrão do divino espírito, que os infunde – ou melhor, como só existe um material primo – com virtude de cura.

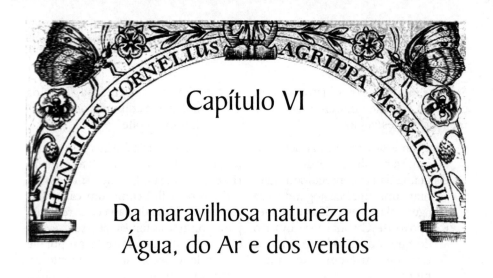

Capítulo VI

Da maravilhosa natureza da Água, do Ar e dos ventos

s outros dois elementos, água e ar, não são menos eficazes que os primeiros; tampouco deixa a natureza de trabalhar com eles coisas maravilhosas.

A necessidade de água é tão grande que, sem ela, nada que tenha vida pode viver. Nenhuma erva ou planta pode se desenvolver sem a umidade da água. Nela se encontra a virtude seminal de todas as coisas, principalmente dos animais, cuja semente é aquosa. Também as sementes das árvores e plantas, embora da terra, precisam estar enraizadas na água antes de ser frutíferas, sejam elas embebidas na umidade da terra ou com orvalho, chuva ou qualquer outra fonte de água que lhes sirva a esse propósito.

Pois *Moisés* escreve que só a terra e a água formam um ser vivente.[1] Mas ele atribui uma produção dupla das coisas à água, ou seja, de coisas que nadam nas águas e de coisas que voam no ar sobre a terra.[2] E essas produções que são feitas na terra e sobre a terra são em parte atribuídas à própria água, afirmam as Escrituras, em que se diz que as plantas e ervas não tinham crescido porque Deus ainda não fizera chover sobre a terra.[3]

Tal é a eficácia desse elemento da água, que a regeneração espiritual não pode subsistir sem ele, como o próprio Cristo afirmou a *Nicodemos*.[4] Muito grande também é a virtude dela na adoração religiosa a Deus, em expiações e purificações; sim, a necessidade de água não é menor que a do fogo. Os benefícios são infinitos e seu uso, diverso, pois graças a ela todas as coisas subsistem, são geradas, alimentadas e aumentadas.

Nesse sentido, *Tales* de Mileto e *Hesíodo* concluíram que a água era o princípio de todas as coisas, e disseram que ela era o primeiro de todos os elementos e o mais potente, e por isso mesmo tinha o domínio sobre todos os demais.[5] Pois, como dizia *Plínio*, as águas engolem a terra, apagam o fogo, ascendem ao alto e, com a formação de nuvens, desafiam o céu; e sua queda se torna a causa de todas as coisas que crescem na terra.[6] Numerosas são as maravilhas feitas pelas águas, segundo os escritos de *Plínio*,

Solino e muitos outros historiadores, e de cuja virtude também *Ovídio* faz menção nestes versos:[7]

> Ammon está frio, mas aquece durante a manhã e a tarde.
> Os atamanianos conseguiram queimar uma floresta jogando sua água nela, na escuridão da noite.
> E o povo de Ciconia tem um rio do qual nunca bebe, porque se transformaria em pedra mármore.
> Cratis e Sibaris, em nosso próprio país, mudam a cor do cabelo para prata ou ouro.
> E há outros rios, mais maravilhosos ainda,
> Cujas águas afetam tanto a mente quanto o corpo.
> Vocês já ouviram falar da Salmácia; há lagos na Etiópia em que um gole de água
> Basta para deixar alguém louco ou rígido e imóvel, em estado catatônico.
> Nenhum homem que goste de seu vinho deverá beber do Clitor,
> Ou então passaria a odiá-lo; alguma coisa naquela água
> Reage contra o calor do vinho.
> Dizem os nativos que Melampo, quando curou as irmãs loucas
> De Proeto com suas ervas e feitiços,
> Jogou naquele rio, Heléboro, que clareia a mente,
> Por isso a rejeição ao vinho permanece naquelas águas.
> O Rio Linestis é exatamente o oposto;
> Quem dele beber à vontade ficará cambaleante
> Como se tivesse tomado vinho puro.
> Em Feneo, na Arcádia, há rios inofensivos durante o dia e perigosos à noite.

Josephus também se refere à maravilhosa natureza de um determinado rio entre Arcea e Rafanea, cidades da Síria, o qual flui como um canal durante todo o dia do Sabá e, de repente, para, como se as fontes secassem, e, nos outros seis dias, pode-se passar por ele com o leito seco: mas novamente no sétimo dia (sem que ninguém saiba por quê), as águas retornam em abundância, como antes. É por isso que os habitantes da localidade o chamam de Rio do Dia do Sabá, por causa do sétimo dia, que era sagrado para os judeus.[8]

O Evangelho também faz referência a um tanque em que as ovelhas bebiam, no qual quem entrasse, após a água ter sido mexida por um anjo, era curado de qualquer doença.[9] A mesma virtude e eficácia encontramos em uma fonte das ninfas jônicas, que ficava nos territórios pertencentes à cidade de Elis, em um vilarejo chamado Heráclia, perto do Rio Citeron, no qual quem entrasse, se estivesse doente, saía são e curado de seus males.[10]

Pausânias também narra que em Liceu, uma montanha de Arcádia, havia uma terma chamada Ágria, para onde o sacerdote de Liceu ia sempre que as frutas da região eram ameaçadas de destruição pela seca, e lá ele fazia sacrifícios, rezando com devoção para as águas da terma, segurando nas mãos um ramo de carvalho que colocaria no fundo da fonte sagrada; as águas sendo perturbadas, um vapor subia delas até o ar e era soprado para as nuvens, que se espalhavam por todo o céu e, dissolvendo-se em chuva, regavam toda a região fartamente.[11] Além disso, *Rufo*, o médico de *Éfeso*, escreveu coisas estranhas a respeito das maravilhas das águas, as quais – pelo que eu saiba – nunca foram mencionadas por nenhum outro autor.

Resta-me falar do ar. Esse é um espírito vital, que passa por todos os seres, dando vida e subsistência a todas as coisas, unindo, movendo e preenchendo todas as coisas. Daí os médicos judeus não o considerarem entre os elementos, mas sim um meio ou uma cola, juntando as coisas, o espírito ressonante do instrumento do mundo.[12] Ele recebe em si de modo direto as influências de todos os corpos celestiais e as comunica aos outros elementos, bem como a todos os corpos mistos. Além disso, o ar recebe em si – como se fosse um espelho divino – as espécies de todas as coisas, naturais ou artificiais, de toda forma de discurso, e as retém; e levando-as consigo, entrando no corpo dos homens e de outros animais pelos poros, deixa neles uma impressão, estejam eles adormecidos ou acordados, proporcionando matéria para diversos sonhos estranhos e adivinhações.

Por isso dizem que, quando um homem passa por um lugar onde outro foi morto ou a carcaça escondida há pouco tempo, ele sente medo e pavor; pois o ar no local, cheio da temível espécie do assassinato, ao ser inalado perturba e mexe com o espírito do homem, sendo este de espécie semelhante, provocando assim o medo. Pois tudo o que causa uma impressão súbita assusta a natureza.

Pelo mesmo motivo, muitos filósofos eram da opinião de que o ar é a verdadeira causa dos sonhos e muitas outras impressões da mente, por meio do prolongamento das imagens ou semelhanças ou espécies (que caem das coisas e discursos, multiplicando-se no próprio ar) até chegarem aos sentidos, depois à fantasia e à alma daquele que as recebe, o qual, estando livre de preocupações e sem um obstáculo para impedi-las, estando apto para receber esse tipo de espécie, é por elas informado. Pois as espécies das coisas, embora por sua própria natureza, são levadas aos sentidos dos homens e outros animais em geral; podem, no entanto, receber alguma impressão do céu, enquanto estiverem no ar, pois junto à aptidão e disposição daquele que as recebe, elas podem ser levadas aos sentidos deste, e não daquele, indivíduo específico.

É possível, portanto, sem a menor superstição, e se nenhum outro espírito entrar no caminho, que um homem possa, em pouquíssimo tempo, transmitir seu pensamento a outro que se encontre a uma distância muito grande dele, embora não possa dar uma estimativa precisa do tempo, não passando porém de 24 horas. Eu mesmo sei fazer isso, e já fiz muitas vezes. No passado, também o abade *Trithemius* sabia disso e o fazia.[13]

Além disso, quando certas aparições, não só espirituais, mas também naturais, emanam das coisas, isto é, por um determinado tipo de emanação de corpos, a partir de corpos, e ganham força no ar, elas nos oferecem e a nós se mostram através da luz, como movimento, tanto à visão quanto aos outros sentidos, e às vezes operam em nós coisas maravilhosas, como prova e ensina *Plotino*. E vemos como o ar é condensado pelo vento sul em nuvens finas, nas quais, como em um espelho, são refletidas representações distantes de castelos, montanhas, cavalos e homens, e outras coisas que, quando as nuvens se dissipam, logo também desaparecem.

E *Aristóteles,* em seus Meteoros,[14] mostra que um arco-íris é concebido em uma nuvem do ar, como se fosse um espelho. E *Alberto* diz que as efígies dos corpos podem pela força da natureza ser facilmente representadas por um ar úmido, do mesmo modo como as representações das coisas estão nas coisas. E Aristóteles fala de um homem que, por ter a visão fraca, o ar perto dele se tornava como um espelho para ele e o raio óptico se refletia sobre si mesmo, não podendo penetrar o ar, de forma que, aonde quer que o homem fosse, ele achava ver sua própria imagem, com o rosto voltado para ele, ir à sua frente.

De modo semelhante, pela artificialidade de certos espelhos, pode ser produzida a uma distância no ar, ao lado do espelho, qualquer imagem que quisermos, e que os homens ignorantes julgarão ser aparições de espíritos ou almas; quando na verdade nada mais são que projeções sem vida. E é fato bem conhecido que, se em um lugar escuro no qual a única luz é um fino raio de Sol passando por um minúsculo orifício, uma folha de papel ou um espelho simples for colocado contra a luz, serão vistas sobre eles quaisquer coisas que se encontrarem do lado de fora, iluminadas pelo Sol.

E há outro artifício, ou truque, ainda mais magnífico. Se alguém pegar imagens pintadas por meios artificiais, ou letras escritas, e em uma noite clara as colocar contra os raios da Lua cheia, as imagens se multiplicarão no ar, sendo levadas para o alto e refletidas junto com os raios da Lua, de maneira que qualquer outro homem que saiba do artifício prestará atenção, vendo, lendo e descobrindo as imagens no próprio compasso e círculo da Lua. Essa arte de declarar segredos é muito lucrativa para cidades e vilarejos sitiados, sendo algo que *Pitágoras* já fazia, muito tempo atrás, e da qual não me absterei.

E tudo isso, e muito mais, e coisas ainda muito maiores se fundamentam na própria natureza do ar, e têm suas razões e causas declaradas na Matemática e na Óptica. E assim como essas imagens são às vezes refletidas de volta ao sentido da visão, também às vezes acontece com a audição, como se manifesta no eco. Mas há artes ainda mais secretas que essas, como, por exemplo, o fato de qualquer pessoa poder ouvir e entender o que outra pessoa diz ou sussurra a uma distância muito remota.

Do elemento aéreo também vêm os ventos. Pois nada mais são eles que ar em movimento e agitação. Há quatro tipos principais, soprando dos quatro cantos do céu, ou seja, Noto, do sul; Bóreas, do norte; Zéfiro, do oeste; Euro, do leste; dos quais *Pontano,* citando-os nestes versos, diz:

> O frio Bóreas do alto do Olimpo sopra, E do fundo, flui o enevoado Noto. Do ocaso de Febo voa o fértil Zéfiro, E o estéril Euro do Sol se levanta.[15]

Noto é o vento sul, enevoado, úmido, quente e doentio, que *Hierônimo* chama de arauto das chuvas. *Ovídio* assim o descreve:[16]

> O vento sul veio zunindo,
> Com suas asas gotejantes, e seus véus negros como breu

E seu terrível semblante. Sua barba pesava
Como as nuvens carregadas de chuva e o cinza, que
Aprisiona uma torrente
Nevoenta, é da cor de sua coroa, e suas asas e trajes
Correm como a chuva.

Mas Bóreas é contrário a Noto, é o vento norte, feroz e rugidor, e dissipando as nuvens torna o ar sereno, e impregna a água de geada. Dele *Ovídio* fala, descrevendo a si mesmo:[17]

A força me é própria: com estas espessas nuvens, eu me movo;
E formo os vagalhões de azul, e sopro entre os carvalhos nodosos às margens dos rios;
A neve macia congelo e fustigo a Terra com granizo:
Quando abordo meus irmãos no ar,
(pois no ar convivemos), é com estrépito que nos encontramos,
Abalam-se os céus com o som de trovão,
E do alto reluz o relâmpago das nuvens carregadas,
Quando entre as gretas da Terra eu voo,
E a pressiono nas cavernas de seu interior, faço
Os fantasmas estremecerem e o chão tremer.

E Zéfiro, que é o vento do ocidente, é o mais delicado, soprando do oeste com lufadas agradáveis; é frio e úmido, removendo os efeitos do inverno, trazendo consigo ramos e flores. Seu contrário é Euro, que é o vento do oriente, também chamado de Apeliotes, é aquoso, nevoento e devorador. Desses dois, canta *Ovídio*:[18]

Euro é o monarca
Da Pérsia, de Sábia, das terras da madrugada,
Enquanto Zéfiro domina o oeste, que fulgura ao pôr do sol,
Quando Febo se vai:
Bóreas, que faz os homens tremerem de frio, domina o norte,
E a Cítia;
Já o caloroso Auster[19] governa as terras nebulosas do sul,
Com suas férteis correntes, e suas nuvens em choro incessante.

Notas – Capítulo VI

1. Gênesis 1: 21– 24.
2. Gênesis 1: 20.
3. Gênesis 2: 5.
4. João 3: 5.
5. Eles [os sacerdotes egípcios] acreditam também que o Sol e a Lua não andam em charretes, mas velejam pelo mundo perpetuamente em certos barcos; há indícios de que se alimentam e se originam da umidade. Também são da opinião de que Homero (assim como Tales) fora instruído pelos egípcios, o que o levava a afirmar que a água era a fonte e a origem prima das coisas; pois Oceano é o mesmo que Osíris, e Tétis é Ísis, assim chamada a partir de τίτθη, uma ama, pois ela é a mãe e ama de todas as coisas (Plutarco, *Ísis e Osíris* 34 [Goodwin, 4:94-5]).
6. É a água que engole a terra seca, extingue o fogo, sobe para o alto e desafia os domínios dos próprios céus; é a água que, espalhando as nuvens, como faz por toda a amplidão do céu, intercepta o ar vital que respiramos; e, pela colisão das nuvens, provoca trovões e relâmpagos, à medida que os elementos do Universo entram em conflito. O que pode ser mais maravilhoso que as águas suspensas nos céus? E, no entanto, como se não bastasse tão grande elevação, elas levam consigo

cardumes inteiros de peixes, e muitas vezes pedras também, carregando-se de pesadas massas que pertencem a outros elementos e levando-as a grandes alturas. Caindo sobre a terra, essas águas se tornam a causa prima de tudo o que lá é produzido... (Plínio 31.1 [Bostock e Riley, 5.471]). Para a discussão de Plínio acerca das propriedades e usos da água, ver sua *História Natural* 2,65-7, 99-106 e 31.1-30.

7. *Metamorfoses* 15, p. 312-313 © Madras Editora Ltda.

8. Ele [Tito César] viu então um rio em seu caminho, de tal natureza que merece ser registrado na história; corre entre Arcea, pertencente ao reino de Agrippa e Rafanea. Esse rio tem algo de muito peculiar; pois em seu curso, sua corrente é forte e tem bastante água; entretanto, sua fonte seca por seis dias, deixando o canal seco, como qualquer um pode ver. Após esse período, o rio volta a encher no sétimo dia, como antes, e como se não tivesse sofrido nenhuma mudança: observa-se que ele mantém essa ordem desde sempre e de maneira exata, daí o chamarem de o Rio Sabático – nome oriundo do sétimo dia, que é sagrado para os judeus (Josephus, *Guerra dos Judeus* 7.5.1. Em *The Works of Flavius Josephus*, traduzido para o inglês por W. Whiston [London: George Routledge and Sons, s.d.], 665).

9. João 5: 2-4.

10. O vilarejo eólico de Heráclia fica a cerca de 6 milhas de Olímpia, às margens do rio Kytheros; há uma fonte de águas que deságua no rio com um santuário das ninfas, na fonte. Essas ninfas têm os nomes de Kalliphaeia e Synallasis e Pegaia e Iasis, e o título geral delas é As Jônicas. Se alguém se lavar na fonte pode ser curado de todos os tipos de males e dores. Dizem que o título das ninfas deriva de Íon, filho de Gargetos, que migrou para lá, vindo de Atenas (*Pausânias Guide to Greece*, 6.22.7, traduzido para o inglês por P. Levi [Middlesex: Penguin, 1971] 2:354-5).

11. A fonte de águas de Hagno no monte Lykaion tem a mesma qualidade do Danúbio, sempre produzindo o mesmo volume de água no verão e no inverno. Se uma seca durar por muito tempo, e as árvores e sementes no solo começarem a murchar, o sacerdote de Zeus reza a essa água e faz sacrifícios de acordo com a lei sagrada, mergulhando um ramo de carvalho na superfície, mas não nas profundezas da fonte; quando ele mexe na água, um vapor se levanta, como uma névoa, e a uma certa distância, o nevoeiro se torna uma nuvem, junta outras nuvens e faz a chuva cair sobre a terra de Arcádia (*Ibid.* 8.38.3-4 [Levi 2:467]).

12. "A água é silenciosa, o fogo é sibilante e o ar derivado do espírito é como a língua de um equilíbrio entre esses opostos que estão em equilíbrio, reconciliando e mediando entre eles" (*Sepher Yetzirah* 2.1, traduzido para o inglês por W. Westcott [1887] [New York, 1980] 18).

E a centelha subsistiu, e esperou, até sair um ar puro que a envolvesse; e uma última extensão estando feita, Ele produziu um certo crânio duro [de microposopo] dos quatro lados. E nesse ar puro sutil a centelha foi absorvida e compreendida e incluída. Você não pensa nisso? Em verdade, nele ela se esconde. E é por isso que o crânio é expandido de todos os lados; e esse ar é o atributo mais oculto dos Antigos Dias (Von Rosenroth, *Kabbalah Unveiled* cap. 27, sec. 538-41, traduzido para o inglês por MacGregor Mathers [1887] [London: Routledge and Kegan Paul, 1962], 178).

Thomas Vaughan, que lera Agrippa com atenção, diz a respeito do ar:

Ele não é um elemento, mas um certo hermafrodita miraculoso, o cimento de dois mundos e uma mescla de extremos. É o lugar-comum da natureza, seu índice, onde você pode encontrar tudo o que ela fez ou pretende fazer. É o panegírico do mundo, as excursões de ambos os globos se encontram aqui, e eu posso chamar de *rendez-vous*. Nisso se encontram inumeráveis formas mágicas de homens e animais, peixes e aves, árvores, ervas e todas as coisas rastejantes (*Anthroposophia Theomagica*, Waite 18).

13. Além de várias semelhantes referências causais em outros pontos no texto, esta nos dá clara evidência de que o conhecimento de Agrippa de magia era prático, além de teórico, e que Trithemius era no mínimo seu colega estudante, se não seu mestre, na Arte.

14. A Meteorologia.

15. Uma passagem incrivelmente semelhante aparece em Ovídio:
Por um momento, Euro ganha força do Oriente fulgurante, em outro instante vem Zéfiro, enviado do Ocidente da noite. Em determinado momento, o gélido Bóreas vem furioso do norte seco; em outro, o vento sul trava batalha com a frente adversa. (Tristia 1.2.27-30, traduzido para o inglês por Henry T. Riley [London: George Bell and Sons, 1881], 253.
16. Comparar com Ovídio, *Metamorfoses* 1, p. 16 © Madras Editora Ltda.
17. Comparar com Ovídio, *Metamorfoses* © Madras Editora Ltda.
18. Comparar com Ovídio, *Metamorfoses* 1, p. 10 © Madras Editora Ltda.
19. Um nome para um dos ventos do sul, que agora é chamado de Siroco.

Salamandra, de Scrutinium Chymicum *(Frankfurt, 1687)*

Capítulo VII

Dos tipos de compostos, sua relação com os elementos, e a relação entre os elementos em si e a alma, os sentidos e as disposições dos homens

ogo após os quatro elementos simples seguem as quatro espécies deles, a saber: pedras, metais, plantas e animais; e embora na geração de cada um destes os elementos se reúnam na composição, cada espécie segue e se assemelha a um dos elementos, o qual é o predominante.

Todas as pedras, por exemplo, são terrosas, pois são naturalmente pesadas e descendentes, e tão duras pela secura que não podem ser derretidas. Mas os metais são aquosos e podem ser derretidos, o que os naturalistas confessam e os químicos consideram verdadeiro, ou seja, que são gerados de água, ou *argent vive*[1] aquoso. As plantas têm tal afinidade com o ar que, se não forem a ele expostas, não brotam nem aumentam. O mesmo se passa com os animais:

Têm em sua natureza a ferocíssima força. E também brotam de uma fonte celestial.

E o fogo é tão natural para elas que, se ele se extingue, logo morrem.

E, mais uma vez, cada uma dessas espécies se distingue em si por razão dos graus dos elementos. Pois, entre as pedras, são chamadas de um modo mais especial terrosas aquelas que são escuras e mais pesadas, e aquosas as que são transparentes, compactadas de água, tais como o cristal,[2] o berílio[3] e as pérolas[4] nas conchas dos animais marinhos: e são chamadas aéreas as que se movem na água e são esponjosas, como as pedras de uma esponja,[5] a pedra-pomes[6] e a pedra sophus:[7] e se chamam rochas ígneas aquelas das quais o fogo é extraído, ou as que se resolvem em fogo ou são produzidas do fogo: como relâmpagos,[8] pederneiras[9] e asbestos.[10]

Também entre os metais, o chumbo e a prata são terrosos; o mercúrio é aquoso; o cobre e o estanho são aéreos e o ouro e o ferro, ígneos.

Nas plantas, as raízes se assemelham à terra, por razão de sua espessura; e as folhas, à água, por causa de seu sumo; as flores, ao ar, por causa de sua sutileza; e as sementes ao fogo, em razão de seu espírito multiplicador. Além disso, algumas são chamadas quentes, outras frias, algumas úmidas, outras secas, emprestando os nomes das qualidades dos elementos.

Também entre os animais alguns são, em comparação a outros, terrestres, e vivem nas entranhas da terra, como as minhocas, as toupeiras e muitos outros vermes rastejantes; outros são aquáticos, como os peixes; outros aéreos, não podendo viver sem ar; outros são animais do fogo, vivem no fogo, como as salamandras[11] e os grilos,[12] além dos que são de um calor incandescente, como os pombos,[13] avestruzes,[14] leões e aqueles que os homens sábios chamam de animais que respiram fogo.[15] Além disso, nos animais, os ossos se parecem com a terra; a carne, com o ar; o espírito vital, com o fogo; e os humores, com a água. E esses humores também participam dos elementos, pois a cólera amarela é no lugar do fogo; o sangue, no lugar do ar; o muco, no lugar da água, e a cólera negra, ou melancolia, no lugar da terra.[16]

E, por fim, na alma em si, segundo *Agostinho*,[17] a compreensão se assemelha ao fogo, a razão ao ar, a imaginação à água e os sentidos à terra. E esses sentidos também são divididos entre si de acordo com os elementos, pois a visão é do fogo, não pode perceber sem ele ou sem a luz; a audição é do ar, pois um som é feito pelo golpe do ar; o olfato e o paladar se assemelham à água, sem a umidade da qual não existiriam; e, por fim, o sentimento é totalmente da terra e toma corpos pesados com seu objeto.

As ações e as operações do homem também são governadas pelos elementos. A terra significa um movimento lento e firme; a água, a temeridade e a lentidão, e negligência no trabalho; o ar significa a animação e uma disposição amável; mas o fogo é de uma disposição feroz, vivaz e irada.

Os elementos, portanto, são as primeiras de todas as coisas, e todas as coisas são feitas deles e de acordo com eles, os quais estão em todas as coisas e difundem suas virtudes por meio delas.

Notas – Capítulo VII

1. Latim: *argentum vivum*. Mercúrio.
2. O cristal de rocha, uma variedade do quartzo, era considerado em tempos antigos como um gelo petrificado.

> É uma causa diametralmente oposta a esse [calor] que produz o cristal, uma substância que assume uma forma concreta a partir da coagulação excessiva. O cristal sempre é encontrado apenas em lugares em que a neve do inverno se congela com a maior intensidade; e é graças à certeza de ser ele um tipo de gelo que recebeu o nome de [κρυσταλλος, que significa, em grego, tanto "cristal de rocha" quanto "gelo"] (Plínio 37.9 [Bostock e Riley, 6:394]).

3. Ver nota 3, capítulo XXIV, livro I.
4. A origem e a produção dos mexilhões não são muito diferentes da concha da ostra. Quando a genial temporada [de acasalamento] do ano exerce sua influência sobre o animal, diz-se que, como se abrisse a boca de sono, ele recebe uma espécie de orvalho, por meio do qual engravida, e que por fim dá à luz, após muito esforço, o peso de sua concha, na forma de pérolas, que variam de acordo com a qualidade do orvalho. Se ele foi de um estado perfeitamente puro, quando caiu na concha, a pérola produzida é branca e brilha; mas, se foi turvo, a pérola também é de uma coloração embaçada... (Plínio 9.54 [Bostock e Riley, 2.431]).
5. *Lapis Spongiae*, ou pedra-esponja. Antigamente se pensava que as esponjas eram plantas com tendência à petrificação. "A pedra-esponja é feita da matéria de esponjas petrificadas." J. Pomet, *Complete History of Drugs*, traduzido para o inglês por John Hill [London, 1712], l. 1, p. 100. *Chambers' Cyclopedia Supplement* de 1753 descreve a pedra-esponja como uma "incrustação tartárea". O *Dictionary,* de Elyot (edição de 1552, enriquecida por T. Cooper), se refere a "Crystiolithi, certas pedras que crescem em esponjas, olithis, saudáveis contra doenças da bexiga" (citado no *Oxford English Dictionary* [referido doravante como OED], em "sponge" [def.3]). Na verdade, as esponjas são colônias de minúsculos animais, não plantas, com esqueletos geralmente (mas não sempre) feitos em parte de material mineral – sílica ou carbonato de cal.
6. Pedra-pomes é uma forma de lava vulcânica, geralmente obsidiana, soprada como uma esponja por vapor e gases quentes. O inglês John Evelyn escalou o Vesúvio em 7 de fevereiro de 1645 e descreveu as pedras cuspidas nos lados das montanhas "...algumas como betume, outras cheias de perfeito enxofre, outras metálicas, interacaladas com inúmeras púmices (John Evelyn's Diary [simplificado] [London: Folio Society, 1963], 64. Walter MacFarlane escreveu em 1648: "Nesta cidade há uma abundância de pedras-pomes flutuando na água" (Geographical Collections Relating to Scotland [Scottish History Society, 1906-08], citado em OED).
7. Tofo, nome geral das pedras porosas produzidas como sedimentos ou incrustações, particularmente uma substância rochosa depositada por termas calcárias. Ver Plínio 36,48.
8. O nome se aplica a várias substâncias minerais supostamente formadas ou deixadas por quedas de raios, incluindo implementos de pedra pré-históricos, nódulos de piritas de ferro encontrados em giz e meteoritos. Mas Agrippa deve estar se referindo à belemita, o osso fossilizado de um cefalópode semelhante ao siba (choco). Encontrado em leitos fósseis, é um cilindro pétreo azul, liso, com vários centímetros de comprimento, terminando em uma ponta afiada. Também chamado de pedra-trovão e relâmpago de elfo. Na verdade, um raio pode formar uma pedra cônica, quando cai, e fundir areia fina em vidro, chamado (ceraunia) ("pedra-trovão"). Ver Plínio 37.51.
9. Pedras para acender fagulhas e fazer fogo. Esse nome era aplicado a piritas de ferro e calhau – provavelmente Agrippa se referia ao segundo.
10. Ver nota 19, cap. IX, l. I.
11. Plínio assim descreve a salamandra:

> ... um animal como um lagarto na forma, com um corpo todo estrelado, nunca sai, exceto durante uma chuva pesada, e desaparece assim que ela diminui. Esse animal é tão frio que pode apagar o fogo só pelo contato, assim como o faz o gelo. Ele cospe uma matéria leitosa, e se alguma parte do corpo humano for tocado por ela, perde todos os pelos, adquirindo a aparência de lepra (Plínio 10.86 [Bostock e Riley, 2:445-6]).

Mais adiante, ele especifica os poderes venenosos da salamandra:

> Mas, de todos os animais venenosos, a salamandra é o mais perigoso; pois enquanto outros répteis atacam apenas uma pessoa por vez e nunca várias ao mesmo tempo... a salamandra é capaz de destruir nações inteiras de uma única vez, a menos que sejam tomadas as devidas precauções contra ela. Pois se esse réptil se esgueirar por uma árvore, afetará todas as frutas com seu veneno, matando quem delas comer por causa das propriedades resfriantes dele, que na verdade não é diferente do acônito. Pior ainda, se ela apenas tocar com a pata a madeira sobre a qual se assa pão, ou se cair em um poço, os mesmos efeitos fatais se darão. A saliva desse réptil também, se entrar em contato com qualquer parte do corpo, até mesmo a planta do pé, fará cair pelos do corpo todo... Quanto ao que dizem os magos,

que ela é à prova de fogo, por ser o único animal que apaga o fogo; se isso fosse verdade, teria sido testado em Roma já há muito tempo (Plínio 29.33 [Bostock e Riley, 5:397-8].

Em uma extensão natural da fábula desse fatal animal frio que apaga o fogo, dizia-se que a salamandra vivia e se procriava no centro das chamas mais quentes. No folclore da Idade Média, ela é descrita como tendo uma aparência que lembrava a humana. Paracelso (1493-1541) foi provavelmente o primeiro a dar a o nome à classe dos espíritos elementais do fogo, em *Liber de nymphis, sylphis, pygmaeis, et salamandris et de caeteris spiritibus* (Livro das ninfas, silfos, pigmeus e salamandras e seres semelhantes).

12. Especificamente, *Acheta domestica*, o grilo doméstico. Nos tempos medievais, o grilo era confundido com a salamandra, talvez por preferir lareiras e o calor dos fornos e fogões: "The Crekette hyght Salamandra: for thys beest quenchyth fyre and lyueth in brennynge fyre" (João de Trevisan, Bartholomeus [de Glanvilla], *De proprietatibus rerum*, traduzido em 1398, citado em OED, s.v. "cricket").

13. Era uma antiga prática medieval aplicar pombos vivos às solas dos pés daqueles gravemente doentes e febris. Samuel Pepys menciona esse tratamento dado a Catarina de Bragança, esposa de Carlos II, quando ela teve febre escarlatina: "Parece que estava tão doente que precisou ser despida e colocaram pombos em seus pés, além de ela receber a extrema unção dos padres, que se demoraram tanto a ponto de deixar os médicos zangados" (*Diary of Samuel Pepys*, 19 de outubro de 1663 (London: Everyman Library, 1906), 1:415.

14. Acreditava-se que as avestruzes podiam viver sem água e digerir ferro. Ver *Animated Nature*, de Goldsmith, History of Birds, l. I, cap. IV (London: Nelson, 1849), 369.

15. Dragões.

16. Ver apêndice IV.

17. Santo Agostinho.

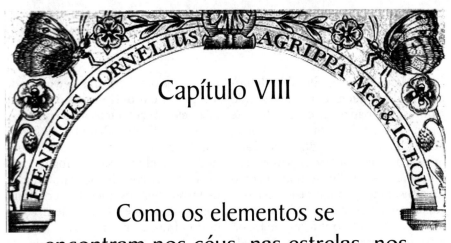

Capítulo VIII

Como os elementos se encontram nos céus, nas estrelas, nos demônios, nos anjos e, por fim, no próprio Deus

 consenso entre os platônicos que, assim como no mundo original, exemplar, todas as coisas estão presentes em tudo, também neste mundo corpóreo, todas as coisas estão em tudo:[1] os elementos, portanto, não só se encontram nesses corpos inferiores, mas também nos céus, nas estrelas, nos demônios, nos anjos e, por fim, no próprio Deus, o criador e exemplo original de todas as coisas. Ora, nesses corpos inferiores, os elementos são acompanhados de muita matéria bruta; mas nos céus eles estão com sua natureza, sua virtude, ou seja, segundo um modo celestial e mais excelente que as coisas sublunares. Pois a firmeza da terra celestial existe sem o peso da água; e a agilidade do ar, sem transbordar de seus limites; o calor do fogo, sem queimar, apenas brilhando e dando vida a todas as coisas por meio de seu calor.

Entre as estrelas, também algumas são incandescentes, como Marte e o Sol; aéreas como Júpiter e Vênus; aquosas como Saturno e Mercúrio; e terrestres como os habitantes do oitavo orbe,[2] e a Lua (apesar de muitos a considerarem aquosa), vista como a Terra, atrai para si as águas celestiais, com as quais, sendo embebida e em razão de sua proximidade a nós, nos influencia e conosco se comunica. Também entre os signos há alguns de fogo, outros de terra, ar e água: os elementos os governam como nos céus, distribuindo entre eles essas quatro manifestações triplas de cada elemento: começo, meio e fim. Assim, Áries possui o começo do fogo, Leão, o progresso e aumento, e Sagitário, o fim. Touro possui o começo da terra, Virgem, o progresso, e Capricórnio, o fim. Gêmeos tem o começo do ar, Libra, o progresso, e Aquário, o fim. Câncer tem o começo da água, Escorpião, o meio, e Peixes, o fim.[3] Das misturas, portanto, desses planetas e signos, juntamente com os elementos, todos os corpos são feitos.

Além disso, também os demônios se distinguem entre si segundo os mesmos padrões, de modo que alguns são do fogo, outros da terra, outros do ar e outros da água. Daí a origem daqueles quatro rios infernais, o incandescente Phlegethon, o aéreo Cocytus, o aquoso Estige e o terroso Aqueronte.[4] Também no Evangelho, lemos a respeito do inferno de fogo,[5] e do fogo eterno, para onde os amaldiçoados terão de ir:[6] e no livro do Apocalipse lemos sobre um lago de fogo,[7] e *Isaías* fala dos condenados, que o Senhor os destruirá com ar nefasto.[8] E no livro de Jó, eles passarão das águas da neve para o extremo calor,[9] e no mesmo lemos que a Terra é escura e coberta com a escuridão da morte e miseráveis trevas.[10]

Ademais, esses elementos também existem nos anjos do céu e nas abençoadas inteligências; há neles uma estabilidade de sua essência, que é uma virtude da terra, onde se encontra o firme trono de Deus; também sua misericórdia e piedade são virtudes purificadoras da água. Assim, pelo salmista são chamados de águas, quando ele fala dos céus e diz que quem governa as águas está acima do firmamento;[11] também em seu sutil sopro está o ar, e seu amor é o fogo brilhante; daí a serem chamados nas escrituras de as Asas do Vento;[12] e em outro lugar o salmista fala deles: Fazes a teus anjos ventos, e a teus ministros, labaredas de fogo.[13] Também de acordo com as ordens dos anjos, alguns são de fogo, como os serafins, e autoridades e potestades; de terra, como os querubins; de água, como os tronos e arcanjos; de ar, como os domínios e principados.

Acaso também não lemos do Criador original de todas as coisas que a terra se abriria e produziria a salvação?[14] Da salvação, ou do Salvador, não se diz que ele será uma fonte de água viva, purificadora e regeneradora?[15] O mesmo Espírito não sopra o sopro de vida: e, de acordo com o testemunho de *Moisés*[16] e o de *Paulo*,[17] também de um fogo que tudo consome?

Que os elementos podem ser encontrados em todo lugar e em todas as coisas, à sua maneira, nenhum homem pode negar. Primeiro, nesses corpos inferiores, feculentos e grosseiros, depois nos celestiais mais puros e claros; e ainda nos supracelestiais vivos, e em todos os aspectos abençoados. No mundo exemplar, os elementos são portanto as ideias das coisas a serem produzidas, nas inteligências são poderes distribuídos, nos céus são virtudes e nos corpos inferiores são formas grosseiras.

Notas – Capítulo VIII

1. "Ora, como nada mais existe além dos outros e do um, e eles devem estar em algo, segue-se portanto que eles devem estar um em outro – os outros no um e o um nos outros – ou em nenhum outro lugar" (Platão, *Parmênides* 151a, traduzido para o inglês por F. M. Cornford [Hamilton and Cairns, 943]).

"Deus contém todas as coisas, e não há nada que não esteja em Deus, e nada em que Deus não esteja. Na verdade, eu não diria que Deus contém todas as coisas, mas em termos mais verdadeiros, que Deus é todas as coisas" (*Corpus Hermeticum* 9.9 [Scott, 1:185]).

2. Provável referência à Terra nesse contexto, que é o oitavo corpo globular, contando a partir de

Saturno. Normalmente, a oitava esfera se refere à esfera do Zodíaco, oitava em ordem a contar da Lua.

3. Tal informação é um tanto imprecisa. Embora os trinos elementares do zodíaco costumem ser escritos nessa ordem, isso não mostra sua estrutura paralela. Este arranjo é mais revelador:

Começo (cardinais): ♈ ♋ ♎ ♑
Meio (fixos): ♌ ♏ ♒ ♉
Fim (mutáveis): ♐ ♓ ♊ ♍

4. Homero menciona apenas o Estige na *Ilíada*, chamando-o de "temível rio do juramento" (2.755, traduzido para o inglês por Richmond Lattimore [University of Chicago Press, 1976], 96), porque era um antigo costume grego jurar pelas águas do rio, e mais adiante "a água estígia" (*Ibid.*, 8.369 [Lattimore, 192]), talvez porque o mitológico Estige era associado a um rio verdadeiro que corria na forma de uma grande cachoeira perto de Nocracis, Arcádia (ver Pausânias, *Guia da Grécia* 8.17.6). Na *Odisseia*, os quatro rios são situados definitivamente no Inferno: "Lá, o Pyriphlegethon e o Kokytos, estuário das águas do Estige, deságuam no Acheron" (*Odisseia* 10.513-4, tradução para o inglês de Richmond Lattimore [New York: Harper and Row, 1977], 165). Milton apresenta os significados dos nomes gregos dos rios nesta descrição:

> Dos quatro rios infernais que despejam
> No lago incandescente suas maléficas águas;
> O abominável Estige, com sua corrente de ódio mortal,
> O triste Acheron, de pesar negro e profundo;
> Cocytus, das altas lamentações
> Ouvidas no entristecido ribeiro; feroz Phlegeton
> Cujas ondas de fogo torrencial ardem furiosas.
> (*Paradise Lost* 2.575-81. Em *Milton: Complete Poems and Major Prose* [Indianapolis: Odyssey, 1975], 245-6.

Dante menciona os quatro rios juntos (*Inferno canto 14*, c. linha 115). Spenser se refere a eles várias vezes em *Faerie Queene* (Acheron – livro 1, canto 5, verso 33; Phlegeton – l. 2, canto 6, v. 50; Cocytus – l. 2, canto 7, v. 56; Estige – l. 2, canto 8, v. 20).

5. Mateus 5:22.
6. Mateus 25:41.
7. Apocalipse 20:10.
8. Talvez Isaías 11:4.
9. Jó 6: 15-7.
10. Talvez Jó 24: 16-7.
11. Salmos 148:4.
12. Salmos 18:10. Essa ordem de anjos figura de forma proeminente na segunda das 48 evocações (conhecida também como Éteres, Ares, Chamados e Chaves) ditadas pelos espíritos enoquianos ao mago elisabetano John Dee por meio de seu vidente Edward Kelley durante uma sessão realizada na manhã de 25 de abril de 1584, em Cracóvia. Ver Meric. Causabon, *True & Faithful Relation of What passed for many Years Between Dr. John Dee... and Some Spirits* (London, 1659), p. 100.
13. Salmos 104:4.
14. Isaías 45:8.
15. João 14:14. Ver também Apocalipse 7:17.
16. Deuteronômio 4:24.
17. Hebreus 12:29.

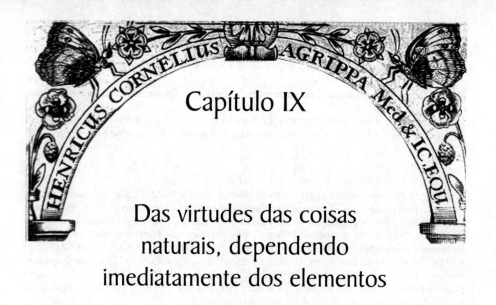

Capítulo IX

Das virtudes das coisas naturais, dependendo imediatamente dos elementos

as virtudes naturais das coisas, algumas são elementares, tais como aquecer, esfriar, umedecer, secar; e são chamadas de operações ou primeiras qualidades, pois só essas qualidades mudam de modo total toda a substância, o que nenhuma das outras qualidades pode fazer.[1]

E algumas estão nas coisas compostas de elementos, e são mais que primeiras qualidades, tais como amadurecer,[2] digerir,[3] resolver,[4] molificar,[5] endurecer, restringir,[6] absterger,[7] corroer,[8] queimar, abrir, evaporar, fortalecer, mitigar, conglutinar,[9] obstruir, expelir, reter, atrair, repercutir,[10] estupefazer,[11] guardar,[12] lubrificar,[13] e muito mais. Qualidades elementares fazem muito mais coisas em um corpo misto, as quais não podem fazer nos elementos em si. E essas operações são chamadas de qualidades secundárias, porque seguem a natureza e a proporção da mistura das primeiras virtudes, como abordam os livros de física. Quanto à maturação, é a operação do calor natural, de acordo com uma determinada proporção na substância da matéria. O endurecimento é a operação do frio, bem como o congelamento; e assim por diante.

E essas operações às vezes agem sob um determinado membro, como o que provoca urina, leite, mênstruo,[14] e são chamadas de terceiras qualidades, que seguem as segundas, assim como as segundas seguem as primeiras. Portanto, de acordo com essas primeiras, segundas e terceiras qualidades, muitas doenças são curadas ou causadas.

Muitas coisas também são feitas de modo artificial, que estupefazem o homem; como o caso do fogo que queima a água e é chamado de Fogo Grego,[15] do qual *Aristóteles* ensinava muitas composições em seu tratado específico do tema.[16] De modo semelhante, existe um fogo que se extingue com óleo, e é alimentado com água fria, borrifada sobre ele;[17] e um fogo que é alimentado ou com a chuva, ou o vento ou o Sol; e faz-se um fogo que é chamado de água incandescente,[18] cuja confecção é muito conhecida e nada consome além de si mesmo: e fazem-se também fogos, que não podem ser apagados, e óleos incombustíveis, e lâmpadas perpétuas, que não se apagam com vento nem água, nem qualquer outra coisa; o que parece absolutamente incrível, mas existia uma lâmpada desse tipo brilhando sempre no templo de Vênus, em que se queimava asbestos, que uma vez aceso nunca pode ser apagado.[19]

E, ao contrário, a madeira ou qualquer outra matéria combustível pode ser ordenada de tal forma que não se deixa afetar pelo fogo; e há certas confecções com as quais, se as mãos forem ungidas, podemos segurar ferro em brasa, tocar metal derretido ou entrar com o corpo todo no fogo, desde que devidamente ungido com tais substâncias.[20] Existe também um tipo de linho, que Plínio chama de *asbestum*,[21] os gregos ἄσβεςον, que não se deixa consumir pelo fogo, e do qual *Anaxilaus* dizia que uma árvore envolta nele podia ser cortada sem que se ouvissem os golpes.[22]

Notas – Capítulo IX

1. Ver Aristóteles, *Sobre a Geração e a Corrupção* 2.2.
2. Amadurecimento natural por meio da operação de calor e movimento.
3. Amadurecer com calor suave.
4. Reduzir em elementos componentes, principalmente por decaimento.
5. Amolecer, suavizar.
6. Constipar, parar, impedir.
7. Limpar, purgar.
8. Roer tudo.
9. Coerir, principalmente curar junto.
10. Ricochetear, refletir.
11. Amortecer, entorpecer.
12. Armazenar, depositar.
13. Lubricar.
14. Sangue menstrual.
15. O Fogo Grego era uma substância composta usada em guerras navais para queimar os navios do inimigo e em cercos. Lucano escreve: "Fogo Grego de uma catapulta usada em cercos..." (*Pharsalia* 6, c. linha 195, traduzido por Robert Graves [London: Cassell, 1961], 109), que em outra parte ele descreve como "fogo misturado a tochas, untuoso e vivo, sob uma cobertura de enxofre..." (*Pharsalia* 3, c. linha 681, tradução H. T. Riley [London: Henry G. Bohn, 1853], 123). Tinha a propriedade de só queimar com mais fervor se fosse borrifado com água, sendo difícil de extinguir. O *The Book of Secrets* dá uma receita:

> Pegue enxofre vivo, borra de vinho, Sarcocollam [uma goma-resina da Pérsia], Piculam [uma pequena pitada], sal encharcado, óleo de pedra [petróleo] e óleo comum, ferva bem, e, se algo for colocado na mistura, seja árvore ou ferro, não será apagado por urina, vinagre ou areia (Alberto Magno [atribuído a], *The Book of Secrets of Albertus Magnus*, ed. Michael R. Best e Frank H. Brightman [New York: Oxford University Press, 1974], 110 [referido daqui em diante como *Livro dos Segredos*]).

16. Esse tratado é mencionado em *Problemas*, de Aristóteles: "Esse tema é tratado com mais clareza ao se lidar com o fogo" (l. 30, problema 1, sec. 954 a), tradução de E. S. Foster [Oxford: Clarendon Press, 1927], vol. 7. Essa obra perdida que trata do fogo é desconhecida. A obra mais conhecia a respeito do Fogo Grego era a *Liber ignius* (Livro dos fogos), de Marco Greco, com receitas que datavam do início do século XIII.
17. "Pegue cal não tocada pela água e coloque com igual quantidade de peso em cera e metade

do óleo de bálsamo [Cemmiphora opobalsamum] e Naphtha citrina, com igual quantidade de enxofre, e disso faça um pavio, deixando a água escorrer como orvalho por cima, que deve ser alimentado, despejado com óleo, e não se apagará" (Alberto Magno [atribuído a], "Maravilhas do mundo", sec. 64. Em *Livro dos Segredos* [Best e Brightman, 104] [daqui em diante referido como "Maravilhas do mundo"]).

18. "Pegue vinho velho negro, escuro e forte e, em um quarto, tempere com um pouco de cal e enxofre, batido até virar pó e borras de vinho bom e sal comum, branco e bruto; em seguida, coloque tudo em um cabaço de argila boa e de super posito alembico, destile água incandescente, que deve ser guardada em um vidro" (*Ibid.*, sec. 76, 110). A partir dessa fórmula, parece que água incandescente é apenas o álcool.

19. "O asbestos de Arcádia, uma vez inflamado, nunca se extinguirá" (Agostinho, *Cidade de Deus* 21.5, traduzido para o inglês por John Healey [1610] [London: J. M. Dent and Sons, 1957], 2:324). "Se tais informações forem críveis, então acredite também, se puder (pois um homem já o relatou), que havia um templo de Vênus em que ardia uma lâmpada que nenhum vento ou água era capaz de apagar, sendo por isso chamada de a lâmpada inextinguível" (*Ibid.*, 6.325).

20. "Uma experiência maravilhosa que permite ao homem entrar no fogo sem se ferir; ou segurar fogo ou ferro em brasa na mão sem se ferir. – Pegue o suco de Bismalva [malva-rosa], uma clara de ovo, a semente de uma erva chamada *Psyllium* [*Plantago afra*], também *Pulicaria herba*, e moa até fazer pó; faça uma confecção e misture o sumo de rabanete com a clara. Unte o corpo seco ou a mão com essa confecção e deixe secar, depois aplique a unção novamente. Em seguida, pode entrar no fogo sem medo, pois não se ferirá. ("Maravilhas do mundo" 75 [Best e Brightman, 109]). Ver também *Ibid.*, sec. 72, 107: "Se segurar fogo na mão, ele não o machucará."

21. *Asbestinon*: ἀσβεστινον. Asbesto é um mineral que se separa facilmente em fibras parecidas com cabelos, imunes aos efeitos da chama comum. Por isso, era chamado de lã da salamandra ou cabelo de salamandra e, quando tecido, pano de salamandra. Dá um excelente pavio para uma "lâmpada perpétua" – constantemente reabastecido com óleo para nunca apagar –, pois tal pavio não precisa ser substituído, uma operação que exigiria que se apagasse a lâmpada.

22. Também foi inventado um tipo de linho que é incombustível pelas chamas. Costuma ser chamado de linho "vivo", e eu já vi guardanapos feitos dele, atirados ao fogo na sala em que os comensais se sentavam à mesa e, após limpo de manchas, saíam das chamas mais brancos e limpos do que se poderia conseguir com água. É desse material que as mortalhas dos monarcas são feitas, para garantir a separação das cinzas do corpo da pilha. Essa substância dá nos desertos da Índia, sob os raios abrasantes do Sol; lá, onde jamais chove, e entre miríades de serpentes mortais, ela desenvolve resistência à ação do fogo. Raramente encontrada, essa matéria apresenta grandes dificuldades para ser tecida, por ser tão curta; sua cor é um vermelho natural, e só fica branca pela ação do fogo. Aqueles que a encontram, vendem-na por preços iguais aos das mais finas pérolas. Os gregos a chamam de "astestinon", um nome que indica suas propriedades peculiares. Anaxilaus afirma que, se uma árvore for envolta com linho feito dessa substância, o som dos golpes de um machado tentando derrubá-la serão abafados e a árvore pode ser cortada sem que se ouça. Por essas qualidades, esse linho ocupa a mais alta posição entre as espécies conhecidas (Plínio 19.4 [Bostock e Riley, 4:136-7]).

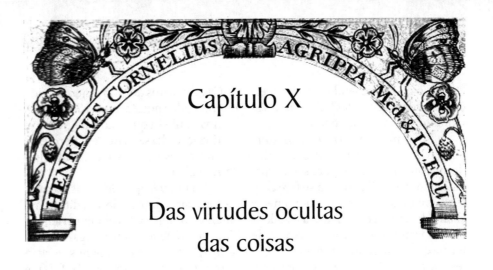

Capítulo X

Das virtudes ocultas das coisas

á ainda outras virtudes nas coisas que não são extraídas de elemento algum, tais como expelir veneno, afastar vapores nocivos de minerais, atrair ferro ou qualquer outra coisa; e essas virtudes são uma sequela da espécie e forma dessa ou daquela coisa; de onde, embora pequenas em quantidade, são de grande eficácia; o que não se vê em nenhuma qualidade elementar. Tendo essas virtudes muita forma e pouca matéria, são capazes de realizar muito; mas uma virtude elementar, possuindo mais materialidade, exige mais matéria para agir.

E elas são chamadas de qualidades ocultas, porque suas causas se escondem e o intelecto do homem não as pode alcançar ou descobrir. Os filósofos chegaram à maior parte delas por meio de longa experiência, e não por uma busca por meio da razão: pois assim como no estômago a carne é digerida por calor, como sabemos, também é mudada por alguma virtude oculta que não conhecemos: pois, em verdade, não é o calor que a muda; do contrário, seria mudada ao lado do fogo, e não no estômago.

Assim, existem nas coisas, além das qualidades elementares que conhecemos, outras determinadas virtudes inatas criadas pela natureza, as quais não conhecemos e que raramente ou nunca foram vistas. Como lemos em *Ovídio*, a respeito da fênix, um único pássaro que se renova a si mesmo:[1]

> Todas essas coisas
> Tiveram seu início em alguma outra criatura,
> Mas há um pássaro que renova a si mesmo
> Sozinho. Os assírios o chamam de fênix.

E em outro ponto:

> Aegyptus viu, então, essa magnífica cena:
> E esse pássaro raro é bem-vindo, e com alegria recebido.

Desde então, *Matreas* assombrou os gregos e os romanos. Ele afirmava ter criado um monstro que se devorou a si mesmo. Assim, até hoje, muitos se perguntam o que seria esse monstro de Matreas. Quem não se espantaria diante do fato de peixes serem cavados da terra, dos quais falam[2] *Aristóteles*, *Teófrasto* e *Políbio*, o historiador?

E o que escreveu *Pausânias* acerca das pedras cantantes?[3] Tudo isso são os efeitos das virtudes ocultas.

Portanto, avestruz[4] consome ouro, e quase todo ferro duro, digerindo-os como nutrientes para seu corpo, cujo estômago, dizem, não se fere com ferro em brasa. Aquele pequeno peixe chamado equeneídeo[5] frustra a violência dos ventos e aplaca a ira do mar, de forma que nem mesmo as mais furiosas tempestades são capazes de agitar o navio, com todas as velas içadas, se a eles o peixe se apegar. Também as salamandras[6] e os grilos[7] vivem no fogo; embora às vezes pareçam se queimar, não se ferem. O mesmo se diz de um tipo de betume com o qual as amazonas,[8] segundo as lendas, se ungiam, não sendo feridas com espada nem com fogo; com o qual também os Portões de Cáspio,[9] feitos de bronze, teriam sido impregnados por *Alexandre, o Grande*.

Lemos também que a arca de *Noé* teve a utilização desse betume e perdurou por milhares de anos nas montanhas da Armênia.

Há muitos tipos de coisas maravilhosas assim, difíceis de acreditar, e no entanto comprovadas por experiência. Uma referência assim antiga é a dos sátiros,[10] seres meio humanos e meio animais, porém capazes de falar e raciocinar; conta S. *Jerônimo* que um desses seres falou com o santo homem, o eremita *Antônio*, condenando o erro dos gentios em venerar tais pobres criaturas e desejando que ele adorasse o Deus verdadeiro;[11] ele também afirma que um deles foi encontrado vivo e enviado posteriormente a *Constantino*, o imperador.

Notas – Capítulo X

1. Comparar com Ovídio, *Metamorfoses* 15.3 © Madras Editora Ltda.
2. Ele [Teofrasto] diz também que, nas proximidades de Heráclia e Cromna e perto do Rio Lico, bem como em muitas partes do Euxine, existe uma espécie de peixe que frequenta as águas próximas às margens do rio e faz buracos para sua morada, mesmo quando a água acaba e o rio seca; motivo pelo qual esses peixes têm de ser cavados do solo e só mostram pelos movimentos do corpo que ainda estão vivos... (Plínio 9.83 [Bostock e Riley, 2:471]).
3. Perto desse forno antigo há uma pedra sobre a qual dizem que Apolo deixava sua harpa... e, se você tocar nessa pedra com um pedregulho, ela vibra com o som de uma corda de harpa. Fiquei perplexo com isso, mas mais perplexo ainda diante do colosso do Egito. Em Tebas, onde se atravessa o Nilo até os juncos, como dizem, vi uma estátua sonora de uma figura sentada. A maioria das pessoas a chama de Memnon... Cambises o cortou ao meio; a parte superior da cabeça até o meio foi jogada fora, mas o resto ainda está entronizado e grita todos os dias ao nascer do Sol; o som é parecidíssimo com a vibração de uma corda partida de lira ou de harpa. (Pausânias 1.42. 1-2 [Levi, 1:116-7]).
4. Ver nota 14, cap. VII, l. I.
5. Acreditava-se que a rêmora, ou peixe agarrador (Echeneis remora), tinha o poder de retardar e até parar o curso dos navios.

   Há um peixe muito pequeno que tem o hábito de viver entre as rochas e é conhecido como equeneídeo. Acredita-se que, quando esse peixe se apega ao casco de um navio, os movimentos deste param, e dessa circunstância é que deriva o nome. Também por esse motivo, o peixe tem má reputação, sendo usado em poções de amor e com a finalidade de atrasar

julgamentos e processos legais – propriedades malignas, que só são compensadas por um único mérito do peixe –, ele é bom para deter fluxos do ventre em mulheres grávidas e preserva o feto até o nascimento... (Plínio 9.41 [Bostock e Riley, 2:412-3]).
Lucano fala do "peixe agarrador que segura o navio no meio das ondas, enquanto a brisa do oriente estende o cordame..." (*Pharsalia* 6, linha 674 [Riley, 240]). Ovídio diz: "Existe também o pequeno peixe agarrado, de histórias fantásticas! – uma vasta obstrução aos navios" (*Halieuticon*, linha 99. Em The *Fasti, Tristia, Pontic Epistles, Íbis, and Halieuticon of Ovid*, traduzido para o inglês por Henry T. Riley [London: George Bell and Sons, 1881]).
6. Ver nota 11, cap. VII, l. I.
7. Ver nota 12, cap. VII, l. I.
8. Uma nação de mulheres guerreiras na África, que queimavam o seio direito para apoiar melhor o arco. O nome teria sido dado pelos gregos, indicando "privada de uma mama". Não havia homens no país delas. Quando um menino nascia, era morto ou mandado para viver com o pai em um Estado vizinho. Heródoto dá uma longa e interessante descrição das amazonas transplantadas pelos gregos à Cítia (História l. 4).
Homero as menciona duas vezes na *Ilíada*, chamando-as de "iguais aos homens" (3.189 [Lattimore, 105], que "lutam contra os homens em batalha" (*Ibid.* 6.186 [Lattimore, 158]. Isso é repetido por Virgílio:

> Penthesilea [rainha das amazonas], furiosa na luta, lidera as tropas de amazonas armadas com escudos em forma de crescente, brilhando com coragem no meio de milhares; seu seio é exposto, ela é cingida com um cinto de ouro, uma guerreira e donzela que ousa enfrentar homens nas batalhas (*Eneida* 1, c. linha 490. Em *Works of Virgil*, tradução para o inglês de Lonsdale e Lee [London: Macmillan, 1885], 92).

9. Caspiae Pylae ou Caspiae Portae, chamados de Portões de Ferro, localizavam-se em uma linha divisória não oficial entre o oeste e o leste da Ásia, na principal passagem da Média para a Pártia e Hircânia através das montanhas caspianas. Essa passagem era tão estreita que só uma carruagem podia passar por vez. Paredões de pedra se erguiam dos dois lados e pingavam água salgada sobre as cabeças de quem passava no meio. No ponto mais estreito, os persas construíram portões de ferro (talvez de bronze com parafusos de ferro) e uma guarita. A passagem ficava perto da antiga cidade de Rhagae (atual Teerã). Havia outra passagem famosa que costumava ser chamada de Caspiae Portae, mas mais corretamente Caucasiae Portae ou Albaniae Portae, localizada no lado oeste do Mar Cáspio, ao sul de Derbent, no extremo sul da cadeia de montanhas chamada de Cáucaso, também conhecida como Muralha de Alexandre. Ela também tinha portões de ferro e era fortificada.
10. Os sátiros são espíritos das florestas, meio animais e meio homens, da mitologia grega. Eram representados como peludos e sólidos de estrutura, com nariz chato, orelhas pontudas e pequenos chifres se projetando da testa, tinham rabo de bode ou de cavalo. Não são mencionados por Homero, mas Hesíodo os chama de "a raça dos inúteis Sátiros, inapropriados para o trabalho". Sensuais por natureza, eles ansiavam pelas ninfas dos bosques e adoravam beber vinho, dançar e ouvir música. Os romanos identificavam os sátiros com seus faunos mitológicos indígenas, e, na versão romana, eles ganharam chifres maiores e pés de bode. As referências aos sátiros na Bíblia do rei James (Isaías 13:21 e 34:14) são traduções do termo hebraico para "os peludos", e provavelmente se referem a um tipo de demônio árabe.
11. Referência ao encontro de Santo Antônio com um sátiro em sua jornada ao encontro de Paulo, o Eremita. O sátiro disse ao santo que fora enviado por seus companheiros sátiros para pedir suas orações e aprender com ele algo acerca do salvador do mundo. A história é relatada por São Jerônimo em sua *Vida de Paulo*, o primeiro eremita do Egito.

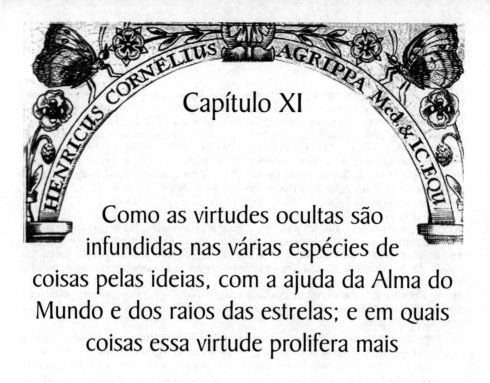

Capítulo XI

Como as virtudes ocultas são infundidas nas várias espécies de coisas pelas ideias, com a ajuda da Alma do Mundo e dos raios das estrelas; e em quais coisas essa virtude prolifera mais

s platônicos dizem que todos os corpos inferiores são exemplificados pelas ideias superiores. Ora, eles definem uma ideia como uma forma, acima dos corpos, almas, mentes e como simples, pura, imutável, indivisível, incorpórea e eterna: e que a natureza de todas as ideias é a mesma.[1]

Eles colocam as ideias em primeiro lugar na própria bondade, ou seja, Deus, por meio de causa;[2] e são distintas entre si apenas por considerações relativas, para que o que quer que exista no mundo não seja uma coisa única e sem variedade, que concordem em essência, e que Deus não seja visto como uma substância composta.

Em segundo lugar, eles as colocam no próprio inteligível, isto é, na Alma do Mundo,[3] diferentes uma da outra por formas absolutas; de modo que todas as ideias em Deus são de fato apenas uma forma, mas, na Alma do Mundo, são muitas. Elas são colocadas na mente de todas as outras coisas, sejam elas unidas ao corpo ou separadas dele, por uma determinada participação, e distintas cada vez mais por graus. Elas as colocam na natureza, como certas pequenas sementes de formas infundidas pelas ideias; e, por fim, colocam-nas na matéria, como sombras.

Pode-se acrescentar ainda que na Alma do Mundo podem existir tantas formas seminais quantas são as ideias na mente de Deus, formas por meio das quais ela criou no firmamento acima das estrelas figuras, e imprimiu nelas algumas propriedades; dessas estrelas, portanto, dependem as figuras e propriedades, todas as virtudes de espécie inferior, bem como suas propriedades; e assim, cada espécie tem sua forma ou figura celeste a ela apropriada, de onde também procede um maravilhoso poder de operar, dom recebido de sua própria ideia, por meio das formas seminais da Alma do Mundo.

Pois as ideias não são apenas causas essenciais de toda espécie, mas também as causas de toda virtude que há na espécie; e é isto que muitos filósofos dizem: que as propriedades existentes na natureza das coisas (virtudes que são de fato as operações das ideias) são movidas por certas virtudes, a saber, as que têm uma fundação certa e determinada, não fortuita nem casual, mas eficaz, poderosa e suficiente, nada fazendo em vão.

Ora, essas virtudes não erram em seus atos, mas por acidente; por razão da impureza ou desigualdade da matéria, pois é nesse sentido que são encontradas coisas da mesma espécie, menos ou mais poderosas, de acordo com a pureza ou indisposição da matéria, porque todas as influências celestiais podem ser impedidas pela indisposição e insuficiência da matéria. Daí a origem de um provérbio dos platônicos de que as virtudes celestiais foram infundidas de acordo com o deserto da matéria, o qual também *Virgílio* menciona, quando canta:

> Sua natureza é de fogo, e libertada a partir do alto,
> E dos corpos brutos, move-se divinamente.

Assim, essas coisas em que há menos da ideia da matéria, ou seja, coisas que têm uma maior semelhança às coisas separadas, têm virtudes mais poderosas em operação, sendo iguais à operação de uma ideia separada. Vemos, portanto, que a situação e a figura dos celestiais é a causa de todas aquelas excelentes virtudes que se encontram nas espécies inferiores.

Notas – Capítulo XI

1. "Essas realidades absolutas que definimos em nossas discussões permanecem sempre constantes e invariáveis, pois não? A igualdade ou beleza absolutas, ou alguma outra entidade independente que realmente exista, admitem qualquer espécie de mudança? Ou será que qualquer uma dessas entidades uniformes e independentes permanecem constantes e invariáveis, jamais admitindo a menor alteração em nenhum aspecto ou em sentido algum?"
"Devem ser constantes e invariáveis, Sócrates", disse Cebes.
"Bem, e quanto aos exemplos concretos de beleza – como os homens, cavalos, roupas, e assim por diante – ou de desigualdade, ou de quaisquer outros membros de uma classe correspondendo a uma entidade absoluta? Eles são constantes ou, pelo contrário, quase nunca têm relação em sentido algum consigo mesmos ou entre uns e outros?"
"Com eles, Sócrates, acontece o contrário; nunca estão livres de variação." (*Fédon* 78d-e. tradução para o inglês de H. Tredennick [Hamilton and Cairns, 61-2]. Ver também *A República* 7.514-9b.)

2. Fica sabendo que o que transmite a verdade aos objetos cognoscíveis e dá ao sujeito que a conhece esse poder é a ideia do bem. Entende que é ela a causa do saber e da verdade, na medida em que esta é conhecida, mas, sendo ambos assim belos, o saber e a verdade, terás razão em pensar que há algo de mais belo ainda do que eles. E, tal como se pode pensar corretamente que neste mundo a luz e a vista são semelhantes ao Sol, mas já não é certo tomá-las pelo Sol, da mesma maneira, no outro, é correto considerar a ciência e a verdade semelhantes ao bem, mas não está certo torná-las, a uma ou a outra, pelo bem, mas sim formar um conceito ainda mais elevado do que seja o bem (Platão, *A República* 6.508d. – traduzido para o inglês por P. Shorey [Hamilton and Cairns, 744]).

3. Ver apêndice II.

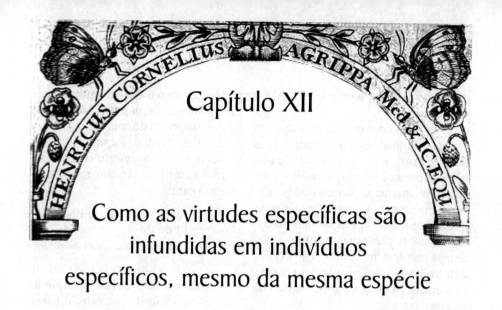

Capítulo XII

Como as virtudes específicas são infundidas em indivíduos específicos, mesmo da mesma espécie

Há também muitos indivíduos ou coisas específicas, dons peculiares tão maravilhosos quanto nas espécies, e estes também vêm da figura e da situação de astros celestiais. Pois, quando começa a ficar sob a influência de determinado horóscopo e constelação celestial, todo indivíduo contrai com sua essência uma certa virtude tanto de fazer quanto de sofrer algo que é notável, mesmo além daquilo que recebe de sua espécie, e isso é feito em parte pela influência do firmamento e em parte pela obediência da matéria das coisas a ser geradas à Alma do Mundo, obediência essa como a de nosso corpo à nossa alma.

Pois percebemos que isso existe em nós, que de acordo com o nosso conceito das coisas, nosso corpo se move, e de maneira animada,[1] como quando temos medo ou fugimos de algo. Tantas vezes, quando as almas celestiais concebem várias coisas, a matéria se move obediente a elas: também na natureza aparecem prodígios diversos, por razão da imaginação dos movimentos superiores. Assim também elas concebem e imaginam virtudes diversas não só coisas naturais, mas também às vezes artificiais, principalmente se a alma do operador estiver inclinada na mesma direção. Por isso dizia *Avicen*[2] que qualquer coisa que seja feita aqui deve ter sido feita antes nos movimentos e nas concepções dos astros e orbes.

Portanto, nas coisas, vários efeitos, inclinações e disposições são ocasionados não apenas a partir da matéria disposta de variadas maneiras, como muitos supõem, mas de influência variada e forma diversa; não, de fato, com uma diferença específica, mas particular e apropriada. E os graus são distribuídos de forma variada pela primeira causa de todas as coisas, o próprio Deus, que, sendo imutável, as distribui a todos como bem lhe aprouver, e com quem as segundas causas, angelicais e celestiais, cooperam, dispondo da matéria corpórea e outras coisas que lhes são confiadas. Todas as virtudes, portanto, são infundidas por Deus por meio da Alma do Mundo, mas por um poder em particular de semelhanças e inteligências, que as regem, e uma convergência de raios e aspectos dos astros em um peculiar uníssono harmonioso.

Notas – Capítulo XII

1. De maneira rápida.
2. Avicena.

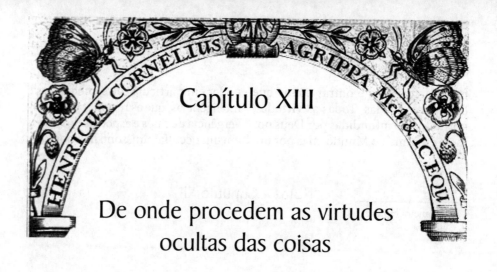

Capítulo XIII

De onde procedem as virtudes ocultas das coisas

É fato sabido entre todos que há uma certa virtude na magnetita, por meio da qual ela atrai o ferro,[1] e que o diamante, por sua presença, remove[2] essa virtude da pedra; também o âmbar[3] e o azeviche,[4] esfregados, e uma palha aquecida a eles aplicada, e o asbesto, uma vez aceso, nunca ou raramente se extinguem;[5] um carbúnculo brilha no escuro,[6] a pedra aetita, colocada acima do fruto das mulheres ou plantas, fortalece-o, mas, se colocada abaixo, provoca aborto;[7] o jaspe estanca o sangue;[8] o pequeno peixe equeneídeo[9] faz pararem os navios; ruibarbo dissipa cólera;[10] o fígado do camaleão queimado[11] causa chuvas e trovoadas. A pedra heliotrópio[12] ofusca a vista e faz a quem a usa se tornar invisível; a pedra lincúrio[13] afasta as ilusões da frente dos olhos; o perfume do liparito[14] invoca todos os animais; a pedra synochitis[15] chama fantasmas infernais, a anachitis[16] faz aparecer imagens de deuses. A pedra ennectis, colocada sob aqueles que sonham, causa oráculos.

Existe uma erva na Etiópia com a qual, relata-se, lagoas e lagos secam, e todas as coisas fechadas se abrem; e lemos a respeito de uma erva chamada latace, que os reis persas dão aos seus embaixadores para que, aonde eles forem com ela, terão abundância de todas as coisas. Há também uma erva da Cítia,[17] a qual uma vez provada ou ao menos colocada na boca, os citas aguentam 12 dias de fome e sede; e *Apuleio* dizia que tinha aprendido com um oráculo que havia muitas espécies de ervas e pedras com as quais os homens podiam prolongar a vida para sempre, mas que não era permitido ao homem ter o conhecimento dessas coisas, pois, embora tenha pouco tempo de vida, ele estuda a malignidade com toda a sua força e experimenta toda sorte de perversidade; se os homens vivessem muito mais tempo, com certeza não poupariam nem os deuses.

Mas de onde vêm essas virtudes, nenhum daqueles que escreveram enormes volumes acerca das propriedades das coisas explicou: nem *Hermes* nem *Bochus*, nem *Aarão* nem *Orfeu*, nem *Teofrasto* nem *Thebith*, nem *Zenothemis* nem *Zoroastro*, nem *Evax* nem *Dioscorides*, nem *Isaac*, o Judeu, nem *Zacarias*, o Babilônio, nem *Alberto* nem *Arnoldo*; e, no entanto, todos esses confessaram a mesma coisa, que Zacarias escreveu a *Mithridites* que havia grande poder nas virtudes das pedras e ervas, e que os destinos humanos eram nelas determinados. Mas, para se saber de onde elas vêm, seria necessária uma especulação maior.

Alexandre, o Peripatético, não arriscando além de seus sentidos e qualidades, é da opinião de que tais virtudes procedem dos elementos e suas qualidades, o que poderia ser verdade, se fossem da mesma espécie; mas muitas das operações das pedras não combinam em *gênero* nem *espécie*. Por isso, *Platão* e seus estudiosos atribuem essas virtudes às ideias, as formadoras das coisas. Mas *Avicena* reduz essas espécies de operações a inteligências, *Hermes* aos astros, *Alberto* às formas superficiais das coisas.

E embora esses autores pareçam se contradizer, nenhum deles, porém, se devidamente compreendido, está muito longe da verdade, uma vez que suas palavras são, em efeito, as mesmas na maioria das coisas. Pois Deus em primeiro lugar é o fim e o começo de todas as virtudes; Ele dá o selo das ideias a seus servos, às inteligências as quais, como fiéis oficiais, assinam todas as coisas que lhes são confiadas com uma virtude ideal, os céus e as estrelas como instrumentos, dispondo a matéria nesse ínterim para receber aquelas formas que residem em Divina Majestade (como diz *Platão* em *Timaeus*)[18] e ser transmitidas pelas estrelas; e o Doador de Formas as distribui por meio do ministério de suas inteligências, que ele estabeleceu como governantes e controladores de todas as suas obras, e a quem é conferido tal poder nas coisas a elas confiadas que todas as virtudes de pedras, ervas, metais e todas as outras coisas podem de fato vir das inteligências, dos governantes.

A forma e a virtude das coisas, portanto, vêm primeiro das ideias, depois das inteligências governantes e regentes, depois dos aspectos do firmamento e por último dos temperamentos dos elementos dispostos, respondendo às influências do firmamento, pelas quais os próprios elementos são ordenados ou dispostos. Esses tipos de operação, portanto, são realizados nessas coisas inferiores por formas expressas, e, nos firmamentos, pela disposição de virtudes, em inteligências mediando regras, na causa original por ideias e formas exemplares, todas as quais devem necessariamente combinar na execução do efeito e virtude de tudo.

Há, enfim, uma maravilhosa virtude e operação em toda erva e pedra, mas maior ainda em uma estrela, além da qual, mesmo das inteligências governantes, tudo recebe, e obtém muitas coisas para si, especialmente da Causa Suprema, com a qual todas as coisas se correspondem de maneira mútua e exata, combinando com harmonia, como se fossem hinos, sempre louvando o maior Criador de todas as coisas, como se pelas três crianças na fornalha ardente todas as coisas fossem chamadas para louvar Deus com cânticos: abençoai, Senhor, todas as coisas que crescem na Terra, e todas as coisas que se movem nas águas, as aves do céu, os animais e o gado, junto aos filhos do homem.[19]

Não há, portanto, nenhuma outra causa da necessidade de efeitos, senão a ligação de todas as coisas à Primeira Causa, e sua correspondência com aqueles padrões divinos e eternas ideias, de onde tudo tem seu lugar determinado e particular no mundo exemplar, de onde tudo vive e recebe seu ser original; e toda virtude das ervas, pedras, metais, animais, palavras e falas, e todas as coisas que são de Deus se localizam aí.

Ora, a Primeira Causa, que é Deus, embora se utilize das inteligências e os céus trabalhem sobre essas coisas inferiores, às vezes (deixando de lado tais meios ou suspendendo seu ofício), opera essas coisas sozinha, cujas obras são então chamadas de milagres: quando as causas secundárias, que *Platão* e outros chamavam de ajudantes,[20] agem sob o comando e a indicação da Primeira Causa e são necessárias para produzir seus efeitos; mas Deus, segundo sua vontade, pode desobrigá-las e suspendê-las, de modo que elas podem abdicar da necessidade de tal comando e indicação; é quando então se diz que acontecem os maiores milagres de Deus.

Assim, o fogo na fornalha dos caldeus não queimou as crianças; o Sol, sob o comando de *Josué*,[21] se deteve por um dia inteiro; também, sob as preces de *Ezequias*,[22] retrocedeu dez graus ou horas. E quando Cristo foi crucificado, o céu escureceu,[23] ainda que fosse Lua cheia: e os motivos dessas operações não podem ser encontrados por nenhum discurso racional, nenhuma magia ou ciência profunda, mas devem ser aprendidos e investigados apenas por oráculos divinos.

Notas – Capítulo XIII

1. A magnetita é naturalmente magnética.

> Deixando o mármore e passando para pedras mais notáveis, quem pode por um momento duvidar de que a pedra magnética será a primeira a se sugerir? Pois, na verdade, o que pode ser dotado de propriedades mais fantásticas do que ela? Ou em quais de seus departamentos a natureza exibe maior grau de genialidade?... A natureza agraciou, nesse caso, uma pedra com sentido e com mãos. O que é mais teimoso que o ferro duro? A natureza, nesse exemplo, deu-lhe pés e inteligência. O ferro se permite ser atraído pelo ímã e, sendo um metal que subjuga todos os outros elementos, precipita-se em direção à fonte de uma influência ao mesmo tempo misteriosa e invisível. No instante em que o metal se aproxima do ímã, salta em direção a ele e nele se gruda (Plínio 36.25 [Bostock e Riley, 6:355]).

Lucrécio trabalha em cima da noção de que a magnetita funciona criando um vácuo:

> Em primeiro lugar, muitos átomos, ou eflúvios, devem necessariamente voar da pedra, a qual, pelo impacto, dispersa o ar que se situa entre ela e o ferro. Quando esse espaço se esvazia e um grande vácuo se forma entre eles, átomos do ferro, imediatamente se lançando para a frente, precipitam-se juntos no vácuo; e todo o anel [de ferro] formado prossegue e passa adiante com seu corpo inteiro. Pois nenhuma substância coere e combina melhor – tendo seus elementos primários intimamente envolvidos – que a fria e dura consistência do robusto ferro (*Sobre a Natureza das Coisas* 6.998, traduzido para o inglês por J. S. Watson [London: George Bell and Sons, 1901], 287)

2. "Tão grande é a antipatia dessa pedra [diamante] pelo ímã que, quando colocada perto dele, não lhe permite atrair o ferro; ou, se o ímã já o atraiu, ela agarra o metal e o arrasta do outro" (Plínio 37.15 [Bostock e Riley, 6:408]. "Li ainda a respeito dessa pedra [magnetita] que, se você colocar um diamante perto dela, ela não vai atrair o ferro, e ainda o perde assim que o

diamante se aproximar" (Agostinho, *Cidade de Deus* 21.4 [Healey, 2:324]). O mesmo poder era atribuído ao alho, entre todas as coisas: "tampouco a magnetita atrairá o ferro se for esfregada com alho" (Ptolomeu, *Tetrabilos* 1.3.13, traduzido para o inglês por F. E. Robbins [Cambridge: Harvard University Press, 1980], 27). Todos esses dados se encontram em *Moralia* de Plutarco, Platonicae quaestiones 7.5. Desnecessário dizer que nem o diamante nem o alho têm o menor efeito sobre a magnetita.

3. Uma resina fóssil translúcida, dourada, que queima com um odor agradável, e às vezes contém insetos. Se esfregada, atrai palha e outras hastes secas por meio de eletricidade estática. Plínio narra todo o folclore grego acerca do âmbar, dizendo que se acreditava que fora formado das lágrimas derramadas pelas árvores ou pelos pássaros, ou da urina dos linces, que ele flui da terra, que é Salmossura solidificada, que é o orvalho dos raios de Sol e que emana de lama quente, antes de dar sua opinião:

> O âmbar é produzido de tutano expelido pelas árvores que pertencem ao gênero pinheiro, como goma da cereja e resina do pinheiro comum. É um líquido, a princípio, que corre em consideráveis quantidades, endurecido aos poucos pelo calor ou frio, ou ainda pela ação do mar, quando a maré alta leva embora fragmentos das praias dessas ilhas [no Oceano Norte]. De qualquer forma, é lançado sobre as costas, em uma forma tão leve e volúvel que nas águas rasas dá a impressão de estar suspenso (Plínio 37.11 [Bostock e Riley, 6:401]).

4. Também chamado gagata. Uma forma preta e dura de carvão capaz de aceitar grande polimento. Era chamado de âmbar negro e confundido com o âmbar ("Tem duas cores: preta e da cor do açafrão" (*Livro dos Segredos* [Best e Brightman, 45] porque, assim como essa substância, tem o poder de atrair pedaços de palha quando esfregado – uma propriedade mencionada por Alberto Magno. Plínio diz:

> É preto, macio, leve e poroso, pouco diferente da madeira em aparência. Tem textura frágil e emite um odor desagradável, quando esfregado. Qualquer marca deixada em objetos de cerâmica com essa pedra não sai mais. Ao se queimar, ela exala um cheiro sulfuroso; e é um fato singular que a aplicação da água o acende, enquanto o óleo o apaga. As fumaças do azeviche queimado afastam as serpentes e dissipam afetações histéricas: elas detectam uma tendência também à epilepsia e funcionam como um teste de virgindade. Uma decocção dessa pedra em vinho cura dor de dente; e, em combinação com cera, ela é boa para escrófula. Dizem que os magos usam gagatas na prática do que chamam de axinomancia [adivinhação em que se coloca o azeviche sobre a lâmina em brasa de um machado]; e eles nos garantem que elas não queimam se algo está para acontecer de acordo com o desejo do querelante (Plínio 36.34 [Bostock e Riley, 6:361-2]).

5. Se quiser fazer um fogo que não possa ser extinto ou apagado, pegue a pedra chamada Asbesto, ela é da cor do Ferro, e muito se encontra dela na Arábia. Se essa pedra for acesa ou inflamada, poderá nunca se apagar ou se extinguir, porque tem a natureza dos primeiros pais da Salamandra, por motivo de gordura úmida, que nutre o fogo nela aceso (*Livro dos Segredos* 2.10 [Best e Brightman, 30-1]).

Alberto Magno chama os asbestos de "pena de salamandra" (Meteora 4.3.17). Ver nota 11, cap. VII, l.

6. Os carbúnculos do mundo antigo costumavam ser rubis e granadas vermelhas. Falando dessas "gemas vermelhas incandescentes", Plínio diz:

> No primeiro nível entre essas pedras [brilhantes] está o carbúnculo, assim chamado por causa de sua semelhança ao fogo; pois, na realidade, ele é à prova da ação desse elemento: por isso algumas pessoas chamam essas pedras de "acaustoi" [incombustíveis]... Além desse fato, cada espécie é subdividida em carbúnculo macho e carbúnculo fêmea, sendo o primeiro de um brilho mais marcante, enquanto o segundo não é tão forte. Nas variedades do carbúnculo macho também vemos alguns dos quais o fogo é mais claro que nos outros; enquanto alguns, por sua vez, são de uma tonalidade mais escura, ou têm um brilho mais profundo e reluzem com um lustre mais potente do que outros, se vistos ao Sol.... Segundo Calistrato, a refulgência dessa pedra deve ser de um tom azul esbranquiçado e, quando colocado sobre uma mesa, deve realçar com seu lustre outras pedras colocadas próximas a ele, que sejam embaçadas nas bordas (Plínio 37.25 [Bostock e Riley, 6:420-1]).

Dessas referências ao brilho, o carbúnculo se tornou proverbial como pedra que emite luz. No *Livro dos Segredos*, há instruções para se fazer carbúnculo artificial:

> Se quer fazer uma pedra de carbúnculo, ou algo que brilhe à noite, pegue muitos dos pequenos insetos que se iluminam à noite [vermes brilhosos e vaga-lumes] e coloque-os, batidos, em um pequeno frasco de vidro e feche-o. Enterre-o nas fezes quentes de um cavalo e deixe lá por 15 dias. Depois, destile água deles *per alembicum*, que você depois colocará em um recipiente de cristal ou vidro. Emite tanta claridade que qualquer homem pode ler e escrever em um lugar escuro, no qual o objeto estiver ("Maravilhas do mundo" 79 [Best e Brightman, 111]).

7. A aetita, ou pedra-de-águia, é uma concreção contendo cristais, ou pedregulhos, ou pequenas pedras de terra, que chacoalham quando um geodo é balançado. Plínio diz que as águias usam essa pedra na construção de seus ninhos. "Essa pedra tem a qualidade também, de certa maneira, de engravidar, pois, quando é sacudida, outra pedra se ouve chacoalhar dentro dela, como se estivesse envolta em seu ventre; ela não tem propriedades medicinais, porém; exceto imediatamente após ser tirada do ninho" (Plínio 10.4 [Bostock e Riley, 2:484]). Em outro trecho, ele diz:

> Aplicada a mulheres grávidas, ou no gado, envolta em pele de animais que foram sacrificados, essas pedras agem como preventivo contra aborto, desde que se tome o cuidado de não removê-las até o momento do parto; pois, do contrário, o resultado é um prolapso do útero. Se, por outro lado, elas não forem tiradas no momento do parto, essa operação na natureza não pode ser efetuada (Plínio 36.39 [Bostock e Riley, 6:365]).

O *Livro dos Segredos* diz o seguinte da aetita: "É útil para mulheres grávidas; impede o nascimento prematuro" (2.41, p. 46). Isso é tirado de Alberto Magno, que diz que a pedra diminui os perigos na hora do parto. Lucano se refere às "pedras que ressoam [explodem] sob o pássaro que está chocando" (*Pharsalia* 6, linha 676 [Riley, 240]. Talvez, ao ser atirada ao fogo, o ar e a umidade na pedra oca a façam se partir, como se fosse uma casca de ovo, ou como um parto.

8. O jaspe é um quartzo opaco que pode ser vermelho, amarelo, marrom ou verde. Quando aparecem manchas vermelhas de óxido de ferro no jaspe verde, ele se chama jaspe-sanguíneo. Não deve ser confundido com o heliotrópio, que é uma calcedônia verde translúcida, com manchas carmesim. É fácil distinguir entre os dois porque o jaspe é sempre completamente opaco. Na Antiguidade, as duas pedras costumavam ser confundidas. No antigo Egito, o jaspe vermelho era associado ao sangue menstrual de Ísis e supostamente "aumentava o leite nas mulheres amamentando e ajudava as grávidas" (Budge 1968, 316). De acordo com as lendas medievais, o jaspe-sanguíneo foi criado na crucificação de Cristo, quando jorrou água de seu flanco, ao ser espetado com a lança do soldado romano.

A partir daquele momento, a pedra parece ter sido agraciada com poderes mágicos e divinos para estancar hemorragias de ferimentos, e era usada pelos soldados romanos por esse motivo; entre os nativos da Índia, é costume colocar o próprio jaspe-sanguíneo nas feridas e ferimentos após mergulhá-lo em água fria (Thomas e Pavitt 1970 [1914], 138).

9. Ver nota 5, capítulo X, l. 1.

10. A raiz seca do gênero Rheum era amplamente usada na medicina na época de Agrippa, a melhor variedade sendo importada do Tibete e da China. Era chamada de ruibarbo turco. Gerard diz: "A purgação feita com ruibarbo é útil e apropriada para todos os que sofrem de cólera", acrescentando: "Ela purga humores coléricos e nefastos" (John Gerard, *The Herbal* [1633], l. 2, cap. 83, sec. E, G [New York: Dover, 1975], 395).

11. O camaleão era o animal mágico do ar, assim como a salamandra era do fogo, porque se supunha que ele vivesse no ar. "Sempre deixa a cabeça erguida e a boca aberta, e ele é o único animal que recebe seu alimento não da carne nem dos líquidos ou de qualquer outra coisa, mas apenas do ar" (Plínio 8.51 [Bostock e Riley, 2:303]). "Demócrito afirma que, se a cabeça e o pescoço do camaleão forem queimados em um fogo feito com troncos de carvalho, o resultado será uma tempestade com chuva e trovão: o mesmo que se produz ao queimar o fígado sobre as telhas de uma casa" (Plínio 28.29 [Bostock e Riley, 5:316]).

12. O heliotrópio é encontrado na Etiópia, África e Chipre: tem uma coloração esverdeada, como os porros, marcado de manchas vermelho-sangue. Tem esse nome porque, se colocado em um recipiente de água e exposto à luz plena do Sol, muda para uma cor refletida como a do sangue;

essa é particularmente a propriedade da pedra originária da Etiópia. Fora da água, também, a pedra reflete a figura do Sol, como um espelho, e descobre eclipses dessa luminária mostrando a Lua passando sobre seu disco. No uso dessa pedra, também temos um flagrante exemplo da despudorada afronta dos adeptos de magia, pois eles dizem que, se a pedra heliotrópio for combinada com a planta do mesmo nome e certos encantamentos forem repetidos sobre ela, ela deixará a pessoa que a carregar consigo invisível (Plínio 37.60 [Bostock e Riley, 6:450])

13. Lyncurium, ou água de lince, uma pedra que se acreditava ser formada da urina de linces misturada com um tipo especial de terra.

> Eles afirmam também que ela é um produto da urina do lince e de uma espécie de terra, quando o animal cobre a urina logo após expeli-la, por ciúme de que o homem se aposse dela; uma combinação que endurece a pedra. Sua cor, informam-nos, assim como de alguns tipos de âmbar, é de uma tonalidade incandescente e permite ser gravada. Afirmam também que essa substância atrai para si não só folhas ou palha, mas também placas finas de cobre ou até de ferro; uma história em que até Teofrasto acredita, tendo fé em um certo Diocles. De minha parte, considero todas essas afirmações inverídicas, e não acredito que em nossos dias exista uma pedra preciosa com esse nome. Acho que as alegações acerca de suas propriedades medicinais também são falsas: que sendo ingerida com líquido, elimina cálculos urinários e bebida com vinho, ou apenas vista, cura icterícia (Plínio 37.13 [Bostock e Riley, 6:404]).

O *Livro dos Segredos*, citando Isidoro de Sevilha, diz que é uma pedra tirada da cabeça do lince, e de cor branca: "Ela também remove manchas brancas ou peroladas [catarata] dos olhos" (*Livro dos Segredos* 2.49 [Best e Brightman, 48-9]). Já se conjeturou que o lyncurium é a turmalina marrom, com propriedades elétricas semelhantes às descritas.

14. Liparea (riólito). "... tudo o que encontramos acerca do liparito ["pedra gorda"] é que, usada na forma de uma fumigação, ela atrai todo tipo de animal selvagem" (Plínio 37.62 [Bostock e Riley, 6:453]). "Essa pedra é encontrada na Líbia, e todos os animais correm na direção dela, como sua defensora. Ele não deixa os cães nem os homens caçá-los" (*Livro dos Segredos* 2.33 [Best e Brightman, 42]). Conjetura-se que se trata de enxofre das Ilhas Lipárias, um grupo de ilhas vulcânicas ao norte da Sicília.

15. "A anancitis ['pedra da necessidade'] é usada em hidromancia, dizem, para invocar os deuses, obrigando-os a aparecer; e a synochitis ['pedra de retenção'], para deter as sombras das profundezas quando aparecem" (Plínio 37.73 [Bostock e Riley, 6:461]).
As pedras são mencionadas por Santo Isidoro, bispo de Sevilha, em sua *Etymologiae* 16.15 – ver Evans 1976 [1922], 31.

16. Ver nota anterior.

17. Nações inteiras já foram as descobridoras de certas plantas. Os citas foram os primeiros a descobrir a planta conhecida como "cítica", que cresce nas proximidades de Palus Maeotis. Entre outras propriedades, essa planta é incrivelmente doce e muito útil para a afetação conhecida como "asma". Ela também possui outra excelente recomendação – enquanto uma pessoa a segurar na boca, nunca passará fome ou sede.
A hippace, outra planta natural da Cítia, possui propriedades semelhantes: deve seu nome ao fato de produzir efeito semelhante em cavalos. Com o auxílio dessas duas plantas, os citas, dizem, são capazes de aguentar fome e sede até 12 dias (Plínio 25.43-4 [Bostock e Riley, 5:110-1]).

Agrippa também menciona essa erva no cap. LVIII, l. I, em que a chama de "erva de Esparta", talvez porque os espartanos eram famosos por sua resistência. Riley conjetura que se trata de alcaçuz. Já a hippace parece ter sido um queijo feito de leite de égua, mencionado por Hipócrates (ares, águas, lugares, cap. 18), que Plínio confundiu com uma planta.

18. Após tê-la feito, ele dividiu toda a mistura [de elementos] em almas iguais em número às estrelas e atribuiu cada alma a uma estrela; e, tendo colocado-as como em uma charrete, ele lhes mostrou a natureza do Universo e declarou-lhes as leis do destino, segundo as quais seu primeiro nascimento seria um e o mesmo para todas – ninguém deveria ficar em desvantagem em suas mãos (Platão, *Timaeus* 41d, traduzido para o inglês por B. Jowett [Hamiltton and Cairns, 1170]).

Aquele que viveu bem em seu tempo determinado voltaria a habitar sua estrela nativa e lá teria uma existência abençoada e congenial. Mas, caso falhasse na obtenção disso, no segundo nascimento, ele passaria a ser uma mulher, e se, quando nesse estado, não desistisse do mal, continuaria a ser mudado em algum tipo de criatura (*Ibid.*, 42b, 1171).

Ora, do divino, ele mesmo era o criador; mas a criação do mortal ele delegou à sua prole [as inteligências]. E esta, imitando-o, recebeu dele o princípio imortal da alma e, em torno desse princípio, procedeu para a criação de um corpo mortal, e fez dele veículo da alma, construindo dentro do corpo uma alma de outra natureza, que era mortal, sujeita às terríveis e irresistíveis afetações... estas foram combinadas com um sentido racional e um amor corajoso, de acordo com as leis necessárias, e assim formaram o homem (*Ibid.*, 69c,-d, 1193).

19. O apócrifo *Cântico dos Três Filhos Sagrados*, versículos 54-60.
20. Ver *Timaeus* 46c-e (Hamilton and Cairns, 1174).
21. Josué 10:12-3.
22. II Reis 20:9-11.
23. Lucas 23: 44-5. Um eclipse solar só ocorre na lua nova, e não é possível na lua cheia.

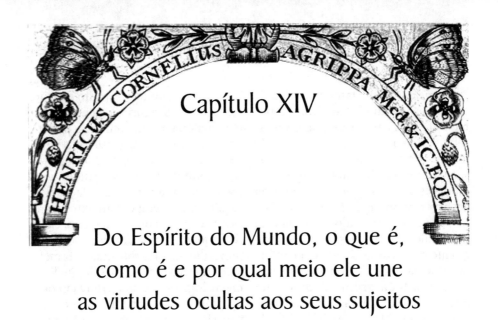

Capítulo XIV

Do Espírito do Mundo, o que é, como é e por qual meio ele une as virtudes ocultas aos seus sujeitos

emócrito e *Orfeu*, e muitos pitagóricos em sua diligente busca pelas virtudes das coisas celestiais e a natureza das coisas inferiores, diziam que todas as coisas estão cheias de Deus,[1] e não sem causa: pois não há nada dessas virtudes tão transcendentes que possa ser destituído de assistência divina e se contentar com sua própria natureza. Eles também chamavam esses poderes divinos que estão infundidos nas coisas de deuses: que *Zoroastro* chamava de atrações divinas, *Sinésio* de incitações divinas, outros de vidas e alguns de almas, dizendo que as virtudes das coisas dependiam delas; pois a propriedade da alma é se estender de uma matéria a diversas coisas sobre as quais ela opera. O mesmo se dá com um homem, que estende seu intelecto a coisas imagináveis; e era a isso que se referiam quando diziam que a alma de uma coisa saía e entrava em outra coisa, alterando-a e interferindo com suas operações; assim como o diamante interfere[2] com as operações da magnetita, que não consegue mais atrair o ferro.

A alma é, portanto, a primeira coisa que se move e, como dizem, move-se por si; mas o corpo, ou a matéria, é imóvel sozinho e, incapaz de movimento, muito se degenera da alma. Por isso, eles dizem que há a necessidade de um meio mais excelente, a saber, que seja como se não fosse um corpo e sim uma alma, ou que não fosse uma alma e sim um corpo; ou seja, que a alma possa se unir ao corpo. Bem, esse meio eles concebem como sendo o Espírito do Mundo, isto é, aquilo que chamamos de quintessência;[3] pois ela não é dos quatro elementos, mas de um quinto, cujo ser está acima e além dos outros.

Há, portanto, uma certa espécie de Espírito que deve ser o meio pelo qual as almas celestiais se juntam a corpos brutos e lhes conferem maravilhosos dons. Esse Espírito está, do mesmo modo, no corpo do mundo, como os nossos estão no corpo do homem. Pois, assim como os poderes de nossa alma são comunicados aos membros do corpo pelo espírito, também a virtude da Alma do Mundo[4] se difunde por meio de todas as coisas pela quintessência; pois não há nada no mundo inteiro que não tenha uma centelha de sua virtude; mas há muito mais infundido nessas coisas que receberam ou absorveram muito desse Espírito. Ora, esse Espírito é recebido ou absorvido pelos raios das estrelas a tal distância quanto essas coisas se fizerem confortáveis a elas. Por meio desse Espírito, portanto, toda propriedade oculta é transmitida às ervas e pedras, aos metais e animais, por meio do Sol, da Lua, dos planetas e das estrelas mais altas que os planetas.

Ora, esse Espírito pode nos ser mais vantajoso se alguém souber como separá-lo dos elementos ou ao menos usar principalmente aquelas coisas abundantes desse Espírito. Pois tais coisas, quando o Espírito é menos sufocado em um corpo e menos restrito pela matéria, agem com mais poder e perfeição, e também geram seus iguais com mais prontidão, pois no Espírito se encontram todas as virtudes gerativas e seminais. Causa pela qual os alquimistas se empenham em separar esse Espírito do ouro e da prata; e que, se devidamente separado e extraído, e projetado depois sobre qualquer matéria da mesma espécie, ou seja, qualquer metal, logo este se converterá em ouro ou prata. E nós sabemos como fazer isso e já vimos ser feito; mas não pudemos fazer mais ouro que o peso do qual extraímos o Espírito. Pois, sendo uma forma extensa, e não intensa, não pode ultrapassar os próprios limites e mudar um corpo imperfeito em perfeito; fato que não nego, mas que pode ser feito de outro modo.[5]

Notas – Capítulo XIV

1. "Alguns pensadores dizem que a alma se mescla com todo o Universo e é talvez por esse motivo que Tales tenha concluído que todas as coisas estão cheias de deuses" (Aristóteles, "sobre a alma" 1.5.411 a. Em *Basic Works*, tradução para o inglês de J. A. Smith [New York: Random House, 1941]).

De todos os planetas, da Lua, de anos e meses e todas as estações, que outra história teremos para contar senão esta mesma: que a alma, ou as almas, e aquelas almas boas de perfeita bondade provaram ser a causa de tudo; essas almas que tomamos por deuses, quer dirijam elas o Universo, por meio de corpos que as restringem, quer por algum outro modo de ação? Será que qualquer homem que partilhe dessa crença suportaria ouvir que todas as coisas não são "cheias de deuses"? (Platão, *Leis*, l. 10, sec. 899b, traduzido para o inglês por A. E. Taylor [Hamilton and Cairns, 1455]).

2. Ver nota 2, cap. XIII, l. I.
3. A quintessência, também conhecida como éter, originada na Filosofia ocidental pelos pitagóricos, que a caracterizavam como mais sutil e pura que o fogo e possuidora de um movimento circular. Supostamente, ela voava para o alto, até à criação, e dela as estrelas se formaram, como explica Milton:

Veloz para seus vários retiros, se apressavam
Os pesados Elementos, Terra, Água, Ar, Fogo,
E essa eterna quintessência do Céu
Então se precipitou para cima, animada com várias formas,
Que rolavam orbiculares, e se voltou para as Estrelas.

(*Paradise Lost* l. 3, linhas 714-8)

Pois em todo o espectro dos tempos passados, até que se registrem nosso legado, nenhuma mudança parece ter ocorrido nem no esquema geral do extremo exterior do céu nem em qualquer outra de suas partes. O nome comum, também que nos chega de nossos distantes ancestrais até nossos dias, parece mostrar que eles concebiam o céu do modo como o estamos expressando. As mesmas ideias, devemos acreditar, recorrem à mente dos homens não uma ou duas, mas repetidas vezes. E assim, implicando que o corpo primário é algo além de terra, fogo, ar e água, eles davam ao lugar mais algum nome próprio, *aither*, derivado do fato de "fluir sempre" por toda a eternidade do tempo (Aristóteles, *Sobre os céus* 1.3.270b, traduzido para o inglês por J. L. Stocks [McKeon, 403]).

4. Ver apêndice II.

5. Trata-se da Pedra Filosofal e do Pó da Projeção da Alquimia. Diz-se que Edward Kelley comprou dois pequenos cestos no País de Gales de um estalajadeiro que os tinha obtido do sepulcro arrombado de um bispo. Em um dos cestos se encontrava o Pó Branco, usado para transformar metal básico em prata, e no outro cesto (partido) havia uma pequena quantidade de Pó Vermelho, para transmutar metal básico em ouro. Segundo um relato, ele e John Dee testaram o Pó Vermelho e descobriram que era capaz de converter 272.230 vezes seu peso em ouro. Mas "eles perderam muito ouro nas experiências antes de saber a extensão exata de seu poder" (*The Alchemical Writings of Edward Kelley*, ed. A. E. Waite [1893] [NewYork: Weiser, 1976], p. xxii do prefácio bibliográfico). Waite está citando Louis Figuier, *L'Alchimie et les Alchimistes*, Paris, 1860, 232 et seq.

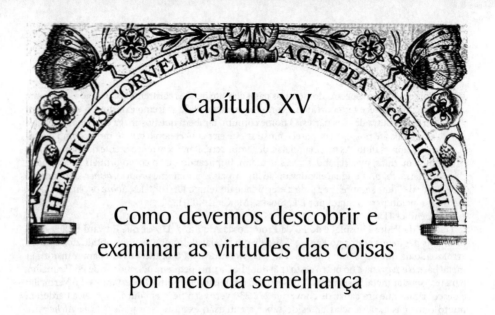

Capítulo XV

Como devemos descobrir e examinar as virtudes das coisas por meio da semelhança

Está claro agora que as propriedades ocultas nas coisas não são da natureza dos elementos, mas infundidas do alto, escondidas de nossos sentidos e por fim mal conhecidas por nossa razão, e que vêm de fato da vida e do Espírito do Mundo,[1] por meio dos raios das estrelas; e não podem de outro modo, exceto pela experiência e conjetura, ser por nós investigadas.

Daí que, aquele que quiser entrar nesse estudo, deve considerar que tudo se move e se volta para o seu igual, e o inclina para si com toda a sua força, tanto em propriedade, a saber, virtude oculta, quanto em qualidade, a saber, virtude elementar. Às vezes, também na própria substância, como vemos no sal, pois tudo o que permanece muito tempo com o sal se torna sal;[2] pois nenhum agente, quando começa a agir, tenta fazer algo inferior a si, mas sim no nível a ele apropriado. O que vemos também claramente em animais sensíveis, nos quais a virtude nutritiva não muda a carne em erva ou planta, mas a converte na carne sensível do animal.

Nas coisas, portanto, em que há um excesso de qualidade ou propriedade, como calor, frio, coragem, medo, tristeza, raiva, amor, ódio ou qualquer outra paixão ou virtude – esteja nelas por meio da natureza ou às vezes por uma arte, ou pelo acaso, como a coragem em uma meretriz[3] –, essas mesmas coisas se movem e provocam tal qualidade, paixão ou virtude. Assim, o fogo move o fogo, e a água move a água, e aquele que é corajoso é movido pela coragem.[4] E é fato conhecido entre os médicos que o cérebro ajuda o cérebro e os pulmões ajudam os pulmões. Por isso, também se diz que o olho direito de uma rã ajuda a tratar a lesão no olho direito de um homem, e o olho esquerdo do mesmo animal, o olho esquerdo do homem, se for pendurado no pescoço em um pano de sua cor natural; o mesmo se diz dos olhos de um caranguejo.[5] E assim, a pata de uma tartaruga ajuda aqueles que têm gota, se for aplicada pé a pé e mão a mão, direita com direita, esquerda com esquerda.

Desse modo, dizem, qualquer animal estéril faz outro ficar estéril;[6] e a partir do próprio animal, principalmente testículos, matriz ou urina. Informam-nos que uma mulher não conceberá se beber todos os meses a urina de uma mula[7] ou qualquer coisa embebida nela. Se quisermos, portanto, obter alguma propriedade ou virtude, procuremos esses animais ou outras coisas nas quais essa propriedade exista de forma mais eminente, e de tais coisas tomemos a parte em que a virtude ou propriedade é mais vigorosa; se, por exemplo, em algum momento, quisermos promover o amor, procuremos os animais mais amáveis, como pombas, rolas, pardais e pássaros da espécie dos motacilídeos (caminheiros); e deles tomemos aqueles membros ou partes, nas quais o apetite venéreo for mais vigoroso, tais como o coração, os testículos, a matriz,[8] o falo,[9] esperma e mênstruo.[10] E isso deve ser feito no momento em que esses animais tiverem suas afeições mais intensas;[11] pois é quando provocam muito e atraem o amor.

De maneira semelhante, para aumentar a coragem, procuremos um leão ou um galo e deles tomemos o coração, os olhos ou a testa. E assim devemos entender aquilo que *Pselo*, o Platônico, dizia, ou seja, que os cães, corvos e galos conduzem ao alerta; também o rouxinol, o morcego e a coruja, no coração, cabeça e olhos, principalmente. É por isso que se diz que, se alguém carrega o coração de um corvo, ou tiver um morcego por perto, não dormirá até atirá-lo para longe de si. O mesmo serve para a cabeça de um morcego[12] seca e amarrada ao braço direito daquele que está acordado, pois, se for colocada no braço do que dorme, dizem que não acordará até que a tirem dele.

Do mesmo modo, uma rã e uma coruja tornam uma pessoa conversadora, e desses animais se utilizam principalmente a língua e o coração; assim, a língua de uma rã aquática[13] colocada sob a cabeça faz um homem falar durante o sono, e o coração de um mocho[14] colocado sobre o seio esquerdo de uma mulher adormecida com certeza a fará revelar todos os seus segredos. O mesmo faz o coração de uma coruja ou o sebo de uma lebre colocado sobre o peito de quem dorme.

No mesmo sentido, animais de vida longa conduzem o homem a viver muito; e todas as coisas que têm um poder de se renovar conduzem à renovação de nosso corpo e à restauração da juventude, que os médicos com frequência professam saber que é real; como se manifesta na víbora e na cobra.[15] E é fato sabido que os veados velhos rejuvenescem comendo cobras.[16] E assim também a fênix[17] é renovada por um fogo que ela faz para si; e de virtude igual é o pelicano, cuja pata direita colocada sob lama morna, após três meses, gera um pelicano.[18] Assim, alguns médicos, por meio de certas confecções feitas de víboras e heléboros, e a carne de alguns animais, de fato restauram a juventude, às vezes a tal ponto como Medeia restaurou o velho *Pélias*.[19] Também se acredita que o sangue de uma ursa, se sugado de uma ferida nela, aumenta a força do corpo, porque o urso é a mais forte das criaturas.[20]

Notas – Capítulo XV

1. Ou seja, a quintessência. Ver nota 3, cap. XIV, l. I.
2. "Também Avicena dizia que, quando uma coisa fica muito tempo no sal, torna-se sal e, se algo ficar muito tempo em um lugar fedorento, tornar-se-á fedorento também. E, se alguma coisa fica com um homem corajoso, ela se torna corajosa; se ficar ao lado de um homem temeroso, ela se tornará temerosa" (*Maravilhas do Mundo* 2 [Best e Brightman, 74]).
3. "...ou de um modo geral, como a coragem e a vitória são naturais para um leão, ou *secundum individuum*, como a coragem em uma meretriz, não do tipo do homem, mas *per individuum* (*Ibid.*, sec. 3, 75).
4. "Assim como em uma meretriz, a coragem é extrema. E, portanto, os filósofos dizem que, se um homem vestir um avental de uma meretriz, ou olhar em um espelho (ou carregar consigo um) no qual ela se olha, ele andará com coragem e sem medo" (*Ibid.*, sec. 14, 80).
5. A pomada Oculi Cancrorum, ou Unguento de Olho de Caranguejo, era usada para curar feridas ulcerosas. O Olho do Caranguejo era o nome de uma concriação de carbonato de cal encontrada no estômago de lagostas e lagostins. Parece haver uma linha mágica saindo do olho do caranguejo passando pelo signo zodiacal de Câncer, pela pedra do signo – a esmeralda, que era conhecida em tempos antigos como preservativo da visão – até o conteúdo calcário no estômago do lagostim.
6. "E portanto os filósofos escrevem que a mula, totalmente estéril de sua propriedade, torna homens e mulheres estéreis quando alguma parte dela é associada às mulheres"(*Maravilhas do Mundo* 15 [Best e Brightman, 81]).
7. Sem dúvida, um dos mais nefastos meios de controle de natalidade.
8. Ventre.
9. Pênis.
10. Sangue menstrual.
11. De modo semelhante, aqueles que se movem pelo amor, procurem o animal que mais ama, especialmente naquele momento em que ele mais estiver propenso a amar, porque há nesse instante uma força maior no animal, incitando-o a amar; que se pegue então aquela parte do animal em que o apetite carnal for mais forte, como o coração, as pedras e a mãe ou matriz.
    E como a andorinha ama demais, como dizem os filósofos, eles portanto a escolhem para fortalecer o amor.
    De modo semelhante, a pomba e o pardal são considerados dessa espécie, principalmente quando se deleitam no amor ou no apetite carnal, pois é quando provocam e atraem amor sem resistência (*Maravilhas do Mundo* 15-7 [Best e Brightman, 81]).
12. A inversão da virtude mágica das coisas quando aplicada em condições opostas é muito comum. "E os filósofos inventaram que, quando uma mulher está grávida, se a ela for aplicada uma coisa que deixa as mulheres estéreis, esta não ficará estéril, mas prolífera" (*Ibid.*, sec. 30, 87).
13. "Pegue uma rã aquática desperta [viva] e arranque-lhe a língua, coloque-a de novo na água. Coloque a língua sobre uma parte do coração da mulher adormecida, e, quando lhe perguntarem, ela dirá a verdade" (*Ibid.*, sec. 56, 99-100). Esse encantamento é tirado de Kiranides. "Se alguém quiser saber os segredos de uma mulher, deve cortar fora a língua de uma rã viva e devolver a rã à água, fazer alguns caracteres na língua cortada e colocá-la sobre o local em que bate o coração de uma mulher; e poderá fazer a ela quaisquer perguntas que quiser, e ela responderá dizendo a verdade, revelando os segredos e as faltas que tiver cometido" (*Ibid.*, 99, n. 56).
14. "Há virtudes maravilhosas nessa ave, pois, se o coração e a pata direita dela forem colocados sobre um homem adormecido, ele responderá àquilo que lhe perguntarem" (*Ibid.*, l. 3, sec. 4, 52).
15. As cobras trocam de pele várias vezes ao ano. A velha pele seca as faz parecer velhas, enquanto a nova pele lisa lhes dá um aspecto jovem.
16. "Que os veados são destrutivos para esses répteis [cobras], ninguém ignora; assim como o fato de que eles as arrancam de suas tocas, quando as encontram, para devorá-las" (Plínio 28.42 [Bostock e Riley, 5:329]).
17. Um pássaro fabuloso em aparência, como uma águia com plumagem dourada e carmesim e uma estrela na testa. A única de sua raça, ela vive 500 anos, alimentando-se de especiarias raras, depois se renova:

Esse pássaro, quando completa as cinco eras de sua vida, constrói para si, com suas garras e seu bico arqueado, um ninho nos galhos de um azinheiro *[Quercus ilex]*, ou na copa de uma tamareira *[Phoenix dactylifera]*, tão logo tenha polvilhado e pilado canela com mirra amarela, ele se deita e termina sua vida em meio a odores. Dizem que então, a partir do corpo de seu genitor, se reproduz uma pequena Fênix, que é destinada a viver a mesma quantidade de anos. Quando o tempo tiver lhe dado força e for capaz de suportar o peso, ele alivia os galhos da altiva árvore do fardo do ninho e carrega responsavelmente seu próprio berço e sepultura de seu genitor; e tendo alçado à cidade de Hipérion [Heliópolis no Egito] através do dócil ar, deita-se perante as portas sagradas do templo de Hipérion [Hélios, o Sol]. (Ovídio, *Metamorphoses* 15.3, trans. H. T. Riley [London: George Bell and Sons, 1884], 532) N.E.: Sugerimos a leitura de *Metamorfoses*, de Ovídio, Madras Editora, p. 314-315.

O corpo do pássaro morto, envolto em especiarias para embalsamar, é cremado sobre o altar. Seu retorno ao Egito é anunciado como um grande e favorável augúrio. É quase certo que esse pássaro é mencionado no Salmos 103 (versículo 5) sob o nome da águia. Há duas variações principais na história da regeneração da fênix. Uma diz que o pássaro entra em combustão espontânea agitando as asas sobre o altar e se ergue de suas próprias cinzas; a outra menos atraente é que a nova fênix emerge do corpo em decomposição da velha, na forma de um pequeno verme branco. Para descrições da fênix, ver Heródoto, História l. 2; Plínio 10.2; Tácito, Anais 6.28; o lindo poema de Claudius Claudianus, "A Fênix"; e a curta peça descritiva A Fênix, atribuída a Lactâncio (Edimburgo: Ante-Nicene Christian Library, 1871,vol. 22).

18. "E a pata direita dele [do pelicano], sob um objeto quente, após três meses, vive e se move sozinha, do humor e do calor que o pássaro possuía" (*Livro dos Segredos* 3.14 [Best e Brightman, 57]).

19. Agrippa comete um erro. Medeia enganou as filhas de Pélias, levando-as a matar o pai na falsa esperança de que o tornaria jovem. Foi Eson, o idoso pai do herói Jasão, que a feiticeira restaurou à sua juventude, infundindo uma poção em suas veias:

Lá ela ferve raízes cortadas nos vales tessalianos e sementes e flores e sucos acres. Acrescenta pedras apanhadas no Oriente mais distante, e areia, que a maré baixa do oceano lavou. Ela acrescenta, também, geada colhida à noite sob a luz da Lua, e as asas agourentas de uma coruja-das-torres *[Tyto alba]*, junto com sua carne; e as entranhas de um lobo ambíguo, que era acostumado a mudar sua aparência de besta selvagem à de um homem.

Nem falta lá a fina pele escamosa da cobra d'água do *Cinipo* e o fígado de um veado idoso; aos quais, além disso, acrescenta o bico e a cabeça de um corvo que tenha suportado uma existência de nove eras. (*Ovid Metamorphoses* 7.2, cerca da linha 260 [Riley, 234-235]) Edição da Madras, p. 140.

20. A força proverbial do urso é, sem dúvida, responsável por seu uso pela bruxa Pariseta de Neuville, que, em 1586, a aplicou para curar Stephan Noach de uma doença da qual ela era acusada de lhe ter causado:

Então, ela colocou o homem doente sobre os ombros e o carregou até o jardim e o colocou sobre um enorme urso que lá apareceu. E o urso ficou carregando-o para cima e para baixo, para a frente e para trás, o tempo todo gemendo como se estivesse suportando um peso grande demais; mas, na realidade, era a voz do Demônio, reclamando porque estava sendo forçado, contra sua natureza, a usar seu poder para conferir ao homem o grande benefício da restauração da saúde (*Remy Demonolatry* 3.3 traduzido para o inglês por Ashwin [London: John Rodker, 1930], 149).

Remy acrescenta: "É ligado a isso que vemos acrobatas e malabaristas sempre levando consigo ursos, sobre os quais colocam crianças para que estas fiquem seguras contra o medo de duendes e espectros" (*Ibid.*, 152).

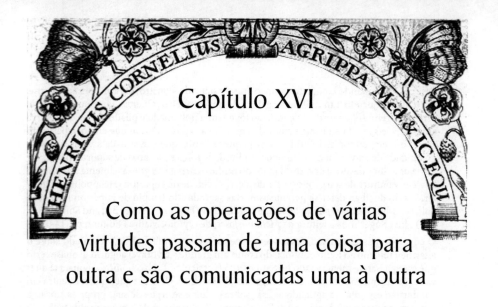

Capítulo XVI

Como as operações de várias virtudes passam de uma coisa para outra e são comunicadas uma à outra

Você deve saber que o poder das coisas naturais é tão grande que elas não só atuam sobre as coisas que estiverem próximas delas, por sua virtude, mas, além disso, infundem-se nelas como pó, e por meio delas, pela mesma virtude, atuam também sobre outras coisas, como vemos na magnetita, pedra que não só atrai anéis de ferro, mas também infunde neles uma virtude[1] que lhes permite fazer o mesmo, como *Agostinho*[2] e *Alberto*[3] afirmam ter visto.

É assim que, como dizem, uma meretriz comum, audaciosa e corajosa, cheia de impudência, infecta a todos os que estiverem perto dela, por meio dessa propriedade, que torna os outros como ela. Por isso, dizem que se alguém vestir as roupas íntimas de uma meretriz ou tiver o espelho no qual ela se olha todos os dias, ficará corajoso, confiante, impudente e bravo.[4] Do mesmo modo, diz-se que um pano que envolveu um cadáver recebeu dele a propriedade de tristeza e melancolia; e a corda[5] com que um homem foi enforcado possui certas propriedades fantásticas.

Uma história parecida conta *Plínio*, dizendo que, se você cegar um lagarto verde[6] e o colocar junto a anéis de ferro ou ouro em um recipiente de vidro e, sob o recipiente, um pouco de terra, depois de fechá-lo até parecer que o lagarto recebeu de volta a visão, tire-o do recipiente e os anéis agora ajudarão a curar problemas nos olhos. O mesmo pode ser feito com anéis e uma doninha[7] cujos olhos tenham sido arrancados com algum instrumento pontiagudo; ela certamente recuperará a visão. Nesse mesmo sentido, podem ser colocados anéis no ninho de pardais, andorinhas, que serão usados depois para gerar amor e favores.

Notas – Capítulo XVI

1. Falaremos da magnetita em seu devido lugar e da simpatia que ela tem com o ferro. Esse é o único metal que adquire as propriedades daquela pedra, retendo-as por determinado tempo e atraindo outro ferro, de modo que às vezes podemos ver uma corrente inteira formada desses anéis. As classes mais baixas, em sua ignorância, chamam a isso de "ferro vivo", e as feridas feitas por essa corrente são muito mais graves (Plínio 34.42 [Bostock e Riley, 6:209]).
   Essa pedra não atrai simplesmente os anéis, por si mesmos; ela também incute neles uma força que lhes permite fazer o mesmo que a pedra, ou seja, atrair outro anel, de modo que às vezes é formada uma corrente, muito longa, de anéis de ferro, suspensos uns nos outros. Para todos eles, porém, o poder depende da magnetita (Platão. *Íon*, traduzido para o inglês por L. Cooper [Hamilton and Cairns, 220]).
2. Nós sabemos que a magnetita atrai o ferro de maneira estranha; e, certamente, quando observei o fenômeno pela primeira vez, fiquei perplexo. Pois vi a pedra atrair um anel de ferro e, em seguida, como se tivesse conferido o próprio poder ao anel, este atraiu outro e o prendeu com firmeza, como se estivesse preso à própria pedra. E assim aconteceu com um terceiro, um quarto pelo terceiro, e assim por diante, até haver uma corrente de anéis que mal se tocavam sem se interligar (Agostinho, *Cidade de Deus* 21.4 [Healey, 2:323]).
3. Talvez uma referência a essa passagem no *Livro dos Segredos*: "Pois embora não saibamos de uma razão clara para a magnetita atrair para si o ferro, a experiência, entretanto, assim mostra, de modo que nenhum homem pode negá-la" (*Maravilhas do Mundo* 20 [Best e Brightman, 82]).
4. Ver notas 3 e 4, cap. XV, l. I.
5. Como é dito, se uma corda for apanhada, com a qual um ladrão é ou foi enforcado, e um pequeno joio, que um redemoinho levantou ao ar, forem ambos colocados em um pote, esse pote quebrará todos os outros potes.
   Pegue também um pouco da referida corda e coloque sobre o instrumento com que o pão é levado ao forno; quando o pão for ao forno, você não será capaz de lá deixá-lo, pois ele saltará para fora (*Maravilhas do mundo* 50 [Best e Brightman, 97]).
6. Os lagartos também são empregados de várias maneiras como remédio para doenças dos olhos. Algumas pessoas fecham um lagarto verde dentro de um recipiente de terra novo, junto a nove pequenas pedras conhecidas como "cinaedia", que costumam ser aplicadas ao corpo para tratar tumores nas virilhas. Em cada uma das pedras devem ser feitas nove marcas, e a cada dia uma deve ser removida do recipiente, com cuidado no nono dia para que o lagarto saia, deixando as pedras e guardando-as como remédio para afetações dos olhos. Outros, ainda, cegam um lagarto verde, depois de colocar um pouco de terra debaixo dele, fecham-no em um recipiente de vidro, com alguns pequenos anéis de ferro sólido ou ouro. Quando descobrem, ao olhar pelo vidro, que o lagarto recuperou a visão, libertam-no e guardam os anéis como preservativo contra oftalmia (Plínio 29.38 [Bostock e Riley, 5:414-5]).
7. "Eles dizem também que, se os olhos de uma doninha forem extraídos com um instrumento pontiagudo, sua visão retornará; o mesmo uso sendo feito dos lagartos e anéis mencionados acima" (*Ibid.*, 415).

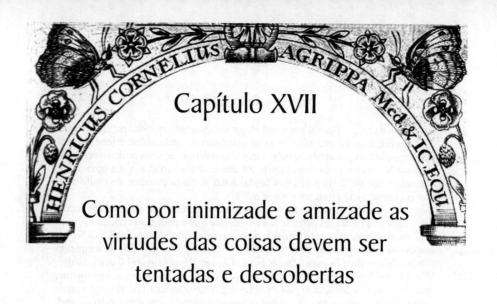

Capítulo XVII

Como por inimizade e amizade as virtudes das coisas devem ser tentadas e descobertas

m seguida, é um requisito considerarmos que todas as coisas têm um nível de amizade e inimizade[1] entre si, e toda coisa tem medo e pavor de alguma coisa, que é o inimigo e destrutivo para ela; e, ao contrário, algo com que se deleita e muito aprecia, e com o qual é fortalecido. Assim, nos elementos, o fogo é inimigo da água e o ar, da terra, no entanto, combinam entre si.[2]

E novamente, nos corpos celestes, Mercúrio, Júpiter, o Sol e a Lua são amigos de Saturno; Marte e Vênus, inimigos dele; todos os planetas além de Marte são amigos de Júpiter, também todos além de Vênus odeiam Marte; Júpiter e Vênus amam o Sol; Marte, Mercúrio e a Lua são inimigos dele; todos além de Saturno amam Vênus; Júpiter, Vênus e Saturno são amigos de Mercúrio; o Sol, a Lua e Marte são seus inimigos; Júpiter, Vênus, Saturno são amigos da Lua; Marte e Mercúrio, seus inimigos.

Há outro tipo de inimizade entre os astros, a saber, quando têm casas opostas;[3] como Saturno para o Sol e a Lua, Júpiter para Mercúrio, Marte para Vênus. E sua inimizade é mais forte quando as exaltações[4] são opostas: como de Saturno e o Sol; de Júpiter e Marte; de Vênus e Mercúrio. E a amizade é mais forte quando se combinam em natureza, qualidade, substância e poder: como Marte com o Sol e Vênus com a Lua, como Júpiter com Vênus; assim como sua amizade é mais forte quando a exaltação está na casa de outro,[5] como de Saturno com Vênus, de Júpiter com a Lua, de Marte com Saturno, do Sol com Marte, de Vênus com Júpiter, da Lua com Vênus.

E, conforme a espécie de amizade ou inimizade das coisas superiores, assim também são as inclinações das coisas inferiores a elas sujeitas. Essas disposições, portanto, de amizade e inimizade entre as coisas, nada mais são que certas inclinações de uma coisa a outra, desejando tal e tal coisa se esta faltar, movendo-se em direção a ela, a menos que haja obstáculo, e nela aquiescer quando for obtida, abominando o contrário e temendo a aproximação do contrário, não descansando nem se contentando com ela. *Heráclito*, guiado por essa opinião, professava que todas as coisas eram feitas por inimizade e amizade.[6]

Ora, as inclinações de amizade são do mesmo tipo em vegetais e minerais que a atratividade da magnetita sobre o ferro e a esmeralda sobre as riquezas e os favores; o jaspe sobre o nascimento de qualquer coisa e a pedra ágata[7] sobre a eloquência; da mesma maneira, há uma espécie de argila betuminosa que atrai o fogo[8] e pula para dentro dele, onde quer que o veja; assim como a raiz da erva aproxis[9] atrai fogo a distância. Também a mesma inclinação existe entre a palma macho e a palma fêmea: quando o ramo de uma toca o ramo da outra, elas se abraçam, pois a fêmea não gera frutos sem o macho.[10] E a amendoeira, quando está sozinha, é menos frutífera. A videira ama o olmo, e a oliveira e a murta se amam; também a oliveira e a figueira.

Nos animais, existe amenidade entre o melro e o tordo, entre o corvo e a garça, entre pavões, pombas, rolas e papagaios.[11] Daí *Sappho* escrever para *Phaon*:[12]

> A pássaros geralmente diferentes se juntam as pombas brancas;
> Também o pássaro que é verde, a rola ama.

Também a baleia e o pequeno peixe,[13] seu guia, são amigos.

Tampouco essa amenidade nos animais é só entre si, mas se estende a outras coisas, como metais, pedras e vegetais. A gata, por exemplo, deleita-se com a erva-dos-gatos (gatária),[14] esfregando-se nela e ficando prenha, dizem, sem o macho; e há éguas na Capadócia[15] que se expõem ao impacto do vento e por meio de sua atração concebem. Assim, as rãs, os sapos, as cobras e toda espécie de coisas venenosas rastejantes se deleitam na planta chamada passiflora,[16] da qual, se alguém comer, dizem os médicos, morrerá rindo.

A tartaruga também, quando é caçada pela víbora, come manjerona,[17] e é por ela fortalecida; e a cegonha, quando come cobras,[18] procura um remédio na manjerona; e a doninha,[19] quando vai lutar com o basilisco, come arruda, o que nos leva a aprender que a manjerona e a arruda[20] são eficazes contra veneno. Assim, em alguns animais, há uma habilidade inata e arte médica; pois, quando um sapo é ferido com uma mordida ou veneno de outro animal, ele tende a procurar arruda ou sálvia e esfregar nela o local machucado, escapando assim do perigo do veneno.

Foi assim que os homens descobriram muitos excelentes remédios para doenças e as virtudes das coisas dos animais; as andorinhas, por exemplo, mostraram-nos que a quelidônia[21] é bastante apropriada para tratar a vista, curando os olhos de seus filhotes; e a pega, quando fica doente, coloca uma folha de louro[22] no ninho e se recupera. Da mesma maneira, flamingos, gralhas, perdizes e melros purgam o estômago[23] nauseado com a mesma coisa, e também com ela, os corvos eliminam o veneno do camaleão; e o leão, quando febril, recupera-se ao comer um macaco.[24] O abibe, que passa mal após comer uvas, cura-se com artemísia;[25] os veados nos ensinaram que a erva díctamo[26] é muito boa para extrair dardos, pois quando são feridos com flechas, retiram-nas comendo essa erva; o mesmo fazem os bodes em Candie. As corças, um pouco antes de dar cria, purgam-se com uma determinada erva chamada vime da montanha.²⁷ Também aqueles que são feridos por aranhas procuram um remédio comendo caranguejos.²⁸ Se são mordidos por cobras, os suínos se curam comendo-as; e os corvos, ao se perceberem envenenados com um tipo de veneno francês, procuram a cura no carvalho; quando engolem um camaleão,²⁹ os elefantes se servem de oliva silvestre. Se perturbados por mandrágora, os ursos escapam do perigo comendo formicídeos.³⁰ Gansos, patos e outras aves aquáticas se curam com uma erva chamada parietária; os flamingos, com junco;³¹ os leopardos, caso passem mal com uma erva chamada acônito,³² com fezes humanas:³³ os javalis, com hera; e as corças, com uma erva chamada cínara.³⁴

Notas – Capítulo XVII

1. Verifica-se e incute-se na mente de cada homem que toda espécie natural e toda natureza, particular ou geral, têm amizade ou inimizade natural com alguma outra. E toda espécie tem algum horrível inimigo e coisa destruidora a temer, bem como, por outro lado, algo de que gosta muito, deixa-a feliz e combina com sua natureza. (*Maravilhas do Mundo* 5 [Best e Brightman, 75-6]).

2. O fogo combina com o ar, sem o qual não se acenderia; a terra combina com a água, sem a qual não enrijeceria. Ver apêndice III.

3. Os planetas são atribuídos a certos signos do Zodíaco, os quais, dizem, são por eles regidos. Cada planeta tem dois signos, enquanto o Sol e a Lua têm apenas um cada:

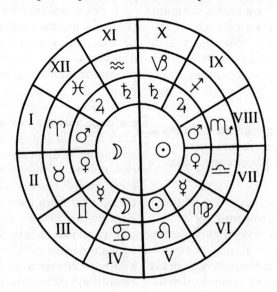

Para uma explicação lúcida de como surgiu essa atribuição, ver *Tetrabiblos*, de Ptolomeu 1.17. Cada signo tem sua própria casa, compreendendo um arco de 30 graus do firmamento. Assim, quando um planeta está em seu signo, pode-se dizer que está residindo na casa que ele rege. Quando um planeta está em um signo oposto ao seu, localizado a 180° no firmamento, diz-se que está em detrimento. Quando um planeta se encontra no signo por ele regido, sua operação é forte e pura; quando se encontra no signo oposto, sua operação é obstruída e perturbada.

Planeta	Regência	Detrimento
Sol	Leão	Aquário
Lua	Câncer	Capricórnio
Mercúrio	Virgem	Peixes
	Gêmeos	Sagitário
Vênus	Libra	Áries
	Touro	Escorpião
Marte	Escorpião	Touro
	Áries	Libra
Júpiter	Sagitário	Gêmeos
	Peixes	Virgem
Saturno	Capricórnio	Câncer
	Aquário	Leão

4. Cada planeta tem um signo no qual sua ação é mais potente, chamada de exaltação, e um signo no qual sua ação é mais fraca, oposta à sua exaltação, chamada de queda.

Planeta	Exaltação	Queda
Saturno	Libra	Áries
Júpiter	Câncer	Capricórnio
Marte	Capricórnio	Câncer
Sol	Áries	Libra
Vênus	Peixes	Virgem
Mercúrio	Virgem	Peixes
Lua	Touro	Escorpião

5. Como Saturno está exaltado em Libra, que é um dos signos regidos por Vênus, esses planetas são amistosos entre si; e assim com o resto.

6. Quanto aos gregos, suas opiniões são óbvias e bem conhecidas de todos; atribuem boa parte do mundo como pertencente a Júpiter Olímpio, enquanto a fabulosa Harmonia teria sido gerada por Vênus e Marte, um duro e belicoso, e o outro doce e generativo. Em segundo lugar, consideremos a grande concordância dos filósofos com essas pessoas. Pois Heráclito, em termos claros, chama a guerra de pai, rei e senhor de todas as coisas; e diz que Homero, quando rogou pela primeira vez,

"Que a discórdia seja amaldiçoada pelos deuses e pela raça humana..." [*Ilíada* 18.107], não pensava que estivesse amaldiçoando a origem de todas as coisas, o surgimento delas sendo devido à aversão e a querelas (Plutarco, *Ísis e Osíris*, 48 [Goodwin, 4:108]).

7. Especificamente a águia listrada, uma espécie de calcedônia. "Veja a pedra que é chamada ágata, que é preta e tem veias brancas" (*Livro dos Segredos* 2.12 [Best e Brightman, 32]). Entretanto, há muitos tipos de ágata conhecidos dos antigos (ver Plínio 37.54; a ágata listrada é considerada na categoria de "ônix" no cap. 24). A ágata não era vista exatamente como joia pelos romanos, mas sua demanda era alta entre os persas e orientais, os quais acreditavam "que conferia eloquência" (Thomas e Pavitt [1914] 1970, 171).

8. Nafta, um produto líquido natural da terra que emite um gás invisível altamente inflamável. "Essa nafta, em outros aspectos sendo semelhante ao betume, é tão propensa a pegar fogo que, antes mesmo de tocar a chama, ela se acende diante da própria luz que a cerca e costuma inflamar também o ar intermediário" (Plutarco, "Vida de Alexandre". Em *Lives*, traduzido para o inglês por J. Dryden [New York: Modern Library, s.d.], 827). Ver citação seguinte com uma descrição

do desafortunado experimento de Alexandre com nafta, no qual ele ateou fogo em um de seus soldados gregos e quase o matou.

9. "Pitágoras menciona, também, uma planta chamada aproxis, cuja raiz pega fogo a distância, como nafta..." (Plínio 24.101 [Bostock e Riley, 5:63]). Especula-se que se trata de White díctamo (Dictamnus albus).

10. Além dos elementos particulares acima, afirma-se que, em uma floresta de crescimento natural, as árvores fêmeas ficam estéreis se forem privadas das árvores machos, e muitas fêmeas podem ser vistas cercando um único espécime macho com as copas caídas e uma folhagem que parece estar se inclinando em direção a ele; enquanto a mesma árvore, por outro lado, com folhas eriçadas e eretas, por suas exalações, e até pela mera visão dele e pelo pó que dele emana, fecunda as outras: se a árvore macho por acaso for derrubada, as árvores fêmeas, reduzidas a um estado de viuvez, ficarão imediatamente estéreis e improdutivas. Essa união sexual entre elas é tão bem compreendida que se imagina até que a fecundação possa ser realizada com a intermediação do homem, por meio dos brotos e do [pólen] caído e coletado dos espécimes machos e, de fato, às vezes apenas borrifando o pó sobre as árvores fêmeas (Plínio 13.7 [Bostock e Riley, 3:172]). Ver também *Livro dos Segredos* (Best e Brightman, 83).

11. "Por outro lado, há uma amizade íntima entre o pavão e a pomba, a rola e o papagaio, o melro e a tartaruga, o corvo e a garça, todos os quais se unindo em uma inimizade comum contra a raposa. A harpia e os psitacídeos se unem contra os troquilídeos" (Plínio 10.96 [Bostock e Riley, 2:552]).

12. Ovídio, Heroídes epístola 15: "Safo a Phaon", perto do início. Safo era uma poetisa de Lesbos; Phaon era um lindo jovem por quem ela estava apaixonada. Quando ele a abandonou e partiu para a Sicília, ela se jogou no Mar de Leucate, um promontório de Acarnânia, em Epiro.

13. O peixe piloto (Naucrates ductor) tem cerca de 18 centímetros de comprimento e é bem conhecido em tempos antigos por guiar os navios até o porto. Ele também acompanha tubarões, e acreditava-se que os guiava até a comida. O tubarão costumava ser confundido com a baleia: "O tubarão lembra tanto a baleia em tamanho que alguns erroneamente o inserem na categoria de cetáceos"(Goldsmith 1849 [1774], l. 2, cap. 2, 497).

14. Gatária (Nepeta cataria), um tipo de hortelã. Gerard comenta: "Os gatos gostam muito dessa erva; pois o cheiro dela é tão agradável a eles que se esfregam nela, e até deitam e brincam, e também comem os ramos e as folhas com apetite voraz" (Gerard [1633] 1975, l. 2, cap. 226, 683).

15.   O amor conduz as éguas para além de Gárgaro, através do vociferante Ascânio [em Capadócia]; elas passam pelas cordilheiras, depois nadam por riachos. E assim que seus corações ardem, principalmente na primavera, pois é quando o calor retorna aos seus membros, todas elas se posicionam sobre rochas altas, com o rosto voltado para o Zéfiro, e farejam as suaves brisas, e geralmente sem cruzamento, ficam prenhas do vento (Virgílio Georgics 3, c. linha 270. Em *Works of Virgil*, traduzido para o inglês por Lonsdale e Lee [London: Macmillan, 1885], 59).

16. Chamada por Gerard de "flor pascal" (*Anemone pulsatilla*): "Elas florescem, na maioria, por volta da Páscoa, o que me leva a chamar a espécie de 'flor pascal'." (Gerard [1633] 1975, l. 2, cap. 79, 385). A anêmona púrpura, uma planta narcótica, acre e venenosa, com flores em forma de sino e de tom roxo-azulado. Não confundir com a flor do maracujá (*Passiflora caerulea*).

17. Manjerona silvestre (*Origanum vulgare*): "Manjerona colocada no vinho é um remédio contra mordidas e picadas de animais venenosos" (Gerard [1633] 1975, l. 2, cap. 218, 667). "E dizem que, quando o caramujo se envenena, ele come a erva chamada manjerona e é curado; daí a se saber que a manjerona tem poder contra o veneno" (*Maravilhas do Mundo* 29 [Best e Brightman, 87]).

18. "Dizem que, quando a cegonha cobre a cobra, ela procura a mesma erva manjerona e encontra nela um remédio" (Thomas Tryon, *The Way to Health* (1691), 562, citado do OED, s.v. "origanum").

19. "Também se diz que, quando a doninha é envenenada por uma serpente, ela come arruda, e com isso se sabe que a arruda combate o veneno das serpentes" (Alberto Magno [atribuído a] "Maravilhas do mundo", sec. 29. Em *Livro dos Segredos* [Best e Brightman]. Este trecho é de

Plínio: "Empregada de maneira semelhante, ela é boa para picadas de serpentes; tanto que, na verdade, as doninhas, quando se preparam para apanhá-las, se previnem antes, protegendo-se e comendo arruda" (Plínio 20:51 [Bostock e Riley, 4:252]).
20. *Ruta graveolens*, uma planta sempre verde, com folhas amargas e de forte odor. Chamada "erva da graça", porque era usada para borrifar água-benta.

Dioscorides escreve que um peso de 12 centavos da semente embebida em vinho é um antídoto contra remédios mortais ou o veneno de beladona, Ixia, cogumelos, mordida de serpente, picada de escorpião, aranha, abelha, vespa e marimbondo; e se diz que, se um homem for ungido com suco de arruda, nada disso lhe fará mal; e que a serpente é afastada ao cheiro da arruda queimada, tanto que, quando a doninha vai enfrentar uma serpente, ela se arma comendo arruda antes (Gerard [1633] 1975, l. 2, cap. 531, 1257).

21. Quelidônia maior, ou erva das andorinhas (*Chelidonium majus*). "A andorinha nos mostra que a quelidônia é muito útil para a vista, em virtude de usá-la para curar seus filhotes quando eles têm problemas nos olhos" (Plínio 8.41) [Bostock e Riley, 2:292]). "É com a ajuda dessa planta que a andorinha restaura a visão dos filhotes no ninho, e até, como algumas pessoas afirmam, quando os olhos foram arrancados" (Plínio 25.50 [Bostock e Riley, 5:114]). Essa crença provém de Dioscorides, que diz que a cegueira nas andorinhas é curada desse modo. A erva quelidônia era confundida com a quelidônia pedra, ou pedra de andorinha, assim chamada porque é "da cor da andorinha". Ver Plínio 37.56 (Bostock e Riley, 6:446).

Buscando com olhos ávidos aquela pedra maravilhosa, que a andorinha
Traz da praia para o mar, a fim de restaurar a visão de seus filhotes
(Longfellow, *Evangeline*, 1.1)

22. Loureiro (*Laurus nobilis*). Foi nessa árvore que Dafne foi transformada por seu pai, o rei Peneus, para escapar do desejo de Apolo (ver *Metamorfoses*, de Ovídio, l. I, fábula 12, c. linha 548). As folhas de louro são muito usadas como catalisador para outros objetos mágicos, em torno do qual se envolvem: "Se a pata da toupeira for envolta na folha de um loureiro e colocada na boca de um cavalo, ele fugirá de medo" (*Livro dos Segredos* 3.18 [Best e Brightman, 59-60]).

23. "Pombas, gralhas, melros e perdizes se purgam uma vez ao ano, comendo folhas de louro..." (Plínio 8.41 [Bostock e Riley, 2:294]).

24. "O único mal a que se expõe o leão é a perda de apetite; isso, porém, é curado quando são colocados macacos perto dele, que o aborrecem com brincadeiras, deixando-o zangado; assim que ele prova o sangue deles, fica curado" (Plínio 8.19 [Bostock e Riley, 2:269]). "Quando denotam um homem febril curando-se a si mesmo, eles reproduzem um leão devorando um macaco; pois se, quando febril, ele come um macaco, recupera-se." (Horapolo, *Hieroglyphics* 2.76, traduzido para o inglês por A. T. Cory [1840] [London: Chthonios Books, 1987], 133).

25. *Artemisia abrotanum*, uma planta decídua.

26. Díctamo de Creta (*Origanum dictamnus* ou *Dictamnus creticus*), um erva de gosto acentuado, com folhas algodoadas e pequenas flores roxo-avermelhadas, muito famosa por seu poder de expelir dardos. "Vênus, preocupada com a agonia imerecida de seu filho, arranca de Ida de Creta um caule de díctamo com folhas macias e botão roxo penoso; a planta é bem conhecida entre as cabras selvagens, quando as flechas se aprofundam em seu corpo" (*Eneida* 12, c. linha 460 [Lonsdale e Lee, 269]). Copiando descaradamente de Virgílio, Tasso escreve:

Mas o anjo puro, que o preservava, saiu a procurar
O divino dictamnum, de madeira da Ida,
 Essa erva é rude e possui uma flor roxa,
 E em suas folhas em broto se encontra todo o seu poder.

A gentil natureza, sobre as encostas escarpadas,
Agraciou essa erva à cabra montanhesa,
Para que do flanco, cruelmente ferido,
Ela elimine de seu coro a farpa afiada.
(*Jerusalem Delivered* l. 11, st. 72-3, traduzido para o inglês por Edward Fairfax [1600] [New York: Collier and Son, 1901].

"Também é dito que as cabras selvagens e os veados em Candie, quando feridos com flechas, eliminam-nas comendo dessa planta, e curam seus ferimentos" (Gerard [1633] 1975, l. 2, cap. 281-D, 796). Ver também Plínio 8.41.

27. Salgueiro (*Salix viminalis*), usado para fazer cestos.

28. "Os mesmos animais [cervos] também, quando feridos pelo falângido, uma espécie de aranha, ou qualquer inseto de natureza semelhante, curam-se comendo caranguejos" (Plínio 8.41 [Bostock e Riley, 2:292]).

29. "Quando um elefante devora um camaleão, que tem a mesma cor da folhagem, ele combate o veneno por meio de uma oliva silvestre" (Plínio 8.41 [Bostock e Riley, 2:294]).

30. Formigas. "Os ursos, quando comem o fruto da mandrágora, sugam um bom número de formigas" (*Ibid.*).

31. "... pombas, rolas comuns e aves em geral [se purgam], com parietária ou helxine; patos, gansos e outros pássaros aquáticos, com a planta siderita ou verbena; os flamingos e pássaros de natureza semelhante, com o junco" (*Ibid.*). A salva é uma espécie de erva-férrea búgula (*Sideritis*), considerada por Turner (*The Names of Herbs*, 1548) a Sideritis prima de Dioscorides. A parietária (*Parietaria oficinalis*) é uma planta rasteira, exuberante, com folhas pequenas e flores esverdeadas que cresce no sopé de muros e paredes.

32. Planta do gênero *Aconitum*. Turner distingue dois tipos: (1) acônito amarelo – uma planta alta, bonita, com grandes folhas verdes e lustrosas e belas flores amarelas na forma de um sino (*Aconitum lycoctonum*); (2) acônito azul – mais conhecida como chapéu-de-frade, uma planta bonita com caule longo e grandes flores azuis na forma de um elmo (*Aconitum napellus*), também chamada denapelo. Provavelmente a referência é a esta segunda. Ver Hansen (1983), que dedica um capítulo inteiro ao chapéu-de-frade.

33. As nações bárbaras saem para caçar a pantera, munidas com carne esfregada com acônito, que é um veneno. Logo após comê-la, o animal é tomado por uma compressão da garganta, motivo pelo qual a planta recebe o nome de estrangula-pardo. A pantera, porém, encontra um antídoto contra esse veneno no excremento humano; na verdade, fica tão ávida por ele que os pastores o suspendem em um recipiente tão alto que o animal não consegue alcançar saltando. Por isso, pula até se cansar e, por fim, expira: do contrário, é um animal tão apegado à vida que continuará lutando até seus intestinos serem arrancados do corpo (Plínio 8.41 [Bostock e Riley, 2:293-4]).

34. Alcachofra (*Cynara scolymus*), assim chamada, segundo Gerard (l. 2, cap. 479, 1154), porque se desenvolve bem quando plantada em cinzas. "O cervo combate o efeito de plantas venenosas comendo a alcachofra" (Plínio 8.4 [Bostock e Riley, 2:294]).

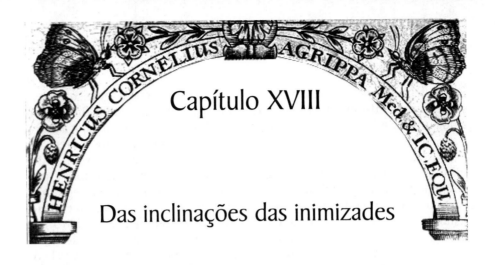

Capítulo XVIII

Das inclinações das inimizades

or outro lado, há inclinações de inimizades, e são elas o ódio, a raiva, a indignação e uma certa espécie de contrariedade obstinada da natureza, levando todas as coisas a se esquivarem de seu contrário, afastá-lo de sua presença. Alguns exemplos de tais inclinações são ruibarbo contra cólera,[1] melaço contra veneno,[2] a pedra safira[3] contra bílis doente e calor febril, e doenças dos olhos; a ametista[4] contra bebedeira; o jaspe[5] contra hemorragia e imaginação ofensiva; a esmeralda[6] e agnus castus[7] contra o desejo sexual; a ágata[8] contra veneno; peônia[9] contra a chegada de doenças; coral[10] contra a ebulição da cólera negra e dores do estômago. A pedra topázio[11] serve contra ardores espirituais, como a cobiça, a luxúria e todos os tipos de excessos de amor.

Há uma inclinação semelhante também das formigas contra a erva manjerona,[12] e a asa de um morcego e o coração de um abibe, diante dos quais eles voam para longe. Também a manjerona é avessa a uma certa mosca venenosa, que não tolera o Sol e resiste às salamandras, e detesta repolho com um ódio tão mortal que destroem um ao outro: assim como os pepinos e se formam em anéis para evitar tocá-lo.

E se diz que a bílis de um corvo provoca medo nos homens e os afasta de onde eles estão, como certamente acontece com outras coisas; um diamante não combina com a magnetita e, estando perto dela, não a deixa atrair o ferro; e as ovelhas fogem da "salsa-rã"[13] como de uma coisa mortal: e o que é mais espantoso, a natureza deixou o sinal dessa morte no fígado das ovelhas, em que a própria figura da salsa aparece naturalmente; as cabras detestam o manjericão-dos-jardins,[14] como se não existisse nada mais pernicioso.

E de novo, entre os animais, os ratos e as doninhas[15] não combinam de forma alguma; dizem que os ratos nem tocam no queijo se os miolos de uma doninha forem colocados na renina,[16] e, além disso, esse queijo não se estraga com o passar do tempo. Um lagarto é tão avesso aos escorpiões que ele sente medo só de vê-los, além de fazê-lo suar frio; por isso, eles são mortos com o óleo deles mesmos – que, aliás, cura feridas provocadas por escorpião. Há também uma inimizade entre escorpiões e ratos;[17] de modo que, se um rato for aplicado a uma marca ou ferida deixada por um escorpião, ela será curada, conforme se relata. Existe ainda uma inimizade entre escorpiões e *stalabors*,* áspides e vespas.

Relata-se também que não há inimigo pior das cobras que o caranguejo e que, se os suínos se machucam com eles, os comem e se curam. Estando o Sol também em Câncer,[18] as serpentes são atormentadas. Também o escorpião e o crocodilo[19] se matam um ao outro; e, se o pássaro íbis[20] tocar o crocodilo com uma de suas penas, deixa-o imóvel; o pássaro chamado peru selvagem[21] voa para longe quando vê um cavalo; e o veado foge do carneiro,[22] bem como da víbora.[23] Um elefante treme ao ouvir o grunhir de um porco,[24] o mesmo faz o leão diante do galo;[25] e as panteras não tocam quem se ungir por inteiro com caldo de galinha, principalmente se foi fervido com alho.

Há uma inimizade também entre raposas e cisnes, touros e garças. Entre os pássaros, alguns deles também vivem em perpétua luta entre si, bem como com outros animais, como garças e corujas, os psitacídeos e corvos, a rola,[26] o gavião-pomba,[27] egepis,[28] as águias, veados e dragões. Também entre os animais aquáticos existe inimizade, como entre os delfins e remoinhos,[29] as tainhas e os lúcios, lampreias[30] e congros;[31] também o peixe chamado *pourcontrel*[32] deixa a lagosta com tanto medo que ela, só de vê-lo por perto, morre na mesma hora. A lagosta e a enguia se despedaçam uma à outra.

Dizem que a civeta tem tamanho temor da pantera que não consegue resistir a ela nem tocar sua pele; e que, se as peles de ambos forem penduradas uma em contato com a outra, os pelos da pele da pantera caem.[33] E *Orus Apolo* diz[34] em seus Hieroglifos que, se alguém se cingir com a pele da civeta, pode passar em segurança entre seus inimigos, sem ter o menor medo. Também o cordeiro tem muito medo do lobo e foge dele. E se diz ainda que se o rabo, ou a pele ou a cabeça de um lobo for pendurada sobre um rebanho de ovelhas, elas se sentem muito perturbadas e não conseguem comer por medo.

E Plínio menciona um pássaro chamado marlin que quebra os ovos dos corvos, cujos filhotes se perturbam com a presença da raposa, os filhotes da qual a fêmea pega, e às vezes até a própria raposa; quando os corvos veem isso, ajudam a raposa contra o marlin, unindo-se contra um inimigo comum.[35] O pequeno pássaro chamado pintarroxo, que vive nos cardos, odeia os asnos porque eles comem as flores dessa espécie de árvore. Também há uma profunda hostilidade entre o pequeno pássaro chamado esalon e o asno, de modo que o sangue dos dois não se mistura, e o zurro do asno faz tanto os ovos quanto os filhotes do esalon perecerem.[36]

Uma enorme desarmonia existe ainda entre a oliveira e uma meretriz, de modo que, se ela plantar a árvore, esta será infrutífera e murchará.[37]

Não há nada que o leão tema mais do que uma tocha acesa[38] e nada é melhor para domá-lo; e o lobo não teme espada nem lança, mas, caso venha a se

---

* N.E.: Mantivemos o nome utilizado na edição em inglês, pois não foi possível discernir a que se refere em português.

ferir com uma pedra jogada contra ele, no ferimento proliferarão vermes.[39] O cavalo tem tanto medo de um camelo que não aguenta ver nem uma imagem desenhada dele. Um elefante enfurecido se acalma quando vê um galo. Uma cobra tem medo de um homem nu, mas persegue o homem vestido. Um touro bravo é domado se o amarrarem em uma figueira. O âmbar atrai para si todas as coisas além do manjericão-dos-jardins e aquelas coisas ungidas com óleo, entre as quais há uma espécie de antipatia natural.

Notas – Capítulo XVIII

1. Ver nota 10, cap. XIII, l. I.
2. O melaço era um salva medicinal que, segundo se dizia, era um antídoto para picada de cobra e outros venenos.

> Devo observar, contudo, que essa preparação parece que só pode ser feita a partir da víbora. Algumas pessoas, após limpar a víbora da maneira anteriormente descrita, fervem a gordura, com uma pitada de óleo de oliva, a uma metade. Dessa preparação, quando necessária, três gotas são acrescidas a um pouco de óleo, com qual mistura o corpo é esfregado, para repelir a aproximação de todas as espécies de animais nocivos. (Plínio 29.21 [Bostock e Riley, 5:396])

Em tempos posteriores, a gordura de cobra era convertida por um processo de substituição mágica à raiz de cobra.

3. Em tempos passados, esse era o nome que costumava ser dado a pedras azuis, de um modo geral e particularmente à lápis-lazúli, a pedra descrita por Plínio (37.38-39). O *Livro dos Segredos* diz: "Ela traz paz e concórdia; deixa a mente pura e devota a Deus; fortalece a mente nas coisas boas e esfria o homem de seu calor interno (Alberto Magno [atribuído a]. *Livro dos Segredos*, l. 2, sec. 45 [Best e Brightman, 48]). Na Idade Média, dizia-se que a pedra preservava os olhos dos perigos da varíola se fosse esfregada sobre eles, e havia na velha igreja de São Paulo, em Londres, uma safira dada por Richard de Preston "para a cura de enfermidades nos olhos daqueles afetados que recorressem a ela" (Thomas e Pavitt [1914] 1970, 156).

4. Uma variedade roxa transparente de quartzo. O nome vem do grego, significando "sem intoxicação", e seu uso mais prevalente era um antídoto à bebedeira, provavelmente porque sua cor parece a da uva.

> As falsidades dos magos tentam nos convencer de que essas pedras previnem a embriaguez, e é daí que vem o nome. Eles nos dizem também que, se inscrevermos os nomes do Sol e da Lua sobre essa pedra, e usá-la em volta do pescoço, com um pouco de pelo de cinocéfalo [babuíno] e penas de andorinha, ela funciona como preservativo contra todos os encantamentos nocivos. Diz-se também que, assim usada, essa pedra garante o acesso à presença de reis; e que ela evita o granizo e os ataques de gafanhotos, se uma determinada prece for repetida (Plínio 37.40 [Bostock e Riley, 6:434]).

5. Ver nota 8, cap. XIII, l. I.
6. Gema verde transparente que Plínio chama de *smaragdus*, além de outras gemas verdes. Dizia-se que ele proporcionava estabilidade e felicidade doméstica e na presença de um amante infiel adquiria uma coloração marrom (Ver Thomas e Pavitt [1914] 1970, 181-2).
7. *Vitex agnus castus*. Chamada de árvore casta e bálsamo de Abraão. O nome significa "cordeiro casto". Plínio diz que não é muito diferente do salgueiro, mas tem um cheiro mais agradável.

> Os gregos a chamam de "lygos" ou "agnos", pelo fato de as matronas de Atenas, durante a Tesmofória [festival em homenagem a Deméter], um período em que a mais estrita castidade é observada, terem o hábito de espalhar sobre suas camas as folhas dessa árvore... De ambas as árvores [maiores ou menores] também se prepara um unguento para picada de aranha, mas basta esfregar as feridas com as folhas; e, se uma fumigação

for feita com elas, ou se forem espalhadas debaixo da cama, eles repelirão os ataques de todas as criaturas venenosas. Elas agem também como antiafrodisíaco e é com essa tendência em particular que neutralizam o veneno do falangídeo [aranha], cuja picada tem um efeito excitante sobre os órgãos reprodutores (Plínio 24.38 [Bostock e Riley, 5:26-7]) (Gerard [1633] 1975, l. 3, cap. 54-A, 1388).

Gerard diz:

> Agnus Castus é um remédio singular para aqueles que estão dispostos a viver em castidade, pois resiste a toda impureza e aos desejos da carne, consumindo e secando a semente gerativa, em qualquer forma que seja tomado, em pó ou decocção, ou se as folhas forem carregadas no corpo; por isso é chamado de Castus; ou seja, casto, limpo e puro.

8. Ver nota 7, cap. XVII, l. I.

Além da ágata-musgo e ágata-de-árvore, os gregos e romanos tinham muita fé nas virtudes talismânicas de todas as outras ágatas, usando-as para evitar doença, considerando-as de modo especial como um antídoto para a mordida de áspide, se tomada em pó no vinho, como cura infalível para ferroada de escorpião se amarrada por cima do ferimento (Thomas e Pavitt [1914] 1970, 170).

9. *Paeonia officinalis*, uma planta alta com grandes flores redondas, vermelhas ou brancas. O nome vem de Paeon, médico dos deuses do Olimpo. Gerard diz que ela é chamada "por alguns de Lunaris ou Lunaria Paeonia: porque cura aqueles que adoecem por influência da Lua, que alguns chamam de lunáticos"(Gerard [1633] 1975, l. 2, cap. 380, 983).

10. O coral era bastante apreciado no tratamento de doenças infantis. Era usado ou carregado como talismã contra coqueluche, problemas dentários, ataques e cólicas, e se dissolvia em pó ou era bebido na água para cólicas estomacais. Gerard considerada o coral uma planta:

> Coral queimado seca melhor do que quando não é queimado, e, se for administrado em água, ajuda a curar dores de barriga... se o paciente tiver azia, então ela terá melhor efeito na água, pois o coral esfria e a água umedece o corpo, restringindo a sensação de queimação própria da azia (Gerard [1633] 1975, l. 3, cap. 166-D, 1578).

11. Nos tempos modernos, uma pedra dourada transparente. Plínio usa esse nome para o peridoto (olivina), uma pedra transparente de coloração amarelo-esverdeada, minerada naquela época na Ilha de São João, 35 milhas a sudeste de Ras Benas, Egito.

> Juba diz que há uma ilha no Mar Vermelho chamada "Topazos" a uma distância de 300 estádios [N. T.: unidade de medida itinerária equivalente a 206,25 metros] do continente; ela é cercada por nevoeiro e costuma ser muito procurada pelos navegantes. Por causa disso, recebeu seu nome atual, uma vez que a palavra "topazin" significa "buscar", na língua dos trogloditas (Plínio 37.32 [Bostock e Riley, 6:427]).

A crença de que essa pedra tem uma virtude moderadora parece ter surgido a partir de um erro de cópia de Marbodus, que apresenta *limam sentit* ("sentir a lima"; ou seja, é relativamente macia) de Plínio como *lunam sentire putatur* ("pensa-se que sente a Lua"). Daí a se ver no *Livro dos Segredos*: "Ela [topázio] é boa contra... paixão ou dor lunática" (*Livro dos Segredos* 2 [Best e Brightman, 29]).

12. Ver nota 16, cap. XVII, l. I. "As formigas também são mortas pelos odores da manjerona, lima ou enxofre" (Plínio 10.90 [Bostock e Riley, 2:548]). "Quando querem simbolizar a saída das formigas, eles reproduzem a manjerona. Pois, se essa planta for colocada sobre o local de onde saem as formigas, ela as faz abandoná-lo" (Horapolo 2.34 [Cory, 108]).

13. Essa planta é desconhecida. O *Oxford English Dictionary* especula que talvez seja o mesmo que salsa de tolo (*Aethusa cynapium*), uma erva europeia dos jardins, muito semelhante, em aparência, com as qualidades venenosas da cicuta. Ou talvez salsa do pântano (*Apium graveolens*), um antigo nome para aipo silvestre. Existia uma espécie de salsa chamada salva de ovelha, mas infelizmente também é desconhecida.

14. *Ocimum basilicum*, também chamado manjericão doce (alfavaca).

> Crísipo é tão veemente contra o ócimo quanto a salsa, declarando que é prejudicial ao estômago e à eliminação de urina, além de ser injurioso à vista; provoca insanidade

Das inclinações das inimizades 143

e letargia, além de doenças do fígado; e é por esse motivo que as cabras se recusam a tocá-lo. Daí a conclusão de que o uso dele deve ser evitado pelo homem... Gerações sucessivas têm defendido essa planta; afirma-se, por exemplo, que as cabras a comem, que ninguém que a comeu teve a mente afetada e que, misturada ao vinho, com adição de um pouco de vinagre, é uma cura para ferroada de escorpião terrestre e veneno dos escorpiões do mar (Plínio 20.48 [Bostock e Riley, 4:249]).

15. Da doninha, diz Goldsmith: "Ela faz guerra contra ratos e camundongos, tendo mais sucesso até que o gato, pois sendo mais ativa e esguia, ela os persegue até suas tocas, e, após uma curta resistência, os destrói" (Goldsmith [1774] 1849, l. 4, cap. 3, 263).

16. A massa de leite coalhado tirado do estômago de um bezerro amamentando ou outro animal, usada para fazer queijo.

17. "E um rato, colocado sob o local picado por um escorpião, cura a pessoa, pois ele é avesso e não o teme" ("Maravilhas do mundo" 30 [Best e Brightman, 87]). Maupertuis colocou três escorpiões e um rato no mesmo recipiente, e logo eles começaram a ferroar o pequeno animal em diferentes lugares. O rato, atacado dessa maneira, colocou-se na defensiva por algum tempo, e por fim matou todos os escorpiões, um após outro. Ele fez esse experimento para ver se o rato, após matar, comeria os escorpiões; mas o pequeno quadrúpede parecia totalmente satisfeito com a vitória, e até sobreviveu à gravidade dos ferimentos recebidos (Goldsmith [1774] 1849, l. 1, cap. 9, 599).

18. O solstício de verão, o dia mais longo do ano quando o Sol está no ponto mais alto do céu, ocorre quando ele está em Câncer.

19. "Quando querem simbolizar um inimigo lutando com outro de igual poder, eles reproduzem um escorpião e um crocodilo. Pois eles se matam um ao outro" (Horapolo 2.35 [Cory, 109]).

20. O íbis egípcio sagrado (*Ibis religiosa*), um pássaro com cerca de 75 centímetros de comprimento com plumagem preta e branca e um longo bico curvado. Os egípcios diziam que era o pássaro de Thoth, que os gregos chamavam de Hermes Trismegisto, e o veneravam como o destruidor de serpentes. Sua plumagem simbolizava as faces clara e escura da Lua, à qual o pássaro era associado (ver Budge [1904] 1969, vol. 2, cap. 20, 375). Thoth era o deus lunar em sua condição de regulador (*Ibid.* 1:412-3), responsável pela criação da Lua (*Ibid.* 1:370). Como o crocodilo era o animal de Set (*Ibid.* 2:345), arqui-inimigo de Ísis e de seu protetor, Thoth, não é de surpreender o desenvolvimento do mito de que o íbis assustava ou matava crocodilos. Nesse contexto, ver o relato de Heródoto do antagonismo entre íbis e serpentes voadoras (*A História* 2, traduzido para o inglês por George Rawlinson [1858] [New York: Tudor Publishing, 1947], 106). A referência de Agrippa vem de Horapolo: "Quando denotam um homem ávido e inativo, reproduzem um crocodilo com a asa de um íbis sobre a cabeça; pois, se for tocado com a asa de um íbis, ficará imobilizado" (Horapolo 2.81 [Cory, 136]).

21. Pássaro do gênero Otis, particularmente o grande peru selvagem (*Otis tarda*), o maior pássaro europeu, que chega a pesar cerca de 15 quilos. Ele prefere correr a voar e se alimenta de rãs, ratos, minhocas, nabos e outros vegetais. "Quando querem simbolizar um homem fraco e perseguido por outro maior, delineiam um peru selvagem e um cavalo, pois esse pássaro foge sempre que vê um cavalo" (*Ibid.* 2.50 [Cory, 117]).

22. "Quando querem simbolizar um rei fugindo por leviandade e intemperança, eles delineiam um elefante e um carneiro, pois o primeiro foge ao ver o segundo" (*Ibid.* 2.85 [Cory 138]). "Um elefante" foi apresentado como "um cervo" por Trebatius em sua tradução latina.

23. "Quando querem simbolizar um homem de movimentos rápidos, mas que se move com prudência e consideração, reproduzem um cervo e uma víbora, pois o cervo foge quando vê esta última" (*Ibid.* 2.86 [Cory, 138-9]).

24. "Quando querem simbolizar um rei fugindo de algo insignificante, mostram um elefante correndo ao ver um porco, pois é o que esse animal faz ao ouvir o porco" (*Ibid.* 2.86 [Cory, 138-9]).

25. Em seguida, há muitos animais solares, como leões e galos, que participam segundo sua natureza de uma certa divindade solar; vê-se, então, como é maravilhoso que os inferiores cedam aos superiores na mesma ordem, embora não em magnitude e poder. Daí a dizer-se

que um galo é muito reverenciado e temido pelo leão; motivo que não podemos atribuir à questão do bom senso, mas só pela contemplação de uma ordem suprema. Assim, descobrimos que a presença da virtude solar combina mais com o galo que com o leão. Isso se faz evidente quando consideramos que o galo, com certos hinos, aplaude e invoca o Sol nascente, quando seu curso se mostra a nós, dos antípodas; e que anjos solares às vezes aparecem em formas dessa espécie, e que, embora sem forma, se apresentam a nós, que somos ligados à forma, visíveis de alguma maneira. Às vezes também há demônios com a fachada leonina e que, caso se coloque um galo à sua frente – a menos que sejam de ordem solar –, desaparecem subitamente; e isso é porque as naturezas de uma categoria inferior na mesma ordem sempre reverenciam seus superiores... (Proclo, *De sacrificio et magia*, um fragmento preservado na tradução latina de Ficinus [Veneza, 1497], oferecida integral por Thomas Taylor em *Life of Pythagoras* [London: John M. Watkins, 1926], 72n. 214. Ver também *Marvels of the world* 14, 41 [Best e Brightman, 80,92]).
26. *Turtur communis*.
27. Fêmea do gavião-azul (*Circus cyaneus*). Até o século passado, achava-se que era uma espécie diferente.
28. Egepy, uma espécie de abutre.
29. Um antigo nome para uma espécie de baleia. Talvez a baleia-assassina, que come outros mamíferos marinhos quando pode pegá-los.
30. *Pteromyzon marinus*, um peixe sem escamas com pouco mais de 30 centímetros de comprimento, com a forma de uma enguia com a boca redonda. Por sucção, ele gruda em peixes maiores, escava um buraco em seu lado e vive de fluido e sangue até o hospedeiro morrer.
31. (*Conger vulgaris*) Peixe congrídeo que cresce entre 1,80 metro a 3 metros de comprimento. É poderoso e voraz.
32. Espécie de peixe similar ao polvo.
33. Ver nota 15, cap. XXI, l. I. "Quando eles [os antigos egípcios] querem simbolizar um homem vencido por seus inferiores, reproduzem duas peles, uma de uma hiena e outra da pantera, pois, se as duas forem colocadas juntas, a da pantera perde o pelo, mas a da hiena não" (Horapolo 2.70 [Cory, 129]). A hiena e a civeta às vezes são confundidas por escritores da Idade Média.
34. "Quando querem denotar um homem que passa, sem medo, entre os perigos que o assolam, até mesmo a morte, eles delineiam a pele de uma hiena; pois, se um homem se cinge com essa pele e passa pelos inimigos, não será molestado por eles e andará destemido" (*Ibid*. 2.72 [Cory, 130-1]).
35. Aeselon é o nome dado a um pequeno pássaro que quebra os ovos do corvo, cujos filhotes são avidamente procurados pela raposa; enquanto, por sua vez, o pássaro bica os filhotes da raposa e até a própria mãe. Assim que os corvos veem isso, voam para auxiliá-la, como se estivessem se unindo contra um inimigo comum. Os acantisitídeos também entre as amoreiras-pretas; por isso, também têm antipatia pelo asno, pois este devora as frutas. O chapim e o anthus também têm uma hostilidade mortal entre si, e acredita-se que o sangue dos dois não se mistura; e é por esse motivo que eles têm a má reputação de ser empregados em muitos encantamentos mágicos (Plínio 10.95 [Bostock e Riley, 2:551-1])
36. ... o chapim, embora um pássaro pequeno, tem antipatia pelo asno; quanto ao último, quando se coça, esfrega o corpo contra as amoreiras-pretas e amassa o ninho do pássaro. O chapim tem tanto medo disso que basta ouvir o zurro do asno que joga os ovos fora do ninho, e os próprios filhotes às vezes caem ao chão, de tanto medo; é por isso que esses pássaros voam contra o asno e bicam suas feridas (*Ibid*., 551).
Pelas citações, podemos ver que Agrippa extraiu seu material de Plínio, mas de uma forma confusa. O esalon é uma espécie de urubu, a menor de todas (*Circus aeruginosus*). O nome também era usado para o merlin (*Falco aesalon*), uma das menores, porém mais audazes, espécies de falcão europeu.
37. A oliva era consagrada pelos gregos a Palas Atena, e era considerada um emblema de castidade.

38. Quando querem denotar um homem acalmado pelo fogo, mesmo quando está com raiva, eles reproduzem leões e tochas, pois não há nada que os leões temam tanto quanto uma tocha acesa, e nada os doma tão rápido (Horapolo 2.75 [Cory, 132-3]).

39. Quando querem denotar um homem que tem medo de acidente que possa lhe acontecer de maneira súbita, eles reproduzem um lobo e uma pedra, pois esse animal não teme ferro nem paus, mas apenas uma pedra; e de fato, se alguém jogar uma pedra nele, verá que o lobo se apavora: e onde o lobo é ferido com pedra, formam-se larvas da ferida (*Ibid.*, 2.74 [Cory, 132]).

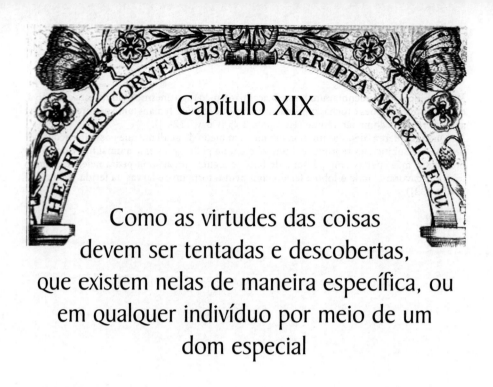

Capítulo XIX

Como as virtudes das coisas devem ser tentadas e descobertas, que existem nelas de maneira específica, ou em qualquer indivíduo por meio de um dom especial

evemos também considerar as virtudes que se encontram em algumas coisas de acordo com as espécies, tais como audácia e coragem em um leão ou no galo,[1] temeridade em uma lebre ou cordeiro, voracidade num lobo, traição e artimanha em uma raposa, carinho em um cão, cobiça em um corvo e em uma garça, orgulho em um cavalo, raiva em um tigre e javali, tristeza e melancolia em um gato, desejo em um pardal,[2] e assim por diante. Pois a maior parte das virtudes naturais segue a espécie.

Contudo, algumas existem nas coisas de modo individual; como alguns homens que abominam sequer ver um gato,[3] não sendo capazes de olhar para ele sem estremecer; medo este que não é deles, por serem homens. E *Avicena* conta o caso de um homem que vivia em sua época, em quem qualquer coisa venenosa que o atingisse não lhe fazia mal e morria na hora, enquanto o homem mesmo nada sofria; e *Alberto* diz que na cidade de Ubians viu uma moça que apanhava aranhas para comer, e, apreciando demais esse tipo de iguaria, vivia sempre muito bem nutrida com elas. Assim é a coragem em uma meretriz, e a temeridade em um ladrão.

E é com base nesses relatos que os filósofos dizem que qualquer coisa em particular que nunca ficou doente[4] é boa contra qualquer tipo de doença; por isso, dizem que o osso de homem morto, que nunca teve febre, colocado sobre o paciente livra-o da febre quartã. Há também muitos tipos de virtudes infundidas em coisas específicas por parte dos corpos celestiais, como já mostramos antes.

Notas – Capítulo XIX

1. "Assim como o leão é um animal destemido e tem uma coragem natural, particularmente na testa e no coração... Assim também é grande a coragem em um galo, tanto que os filósofos dizem que o leão se assusta quando o vê" (*Marvels of the world* 14 [Best e Brightman, 80]).
2. "Quando querem simbolizar um homem prolífico, eles reproduzem o pardal doméstico, [pois quando o pardal se toma de desejo e de um excesso de semente, ele copula com a fêmea sete vezes em uma hora, ejaculando toda a sua semente de uma só vez]" (Horapolo 2.115 [Cory, 156]. O trecho em colchetes foi traduzido do latim do excessivamente melindroso A. T. Cory.
3. Agrippa devia estar familiarizado com as fobias – nesse caso em particular, elurofobia [N. T.: medo patológico de gato] – embora a palavra "fobia" só fosse cunhada em 1801.
4. "E os filósofos dizem que alguma coisa ou espécie que nunca ficou doente é útil para curar qualquer doença; e uma pessoa que nunca teve dor ajuda a curar a dor de um homem" ("Marvels of the world" 45 [Best e Brightman, 94]).

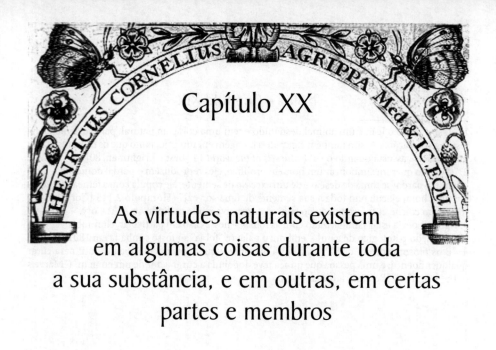

Capítulo XX

As virtudes naturais existem em algumas coisas durante toda a sua substância, e em outras, em certas partes e membros

Mais uma vez, devemos considerar que as virtudes das coisas existem em algumas coisas por inteiro, ou seja, toda a substância delas, ou em todas as suas partes, como aquele peixinho, equeneídeo, que dizem ser capaz de parar um navio só pelo toque; isso ele não faz de acordo com nenhuma parte específica, mas com toda a substância. Assim, a civeta tem algo em sua substância integral que faz com que os cães, só pelo toque de sua sombra, as deixem em paz.[1] A quelidônia é para a vista, não por uma ou outra parte específica, mas pelo conjunto de todas as suas partes, não mais na raiz que nas folhas e sementes; e assim por diante.

Mas algumas virtudes existem nas coisas de acordo com algumas partes delas, a saber, só na língua, ou nos olhos, ou alguns outros membros e partes; assim, nos olhos do basilisco[2] há uma força muito violenta para matar as pessoas assim que as vê: o mesmo poder existe nos olhos da civeta,[3] que faz qualquer animal por ela olhado paralisar, ficar estupefato e não ser capaz de se mover. A mesma virtude existe nos olhos de alguns lobos,[4] quando veem um homem, deixando-o estupefato e tão rouco que, se quiser gritar, não poderá usar a voz. *Virgílio* menciona isso,[5] quando canta:

Moeris está mudo, perdeu a voz, e por quê?
O lobo, em Moeris, fixou o olhar.

Também algumas mulheres na Cítia,[6] e entre os ilíricos e Triballi, segundo se diz, quando olham zangadas para um homem, matam-no. Lemos também de um povo de Rhodes[7] que corrompia todas as coisas com sua visão, motivo pelo qual Júpiter os afogou. É por isso que as bruxas, quando assim realizam suas bruxarias,[8] usam os olhos desses animais em suas águas para os olhos,[9] por causa dos efeitos semelhantes.

Pelo mesmo motivo, formigas voam para longe do coração de um abibe, não da cabeça, da pata ou dos olhos. E a bílis de lagartos sendo embebida em água atrai e une doninhas, não o rabo nem a cabeça; e a bílis de cabras colocadas na terra em um recipiente de bronze atrai rãs; e o fígado da cabra é um inimigo das borboletas e todas as larvas; e os cachorros evitam aqueles que carregam um coração de cachorro[10] consigo, e as raposas não tocam em aves que comeram fígado de raposa.

Assim, coisas diversas possuem virtudes diversas, variando por suas várias partes, pois tais virtudes são infundidas nelas no alto e de acordo com a diversidade das coisas a ser recebidas; assim como no corpo de um homem os ossos nada recebem senão vida; os olhos, visão; e os ouvidos, audição. E há no corpo do homem um certo ossinho,[11] que os hebreus chamam de LVZ, do tamanho de um legume[12] que tem casca, e não se sujeita à corrupção nem é destruído por fogo, mas é sempre preservado sem danos, do qual, dizem, como uma planta da semente, nossos corpos animais se levantarão no dia da ressurreição. E essas virtudes não são explicadas pela razão, mas pela experiência.

Notas – Capítulo xx

1. Por algum motivo que não é óbvio, Freake traduziu a palavra latina *hyaena*, cujas virtudes Agrippa pegou corretamente de Plínio, para o termo inglês *civet cat* [civeta]. Plínio: "Diz-se também que, ao entrar em contato com sua sombra [da hiena], os cães perdem a voz e, por meio de certas influências mágicas, ela pode deixar qualquer animal imóvel se andar em volta dele três vezes" (Plínio 8.44 [Bostock e Riley, 2:296]).
2. O mesmo poder existe também na serpente chamada basilisco. Ela é nativa da província de Cirene, não medindo mais que 12 dedos de comprimento. Tem uma mancha branca na cabeça, que lembra muito uma espécie de diadema. Quando o basilisco sibila, todas as outras serpentes se afastam, e ele não rasteja como as outras cobras, mas se move ereto. Destrói todos os arbustos, não só pelo contato, mas até pelo próprio bafo; queima a grama também e quebra as pedras, tão tremenda é sua influência nociva. Antigamente se acreditava que, se um homem montado a cavalo matasse um desses animais com uma lança, o veneno subia e matava não só o cavaleiro, mas também o cavalo (Plínio 8.33 [Bostock e Riley, 2:283]).
Horapolo diz o seguinte dos antigos egípcios:

> Mas quando querem representar a Eternidade de modo diferente, eles delineiam uma serpente com o rabo coberto pelo resto do corpo: os egípcios a chamam de Ouraius [do termo cóptico para "rei"], que na língua grega significa Basilisco (Horapolo 1.1 [Cory, 5-6]).

É evidente que o basilisco é a naja, que ergue a parte superior do corpo, exibindo as marcas brancas na aba que desce da cabeça, que sibila e é capaz de lançar seu veneno a distância pelo ar por ejeção, cegando assim seus inimigos, e à qual se atribuíam os poderes da fascinação. Na Idade Média, o basilisco era ainda mais mitificado:

> E no livro *De Tyriaca*, de Galeno, é dito que a serpente chamada *Regulus*, em latim, ou *cocatrice* em inglês, é relativamente branca, tem três pelos na cabeça e, quando um homem a vê, morre logo. E, quando um homem ou qualquer outro ser vivo ouve seus sibilos, morre. E todo animal que a come depois de morrer, morre também. (*Marvels of the world* 24 [Best e Brightman, 84-5])

Se há uma distinção entre o basilisco e a cocatrice, sempre confundidos pelos escritores medievais, é que o basilisco é uma serpente pequena com uma coroa, ou pente, na cabeça, enquanto a cocatrice é um galo com rabo de cobra, chocado de um ovo de galinha por uma serpente.
3. Ver nota 1.
4. "Na Itália também se acredita que há uma influência nefasta no olho de um lobo; supõe-se que tira a voz de uma pessoa, se o animal a vir primeiro" (Plínio 8.34 [Bostock e Riley, 2;282-3]). Platão alude a essa antiga crença na *República*, referindo-se à irritação de Trasímaco: "Ao ouvir isso, fiquei estarrecido; olhei em sua direção, atemorizado, e parece-me que, se eu não tivesse olhado para ele antes de ter ele olhado para mim, teria ficado sem voz" (*A República* 1.336-d [Hamilton e Cairns, 586]). Teócrito faz uma referência semelhante em seu 14º idílio a respeito do silêncio de Ciniska: "Nada dizia ela, no entanto, apesar de minha presença; como achas que me senti? 'Façamos um brinde, pois viste um lobo!', exclamou alguém, 'como diz o provérbio'". (Teócrito, *Bion and Moschus*, tradução para o inglês de A. Lang [London: Macmillan, 1907], 72). Por causa dessa crendice, achava-se que o olho do lobo possuía poderes mágicos: "E se diz que se o lobo vir um homem e o homem não o vir, o homem se espanta e atemoriza, e fica rouco. E assim, se um homem carregar consigo o olho de um lobo, ele o ajuda na vitória, com coragem, derrotando e infligindo medo no adversário" (*Marvels of the world* 43 [Best e Brightman, 93]).
5. Écloga 9, linhas 53-4.
6. Isógono acrescenta que, entre os Triballi e os ilíricos, há pessoas dessa descrição, que também têm o poder da fascinação nos olhos e podem matar aqueles em quem fixarem o olhar de modo fixo por um tempo prolongado, principalmente se o olhar denotar raiva; diz-se que a puberdade é particularmente nociva à influência maligna de tais pessoas.

Hiena
Extraído de The History of Four-footed Beasts and Serpents,
de Edward Topsell (Londres, 1658)

As virtudes naturais existem em algumas coisas... 151

Lobo
Extraído de The History of Four-footed Beasts and Serpents,
de Edward Topsell (Londres, 1658)

Uma circunstância ainda mais notável é o fato de essas pessoas terem duas pupilas em cada olho. Apolônides diz que há algumas mulheres desse tipo na Cítia, conhecidas como Bythiae, e Filarco afirma que a tribo dos Thibbi em Ponto, e muitas outras pessoas, possuem uma pupila dupla em um olho, e no outro a figura de um cavalo. Ele também observa que o corpo dessas pessoas não afunda na água, mesmo apesar do peso de suas roupas (Plínio 7.2 [Bostock e Riley, 2:126-7]).

7. Ovídio se refere a esse povo como os habitantes das "Ilhas de Ialiso, cujos olhos jogavam praga em tudo o que fitavam, que ficaram escuras e submergiram, por força do ódio de Júpiter, nas águas profundas de Netuno" (Ovídio, *Metamorfoses*, p. 142. São Paulo © 2003 Madras Editora Ltda). Ialiso era uma das três mais antigas cidades de Rhodes.

8. Por meio do olho-gordo, ao que Horácio alude: "Ninguém aborrece meu divertimento com mau-olhado; nem os venenos com seu ódio secreto e picada nefasta". (Horácio, "Epístolas," 1:14. In *Complete Works* [New York: Translation Publishing, 1961], 405-6). Apolônio de Rhodes descreve o uso do mau-olhado por Medeia para destruir o gigante de bronze Talos:

Medeia subiu ao convés. Ela cobriu as duas faces com uma dobra de seu manto púrpura, e Jasão lhe deu a mão até ela passar pelos bancos. E então, com seus encantamentos, ela invocou os Espíritos da Morte, os velozes cães do Inferno que se alimentam de almas e assolam o ar inferior para saltar sobre homens ainda vivos. Ela se ajoelhou e os invocou, três vezes cantando, três vezes em orações. Impregnou-se então da malignidade deles e enfeitiçou os olhos de Talos com seu mal. Atirou sobre ele a força total de sua malevolência e, num êxtase de ira, incutiu-lhe imagens de morte. (Apolônio de Rhodes, *The Voyage of Argo*, traduzido para o inglês por E. V. Rieu [1959] [Harmondsworth: Penguin Books, 1985], 192)

Francis Bacon escreve: "Vemos, de modo semelhante, como as Escrituras chamam de inveja o olho do mal... [Provérbios 23,6; 28,22], parecendo reconhecer no ato da inveja uma ejaculação ou irradiação do olho" (*Bacon Essays* 9 [1597] [Philadelphia: Henry Altemus Company, n.d.]. Havia mais poder de maldade no olhar quando ele era dirigido de soslaio ("Aquele velho aleijado, com olho maldoso/de viés..." [*Browning Childe Roland*, linhas 2-3]), e quando a vítima estava se luxuriando em um êxtase de autoimportância e bem-estar ("nesses momentos, os espíritos da pessoa invejada se projetam mais para suas partes externas e recebem o golpe" [*Bacon Essays* 9, "Of Envy"]).

9. Colírios, ou líquidos para lavar os olhos. Diziam que as bruxas faziam uma pasta ou loção dos olhos de animais que "atacavam com os olhos" para ungir os próprios olhos e aumentar seu poder de malignidade.

10. "Se um homem carregar consigo um coração de cachorro em seu lado esquerdo, todos os cachorros o deixarão em paz, e não latirão para ele" (*Livro dos Segredos* 3:22 [Best e Brightman, 61]).

11. Essa crença deriva do Zohar, o texto principal da Cabala. A. E. Waite diz: "Cada homem que vem ao mundo possui um osso imperecível em seu atual corpo físico, e é nele ou a partir dele que sua organização se reconstrói no momento da ressurreição – é como a costela tirada de Adão. O osso em questão será para o corpo como o levedo é para a massa" (Waite 1975, 335).

12. Nesse caso, planta leguminosa, provavelmente a lentilha, o "menor de todos os legumes" (R. Brown, *The Complete Farmer*, 1759, 86; citado do OED, s.v. "pulse").

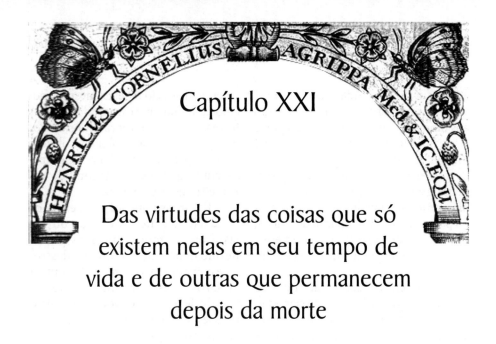

Capítulo XXI

Das virtudes das coisas que só existem nelas em seu tempo de vida e de outras que permanecem depois da morte

Além de tudo isso, devemos saber que existem algumas propriedades nas coisas somente enquanto elas viveram, e outras que permanecem depois da morte. Assim, o pequeno peixe equeneídeo consegue deter um navio, e o basilisco e o catóblepa[1] matam com o olhar enquanto estiverem vivos, mas, quando morrem, não fazem mais isso. Por isso se diz que durante a cólica, se um pato vivo for aplicado à barriga, eliminará a dor e morrerá:[2] também é o que afirma *Archytas*. Se você pegar o coração de um animal recém-morto ainda quente e colocá-lo sobre uma pessoa que tem febre quartã,[3] a febre acabará. Se alguém engolir o coração de um abibe,[4] ou de uma andorinha,[5] ou doninha[6] ou toupeira[7] enquanto ainda estiver quente, será útil para ajudar a pessoa a se lembrar, compreender e prever.

Por isso, temos a regra geral de que qualquer coisa extraída de animais – pedras, membros, excrementos, pelo, fezes, unhas – devem ser pegas enquanto o animal ainda estiver vivo; e, se possível, que continue vivo depois. É por isso que se diz que, quando você pega a língua de uma rã, deve colocar a rã de volta na água, e se tirar um dente de um lobo,[8] não deve matar o lobo; e o mesmo com o resto.

Demócrito escreve que se alguém tirar a língua de uma rã aquática, ainda viva, sem nenhuma outra parte do corpo a ela presa, deixar a rã voltar à água e colocar a língua sobre o coração de uma mulher, ela responderá com a verdade a tudo o que você perguntar. Dizem também que se os olhos de uma rã forem, antes do nascer do Sol, amarrados a uma pessoa doente e a rã for devolvida à água, cega, os olhos acabarão com a febre terçã; e também que, com a carne de um rouxinol amarrada à pele de um veado, uma pessoa ficará sempre alerta, sem dormir.

Também a cauda de uma arraia[9] aplicada ao umbigo de uma mulher que vai dar à luz facilita o parto, se for tirada do animal ainda vivo, e este devolvido ao mar. E dizem ainda que o olho direito de uma serpente sendo aplicado aos olhos de uma pessoa ajuda a parar a lacrimação excessiva, se a serpente for solta e não morta.

E existe um certo peixe, ou serpente grande chamada *myrus*,[10] cujo olho, se for arrancado e aplicado à testa do paciente, cura inflamação dos olhos, e que o olho do peixe nasce novamente; e fica cego aquele que lhe toma o olho e o mata.

Também os dentes de todas as serpentes, se retirados quando elas estão vivas e pendurados no paciente, curam a febre quartã. O mesmo faz o dente de uma toupeira tirado enquanto ela está viva, sendo libertada depois: cura dor de dente; e os cães não latem para a pessoa que carrega consigo o rabo de uma doninha que não foi morta e sim libertada. *Demócrito* relata que a língua de um camaleão, se tirada do animal vivo, promove sucesso em julgamentos legais e é útil para mulheres em trabalho de parto; se for colocada do lado de fora da casa, será muito perigoso.

Além disso, existem algumas propriedades que permanecem depois da morte: delas os platônicos dizem que são as coisas em que a ideia[11] da matéria é menos absorvida; nelas, mesmo após a morte, aquilo que é imortal não deixa de realizar coisas maravilhosas. Por exemplo, nas ervas e plantas colhidas e secas, permanece viva e operante a virtude que lhes foi infundida em primeiro lugar pela ideia.

É por isso que a águia, em toda a sua vida, vence todos os outros pássaros, de modo que suas penas, mesmo depois de ela morrer, destroem e consomem as penas[12] dos outros pássaros. Nesse mesmo sentido, a pele do leão destrói todas as outras peles, e a pele da civeta[13] destrói a pele da pantera; a pele de um lobo corrói a pele de um cordeiro; algumas não fazem isso por meio de contato físico, mas só pelo próprio som. Um tambor, por exemplo, feito da pele de um lobo, não deixa soar outro também que seja feito da pele de um cordeiro.[14] Também um tambor feito da pele de um peixe chamado *rotchet*[15] afasta todas as coisas que rastejam, a qualquer distância de que seja ouvido: e as cordas de um instrumento feito das entranhas de um lobo, sendo tocadas sobre uma harpa cujas cordas sejam das entranhas de uma ovelha, não produzem harmonia.

Notas – Capítulo XXI

1. Perto dessa fonte [Nigris, oeste da Etiópia] existe um animal selvagem chamado catóblepa; um animal de tamanho moderado, e em outros aspectos de movimentos lentos em todos os membros; a cabeça é incrivelmente pesada e o animal a carrega com grande dificuldade, estando sempre curvado em direção à terra. Não fosse essa circunstância, ela representaria a destruição da raça humana, pois todos os que olham para catóblepa morrem no mesmo instante (Plínio 8,32 [Bostock e Riley, 2:281-2]).
Talvez seja uma referência ao gnu.
2. "Outra prescrição mencionada para as terríveis dores intestinais é de uma natureza fantástica: se um pato, dizem, for aplicado ao abdome, o mal passa para a ave e ela morre" (Plínio 30.20 [Bostock e Riley, 5:442-3]).

3. As febres terçã e quartã são caracterizadas por um tremor violento, parecido com o da malária cotidiana. Na febre quartã, o paroxismo ocorre a cada quatro dias; na febre terçã, a cada três dias. O primeiro dia do ciclo é contado no dia do ataque anterior – na quartã, a pessoa fica um dia doente, dois bem, depois doente de novo; na terçã, o paciente fica um dia doente, um dia bem, depois doente de novo.
4. "E, se o coração, olho ou cérebro de um abibe for pendurado no pescoço de um homem, ele é útil contra o esquecimento e acentua a compreensão" (*Marvels of the world*, 46 [Best e Brightman, 94]).
5. Essa mesma eloquência é conferida à pedra da andorinha, supostamente "extraída da barriga da andorinha" (*Livro dos Segredos* 2.23 [Best e Brightman, 37-8]. "Evax diz que essa pedra [a vermelha, ao contrário da preta] torna um homem eloquente, aceitável e agradável" (*Ibid.*, 38).
6. "Se o coração desse animal for comido ainda tremendo, faz um homem adivinhar as coisas que vão acontecer" (*Ibid.*, 3.12 [Best e Brightman, 56]).
7. "Se um homem tiver essa erva [erva da andorinha], com o coração de uma toupeira, ele vencerá todos os inimigos e todas as questões, acabando com os debates" (*Ibid.* 1.6 [Best e Brightman, 7]). Plínio diz da toupeira:

> Não há outro animal em cujas entranhas eles [os Magos] depositam sua fé implícita; não há outro animal, pensam eles, mais apropriado para os ritos da religião; tanto que, se uma pessoa engolir o coração de uma toupeira, recém-tirado do corpo e ainda batendo, ele terá o dom da adivinhação, garantem-nos, e um pré-conhecimento dos eventos futuros. (Plínio 30.7 [Bostock e Riley, 5:429]).

8. Um fetiche com dente de lobo é mencionado em *Livro dos Segredos* 1.3 (Best e Brightman, 4), mas não o método para extrair o dente – sem dúvida, uma tarefa ingrata.
9. A raia comum (*Raia clavata*), distinta por suas espinhas agudas e curtas nas costas e na cauda.
10. Plínio diz que se trata do macho da moreia: "Aristóteles chama o macho, que engravida a fêmea, pelo nome de 'zmyrus', e diz que há uma diferença entre eles, sendo a fêmea malhada e fraca, enquanto o macho é de uma única cor e robusto e tem dentes que se projetam para fora da boca" (Plínio 9.39 [Bostock e Riley, 2:410]).
11. A forma ideal, ou arquétipo, eterna e perfeita, na qual se baseia uma classe de coisas derivadas e imperfeitas.
12. "E os filósofos diziam que, quando as penas das águias são colocadas com penas de outras aves, elas as queimam e mortificam; pois, assim como a águia vence em vida todos os outros pássaros e sobre eles governa, também suas penas são mortais para as outras penas" (*Marvels of the world*, 38 [Best e Brightman, 90-1]).
13. Deve ser a hiena.
14. Acreditava-se que a inimizade entre os animais continuava depois da morte. "Assim como a ovelha teme o lobo e o conhece não apenas vivo, mas também morto... pois a pele de uma ovelha é consumida pela pele do lobo; e um tamborim ou tambor feito da pele de um lobo não deixa que outro feito da pele de uma ovelha seja ouvido, e o mesmo se dá em todos os outros" (*Ibid.* 5 [Best e Brightman, 76]).
15. *O gurnard vermelho* (*Trigla cuculus* ou *pini*), um peixe comestível de coloração rósea, com cerca de 40 centímetros de comprimento e uma cabeça grande e ossuda e espinhas.

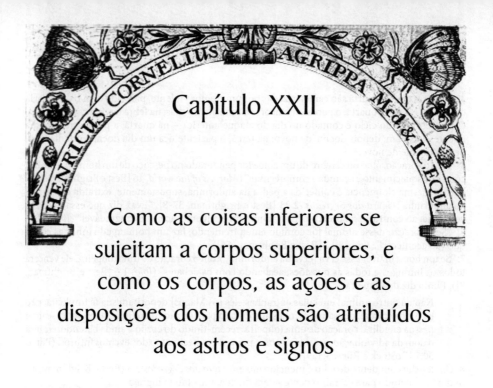

Capítulo XXII

Como as coisas inferiores se sujeitam a corpos superiores, e como os corpos, as ações e as disposições dos homens são atribuídos aos astros e signos

 claro que todas as coisas inferiores se sujeitam às superiores, e de certa maneira (como dizia *Proclo*)¹ existem umas nas outras; ou seja, as inferiores nas superiores e as superiores nas inferiores. Portanto, no céu existem coisas terrestres; mas na condição de causa, e de uma maneira celestial; e na Terra existem coisas celestiais, mas à maneira terrestre, na forma de efeito.

Assim, dizemos que há aqui certas coisas que são solares, algumas que são lunares, nas quais o Sol e a Lua deixam uma impressão forte de sua virtude. É por isso que essas espécies de coisas recebem mais operações e propriedades, como as das estrelas e dos signos sob os quais estão: e sabemos, portanto, que as coisas solares dizem respeito ao coração e à cabeça, pela razão de Leão ser a casa do Sol e Áries a exaltação do Sol;² e as coisas regidas por Marte são boas para a cabeça e os testículos, por causa de Áries e Escorpião.³ Assim, aqueles cujos sentidos fraquejam e que sentem dor de cabeça por causa de bebedeira, se colocarem os testículos em água fria⁴ ou lavarem-nos com vinagre, encontram alívio.

Mas, em referência a tudo isso, é necessário saber como o corpo do homem é distribuído pelos planetas e signos. Saiba, primeiro, que, de acordo com a doutrina dos árabes, o Sol rege o cérebro, o coração, a coxa, o tutano, o olho direito e o espírito; também a língua, a boca e o resto dos órgãos dos sentidos, tanto internos quanto externos; também as mãos, os pés, as pernas, os nervos e o poder da imaginação. Saiba também que Mercúrio rege baço, estômago, bexiga, ventre e ouvido direito e a faculdade do senso comum. Saturno rege o fígado e a parte carnuda do estômago. Júpiter rege a barriga e o umbigo, de onde escrevem os antigos que a efígie de um umbigo era colocada no templo de *Júpiter Hammon*.⁵ Também alguns lhe atribuem as costelas, o peito, os intestinos, sangue, braços e a mão direita, ouvido esquerdo e os poderes naturais. E alguns atribuem a Marte o sangue, as veias, os rins, a vesícula biliar, as nádegas, as costas, o movimento do esperma e o poder irascível. E quanto a Vênus, diz-se que rege os rins, os testículos, a consanguinidade, o ventre, a semente e o poder concupiscível; também carne, gordura, barriga, peito, umbigo e todas as partes que servem aos atos venéreos, bem como o *osso sacro*,⁶ a coluna vertebral e as virilhas, além da cabeça, boca, com as quais se dá um beijo como demonstração de amor. Já a Lua, embora possa desafiar o corpo todo e todos os membros de acordo com a variedade dos signos, a ela são atribuídos de modo mais específico o cérebro, os pulmões, o tutano da espinha, o estômago, o mênstruo e todas as demais excreções, e o olho esquerdo, além do poder de aumentar.⁷ Mas *Hermes* dizia que há sete orifícios⁸ na cabeça de um animal, distribuídos entre os sete planetas: o ouvido direito a Saturno, o esquerdo a Júpiter, a narina direita a Marte, a esquerda a Vênus, o olho direito ao Sol, o esquerdo à Lua e a boca a Mercúrio.

Os vários signos do zodíaco cuidam de seus membros. Áries, por exemplo, rege a cabeça e o rosto; Touro, o pescoço; Gêmeos, os braços e ombros; Câncer, o peito, os pulmões, estômago e braços; Leão, o coração, estômago, fígado e as costas; Virgem, os intestinos e o fundo do estômago; Libra, os rins, as coxas e as nádegas; Escorpião, os órgãos genitais, a consanguinidade e o ventre; Sagitário, as coxas e virilhas; Capricórnio, os joelhos; Aquário, as pernas e canelas; Peixes, os pés. E como em cada trio⁹ esses signos respondem um ao outro e combinam em celestiais, também combinam em membros, o que demonstra claramente a experiência, pois com a frieza dos pés, a barriga e o peito são afetados, indicando reação dentro do mesmo trio; por isso, se um remédio for aplicado a um deles, ajuda o outro, como, por exemplo, quando se aquecem os pés, a dor de barriga passa.

Lembre-se, portanto, dessa ordem e saiba que as coisas que são regidas por qualquer um dos planetas têm um determinado aspecto particular ou inclinação para aqueles membros que são atribuídos àquele planeta, e especialmente às suas casas e exaltações. Quanto ao restante das dignidades,¹⁰ tais trios, marcas¹¹ e face¹² têm pouca importância nesse sentido; assim, peônia, bálsamo,¹³ craveiro,¹⁴ casca de limão,¹⁵ manjerona doce,¹⁶ canela,¹⁷ açafrão,¹⁸ áloe ligniforme,¹⁹ incenso,²⁰ âmbar, almíscar²¹ e mirra²² ajudam a cabeça e o coração, por razão do Sol, de Áries e Leão; também a musa,²³ a erva de Marte, ajudam a cabeça e os testículos por causa de Áries e Escorpião, e assim por diante.

Todas as coisas regidas por Saturno conduzem à tristeza e à melancolia; aquelas regidas por Júpiter, à alegria e à honra; por Marte, à audácia, contenção e raiva; pelo Sol, à glória, vitória e coragem; por Vênus, ao amor, desejo e concupiscência; por Mercúrio, à eloquência; e pela Lua, a uma vida comum.

E também todas as ações e disposições dos homens são distribuídas de acordo com os planetas. Pois Saturno rege os homens melancólicos e os monges, e os tesouros escondidos, e aquelas coisas que são obtidas com longas jornadas e com dificuldade; mas Júpiter rege aqueles que são religiosos, os prelados, reis e duques, e os lucros que se ganham dentro da lei; Marte rege os barbeiros, cirurgiões, médicos, sargentos, executores, açougueiros e todos os que fazem fogo, os padeiros, soldados, que em todo lugar são chamados de homens marciais. Também os outros astros indicam seu ofício, conforme está descrito nos livros dos astrólogos.

Como saberemos que

Notas – Capítulo XXII

1. "Assim, eles [os antigos sacerdotes] reconheciam as coisas supremas naquelas subordinadas, e as subordinadas nas supremas: nas regiões celestiais, propriedades terrenas subsistindo de uma maneira causal e celestial; e, na terra, propriedades celestiais, mas segundo uma condição terrena" (Proclo, *De sacrificio et magias*, fragmento preservado na tradução latina de Marsílio Ficino [Veneza, 1497], em Jâmblico, *On the Mysteries*, traduzido para o inglês por Thomas Taylor [1821] [London: Stuart and Watkins, 1968], 344).
2. Leão rege o coração; Áries rege a cabeça.
3. Escorpião rege os órgãos reprodutores.
4. Escorpião é um signo de água.
5. Júpiter Amon. Amon era um deus etíope ou líbio, que foi adotado pelos egípcios. Era representado como um carneiro, ou uma figura humana com a cabeça ou chifres de um carneiro, sugerindo que era, em primeiro lugar, um protetor dos rebanhos. Os romanos o chamavam de Júpiter Amon, os gregos de Zeus Amon e os hebreus simplesmente de Amon. Seus principais locais de veneração eram Méroe, Tebas e o oásis de Siwah no deserto da Líbia.
6. Osso na parte inferior das costas, perto da pélvis.
7. Há uma certa sobreposição nessas atribuições planetárias, que devem ter sido compiladas de várias fontes. Para informações acerca dos sistemas antigos, ver "A Short Discourse of the Nature, and Qualities of the Seven Planets" [Um breve discurso da natureza e das qualidades dos sete planetas], em *Livro dos Segredos* (Best e Brightman, 65-73); o Tetrabiblos de Ptolomeu (3.12 [Robbins, 319, 321]); de Givry [1929] 1973, l. 2, cap. 3, 242-3, que dá as atribuições de Fludd, Gichtel e Belot; e Nasr 1978, parte 1, cap. 4, 100-1, para o sistema da enciclopédia árabe, o Rasa'il.
8. A correspondência entre os orifícios da cabeça e os planetas também aparece no *Sepher Yetzirah*:

> Contemplai, agora, as estrelas de nosso mundo, os planetas que são sete; o Sol, Vênus, Mercúrio, Lua, Saturno, Júpiter e Marte. Também sete são os sete dias da criação; e os sete portões da alma do homem – os dois olhos, os dois ouvidos, a boca e as duas narinas" (*Sepher Yetzirah* 4.4, tradução em inglês de W. Westcott [1887] [New York: Samuel Weiser, 1980], 23)

9. O zodíaco é dividido em quatro grupos de três signos, cada grupo sendo associado a um dos quatro elementos:

Fogo	Ar	Água	Terra
Áries	Libra	Câncer	Capricórnio
Leão	Aquário	Escorpião	Touro
Sagitário	Gêmeos	Peixes	Virgem

10. Situações de planetas nas quais sua influência é ampliada, ou pelo lugar no zodíaco ou por seus aspectos em relação a outros planetas.
11. Uma marca é um grau no zodíaco.
12. Divisão de cinco graus do zodíaco. Ptolomeu: "Dizemos que um planeta está em seu 'devido lugar' quando um planeta individual mantém em relação ao Sol ou à Lua o mesmo aspecto que sua casa tem em relação a outras casas" (*Tetrabiblos* 1.23 [Robbins, 111]).
13. Um produto resinoso fragrante (resina misturada com óleo) que é produzido naturalmente pelas árvores do gênero Balsamodendron.

14. Uma planta da família das cariofiláceas (*Dianthus caryophyllus*), de coloração rósea e com cheiro de cravo.
15. Raspas de limão.
16. *Origanum majorana*, também chamada de manjerona suave, manjerona inglesa, manjerona fina e manjerona nodosa.
17. A casca interna da árvore da Índia Ocidental, *Cinnamomum zeylanicum*, seca na forma de rolinhos marrom-amarelados aromáticos.
18. Pó vermelho-laranja feito de estigmas do croco comum (*Crocus sativus*).
19. Literalmente, "madeira da áloe", a madeira fragrante, ou resina, derivada de duas árvore da Índia Ocidental, *Aloexylon* e *Aquilaria*. Também era chamada de madeira agila, madeira de águia e agallochum. Não confundir com o purgativo nauseante, amargo, do mesmo nome, derivado do suco de plantas do gênero *Aloe*.
20. Olíbano. Uma goma-resina aromática das árvores, gênero *Boswellia*, queimada como incenso. O nome significa "de alta qualidade".
21. Secreção marrom-avermelhada do almiscareiro (*Moschus moschatus*) usado em fabricação de perfume por causa de seu forte odor.
22. Goma-resina da árvore *Balsamodendron myrrha*, usada em perfume e incenso. Em gotas, grãos ou caroços amarelos, vermelhos ou marrom-avermelhados.
23. Planta rizomatosa de folhas estreitas (*Plantago lanceolata*). Em *Livro dos Segredos*, ela é chamada de arnoglossa (língua de carneiro), porque costuma ser plantada em pastagens de solo pobre como comida para ovelhas):

> A raiz dessa erva é excelente contra dor de cabeça porque o signo do Carneiro deve ser a casa do planeta Marte, que é a cabeça de todo o mundo. É boa também contra os maus hábitos das pedras do homem e dos furúnculos infeccionados e sujos, porque sua casa é o signo de Escorpião, [e] porque uma parte dela contém *Sperma*, ou seja, a semente, que vem das pedras, de onde todas as coisas são geradas e formadas (*Livro dos Segredos*, 1.24 [Best e Brightman, 20]).

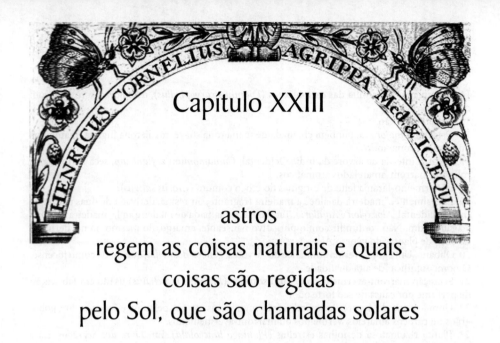

Capítulo XXIII

astros regem as coisas naturais e quais coisas são regidas pelo Sol, que são chamadas solares

ra, é muito difícil saber que astro ou signo rege cada coisa: entretanto, isso é conhecido pela imitação de seus raios, ou movimentos, ou figuras dos superiores. Também alguns são conhecidos por suas cores e odores, alguns pelos efeitos de suas operações, respondendo a alguns astros.

Assim, as coisas solares, ou regidas pelo poder do Sol, são, entre os elementos, a chama lúcida; entre os gostos, a que é animada, misturada com doçura. Entre os metais, o ouro, em virtude de seu esplendor e por receber do Sol o que o torna cordial.

E entre as pedras, aquelas que se assemelham aos raios do Sol por sua cintilação dourada, como a pedra reluzente[1] aetita, que tem poder contra a chegada de doenças e ação de venenos:[2] também a pedra que é chamada de olho do Sol,[3] tendo a figura como da pupila do olho, do meio para cima emite um raio brilhante; ela conforta o cérebro e fortalece a vista: também o carbúnculo que brilha à noite tem uma virtude contra todos os venenos aéreos e vaporosos: a pedra crisólita[4] tem uma coloração verde-clara, que, colocada contra o Sol, emite um brilho na forma de uma estrela dourada, e isso conforta aquelas partes envolvidas na respiração e ajuda as pessoas asmáticas; se for feito nela um buraco e depois enchido com a crina de um asno, e a pedra amarrada ao braço esquerdo, ela afasta a imaginação ociosa e os temores melancólicos, além da estupidez: já a pedra chamada íris,[5] que é como o cristal em cor (prisma), geralmente encontrada com seis lados, se colocada contra um teto, com uma parte contra os raios do Sol e a outra parte em sombra, coleta os raios do Sol em si e, ao enviá-los por meio de reflexo, faz aparecer um arco-íris na parede em frente.

Também a pedra heliotrópio,[6] verde como o jaspe ou a esmeralda, cravejada de manchas vermelhas, torna um homem coerente, renomado e famoso, além de conduzir a uma vida longa; e a virtude dela é de fato maravilhosa sobre os raios do Sol, o qual se diz que se transforma em sangue; i.e., aparece com a cor do sangue, como se estivesse eclipsado; isso quando a pedra é banhada no suco de uma erva do mesmo nome e colocada em um recipiente cheio de água: há outra virtude ainda mais magnífica, a de afetar a visão de uma pessoa que a carregar consigo, permitindo-lhe olhar para o Sol sem ter a vista ofuscada, e isso ela não faz sem a ajuda da erva do mesmo nome, que também é chamada heliotrópio,[7] ou seja, que segue o Sol. Essas virtudes são confirmadas por *Alberto Magno* e *Guilherme de Paris* em seus escritos.

O jacinto[8] também tem uma virtude do Sol contra venenos e vapores pestilentos; deixa a pessoa que o carrega segura e aceitável; além disso, essa pedra conduz à riqueza e à perspicácia, e fortalece o coração; sendo colocada na boca, anima de maneira magnífica a mente. Existe ainda uma pedra chamada pirófila,[9] de uma mistura vermelha, mencionada por *Alberto Magno* e por *Esculápio* em uma de suas epístolas a *Otávio Augusto*, dizendo que há um certo veneno tão frio que preserva o coração humano, uma vez extraído, de queimaduras, e se este for colocado no fogo, se transforma nessa pedra que é chamada de pirófila, nome derivado de fogo. Ela possui uma maravilhosa virtude contra o veneno, e aquele que a carregar torna-se renomado e temível diante de seus inimigos.

Mas, acima de todas as pedras, existe aquela que é a mais solar, supostamente encontrada por *Apolônio*, e que é chamada de pantaura,[10] que atrai para si outras pedras, assim como a magnetita atrai o ferro e é poderosíssima contra todos os venenos; alguns a chamam de *pantherus*, pois ela tem manchas como o animal conhecido como pantera. Por esse mesmo motivo, ela também é chamada de *pantochras*,[11] porque contém todas as cores. *Aarão* a chama de *evanthus*. Existem outras pedras solares, tais como topázio,[12] crisópraso,[13] rubim[14] e balágio. Bem como o auripigmentum[15] e coisas de coloração dourada, muito translúcidas.

Também entre as plantas e árvores, são solares aquelas que se inclinam para o Sol, como a calêndula, e aquelas cujas folhas se dobram quando o Sol está para se pôr, e quando ele nasce abrem as folhas aos poucos. A árvore de lótus[16] também é solar, como se constata pela figura de seus frutos e folhas. Assim como a peônia, a quelidônia, o bálsamo, o gengibre, a genciana,[17] o díctamo e a verbena,[18] que é útil para se profetizar e para expiações, bem como para expulsão de espíritos malignos. O loureiro também é consagrado a Febo, bem como o cedro, a palmeira, o freixo, a hera, a vinha e tudo o que repele venenos e relâmpagos, além daquelas coisas que nunca temem os extremos do inverno. Também são solares a hortelã, a almécega,[19] a zedoária,[20] o açafrão, bálsamo, âmbar, almíscar, mel amarelo, áloe ligniforme, cravo, canela, cálamo-aromático (ácoro),[21] pimenta, olíbano, manjerona doce e libanotis,[22] que Orfeu chama de doce perfume do Sol.

Entre os animais, solares estão os magnânimos, corajosos, ambiciosos de vitória e renome, como o leão, rei dos animais; o crocodilo; o lobo malhado;[23] o carneiro; o javali; o touro, rei do rebanho, que, chamado de Verites[24] pelos egípcios, era por eles dedicado ao Sol, em Heliópolis; um boi era consagrado a Ápis em Mênfis,[25] e em Herminto, um touro sob o nome de Pathis.[26] O lobo também era consagrado a *Apolo* e *Latona*. Também o animal chamado de babuíno é solar, pois 12 vezes por dia, ou a cada hora, ele ladra, e no tempo do equinócio urina 12 vezes a cada hora; e faz o mesmo à noite, daí os egípcios o terem gravado em suas fontes.[27]

Também entre os pássaros, há os que são solares: a fênix, sendo única da espécie, e a águia, rainha dos pássaros; também o abutre, o cisne e aqueles que cantam ao nascer do Sol, como se quisessem despertá-lo, além do galo, do corvo e do gavião,[28] que, por ser uma divindade entre os egípcios e um emblema do espírito e da luz, é considerado por *Porfírio* um pássaro solar.

Fora esses, todas as coisas que têm alguma semelhança com as obras do Sol, como lampírides[29] que brilham à noite, e o besouro,[30] que é uma criatura que vive sob esterco de vaca, segundo a interpretação de *Ápio*,[31] e cujos olhos mudam de acordo com o percurso do Sol, são considerados solares, bem como as coisas que deles procedem.

E entre os peixes, o bezerro do mar[32] é essencialmente solar, pois resiste a relâmpagos, bem como o molusco e o peixe chamado medusa,[33] os quais brilham à noite, e o peixe chamado astéria,[34] por seu ardor fustigante, e os estrombos,[35] que seguem seu rei; além da margarita,[36] que também tem um rei e, seca, endurece até virar uma pedra de coloração dourada.

Notas – Capítulo XXIII

1. "Chocoalhante" seria uma descrição melhor – ver nota 7, cap. XIII, l. I.
2. "E como dizem os homens da Caldeia, se for colocado em sua comida algum veneno e se a pedra supracitada [aetita] for usada, a comida poderá ser engolida" (*Livro dos Segredos* 2.41 [Best e Brightman, 46]).
3. "Assim a pedra do sol, por meio de seus raios dourados, imita os do Sol; mas a pedra chamada olho do céu, ou do sol, tem uma figura semelhante à pupila do olho, e um raio brilha do meio da pupila" (Proclo, *De sacrifício et magia* [Taylor, 345]). A primeira pedra de Proclo parece a "Solis gemma" de Plínio: "A Solis gemma é branca e, como a luminária da qual deriva o nome, emite raios brilhantes em forma circular" (Plínio 37.67 [Bostock e Riley, 6:456]). A segunda pedra, mencionada por Agrippa, parece ser olho de tigre, ou talvez uma forma mais opaca de safira estrelada, que Plínio descreve:

> A próxima entre as pedras brancas é "astéria", uma gema de alto valor por causa de certa peculiaridade em sua natureza, a de encerrar em si uma luz, como se fosse a pupila de um olho. Essa luz, que tem o aspecto de se mover dentro da pedra, é transmitida de acordo com o ângulo de inclinação em que é segura, nessa ou naquela direção. Quando segura de frente para o Sol, ela emite raios brancos como os de uma estrela, e a esse efeito ela deve seu nome (Plínio 37.47 [Bostock e Riley, 6:437]).

4. Ou crisólito. Forma verde-opaca de olivina. Também chamada de peridoto. *Chryso* significa "dourado".
5. Um tipo de quartzo hexagonal que pode ser usado como um prisma para dividir a luz em seu espectro. Íris é o termo grego para arco-íris. "Seu nome 'íris' deriva das propriedades que ela possui; pois, quando atingida pelos raios do Sol em um local coberto, ela projeta sobre as

paredes mais próximas a forma e as cores diversificadas do arco-íris, continuamente mudando as tonalidades e despertando admiração pela grande variedade de cores que apresenta" (Plínio 37.52 [Bostock e Riley, 6:439]).
6. Ver nota 12, cap. XIII, l. I.
7. A erva *Heliotropium europaeum*.
8. Para Plínio, jacinto é a safira azul. No *Livro dos Segredos*, ela se torna uma pedra amarela e, portanto, solar, graças a um erro por parte do copista latino, que mudou *blavus* (azul) de Alberto Magno para *flavus* (amarelo). "E dela se escreve, nas prelações dos filósofos, que, sendo usada no dedo ou no pescoço, garante que estranhos sejam aceitos por seus convidados" (*Livro dos Segredos* 2.434 [Best e Brightman, 47]).
9. Afirma-se que não pode ser queimado o coração daquelas pessoas que morrem de doença cardíaca; e o mesmo se diz de quem morre por envenenamento. Seja como for, ainda existe um discurso pronunciado por Vitélio, no qual ele acusa Piso desse crime e emprega esse suposto fato como uma de suas provas, apenas afirmando que o coração de Germânico César não poderia ser queimado na pira funerária, por ele ter sido envenenado (Plínio 11.71 [Bostock e Riley, 3:66-7]).
10. Iarchus, mestre dos brâmanes, diz a Apolônio:

> Quanto à gema que atrai outras pedras para si e as segura, não há dúvida, pois você pode examiná-la e testar suas maravilhosas propriedades. A maior dessas gemas é do tamanho da unha de meu polegar e é formada em cavidades com quatro cúbitos de profundidade no solo. Ela gera tanto gás durante a formação que o solo incha e geralmente racha. Ninguém consegue encontrá-la por mais que a procure, pois ela se esconde, a menos que seja extraída por meios científicos; e os sábios são os únicos que conseguem minerar a pantarbe, como é chamada, e o fazem por meio de encantamentos e magia. Ela transforma o dia em noite como uma chama, pois é fulgurante e refulgente, e, se for observada à luz do dia, ofusca os olhos com dez mil cintilações. Sua luz se deve a uma indescritível e poderosa emanação, e ela atrai tudo o que estiver próximo. Mas por que o que estiver próximo? Pois você pode mergulhar em rios ou no mar as maiores pedras que quiser, não próximas umas das outras, mas espalhadas, e se essa gema for baixada para elas, ela as puxará por meio de sua força inerente, de modo que se afixarão a ela como um enxame de abelhas (Filóstrato, *Life and Times of Apollonius do Tyana* 3:46, traduzido para o inglês por Charles P. Eells [Stanford University Press, 1923], 87-8.

11. "Pancro ['de todas as cores'] é uma pedra que exibe quase todas as cores" (Plínio 37.66 [Bostock e Riley, 6:455]). Talvez a opala.
12. Uma pedra preciosa amarelo-dourada.
13. Um quartzo verde-claro, variedade da calcedônia.
14. Rubi.
15. Ouro-pigmento, arsênico amarelo ou amarelo do rei, um sulfeto amarelo-brilhante de arsênico usado como pigmento de pintor. "Existe também outro método de produzir ouro; fazendo-o a partir do ouro-pigmento, um mineral escavado da superfície da terra na Síria e muito usado por pintores. É exatamente da cor do ouro, porém frágil, como a pedra-espelho [lapis specularis], na verdade" (Plínio 33.22 [Bostock e Riley 6:104]). Pelo que ele diz em outro trecho (36.45), a "pedra-espelho" de Plínio parece ser um tipo de mica.
16. A fabulosa árvore que produziria frutos e flores de lótus. Jâmblico diz que as folhas e as frutas, sendo redondas, representam "o movimento do intelecto". Maomé viu uma no sétimo céu, à direita do trono de Deus, demarcando a fronteira além da qual ninguém se atreve a passar. Sob ela, toda a hoste de anjos presta veneração: "Ele a viu ainda em outra ocasião, próxima à árvore de lótus, além da qual não há passagem: e perto se encontra o jardim da eterna morada. Quando a árvore de lótus cobriu aquilo que cobriu, seus olhos não desviaram nem pestanejaram: e ele de fato viu alguns dos mais grandiosos sinais do Senhor" (*Alcorão* 53, tradução para o inglês de Frederick Warne [London, 1887], 390).
17. *Gentiana lutea*, uma grande planta com flores amarelas em formato de estrela dispostas em anéis ou guirlandas distribuídas em seu caule superior, da grossura de um polegar humano. A

raiz possui um sabor amargo e era usada em remédios. "A raiz da Genciana em pó em pequena quantidade, com um pouco de pimenta e erva misturadas com Graça, é boa para aqueles que foram mordidos ou picados por alguma criatura venenosa ou cão louco: ou para aqueles que tomaram veneno (Gerard [1633] 1975, l. 2, cap. 105, 434).

18. *Verbena officinalis*. Há dois tipos: a verbena ereta, que Plínio chama de "macho", que cresce até cerca de 30 centímetros, tem folhas parecidas com o carvalho, mas com sulcos mais pronunciados, e flores pequenas, azuis ou brancas; e verbena rasteira, que Plínio chama de "fêmea", que se estende pelo solo, tem mais folhas que a outra e pequenas flores azuis ou roxas. Os romanos a chamavam de "planta sagrada" (*hiera botanea*). Quando era feita uma declaração oficial de guerra, a verbena era arrancada do solo de Roma e levada, com raiz e terra, ao território do inimigo por um portador; e quando calamidades se abatiam sobre a cidade, como a peste, a mesma planta era usada na cerimônia do *lectisternium* para recuperar o favor dos deuses. Ela era usada também pelos romanos para limpar a mesa de banquete de Júpiter e purificar as casas.

O povo nas províncias gaulesas as utiliza tanto para adivinhar quanto prever eventos futuros; mas são os magos que afirmam as coisas mais ridículas acerca dessa planta. Dizem que se alguém se esfregar com ela obterá, com certeza, o objeto de seu desejo; e também nos garantem que ela afasta febre, concilia amizade e é uma cura para toda doença possível; dizem também que ela deve ser colhida perto da hora em que surge a Estrela do Cão – mas não de modo que incida sobre ela o Sol ou a Lua – e que os favos de mel e o mel devem antes ser oferecidos à terra por meio de expiação. Dizem-nos ainda que se deve traçar um círculo em torno dela com um ferro; após o quê, ela deve ser apanhada com a mão esquerda e erguida no ar, com cuidado para secar as folhas, o caule e a raiz, separados e na sombra (Plínio 25.59 [Bostock e Riley, 5:121-2]).

19. A goma-resina do lentisco – aroeira-da-praia – (*Pistacia lentiscus*), nativa do leste do Mediterrâneo. A goma não tem gosto e vem na forma de lágrimas verde-amareladas transparentes.

20. Zedoária longa, uma raiz aromática da Índia Oriental, semelhante ao gengibre, originária da *Curmuma zerumbet*. A zedoária amarela vem da *Zingiber casumunar*; a zedoária redonda é da *Curcuma zedoaria*.

21. Cálamo doce, uma raiz ou grama aromática. "Também o cálamo-aromático, nativo da Arábia, é comum na Índia e Síria, sendo o desse último país superior aos outros" (Plínio 12.48 [Bostock e Riley, 3:144]). Não se sabe com certeza qual é o cálamo de Plínio, mas devia ser do gênero *Andropogon*. Agrippa provavelmente se refere ao *Acorus calamus*, ou ácoro, substituindo a erva mais antiga (ver Gerard [1633] 1975, l. I, cap. 45, 63).

22. Provavelmente alecrim (*Rosmarinus officinalis*), uma planta que tem cheiro parecido com o olíbano. Libanotis é uma planta que cresce em solo quebradiço e costuma ser semeada em locais expostos à queda de orvalho; a raiz, que é exatamente como a do olusatrum, tem um cheiro que em nada difere do olíbano; com um ano de idade, é muito boa para o estômago; algumas pessoas a chamam de rosamarium [alecrim] (Plínio 19.62 [Bostock e Riley, 4;203]).

23. Lince (ver Plínio 8.28).

24. O touro venerado em Heliópolis era chamado de Mnevis pelos gregos.

25. Em Mênfis era venerado um touro, não um boi.

26. Um touro preto era venerado em Hermontis, chamado por Macróbio de "Bacchis" (Bacis, Basis ou Pacis).

27. Novamente, para indicar os dois equinócios, eles reproduzem um cinocéfalo, pois, nos dois equinócios do ano, ele produz água 12 vezes por ano, uma vez a cada hora, e faz o mesmo durante as duas noites; assim, não é à toa que os egípcios esculpem um cinocéfalo sentado em sua Hidrologia; e representam a água correndo de seu membro, porque, como eu disse antes, o animal indica as 12 horas do equinócio.... Eles também usam esse símbolo, pois é o único animal que, nos equinócios, emite seus gritos 12 vezes ao dia, uma vez a cada hora" (Horapolo 1.16 [Cory, 36-8]).

28. Com ele [o gavião], eles simbolizam Deus, pois o pássaro é prolífico e tem vida longa, ou talvez porque pareça ser uma imagem do Sol, capaz de fixar o olhar em seus raios mais do que quaisquer outras criaturas aladas: e por isso, para a cura dos olhos, os médicos usam a erva conhecida como erva daninha do gavião; e é por isso também que sob a forma de um gavião eles

às vezes reproduzem o Sol como senhor da visão. E o usam para denotar altura, porque os outros pássaros, quando voam alto, se movimentam de um lado para o outro, sendo incapazes de ascender verticalmente; mas só o gavião alça voo diretamente para cima (Horapolo 1.6 [Cory, 13-4]).
29. Pirilampos (*Lampyris noctiluca*). A fêmea dessa espécie de inseto não tem asa e emite uma tênue luz verde do abdome. O macho tem asas e não brilha.
30. O escaravelho, que vive de fezes, especificamente o primeiro dos três tipos descritos por Horapolo:

> Além disso, existem três espécies de escaravelho; a primeira é como um gato e irradiada, que eles consagram ao Sol por causa desta semelhança: dizem que o gato muda a forma de suas pupilas de acordo com o percurso do Sol: pois pela manhã, quando o deus nasce, elas estão dilatadas, e no meio do dia ficam redondas, e perto do pôr do sol, parecem menos brilhantes: motivo pelo qual também a estátua do deus na cidade do Sol [Heliópolis] é da forma de um gato (Horapolo 1.10 [Cory, 21-2]).

31. Apion.
32. Foca.
33. Água-viva.
34. Estrela-do-mar.
35. Moluscos com uma concha espiral.
36. Ostra (*Meleagrina margaritifera*).

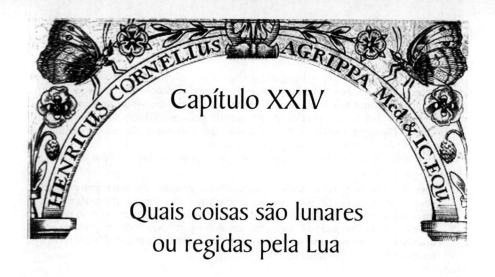

Capítulo XXIV

Quais coisas são lunares ou regidas pela Lua

São lunares aquelas coisas do elemento Terra e depois Água, incluindo as coisas do mar, dos rios e todas as coisas úmidas, bem como a umidade das árvores e animais, principalmente as que são brancas e claras, como a clara do ovo, a gordura, o suor, o muco e a superfluidez dos corpos. Entre os gostos, o salgado e o insípido: entre os metais, a prata; entre as pedras, o cristal, a marcassita de prata,[1] e todas as que são brancas e verdes. Também a pedra selenita,[2] isto é, lunar, brilhando de um corpo branco, com um fulgor amarelo, imitando o movimento da Lua e tendo em si a figura da Lua que todos os dias aumenta ou diminui, assim como a própria Lua. Também as pérolas, que são geradas nas conchas de peixes a partir das entradas de água, e também o berílio.[3]

Entre as plantas e árvores, são lunares – como, por exemplo, o selenotrópio – que se inclinam para a Lua, assim como o heliotrópio se inclina para o Sol; e da palmeira nasce um ramo a cada nascer da Lua; o hissopo[4] também, e o alecrim, o agnocasto e a oliveira são lunares. Também a erva chinosta, que aumenta e diminui com a Lua em substância e número de folhas, não apenas na seiva e na virtude, o que de fato é comum, dessa ou daquela forma, em todas as plantas, exceto na cebola, que é influenciada por Marte, com propriedades contrárias; assim como entre as coisas voadoras, o pássaro saturnino, chamado codorniz, é um grande inimigo da Lua e do Sol.

Animais lunares são aqueles que amam a companhia do homem e que crescem no amor ou no ódio, como todas as espécies de cães; o camaleão também é lunar, e sempre assume uma cor de acordo com a variedade da cor do objeto; assim como a Lua muda de natureza de acordo com a variedade do signo que se encontra nela. Também são lunares os suínos, as corsas, cabras e todos os animais que observam e imitam o movimento da Lua, como o babuíno[5] e a pantera,[6] que segundo se diz teria uma mancha sobre o ombro como a Lua, aumentando em uma circularidade e tendo chifres que se curvam para dentro. Lunares também são os gatos, cujos olhos aumentam ou diminuem de acordo com o percurso da Lua, e aquelas coisas que são de natureza semelhante, como o sangue da menstruação, do qual os magos fazem coisas estranhas; a civeta,[7] que muda de sexo, sendo avessa a diversas formas de feitiçaria, e todos os animais que vivem na água e na terra; também as lontras e outros animais que se alimentam de peixe. Também os animais monstruosos, aqueles que se manifestam sem semente, são equivocadamente gerados, como os ratos, que às vezes são gerados por coito, às vezes da putrefação da terra.

Entre as aves, os gansos, patos, mergulhões[8] e toda espécie de ave aquática que se alimenta de peixe, como a garça; e aqueles que são equivocadamente produzidos, como vespas das carcaças de cavalos,[9] abelhas da putrefação de vacas, pequenas moscas do vinho putrefato e besouros da carne de asnos; mas o mais lunar de todos é o besouro de dois chifres,[10] que parece um touro, o qual escava sob o esterco e lá permanece por um período de 28 dias, tempo em que a Lua mede todo o zodíaco, e no 29º dia, quando pensa que vai haver uma conjunção de seu brilho, abre o esterco e o joga na água, de onde vêm os besouros.

Entre os animais aquáticos lunares estão o peixe-gato,[11] cujos olhos mudam de acordo com o percurso da Lua, e todos os que observam o movimento da Lua, como a tartaruga, o equeneídeo, o caranguejo, as ostras e ervas daninhas[12] e rãs.

Notas – Capítulo XXIV

1. Pirita de ferro, ou ouro de tolo, um cristal cúbico muito brilhante usado para joias e, em tempos antigos, para confecção de espelhos. Uma variedade mais opaca é chamada de marcassita.
2. Adulária. Do grego σεληνη, Lua. Uma forma de gesso, tem um lustre delicado, uma opalescência como de pérola.
   A selenita [pedra da lua] é branca e transparente, com uma cor refletida que parece mel. Possui em seu interior uma figura que é como da Lua e reflete a face dessa luminária, se o que nos dizem é verdade, de acordo com suas fases, dia após dia, tanto minguante quanto crescente.... (Plínio 37.67 [Bostock e Riley, 6:456]).
3. Acredita-se que o berílio seja da mesma natureza da esmeralda, ou pelo menos intimamente análogo... Os mais estimados berílios são aqueles que, em cor, se assemelham ao verde puro do mar; o segundo mais valioso é o crisoberilo, uma pedra de cor um pouco mais opaca, mas próximo de uma tonalidade dourada (Plínio 37.20 [Bostock e Riley, 6:414]).
   São berílios as esmeraldas, águas-marinhas e gemas de coloração dourada-clara.
4. Uma pequena erva aromática (*Hyssopum officinalis*). Não deve ser confundido com o hissopo usado pelos judeus como aspersório (hissope), que se conjura ter sido uma espécie de alcaparra espinhosa (*Capparis spinosa*). Gerard diz que o hissopo dos gregos era "mais próximo do Origanum" (Gerard [1633] 1975, l. 2, cap. 177, 580).
5. Eles simbolizam a Lua com esse animal, porque ele tem uma espécie de simpatia em sua conjunção com o deus. Pois, no momento exato da conjunção da Lua com o Sol, quando ela fica escura, o cinocéfalo macho não vê nem come, mas se curva à terra em dor, como se lamentando o arroubo da Lua: e a fêmea também, além de ser incapaz de ver e se tornar afetada da mesma maneira que o macho, [emite sangue dos genitais]: por isso, até os dias de hoje, os cinocéfalos são levados aos templos, para que por meio deles seja determinado o instante exato da conjunção do Sol e da Lua (Horapolo 1.14 [Cory, 31-2]).

6. "Alguns dizem que a pantera tem no ombro uma mancha na forma da Lua; e que, assim como a Lua, essa mancha cresce e diminui até uma crescente" (Plínio 8.23 [Bostock e Riley, 2:274]).

7. A hiena, segundo reporta Plínio, muda de sexo: "É a noção vulgar de que a hiena possui em si ambos os sexos, sendo macho por um ano e fêmea no ano seguinte, e que engravida sem a cooperação do macho; Aristóteles, porém [*Historia animalium* 6.32, *Generatione animalium* 3.6], nega isso" (Plínio 8.23 [Bostock e Riley, 2:296]).

Se os batentes das portas forem tocados com esse sangue, as várias artes dos magos não terão efeito; eles não serão capazes de invocar os deuses à sua presença, de conversar com eles, qualquer que seja o método usado, com lâmpadas ou bacias, água ou globo, ou qualquer outro... Os excrementos ou ossos que foram evacuados pelo animal, no momento em que foi morto, são considerados contraencantamentos para magia. (Plínio 28.27 [Bostock e Riley, 5:313]).

Esse longo e notável capítulo é totalmente dedicado às virtudes da hiena.

8. *Podiceps minor*. Também chamado, em inglês, de *dabchick*; uma pequena ave que mergulha na água.

9. "Quando se referem a vespas, eles reproduzem um cavalo morto; pois muitas vespas são geradas desse animal, quando morto" (Horapolo 2.44 [Cory, 114]).

10. "A segunda espécie é o de dois chifres e em forma de touro, que é consagrado à Lua; é por isso que as crianças dos egípcios dizem que o touro nos céus é a exaltação dessa deusa" (Horapolo 1.10 [Cory, 22]). Do escaravelho em geral, Horapolo diz:

E com isso eles simbolizam um primogênito, porque o escaravelho é uma criatura autoproduzida, não sendo concebido pela fêmea; pois a propagação dele só se dá dessa maneira: quando o macho deseja procriar, toma as fezes de um boi, molda-as em uma forma esférica como o mundo; em seguida, ele a enrola a partir das partes traseiras de leste a oeste, enquanto olha para o leste, a fim de assim incutir a figura do mundo (pois esse é o percurso do mundo, enquanto as estrelas rumam de oeste para leste): depois, após escavar um buraco, o escaravelho deposita essa bola na terra durante 28 dias (pois esse é o período em que a Lua passa pelos 12 signos do zodíaco). Sendo, assim, regida pela Lua, a raça dos escaravelhos é imbuída de vida; e no 29º dia após ter aberto a bola, ele a joga na água, pois sabe que nesse dia ocorre a conjunção da Lua e do Sol, bem como a geração do mundo. Da bola assim aberta na água, surgem os animais, isto é, os escaravelhos (Horapolo 1.10 [Cory, 20-1]).

11. *Aelurichthus marinus*.

12. É certo que os corpos das ostras, búzios e moluscos em geral aumentam de tamanho e depois diminuem novamente sob influência da Lua. Alguns observadores meticulosos descobriram que as entranhas do rato-do-mato correspondem em número às idades da Lua e que o minúsculo animal, a formiga, sente o poder dessa luminária, sempre descansando da labuta na mudança da Lua (Plínio 2.41 [Bostock e Riley, 1:68]).

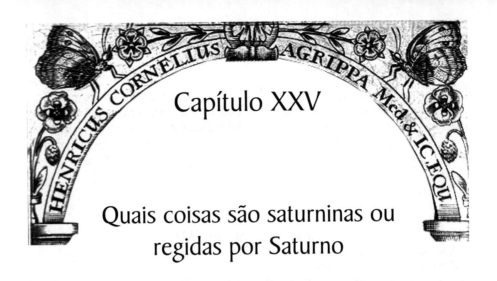

Capítulo XXV

Quais coisas são saturninas ou regidas por Saturno

As coisas saturninas são as dos elementos Terra e Água: entre os humores são saturninos a cólera negra, que é úmida, e a natural e ao mesmo tempo adventícia cólera adusta.[1] Entre os gostos, o amargo, azedo e insípido. Entre os metais, chumbo e ouro, em razão de seu peso, e a marcassita dourada.[2] Entre as pedras, a ônix,[3] a ziazaa,[4] camonius,[5] safira, jaspe marrom, calcedônia,[6] magnetita, e todas as coisas terrosas e escuras.

Entre as plantas e árvores, são solares o narciso,[7] erva-de-dragão,[8] arruda, cominho,[9] heléboro,[10] a árvore de onde vem a benzoína,[11] a mandrágora,[12] o ópio e aquelas coisas que estupefazem, as que nunca são semeadas e nunca geram frutos, e as que produzem frutinhas de cor escura, e frutas pretas, como a figueira preta, o pinheiro, o cipreste,[13] e uma certa árvore[14] usada em funerais, que nunca gera novas frutinhas, é áspera, tem gosto amargo, cheiro forte, produz uma sombra preta que gera a mais profunda escuridão, dá um fruto que não presta, nunca morre de idade; é mortal, dedicada a *Plutão*, assim como a erva passiflora, com a qual se costumava forrar as covas antes de ser colocados ali os cadáveres, motivo pelo qual se recomendava fazer as guirlandas em festivais com todas as ervas e flores além da passiflora, pois ela representava luto e não conduzia à alegria.

Também todos os animais rastejantes, que vivem isolados e solitários, à noite, tristes, contemplativos, pesarosos, cobiçosos, temerosos, melancólicos, lentos, que se alimentam de maneira grotesca e devoram os próprios filhotes. Dessas espécies são, portanto, a toupeira, o asno, o lobo, a lebre, a mula, o gato, o camelo, o urso, o porco, o macaco, o dragão, o basilisco, o sapo, todas as serpentes e coisas rastejantes, escorpiões, formigas e outros que surgem a partir da putrefação na terra, na água ou nas ruínas das casas, como os ratos e muitos tipos de vermes.

Entre os pássaros, são saturninos aqueles que têm pescoço comprido e voz aguda, como grou, avestruz e pavão, que são dedicados a Saturno e

Juno. Também o mocho, a coruja, o morcego, o abibe, o corvo, a codorniz, que é o mais invejoso de todos os pássaros.

Entre animais aquáticos, a enguia,[15] que vive isolada de todos os outros peixes; a lampreia, o peixe-cachorro,[16] que devora os filhotes; também a tartaruga, as ostras, às quais se podem acrescentar a esponja marinha, e tudo aquilo que vem delas.

Notas – Capítulo XXV

1. Seca, ardente.
2. Pirita de ferro ou ouro de tolo.
3. Ônix preta, uma forma de calcedônia, uma pedra opaca, preta ou marrom-escura, que costuma ter uma linha branca atravessando-a. Às vezes, a linha forma um círculo, e a pedra, nesse caso, se chama ônix olho-de-lince. Sendo ligada a Capricórnio e Saturno, ela era usada em rosários para evitar o mau-olhado. "E vem da Índia, passando pela Arábia, e, se for pendurada no pescoço ou usada no dedo, desperta tristeza ou pesar em um homem e terror e contenda" (*Livro dos Segredos* 2.4 [Best e Brightman, 27]).

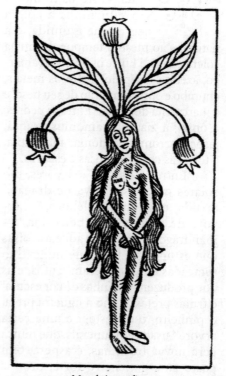

Mandrágora macho *Mandrágora fêmea*

Extraído de Hortus Sanitatis, *de Johannes de Cuba (Paris,1498)*

4. "Uma pedra preta e branca que torna litigioso aquele que a possui, além de causar-lhe terríveis visões" (Spence [1920] 1968, 439).
5. Na *Ópera* latina, *camoinus*.
6. Calcedônia, uma forma de sílica. "Pegue a pedra que se chama *chalcedonius* e verá que ela é opaca, de coloração marrom e um tanto escura" (*Livro dos Segredos* 2.22 [Best e Brightman, 26]).
7. Asfódelo (*Asphodelus*), o narciso branco, diferente do narciso amarelo (*Narcissus pseudo--Narcissus*).
8. Ou apenas dragão (*Dracunculus vulgaris*); as folhas e a raiz protegem contra serpentes.
9. *Cummin cyminum*, também chamado cominho comum, ou romano, uma planta parecida com o funcho.
10. Plantas do gênero *Helleborus* ou *Veratrum*, usada em tempos antigos como um remédio contra loucura. Há várias espécies e com vários usos: (1) heléboro preto (*Helleborus officinalis*), que só cresce na Grécia; (2) heléboro verde (*H. viridis*), também chamado heléboro silvestre; (3) heléboro malcheiroso (*H. fetidus*), também chamado heléboro fétido; (4) heléboro branco (*Veratrum album*); heléboro de inverno (*Eranthis hyemalis*), também chamado de acônito de inverno. Usado sem classificação, provavelmente a referência aqui é ao heléboro preto ou rosa-de-natal (*Helleborus niger*). Como o *H. officinalis* só existia na Grécia, os escritores medievais e renascentistas se referiam ao *H. niger*. O heléboro é venenoso. Plínio descreve uma colheita de heléboro preto:

> Esta última planta também é colhida com cerimônias mais numerosas que a outra: primeiro, traça-se um círculo em torno dela com uma espada, depois, a pessoa que vai cortá-la se volta para o leste e oferece uma oração, pedindo permissão dos deuses para fazer isso. Ao mesmo tempo, observa se há uma águia à vista – pois geralmente enquanto essa erva é colhida, tal pássaro se encontra por perto – e, se alguma voar perto da pessoa, será um presságio de que ela morrerá no decorrer do ano (Plínio 25.21 [Bostock e Riley, 5:97]).

11. Uma resina aromática frágil e seca, extraída da árvore *Styrax benzoin*, nativa de Sumatra, Java e regiões circunvizinhas. Era usada como incenso e sufumigação.
12. *Mandragora officinalis*. Dragora indica dragão. Planta carnuda, curta, com folhas em forma de lança que, segundo se dizia, imitava a forma humana por causa de sua raiz forcada. Narcótica, emética e venenosa. Acreditava-se que ela promovia fertilidade nas mulheres (ver *Gênesis* 30, 14-6). Segundo as lendas, quando arrancada da terra, a planta grita, e quem a ouvir gritar morre; motivo pelo qual ela deve ser amarrada a um cão por uma correia, e o cão sacrificado por sua extração. Dizia-se também que um homem sonolento tinha comido mandrágora; e ela também era chamada de maçã do amor, por causa de suas supostas qualidades afrodisíacas.
13. Cipreste comum (*Cupressus semper-virens*), uma pequena planta verde considerada árvore funerária e dedicada a Plutão "porque, uma vez cortada, nunca volta a crescer" (Brewer, 206, "cyprus").
14. Talvez a cicuta, que é soporífica e venenosa; ou possivelmente teixo, que tem casca grossa, vida longa e cresce em cemitérios.
15. "Quando querem simbolizar um homem que é hostil a todos os outros homens e vive isolado deles, eles reproduzem uma enguia; pois ela não se mistura com nenhum outro animal aquático" (Horapolo 2.103 [Cory, 149]).
16. Peixe-cachorro grande (*Scyllium catulus*), uma espécie de tubarão pequeno, muito feroz.

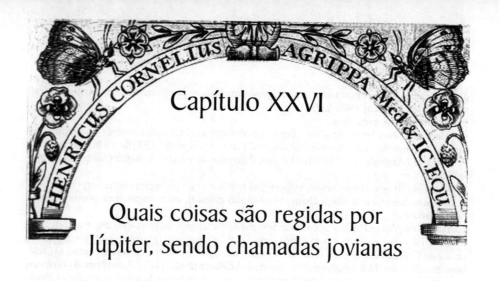

Capítulo XXVI

Quais coisas são regidas por Júpiter, sendo chamadas jovianas

As coisas jovianas são do elemento Ar: entre os humores, o sangue e o espírito da vida são jovianos, bem como todas as coisas que dizem respeito a aumento, alimentação e vegetação da vida. Entre os gostos, o doce e o agradável. Entre os metais, estanho, prata e ouro, em razão de sua temperança;[1] entre as pedras, jacinto,[2] berílio, safira, esmeralda, jaspe verde e pedras de cores aéreas.

Entre as plantas e árvores, verde-mar,[3] manjericão-dos-jardins,[4] ancusa,[5] macis,[6] lavândula,[7] hortelã, almécega, elecampana,[8] violeta, lólio,[9] hioscíamo,[10] o álamo e aquelas que são chamadas de árvores da sorte, como o carvalho, o castanheiro,[11] que é como um carvalho, mas muito maior, o azevinho,[12] a faia, a aveleira, a figueira branca, a pereira, a macieira, a vinha, a ameixeira, o freixo e a oliveira e o óleo. Também todos os tipos de milho, como cevada, trigo, uva-passa, alcaçuz, açúcar e tudo o que contém doçura sutil e manifesta, e adstringente, bem como o que tem gosto acentuado, como nozes, amêndoas, abacaxis, avelãs, pistache,[13] raízes de peônia, mirabelas,[14] ruibarbo e maná,[15] e *Orfeu* acrescenta o estoraque.[16]

Entre os animais, são jovianos os que têm pompa e sabedoria, e aqueles que são mansos, bem treinados e de boa disposição, como veado, elefante, e os que são gentis, como as ovelhas e os cordeiros.

Entre os pássaros, aqueles de temperamento moderado, como as galinhas, junto à gema de seus ovos. Também a perdiz, o faisão, a andorinha,[17] o pelicano,[18] o cuco,[19] a cegonha,[20] pássaros propensos a um tipo de devoção, emblemas de gratidão. A águia[21] é dedicada a Júpiter, é a insígnia dos imperadores e um emblema de justiça e clemência.

Entre os peixes, o delfim, o peixe chamado anchia,[22] o siluro,[23] por causa de sua devoção inata.

Notas – Capítulo XXVI

1. A facilidade com que são trabalhados.
2. Ver nota 8,7 cap. XXIII, l. I.
3. O alho-poró comum (*Allium porrum*), erva com caule e folhas tenras e suculentas e flores róseas, que cresce nos telhados das casas e costuma ser colocado lá de propósito para desviar raios.
4. Ver nota 14, cap. XVIII, l. I.
5. Em Plínio, a da espécie *Anchusa italica*: "Às plantagináceas, pode-se acrescentar a descrição da ancusa, cuja folha parece uma língua de boi. A principal peculiaridade dessa planta é que, se colocada no vinho, ela promove alegria e hilaridade, de onde ganhou seu nome adicional de "euphrosynum" [planta que alegra]" (Plínio 25.40 [Bostock e Riley, 5:109]. Provavelmente usada por Agrippa para indicar "ancusa de víbora" (*Echium vulgare*), uma erva muito semelhante, com longas folhas cabeludas. "A raiz bebida com vinho é boa para quem foi mordido por serpente e impede que quem a tenha bebido seja picada dali em diante: as folhas e sementes fazem a mesma coisa, como escreve Dioscorides"(Gerard [1633] 1975, l. 2, cap. 285-A, 803).
6. Arilo da noz-moscada, usado como tempero.
7. Lavanda francesa (*Lavandula spica*), da qual se extrai um óleo de odor adocicado.
8. *Inula helenium*. Uma erva com grandes flores amarelas e raiz e folhas aromáticas amargas, usada como um tônico estimulante. Boa contra cólica. Costumava ser queimada como um incenso fragrante.
9. Espécie de gramínea *Lolium temulentum* que cresce como erva daninha entre o milho.
10. Planta narcótica (*Hyoscyamus niger*) usada para amortecer dor. Tem flores amarelo-pálidas marcadas de roxo, com um cheiro desagradável. O *Livro dos Segredos* a chama de "a erva do planeta Júpiter", boa contra gota porque "funciona em virtude daqueles signos que têm pés e olham para os pés", ou seja, peixes, que é regido por Júpiter; além disso, "é útil contra os problemas do fígado e todas as suas paixões, pois Júpiter guarda o fígado" (*Livro dos Segredos* 1.26 [Best e Brightman 21]).
11. *Quercus sessilflora*. Árvore sagrada para Júpiter (ver Plínio 12.2 [Bostock e Riley, 3:102]).
12. *Ilex aquifolium*. É bem possível que Agrippa se refira ao carvalho da espécie *Quercus ilix*, nativo do sul da Europa, cuja folhagem se parece com a do azevinho.
13. Pistácio.
14. Frutas adstringentes, com sabor semelhante ao da ameixa, da árvore do gênero Terminalia, supostamente doces antes de amadurecer.
15. Uma seiva granulada branca ou amarelo-pálida, doce, que escorre de incisões feitas da árvore do maná, *Fraxinus ornus*, nativa da Sicília.
16. Goma-resina fragrante, amarela ou marrom-avermelhada, extraída da árvore *Storax officinalis*; também existia na forma de lágrimas claras, brancas, e era usada para embalsamar, no passado. No hino órfico a Júpiter (14) e no hino a Júpiter (18), se lê: "A fumigação do estoraque" ("*Hymns of Orpheus*", traduzido para o inglês por Thomas Taylor [1787]. Em Thomas Taylor, *The Platonist: Selected Writings* [Princeton University Press, 1969], 230, 234).
17. "Quando queriam dizer que toda a substância dos pais ficou para os filhos, eles reproduziam uma andorinha. Pois ela rola na lama e constrói um ninho para seus filhotes, quando sabe que vai morrer" (Horapolo 2.31 [Cory 107]).
18. Acreditava-se que o pelicano era capaz de trazer de volta à vida seus filhotes mortos com sangue quente de seu próprio peito. Esse mito aparecia no bestiário de Physiologus (séculos II a V d.C.), e se repete no *Livro dos Segredos* (3.14 [Best e Brightman 56]).
19. Para representar a gratidão, eles delineiam um cuco, pois esse é o único animal que, após ter sido criado pelos pais, paga-lhes pela gentileza quando eles envelhecem. Pois ele constrói para os pais um ninho no lugar onde foi criado, e apara-lhes as asas, traz comida até os pais adquirirem uma nova plumagem e serem capazes de cuidar de si mesmos: daí o fato de o cuco ser homenageado, fazendo-se dele um ornamento e colocando-o nos cetros dos deuses (Horapolo 1.55 [Cory 75-6]).

20. Quando querem denotar um homem que gosta de seu pai, eles reproduzem uma cegonha; pois, após a cegonha ter sido criada pelos pais, ela não se afasta deles, mas fica ao seu lado até o fim da vida dos dois, encarregando-se de cuidar deles" (Horapolo 2.58 [Cory 122]).
21. Caio Mário, em seu segundo consulado, atribuía a águia exclusivamente às legiões romanas. Antes desse período, ela só tinha a primeira patente, havendo outras quatro, o lobo, o minotauro, o cavalo e o javali, cada um dos quais precedido por uma única divisão. Alguns anos antes de Mário, começava a se tornar costume levar apenas a águia às batalhas, enquanto os outros estandartes ficavam no campo. Mário, porém, aboliu totalmente o resto deles. Desde então, tem sido observado que foram raras as legiões romanas acampadas para o inverno sem um par de águias aparecendo no local. (Plínio 10.5 [Bostock e Riley, 2:485]).
Ver também Plínio 10.6.
22. Talvez *anthias*?

Essas *anthiae*, dizem, quando veem uma delas presas por um anzol, cortam a linha com as espinhas serradas que elas têm nas costas, que se estende ao máximo, que lhes permite cortá-la (Plínio 9.85 [Bostock e Riley, 2:474]).
23. Um peixe de água doce grande (*Silurus glanis*) encontrado nos rios do leste da Europa.

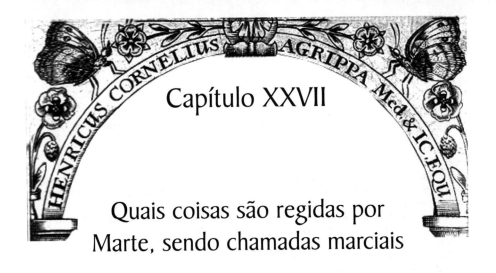

Capítulo XXVII

Quais coisas são regidas por Marte, sendo chamadas marciais

 ão marciais as coisas do elemento Fogo, bem como as coisas adustas e acentuadas; entre os humores, a cólera; também o gosto amargo e o azedo e o que arde a língua e causa lágrimas: entre os metais, ferro e bronze vermelho;[1] e todas as coisas incandescentes, vermelhas e sulfurosas: entre as pedras, o diamante, a magnetita, o jaspe-sanguíneo,[2] o jaspe, a pedra que consiste em diversos tipos,[3] a ametista.

Entre as plantas e árvores, heléboro, alho, eufórbia,[4] cartabana,[5] amoníaco,[6] rabanete, louro, acônito,[7] escamônia[8] e todas as plantas venenosas, por causa do calor excessivo, e aquelas que provocam coceira ou incomodam a pele, como cardo, urtiga, botão-de-ouro,[9] e aquelas que, se forem comidas, provocam lacrimação, como cebola, ascolônia,[10] alho-poró, semente de mostarda e todas as árvores espinhosas, bem como a árvore do cão, que é dedicada a Marte.

E todos os animais que são belicosos, vorazes, corajosos e de mente clara, como o cavalo, a mula, a cabra, o cabrito, o lobo, o leopardo, o asno selvagem; também as serpentes e os dragões cheios de desprazer, e veneno; também todos aqueles que são ofensivos aos homens, como mosquitos, moscas e o babuíno, por causa de sua ferocidade.

Todos os pássaros que são vorazes, devoram carne, quebram ossos, como a águia, o falcão, o gavião, o abutre; e aqueles que se chamam de pássaros fatais, como o mocho e a coruja, kestrel,[11] psitacídeos, e aqueles que tanta fome e voracidade fazem barulho ao engolir, como garças e a pega,[12] que, mais que todas as outras, é dedicada a Marte.

E entre os peixes, o lúcio, o bárbus, o peixe que tem chifres como o carneiro,[13] o esturjão, o glauco,[14] todos grandes devoradores e vorazes.

Notas – Capítulo XXVII

1. Diferente do bronze amarelo, mais comum. O brasão tem uma coloração de cobre.
2. O heliotrópio.
3. Essa é a pedra descrita no *Livro dos Segredos* sob o nome de gagatronica: "... e é de diversas cores. Os antigos filósofos dizem que ela foi comprovada com o príncipe Alcides [Hércules], que, enquanto a carregava consigo, sempre alcançava a vitória. E é uma pedra de diversas cores, como a pele de um cabrito" (*Livro dos Segredos* 2.24 [Best e Brightman, 38]). "Como a pele de um cabrito" significa malhada e manchada. Talvez seja um tipo de ágata ou opala.
4. Goma-resina da erva eufórbia (*Euphorbia officinarum*). Extremamente picante, era usada como emético e purgante. A resina em pó causa violentos e prolongados espirros.
5. *Cartabana*?
6. Goma-resina, chamada de "goma de Amon" porque era obtida de uma planta nativa da Líbia, perto do santuário de Júpiter Amon. Tem cheiro forte e gosto amargo, e era usada como emético. O amoníaco dos antigos provavelmente era obtido da *Ferula tingitana* da África do Norte. Em tempos mais modernos, o mais potente *Dorema ammoniacum* tinha esse nome.
7. Planta venenosa (*Aconitum lycoctonum*) das regiões montanhosas do oeste da Europa, que produz uma flor amarelada. Contém aconitina e era intimamente associada às bruxas, como um ingrediente em seus unguentos para poderem voar.
8. Goma-resina extraída das raízes da planta *Convolvulus scammonia*, nativa da Síria e Ásia Menor. Usada como purgante.
9. Nome usado para várias espécies de *Ranunculus*, que supostamente provoca bolhas.
10. Ou cebola de Gales (*Allium fistulosum*), uma variedade sem bulbo muito cultivada na Alemanha e cujo topo folhoso é usado em salada.
11. Um pequeno gavião (*Falco tinnunculus*), que tem o notável poder de se manter imóvel no ar.
12. Pica caudata. Um pássaro barulhento, agressivo, que cerca a abertura de seu ninho com espinhos e o defende à força. Atribuía-se a ele o poder de soltar amarras por meio de uma erva mágica, talvez o visco.
13. É o áries ou "carneiro do mar" de Plínio:

> O carneiro do mar comete suas invasões como um esperto ladrão; uma hora ele se esconde na sombra de alguma grande embarcação em alto mar e espera por alguém que seja tentado a nadar; noutra hora, ele ergue a cabeça da superfície da água, observa os barcos do pescador, nada sorrateiro até ele e o afunda (Plínio 9.67 [Bostock e Riley, 2:453]).

Em outro lugar, ele descreve monstros encontrados na praia durante o reinado de Tibério (14-37 d.C.), entre os quais "carneiros que só tinham uma mancha branca para representar chifres" (Plínio 9.4 [Bostock e Riley 2:364]). O candidato mais provável parece ser a orca, ou baleia-assassina (*Orca gladiator*).
14. Um tipo de peixe que, pelo que se dizia, engole os filhotes quando eles estão sob ameaça; depois, quando o perigo passa, liberta-os novamente. Plínio menciona o glauco (9.25 e 32.54), mas não se sabe com certeza a que espécie ele se refere.

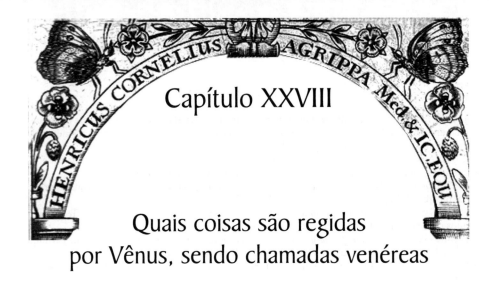

Capítulo XXVIII

Quais coisas são regidas por Vênus, sendo chamadas venéreas

As coisas venéreas são dos elementos Ar e Água; entre os humores, muco, com sangue, espírito e semente; entre os gostos, aqueles que são doces, untuosos e deleitáveis; entre os metais, a prata e o bronze, tanto amarelo quanto vermelho; entre as pedras, berílio, crisólita, esmeralda, safira, jaspe-verde, cornalina,[1] as pedras aetitas, a lápis-lazúli,[2] coral e todas de coloração clara, brancas ou verdes.

As plantas e árvores venéreas incluem a verbena, violeta,[3] cabelo-de-vênus,[4] valeriana,[5] que os árabes chamam de *phu*; também o tomilho,[6] a goma ládano,[7] âmbar-gris,[8] almíscar, sândalo,[9] coentro,[10] todos os perfumes doces, e deliciosas e doces frutas, como peras, figos e a romã,[11] que segundo os poetas foi semeada pela primeira vez por *Vênus*, no Chipre. Também a rosa de Lúcifer era a ela dedicada, bem como a murta de Véspero.[12]

Além desses, todos os animais luxuriosos, deliciosos e possuidores de um forte amor, como os cães, coelhos, ovelhas malcheirosas,[13] cabras e bodes, que se reproduzem mais rápido que quaisquer outros animais, pois o bode copula após o sétimo dia[14] de vida; também o touro por seu desdém,[15] e o bezerro por sua liberalidade.

Entre os pássaros, o cisne,[16] o caminheiro,[17] a andorinha, o pelicano, o burgander,[18] que são muito amorosos com seus filhotes. Também o corvo, a pomba,[19] que é dedicada a Vênus, e a rola,[20] que deveria ser oferecida na purificação, logo após nascer.[21] O pardal também era dedicado a Vênus, que segundo a Lei era usado na purificação, pois a lepra,[22] uma doença marcial, era resistente a tudo, menos a ele. Também os egípcios chamavam a águia de Vênus porque ela é de incansável sexualidade; a fêmea, por exemplo, mesmo após ter copulado 13 vezes por dia, volta ao macho novamente se ele a chamar.[23]

Entre os peixes, são venéreos as luxuriosas sardinhas, as douradas,[24] a pescada[25] por seu amor pelos filhotes, o caranguejo porque luta por sua companheira, e o titímalo[26] por seu cheiro fragrante e doce.

Notas – Capítulo XXVIII

1. Uma variedade da calcedônia que pode ser vermelha, amarela ou azul, geralmente com duas ou mais cores combinadas em uma pedra. Plínio a recomenda como selo, porque um sinete nela gravado não deixa a cera colar na superfície (Plínio 37.23 [Bostock e Riley, 6:418]).
2. Uma pedra opaca de uma profunda tonalidade azul ou verde-azulada, geralmente com pequenas manchas douradas (pirita de ferro). A pedra sem manchas tem um valor maior.
3. *Viola odorata*, flor da inocência. "Quisera te dar violetas, mas murcharam todas quando meu pai morreu" (*Hamlet*, ato 4, sec. 5, linhas 183-4).
4. Uma samambaia (*Adiantum capillus-veneris*), antigamente chamada por esse nome. Tem caules finos como fios de cabelo e folhagem muito fina.
5. Uma planta (*Valeriana officinalis*) com pequenas flores brancas ou róseas e uma raiz carnuda da qual se extrai um narcótico suave. Tem poder de intoxicar os gatos.
6. Tomilho silvestre (*Thymus*). Tem flores roxas e era usado como estimulante, e por sua fragrância agradável.
7. Goma-resina extraída da esteva (*Cistus*), uma planta que dá flores. Era usada como estimulante e em perfumes.
8. Literalmente "âmbar cinza"; o vômito do cachalote, usado na fabricação de perfume porque seu cheiro, embora desagradável, é extremamente poderoso. Era encontrado flutuando na superfície do mar.
9. Madeira de odor adocicado extraída do tronco e das raízes do sândalo (*Santalum album*). Era moído, e o pó era queimado nos templos como incenso.
10. *Coriandrum sativum*. A fruta madura, redonda, dessa pequena planta tem um cheiro agradável.
11. Fruta de uma pequena árvore, a romãzeira (*Punica granatum*). É do tamanho de uma laranja e tem uma casca dura, dourada, dentro da qual há muitas sementes cobertas por uma polpa vermelha doce. Quando Adônis foi morto por um javali, Vênus criou uma flor em memória de seu amado:

> ... Sobre o sangue ela espargiu um néctar perfumado. E, como os bulbos apontam no tempo chuvoso, ele se agitou e floresceu. Em pouco mais de uma hora uma flor carmim como a das romãzeiras, abriu suas pétalas. (Ovídio, *Metamorfoses*, p. 220, São Paulo © 2003, Madras Editora Ltda.)

12. As plantas sagradas para Vênus eram a rosa e a murta. O planeta Vênus, dependendo de sua posição relativa ao Sol, pode ser a estrela matutina e/ou a vespertina. Quando segue o Sol e é uma estrela vespertina a oeste, é chamada Véspero (do oeste); quando precede o Sol e aparece antes do pôr do sol no leste, é chamado Lúcifer (portador da luz).
13. Talvez, no cio.
14. "Para indicar o membro de um homem prolífico, eles reproduzem um bode, não um touro: [pois o touro não pode copular com uma vaca antes de ter um ano de idade, mas o bode monta a fêmea sete dias após ter nascido, ejaculando um esperma estéril e vazio. Entretanto, ele se torna um adulto maduro antes de todos os outros animais.]" (Horapolo 1.48 [Cory, 68-9]). Mais uma vez, por erro de estilo, o tradutor preferiu usar a passagem em colchetes em latim.
15. "E o touro é sempre reconhecido como um símbolo de temperança, porque nunca se aproxima da vaca após a concepção" (Horapolo 2.78 [Cory, 134]).
16. A mãe nada com os filhotes nas costas.
17. Um pequeno pássaro da espécie Motacilla, que mexe constantemente o rabo.
18. Pássaro parecido com um ganso e que vive em buracos à beira do mar.
19. Depois da perdiz, é a pomba que tem tendências [maternas] semelhantes: mas observa com rigor a castidade, e a relação promíscua lhe é desconhecida. Embora vivam em comunidade, nenhum dos animais viola as leis da fidelidade conjugal: nenhum abandona o ninho, a menos que se torne viúvo ou viúva... Ambos manifestam igual nível de afeição pelos filhotes; na verdade, não raro isso é motivo para correção, uma vez que a fêmea é muito lerda até chegar aos filhotes. Quando ela está sentada, o macho lhe confere toda afeição que possa lhe servir de consolo e conforto. (Plínio 10.52 [Bostock e Riley, 2:517-8]).
20. Rolinha.

21. Levítico 12,6.
22. Levítico 14, 4-7.
23. "Por essa razão, eles consagram o gavião ao Sol; pois, assim como o Sol, o pássaro completa o número 30 em suas conjunções com a fêmea (Horapolo, 1.8 [Cory, 17]). O texto grego de Cory está errado e o número lido deveria ser 13, não 30. Há 13 luas novas no ano, quando o Sol e a Lua se encontram em conjunção.
24. Hoje, esse nome se refere aos *Chrysophrys*, mas outrora significava o delfim: "... é chamado de delfim pelos marinheiros e corre atrás do peixe voador" (Goldsmith [1774], l. 3, sec I-3, 510).
25. Um peixe pequeno (*Merlangus*) com carne branca, tom de pérola. O termo em inglês "whiting" era usado na Inglaterra como uma expressão lisonjeira para uma garota, e "whiting's eye" (olho de pescada) indicava olhar amoroso.
26. Nome usado por Plínio em referência à eufórbia marinha (*Euphorbia polygonifolia*). A eufórbia tem um suco branco com qualidades venenosas ou narcóticas. Era usada como purgante e para remover verrugas.

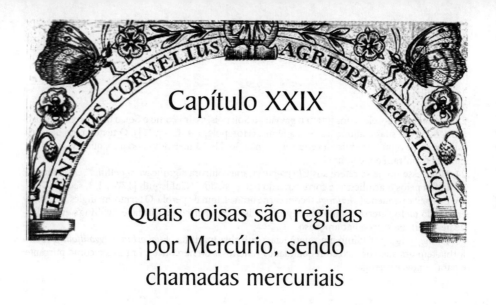

Capítulo XXIX

Quais coisas são regidas por Mercúrio, sendo chamadas mercuriais

As coisas regidas por Mercúrio são do elemento Água, embora esta faça mover todas as coisas; entre os humores, são principalmente aqueles que são mistos, mas também o espírito animal; entre os gostos, aqueles que são diferentes, estranhos e mistos; entre os metais, o mercúrio, estanho, marcassita de prata; entre as pedras, esmeralda, ágata, mármore vermelho, topázio e aqueles de diversas cores e várias figuras, bem como as que são artificiais, como o vidro, e as que têm uma cor misturada com amarelo e verde.

Entre as plantas e árvores, a aveleira, a gramínea quinquefoliada,[1] a erva mercúrio,[2] a fumária,[3] a pimpinela,[4] manjerona, salsa e outras que têm menos folhas e mais curtas, sendo compostas de natureza mista e cores diversas.

Também os animais de percepção rápida, que são engenhosos, fortes, instáveis, velozes e se familiarizam rapidamente com o homem, como os cães, macacos, raposas, doninhas, veados e mulas; e todos os animais que são de ambos os sexos, e aqueles que podem mudar de sexo, como a lebre, a civeta e outros.

Entre os pássaros, aqueles que por natureza são vivos, melodiosos e instáveis, como o pintarroxo, o rouxinol, melro, tordo, a cotovia, lavandeira,[5] calandra,[6] o papagaio, a pega, o íbis, o pássaro chamado porfírio,[7] o besouro preto com um chifre.[8]

E entre os peixes, aquele chamado troquídeo,[9] aquele que se recolhe em si mesmo; também o pólipo por ludibriar graças à sua mutabilidade,[10] e a arraia por sua labuta; a tainha também, pois com um golpe de cauda arranca a isca do anzol.

Notas – Capítulo XXIX

1. Pentafilácea (*Potentilla reptans*). Era usada para repelir bruxas.
2. Mercurial, uma planta venenosa (*Mercurialis perennis*).
3. Erva medicinal (*Fumaria officinalis*) que cresce como trepadeira.
4. *Pimpinela saxifraga*. Dizia-se que o pó dessa planta fechava feridas.
5. Provavelmente da espécie *Tringa canutus*.
6. *Alanda calandra*. Uma espécie de cotovia.
7. Uma espécie de frango d'água (*Porphyrio caeruleus*) com plumagem azul e pernas vermelhas.
8. "... a terceira espécie [de escaravelho] é o que tem a forma do íbis, com um chifre, consagrado a Hermes assim como o próprio íbis" (Horapolo 1.10 [Cory, 22]). O chifre do besouro lembra o bico longo e curvo do íbis.
9. Um molusco gastrópode com concha cônica.
10. O polvo também é capaz de mudar de cor e se deixar confundir com o ambiente.

Capítulo XXX

Como todo o mundo sublunar e aquelas coisas que se encontram nele são distribuídos aos planetas

udo o que se encontra no mundo inteiro é feito de acordo com as regências dos planetas, e também segundo elas cada coisa recebe sua virtude. Assim, no Fogo a luz vivificadora é regida pelo Sol, o calor por Marte; na Terra, suas várias superfícies são regidas pela Lua e por Mercúrio, e o céu estrelado,[1] em toda a sua extensão, é regido por Saturno; mas, nos elementos do meio,[2] o Ar é regido por Júpiter e a Água pela Lua; misturados, porém, são regidos por Mercúrio e Vênus.

Da mesma maneira, as causas ativas naturais observam o Sol; a matéria, a Lua; a fertilidade das causas ativas, Júpiter; a fertilidade da matéria, Vênus; o efeito súbito de qualquer coisa, Marte e Mercúrio, um por sua veemência e outro por sua destreza e virtude múltipla: mas a continuação permanente de todas as coisas é atribuída a Saturno.

Também entre os vegetais, tudo o que dá frutas é de Júpiter, e tudo o que dá flores é de Vênus; toda semente e casca são de Mercúrio; todas as raízes, de Saturno, e toda madeira, de Marte, e todas as folhas, da Lua. Portanto, tudo o que produz fruta, mas não flor, é de Saturno e Júpiter, mas aqueles que produzem flores e sementes, mas não frutas, são de Vênus e Mercúrio; os que se geram sozinhos, sem semente, são da Lua e de Saturno; toda beleza é de Vênus, toda força é de Marte, e todo planeta rege e dispõe aquilo que é semelhante a ele.

Também nas pedras, seu peso, viscosidade, escorregamento[3] são de Saturno; seu uso e temperamento são de Júpiter; sua dureza, de Marte; sua vida, do Sol; sua beleza e formosura, de Vênus; sua virtude oculta, de Mercúrio; e seu uso comum, da Lua.

Notas – Capítulo XXX

1. A superfície da Terra é regida pela esfera das estrelas fixas, ou zodíaco, por meio dos ângulos dos raios feitos pelos planetas, signos e casas com lugares específicos na Terra.
2. A ordem dos elementos é Fogo, Ar, Água e Terra, fazendo Ar e Água elementos do meio. Ver apêndice III.
3. Escorregadura.

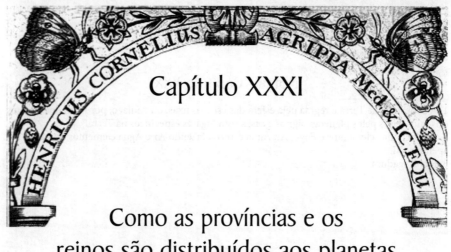

Capítulo XXXI

Como as províncias e os reinos são distribuídos aos planetas

Ademais, todo o orbe da Terra é distribuído por reinos e províncias[1] aos planetas e signos: Macedônia, Trácia, Ilíria, Índia, Arriana, Gordiana (muitos dos quais localizados na Ásia Menor) são regidos por Saturno com Capricórnio; mas sob Aquário estão a Terra Sauromaciana, a Oxiana, Sogdiana, Arábia, Fazânia, Média, Etiópia, países, na maioria, que pertencem à região mais interiorana da Ásia.

São regidos por Júpiter com Sagitário Toscana, Espanha e a Arábia Feliz; sob Júpiter com Peixes, Lícia, Lídia, Bretanha, Cilícia, Fanfilia, Paflagônia, Nasamônia e Líbia.

Marte com Áries rege a Bretanha, França, Alemanha, Bastárnia, as partes mais baixas da Síria, Idumeia e Judeia; com Escorpião, Síria, Comagena, Capadócia, Metagonium, Mauritânia e Getúlia.

O Sol com Leão rege a Itália, Apulia, Sicília, Fenícia, Caldeia e Orcânia.*

Vênus com Touro rege as ilhas Cíclades, os mares da Ásia Menor, Chipre, Pártia, Média, Pérsia; mas com Libra comanda os povos da ilha Bractia, de Cáspio, Seres, Thebais, Oásis e Troglodis.

Mercúrio com Gêmeos rege a Hircânia, Armênia, Mantiana, Cyrenaica, Marmarica e Baixo Egito; mas com Virgem, rege Grécia, Achaia, Creta, Babilônia, Mesopotâmia, Assíria e Ela, chamados nas Escrituras de elamitas.

A Lua com Câncer rege Bithivia, Frígia, Cochina, Numídia, África, Cartago e toda a Carchedônia.

Essa distribuição nós obtivemos das listas de *Ptolomeu*,[2] às quais, segundo os escritos de outros astrólogos, muito mais pode ser acrescentado. Mas aquele que souber comparar essas divisões de províncias de acordo com as divisões dos astros

---

*N.E.: Os orcanianos foram citados por Estrabo como uma tribo de astrônomos caldeus e por Plínio como os habitantes da cidade caldeia de Uruk.

e bênçãos[3] das tribos de Israel, as sortes[4] dos apóstolos e selos típicos da Escritura sagrada, será capaz de obter grandes e proféticos oráculos acerca de toda religião, quanto às coisas que ainda virão.

Notas – Capítulo XXXI

1. Quanto a notas e unidades geográficas individuais, ver *Geographical Dictionary*, p. 837-850.
2. *Tiradas de Tetrabiblos* 2.3, de Ptolomeu.
3. *Gênesis* 49. Ver também Josué 21.
4. Talvez uma referência à seleção por sortes de Matias (Atos 1, 26), mas é mais provável que seja alguma divisão de nações sob os apóstolos.

Capítulo XXXII

Quais coisas são regidas pelos signos, pelas estrelas fixas e suas imagens

 mesma consideração deve ser feita quanto a coisas que dizem respeito às figuras das estrelas fixas: assim veremos o carneiro terrestre sob a regência da Áries celestial; e o touro, ou boi terrestre, se encontra sob a regência do Touro celestial. Do mesmo modo, Câncer deve reger os caranguejos, e Leão os leões, Virgem as virgens, Escorpião os escorpiões, Capricórnio os bodes e cabras, Sagitário os cavalos e Peixes os peixes. Também a Ursa[1] celestial rege os ursos, a Hidra[2] as serpentes, a constelação do Cão Maior[3] os cães, e assim por diante.

Ora, *Apuleio* distribui certas ervas peculiares entre os signos e planetas; a Áries, ele atribui a erva sanguinária;[4] a Touro, a verbena reta; a Gêmeos, a verbena que se curva; a Câncer, o confrei;[5] a Leão, o ciclâmen;[6] a Virgem, a calaminta;[7] a Libra, a flor-de-diana;[8] a Escorpião, a miosótis,[9] a Sagitário, a pimpinela; a Capricórnio, *dock* (Rumex crispus);[10] a Aquário, a erva-de-dragão;[11] a Peixes, a aristolóquia.[12] E aos planetas: Saturno, a verde-mar[13]; Júpiter, a agrimônia;[14] Marte, o peucédano;[15] ao Sol, a calêndula; a Vênus, o asplênio;[16] a Mercúrio, o verbasco;[17] e à Lua, a peônia.

Mas *Hermes*, a quem *Alberto* segue, tem uma distribuição diferente, a saber: a Saturno, o narciso;[18] a Júpiter, henbane; a Marte, *ribwort*; ao Sol, a grama-comum;[19] a Vênus, a verbena, a Mercúrio, a cinco-folhas; à Lua, o pé-de-ganso.[20] Também sabemos por experiência que o aspargo é regido por Áries, o manjericão-dos-jardins por Escorpião; pois das aparas do chifre do carneiro surgem os aspargos; e o manjericão-dos-jardins esfregado entre duas pedras produz escorpiões.

Além disso, de acordo com a doutrina de *Hermes* e *Thebit*, mencionarei algumas das mais eminentes estrelas, a primeira das quais se chama a Cabeça de Algol,[21] e entre as pedras ela rege o diamante; entre as plantas, o heléboro preto e a flor-de-diana.

Em segundo lugar, estão as Plêiades,[22] ou Sete Estrelas, que entre as pedras regem o cristal e a pedra diádoco;[23] entre as plantas, olíbano e funcho;[24] e entre os metais, o mercúrio.

A terceira é a estrela Aldebarã,[25] que rege entre as pedras o carbúnculo e o rubi; entre as plantas, o cardo leitoso[26] e a madressilva.[27]

A quarta é a Capela,[28] que rege, entre as pedras, a safira; entre as plantas, marrúbio,[29] hortelã, flor-de-diana e mandrágora.

A quinta é chamada de Cão Maior, que entre as pedras rege o berílio; entre as plantas, a sabina,[30] flor-de-diana e erva-de-dragão; e entre os animais, a língua das cobras.

A sexta é Cão Menor,[31] que entre as pedras rege a ágata; entre as plantas, as flores da calêndula e do poejo.[32]

A sétima estrela é o Coração do Leão,[33] que entre as pedras rege o granito;[34] entre as plantas, a quelidônia, a flor-de-diana e almécega.

A oitava é Cauda da Ursa Menor,[35] que entre as pedras rege a magnetita; entre as ervas, a chicória,[36] cujas folhas e flores se voltam para o norte, também a flor-de-diana e as flores da pervinca;[37] e entre os animais, os dentes dos lobos.

A nona estrela é a Asa do Corvo,[38] que rege, entre as pedras, aquelas que são da cor do ônix preto; entre as plantas, a bardana-maior,[39] *quadraginus*,[40] meimendro e confrei; e entre os animais, a língua de rã.

A décima é chamada Espiga,[41] que rege entre as pedras a esmeralda; entre as plantas, sálvia,[42] trifólio,[43] pervinca, flor-de-diana e mandrágora.

A décima primeira estrela se chama Arcturo (Alchamech),[44] que entre as pedras rege o jaspe; entre as plantas, a espécie *plantago maior*.

A décima segunda é a Elpheia,[45] que rege, entre as pedras, o topázio; entre as plantas, o alecrim, o trevo e a hera.

A décima terceira é o Coração do Escorpião,[46] que rege, entre as pedras, a sardônica[47] e a ametista; entre as plantas, a aristolóquia longa[48] e o açafrão.

A décima quarta estrela é o Abutre,[49] que entre as pedras rege a crisólita; entre as plantas, a chicória e a fumária.

A décima quinta é a Cauda do Capricórnio,[50] que rege, entre as pedras, a calcedônia; entre as plantas, manjerona, flor-de-diana e a raiz da mandrágora.

Além de tudo isso, precisamos saber que toda pedra, planta ou animal, ou qualquer outra coisa, não é regido apenas por um astro, mas muitas recebem influência, não separadamente, mas em conjunto, de muitos astros. Assim, entre as pedras, a calcedônia é regida por Saturno e Mercúrio, bem como pela Cauda do Escorpião[51] e por Capricórnio. A safira é regida por Júpiter, Saturno e pela estrela Alhajoth;[52] a tutia é regida por Júpiter, pelo Sol pela Lua e pela estrela Espiga. A ametista, como dizia *Hermes*, é regida por Marte, Júpiter e pelo Coração de Escorpião. O jaspe, que existe em diversos tipos, é regido por Marte, Júpiter e pela estrela Arcturo; a crisólita é regida pelo Sol, por Vênus e Mercúrio, além da estrela chamada Abutre; o topázio é regido pelo Sol e pela estrela Elpheia; o diamante, por Marte e pela Cabeça de Algol.

Do mesmo modo entre os vegetais, a erva dragão é regida por Saturno e pelo Dragão celestial;[53] a almécega e as hortelãs, por Júpiter e pelo Sol; mas a almécega também é regida pelo Coração do Leão; musgo e sândalo, pelo Sol e por Vênus; coentro, por Vênus e Saturno.

Entre os animais, a foca é regida pelo Sol e por Júpiter; a raposa e o macaco, por Saturno e Mercúrio; os cães domésticos, por Mercúrio e pela Lua.

E assim nós mostramos mais coisas no que é inferior, pelo que é superior.

Notas – Capítulo XXXII

1. A constelação da Ursa Maior, no Hemisfério Norte, conhecida em inglês também como Big Dipper.
2. A constelação da Hidra, no Hemisfério Sul, a Serpente Marinha.
3. Sírio, a estrela mais brilhante da constelação Cão Maior, no Hemisfério Sul.
4. *Sanguinaria canadensis*, uma raiz de tom vermelho berrante que os antigos acreditavam ter o poder de estancar o sangue.
5. *Symphytum officinale*. Erva com flores brancas ou roxas em forma de sino.
6. *Cyclamen europaeum*, cuja raiz era usada como purgante.
7. Uma erva aromática (*Calamintha officinialis*), supostamente boa contra mordida de cobra.
8. Artemísia vulgaris, também chamada de erva-mãe-boa porque era usada para auxiliar no parto.
9. Do gênero Myosotis; não-te-esqueças-de-mim.
10. Uma planta grande (*Rumex obtusifolius*), frequentemente confundida com ruibarbo. Acreditava-se que seu suco combatia o ardor causado pela urtiga.
11. Ver nota 8, cap. XXV, l. I.
12. *Aristolochia clemantis*.
13. Ver nota 3, cap. XXVI, l. I.
14. *Agrimonia eupatoria*, também conhecida como hepática.
15. *Peucedanum officinale*, também conhecida como funcho-de-porco.
16. Na *Ópera* latina, "Veneri panace situe callitrichu". Da espécie mais comum, ou inglesa, *Asplenium trichomanes*, diz Gerard: "Apuleio, no capítulo 51, associa-a a Callitrichon" (Gerard [1633] 1975, l. 2, cap. 474, 1146). Asplênio era um nome generalizado para ervas que curavam feridas. Em tempos remotos, os três principais tipos de asplênio, ou panaceias, eram reconhecidos cada um por seu descobridor. Identificados, são eles: erva de Hércules (*Origanum heracleoticum*), erva de Asclépio (*Ferula galbaniflua*) e erva de Quíron (*Inula helenium*) ou elecampana. Ver Plínio 25.11-3 (Bostock e Riley, 5:89-90).
17. *Verbascum thapsus*. Uma planta alta com folhas lanosas e flores amarelas.
18. Narciso branco. Ver nota 7, cap. XXV, l. I.
19. *Polygonum aviculare*. "Essa erva tem o nome do Sol, pois é uma grande geradora, e assim ela funciona em muitos sentidos. Outros chamam essa erva de Alchone, que é casa do Sol" (*Livro dos Segredos* 1.22 [Best e Brightman, 19]).
20. Do gênero *Chenopodium*, assim chamado por causa da forma das folhas.
21. Algol significa literalmente "o monstro", uma estrela variável, brilhante, na constelação norte de Perseu. Tem a fama de ser a mais maligna de todas as estrelas. Ver nota 3, cap. XXXI, l. II.
22. Grupo de sete estrelas na constelação norte de Touro, que representaria as sete filhas de Atlas e Pleione. Só seis estrelas são visíveis hoje, e a sétima é chamada de a "Plêiade perdida". Ver nota 4, cap. XXXI, l. II.
23. "Diadochos ['substituto'] é uma pedra que se parece com o berílio" (Plínio 37.57 [Bostock e Riley, 6:447]).
24. Uma planta (*Foeniculum vulgare*) com flores amarelas que chega a atingir 1,20 metro de altura, e é associada ao endro (aneto).
25. Aldebarã, o nome do Sol na mitologia árabe. Uma estrela vermelha brilhante na constelação de Touro, chamada de Olho de Touro.

26. *Carduus marianus.* Uma planta europeia que cresce até 1,80 metro de altura e tem veias leitosas que correm pelas folhas.
27. Mãe da madeira, da espécie *Asperula odorata.*
28. Estrela na constelação de Auriga.
29. *Marrubium vulgare.* Da espécie comum ou branca, uma erva amarga usada no tratamento da tosse, da barriga e do fígado. Seu nome deriva da cobertura algodoada sobre seu caule e folhas, aparentando geada.
30. Uma planta sempre verde (*Juniperus sabina*) com frutinhas roxas. É venenosa. A parte do topo, seca, era usada para provocar aborto, matar vermes intestinais e aliviar asma.
31. Prócion, estrela na constelação sul do Cão Maior.
32. Uma espécie de hortelã (*Mentha pulegium*).
33. Cor Leonis, ou Régulo, uma estrela na constelação sul de Leão.
34. Granada, que significa "semente", pela semelhança dessa pedra com as sementes da romã. Um silicato que existe em uma variedade de cores, sendo a mais valorizada o vermelho-forte transparente.
35. Polar, a Estrela do Norte, que marca a cauda da Ursa Menor.
36. Uma planta (*Cichorium intybus*) com flores azuis, uma raiz parecida com uma cenoura e suco leitoso, que chega a atingir 1,50 metro de altura. Acreditava-se que o suco despejado no ouvido ou nas narinas curava dor de dente no lado oposto da cabeça. Batida e colocada como cataplasma sob o mamilo esquerdo, parecia aliviar um coração perturbado.
37. Há duas espécies: a pervinca maior (*Vinca major*) e a pervinca menor (*Vinca minor*). Uma suberva lenhosa com flores azuis e, na *V.minor*, às vezes brancas. Na Itália era chamada de *fiore di morte* (flor da morte) porque as pessoas que iam ser executadas recebiam uma guirlanda feita dela; e também era usada em volta de bebês natimortos. Mas Culpeper diz que as ervas são regidas por Vênus e que "as folhas comidas por marido e mulher juntos causam amor entre os dois."
38. *Gienah*, do árabe *Al Janah al Ghurab al Aiman*, "a Asa Direita do Corvo"; essa estrela, porém, é marcada nos mapas modernos na asa esquerda da constelação sul do Corvo. A estrela na asa direita é chamada Algorab.
39. Provável referência à flor da bardana (*Arctium lappa*).
40. Talvez o narciso amarelo (*Narcissus pseudo-narcissus*).
41. Ou em latim "Spica", como em "espiga de milho", uma estrela brilhante na constelação de Virgem, em cima do Equador.
42. Uma semierva (*Salvia officinalis*) que chega a atingir 60 centímetros de altura, com folhas oblongas, cinza-esbranquiçadas e flores rochas. Em tempos remotos, dizia-se que ela ajudava a memória.
43. Trevo (*Trifolium*), nome dado a pequenas plantas cultivadas que têm três folhas. O trevo vermelho (*T. pratense*) tinha a fama de repelir as bruxas, e por isso era usado como um amuleto.
44. Estrela alfa na constelação norte do Boieiro. O nome dado por Agrippa é uma abreviação do termo árabe *Al Simak al Ramih*, "o Sublime Lanceiro".
45. *Alphecca*, do árabe *Al Fakkah*, "o Prato", uma estrela na constelação norte Coroa Boreal.
46. Antares, na constelação sul de Escorpião. O nome significa "como Áries" (Marte), graças à cor vermelha dessa estrela.
47. Uma variedade do ônix ou calcedônia em camadas. As mais valiosas têm uma camada opaca branca de calcedônia sobre uma camada transparente, cor de carne, de sárdio (grego: "carne"). Eram feitos camafeus na camada branca e com a rosa como base, que eram muito apreciados pelos romanos. Costumava ser vista como uma pedra de sorte, que diminuía a dor, trazia autocontrole, felicidade conjugal e sucesso nas questões legais.
48. *Aristolochia longa.* Não deve ser confundida com a aristolóquia redonda (*A. rotunda*). Ambas são nativas do sul da Europa e geralmente tratadas juntas. Arbusto herbáceo usado como auxílio no parto. O nome vem do grego "bem-nascido".
49. A estrela Vega, na constelação norte de Lira. Em tempos antigos, a constelação em si era chamada de Abutre Abatido ou Caído.

50. *Deneb Algedi*, do árabe *Al Dhanab al Jady*, "a Cauda do Bode". A estrela Delta Capricorni na constelação sul do Capricórnio. Às vezes também é chamada de Scheddi.
51. *Shaula* (*Lambda Scorpii*), do árabe *Al Shaulah*, "o Ferrão"; mas, segundo Al Biruni, o termo deriva de *Mushalah*, "elevado", ou seja, o ferrão elevado para atacar. Por surpreendente que seja, não era considerada uma estrela de má sorte. Localizada na constelação sul de Escorpião.
52. Do árabe *Al Ayyuk*. Capela.
53. A constelação norte do Dragão.

Capítulo XXXIII

Dos selos e do caráter das coisas naturais

 odas as estrelas têm suas peculiares naturezas, propriedades e condições, os selos e o caráter das quais elas produzem, por meio de seus raios, em todas as coisas inferiores, ou seja, elementos, pedras, plantas, animais e seus membros, fazendo com que tudo receba, de uma disposição harmoniosa e da estrela então incidente, algum selo ou caráter particular sobre si, que é o significado de tal estrela, ou harmonia, contendo em si uma virtude peculiar divergindo de outras virtudes da mesma matéria, tanto em sentido genérico quanto específico e numérico.

Tudo, portanto, tem um caráter imposto sobre si por parte de sua estrela, para algum efeito peculiar, especialmente por aquela estrela que mais o rege; e esse caráter contém e retém as peculiares naturezas, virtudes e raízes de suas estrelas, e produz as operações semelhantes em outras coisas, sobre as coisas em que se reflete, e as quais agita e ajuda as influências de suas estrelas e figuras e sinais celestiais, isto é, convertendo tais coisas em matéria apropriada, e tudo no devido tempo.

Disso estavam cientes os antigos sábios, que muito labutavam em tais descobertas a partir das propriedades ocultas de figuras, selos, marcas, caráter, assim como a própria natureza descreveu por meio dos raios das estrelas, nesses corpos inferiores, alguns em pedras, alguns em plantas, nas articulações e nós dos galhos, e alguns nos diversos membros dos animais. Pois o loureiro, o lótus, a calêndula são plantas solares, e quando suas raízes e nós são cortados, mostram o caráter do Sol; o mesmo o fazem o osso e a omoplata em animais de onde se adquire uma espécie espatulada de adivinhação, pelas omoplatas; e nas pedras e coisas pedregosas o caráter e as imagens de coisas celestiais costumam ser encontrados.

Mas se pode ver que em uma grande diversidade de coisas não há um conhecimento tradicional; apenas naquelas poucas coisas nas quais a compreensão humana é capaz de alcançar; portanto, deixando para trás aquelas coisas que se encontram em plantas, pedras e outras coisas, bem como nos membros dos animais, nós nos limitaremos à natureza do homem, que, sendo vista, revela a mais completa imagem de todo o Universo, contendo em si toda a harmonia celeste, e que sem dúvida nos fornecerá em abundância os selos e o caráter de todas as estrelas, e as influências celestes, e aquelas que são mais eficazes e que menos divergem da natureza celestial.

Mas como só Deus sabe o número de estrelas, bem como dos selos e efeitos sobre essas coisas inferiores, nenhum intelecto humano é capaz de alcançar o conhecimento deles. É por isso que tão poucas coisas se tornaram a nós conhecidas, ao menos aos antigos filósofos e quiromantes,[1] em parte pela razão e em parte por experiência, e muitas outras ainda se escondem nos tesouros da natureza.

Observaremos agora alguns selos e caracteres dos planetas, conforme identificavam os antigos quiromantes nas mãos dos homens.[2] A estes, *Juliano* chamava de letras sagradas e divinas, considerando que assim, e de acordo com as Sagradas Escrituras, a vida do homem está escrita em suas mãos.[3] E existem em todas as nações e línguas, e são semelhantes e permanentes; às quais muitos mais selos e caracteres foram acrescidos e descobertos depois, tanto pelos quiromantes antigos quanto pelos atuais. E quem quiser conhecê-los deve consultar seus volumes. Basta aqui mostrar de onde vem o caractere original da natureza e em quais coisas deve ser procurado.

As figuras das letras divinas

As letras ou caracteres de *Saturno*:

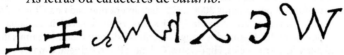

As letras ou caracteres de *Júpiter*:

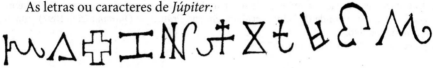

As letras ou caracteres de *Marte*:

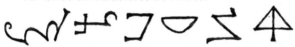

As letras ou caracteres do *Sol*:

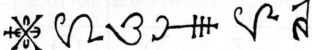

As letras ou caracteres de *Vênus*:

As letras ou caracteres de *Mercúrio*:

As letras ou caracteres da *Lua*:

Notas – Capítulo XXXIII

1. Do grego, "adivinhação pelas mãos"; aqueles que adivinham lendo as linhas e outros traços da mão. A Quiromancia remonta a pelo menos 3000 a.C., quando era praticada na China. Os escritores clássicos mais antigos fazem referência a ela – várias alusões são feitas à leitura da palma da mão por Homero, por exemplo. Alguns dos antigos escritores do tema são Melampus de Alexandria, Palemon, Adamantius, Aristóteles, Hipócrates, Galeno e Paulo Egineta. Uma lista de 98 obras a respeito do assunto escritas antes de 1700 foi compilada, embora, como a maior parte de cultura popular registrada, ofereçam pouca variação. Uma menção especial pode ser feita de *Die Kunst Ciromantia*, publicado em Augsburg em 1470, obra que Agrippa talvez conhecesse.
2. As linhas nas palmas das mãos podem ser divididas em pequenos números de elementos básicos, dos quais o conde de Saint-Germain, em sua *Prática de Quiromancia* (1897), cita 16, como vemos abaixo.
3. Provérbios 3:16. Ver também Jó 37:7.

PONTOS OU MARCAS	CÍRCULOS	ILHAS	QUADRADOS
ÂNGULOS	TRIÂNGULOS	CRUZES	GRADES
ESTRELA	SINAL DE JÚPITER	SINAL DE SATURNO	SINAL DO SOL
SINAL DE MERCÚRIO	SINAL DE MARTE	SINAL DA LUA	SINAL DE VÊNUS

Tabela de 16 Sinais

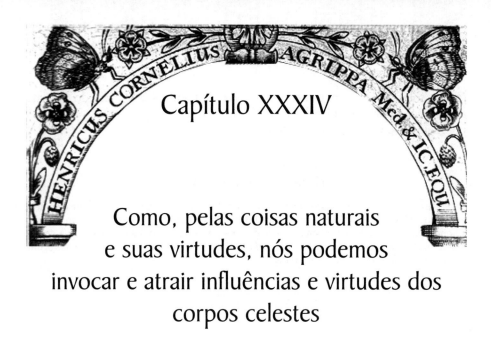

Capítulo XXXIV

Como, pelas coisas naturais e suas virtudes, nós podemos invocar e atrair influências e virtudes dos corpos celestes

ra, se você deseja receber virtude de alguma parte do mundo ou de algum astro, deverá (levando em conta o uso das coisas que pertencem a tal astro) entrar sob a influência peculiar dele, assim como a madeira, por exemplo, serve para receber a chama, por causa do enxofre, azeviche e óleo. Todavia, quando você aplica a qualquer espécie de coisa, ou a uma coisa individual, muitas coisas da mesma natureza espalhadas entre si, em conformidade com a mesma ideia e astro, por essa matéria tão oportunamente apropriada, um único dom é infundido pela ideia, por meio da Alma do Mundo.

Eu digo oportunamente apropriada, isto é, sob uma harmonia igual à harmonia que infundiu determinada virtude na matéria. Pois, embora as coisas tenham algumas virtudes, como as de que falamos, essas mesmas virtudes se acham tão escondidas que raramente produzem um efeito; mas, como em um grão de semente de mostarda molestada, a agudez que estava escondida é agitada: ou como o calor do fogo, que faz aparecerem letras que ainda não podiam ser lidas, se forem elas escritas com o suco de uma cebola ou leite:[1] e as letras escritas sobre uma pedra com a gordura de uma cabra, e totalmente imperceptíveis, quando a pedra é colocada em vinagre, elas aparecem e se mostram. E assim como uma pancada de vara incita a fúria de um cão, que até então dormia, também a harmonia celestial expõe virtudes ocultas na água, agita-as, fortalece-as e as torna manifestas; e talvez posso dizer, transpõe aquilo em ação, que antes só existia em poder, quando as coisas são expostas da maneira certa em uma estação celestial.

Como exemplo: se você deseja atrair a virtude do Sol e encontrar aquelas coisas que são solares, entre vegetais, plantas, metais, pedras e animais, devem ser usadas e manuseadas aquelas que se encontram em posição superior na ordem solar, pois são mais acessíveis: assim, você atrairá um único dom do Sol por meio de seus raios, sendo recebidos sazonalmente, e por meio do Espírito do Mundo.

Notas – Capítulo XXXIV

1. O leite é uma das mais antigas e simples formas de tinta invisível. Uma fórmula que o contém é apresentada no *Livro dos Segredos*: "Para escrever cartas ou contas, que não só possam ser lidas à noite. Pegue a bílis de uma lesma ou leite de uma porca e leve ao fogo, ou com água de um verme que brilha à noite" (*Marvels of the World* 49 [Best e Brightman, 96]). O "verme que brilha à noite" é o pirilampo (*Lampyris noctiluca*).

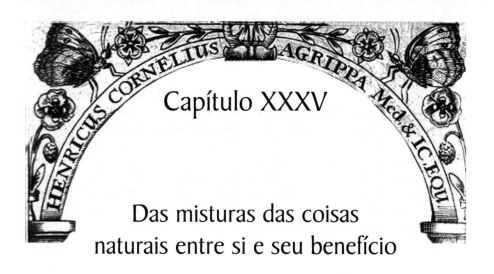

Capítulo XXXV

Das misturas das coisas naturais entre si e seu benefício

É evidente que na natureza inferior todos os poderes dos corpos superiores não são encontrados compreendidos em uma única coisa, mas sim dispersos em muitas espécies de coisas entre nós: assim como existem muitas coisas solares, das quais uma única não contém todas as virtudes do Sol, mas têm propriedades do Sol, e outras, outras. Por isso, às vezes é necessário que haja misturas em operações; pois, se cem ou mil virtudes do Sol estiverem dispostas entre tantas plantas, animais e outros, podemos juntar todas e trazê-las a uma única forma, na qual veremos todas as virtudes unidas e contidas.[1]

Ora, há uma virtude dupla na comistão; uma, aquilo que foi plantado a princípio em suas partes, e é celestial; e outra, aquilo que é obtido por uma determinada mistura artificial de coisas misturadas entre si, e das misturas delas de acordo com certas proporções que combinam com certa constelação no céu; e essa virtude é atraída por meio de uma certa semelhança e aptidão que existe nas coisas entre si com relação às suas superiores, e gradualmente a elas correspondem, permitindo ao paciente se adequar ao agente.

Assim, a partir de uma certa composição de ervas, vapores e outros, feita de acordo com a Filosofia natural e a Astronomia, o resultado é uma forma comum, agraciada de muitas dádivas das estrelas: como no mel das abelhas, que é extraído do suco de inumeráveis flores, e trazido a uma forma única, contém a virtude de todas, por meio de uma espécie de arte divina e admirável das abelhas. Tampouco é menos surpreendente o relato de *Eudoxius Giudius* de um tipo artificial de mel, que uma determinada nação de gigantes na Líbia[2] sabia fazer com flores, e que era muito bom e não muito inferior ao das abelhas.

Pois toda mistura, que consiste em muitas e variadas coisas, é perfeita quando firmemente compactada em todas as partes, segura em si, e mal pode ser dissipada: como vemos às vezes as pedras e diversos corpos, por meio de algum poder natural, estar tão conglutinados e unidos que parecem ser uma coisa só: como vemos duas árvores enxertadas parecer uma só, também ostras com pedras por alguma virtude oculta da natureza, e existem alguns animais que se transformaram em pedras,[3] e ficaram tão unidos à substância da pedra que parecem ser um único corpo, e também homogêneo. Assim, a árvore ébano[4] é uma no caractere de madeira e outra no caractere de pedra.

Quando, portanto, alguém faz uma mistura de muitas matérias sob influências celestiais, a variedade das ações celestiais, por um lado, e de poderes naturais por outro, unindo-se realmente gera coisas maravilhosas, por meio de unguentos, colírios, vapores e outros semelhantes, dos quais se pode ler no livro de *Chiramis, Archyta, Demócrito* e *Hermes*, que se chama *Alchorat*,[5] e de muitos outros.

Notas – Capítulo XXXV

1. O contemporâneo de Agrippa, Paracelso (1493-1541), o filósofo místico e médico alemão, era menos entusiasmado quanto à virtude das misturas:

> A arte de prescrever medicamentos reside na natureza, que os compõe de si mesma. Se ela põe no ouro o que pertence ao ouro, o mesmo fez com as violetas... Portanto, compreenda-me bem: a virtude que é inerente a cada coisa é homogênea e simples; não é dividida em duas, três, quatro ou cinco, mas consiste em um todo uno... A arte de prescrever medicamentos consiste em extrair e não em compor; consiste na descoberta do que se oculta nas coisas, e não em compor diferentes coisas e então uni-las. (*Paracelso Selected Writings*, traduzido para o inglês por N. Guterman [Princeton University Press, 1973], 90)

2. Supunha-se que a Líbia fora a terra natal de Anteu, o gigante que lutou contra Hércules:

> A terra, ainda não estéril, após o nascimento dos Gigantes, concebeu uma prole terrível nas cavernas da Líbia. Tampouco foi para a Terra Tufão motivo de orgulho, ou Titio e o temível Briaréu; e ela poupou os céus, não gerando Anteu nos campos Phlegraen. Com esse privilégio, a Terra dobrou a já enorme força de seus filhos que, quando tocaram os membros já exaustos da mãe, eles recuperaram o vigor e a força. Essa caverna era a morada dele. Dizem que sob a elevada rocha ele se escondia e apanhava leões para comer. As peles dos animais selvagens não lhe bastavam como cama, e nenhuma madeira lhe fornecia assento suficiente, e deitado na terra nua foi que ele recuperou sua força (Lucano, *Pharsalia* 4, c. linha 593 em diante. [Riley, 154]).

3. Fósseis.

4. *Diospyros ebenum*. Cerne de uma árvore grande nativa do Sri Lanka, muito densa e dura, sendo a melhor a de um tom preto uniforme. O ébano é tão duro que tem muitas qualidades de um mineral.

5. *The Book of Alchorath*, uma coletânea de maravilhas, é atribuído a Hermes, no *Livro dos Segredos*, no qual há uma referência ao "Livro de Alchorath, de Mercúrio" (Best e Brightman, 54) e "Hermes no livro de Alchorath" (*Ibid.*, 57). Alchorat – Arpocrationis, ouy seja, Harpocration, ou talvez Hipócrates (ver *Livro dos Segredos* [Best e Brightman, introdução, xli]).

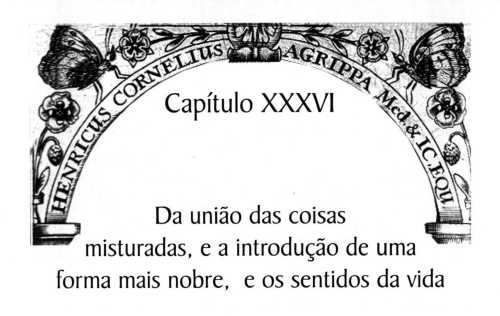

Capítulo XXXVI

Da união das coisas misturadas, e a introdução de uma forma mais nobre, e os sentidos da vida

Além de tudo isso, devemos saber que, quando nobre for a forma de qualquer coisa, mais propensa e apta ela é para receber, e poderosa para agir. Pois as virtudes das coisas se tornam então maravilhosas, quando elas são aplicadas a coisas misturadas e preparadas na estação certa para ficarem vivas, inserindo-se nelas a vida vinda das estrelas, bem como uma alma sensível, como uma forma mais nobre. Pois ocorre de fato um poder tão grande em matérias preparadas, que as vemos receber vida quando uma mistura perfeita de qualidades parece quebrar a antiga contrariedade. Pois, quanto mais perfeita for a vida que as coisas receberem, maior é seu temperamento mais remoto da contrariedade.

Ora, o céu, como causa prevalente, faz desde o início tudo ser gerado pela concocção e perfeita digestão da matéria, junto à vida; concede influências celestiais e dádivas maravilhosas, de acordo com a capacidade existente nessa vida, e a alma sensível recebe mais nobres e sublimes virtudes. Pois a virtude celestial, do contrário, permanece dormente, como enxofre afastado das chamas, mas em corpos vivos ela sempre queima, como enxofre aceso, pois por seu vapor enche todos os lugares que lhe são próximos; assim, algumas obras maravilhosas são realizadas, como se pode ler no livro de *Nemith*, intitulado Livro das Leis de Plutão, porque esse tipo de geração monstruosa não é produzido de acordo com as leis da natureza.

Sabemos que de larvas são gerados mosquitos; de um cavalo, vespas; de um bezerro e boi, abelhas; de um caranguejo com as pernas cortadas, se for enterrado no solo, um escorpião; de um pato seco em pó e colocado em água são geradas rãs, mas se assado como torta e cortado em pedaços, e colocado em um lugar úmido sob o solo, deles são gerados sapos; da erva manjericão-dos-jardins espremida entre duas pedras são gerados escorpiões; e dos cabelos de uma mulher menstruada, colocados sob esterco, nascem serpentes; e dos pelos de um rabo de cavalo colocados na água, recebe vida e surge um pernicioso verme. E há uma arte que permite que de uma galinha chocando ovos seja gerada uma forma como a de um homem,[1] que eu já vi e sei como fazer, e que os magos dizem possuir virtudes maravilhosas, e a isso eles chamam de verdadeira mandrágora.

É preciso, portanto, saber quais e que espécies de matérias são ou da natureza, ou arte, iniciadas ou aperfeiçoadas, ou compostas de mais coisas, e que influências celestiais elas são capazes de receber. Pois uma congruência de coisas naturais é suficiente para o recebimento de influência do celestial; porque, quando nada impede os celestiais de enviar suas luzes aos inferiores, nenhuma matéria é privada de sua virtude. Daí o fato de toda matéria perfeita e pura ser passível de receber a influência celestial. Pois essa é a ligação e a continuidade da matéria à Alma do Mundo, que flui todos os dias para as coisas naturais, e todas as coisas que a natureza preparou, de modo que se torna impossível para uma matéria preparada não receber vida, ou uma forma mais nobre.

Homúnculo

Notas – Capítulo XXXVI

1. Um homúnculo ou "homenzinho". Esse ser mágico é mais intimamente associado a Paracelso, que expôs sua fabricação. Certas substâncias "espagíricas" (palavra cunhada por ele, significando hermético ou alquímico) são guardadas em um recipiente de vidro, depois colocadas no calor suave de esterco de cavalo por 40 dias, após o que alguma coisa viva começava a se mexer dentro do vidro, como um homem, porém transparente e sem corpo. Ele era alimentado todos os dias com o arcano do sangue humano durante 40 semanas, enquanto continuava no ventre do esterco. Surgia então uma criança de proporções perfeitas, menor que aquela concebida do modo convencional e necessitando de maiores cuidados em sua formação.

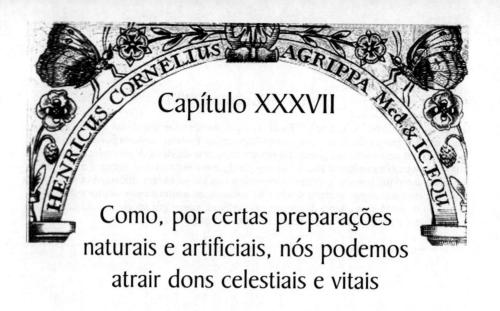

Capítulo XXXVII

Como, por certas preparações naturais e artificiais, nós podemos atrair dons celestiais e vitais

ssim como *Hermes*, os platônicos dizem, e *Jarchus Brachmanus* e os mecubalistas[1] dos hebreus confessam, que todas as coisas sublunares são sujeitas a geração e corrupção, e que também existem as mesmas coisas no mundo celestial, mas segundo uma maneira celestial, bem como no mundo intelectual, mas de um modo bem mais perfeito e muito melhor, sendo o mais perfeito de todos no exemplar. E nesse sentido, todos os inferiores devem, à sua maneira, responder ao seu superior, e por meio dele ao próprio Supremo, e receber do céu aquele poder celestial que chamam de quintessência, ou o Espírito do Mundo, ou a natureza média, e do mundo intelectual uma virtude espiritual e vivificadora transcendendo todas as qualidades, e por fim, do mundo exemplar ou original, pela mediação da ordem, de acordo com seu grau receber o poder original da perfeição total.

Assim, tudo pode ser devidamente reduzido desses inferiores aos astros, dos astros às suas inteligências, e daí à própria Primeira Causa, de cuja série e ordem toda a magia e toda a filosofia oculta fluem, pois a cada dia alguma coisa natural é atraída pela arte e alguma coisa divina é atraída pela natureza; e os egípcios, vendo isso chamavam a natureza de maga, isto é, o poder mágico em si, na atração do semelhante pelo semelhante e das coisas apropriadas pelas coisas apropriadas.

Ora, essa espécie de atração por meio da correspondência mútua das coisas entre si, de superiores com inferiores, os gregos chamavam de συμπάθεια;[2] de modo que a Terra combina com a Água fria, a Água com o Ar úmido, o Ar com o Fogo, o Fogo com a Água no céu; não se mistura o fogo com a Água, e sim com o Ar; nem o Ar com a Terra, mas com a Água.[3] Tampouco a alma é unida ao corpo, mas sim ao espírito; nem a compreensão ao espírito, mas sim à alma.

Vemos, portanto, que quando a natureza cria o corpo do bebê por meio desse preparativo, ela logo pega do Universo o espírito. Esse espírito é o instrumento para se obter de Deus a compreensão, e mente na alma, e corpo, assim como na madeira, a secura é adequada para receber óleo, e o óleo, uma vez absorvido, alimenta o fogo, enquanto o fogo é o veículo da luz.

Com esses exemplos, vemos como, por meio de certas preparações naturais e artificiais, nós temos condições de receber determinados dons celestiais do alto. Pois pedras e metais têm uma correspondência com ervas, ervas com animais, animais com os céus, os céus com inteligências, e estas com propriedades e atributos, e com o próprio Deus, e depois com cuja imagem e semelhança todas as coisas são criadas.

Ora, a primeira imagem de Deus é o mundo; do mundo, o homem; do homem, os animais; dos animais, o zoófito,[4] ou seja, meio animal, meio planta; do zoófito, as plantas; das plantas, os metais; dos metais, as pedras. E mais uma vez, nas coisas espirituais, a planta combina com animal em vegetação,[5] um animal com um homem nos sentidos, o homem com um anjo na compreensão, um anjo com Deus na imortalidade. A divindade se anexa à mente, a mente ao intelecto, o intelecto à intenção, a intenção à imaginação, a imaginação aos sentidos, os sentidos por fim às coisas.

Pois esta é a tendência e a continuidade da natureza: que toda virtude superior flua através de toda inferior com uma longa e contínua série, dispersando seus raios até as últimas coisas; e as virtudes inferiores através de suas superiores, chegando ao Supremo. Pois todo inferior é sucessivamente unido ao seu superior, de modo que uma influência proceda de sua cabeça, a Primeira Causa, como uma espécie de corda esticada, até as mais inferiores de todas as coisas; corda esta cuja extremidade, se tocada, faz tremer toda a corda até a outra extremidade; e ao movimento do inferior, o superior também se move, ao que o outro responde, como todas as cordas de um alaúde bem afinado.

Notas – Capítulo XXXVII

1. Aqueles que são versados na tradição judaica.
2. συμπάθεια – *Sympatheia*: simpatia.
3. Ver apêndice III.
4. Zoófitos: radiados.
5. Crescimento.

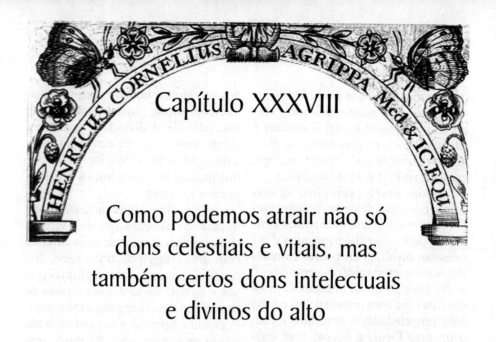

Capítulo XXXVIII

Como podemos atrair não só dons celestiais e vitais, mas também certos dons intelectuais e divinos do alto

Os magos ensinam que os dons celestiais por meio de seres inferiores em conformidade com superiores são atraídos por influências oportunas do céu; e também por essas influências celestiais, os anjos celestiais, uma vez que esses servos das estrelas podem nos ser apresentados e transmitidos. *Jâmblico, Proclo* e *Sinésio*, com toda a escola dos platônicos, confirmam que não apenas os dons celestiais e vitais, mas também alguns intelectuais, angelicais e divinos, tendo um poder natural de divindade, podem ser recebidos do alto por determinadas matérias, tendo um poder natural de divindade, ou seja, que possuem uma correspondência natural com os superiores, sendo devidamente recebidos e oportunamente reunidos de acordo com as regras da Filosofia natural e da Astronomia: e *Hermes Trismegisto* escreve[1] que uma imagem feita de coisas apropriadas, atribuída a determinado anjo, em breve será animada por esse anjo. *Agostinho* faz a mesma menção[2] em seu oitavo livro *De Civitate Dei*.

Pois esta é a harmonia do mundo: que as coisas supracelestiais sejam atraídas para baixo pelas celestiais, e as sobrenaturais pelas naturais, pois há uma virtude operativa que é difundida através de todo tipo de coisa; virtude por meio da qual se manifestam coisas que são produzidas a partir de causas ocultas; assim, um mago faz uso das coisas manifestas, atraindo coisas que são ocultas, através dos raios das estrelas, de fumaças, luzes, sons e coisas naturais, que são agradáveis às celestiais: nas quais, além das qualidades corpóreas, há uma espécie de razão, sentido e harmonia, e incorpóreas, e medidas e ordens divinas.

Lemos que os antigos eram propensos a receber alguma coisa divina e maravilhosa por meio de certas coisas naturais: assim, a pedra produzida na pupila do olho de uma civeta,[3] colocada na língua de um homem, é capaz de fazê-lo profetizar, adivinhar: o mesmo acontece com a selenita, a pedra da lua: e nesse sentido também se diz que as imagens de deuses podem ser invocadas pela pedra chamada *anchitis*, e os fantasmas dos mortos podem ser chamados e mantidos por meio da pedra *synochitis*.

Do mesmo modo funciona a erva *aglauphotis*, que é chamada de marmorita, natural entre os mármores da Arábia, como diz Plínio, e que é usada pelos magos. Existe também uma erva chamada *rheangelida*,[4] e os magos, ao bebê-la, se tornam capazes de profetizar. Além disso, há algumas ervas que permitem ressuscitar os mortos; de fato, *Xantus*, o historiador, nos fala de uma certa erva chamada *balus*,[5] que trouxera de volta à vida um dragão ainda jovem, morto; e o mesmo acontece com um homem de Tillum, que fora morto por um dragão, e com a pedra voltou à vida. E *Juba* reporta[6] que, na Arábia, houve um homem que voltou à vida graças a uma erva. Mas se e como tais coisas podem de fato acontecer com o homem por causa das ervas, ou de qualquer outra coisa natural, nós abordaremos no capítulo seguinte.

Por ora, fato certo e manifesto é que essas coisas podem ser feitas com animais. Se uma mosca afogada for colocada sobre cinzas quentes, ela revive. E uma abelha afogada também recupera a vida no suco da erva-dos-gatos; e as enguias mortas por falta de água, se tiverem todo o corpo colocado sob lama e vinagre, e for esguichado sobre elas sangue de abutre, em poucos dias voltam à vida. Diz-se também que se o peixe equeneídeo for cortado em pedaços e atirado ao mar, dali a pouco tempo as partes se unem e vivem. Sabemos também que o pelicano jovem, após morrer, recupera a vida com seu próprio sangue.

Notas – Capítulo XXXVIII

1. Nossos ancestrais desviaram muito da verdade acerca dos deuses; não acreditavam neles, e não prestavam atenção a culto e religião. Posteriormente, porém, eles inventaram a arte de criar deuses a partir de alguma substância material própria para esse fim. E a essa invenção eles adicionaram uma força sobrenatural por meio da qual as imagens podem ter o poder de funcionar para o bem ou o mal, e combiná-lo com a substância material; ou seja, sendo incapazes de fazer almas, eles invocavam as almas de demônios e as implantavam nas estátuas por meio de certas palavras santas e sagradas... Elas são induzidas [nas estátuas], Asclépio, por meio de ervas e pedras e odores que trazem em si algo divino. E acaso você sabe por que sacrifícios frequentes são oferecidos para lhes dar prazer, com hinos e louvores e a presença de doces sons que imitam a harmonia do céu? Essas coisas são feitas para que os seres celestes inseridos nas imagens, satisfeitos com os repetidos cultos, possam continuar por muito tempo agraciando os homens com sua companhia (Asclépio III 37, 38 a. In Scott [1924] 1985, 1:359, 361).
2. Mas Trismegisto diz que o Deus altíssimo criou alguns deuses, e os homens, outros. Essas palavras, conforme as escrevo, podem ser compreendidas como imagens, pois são obras dos homens. Mas ele chama de imagens visíveis e palpáveis os corpos dos deuses, espíritos que têm o poder de ferir ou agradar, de acordo com suas honras divinas. E portanto, combinar esse espírito invisível, por meio de arte, com uma imagem visível de determinada substância, que ele precisa usar assim como a alma usava o corpo, isso é criar um deus, diz ele; e esse poder maravilhoso de criar deuses está nas mãos do homem (Agostinho, *Cidade de Deus* 8.23 [Healey, 1:245-6]).

3. Novamente, trata-se aqui não da civeta, mas da hiena, à qual essa virtude é atribuída por Plínio: "A hiena [pedra da hiena] deriva dos olhos da hiena, dizem, e o animal deve ser caçado para que se possa obtê-la. Se a pedra for colocada sob a língua, diz-nos a história, ela permitirá à pessoa prever o futuro" (Plínio 37.60 [Bostock e Riley, 5:64]).
Foi conjeturado que essa erva é a peônia (*Paeonia officinalis*).
4. *Theangelida*. "Diz ele [Demócrito] que a teangelida é natural no monte Líbano na Síria, sobre uma cordilheira chamada Dicte, em Creta, e na Babilônia e Susa, na Pérsia. Uma infusão dele em bebida permite poderes de adivinhação aos Magos (*Ibid*., 65-6). Essa erva é desconhecida. O nome significa "mensageiro de deus".
5. Ou balis. "Xantus, o autor de certas importantes obras históricas, nos diz, na primeira delas, que um jovem dragão foi trazido de volta à vida por sua mãe por meio de uma planta à qual ele dá o nome de 'balis', e que um certo Tilon, que fora morto por um dragão, também recuperou a vida e a saúde por meios semelhantes" (Plínio 25.5 [Bostock e Riley, 5:82]). Conjetura-se que balis seja uma espécie de pepino (*Momordica elaterium*).
6. "Juba nos assegura que na Arábia um homem foi ressuscitado por intermédio de uma certa planta" (*Ibid*.).

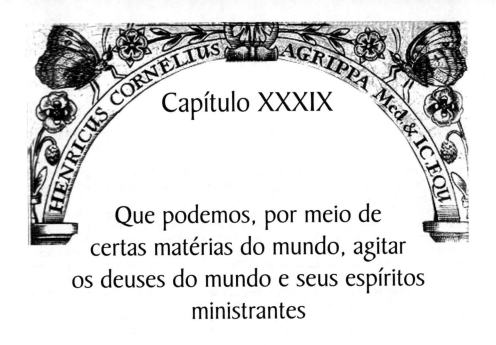

Capítulo XXXIX

Que podemos, por meio de certas matérias do mundo, agitar os deuses do mundo e seus espíritos ministrantes

enhum homem ignora que espíritos malignos, por meio do mal e das artes profanas, podem ser invocados, como *Pselo* dizia que os feiticeiros faziam, aos quais se seguia e acompanhava a mais detestável e abominável agonia, como em épocas passadas nos sacrifícios de *Príapo*[1] e no culto do ídolo chamado *Panor*, ao qual ofereciam sacrifícios com seus membros íntimos desvelados. Tampouco é improvável (se for verdade e não uma fábula) o que se lê a respeito da detestável heresia dos velhos Homens da Igreja,[2] e semelhante heresia é observada em bruxas e mulheres malévolas,[3] às quais se sujeitam as mulheres em geral, por sua natureza tola. E é por esse meio que tais espíritos do mal são invocados. Como disse certa vez a *João* o espírito ímpio de um *Cynops*, feiticeiro, todo o poder de Satanás reside aí, e ele entra em confederação com todas as principalidades juntas, e nós, por nossa vez, com ele, e *Cynops* nos obedece, e nós obedecemos a ele.

Mais uma vez, por outro lado, nenhum homem ignora que anjos supracelestiais ou espíritos podem ser conquistados por nós com boas obras, de uma mente pura, orações secretas, devota humilhação e coisas semelhantes. Que nenhum homem, portanto, duvide que do mesmo modo, por certas matérias do mundo, os deuses do mundo podem ser invocados por nós, ou pelo menos seus espíritos ministrantes, ou servos desses deuses; e, como dizia *Hermes*, os espíritos do ar,[4] não supracelestiais, mas muito menos elevados.

Assim, lemos que os antigos sacerdotes faziam estátuas e imagens prevendo as coisas do futuro e infundiam nelas os espíritos dos astros, que não eram aprisionados nelas, mas sim lá se regozijavam, reconhecendo que tais espécies de matérias lhes são apropriadas; e assim, eles lhes fazem coisas maravilhosas: não muito diferente do que os espíritos ímpios tendem a fazer quando possuem o corpo de um homem.

Notas – Capítulo XXXIX

1. Príapo, o filho feio de Dioniso e Afrodite, era o deus da fertilidade nas plantações e nos animais domésticos. Supostamente dono de poderes proféticos, ele era adorado com o sacrifício dos primeiros frutos dos jardins, das vinhas e dos campos, e com leite, mel e bolos, carneiros, asnos e peixes. Ovídio o chama de "grosseiro Príapo, a divindade e o guardião dos jardins..." (Fasti I, linha 415, traduzido para o inglês por Henry T. Riley [Londres: George Bell and Sons, 1881], 28).
2. Os Cavaleiros Templários, cuja Ordem secreta foi fundada pelo borgonhês Hugo de Payns e pelo cavaleiro francês Godofredo de St. Omer, com o propósito de proteger os peregrinos no caminho para a Terra Santa. Balduíno I, rei de Jerusalém, deu-lhes uma parte de seu palácio próximo à mesquita que, dizia-se, teria sido parte do Templo de Salomão. A Ordem cresceu rapidamente em riqueza e influência. Em meados do século XII, ela tinha grupos em toda a Europa. Por causa de sua singular posição, ela pôde acumular uma imensa fortuna, fazendo comércio entre o Oriente e o Ocidente. Isso atraiu a avareza de Filipe IV da França, e quando seu apoiador, o papa Clemente V, ganhou o papado, os Templários foram denunciados como hereges. Um homem chamado Esquian de Horian foi apresentado para revelar os horríveis segredos da Ordem, que incluíam cuspir e pisar na cruz, comer carne assada de bebês (uma das denúncias mais antigas e favoritas) e venerar uma imagem chamada Baphomet. Deus era renunciado três vezes com as palavras *Je reney Deu*. Sem dúvida, parte de algumas histórias era verdadeira. Uma estranha

Príapo

Que podemos, por meio de certas matérias do mundo, agitar... 209

Bruxa com amante-demônio
Extraído de Von den Unholden oder Hexen, *de Ulrich Molitor (Constanz, 1489)*

Baphomet
Extraído de Dogma e Ritual de Alta Magia, *de Eliphas Levi (Paris, 1855-6)*

fertilização da cruz tinha ocorrido entre o Oriente e o Ocidente nos compartimentos selados dos Templários, resultando na ressurreição de alguma forma modificada de gnosticismo. Uma teoria é que Deus era renunciado em meio a uma peça de mistério, na qual o iniciado interpretava um pecador prestes a se converter ao Cristianismo. Mas os reais motivos para a perseguição eram medo e ganância. O processo público começou em Paris na primavera de 1316. Filipe confiscou o tesouro dos Templários franceses e, como resultado, ficou fabulosamente rico. A Ordem foi suprimida em todos os lugares, embora não com a mesma severidade que na França, e deixou de existir, pelo menos oficialmente.

3. Acreditava-se que as bruxas tinham amantes demônios, e chegavam até a viver com o próprio Satanás. Quanto a isso, o *Malleus Malificarum* afirma:

> Toda bruxaria advém da luxúria carnal, que nas mulheres é insaciável. Ver *Provérbios* XXX: Há três coisas que nunca se fartam, sim, uma quarta que não se diz; Basta: ou seja, a boca do ventre. E para satisfazer seus desejos, eles se deitam até com demônios. (Kramer e Sprender, *Malleus Malificarum* 1.6. traduzido por M. Summers [1928] [Nova York: Dover, 1971], 47).

Supostamente as mulheres não só eram movidas por uma luxúria incontrolável, mas também inerentemente maliciosas, além de ter uma mentalidade de criança:

> Outros propõem diferentes motivos para haver mais mulheres supersticiosas que homens. E o primeiro é o fato de serem mais crédulas [*Ibid.*, 43]... O segundo motivo é que as mulheres são naturalmente mais impressionáveis e mais prontas para receber as influências de um espírito desincorporado; [*Ibid.* 44]... O terceiro motivo é que elas falam demais... Terence diz: Sob um aspecto intelectual, as mulheres são como crianças... Mas o motivo natural é que a mulher é mais carnal que o homem [*Ibid.* 45]... Além disso, as mulheres têm memória fraca [*Ibid.* 46]... *et al. ad naudseam.*

O *Malleus* é um dos poucos livros realmente malignos já escritos. Agrippa conhecia bem essa obra alemã, publicada em 1486, e lutou contra ela quando defendeu a bruxa acusada em Metz.

4. "Eu digo que há demônios que vivem entre nós na terra, e outros que vivem acima de nós no ar inferior, e ainda outros, cuja morada é na parte mais pura do ar, onde não pode haver névoa nem nuvem, e onde nenhuma perturbação é causada pelo movimento de quaisquer corpos celestes" (Asclépio 33b [Scott, 1:369, 371]).

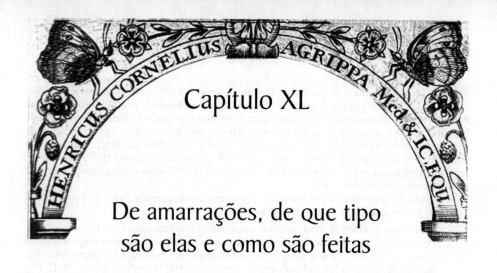

Capítulo XL

De amarrações, de que tipo são elas e como são feitas

ós falamos das virtudes e da maravilhosa eficácia das coisas. Resta agora compreendermos uma coisa de grande deslumbramento: e é a amarração de homens no amor, ou no ódio, na doença ou na saúde e coisas do gênero. Também a amarração de ladros e assaltantes para que não possam roubar[1] em lugar algum; a amarração de comerciantes para que não possam comprar ou vender em lugar algum; a amarração de um exército; a amarração de navios para que nenhum vento, por mais forte que seja, possa arrastá-los para fora da segurança. Também a amarração de um moinho, para que nenhuma força o faça se mover e para que dele não saia nenhuma água; a amarração do solo para não gerar frutos; a amarração de um lugar, para que nada seja nele construído; a amarração do fogo, de modo que por mais forte que seja nada combustível queime nele. Há ainda as amarrações de relâmpagos, tempestades, para que não causem danos. E a amarração de pássaros, animais selvagens, para que não sejam capazes de voar ou fugir. E outras desse

Mão de Glória
Extraído *de* Secrets merveilleux de la magie naturelle et cabalistique du Petit Albert
(Colônia, 1722)

tipo, difíceis de acreditar, entretanto conhecidas por experiência.

Ora, existem ainda amarrações como as que são feitas por feitiçaria, colírios, unguentos, poções de amor, amarração de coisas, anéis, amuletos, e amarração por forte imaginação e por paixões, imagens e caráter, por encantamentos, imprecações, luzes, som, números, palavras e nomes, invocações, sacrifícios, juramentos, conjuração, consagrações, devoções e por diversas superstições e observações e coisas do gênero.

Notas – Capítulo XL

1. Ladrões só podem ser amarrados para não roubar, untando-se o limiar da porta e outros pontos de possível entrada em uma casa com um unguento feito da bile de um gato preto, gordura de uma ave branca e o sangue de um mocho, preparado durante os dias de cão do verão – aquele período em que a estrela do Cão Maior, Sírio, nasce e se põe com o Sol. O cálculo varia muito no decorrer da história, mas, em tempos mais recentes, é estimado em 40 dias entre 3 de julho e 11 de agosto. Acreditava-se que esse guardião do limiar, o cão, era fortemente afetado nesse período, e costumava ficar louco.

Era muito mais comum que fossem feitas amarrações para ajudar furtos que para impedi-los. Há cinco feitiços no *Livro dos Segredos* (Best e Brightman, 9, 52, 54, 56, 61) que impedem os cães de latir. É difícil imaginar qualquer outro uso de tal amarração senão o de auxiliar a entrada ilícita à noite.

No mesmo contexto, existe a Mão da Glória, um dispositivo mágico formado da mão amputada de um criminoso condenado. A melhor descrição de seus poderes ocorre no volume outrora popular, mas hoje quase esquecido, *Ingoldsby Legends*:

> Agora, abre-te fechadura
> Ao bater do morto!
> Caí ferrolho, e barra, e correia! –
> Não vos mexeis juntas, músculos ou nervos,
> Ao toque mágico da mão do morto!
> Que durmam todos os que dormem! Que acordem todos os que acordam!
> Mas sede todos como os mortos, em nome do morto!

Em *Petit Albert*, há instruções detalhadas para se fazer a Mão. Pode ser a esquerda ou direita, mas deve ser de um criminoso condenado e morto, e envolta em uma parte do lençol que o envolve, no qual é comprimida para escoar todo o sangue. Em seguida, a mão é guardada em conserva em um recipiente de terra por 15 dias e aquecida, ou pelo Sol ou em uma fornalha, para extrair a gordura, que é misturada com cera virgem e gergelim (!) para fazer uma vela. Essa vela é fixada no estreitamento ou sobre os dedos da mão; ou, em uma versão alternativa, cinco velas são feitas e uma colocada na extremidade de cada dedo estendido. Tudo isso deve ser feito durante os dias de cão, sob a influência de Sírio. Quando a vela (ou as velas) é acesa, uma casa pode ser roubada com relativa facilidade. Ver Waite (1911) 1961, 310-3.

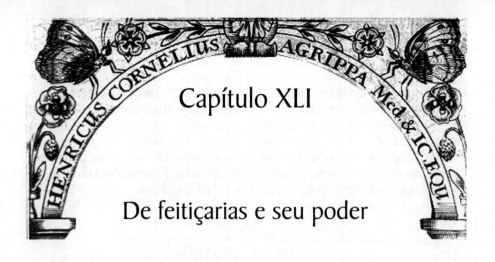

Capítulo XLI

De feitiçarias e seu poder

Afirma-se que a força das feitiçarias é tão grande que, acredita-se, são capazes de subverter, consumir e mudar todas as coisas inferiores, de acordo com a musa de *Virgílio*:[1]

> Moeris, essas ervas em Ponto escolheu para mim,
> E curiosas drogas, crescentes em grandeza e abundância;
> Por diversas vezes, com elas, em segredo, vi Moeris
> Virar lobo e se esconder na floresta:
> Dos sepulcros as almas dos mortos se manifestavam,
> E com encantamento o milho crescia na fazendo vizinha.

Em outro escrito,[2] lê-se acerca dos companheiros de *Ulisses*, contra os quais:

> A cruel deusa Circe investe
> Com ferocidade e transformada em feras selvagens.

E um pouco depois:[3]

> Quando não conseguiu o amor de Pico, Circe
> Com sua varinha de condão, e seus venenos infernais
> Transformou-se em pássaro, e as asas deles marcou
> Com cores diversas –

Há também formas de feitiçaria mencionadas por *Lucano*, que dizem respeito àquela bruxa da Tessália[4] invocando fantasmas, nestas palavras:[5]

> Aqui, todos os produtos desafortunados da natureza;
> Espuma de cachorro louco, ao qual a água causa medo e ódio;
> Tripas de um lince; entranhas de uma hiena;
> Não faltava o tutano de um veado que comeu serpentes
> Nem a lampreia do mar que para os barcos; tampouco o olho de um dragão.

E também *Apuleio* nos fala[6] de *Pamphila*, aquela feiticeira que se empenhava em produzir amor; à qual *Fotis*, uma donzela, levou pelos de cabra (arrancados de uma bolsa ou garrafa feita com a pele do animal), em vez dos cabelos de *Baeotius*, um jovem rapaz: estando ela (segundo o escrito) perdidamente apaixonada pelo jovem, sobe até o telhado e, na parte mais alta dele, faz um buraco voltado para tudo o que era oriental, e outros aspectos, e apropriado para suas artes, realiza seus cultos secretos, já tendo equipado sua casa com os utensílios necessários, todos os tipos de especiarias, placas de ferro com estranhas palavras gravadas, com popas de navio jogadas fora, e muito lamentadas, e com diversos membros de carcaças enterradas lançados ao mar: narizes, dedos, unhas carnudas de pessoas enforcadas e, em outro lugar, o sangue daqueles que foram assassinados e tiveram a cabeça esmagada em meio aos dentes de animais selvagens; ela então oferece sacrifícios (enquanto as entranhas encantadas arfam) e borrifa sobre tudo diferentes tipos de licores; às vezes também água de fonte, às vezes leite de vaca, às vezes mel das montanhas e hidromel; em seguida, ela faz nós nos pelos e os põe no fogo, queimando-se entre diversos odores, e logo, com um poder irresistível de magia, com a força cega dos deuses, os corpos desses pelos assumem o espírito de um homem, e sentem, ouvem, andam, e em vez de Baeotius, o jovem, manifestam-se alegres e saltitantes, cheios de amor, pela casa.

Agostinho também diz que ouviu a respeito de feiticeiras que eram tão exímias nessas espécies de artes que, ao darem queijo aos homens, eram capazes de transformá-los em animais de carga,[7] e após terminado o trabalho, devolver-lhe a forma original.

Notas – Capítulo XLI

1. Virgílio, *Éclogas* 8, linhas 95-9.
2. E então foram ouvidos claramente os rugidos ferozes de leões, que lutavam por seus limites e gemiam na escuridão da noite, enquanto os javalis e os ursos se agitavam em suas jaulas, e as formas de enormes lobos uivavam: todos eram seres humanos transformados pela cruel deusa, por meio da magia, revestidos de rostos e corpos de animais selvagens (*Eneida* 7, c. linha 18 [Lonsdale e Lee, 178]).
Não há referência à tripulação de Ulisses, mas os homens são mencionados na Écloga 8: "Com seu canto, Circe transformou a tripulação de Ulisses..." (*Éclogas* 8, c. linha 69 [Lonsdale e Lee, 26]). Ver também Homero, *Odisseia*, l. 10.
3. *Eneida* 7, linha 189-91. Desprezada por Pico, Circe o transformou em um pica-pau. Ovídio descreve a cena assim:
    > Virou-se então para o oeste duas vezes e duas vezes para o leste; três vezes ela o tocou com seu bastão mágico e cantou três feitiços. Ele se pôs a correr e ficou espantado ao perceber que corria mais rápido do que nunca antes, e viu asas no corpo, e feroz como estava por ter sido transformado em pássaro, Pico, chegando às florestas latinas, golpeou os carvalhos com seu bico duro, e sua raiva machucou os galhos (*Metamorfoses* 14, p. 292 © Madras Editora Ltda., São Paulo).
4. Isto é, a bruxa da Tessália, Ericto.
5. Em primeiro lugar, ela lhe enche o peito, aberto em feridas recentes, com sangue odorífero, e lhe banha o tutano com uma gosma, e supre em abundância veneno da Lua. Aí se mistura, por meio de monstruosa gestação, tudo o que a natureza produziu. Não falta a espuma de cães que temem a água, nem as entranhas do lince, nem a excrescência da temível hiena, nem o tutano do cervo que se alimentou de serpentes; nem o peixe-pegador que detém o navio no meio das ondas, enquanto a brisa do leste faz estender o velame; tampouco os olhos de dragões e as pedras que ressoam, aquecidas sob a ave chocadeira; ou a serpente alada dos árabes e a víbora nativa do Mar Vermelho, guardiã da concha preciosa; ou as praias da serpente com chifres, da Líbia, que ainda vive; ou as cinzas da Fênix, colocadas sobre o altar do leste.

A isso, após misturar abominações vis e sem nome, ela acrescenta folhas embebidas em amaldiçoados feitiços, e ervas sobre as quais, uma vez crescidas, ela cuspiu com sua nefasta boca, e quais outros venenos que ela mesma deu ao mundo... (Lucano, *Pharsalia* 6, c. linha 668 em diante. [Riley, 239-40]).
Ver passagem de notável semelhança em Ovídio (livro 7).
6. *O asno de ouro* 15.
7. Pois, quando estive na Itália, ouvi uma história sobre como certas mulheres de determinado lugar costumavam dar a um homem uma pequena droga em queijo, que logo o transformava em um asno; e elas o faziam carregar seus pertences para onde quer que fossem; e terminada a tarefa, elas o traziam de volta à sua forma verdadeira; o tempo todo, porém, ele mantinha a razão humana, como acontecera com Apuleio quando se tornou asno, fato que ele narra em seu livro *O asno de ouro*, seja a história mentira ou verdade (Agostinho, *Cidade de Deus* 18.18). Healey, 2:192]).

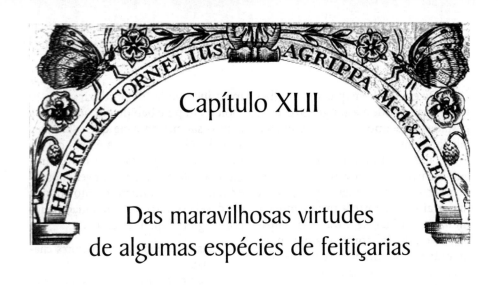

Capítulo XLII

Das maravilhosas virtudes de algumas espécies de feitiçarias

Mostrarei agora quais são algumas espécies de feitiçarias, de modo que os exemplos abram o caminho para a compreensão de todo o tema.

Destas, a primeira é o sangue menstrual, do qual consideraremos o valor de seu poder na feitiçaria; pois, como dizem, se for colocado sobre vinho novo, este azeda, e se tocar a vinha, estraga-a para sempre, e por seu mero toque torna estéreis todas as plantas e árvores, e as recém-plantadas morrem; esse sangue queima todas as ervas no jardim e faz as frutas caírem das árvores;[1] escurece o brilho de um espelho,[2] cega o corte das facas e navalhas, ofusca a beleza do marfim e acaba enferrujando o ferro e o bronze, e tem cheiro muito forte:[3] se os cães o provarem, enlouquecem, e nesse estado mordem qualquer pessoa, deixando ferimentos incuráveis;[4] mata colmeias inteiras de abelhas e expulsa aquelas cuja colmeia mal é tocada pelo sangue:[5] linho nele fervido enegrece:[6] as éguas por ele tocadas perdem o filhote,[7] e uma mulher grávida manchada sequer de leve com ele aborta;[8] a jumenta fica estéril[9] enquanto ela comer milho que foi tocado por ele.

As cinzas das roupas menstruais, se forem jogadas sobre vestimentas roxas prontas para serem lavadas, mudam a cor delas, assim como podem mudar também as cores das flores.[10] Dizem que esse sangue afasta também a febre terçã e quartã se for colocado na lã de um carneiro preto e amarrado em um bracelete de prata, ou também se as solas dos pés de pacientes forem untadas com o sangue, principalmente pela própria mulher, desde que os pacientes não saibam; além disso, ele cura qualquer tipo de doença debilitante. Mas, principalmente, cura aqueles que têm medo de água ou líquido após terem sido mordidos por um cachorro louco, se um pano com sangue menstrual for colocado sob a xícara.[11] Além disso, dizem, se uma mulher menstruada andar nua no meio do milharal, fará tudo o quanto for verme, inseto, mosca, cancro sair do milho: mas isso deve ser feito antes do nascer do Sol, do contrário o milho murchará.[12]

Dizem também que uma mulher nesse estado pode afastar granizo, tempestades e relâmpagos,[13] do que aliás fala também *Plínio*.

Que se saiba ainda que o sangue menstrual é um veneno maior se ocorrer durante a Lua minguante, e maior ainda se entre a minguante e a mudança da Lua: se durante o eclipse da Lua ou do Sol, torna-se um veneno incurável.[14] A maior força venenosa dele, porém, é quando nos primeiros anos de sua ocorrência, inclusive nos anos de virgindade,[15] pois, se tocar os batentes da casa,[16] nenhum mal poderá atingi-la.

Também se diz que os fios de uma roupa tocada com esse sangue não podem ser queimados, e se a roupa foi jogada ao fogo, as chamas não se alastram.[17]

Além disso, a raiz de peônia misturada com óleo de castor e envolta em pano com sangue menstrual cura doenças debilitantes. E se o estômago de um veado for queimado ou tostado, e a ele se acrescentar um perfume feito com pano menstrual, ficarão inutilizados arcos e flechas para matar qualquer tipo de animal de caça. Cabelos de uma mulher menstruada, postos sob esterco, geram serpentes; e se forem queimados, afastam serpentes[18] por causa do cheiro. Há neles uma força venenosa tão grande que é letal até para criaturas venenosas.

Existe ainda o hipômane,[19] muito apreciado em feitiçaria, que é um pequeno pedaço de carne venenosa do tamanho de um figo, e preta, que aparece na testa de um potro recém-nascido, o qual, se não for comido logo pela égua, esta nunca amará o potro nem o deixará nela mamar. E por esse motivo, dizem que há no hipômane um magnífico poder de produzir amor, se moído em pó e bebido em uma xícara com o sangue daquele que está apaixonado. Outra feitiçaria é feita com o mesmo material, isto é, o hipômane, que consiste em um humor venenoso,[20] extraído da égua no momento em que ela deseja o macho, mencionada aliás por *Virgílio*,[21] quando entoa:

Eis o veneno que os pastores chamam
De hipômane, que cai das entranhas da égua
E cujo medonho veneno é usado pelas megeras
E com um feitiço, o infundem entre poderosas drogas.

Também *Juvenal*,[22] o satirista, menciona-o:

Hipômanes, venenos fervidos, e encantamentos
Que são dados a jovens, grande danos lhes causando.

Apolônio, em a *Viagem da Argo*, faz referência à erva de *Prometeu*,[23] a qual, explica, nasce de sangue corrupto pingando sobre a terra, enquanto o abutre roía o fígado de *Prometeu* na colina do Cáucaso. A flor dessa erva, dizia ele, é como o açafrão, possuindo um caule duplo, sendo uma parte mais longa que a outra à proporção de um cúbito; a raiz debaixo da terra, assim como carne recém-cortada, emite um suco negro como se fosse da faia, com o qual, se alguém marcar o próprio corpo após ter praticado sua devoção a *Prosérpina*,[24] se torna imune a ferimentos de espada ou fogo. Também *Saxo Grammaticus* escreve que existia um homem chamado *Froton*, que tinha uma vestimenta que, quando a usava, não podia ser ferido por nenhuma espécie de arma pontiaguda.

A civeta também se presta a um número de feitiçarias: segundo *Plínio*,[25] os batentes de uma porta, uma vez tocados pelo sangue desse animal, tornam inválidas as artes dos ilusionistas e de feiticeiros, os deuses não podem ser invocados e não se deixam de modo algum ser abordados. Também aqueles que forem ungidos com as cinzas do tornozelo esquerdo da civeta, cinzas estas decoadas com o sangue de uma doninha, serão odiados por todos. O mesmo se aplica ao olho, se for decoado. Diz-se também que suas tripas podem ser administradas contra a injustiça e a corrupção dos príncipes, e dos grandes homens em poder, e para o sucesso de petições, bem como para encerrar processos e controvérsias, se alguém tiver boa quantidade delas consigo; se forem amarradas ao braço esquerdo, torna-se um amuleto tão poderoso que, se um homem olhar para uma mulher, ela o seguirá; além disso, a pele da testa do animal é boa para resistência a feitiços.

Dizem também que o sangue de um basilisco,[26] chamado de sangue de Saturno, tem tamanha força na feitiçaria que produz, para quem o carregar consigo, excelente sucesso em suas petições feitas a homens de poder e suas orações a Deus, e também remédio contra doenças e concessão de qualquer privilégio.

Também se diz que um carrapato,[27] se tirado da orelha de um cão e for totalmente preto, tem grande virtude no prognóstico da vida, pois se o doente responder àquele que lhe traz o carrapato e, de pé à sua frente, lhe pergunta acerca de sua doença, há uma certa esperança de recuperação; morrerá, porém, se nada responder. Dizem ainda que uma pedra mordida por um cachorro louco[28] pode causar desarmonia se for colocada em bebida, e que a pessoa que colocar uma língua de cachorro[29] debaixo do dedão do pé, dentro do sapato, verá que os cães não latem para ela, principalmente se estiver acompanhada da erva do mesmo nome, língua-de-cão (cinoglossa). E que as placentas de uma cadela[30] têm o mesmo efeito; e os cachorros evitam a pessoa que tem o coração de um cachorro.

Plínio fala de um sapo vermelho[31] que vive entre as roseiras bravas e as amoreiras-pretas e é cheio de propriedades para a feitiçaria: pois o ossinho em seu lado esquerdo, uma vez embebido em água fria, a torna quente, o que restringe a ferocidade dos cães e atrai seu amor, se tal água for bebida; e se o mesmo ossinho for amarrado a uma pessoa, desperta-lhe a luxúria. Ao contrário, o ossinho do lado direito faz esfriar água quente, de modo que ela só pode ser esquentada novamente se ele for retirado dela; ele é usado para curar febre terçã e quartã se for amarrado ao doente em uma pele de cobra, além de todos os outros tipos de febre, e restringe o amor e a luxúria. O baço e o coração são um remédio eficaz contra os venenos do referido sapo. Isso é o que *Plínio* escreve.

Dizem também que a espada que matou um homem tem propriedades magníficas para a feitiçaria: pois, se o bridão das rédeas ou as esporas de um cavalo forem feitas dela, o animal, embora selvagem, pode ser domado e amansado: se um cavalo receber ferraduras feitas dela, será muito rápido e ágil e jamais se cansará, por mais que seja cavalgado. É preciso, porém, que certos caracteres e nomes sejam escritos nas ferraduras. Além disso, se um homem mergulhar no vinho uma espada que decapitou outros homens e der, depois, a bebida a um doente, este será curado de febre quartã.

É dito ainda que uma xícara de licor feito com os miolos de um urso[32] e servido em uma caveira deixará a pessoa que o beber tão feroz e furioso quanto um urso, acreditando-se ter se transformado no animal, julgando que todas as coisas são ursos, e permanecerá nessa loucura até a força da bebida ser dissolvida, quando então não restará o menor traço de anormalidade em seu temperamento.

Notas – Capítulo XLII

1. Seria realmente difícil encontrar algo produtivo, de efeitos mais maravilhosos que a descarga menstrual. Ao se aproximar uma mulher nesse estado, o vinho novo azeda; sementes por ela tocadas ficam estéreis, os enxertos murcham, plantas de jardim secam, e caem frutas da árvore sob a qual tal mulher se senta (Plínio 7.13 [Bostock e Riley, 2:151]).
2. "Só o próprio olhar dela embaçará o brilho dos espelhos..." (*Ibid.*). "Bithus de Dyrrhachium nos informa que um espelho que foi contemplado pelo olhar de uma mulher menstruada pode recuperar seu brilho se a mesma mulher olhar fixamente por trás dele..." (Plínio 28.23 [Bostock e Riley, 5:306]).
3. "Só o próprio olhar dela... cega o fio do aço e tira a polidez do marfim... bronze e ferro enferrujam logo, e emitem um odor ofensivo" (Plínio 7.13 [Bostock e Riley, 2:151-2]). "Tenho de afirmar, além disso... que o fio de uma navalha ficará cego e que vasos de cobre contrairão um odor fétido, ficando cobertos de verdete se entrarem em contato com ela" (Plínio 28.23 [Bostock e Riley, 5:305]).
4. "... os cães que provaram de matéria assim expelida são tomados por uma loucura, e sua mordida passa a ser venenosa e incurável" (Plínio 7.13 [Bostock e Riley, 2:152]).
5. "... as abelhas, como bem se sabe, abandonam sua colmeia se esta for tocada por uma mulher menstruada..." (Plínio 28.23 [Bostock e Riley, 5:305]).
6. "... linho fervido no caldeirão fica preto... ao entrar em contato com ela" (*Ibid*). O linho costumava ser fervido para limpeza.
7. Uma égua prenha, se tocada por uma mulher nesse estado, certamente perderá o filhote; mais do que isso, só de ver tal mulher, ainda que a distância, caso esteja menstruada pela primeira vez após perder a virgindade, ou pela primeira vez ainda no estado de virgindade" (*Ibid.*).
8. "De fato, tão perniciosas são suas propriedades que as próprias mulheres, fonte de onde vem esse sangue, não estão isentas contra esses efeitos; uma mulher grávida, por exemplo, se tocada por esse sangue, ou mesmo que apenas pise sobre ele, provavelmente sofrerá um aborto" (*Ibid.*).
9. Lais e Elephantis fazem diversas afirmações acerca de abortivos; mencionam a eficácia abortiva do carvão de raiz de repolho, da raiz de murta ou de tamárice, embebidas em sangue menstrual; dizem que as jumentas ficam estéreis por muitos anos se comerem milho de cevada mergulhado nesse fluido; e citam várias outras propriedades monstruosas e irreconciliáveis; mas divergem, por exemplo, quando um diz que a frutescência pode ser assegurada pelos mesmos métodos, enquanto o outro afirma que estes produzem a esterilidade; o que nos leva a recusar o crédito a todas essas histórias (Plínio 28.23 [Bostock e Riley, 5:305-6]).

10. "Também nesse período, o lustre da púrpura é manchado pelo toque de uma mulher: tão mais venenosa é a influência dela nessa época que em qualquer outra" (*Ibid.*, 304). O período referido é a menstruação durante eclipse ou conjunção do Sol e da Lua. Ver segunda citação na nota 17.

11. Segundo Lais e Salpe, a mordida de um cachorro louco, a febre terçã e a quartã podem ser curadas ao se colocar um pouco de sangue menstrual na lã de um carneiro preto e enrolá-la em um bracelete de prata; e Diótimo de Tebas nos ensina que a menor porção de qualquer pano manchado basta, ou mesmo um fio dele, usado como pulseira. A parteira Sotira nos informa que a cura mais eficaz para febre terçã e quartã é esfregar as solas dos pés do paciente com esse sangue, cujo resultado será ainda melhor se a operação for realizada pela própria mulher, sem que o paciente saiba disso; ela diz também que esse é um método excelente para reviver pessoas sofrendo de um ataque de epilepsia.
Icatidas, o médico, empenha sua palavra ao afirmar que a febre quartã pode ser curada por relação sexual, desde que a mulher esteja no início da menstruação. É um consenso universal também que, quando uma pessoa for mordida por um cachorro e manifestar medo de água e todo tipo de líquido, basta colocar sob sua xícara uma tira de pano embebido nesse fluido; cujo resultado é o desaparecimento imediato da hidrofobia (Ibid. 306-7).

12. Em qualquer outra época, também, se uma mulher se despir enquanto estiver menstruada e andar por um milharal, as taturanas, vermes, besouros e outras criaturas cairão das espigas de milho. Metrodorus de Scepsos nos diz que essa descoberta foi feita pela primeira vez na Capadócia; e que, em consequência do tamanho número de cantáridas [mosca espanhola] encontradas lá, é hábito as mulheres andarem no meio dos campos com a roupa amarrada acima das coxas. Em outros lugares, é costume elas andarem descalças, com o cabelo desgrenhado e a cinta solta; deve-se tomar a precaução, porém, que isso não seja feito no nascer do Sol; pois, se for, a plantação murcha e seca. Vinhas novas também, dizem, são danificadas imediatamente pelo toque de uma mulher nesse estado; e tanto a arruda quanto a hera, plantas que possuem grandes virtudes medicinais, secam assim que forem tocadas por ela (*Ibid.*, 304-5).

13. Pois, em primeiro lugar, as tempestades de granizo, pelo que se diz, os rodamoinhos e os relâmpagos se afastam temerosos de uma mulher que descubra o corpo enquanto estiver passando por seu período mensal. O mesmo acontece com qualquer outro tipo de clima tempestuoso; e no mar, uma tormenta pode ser aplacada por uma mulher descobrindo seu corpo, mesmo que não esteja menstruada na época (*Ibid.*, 304).

14. "Se a descarga menstrual coincidir com um eclipse da Lua ou do Sol, os males resultantes são irremediáveis; e nada menos acontece quando a Lua está em conjunção com o Sol; o contato com uma mulher nesse período é nefasto e pode ter efeitos fatais para um homem" (*Ibid.*, 304).

15. "... a natureza da descarga é virulenta nas mulheres cuja virgindade foi destruída pelo lapso de tempo" (*Ibid.*, 307).

16. "Outra coisa reconhecida universalmente, e a qual eu não hesito em acreditar, é o fato de que, se os batentes da porta mal forem tocados por fluido menstrual, todos os encantamentos dos magos serão neutralizados" (*Ibid.*).

17. Referência a duas passagens obscuras em Plínio que foram traduzidas por Riley: Além disso, o betume que é encontrado em alguns períodos do ano, flutuando no lado da Judeia, conhecido como asfaltita, uma substância de peculiar tenacidade, e adere a tudo o que toca, só pode ser dividido em partes separadas por meio de um fio que tinha sido embebido nessa matéria virulenta". (Plínio 7.13 [Bostock e Riley, 2:152]).

E também:

> O betume encontrado na Judeia não cede a nada exceto à descarga menstrual, tendo sua tenacidade superada, como já foi explicado, por intermédio de um fio de uma roupa que tenha tido contado com esse fluido. Nem mesmo o fogo, elemento que triunfa sobre todas as outras substâncias, é capaz de tal feito: pois, se reduzido a cinzas e borrifado sobre as roupas que vão ser fervidas, muda a tintura roxa delas e escurece o brilho das cores (Plínio 28.23 [Bostock e Riley, 5:305]).

Plínio quer dizer que um fio de um pano manchado de sangue menstrual pode ser usado para cortar o betume sem nele grudar. A mesma fábula aparece em Tácito (História 5.6), que a chama de "histórias de velhos autores". Agrippa parece interpretar nessas passagens uma referência ao piche quente, que é muito difícil de extinguir, mas que pode ser apagado por um fio menstrual. Ele deve ter acrescentado as palavras "Nem mesmo o fogo, elemento que triunfa sobre todas as outras substâncias, é capaz de tal feito" à frase anterior.

18. "O cheiro do cabelo de uma mulher, queimado, afasta as serpentes..." (Plínio 28.20 [Bostock e Riley, 5:302]).

19. O cavalo nasce com uma substância venenosa na testa, conhecida como hipômane e usada em filtros de amor; é do tamanho de um figo, e de cor preta; a mãe o devora tão logo o potro nasce e, enquanto não fizer isso, não o deixa mamar. Quando essa substância pode ser retirada da mãe, ela tem a propriedade de deixar o animal frenético pelo cheiro (Plínio 8.66 [Bostock e Riley, 2:321]).

"E as poções nocivas ainda valem; ou quando elas [bruxas] retiram as promessas do inchaço com seus sumos da testa da mãe [cavalo] prestes a mostrar seu afeto" (Lucan Pharsalia 6, linha 454 [Riley, 230]).

"... o feitiço de amor é procurado com aquilo que se arranca da testa do potro recém-nascido, e agarrado antes que a égua o coma" (Virgílio, *Eneida* 4, c. linha 516 [Londale e Lee, 138]).

20. "O hipômane foi distinto sob duas espécies; uma delas, uma bebida destilada de uma égua, na época de seu cio" (Gentleman's Magazine 26:170, 1756, citado de OED, "hipômano".

21. "E, então, por fim uma substância pegajosa é destilada dos flancos, a qual os pastores chamam de hipômane, geralmente coletada por madrastas maldosas, que a misturam com ervas e feitiços venenoso" (Georgics 3, c. linha 282 [Londsdale e Lee, 59]).

22. "Devo falar dos filtros de amor, das encantações, do veneno misturado com ervas e ministrado ao enteado?" (*Sátiras* 6.8, traduzido para o inglês por L. Evans [New York: Hinds, Noble and Eldridge, n.d.], 44]. Um pouco depois dessa passagem, Juvenal diz: "Entretanto, mesmo esta [poção do amor de Tessália] é tolerável, se a pessoa não enlouquecer logo como aquele tio de Nero, a quem sua Cesônia deu uma infusão de toda a testa de um potro, recém-caída" (*Ibid*. 6.39 [Evans, 64]. Ele se refere a Calígula, de quem Suetônio faz uma referência mais ampla: "Acredita-se com certeza que ele foi envenenado com uma poção que lhe fora dada por sua esposa Cesônia, que na verdade era um remédio do amor, mas que acabou destruindo-lhe o juízo e enfurecendo-o" ("Caio César Calígula" 50. Em *History of the Twelve Caesars*, traduzido por P. Holland [1606] [London: George Routledge, n.d.], 215].

23. Essa pomada tem seu nome derivado de Prometeu. Bastava a um homem esfregá-la no corpo, após fazer à única donzela prometida uma oferenda à meia-noite, para se tornar invulnerável à espada e ao fogo e, no decorrer daquele dia, superar-se a si mesmo em força e ousadia. Apareceu pela primeira vez em uma planta que brotou do icor sangrento de Prometeu em seu tormento, que a águia devoradora de carne tinha derrubado no Cáucaso. As flores, que cresciam em caules duplos até um cúbito de altura, eram da cor do açafrão córico, enquanto a raiz parecia carne recém-cortada, e o suco se parecia com a seiva escura de um carvalho da montanha. (Apolônio de Rhodes, *Viagem da Argo* 3, c. linha 845 [Rieu, 132-3]).

24. A forma romana da Perséfone grega, deusa do submundo e esposa de Plutão (grego: Hades).

25. Todos esses detalhes se referem à hiena e não à civeta, em Plínio 28.27 [Bostock e Riley, 5:309-14]).

26. Quanto ao basilisco, uma criatura da qual até as serpentes fogem, e que mata até com o odor e é fatal ao homem só por olhar para ele, seu sangue tem inestimável valor para os magos. É um sangue grosso e aderente, como o piche, ao qual se assemelha em cor: dissolvido em água, dizem, ele adquire uma coloração mais vermelho-berrante do que o cinabre. Atribui-se a ele também a propriedade de garantir o sucesso a petições entregues aos potentados e a orações oferecidas aos deuses; e é considerado um remédio para várias doenças, bem como um amuleto protetor contra todos os feitiços nocivos. Alguns lhe dão o nome de "sangue de Saturno" (Plínio 29.19 [Bostock e Riley, 5:394]).

Parece-me que se tratava de uma tinta seca usada para escrever petições e encantamentos. Talvez o sangue, de um modo geral, fosse usado de forma mágica, desse modo.
27. De acordo com as autoridades [os Magos], um carrapato tirado da orelha direita de um cão, usado como amuleto, alivia todos os tipos de dor. Além disso, com ele é possível pressagiar todas as questões de vida e morte; pois dizem que, se o paciente responder a uma pessoa que tem consigo um carrapato preto e, de pé ao lado de sua cama, perguntar-lhe como está, esse é um sinal infalível de que sobreviverá; enquanto, por outro lado, se o paciente não responder, certamente morrerá. A isso se acrescenta que o cão de cuja orelha o carrapato é tirado deve ser totalmente preto (Plínio 30.24 [Bostock e Riley, 5:449]).
28. Talvez essa superstição se origine nesta passagem de Plínio: "Essas propriedades maravilhosas do veneno ocasionarão menor surpresa quando nos lembrarmos que "uma pedra mordida por um cachorro" se torna uma expressão proverbial para discórdia e discrepância" (Plínio 29.32 [Bostock e Riley, 5:406]).
29. "Os cães fogem de qualquer pessoa que tenha consigo um coração de cachorro, e nunca latem para quem leva uma língua de cachorro no sapato, debaixo do dedão..." (*Ibid.*, 405). O mesmo feitiço ocorre no *Livro dos Segredos*, mas a língua do cachorro lá se transmuta, por magia, na erva língua-de-cão (*Cynoglossum officinale*): "E se você tiver essa erva sob o dedão do pé, todos os cães ficarão em silêncio e não terão o poder de latir" (*Livro dos Segredos* 1.9 [Best e Brightman, 9]). Agrippa misturou os dois.
30. "Um cão não late para uma pessoa que carregue alguma parte da placenta de uma cadela consigo..." (Plínio 30.53 [Bostock e Riley, 5:469]).
31. Por causa de tantos talentos da criatura, Plínio a chama de "sapo das amoreiras". Ver Plínio 32.18 [Bostock e Riley, 6:22-3].
32. "O povo da Espanha tem uma crença, segundo a qual existe algum tipo de veneno mágico no cérebro do urso; e por isso eles queimam as cabeças dos ursos mortos em jogos públicos, pois se alega que o cérebro, misturado a uma bebida, produz no homem a fúria do urso" (Plínio 8.54 [Bostock e Riley, 2:307]). Isso parece ser o vestígio de algum culto ao urso semelhante ao da Europa, onde os guerreiros acreditavam que podiam se transformar em ursos. Eram chamados berserkir, vestiam pele de urso e eram propensos a ataques de violenta fúria, que podiam ser voluntários ou involuntários.

Nenhuma espada os feria, nenhum fogo os queimava, só uma clava podia destruí-los, quebrando-lhes os ossos ou esmagando-lhes o crânio. Seus olhos faiscavam como chamas nas órbitas; eles rangiam os dentes e espumavam na boca; mordiam a borda de seus escudos, e dizem que às vezes a mordida até os atravessava; e quando partiam para o conflito, rosnavam como cães ou uivavam como lobos (Baring-Gould [1865] 1973, 40). Baring-Gould se baseia em Saxo Grammaticus, l. 7.

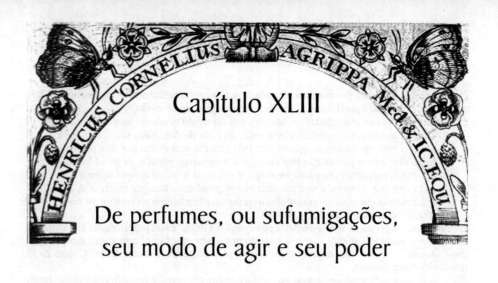

Capítulo XLIII

De perfumes, ou sufumigações, seu modo de agir e seu poder

Algumas sufumigações, ou perfumes, que são próprios dos astros, também são de grande força para o recebimento oportuno de dons celestiais sob os raios das estrelas, operando fortemente sobre o Ar e a respiração. Pois nossa respiração é bastante alterada por esses tipos de vapores, se ambos os vapores forem de outra espécie: o Ar também, sendo facilmente impelido pelos referidos vapores, ou afetado com as qualidades de inferiores, ou celestiais, todos os dias, e logo penetrando em nosso peito e nossas entranhas, reduz-nos maravilhosamente a semelhantes qualidades; tais sufumigações devem ser usadas por aqueles que fazem previsões, pois lhes afeta a imaginação que, apropriada para essa ou aquela divindade, nos prepara para receber inspiração divina: por isso dizem que fumaças produzidas com linhaça[1] e fleabane[2] e raízes de violetas e salsa permitem a uma pessoa prever eventos futuros e conduzem à profecia.

Que nenhum homem se espante com as coisas grandiosas que as sufumigações podem fazer no Ar, principalmente quando levar em conta o que *Porfírio* diz, ou seja, que, por meio de certos vapores, exalando das sufumigações apropriadas, os espíritos do ar logo são invocados, bem como trovões e relâmpagos, e coisas semelhantes. Assim como o fígado de um camaleão,[3] por exemplo, sendo queimado em cima de uma casa, faz manifestarem-se chuvas e relâmpagos. Do mesmo modo, a cabeça e a garganta desse animal, se queimados com madeira de carvalho, causa tempestades e raios.

Há também sufumigações sob determinadas influências oportunas dos astros que fazem as imagens de espíritos aparecer no ar ou em outro lugar. Dizem, por exemplo, que se for feita uma fumigação de coentro, *smallage* (um tipo de aipo selvagem), henbane e cicuta,[4] logo aparecerão espíritos, pois estas são chamadas de ervas dos espíritos. Também se diz que uma fumigação feita da raiz da erva chamada funcho gigante,[5] com suco de cicuta e henbane, e a erva *tapus barbatus*[6] e sândalo vermelho[7] e papoula preta,[8] faz aparecerem espíritos e formas estranhas: se for acrescentado *smallage*, expulsa espíritos de qualquer lugar e destrói suas visões. Do mesmo modo, uma fumigação feita de calaminta, peônia, hortelã e palma-crísti[9] expulsa espíritos malignos e imaginações fúteis.

Além disso, dizem também que, por meio de certas fumigações, alguns animais são atraídos e postos a correr, como menciona *Plínio* ao falar da pedra liparito,[10] dizendo que a fumigação dela chama os animais; ainda, o osso na parte superior da garganta de um veado, sendo queimado, atrai todas as serpentes, mas o chifre do veado,[11] se for queimado, afasta com a fumaça todas elas. De modo semelhante, a fumaça do casco queimado de um cavalo afasta os ratos, assim como o casco de uma mula; aliás, se for queimado o casco de uma pata esquerda desse animal, serão afastadas as moscas; e dizem que, se uma casa ou qualquer outro lugar forem defumados com a bile de um choco,[12] misturada com estoraque vermelho,[13] rosas e aloés ligniformes, e em seguida se um pouco de água do mar ou sangue for jogado no lugar, toda a área parecerá estar cheia de água ou sangue; se for jogado lá um pouco de terra arada, a Terra parecerá tremer.

Ora, devemos considerar que tais tipos de vapores infectam qualquer corpo e infundem nele uma virtude que continua por muito tempo, e o vapor contagiante ou venenoso da pestilência permanece por dois anos na parede da casa, infecta os moradores, assim como o contágio da pestilência ou lepra se oculta nas roupas muito tempo após ter afetado aquele que a usa. Por isso se usavam certas sufumigações em imagens, anéis e instrumentos semelhantes de magia, e tesouros ocultos, e, como dizia *Porfírio*, com bastante eficácia.

E é por isso também que se diz que, se alguém esconder ouro ou prata ou qualquer outra coisa preciosa, e se a Lua estiver em conjunção com o Sol e o lugar for fumegado com coentro, açafrão, *henbane*, *smallage* e papoula preta, cada qual com igual quantidade, esfregados juntos e temperados com suco de cicuta, aquilo que for escondido nunca será encontrado ou removido, sendo continuamente guardado por espíritos; caso alguém tente pegar, será ferido por eles e entrará em frenesi. E *Hermes* dizia que não há nada como a fumigação de espermacete[14] para invocar espíritos; assim, se for feita uma fumigação disso, acrescida de áloe ligniforme, erva-pimenteira,[15] almíscar, açafrão e estoraque vermelho, temperadas com o sangue de um abibe, ela reunirá espíritos do ar, e se usada perto das covas dos mortos, ela atrai espíritos e os fantasmas dos mortos.

Assim, sempre que dirigirmos nossos trabalhos para o Sol, devemos fazer sufumigações com coisas solares; para a Lua, com coisas lunares, e assim por diante. E precisamos estar cientes de que, como existem contrariedade e inimizade nos astros e nos espíritos, o mesmo ocorre nas sufumigações. Existe, por exemplo, uma contrariedade entre aloés ligniformes e enxofre, olíbano e mercúrio, e os espíritos invocados pela fumaça de áloe ligniforme, almíscar, açafrão, estoraque vermelho, temperados juntos, são aplacados pelo enxofre queimado. *Proclo*[16] dá um exemplo de um espírito que costumava aparecer na forma de um leão, mas, quando se colocava um galo diante dele, ele sumia, porque existe uma contrariedade entre o galo e o leão; e igual consideração e prática devem ser observadas em coisas iguais.

Notas – Capítulo XLIII

1. Semente de linho (*Linum usitatissimum*) usada para fazer óleo de linhaça.
2. (*Pulcaria dysenterica*) Uma planta que cresce em lugares úmidos e alcança pouco mais de 30 centímetros de altura, com flores amarelas que têm cheiro de sabão. Acreditava-se que ela repelia pulgas e era usada para tratar disenteria. A *Ópera* latina menciona "psylli" ou "psyllium", que é uma planta diferente (*Plantago afra*), com poder semelhante sobre as pulgas. O *Livro dos Segredos* aborda as duas como uma (*Marvels of the world* 75 [Best e Brightman, 109]), mas Turner as distingue e chama a última erva de erva-de-pulga.
3. Ver nota 11, cap. XIII, l. I.
4. Cicuta comum (*Conium maculatum*), uma planta grande que mede de 30 centímetros a 1,49 metro, com pequenas flores brancas, folhas divididas, bem finas, e um caule macio, com manchas roxas. Um veneno poderoso, dizem que foi usado na execução do filósofo grego Sócrates. Era consagrada a Hécate e um ingrediente no unguento de voo das bruxas. Os monges e as freiras medievais devem tê-la usado para diminuir o desejo sexual, esfregando o suco nos órgãos genitais.
5. *Ferula persica*. Planta nativa do sul da Europa. A goma-resina, chamada goma sagapenum, vinha em tiras finas, transparentes, com um exterior amarelo, e era usada para tratar resfriado.
6. Do gênero tápsia, o verbasco (*Verbascum thapsus*). O poeta Lucano menciona essa erva em uma fumigação contra serpentes:

> E estas [psylli], de acordo com os padrões romanos, tão logo o general [Cato] ordenava que se betumassem as barracas, purgavam-se as areias que o compasso das trincheiras encerrava, com encantamentos e palavras que faziam as cobras fugir. Uma fogueira feita com drogas cerca a extremidade do acampamento. Nela crepita a trepadeira, e ferve o gálbano estrangeiro, e regozija a tamárice sem folhagem, e o costus oriental, e a pungente erva que cura tudo, e a centáurea da Tessália; e a erva-enxofre arde nas chamas, e a tápsia de Eryx. Também a árvore larch eles queimam, e a madeira do sul, com sua fumaça que sufoca as serpentes, e os chifres de cervos criados a distância (*Pharsalia* 9, c. linha 911 [Riley, 375]).

Eryx é uma ilha próxima à Sicília.
7. *Pterocarpus santalinus*. Madeira usada para tintura e como adstringente e tônico. É de uma árvore que chega a atingir cerca de 18 metros, natural da Índia e do Sri Lanka. O cerne da madeira é de um vermelho profundo, cheio de veias e tão pesado que afunda na água, mas não tem um aroma apreciável.
8. Uma variedade da papoula de ópio (*Papaver somniferum*) distinta por suas flores roxas e sementes escuras que, quando pressionada, solta um óleo comestível (*Oleum papaveris*). O suco leitoso é fortemente narcótico, a fonte do ópio.
9. Também chamada mamoneiro, suas folhas são como as mãos humanas. O rícino (*Ricinus communis*) do qual se faz óleo.
10. Ver nota 14, cap. XIII, l. I.
11. "As fumaças de seus chifres, enquanto queimam, afastam serpentes, como já foi dito [8:50]; mas os ossos, dizem, da parte superior da garganta do cervo, se queimados em uma fogueira, atraem esses répteis" (Plínio 28.42 [Bostock e Riley, 5:329]). O princípio mágico aí é que, como o veado come cobras (embora, claro, isso não seja verdade), os ossos de sua garganta são onde elas se acumulam.
12. Um molusco do mar (*Sepia officinalis*) mede cerca de 60 centímetros, semelhante à lula, com dez braços. Ele solta tinta preta (sépia) quando está em perigo e tem uma concha interna dura, que era usada pelos ourives para fundir metais preciosos e como pó para polimento. O osso em

pó também era tomado como remédio para combater o excesso de ácido estomacal. Também chamado siba.
13. Espécie da família das estiracáceas.
14. Uma substância branca gordurosa encontrada na cabeça dos cachalotes, que antigamente costumava ser usada no tratamento de hematomas.
15. Tipo de agrião (*Lepidium latifolium*), às vezes chamado de dictamnus, ainda que Turner diga que isto é um erro. Tem o gosto apimentado e cresce em lugares úmidos perto do mar.
16. Ver nota 25, cap. XVIII, l. I.

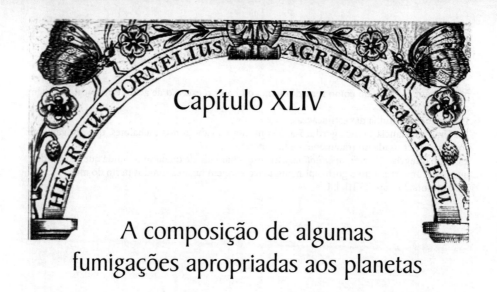

Capítulo XLIV

A composição de algumas fumigações apropriadas aos planetas

a seguinte maneira fazemos uma sufumigação para o Sol: de açafrão, âmbar-gris, almíscar, áloe ligniforme, bálsamo ligniforme,[1] o fruto do loureiro,[2] cravo-da-índia, mirra e olíbano, todos amassados e misturados em tal proporção que os faça exalar um odor doce, devendo ser incorporados ao cérebro de uma águia ou ao sangue de um galo branco, em forma de pílulas ou trociscos.[3]

Para a Lua, fazemos uma sufumigação da cabeça de uma rã seca, os olhos de um touro, a semente da papoula branca,[4] olíbano e cânfora,[5] que devem ser incorporados com sangue menstrual ou o sangue de um ganso.

Para Saturno, pegue a semente da papoula preta, do *henbane*, da raiz da mandrágora, a magnetita e mirra e misture-as com o cérebro de um gato ou o sangue de um morcego.

Para Júpiter, pegue a semente do freixo,[6] aloés ligniformes, estoraque, a goma benzoína,[7] a pedra lápis-lazúli, a parte de cima das penas de um pavão e misture-os com o sangue de uma cegonha, ou uma andorinha, ou o cérebro de um veado.

Para Marte, pegue eufórbia, bdélio,[8] goma amoníaco, as raízes dos dois heléboros, magnetita e um pouco de enxofre e misture-os todos com o cérebro de um veado, o sangue de um homem e o sangue de um gato preto.

Para Vênus, pegue almíscar, âmbar-gris, aloés ligniformes, rosas vermelhas e coral vermelho e misture tudo com o cérebro de pardais e sangue de pombas.

Para Mercúrio, pegue almécega, olíbano, cravos-da-índia e a erva cinco-folhas e a pedra ágata e incorpore-as com o cérebro de uma raposa, ou doninha, e o sangue de uma pega.

Além disso, para Saturno, são apropriadas para fumigações todas as raízes odoríferas, como de *erva-pimenteira* (*Lippidium spp*), etc., e a árvore do olíbano:[9] para Júpiter, as frutas odoríferas, como noz-moscada e cravo; para Marte, as espécies de madeiras odoríferas, como sândalo, cipreste, bálsamo ligniforme e aloés ligniformes; para o Sol, todas as gomas, olíbano, almécega, benzoína, estoraque, láudano,[10] âmbar-gris e almíscar; para Vênus, as flores, como rosas, violetas, açafrão e outras do gênero; para Mercúrio, todas as cascas de madeira e de fruta, como canela, cássia ligniforme,[11] macis, casca de limão e bagas de loureiro e todo tipo de semente odorífera: para a Lua, as folhas de todos os vegetais, como a *Indum*,[12] as folhas da murta[13] e do louro.

Que se saiba também que, segundo a opinião dos magos, em toda boa matéria, como amor, boa vontade e outras semelhantes, deve haver uma boa fumigação, odorífera e preciosa; e em toda matéria má, como ódio, raiva, amargura e outras semelhantes, deve haver uma sufumigação fétida, que não tem valor algum.

Os 12 signos do zodíaco também têm suas fumigações apropriadas: Áries, mirra; Touro, *erva-pimenteira*; Gêmeos, almécega; Câncer, cânfora; Leão, olíbano; Virgem, sândalo; Libra, gálbano;[14] Escorpião, opópanax;[15] Sagitário, áloe ligniforme; Capricórnio, benzoína; Aquário, eufórbia; Peixes, estoraque vermelho.

Mas *Hermes* descreve a mais poderosa de todas as fumigações, que é composta de sete aromáticos, de acordo com os poderes dos sete planetas, pois recebe de Saturno, *pepperwort*; de Júpiter, noz-moscada; de Marte, áloe ligniforme; do Sol, almécega; de Vênus, açafrão; de Mercúrio, canela; e da Lua, a murta.

Notas – Capítulo XLIV

1. Provavelmente a madeira de *Liquad-ambar orientalis*, nativa do leste do Mediterrâneo, da qual se supunha que o líquido estoraque era extraído. Mas talvez a madeira da árvore da qual o bálsamo de Gilead era extraído, considerado *Balsamodendron gileadense*, uma pequena árvore na Arábia e Abissínia ou, por alguns, a árvore *Commiphora opobalsamum*.
2. O loureiro doce (*Laurus nobilis*) produz uma frutinha (baga) oval preto-azulada com 0,5 polegada de comprimento, amarga e adstringente, mas de aroma agradável.
3. Medicamento em pastilha ou tablete.
4. Variedade da papoula do ópio, com sementes de cor clara, diferente da papoula preta, cujas sementes são escuras. As sementes não são narcóticas e costumam ser colhidas e comprimidas, para extração de um óleo comestível.
5. Um extrato de óleo essencial de forte odor, branco e sólido, da canforeira (*Camphora officinarum*), uma árvore grande nativa da China, Japão e Formosa. A cânfora é combustível, emite uma fumaça branca quando queima, é mais leve que a água e altamente nociva aos insetos. Acreditava-se que ela diminuía o desejo sexual.
6. Semente do *Fraxinus excelsior*, com uma peculiar forma "alada".
7. Extraída do benjoeiro (*Styrax benzoin*). Chamada de "olíbano de Java" (ou seja, Sumatra) por Ibn Batuta por volta de 1350. Uma substância resinosa seca, quebradiça, com um odor fragrante e um gosto aromático.
8. Goma-resina semelhante à mirra, porém mais fraca e mais acre, com um gosto picante e odor agradável. Era extraída da *Balsamodendron roxburghii*, na Índia, e da *B. africanum*, no Senegal. O *bdélio* egípcio vem da planta da espécie *Hyphaene thebaica*. "O bdélio é... uma árvore preta semelhante à oliveira e sua goma é brilhante e amarga" (Trevisa, *Bartholomeus de Proprietatibus Rerum* [1398], citado do OED, "bdellium").
9. O olíbano dos hebreus, gregos e romanos provavelmente vem da árvore *Boswellia serrata*, uma grande árvore com folhas pinadas e pequenas folhas cor-de-rosa, natural da Índia.
10. Goma láudano, não deve ser confundida com o láudano de Paracelso, que é um preparado médico contendo, entre outras coisas, ópio. O nome atualmente se refere à tintura alcoólica do ópio, mas isso era desconhecido na época de Agrippa.

11. Casca de cássia, ou canela da China, uma espécie inferior de canela que é mais grossa, áspera e de sabor menos delicado do que a canela verdadeira. Vem da *Cinnamomum cassia*, uma árvore nativa da China.
12. Folha indiana, uma folha aromática da espécie *Cinnamomum malabathrum*, das Índias Orientais. Também chamada de folha de Malabar.
13. A murta comum (*Myrtus communis*) é um arbusto nativo do sul da Europa, com folhas sempre-verdes brilhantes e flores de aroma adocicado. Era consagrada a Vênus e um emblema de amor.
14. Goma-resina da *Ferula galbaniflua*, do Irã. Cresce com caroços irregulares de coloração amarelada, esverdeada ou marrom-clara e, às vezes, em tiras, tem um odor almiscarado e gosto amargo. Moisés o menciona (Êxodo 30,34) como uma especiaria doce usada em perfume para o tabernáculo, empregando a palavra *chelbenah*, traduzida como "gálbano".
15. Goma-resina fétida da raiz da *Opopanax chironium*, uma planta com flores amarelas, nativa do sul da Europa. Obtida ao se perfurar a raiz, a goma é amarela por fora e branca por dentro. Era considerada um eficaz antiespasmódico pelos antigos e mencionada por Hipócrates, Teófrasto e Dioscórides.

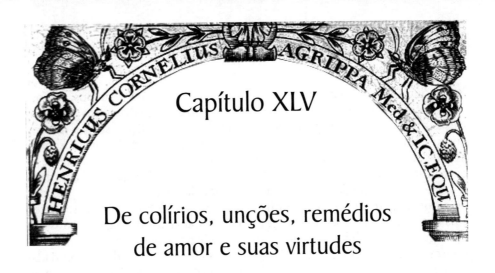

Capítulo XLV

De colírios, unções, remédios de amor e suas virtudes

olírios[1] e unguentos[2] que transmitem as virtudes das coisas naturais e celestiais ao nosso espírito podem multiplicá-lo, transmutá-lo, transfigurá-lo e transformá-lo com facilidade, bem como transpor aquelas virtudes que nele existem, de modo que não atue mais apenas dentro de seu corpo, mas também daquele que estiver perto, afetando-o por meio de raios visíveis, encantamentos e toques, com alguma qualidade semelhante. Pois, como nosso espírito é o vapor sutil, puro, lúcido, aéreo e untuoso do sangue, ele é, portanto, apropriado para fazer colírios dos mesmos vapores, que são adequados ao nosso espírito em substância, pois, em virtude de sua proximidade, eles agitam, atraem e transformam o espírito. As virtudes semelhantes têm certas pomadas e outras confecções.

Assim, por meio do toque, uma doença ou envenenamento, e até o amor, às vezes é induzido, estando as mãos ou roupas ungidas; também por meio de beijos, com algumas coisas seguras na boca, o amor é induzido, como lemos em *Virgílio*, quando *Vênus* reza para *Cupido*:[3]

Quando a alegre Dido o abraça em seu colo
Nos banquetes reais, coroados de deliciosas uvas,
Quando, ao abraçar, ela dá os mais doces beijos,
Chama oculta e inspirada, enganosa como veneno mortal,
Ele –

Ora, a visão, percebendo com maior pureza e clareza que os outros sentidos e imprimindo sobre nós as marcas das coisas com maior agudez e profundidade, combina mais do que todos os outros com o espírito fantástico, o que se nota nos sonhos, quando as coisas parecem se apresentar a nós com mais frequência do que são ouvidas ou experimentadas por qualquer outro sentido.

Portanto, quando os colírios transformam os espíritos visuais, tal espírito afeta com facilidade a imaginação que, de fato, sendo afetada com diversas espécies e formas, transmite-o por meio do mesmo espírito ao sentido externo da visão, ocasião em que se causa nela uma percepção de tais espécies e formas, como se fosse movida por objetos externos; de modo que terríveis imagens e espíritos parecem ser vistos, além de outras coisas do gênero: assim, portanto, se fazem colírios[4] que nos levam a ver as imagens de espíritos no ar, ou em outro lugar, como eu, por exemplo, sei fazer com a bile de um homem e os olhos de gato preto e com outras coisas. O mesmo se faz também com o sangue de um abibe, ou morcego ou um bode e, dizem, se um pedaço brilhante e liso de aço[5] for esfregado com o suco da flor-de-diana e depois fumegado, fará com que espíritos invocados sejam vistos nele.

Há também algumas sufumigações ou unções que levam os homens a falar enquanto dormem, andar e fazer coisas que normalmente fazem quando estão acordados e, às vezes, fazer coisas que não conseguem ou não se arriscam a fazer em estado normal de vigília. Algumas nos levam a ouvir sons horríveis ou deleitáveis. E essa é a causa de homens maníacos ou melancólicos acreditarem ver e ouvir coisas fora de si, quando na verdade sua imaginação só lhes está pregando peças; daí temerem coisas que não devem ser temidas, desenvolverem suspeitas fantasiosas e falsas, fugirem quando alguém os procura, ficarem zangados e brigarem sozinhos, sem ninguém presente, e ter medo onde não existe o medo.

Semelhantes paixões também podem induzir confecções mágicas por meio de sufumigações, colírios, unguentos, poções, venenos, lâmpadas e luzes, espelhos, imagens, encantamentos, feitiços, sons e música. Também por meio de diversos ritos, observações, cerimônias, religiões e superstições; tudo o qual será abordado no devido lugar.

E não só por meio dessas artes, paixões, aparições e imagens são as coisas induzidas, mas também as próprias coisas em si, que são de fato mudadas e transformadas em diferentes formas, como relata o poeta[6] de *Proteu*,[7] *Periclimenus*,[8] *Aquelous*[9] e *Merra*,[10] a filha de *Erisicton*: assim como *Circe*[11] mudou os companheiros de *Ulisses*, e desde muito tempo nos sacrifícios de *Júpiter Licaon*,[12] os homens que provavam das entranhas os sacrifícios se transformavam em lobos, o que segundo *Plínio* aconteceu com um certo homem chamado *Demarco*.[13]

Da mesma opinião era *Agostinho*: pois dizia que, enquanto estava na Itália, ouviu falar de algumas mulheres que, quando davam queijo enfeitiçado aos viajantes, os transformavam em animais de carga e, quando a tarefa deles acabava, voltavam à forma humana; tal sorte se abateu sobre um certo padre chamado *Prestantius*.[14] As próprias Escrituras atestam que os magos do faraó transformavam seus cajados em serpentes[15] e a água em sangue,[16] além de outros feitos do gênero.

Notas – Capítulo XLV

1. Pomadas, gotas ou outros tratamentos aplicados aos olhos.
2. Pomada esfregada no corpo.
3. Atendendo ao pedido de sua mãe, Vênus, Cupido assume a aparência de Ascânio, o filho de Eneo, para fazer a rainha Dido se apaixonar por Eneo. Ele "inala fogo secreto" nela cheio de "poção de amor" quando a beija, mas não há indicação de que haja alguma coisa em sua boca na época. Ver *Eneida* 1, c. linha 695.
4. Um colírio assim é descrito no *Livro dos Segredos*: "Se quiser ver o que os outros homens não veem, pegue a bile de um gato macho e a gordura de uma galinha totalmente branca, misture-as e passe sobre os olhos e verá aquilo que os outros não conseguem ver" (*Marvels of the World* 53 [Best e Brightman, 98]).
5. Agrippa não diz, mas trata-se provavelmente da lâmina de uma espada, ungida e aquecida em um fogo aberto, funcionando como um espelho mágico para refletir os espíritos que estiverem presentes, porém invisíveis ao olho nu. Os espíritos maus gostam de se esconder daquele que os invoca para que, quando a pessoa sair do círculo mágico, eles possam fazer maldades.
6. Ovídio.
7. *Proteu* - Alguns têm o privilégio de tomar muitas formas, como tu, Proteu, habitante do mar que envolve a terra. Tu já foste visto como um jovem e novamente como leão; já houve ocasião em que foste visto como um javali feroz e em outros momentos como serpente; e já houve época em que, com chifres, te transformaste em touro. Frequentemente apareceste como uma pedra, ou como uma árvore. Às vezes, imitando a aparência da correnteza, tu te fizeste em rio; outras vezes, fogo, o oposto exato da água (Ovídio, *Metamorfoses* 8.6, verso 730 [Riley, 292-3]).
8. *Periclimenus* - ... mas a morte de Periclimenus é extraordinária; aquele a quem Netuno havia concedido a capacidade de assumir qualquer forma que quisesse e, uma vez assumida, podia abandoná-la se assim desejasse. E após ter, em vão, se transformado em todas as outras formas,

Lobisomem
Extraído de Die Emeis, *de Johann Geiler von Kaysersberg (Estrasburgo, 1517)*

ele finalmente tomou a forma do pássaro que deve carregar o relâmpago em suas garras retorcidas [águia]... O herói de Tiríntia [Hércules] para ele aponta seu arco e certeiro o atinge... (*Ibid.* 12.5 verso 554 [Riley, 435]).

9. *Aquelou (Achelous)* -Ele lutou com Hércules, primeiro em sua verdadeira forma, depois como serpente e, por fim, como um touro, quando Hércules lhe arrancou os chifres e o derrotou (*Ibid.*, 9,1. verso 20 [Riley, 301-3]).

10. *Merra* - Como castigo por ter cortado um carvalho sagrado, seu pai, Erisichton, é amaldiçoado com uma fome insaciável que, para tentar aplacar, vende a filha como escrava. Ela recorre a Netuno, que lhe dá o poder de se transformar e fugir na forma de um homem. Seu pai a vende novamente, várias vezes, mas ela sempre foge, "às vezes como égua, às vezes como pássaro, às vezes como vaca, às vezes como cervo..." (*Ibid.* 8.7, verso 870 [Riley, 298]).

11. *Circe* - *Ibid.* 14.5 verso 376 [Riley, 493]).

12. *Júpiter Licaon* – Pelo sacrilégio de tentar enganar Júpiter, levando-a a consumir carne humana, Licaon, rei da Arcádia, é transformado em lobo: "Suas vestes viram pelos, seus braços patas; ele se transforma em um lobo, mas retém vestígios de sua forma antiga. Suas aspereza ainda é a mesma, a mesma violência aparece em seus traços; seus olhos são brilhantes como antes; ele ainda é a mesma imagem de ferocidade." (*Ibid.*, 1.7, verso 234 [Riley, 17]).

> A princípio, Kekrops deu a Zeus o nome de Supremo e decidiu não oferecer a ele sacrifícios de animais abatidos, mas sim incinerar no altar aqueles bolos de mel que os atenienses ainda hoje chamam de aveia, no entanto, Licaon trouxe uma criança humana ao altar de Zeus Liceu, sacrificou-a e despejou o sangue dela sobre o altar, e dizem que, ao fazer aquele sacrifício, subitamente virou lobo (Pausanias Guia da Grécia 8.2.3 [Levi, 2:372]).

> Dizem, por exemplo, que depois de Licaon, alguém sempre virava lobo no sacrifício a Zeus Liceu, mas não por toda a vida, pois, se ele não comesse carne humana enquanto estivesse em seu estado de lobo, voltaria a ser homem depois de nove anos, embora se provasse dela permaneceria como animal selvagem para sempre (*Ibid.* sec. 6 [Levi 2:373]).

13. Euantes (ou Evantes), um autor grego de uma certa reputação nos diz que os árcades afirmam que um membro da família de Antus é escolhido por sorteio e levado a um certo lago naquele distrito, onde, após pendurar as roupas em um carvalho, ele atravessa o lago a nado e sai para o deserto, onde é transformado em um lobo e se mistura com outros animais da mesma espécie durante nove anos. Se ele conseguir não ver um homem durante todo esse tempo, retorna ao mesmo lago e, depois de atravessá-lo a nado novamente, recupera sua forma original, com o acréscimo, porém, de nove anos de idade em sua aparência. A isso, Fábio acrescenta que o homem reassume suas roupas também... Também Agripas [ou Apollas], que escreveu os *Olimpiônicos* [vitoriosos olímpicos], informa-nos que Demeneto, o Parto, durante um sacrifício de vítimas humanas que os árcades estavam oferecendo a Júpiter Lucano, provou das entranhas de um garoto que fora sacrificado e imediatamente virou lobo. Mas, dez anos depois, ele voltou à sua forma original e sua vocação de atleta e retornou vitorioso nas competições do pugilato nos jogos olímpicos (Plínio 8.34 [Bostock e Riley, 2:283-4]).

Tais transformações não se restringiam à Arcádia. Heródoto também escreve sobre lobisomens:

> Parece que aqueles indivíduos são conjuradores; pois tanto os citas quanto os gregos que vivem na Cítia dizem que todo neuriano se transforma em lobo uma vez por ano durante alguns dias, voltando depois à sua forma normal (*História* l. 4 [Rawlinson, 236]).

14. Por sua vez, Prestantius me disse que seu pai tomou dessa droga em queijo em sua casa e em seguida ele dormiu tanto que nenhum homem era capaz de despertá-lo: e

> depois de alguns dias, acordou sozinho e contou tudo o que tinha sofrido em seus sonhos, nesse tempo; como se transformara em cavalo e carregara as provisões do soldado em uma sacola. Isso tinha de fato acontecido, conforme registrado, mas parecia-lhe apenas um sonho (Agostinho, *Cidade de Deus* 18.18 [Healey 2:192]).

15. Êxodo 7:12.
16. Êxodo 7:22.

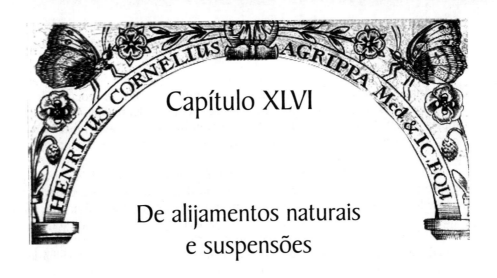

Capítulo XLVI

De alijamentos naturais e suspensões

 uando a Alma do Mundo, por sua virtude, torna todas as coisas naturalmente geradas ou artificialmente feitas frutíferas, infundindo nelas propriedades celestiais para o funcionamento de alguns efeitos sensacionais, então as coisas em si, não apenas aplicadas por sufumigações, colírios ou pomadas, ou poções, ou qualquer outro meio, mas também quando se encontram convenientemente envoltas ou amarradas ou penduradas no pescoço ou aplicadas de qualquer outra maneira, embora sem um contato fácil, imprimem sua virtude em nós.

Por meio dessas ligações,[1] portanto, suspensões,[2] emplastros, aplicações e contatos, os acidentes[3] do corpo e da mente são convertidos em doença, saúde, coragem, medo, tristeza, alegria e semelhantes: deixa seus portadores graciosos ou terríveis, aceitáveis ou rejeitados, honoráveis e amados, ou detestáveis e abomináveis.

Ora, essas espécies de paixões são concebidas, pelo que se lê acima, como infundidas por nenhum outro modo senão pelo que se vê nos enxertos das árvores, para onde a virtude vital é enviada, e comunicado do tronco ao galho enxertado, por meio de contato e ligação; assim, na palmeira fêmea, quando ela se aproxima da árvore macho, seus galhos se curvam e pendem em sua direção, fato que os jardineiros, ao observarem, amarram cordas entre o espécime macho e a fêmea, que se endireita novamente, como se pela continuação da corda ela tivesse recebido a virtude do macho. Do mesmo modo, vemos que o torpedo,[4] sendo tocado de longe com uma vara comprida, logo amortece a mão daquele que o toca. E se alguém tocar a lesma-do-mar[5] com a mão ou uma vara, logo perde o juízo. Também o peixe chamado estela, dizem, se for preso com sangue de uma raposa e um prego de bronze a um portão, impede o efeito de remédios maléficos. Diz-se ainda que, se uma mulher pegar uma agulha e a cobrir de esterco, depois a enrolar em terra, na qual a carcaça de um homem está enterrada, e carregá-la consigo em um pano que foi usado no funeral, nenhum homem será capaz de se deitar com ela[6] enquanto a usar. Ora, com esses exemplos vemos como determinadas ligações de certas coisas, bem como suspensões, ou por um simples contato, ou a continuação de algum fio, podemos receber algumas virtudes em nós.

É necessário que conheçamos a regra certa da ligação e da suspensão, e o procedimento exigido pela Arte, isto é, que tudo seja feito sob determinada e apropriada constelação, com fios de metal ou de seda, com pelos ou tendões de certos animais.[7] E quanto às coisas que são embrulhadas, isso deve ser feito nas folhas de ervas, ou peles de animais, ou panos finos, e coisas desse tipo, de acordo com a conveniência das coisas; se, por exemplo, você estiver procurando a virtude solar de alguma coisa, estando ela embrulhada em folhas de louro ou na pele de um leão, pendure-a no pescoço com um fio dourado ou prateado de cor amarela, enquanto o Sol estiver regendo no céu; desse modo, você receberá a virtude solar de qualquer coisa. Mas, se desejar a virtude de algo saturnino, deve, por outro lado, pegar tal coisa enquanto Saturno estiver regendo e embrulhá-la na pele de um asno, ou em um pano usado em um funeral, principalmente se quiser o objeto para tristeza, e, com um fio preto, pendure-a em volta do pescoço. O mesmo se aplica ao restante.

Notas – Capítulo XLVI

1. Conjunção ou contato físico.
2. Coisas penduradas; nesse caso, no corpo.
3. Surgimentos ou efeitos causais; fenômenos.
4. Arraia elétrica (*Torpedo vulgaris*), uma espécie de arraia que chega a pesar quase 50 quilos e tem a capacidade de enviar um choque elétrico quando tocado. É comum no Mediterrâneo.
5. Um molusco (*Aplysia depilans*) com quatro tentáculos e um corpo oval. Plínio o chamava de *lepus marinus*, provavelmente por causa da semelhança de dois lobos aos ouvidos da lebre, e o considerava venenoso. Tal crença não tem o menor fundamento.
6. Talvez o cheiro tenha mais a ver com a efetividade desse feitiço do que com qualquer virtude oculta.
7. Todos são condutores mágicos.

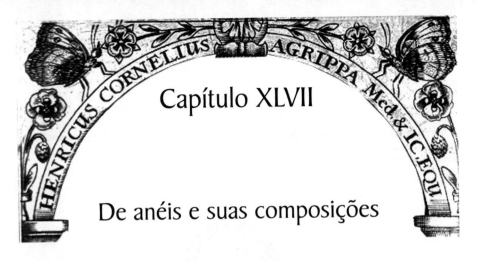

Capítulo XLVII

De anéis e suas composições

ambém os anéis, que sempre foram muito estimados pelos antigos, se feitos de maneira oportuna, imprimem sua virtude em nós, no sentido de que afetam o espírito daquele que os porta com alegria ou tristeza, e faz dele um indivíduo cortês ou terrível, corajoso ou temerário, amável ou detestável; além disso, os anéis nos fortificam contra doenças, venenos, inimigos, espíritos maus e toda espécie de coisa que fere, ou pelo menos não nos deixam sofrer influências dessas coisas.

Ora, o modo de fazer esses anéis é o seguinte: quando qualquer astro ascende de maneira afortunada, com o aspecto afortunado, ou na conjunção da Lua, devemos pegar uma pedra e uma erva regidas sob tal astro e confeccionar um anel do metal próprio de tal astro, e nele prender a pedra, colocando a erva ou a raiz debaixo dela; não devemos omitir as inscrições de imagens, nomes e caracteres também como sufumigações apropriadas, mas falaremos deles mais adiante, quando abordarmos as imagens e os caracteres.

Lemos em *Filóstrato* que *Jarco*, um sábio príncipe da Índia, mandou confeccionar sete anéis, de acordo com esse procedimento, marcados com as virtudes e os nomes dos sete planetas, e deu de presente a *Apolônio*, o qual usava um todo dia, distinguindo-os de acordo com os nomes dos dias,[1] desfrutando com eles o benefício de viver mais de 130 anos de idade e ainda conservar a beleza de sua juventude.

Do mesmo modo, segundo *Josephus*, *Moisés*, o legislador e governante dos hebreus, habilidoso na magia egípcia, teria feito anéis de amor e esquecimento. Segundo Aristóteles, existia também entre os cireneus um anel de *Battus* capaz de produzir amor e honra. Lemos ainda que *Edamo*, um filósofo, confeccionou anéis contra mordida de serpente, feitiço e espíritos malignos. O mesmo relata *Josephus* acerca de *Salomão*.[2]

Em *Platão*, lemos que *Giges*,[3] um pastor na Lídia, tinha um anel de virtudes fantásticas e estranhas que, quando tinha o selo voltado para palma de sua mão, ninguém podia vê-lo, embora ele visse tudo. Aproveitando essa oportunidade, ele deflorou a rainha e matou o rei, seu senhor, além de eliminar quem quer que parecesse se colocar em seu caminho, e nesses atos vis ninguém o via; até que um dia, graças aos benefícios do anel, ele se tornou rei da Lídia.

Notas – Capítulo XLVII

1. "Damis também conta que Iarchus (Jarco) deu a Apolônio sete anéis, gravados respectivamente com os nomes dos sete planetas, e que Apolônio costumava usar cada um deles no devido dia da semana" (Filóstrato, *Life and Time of Apollonius do Tyana* 3.4 [Eells, 86]).

Anel gnóstico
Extraído de Rings for the Finger, *de George Frederick Kunz (Filadélfia, 1917)*

2. Vi um certo homem de meu país, chamado Eleazar, exorcizando pessoas endemoninhadas na presença de Vespasiano e seus filhos, seus capitães e todo o corpo de soldados. O método de cura era assim: ele colocava um anel que tivesse uma raiz da espécie mencionada por Salomão nas narinas da pessoa endemoninhada; e quando o indivíduo caía, livre, ele abjurava o demônio a nunca mais voltar a ele, mencionando ainda Salomão e recitando os encantamentos por ele compostos. E quando Eleazar convencia e demonstrava aos espectadores que tinha esse poder, ele deixava separado um cálice ou uma bacia cheia de água e ordenava ao demônio saído do homem que transbordasse o receptáculo, permitindo aos espectadores que ele tinha de fato deixado a pessoa; isso feito, a habilidade e a sabedoria de Salomão eram mostradas de modo bem claro... (Josephus, *Antiquities of the Jews* 8.2.5 [Whiston, 194]).
3. Era ele [Giges] um pastor que servia em casa do que era então o soberano da Lídia. Por causa de uma grande tempestade e tremor de terra, rasgou-se o solo e abriu-se uma fenda no local em que ele apascentava o rebanho. Admirado ao ver tal coisa, desceu por lá e contemplou, entre

De anéis e suas composições 239

outras maravilhas que por aí fantasiam, um cavalo de bronze, oco, com umas aberturas, espreitando através destas viu lá dentro um cadáver, aparentemente maior do que um homem, e que não tinha mais nada senão um anel de ouro na mão. Arrancou-o e saiu. Ora, como os pastores se reuniram da maneira habitual, a fim de comunicarem ao rei, todos os meses, o que dizia respeito aos rebanhos, Giges foi lá também, com o seu anel. Estando ele, pois, sentado no meio dos outros, deu por acaso uma volta ao engaste do anel para dentro, em direção à parte interna da mão, e, ao fazer isso, tornou-se invisível para os que estavam ao lado, os quais falavam dele como se tivesse ido embora. Admirado, passou de novo a mão pelo anel e virou para fora o engaste. Assim que o fez, tornou-se visível. Tendo observado esses fatos, experimentou o anel para ver se tinha aquele poder e verificou que, se voltasse o engaste para dentro, se tornava invisível; se o voltasse para fora, ficava visível. Assim, senhor de si, logo fez com que fosse um dos delegados que iam junto do rei. Uma vez lá chegado, seduziu a mulher do soberano e, com o auxílio dela, atacou-o e matou-o, e assim tomou o poder.

Anel de Giges

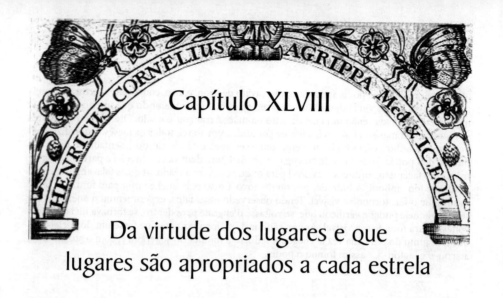

Capítulo XLVIII

Da virtude dos lugares e que lugares são apropriados a cada estrela

Os lugares têm virtudes que os acompanham, ou das coisas colocadas, ou das influências dos astros, ou qualquer outro meio. Pois, como *Plínio* relata acerca de um cuco,[1] no lugar em que alguém o ouvir pela primeira vez, se estiver com o pé direito deixando uma impressão na terra próxima, não surgirão pulgas no local. Por isso, dizem que se a poeira do rasto de uma cobra[2] for juntada e espalhada entre abelhas, isso as fará retornar às colmeias. Também a poeira na qual uma mula[3] tenha se rolado, se for esfregada no corpo, mitiga o calor do amor, e a poeira em que um gavião[4] tenha se esfregado, se colocada em um tecido vermelho berrante e amarrada ao corpo, cura a febre quartã.

Dizem ainda que uma pedra tirada do ninho de uma andorinha[5] alivia os sintomas de doenças debilitantes e, se for amarrada ao paciente, preserva sua saúde, principalmente se for enrolada no sangue ou no coração de uma andorinha. Como se relata, se alguém, que estiver jejuando, tiver um corte em uma veia e for a um lugar onde uma pessoa teve um ataque recente de alguma doença debilitante, poderá ter a mesma doença. E *Plínio* relata que se um prego de ferro[6] for colocado no lugar onde uma pessoa doente caiu e bateu a cabeça, tal pessoa se livrará da doença.

Diz-se, ainda, que uma erva crescendo na cabeça[7] de uma estátua, se colhida e amarrada em alguma parte da roupa de uma pessoa com um fio vermelho, logo aliviará suas dores de cabeça; e qualquer erva colhida dos riachos ou rios antes do nascer do Sol, desde que ninguém veja a pessoa no ato, curará a febre terçã se for amarrada no braço esquerdo do paciente, desde que ele não saiba o que está sendo feito.

Mas, entre os lugares propícios dos astros, todos os locais malcheirosos, escuros, subterrâneos, religiosos, bem como locais de luto, como cemitérios, tumbas e casas abandonadas, além de casas velhas, em risco de ruir, obscuras, assustadoras e covis solitários, cavernas, buracos fundos e também lagoas, poços, charcos e outros do gênero, são próprios de Saturno.

A Júpiter são atribuídos todos os lugares privilegiados, consistórios[8] de nobres, tribunais, cadeiras, locais de exercícios, escolas e todos os lugares belos e limpos, repletos ou salpicados de odores diversos.

A Marte, os locais sangrentos, as fornalhas, fornos, matadouros, locais de execução e lugares em que houve grandes batalhas e sacrifícios.

Ao Sol, lugares de luz, ar sereno, palácios de reis e cortes de príncipes, púlpitos, teatros, tronos e todos os locais majestosos e magníficos.

A Vênus, as fontes agradáveis, os prados verdes, jardins em flor, leitos adornados, bordéis (segundo *Orfeu*), o mar, a praia, os banhos públicos, lugares de bailes e todos os locais que pertencem às mulheres.

A Mercúrio, as lojas, escolas, armazéns, postos de troca de mercadoria e outros do gênero.

À Lua, os lugares ermos, bosques, rochas, colinas, montanhas, florestas, fontes, águas, rios, mares, praias, barcos, arvoredos, estradas e celeiros para milho, e outros.

De acordo com esse relato, aqueles que se empenham em provocar o amor, devem enterrar por algum tempo os instrumentos de sua arte, sejam eles anéis, imagens, espelhos ou quaisquer outros, escondendo-os em um prostíbulo, pois em tal lugar os objetos adquirirão faculdade venérea; assim como as coisas colocadas em lugares fétidos se tornam fétidas e as colocadas em local aromático se tornam aromáticas e adquirem sabor doce.

Os quatro cantos da Terra também pertencem a essa matéria. Assim, quem quiser colher uma erva saturnina, marcial ou joviana deve olhar para o leste, ou sul, em parte porque desejam ser orientais,[9] em parte porque suas principais causas, ou seja, Aquário, Escorpião, Sagitário, são signos do sul, assim como Capricórnio e Peixes. Mas aqueles que desejarem uma erva venérea, mercurial ou lunar, devem visar ao oeste, porque eles se deleitam com o fato de ser do oeste; do contrário devem olhar para o norte, pois suas principais casas, ou seja, Touro, Gêmeos, Câncer, Virgem, são signos do norte. Assim, em qualquer trabalho solar, devemos mirar o leste, ou Sol, mas particularmente para o corpo e luz solares.

Notas – Capítulo XLVIII

1. "Há outro fato maravilhoso, também mencionado, com referência ao cuco: se no local em que uma pessoa ouve esse pássaro pela primeira vez, traçar o espaço ocupado por seu pé direito e depois escavar a terra, evitará a procriação de pulgas, onde quer que seja jogado" (Plínio 30.25 [Bostock e Riley, 5:450]).
2. "A poeira do rastro de uma cobra, salpicada entre as abelhas, as fará retornar à colmeia" (Plínio 30.53) [Bostock e Riley, 5:469-70]).
3. "A poeira na qual uma mula tenha se espojado, se for passada sobre o corpo, alivia as chamas do desejo" (*Ibid.*, 469).
4. "... a poeira, por exemplo, na qual um gavião tenha se espojado, se for amarrada em um pedaço de linho com um fio vermelho e presa ao corpo [é boa contra a febre quartã]..." (Plínio 30.30 [Bostock e Riley, 5:453-4]).

5. "E, ainda mais que isso, uma pequena pedra tirada do ninho de uma andorinha aliviará o paciente no momento em que for aplicada, dizem; também a minhoca, como amuleto, sempre protege contra esse mal" (Plínio 30.27 [Bostock e Riley, 5:451-2]).

6. Se um prego de ferro for enfiado no local onde se apoiou a cabeça de um homem que teve um ataque de epilepsia, supostamente o cura dessa doença" (Plínio 28.17 [Bostock e Riley, 5:299]).

7. Cícero menciona essa erva como um mau presságio: "Muitos outros sinais, nessa época, anunciavam aos espartanos as calamidades da batalha de Leuctra; pois em Delfos, sobre a estátua de Lisandro, que foi o mais famoso dos lacedemônios, apareceu de repente uma guirlanda de ervas espinhosas silvestres" ("De divinatione" 1.34. In *The Treatrises of M. T. Cicero*, traduzido para o inglês por C. D. Yonge [Londres: Bell and Daldy, 1872], 176. Ele diz ainda que essas plantas cresciam de sementes depositadas por pássaros (2.32).

8. Câmaras de conselho.

9. "Ser oriental nada mais é que se levantar diante do Sol" (W. Lilly, Christian Astrology (1647), cap. 19, p.114, citado do OED, "oriental"). Portanto, a erva deve ser colhida no momento do nascer do Sol.

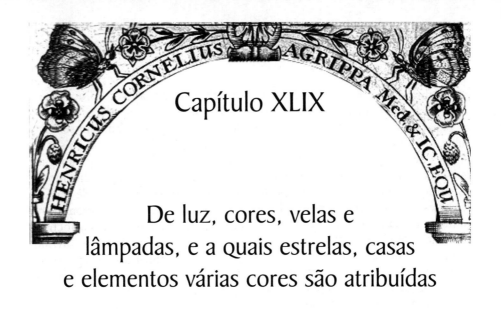

Capítulo XLIX

De luz, cores, velas e lâmpadas, e a quais estrelas, casas e elementos várias cores são atribuídas

A luz também é uma qualidade que partilha muito da forma e é um ato simples e uma representação do entendimento: ela é difundida, em primeiro lugar, na mente de Deus para todas as coisas, mas em Deus Pai, o pai da luz, é a primeira luz verdadeira; depois no Filho, um lindo brilho transbordante; e no Espírito Santo, um brilho incandescente, excedendo todas as inteligências, sim, como dizia *Dionísio*, de Serafins.[1]

Nos anjos, portanto, ela é uma inteligência brilhante difusa, um gozo abundante além de todos os limites da razão, porém recebida em diferentes graus, de acordo com a natureza da inteligência que a recebe. E, então, ela desce aos corpos celestes, nos quais se torna um depósito de vida e uma verdadeira propagação, até um esplendor visível. No fogo, uma certa vivacidade natural infundida nele pelos céus. E por fim, nos homens, ela é um discurso claro da razão e o conhecimento de coisas divinas e toda a faculdade racional: mas é múltipla, ou pela disposição do corpo, como afirmam os peripatéticos, ou – o que é mais verdadeiro – pelo grande prazer daquele que a concede, que lhe dá a quem ele quer.

Daí ela passa para a imaginação, porém acima do sentido e apenas imaginável, e de lá para os sentidos, principalmente dos olhos; neles, ela se torna uma claridade visível e é estendida a outros corpos perspícuos,[2] nos quais se torna uma cor e uma beleza brilhante; mas, nos corpos escuros, ela é sem dúvida uma virtude benéfica e generativa e penetra até o próprio centro, onde, tendo seus raios coletados em um lugar estreito, ela se torna um calor escuro, atormentador e escaldante, de modo que todas as coisas percebem o vigor da luz de acordo com sua capacidade, todas as quais se juntando a ela com um calor vivificante e passando através de todas as coisas que, por sua vez, transmitem sua qualidade e suas virtudes também através de todas as coisas.

Por isso os magos proíbem que a urina de homem doente[3] seja borrifada na sombra de um homem doente ou descoberta sob o Sol ou a Lua, porque os penetrantes raios da luz, trazendo subitamente consigo as nocivas qualidades dos corpos doentes, transmitem-nas ao corpo oposto e o afetam com uma qualidade da mesma espécie. É por essa razão que os encantadores tomam o cuidado de cobrir seus encantamentos com sua sombra. E é assim que a civeta[4] deixa todos os cães mudos com o mero toque de sua sombra.

Algumas luzes também são artificiais, tais como lâmpadas, tochas, velas e outras, e licores oportunamente escolhidos de acordo com a regência das estrelas e compostos entre si de acordo com a congruência delas, que, quando são iluminadas e brilham por si, tendem a produzir alguns efeitos maravilhosos e celestiais, os quais são muitas vezes admirados pelos homens, como *Plínio* relata de *Anaxilau*, de um veneno das éguas[5] após a copulação que, ao ser aceso em tochas, representa monstruosamente uma imagem de cabeças de cavalo: o mesmo se pode dizer de asnos e moscas que, misturados com cera e aceso, criam uma estranha imagem de moscas; e a pele de uma serpente acesa em uma lâmpada faz aparecerem serpentes.

E dizem que, quando as uvas estão em flor, se alguém amarrar a elas um frasco cheio de óleo, e lá deixar até elas amadurecerem, e depois o óleo for aceso em uma lâmpada, faz com que sejam vistas uvas. E o mesmo com outras frutas. Se a centáurea[6] for misturada com mel e sangue de um abibe e colocada em uma lâmpada, quem ficar perto parecerá muito maior do que é: e se ela for acesa em uma noite clara, as estrelas parecerão mais espalhadas.[7] A mesma força existe na tintura de um choco, que, ao ser colocada em uma lâmpada, faz aparecer imagens de mouros negros.[8] Também se relata que uma vela feita de certas coisas saturninas, quando acesa, se for apagada na boca de um homem recém-morto, trará posteriormente grande tristeza e medo àqueles que estiverem perto dela. *Hermes* fala mais dessas tochas e lâmpadas; também *Platão* e *Chyranides*, e dos escritores de época posterior, *Alberto*, em um tratado[9] desse tema em particular.

As cores também são tipos de luzes que, misturadas com coisas, tendem a expô-las àquelas estrelas com as quais são mais compatíveis. Falaremos, depois, de algumas cores que são as luzes dos planetas, por meio das quais até a natureza das estrelas fixas é compreendida, o que também pode se aplicar às chamas das lâmpadas e das velas. Mas, por ora, explicaremos como as cores de coisas mistas inferiores são distribuídas entre os diversos planetas.

Pois todas as cores, preta, lúcida, terrosa, chumbo, marrom, têm relação com Saturno. A safira e as cores do ar, e aquelas que são sempre verdes, claras, roxas, escuras, douradas, misturadas com prata, pertencem a Júpiter. As cores vermelhas e incandescentes, de fogo ou de chama, violeta, roxa, vermelho-sangue e cores ferrosas, assemelham-se a Marte. Dourado, açafrão, roxo e cores brilhantes se assemelham ao Sol. Mas todas as brancas, claras, curiosas, verdes, avermelhadas, entre açafrão e roxo, se aproximam de Vênus, Mercúrio e da Lua.

Ademais, entre as casas do céu,[10] a primeira e a sétima têm cor branca; a segunda e a décima segunda, verde;

a terceira e a décima primeira, açafrão; a quarta e a décima, vermelha; a quinta e a nona, cor-de-mel; a sexta e a oitava, preta.

Os elementos[11] também têm cores, pelas quais os filósofos naturais julgam a compleição e a propriedade de sua natureza; pois uma cor terrosa, causada por frio e seca, é marrom e preta, e manifesta cólera negra e uma natureza saturnina; o azul pendendo para o branco denota muco, pois o frio causa o branco, a umidade; e a secura, o preto; cores avermelhadas mostram sangue, mas um vermelho fogo, ardente, produz cólera, que por razão de sua sutileza e aptidão para misturar com outras produz diversas cores, pois se essa cor for misturada com sangue, e o sangue for predominante, cria um vermelho-corado; se a cólera predominar, o resultado é uma tonalidade avermelhada; se houver uma mistura igual, o resultado é um vermelho triste. Mas se um vermelho cólera adusto for misturado com sangue, produz um vermelho-cânhamo, vermelho, se o tom de sangue predominar, e vermelho mais claro, se o que predominar for o vermelho-cólera. Se, no entanto, for misturado com um humor melancólico e com muco, em igual proporção, produz a cor de cânhamo; na abundância de cânhamo, o resultado é cor-de-lama; no caso de melancolia, um bom azulado; se a mistura for só com muco, em igual proporção, resulta em uma cor citrina; em proporção desigual, um tom pálido.

Todas as cores prevalecem mais em sede, ou em metais, ou em substâncias perspícuas, ou pedras preciosas; e naquelas coisas que se assemelham a corpos celestes em cor, principalmente em seres vivos.

Notas – Capítulo XLIX

1. A ordem angelical superior.
2. Transparentes ou translúcidos.
3. Os adeptos da magia proíbem terminantemente que uma pessoa prestes a urinar desnude o corpo na frente do Sol ou da Lua ou que borrife sua urina na sombra de qualquer objeto. Hesíodo [*Obras e Dias*, linha 727] recomenda que as pessoas que queiram urinar contra um objeto façam a urina descer sempre na frente deles, para que nenhuma divindade se ofenda com a nudez revelada (Plínio 28.19 [Bostock e Riley, 5:301]).
4. Isto é, a hiena.
5. "Anaxilau nos garante que, se um líquido escorrido de uma égua, quando coberta, for aplicado ao pavio de uma lâmpada, produzirá uma representação fantástica de cabeças de cavalo; e o mesmo acontece com a asna" (Plínio 28.49 [Bostock e Riley, 5:339-40]. Trata-se do segundo tipo de hipômane – ver nota 20, cap. XLII, l. I.
6. Planta que recebe o nome de Chiron (ou Quíron), o centauro, que teria descoberta suas propriedades medicinais. Os antigos reconheciam duas espécies, a centáurea maior e a menor, consideradas, respectivamente, centáurea amarela (*Chlora perfoliata*) e centáurea comum (*Erytrhaea centaurea*). A planta a que Agrippa se refere é provavelmente a centáurea comum.
7. *espalhadas* –
    Os bruxos [magos] dizem que essa erva tem uma virtude maravilhosa, pois, se for misturada com o sangue de um abibe fêmea e colocada com óleo em uma lâmpada, todos os que forem por ela iluminados se julgarão bruxos, de modo que um pensará no outro como tendo a

cabeça no céu e os pés na terra. E se tal composição for posta no fogo, quando as estrelas brilham, estas parecerão se chocar e brigar (*Livro dos Segredos* 1.13 [Best e Brightman, 13]).
8. Uma luz que faz os rostos dos homens parecerem pretos é mencionada em "Maravilhas do mundo" 63 (Best e Brightman, 103). Não é necessária a tintura do cocho.
9. Provável referência às "Maravilhas do mundo", uma obra que é apêndice do *Livro dos Segredos*, atribuído a Alberto Magno.
10. A atribuição de cores às casas do zodíaco mostra uma simetria bilateral em volta do eixo Áries-Libra. Essa estrutura se baseia no sistema de signos que mandam e obedecem na Astrologia (ver nota 8, cap. L, l. II).
11. Essas cores se referem a tons de pele, com base no relacionamento direto entre os elementos e os humores físicos – ver Apêndice IV.

△ Fogo: Cólera (quente – seco)
△ Ar: Sangue (quente – úmido)
▽ Água: Muco (frio – úmido)
▽ Terra: Melancolia (frio – seco)

Cólera queimada parece ser o que Burton chama de humor adoentado, uma forma aberrante de cólera. As atribuições estão codificadas abaixo. "P" indica o humor predominante.

▽ — marrom – preto
▽ — azul – branco
△— vermelho-opaco
△ — amarelo-fogo
adusto △ — amarelo opaco
△+△ (P) — vermelho-corado
△(P) +△— avermelhado
△+△ — vermelho-triste
adusto △ + △— cânhamo
adusto △+ △(P)— vermelho
adusto △ (P) + △— avermelhado
adusto △+ ▽—preto
adusto △+▽+▽ — cânhamo
adusto △+▽+▽(P) — lama
adusto △+▽(P)+▽— azulado
adusto △+ ▽— citrino
adusto ▽ + △(desigual) — pálido
adusto — pálido +(desigual)

Capítulo L

Da fascinação e sua arte

 fascinação é uma forma de amarração que vem do espírito do bruxo ou da bruxa, atravessa os olhos daquele que é enfeitiçado e entra em seu coração.

Ora, o instrumento da fascinação é o espírito; ou seja, um certo vapor puro, lúcido, sutil, gerado do sangue mais puro pelo calor do coração. Ele sempre emite, através dos olhos, raios como ele mesmo; e esses raios emanados levam consigo um vapor espiritual, e esse vapor, por sua vez, um sangue, como se vê em olhos vermelhos e turvos, cujos raios são emitidos para os olhos de quem está defronte, olha direto para eles, e carrega o vapor do sangue corrupto e, por meio do contágio, infecta os olhos do observador com a mesma doença.

Assim, o olho aberto e fixo em alguém com forte imaginação solta seus raios, que são o veículo do espírito, nos olhos daquele que estiver defronte; e o delicado espírito toca os olhos do enfeitiçado, daquele que se abala pelo coração do que enfeitiça, e toma o peito desse enfeitiçado, fere-lhe o coração e infecta-lhe o espírito. Como dizia *Apuleio*,[1] teus olhos descem por meus olhos até meu peito mais íntimo e atiça o mais violento ardor em meu tutano.

Sabia, portanto, que é mais comum os homens se tornarem enfeitiçados quando, ao olhar para alguém, miram de soslaio[2] a pessoa que de soslaio os mira, quando os olhos de ambos se encontram fixamente e quando raios se juntam a raios, e luzes a luzes, pois nesse momento o espírito de um se junta ao espírito de outro, fixando as centelhas: assim são feitas fortes ligações,[3] e a maior parte dos amores veementes se inflam com os únicos raios dos olhos, como se fossem dardos, ou com um golpe penetrando todo o corpo, de onde o espírito e o sangue amoroso ferido são projetados para o amante, o encantador, não diferente do sangue e do espírito de vingança daquele que é morto projetados sobre aquele que o matou. É nesse sentido que *Lucrécio* cantava,[4] referindo-se a tais encantamentos amorosos:

> O corpo é atingido, e a mente ferida
> Com as flechas de Cupido, cega.
> Todas as partes cientes estão da ferida, mas sabem
> Que o sangue surge naquela que o golpe recebeu.

Grande assim é o poder da fascinação, principalmente quando os vapores dos olhos são subservientes à afeição. Por isso, bruxas e bruxos usam colírios, unguentos, ligações, e coisas assim, para afetar e corroborar o espírito dessa ou daquela maneira. Para produzir amor, usam colírios venéreos, como hipômanes e sangue de andorinha, de pardal ou outros semelhantes. Para induzir medo, usam colírios marciais, como os olhos dos lobos, da civeta, e semelhantes. Para gerar amargura e tristeza, ou doença, usam saturninos e o resto.

Notas – Capítulo L

1. "Sou tão fascinado e dominado por teus olhos brilhantes, tuas faces ruborizadas e teu cabelo reluzente que nem posso pensar em partir ou distanciar-me de ti, mas acalento o prazer que terei contigo esta noite, acima de todos os prazeres do mundo" (Apuleio, *O asno de ouro*, cap. 15 [Adlington]).
2. Pelo canto dos olhos.
3. Amarrações.
4. *Sobre a natureza das coisas* l. 4, c. linha 1042 em diante. Lucrécio faz uma analogia dizendo que, assim como o sangue corre para a arma e para o inimigo que a sacou em batalha, também o coração pula na direção do indivíduo que o fere de amor.

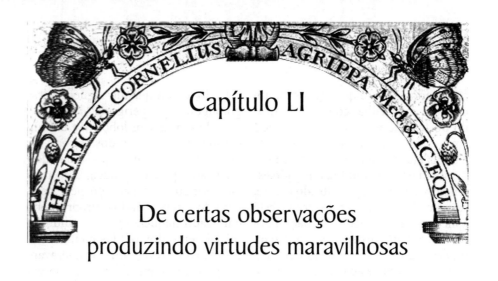

Capítulo LI

De certas observações produzindo virtudes maravilhosas

Dizem que determinados atos e observações[1] têm um certo poder das coisas naturais que, acredita-se, podem ser expelidos e direcionados de uma ou outra maneira. Nesse sentido, diz-se que a febre quartã pode ser afastada se as aparas de unhas do paciente forem amarradas ao pescoço de uma enguia viva em um pedaço de linho e ela for solta na água. E *Plínio* diz que as aparas de unhas[2] do pé de um homem doente, misturadas com cera, curam a febre quartã, terçã e malária cotidiana;[3] se antes do nascer do Sol forem amarradas no portão da casa de outro homem, curarão todas essas doenças. Do mesmo modo, se todas as aparas de unhas forem colocadas em cavernas de formigas,[4] dizem que aquela que começar a pegar as unhas deve ser pega e amarrada ao pescoço, e assim a doença será eliminada.

Dizem também que com uma madeira atingida por relâmpago[5] e colocada atrás das costas com as mãos, qualquer doença pode ser curada, e quanto à febre quartã, um pedaço de prego de uma forca envolto em lã e pendurado no pescoço pode curar. Também uma corda produz o mesmo resultado se for tirada da forca e escondida debaixo do solo para que o Sol não a ilumine.[6] Também a garganta daquele que teve inflamação ou inchaço grave, se for tocada pela mão de um homem que teve morte prematura,[7] é curada imediatamente.

Diz-se ainda que uma mulher encontra alívio de suas dores de parto, se alguém colocar na cama em que ela estiver deitada uma pedra, ou um dardo, com os quais um destes animais – homem, javali ou urso – tenha sido morto. O mesmo efeito é produzido por uma lança que seja tirada do corpo de um homem, desde que ela não toque o chão; também se diz que flechas arrancadas do corpo de um homem que ainda não tocaram a terra, se colocadas debaixo de alguém que está deitado, produzirá amor; e, ainda, que qualquer doença debilitante é curada por carne preparada de um animal selvagem, morto do mesmo modo que um homem é morto.[8]

Fala-se também que os olhos de um homem lavados três vezes com uma água que ele tenha usado para lavar os pés[9] nunca doerão nem ficarão embaçados. Diz-se que alguns curam doenças das virilhas com um fio tirado do tear de um tecelão, amarrado em nove ou sete nós, com o nome de alguma viúva sendo citado a cada nó.[10] Também o baço de animal de gado estendido sobre o baço dolorido o cura, se aquele que o aplicar disser que está aplicando um remédio ao baço para curá-lo e aliviá-lo: depois disso, dizem, o paciente deve ser trancado em seu quarto, a porta selada com um anel e alguns versos repetidos 19 vezes.[11]

A urina de um lagarto verde[12] cura a mesma doença, se for colocada em um ponto e pendurada no quarto do paciente para que ele possa, ao entrar e sair, tocá-la com a mão. Também um lagarto morto[13] na urina de um bezerro, conta-se, restringe a luxúria de quem a usa; aquele que coloca sua urina na urina de um cão[14] torna-se indiferente aos venéreos e experimenta um amortecimento nas virilhas. Dizem que se a urina de uma pessoa for derramada sobre o pé[15] pela manhã, ela é um remédio contra todos os artifícios malignos. E uma pequena rã subindo uma árvore, se alguém lhe cuspir na boca e depois deixá-la fugir, supostamente cura tosse.[16]

É uma coisa fantástica, mas fácil de experimentar aquilo de que fala *Plínio*, se alguém se arrepender por alguma pancada que desferiu contra outro, perto ou longe, e se em seguida cuspir no meio da mão que desferiu a pancada, a parte agredida logo se livrará da dor. Isso foi verificado em um animal de quatro patas que fora gravemente ferido. Alguns artifícios, porém, agravam a pancada antes mesmo de desferi-la.[17] Do mesmo modo, saliva carregada na mão, ou cuspida no sapato do pé direito antes de ser calçado, é boa quando alguém passa por algum lugar perigoso.[18]

Dizem que os lobos não entram em um campo se um dos animais for pego e tiver uma perna quebrada e dele for tirado, pouco a pouco, com uma faca, sangue, e espalhado pela periferia do campo, sendo o próprio lobo enterrado naquele lugar de onde foi inicialmente tirado.[19] Os metanenses, cidadãos de Trezenium, consideravam o seguinte um remédio para preservação das vinhas contra dos danos do vento sul, tendo com isso experiência comprovada: enquanto o vento soprar, um galo branco for dividido em pedaços pelo meio por dois homens, cada um guardando sua parte e andando em torno do vinhedo até se encontrarem no lugar de onde partiram, e lá enterrar os pedaços do galo. Dizem também que se alguém segurar uma víbora sobre um vapor com um bastão, tal pessoa desenvolverá o dom da profecia, e o bastão com que a víbora foi golpeada é bom contra doenças de mulheres que estão amamentando. Essas coisas são recitadas por *Plínio*.

Também se diz que, ao colher raízes e ervas, devemos desenhar antes três círculos em volta delas com uma espada, depois escavar, sempre atentos para o vento contrário. E dizem também que, se alguém medir um homem morto com uma corda, primeiro do cotovelo ao dedo maior, depois do ombro ao mesmo dedo e, por fim, da cabeça aos pés, fazendo três vezes essas mensurações, caso alguém seja medido com a mesma corda, da mesma maneira, não prosperará, mas será desafortunado, cairá na miséria e tristeza.

E *Alberto* dizia que, se uma mulher o enfeitiçar para amá-la, pegue os lençóis em que ela se deita e urine através da toca da mulher[20] e de sua manga direita, fora de casa, e o feitiço será quebrado. E Plínio dizia que, se se sentar ao lado de uma mulher grávida, ou quando um remédio é dado a ela, e juntar os dedos como os dentes de um pente,[21] é uma espécie de encantamento. Isso se conheceu por experiência, com *Alcmena* criando *Hércules*: e o efeito é muito pior se isso for feito perto de um joelho ou dos dois.

Também sentar com as pernas cruzadas[22] é um feitiço; por isso era proibido se sentar nessa posição nos conselhos de príncipes e governantes, pois todos os procedimentos seriam, assim, impedidos. E diz-se ainda que, se alguém ficar de pé diante da porta e chamar pelo nome o homem que estiver do outro lado, deitado com uma mulher, e este responder e, em seguida, for amarrada à porta uma faca ou agulha e depois quebrada, com a ponta sempre para baixo, aquele que estiver na cama com a mulher não poderá copular com ela enquanto tais coisas se encontrarem lá.

Notas – Capítulo LI

1. Observâncias.
2. Eu darei um exemplo de uma das mais sensatas de suas prescrições – Pegue as aparas das unhas dos pés e das mãos de uma pessoa doente, misture-as com cera, enquanto o paciente diz que está procurando um remédio para a febre terçã, quartã ou malária cotidiana, conforme for o caso; em seguida, grude a mistura com cera, antes do nascer do Sol, sobre a porta de outra pessoa – essa é prescrição que eles dão para essas doenças! Que pessoas mentirosas devem ser, se isso não for verdade! E que criminosas se transferirem doenças de uma pessoa para outra! Algumas dessas pessoas, cujas práticas são de natureza menos culpada, recomendam que as aparas de todas as unhas dos dedos sejam jogadas na entrada de formigueiros, e a primeira formiga que tentar levar uma para dentro, dizem, deve ser aplicada ao pescoço do paciente, e ele terá uma cura rápida (Plínio 28.23 [Bostock e Riley, 5:307]).
3. Uma febre que se manifesta todos os dias.
4. Formigueiros.
5. "Um pedaço de madeira que tenha sido atingido por relâmpago, segurado nas mãos atrás das costas, e depois aplicado ao dente, é um remédio infalível para dor de dente" (Plínio 28.11 [Bostock e Riley, 5:293]).
6. "Também em casos de febre quartã, eles pegam um fragmento de um prego de uma cruz, ou um pedaço de cabresto usado para crucifixão, e, após envolvê-lo em lã, aplicam-no ao pescoço do paciente; tomando cuidado, quando ele se recuperar, de escondê-lo em algum buraco no qual a luz do Sol não possa penetrar" (*Ibid.*).
7. Escrófula, inflamações das glândulas parótidas e doenças da garganta, dizem, podem ser curadas pelo contato da mão de uma pessoa que foi levada por uma morte prematura; de fato, alguns afirmam que qualquer cadáver produz o mesmo efeito, desde que seja do mesmo sexo do paciente, e que a parte afetada seja tocada com o dorso da mão esquerda (*Ibid.*, 292-3).
8. Dizem que, se uma pessoa pega uma pedra ou outro objeto arremessado que tenha matado três criaturas — um homem, um javali e um urso — com três pancadas e a jogar por cima do telhado de uma casa na qual se encontra uma mulher grávida, o parto dela, ainda que difícil, será acelerado. Em tal caso, também, um bom resultado será muito provável, se for usada uma lança

de infantaria leve, tirada do corpo de um homem sem tocar a terra; de fato, se ela for levada para dentro de casa, produzirá um efeito semelhante. Do mesmo modo, também, vemos declarado nos escritos de Orfeu e de Arquelau que flechas tiradas de um corpo humano sem tocar o solo e colocadas debaixo da cama terão efeito de um filtro; e, mais importante ainda, é uma cura para epilepsia, se o paciente comer a carne de um animal abatido com uma arma de ferro com a qual um ser humano tenha sido morto (Plínio 28.6 [Bostock e Riley, 5:288]).

9. "Garantem-nos, também, que, se as pessoas, ao lavar os pés, tocarem os olhos três vezes com a água, nunca estarão sujeitas a oftalmia ou outras doenças dos olhos" (Plínio 28.10 5:292]).

10. "Para a cura de alguns tumores inguinais, algumas pessoas pegam um fio de velha teia e, após fazer nele sete ou nove nós, mencionando a cada nó o nome de uma ou outra viúva, aplicam-no à parte afetada" (Plínio 28.12 [Bostock e Riley, 5:294]).

11. De acordo com as prescrições dadas pelos magos, um baço fresco de ovelha é a melhor aplicação para dores no baço, com a pessoa que o aplica pronunciando estas palavras: "Isto eu faço pela cura do baço." Feito isto, é ordenado que o baço seja coberto com cimento na parede do quarto de dormir do paciente, e selado com um anel, com um encantamento sendo repetido três vezes, por nove vezes (Plínio 30.17 [Bostock and Riley, 5: 439-40]). Marcus Empiricus diz que o encantamento a ser repetido 27 vezes é o mesmo já mencionado por Plínio. Ver também o remédio para baço que envolve um baço de bezerro (Plínio 28. 57 [Bostock and Riley. 5:345]).

12. "Um lagarto verde tem um efeito medicinal, suspenso vivo em um recipiente de terra na entrada do quarto do paciente, o qual, sempre que entrar ou sair, deve tocá-lo com a mão..." (Plínio 30.17 [Bostock e Riley, 5:440]). Para a mesma cura contra a quartã, ver Plínio 30.30 [Bostock e Riley, 5:456]. É um encantamento de transferência. O toque transmite a doença ao lagarto, que morre no ato, supostamente de problemas no baço, mas, na realidade, por fome e falta de água.

13. "Um lagarto afogado na urina de um homem tem um efeito afrodisíaco sobre a pessoa que urinou; pois esse animal pode ser considerado uma espécie de filtro, dizem os magos" (Plínio 30.49 [Bostock e Riley, 5:467]).

14. "Se um homem urina em cima da urina de um cão, ele perderá a vontade de copular, dizem" (*Ibid.*, 468).

15. "Osthames afirma que todo aquele que derramar um pouco de urina em cima do pé, pela manhã, ficará imune contra todos os medicamentos nefastos" (Plínio 28.19 [Bostock e Riley, 5:301]).

16. A doença é, portanto, transferida por meios mágicos à rã, que a carrega consigo. Frazer registra o verdadeiro uso dessa cura:

Em Cheshire, o mal conhecido como asma, que afeta a boca ou a garganta de bebês, costuma ser tratado da mesma maneira [por exemplo, cuspir na boca de uma rã para curar dor de dente]. Uma rã jovem é segurada por alguns momentos com a cabeça dentro da boca do paciente —, ao qual ela trará alívio —, pegando para si a doença. "Eu lhe garanto", disse uma velha senhora que vivera tal cura, "que nós ouvíamos a pobre rã tossindo e arfando, de um jeito feio, por dias depois; dava uma dor no coração ouvir a pobre criatura tossir daquele jeito no jardim." (J. G. Frazer, *The Golden Bough*, cap. 55, sec. 4 [Nova York: Macmillan, 1951, edição compacta], 631).

17. O que vamos dizer é fantástico, mas pode ser facilmente testado por experiência: se uma pessoa se arrepender de um golpe desferido contra outra pessoa pela mão ou com projétil, só o que ela tem a fazer é cuspir imediatamente na mão que infligiu o golpe e todos os sentimentos de ressentimento serão aliviados na pessoa agredida. Isso também pode ser verificado com frequência no caso de animais de carga, quando apanham para trabalhar; pois quando tal remédio é adotado, o animal imediatamente acelera o passo e melhora o ritmo. Algumas pessoas, porém, antes de fazer tal esforço, cospem na mão do modo descrito acima, para fazer com que o golpe seja mais pesado (Plínio 28.7 [Bostock e Riley, 5:289]).

18. "Também entre os contrafeitiços são consideradas as práticas de cuspir na urina no momento em que ela é expelida, cuspir no sapato do pé direito antes de calçá-lo e cuspir enquanto uma pessoa estiver passando por um lugar onde corra algum tipo de perigo" (*Ibid.*, 290).

19. "Os lobos nunca se aproximarão de um campo onde um lobo tenha tido uma perna quebrada e a garganta cortada, com o sangue se esvaindo pouco a pouco e derramado na periferia do campo,

além de ter o corpo enterrado no ponto de onde foi tirado" (Plínio 28.81 [Bostock e Riley, 5:367]).
20. O livro *Kiranides*, mencionado no *Livro dos Segredos:* "... Eu pessoalmente, Alberto, descobri a verdade em muitas coisas e suponho que a verdade se encontre em alguma parte do livro de *Kiranides*..." (*Livro dos Segredos* 1.1 (Best e Brightman, 3). Esse feitiço, ou simpatia, porém, não aparece na edição de Oxford do *Livro dos Segredos*. Talvez apareça uma versão diferente do texto, ou nas próprias obras de Alberto Magno.
21. Sentar-se ao lado de uma mulher grávida ou de uma pessoa que esteja tomando algum remédio com os dedos das mãos entrecruzados funciona como um encantamento mágico; uma descoberta feita, segundo dizem, quando Alcmena teve Hércules. Os dedos nessa posição, agarrados em um ou nos dois joelhos ou se uma perna for cruzada sobre a outra e depois mudada, o augúrio terá um significado pior ainda.
É por isso que nos conselhos, realizados por generais e pessoas de autoridades, os nossos ancestrais proibiam essas posturas, pois elas atravancavam todas as negociações (Plínio 28.17 [Bostock e Riley, 5:298]).
Ver também Ovídio, *Metamorfoses*.
22. Ver nota anterior.

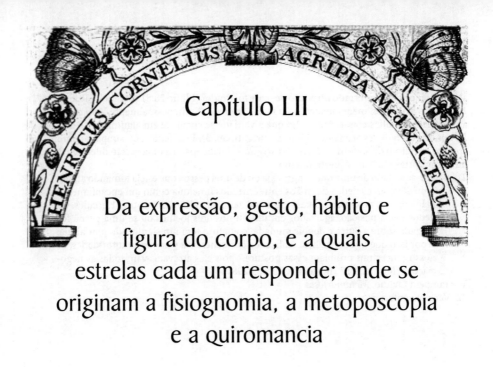

Capítulo LII

Da expressão, gesto, hábito e figura do corpo, e a quais estrelas cada um responde; onde se originam a fisiognomia, a metoposcopia e a quiromancia

A expressão, o gesto, o movimento, a disposição[1] e a figura do corpo, sendo-nos acidentais, possibilitam o recebimento de dons celestiais e nos expõem aos corpos superiores, produzindo certos efeitos em nós, como, por exemplo, no heléboro, que, quando colhido, se tiver a folha puxada para cima, atrai os humores para cima e causa vômitos; se puxada para baixo, causa purgação, atraindo o humor para baixo.

Ninguém ignora, tampouco, o quanto a expressão e o gesto afetam a visão, a imaginação e o espírito animal. A maioria dos homens é propensa a deixar uma impressão nos filhos gerados, de acordo com a expressão que eles mesmos formam ou imaginam:[2] nota-se, ainda, que a expressão alegre de um príncipe na cidade deixa o povo alegre; mas, irado e triste, apavora o povo; o gesto e a expressão de alguém se lamentando conduzem facilmente à comiseração, enquanto o comportamento de uma pessoa amável leva com facilidade ao amor.

Saiba que tais gestos e figuras, como harmonias do corpo, expõem-no tanto aos celestiais quanto aos odores e o espírito de um medicamento, assim como as paixões interiores o fazem com a alma. Pois assim como os remédios e as paixões da mente são aumentados por certas disposições do céu, também o gesto e o movimento do corpo sofrem efeitos de certas influências dos céus.

Pois há gestos que se aproximam de Saturno, e que são melancólicos e tristes, como o arfar do peito e o latejar da cabeça; outros são religiosos, como curvar os joelhos e o olhar fixo para baixo, como na pessoa que ora, e também o choro e outros do tipo, praticados por um homem austero e saturnino, como descreve o Satirista,[3] dizendo:

Cabisbaixo, com os olhos fixos no chão,
Suas palavras ferinas, e seu murmúrio,

Assim ele se expressa com os lábios amuados

Uma expressão animada e honesta, um gesto de devoção, bater palmas, como que em regozijo e louvor; também dobrar o joelho com a cabeça erguida, como quem está em adoração, são atribuídos a Júpiter. Já as expressões e os gestos duros, amargos, ferozes, cruéis, zangados são atribuídos a Marte. Solares são as expressões e gestos honoráveis e corajosos: também o caminhar a passos largos, dobrar o joelho, como em reverência a um rei. Venéreos são as danças, os abraços, o riso e as expressões amáveis e alegres. Mercuriais são as expressões e os gestos inconstantes, rápidos, variáveis e outros do gênero. E lunares são os infantis, venenosos, móveis e do gênero.

E assim como falamos dos gestos, também as formas dos homens são distintas. Pois Saturno induz um homem a ser de uma cor negra e amarela e de pele fraca, irregular e dura, com veias grandes e pelos por todo o corpo, olhos pequenos, testa franzida, barba rala, lábios grandes, olhos fixos no chão, andadura pesada, do tipo que bate os pés ao pisar, ardiloso, esperto, sedutor e assassino.

Júpiter é próprio de um homem de cor pálida, vermelho-escura, corpo belo, boa estatura, corajoso, olhos grandes, não totalmente pretos, pupilas grandes, narinas curtas, não iguais,[4] dentes grandes, cabelo ondulado, de boa disposição e boas maneiras.

Marte torna um homem ruborizado, de cabelos ruivos, rosto redondo, olhos amarelados, de aparência acentuada e terrível, audacioso, animado, orgulhoso, ardiloso.

O Sol dá ao homem uma cor fulva, entre amarela e preta, marcada de traços vermelhos, baixa estatura, mas corpo bonito, pouco cabelo e ondulado, olhos amarelos; ele é sábio, fiel e aprecia elogios.

Vênus é próprio do homem com tendência para uma cor negra, porém mais branca, com mistura de vermelho, com um corpo belo, rosto claro e redondo, cabelos claros, olhos claros, cujas pupilas se destacam mais,[5] boas maneiras e um amor sincero; também é paciente, gentil e animado.

Mercúrio indica um homem não muito branco ou preto,[6] de rosto alongado, com testa alta, olhos claros, não pretos, nariz reto e longo, barba rala, dedos longos; é engenhoso, um sutil inquisidor, renegado e suscetível a muitos desígnios.

A Lua indica um homem de cor branca, misturada com um pouco de vermelho, estatura mediana, rosto redondo, com algumas marcas, olhos não inteiramente pretos, testa franzida; é gentil, bondoso, sociável.

Os signos também, e suas faces, têm suas próprias figuras e formas; e aqueles que desejam conhecer mais disso devem procurar nos livros de Astrologia. E por último, entre essas figuras e gestos, a fisiognomia,[7] a metoposcopia[8] e as artes de adivinhação; também a quiromancia, a previsão de eventos futuros não como causas, mas como sinais por meio de efeitos iguais, provocados pela mesma causa.[9]

E embora essas diversas espécies de adivinhações pareçam ser feitas por sinais inferiores e fracos, não devemos julgá-los como errados nem condená--los, quando os prognósticos são feitos por meio deles não por superstição, mas em virtude da correspondência harmoniosa de todas as partes do corpo. Aquele que imitar melhor os corpos celestes, seja em natureza, estudo, ação, movimento, gesto, expressão, paixão da mente ou oportunidade do momento, mais semelhante será aos corpos celestes, podendo receber maiores dádivas deles.

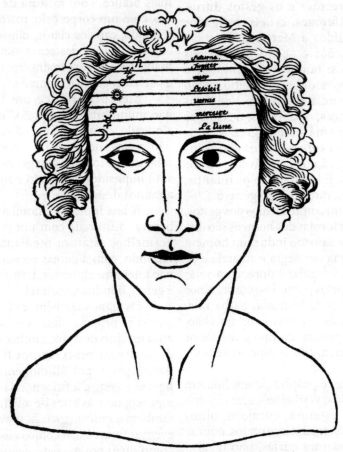

Metoposcopia
Extraído de Metoposcopia, *de Jerome Cardan (Paris, 1658)*

Notas – Capítulo LII

1. Provavelmente a postura.
2. Esses traços fortes de semelhança provêm, sem dúvida, da imaginação dos pais, pelo que podemos crer, com razão, os quais em muitas circunstâncias casuais têm uma influência muito poderosa; como, por exemplo, a ação dos olhos, dos ouvidos ou da memória ou as impressões recebidas no momento da concepção. Até mesmo um pensamento, passando momentaneamente pela mente de um dos pais, pode produzir uma semelhança a um deles ou a uma combinação dos dois. Por isso, as variedades são muito mais numerosas na aparência do homem que nos outros animais, considerando-se que no primeiro a rapidez das ideias, a agilidade de percepção e os variados poderes do intelecto tendem a imprimir nos traços marcas peculiares e diversificadas; enquanto no caso dos outros animais, a mente é imóvel e igual em todos os membros individuais da mesma espécie (Plínio 7.10 [Bostock e Riley, 2:146]).
3. Provavelmente Juvenal, embora eu não consiga localizar essa passagem nos escritos dele.
4. Um nariz torto, provavelmente empinado na ponta.
5. O negro das pupilas destaca-se mais por causa da palidez da íris.
6. Nem de pele muito clara nem de cabelos e olhos muito pretos.
7. Adivinhação pelas linhas e estrutura do rosto.
8. Adivinhação pelas linhas e forma da testa.
9. As linhas da mão ou do rosto não fazem os eventos ocorrerem, mas refletem as circunstâncias nas quais eles surgem, e são o resultado da mesma causa sobrenatural que forma a sorte.

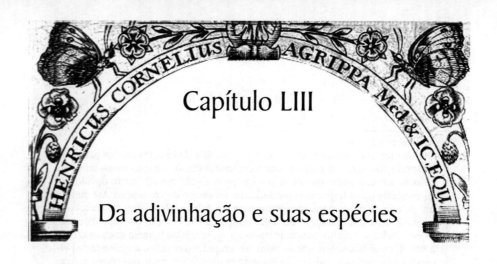

Capítulo LIII

Da adivinhação e suas espécies

á outras espécies de adivinhação que dependem de causas naturais e que são conhecidas por cada um em sua arte e experiência como sendo existentes nas mais diversas coisas; por meio das quais os médicos, lavradores, pastores, marinheiros e todos prognosticam a partir dos prováveis sinais. Muitas dessas formas de adivinhação *Aristóteles* menciona em seu *Livro dos Tempos*.[1]

Entre elas, os augúrios[2] e os auspícios[3] são os principais, os quais antigamente eram tão apreciados pelos romanos, que estes não faziam nenhuma transação pública ou privada sem o conselho dos augúrios: também *Cícero*, em seu *Livro de Adivinhações*, declara em bom tom que o povo de Etrúria nada fazia sem essa arte.[4]

Há diversos tipos de auspícios, alguns são chamados de pedestria,[5] ou seja, a partir de animais de quatro patas; outros são chamados de auguria,[6] de pássaros; outros são celestiais,[7] a partir de trovões e relâmpagos; e alguns ainda de caduca,[8] isto é, quando caíam no templo ou em outro lugar; alguns eram sagrados, feitos a partir de sacrifícios. Alguns desses auspícios eram chamados de piacula[9] e auspícios tristes, como no caso de um sacrifício escapar do altar ou, ao ser atingido, soltar um urro, ou o golpe caía sobre uma parte do corpo diferente da que deveria ter caído. A estes se acrescenta a exauguração,[10] ou seja, quando a vara caía da mão do áugure, com a qual era costume ver e registrar o auspício.

Michael Scotus faz distinção de 12 espécies de augúrios, a saber, seis na mão direita, cujos nomes ele cita como: fernova, fervertus, confert, emponenthem, sonnasarnova, sonasarvetus: e os outros seis na mão esquerda, cujos nomes são: confernova, confervetus, viaram, herrenam, scassarnova, scassarvetus.

Em seguida, ele explicava os augúrios. Fernova, por exemplo: se você sai de casa por qualquer motivo e, ao sair, vê um homem ou um pássaro em voo, e um ou outro para ao seu lado esquerdo, isso tem um bom significado em referência ao assunto de que você vai tratar.

Fervertus também é um augúrio. Quando, ao sair de sua casa, você vê um pássaro ou um homem descansando ao seu lado esquerdo, aquilo é um mau sinal em relação ao que você vai fazer.

Viaram: quando um homem ou um pássaro em voo passa diante de você, vindo do lado direito e dirigindo-se ao esquerdo até sair de seu campo de visão, esse é um bom sinal para o que você vai fazer.

O augúrio confernova consiste nisto: quando você vê um homem ou um pássaro em voo, e ele para perto de você, do lado direito, é um bom sinal em relação ao que você vai fazer.

Confervetus também é um augúrio: quando você vê um homem ou um pássaro em voo, vindo do lado esquerdo, é um mau sinal para o que você vai fazer.

Scimasarnova é o seguinte augúrio: quando um homem ou um pássaro passa por trás de você e por você, mas antes disso para para descansar, e você o está vendo do lado direito, é um bom sinal.

Scimasarvetus é o seguinte augúrio: quando você vê um homem ou pássaro atrás de você, parando naquele lugar antes de passar por você, isso também é um bom sinal.

Scassarvetus é quando você vê um homem ou pássaro passar por você e parar em um lugar do seu lado esquerdo; isso é um mau sinal para você.

Emponenthem é quando um homem ou um pássaro vem do seu lado esquerdo, passa para o seu lado direito, sai de seu campo de visão sem parar: esse é um bom sinal.

Hartena também é um augúrio: se um homem ou pássaro vier de seu lado direito, passar por trás para o lado esquerdo e parar em qualquer lugar, é um mau sinal. Assim dizia *Scotus*.[11]

Os antigos também prognosticavam a partir de espirros, prática que *Homero*[12] menciona no 17º livro de suas *Odes*, pois eles acreditavam que os espirros vinham de um lugar sagrado, a saber: a cabeça, em que o intelecto é vigoroso e operativo. Daí a pensarem que qualquer fala que viesse ao peito ou à mente de um homem levantando-se logo de manhã seria um presságio e um augúrio.

Notas – Capítulo LIII

1. Talvez uma obra espúria atribuída a Aristóteles. Não encontro menção a ela em lugar algum.
2. Uma espécie específica de adivinhação praticada pelo Colégio de Áugures, em Roma, cujo dever era ler os presságios relacionados aos afazeres públicos. Os originais eram três, mas, na época de Júlio César, o número já tinha aumentado para 16, e Augusto César recebeu o poder de escolher quantos ele quisesse.

> Havia cinco tipos oficiais de augúrios: (1) *ex coelo* (do céu): trovão, relâmpago, meteoros, cometas e outros fenômenos celestes; (2) *ex avibus* (de pássaros), que se subdividia em duas classes: (a) *alites*, o voo dos pássaros, especificamente a águia e o abutre; (b) *oscines*, a voz dos pássaros, especificamente a coruja, a gralha, o corvo e a galinha; (3) *ex tripudiis* (do toque dos pássaros): se um pássaro evacuava ou não enquanto comia, o que era considerado um presságio favorável; (4) *ex quadrupedibus* (de animais): os movimentos e sons de animais e répteis de quatro patas; (5) *ex diris* (de avisos): qualquer incidente casual que pudesse prenunciar desastre.

Esses cinco tipos de augúrios eram divididos pelos antigos em duas classes: (1) *auspicia impetrativa*, sinais pedidos para orientação; e (2) *auspicia ablativa*, sinais ocorrendo de modo espontâneo. Os deveres do Colégio dos Áugures giravam mais em torno da primeira classe. Todos os atos oficiais eram sancionados por augúrios favoráveis ou postergados até que os augúrios fossem mais auspiciosos.

3. Os augúrios eram originalmente chamados de auspícios, de *auspex* (observador de pássaros). Quando o termo *auspex* saiu de uso e foi substituído por *augur, auspicium* passou a ser usado como termo para a observação de sinais. Não só os áugures, mas também os magistrados de Roma, podiam ler auspícios, porém os augúrios eram exclusividades dos áugures. De um modo geral, os termos são usados como sinônimos.

4. Essa afirmação parece derivar da seguinte passagem:

> Em primeiro lugar, dizem que o fundador desta cidade, Rômulo, a fundou não só em obediência aos auspícios, mas também porque ele mesmo era um áugure da mais alta fama. Depois deles, os outros reis também recorriam aos videntes, e depois da expulsão dos reis, nenhuma transação pública era efetuada, em casa ou em guerra, sem referência aos auspícios. E como parecia haver grande poder e utilidade no sistema dos videntes (*haruspices*), em referência ao sucesso das pessoas em alcançar seus objetivos, consultar os deuses, chegar a um entendimento do significado de prodígios e evitar os maus presságios, eles introduziram toda a sua ciência da Etrúria, para impedir que se permitisse a negligência de qualquer espécie de adivinhação (Cícero, *De divinatione* 1.2 [Yonge,142-3]).

E ele acrescenta:

> ... tampouco serei convencido a pensar que toda a Etrúria é louca quanto à questão das entranhas de vítimas, ou que a mesma nação esteja totalmente errada acerca dos relâmpagos, ou que interprete os prodígios de modo errôneo..." (*Ibid.*, 1.18 [Yonge, 160])

O povo de Etrúria era renomado por seus poderes de adivinhação.

> O modo como os deuses eram venerados era prescrito em certos livros sagrados, que teriam sido escritos por Tages [deus dos etruscos]. Esses livros continham a "Disciplina Etrusca" e davam direções detalhadas acerca de toda a adoração cerimonial. Eram estudados nas escolas dos Lucumones, para as quais os romanos costumavam mandar seus mais nobres jovens para receber instrução, uma vez que era dos etruscos que os romanos imitavam a maior parte de suas artes de adivinhação. (W. Smith, *Classical Dictionary* [Nova York: Harper and Brothers, 1862], 292)

5. *Ex quadrupedibus.*
6. *Ex avibus.*
7. *Ex coelo.*
8. Do latim *caducus* (o que cai, ou que caiu, etc.), uma forma de auspica oblativa.
9. *Piacularia auspicia* é mencionado por Pompeius Festus, um gramático romano do século IV, em seu dicionário latino *Sexti Pompeii Festi de verborum significatione*.
10. O cajado do áugure era um símbolo de seu ofício. Chamado de lituus, não tinha nós e era torto na parte de cima. Com ele, o áugure marcava o templum, ou espaço consagrado, sobre o céu e a Terra, em que o augúrio do animal que entrava devia ser lido. Isso era feito na noite anterior ao evento, na presença de um magistrado, à meia-noite. A entrada do animal pelo oeste era favorável. Os áugures romanos observavam o sul, os gregos, o norte; portanto, a esquerda era considerada afortunada em Roma, a direita, afortunada na Grécia.
11. Esses seis pares de augúrios são tirados diretamente da obra *Physiognomia*, de Michael Scot, cap. 57, na qual, porém, 11 são descritos, com a omissão de confert. Scimasarvetus é o mesmo que sonasarvetus, e scimasarnova é o mesmo que sonasarnova. A exposição de confert não aparece na *Ópera* latina de Agrippa nem na tradução inglesa. Scassarnova aparece na edição latina, mas não na inglesa. Entretanto, por causa do espaço deixado por essa omissão na edição inglesa, o tradutor cometeu um erro e apresentou a exposição que pertenceria a scassarnova (que vem diretamente de scimasarvetus no texto latino) com scimasarvetus, enquanto a exposição de scimasarvetus no texto latino é totalmente omitida do texto inglês. Tentei dar, a seguir, as definições dos dois termos como aparecem, baseadas na *Ópera*:

> Scimasarvetus é um augúrio: se você vir um homem ou pássaro atrás de você, parado do seu lado direito, é um mau sinal.

> Scassarnova é quando você vê um homem ou um pássaro atrás de você, mas, antes de passar por você, ele para naquele lugar; esse é um bom sinal.

A descrição dos augúrios é tirada quase *verbatim* do capítulo 57 de *Physiognomia*, de Michael Scot, uma obra popular que foi publicada pelo menos 19 vezes entre 1477 e 1669.

12. Quando Apolo pega o bebê Hermes, em uma tentativa de descobrir onde Hermes escondeu o gado roubado, o bebê espirra, fazendo Apolo derrubá-lo:

> E assim ela falou, e Febo Apolo levantou e carregou o menino, mas o bravo matador de Argus, aconselhando-se devidamente, enquanto o bebê era erguido em seus braços, mandou-lhe um augúrio em suas mãos, uma triste mensagem de seu ventre, um insolente mensageiro. E logo depois disso, ele espirrou. Mas Apolo ouviu e lançou o glorioso Mercúrio de suas mãos ao chão (Homeric Hymns 2, "To Hermes" c. linha 294. Em *The Odyssey of Homer, with the Hymns, Epigrams, and Battle of the Frogs and Mice*, traduzido para o inglês por Theodore Alois Buckley [Nova York: Harper and Brothers, 1872], 377-8).

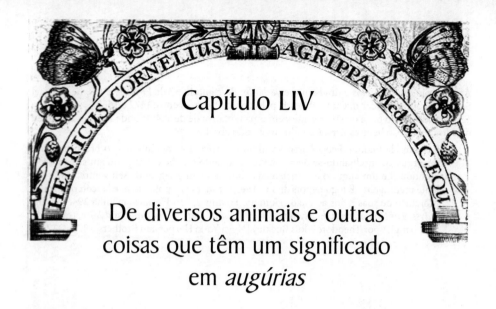

Capítulo LIV

De diversos animais e outras coisas que têm um significado em *augúrias*

odos os auspícios que ocorrem no início de qualquer empreendimento devem ser observados; como, por exemplo, se no começo de seu trabalho, você perceber que os ratos roeram suas roupas,[1] desista da atividade; se ao sair, você tropeçar na frente da porta,[2] ou no caminho enfiar o pé em alguma coisa, abandone a viagem; se qualquer mau presságio acontecer no início de suas empreitadas, adie o que tem a fazer, pois do contrário suas intenções serão totalmente frustradas ou infrutíferas; mas deseje e espere por um momento mais afortunado para se dedicar aos seus negócios, com um presságio melhor.

Nós vemos que muitos animais, graças a um poder natural e inato, são proféticos. Acaso, o galo, ao cantar,[3] não lhe diz com sabedoria as horas da noite e da manhã, e com suas asas abertas não espanta o leão? E muitos pássaros cantando e gorjeando, e moscas com suas picadas afiadas, não preveem chuva? E os delfins, quando saltam na água, não prenunciam tempestades?

Seria uma lista muito longa a relação de todos os presságios que os frígios, cilicianos, árabes, úmbrios, etruscos e outros povos que seguem os augúrios aprenderam com os pássaros. E isso eles provaram com muitos experimentos e exemplos. Pois em todas as coisas, os oráculos de coisas futuras são consultados: mas esses são os principais que os pássaros proféticos preveem. São aqueles que os poetas afirmam terem se transformado de homens em pássaros.

Portanto, o que a gralha[4] declara, ouça, marque bem e observe onde ela pousa e sua maneira de voar, se pelo lado direito ou esquerdo, se é clamorosa ou silenciosa, se segue ou é seguida, se espera a aproximação de quem por ela passa ou se foge, e qual caminho ela segue: todas essas coisas devem ser muito bem observadas. *Orus Apollo* disse,[5] em seus Hieroglifos, que as gralhas gêmeas indicam matrimônio, pois esse animal põe dois ovos, dos quais devem sair macho e fêmea: mas, se (o que é raro) saírem dois machos ou duas fêmeas, os machos não copularão com nenhuma fêmea nem as fêmeas com machos, mais viverão sempre sem parceiro; e solitárias. Por isso, aqueles que encontram uma única gralha, adivinham por meio dela que serão solteiros. O mesmo prenuncia uma pomba negra;[6] pois, após a morte de seu parceiro, ela sempre vive sozinha.

Observe com a mesma atenção os corvos,[7] que são tão significativos quanto as gralhas, e em assuntos mais importantes. *Epicteto*, o filósofo, sábio autor, julgava que, se um corvo grasnar contra um homem, é um mau presságio, ou para seu corpo, ou fortuna, ou honra, ou esposa ou filhos. E observe também os cisnes,[8] que prenunciam os segredos das águas, pois a animação dessas aves pressagia eventos felizes não só para os marinheiros, mas também para todos os viajantes, a menos que sejam superados por presságios de pássaros mais fortes, como a águia,[9] que pela mais poderosa majestade de sua soberania anula as previsões de todos os outros pássaros, se disser o contrário do que eles dizem; pois a águia voa mais alto que os outros pássaros e tem uma visão mais aguçada e nunca é excluída dos segredos de *Júpiter*: ela prenuncia avanço e vitória, mas com sangue; porque ela não bebe água, e sim sangue.

Uma águia voando por sobre os locrenses, em luta contra os crotonenses, garantiu-lhes a vitória. Uma águia que pousou sobre o alvo[10] de *Hiero*, partindo para a primeira guerra, anunciou que ele seria rei. Duas águias pousadas o dia todo em cima da casa, no dia que nasceu *Alexandre da Macedônia*, prenunciaram-lhe dois reinos, isto é, Ásia e Europa. Outra águia voando por cima do chapéu de *Lucias Tarquinus Priscus*,[11] filho de *Demarathus*, o coríntio, saindo de casa por motivo de alguma discórdia, passando por Etrúria, indo para Roma, pegando o chapéu e voando longe com ele, para depois colocá-lo de volta em sua cabeça, foi um prenúncio de que ele teria o reino dos romanos.

Os abutres[12] também indicam dificuldade, dureza, voracidade, o que se verificava no início da construção de cidades. Eles também preveem os locais de matanças, chegando lá sete dias antes; e como essas aves nutrem mais respeito pelo local da maior matança, como se procurassem o lugar com o maior número de mortos, os antigos reis costumavam enviar espiões para observar que lugares eram mais respeitados pelos abutres.

A fênix promete um sucesso singular, o que foi muito favorável para a construção de Roma. O pelicano, arriscando-se pelos filhotes, indica que um homem passará por muita dificuldade por amor. O pássaro pintado deu seu nome à cidade de Pictavia e pressagiou a leniência do povo, por sua cor e voz. A garça é um augúrio de coisas difíceis. A cegonha é um pássaro de concórdia e gera concórdia. Os grous[13] nos chamam a atenção para a traição que vem dos inimigos. O pássaro cacupha significa gratidão, pois ele expressa amor pela mãe, que fica cansada com o peso da idade. Pelo contrário, o hipopótamo,[14] que mata os pais, indica ingratidão e injustiça. O órix[15] é muito invejoso e, por isso, indica inveja.

Entre os pássaros menores, a pega fala demais e anuncia a chegada de visitantes. Se o pássaro *albanellus* voar perto de alguém, da esquerda para a direita, pressagia diversão; no sentido contrário, prenuncia o oposto. As corujas-das-torres[16] e os mochos[17] sempre preveem má sorte, pois, assim como vão até os filhotes à noite, despercebidas, também assim vem a morte, daí a se dizer que a coruja prevê a morte:[18] às vezes, porém, como o mocho não é cego à noite, ele indica diligência[19] e vigília, como o fez ao pousar na lança de *Hiero*. *Dido*,[20] quando viu o pássaro de mau agouro, lamentou-se por Enéas, como canta o poeta:[21]

> A coruja pousada no alto da casa, sozinha,
> Chora seu lamento, em um tom melancólico.

E em outro lugar:[22]

> A indolente coruja é vista pelos mortais
> Como um fatal presságio

O mesmo pássaro cantou no Capitólio, quando as questões romanas estavam abaladas na Numância, e quando Fregélia se envolveu em uma conspiração contra Roma. *Almadel* dizia que as corujas, os mochos e os corvos da noite, entrando em região estranha, preveem a morte dos homens de tal região e das casas do local; pois esses pássaros gostam das carcaças dos mortos e as percebem de antemão. Pois os homens que estão para morrer têm uma afinidade com carcaças já mortas. O gavião também é um arauto de contendas, como canta *Naso*:[23]

> Nós detestamos o gavião, pois entre todas as armas
> Ele sempre vive

Lélio, o embaixador de *Pompeu*, foi morto na Espanha, entre os fornecedores,[24] tragédia que, pelo que se conta, foi prenunciada com um gavião voando acima de sua cabeça. E Almadel dizia que essas espécies de pássaros que brigam entre si indicam a mudança de um reino; mas, se os pássaros de outra espécie voarem com eles e nunca mais forem vistos juntos, o presságio é de uma nova condição e de um novo estado do país.

Também os pássaros pequenos, chegando ou se afastando, prenunciam que uma família vai aumentar ou diminuir; e o voo deles, quanto mais sereno for, também mais louvável. Assim conjurava *Melampus*, o áugure, na matança dos gregos, dizendo: veja que nenhum pássaro voa com tempo bom. As andorinhas, que quando estão para morrer providenciam um lugar seguro para os filhotes, prenunciam um grande patrimônio ou legado após a morte de amigos.

Um morcego[25] encontrando alguém em fuga significa uma evasão: pois, embora não tenha asas, voa. Um pardal é um mau presságio para aquele que está fugindo, pois ele foge do gavião e voa para a coruja,[26] colocando-se em grande perigo: no amor, porém, é um pássaro afortunado, pois, tomado de desejo, copula sete vezes em uma hora. As abelhas[27] são bons presságios para os reis, pois significam um povo obsequioso. Moscas[28] significam importunidade e insolência, porque às vezes, embora sejam afastadas, elas voltam.

Também os pássaros domésticos não deixam de ser augúrios, pois os galos, quando cantam, promovem esperança, e esperança na viagem de quem está para partir. Além disso, *Lívia*, mãe de *Tibério*, quando estava grávida dele, apanhou um ovo de galinha e o chocou no próprio peito,[29] até que finalmente nasceu um pinto macho, e os augúrios interpretaram que o filho nascido dela seria rei. E *Cícero* escreve[30] que, em Tebas, os galos, cantando a noite toda, pressagiaram que os beócios conquistariam a vitória contra os lacedemônios, e o motivo – de acordo com as interpretações dos áugures – era que esse pássaro fica quieto quando é derrotado, mas, quando vence, cacareja.

De modo semelhante, os presságios de eventos são tirados de outros animais. Pois o encontro com uma doninha é ominoso e o encontro com uma lebre é um mau agouro para o viajante, a menos que ela seja abatida. Uma mula[31] também é ruim, por ser estéril. Um porco é pernicioso, pois essa é a sua natureza, indicando portanto homens perniciosos. Um cavalo anuncia brigas e lutas: nesse sentido, entoa *Anquises*, em *Virgílio*,[32] ao ver cavalos brancos:

> É a guerra que te aguarda, ó terra que nos recebe,
> Com a guerra se armam os cavalos, e de guerra ameaçam.

Mas, quando estão juntos na charrete, puxando na mesma parelha, indicam que se pode esperar paz.

Um asno é uma criatura improdutiva; e no entanto foi útil a *Mário*,[33] que, quando fora pronunciado inimigo deste país, viu um asno negando a ração que lhe ofereciam, correndo para a água; por meio de tal augúrio, ele julgou ver uma forma de segurança para si e pediu aos amigos que o levassem ao mar. O pedido foi atendido, ele foi colocado em um pequeno barco e assim escapou às ameaças de *Sula*, o conquistador. Se um filhote de asno deparar com alguém, é um augúrio que significa trabalho, paciência e obstáculos.

Um lobo no caminho de uma pessoa é um bom sinal, cujo efeito se verificou em *Hiero*, da Sicília, pois, quando um lobo apanhou dele um livro, quando ele estava na escola, o augúrio confirmou-lhe o sucesso do reino: entretanto, o lobo faz perder a fala daquele que o vê primeiro. Um lobo partiu em pedaços um guarda de *P. Africanus* e *C. Fulvius* em Minturn, quando o exército romano foi dominado por fugitivos na Sicília.[34] Ele também indica homens pérfidos, do tipo a que não se deve dar crédito: o que se verificou na progênie dos romanos. Pois a fé que por muito tempo sugaram de sua mãe loba[35] e guardaram para si desde o começo, pela lei da natureza, passaram à posteridade.

Encontrar um leão, sendo ele o mais forte dos animais, capaz de encher de terror todos os outros, é um bom sinal. Mas, para uma mulher, encontrar uma leoa[36] é ruim, porque ela impede a concepção, pois a leoa só concebe uma vez.

Encontrar ovelhas e cabras é bom. Isso se verifica também no Ostentarian[37] dos etruscos. Se esses animais tiverem uma cor incomum, pressagiam ao imperador abundância de todas as coisas, além de grande felicidade. E, nesse sentido, vemos *Virgilio*[38] entoando a *Pólio*:

> Mas nos prados vestirão escarlate os carneiros,
> Mudando às vezes para velos de ouro.

É bom encontrar bois em milharais, mas melhor ainda é encontrá-los no arado, que, embora atrapalhe o percurso do viajante, o privilégio do auspício o recompensará. Um cão no meio da jornada é um sinal afortunado, pois Ciro, jogado na floresta, foi alimentado por um cão[39] até chegar ao reino que também o anjo, companheiro de *Tobias*,[40] não considerava companheiro. O castor,[41] arrancando com os dentes os próprios testículos e deixando-os para os caçadores, é um mau presságio e anuncia que um homem será ferido.

Também entre os animais pequenos, os ratos significam perigo. Pois no mesmo dia em que eles roeram ouro no Capitólio, ambos os cônsules[42] foram interceptados por *Aníbal*, em uma emboscada perto de Tarentum. O gafanhoto pousado em qualquer lugar, ou queimando o lugar, impede a realização dos desejos de uma pessoa, pois é um mau presságio; do contrário, os gafanhotos promovem uma jornada e preveem bons eventos. A aranha tecendo sua teia para baixo indica a esperança de dinheiro entrando. Também as formigas, capazes de se autossustentar e preparar seus ninhos, prenunciam segurança, riqueza, um grande exército. Por isso, quando elas acabaram de devorar um dragão manso[43] de *Tibério César*, foi-lhe recomendo que ficasse atento ao tumulto de uma multidão.

Se uma cobra cruzar com você, fique atento para um inimigo de língua ferida; pois esse animal não tem outro poder senão na boca.[44] Uma cobra rastejando para dentro do palácio de *Tibério* previu sua queda. Duas cobras[45] foram encontradas na cama de *Sempronius Gracchus*, que explicou a um vidente que, se ele deixasse o macho ou a fêmea escapar, ele ou sua esposa morreria em breve; preferindo ele a vida da esposa, matou o macho e deixou a fêmea escapar, e, dali a poucos dias, ele morreu. Uma víbora[46] significa mulher lasciva e filhos perversos; e uma enguia[47] indica um homem descontente com todas as pessoas: pois esse peixe vive isolado de todos os outros e jamais é visto acompanhado.

Mas entre todos os auspícios e presságios, nenhum é mais eficaz e poderoso que o homem; nenhum indica a verdade de modo mais claro. Observe bem, portanto, a condição do homem que se encontra com você, sua idade, profissão, posto, gesto, movimento, exercício, compleição, hábito, nome, palavras, modo de falar e coisas dessa espécie. Pois, uma vez que existem em todos os outros animais tantas descobertas de presságios, sem dúvida estes são eficazes e claros se infundidos na alma do homem; o que o próprio *Túlio*[48] atesta, dizendo que existe um auspício natural na alma dos homens de sua eternidade, para o saber de todos os cursos e causas das coisas.

Na fundação da cidade de Roma, a cabeça de um homem[49] foi encontrada com o rosto inteiro, o que era um presságio da grandeza do Império, e deu o nome à montanha do Capitólio. Os soldados de *Brutus*,[50] em luta contra *Otávio* e *Marco Antônio*, encontraram um etíope nos portos do castelo; embora não o tivessem matado por ser um presságio de insucesso, foram infelizes na batalha, e *Brutus* e *Cássio*, ambos generais, foram mortos. Encontrar monges costuma ser considerado um mau presságio, pior ainda se for bem cedo pela manhã, pois esses homens vivem a maior parte do tempo dependendo da morte de outros homens, como abutres atrás de carniça.

Notas – Capítulo LIV

1. Cícero zomba do presságio dos ratos roedores:

> Nós somos, porém, tão tolos e egoístas que, se os ratos – sempre ativos – roerem alguma coisa, nós logo consideramos isso um prodígio. Assim, como um pouco antes da guerra dos marsos, os ratos roeram os escudos em Lanuvium, os videntes declararam o ato como um importante prodígio; como se fizesse alguma diferença se os ratos, sempre roendo algo, tivessem roído fivelas ou peneiras (Cícero, *De divinatione* 2.27 [Yonge, 224]).

2. "Há algo nos presságios; agora mesmo, quando estava se preparando para sair, Nape se deteve, após prender o pé contra a entrada da porta" (Ovídio "Amores" 1.12. In *The Heroides, The Amours, The Art of Love, The Remedy of Love, and Minor Works*, traduzido para o inglês por Henry T. Riley [Londres: George Bell and Sons, 1883], 291). Para outros exemplos da mesma superstição em Ovídio, ver *Metamorfoses* 10.8, e *The Heroides* 13, linha 88.

3. "Sendo, então, esse animal naturalmente propenso a cacarejar, o que fez Callisthenes afirmar que os deuses deram ao galo um sinal para cantar, uma vez que o acaso ou a própria natureza teria feito a mesma coisa?" (Cícero, *De divinatione* 2.26 [Yonge, 223]).

4. Esse pássaro (*Corvus monedula*) é pequeno, parece um corvo, e tem reputação de ser insano e ladrão. Arne foi transformada em uma gralha, porque traiu sua cidade por ouro. Ver Ovídio, *Metamorfoses* 7.4.

5. Quando queriam representar Ares e Afrodite (Hórus e Athor) de outra maneira, mostravam dois corvos como um homem e uma mulher; como esse pássaro bota dois ovos, dos quais nascem um macho e uma fêmea, e ([exceto] quando produz dois machos ou duas fêmeas, o que raramente acontece), os machos cruzam com as fêmeas e não se relacionam com nenhum outro corvo até a morte; mas aqueles que ficam viúvos, passam o resto da vida sozinhos. Assim, quando um homem encontra um único corvo, vê isso como um presságio, por estar diante de uma criatura viúva..."
(Horapolo *Hieroglyphics* 1.8 [Cory 17-8]).

A tradução do nome desse pássaro não é definitiva. "Para indicar casamentos, eles mostram dois corvos pelo mesmo motivo que já foi mencionado" (*Ibid.* 1.9 [Cory 19]).

6. "Quando queriam simbolizar uma mulher que continua viúva até morrer, eles reproduzem uma pomba negra; pois esse pássaro não procura nenhum parceiro após perder o seu" (*Ibid.* 2.32 [Cory 107]). As duas filhas de Anus foram transformadas em pombas por Baco para se libertarem de Agamenon, que as obrigava a usar sua magia para alimentar a frota grega. Ver Ovídio, *Metamorfoses*, 13.5.

7. A virgem Coronis foi transformada em um corvo por Minerva para fugir da luxúria de Netuno (*Ibid.* 2.8, c. linha 580 [Riley, 69]). Virgílio menciona o terrível presságio do corvo: "De fato, se um corvo sobre minha mão esquerda não tivesse me avisado de um azevinho oco com o qual era possível interromper a disputa recém-iniciada, nem eu nem seu Moeris, nem Menalcas estaríamos vivos" (Virgílio, *Éclogas* 9, linha 14 [Lonsdale e Lee, 27]).

8. Vênus atrai um augúrio feliz dos cisnes, para encorajar Enéas:

> Contemple estes 12 cisnes em alegre formação, que o pássaro de Júpiter [águia], ao descer da região do céu, lançou em confusão nos firmamentos abertos, mas agora eles aparentam estar em uma longa fileira, preferindo talvez olhar para o chão, onde pisam. Quando retornam batendo as asas e aos bandos, circundam o mastro e entoam seus cantos, veja que seus barcos e seus joviais companheiros estão em segurança no porto, ou acabaram de atracar, com todas as velas içadas (Virgílio, *Eneida* 1, c. linha 392 [Lonsdale e Lee, 90]).

Cicno, rei da Ligúria, foi transformado em um cisne por prantear a morte de Feton, levado por um relâmpago de Zeus. Ver Ovídio, *Metamorfoses* 2.4. c. linha 372 (Riley, 61).

9. "Eles a usam [a águia] para denotar excelência, pois ela parece superar todos os pássaros por causa do sangue, pois dizem que esse animal não bebe água, mas só sangue, e pela vitória, porque ela se mostra capaz de vencer qualquer criatura alada..." (Horapolo Hieroglyphics 1.6 [Cory, 14]).
10. Um pequeno escudo redondo.
11. O par [Tarquinius e sua esposa] havia chegado a Janiculum [uma colina fora dos limites de Roma, na época] e se sentavam juntos na carruagem, quando uma águia desceu delicadamente e pegou o chapéu que Lucumo [Tarquinius] estava usando. E o pássaro subiu com um grande clangor de asas até que, em um momento seguinte, desceu de novo e, como se enviado pelo céu com tal propósito, colocou-o de volta, de maneira perfeita, sobre a cabeça de Lucumo, para logo depois sumir no azul no céu." (Lívio, *Early History of Rome* 1.34, traduzido para o inglês por Aubrey de Selincourt [1960] [Harmondsworth: Penguin Books, 1982], 73.
12. "Umbricius, o mais habilidoso entre os áuspices de nossa época, diz que o abutre põe 13 ovos, com um deles purifica os outros e seu ninho, e depois o joga fora; ele afirma que esses pássaros pairam por três dias sobre o local onde serão encontradas carcaças" (Plínio 10.7 [Bostock e Riley, 2:486-7]).
13. "Quando querem simbolizar um homem que se protege das tramas de seus inimigos, eles representam um grou em vigília; pois esses pássaros se protegem alterando na vigília a noite toda" (Horapolo Hieroglyphics 2.94 [Cory, 143]).
14. Para simbolizar um homem injusto e ingrato, eles usam duas garras de um hipopótamo viradas para baixo. Pois esse animal, quando chega ao primor da vida, luta contra o pai para determinar qual dos dois é o mais forte, e, caso o pai perca, um filho lhe concede lugar de residência, permitindo-lhe viver, mas copula com a própria mãe; se no entanto o pai não permitir essa cópula, o filho o mata, sendo o mais forte e vigoroso dos dois (*Ibid.*, 1.56 [Cory, 76-7].
15. Para denotar impureza, eles delineiam um órix (uma espécie de bode selvagem), pois quando a Lua surge, esse animal dirige um olhar fixo para a deusa e emite uma espécie de grito, nem para louvá-la nem para dar-lhe as boas-vindas; e as provas disso são evidentes, pois o animal raspa a terra com as patas dianteiras e fixa o olhar sobre a terra, como indignado e indisposto a contemplar o nascer da deusa. E ele age do mesmo modo ao nascer do Sol (a estrela divina) (*Ibid.* 1.49 [Cory 69-70]).
Nas edições de *Hieroglyphics* de Mercer (1548) e Caussin (1631), é mencionado codorniz (ὄρυγα) em vez de órix (ὄρτυγα), o que explica o fato de Agrippa dar tal nome ao pássaro – possivelmente ele usou o mesmo manuscrito como fonte.
16. *Strix flammea* ou estrige.

Grande é a cabeça dessa ave, fixo é o seu olhar, e para caça seus bicos são formados; suas asas são de uma cor cinzenta, e seus pés são garras curvadas. Voam à noite e procuram crianças desprotegidas por suas amas, poluem-lhe o corpo, arrastando-as do berço. Com o bico, dizem, elas arrancam as entranhas dos bebês e distendem as garras com o sangue que ingerem. "Estriges" são elas chamadas; e o nome deriva do fato de saírem à noite (Ovídio Fasti 6, linhas 133-40 [Riley, 216]) (N. T.: Estrige também significa "vampiro"]).
17. Da espécie *Asio otus* ou *Otus vulgaris*. Também chamado de "coruja de chifre", por causa da forma das penas na cabeça, que se assemelham a chifres.
18. "Um corvo negro noturno é um presságio de morte; pois ele ataca os filhotes dos outros corvos à noite, assim como a morte ataca de súbito os homens" (Horapolo Hieroglyphics 2.25 [Cory 103-4]). As próprias penas macias do mocho lhe permitem se aproximar de sua presa sem alertá-la com o farfalhar de suas asas.
19. A coruja é o símbolo do aprendizado e da deusa Atena. Essa esdrúxula correspondência teria surgido em virtude da abundância de corujas que viviam em Atenas em tempos antigos, por uma associação do nome da deusa ao da cidade. Daí o antigo provérbio "levar corujas a Atenas", que foi substituído por outro, com sentido idêntico, "levar carvões a Newcastle" [*to carry coals to Newcastle*]; ou seja, levar algo a um lugar onde já existe em abundância.
20. Também chamada Elisa, a suposta fundadora e rainha da cidade de Cartago.

21. A rainha Dido pensa no suicídio:

> E, de repente, ela sentia ouvir o solene brado e chamado de seu senhor [seu marido morto], quando a noite escura era a senhora do mundo; e ouvia a solitária coruja em seu alto posto soltar seu prolongado lamento sepulcral; enquanto as previsões de muitos profetas antigos a assustavam com seus terríveis presságios. (Virgílio, *Eneida* 4. c. linha 462 [Lonsdale e Lee, 137]).

Para uma descrição parecida da coruja ou do mocho, ver Georgics 1, c. linha 402.

22. Não encontro isso em Virgílio, mas em Ovídio: *Metamorfoses* 5.5, c. linha 549 [Riley, 181]).
23. "Não gostamos do gavião, porque ele vive da guerra; os lobos também, que tendem a correr para cima dos rebanhos apavorados" (Ovídio, *Ars Amatoria* 2, c. linha 148 [Riley, 412]).
24. Aqueles que supriam de provisões o exército romano.
25. "Quando querem simbolizar um homem fraco e audacioso, representam um morcego, pois esse animal voa, embora não tenha penas" (Horapolo Hieroglyphics 2.53 [Cory, 118]).
26. "Para denotar um homem, procura se refugiar com seu patrão, e dele recebe assistência, eles representam um pardal e uma coruja; pois, quando perseguido, o pardal procura a coruja, e chegando perto, é apanhado" (*Ibid.* 2.51 [Cory, 117]).
27. "Para denotar um povo obediente ao seu rei, eles representam uma abelha, pois essa é a única de todas as criaturas que tem um rei, ao qual o resto da tribo obedece, assim como os homens servem ao rei" (*Ibid.* 1.62 [Cory, 82]).
28. "Para denotar insolência, eles representam uma mosca, pois esse inseto, embora afugentado, sempre retorna" (*Ibid.* 1.51 [Cory, 72]).
29. Quando era ainda muito jovem e estava grávida de Tibério César, por Nero [N. T.: não confundir com o futuro imperador romano, Nero], Júlia Augusta [Lívia] queria muito ter um menino, por isso, empregou o seguinte método de adivinhação, que era muito comum entre as jovens: carregava um ovo no peito, tomando cuidado, sempre que tinha de largá-lo, de dar à criada para aquecê-lo também no peito, de modo que não houvesse uma interrupção no calor: dizem que o resultado prometido por esse tipo de augúrio não era falsificado (Plínio 10.76 [Bostock e Riley, 2:535-6]).

Pois Lívia, grávida de Tibério, entre as diversas tentativas que fez e sinais que observou (para saber se teria um menino ou não), pegou e cuidou de perto de um ovo tirado de uma galinha choca e o manteve aquecido, como chocado, até a casca romper e nascer um pintinho macho, com uma já notável crista (Suetônio, "Tibério César Nero", sec. 14. In *History of Twelve Caesars*, traduzido para o inglês por Philemon Holland [1606] [Londres: George Routledge and Sons, n.d.], 141]).

30. E no mesmo período, em Lebádia, onde se realizavam ritos divinos em honra a Trophonius, todos os galos na vizinhança começaram a cantar de modo tão incessante que parecia que nunca iriam parar; e os áugures beócios afirmavam que era um sinal de vitória sobre Tebas, pois esses pássaros só cantam em ocasiões de vitória e se mantêm silenciosos em caso de derrota (Cícero, *De divinatione* 1.34 [Yonge, 176]).
31. "Quando queriam simbolizar uma mulher estéril, eles delineavam uma mula; pois esse animal é estéril [porque o útero dela não é reto]" (Horapolo Hieroglyphics 2.62 [Cory, 113]). A passagem em colchetes é citada em latim por Cory, para não chocar a sensibilidade das donzelas vitorianas.
32. "Esta guerra, terra estranha, que tu ofereces; pois cavalos armados indicam guerra, e este rebanho indica guerra. E, no entanto, estes garanhões às vezes se sujeitam à charrete e aceitam o jugo. E, assim, há esperança de paz" (Virgílio. *Eneida* 3, linhas 539-42 [Lonsdale e Lee, 124]. Na *Ópera* latina são apresentadas as linhas 539-40 da passagem anterior, mas na tradução de Freake só aparece a linha 540. Eu acrescentei a linha que falta.
33. Quando ele foi levado à casa de Fania, tão logo o portão se abrira, surgiu um asno que se apressou a beber de uma fonte próxima, e, dirigindo-lhe um olhar sério e encorajador, se pôs diante dele e logo começou a zurrar e se empinar. Disso concluiu Mário, e disse que a sorte determinava sua segurança por mar em vez de por terra, pois o asno recusou a ração seca e procurou a água (Plutarco, "Caio Mário". *In Lives of Noble Grecians and Romans*, traduzido para o inglês por John Dryden [Nova York: Modern Library, (1864) n.d.], 518-9).

34. A revolta servil, ou escrava, de 134-132 a.c. foi provocada pelo vasto número de escravos usados na agricultura na Sicília e pela crueldade com que eram tratados. A revolta foi liderada por Eunus, nativo de Apamea, na Síria, a quem seus seguidores atribuíam o poder de profecia e interpretação de sonhos e habilidade para respirar fogo. Proclamado rei pelos escravos, ele derrotou os cônsules C. Fúlvio Flaco e L. Calpúrnio Piso Frugi em seus esforços para destruí-lo, mas foi capturado pelo cônsul P. Rupilio e jogado na prisão por Marganti, na qual morreu.

35. Rômulo e Remo, os irmãos míticos e supostos fundadores da cidade de Roma que, quando bebês, foram amamentados por uma loba na floresta.

36. "Para simbolizar uma mulher que deu à luz uma vez, eles reproduzem uma leoa; pois a leoa nunca concebe duas vezes" (Horapolo Hieroglyphics 2.82 [Cory, 136]).

37. Do latim, *ostentum* (presságio, prodígio, milagre), o livro dos augúrios usado pelo povo de Etrúria, supostamente dado a eles por Tages. Ver nota 4, cap. LIII, l. I.

38. No consulado de Pólio (40 a.C.), nasce uma criança prodígio (talvez o filho de Otávio, futuro marido de Escribônia) que mais tarde anunciará a chegada de uma nova era de paz:

> O solo não sentirá a enxada, nem as vinhas a poda; o robusto lavrador libertará seus bois do jugo; a lã não será tingida em várias cores; mas, por conta própria, o carneiro começará a mudar a brancura de seu velo para o doce tom carmesim e a tonalidade do açafrão. O escarlate, por si só, cobrirá os cordeiros no pasto" (Virgílio, *Éclogas* 4. c. linha 40 [Lonsdale e Lee, 18-9]).

39. Ver nota bibliográfica.

40. Livro apócrifo de Tobias, 5:16.

41. "Para simbolizar um homem que feriu a si mesmo, eles delineiam um castor; quando perseguido, esse animal arranca os próprios testículos e os atira para despistar seus perseguidores" (Horapolo Hieroglyphics 2.65 [Cory, 126]). "Os castores do Mar Negro, quando se encontram em perigo eminente, cortam de si a mesma parte [sexual], pois sabem que é por causa dela que são perseguidos. Essa substância é chamada de castóreo pelos médicos"(Plínio 8.47 [Bostock e Riley, 2:297]).

42. Os cônsules M. Cláudio Marcelo V e T. Quíntio (Pennus Capitolinus) Crispino foram derrotados por Aníbal, perto de Venusia, em 208 a.C., o 11º ano da Segunda Guerra Púnica.

43. "Entre outros prazeres, ele gostava muito de um dragão-serpente, que costumava alimentar com as próprias mãos; e certa vez o encontrou devorado por formigas. Sentiu que era um alerta para se precaver contra a violência de uma multidão (Suetônio, "Tibério Nero César" 72. In *History of Twelve Caesar* [Holland, 176-7]). Holland acrescenta a nota: "Um dragão rastejante. O que implica que existiam outros alados, ou pelo menos aos quais se atribuía o dom de voar, na opinião comum dos homens; pois o atributo Serpens significa rastejante. Ora, como a maioria deles rasteja, o nome genérico para os dragões é serpente" (*Ibid.*, p.60 das notas). Draco era um termo usado para designar o píton. Plínio diz: "O dragão é uma serpente destituída de veneno" (Plínio 29.20 [Bostock e Riley, 5:395]). Todas as cobras grandes matam esmagando a presa de modo que ela não possa respirar, sufocando-a até morrer. Nenhuma tem veneno. A jiboia e a anaconda (sucuri) só existem no Novo Mundo, mas o píton reticulado do sudeste da Ásia é uma das espécies maiores, se não a maior, dentre todas as cobras. Já foram encontrados espécimes com mais de 9 metros de comprimento. O píton das rochas africano chega a medir 7,5 metros.

44. "Para representar a boca, eles reproduzem uma serpente, porque a serpente é poderosa somente na boca, e em nenhuma outra parte de seu corpo" (Horapolo Hieroglyphics 1.45 [Cory, 66]).

45. Cícero relata essa história das duas cobras e levanta um ponto lógico: "Mas eu me pergunto: se a libertação da cobra fêmea causou a morte de Tibério Graco, e a do macho foi fatal para Cornélia, para que, então, deixar uma ou outra escapar?"(Cícero, *De divinatione* 2.29 [Yonge, 225]. Ver também 1.18 (Yonge, 160-1). Para denotar filhos que tramam contra as mães, eles delineiam uma víbora; pois a víbora não nasce da maneira usual, mas sim se desprende roendo o corpo da mãe (*Ibid.*, 2.60 [Cory, 123-4]).

46. Quando queriam simbolizar uma mulher que odeia o marido e planeja sua morte, só sendo complacente quando se deita com ele, eles delineavam uma víbora; pois, em cópula com o macho, a fêmea dessa cobra coloca a cabeça dele inteira na boca e, após o ato, ela morde a cabeça do macho e o mata (Horapolo Hieroglyphics 2.59 [Cory, 123]).

47. "Para simbolizar um homem que é hostil a todos os outros, e isolado, eles representam uma enguia; pois esse peixe não se socializa com nenhum outro" (*Ibid.* 2.103 [Cory, 149]).

48. "Pois há um certo poder e natureza, que, por meio de indicações observadas há muito tempo, também por instinto e inspiração divina, permite pronunciar um julgamento acerca de eventos futuros" (Cícero. *De divinatione* 1.6 [Yonge, 147]).

49. Durante a escavação da colina de Tarpeia para a construção de um templo, uma cabeça humana foi encontrada; imediatamente foram enviados delegados a Olenus Calenus, o mais célebre vidente de Etrúria. Este, antevendo a glória e o sucesso associados a tal presságio, tentou por meio de uma pergunta: transferir o benefício do presságio à sua terra natal. Desenhando primeiro, no solo [etrusco] à sua frente, o contorno de um templo com seu cajado, ele perguntou: "Seria assim, romanos, como dizem?", e acrescentou, "Então aqui deve ficar o templo de Júpiter, bom e todo-poderoso; foi aqui que encontramos a cabeça" – e é constatado com frequência nos Anais que o destino do império romano teria com certeza sido transferido para Etrúria se a delegação enviada, alertada pelo filho do vidente, tivesse respondido: "Não, não foi bem aí, mas em Roma, que a cabeça foi encontrada" (Plínio 28.4 [Bostock e Riley, 5:280-1]).

50. Soldados sob o comando de Marcus Junius Brutus, que junto aos soldados de C. Cássio Longino enfrentaram as forças de Caio Júlio César Otávio (posteriormente conhecido como Augusto) e de Marco Antônio na Macedônia, 42 a.C. Houve dois grandes confrontos. No primeiro, Cássio foi derrotado por Marco Antônio, enquanto Brutus, que comandava a outra ala do exército, saiu vitorioso contra Otávio. Pensando que Brutus também tinha perdido na confusão da batalha, Cássio pediu aos seus próprios libertos que o matassem. No segundo confronto, Brutus foi derrotado. Ele caiu sob a espada de seu amigo, Estrato, e acabou tirando a própria vida.

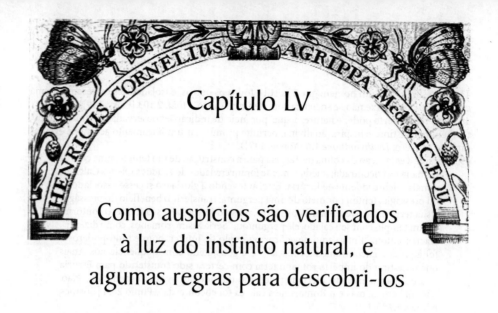

Capítulo LV

Como auspícios são verificados à luz do instinto natural, e algumas regras para descobri-los

uspícios e augúrios, que predizem coisas futuras por meio de animais e pássaros, o próprio adivinho *Orfeu*[1] (pelo que lemos) os ensinava ou mostrava em primeiro lugar, para serem depois considerados em alta estima em todas as nações. Eles podem ser verificados à luz do instinto natural, como se a partir desse instinto algumas luzes divinatórias descessem sobre animais de quatro patas, alados e outros, por meio das quais eles podem pressagiar para nós eventos futuros: o que *Virgílio*[2] parece saber, quando entoa:

> Nem os céus sobre eles afirmam tal conhecimento,
> Nem sua prudência escapa ao destino.

Ora, esse instinto da natureza, como dizia *Guilherme de Paris*, é mais sublime que toda a apreensão humana e muito parecido e semelhante à profecia. Por meio de tal instinto, há uma certa luz divinatória magnífica em alguns animais, naturalmente, como se nota nos cães, que conhecem por instinto os ladrões, descobrem homens escondidos, que até então nem conheciam, e os apreendem, caindo sobre eles com a boca aberta.[3] Pelo mesmo tipo de instinto, os abutres preveem futuras matanças em batalhas e se reúnem em lugares onde elas ocorrerão, como se antevissem a carne das carcaças mortas. E com o mesmo instinto, as perdizes conhecem a própria mãe, e abandonam a perdiz que roubou os ovos da mãe e os chocou.

Pelo mesmo instinto, também algumas coisas dolorosas e terríveis são percebidas (das quais a alma dos homens é totalmente ignorante), infligindo terror e horror nos homens, que nada sabem delas. Um ladrão escondido em uma casa, por exemplo, ainda que ninguém saiba, provoca medo e uma sensação incômoda nos moradores, embora não em todos, pois a vivacidade desse instinto não existe em todos. Uma meretriz escondida em uma casa muito grande às vezes é percebida por alguém que não tem a menor ideia da presença dela lá. É mencionado na história que um certo egípcio chamado *Heraiscus*, homem com dons divinatórios, era capaz de detectar mulheres impuras não só pelos olhos delas, mas também pela voz, ouvida a uma distância, o que lhe provocava uma forte dor de cabeça.

Guilherme de Paris também menciona uma certa mulher em sua época que, pelo mesmo instinto, percebia a chegada do homem que ela amava, mesmo a 2 milhas de distância.[4] Ele também relata que naqueles dias uma cegonha foi acusada de infidelidade pelo cheiro do macho, que reuniu uma assembleia de cegonhas e, julgando-a culpada, as outras cegonhas arrancaram-lhe as penas e fizeram-nas em pedaços. Ele também menciona um certo cavalo,[5] o qual copulou com a própria mãe por não conhecê-la; quando, depois, sentindo o que tinha feito, mordeu e arrancou os próprios testículos para vingar-se contra si mesmo pelo incesto. O mesmo contam *Varro, Aristóteles* e *Plínio* a respeito dos cavalos.

E *Plínio* menciona uma certa serpente,[6] chamada áspide, que fazia coisa semelhante, pois, ao se aproximar da mesa de um determinado homem no Egito, era alimentada todos os dias. Quando teve filhotes, um deles matou o filho de seu anfitrião; e quando ele soube disso, matou o filhote e nunca mais voltou àquela casa.

Com esses exemplos, você pode ver como as luzes dos presságios descem sobre alguns animais, como sinais ou marcas de coisas, e se manifestam em seus gestos, movimentos, vozes, voo, passo, carne, cor, etc., pois de acordo com os platônicos, há um certo poder colocado em coisas inferiores, por meio do qual elas geralmente se tornam compatíveis com as superiores. A mesma harmonia tácita dos animais parece condizer com corpos divinos, e seus corpos e afeições afetados por seu poder, pelo nome que são atribuídos às divindades.

Devemos considerar, portanto, quais animais são saturninos, quais jovianos e quais marcianos, assim como o resto, e, de acordo com suas propriedades, entender seus presságios: assim, os pássaros que se assemelham a Saturno e a Marte são todos chamados de terríveis e mortais, como a coruja-das-torres, a corujinha[7] e outros que já mencionamos, bem como o mocho, por ser um pássaro solitário saturnino, noturno e com fama de trazer mau augúrio, como canta o poeta:

> O feio mocho, do qual nenhum pássaro se ressente,
>
> Prevê má sorte e tristes eventos.

Mas o cisne é um pássaro delicioso, venéreo e dedicado a *Febo*, considerado portador de presságios felizes, principalmente nos auspícios dos marinheiros, pois nunca se afoga na água. *Ovídio* canta:

> Feliz é o cisne, alegre e cantante em seus presságios

Há também alguns pássaros que pressagiam com a boca, cantando, como o galo, a pega, a gralha, segundo *Virgílio*:[8]

> _____ assim previa
> Com frequência, do fundo do elmo, o ominoso corvo.

Ora, os pássaros que preveem as coisas futuras com seu voo são os urubus,[9] os quebra-ossos,[10] as águias, os abutres, grous, cisnes e outros do gênero; deve-se considerar seu modo de voo, se devagar ou veloz, da direita para a esquerda, ou o contrário, quantos voam juntos: nesse sentido, se os grous[11] voam em formação, indicam tempestade; se o voo é lento, indicam bom tempo. Também quando duas águias voam juntas, diz-se que elas pressagiam o mal, pois esse é um número de confusão. Do mesmo modo, o mesmo deve ser observado dos demais, levando sempre em conta o número. Além disso, cabe a um artista observar uma semelhança nessas conjeturas, como em *Virgílio*,[12] na dissimulação de *Vênus*, ela ensina seu filho *Enéas*, nestes versos:

  ____ e nada disso é em vão,
Pois se o fosse, meus pais em vão teriam me ensinado os augúrios,
Eis, pois, que seis cisnes em feliz companhia
O pássaro de Júpiter perseguiu pelo céu etéreo
Nas amplas trilhas do firmamento: e no caminho parecem
Desdenhar a terra:
Quando retornam com suas asas barulhentas, e se divertem
Com o céu à sua volta, velha consorte.
E assim, teus amigos e tua frota, eu te digo
O porto conquistaram e, com todas as velas, a baía ganharam.

Mais maravilhoso ainda é aquele tipo de augúrio daqueles que ouvem e compreendem as falas dos animais, arte na qual *Melampus*, *Tirésias*, *Tales* e *Apolônio* eram versados. Tais homens, pelo que se diz, tinham excelente domínio da língua dos pássaros: e deles falam *Filóstrato* e *Porfírio*, contando que certa vez Apolônio estava sentado com os amigos, vendo os pardais pousarem em uma árvore próxima, quando veio um pardal de outro lugar, gorjeando e batendo ruidosamente as asas, e depois voou, para longe, se afastando, seguido de todos os outros. Apolônio explicou, então, aos companheiros que um asno carregando trigo havia caído em um buraco perto da cidade, e que o trigo tinha se espalhado pelo chão. Muitos, impressionados com essas palavras, foram verificar, e de fato *Apolônio* estava certo,[13] para o espanto de todos.

Também *Porfírio*, o Platônico, em seu terceiro livro de Sacrifícios,[14] diz que se tratava de uma andorinha: no que devia estar certo, pois a voz de qualquer animal significa alguma paixão de sua alma, tal como alegria, tristeza, raiva ou outras, o que não deve ser difícil para um homem versado nessa arte identificar.

Mas *Demócrito* declarou que essa arte de perscrutar os pássaros, como dizia *Plínio*,[15] se acompanhada do uso do sangue deles, produzia uma serpente, a qual, se comida, permitia a uma pessoa conhecer as vozes dos pássaros. E *Hermes* dizia que, se alguém sair para caçar pássaros em determinado dia das Calendas[16] de novembro e cozinhar o primeiro pássaro apanhado com o coração de uma raposa, todos os que dele comerem compreenderão as vozes dos pássaros e de todos os outros animais. Também os árabes dizem que aquele que comer o coração e o fígado de dragões[17] entenderá o que os animais dizem. *Proclo*,[18] o Platônico, acreditava – chegando a escrever a respeito – que o coração de uma toupeira produzia presságios.

Também algumas adivinhações e auspícios extraídos das entranhas dos sacrifícios, cujo inventor era *Tages*,[19] de quem *Lucano cantou*:[20]

E se as entranhas de nada servem,
Com tal arte então mentiu Tages.

A religião romana pregava que o fígado era a cabeça das entranhas.[21] Por isso os videntes olhavam primeiro o fígado para prever eventos futuros. Nesse órgão se viam duas cabeças, uma chamada de cabeça da cidade e a outra, do inimigo; e com a leitura das cabeças combinadas, ou quaisquer outras duas partes comparadas, eles pronunciavam a vitória, como se lê em *Lucano*, que as entranhas examinadas indicavam o massacre sofrido pelos homens de *Pompeu* e a vitória de *César*, segundo estes versos:[22]

> Nas entranhas, todos os defeitos são ominosos.
> Uma parte inflama e outra é fraca e flácida.
> Enquanto pulsam aceleradamente as artérias.

Após examinar os intestinos, eles procuram o coração. Se em sacrifício não fosse encontrado o coração, ou se faltasse uma cabeça no fígado, esses sinais eram presságios mortais, chamados de piaculares.[23] Também se o animal a ser sacrificado fugisse do altar ou fosse abatido soltando um gemido, ou se caísse sobre uma parte do corpo diferente da pretendida, era um sinal ominoso.

Conta-se que certo dia *Júlio César* saiu em procissão com sua túnica púrpura e, ao se sentar em uma cadeira dourada e fazer sacrifício, por duas vezes faltou o coração;[24] e quando C. *Mário* estava sacrificando em Utica, faltou um fígado.[25] Quando Caio, o príncipe, *M. Marcelo, C. Cláudio* e *L. Petellius Coss* estavam fazendo oferendas em sacrifício, o fígado se consumiu de repente; e não muito tempo depois, um deles morreu de doença, outro foi morto pelos homens da Ligúria, tudo previsto pelas entranhas do animal sacrificado: o que se atribuía ao poder dos deuses ou à ajuda do Diabo. Também era motivo de grande preocupação entre os antigos, quando alguma coisa incomum era encontrada nas entranhas: como na ocasião em que *Sula* estava sacrificando em Laurentum, a figura de uma coroa[26] apareceu na cabeça do fígado; o que *Posthumius*, o vidente, interpretou como um sinal da vitória com um reino, e recomendou a *Sula* que comesse as entranhas.

A cor das entranhas também deve ser observada. *Lucano* faz a seguinte menção:[27]

> Ao deparar com as cores, os profetas foram tomados de pânico,
> Pois tingidas de manchas nefastas se encontravam as pálidas entranhas.
> Pretas e azuis, com gotículas de sangue eram.

No passado, essas artes eram tão veneradas que os mais poderosos e sábios homens recorriam a elas, incluindo o Senado, e os reis nada faziam sem o conselho dos áugures. Mas hoje em dia, em parte por causa da negligência dos homens, em parte pela autoridade dos pais da Igreja,[28] tudo isso foi abolido.

Notas – Capítulo LV

1. Horácio chama Orfeu de intérprete dos deuses, e Filóstrato diz que a cabeça dele foi preservada após sua morte em Lesbos para servir de oráculo.
2. ... eles [corvos negros] apreciam quando a chuva acaba, pois podem voltar aos filhotes e aos seus amados ninhos. Não que eu acredite que eles tenham alguma inspiração do céu, ou que o destino lhes permita antever coisas futuras; mas quando o tempo e a umidade mutável do céu alteram o curso da natureza, e o deus do ar com os ventos úmidos condensa o que até então era raro, e logo rarefaz o que era denso, as imagens da mente são mudadas, e o peito concebe impulsos diferentes do que sentiam, enquanto o vento espalhava as nuvens... (Virgílio, *Georgics* 1. c. linha 415 [Lonsdale e Lee, 40].
3. Ou seja, latindo.
4. Uma descrição antiga do que hoje é conhecido como percepção extrassensorial de aproximação.
5. "Outro cavalo, quando teve as bandagens tiradas dos olhos, descobriu que tinha copulado com a própria mãe; ele, então, saltou de um precipício e morreu. Dizem-nos também que por motivo semelhante um cavalariço foi feito em pedaços no território de Roma" (Plínio 8.64 [Bostock e Riley, 2:318]).
6. Plínio relata essa história e a atribui a Phylarchus, um escritor grego. Ver Plínio 10.96 [Bostock e Riley, 2:552].
7. Uma coruja jovem ou pequena, possivelmente da espécie *Carine noctua*, a pequena coruja representada nas moedas e esculturas como o pássaro de Palas Atena e da cidade de Atenas.
8. Ver nota 7, cap. LIV, l. I.
9. O urubu comum (*Buteo vulgaris*) era considerado uma espécie inferior de gavião, pouco valorizado por causa de seu bico e garras, que são fracos, e pela falta de coragem, que o torna um pássaro inútil para falcoaria. Dele, diz Plínio:

"... também o *triochis*, assim chamado por causa do número de seus testículos, ao qual Phemonoe atribuía o primeiro lugar em augúrios. Ele é conhecido pelos romanos como "búteo"; na verdade, há uma família cujo sobrenome vem desse pássaro, pelo fato de ter trazido a eles um augúrio favorável, pousando no navio de um deles, quando este estava no comando (Plínio 10.9 [Bostock e Riley, 2:487]).

10. *Pandion haliaetus*. Plínio descreve essa espécie de águia, quando diz: "Alguns escritores acrescentam à lista acima uma terceira espécie, a qual chamam de "águia barbada"; já os etruscos a chamam de quebra-ossos [ossifraga: quebra-ossos] (Plínio 10.3 [Bostock e Riley, 2:484]). Especula-se que o pássaro ao qual ele se referia originalmente era abutre de barba (*Gypaetus barbatus*), que quebra os ossos abertos, soltando-os de uma grande abutre, mas, no fim do século XVI, o nome quebra-ossos foi transferido, por escritores ingleses e franceses, para a águia do mar.
11. Plínio diz que, quando os grous "voam para o interior", estão anunciando tempestade, mas "quando os grous voam alto em silêncio, anunciam tempo bom..." (Plínio 18.87 [Bostock e Riley, 4:124]).
12. Ver nota 8, cap. LIV, l. 1.
13. Os pardais estavam sentados em silêncio nas árvores das redondezas, quando outro pardal voou até eles e fez como se convidasse os outros a fazer algo; e assim que o ouviram, todos os pássaros começaram a gorjear, abriram as asas e voaram. Apolônio sabia por que eles tinham voado, mas não fez comentário algum, e prosseguiu com seu assunto; vendo, então, que todo o seu público seguia os pássaros com o olhar, e algumas pessoas supersticiosas previam maus presságios pela partida dos grous, ele deu a seguinte explicação: "Um garoto que estava carregando grãos em um cocho caiu e, após recolher os grãos sem muito cuidado, foi embora, deixando boa parte espalhada pela estrada. O primeiro pardal encontrou os grãos e voltou para convidar os outros como seus convidados para aquele banquete inesperado". Muitos de seus ouvintes correram para investigar, enquanto Apolônio continuou

com seu discurso a respeito do bem comum disponível a todos, para aqueles que ficaram. (Filóstrato, *Life and Time of Apolloniuns of Tyana* 4.3 [Eells, 93])
14. *De Abstinentia* (Abstinência de alimento animal), uma das poucas obras ainda existentes de Porfírio, que foi traduzida para o inglês por Thomas Taylor em 1823.
15. "... também o que diz Demócrito, quando cita os nomes de certos pássaros, com cujo sangue misturado se produz uma serpente; e a pessoa que disso se alimenta será capaz de compreender a língua dos pássaros..." (Plínio 10.70 [Bostock e Riley, 2:530]). "Demócrito cita uma preparação monstruosa de cobras, com cujo uso a língua dos pássaros pode ser compreendida" (Plínio 29.22 [Bostock e Riley, 5:397]).
16. O primeiro dia de qualquer mês no calendário romano; portanto, 1º de novembro.
17. "Até hoje, é costume dos árabes escutar as vozes de pássaros como oráculos, para prever eventos futuros, e interpretam animais, pois, como dizem, alguns comem o fígado de dragões e outros, o coração" (Filostrato, *Life and Time of Apollonius of Tyana* 1.20 [Eells, 21]).
18. "O coração de uma toupeira é subserviente à adivinhação" (Proclus, *De sacrificio et magia*, frag. preservado por Ficinus e dado integralmente em Jâmblico, *Life of Pythagoras*, trad. Thomas Taylor [1818] [Londres: John M. Watkins, 1926], 213-8). Taylor também cita este fragmento no fim de sua tradução de *On the Mysteries*. Veja também nota 7, cap. XXI, I.
19. Dizem que certa vez um lavrador estava arando em um campo no território de Tarquinium e acabou fazendo uma vala mais profunda do que o normal, de onde surgiu um certo Tages que, conforme está registrado nos livros dos etruscos, possuía o semblante de uma criança, mas a prudência de um sábio. Como se surpreendesse o lavrador ao vê-lo, e com espanto soltasse um grito, várias pessoas se reuniram em torno dele, e logo todos os etruscos se reuniram no local. Tages, então, discursou na presença de uma imensa multidão, a qual recebeu suas palavras com a maior atenção, e depois ele as registrou por escrito. As informações passadas por esse Tages formaram a base da ciência de adivinhação, sendo mais tarde aperfeiçoada pelo acréscimo de muitos fatos novos, todos os quais confirmavam os princípios (Cícero, *De divinatione* 2.23 [Yonge,220-1]).

O vidente etrusco que examinava as entranhas era chamado de arúspice e a prática em si, de aruspicação.
20. Descrito por Arruns, o decano dos videntes, ao ver o infeliz duplo, ou o fígado de dois lóbulos, em um sacrifício: "Que os deuses concedam um resultado próspero ao que foi visto, e que não haja verdade nas entranhas; pois Tages, o fundador da arte, inventou de bom grado todas essas coisas!" (Lucano, *Pharsalia* 1, linha 636 [Riley, 42]).
21. "O fígado é do lado direito: nessa parte está situado o que se chama de 'a cabeça das entranhas', e passa por consideráveis variações" (Plínio 11.73 [Bostock e Riley, 3:67-8]).
22. "... e, um sinal chocante! Aquilo que não apareceu com impunidade nas entranhas! Eis que ele [Arruns] vê crescendo na cabeça das entranhas [fígado] a massa de outra cabeça – uma parte se estende, fraca e flácida, outra parte pulsa e, com pulsação rápida, move incessantemente as veias" (Lucano, *Pharsalia* 1, linha 626 [Riley, 41]).
23. Ver nota 9, cap. LIII, l. 1.
24. No primeiro dia em que o ditador César apareceu em público, vestindo púrpura, e se sentou em um trono de ouro, por duas vezes faltou o coração enquanto ele sacrificava. Tal circunstância levantou uma grande polêmica entre os que discutem questões pertinentes à adivinhação – se era possível a vítima ter vivido sem aquele órgão, ou o tinha perdido no momento em que morreu (Plínio 11.71 [Bostock e Riley, 3:66]).
.. no mesmo dia em que César se sentou pela primeira vez no trono de ouro e vestiu uma toga púrpura, ao fazer o sacrifício verificou que não havia coração nas entranhas de uma gorda raposa... Ele mesmo se surpreendeu com o fenômeno inusitado; ao que Spurinna [vidente que alertou: "Cuidado com os Idos de março" (N.T.: idos - no antigo calendário romano, o dia 15 de março, maio, julho e outubro, e o dia 13 dos outros meses)] observou que tinha motivo para temer a perda do juízo e da própria vida, uma vez que ambos se originam no coração. No dia seguinte, o fígado da vítima foi encontrado com defeito na extremidade superior (Cícero, *De divinatione* 1.52 [Yonge,13-4]).

Quando César estava sacrificando, notou-se que faltava o coração da vítima, um presságio muito ruim, pois nenhum ser vivo pode subsistir sem o coração (Plutarco "César", In *Lives* [Dryden, 890]).

25. Não foi encontrado o fígado de uma vítima sacrificada por M. Marcelo, por volta da época em que ele foi morto em uma batalha contra Aníbal; enquanto na vítima sacrificada no dia seguinte foi encontrado um fígado duplo. Também faltou o fígado em uma vítima sacrificada por C. Mário, em Utica, e na vítima oferecida pelo imperador Caio [Calígula], nas calendas de janeiro, por ocasião de sua entrada no ano do consulado em que ele foi morto: a mesma coisa ocorreu com seu sucessor, Cláudio, no mês em que ele foi morto por envenenamento (Plínio 11.73 [Bostock e Riley, 3:68]).

26. Confiando no testemunho de Sula em suas *Memórias*, Plutarco escreve: "Pois quando ele estava sacrificando, logo após atracar perto de Tarentum, o fígado da vítima mostrou a figura de uma coroa de louro com dois filetes dela escorrendo" (Plutarco "Sylla". In *Lives* ... [Dryden, 566]). Plutarco menciona Posthumius fazendo um sacrifício em Nola (leste da atual Nápoles), um pouco antes do sacrifício citado acima. "Quando ele [Sula] estava sacrificando, Postumius, o vidente, após examinar as entranhas, pegou nas mãos de Sylla [Sula] e mandou que fossem amarradas e ficassem sob custódia até o fim da batalha, como que dispostas, caso não houvesse o sucesso completo, a sofrer a pior punição" (*Ibid.*, 552).

Cícero faz outra referência aos dois:

> Pois quando Sula se encontrava no território de Nola, sacrificando em frente à sua tenda, uma serpente, de súbito, deslizou saindo de debaixo do altar. Posthumius então recomendou-lhe que desse ordens para que o exército marchasse imediatamente. Sula obedeceu e derrotou de vez os samnitas que se encontravam diante de Nola e tomou posse do rico acampamento deles (Cícero, *De divinatione* 1.33 [Yonge, 175]).

27. Lucas faz menção – "A mesma cor alarmou o profeta; pois uma lividez impregnante manchava com pontos de sangue os vitais pálidos, manchando-os com repugnantes pontos, empanturrados com sangue coagulado. Ele percebe o fígado fedendo a corrupção e contempla as veias ameaçadoras do lado do inimigo".

28. Os primeiros líderes e autores da Igreja Cristã.

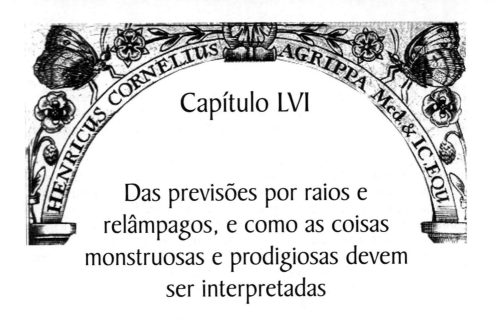

Capítulo LVI

Das previsões por raios e relâmpagos, e como as coisas monstruosas e prodigiosas devem ser interpretadas

amos agora para as previsões por meio de relâmpagos e raios, de feitos fantásticos, e de como as coisas monstruosas e prodigiosas devem ser interpretadas, e os profetas e sacerdotes de Hetruscus[1] ensinavam a arte. Eles definiram 16 regiões[2] dos céus e atribuíram deuses a cada uma delas e ainda 11 espécies[3] de relâmpagos e nove deuses que os lançavam, apresentando regras para se entender o significado desses sinais. Mas, sempre que acontecem coisas monstruosas, prodigiosas e fantásticas, elas pressagiam algo de grande importância.

O intérprete de tais coisas deve ser um excelente conjurador de similitudes, além de um explorador curioso, trabalhando a serviço de príncipes e províncias. Pois os celestiais providenciam para que os príncipes, os povos e as províncias sejam em primeiro lugar prefigurados e admoestados pelos astros, pelas constelações, por feitos fantásticos e prodígios. Ora, se a mesma coisa, ou semelhante, foi vista em tempos passados, devemos levar em conta tal coisa e o que aconteceu depois; e, de acordo com ela, prever o mesmo ou semelhante, pois os mesmos signos são para as mesmas coisas, e o igual serve para o igual.

Assim, os prodígios têm aparecido antes do nascimento e da morte de muitos homens eminentes e reis; como *Cícero* menciona *Midas*, um garoto, em cuja boca, enquanto ele falava, uma formiga colocou grãos de trigo,[4] o que constituía um sinal de grandes riquezas. Quando algumas abelhas pousaram na boca de *Platão*,[5] enquanto ele dormia no berço, se previu a doçura de sua fala. *Hécuba*, quando estava dando à luz Páris, viu uma tocha ardente,[6] que incendiaria Troia e toda a Ásia. Apareceu para a mãe de *Phalaris*[7] a imagem de Mercúrio derramando sangue sobre a terra, com o qual toda a casa foi inundada. A mãe de *Dionísio*[8] sonhou que deu à luz um sátiro, um prodígio de coisas boas que aconteceriam em seguida.

A esposa de *Tarquinius Priscus* viu uma chama roçar a cabeça de *Sérvio Túlio*,[9] pressagiando que ele teria o reino. Da mesma maneira, após a tomada de Troia, enquanto *Enéas* disputava com *Anquises*, seu pai, a questão de uma fuga, apareceu uma chama roçando a coroa da cabeça de *Ascânio*,[10] não lhe ferindo: e tal presságio, indicando o reino para as mãos de *Ascânio*, convenceu-o a partir, pois prodígios monstruosos previam uma grande e iminente destruição.

Lemos em Plínio que, enquanto *M. Atílio* e *C. Pórcio* eram cônsules, houve uma chuva de leite e sangue,[11] anunciando que uma grande pestilência se espalharia por Roma no ano seguinte. Também em Lucânia choveu ferro esponjoso,[12] um ano antes de *Marco Crasso* ser morto na Pártia, o que levou também a morte de todos os soldados de Lucania, que formavam um exército numeroso. Também enquanto *L. Paulo* e *C. Marcelo* eram cônsules, choveu lã[13] em volta do castelo de *Corisanum*, perto do local onde no ano seguinte *T. Annius* foi morto por *Milo*. Também nas guerras da Dinamarca, o barulho de armas[14] e o som de trombeta foram ouvidos no ar. E *Tito Lívio*, falando das guerras da Macedônia, disse que, quando *Aníbal* morreu, choveu sangue por dois dias. Também acerca da segunda guerra púnica, ele diz que água misturada com sangue caiu do céu como chuva, na época em que Aníbal pilhava a Itália. Pouco antes da destruição de Leuctra, os lacedemônios ouviram um barulho de armas no tempo de *Hércules*,[15] enquanto nesse mesmo momento as portas que estavam fechadas com trancas se abriram sozinhas, e as armas que estavam penduradas na parede se encontravam agora no chão.

Eventos semelhantes podem ser prognósticos de outras coisas, como acontecia com frequência no passado, anunciando eventos. Mas também nesses casos, o julgamento das influências celestiais não deve ser negligenciado, o que abordaremos melhor nos capítulos seguintes.

Notas – Capítulo LVI

1. Etrúria.
2. Em relação a esse fenômeno [relâmpago], os etruscos dividem o céu em 16 partes. A primeira grande divisão é de norte a leste; a segunda até o sul; a terceira até o oeste; e a quarta ocupa o que sobra entre oeste e norte. Cada uma delas é subdivida em quatro partes, das quais as oito a leste são chamadas de divisões esquerdas, e as oito a oeste, divisões direitas. Aquelas que se estendem do oeste para o norte são consideradas as mais inapropriadas. Por isso, é muito importante determinar de que setor procede o trovão e em que direção ele cai. É considerado um presságio muito favorável quando o trovão retorna à divisão leste. Mas o prognóstico é da maior felicidade quando o trovão procede da primeira parte mencionada do céu e a ela retorna; foi um presságio desse tipo que, segundo ouvimos dizer, foi dado a Sula, o Ditador. Os demais setores do céu são menos propícios, mas também podem ser menos temidos (Plínio 2.55 [Bostock e Riley, 1:85]).

Ver também a história de Attus Navius em Cícero, *De divinatione* 1.17.

3. Os livros etruscos nos informam que existem nove deuses que desencadeiam tempestades com trovões e relâmpagos, e que há 11 diferentes espécies deles; e três dessas tempestades são provocadas por Júpiter. Os romanos reconhecem apenas duas, atribuindo as do tipo diurno a Júpiter e do tipo noturno a Summanus... (Plínio 2.53 [Bostock e Riley, 1:82]).

4. "Quando Midas, futuro rei da Frígia, ainda era bebê, algumas formigas deixaram grãos de trigo em sua boca, enquanto ele dormia" (Cícero, *De divinatione* 1.36 [Yonge, 177]).
5. "Platão ainda era criança, quando um dia, dormindo no berço, chegou um enxame de abelhas, que pousaram em seus lábios; e os videntes explicaram que ele se tornaria extremamente eloquente..." (*Ibid.*)
6. Cícero cita um poeta não identificado:

   A rainha Hécuba sonhou – e foi um sonho portentoso
   Que tinha dado à luz não uma criança humana.
   Mas uma abrasadora tocha ardente.
   (Cícero, *De divinatione* 1.21 [Yonge, 163]).
7. Heráclides de Ponto, um homem inteligente que foi discípulo e seguidor de Platão, escreve que a mãe de Phalaris imaginava ter visto em sono as estátuas dos deuses que Phalaris tinha consagrado em sua casa. Entre eles, parecia-lhe que Mercúrio tinha um cálice na mão direita, da qual ele despejava sangue, o qual, ao tocar a terra, jorrava como uma fonte e inundava a casa (Cícero, *De divinatione* 1.23 [Yonge, 164]).
8. Refiro-me àquele Dionísio que foi o tirano de Siracusa, conforme registrado por Philistus, um homem sábio e culto, contemporâneo de Dionísio – estando grávida dele, sonhou que se tornara mãe de um sátiro (Cícero, *De divitatione* 1.20 [Yonge, 162]).
Os sátiros são servos do deus Dioniso.
9. "E todos os nossos relatos históricos contam que a cabeça de Sérvio Túlio, enquanto este dormia, parecia estar em fogo, o que era um sinal dos eventos extraordinários que se seguiram" (Cícero *De divinatione* 1.53 [Yonge, 194]).
"... quando Sérvio Túlio, ainda criança, estava dormindo, uma chama saiu de sua cabeça..." (Plínio 2.111 [Bostock e Riley, 1:143]).

Conta-se que a cabeça de um menino chamado Sérvio Túlio certa vez brilhou como fogo enquanto ele dormia, fenômeno testemunhado por muitas pessoas. E após a comoção provocada pelo evento miraculoso, a família real acordou; e quando um dos servos trazia água para apagar o fogo, a rainha o proibiu de prosseguir, não querendo que o menino fosse perturbado até acordar sozinho. Assim que ele acordou, a chama desapareceu. (Tito Lívio, *História de Roma* 1.39, traduzido para o inglês por D. Spillan e Cyrus Edmonds [Nova York: Noble and Eidridge, n.d.], 52-3]
10. "... uma leve crosta de fogo parece projetar um brilho da coroa da cabeça de Iulus [Ascânio] e, sem feri-lo, roçar seus cabelos ondulados e se estender às têmporas" (Virgílio, *Eneida* 2. c. linha 682 [Lonsdale e Lee, 111]).
11. "Além destes, aprendemos através de certos monumentos que, da parte inferior da atmosfera, choveu leite e sangue no consulado de M.Acilius e C. Porcius [114 a.C.] e, com frequência, em outras épocas (Plínio 257 [Bostock e Riley, 1:87]).
12. Também choveu ferro na terra dos lucanos, no ano anterior à morte de Crasso nas mãos dos partos [53 a.C.], bem como de todos os soldados lucanos, que formavam um grande exército. A substância que caiu tinha a aparência de esponja; os augúrios alertavam o povo do perigo de ferimentos que poderiam ir do alto (*Ibid.* 87-8).
13. "No consulado de L. Paulo e C. Marcelo, choveu lã em volta do castelo de Carissanum, perto do local onde, um ano depois, T. Annius Milo foi morto" (*Ibid.*, 88).
14. "Soubemos que, durante a guerra com os cimbros, o barulho de armas e o som de trombetas foram ouvidos no céu, a mesma coisa já havia acontecido antes e tem acontecido desde então" (Plínio 2.58 [Bostock e Riley, 1:88]).
15. "Quantas intimações foram feitas aos lacedemônios pouco tempo antes do desastre de Leuctra, quando armas foram ouvidas no templo de Hércules, e sua estátua se umedeceu com suor profuso! Ao mesmo tempo, em Tebas (como relata Callisthenes), as portas dobráveis do templo de Hércules, que estavam fechadas com trancas, abriram-se sozinhas, e todas as armas que antes estavam penduradas nas paredes se encontravam agora no chão" (Cícero, *De divinatione* 1.34 [Yonge, 176]).

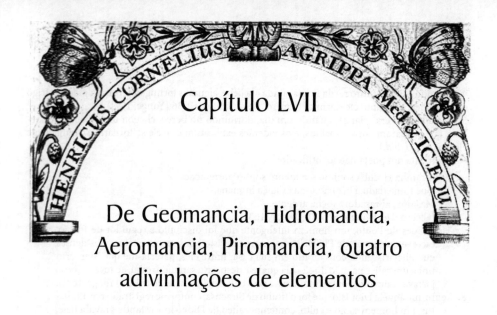

Capítulo LVII

De Geomancia, Hidromancia, Aeromancia, Piromancia, quatro adivinhações de elementos

Além de tudo isso, os próprios elementos nos ensinam eventos fatais, e deles derivam-se os nomes daquelas quatro famosas espécies de adivinhação: Geomancia, Hidromancia, Aeromancia e Piromancia, das quais a famosa feiticeira em *Lucano* parece se gabar, quando diz:[1]

A terra, o ar, o caos e o céu,
Os mares, os campos, as rochas e as montanhas altas
Preveem a verdade

A primeira dessas formas de adivinhação é a Geomancia, que mostra as coisas futuras pelos movimentos da Terra, bem como pelo barulho, inchaço, tremor, rachaduras, precipícios e exalação, e outras impressões, cuja arte *Almadel*, o Árabe, pratica. Mas há outro tipo de Geomancia, que funciona com pontos escritos na terra, por meio de um certo poder na queda dela, que não será tema da presente especulação, mas ao qual voltaremos mais tarde.[2]

Já a Hidromancia realiza seus presságios pelas impressões da água, seu fluxo e refluxo, seus aumentos e depressões, suas tempestades, cores, e coisas assim; a qual se acrescenta também visões que são feitas nas águas. Por meio de uma adivinhação encontrada pelos persas,[3] conforme relata *Varro*, um garoto viu na água as efígies de *Mercúrio*, prevendo em 150 versos todo o evento da guerra de *Mithridates*. Também lemos que *Numa Pompílio*[4] praticava a hidromancia; pois na água ele invocava os deuses e com eles aprendia acerca das coisas futuras; arte que também *Pitágoras*, muito tempo depois de *Numa*, praticava.

Há muito tempo havia um tipo de Hidromancia que era de grande estima entre os assírios, sendo chamada de Lecanomancia, e que consistia no uso de uma pele cheia de água, sobre a qual eles punham pratos de ouro e prata e pedras preciosas, sobre as quais vinham inscritas certas imagens, nomes e caracteres. A essa arte se associava o uso de chumbo e cera, que eram derretidos e jogados na água,[5] expressando marcas de imagens do que desejamos saber. Também no passado havia fontes que previam as coisas futuras, como a Fonte do Pai em Acaia e aquela que era chamada de a Água de Juno em Epidaurus; mas falaremos mais disso nos capítulos seguintes, quando trataremos dos oráculos.[6]

Também há referências à adivinhação pelos peixes, do tipo que era usada pelos lícios em um lugar chamado Dina, perto do mar, em um bosque dedicado a Apolo, feito oco na areia seca e dentro do qual aquele que ia consultar acerca de coisas futuras colocava carne assada e logo o lugar se enchia de água; e uma miríade de peixes e de estranhas formas desconhecidas do homem aparecia, por meio das quais o profeta previa o que estava para acontecer. Essas coisas são relatadas por *Ateneu* em *Policarmo*, na história dos lícios.

Pelo mesmo processo, a Aeromancia adivinha por meio de impressões no ar, pelo sopro dos ventos, pelos arco-íris, por círculos em volta da Lua e das estrelas, neblinas e nuvens, imagens nas nuvens e visões no ar.

A Piromancia, por sua vez, adivinha por meio de impressões do fogo, pelas estrelas com longas caudas,[7] por cores incandescentes, visões e imagens no fogo. Foi assim que a esposa de *Cícero*[8] previu que ele seria cônsul no ano seguinte, pois, quando um certo homem olhava as cinzas após o término de um sacrifício, subitamente se levantou uma chama. É desse tipo de adivinhação que fala *Plínio*,[9] quando menciona que fogos terrenos, pálidos e sibilantes pressagiam tempestades, e que os círculos em volta do pavio de uma vela[10] são um prenúncio de chuva; se a chama vira e se curva, é um prenúncio de vento. O mesmo fazem as tochas logo que são acesas e não alimentadas; também quando um pedaço de carvão gruda no pote tirado do fogo, quando o fogo lança longe as cinzas e as fagulhas, ou quando as cinzas endurecem na lareira, ou o carvão brilha muito.

A essas artes se acrescenta a Capnomancia,[11] cujo nome deriva da fumaça, pois ela procura a chama e a fumaça, cores delicadas, sons e movimentos, quando estes são levados para cima, ou para um lado, ou voam em volta, o que lemos nestes versos em *Statius*:

Que a piedade apanhada e posta sobre o altar,
Imploremos aos deuses por seu divino auxílio.
Ela faz chamas acentuadas, vermelhas, e altas e brilhantes.
Alimentada pelo ar, branca no meio;
E apanha todas as chamas externas,
Serpenteando-as dentro e fora, fazendo-as deslizar como uma serpente.

Também nas cavernas de Atenas e nos campos das ninfas em Apolônia, augúrios foram extraídos do fogo e das chamas; bons, se receberam o que neles foi jogado; ruins, se recusaram. Mas disso falaremos mais tarde, nos capítulos seguintes, quando trataremos das respostas dos oráculos.[12]

Notas – Capítulo LVII

1. Ericto, falando com Sexto Pompeu, diz: "Mas, se queres antever os eventos, caminhos fáceis e múltiplos se abrirão para a verdade, e as rochas de Rhodope conosco conversarão". (Lucano, *Pharsalia* 6, linha 615 [Riley, 237]).
2. Ver apêndice VIII.
3. A respeito da Hidromancia, Agostinho diz: "Forma de adivinhação, segundo Varro [*De cultu deorun*], que veio da Pérsia e era usada por Numa e, depois, por Pitágoras" (*Cidade de Deus* 7.35, [Healey I:224]).
4. "O casamento de Nuna com a ninfa Egéria (segundo Varro) nada mais foi que seu uso da água na Hidromancia. Pois tais histórias são propensas a muita falsidade e a se tornarem fábulas. Foi por meio dessa Hidromancia que esse rei curioso aprendeu as leis religiosas que ele depois passaria aos romanos, e que os sacerdotes têm em seus livros..." (*Ibid.*)
5. Pequenas quantidades de material derretido são rapidamente colocadas em um receptáculo com água, no qual se solidificam quase que de imediato. A adivinhação deriva das formas curiosas que as massas endurecidas assumem.
6. Ver notas 14 e 15, cap. XLVIII, l. III.
7. Cometas, sobre cujos presságios fala Plínio: "É importante observar para que lado essa estrela projeta seus raios, ou de qual estrela ela recebe influência, com que se assemelha e em quais lugares ela brilha (Plínio 2.23 [Bostock e Riley, 1:57]). Na Astrologia antiga, havia uma classificação sofisticada de cometas de acordo com a forma, o que lhes rendia seus nomes; por exemplo, "estrelas com cabelos longos", quando a cauda aparecia para cima; "estrelas barbadas", quando se voltava para baixo; "estrelas-dardo", quando a cauda era longa e estreita; "estrelas-adaga", quando era curta e inclinada a um ponto, e assim por diante. Para uma lista de algumas dessa estrelas, ver Plínio 2.22 (Bostock e Riley, 1:55-6). Ptolomeu também as menciona em *Tetrabiblos* 2.9, mas com menos detalhes que Plínio. Para um relato completo, consultar Efestião de Tebas.
8. Terência, a primeira esposa de Cícero. Ele foi cônsul em 63 a.C. É curioso ele não mencionar essa história em *De divinatione* (44 a.C.). Talvez o divórcio de Terência em 45 a.C., acompanhado do divórcio de Pubíblia, sua segunda esposa, no mesmo ano, tinha desviado-lhe a cabeça de reminiscências domésticas.
9. Além dessas, existem os prognósticos extraídos do fogo alimentado sobre a terra. Se as chamas forem pálidas e emitirem um som murmurante, são consideradas um presságio de tempestade; e a presença de fungos no pavio ardente da lâmpada é um sinal de chuva. Se a chama for espiral e trêmula, é um indício de vento, o mesmo caso quando a lâmpada se apaga sozinha ou é acesa com dificuldade; também se o pavio se dependurar e se formarem fagulhas nele ou os carvões ardentes aderirem aos potes tirados do fogo, ou se o fogo, quando coberto, lançar brasas ou emitir fagulhas, ou se as cinzas formarem uma massa na lareira, ou o carvão arder com muito brilho (Plínio 18.84 [Bostock e Riley, 4:122]).
10. "E eis que, quando Pamphiles viu a vela na mesa, ela disse: Com certeza, teremos muita chuva amanhã. Seu marido, ao ouvir tais palavras, indagou dela como sabia de tal coisa. Maria (disse ela), a luz sobre a mesa, assim mostrou" (Apuleio, *O asno de ouro*, cap. 10 [Adlington]).
11. Quando a chama subiu, delicada, em uma coluna vertical do sacrifício sobre o altar, foi um bom sinal, mas, se a fumaça descesse muito, seria mau. Outra espécie de capnomancia é realizada com a fumaça de sementes de papoula ou jasmim. A fumaça do sacrifício também era inalada para produzir um estado exaltado.
12. Todas essas formas de adivinhação são descritas em uma obra curta, que os editores da *Ópera* latina acharam conveniente afixar como um tipo de apêndice em *Filosofia Oculta*. Ele tem o título *De speciebus magiae ceremonialis, quam geotiam uocant, epítome per Georgiu Pictorium Villinaganum, doctorem medicum, nuperrime conscripta* . Seis das obras de magia anexadas ao primeiro volume da *Ópera* foram reunidas e traduzidas para o inglês em 1655 por Robert Turner, sob o título enganoso de *Agrippa, seu quarto livro de filosofia oculta (Agrippa His Fourth Book of Occult Philosophy)* – enganoso porque é apenas um dos seis tratados, e Agrippa nem sequer o escreveu – mas, por algum motivo, parece que o *De speciebus* foi ignorado.

Capítulo LVIII

De como reviver os mortos, do sono e da falta de víveres por muitos anos

s filósofos árabes concordam que alguns homens conseguem se elevar acima dos poderes de seu corpo e de seus poderes sensitivos; e, tendo superado tais poderes, esses indivíduos recebem por meio da perfeição dos céus e das inteligências um vigor divino. Uma vez que todas as almas dos homens são perpétuas e todos os espíritos obedecem às almas perfeitas, os magos acreditam que os homens perfeitos podem, pelo poder de sua alma, recuperar seus corpos moribundos e inspirá-los novamente; assim como uma doninha morta é revivida pela respiração e chama pela mãe, e os leões revivem seus filhotes mortos[1] respirando neles.

Isso acontece porque, como dizem, todas as coisas iguais aplicadas às suas iguais são feitas da mesma natureza; e todo paciente e toda coisa que recebem em si a ação de qualquer agente são dotados com a natureza desse agente, tornando-se conaturais. Por isso, pensam eles que algumas ervas e confecções mágicas, como as feitas das cinzas da fênix[2] e da pele arrancada de uma cobra, conduzem a essa revivificação, o que parece fabuloso demais, e para alguns até impossível, a menos que seja comprovado por fé histórica.

De fato, lemos a respeito de algumas pessoas que se afogaram na água, outras que morreram no fogo, em guerra, e diversos modos, e após alguns dias estavam vivas novamente, como atesta Plínio[3] acerca de *Aviola*, um homem pertencente ao cônsul, também de *L. Lamia, Callius Tubero, Corfidius,*[4] *Gabienus*[5] e muitos outros. Também lemos que *Esopo*, o fabulista, *Tindoreus,*[6] *Hércules*[7] e *Palicy,*[8] os filhos de *Júpiter* e *Tália (ou Talia)*, estando mortos, foram trazidos de volta à vida; e tantos outros foram revividos por médicos e magos, como nos relatam os historiadores acerca de *Esculápio*;[9] e a mesma menção fazem *Juba, Xanthus* e *Filóstrato* a respeito de *Tilo*, de um certo árabe e de *Apolônio*[10] de Tiana.

Lê-se também que *Glauco*,[11] um homem que havia morrido, sem esperança de recuperação, ao ser visto assim pelos médicos, estes lhe administraram erva-de-dragão e o trouxeram de volta à vida. Alguns dizem que ele reviveu quando inseriram em seu corpo um remédio feito de mel, de onde surgiu o provérbio: *Glauco* voltou à vida quando tomou mel.

Apuleio, também relatando essa forma de revivificação, disse que *Zachla*,[12] o profeta egípcio, certa vez colocou uma erva na boca de um jovem morto e outra no peito, depois, voltando-se para o Sol, rezando em silêncio (com uma grande assembleia de pessoas tentando ver), conseguiu fazer o paciente arfar o peito; suas veias começaram a pulsar e todo o corpo se encheu do sopro de vida, o corpo até então inerte se levantou; e o jovem falou.

Se essas histórias são verdadeiras, as almas devem, às vezes, escondidas no corpo, ser oprimidas com êxtases veementes e libertadas de toda ação física – de modo que a vida, o sentido e o movimento abandonam o corpo, embora o homem não esteja realmente morto, mas apenas aturdido,[13] como se morresse por algum tempo. E com frequência se verifica em tempos de pestilência que muitos indivíduos tidos como mortos são enterrados para depois reviver. O mesmo também ocorre com as mulheres, por ataques da mãe.[14]

E o rabino *Moisés*,[15] no livro de *Galeno*, traduzido por *Patriarcha*, menciona um homem que ficara sufocado por seis dias, e não comeu nem bebeu, e suas artérias endureceram. E o mesmo livro fala de um homem que, após se encher de água, perdeu a pulsação do corpo todo, de modo que não se percebia seu coração bater, e ele jazia como morto. Também há casos de homens que, após uma queda de um lugar alto, ou grande comoção, permanência prolongada na água, às vezes entram em um estado de torpor, que pode durar 48 horas, e eles ficam deitados como se estivessem mortos, com o rosto até verde.

E na mesma fonte há menção de um homem que enterrou outro, o qual parecia estar morto ainda 72 horas após seu aparente passamento, assim o matando, pois o enterrara vivo; e há sempre sinais que indicam se o indivíduo ainda está vivo; embora pareçam mortos, e cheguem de fato a morrer, a menos que seja empregado algum meio para recuperá-lo, como flebotomia ou alguma outra cura. Esses são acontecimentos raros. Esse é o modo como entendemos que os magos e médicos revivem os mortos, como aqueles que, feridos pela mordida de serpentes, tiveram a vida restaurada na nação dos marsos e dos psilos.[16]

Ora, nós podemos imaginar que algumas formas de êxtase continuam por muito tempo, embora um homem não esteja de fato morto, mas apenas dormente, como o fazem os crocodilos, e muitas outras serpentes,[17] que dormem o inverno todo e se encontram em sono tão profundo que nem o fogo as desperta. E eu já vi várias vezes uma ratazana ser dissecada e continuar imóvel, como se estivesse morta, até ser fervida e, de repente, na água fervente, seus membros começarem a se mexer.

Além disso, embora seja difícil de acreditar, também lemos em textos de renomados historiadores que alguns homens dormiram por muitos anos e, enquanto dormiam, até o momento em que despertaram, não houve alteração alguma neles que os fizesse parecer mais velhos: o mesmo testifica *Plínio*, relatando o caso de um rapaz que, cansado do calor e de sua jornada, dormiu 57 anos em uma caverna. Também lemos que *Epimenides Gnosius*[18] dormiu 57 anos em uma caverna. De onde vem o provérbio: dormir mais que *Epimenides*. *M. Damascenis* conta que em sua época um certo conterrâneo exausto, na Alemanha, dormiu durante todo o outono e o inverno, sob uma pilha de feno, até o verão, quando o feno começou a ser comido, e ele foi encontrado desperto, como semimorto, e sem juízo.

A história eclesiástica confirma essa opinião a respeito dos Sete Adormecidos,[19] os quais, dizem, dormiram 196 anos. Havia na Norvegia[20] uma caverna localizada em uma enseada alta onde, pelo que escrevem *Paulo Diácono* e *Metódio*, o mártir, sete homens dormiram por muito tempo sem seu corpo envelhecer, e as pessoas que lá entravam para perturbá-los sofriam contrações, ou espasmos, e assim alertadas pela punição, não ousavam buli-los.

Xenócrates, um homem de grande reputação entre os filósofos, era da opinião que esse longo sono foi designado por Deus como castigo por alguns tipos de pecados. Mas Marco Damasceno prova por muitas razões que é possível, natural, e nada irracional, que alguns indivíduos possam passar muitos meses sem comer e beber e evacuar, não se consumindo nem sofrendo corrupção do corpo. E isso pode acometer um homem, por meio de alguma poção venenosa, ou doença de sono, ou causas semelhantes, por dias, meses ou anos, de acordo com a intenção, ou a remissão do poder do remédio, ou das paixões da mente.

E os médicos dizem que existem antídotos dos quais aqueles que tomam dose muito grande da poção conseguem aguentar a fome por muito tempo, como no passado aconteceu com *Elias*,[21] sendo alimentado por um anjo, caminhou e jejuou com a força de tal repasto por 40 dias. E *João Bocácio* menciona um homem em sua época, em Veneza, que uma vez por ano fazia jejum por 40 dias. Feito mais fantástico, porém, foi o de uma mulher na baixa Alemanha, na mesma época, que não comeu alimento algum até completar 13 anos de vida, o que pode nos parecer incrível, mas ela confirma o fato; e conta também de um milagre de nossos tempos, de seu irmão *Nicolaus Stone*, um helvécio, que viveu 20 anos em terra selvagem sem comer, até que morreu. Também é fantástico o fato mencionado por *Teófrasto*, envolvendo um homem chamado *Philinus*, que nada comia nem bebia além de leite. E há autores sérios que descrevem determinada erva de Esparta, com a qual, dizem, os citas são capazes de passar 12 dias com fome, sem comida ou bebida, se apenas a provarem ou segurarem na boca.

Notas – Capítulo LVIII

1. Acreditava-se que certos animais, particularmente o leão e o urso, davam à luz pequenas massas de carne, sem forma. "Após nascerem, esses animais aquecem os filhotes, lambendo-os, e assim lhes dando a forma apropriada" (Plínio 10.83 [Bostock e Riley, 2:542]). Em referência a esse comentário a respeito da doninha e do leão, feito por Agrippa, Plínio diz: "Aristóteles nos informa... Os filhotes, ao nascerem, são sem forma e extremamente pequenos, não maiores que uma doninha..." (Plínio 8.17 [Bostock e Riley, 2:265-6]).
2. ... entre os primeiros remédios mencionados, encontramos aqueles que, segundo dizem, são feitos das cinzas e do ninho da fênix, como se sua existência fosse um fato comprovado, e não uma fábula. E, além disso, seria zombaria citar remédios que só retornam a cada mil anos (Plínio 29.9 [Bostock e Riley, 5:382]).
3. Aviola, homem de patente consular, voltou à vida quando estava já na pira funerária; mas, por causa da violência das chamas, ninguém lhe pôde prestar assistência e ele foi queimado vivo. A mesma coisa teria acontecido a L. Lamia, homem de patente pretoriana. Messala, Rufo e muitos outros autores nos informam que C. Aelius Tubero, que ocupava o ofício de pretor, também foi resgatado da pira funerária (Plínio 7.53 [Bostock e Riley, 2:210]).
4. "Varro nos informa... que Corfidius, que desposara sua tia materna, voltou à vida depois que o funeral já havia sido providenciado e que posteriormente foi ao funeral da pessoa que preparou o dele" (*Ibid.*, 212).
5. Na guerra da Sicília, Gabienus, o mais bravo de todos os comandantes navais de César, foi feito prisioneiro por Sexto Pompeu, que ordenou que lhe cortassem a garganta. Depois de tal ato, com a cabeça quase separada do corpo, seu corpo ficou estendido o dia todo na praia. Quase à noite, com gemidos e súplicas, ele pediu às multidões de pessoas que tinha se juntado que solicitassem a Pompeu que fosse até ele ou mandasse um de seus amigos de maior confiança, pois ele acabara de retornar das sombras abaixo e tinha notícias importantes para comunicar. Pompeu mandou vários de seus amigos, aos quais Gabienus declarou que a boa causa e os virtuosos partidários de Pompeu agradavam as divindades infernais, e que o evento logo se realizaria segundo seu desejo: ele recebera ordens de anunciar que, como prova de sua honestidade, ele próprio expiraria assim que tivesse cumprido seu encargo; e sua morte de fato ocorreu (*Ibid.*, 213).
6. "... Esculápio foi atingido por um raio por tentar reviver Tindoreu" (Plínio 29.1 [Bostock e Riley, 5:370]). Hipólito também foi revivido por Esculápio.
7. Envenenado pelo truque de Nesso, o centauro, o herói construiu sua pira funerária e subiu nela.

   Do modo como uma serpente brilha, quando perde a pele velha, a nova criatura cintilava. Hércules então abandonou o corpo mortal, ficou fluorescente, mais digno de veneração. (Ovídio, *Metamorfoses* 9 [p. 187] © Madras Editora Ltda., São Paulo).
8. Os Palici, dois filhos nascidos da união de Zeus com a ninfa Talea. Temendo a ira de Hera, a ninfa rezava para que pudesse ser engolida pela Terra. Com o passar do tempo, a Terra se dividiu e mandou para fora dois meninos, que eram venerados na Sicília, onde o evento teria ocorrido. Segundo escritores antigos, o nome deles deriva do termo grego "vir novamente", ou seja, renascer. Dois lagos sulfurosos, supostamente os lugares de onde emergiram os gêmeos, foram nomeados a partir dos dois.
9. O deus da cura, filho de Apolo e Corônis. Ovídio diz que, em um ataque de ciúme furioso, o deus matou sua amante grávida. "Não conseguia suportar saber que seu próprio filho ia morrer naquela pira, sem ter nascido; e então ele o arranca do ventre da mãe e leva o bebê para a caverna do centauro, aos cuidados de Quíron" (Ovídio, *Metamorfoses* 2 p. 45 © Madras Editora Ltda., São Paulo). Quíron, o centauro, ensinou à criança Esculápio a arte da Medicina. Seu símbolo era a serpente "rastejando e deslizando sobre o cajado retorcido" (Apuleio, *O asno de ouro 2*), o lugar principal de culto era Epidauro, em Argolis, de onde o deus era carregado na forma de uma serpente para salvar Roma de uma peste em 293 a.C., como relata Ovídio (*Metamorfoses*).

10. Uma donzela em idade de casamento tinha morrido, ao que parecia, e seu noivo acompanhava o séquito funerário, lamentando as núpcias que não se completaram, como é o costume, e toda a cidade estava de luto com ele, pois a garota era de família consular. Apolônio, vendo a cena triste, disse: "Coloquem o ataúde no chão e eu darei um fim às suas lágrimas pela donzela!" Ao mesmo tempo, ele perguntou o nome dela, muitos imaginaram que ele pretendesse fazer a habitual oração funerária, aumentando a dor de todos; mas simplesmente tocando o corpo da moça e murmurando algumas palavras, ele a despertou de sua aparente morte, e ela imediatamente recuperou a voz, retornando em seguida à casa de seu pai, como Alcestis fizera quando foi revivificado por Hércules (Filóstrato, *Life and Times of Apollonius of Tyana* 4.45 [Eells, 119]).

11. Um dos filhos do rei Minos de Creta. Quando criança, ela caiu em um barril de mel e morreu. O vidente Polyidus foi encarregado de trazer o menino de volta à vida e ficou fechado em uma câmara sozinho com o cadáver. Entrou uma cobra e ele a matou. Logo, outra cobra apareceu e colocou uma erva sobre a primeira cobra, e esta voltou à vida. Polyidus cobriu o corpo de Glauco com a mesma erva, e o menino reviveu. Pode-se presumir que a segunda cobra serpente era Esculápio. Ovídio refere-se à história de Glauco quando relata como Esculápio restaurou a vida de Hipólito, filho de Teseu:

> E, então, ele tira de seu cesto de marfim as ervas que antes haviam beneficiado as manes (N. T.: Almas dos mortos, segundo os antigos romanos) de Glauco: Foi naquele momento que o áugure se agachou para examinar as ervas, e a cobra usufruiu o benefício do remédio trazido por outra cobra. Por três vezes, tocou-lhe o peito; três vezes repetiu os encantamentos de cura; e do chão, o outro por fim ergueu a cabeça (Ovídio, *Fasti* 6, linhas 748-54 [Riley, 243]).

12. Ou Zachlas.

O Profeta, então, resolveu apanhar uma certa erva e colocá-la três vezes sobre a boca do morto, pondo outra em cima de seu peito. Tendo feito isso, ele se voltou para o oriente e suplicou ao Sol, que deslumbra todos os homens, que permitisse a realização daquele milagre. Comprimi-me entre a multidão, em torno do ataúde, e subi em uma pedra para ver esse mistério, sem dúvida, contemplei o cadáver começar a receber de volta o espírito, suas veias se mexerem, a vida aos poucos retornar; e ele levantou a cabeça e falou... (Apuleio, *O asno de ouro* cap. 11 [Adlington]).

13. Amortecido, paralisado.

14. Antigamente, acreditava-se que a histeria vinha da "mãe", ou do ventre.

15. Maimônides. A referência é ou à sua obra acerca de Venenos ou aos Aforismos, ambas baseadas em grande parte no trabalho de Galeno. Provavelmente os Aforismos, permeados de magníficas anedotas.

16. Crato de Pérgamo relata que antigamente existia nas cercanias de Pário, no Helesponto, uma raça de homens que ele chama de Ofiógenos, os quais, pelo mero toque, eram capazes de curar aqueles que haviam sido mordidos por serpentes, extraindo o veneno só com a imposição da mão. Varro nos diz que ainda existem alguns indivíduos naquele distrito cuja saliva cura mordida de serpente. Era o mesmo caso com a tribo dos psilos, na África, segundo relato de Agatárquides; o nome desse povo deriva de seu rei Psyllu, cuja tumba ainda existe no distrito das Sirtes Maiores. Nos corpos dessas pessoas, existia uma espécie de veneno que era fatal para as serpentes e cujo odor as entorpecia; era costume desse povo expor as crianças, logo após o nascimento, às mais ferozes serpentes, prova da fidelidade das esposas, uma vez que as serpentes não repelidas pela presença dos bebês era sinal de adultério... Os marsos, na Itália, ainda possuem o mesmo poder, o qual, dizem, herdaram do filho de Circe, do qual eles descendem [Agrius, filho de Odisseu], e de quem adquiriram como uma qualidade natural (Plínio 7.2 [Bostock e Riley, 2:125-6])].

17. Plínio menciona a hibernação dos ursos (8.54 [Bostock e Riley, 2:306]), ratos (8.55 [Bostock e Riley, 2:308] e cobras (8.59 [Bostock e Riley, 2:311]).

18. Agrippa faz duas referências separadas a uma única passagem em Plínio:

Conta-se que, quando Epimênides de Cnossos era criança, fatigado pelo calor depois de tanto andar, adormeceu em uma caverna, na qual dormiu por 57 anos; e quando acordou, como se fosse no dia seguinte, ficou abismado com as mudanças que viu em todas as coisas ao seu redor: depois disso, dizem, a velhice chegou a ele em número igual de dias aos anos que havia dormido, mas sua vida foi prolongada até o 157º ano (Plínio 7.53 [Bostock e Riley, 2:211]).

19. A lenda dos Sete Adormecidos foi registrada pela primeira vez por Gregório de Tours, no fim do século VI, em seu livro *De Gloria Martyrum*. Tal obra ele teria traduzido do siríaco. Segundo a história, na época das perseguições contra os cristãos pelo imperador Décio (249-251), sete jovens nobres de Éfeso fugiram para uma caverna no Monte Célio. A entrada da caverna foi emparedada para que eles morressem lá. Durante o reinado de Teodósio, no ano 447, as pedras foram removidas para serem usadas como material de construção, e os sete, adormecidos todo esse tempo, acordaram. Imaginando que só algumas horas tinham se passado e sentindo fome, eles enviaram um do grupo, Jâmblico, à cidade para comprar comida. Quando ele tentou pagar ao padeiro com uma moeda de dois séculos de idade, foi questionado diante de um juiz e por fim levou os oficiais da cidade até a caverna, onde a verdade foi descoberta. O próprio Teodósio se apressou em conversar com esses jovens prodígios, mas tão logo fez isso, os sete morreram (ou, segundo outra versão, voltaram a dormir). Seus corpos supostamente foram colocados em um caixão de pedra e levados a Marselha. De acordo com a Cronologia de Al-Biruni, os corpos de sete monges foram exibidos em uma caverna no século IX, como os Sete Adormecidos. A história é contada em detalhes em *Decline and Fall of the Roman Empire*, cap. 33, de Gibbon, e com acréscimos pitorescos, como, por exemplo, a presença de um cão de guarda, no Alcorão, sura 18.

20. Noruega.

21. Ver I Reis 19:5-8.

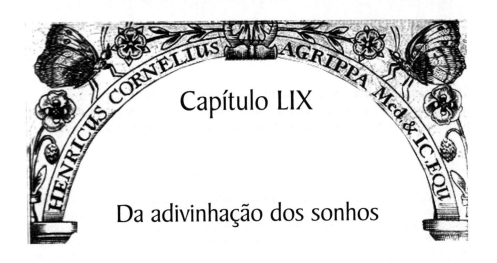

Capítulo LIX

Da adivinhação dos sonhos

á também uma espécie de adivinhação por meio dos sonhos, confirmada pelas tradições dos filósofos, pelas autoridades dos adivinhos, exemplos encontrados na história e pela própria experiência diária. Por sonho, nesse sentido, não me refiro aos sonhos vãos ou à imaginação ociosa, pois estes são fúteis e nada têm de divinatório, surgindo apenas das observações diárias e de algum distúrbio no corpo. Pois quando a mente está ocupada demais e esgotada de tanta preocupação, ela provoca sugestão naquele que dorme. Chamo de sonho, aqui, aquilo que é causado pelas influências celestiais no fantástico espírito, mente ou corpo, se estão todos bem dispostos.

A regra para interpretar isso é encontrada entre os astrólogos naquela parte que é escrita em relação às questões; mas não é suficiente, pois esses tipos de sonhos ocorrem com diferentes homens por diversas maneiras, de acordo com as mais diversas qualidades e disposições do fantástico espírito: portanto, não pode haver uma regra comum para todas as interpretações de sonhos.

Mas, segundo a opinião de *Sinésio*, o mesmo tipo de acidente que se abate sobre uma coisa acomete outra coisa igual; aquele que cai sobre a mesma coisa visível atribui para si a mesma opinião, paixão, fortuna, ação, evento. E, como dizia *Aristóteles*, a memória é confirmada pelo sentido, e quando guardamos na memória a mesma coisa, obtemos conhecimento; assim como pelo conhecimento de muitas experiências, pouco a pouco, as artes e as ciências são obtidas. O mesmo processo devemos conceber em relação aos sonhos. Por isso, *Sinésio* recomenda que todos observem seus sonhos, seus eventos e regras pertinentes; isto é, guardar na memória todas as coisas que são vistas e acidentes sofridos, tanto no sono quanto na vigília, com especial atenção considerem as regras para examinar tais coisas, pois por meio disso um vidente poderá, pouco a pouco, interpretar os sonhos, desde que nada escape da memória.

Ora, os sonhos são mais eficazes quando a Lua passa pelo signo que se encontra no nono número[1] da natividade, ou revolução desse ano,[2] ou no nono signo a partir do signo da perfeição.[3] Pois certamente é verdade, e uma forma de adivinhação garantida, que tal sonho não procede da natureza nem das artes humanas, mas sim de uma mente purificada, por inspiração divina. Discutiremos agora aquilo que pertence às profecias e aos oráculos.

Notas – Capítulo LIX

1. Há 12 signos astrológicos no zodíaco. O signo da natividade, ou nascimento, é aquele pelo qual o Sol passa no momento do nascimento. Seguindo o círculo do zodíaco em sentido anti-horário, descobriremos o nono signo a partir do signo de nascimento. Por exemplo, se a natividade ocorrer em 2 de abril, o signo de nascimento é Áries, e o nono signo é Capricórnio. Como a Lua faz um círculo do céu, em um período de aproximadamente 28 dias, ela passa por cada signo em todo mês lunar, levando um pouco mais que dois dias.
2. Ano de nascimento.
3. Quando a Lua é cheia, diz-se que é perfeita, no sentido de ter chegado à maturidade. Portanto, o signo da perfeição seria o signo do zodíaco no qual a Lua é cheia naquele específico ciclo lunar. O nono signo é obtido contando-se em sentido anti-horário a partir desse signo.

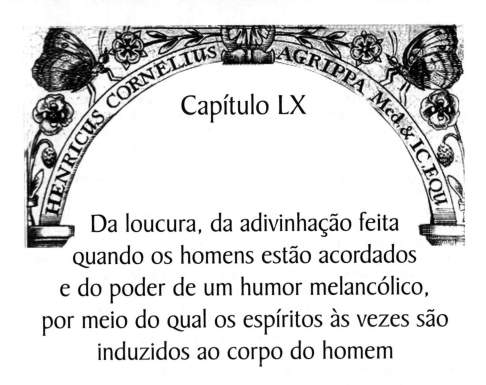

Capítulo LX

Da loucura, da adivinhação feita quando os homens estão acordados e do poder de um humor melancólico, por meio do qual os espíritos às vezes são induzidos ao corpo do homem

s vezes, não só os que estão adormecidos, mas também aqueles que estão acordados, com uma espécie de instigação da mente, adivinham; e essa espécie de adivinhação *Aristóteles* chama de arroubo ou um tipo de loucura, ensinando que ela procede de um humor melancólico e dizendo em seu tratado *De Adivinhação*:[1] os homens melancólicos, em virtude de sua fraqueza, conjeturam muito melhor e rapidamente concebem um hábito e recebem com mais facilidade uma impressão dos celestiais. E em seus *Problemas*[2] diz que as sibilas[3] e as bacantes,[4] e *Niceratus*, de Sicarusa, e *Amon*,[5] eram, em virtude de sua melancolia natural, profetas e poetas.

A causa dessa loucura, se existe em alguma parte do corpo, é um humor melancólico, não do tipo que se chama de cólera negra, que é obstinado e terrível, e cuja violência, dizem os médicos e filósofos naturais, induz, além de loucura, a tomada por espíritos malignos dos corpos dos homens. Compreendemos, portanto, que um humor melancólico é uma cólera branca e natural.

Pois, quando incitada, ela arde e induz uma loucura conducente ao conhecimento e à adivinhação, principalmente se for ajudada por algum influxo celestial, de modo especial de Saturno, que, vendo a frieza e secura próprias de um humor melancólico, aumenta-o e preserva-o. Além disso, sendo Saturno o autor de secreta contemplação e alienista de todas as questões públicas, além de ser o planeta mais alto, sempre se coloca acima das questões externas e concede ao homem o conhecimento e a visão de coisas futuras.

E é a isso que *Aristóteles* se refere[6] em seu livro dos *Problemas*. Por meio da melancolia, dizia ele, alguns homens são como adivinhos, prevendo coisas futuras, e outros são como profetas. Diz o filósofo também que todos os homens excelentes em qualquer ciência eram, na maioria, melancólicos. Demócrito[7] e Platão[8] atestam a mesma coisa, dizendo que os homens melancólicos tinham excelente perspicácia e que eram considerados – e de fato pareciam – mais divinos que humanos.

Existiram homens melancólicos, como Hesíodo,[9] Íon,[10] Tynnichus Calcinenses,[11] Homero e Lucrécio,[12] que a princípio eram rudes, ignorantes e intratáveis, mas de repente foram tomados por uma loucura e se tornaram poetas, profetizando coisas fantásticas e divinas, que nem eles próprios entendiam. De onde Platão, em Íon, dizia que muitos profetas, após a violência de tal loucura amainar, não compreendiam mais o que tinham escrito; e, no entanto, abordavam muito bem qualquer arte em suas loucuras, como qualquer artista pode atestar.

Tão grande é o poder da melancolia que, por sua força, os espíritos celestes às vezes também são atraídos para os corpos dos homens, por cuja presença e instinto a antiguidade testifica, muitos homens se tornaram bêbados e pronunciaram coisas fantásticas. E, pelo que dizem, tal coisa acontece de três maneiras diferentes, de acordo com a apreensão tripla da alma: imaginativa, racional e mental.

Dizem, portanto, que, quando a mente é forçada com um humor melancólico, em nada moderando o poder do corpo e passando além dos limites dos membros, ela cede totalmente à imaginação, tornando-se de súbito um refúgio para espíritos inferiores, dos quais, com frequência, recebe fantásticos meios e formas de artes manuais. Assim, vemos às vezes os homens mais ignorantes se tornarem, de repente, excelentes pintores ou construtores de edifícios, verdadeiros mestres dessas artes. Mas quando esses tipos de espíritos nos pressagiam eventos futuros, mostram-nos aquelas coisas que pertencem à perturbação dos elementos e às mudanças dos tempos, tais como chuvas, tempestades, inundações, terremotos, grande mortalidade, fome, matanças e outros do gênero. Lemos, por exemplo, em Aulus Gelius, que o sacerdote Cornelius Patarus[13] assim foi acometido quando César e Pompeu estavam para lutar na Tessália,[14] sendo tomado de uma loucura e prevendo o momento, a ordem e o motivo da batalha.

Mas, quando a mente se volta totalmente para a razão, ela se torna um receptáculo para o espírito do meio. Daí, obtém o conhecimento, a compreensão das coisas naturais e humanas. É quando vemos, por exemplo, um homem de repente se tornar filósofo, médico ou um excelente orador e prever mutações de reinos, e restituições de eras, e coisas a elas pertencentes, como a sibila fazia para os romanos.

Mas, quando a mente é plenamente elevada à compreensão, torna-se um receptáculo de espíritos sublimes e aprende com eles os segredos das coisas divinas, como a Lei de Deus, as ordens dos anjos e coisas que pertencem ao conhecimento do etéreo e à salvação das almas. Ela prevê coisas que são determinadas pela predestinação especial de Deus, como prodígios futuros, milagres, o profeta que virá, a mudança da Lei. Foi assim que as sibilas profetizaram Cristo[15] muito antes de ele vir. *Virgílio*, compreendendo que Cristo estava próximo e lembrando-se do que a sibila *Cumea*[16] tinha dito, canta *Pólio*:

> Os tempos são chegados, a profecia de Cumea
> Do alto dos céus agora gera nova progênie
> E a grande ordem do tempo agora renasce,
> A Donzela retorna, os reinos de Saturno retornam.

E um pouco depois,[17] insinuando que o pecado original não mais terá efeitos, diz:

> Se quaisquer resquícios de nossos velhos vícios permaneciam,
> Por ti são agora varridos, e o medo para sempre se irá;
> Pois ele, a vida de um deus terá, e com os deuses
> Verá heróis mistos, e objeto deles ele mesmo será,
> E com poder paterno aplacará a Terra.

E depois acrescenta[18] que a queda da serpente e o veneno da árvore da morte, ou o conhecimento do bem e do mal, serão todos anulados, dizendo:

> A serpente e a erva mentirosa do veneno cairão.

Contudo, ele insinua[19] que algumas centelhas do pecado original permanecerão, quando diz:

> Algumas marcas do antigo ardil ainda serão vistas.

E, por fim, com uma grandiosa hipérbole, ele clama a essa criança, o filho de Deus, adorando-o nestas palavras:[20]

> Querida raça de deuses, grande confraria de Júpiter,
> Contemplem! O mundo treme em seu eixo,
> Veja terra, e imensos céus, e vastos oceanos,
> Como todas as coisas se rejubilam diante da chegada da próxima era!
> Oh, quem me dera minha vida durasse até então, e minha voz
> Pudesse tuas ações anunciar.

Há também alguns prognósticos que se encontram no meio, entre a adivinhação natural e sobrenatural, como naqueles que estão para morrer e, já enfraquecidos pela idade, às vezes prenunciam coisas futuras, pois, como dizia *Platão*,[21] quanto mais os homens têm seus sentidos tolhidos, mais bem os compreendem; e como já estão mais perto do lugar para onde devem ir, e seus vínculos já se soltam, uma vez que não estão mais sujeitos ao corpo, eles facilmente percebem a luz da revelação divina.

Notas – Capítulo LX

1. Quanto ao fato de algumas pessoas insanas estarem sujeitas a esse dom de previsão, a explicação é que os movimentos mentais normais não impedem [os movimentos alheios], mas são superados por eles. É assim, portanto, que tais pessoas têm uma percepção particularmente acentuada dos movimentos alheios (Aristóteles, *De divinatione per somnun* [Sobre a profecia no sono] 2.464 a. Em *Basic Works*, 629).

Em passagem anterior, no mesmo capítulo, Aristóteles diz:

... o poder de prever o futuro e ter sonhos vívidos existe em pessoas de tipo inferior, o que implica que Deus não envia os sonhos; mas apenas que todos aqueles cujo temperamento físico é afoito e excitável têm visões de todas as espécies; pois, enquanto experimentam muitos movimentos de todo tipo, eles têm visões que se assemelham a fatos objetivos... (*Ibid.*, 628).

Aristóteles pensa que aqueles que entram em êxtase ou se tornam furiosos por causa de alguma doença, particularmente pessoas melancólicas, possuem um dom divino de pressentimento na mente (Cícero, *De divinatione* 1.37 [Yonge, 179]).

2. Muitos também, se esse calor se aproximar da região do intelecto, são afetados pelas doenças de frenesi e possessão; e essa é a origem das Sibilas e dos videntes e de todas as pessoas inspiradas, quando afetadas não por doença, mas por temperamento natural. Maracus de Siracusa, na verdade, tornou-se um poeta melhor quando perdeu o juízo (Aristóteles, *Problemas* 30.1.95 a, linhas 35-40 [Forster, vol. 7]).

3. Mulheres com o poder de profecia. Geralmente em grupo de dez, distintas por seus lugares de residência: (1) Cumeia, (2) Babilônia, (3) Líbia, (4) Delfos (uma mais velha e uma mais jovem), (5) Ciméria, (6) Eritreia (uma mais velha e uma mais nova), (7) Samos, (8) Helesponto, (9) Frígia e (10) Tíbure.

4. As sacerdotisas de Baco, que com vinho e dança entravam em frenesi nos festivais desse deus. Foram essas mulheres que partiram Orfeu em pedaços. Em seu culto, elas gritavam: "Evoë, Bacche! O Iache! Io, Bacche! Evoë sabae!" Por esse motivo, às vezes Baco era chamado de Bromius, do termo grego que significa "gritar". A famosa invocação "Evie, Evoë" das bacantes se originaria de uma frase dita por Júpiter a Baco quando Baco matou um gigante: "Muito bem, filho". Ver Ovídio, *Metamorfoses*; também *Ars amatoria* 1.

5. O oráculo de Zeus Amon no Egito.

6. "A biles negra, que é naturalmente fria... quando superaquecida, produz animação e alegria acompanhadas por música e frenesi..." (Aristóteles, *Problemas* 30.1.945 a. [Forster, vol. 7]. Ver nota anterior.

7. Hipócrate relata em detalhes em epístola a Damagetus, na qual expressa que, em uma visita a Demócrito um dia, ele o encontrou em seu jardim em Abdera, nos subúrbios, sob um pavilhão sombreado, com um livro sobre os joelhos, ocupado em seu estudo, às vezes escrevendo, às vezes andando. O tema do livro era melancolia e tristeza; em volta dele jaziam as carcaças de vários animais abatidos, recém-dissecados por ele; não que ele desprezasse as criaturas de Deus, como disse a Hipócrates, mas para encontrar a sede dessa atra bilis [bílis negra], ou melancolia, de onde ela procede, e como foi engendrada no sangue humano, a fim de poder curá-la melhor nele mesmo, e com seus escritos e observações ensinar os outros a preveni-la e evitá-la (Burton, *Anatomy of Melancholy* [Londres: J. M. Dent and Sons, 1961 (1621)], 1:19-20).

8. ... os poetas épicos, os bons, não ganham sua excelência da arte, mas são inspirados, possuídos, e assim exprimem todos esses admiráveis poemas. O mesmo acontece com os bons poetas líricos; assim como os coribantes [sacerdotes frígios de Cibele] em adoração saem de seus sentidos quando dançam, também os poetas líricos não estão em juízo perfeito quando compõem esses adoráveis poemas líricos. Na verdade, quando entram em harmonia e ritmo, são tomados pelo arrebatamento de Baco e ficam possuídos (Platão, *Íon* 534 a [Hamilton and Cairns, 220]).

9. Hesíodo – Segundo suas próprias palavras, Hesíodo era um poeta inspirado sem prática:
As Musas certa vez ensinaram Hesíodo a cantar
Doces canções, enquanto ele pastoreava suas ovelhas
No sagrado Hélicon;
(Hesíodo, *Teogonia*, c. linha 20. In *Hesiod and Theogonis*, traduzido para o inglês por Dorothea Wender [Harmondsworth: Penguin Books, 1973], 23)
10. Mas a maioria é possuída e mantida por Homero, e, Íon, você é possuído por Homero. E sempre que alguém canta a obra de outro poeta, você adormece, e nada tem a dizer, mas se alguém sequer balbucia as palavras deste, você imediatamente desperta, seu ânimo retorna e você logo tem muito a dizer, mas por dispensação do alto e possessão divina (Platão, *Íon* 536b [Hamilton and Cairns, 222]).
11. Tynnichus Chalcidensis ou Tínico de Cálcis.

Ele nunca compôs um único poema que valesse a pena registrar, exceto o cântico de louvor que todos repetem, sem dúvida o mais belo de todos os poemas líricos, e absolutamente o que ele chamava de uma "Invenção das Musas". Por esse exemplo, parece-me que o deus quer nos mostrar, sem a menor sombra de dúvida, que esses adoráveis poemas não são do homem nem da proeza humana, mas sim divinos e dos deuses, e que os poetas nada mais são que intérpretes dos deuses, cada um possuído pela divindade à qual ele se apega. E, para provar isso, a divindade em questão cantava os mais belos de todos os poemas líricos através do mais miserável poeta (Platão, *Íon* 534d-e [Hamilton and Cairns, 220-1]).
12. Ver nota bibliográfica.
13. Um áugure [Caio Cornélio], caso se possa dar crédito àqueles que assim contam, sentado certa vez na colina Euganea, onde o fervente Aponus sobe da terra e as águas de Timavus de Antenor se dividem em vários canais, exclamou: "O dia crítico chegou, um combate momentoso está sendo travado, os ímpios exércitos de Pompeu e de César estão se encontrando" (Lucano, *Pharsalia* 7, linha 192 [Riley, 259]).
14. César e Pompeu se enfrentaram em batalha na Tessália, nas planícies de Pharsalus, no dia 9 de agosto de 48 a.C. O resultado foi a derrota completa de Pompeu.
15. A versão cristã das profecias sibilinas são invenções monásticas. Os monges reconheciam 12 sibilas: (1) da Líbia – "O dia virá em que os homens verão o Rei de todas as criaturas vivas."(2) de Samos – "Aquele que é Rico nascerá de uma virgem pura." (3) de Cumana – "Jesus Cristo virá do céu e viverá e reinará em pobreza na terra." (4) de Cumeia – "Deus nascerá de uma virgem pura e conversará com os pecadores." (5) de Eritreia – "Jesus Cristo, Filho de Deus, o Salvador." (6) da Pérsia – "Satanás será derrotado por um verdadeiro Profeta." (7) de Tíbure – "O Altíssimo descerá dos céus, e uma virgem aparecerá nos vales dos desertos." (8) de Delfos – "O Profeta nascido da virgem será coroado com espinhos." (9) de Frígia – "Nosso Senhor ressuscitará." (10) da Europa – "Uma virgem e seu Filho fugirão para o Egito." (11) Agripina – "Jesus Cristo será insultado e surrado." (12) do Helesponto – "Jesus Cristo sofrerá vergonha na cruz." Agripina talvez seja uma referência a Agripinensis (atual Colônia, Alemanha). Ver Brewer 1870.
16. "É chegada a última era do hino de Cumea; a poderosa sequência de ciclos recomeça. Também a donzela Astraea retorna, o reino de Saturno retorna..." (Virgílio, *Éclogas* 4, linhas 4-7 [Lonsdale e Lee, 18]).
17. "... sob teus auspícios, todos os traços da culpa de nossa nação serão apagados, e a terra será libertada do medo eterno. Ele receberá a vida dos deuses, e com os deuses verá heróis mistos e por eles mesmos vistos será, e com as virtudes de seu pai governará um mundo reconciliado" (*Ibid.*, linhas 13-7).
18. "A serpente também perecerá, e a traiçoeira planta venenosa também perecerá..." (*Ibid.*, linha 24).
19. "Algumas marcas do antigo ardil, porém, ainda serão vistas..." (*Ibid.*, linha 31).

20. Começa a assumir, rogo-te, tuas honras soberanas (logo chegará o momento), caríssimo filho dos deuses, majestoso filho de Júpiter! Vê o mundo a ti se curvar, com suas majestosas abóbadas, e suas terras, mares e o céu profundo! Vê como todas as coisas exultam pela era que está por vir! Ah, quem me dera me sobrasse ainda um sopro de vida para cantar em louvor de tuas obras! (*Ibid.*, linhas 49-54 [Lonsdale e Lee, 19]).

21. Sem dúvida, a alma pode refletir melhor quando se encontra livre de todas as distrações, tais como sons ou visuais ou dor ou qualquer espécie de prazer – ou seja, quando ignora o corpo e se torna o mais independente possível, evitando ao máximo todos os contatos físicos e ligações em sua busca pela realidade... Na verdade, nós estamos convencidos de que se algum dia tivermos o conhecimento puro de alguma coisa, devemos nos livrar do corpo e contemplar as coisas por si, com a alma por si (Platão, *Fédon* 65c, 66d [Hamilton and Cairns, 48-9]).

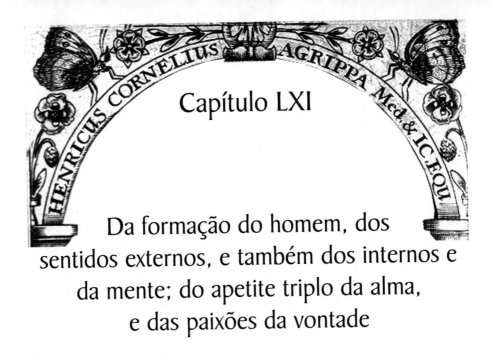

Capítulo LXI

Da formação do homem, dos sentidos externos, e também dos internos e da mente; do apetite triplo da alma, e das paixões da vontade

Na opinião de alguns adivinhos, Deus não criou imediatamente o corpo do homem, mas por meio da assistência dos espíritos celestes o compôs e o estruturou; posição que defendem *Alcino* e *Platão*, acreditando que Deus é o principal criador de todo o mundo, dos espíritos bons e maus e, portanto, os imortalizou; mas todas as espécies de animais mortais foram feitas pela vontade de Deus;[1] pois, se ele os criou, deviam ser imortais.

Os espíritos, portanto, misturando Terra, Fogo, Ar e Água,[2] juntaram tudo em um corpo, o qual sujeitaram ao serviço da alma, atribuindo a ele várias províncias para cada poder, os poderes mais vis às partes mais vis e inferiores do corpo: para a raiva o ventre; para a luxúria o útero, mas aos sentidos mais nobres à cabeça,[3] como torre de todo o corpo, e, em seguida, vem os múltiplos órgãos da fala. Os sentidos são divididos em externos e internos.

Os externos são divididos em cinco, conhecidos por todos, aos quais são atribuídos cinco órgãos, ou sujeitos, como bases. Estão de tal forma ordenados que aqueles que se encontram na parte mais eminente do corpo possuem um grau maior de pureza. Os olhos, estando na parte mais alta, são os mais puros e têm uma afinidade com a natureza do Fogo e da luz; em seguida, os ouvidos se encontram na segunda ordem de colocação e pureza e são comparados ao Ar; as narinas são da terceira ordem e têm uma natureza intermediária entre o Ar e a Água; depois, o órgão do paladar, que é mais pesado e da natureza próxima da Água: por último, o tato se difunde por todo o corpo e é comparado à corporalidade da Terra.

Os sentidos mais puros são aqueles que percebem os objetos mais distantes, como a visão, a audição; depois o olfato e o paladar, que só percebem o que está perto. O tato, porém, percebe ambos, incluindo os corpos próximos; e, assim como a visão discerne por meio do ar, o tato percebe pela intermediação de um mastro ou vara, de corpos duros, moles e úmidos. Ora, o tato é comum em todos os animais. Pois é certo que o homem tem esse sentido, e nele, bem como no paladar, supera todos os animais, mas, nos outros três sentidos, ele é superado pelos outros animais, como, por exemplo, o cão, que vê, ouve e cheira com mais acuidade que o homem; e o lince e as águias enxergam melhor que todos os outros animais e que o homem.

Agora os sentidos interiores são, segundo *Averrois*, divididos em quatro, o primeiro dos quais sendo o senso comum, pois capta e depois aperfeiçoa todas as representações que chegam por meio dos sentidos externos. O segundo é o poder imaginativo, cuja função – uma vez que representa o nada – é reter aquelas apresentações que são recebidas pelos primeiros sentidos e apresentá-las à terceira faculdade de sentido interno, que é a fantasia, ou o poder de julgamento, cujo trabalho é também perceber e julgar, de acordo com as representações recebidas, que tipo de coisa elas são e enviar as coisas assim discernidas e julgadas à memória, para lá serem guardadas.[4]

As virtudes a eles pertencentes, em geral, são discurso, disposição, perseguição, fuga e incitamento à ação; mas, de modo específico, a compreensão dos intelectuais, as virtudes, a forma de disciplina, o aconselhamento, a escolha. E é isso que nos mostram as coisas futuras por meio dos sonhos: daí a se chamar a imaginação, às vezes, de intelecto fantástico.[5] Pois é a última impressão do entendimentos que, segundo *Jâmblico*, pertence a todos os poderes da mente e forma todas as figuras, semelhanças das espécies, operações e coisas vistas, e enviando as impressões de outros poderes a outras pessoas. E aquelas coisas que aparecem pelos sentidos, ele incita a uma opinião, mas de si mesmo não recebe nenhuma imagem, e, por sua propriedade, aloca-as devidamente, de acordo com sua assimilação, forma todas as ações da alma e acomoda o externo ao interno e imprime no corpo sua impressão.

Ora, esses sentidos têm seus órgãos na cabeça, pois o senso comum e a imaginação ocupam as duas células anteriores do cérebro, embora *Aristóteles* coloque o órgão do senso comum no coração,[6] mas o poder cogitativo possui a parte mais alta e intermediária da cabeça; e, por último, a memória fica na parte mais anterior dela.

Além disso, os órgãos da voz e da fala são muitos, tais como o tórax, entre as costelas, o peito, os pulmões, as artérias, a traqueia, o arco da língua e todas as partes e músculos que servem para respirar. Mas o órgão próprio da fala é a boca, na qual se estruturam as palavras, os discursos, a língua, os dentes, os lábios, o palato, etc.

Acima da alma sensível, que expressa seus poderes por meio dos órgãos do corpo, a mente incorpórea possui o lugar mais alto e tem uma natureza dupla: uma que investiga as causas, propriedades e o progresso daquelas coisas que estão contidas na ordem da natureza e aprecia a contemplação da verdade, sendo portanto chamada de intelecto contemplativo. A outra é um poder da mente, que, discernindo quais coisas devem ser feitas e quais devem ser evitadas, é totalmente absorto em consulta e ação, sendo chamada de intelecto ativo.

Essa ordem de poderes, portanto, foi ordenada no homem pela natureza, de modo que pelos sentidos externos nós possamos conhecer coisas físicas; pelo intelecto, as representações dos corpos e também as coisas abstraídas pela mente e pelo intelecto, que não são corpos nem coisa alguma parecida.

E, de acordo com essa ordem trina dos poderes da alma, existem três apetites nela: o primeiro é natural, uma inclinação da natureza para o seu fim, como de uma pedra caindo para baixo, traço presente em todas as pedras; outro é animal, seguido pelo sentido e dividido em irascível e concupiscível; o terceiro é intelectivo, chamado de vontade, diferente do sensitivo, uma vez que o sensitivo o é de si mesmo, dessas coisas que podem ser apresentadas aos sentidos, nada desejando além de ser de alguma maneira compreendido. Mas a vontade, embora ciente de si mesma e de todas as coisas que são possíveis, é livre por sua essência, podendo também ceder a coisas que são impossíveis, como foi o caso do Diabo, que desejou ser igual a Deus e foi, por isso, alterado e privado do prazer, mergulhado em contínua angústia, enquanto cede aos poderes inferiores.

De seu apetite depravado, surgem quatro paixões que de modo igual, às vezes, afetam o corpo. A primeira é chamada de comprazimento,[7] que é uma certa aquiescência ou assentimento da mente ou vontade, obedecendo e, ainda que hesitante, consentindo ao prazer que os sentidos captam; que é portanto definida como uma inclinação da mente para o prazer efeminado. A segunda é chamada de efusão, que é uma remissão ou dissolução do poder, isto é, além do comprazimento, todo o poder da mente e a intensidade do presente se dissolvem e se difundem para ser desfrutados. A terceira é vanglória, ou imponência, considerando já ter alcançado um grandioso bem, no desfrute do qual se vangloria e se orgulha. A quarta e última é a inveja, ou um certo tipo de prazer ou deleite pela desgraça alheia, sem a menor vantagem para si. Diz-se dela que não traz o menor bem para si, pois se alguém, por benefício próprio, se compraz do mal de outro, seria por amor a si e não por má vontade em relação ao outro.

E enquanto as quatro paixões surgem de um apetite depravado de prazer, a dor ou a perplexidade em si também geram muitas paixões contrárias, tais como horror, tristeza, medo e mágoa, pelo bem de outro, sem prejuízo próprio, e que chamamos de inveja, ou seja, tristeza pela prosperidade de outra pessoa, assim como por outro lado a pena é uma espécie de tristeza pela miséria do outro.

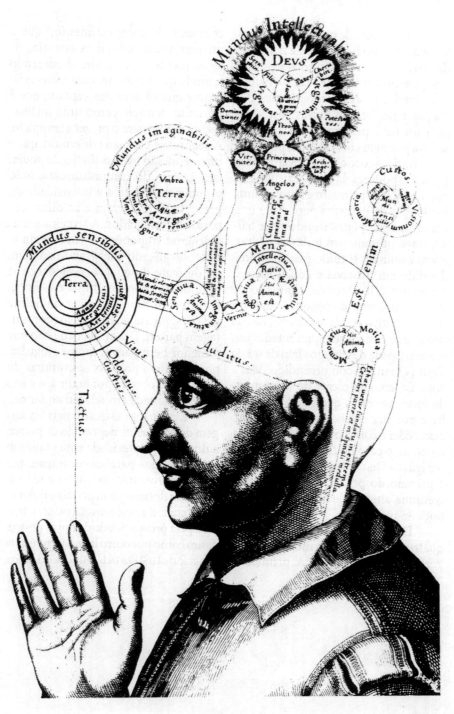

Partes da cabeça
Segundo Tomus secundus de supernaturali, naturali, praeternaturali et contranaturali microcosmi historia, *de Robert Fludd (Oppenheim, 1619)*

Notas – Capítulo LXI

1. Deuses, filhos de deuses, que são minhas obras e das quais sou o artífice e o pai, minhas criações são indissolúveis, se eu assim determinar. Tudo o que é feito pode ser desfeito, mas somente um ser maligno desejaria desfazer aquilo que é harmonioso e feliz. Sendo vocês apenas criaturas, não são totalmente imortais e indissolúveis; mas com certeza não se dissolverão nem sofrerão o destino da morte, tendo em minha vontade um vínculo maior e mais poderoso do que aquele com o qual nasceram. E, agora, ouçam minhas instruções. Três tribos de seres mortais ainda precisam ser criadas – sem as quais o Universo estará incompleto, pois não incluirá toda espécie de animal que deveria ter para ser perfeito. Por outro lado, se fossem eles criados por mim e recebessem a vida de minhas mãos, estariam em igualdade com os deuses. Enfim, para que sejam mortais e para que esse Universo seja verdadeiramente universal, empenhem-se, de acordo com sua natureza, em formar animais, imitando o poder que eu mostrei ao criar vocês. A parte deles, digna do nome imortal, que é chamada divina e é o princípio daqueles que estão dispostos a seguir a justiça e a vocês – dessa parte divina, eu próprio plantarei a semente, e tendo me encarregado do começo, passarei a vocês o resto. E vocês, então, entrelaçarão o morto com o imortal, gerarão seres vivos, e lhes darão comida e os deixarão crescer e, quando da morte, os receberão de volta (Platão, *Timaeus* 41 [Hamilton and Cairns, 1170]).
2. Quando o criador tinha assim tudo determinado, ele permaneceu em sua natureza costumeira, e seus filhos ouviam e eram obedientes à palavra do pai, dele recebendo o princípio imortal de uma criatura mortal, imitando seu criador, que dele tomaram emprestadas partes de fogo e terra e ar e água do mundo para ser depois restauradas. E estas eles mesclaram, não as prendendo com as correntes indissolúveis que a eles próprios limitavam, mas com prendedores pequenos demais para ser visíveis, compondo a partir dos quatro elementos cada corpo individual e inserindo a jornada da alma imortal em um corpo que vivia em estado de perpétuo influxo e efluxo (*Ibid.*, 42c-43 a [Hamilton and Cairns, 1171]).
3. Em primeiro lugar, os deuses, imitando a forma esférica do Universo, encerram os dois cursos divinos em um corpo esférico, o qual chamamos de cabeça, sendo ela a parte mais divina em nós e a nossa regente. Quando compuseram o corpo, os deuses deram a ela todos os outros membros como servos, considerando que a ela cabe conhecer todo tipo de movimento (*Ibid.*, 44d [Hamilton and Cairns, 1173]).
4. Ver Aristóteles, *De anima* 3.3-8, percepção, discriminação e pensamento.
5. "Sendo a visão o sentido mais desenvolvido, o nome phantasia (imaginação) se formou a partir de phaso (luz), porque não é possível ver sem luz"(Aristóteles, *De anima* 3.3 [McKeon, 549]).
6. Novamente, enquanto a faculdade sensória, a faculdade motora, a faculdade nutritiva estão todas alojadas na mesma parte do corpo... é o coração que, em animais sanguíneos, constitui essa parte central, e nos animais sem sangue é aquilo que ocupa o lugar do coração (Aristóteles, *De partibus animalium* [Partes de animais] 2.1.647 a [McKeon, 661]).
7. Deleite, prazer, desfrute.

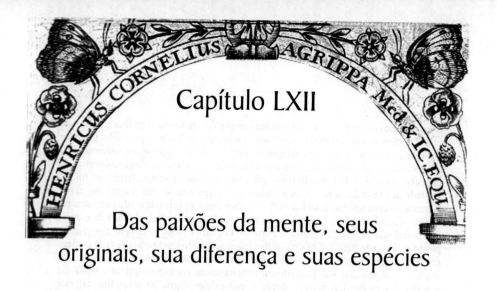

Capítulo LXII

Das paixões da mente, seus originais, sua diferença e suas espécies

As paixões da mente nada mais são do que determinados movimentos ou inclinações procedentes da apreensão de alguma coisa, do bem ou do mal, conveniente ou inconveniente. Ora, essas formas de apreensão são de três espécies: sensual, racional e intelectual.

E, de acordo com estas, são três as espécies de paixão na alma; pois, quando seguem a apreensão sensitiva, elas respeitam um bom ou um mal temporal, sob a noção de vantajoso ou desvantajoso, agradável ou ofensivo, e são chamadas de paixões naturais ou animais. Quando seguem a apreensão racional e respeitam o bem ou o mal, as noções de virtude ou vício, louvor ou desgraça, vantajoso ou desvantajoso, honesto ou desonesto, são chamadas de paixões racionais ou voluntárias. Quando seguem a apreensão intelectual e respeitam o bem ou o mal, sob a noção de justo ou injusto, verdadeiro ou falso, são chamadas de paixões intelectuais e sindérese.[1]

Ora, o sujeito das paixões da alma é o poder concupiscente da alma dividido em concupiscível e irascível,[2] e ambos respeitam o bem e o mal, mas sob uma noção diferente.

Pois quando o poder concupiscível respeita o bem e o mal de modo absoluto, ou o amor e o desejo, ou seu oposto, o ódio, são causados: quando respeita o bem, como ausente, é causado o desejo; ou o mal, como ausente, ou à mão, é causado horror, fuga ou desprezo: ou se respeita o bem, presente, então são causados deleite, alegria ou prazer; mas se o mal, tristeza, ansiedade, dor.

O poder irascível respeita bem ou mal sob a noção de certa dificuldade; para obter um ou evitar o outro, e isso às vezes com confiança: e é assim que são causadas esperança ou bravura; mas com difidência, segue o desespero e depois o medo. Mas quando esse poder irascível se desenvolve em vingança contra algum mal cometido no passado, como uma injúria ou mágoa provocada, o resultado é a raiva.

E assim encontramos 11 paixões[3] na mente, que são amor, ódio, desejo, horror, alegria, dor, esperança, desespero, bravura, medo e raiva.

Notas – Capítulo LXII

1. "Sindérese é o poder natural da alma, localizado em sua parte mais alta, uma aptidão natural para o bem e a retidão e uma evitação do mal" (Saint-German, *Fyrst dyaloge in Englisshe betwyxt a doctoure of dyvnyte and a student in the laws of Englande* (1531).

2. "O apetite sensitivo é um poder genérico, chamado de sensualidade; mas é dividido em dois poderes, que são espécies de apetite sensitivo – a irascível e o concupiscível"(Tomás de Aquino "Suma teológica" 81.2. Em *Introduction to Saint Thomas Aquinas*, ed. Anton C. Pegis [Nova York: Random House, 1948], 356).

3. Perturbações e paixões que afetam a fantasia, embora residam entre os confins do senso e da razão, seguem antes o sentido que a razão, porque se encontram mergulhados nos órgãos corpóreos do sentido. Costumam ser reduzidas em duas inclinações, irascível e concupiscível. Os tomistas [discípulos de Tomás de Aquino] as subdividem em 11, seis para a cobiça e cinco para a invasão. Aristóteles reduzia tudo a prazer e dor, Platão a amor e ódio, Vives ao bem e mal. Quando bem, se presente, a alegria e o amor são absolutos; se futuro, a desejaremos e esperaremos. Quando mal, o ódio será absoluto; se presente, será a tristeza; se futuro, medo. Essas quatro paixões [alegria, desejo, tristeza, medo] são comparadas por Bernardo às rodas de uma charrete, por meio das quais somos transportados neste mundo. Todas as outras paixões são subordinadas a essas quatro, ou seis, como afirmam alguns: amor, alegria, desejo, ódio, tristeza, medo; as restantes, tais como raiva, inveja, imitação, orgulho, ciúme, ansiedade, misericórdia, insatisfação, desespero, ambição, avareza, etc., são reduzíveis às primeiras; e se forem imoderadas, consomem o espírito e causam uma particular melancolia (Burton, *Anatomy of Melancholy* 1.2.3.3, 1:258).

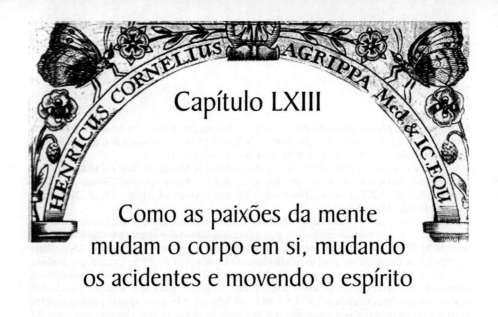

Capítulo LXIII

Como as paixões da mente mudam o corpo em si, mudando os acidentes e movendo o espírito

A fantasia, ou o poder imaginativo, rege as paixões da alma, quando seguem a apreensão sensual. E isso muda, em primeiro lugar por força própria e de acordo com a diversidade das paixões, o corpo em si, com uma considerável transmutação, mudando os acidentes no corpo e movendo o espírito para cima ou para baixo, para dentro ou para fora, produzindo diversificadas qualidades nos membros.

Assim, na alegria, os espíritos são impelidos para fora, no medo se recolhem, na timidez passam para o cérebro. Na alegria, o coração é dilatado para fora pouco a pouco; na tristeza, é constringido para dentro, aos poucos. O mesmo acontece na raiva ou no medo, mas de maneira súbita. E a raiva, ou o desejo de vingança, produz calor, vermelhidão, gosto amargo e indiferença. O medo induz o frio, o tremor no coração, a perda da fala e a palidez. A tristeza causa suor e uma brancura azulada. A pena, que é uma espécie de tristeza, costuma afetar de modo tão negativo o corpo daquele que a sente que fica parecendo o corpo da pessoa por quem se sente pena. Também se verifica que, entre alguns amantes, há um vínculo tão forte de amor que, aquilo que um sofre, o outro indivíduo também passa a sofrer. A ansiedade provoca secura e negridão. E os médicos sabem como o amor provoca um grande calor no fígado e no pulso, discernindo por esse julgamento o nome daquela que é amada, em uma paixão heroica.[1] Foi assim que *Naustratus* soube que *Antíoco* se apaixonara por *Estratônica*.[2]

Também se sabe que tais paixões, quando muito veementes, podem causar a morte. E todos sabem que com um excesso de alegria, tristeza, amor, ódio, muitas pessoas morrem e, às vezes, livram-se de uma doença. Lemos, por exemplo, que *Sófocles* e *Dionísio*, o tirano da Sicília, morreram de repente ao receberem a notícia de uma vitória em tragédia. Também há o caso de uma mulher que, ao ver seu filho retornando de uma batalha, morre, de repente.[3] Quanto à tristeza, o que ela pode fazer todos sabem. Ouvimos falar de cachorros que morrem de tristeza[4] após a morte de seus donos. Às vezes, também por paixões dessa natureza, seguem-se longas doenças, e às vezes, estas são curadas.

De grandes alturas,[5] homens olhando a distância, às vezes ficam com a vista escura e enfraquecem, tremendo e até perdendo os sentidos, por medo. Portanto, os medos e as doenças debilitantes às vezes surgem após o choro com soluço. Às vezes, efeitos fantásticos são produzidos, como no filho de *Croesus*, que fora criado pela mãe como se fosse mudo; um dia, um medo veemente, uma afeição ardente, o fez falar, o que até então ele não era capaz de fazer. Às vezes, uma queda súbita paralisa a vida, os sentidos, o movimento, os membros e depois tudo volta ao normal.

E a que ponto uma raiva veemente, aliada a grande audácia, pode afetar um homem, *Alexandre, o Grande*, demonstra, pois estando cercado em uma batalha na Índia, foi visto emitindo relâmpago e fogo.[6]

Dizem que o pai de *Teodorico*[7] emitia de seu corpo centelhas de fogo que chegavam a produzir barulho. E essas coisas às vezes aparecem nos animais, como no caso do cavalo de *Tibério*, que soltava chamas pela boca.

Notas – Capítulo LXIII

1. A respeito dos efeitos fisiológicos das paixões, ver as definições individuais em *Anatomy of Melancholy*, 1.2.3.4-14, de Burton.
2. Estratônica era esposa do rei sírio Seleucus I (312-280 a.C.) e madrasta de seu filho Antíoco, que desenvolveu uma paixão secreta pela jovem esposa de seu pai, mas por vergonha a manteve em segredo, e começou a definhar com uma doença gerada por amor. O médico da corte, Erasistratus, compreendeu pelos sintomas da doença que a causa era o amor e, observando o jovem quando estava ao lado da madrasta, logo identificou a fonte. Ele convenceu Seleucus a dar Estratônica em matrimônio ao seu filho como o único meio de preservar a vida de Antíoco, ao que o velho rei concordou, por afeição ao filho. A história é relatada em *Vida de Demétrio*, de Plutarco. Juliano, o Apóstata, em Misopogon, diz que Antíoco esperou o pai morrer, para só depois se casar com Estratônica.
3. Além de Chilo, já mencionado [Plínio 7.32 {Bostock e Riley, 2:178-9}], Sófocles e Dionísio, o tirano de Sicília, morreram de alegria ao descobrir que tinham obtido o prêmio por uma tragédia. Após a derrota em Cannae, uma mulher morreu de alegria ao ver que seu filho tinha voltado são e salvo, após ela ter ouvido um falso relato de sua morte (Plínio 7.54 [Bostock e Riley, 2:213-4]).
4. "Após a morte da Jasão, o lício, seu cão se recusou a comer e morreu de fome" (Plínio 8.61 [Bostock e Riley, 2:312-3]).
5. Acrofobia.
6. Mas em uma cidade sitiada dos Mallians, famosos por serem o povo mais bravo da Índia, ele [Alexandre] correu grande perigo de vida. Pois, após rechaçar os defensores com chuvas de flechas, ele foi o primeiro homem a subir à muralha com uma escada de corda, que quebrou e o deixou quase sozinho, exposto aos dardos arremessados contra ele. Nessa situação precária, ele pulou no meio de seus inimigos, mas teve a boa sorte de cair de pé. O brilho e o barulho de sua armadura quando chegou ao chão fez os bárbaros pensar que tinham visto raios de luz ou algum fantasma brilhante diante de seu corpo, o que os deixou tão assustados que eles correram e se dispersaram. (Plutarco "Alexandre". In *Lives* [Dryden, 846])

7. Provavelmente Teudemir, pai de Teodorico, o Grande, rei dos ostrogodos (?454-526). Muitas lendas foram criadas em torno da vida e das aventuras de Teodorico, sob o nome de Dietrich de Berna: por exemplo, dizia-se que ele soltava chamas ao respirar, quando estava zangado. Os historiadores bizantinos cometeram um engano, chamando Walamir, tio de Teodorico, de seu pai.

Capítulo LXIV

Como as paixões da mente mudam o corpo por meio de imitação de alguma semelhança; também da transformação e translação do homem, e que força o poder imaginativo tem não só sobre o corpo, mas também sobre a alma

As paixões supracitadas às vezes alteram o corpo por meio de imitação, pela semelhança da coisa com ele, poder que é impelido por veemente imaginação, como quando se rangem os dentes ao ver ou ouvir algo, ou porque vemos ou imaginamos alguém comendo algo azedo ou amargo; de modo que aquele que vê alguém bocejar, também boceja; e algumas pessoas, ouvindo alguém falar de coisas amargas ou azedas, sentem uma aflição na língua. Também a visão de alguma coisa imunda causa náusea. Muita gente, diante da visão do sangue humano, desmaia. Algumas pessoas, vendo comida amarga sendo oferecida a outra pessoa, sentem um gosto amargo na boca. E *Guilherme de Paris* contava sobre um homem que, só de ver determinado remédio,[1] tinha de evacuar; não precisava da substância do remédio, nem do odor, nem do gosto; só a semelhança (associação) do remédio lhe bastava.

Nesse sentido, algumas pessoas que sonham que estão se queimando ou estão em meio a um incêndio sentem-se terrivelmente atormentadas, como se de fato se queimassem, enquanto a substância do fogo não está sequer perto delas, é apenas uma associação apreendida pela imaginação. E às vezes o corpo de um homem é transformado, transfigurado e até transportado, geralmente enquanto sonha, mas às vezes até quando está acordado. Foi assim que *Cipo*,[2] após ser escolhido rei da Itália, passou uma noite pensando e meditando na luta e na vitória dos touros, e assim adormeceu. Quando ele acordou pela manhã, foi constatado que tinha chifres, fenômeno provocado pelo poder vegetativo atiçado por uma imaginação veemente, elevando humores corníferos[3] à cabeça, produzindo chifres.

Pois uma cogitação firme, veementemente movendo as espécies, projeta a figura da coisa pensada, que elas representam no sangue, e o sangue por sua vez a imprime sobre si mesmo, sobre os membros por ele nutridos, tanto do próprio corpo quanto do corpo dos outros. Assim como a imaginação de uma mulher grávida imprime no bebê a marca da coisa desejada e a imaginação de um homem mordido por um cachorro louco imprime em sua urina a imagem de cachorros. É assim que os homens às vezes se tornam grisalhos de uma hora para outra. E alguns, por meio do sonho de uma noite, de rapazes se tornam homens perfeitos. Foi assim que surgiram, por exemplo, as cicatrizes do rei *Dagoberto* e as marcas de *Francisco*, o primeiro recebendo-as quando temia correção e o segundo, enquanto meditava nas chagas de Cristo.[4]

Muitos são transportados de um lugar para outro, passando sobre rios, fogo e lugares intransponíveis, ou seja, quando as espécies de qualquer veemente desejo, ou medo, ou coragem são impressas em seus espíritos, sendo misturadas com vapores, movem o órgão do toque original, junto à fantasia, que é o original do movimento local. Daí são incitados os membros e os órgãos, de movimento para movimento, e impelidos sem erro ao lugar imaginado, não fora do alcance da visão, mas da fantasia interior. Poder tão grande é o da alma sobre o corpo, que, de acordo com o que é imaginado e sonhado, para lá leva o corpo.

Lemos muitos outros exemplos nos quais o poder da alma sobre o corpo é explicado de modo magnífico, como o que *Avicena* descreve, de um certo homem que, quando queria, era capaz de afetar o próprio corpo com paralisia. Também se fala de *Gallus Vibius*, que entrava em loucura não por acaso, mas de propósito: pois, quando imitava os homens loucos, assimilava a loucura deles para si e se tornava de fato louco.

E *Agostinho* menciona alguns homens que eram capazes de mexer as orelhas como bem entendiam, outros que mexiam a coroa da cabeça, trazendo-a à testa, sendo capazes de trazê-la de volta ao lugar quando queriam, e de outro que suava quando queria. É fato sabido também que algumas pessoas podem chorar quando têm vontade, produzindo uma abundância de lágrimas; e algumas põem para fora o que engoliram quando bem entenderam, como se tirassem algo de uma mala, aos poucos. E vemos que hoje em dia há muitos indivíduos que imitam e expressam tão bem as vozes de pássaros, gado, cães e outros homens que mal podem ser diferenciados deles.

Também *Plínio* relata, com diversos exemplos, que algumas mulheres viraram homens.[5] *Pontanus* atesta que em sua época uma mulher chamada *Caietava* e outra de nome *Emília*, muitos anos depois de casadas, transformaram-se em homens.

Ora, o que a imaginação pode fazer à alma, ninguém ignora, pois ela é mais próxima da substância da alma que o sentido; assim, ela tem mais atuação sobre a alma que o sentido. É assim que as mulheres, por meio de certas imaginações, sonhos e sugestões dirigidas a elas por certas artes mágicas, são induzidas a amar alguém. Dizem, por exemplo, que *Medeia*, por meio de um sonho, ardeu em amor por *Jasão*.[6]

Às vezes, por meio de uma imaginação veemente, a alma é abstraída do corpo,[7] como relata *Celso* acerca de um certo presbítero que, quando bem entendia, se fazia perder os sentidos e ficar deitado como morto, de modo que, se alguém o espetasse ou queimasse, ele não sentia dor, mas permanecia sem se mover ou respirar, embora pudesse ouvir as vozes das pessoas, como se estivessem a distância, desde que falassem alto. Mas dessas abstrações falaremos mais nos capítulos seguintes.

Notas – Capítulo LXIV

1. Laxante.
2. Genucius Cippus, pretor de Roma, ao sair ou retornar a Roma, descobriu que tinha chifres na cabeça. Alarmado por tal prodígio, ele consultou um vidente que previu que, se ele entrasse em Roma novamente, sem dúvida se tornaria rei. Cipo tinha horror aos reis, bem como todos os bons romanos, uma vez que associavam o título à tirania. Como Ovídio diz: "Mas Cipo manteve seu olhar distante, recuando: "Possam os deuses obstar tal destino! Oh, seria muito, mas muito melhor eu estar no exílio do que ser rei no Capitólio!" (Ovídio, *Metamorfoses*, p. 319-320 © Madras Editora Ltda.). Tão comovidos ficaram os cidadãos de Roma com seu nobre sacrifício que erigiram uma estátua com chifres sobre o portão pelo qual ele saiu pela última vez e deram ao portão o nome de Porta Rauduscaluna (latim: raudus = bronze). Essa estranha história é contada por Valério Máximo. Plínio a considerava uma mera fábula.
3. Que gera chifres.
4. Pois logo nas mãos e pés de São Francisco começaram a aparecer as marcas dos pregos, nos lugares correspondentes das de Jesus Cristo, o Crucificado, o qual se mostrara em pessoa a ele na forma de um Serafim: e daí suas mãos e seus pés pareceram ser perfurados no meio por pregos, estando a cabeça dos pregos nas palmas e nas solas, fora da carne, enquanto as pontas se projetavam no dorso das mãos e dos pés, criando uma espécie de espaço no qual se poderia inserir, com facilidade, um dedo da mão, como se fosse um anel; e as cabeças dos pregos eram redondas e pretas. Do mesmo modo, no lado direito apareceu uma imagem de um ferimento feito por lança, não cicatrizado, vermelho e sangrando, do qual costumava escorrer, depois, sangue do peito sagrado de São Francisco, manchando de sangue sua túnica e suas roupas (Autor anônimo, *Little Flowers of S. Francis of Assisi*, traduzido para o inglês por T. W. Arnold [Londres: Chatto and Windus, 1908], 186-7).
5. A mudança de mulheres em homens, sem dúvida, não é fábula. Vemos registrado nos Anais que, no consulado de P. Lício Crasso e C. Cássio Longino [17 a.C.], uma moça que vivia em Casinum com os pais foi transformada em menino; e que, sob a determinação dos Arúspices, ele foi mandado para uma ilha deserta. Licínio Musciano nos informa que certa vez viu em Argos uma pessoa cujo nome era Arescon, embora antes se chamasse Arescusa: essa pessoa tinha sido casada com um homem, mas, pouco depois, barba e marcas de virilidade começaram a aparecer nela, que acabou se casando com uma mulher. Ele também tinha visto um garoto em Smyrna, ao qual a mesma coisa se passara. Eu mesmo vi na África um tal L. Cossicius, cidadão de Thysdris, que se transformara em homem no dia em que tinha se casado com um homem (Plínio 7.3 [Bostock e Riley, 2:138]).

É difícil de acreditar que Plínio não entendeu que se tratava de um caso de personificação sexual, descoberta no leito nupcial – podemos imaginar o choque do marido. Provavelmente todos os casos desse tipo podem ser explicados do mesmo modo.

6. Quando o herói Jasão velejou até Cólquida atrás do velocino de ouro, a deusa Hera convenceu Afrodite a enviar Cupido à Terra para disparar uma de suas flechas no coração de Medeia e fazê-la amar Jasão, garantindo-lhe assim a segurança graças ao poder de sua feitiçaria: "O coração dela latejava de dor, e, quando ele passou por ela, sua alma saiu do corpo, como em sonho, e flutuou ao encalço dele" (Apolônio de Rhodes, *The Voyage of Argo* 3, c. linha 448 [Rieu, 121]).

7. Ver notas 5, 6 e 7, cap. L, l III.

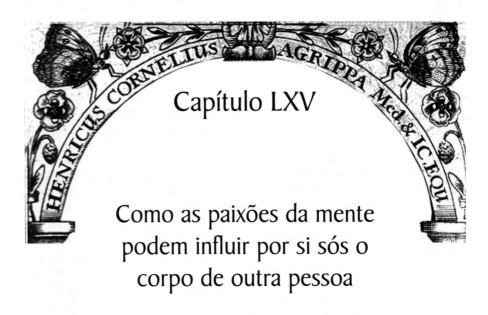

Capítulo LXV

Como as paixões da mente podem influir por si sós o corpo de outra pessoa

As paixões da alma que seguem a fantasia, quanto mais veementes, não só podem mudar seu próprio corpo, mas também transcender e influir no corpo de outro, de modo que algumas impressões fantásticas são assim produzidas em elementos e em coisas extrínsecas, além de poderem remover ou trazer algumas doenças da mente e do corpo. Pois as paixões da alma são a principal causa do temperamento de seu devido corpo. Assim, estando a alma suficientemente elevada e inflamada com uma imaginação forte, ela envia saúde ou doença não apenas em seu próprio corpo, mas também em outros.

Avicena é da opinião de que um camelo pode cair provocado pela imaginação de alguém. Do mesmo modo, o indivíduo que for mordido por um cachorro louco logo também fica louco e em sua urina aparecem imagens de cachorros. O desejo de uma mulher grávida influencia o corpo do bebê, deixando nele marcas de seu desejo. Muitas gerações monstruosas procedem de imaginações monstruosas de mulheres grávidas, como *Marco Damasceno* relata que foi o caso em Petra Sancta, uma cidade situada nos territórios de Pisa: uma moça foi apresentada a *Carlos*, rei da Boêmia, que tinha a pele áspera e era peluda como um animal selvagem; sua mãe, afetada com uma espécie de horror religioso diante da imagem de *João Batista*, na hora da concepção, influencia a gestação da jovem.

E isso não acontece apenas entre os homens, mas também com os animais. Lemos, portanto, que Jacó, o patriarca, com sua vara nos veios de água, descoloriu as ovelhas de *Labão*.[1] Os poderes imaginativos dos pavões e de outros pássaros, quando em cópula, imprimem uma cor nas asas. É assim que criamos pavões brancos,[2] pendurando panos brancos nos lugares onde eles copulam.

Ora, por esses exemplos, nota-se que a afetação da fantasia, com veemente intento, não se estende apenas ao próprio corpo, mas também ao de outras pessoas. Assim também, o desejo das bruxas causa mal,[3] enfeitiça os homens da maneira mais perniciosa, com um olhar fixo. Com essas coisas concordam *Avicena*, *Aristóteles*, *Algazel* e *Galeno*. Pois se sabe que um corpo pode facilmente ser afetado com o vapor do corpo doente de outra pessoa, o que se observa na peste e na lepra. No vapor dos olhos, por exemplo, há um poder tão grande que eles podem enfeitiçar e infectar qualquer um que esteja por perto, como a cocatrice, ou basilisco, que mata os homens com o olhar. E algumas mulheres na Cítia, entre os ilíricos e Triballi, matavam qualquer um a quem elas dirigissem um olhar irado.

Portanto, que ninguém se espante pelo fato de o corpo e a alma de uma pessoa serem afetados pela mente de outra, uma vez que a mente é muito mais poderosa, forte, fervorosa e dominante por seu movimento que os vapores exalados do corpo; tampouco faltam meios para que ela opere assim, nem é o corpo de uma pessoa menos sujeito à mente de outra do que ao corpo. Com base nisso, dizem que um homem, só por sua afeição e hábito, pode influir outro.

É por isso que os filósofos aconselham evitar a companhia de homens maus e maldosos, pois a alma deles, cheia de raios nefastos, infecta aqueles que estão próximos com um contágio doloroso. Por outro lado, a companhia de homens bons e afortunados deve ser valorizada, pois sua proximidade nos faz muito bem. Pois, assim como cheiro da assa-fétida[4] ou do almíscar, algo ruim vem do ruim e algo bom vem do bem daqueles que estão próximos, e às vezes continua por muito tempo.

Ora, portanto, se as paixões supracitadas têm um poder tão grande na fantasia, certamente têm poder maior ainda na razão, uma vez que esta é mais excelente que a fantasia; e, por fim, seu poder é maior ainda na mente; pois esta, quando fixa em Deus para produzir um bem com toda a sua intenção, costuma afetar o corpo de outra pessoa tanto quanto o próprio com alguma graça divina. Por meio disso, lemos que muitos milagres foram realizados por *Apolônio, Pitágoras, Empédocles, Filolau*, e muitos profetas e homens santos de nossa religião.

Notas – Capítulo LXV

1. Gênesis 30: 37-9.
2. Pavões brancos puros, nos quais as marcas em forma de olho na cauda são claras, consideradas raras curiosidades.
3. "E há bruxas que conseguem enfeitiçar seus juízes só com o olhar, ainda que breve" (Kramer e Sprenger, *Malleus Maleficarum* 2.12 [Summers, 139]). Ver também 3.15 (Summers, 228).
4. Goma-resina extraída da raiz cortada da Narthex ferula, uma planta umbelífera que cresce no Afeganistão e no Irã. Ela seca em tiras, mas é mais vendida na forma de caroço, e tinha uso medicinal, sendo antiespasmódica e estimulante. Seu cheiro é forte e desagradável, permeando todo o corpo e ocorrendo no hálito, na saliva e na urina. Por ser muito parecida com o alho, era usada para dar sabor à comida. Alguns acham que é o suco mencionado por Discórides e altamente apreciado pelos médicos gregos.

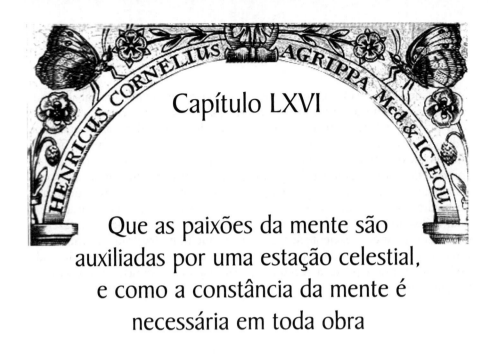

Capítulo LXVI

Que as paixões da mente são auxiliadas por uma estação celestial, e como a constância da mente é necessária em toda obra

As paixões têm muita ajuda, e também se auxiliam e se tornam poderosíssimas por virtude do céu, pois são com o céu compatíveis, ou por uma simpatia natural ou escolha voluntária. Pois, como dizia *Ptolomeu*, aquele que escolhe o que é melhor, parece em nada divergir daquele que tem essa natureza. Recebemos, portanto, o benefício dos céus se, em alguma obra, nós nos tornarmos pelo próprio céu receptivos a ele em nossos pensamentos, afeições, imaginações, escolhas, deliberações, contemplações e coisas assim.

Pois essas paixões agitam de forma marcante nosso espírito, incitando-o à sua semelhança, e subitamente expõem a nós e aos nossos os significadores superiores dessas espécies de paixões; e também por razão de sua dignidade e da proximidade ao que é superior, participam muito mais das coisas celestiais que das materiais. Pois nossa mente pode, a partir da imaginação, ou da razão, por meio de um tipo de imitação, estar em tal conformidade com um astro, que é capaz de se encher com as virtudes do mesmo astro, como se fosse um receptáculo apropriado de sua influência.

Ora, a mente contemplativa, quando se afasta de todo sentido, imaginação, natureza e deliberação e se recolhe de volta às coisas individuais, a menos que se exponha a Saturno,[1] não é o nosso tema por enquanto. Pois nossa mente afeta diversas coisas por meio da fé, que é uma firme adesão, uma intenção fixa e uma aplicação veemente do operador ou receptor, àquele que coopera com alguma coisa, e dá poder à obra que pretendemos fazer. De modo que ela é feita à imagem da virtude a ser recebida e à coisa a ser feita em nós ou por nós.

Devemos, então, em toda obra e aplicação das coisas, imprimir com veemência a afetação, imaginando, esperando e acreditando com força, pois será uma grande ajuda. E se verifica entre os médicos que uma crença forte,[2] uma esperança indubitável, um amor pelo próprio médico e pelo remédio induzem à saúde, às vezes com mais eficácia que o remédio em si. Pois assim como a eficácia e a virtude do remédio funcionam, o mesmo faz a imaginação do médico, sendo capaz de mudar as qualidades no corpo do doente, principalmente quando o paciente deposita muita confiança no médico, colocando-se assim predisposto a receber a virtude dele.

Portanto, aquele que trabalha com magia deve ter uma crença constante, ser crédulo e não duvidar de que pode obter o efeito. Pois uma crença firme e forte pode fazer coisas maravilhosas, ainda que seja em obras falsas; a desconfiança e a dúvida dissipam e quebram a virtude da mente do operador, que é o meio entre os dois extremos, fazendo com que fique frustrado da influência desejada dos superiores, que não pode se unir às nossas obras sem uma virtude firme, sólida, de nossa mente.

Notas – Capítulo LXVI

1. A mente contemplativa seria o estado apropriado para atrair a influência de Saturno, mas inapropriado para os outros planetas. Saturno rege um estado mental profundo e meditativo. "Se Saturno estiver em ascensão em sua natividade e causar melancolia no temperamento, tal indivíduo será muito austero, reservado, rude, negro de cor, profundo em suas cogitações, cheio de preocupações, amarguras e descontentamentos, triste e temeroso, sempre quieto, solitário..." (Burton, *Anatomy of Melancholy* 1.3.1.3, 1:397).
2. ... embora a imaginação de outro homem tenha força sobre mim, a minha altera o corpo e impede ou melhora o funcionamento de um remédio. Isso é claro em muitas doenças, particularmente na Melancolia Hipocondríaca, chamada de a vergonha dos médicos, porque quase nunca é curada; de fato, a ineficácia da cura depende da imaginação preconceituosa do paciente, que não acredita mais em ajuda... (Michael Maier, *Laws of Fraternity of the Rosie Crosse* [1618, tradução 1656] [Los Angeles: Philosophical Research Society, 1976], 55).

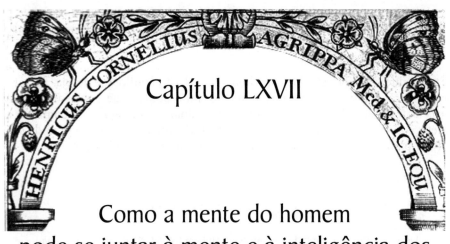

Capítulo LXVII

Como a mente do homem pode se juntar à mente e à inteligência dos celestiais, e com eles imbuir certas virtudes maravilhosas em coisas inferiores

s filósofos, particularmente os árabes,[1] dizem que a mente do homem, empenhada em algo, por meio da paixão e de seus efeitos, junta-se à mente dos astros e inteligências, e nessa condição, é a causa de virtudes maravilhosas, infundidas em nossas obras e coisas; todas as coisas possuem uma apreensão e um poder, porque devem à mente uma obediência natural, e necessariamente adquirem eficácia.

Nesse sentido, verifica-se a arte de caracteres, imagens, encantamentos, certas falas[2] e muitas outras experiências fantásticas com tudo o que é afetado pela mente. Por meio disso, tudo o que for afetado pela mente daquele que ama com veemência tem a eficácia de causar amor e daquele que odeia, de ferir e destruir. O mesmo acontece em outras coisas que são afetadas pela mente com um forte desejo.

Pois todas as coisas sobre as quais a mente atua, e tudo o que ela dita por meio de caracteres, figuras, palavras, falas, gestos e coisas do gênero, ajudam o apetite da alma[3] e adquirem certas virtudes fantásticas, oriundas da alma do operador, naquele momento em que tal apetite a invade, da oportunidade e da influência celestial, mexendo com a mente dessa maneira. Pois nossa mente, quando dominada pelo grande excesso de qualquer paixão ou virtude, costuma se servir da melhor e mais conveniente hora ou oportunidade. O que *Tomás de Aquino*,[4] em seu terceiro livro Contra os Gênios, confessa. Tantas virtudes maravilhosas causam e se seguem a certas operações admiráveis geradas por grandes afetações, naquelas coisas que a mente lhes dita em tal hora.

Que se saiba, porém, que essas coisas[5] conferem nada ou muito pouco, exceto ao autor delas e àquele que se inclina a elas, como se fosse o autor. E é assim que se verifica sua eficácia. Uma regra geral é que toda mente é mais excelente de acordo com seu desejo e afetação e torna as coisas mais aprazíveis para si, bem como mais eficaz em relação àquilo que deseja. Portanto, todo aquele que esteja disposto a trabalhar com magia deve conhecer a virtude, medida, ordem e grau de sua alma, no poder do Universo.

Notas – Capítulo LXVII

1. Devemos observar, contudo, que Avicena também (Metaf. X) afirma que os movimentos dos corpos celestes são as causas de nossa escolha não apenas pela ocasião, mas inclusive por uma causa *per se*. Pois ele afirma que os corpos celestes são animados e, como o movimento do céu procede de sua alma e é o movimento de um corpo, também um movimento do corpo deve ter o poder de transformar corpos; pois, assim como vem de uma alma, deve ter o poder de deixar impressões na alma. Por isso, o movimento celeste é a causa de nossos atos de vontade e escolha. A posição de Abumasar parece ser a mesma, conforme exposto no Primeiro Livro de seu *Introductorium* (Tomás de Aquino, *Summa contra gentiles* 3.87 [Londres: Burns, Oats and Washbourne, 1928], 3:2:16).

Após afirmar a posição árabe de que a alma dos céus atua sobre a alma do homem por meio do movimento dos céus, Tomás de Aquino levanta a polêmica, argumentando que a alma dos céus, se existe, agindo por meio do corpo dos céus, só tem poder de agir no corpo humano despertando paixões, mas a vontade do homem é livre para aceitar ou rejeitar essas paixões. No entanto, ele admite que aqueles que são capazes de controlar suas paixões são a minoria:

> É evidente, contudo, e nós sabemos por experiência, que tais ocasiões, exteriores ou interiores, não são necessariamente causa de escolha: uma vez que o homem pode usar sua razão para rejeitá-las ou a elas obedecer. Mas aqueles que seguem sua inclinação natural são a maioria, e poucos são os sábios que evitam as ocasiões de praticar o mal e não seguir o impulso da natureza. Nesse sentido, diz Ptolomeu (Centiloq. 8, 7) que a alma do homem sábio ajuda na obra das estrelas ..." (*Ibid.*, 3.85, p.11).

2. Encantamentos.
3. A vontade.

Ora, de todas as partes do homem, o intelecto é a torre mais alta; pois o intelecto atiça o apetite, sugerindo-lhe o objeto; e o apetite intelectivo ou vontade incita os apetites sensitivos, isto é, o irascível e concupiscível, de modo que só obedecemos à concupiscência se a vontade assim mandar; e o apetite sensitivo, sendo o consentimento da vontade, move o corpo. Portanto, o fim do intelecto é o fim de todas as ações humanas (*Ibid.* 3.25, 3:1:59).

4. "Desde então, o homem, em seu corpo, é subordinado aos corpos celestes e, no intelecto, aos anjos; já na vontade, subordina-se a Deus: é possível que algo aconteça fora da intenção do homem, que no entanto está de acordo com a ordem dos corpos celestes, ou sob a influência dos anjos ou até de Deus. E embora só a ação de Deus tenha um impacto direto na escolha do homem, a ação do anjo tem um certo impacto nessa escolha por meio de persuasão; e também a ação de um corpo celeste, por persuasão; e a ação de um corpo celeste por disposição, uma vez que as impressões corpóreas dos corpos celestes deixadas em nossos corpos nos dispõem a fazer determinadas escolhas. Sob a influência das causas superiores supracitadas, um indivíduo acaba escolhendo coisas que se revertem em um bem para ele, sem estar ciente de sua utilidade pela própria razão; e, além disso, sua compreensão é iluminada sob a luz das substâncias intelectuais, tendo o efeito de fazer essas

mesmas coisas; e, por meio da operação divina, sua vontade é inclinada para a escolha que é mais benéfica para o indivíduo, sem que este saiba disso; e daí se diz que tal homem é afortunado..." (*Ibid.* 3.92, 3:2:26-7)
5. Talismãs, selos, amuletos, e assim por diante.

Capítulo LVIII

Como nossa mente pode mudar e amarrar coisas inferiores ao que ela deseja

Há também uma certa virtude na mente dos homens de mudar, atrair, obstruir e amarrar aquilo que eles desejam, e todas as coisas lhes obedecem, quando movidas por uma paixão ou virtude excessiva, capaz de dominar a coisa que se pretende amarrar. Pois o superior amarra o inferior e o converte para si, e o inferior pela mesma razão, é convertido ao superior ou de alguma outra maneira afetado ou manipulado. Nesse sentido, as coisas que recebem um grau superior de algum astro amarram ou atraem ou obstruem coisas de grau inferior, de acordo com a compatibilidade ou incompatibilidade.[1]

O leão, por exemplo, tem medo de um galo, porque a presença da virtude solar é mais aprazível ao galo que ao leão;[2] do mesmo modo, a magnetita atrai o ferro, pois na ordem ela tem um grau superior da Ursa Celestial. O diamante, por sua vez, obstrui a magnetita, pois na ordem de Marte ele é superior a ela.

De maneira igual, qualquer homem que esteja exposto às influências celestiais pelas afeições de sua mente ou pela devida aplicação de coisas naturais, caso se torne mais forte na virtude solar, amarra e atrai o inferior, levando a admirá-lo e a lhe obedecer. Já na ordem da Lua, ele conduz à servidão ou à tristeza; na ordem de Júpiter, à veneração; na ordem de Marte, ao medo e à discórdia; na ordem de Vênus, ao amor e à alegria; na ordem mercurial, à persuasão e à obsequiosidade, e coisas do gênero.

Bem, a base dessa espécie de ligação é a afeição veemente e ilimitada das almas, com o assentimento da ordem celestial. Mas as dissoluções ou os empecilhos desse tipo de amarração são feitos por um efeito contrário e, quanto mais eficaz ou melhor ou maior for o poder de amarrar, também mais facilmente ela liberta e obstrui. E, por fim, se você teme Vênus, antagonize-o com Saturno; se teme Saturno, antagonize-o com Vênus ou Júpiter: pois os astrólogos dizem que estes são adversários e opostos, causando efeitos contrários nesses corpos inferiores; pois no céu, quando nada falta, quando todas as coisas são regidas com amor, não pode de maneira alguma haver ódio ou inimizade.

Notas – Capítulo LVIII

1. Tudo isso se baseia no fragmento de Proclo chamado *De sacrificio et magia* (ver nota 1, cap. XXII, l. 1). Agrippa baseia-se muito nesse fragmento para sua teoria mágica.
2. Novamente Proclo. Ver nota 25, cap. XVIII, l. 1.

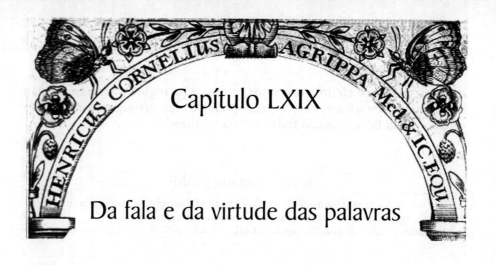

Capítulo LXIX

Da fala e da virtude das palavras

ma vez demonstrado que há grande poder nas afeições da alma, saiba agora, também, que não há menos virtude nas palavras e nos nomes das coisas, mas a maior virtude de todas nas falas e nos movimentos por meio dos quais nos diferenciamos dos animais, e somos chamados de racionais, não pela razão, que é considerada aquela parte da alma que contém as afeições e que *Galeno* dizia ser comum também nos animais, embora em um grau menor; mas nós somos chamados racionais por causa da voz compreendida nas palavras e na fala, a forma de razão chamada declarativa,[1] o que nos eleva acima de todos os outros animais. Pois λόγοδ, em grego, significa razão, fala e uma palavra.

Ora, uma palavra tem dupla natureza: interna e pronunciada. Uma palavra interna é um conceito da mente e movimento da alma e é feita sem uma voz. Como nos sonhos, temos a impressão de falar e conversar com nós mesmos e, enquanto estamos despertos, mantemos uma conversa inteira em silêncio. Mas uma palavra pronunciada tem um certo ato na voz e propriedades de locução e é dita com o fôlego de uma pessoa abrindo a boca e com a fala de sua língua, em cuja natureza se juntam a voz corpórea e a fala à mente, além do entendimento, possibilitando a declaração e a interpretação do conceito de nosso intelecto aos ouvintes. E é disso que falaremos agora.

As palavras, portanto, formam o meio mais apropriado para o orador e o ouvinte, levando com elas não apenas o conceito da mente, mas também a virtude do orador, com uma certa eficácia, até os ouvintes, e isso geralmente com um poder tão grande que muda não só os ouvintes, mas também outros corpos[2] e coisas inanimadas. Ora, são palavras de maior eficácia que aquelas que representam coisas mais grandiosas, do tipo intelectual, celestial e sobrenatural, sendo mais expressivas e, portanto, mais misteriosas. Também aquelas que vêm de uma língua mais nobre ou de uma ordem mais sagrada;[3] pois estas, como se fossem sinais e representações, recebem um poder de coisas celestiais e supracelestiais, como da virtude de coisas explicadas, das quais elas são veículos[4] de um poder que lhes é conferido pela virtude do orador.

Notas – Capítulo LXIX

1. Se o pensamento perceptivo e prático são idênticos, isso não é um fato óbvio; pois o primeiro é universal no mundo animal e o segundo só se encontra em uma pequena divisão dele. Além disso, o pensamento especulativo também é distinto do perceptivo – refiro-me ao modo como vemos o certo e o errado –; o certo em prudência, conhecimento, opinião verdadeira e errado no oposto de tudo isso; pois a percepção dos objetos especiais do sentido é sempre livre de erros e existe em todos os animais, embora seja possível pensar o falso tanto quanto o verdadeiro; e o pensamento é encontrado apenas onde existe discurso da razão, bem como sensibilidade (Aristóteles, *De anima* 3.3 [McKeon, 586-7]).

2. Quanto à questão do poder oculto das palavras, Plínio escreve:

> Há uma crença comum de que sem uma determinada forma de oração seria inútil imolar uma vítima, e que diante de tal informalidade, a consulta aos deuses não teria propósito. Há, contudo, diferentes formas de se dirigir às divindades, uma para implorar, outra para evitar a ira deles, e outra para louvar... Em nossos dias, também, existe uma crença comum de que nossas virgens vestais têm o poder, ao recitar determinada oração, de deter o caminho de escravos em fuga e trazê-los de volta, desde que ainda se encontrem nos limites da cidade. Se tais opiniões forem aceitas como verdadeiras, e se for admitido que os deuses escutam certas orações ou são influenciados por formas fixas de palavras, somos obrigados a concluir afirmativamente toda a questão. Sem dúvida, nossos ancestrais sempre creram nisso e nos asseguravam, inclusive, coisa das mais difíceis, que é possível por esses meios atrair relâmpagos do céu, como já mencionamos [2.54] em ocasião mais propícia (Plínio 28.3 [Bostock e Riley, 5:279-80]).

3. Pois os deuses nos mostraram que o dialeto inteiro das nações sagradas, como Egito e Assíria, é adaptado aos interesses sagrados; por esse motivo, então, devemos achar necessário que nossa conferência com os deuses seja feita em uma linguagem que lhes convenha. Pois, de fato, tal modo de falar é o primeiro e mais antigo. E particularmente aqueles que primeiro aprenderam os nomes dos Deuses, tendo-os inserido em sua língua nativa, no-los passaram para que pudéssemos sempre preservar imutável a sagrada lei da tradição, em uma língua peculiar e adaptada a eles. Pois, se alguma coisa pertence aos deuses, é evidente que o eterno e imutável deve convir a eles (Jâmblico, *On the Mysteries* 6.4 [Taylor, 293-4]).

Pois, se os nomes de alguma forma subsistiram, não haveria consequência alguma se alguns fossem usados no lugar de outros. Mas, se forem suprimidos da natureza das coisas, aqueles nomes que mais se adaptam serão também os favoritos dos deuses. Com isso, portanto, fica evidente que a língua das nações sagradas é, com razão, preferível à dos outros homens (*Ibid.* 6.5 [Taylor, 294]).

4. Palavra usada aqui no sentido de meio de expressão e também da forma na qual algo espiritual se incorpora ou se manifesta.

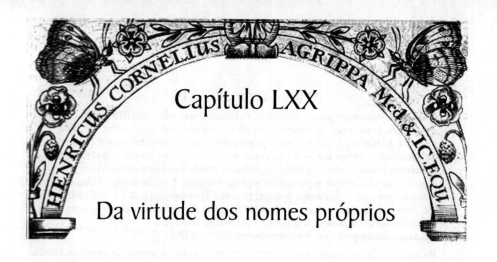

Capítulo LXX

Da virtude dos nomes próprios

uase todos os homens concordam que os nomes próprios das coisas são muito necessários nas operações mágicas, pois o poder natural das coisas procede, em primeiro lugar, dos objetos para os sentidos, destes para a imaginação e da imaginação para a mente, na qual é primeiro concebido e depois exprimido por meio da voz e das palavras. Por isso os platônicos[1] dizem que nessa mesma voz, ou palavra, ou nome estruturado, com seus artigos, o poder da coisa adquire uma espécie de vida, subjacente à forma do significado. É concebido primeiro na mente, como sementes das coisas, e depois expresso por vozes ou palavras e, por fim, registrado por escrito.

Por isso, os magos dizem que os nomes próprios são certos raios emanados das coisas, presentes em todo lugar e todos os momentos, guardando o poder dessas mesmas coisas, uma vez que a essência de cada coisa a domina e é nela determinada; e é pelo nome que as coisas são conhecidas, e o nome tem a função da própria coisa, como uma imagem viva dela. Assim como o grande Operador produziu as diversas espécies e coisas específicas sob a influência dos céus, por meio dos elementos, junto às virtudes dos planetas, também de acordo com as propriedades das influências, os nomes próprios resultam em coisas, e são nelas colocados por aquele que enumera a miríade de astros, chamando-os pelos nomes;[2] os quais Cristo cita, dizendo que estão escritos no céu.[3]

Adão, portanto, o primeiro a dar nome às coisas, sabendo das influências dos céus e das propriedades de todas as coisas, escolheu os nomes de acordo com a natureza de cada uma, como se lê em *Gênesis*,[4] quando Deus coloca todas as coisas criadas diante de *Adão*, para que a elas ele dê nome; e o nome por ele escolhido assim ficava, e todos os nomes até hoje contêm, então, os poderes maravilhosos das coisas a que representam.

Toda voz, portanto, que é significativa, dá o significado primeiramente por meio da harmonia celestial; em segundo lugar, pela imposição do homem, embora, com frequência, em ordem contrária. Mas quando ambos os significados se encontram em alguma voz ou nome, neles inseridos pela dita harmonia ou pelos homens, então esse nome tem uma virtude dupla,[5] ou seja, natural e arbitrária, de atuação mais eficaz, sendo pronunciado no devido lugar e tempo, com séria intenção exercida sobre a matéria devidamente disposta e passível de natural influência.

Lemos em *Filóstrato* que uma donzela em Roma morreu no mesmo dia em que se casou e foi apresentada a *Apolônio*; este perguntou o nome dela e, uma vez ciente do nome, pronunciou alguma operação oculta, por meio da qual a moça reviveu. Em seus ritos sagrados, antes de sitiar uma cidade, os romanos se asseguravam em saber o nome exato da cidade e o nome do deus que a protegia e, de posse de tal conhecimento, com alguns versos eles invocavam os deuses protetores da cidade e amaldiçoavam seus habitantes, até que por fim, sem a presença de seus deuses, a cidade era tomada por eles, como canta *Virgílio*:[6]

_____ que mantinham este reino, nossos deuses
Seus altares e abençoadas moradas abandonaram.

O verso com o qual os deuses eram invocados e os inimigos amaldiçoados, quando a cidade era atacada e dominada, pode ser encontrado em *Tito Lívio*[7] *Macróbio*;[8] *Serenus Samonicus*, em seu livro de coisas secretas, também o menciona.

Notas – Capítulo LXX

1. O diálogo de Platão, *Crátilo*, trata exclusivamente da natureza dos nomes. Nele, Sócrates (o alter ego de Platão) apresenta a noção de que um nome pode personificar uma coisa:

> Sócrates: E, ainda, não há uma essência de cada coisa, assim como uma cor ou som? E não existe não essência de cor e som, assim como de qualquer outra coisa?
> Hermógenes: Penso que sim.
> Sócrates: Bem, se alguém pode expressar a essência de cada coisa em letras e sílabas, não expressaria, por acaso, a natureza dessa coisa?
> (Platão, *Crátilo* 423e [Hamilton and Cairns, 458])

Entretanto, ele estende o argumento de que, na falível linguagem humana, os nomes e as essências nem sempre são compatíveis.

2. Essa é a visão que Platão expressa pelos lábios de Crátilo, que é rebatida por Sócrates:

> Crátilo: Penso, Sócrates, que o ponto mais importante da questão é que um poder superior ao humano deu às coisas seus primeiros nomes, e que portanto devem ser os nomes verdadeiros (*Ibid.* 438c [Hamilton and Cairns, 472]).

3. Lucas 10:20.
4. Gênesis 2:19.
5. Proclo, em seu Comentário sobre *Timaeus*, de Platão, faz distinção entre dois tipos de nome, aqueles dados pelos deuses e os inventados pelos homens. "Pois, assim como o conhecimento dos deuses é diferente do conhecimento das almas parciais, também os nomes de um divergem dos de outro; os nomes divinos fazem brotar toda a essência da coisa nomeada, enquanto os dos homens têm apenas um contato parcial com elas" (Jâmblico) *On the Mysteries* [Taylor 290-2n]. A respeito desse tema, ver Homero, *Ilíada* 14, linha 291, e 20, linha 74, linhas que são discutidas por Platão em *Crátilo*, 392 a.C.
6. "Guerreiros, corações, em vão, tão valentes, se tiverdes o desejo de seguir alguém de grande ousadia, vede o estado de nossa fortuna; os deuses por quem este reino se mantém, todos daqui partiram, deixando seus santuários e sacrários; apressai-vos em socorrer uma cidade em chamas; que morramos, então, mas no calor da luta. Desespero em se salvar, por um meio ou por outro, é a única segurança para os derrotados" (Virgílio, *Eneida* 2, c. linha 350 [Lonsdale e Lee, 104]).
7. O ditador romano Camilo (396 a.C.) no acampamento sob as muralhas de Veii sitiada, pouco antes do ataque romano àquela cidade:

> "Apolo Píton", ele rogou, "guiado por você e inspirado por seu sopro divino, eu parto para a destruição de Veii e prometo lhe dar uma décima parte dos espólios. Rainha Juno, para você também eu rezo, para que saia dessa cidade onde hoje mora e siga seus exércitos vitoriosos à cidade de Roma, seu futuro lar, que a receberá em um templo digno de sua grandeza"(Tito Lívio, *Early History of Rome* 5.20 [Selincourt, 364]).

8. Nicolas Remy cita a maldição detalhada feita pelos romanos contra seus inimigos, que consta na *Saturnalia*, de Macróbio, 3.9:

> "Ó Pai Dis, Sombra de Júpiter, ou qualquer outro nome, eu lhe imploro, encha de pânico, medo e terror toda a cidade e o exército que tenho em minha mente; e que todos os que se armarem contra nossas legiões e nosso exército, que você os confunda, confunda esses inimigos, seus homens e suas cidades e terras, e todos os que vivem nas terras e cidades desse lugar e distrito; tire deles a luz do céu; amaldiçoe e dizime todo o exército do inimigo, suas cidades e terras com a mais forte maldição já pronunciada contra um inimigo. Pela fé de meu ofício, eu os dou e consagro a você em nome do povo de Roma e nossos exércitos e legiões. Se realizar meus desejos, minha intenção e entendimento, que eu cumpra a minha parte. Como essas ovelhas negras, eu lhe imploro, ó Júpiter."

Quando invoca a Terra, ele toca o chão com as mãos. Quando invoca Júpiter, ergue as mãos para o Céu. E quando faz seu juramento, ele coloca as mãos sobre o peito (*Remy Demonolatry* 2.9, traduzido para o inglês por E. A. Ashwin [Londres: John Rodker, 1930 (1595)], 124).

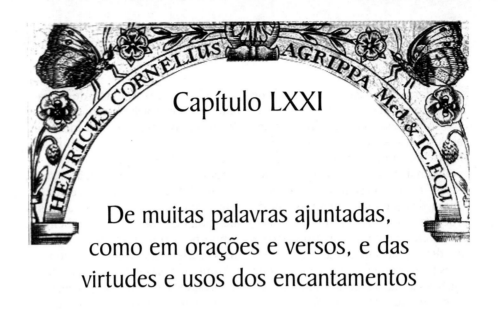

Capítulo LXXI

De muitas palavras ajuntadas, como em orações e versos, e das virtudes e usos dos encantamentos

Além das virtudes das palavras e dos nomes, há também uma virtude maior encontrada nas frases, da verdade nelas contida, que tem um poder muito grande de imprimir, mudar, amarrar e estabelecer; de modo que, ao ser usada, brilha mais, e, ao ser resistida, é ainda mais confirmada e consolidada; virtude esta que não se encontra em meras palavras, mas em frases, pelas quais qualquer coisa é afirmada ou negada, como em versos, encantamentos,[1] imprecações,[2] deprecações,[3] orações,[4] invocações,[5] obtestações,[6] adjurações,[7] conjurações[8] e coisas do gênero.

Portanto, ao compor versos e orações para atrair a virtude de algum astro, ou divindade, considere diligentemente que virtudes tal astro contém, bem como que efeitos e quais operações, antes de inferi-las em versos, louvando-as, exaltando-as, ampliando-as, e considere também as coisas que tal astro tende a provocar com sua influência, vilificando e evitando aquelas coisas que o mesmo astro tende a destruir e obstruir, suplicando e implorando aquilo que você deseja obter, condenando e detestando o que gostaria de ver destruído e obstruído, e, do mesmo modo, pode-se fazer uma elegante oração, devidamente distinta por artigos, com competentes números e proporções.

Além disso, magos determinam que invoquemos e rezemos usando os nomes do mesmo astro, ou citando aquele a quem o verso pertence, por suas coisas maravilhosas, ou milagres, por seus percursos e caminhos em sua esfera, por sua luz, pela dignidade de seu reino, pela beleza e brilho nele presentes, por suas fortes e poderosas virtudes, e por outras coisas assim. Como *Psique* em *Apuleio*[9] roga a *Ceres*, dizendo: Eu te suplico, por tua próspera mão direita, imploro-te pelas deliciosas cerimônias das colheitas, pelo plácido silêncio de teu peito, pelos carros alados dos dragões, teus servos, pelas rugas da terra siciliana, o coche devorador, a terra úmida, pelo lugar onde se desce aos porões nas núpcias de luz de *Prosérpina* e retorna sob as maquinações de sua filha, e outras coisas que se ocultam em seu templo na cidade de Elêusis, em Ática.

Além disso, com os diversos nomes dos astros, eles nos recomendam invocá-los também pelos nomes das inteligências que regem os próprios astros, de que falaremos mais depois. Quem desejar mais exemplos, pode procurar nos hinos de Orfeu, pois nada é mais eficaz em magia natural, desde que dentro das circunstâncias conhecidas pelos homens sábios, desde que seja tudo usado de acordo com a devida harmonia, com toda atenção.

Mas voltando agora ao nosso propósito. Esses versos, se usados com aptidão e feitos de acordo com a regência dos astros, sendo eles cheios de significados e pronunciados com veemente afeição, de acordo com o número e a proporção de seus artigos, bem como com a forma resultante dos artigos, pela violência da imaginação, conferem um grande poder ao encantador e, às vezes, o transferem para a coisa encantada, com a finalidade de amarrá-la e dirigi-la para o mesmo fim para o qual as afeições e as falas do encantador são pretendidas.

Ora, o instrumento[10] dos encantadores é um espírito harmônico puro, caloroso, vivente, vivo, trazendo consigo: movimento, afeição e significado, composto de suas partes, dotado de sentido e concebido pela razão. Assim, pela qualidade desse espírito e por sua semelhança celestial, além daquelas já mencionadas, os versos, também no tempo oportuno, recebem do alto as mais excelentes virtudes, de fato mais sublimes e eficazes que os espíritos, e vapores, exalando da vida vegetal, de ervas, raízes, gomas, coisas aromáticas e fumaças, e coisas assim. Por isso, quando os magos encantam as coisas são propensos a soprar e respirar[11] sobre elas as palavras do verso, ou inalar a virtude com o espírito, para que toda a virtude da alma seja dirigida para a coisa encantada, disposta a receber a referida virtude.

Observemos aqui que toda oração, toda escrita e toda palavra, induzindo movimentos costumeiros por seus costumeiros números, proporções e formas, também pronunciadas fora de sua ordem usual, ou escritas de trás para frente,[12] produzem efeitos incomuns.

Notas – Capítulo LXXI

1. Encantações; fórmulas de palavras ditas ou cantadas para um efeito mágico.
2. Preces para invocar uma divindade ou espírito.
3. Preces para evitar o mal.
4. Preces de súplica a Deus.
5. Apelos chamando a presença ou o poder de divindades ou espíritos.
6. Súplicas ou rogos por meio de nomes sagrados, chamando Deus ou outros agentes espirituais para testemunhar.
7. Renúncias ou cancelamentos de juramentos ou pactos.
8. Constringir ou impelir espíritos por juramentos.
9. Ó grande e sagrada Deusa, a ti imploro por tua abundante e liberal mão direita, pelas deliciosas cerimônias de tua colheita, pelos segredos de teu Sacrifício, pelos carros alados de teus dragões, pela lavoura do solo de Sicília, que tu criaste, pelo casamento de Prosérpina, pela

diligente inquisição de tua filha e pelos outros segredos que se encerram no templo de Elêusis na terra de Atenas..." (Apuleio, *O asno de ouro* cap. 22 [Adlington]).
10. A respiração articulada.
11. Por isso, os jogadores sopram nos dados para dar sorte, e os xamãs cantam bem perto do doente para que seu hálito toque o paciente.
12. Escrever ou falar palavras mágicas de trás para frente inverte os efeitos.

Capítulo LXXII

Do fantástico poder dos encantamentos

izem que o poder dos encantamentos e dos versos é tão grande que se acredita que eles podem subverter quase toda a natureza. E dizia *Apuleio*[1] que, com um sussurro mágico, os rios revertem seu curso, o mar é agitado, os ventos sopram em harmonia, o Sol para de brilhar, a Lua fica clara, as estrelas são tiradas de lugar, o dia é restringido, a noite é prolongada. De tais coisas, canta *Lucano*:[2]

O curso de todas as coisas se deteve, a noite
Foi prolongada, e muito demorou para que a luz voltasse;
E o impetuoso mundo ficou estupefato, enquanto
Tudo isso acontecia ante a expressão de um verso –

E um pouco antes:[3]

Versos tessálios penetraram seu coração,
Nele atiçando o maior calor de amor.

E em outro lugar:[4]

Nenhum veneno tendo ele tomado,
Mesmo assim seu juízo se perdeu, encantado –

Também *Virgílio* em *Damon*:[5] diz:

Feitiços podem trazer do céu a Lua,
Os feitiços de Circe transformaram os homens de Ulisses.
Uma cobra fria encantada irrompeu na grama

E em outro lugar:[6]

Encantamentos são capazes de atrair o milho do milharal vizinho.

E *Ovídio*, em seu livro *sine titulo*,[7] diz:

Com encantamento, a moribunda Ceres morre,
E todas as fontes se secam,
E as bolotas dos carvalhos, e as uvas e as maçãs
Encantadas das árvores caem.

Se tais coisas não acontecessem de fato, não haveria estatutos penais rigorosos contra aqueles que enfeitiçam ou encantam frutas. E *Tibullus* fala[8] de uma certa feiticeira:

Aquela que atraía as estrelas do céu,
E revertia o curso dos rios, eu observei,
Ela divide a terra e chama fantasmas dos sepulcros,
E dos fogos ela tira ossos
E a bel-prazer espalha as nuvens no ar,

E faz nevar no calor do verão.

De tudo isso parece gabar a feiticeira em *Ovídio*,[9] quando diz:

... fazer, à minha vontade, regatos retornarem às suas nascentes, enquanto suas margens

os assistiam, assombradas; vocês já me viram acalmar o mais bravio dos oceanos,

Agitar águas calmas, afastar nuvens

Ou juntá-las, exilar ventos,

Chamá-los de volta; vocês já me viram quebrar as presas

Das serpentes com meus encantamentos e feitiçarias,

Arrancar rochas do chão, carvalhos,

Mover florestas, sacudir montanhas, fazer a terra tremer,

Chamar espíritos das tumbas. Eu posso fazer a Lua

Ficar escura

[*Metamorfoses*, p. 138 © Madras Editora Ltda.].

Além disso, todos os poetas cantam e os filósofos não negam que por meio de versos muitas coisas fantásticas podem ser feitas, como remover milho, produzir relâmpagos, curar doenças e outras. Pois o próprio *Cato*, nas Questões do Campo, usou alguns encantamentos contra as doenças dos animais, ainda encontrados em seus escritos. Também *Josephus* atesta[10] que Salomão era habilidoso nesse tipo de encantamento. Também Celsus Africanus relata,11 segundo a doutrina egípcia, que o corpo do homem, de acordo com o número das faces12 dos signos do zodíaco, é cuidado por 36 espíritos, cada um defendendo e zelando por sua parte, e cujos nomes eles invocam com uma voz peculiar e, uma vez invocados, restauram a saúde, por meio de encantamentos, das partes doentes do corpo.

Notas – Capítulo LXXII

1. Certamente, essa história é verdadeira quando um homem diz que, por feitiçaria e encantamento, as inundações podem ser desviadas de curso, os mares podem ser aplacados, o vento cessar, o Sol se deter em seu caminho, a Lua ser purgada para iluminar ervas e árvores para servirem a propósitos mágicos: as estrelas atraídas do céu, o dia escurecer, e a noite escura se prolongar. (Apuleio, *O asno de ouro*, cap. 1 [Adlington]) Lucano explica um pouco mais essa prática de purgar a Lua: Lá, também [na Tessália], pela primeira vez as estrelas foram atraídas pelo impetuoso céu; e a serena Febe, abalada pelas nefastas influências de suas palavras, empalideceu e queimou em chamas fuscas e terrosas, como se a terra a impedisse de refletir seu irmão e impusesse sua sombra entre as chamas celestiais; e, assolada por feitiços, ela passa por labores tão grandes até se aproximar e enviar sua espuma sobre as ervas, lá embaixo (Lucano, *Pharsalia* 6, linha 499 [Riley, 232-3]).
2. "O curso das coisas é detido e retardado pela longa noite, o dia se interrompe. O céu não obedece às leis da natureza; e, ao ouvir os feitiços, o mundo inteiro fica paralisado; Júpiter, também, em seus ímpetos, espanta-se que as hastes do mundo não se movam, impelidas por seus rápidos eixos" (*Ibid.*, linha 461 [Riley, 231]). Quanto à noite longa, Lucano escreve: "...as sombras da noite foram redobradas pela arte dela [de Erichto], como que envoltas ao redor de sua medonha cabeça, enquanto ela caminha em uma nuvem túrbida entre os corpos dos abatidos, expostos, sem sepulcro" (*Ibid.*, linha 624 [Riley, 237]). E mais adiante: "Os céus se mantiveram em luz, até que eles [Erichto e Sexto Pompeu] chegassem sãos e salvos às tendas, quando então a noite foi ordenada a deter o dia, oferecendo sua densa escuridão" (*Ibid.*, linha 828 [Riley, 248]).

3. "Pelos encantamentos das bruxas da Tessália, um amor não induzido pelos Destinos entrou em corações endurecidos; e homens sérios, já velhos, sentem acender em si chamas ilícitas" (Lucano, *Pharsalia* 6, linha 451 [Riley, 230]).

4. "A mente, não poluída pela corrupção de venenos bebidos, perece por força de feitiços" (*Ibid.*, linha 457 [Riley, 230]).

5. "Uma canção tem o poder de atrair a Lua do céu; cantando, Circe transformou a tripulação de Ulisses; por uma canção, a cobra pegajosa explode em meio à grama" (Virgílio, *Éclogas* 8, c. linha 67 [Lonsdale e Lee, 26]). Damon é um pastor cantor mencionado nessa écloga, mas na verdade quem canta essas linhas é o pastor Alphesiboeus.

6. "... com frequência, eu já o vi [Moeris] invocar espíritos do fundo da sepultura e atrair milho semeado em outros campos" (*Ibid.*, c. linha 100).

7. *Amores* 3.7, linhas 31-4.

8. Eu já a vi atrair as estrelas do céu; ela muda o curso do relâmpago com suas encantações; faz rachar a terra, traz de volta as almas dos sepulcros e invoca os ossos da pilha ainda em brasa. Ora ela faz as hostes infernais voarem ao seu redor com seus gritos mágicos, ora as manda embora, borrifando sobre elas leite. Quando quer, ela afasta as nuvens do céu sombrio; quando quer, chama neve no verão com uma palavra de sua boca. Dizem que possui todas as ervas malignas conhecidas de Medeia e que já submeteu à sua vontade os ferozes cães de Hécate. Essa bruxa compôs para mim cânticos com os quais todos os olhos podem ser enganados (Tibullus "Elegias" 1.2. *Poems of Catullus and Tibullus*, traduzido para o inglês por W. K. Kelly [Londres: George Bell and Sons, 1884], 111).

9. Quem fala aqui é Medeia:

> Ó noite, o mais verdadeiro dos mistérios, ó estrelas,
> Cujo ouro, junto com a prata da Lua brilha e segue
> As chamas do dia, ó Hécate, deusa tripla,
> Testemunha e patrocinadora das artes mágicas e dos encantamentos,
> Ó ventos, ó brisas, ó regatos, ó montanhas,
> Ó lagos, ó bosques, ó deuses dos bosques, ó deuses
> Da noite, venham, me ajudem, me ajudem, me ajudem!
> Vocês já me viram
> Fazer, à minha vontade, regatos retornarem às suas nascentes,
> Enquanto suas margens os
> Assistiam, assombradas; vocês já me viram acalmar
> O mais bravio dos oceanos,
> Agitar águas calmas, afastar nuvens
> Ou juntá-las, exilar ventos,
> Chamá-los de volta; vocês já me viram quebrar as presas
> Das serpentes com meus encantamentos e feitiçarias,
> Arrancar rochas do chão, carvalhos,
> Mover florestas, sacudir montanhas, fazer a terra tremer,
> Chamar espíritos das tumbas. Eu posso fazer a Lua
> Ficar escura, tirar o brilho do carro do Sol com meu canto,
> Empalidecer a Madrugada com meus venenos.

[*Metamorfoses*, p. 138 © Madras Editora Ltda.]

10. Também permitiu que ele [Salomão] aprendesse a técnica de expulsar demônios, que é uma ciência útil e saudável para os homens. Ele compunha encantações também para aliviar indisposições. E nos legou o método de usar o exorcismo, meio pelo qual se afastam demônios para que nunca retornem, e que tem grande força até hoje..."(Josephus, *Antiquities of the Jews* 7.2.5 [Whiston, 194]).

11. Celsus diz ainda: "Qualquer um que pergunte aos egípcios descobrirá que tudo, até mesmo as coisas mais insignificantes, é atribuído aos cuidados de determinado demônio. O corpo do homem é dividido em 36 partes, e o mesmo número de poderes é atribuído a cada uma, embora alguns afirmem que o número é muito maior. Todos esses demônios têm nomes distintos na

língua daquele país; Chnuoumen, Chnachoumen, Cnat, Sicat, Biou, Erou, Erebiou, Ramanor, Reianoor e outros nomes egípcios. Além disso, eles os invocam e são curados de doenças em partes específicas do corpo" (Orígenes, *Against Celsus* 8.58. In *The Ante-Nicene Fathers* [Buffalo: Christian Literature Publishing Company, 1885], 4:661]).

Ver Budge, 1904, 2:19, sec. 14, em que são mencionados nomes egípcios de decanos, suas imagens e seus nomes gregos equivalentes. Uma descrição dos espíritos dos decanos aparece no grimório *Picatrix*. Por exemplo, os três decanos de Áries são "um enorme homem escuro com olhos vermelhos, segurando uma espada e vestindo um traje branco", "uma mulher vestida de verde e sem uma perna" e "um homem segurando uma esfera dourada e vestido de vermelho" (McIntosh, 1985, citado em Yate 1964, 53). Agrippa conhecia o *Picatrix*.

12. Decanos.

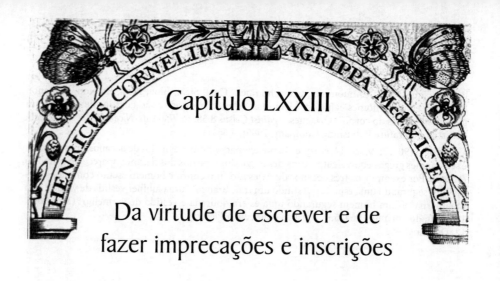

Capítulo LXXIII

Da virtude de escrever e de fazer imprecações e inscrições

 uso de palavras e falas deve expressar o íntimo da mente e daí atrair os segredos dos pensamentos e declarar a vontade do orador. Ora, a escrita é a última expressão da mente, a representação da fala e da voz, também a coletânea, o estado, fim, continuação e interação, criando um hábito que não é aperfeiçoado com o ato da voz. E tudo aquilo que se encontra na mente, na voz, na palavra, na oração e na fala, em tudo, também está na escrita. E como tudo o que se concebe na mente é exprimido pela voz, também tudo o que se exprime é escrito.

Assim, portanto, os magos recomendam que em todo trabalho existam imprecações e inscrições, por meio das quais o operador pode expressar sua afeição: se, por exemplo, ele apanhar uma erva ou uma pedra, que declara o uso que terá para ela; se fizer uma gravura, que diga e escreva sua finalidade. Dessas imprecações e inscrições *Alberto* fala em seu livro *Speculum*,[1] não as reprovando, pois sem elas nossas obras nunca seriam realizadas; uma vez que não é a disposição que causa um efeito, mas sim o ato da disposição.[2] Também vemos o mesmo tipo de preceito sendo usado pelos antigos, como testifica *Virgílio*,[3] quando canta:

> Ando com estes fios,
> Que três são, em número,
> Em volta dos altares, três vezes,
> em torno de tua imagem, passo.

E um pouco mais adiante:[4]

> Nós, Amarílis, faze-os! De três cores
> E, então, dize, estes nós a Vênus eu faço.

E no mesmo lugar:[5]

> Assim como o fogo endurece esta argila,
> E amolece a cera, o mesmo Dafne fazia com o amor.

Notas – Capítulo LXXIII

1. *Speculum astronomiae*, uma obra atribuída a Alberto Magno. Quanto à autenticidade da obra, ver o artigo de Lynn Thorndike em *Speculum* 30 (1955), 413-33.
2. Um princípio muito importante na magia prática. Não é a conjunção casual das coisas que libera poder, mas sua junção deliberada por um ato voluntário.
3. Primeiro, passo esses três fios de cores diferentes em torno de ti e três vezes circundo esses altares em torno de tua imagem; em um número desigual, o céu se deleita. Atrai Dafne, canção minha, atrai Dafne. Amarílis, em três nós três cores eu entrelaço; entrelaça-as, Amarílis, eu te rogo, e dize estas palavras: "As faixas de Vênus eu entrelaço". Atrai Dafne, canção minha, atrai Dafne. Assim como no mesmo fogo endurece essa argila e amolece essa cera, assim também Dafne amolece para mim o amor, enquanto para outro o endurece (Virgílio, *Éclogas* 8, c. linha 70 [Lonsdale e Lee, 26]).

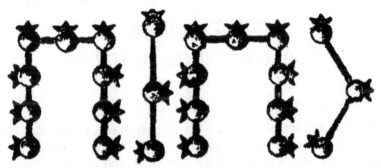

Tetragrammaton escrito nas estrelas
Extraído de Dogme et Rituel de la Haute Magie, *de Eliphas Levi (Paris, 1855-6)*

4. Ver nota anterior.
5. Ver nota anterior.

Capítulo LXXIV

Da proporção, correspondência, redução de letras aos signos celestiais e planetas, de acordo com várias línguas, com uma tabela ilustrativa

eus deu ao homem uma mente e uma voz, as quais (segundo *Mercúrio Trismegisto*)[1] são consideradas um dom da mesma virtude, poder e imortalidade. O Deus onipotente, por sua providência, dividiu a fala do homem em diferentes línguas; línguas estas que, de acordo com sua diversidade, receberam caracteres próprios para a sua escrita, consistindo em determinada ordem, número e figura, não dispostos por acaso não pelo fraco julgamento do homem, mas por determinação do alto, sendo por isso compatíveis com os corpos celestiais e divinos e suas virtudes. Mas, antes de qualquer outra forma de linguagem, a escrita dos hebreus é a mais sagrada nas figuras de caracteres, pontos de vogais e marcas de acentuação, bem como em conteúdo, forma e espírito.

Sendo a posição das estrelas determinada em primeiro lugar como o trono de Deus, que é o céu, é de acordo com elas[2] (como testificam os mestres hebreus) que são formadas as letras dos mistérios celestiais, bem como sua figura, forma e significado, e por números são representadas, também em sua variada harmonia e conjunção. É assim que os mais curiosos entre os hebreus, por meio da figura de suas letras, formas de caracteres e assinatura, simplicidade, composição, separação, curvatura, direção, defeito, proliferação, grandeza, pequenez, abertura e fechamento, ordem, transmutação, junção, revolução de letras e pontos e marcas[3] e pela computação de números, conseguem explicar todas as coisas, como elas procedem da Causa Primeira e são por fim reduzidas novamente a ela.[4]

Além disso, eles dividem as letras do alfabeto hebraico em 12 simples, sete duplas e três mães, que segundo eles significam o caráter das coisas, os 12 signos e os três elementos – Fogo, Água, Terra –, não considerando o Ar um elemento, mas sim uma espécie de cola e espírito dos elementos.[5] A estes também eles acrescentam pontos e marcas: sendo que, pelos aspectos dos planetas e signos, aliados aos elementos, o espírito operante e a verdade, nos quais todas as coisas foram e são criadas, seus nomes designados, como determinados signos e veículos das coisas, que são explicadas, levando consigo a todo lugar sua essência e suas virtudes.

Os profundos significados e os signos são inerentes aos caracteres e figuras, bem como aos números, lugar, ordem e revolução; nesse sentido, *Orígenes*[6] pensava que todos os nomes trazidos para outro idioma não retinha sua virtude essencial. Pois só os nomes originais, devidamente impostos e contendo o significado certo, têm uma atividade natural: o mesmo não se dá com aqueles de significado aleatório, sem atividade, embora tenham algum significado e algumas coisas naturais em si.

Ora, se existe um original, cujas palavras possuem significação natural, este é o idioma hebraico, cuja ordem, aquele que observar com atenção e profundidade e souber identificar proporcionalmente suas letras, terá uma regra exata para discernir qualquer idioma. Há, portanto, 22 letras que são a fundação do mundo e das criaturas nele existentes e nomeadas; toda frase e toda criatura são feitas delas e, por meio de sua revolução, recebem seus nomes, seu ser e sua virtude.

Por isso, aquele que as discernir, deve, a cada junção de letras, examiná-las por tempo suficiente até a própria voz de Deus se manifestar e até a estrutura das letras mais sagradas se abrir e ser descoberta. Daí as vozes e as palavras terem sua eficácia em trabalhos de magia: pois onde a natureza exerceu sua eficácia mágica pela primeira vez foi na voz de Deus. Mas entramos aí em especulações que não cabem neste livro.

Voltando à divisão das letras, os hebreus consideram três mães,[7] אוי, sete duplas,[8] בגדכפרת, e 12[9] letras simples החטלמנסעצקש. A mesma regra existe entre os caldeus; e, pela imitação dessas regras, também as letras de outras línguas são distribuídas entre os signos, planetas e elementos, segundo sua ordem.

Pois as vogais da língua grega, ΑΕΗΙΟγΩ, respondem aos sete planetas, ΒΓΔΖΛΜΝΠΡΣΤ são atribuídas aos 12 signos do zodíaco, as outras cinco, ΘΞΦΧψ, representam os quatro elementos e o Espírito do Mundo. No latim, existe a mesma significação das letras: pois as cinco vogais A E I O U, e as consoantes J e V, são atribuídas aos setes planetas; mas as consoantes B C D F G L M N P R S T correspondem aos 12 signos. A aspiração de H representa o Espírito do Mundo. Sendo Y uma letra grega, e não latina, que serve apenas para as palavras gregas, segue a natureza de seu idioma.[10]

Isso é algo que você não deve ignorar, que é observado por todos os homens sábios: que as letras hebraicas são as mais eficazes de todas, porque possuem a maior semelhança com os celestiais e o mundo, e que as letras das outras línguas não são tão eficazes porque são mais distantes deles. Quanto à disposição delas, a tabela (p. 339) a seguir explicará.[11]

Todas as letras também têm números duplos, isto é, estendidos, que expressam simplesmente de que número são as letras, de acordo com sua ordem; e coletados, ou seja, coletam em si os números de todas as letras anteriores.[12] Além disso, elas têm também números integrais,[13] que resultam dos nomes das letras, de acordo com seus vários modos de numeração. Aquele que compreender a virtude desses números será capaz de desvendar fantásticos mistérios em todas as línguas, por suas letras, além de poder falar do que aconteceu no passado e prever coisas futuras.

Existem ainda outras junções misteriosas de letras com números, mas discutiremos melhor o tema nos livros seguintes: e agora é o momento de encerrarmos o primeiro livro.

Notas – Capítulo LXXIV

1. São duas as dádivas que Deus concedeu ao homem e a nenhuma outra criatura. São elas a mente e a voz; e o dom da mente e da voz equivale ao da imortalidade. Se um homem usar essas duas dádivas de modo correto, em nada será diferente dos imortais; ou melhor, será diferente deles apenas nisto: ter um corpo na terra; e quando ele abandona o corpo, a mente e a voz serão seus guias, e por elas ele será conduzido ao exército dos deuses e das almas que alcançaram a glória (*Poimandres* 12(e), 12 [Scott, 1:231]).
2. A forma das letras hebraicas baseia-se nas constelações. Ver nota 2, cap. LI, l.II.
3. O alfabeto hebraico não contém vogais. As letras são acentuadas com pontos e pequenas marcas, para indicar a pronúncia.
4. O significado místico deriva de palavras aparentemente mundanas, aplicando-se certas técnicas da Cabala prática, que são descritas no apêndice VII.
5. Primeiro, o Espírito do Deus dos vivos; abençoados e mais que abençoados pelo Deus Vivente das eras. A Voz, o Espírito e a Palavra, estes são o Espírito Santo. Segundo, do Espírito Ele produziu Ar e nele formou 72 sons – as letras; três são mães, sete são duplas e 12 são simples; mas o Espírito está antes e acima delas. Terceiro, do Ar Ele formou as Águas, do informe e do vazio fez o barro e a argila, e sobre ele criou superfícies, e neles esculpiu recessos e formou a forte fundação material. Quarto, da Água Ele formou o Fogo e fez para Si um Trono de Glória com Aufanim, Serafim e Querubim como seus anjos ministrantes; e com estes três completou sua morada, assim como está escrito: "Que faz de seus anjos espíritos e de seus ministros um fogo ardente" (*Sepher Yetzirah* 1 [Westcott, 16-7]).
Talvez Agrippa tenha confundido a primeira emanação do Espírito com a segunda emanação do Ar. *O Livro da Formação*, citado acima, foi publicado pela primeira vez em latim por William Postel em 1552, e é difícil saber se Agrippa teve acesso a uma cópia manuscrita em hebraico ou latim.
6. E ainda na questão dos nomes, nós temos de mencionar aqueles que são habilidosos no uso de encantações, relatam que a recitação da mesma encantação em sua língua devida pode realizar o que o encantamento alega fazer; mas, quando traduzida em qualquer outra língua, observa-se que ela se torna ineficaz e fraca. Portanto, não são as coisas em si, mas as qualidades e peculiaridades das palavras, que possuem um certo poder para esse ou aquele propósito (Orígenes, *Against Celsus* 1.25. In The Ante-Nicene Fathers, 4:406-7).
7. Ver a tabela do alfabeto hebraico no apêndice VII. As três mães citadas por Agrippa não batem com as do *Sepher Yetzirah*:

> As três mães são Aleph, Mem e Shin – Ar, Água e Fogo. A Água é silenciosa, o Fogo é sibilante e o Ar derivado do Espírito é como a língua de equilíbrio entre esses opostos que se encontram em equilíbrio, reconciliando e meditando entre ele. (*Sepher Yetzirah* 2.1 [Westcott, 18]).

Ver também cap. 3 de *Sepher Yetzirah*.
8. "As sete letras duplas – Beth, Gimel, Daleth, Kaph, Peh, Resh e Tau – têm, cada uma, dois sons a elas associados. Referem-se a Vida, Paz, Sabedoria, Riqueza, Graça, Fertilidade e Poder. Os dois sons de cada letra são o grave e o suave – aspirado e suavizado. Elas são chamadas de duplas porque cada letra apresenta um contraste ou permutação; ou seja, Vida e Morte; Paz e Guerra;

Sinais astrológicos	Letras hebraicas	Sinais quirománticos	Letras gregas	Letras latinas
♈	ה.		B	B
♉	ז		Γ	C
♊	ח		Δ	D
♋	ט		Z	F
♌	ל		K	G
♍	מ		Λ	L
♎	נ		M	M
♏	ס		N	N
♐	ע		Π	P
♑	צ		P	R
♒	ק		Σ	S
♓	ש		T	T
♄	ב		A	A
♃	ג		E	E
♂	ד		H	I
☉	כ		I	O
♀	פ		O	U
☿	ר		Υ	J consoante
☽	ת		Ω	V consoante
Terra	א		Θ	K
Água	ו		Ξ	Q
Ar			Φ	X
Fogo	'		X	Z
Espírito			Ψ	H

Sabedoria e Estupidez; Riqueza e Pobreza; Graça e Indignação; Fertilidade e Solitude; Poder e Servidão" (*Sepher Yetzirah* 4.1) [Westcott, 22]).
Há muita controvérsia a respeito da correta concordância entre as sete letras duplas e os planetas. Se partirmos do pressuposto de que a ordem dos planetas mencionada no cap. 4, sec. 4 do *Sepher Yetzirah*, é paralela à ordem das letras (do que não temos a menor certeza), temos a seguinte disposição: Beth – Sol; Gimel – Vênus; Daleth – Mercúrio; Kaph – Lua; Peh – Saturno; Resh – Júpiter; Tau – Marte. Essa deve ter sido a linha de raciocínio de Kircher, que usou essa atribuição (ver nota 40 cap. 4, *Sepher Yetzirah* [Westcott, 46]). Deve-se observar que os planetas são apresentados no *Sepher Yetzirah* em sua ordem antiga, de acordo com a velocidade aparente de movimento no céu – Saturno, Júpiter, Marte, Sol, Vênus, Mercúrio, Lua –, mas essa lista é dividida em duas partes para que o Sol fique por cima. Se a ordem original dos planetas fosse restaurada, é possível que surgisse uma atribuição oculta dos planetas às sete letras duplas: Beth – Lua; Gimel – Mercúrio; Daleth – Vênus; Kaph – Sol; Peh – Marte; Resh – Júpiter; Tau – Saturno.

9. As 12 letras simples, ou únicas, de Agrippa não batem com as do *Sepher Yetzirah*:

> As 12 letras simples são Heh, Vau, Zain, Cheth, Teth, Yod, Lamed, Nun, Samech, Oin [Ayin], Tzaddi e Qoph; elas são as fundações destas 12 propriedades: Visão, Audição, Olfato, Fala, Paladar, Amor Sexual, Trabalho, Movimento, Raiva, Alegria, Imaginação e Sono. Essas 12 também são atribuídas às direções no espaço: nordeste, sudeste, leste para cima; leste para baixo, norte para cima, norte para baixo, sudoeste, noroeste, oeste para cima, oeste para baixo, sul para cima e sul para baixo; elas divergem ao infinito e são os braços do Universo. (*Sepher Yetzirah* 5.1 [Westcott, 25])

A atribuição das 12 letras simples aos signos do zodíaco não aparece explicitamente no *Sepher Yetzirah*, mas a maioria das fontes usa as letras na ordem natural, começando com Heh para Áries, Vau para Touro, e assim por diante. Essa é a prática moderna.

10. A letra Y não está incluída na lista das letras latinas.

11. Eu corrigi os erros na tabela, e para evitar confusão tomei a liberdade de apresentar a última vogal latina, citada por Agrippa como V, na forma moderna de U; e também mudei a primeira consoante I para J.

12. O número estendido parece ser a posição da letra no alfabeto – por exemplo, Daleth teria o número estendido 4; o número coletado parece ser a soma do número estendido daquela letra e das letras precedentes – por exemplo, Daleth teria o número coletado $1 + 2 + 3 + 4 = 10$.

13. Qualquer letra hebraica pode ser escrita por extenso. Yod, que tem um valor de 10, pode ser escrita Yod-Vau-Daleth para um valor numérico de $10 + 6 + 4 = 20$.

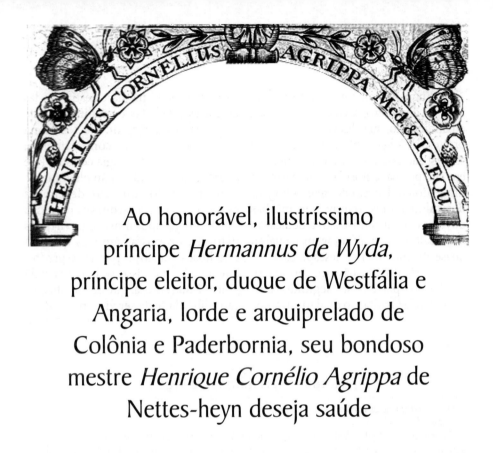

Ao honorável, ilustríssimo príncipe *Hermannus de Wyda*, príncipe eleitor, duque de Westfália e Angaria, lorde e arquiprelado de Colônia e Paderbornia, seu bondoso mestre *Henrique Cornélio Agrippa* de Nettes-heyn deseja saúde

is então (ilustríssimo príncipe e honorável prelado!) o restante dos livros de Filosofia, ou Magia Oculta, que prometi à sua dignidade quando publiquei o primeiro deles: mas a súbita e quase inesperada morte da santa *Margaret da Áustria*, minha princesa, impedira-me de apresentá-lo.

E a perversidade de alguns sicofantas do púlpito e de alguns sofistas de escola, vociferando contra mim por uma declamação que fiz a respeito da Futilidade das Coisas[1] e da Excelência da Palavra de Deus e difamando continuamente com ódio, inveja, maldade e toda sorte de calúnia, impediram-me de lançar a obra; com orgulho e a boca cheia, em alto e bom som, aspergiram-me com impiedade no tempo entre pessoas promíscuas. Outros, sussurrando, matreiros, de casa em casa, rua a rua, enchiam os ouvidos dos ignorantes com infâmia contra mim: outros em assembleias públicas ou privadas instigavam prelados, príncipes e o próprio César[2] contra mim.

Comecei a me perguntar se deveria apresentar o restante do livro ou não. Embora duvidasse de que isso me exporia a maiores calúnias, como se pulasse da fumaça para o fogo, um certo medo se apoderou de mim de que, se eu publicasse os livros, minha pessoa pareceria mais ofensiva que oficiosa à Sua Alteza, expondo-o à inveja dos piadistas maldosos e às línguas dos detratores.

Enquanto tais coisas me perturbavam ao desespero, a vivacidade de seu entendimento, sua discrição exata, sua presteza de julgamento, sua religião sem superstição e outras virtudes, conhecidas em sua pessoa, autoridade, integridade inquestionável, capaz de calar as línguas dos caluniadores, removeram minhas dúvidas e me incentivaram à dedicação ao trabalho com mais coragem, o qual eu quase abandonara por desespero.

Portanto (ilustríssimo príncipe), receba boa parte deste segundo livro de Filosofia Oculta, no qual mostramos os mistérios da magia celestial, todas as coisas reveladas e manifestas, que a experiente Antiguidade relaciona e que me vieram ao conhecimento; que os segredos da magia celestial (até agora negligenciada e não plenamente apreciada pelos homens de épocas posteriores) possam com sua proteção estar comigo, após mostrar as virtudes naturais, propostas àqueles que são estudiosos e curiosos por tais segredos: que aquele que disso se beneficiar dê graças à Sua Alteza, que deu a esta edição a liberdade de ser vista por todos.[3]

ATÉ A PRÓXIMA

Notas – Hermannus de Wyda

1. De *incertitudine et vanitate scientiarum*.
2. Imperador Carlos V.
3. Hermannus de Wyda rebelara-se contra a autoridade da Igreja e era um reformista protestante, o patrono ideal para defender Agrippa em nome da liberdade de pensamento e protegê-lo da ira do clero conservador. Ver sua nota biográfica.

O Segundo Livro de Filosofia Oculta ou de Magia

Escrito por
Henrique Cornélio Agrippa

Livro II

Índice

Capítulo I
Da necessidade de aprendizado matemático e das muitas obras maravilhosas que são feitas apenas pela arte matemática..............................348

Capítulo II
Dos números, de seu poder e de sua virtude..353

Capítulo III
As grandes virtudes que os números têm, tanto em coisas naturais quanto sobrenaturais...355

Capítulo IV
Da unidade e sua escala...357

Capítulo V
Do número 2 e sua escala..361

Capítulo VI
Do número 3 e sua escala..366

Capítulo VII
Do número 4 e sua escala..372

Capítulo VIII
Do número 5 e sua escala..380

Capítulo IX
Do número 6 e sua escala..383

Capítulo X
Do número 7 e sua escala..386

Capítulo XI
Do número 8 e sua escala..401

Capítulo XII
Do número 9 e sua escala..404

Capítulo XIII
Do número 10 e sua escala..407

Capítulo XIV
Do número 11 e número 12; com uma escala dupla do número 12 cabalística e órfica..413

Capítulo XV
Dos números acima de 12, de seus poderes e de suas virtudes 420
Capítulo XVI
Das notas dos números colocadas em certos gestos 425
Capítulo XVII
Das várias notas de números observadas entre os romanos 428
Capítulo XVIII
Das notas e figuras dos gregos 430
Capítulo XIX
Das notas dos hebreus e caldeus, e algumas outras
notas dos magos 432
Capítulo XX
Quais números são atribuídos às letras; e da adivinhação
por meio destes 434
Capítulo XXI
Quais números são consagrados aos deuses,
a quais são atribuídos e a quais elementos 437
Capítulo XXII
Das tabelas dos planetas, suas virtudes e suas formas, e quais nomes
divinos, inteligências e espíritos são a eles associados 440
Capítulo XXIII
Das figuras e corpos geométricos, por qual virtude eles são poderosos
na magia e quais combinam com cada elemento e o céu 453
Capítulo XXIV
De sua harmonia musical, força e poder 457
Capítulo XXV
De som e harmonia, e sua magnificência em operação 461
Capítulo XXVI
A respeito da concordância entre eles com os corpos celestes, e qual a
harmonia e som correspondentes a cada estrela 465
Capítulo XXVII
Da proporção, medida e harmonia do corpo do homem 472
Capítulo XXVIII
Da composição e harmonia da alma humana 483
Capítulo XXIX
Da observação dos celestiais, necessária em todo trabalho de magia 485
Capítulo XXX
Quando os planetas têm sua influência mais poderosa 487
Capítulo XXXI
Da observação das estrelas fixas e de sua natureza 491
Capítulo XXXII
Do Sol, da Lua e de suas considerações mágicas 495
Capítulo XXXIII
Das vinte e oito mansões da Lua e de suas virtudes 499

Capítulo XXXIV
Do movimento verdadeiro dos corpos celestes a ser observado na oitava
esfera e da base das horas planetárias 503
Capítulo XXXV
Como algumas coisas artificiais, como imagens, selos e outras, podem
obter alguma virtude dos corpos celestes 506
Capítulo XXXVI
Das imagens do zodíaco, e quais virtudes, uma vez gravadas,
recebem das estrelas 509
Capítulo XXXVII
Das imagens das faces e daquelas imagens
que estão fora do zodíaco 511
Capítulo XXXVIII
Das imagens de Saturno 517
Capítulo XXXIX
Das imagens de Júpiter 519
Capítulo XL
Das imagens de Marte 521
Capítulo XLI
Das imagens do Sol 522
Capítulo XLII
Das imagens de Vênus 523
Capítulo XLIII
Das imagens de Mercúrio 525
Capítulo XLIV
Das imagens da Lua 526
Capítulo XLV
Das imagens da cabeça e do rabo do Dragão da Lua 527
Capítulo XLVI
Das imagens das mansões da Lua 529
Capítulo XLVII
Das imagens das estrelas fixas de Behenia 532
Capítulo XLVIII
De figuras geomânticas intermediárias entre imagens
e caracteres 534
Capítulo XLIX
De imagens cuja figura não se parece com nenhuma figura celestial,
mas antes com aquela que a mente do trabalhador deseja 537
Capítulo L
De certas observações celestiais e da prática de algumas imagens 540
Capítulo LI
De caracteres feitos segundo a regra e a imitação de celestiais e como,
com sua tabela, eles são deduzidos a partir de figuras geométricas 545
Capítulo LII
De caracteres desenhados das próprias coisas por meio de certa
semelhança 550

Capítulo LIII
Nenhuma adivinhação é perfeita sem a Astrologia 555
Capítulo LIV
De loterias, quando e de onde a virtude da adivinhação é a
elas incidente...558
Capítulo LV
Da alma do mundo, dos celestiais, de acordo com as tradições dos
poetas e dos filósofos...561
Capítulo LVI
O mesmo se confirma pela razão 563
Capítulo LVII
A Alma do Mundo e as almas celestiais são racionais e partilham da
compreensão divina 565
Capítulo LVIII
Dos nomes dos celestiais e de sua regência sobre este mundo
inferior – o homem..567
Capítulo LIX
Dos sete regentes do mundo, dos planetas e de seus vários nomes
servindo a recitações mágicas..570
Capítulo LX
As imprecações humanas naturalmente imprimem seus poderes nas
coisas externas; e a mente do homem, por meio de cada grau de
dependência, ascende ao mundo inteligível e se torna semelhante aos
mais sublimes espíritos e inteligências 575

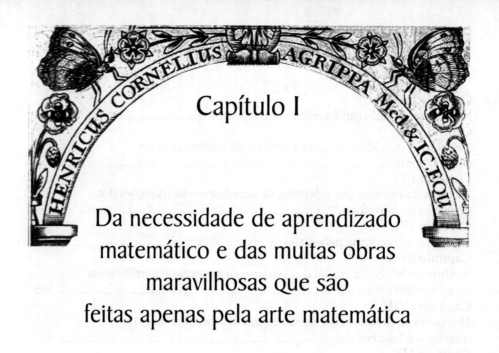

Capítulo I

Da necessidade de aprendizado matemático e das muitas obras maravilhosas que são feitas apenas pela arte matemática

As doutrinas da matemática são tão necessárias para a magia, e têm com ela afinidade, que aqueles que a praticam sem elas se perdem no caminho e labutam em vão, jamais obtendo o efeito desejado. Pois todas as coisas existentes e feitas nessas virtudes naturais inferiores são feitas e governadas por número, peso, medida, harmonia, moção e luz. E todas as coisas que vemos no inferior se fundamentam nessas doutrinas.

Entretanto, sem as virtudes genuínas das doutrinas matemáticas, apenas obras como as naturais podem ser produzidas, como dizia *Platão*,[1] algo que não partilha de verdade ou divindade, mas sim de certas imagens próximas a elas, como corpos em movimento ou falando que, no entanto, são desprovidos da faculdade animal, como aqueles que os antigos chamavam de imagens de *Dédalo*,[2] e αυτοματα,[3] o qual *Aristóteles* menciona, ou seja, imagens de três pés[4] de *Vulcano*[5] e *Dédalo* movendo-se, as quais *Homero* dizia[6] terem sido criadas por si mesmas e que, pelo que lemos, se moveram no banquete de *Hiarba*, o exercitador filosófico: assim como aquelas estátuas de ouro, que exerceram o ofício de portadores de taça e cortadores de carne para os convidados. Lemos também a respeito das estátuas de *Mercúrio*,[7] que falavam; da andorinha de madeira de *Arthita*, que voava de verdade; e dos milagres de *Boécio*, que *Cassiodoro* menciona, ou seja, *Diomedes* em bronze tocando uma trombeta e uma cobra de bronze que sibilava, e imagens de pássaros que cantavam melodiosamente.

São desse tipo aqueles milagres de imagens que procedem da geometria e da ótica, que o primeiro menciona na parte em que falamos do elemento Ar.[8] Objetos de vidro, alguns côncavos, outros no formato de colunas, representando as coisas no ar, e que parecem sombras, a distância: do tipo que *Apolônio* e *Vitélio*, em seus livros

348

De Perspectiva e *Speculis*, ensinam a fazer e usar.[9]

E lemos também que *Magno Pompeu* trouxe um certo vidro,[10] entre os espólios do Oriente, a Roma, no qual eram vistos exércitos de homens armados. E existem certos vidros transparentes que, embebidos no suco de certas ervas e irradiados com uma luz artificial, enchem o ar ao redor de visões.[11] E eu sei como fazer vidros recíprocos, nos quais ao incidir o brilho do Sol todas as coisas iluminadas por seus raios parecem estar a muitas milhas de distância.

Assim, um mago especializado em Filosofia natural matemática, conhecedor das ciências que consistem em ambas, como Aritmética, Música, Geometria, Óptica, Astronomia e as ciências de pesos, medidas, proporções, artigos e juntas, e que também conheça as artes mecânicas delas resultantes, pode sem dificuldade, se superar outros homens em arte e inteligência, fazer muitas coisas extraordinárias, as quais são admiradas pelos homens mais prudentes e sábios.

Não existem, por acaso, algumas relíquias remanescentes das obras dos antigos, isto é, os pilares de *Hércules*[12] e de *Alexandre*, o Portão de Cáspia, feito de bronze e adornado com barras de ferro, os quais não podem ser quebrados por nenhuma arte ou invenção? E a pirâmide[13] de *Júlio César,* erguida em Roma perto da colina do Vaticano, as montanhas construídas pela arte[14] no meio do mar e as torres e pilhas de pedras,[15] como as que vi na Inglaterra, colocadas juntas por uma incrível arte.

E lemos de historiadores fidedignos que, em tempos remotos, se cortavam rochas e se convertiam vales e montanhas em planícies, também se escavava através das rochas, promontórios eram abertos no mar, as entranhas da Terra eram escavadas, rios eram divididos,[16] mares se juntavam a mares,[17] ou eram refreados, seu fundo vasculhado, lagoas drenadas, charcos secos, novas ilhas criadas[18] e depois devolvidas ao continente,[19] tudo aparentemente contrário à natureza; e, no entanto, lemos que tais coisas eram feitas, e vemos algumas relíquias delas ainda existentes, que as pessoas vulgares atribuem às obras do Diabo, uma vez que a lembrança delas já não existe, e tampouco há quem se digne a estudá-las ou compreendê-las.

É por isso que, diante de alguma visão extraordinária, eles a atribuem ao Diabo e à sua obra, ou a consideram um milagre, quando na verdade é uma obra da filosofia natural ou matemática. Como alguém ignorante da virtude da magnetita, vendo ferro pesado atraído para cima, ou suspenso no ar (como lemos acerca da imagem de Mercúrio em Treveris, suspensa no meio do templo por magnetitas,[20] fato atestado neste verso: O porta-varas branco de ferro voa no ar. E efeito semelhante lemos a respeito da imagem do Sol em Roma, no tempo de *Serapis*),[21] não pensaria, por acaso, se fosse ignorante, que tal obra é do Diabo? Mas aquele que conhece a virtude da magnetita em relação ao ferro e a experimenta, não mais se surpreenderá, percebendo ser obra da natureza.

No entanto, cabe aqui ressaltar que, assim como pelas virtudes naturais nós adquirimos virtudes naturais, também pelas virtudes abstratas, matemáticas e celestiais recebemos virtudes celestiais, tais como movimento, vida, sentido, fala, clarividência e adivinhação, mesmo em matéria menos propensa, como aquela que não é produzida pela natureza, mas apenas pela arte. Por isso, diz-se que as imagens que falam e preveem eventos futuros – como relata Guilherme de Paris acerca de uma cabeça de bronze[22] feita sob a ascendência de Saturno –[23] falavam com voz humana.

Mas aquele que escolher uma matéria propensa e apropriada para receber, como poderoso agente, sem dúvida produzirá efeitos mais poderosos. Pois os pitagóricos são da opinião de que, assim como as coisas matemáticas são mais formais que naturais, também são mais eficazes: tendo menos dependência em seu ser, o mesmo acontece em sua forma de operar. Mas, entre todas as coisas matemáticas, os números, tendo em si mais forma, são também mais eficazes, e a eles não só os filósofos pagãos, mas também os videntes hebreus e cristãos atribuem virtude e eficácia, além do dom de efetuar o bem ou o mal.

Notas – Capítulo I

1. Ver nota 8, cap. LXIII, l. III.
2. Das estátuas de madeira espalhadas por toda a Grécia antiga, chamadas *daidala*, Platão dizia o seguinte: "Suas afirmações, Eutifro, parecem obra de Dédalo, fundador de minha linhagem. Se eu as tivesse feito, se fossem minhas as declarações, sem dúvida você caçoaria de mim e diria que as figuras que construo em palavras fogem correndo, como faziam as estátuas, e nunca ficam onde são colocadas" (*Eutifro* 11c [Hamilton and Cairns, 180]). E, em outro lugar, ele faz uma referência semelhante:

Sócrates: Isso é porque você não observou as estátuas de Dédalo. Talvez elas não existem em sua terra. Menon: Por que diz isso? Sócrates: Elas também, se não forem bem amarradas, correm e fogem. Se amarradas, porém, permanecem onde são colocadas (*Menon* 97d [Hamilton and Cairn, 381]). Quanto à *daidal*, ver nota biográfica de Dédalo.
3. αυτοματα - Autômatos: invenções que se movem sozinhas.
4. Tripés, receptáculos ornamentais geralmente oferecidos como prêmios ou oferendas votivas. Eram pilhados em guerra e serviam quase como unidades monetárias.
5. Deus romano do fogo e artífice que é associado e confundido com o deus grego Hefaesto. Nos tempos clássicos, os dois eram tratados como se fossem a mesma divindade. Ele era o filho de Zeus e Hera, ou só de Hera, manco de um pé, mas forte e robusto, com um belo rosto barbado e braços poderosos. As moradas dos deuses e todas as suas posses mágicas e belas joias eram feitas por Hefaesto, que, apesar de seu talento, era constantemente caçoado por seu defeito físico: "Mas, entre os abençoados imortais, um riso incontrolável eclodia quando viam Hephaistos mancando pelo palácio" (Homero, *Ilíada* 1, linhas 599-600 [Lattimore, 75]). Homero caracteriza o deus ao mesmo tempo como um excelente artesão (*Odisseia* 8, linhas 272-81 [Lattimore, 128]) e o senhor do calor e das chamas (*Ilíada* 21, linhas 342-76 [Lattimore, 427-8]).
6. Dos 20 tripés, confeccionados pelo ferreiro dos deuses Hefaesto, Homero escreve o seguinte: "E ele tinha colocado rodas de ouro sob a base de cada um, de modo que, com seu movimento, elas podiam conduzi-lo aos recintos dos imortais e levá-lo de volta à sua casa: um verdadeiro deleite para os olhos" (*Ilíada* 8, linhas 375-8 [Lattimore, 385]). Homero também escreve a respeito dos auxiliares mecânicos que ajudavam o deus manco a andar: "São dourados e se parecem com jovens mulheres. Seus corações possuem inteligência, e eles falam e têm força, e com os deuses imortais aprenderam a fazer coisas" (*Ibid.*, linhas 418-20 [Lattimore, 386]).
7. Ver nota 11, cap. LII, l. III.
8. Ver cap. VI., l. I.

9. Um método de projetar imagens com espelhos côncavos e planos era conhecido desde tempos remotos, sendo descrito por Roger Bacon em sua obra *De speculis*.
10. Pompeu deve ter obtido esse espelho enquanto perseguia o exército em fuga de Mitradates, em 65 a.C., ou durante a subsequente campanha oriental, em dois anos de guerra, na Síria e na Palestina. Ou seria um telescópio rudimentar?
11. Parece a descrição de um projetor de *slides* que devia projetar na parede as sombras das substâncias aderentes ao vidro.
12. Os pilares de Hércules são as duas grandes rochas que se erguem em lados opostos da entrada para o Mar Mediterrâneo. De acordo com o mito, elas antes estavam juntas, mas Hércules as separou para entrar em Cádiz.
13. Nesse caso, um obelisco, um único grande bloco de pedra esculpido na forma de um pilar de quatro faces, com um topo piramidal revestido de metal refletor. Os imperadores romanos admiravam esses obeliscos no Egito e roubaram muitos deles para instalar em Roma.
14. Talvez essas lendas tenham se originado por causa dos atóis de corais, que às vezes são muito simétricos, ou de elevações vulcânicas e que aparecem de forma súbita.
15. Stonehenge ou algum sítio arqueológico semelhante.
16. Os prodígios na lista precedente parecem derivar da descrição de Platão das grandes obras de construção de Atlântida, em *Crítias*.
17. Os egípcios construíram um canal entre o Mediterrâneo e o Mar Vermelho:

> Pasammethicus teve um filho chamado Necos, que o sucedeu no trono. Esse príncipe foi o primeiro a tentar construir o canal para o Mar Vermelho – uma obra que foi completada mais tarde, por Dario, o Persa –, cuja extensão leva quatro dias para ser percorrida, e cuja largura acomoda dois trirremes, sendo remados lado a lado (Heródoto, *História* 2 [Rawlinson, 137]).

18. Talvez seja uma referência ao lago artificial de Moeris: "É sem dúvida uma escavação artificial, pois quase no centro se erguem duas pirâmides, elevando-se à altura de 50 braças acima da superfície do mar e se estendendo a igual distância para baixo, sendo cada uma coroada com uma estátua colossal sentada em um trono" (*Ibid.*, 134).
19. A Ilha de Pharos se ligava à cidade egípcia de Alexandria por meio de um dique artificial chamado de Heptastadium.
20. E, assim, se a arte humana pode chegar a tais conclusões, que aqueles que não as conhecem as julgariam como efeitos divinos – como no caso de uma imagem de ferro suspensa em um certo templo pareceu tão estranha que os ignorantes acreditaram mesmo ter visto a obra do poder imediato de Deus; o efeito, porém, produziu-se, porque a imagem se encontrava entre duas magnetitas, sendo uma colocada no telhado do templo e outra, no piso, sem nada tocar..." (Agostinho, *Cidade de Deus* 21.6 [Healey, 2:326]).

> O arquiteto Timochares começou a construir um telhado abobadado de magnetita no Templo de Arisnöe [esposa e irmã do rei Ptolomeu II do Egito], em Alexandria, para que a estátua de ferro dessa princesa causasse a impressão de estar suspensa no ar: a morte do arquiteto, porém, e a do próprio rei Ptolomeu, que encomendara a construção desse monumento em homenagem à sua irmã, impediram a realização do projeto (Plínio 34.42 [Bostock e Riley, 6:209]).

É muito provável que a obra tenha sido interrompida quando Timochares começou a perceber a enormidade das dificuldades técnicas envolvidas em tal feito de engenharia, e que a escala por ele planejada era, na verdade, impossível. O poeta latino Claudius Claudianus, que viveu no início do século IV, menciona um templo que tinha a estátua de Vênus, feita de magnetita, e outra de Marte, feita de ferro. Nas cerimônias de casamento, deixavam as duas se aproximar. Se as duas estátuas fossem suspensas em fios e delicadamente baixadas até se juntarem, isso é plausível.
21. A forma ptolemaica de Osíris, uma possível combinação dos nomes Ápis e Osíris: "Mas a maioria dos sacerdotes diz que Osíris e Ápis são um único ser complexo, enquanto nos dizem em seus comentários sagrados e sermões que devemos ver em Ápis a bela imagem da alma de Osíris"(Plutarco, *Ísis e Osíris* 29 [Goodwin, 4:90]). Serapis era associado ao Sol, assim como Ísis à Lua, e considerado o "companheiro masculino de Ísis" (Budge 1904, 2:20:349). Seu culto foi

introduzido em Roma na época de Sula (81-79 a.C.) e, apesar da resistência tanto do senado quanto do futuro imperador Augusto, logo se firmou.
22. Contos de cabeças oraculares feitas de bronze eram bem populares. Brewer (1870) cita cinco, sendo a mais notável a de Alberto Magno, que levou 30 anos para ser feita e foi destruída por seu discípulo, Tomás de Aquino, que também teria esmagado o porteiro automático de seu mestre. Também é famosa a história de Roger Bacon:

> Sete anos lançando feitiços nigrománticos,
> Perscrutando os obscuros princípios de Hécate,
> Eu confeccionei uma monstruosa cabeça de bronze,
> A qual, pelas forças encantadoras do Diabo,
> É capaz de narrar estranhos e misteriosos aforismos,
> E cingir a bela Inglaterra com uma muralha de bronze.

(Robert Green, "Friar Bacon and Friar Bungay", sc. 11, linhas 17-22. In *Elizabethan Plays*, ed. Arthur H. Nethercot, Charles R. Baskervill e Virgil B. Heitzel [Nova York: Holt, Rinehart and Winston, 1971]).

Segundo Lewis Spence, foi revelado em 1818 que, no Museu Imperial de Viena havia sido descobertas várias cabeças de Baphomet, o deus dos cavaleiros templários: "Essas cabeças representam a divindade dos gnósticos, chamada *Mêté*, ou Sabedoria. Por muito tempo foi preservada em Marselha uma dessas cabeças douradas, apanhadas em um recanto dos templários, quando estes estavam sendo perseguidos pela lei" (Spence 1920, 203).

23. Acreditava-se que a cabeça de Baphomet possuía uma barba e chifres de bode ou, por algum outro motivo, era uma cabeça de bode (*Ibid.*, 63-4). Saturno, retratado como um antigo homem barbado, rege o signo zodiacal de Capricórnio, o Bode.

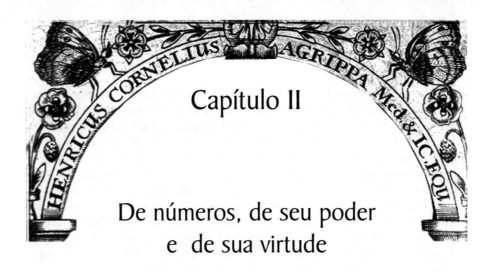

Capítulo II

De números, de seu poder e de sua virtude

everino Boécio dizia[1] que todas as coisas feitas pela natureza das coisas em sua primeira Era parecem ser formadas pela proporção dos números, pois esse foi o principal padrão na mente do Criador. Portanto, tomou-se emprestado o número dos elementos, e daí o decorrer dos tempos, o movimento dos astros, a revolução do firmamento, e o estado de todas as coisas subsistirem graças à união dos números. Os números, por conseguinte, são dotados de grandes e sublimes virtudes.

E não nos deve surpreender, diante da existência de tantas e tão grandiosas virtudes ocultas nas coisas naturais, ainda que de operações manifestas, que haja nos números virtudes ainda muito maiores e mais ocultas, mais maravilhosas e eficazes, pois são mais formais, mais perfeitas e ocorrem naturalmente nos celestiais, não se misturando com substâncias separadas; e tendo por fim a maior e mais simples mistura com as ideias na mente de Deus, das quais recebem suas virtudes apropriadas e mais eficazes: são também de mais força e conduzem melhor à obtenção dos dons espirituais e divinos, assim como nas coisas naturais, as qualidades naturais são poderosas para transmutar qualquer coisa elementar.

Novamente, todas as coisas existentes e também feitas subsistem e recebem sua virtude dos números. Pois o tempo é constituído de números, bem como todo movimento, toda ação e todas as coisas sujeitas ao tempo e ao movimento.[2] Também a harmonia e as vozes recebem seu poder e são constituídas de números, e suas proporções são oriundas de números por linhas e pontos que compõem caracteres e figuras: e estes são apropriados para as operações mágicas, sendo o meio entre os dois obtido pelo declínio até os extremos, como no uso de letras.[3]

E, por fim, todas as espécies de coisas naturais e daquelas coisas que estão acima da natureza são unidas por certos números. Nesse sentido, dizia *Pitágoras*[4] que o número é aquilo de que todas as coisas são constituídas, e a cada número ele atribui uma virtude. E *Proclo* dizia que o número sempre tem em si um ser: mas há um na voz, outro na proporção, outro na alma e na razão, e outro nas coisas divinas. *Themistius, Boécio* e *Averrois,* o Babilônio, por sua vez, junto com *Platão,* exaltam os números, chegando a afirmar que nenhum homem pode ser um verdadeiro filósofo sem eles.

Ora, eles falam de um número racional e formal, não de um número material, sensível ou vocal, do número em compra e venda dos mercadores,[5] do qual os pitagóricos, os platônicos e nosso *Agostinho* não fazem a menor menção, mas o qual aplicam a uma proporção dele resultante, número que chamam de natural, racional e formal, de onde fluem muitos mistérios, assim como em coisas naturais, divinas e celestes. Por meio do número, traça-se um caminho para encontrar e compreender todas as coisas cognoscíveis. Por meio dele, tem-se acesso à profecia natural: e o abade *Joaquim* não profetizava de nenhum outro modo, senão pelos números.

Notas – Capítulo II

1. Ver Boécio, *A Consoloção da Filosofia* 3.9, cuja substância vem de *Timaeus,* de Platão 29-42.
2. "O tempo é o número do movimento dos corpos celestes"(Proclo, *On Motion* 2. Em Taylor [1831] 1976, 86).
3. Agrippa parece estar dizendo que a eficácia das letras deriva da harmonia numérica da voz e da geometria numérica de seus símbolos escritos.
4. Mas os pitagóricos diziam, nesse sentido, que existem dois princípios, os quais acrescentavam o pensamento que lhe é peculiar, de que a finitude e o infinito não eram atributos de certas coisas, como do fogo ou da terra, ou qualquer outra dessa espécie, mas que o infinito em si e a unidade em si eram a substância das coisas predicadas. Por isso, o número seria a substância das coisas (Aristóteles, *A Metafísica.* 1.5.987a [McKeon, 700]).
E Aristóteles ainda diz:

> ...e como, então, todas as outras coisas parecem, em sua total natureza, ser moldadas sobre números, e os números parecem ser as primeiras coisas em toda a natureza, supõe-se que os elementos dos números são os elementos de todas as coisas, e que todo o céu seja uma escala e um número (*Ibid.,* 985b [McKeon, 698]).

Os dois princípios dos pitagóricos eram o limite e o ilimitado, os quais eles identificavam, respectivamente, com os números ímpares e pares.
5. Seria, portanto, conveniente, caro Glauco, que se determinasse por lei esse aprendizado e que se convencessem os cidadãos, que hão de participar dos postos governativos, a dedicarem-se ao cálculo e a aplicarem-se a ele, não superficialmente, mas até chegarem à contemplação da natureza dos números unicamente pelo pensamento, não cuidando deles por amor à compra e venda, como os comerciantes ou mercadores, mas por causa da guerra e para facilitar a passagem da própria alma da mutabilidade à verdade e à essência (Platão, *A República,* 7.525c).

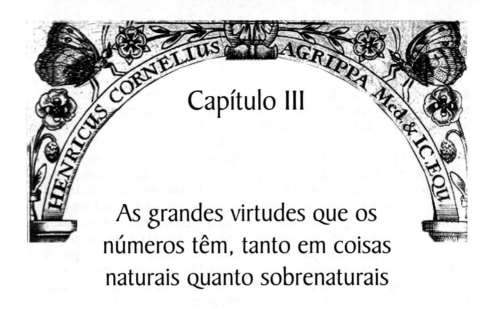

Capítulo III

As grandes virtudes que os números têm, tanto em coisas naturais quanto sobrenaturais

ue existe grande eficácia e virtude nos números, tanto para o bem quanto para o mal, ensinam não só os mais eminentes filósofos, em unanimidade, mas também os doutores católicos, particularmente *Hierom, Agostinho, Orígenes, Ambrósio, Gregório de Naziazen, Atanásio, Basílio, Hilário, Rabanus, Bede* e muitos outros que assim confirmam. Assim, *Hilário*, em seus Comentários a respeito dos Salmos, atesta que os anciões,[1] de acordo com a eficácia de seus números, puseram os Salmos em ordem. Também *Rabanus*, famoso doutor, compôs um livro excelente das virtudes dos números.

Mas as grandiosas virtudes que os números têm se manifestam na erva chamada cinco-folhas, ou seja, uma gramínea de cinco folhas; pois ela resiste a venenos pela virtude do número cinco; também afasta demônios, conduz à expiação;[2] e uma folha dela tomada duas vezes por dia em vinho cura a febre de um dia; três vezes, a febre terçã; quatro, a quartã.[3] De modo semelhante, quatro grãos da semente de girassol,[4] bebidos, curam a quartã, mas três grãos curam a terçã. Do mesmo modo, dizem que a verbena[5] cura febres se for bebida em vinho, desde que para a febre terçã ela seja cortada a partir da terceira junta, e para a quartã, a partir da quarta. Dizem ainda que, se uma serpente for golpeada uma vez com uma lança, morre; duas vezes, ganha força. Esses e muitos outros casos são lidos e testificados em diversos autores.

Precisamos saber de onde eles vêm, causa que certamente existe e que é uma proporção variada de diversos números entre si. Há também um extraordinário experimento do número sete, pois todo sétimo macho,[6] nascido sem uma fêmea antes, tem poder de curar o mal do rei só pelo toque ou com a palavra. Também se acredita que toda sétima filha nascida ajuda maravilhosamente em partos: aqui não se considera o número natural, mas a consideração formal que existe no número.

E que aquilo que mencionamos antes seja sempre lembrado:

esses poderes não se encontram nos números vocais ou em números de mercadores, comprando e vendendo, mas nos racionais, formais e naturais; esses são os mistérios distintos de Deus e da natureza. Mas aquele que sabe juntar os números vocais e os naturais com os divinos, e ordená-los na mesma harmonia, será capaz de trabalhar e conhecer as coisas pelos números; os pitagóricos professam que podem diagnosticar muitas coisas pelos números dos nomes,[7] o que com certeza – a menos que aí se esconda um grande mistério – nos remonta ao Apocalipse[8] de *João*, dizendo que aquele que tem entendimento que calcule o número do nome da besta, que é o número de um homem, e essa é a forma de cálculo mais famosa entre os hebreus e cabalistas, como mostraremos mais adiante.

Mas saiba que números simples significam coisas-divinas: números de 10; celestiais: de 100; terrestres: números de 1.000; aquelas coisas que se darão em uma época futura. Além disso, as partes da mente correspondem a uma mediocridade aritmética, por razão da identidade ou de igualdade de excesso unidas; mas o corpo, cujas partes diferem em grandeza, é composto de acordo com uma mediocridade geométrica; mas um animal se constitui de ambos, alma e corpo, de acordo com essa mediocridade, que é apropriada para a harmonia: por isso, os números atuam muito sobre a alma, as figuras, sobre o corpo, e a harmonia, sobre todo o animal.

Notas – Capítulo III

1. Números 11:16.
2. Evitar o mal.
3. Relata-se que quatro ramos [da cinco-folhas] curam a febre quartã, três, a febre terçã, e um ramo, a febre cotidiana: além de outras coisas vãs e frívolas, e muitas que são encontradas não só em *Dioscorides*, mas também em outros autores, os quais nós apoiamos (Gerard 1633, 2:382-H:992).
4. Espécie de girassol (*Crozophora tinctoria*) pequena, ou fêmea. Também chamada de *heliotrophium minus,* segundo Gerard, não porque ela se vira para o Sol, mas porque floresce no solstício de verão. É uma pequena planta rasteira, amarela, com pequenas flores cinzas e amarelas, dispostas de modo irregular. Não confundir com o girassol grande, da espécie *Heliotrophius europaeum*).
5. Ela [a verbena] é conhecida por ter uma singular força contra as febres terçãs e quartãs: mas você deve observar as regras de mamãe *Bombies* e usar o número exato de nós, ou ramos, e não mais; do contrário, pode lhe fazer mal. Muitas fábulas populares foram escritas acerca da Verbena e sua propensão para a feitiçaria e bruxaria, que podem ser lidas em vários lugares, pois não desejo perturbar o leitor com essas banalidades, que ouvidos honestos não gostam de ouvir (Gerard 1633, 2:246-C:718-9).
Mamãe Bombie é uma espécie de figura lendária, como uma rainha das bruxas. Parece que Gerard tinha um pouco de medo do tema da magia.
6. O poder de cura também residia no sétimo filho de um sétimo filho.
7. ... das descobertas feitas por Pitágoras, uma das mais exatas é o fato de que, no nome dado aos bebês, um número ímpar de vogais é portentoso de manqueira, perda de visão ou acidentes semelhantes no lado direito [macho] do corpo e um número par de vogais das mesmas enfermidades no lado esquerdo [feminino]" (Plínio 28.6 [Bostock e Riley 5:287-8]).
8. Apocalipse 13:18.

Capítulo IV

Da unidade e sua escala

rataremos agora, de modo particular, dos números em si e, como o número nada mais é que uma repetição de unidade, consideremos primeiro a unidade em si. Pois a unidade simplesmente permeia todo número e é a medida comum, a fonte e o modelo original de todos os números; contém todos os números nele unidos integralmente; é o princípio de toda multidão, sempre a mesma, imutável; portanto, também sendo multiplicada por si mesma; produz nada além de si mesma; é indivisível, destituída de todas as partes; mas, embora pareça sempre dividida, não é cortada, mas na verdade multiplicada em unidades; no entanto, nenhuma dessas unidades é maior ou menor que a unidade como um todo, pois uma parte é menos que um todo; não é, portanto, multiplicada em partes, mas em si mesma.[1]

É por isso que alguns a chamam de concórdia, alguns de piedade e outros de amizade, pois é tão coesa que não pode ser cortada em partes. Mas *Martianus*, de acordo com a opinião de *Aristóteles*, dizia que era chamada de *Cupido*,[2] porque sempre fica só e para sempre se lamentará, e além de si mesma nada tem; mas, sendo desprovida de todo orgulho, ou par, dirige seu próprio calor para si mesma.

Ela é, portanto, o começo e o fim de todas as coisas; ela em si não possui começou nem fim. Nada existe antes do um, e nem depois; e além dele nada existe, e todas as coisas existentes desejam essa unidade, porque todas as coisas dela procedem, e, como todas as coisas podem ser a mesma, é necessário que da primeira coisa façam parte; e como as coisas vieram de uma e se tornaram muitas, também todas as coisas se empenham em retornar àquela primeira de onde vieram. É necessário que retrocedam da multidão de coisas.

Assim nos referimos ao Deus altíssimo que, vendo ser ele um e inumerável, cria, no entanto, coisas inumeráveis a partir de Si mesmo, e em Si mesmo as contém. Existe, portanto, um Deus, um mundo desse um Deus, um Sol desse mundo, também uma fênix no mundo, um rei entre as abelhas,[3] um líder entre os rebanhos de gado, um governante entre os rebanhos de animais, enquanto os grous seguem um,[4] e muitos outros animais prezam a unidade; entre os membros do corpo, há um principal que guia todos os outros, seja ela a cabeça ou (como alguns acreditam) o coração. Há um elemento dominante e que penetra todas as coisas, ou seja, o Fogo.

Há uma coisa[5] criada de Deus, objeto de toda a admiração, na Terra ou no céu; é na verdade animal, vegetal e mineral, encontra-se em todo lugar, é conhecida por poucos, e por ninguém chamada pelo nome adequado, mas coberta de figuras e enigmas, sem a qual nem a Alquimia nem a Magia natural podem alcançar seu fim ou sua perfeição.

De um homem, Adão, todos os homens procedem; dele, todos se tornam mortais; e pelo único *Jesus Cristo* todos são regenerados; e, como disse *Paulo*,[6] há um Senhor, uma fé, um batismo, um Deus, um Pai de todos, um mediador entre Deus e o homem, um Criador altíssimo, que está acima de todos nós, é por todos nós e existe em todos nós. Pois há um só Pai, Deus, de onde todos provêm, e todos estamos nele; nosso Senhor *Jesus Cristo*, que é por todos e por quem nós somos: um Espírito Santo de Deus, quem vem a todos e ao qual todos nós vamos.

A escala de unidade

No mundo exemplar	Yod	Uma essência divina, a fonte de todas as virtudes e poder, cujo nome é expresso com a letra mais simples
No mundo intelectual	A Alma do Mundo	Um intelecto supremo, a primeira criatura, a fonte das vidas
No mundo celestial	O Sol	Um rei de estrelas, a fonte de vidas
No mundo elemental	A Pedra Filosofal	Um sujeito e intrumento de todas as virtudes, naturais e sobrenaturais
No mundo menor	O Coração	Um primeiro viver e último morrer
No mundo infernal	Lúcifer	Um príncipe de rebelião, de anjos e das trevas

Notas – Capítulo IV

1. Qualquer coisa, se dividida, produz várias coisas únicas, cada uma sendo também única. E a unicidade de uma coisa não pode ser maior ou menor que a unicidade de outra coisa.
2. O Eros romano que, segundo Hesíodo, era o terceiro nascido:

> No princípio era o caos, mas logo em seguida veio
> A Terra com seu vasto peito, assegurando a morada
> Para todos os deuses que vivem no nevado Monte Olimpo,
> E o enevoado Tártaro, em um recesso
> Da vasta e ampla terra, e o Amor, mais belo
> De todos os deuses imortais. Ele deixa os homens fracos,
> Fortalece a astuta mente e doma
> O espírito no peito de homens e deuses.

(Hesíodo, *Teogonia* [Wender, 27])

3. Os antigos tinham a noção errônea de que a única abelha gigante em cada colmeia era o rei, quando na verdade é uma fêmea e rainha. Ver a descrição de Virgílio da guerra entre dois "reis" rivais em *Geórgicas* 4, c. linha 67.
4. "De comum acordo, esses pássaros concordam em que momento deverão partir, voam alto para ver longe, escolhem um líder e estabelecem sentinelas na retaguarda, que se substituem em turnos, emitem gritos altos e com sua voz mantêm toda a frota em voo organizado" (Plínio 10.30 [Bostock e Riley, 501]).
5. O misterioso *Azoth* dos filósofos – uma palavra cunhada pelos alquimistas herméticos a partir da primeira e última letras dos alfabetos latino, grego e hebraico, para significar a essência oculta que permeia o Universo. Paracelso é representado com a palavra – menos a primeira letra – inscrita no pomo de sua espada em uma xilogravura de 1567 (ver página seguinte).
6. I Coríntios 12:4-13.

Paracelso mostrando as últimas letras de Azoth no pomo de sua espada.
Extraído de Astronomica et Astrologica opuscula, *de Teofrasto Paracelso (Colônia, 1567)*

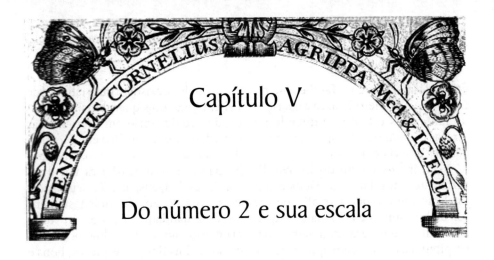

Capítulo V

Do número 2 e sua escala

 primeiro número é 2, porque é o primeiro aglomerado. Não pode ser medido por nenhum outro número além da unidade, a medida comum a todos os números; não é composto de números, mas de uma unidade apenas; também é chamado de um número descomposto; mas mais corretamente de não composto; o número 3 é chamado de o primeiro número descomposto; mas o 2 é a primeira ramificação da unidade e a primeira procriação.[1]

Daí o termo geração, e *Juno*,[2] e uma imaginável corporação,[3] a prova do primeiro movimento, a primeira forma de paridade: o número da primeira igualdade, extremidade e distância entre os extremos e, portanto, de peculiar equidade e do próprio ato em si porque consiste em dois igualmente dispostos.[4] E é chamado de o número da ciência, da memória, da luz, e o número do homem, que é chamado de outro e menor mundo:[5] também é chamado de número de caridade, de amor mútuo, do casamento e da sociedade, como dizia o Senhor, dois se tornarão uma carne.[6]

E *Salomão* dizia:[7] é melhor dois juntos que um, pois dois têm o benefício da companhia um do outro; se um cair, é apoiado pelo outro. Ai daquele que estiver sozinho, pois, se cair, ninguém o ajudará; e se dois dormirem juntos, se aquecerão. Como pode se aquecer aquele que se deitar sozinho? E se alguém contra um triunfa, dois resistem.

Também é chamado de número do matrimônio e do sexo; pois há dois sexos, masculino e feminino. E duas andorinhas[8] produzem dois ovos, do primeiro, após chocado, nasce um macho e do segundo, uma fêmea. Também é chamado de meio, o que é capaz, bom e mau, divisor, o princípio da divisão, da multidão, distinção, indica a matéria.

Às vezes, esse é também o número da discórdia e da confusão, do infortúnio e da impureza, daí *Santo Hierom* dizer, contra *Jovianus*,[9] que tal número não foi dito no segundo dia da criação; e Deus disse que era bom, porque o número dois é do mal.[10] Por isso também Deus ordenou que todos os animais impuros entrassem na arca de dois em dois,[11] porque, como eu disse, o número dois é um número de impureza e infeliz nas previsões, principalmente se aquelas coisas de onde se extraem as previsões forem saturnais ou marciais, pois são explicadas pelos astrólogos como desafortunadas. Também se reporta que o número 2 causa a aparição de fantasmas e temíveis duendes: e atrai as malvadezas de espíritos ímpios àqueles que viajam à noite.

Pitágoras (segundo *Eusébio*)[12] dizia que a unidade era Deus e um intelecto bom; e que a dualidade era um diabo e um intelecto mau, no qual existe uma aglomeração material: daí os pitagóricos dizerem que 2 não é um número, mas sim uma confusão de unidades. E *Plutarco* escreve[13] que os pitagóricos chamavam a unidade de *Apolo* e o 2 de luta e audácia; e o 3, justiça, que é a mais alta perfeição, e não sem os seus mistérios.

Por isso, existiam duas tábuas[14] da Lei em Sina, dois querubins[15] cuidando do propiciatório em *Moisés*, duas olivas[16] derramando óleo em *Zacarias*, duas naturezas em Cristo, divina e humana; e, assim, *Moisés* viu duas aparições de Deus, ou seja, seu rosto e suas costas,[17] também dois testamentos, dois mandamentos de amor,[18] duas primeiras dignidades,[19] duas primeiras pessoas, dois tipos de espíritos, bons e maus, duas criaturas intelectuais, um anjo e uma alma, duas grandes luzes,[20] dois solstícios,[21] dois equinócios,[22] dois polos, dois elementos produzindo uma alma viva: Terra e Água.[23]

Do número 2 e sua escala

A escala do número 2

No mundo exemplar	יה Yah		Os nomes de Deus expressos em duas letras
	אל El		
No mundo intelectual	Um Anjo	A Alma	Duas substâncias inteligíveis
No mundo celestial	O Sol	A Lua	Duas grandes luzes
No mundo elemental	A Terra	A Água	Dois elementos que produzem uma alma vivente
No mundo menor	O Coração	O Cérebro	Duas principais sedes da Alma
No mundo infernal	Behemoth	Leviatã	Dois chefes dos diabos
	Choro	Ranger	Duas coisas que Cristo ameaça aos condenados

Notas – Capítulo V

1. Alguns números são chamados de primos absolutos ou números decompostos... são os únicos números indivisíveis; portanto, nenhum dos números além da unidade (mônada) pode dividir o 3 de uma maneira que o 3 resulte de sua multiplicação. De fato, 1 x 3 é 3. Do mesmo modo, 1 x 5 é 5, 1 x 7 é 7, e 1 x 11... Além disso, apenas os números ímpares podem ser primos e decompostos. De fato, os números pares não são primos nem decompostos; não são medidos apenas pela unidade, mas também por outros números. Por exemplo, a díade mede 4 porque 2 x 2 é 4; 2 e 3 medem 6 porque 3 x 2 são 6. Todos os outros números pares, com exceção de 2, também são medidos por números maiores que a unidade. O número 2 é o único entre os números pares que é semelhante aos ímpares, tendo só a unidade para sua medida. Por esse motivo, diz-se que o número 2 tem a natureza dos números ímpares porque possui a mesma propriedade dos ímpares (Theon de Smyrna, *Mathematics Useful for Understanding Plato*, 1.6. traduzido para o inglês por R. e D. Lawlor, a partir da edição francesa de 1892 de J. Dupuis [San Diego: Wizards Bookshelf, 1979], 15-6) [daqui em diante citado como Theon]).
2. A forma romana de Hera, esposa de Zeus e segunda em importância no Olimpo.
3. Incorporação.
4. "O primeiro aumento, a primeira mudança a partir da unidade, é feito pela duplicação da unidade que se torna duas, na qual se vê a matéria e tudo o que é perceptível, a geração do movimento, a multiplicação e adição, a composição e a relação entre uma coisa e outra" (*Ibid.* 2.41 [Lawlor, 66]).
5. Microcosmo.
6. Gênesis 2:24.
7. Eclesiastes 4:8-12.
8. Talvez uma referência aos *Hieroglifos* de Horapolo, 1.8, embora os pássaros mencionados aqui sejam gralhas, ou corvos, e não andorinhas.
9. *Adversum Jovinianum libri II*, escrito por Jerônimo em 393, em Belém, para denunciar a suposta volta das ideias gnósticas de Jovinianus.
10. Gênesis 1:6-8. Quanto ao segundo dia, o grande comentarista judeu Rashi escreve:
E por que a expressão "que era bom" não foi dita no segundo dia? Porque a obra de criar as águas só foi completada no terceiro dia; pois Ele apenas a começara no segundo; e uma coisa que não está completa não atingiu sua perfeição e seu melhor estado; no terceiro dia, contudo, quando a obra de criar as águas se completou e Ele iniciou e completou outra obra da criação, a expressão "que era bom" foi dita duas vezes. Uma para a completude da obra do segundo dia e a outra para a completude da obra do terceiro dia (*The Pentateuch and Rashi's Commentary 1*, "Genesis" [Brooklyn, NJ: S. S. and R. Publishing, 1949], 6).
11. Gênesis 7:9.
12. Em *Praeparatio evangelica*, uma coletânea de citações clássicas e crenças pagãs em 15 livros.
13. "Também chamavam a unidade de Apolo; o número 2, contenção e audácia; e o número 3, justiça, pois se a injúria e ser injuriado são os dois extremos causados por deficiência e excesso, a justiça vem por meio da igualdade no meio". Plutarco, *Ísis e Osíris*, 76, traduzido para o inglês por William Baxter [Goodwin 4:133]). Os antigos atribuíam erroneamente a origem do nome Apolo a um termo grego que significava "um". Ver Plutarco, *The E at Delphi* 9 (Goodwin 4:486-7).
14. Êxodo 31:18.
15. Êxodo 25:18.
16. Zacarias 4:11-2.
17. Êxodo 33:11, 33, 23.
18. Mateus 5:43-44.
19. Primeiros princípios, a saber, o céu e a Terra. Ver Gênesis 1:1.
20. Sol e Lua.
21. Solstício de verão e de inverno.
22. Equinócio de primavera e de outono.

23. Gênesis 2:6-7. A respeito dessa passagem, diz Rashi: "Ele fez as profundezas subirem e as nuvens derramarem água e inundar a terra, e Adão foi criado. Como o padeiro que coloca água na massa, e depois bate a massa, também aqui com água, Ele "formou o homem" (*The Pentateuch and Rashi's Commentary* 1,20).
Nessa mesma linha, Thomas Vaughan escreve:
Agora falarei da Água. Ela é o primeiro elemento do qual lemos na Escritura, o mais antigo dos princípios e a Mãe de todas as coisas visíveis. Sem a mediação da água, a Terra não recebe nenhuma bênção, pois a umidade é a causa devida da mistura e da fusão (Vaughan "Anthroposophia Theomagica". Em *Waite* 1888, 17).

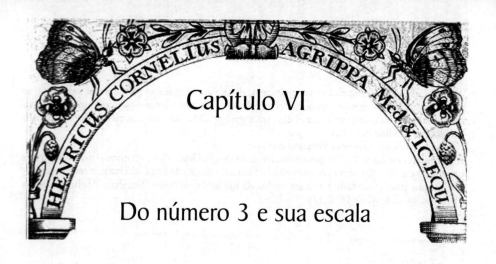

Capítulo VI

Do número 3 e sua escala

 número 3 é um número descomposto,[1] um número sagrado,[2] um número de perfeição, um número poderosíssimo. Pois em Deus há três pessoas, e três são as virtudes teológicas[3] na religião. Por isso, esse número conduz às cerimônias de Deus e à religião, e, por sua solenidade, preces e sacrifícios são pronunciados três vezes. Virgílio, aliás, canta:[4]

> Números ímpares, que tanto aos deuses aprazem.

E os pitagóricos o usam em suas significações e purificações, enquanto em *Virgílio*:[5]

> O qual enxaguou e lavou com água pura
> Três vezes seus companheiros.

É o número mais apropriado para amarrações ou ligações, como em *Virgílio*:[6]

> Caminhei
> Primeiro com estes fios, dos quais há três,
> e vários,
> Em volta do altar, três vezes carregarei tua imagem.

E um pouco mais adiante:[7]

> Nós, Amarílis, de três cores feitos
> E estes elos por mim atados a Vênus se destinam

E de *Medeia*,[8] lemos:

> Ela pronunciava três palavras, que um sono tranquilo provocaram,
> O mar revolto, as furiosas ondas com elas se acalmam.

E, em *Plínio*, era costume em toda medicação cuspir[9] com três deprecações, e, com isso, curar-se.

O número 3 é aperfeiçoado com três acréscimos:[10] longo, amplo e profundo, além dos quais não há progressão de dimensão; por isso, o primeiro número[11] é chamado de quadrado. Diz-se que a um corpo que tem três medidas, e a um número quadrado, nada se pode acrescentar. E *Aristóteles*,[12] no início de seus discursos a respeito do céu, considera tal coisa uma lei, de acordo com a qual todas as coisas são dispostas. Pois as coisas corpóreas e espirituais consistem em três coisas, a saber: começo, meio e fim. Pelo três (como dizia Trismegisto),[13] o mundo é aperfeiçoado: harmonia, necessidade e ordem, isto é, concorrência de causas, que muitos chamam de destino, e a execução delas, por muitos chamada de fruto ou aumento, bem como a devida distribuição desse aumento.

A medida inteira do tempo é concluída no três: passado, presente e futuro; toda magnitude está contida no três: linha, superfícies e corpo; todo corpo consiste em três intervalos: comprimento, largura e espessura. A harmonia contém os três assentamentos no tempo: diapasão,[14] hemiolon,[15] diatessaron.[16] Há três tipos de almas: vegetativa, sensitiva e intelectual. E como dizia o profeta,[17] Deus ordena o mundo pelos números, peso e medida, e o número 3 é delegado às formas ideais do mundo, enquanto o 2 é atribuído à matéria em procriação e a unidade, a Deus, o criador dela.

Os magos constituem os três príncipes do mundo: *Oromasis*,[18] *Mitris*,[19] *Araminis*,[20] ou seja, Deus, a Mente e o Espírito. Pelo três ao quadrado ou sólido,[21] os três números nove das coisas produzidas são distribuídos: das supracelestiais em nove ordens de inteligências; das celestiais em nove orbes; das inferiores em nove tipos de coisas geráveis e corruptíveis. Por fim, nesse orbe trino,[22] 27, todas as proporções musicais se incluem, como *Platão*[23] e *Proclo* explicam em detalhes. E o número 3 tem, em uma harmonia de 5, a graça da primeira voz.[24]

Também nas inteligências há três hierarquias[25] de espíritos angelicais. Há três poderes das criaturas inteligentes, memória e vontade. São três as ordens dos bem-aventurados, mártires, confessores e inocentes. Três são os quadriênios dos signos celestes,[26] fixos, móveis e comuns; bem como de casas,[27] centros, seguintes e decadentes. Há também três faces e cabeças[28] em todo signo e três senhores de cada triplicidade.[29]

Há três fortunas[30] entre os planetas. Três graças[31] entre as deusas. Três Senhoras do Destino[32] entre a população infernal. Três juízes.[33] Três fúrias.[34] *Cérbero*[35] tem três cabeças. E lemos também da tripla dupla *Hécate*.[36] Três bocas da virgem *Diana*. Três pessoas na divindade supersubstancial. Três tempos de natureza, lei e graça. Três virtudes teológicas, fé, esperança e caridade. *Jonas* ficou três dias na barriga da baleia;[37] e por três dias ficou *Cristo* na sepultura.[38]

A escala do número 3

No mundo exemplar	O Pai	שדי Shaddai, o Filho	O Espírito Santo	O nome de Deus com três letras
No mundo intelectual	Supremo	Meio	Mais baixo de todos	Três hierarquias de anjos
	Inocentes	Mártires	Confessores	Três graus dos benditos
No mundo celestial	Móveis	Fixos	Comuns	Três quadriênios de signos
	Cantos	Sucessivos	Decadentes	Três quadriênios de casas
	Diurnos	Noturnos	Compartilhantes	Três senhores das triplicidades
No mundo elemental	Simples	Compostos	Tríplices	Três graus de elementos
No mundo menor	A cabeça, na qual cresce o intelecto, respondendo ao mundo intelectual	O peito, no qual fica o coração, a sede da vida, respondendo ao mundo celestial	A barriga, em que a faculdade da gestação se encontra, e os membros genitais, respondendo ao mundo elemental	Três partes, respondendo ao mundo trino
No mundo infernal	Aleto	Megera	Tesífone	Três fúrias infernais
	Minos	Aeacus	Rhadamancus	Três juízes infernais
	Ímpios	Apostatas	Infiéis	Três graus dos condenados

Notas – Capítulo VI

1. Número primo. Ver nota 1, cap. V, l. II.
2. "Esta é a terceira vez. Eu espero que boa sorte se encontre em números ímpares... Dizem que há divindade nos números ímpares, seja ela no nascimento, no acaso ou na morte" (Shakespeare, *Merry Wives of Windsor*, ato 5, c. 1, linhas 2-5).
3. I Coríntios 13:13.
4. Ver nota 3, cap. LXXIII, l. I.
5. "Ele [Enéas] também trouxe duas vezes aos seus companheiros água limpa, borrifando-os com orvalho suave do ramo de uma frutífera oliveira, e purificou os guerreiros, e pronunciou as palavras de despedida" (Virgílio, *Eneida*, 6, c. linha 230 [Lonsdale e Lee, 164]).
6. Ver nota 3, cap. LXXIII, l. I.
7. *Ibid.*
8. Jasão espirrou nele [no dragão] suco das ervas letaianas e cantou, três vezes, uma canção que chama o sono e acalma até o mais bravio dos mares e estanca a correnteza dos rios. Então o sono chegou àqueles olhos que nunca antes souberam o que era o sono, e Jasão ganhou o espólio de ouro (Ovídio, *Metamorfoses*, p. 137 © Madras Editora, São Paulo).
Como se vê na citação, é Jasão que fala três vezes e faz o dragão dormir e não Medeia. Agrippa confundiu o trecho com a descrição da mesma cena em *Argonautica*, de Apolônio de Rhodes, l. 4, c. linha 156, em que é de fato Medeia que encanta o dragão.
9. Pedimos o perdão dos deuses, por cuspir no colo, para acalentar alguma presunçosa esperança, ou expectativa. Sobre o mesmo princípio, é a prática em todos os casos em que o remédio é empregado, cuspir três vezes no chão e conjurar a doença também três vezes; o objetivo é auxiliar na operação do remédio usado. Também é comum marcar uma bolha, logo que ela aparece, três vezes com o cuspe de alguém em jejum (Plínio 28.7 [Bostock e Riley, 5:289]).
A saliva de alguém que jejuou era considerada mais potente.
10. Três dimensões de espaço: comprimento, largura e altura.
11. Os pitagóricos consideravam o 3 o primeiro número verdadeiro:
A perfeita multiplicidade de formas, portanto, eles indicavam de modo obscuro pela díade; mas os primeiros princípios formais eram indicados pela mônada e díade, como não sendo números; e também pela primeira tríade e tétrade, como sendo os primeiros números, um ímpar e outro par... (Thomas Taylor, *Theoretic Arithmetic*, citado por ele em sua tradução de *Life of Pythagoras* (*Vida de Pitágoras*), de Jâmblico, p. 219.
12. Uma magnitude divisível uma vez é uma linha, duas vezes, uma superfície, e três, um corpo. Além desses, não há outra magnitude, porque as três dimensões são tudo o que existe, e aquilo que é divisível em três direções é divisível em todas. Pois, como dizem os pitagóricos, o mundo e tudo o que nele existe é determinado pelo número 3, já que começo e meio e fim dão o número de um "todo", e o número que eles dão é 3. Assim, compreendendo esses três princípios da natureza como, por assim dizer, leis, nós usamos o número 3 na adoração dos deuses. Além disso, nós usamos os termos na prática da seguinte maneira. De duas coisas, ou dois homens, dizemos "ambos", mas não "todos": três é o primeiro número ao qual o termo "todo(s)" se tornou apropriado. E com isso, como dissemos, estamos apenas seguindo a lei da natureza (Aristóteles, *De caelo*, 1.1.268a [McKeon, 398]).
13. Ver apêndice 1, linhas 12-3 da Tábua de Esmeralda.
14. O intervalo de uma oitava em música.
15. O perfeito quinto intervalo.
16. O intervalo de uma quarta.
17. Isaías 40:12.
18. Uma variação de Ormazd (Ahura Mazda), o antigo deus persa da criação, correspondendo na trindade zoroastriana ao Pai.
19. Variação de Mitra, a segunda pessoa da trindade de Zoroastro, o eterno intelecto e o arquiteto do mundo.

20. Variação de Ahriman (Angra Mainyu), a terceira pessoa da trindade zoroastriana, correspondendo a Psique, a alma mundana.
21. Três ao quadrado é 3 x 3; três sólido é 3 x 3 x 3. "Os números compostos, que são o produto de dois números, são chamados *planares*, e são considerados como tendo duas dimensões, comprimento e largura. Aqueles que são o produto de três números são chamados *sólidos*, pois possuem a terceira dimensão. (Theon 1.7 [Lawlor, 16]).
22. Orbe triplo; ou seja, 3 x 3 x 3.
23. Conforme Platão:

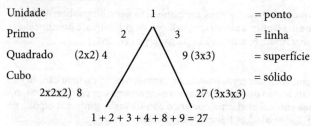

Os pitagóricos formavam uma tétrade com base na multiplicação de números ímpares e pares unidos na unidade, a soma dos quais era 27. Este, somado à tétrade de adição (1+2+3+4 = 10), simbolizava as proporções musicais, geométricas e aritméticas sobre as quais o Universo é baseado. Ver *Timaeus*, de Platão, 24-6; também Theon, 2.38; também a nota na página 80 da tradução de Thomas Taylor de *Life of Pythagoras*, de Jâmblico, 235-9.
24. De acordo com os pitagóricos, o homem é um acorde completo na harmonia maior do mundo, consistindo em uma tônica, sua principal terceira, sua justa quinta e sua oitava.
25. Os nove coros de anjos são divididos em três grupos de três, como é indicado no gráfico que acompanha o cap. VII, livro II.
26. Signos celestes:
Comuns = Áries, Câncer, Libra, Capricórnio (Cardinais)
Fixos = Touro, Leão, Escorpião, Aquário
Móveis = Gêmeos, Virgem, Sagitário, Peixes (Mutáveis)
27. Bem como de casas:

Centros (Angulares) =	I	IV	VII	X
Seguintes (Sucessivos)=	II	V	VIII	XI
Decadentes (Cadentes)=	III	VI	IX	XII

28. Na moderna Astrologia, uma face é uma divisão de cinco graus de arco em um signo do zodíaco. Cada signo tem seis faces. Agrippa usa o termo para indicar uma decania ou divisão de dez graus. Cada signo tem três decanias. O termo cabeça talvez se refira aos senhores das decanias, os 36 espíritos originados com os egípcios e descritos em *Picatrix*.
29. Uma triplicidade é um conjunto de três signos do zodíaco associados a um elemento:

Fogo -	Áries	Leão	Sagitário
Ar -	Libra	Aquário	Gêmeos
Água -	Câncer	Escorpião	Peixes
Terra -	Capricórnio	Touro	Virgem

30. Sol, Júpiter e Vênus.
31. Filhas de Zeus e Eurínome (ou de Dioniso e Afrodite), Eufrosina, Aglaia e Tália. A função delas é conceder civilidade, cortesia, elegância e boas maneiras.
32. Eram filhas de Têmis (Lei) e se afiguravam como três velhas presentes ao nascimento de toda criança. Lachesis atribui à pessoa sua sina; Clotho tece a linha da vida; Átropos corta com suas "tesouras abomináveis" essa linha. Elas são equivalentes às Nornas da mitologia nórdica, e aparecem nos lugares mais variados, como em *Macbeth*, de Shakespeare, e no conto de fadas "A Bela Adormecida".
33. Aecus, Minos e Rhadamanthys, que formavam o tribunal do Inferno e julgavam as almas dos mortos. Minos, filho de Zeus e Europa, e antigo rei de Creta, era o juiz supremo; Rhadamanthys,

seu irmão, antigo rei das Ilhas Cíclades, julgava os asiáticos; Aecus, filho de Zeus e Egina, escolhido para esse posto pelos deuses, julgava os europeus.

34. Aleto, Tisífone e Megera, três aterradoras deusas, com serpentes como madeixas, que puniam com seus ferrões secretos aqueles que de alguma forma escapavam da justiça. Também chamadas de Erínias (as iradas) e, em eufemismo, Eumênides (as gentis). Foram geradas por Gaia (Terra) e pelo sangue escorrendo de Urano (o céu) castrado.

35. O cão de três cabeças, com rabo de serpente e uma crina ou juba de serpentes que guarda os portões do Inferno.

36. Os gregos chamavam Hécate de Tríceps e Triforme em seu aspecto de Lua, atribuindo a ela três cabeças: uma de leão, uma de cão e uma de égua. As três formas de deusa de Hécate eram Febe (Lua) no céu, Diana na Terra e Prosérpina no inferno. Robert Graves diz:

> Como deusa do Submundo, ela se ocupava do Nascimento, da Procriação e da Morte. Como deusa da Terra, ocupava-se das três estações da Primavera, do Verão e do Inverno; animava as árvores e as plantas e regia todos os seres vivos. Como deusa do Céu, ela era a Lua, em suas três fases: Lua Nova, Lua Cheia e Lua Minguante. Isso explica por que ela costumava ser ampliada por nove (Graves [1948] 1973, 386).

Seu animal sagrado era o cachorro, e seu local sagrado era a encruzilhada, na qual estátuas eram erguidas.

37. Jonas 1:17.
38. Lucas 24:21.

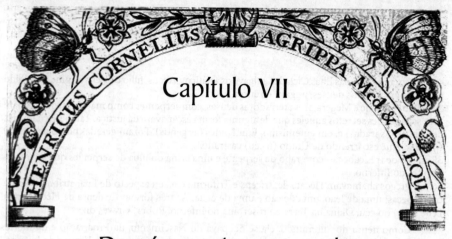

Capítulo VII

Do número 4 e sua escala

s pitagóricos chamam o número 4 de *tetractys*,[1] e o preferem acima de todas as virtudes dos números, porque ele é a fundação e a raiz de todos os outros números; daí também todas as fundações, tanto nas coisas artificiais quanto nas naturais e divinas, são quatro ao quadrado,[2] como veremos mais adiante; e esse número significa solidez, que também é demonstrada por uma figura quadrada.[3] Pois o número 4 é o primeiro plano de quatro ao quadrado, que consiste em duas proporções, sendo a primeira de 1 para 2, a segunda de 2 para 4,[4] o que se procede por uma dupla processão e proporção, isto é, de 1 para 1 e de 2 para 2, começando em uma unidade e terminando em uma quaternidade: proporções que nisso se diferem de acordo com a aritmética, sendo desiguais; de acordo com a geometria, porém, são iguais.[5]

Portanto, um 4 ao quadrado é atribuído a Deus Pai e também contém o mistério de toda a Trindade; pois por sua proporção única, pela primeira de 1 para 1,[6] a unidade da substância paternal é indicada, da qual procede um Filho igual a ele; pela proporção seguinte, também simples, de 2 para 2,[7] indica-se a partir da segunda processão o Espírito Santo de ambas, sendo o Filho igual ao Pai pela primeira processão; e o Espírito Santo é igual a ambos pela segunda processão.

Por isso o superexcelente e grandioso nome[8] da divina trindade de Deus é escrito com quatro letras, i.e., *Yod*, *He* e *Vau*; *He*, aspirado, significa a procedência do espírito de ambos; pois *He* sendo duplicado termina ambas as sílabas e o nome todo; mas é pronunciado *Jove*, segundo alguns, daí o *Jovis*[9] dos pagãos, que os antigos retratavam com quatro orelhas, sendo então o número 4 a fonte e a cabeça da divindade total.

E os pitagóricos o chamam de fonte perpétua da natureza:[10] pois há quatro graus na escala da natureza: ser, viver, ser sensível, compreender. Há quatro movimentos na natureza: ascendente, descendente, para a frente, circular. Há quatro posições[11] no céu: nascente, poente, meio do céu e fundo dele. Quatro são os elementos sob o céu, i.e., Fogo, Ar, Água e Terra; de acordo com eles são quatro as triplicidades[12] no céu; também são quatro as primeiras qualidades sob o céu, i.e., frio, calor, secura e umidade, das quais se originam os quatro humores: sangue, fleuma, cólera, melancolia. Também o ano é dividido em quatro partes, que são primavera, verão, outono e inverno; também o vento é dividido em leste, oeste, norte e sul. Há quatro rios do paraíso,[13] e o mesmo número de infernais.

O número 4 também compõe todo o conhecimento: primeiro, ele preenche todo progresso simples de números com quatro termos, isto é, 1, 2, 3 e 4, constituindo[14] o número 10. Ele preenche toda diferença de números, o primeiro par, contendo em si o primeiro ímpar.[15] Na música, ele tem diatessaron, a graça da quarta voz. Também contém o instrumento de quatro cordas[16] e um diagrama pitagórico,[17] no qual se encontram as primeiras de todas as melodias e toda a harmonia da música. Pois dupla, tripla, quatro vezes dupla, uma e meia, uma e uma terça parte, uma concórdia de todas, uma dupla concórdia de todas, de cinco, de quatro, e toda consonância, se restringe aos limites do número 4.

Ele também contém toda a matemática em quatro termos: ponto, linha, superfície e profundidade. Compreende toda a natureza em quatro termos: substância, qualidade, quantidade e movimento. Também toda Filosofia natural, na qual se inserem as virtudes seminais da natureza, o broto natural, a forma em crescimento e o composto. Também a Metafísica é compreendida em quatro limites: ser, essência, virtude e ação. A Filosofia moral é compreendida entre quatro virtudes: prudência, justiça, fortitude, temperança. Ele tem ainda o poder de justiça; daí a existência de uma lei quádrupla: da providência, de Deus; fatal, da Alma do Mundo; da natureza, do céu; da prudência, do homem. Também quatro são os poderes judiciários em todas as coisas: intelecto, disciplina, opinião e senso.

Esse número tem também grande poder em todos os mistérios. Por esse motivo, os pitagóricos ratificavam o número 4 com um juramento, como se ele fosse a mais forte base de sua fé, para confirmar sua crença. Era chamado de juramento pitagórico,[18] que se expressa nestes versos:

> Eu, com a mente pura pelo número quatro, juro;
> Aquele que é sagrado, e a fonte da natureza
> Eterno, pai da mente.

Também são quatro Evangelhos recebidos de quatro Evangelistas[19] por toda a Igreja. Os hebreus receberam o principal nome de Deus[20] escrito com quatro letras. Também os egípcios, árabes, persas, magos, maometanos, gregos, toscanos, latinos, escrevem o nome de Deus com apenas quatro letras, da seguinte forma: *Thet*,[21] *Allá*,[22] *Sire*,[23] *Orsi*, *Abdi*, Θεόδ,[24] *Esar*,[25] *Deus*. Os lacedemônios costumavam pintar *Júpiter* com quatro asas. Também a divindade de *Orfeu*;[26] e dizem que as carruagens de *Netuno* são puxadas por quatro cavalos.[27] Há também quatro espécies de fúrias divinas,[28] procedentes de várias deidades: das Musas, de *Dioniso*, de *Apolo* e de *Vênus*.

Também o profeta *Ezequiel* viu quatro animais[29] às margens do Rio Cobar e quatro Querubins[30] em quatro rodas. Também em Daniel,[31] quatro grandes animais subiram do mar, e quatro ventos lutavam. E no Apocalipse de São João quatro animais eram cheios de olhos,³² na frente e atrás, em volta do trono de Deus; e quatro anjos,³³ aos quais foi dado poder de ferir a Terra, segurando os quatro ventos, os quais eles não deveriam soprar sobre a Terra, nem sobre o mar, nem sobre qualquer árvore.

Notas – Capítulo VII

1. Palavra grega que significa quatro. O tetractys costuma ser representado graficamente por um arranjo triangular de dez pontos:

$$\begin{array}{c} * \\ * \ * \\ * \ * \ * \\ * \ * \ * \ * \end{array}$$

É formado a partir da adição de 1+2+3+4=10. "A importância do quaternário obtido pela adição (ou seja, 1, +2, +3, +4) é grande em música, porque todas as consoantes são encontradas nele. Mas não é só por esse motivo que todos os pitagóricos o estimam tanto: é também porque ele parece sublinhar a natureza total do Universo" (Theon 2.38 [Lawlor, 62]). Ver a figura no fim do cap. XIII, l. II para o *tetractys*, formada a partir do Tetragrammaton.
2. Quatro é o primeiro número quadrado (2 x 2).
3. Isto é, o quadrado.
4. 1 : 2 : 4 é a dupla proporção referida, em que 1 está para o ponto, 2 para a linha e 4 para o plano.
5. Em particular, o meio aritmético é aquele no qual o meio termo é maior que um extremo e menor que o outro pelo mesmo número, como na proporção 3, 2, 1. Na verdade, o número 2 é maior que 1 por uma unidade e é menor que 3 por uma unidade... O meio geométrico, também chamado a proporção em si, é aquele no qual o meio termo é maior que um extremo e menor que o outro por uma razão múltipla ou superparcial (do primeiro termo para o segundo ou do segundo para o terceiro), como na proporção 1, 2, 4. Quatro é de fato o duplo de 2, e 2 é o duplo da unidade, e, do mesmo modo, a diferença 2 – 1 é 1, e a diferença 4 – 2 é 2. Esses números, comparados um com o outro, estão, portanto, em razão dupla (Theon 2.55-6 [Lawlor, 76]).
6. 1 : 2, onde 2 é 1 mais que 1.
7. 2 : 4, onde 4 é 2 mais que 2.
8. Tetragrammaton, especificamente a forma escrita hebraica יהוה.
9. Jove (Júpiter), o Zeus romano, pai dos deuses.
10. Ver o juramento pitagórico, nota 18 deste capítulo.
11. Respectivamente, as posições do Sol ao nascer, no poente, ao meio-dia e à meia-noite.
12. Ver tabela deste capítulo.
13. Pisom, Giom, Tigre e Eufrates. Ver Gênesis 2,10-4.
14. Por adição. Ver nota 1 deste capítulo.
15. Ver nota 11, cap. VI, l. II.
16. A cítara, um tipo de harpa originalmente constituída de quatro cordas que, ao ser tocada, era acompanhada pelo "cântico em tetracórdio", como define Euclides.
17. O quaternário, 1, 2, 3, 4, inclui todas as consoantes, pois contém aquelas da quarta, da quinta, da oitava e quinta, e da dupla oitava, que são as razões sesquitércia, sesquiáltera, dupla, tripla e quádrupla (ou seja, 4/3, 3/2, 2, 3 e 4)" (Theon 2.12 a [Lawlor, 39]).

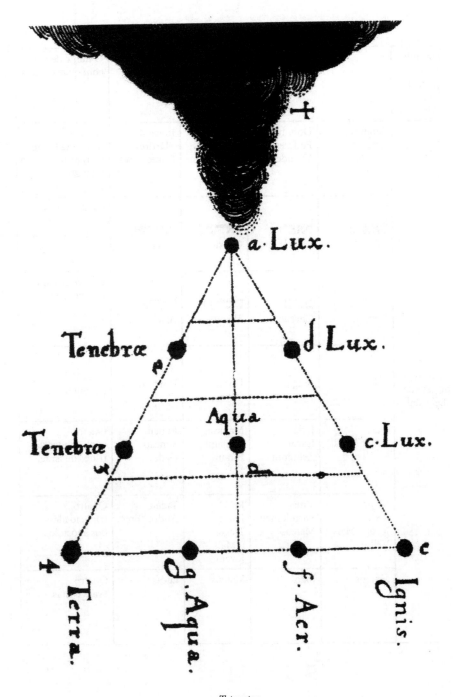

Tetractys
Extraído de Philosophia sacra et vere Christiana Seu Meteorologia Cosmica, *de Robert Fludd (Frankfurt, 1626)*

A escala do número 4

No mundo original, origem da Lei da Providência		יהוה				O nome de Deus com quatro letras
	Serafim Querubim Tronos	Dominações Poderes Virtudes	Potentados Arcanjos Anjos	Inocentes Mártires Confessores		Quatro triplicidades de hierarquis inteligíveis
	מיבאל Miguel	רפאל Rafael	גבריאל Gabriel	אוריאל Uriel		Quatro anjos governando os cantos do mundo
	שדף Seraph	כרוב Cherub	תרשיש Tharsis	אריאל Ariel		Quatro regentes dos elementos
No mundo intelectual, origem da Lei Fatal	O leão	A águia	Homem	Um bezerro		Quatro animais consagrados
	Dan Asher Naftali	Judá Isacar Zebulum	Manases Benjamim Efraim	Rubem Simeão Gade		Quatro triplicidades das tribos de Israel
	Matias Pedro Jacó, o Mais Velho	Simão Bartolomeu Mateus	João Filipe Tiago, o Mais Jovem	Tadeu André Tomé		Quatro triplicidades dos apóstolos
	Marcos	João	Mateus	Lucas		Quatro evangelistas

Do número 4 e sua escala 377

A escala do número 4 (cont.)

	Áries Leão Sagitário	Gêmeos Libra Aquário	Câncer Escorpião Peixes	Touro Virgem Capricórnio	Quatro triplicidades de signos
No mundo celestial, onde está a Lei da Natureza	Marte e o Sol	Júpiter e Vênus	Saturno e Mercúrio	As estrelas fixas e a Lua	As estrelas, os planetas relacionados aos elementos
	Luz	Diafaneidade	Agilidade	Solidez	Quatro qualidades dos elementos celestes
No mundo elemental, onde está a Lei de Geração e Corrupção	אש Fogo	רוח Ar	מים Água	עפר Terra	Quatro elementos
	Calor	Umidade	Frio	Secura	Quatro qualidades
	Verão	Primavera	Inverno	Outono	Quatro estações
	O Leste	O Oeste	O Norte	O Sul	Quatro cantos do mundo
	Animais	Plantas	Mentais	Pedras	Quatro tipos perfeitos de corpos
	Andar	Voar	Nadar	Rastejar	Quatro tipos de animais
	Sementes	Flores	Folhas	Raízes	O que responde aos elementos nas sementes e nas plantas
	Ouro e Ferro	Cobre e Estanho	Mercúrio	Chumbo e Prata	Nos metais
	Brilhante e incandescente	Luminoso e transparente	Claro e gelado	Pesado e escuro	Nas pedras

A escala do número 4 (cont.)

	A Mente	O Espírito	A Alma	O Corpo	Quatro elementos do homem
	Intelecto	Razão	Fantasia	Sentido	Quatro poderes da alma
	Fé	Ciência	Opinião	Experiência	Quatro poderes judiciários
	Justiça	Temperança	Prudência	Fortitude	Quatro virtudes morais
No mundo menor, ou seja, o homem; de onde vem a Lei da Prudência	Visão	Audição	Paladar e Olfato	Tato	Os sentidos que respondem aos elementos
	Espírito	Carne	Humores	Ossos	Quatro elementos do corpo
	Animal	Vital	Generativo	Natural	Um espírito quádruplo
	Cólera	Sangue	Fleuma	Melancolia	Quatro humores
	Violência	Paralisia	Torpor	Lentidão	Quatro modos de compleição
No mundo infernal, onde está a Lei da Ira e da Punição	סאמל Samael	אואל Azazel	עזאל Azael	מהזאל Mahazael	Quatro príncipes dos demônios
	Phlegethon	Cocytus	Estige	Aqueronte	Quatro rios do inferno
	Oriens	Paymon	Egyn	Amaymon	Quatro príncipes dos espíritos, sobre os quatro anjos do mundo

18. "Eu juro por aquele que em nossos corações gravou a sagrada Tétrade, símbolo imenso e puro, Fonte da Natureza e modelos dos Deuses" (*Golden Verses of Pythagoras*, trad. de Fabre d'Olivet [1813] [Nova York: Weiser, 1975], 7 e 112). Theon dá a fórmula: "Eu juro por aquele que conferiu o *tetraktys* às futuras gerações, fonte da eterna natureza, em nossas almas" (Theon 2.38 [Lawlor, 62]). Note que, nessas versões, o juramento é feito para o conferente do *tetractys*, enquanto na versão de Agrippa ele é dirigido ao próprio *tetractys*. D'Olivet, Theon e na verdade Thomas Taylor eram da opinião de que o juramento se refere aos pitagóricos quando fala do conferente, mas eu não tenho tanta certeza disso.
19. Mateus, Marcos, Lucas e João.
20. יהוה..
21. Talvez a referência seja a Tet, um símbolo na forma de um pilar representando a árvore na qual o corpo de Osíris fora escondido por Ísis. A montagem do *tet* como Busíris era uma reconstrução cerimonial dos membros cortados de Osíris, em Busíris, este era chamado Tet (Budge 1904, 2:139). Entretanto, na *Ópera* latina, a forma Theut é usada, de modo que Theutus, ou Thoth, são termos mais prováveis.
22. Alá.
23. Sire, ou Soru, do persa *kohr*, significa o Sol. O título era usado pelo fundador do império persa, Ciro, cujo nome real era Kobad.
24. Θεὸδ - Θεόδ: ThEOS.
25. *Aesar*, um nome coletivo para os deuses etruscos, assim como (Aesir) para os deuses nórdicos.
26. O mais antigo relato sobre os deuses gregos é fornecido por Hesíodo, em sua *Teogonia*, por volta do século VIII a.C. Do século VI a.C. até o tempo de Cristo, uma série à parte de mitos se desenvolveu dentro da religião de mistérios órfica. Nunca se tornou tão popular quanto a de Hesíodo.
27. O cavalo era sagrado para Netuno (Posêidon), e as corridas de cavalo eram realizadas em homenagem a ele. No hino órfico a Netuno são mencionados os cavalos do deus, mas não numerados: "A ti eu invoco, cujos corcéis a espuma dividem" (*Hymns of Orpheus*, 16, trad. Thomas Taylor. Em *Thomas Taylor the Platonist: Selected Writings*, ed. Kathleen Raine e George Mill Harper [Princeton: Princeton University Press, 1969], 232) Entretanto, a carruagem do Sol é puxada por quatro cavalos: "Ao som do chicote, quatro corcéis são por ti guiados..." (*Ibid.* 7 [Taylor, 219]. Também a carruagem de Plutão tem quatro cavalos: "Puxada por um carro de quatro animais, com as rédeas frouxas..." (*Ibid.* 17 [Taylor, 233]).
28. A loucura divina inspirada das Musas se manifestava nas várias formas de expressão artística; de Dioniso, a fúria assassina das bacantes; de Apolo, o poder da verdadeira profecia; de Vênus, a luxúria desenfreada.
29. Ezequiel 1:10.
30. Ezequiel 1:21.
31. Daniel 7:2-7.
32. Apocalipse 4:6-7.
33. Apocalipse 7:1.

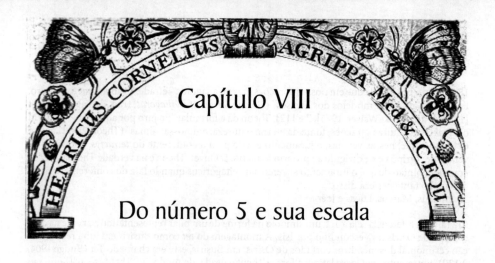

Capítulo VIII

Do número 5 e sua escala

O número 5 não tem pouca força, pois ele é constituído pelo primeiro número par e pelo primeiro número ímpar, como de uma fêmea e um macho; pois um número ímpar é macho e o par é fêmea. Os aritméticos, por sua vez, chamam a um de o pai e a outro de a mãe.[1] Portanto, a perfeição do número 5 não é pequena, nem sua virtude, que procede da mistura desses números: ele é também o meio justo do número universal, 10. Pois, se você divide o número 10, haverá 9 e 1, ou 8 e 2, ou 7 e 3, ou 6 e 4, e toda coleção compõe o número 10, e o meio exato é sempre o 5, sendo equidistante; e, portanto, ele é chamado pelos pitagóricos de número do matrimônio,[2] bem como da justiça,[3] porque ele divide o número 10 em uma escala par.

O homem tem cinco sentidos: visão, audição, olfato, paladar e tato; cinco poderes na alma: vegetativo, sensitivo, concupiscível, irascível, racional; cinco dedos da mão; cinco planetas vagando nos céus, de acordo com os quais existem termos quíntuplos[4] em todo signo. Nos elementos, há cinco tipos de corpos mistos: pedras, metais, plantas, animais-planta, animais; e o mesmo número de tipos de animais, tais como homens, animais de quatro patas, rastejantes, nadadores e voadores. E há cinco espécies pelas quais todas as coisas são feitas de Deus: essência, o mesmo,[5] outro,[6] sentido, movimento.

A andorinha gera cinco filhotes, que ela alimenta de maneira igual, começando com o mais velho e passando pelo resto, de acordo com as idades.

Além disso, esse número tem grande poder em expiações: pois nas coisas sagradas ele afasta os demônios. Nas coisas naturais, ele expulsa venenos. Também é chamado de o número da boa fortuna e do favor, e é o selo do Espírito Santo e um vínculo que une todas as coisas, além de ser o número da cruz,[7] eminente com as principais chagas[8] de Cristo, uma vez que ele prometeu manter as cicatrizes em seu corpo glorificado. A filosofia pagã dedicava esse número como sagrado para *Mercúrio*,[9] estimando sua virtude em muito superior à do número 4, uma vez que um ser vivo excede uma coisa inanimada.[10]

Nesse número, o pai *Noé* caiu nas graças de Deus e foi preservado no dilúvio.[11] Na virtude desse número, *Abraão*,[12] tendo 100 anos de idade, teve um filho com *Sara*, que tinha 90 anos e era estéril, já incapaz de engravidar, gerando assim um grande povo.

Assim, no tempo de graça, o nome da onipotência divina é invocado com cinco letras. Pois no tempo da natureza, o nome de Deus era invocado com três letras, שדי‎ *Sadai*;[13] no tempo da Lei, o nome inefável de Deus era expresso com quatro letras, יהוה‎, que os hebreus exprimem אדני‎ *Adonai*; no tempo da graça, o nome inefável de Deus tinha cinco letras, יחשוה‎ *Ilhesu*,[14] que é invocado com não menos mistério que o nome de três letras, ישו‎.[15]

Notas – Capítulo VIII

1. Masculino 3 e Feminino 2.
2. Theon diz que 6 é o número do matrimônio, porque é um número perfeito, igual à soma de suas partes (1+2+3=6), explicando: "Por isso é chamado de casamento, pois a tarefa do casamento produz filhos semelhantes aos pais" (Theon 2.45 [Lawlor, 67-8]). Uma vez que 5 é produzido pela adição de 2 e 3, enquanto 6 é produzido pela multiplicação de 2 e 3, parece-me que 5 pode ser chamado de número do amor, ou união, enquanto 6 é o número da geração, pois a multiplicação gera mais que a soma de suas partes.
3. Os pitagóricos chamam o pentaedro de providência e justiça, porque iguala as coisas desiguais, sendo a justiça um meio entre excesso e falta, assim como o 5 é o meio dos números que são igualmente distantes dele dos dois lados até o decaedro, parte superando, parte sendo superada pelos outros, como se pode ver na seguinte disposição:

    1.   4.   7.
    2.   5.   8.
    3.   6.   9.

Pois aqui, estando no meio, o 5 não se afasta da linha do equilíbrio enquanto uma escala é elevada e a outra desce (Thomas Taylor, *Theoric Arithmetic*, 194, citado por Taylor em sua nota [p. 240-1 e p. 98 de sua tradução de Jâmblico, *Life of Pythagoras*).

Uma explicação praticamente igual do 5 como número da justiça ocorre em Theon 2.44 (Lawlor, 67).
4. Termos astrológicos são divisões desiguais do arco de 30° de cada signo do zodíaco em cinco partes, atribuídos aos planetas Mercúrio, Vênus, Marte, Júpiter e Saturno em variadas ordens. Ptolomeu cita o egípcio, o caldeu e o sistema dele mesmo (que ele alega ter descoberto em um antigo manuscrito) de termos em *Tetrabiblos* 20 e 21. Termos não muito usados na Astrologia moderna.
5. Similaridade.
6. Diferença.
7. Um para cada um dos quatro braços e um para o ponto de interseção.
8. Principais, porque a sexta, causada pelos espinhos da coroa de Cristo, não está incluída.
9. Meursius, em seu *Denarius Pythagoricus*, que é baseado na *Aritmética teológica* de Nicômaco, o Pitagórico, e outros filósofos platônicos, diz que 4 é o número de Mercúrio. Ver a introdução de Thomas Taylor a *Hymns to Orpheus* (Raine e Harper, 202).
10. O 4 significa os quatro elementos inertes; portanto, o quinto número deve ser algo além, algo espiritual.
11. Havia cinco membros na família de Noé. Ver Gênesis 7:13.
12. Pode ser uma referência à partilha do pão entre Abraão, sua esposa e os três anjos de Deus (Gênesis 18:6), ou ao uso por Deus do nome El Shaddi (אלשדי‎), um nome de cinco letras para descrever a si mesmo quando ele proclama o nascimento por vir de Isaac (Gênesis 17:1), ou a troca de Deus do nome de Abrão (אברם‎) para Abraão (אברהם‎), aumentando-o para cinco letras com a adição de He (ה‎), a quinta letra do alfabeto hebraico (Gênesis 17:5).
13. Sendo hoje mais comum a forma Shaddi.
14. Geralmente transcrito em inglês como Yeheshuah.
15. Jesu.

A escala do número 5

No mundo exemplar	אֶלְיוֹן Elion אֱלֹהִים Elohim		Os nomes de Deus com cinco letras
	יְהֹשֻׁעַ Jhesuh		O nome de Cristo com cinco letras
No mundo intelectual	Espíritos da primeira hierarquia, chamados de Deuses, os Filhos de Deus	Espíritos da segunda hierarquia, chamados de Inteligências	Espíritos da terceira hierarquia, chamados de Anjos que são enviados	Almas de corpos celestes	Heróis, ou almas abençoadas	Cinco substâncias inteligíveis
No mundo celestial	Saturno	Júpiter	Marte	Vênus	Mercúrio	Cinco astros errantes, senhores dos termos
No mundo elemental	Água	Ar	Fogo	Terra	Um corpo misto	Cinco tipos de coisas corruptíveis
	Animal	Planta	Metal	Pedra	Planta-animal	Cinco tipos de corpos mistos
No mundo menor	Paladar	Audição	Visão	Tato	Olfato	Cinco sentidos
No mundo infernal	Amargura mortal	Uivo horrível	Escuridão terrível	Calor insaciável	Um fedor penetrante	Cinco elementos corpóreos

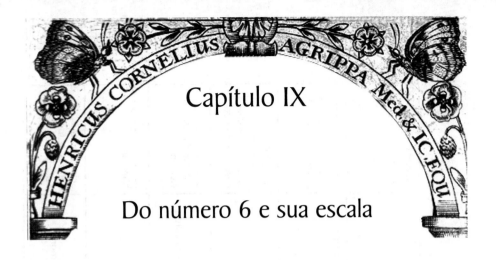

Capítulo IX

Do número 6 e sua escala

eis é o número da perfeição, porque é o mais perfeito na natureza, em toda a série de números de 1 a 10; e só ele é tão perfeito que, na junção de suas partes, o resultado é o mesmo, não faltando nem excedendo. Pois se suas partes – o meio, a terça e a sexta parte, que são 3, 2, 1 – forem ajuntadas, elas preenchem perfeitamente todo o corpo de 6, cuja perfeição nenhum dos outros números tem:[1] por isso, os pitagóricos dizem que ele é um número aplicado ao mesmo tempo à geração e ao casamento,[2] e é chamado de a escala do mundo.

Pois o mundo é feito do número 6, que não prolifera nem falta. Tanto que foi feito por Deus em seis dias. Pois no sexto dia[3] Deus viu todas as coisas que tinha feito, e que eram boas. Portanto, o céu, a Terra e toda a hoste dele foram feitos.

Ele também é chamado de o número do homem, porque no sexto dia o homem foi criado;[4] ele é também o número de nossa redenção, pois no sexto dia Cristo sofreu[5] por ela; daí a grande afinidade entre o número 6 e a cruz, o labor, a servidão; é determinado na Lei que por seis dias o trabalho[6] deve ser feito, por seis dias o maná[7] deve ser apanhado, por seis dias o solo[8] deve ser semeado, e o servo hebreu[9] deve servir seu mestre por seis dias; durante seis dias a glória do Senhor apareceu sobre o monte Sinai,[10] cobrindo-o com uma nuvem: os querubins tinham seis asas;[11] seis círculos no firmamento, ártico, antártico, dois trópicos,[12] equinocial[13] e eclíptico;[14] seis planetas errantes, Saturno, Júpiter, Marte, Vênus, Mercúrio e a Lua, atravessando a latitude do Zodíaco, dos dois lados da eclíptica.

Há seis qualidades substanciais nos elementos,[15] a saber: agudeza, finura, movimento, e os opostos destas: entorpecimento, grossura, repouso. Há seis diferenças de posição: para cima, para baixo, diante, atrás, do lado direito, do lado esquerdo. Seis são os ofícios naturais, sem os quais nada existe: magnitude, cor, figura, intervalo, postura, movimento. Também uma figura sólida de qualquer quatro ao quadrado tem seis superfícies.[16] Há seis tons[17] de harmonia, ou seja, cinco tons e dois meio-tons, que compõem um tom, que é o sexto.

A escala do número 6

אלגבור El Gebbor
אלהים Elohim

	Serafins	Querubins	Tronos	Dominações	Potestades	Virtudes	Nomes das seis letras
No mundo exemplar							
No mundo inteligível							Seis ordens de anjos, que são enviadas aos inferiores
No mundo celestial	Saturno	Júpiter	Marte	Vênus	Mercúrio	A Lua	Seis planetas vagando pela latitude do zodíaco desde o Eclíptico
No mundo elemental	Descanso	Fineza	Agudez	Estagnação	Grossura	Movimento	Seis qualidades substanciais de elementos
No mundo menor	Intelecto	Memória	Senso (sentido)	Movimento	Vida	Essência	Seis graus de homens
No mundo interno	Acteus	Magalesius	Ormenus	Lycus	Nicon	Mimon	Seis demônios, autores de todas as calamidades

Notas – Capítulo IX

1. "Os sacrifícios também devem ser feitos a Vênus no sexto dia, porque esse número é o primeiro que participa de todos os números e, quando dividido de todas as maneiras possíveis, recebe o poder dos números subtraídos e dos que restam" (Jâmblico, *Life of Pythagoras*, 28 [Taylor, 81]). Comentando a respeito dessa definição de Pitágoras, Taylor diz:

> Como o 6 é constituído de 1, 2, e 3, os dois primeiros são os princípios de todos os números, e também porque 2 e 3 são os primeiros números dentre os pares e ímpares, por sua vez a fonte de todas as espécies de números; pode-se dizer que o número 6 participa de todos os números. No que Jâmblico acrescenta em seguida, suponho que ele esteja fazendo uma alusão ao 6 como um número perfeito e, portanto, igual a todas as suas partes. (*Ibid.* 240)

2. Ver nota 2, cap. VIII, l. II.
3. Gênesis 1:31.
4. Gênesis 1:27.
5. Marcos 15:42; Lucas 23:54; João 19:31.
6. Êxodo 20:9.
7. Êxodo 16:5.
8. Êxodo 23:10.
9. Êxodo 21:2.
10. Êxodo 24:16.
11. Apocalipse 4:8.
12. Trópico de Câncer; Trópico de Capricórnio.
13. O equador.
14. O plano que passa pelo centro da Terra e é definido pela órbita aparente do Sol. A eclíptica.
15. Ver *Timaeus*, de Platão, 61d-63d; também Apêndice III.
16. Um cubo tem seis lados.
17. Um dos cinco tons expressados no quaternário, ver nota 17, cap. VII, l. II. O quarto intervalo é composto de dois tons e um excesso, ou excedente (leimma); o quinto, de três tons e um leimma. Sobre esse excedente, escreve Theon:

> O meio-tom não é designado como tal, porque é a metade do tom, no sentido de que o meio-cúbito é a meia divisão do cúbito, como defende Aristóxenes; mas porque é um intervalo musical menor que o tom, da mesma maneira que nós chamamos certas letras de semivogais, não porque é indicada a metade de um som, porque não compõe completamente o som em si. Pode, de fato, ser demonstrado que o tom, considerado na proporção sesquioitava (9/8), não pode ser dividido em duas partes iguais, não mais que qualquer outra sexta parte, uma vez que 9 não é divisível por 2 (Theon 2.8 [Lawler, 36]).

A respeito da prova de Theon, ver 2.16, na qual ele diz: "Quanto ao tom ideal, podemos conceber que ele pode ser dividido em duas partes iguais" (Lawlor, 47).

Capítulo X

Do número 7 e sua escala

número 7 tem variado e múltiplo poder, pois é constituído de 1 e 6, de 2 e 5 ou de 3 e 4, e tem uma unidade, como se fosse a união de dois 3: portanto, se considerarmos suas várias partes e suas uniões, sem dúvida reconheceremos que ele é majestoso, seja pela união de suas partes ou por sua plenitude.

E os pitagóricos o chamam de o veículo da vida do homem, a qual ele não recebe em partes, mas no todo, perfeita, contendo corpo e alma; pois o corpo consiste em quatro elementos e é dotado de quatro qualidades; também o número 3 diz respeito à alma, por motivo de seu poder triplo, a saber: racional, irascível e concupiscível. O número 7, portanto, constituído de 3 e 4, une a alma ao corpo, e a virtude desse número se relaciona à geração de homens e faz com que o homem seja recebido, formado, trazido à luz, alimentado, vivo e subsiste completamente.

Pois, quando a semente genital é recebida no ventre da mulher, se lá permanecer por sete horas após sua efusão, com certeza lá habitará definitivamente. E nos primeiros sete dias é coagulada e preparada para receber a forma de um homem; em seguida, produz bebês maduros, que são chamados bebês do sétimo mês, porque nascem no sétimo mês.[1] Após o nascimento, a sétima hora define se o bebê viverá; pois aquilo que recebe o sopro do ar após essa hora vive.

Depois de sete dias, o bebê perde o resto do cordão umbilical. Depois de duas semanas (duas vezes sete), a visão começa a acompanhar a luz. No terceiro período de sete dias, o bebê vira os olhos e o rosto inteiro com facilidade.

Depois de sete meses, surgem os dentes;[2] após o segundo sétimo mês, o bebê se senta sem medo de cair; após o terceiro sétimo mês, começa a falar; após o quarto sétimo mês, ele fica de pé com confiança e anda; após o quinto sétimo mês o bebê começa a não querer mais mamar.

Sete anos depois, seus primeiros dentes caem e novos nascem, mais apropriados para mastigar carne mais dura, e sua fala é aperfeiçoada; depois do segundo sétimo ano, os meninos amadurecem[3] e é o começo da geração; e no terceiro sétimo ano tornam-se homens em estatura e começam a desenvolver pelos,[4] e eles se tornam aptos para gerar; no quarto sétimo, começam a se polir,[5] e sua altura se estabiliza.[6] No quinto sétimo ano, eles atingem a perfeição de sua força; no sexto sétimo ano, eles conservam a força; no sétimo sétimo ano, eles desenvolvem sua suprema discrição, sabedoria e a idade perfeita do homem. Mas quando chegam ao décimo sétimo ano, quando o número 7 é considerado um número completo, eles atingem o período comum da vida, pois, segundo o profeta,[7] nossa idade é 70 anos.

A maior altura do corpo de um homem é 7 pés. Há também sete graus no corpo, que completam a dimensão de debaixo para cima: tutano, osso, nervo, veia, artéria, carne, pele. São sete os que os gregos chamam de membros negros:[8] a língua, o coração, os pulmões, o fígado, o baço e os dois rins. Sete são também as principais partes do corpo: a cabeça, o peito, as mãos, os pés, e as partes íntimas.

É fato conhecido a respeito da respiração e da carne que sem o sopro da respiração a vida não dura mais que sete horas; e aqueles que sofrem com a fome não vivem mais que sete dias.[9] As veias e as artérias (dizem os médicos) também são impelidas pelo sétimo número. As considerações acerca das doenças[10] são tecidas com maior precisão após o sétimo dia, que os médicos dizem ser crítico, ou seja, judicial.

E também de sete porções Deus cria a alma, como o ilustre *Platão* atesta em *Timaeus*.[11] A alma também recebe o corpo por sete graus. Toda diferença entre as vozes procede até o sétimo grau, após o que ocorre a mesma revolução.[12] Novamente, há sete modulações[13] de vozes, diatônica, semidítono, diatessaron, diapente com um tom, diapente com um meio-tom e diapasão.

Há também nos celestiais uma poderosíssima força do número 7. Pois existem quatro cantos no céu diametralmente opostos, o que é de fato um aspecto de plenitude, muito poderoso,[14] e consiste no número 7. Pois é feito do sétimo signo[15] e forma uma cruz,[16] a mais poderosa de todas as figuras, sobre a qual falaremos no momento apropriado. Mas disso você não deve ser ignorante, pois o número 7 tem uma grande comunhão com a cruz.

Por meio da mesma radiação e número, o solstício está distante do inverno, e o equinócio do inverno está distante do verão, tudo determinado pelos sete signos.[17] Também existem sete círculos[18] no céu, de acordo com a longitude da árvore axial.[19] Sete são as estrelas em torno do Pólo Ártico, maiores e menores, chamadas de Charles' Wain,[20] de acordo com sete dias, constituindo uma semana.

A Lua é o sétimo dos planetas e o mais próximo de nós, observando esse número mais que os outros, sendo que dele derivam seu movimento e sua luz. Pois em 28 dias a Lua percorre todo o compasso do zodíaco novamente.[21]

Com os mesmos sete dias, a luz é emitida, por meio de mudança; para os primeiros sete dias até o meio do mundo dividido, há um aumento; nos segundos sete dias, todo o orbe de luz é preenchido; para o terceiro grupo de sete dias, ocorre nova diminuição e contração, dividindo-se o orbe; mas após o quarto, renova-se com a última diminuição de sua luz.[22] Pelos mesmos sete dias, ocorre o aumento e a diminuição do mar, pois nos primeiros sete do aumento da Lua, o mar abaixa, ou diminui; nos segundos sete dias, há aumento; mas o terceiro grupo de sete dias é como o primeiro, e o quarto grupo tem o mesmo efeito que o segundo.[23]

Esse número também se aplica a Saturno que, ascendendo do inferior, é o sétimo planeta, denotando descanso, o qual se atribui ao sétimo dia,[24] que indica o sétimo milésimo, quando o dragão, que é o Diabo (segundo *João*),[25] com Satanás aprisionado, os homens terão paz e viverão com tranquilidade.

Além disso, os pitagóricos chamam o 7 de o número da virgindade, porque o primeiro é aquele que não gera nem é gerado,[26] tampouco pode ser dividido em duas partes iguais para ser gerado de outro número repetido ou ser duplicado para gerar qualquer outro número de si que esteja contido nos limites do número 10, que é explicitamente o primeiro limite de números; e é por isso que eles dedicam o número 7 a *Palas*.[27]

Também na religião ele tem os poderosos sinais de sua estima e é chamado de o número de um juramento. Por isso, entre os hebreus, o ato de jurar é chamado de septenare,[28] isto é, protegido por 7. De fato, quando *Abraão* fez uma aliança com *Abimeleque*, ele escolheu sete ovelhas[29] como testemunhas. Também é chamado de o número da bendição, ou do descanso, daí:

O três vezes, quatro vezes abençoado!

Isto é, em alma e em corpo. No sétimo dia, o Criador descansou[30] de sua obra, por isso esse dia era chamado por *Moisés* de Sabá,[31] o dia do descanso; também por isso Cristo descansou no sétimo dia no sepulcro.[32] Esse número tem uma grande comunhão com a cruz, como vimos anteriormente, bem como com o Cristo. Pois em Cristo repousa toda a nossa bendição, o nosso descanso e a nossa felicidade.

Ademais, ele é muito conveniente nas purificações. Por isso Apuleio diz:[33] E eu me banhei no mar para ser purificado e pus a cabeça sete vezes sob as ondas. E a pessoa leprosa que seria curada foi borrifada sete vezes com o sangue de um pardal;[34] e o profeta *Elias*, como se lê no Segundo Livro dos Reis, disse a tal indivíduo: vai e lava-te sete vezes no Jordão e tua carne será restaurada, tu serás purificado, e, pouco depois, quando o indivíduo seguiu o recomendado, lavando-se sete vezes no rio Jordão, foi realmente curado.[35]

É ainda um número de arrependimento e de remissão: assim, por exemplo, decretou-se o arrependimento por todos os pecados no sétimo ano, de acordo com a opinião do sábio, que diz:[36] pagará sete vezes tanto: também no sétimo ano eram concedidas remissões e depois de sete anos uma remissão plena era concedida, como se lê em Levítico:[37] e Cristo com sete pedidos[38] completa a oração que nós dirigimos ao Pai; o 7 é ainda chamado de o número da liberdade, porque no sétimo ano o servo hebreu[39] desafiou para si a liberdade. É o número apropriado para o louvor divino. O profeta diz: "sete vezes no dia eu te louvo pela justiça dos teus juízos".[40]

Além disso, é chamado de o número da vingança, como se lê na Escritura, e *Caim* será vingado sete vezes.[41] E o salmista diz: Retribui, Senhor, aos nossos vizinhos, sete vezes tanto o opróbrio com que te vituperaram.[42] E sete são as maldades,[43] como diz *Salomão*, e sete espíritos ímpios[44] são mencionados no Evangelho. Ele indica o tempo do presente círculo,[45] porque termina no espaço de sete dias.

Também é um número consagrado ao Espírito Santo, que o profeta Isaías descreve como sendo sétuplo,[46] de acordo com seus dons, isto é, o espírito da sabedoria e entendimento, o espírito do conselho e fortaleza, o espírito de ciência e piedade, e o espírito de temor do Senhor, os quais encontramos em Zacarias, que os chama de os sete olhos de Deus.[47]

Existem também sete anjos, espíritos que se colocam na presença de Deus, como lemos em Tobias[48] e no Apocalipse;[49] sete lâmpadas[50] ardiam diante do trono de Deus, e sete candeeiros de ouro,[51] e no meio deles havia um que era semelhante ao Filho do Homem, e tinha na mão direita sete estrelas.[52] Também havia sete espíritos diante do trono de Deus, e sete anjos se apresentavam diante do trono de Deus e a eles foram dadas sete trombetas.[53] E ele viu um cordeiro com sete chifres e sete olhos[54], e viu o livro selado com sete selos[55] e, quando o sétimo selo foi aberto, fez-se silêncio no céu.[56]

Ora, diante de tudo o que foi dito aqui, é evidente que o número 7, dentre todos os números, pode ser justamente considerado o mais eficaz. Além disso, o número 7 tem uma grande conformidade com o número 12, pois como 3 e 4 são 7, 3 vezes 4 são 12, que são os números dos planetas celestiais e dos signos, resultando da mesma raiz e, por meio do número 4, da natureza das coisas inferiores.

Há também na Escritura Sagrada uma grande observância desse número, acima de todos os outros, e muitos e grandiosos são os seus mistérios; muitos dos quais nós mencionamos aqui, citando-os da Escritura Sagrada, o que parece indicar que o número 7 significa uma certa plenitude de mistérios sagrados.

Pois lemos em Gênesis que o sétimo dia foi o do descanso do Senhor;[57] e que *Enoch*, um homem piedoso, santo, foi o sétimo desde *Adão*, e que havia outro sétimo homem desde *Adão*,[58] um homem ímpio chamado *Lameque*,[59] que tinha duas esposas; e que o pecado de *Caim* deveria ser abolido até a sétima geração; pois está escrito que *Caim* será punido sete vezes, e que aquele que matar *Caim*[60] será vingado sete vezes, pelo que, entende o mestre da História,[61] havia sete pecados de *Caim*. Também de todos os animais limpos havia sete,[62] e sete foram levados à arca, bem como as aves; e depois de sete dias o Senhor fez chover sobre a Terra e no sétimo dia as fontes das profundezas[63] jorraram e as águas cobriram a Terra. Também *Abraão* deu a *Abimileque* sete ovelhas;[64] e Jacó serviu sete anos por *Léa* e mais sete por *Raquel*;[65] e por sete dias o povo de Israel lamentou a morte de *Jacó*.[66] Além disso, lemos no mesmo lugar sobre sete espigas de milho, sete anos de abundância e sete anos de escassez.[67]

E, em Êxodo, determina-se o sabá dos sabás,[68] o descanso sagrado para o Senhor, que ocorre no sétimo dia. Também no sétimo dia, Moisés parou de rezar.[69] No sétimo dia haverá uma solenidade do Senhor;[70] no sétimo ano, o servo se tornará liberto;[71] por sete dias ficará a cria sem a mãe;[72] no sétimo ano, o solo que foi cultivado por seis anos descansará;[73] o sétimo dia será um sabá sagrado e dia de descanso: o sétimo dia, porque é o sabá, será chamado de sagrado.[74]

Em Levítico, o sétimo dia[75] também será mais observado e mais sagrado, e o primeiro dia do sétimo mês será um sabá memorial.[76] Por sete dias, serão oferecidos sacrifícios ao Senhor,[77] por sete dias os dias santos do Senhor serão celebrados, sete dias por ano para sempre em todas as gerações.[78]

No sétimo mês, deve-se celebrar com banquetes e também se deve habitar nos tabernáculos sete dias[79]; sete vezes deve, diante do Senhor, ungir-se aquele que mergulhou o dedo em sangue;[80] aquele que se livrou da lepra deve mergulhar sete vezes no sangue de um pardal;[81] por sete dias aquela que está menstruada deve se lavar com água corrente;[82] sete vezes deverá mergulhar o dedo no sangue de um boi;[83] tornarei a castigar-vos sete vezes mais por causa dos vossos pecados.[84]

Em Deuteronômio, sete pessoas possuíam a terra prometida.[85] Também se fala de um sétimo ano de remissão[86] e sete velas[87] colocadas no lado sul dos candeeiros.

E lemos em Números que os filhos de Israel ofereceram sete ovelhas[88] sem manchas e que, por sete dias, comeram pão não fermentado,[89] e que o pecado foi expiado com sete cordeiros e um bode,[90] e que o sétimo dia era sagrado e de celebração,[91] e o primeiro dia[92] do sétimo mês era observado e mantido sagrado, e o sétimo mês da festa dos tabernáculos,[93] e sete novilhos[94] eram oferecidos no sétimo dia, e *Baalam* ergueu sete altares;[95] por sete dias *Maria*, irmã de *Aarão*, ficou leprosa;[96] por sete dias aquele que tocasse uma carcaça[97] ficava impuro.

E em Josué sete sacerdotes carregavam a arca da aliança diante da hoste, e por sete dias percorreram as cidades, e sete trombetas eram levadas por sete sacerdotes, e no sétimo dia os sete sacerdotes soaram as trombetas.[98]

E, no livro dos Juízes, *Abessa*[99] reinou em Israel por sete anos, *Sansão*[100] observou suas núpcias por sete dias e no sétimo dia ele apresentou um enigma à sua esposa e foi amarrado com sete tendões,[101] sete cachos de seus cabelos foram cortados,[102] por sete anos os filhos de Israel foram oprimidos pelo rei dos midianitas.[103]

E nos livros dos Reis, *Elias* rezou sete vezes e, na sétima vez, viu uma nuvem!;[104] por sete dias os filhos de Israel se puseram defronte aos sírios, e no sétimo dia a batalha foi travada;[105] por sete anos a fome ameaçou *Davi* pelo murmúrio do povo;[106] e sete vezes a criança espirrou, aquele que foi criado por *Eliseu*;[107] e sete homens foram crucificados[108] juntos nos dias da primeira colheita. *Naamã* foi mergulhado sete vezes na água por *Eliseu*;[109] e no sétimo mês *Golias* foi morto.[110]

E em Ester, lemos que o rei da Pérsia tinha sete eunucos;[111] e em Tobias sete homens copularam com *Sara*,[112] a filha de *Raquel*; e em Daniel, a fornalha de *Nabucodonosor* foi aquecida sete vezes,[113] e sete leões[114] se encontravam no covil, e no sétimo dia chegou *Nabucodonosor*.

No livro de *Jó*, há menção dos sete filhos de *Jó*,[115] e por sete dias e sete noites os amigos de *Jó*[116] sentaram-se com ele na terra; e no mesmo lugar, de sete angústias[117] te livrará e o mal não te tocará.

Em *Esdras*, lemos que *Artaxerxes* tinha sete conselheiros;[118] e no mesmo lugar soou a trombeta;[119] o sétimo mês da festa dos tabernáculos ocorreu na época de *Esdras*,[120] enquanto os filhos de Israel estavam nas cidades; e no primeiro dia do sétimo mês, *Esdras* leu a Lei[121] ao povo.

E, nos Salmos, *Davi* louvava o Senhor[122] sete vezes ao dia; a prata é amarrada sete vezes;[123] e retribui, Senhor, aos nossos vizinhos, sete vezes tanto o opróbrio com que te vituperam.[124]

E *Salomão* dizia que a sabedoria estava gravada em sete pilares;[125] sete homens[126] que sabem responder bem, sete abominações aos olhos do Senhor, sete abominações[127] no coração de um inimigo,[128] sete capatazes, sete olhos contemplando.

Isaías enumera sete dons do Espírito Santo,[129] e sete mulheres lançarão mão de um homem.[130]

E, em *Jeremias*, aquela que der à luz sete filhos[131] perecerá.

Em *Ezequiel*, o profeta permaneceu triste por sete dias.[132]

Em *Zacarias*, sete lâmpadas, e sete tubos para essas sete lâmpadas,[133] e sete olhos olhando por toda a Terra,[134] e sete olhos sobre uma pedra,[135] e o jejum de sete dias que será um regozijo.[136]

E em *Miqueias*, sete pastores[137] se voltam contra os assírios.

Também no Evangelho, lemos sobre sete bênçãos[138] e sete virtudes,[139] às quais se opõem sete vícios;[140] sete pedidos[141] na oração do Senhor (o Pai-Nosso), sete palavras de *Cristo*[142] na cruz, sete palavras da bem-aventurada *Virgem Maria*,[143] sete pães[144] distribuídos pelo Senhor, sete cestos[145] do que sobrou, sete irmãos[146] tendo a mesma esposa, sete discípulos[147] do Senhor, que eram pescadores, sete jarros de água[148] em Caná de Galileia. Sete ais[149] com que o Senhor ameaça os hipócritas, sete demônios[150] expulsos da mulher impura, e sete demônios piores,[151] que entram após os primeiros serem expulsos. Também por sete anos *Jesus* ficou no Egito[152] e na sétima hora a febre deixou o filho do governador.[153]

E nas Epístolas Católicas, *Tiago* descreve sete graus de sabedoria[154] e *Pedro*, sete graus de virtude.[155]

E nos Atos são reconhecidos sete decanos[156] e sete discípulos[157] escolhidos pelos apóstolos.

Também no Apocalipse há mistérios em mesmo número; pois lemos dos sete candeeiros,[158] sete estrelas,[159] sete coroas,[160] sete igrejas,[161] sete espíritos diante do trono,[162] sete rios do Egito,[163] sete selos,[164] setes marcas,[165] sete chifres, sete olhos,[166] sete espíritos de Deus,[167] sete anjos com sete trombetas,[168] sete chifres do dragão,[169] sete cabeças do dragão, com sete diademas;[170] também sete pragas[171] e sete taças[172] que foram dadas aos sete anjos,[173] sete cabeças da besta escarlate,[174] sete montanhas,[175] e sete reis[176] sentados sobre elas, e sete trovões[177] emitidos por suas vozes.

Além disso, esse número também tinha muito poder tanto nas coisas naturais quanto nas sagradas, cerimoniais e outras; portanto, aqui se relacionam os sete planetas, as estrelas chamadas Plêiades, as sete eras do mundo,[178] as sete mudanças do homem,[179] as sete artes liberais,[180] e o mesmo número de artes mecânicas e proibidas, sete cores,[181] sete metais,[182] sete orifícios na cabeça do homem,[183] sete pares de nervos,[184] sete montanhas[185] na cidade de Roma, sete reis romanos,[186] sete guerras civis, sete sábios na época do profeta *Jeremias* e sete sábios da Grécia.[187] Roma também ardeu em chamas por sete dias por causa de *Nero*.[188] Dez mil mártires foram mortos por sete reis.

Havia sete adormecidos, sete igrejas principais de Roma e o mesmo número de mosteiros construídos por *Gregório*; também sete filhos deu à luz *Santa Felicidade*; sete eleitores do Império,[189] e sete atos solenes na coroação do Imperador;[190] as leis do Testamento requerem sete testemunhas,[191] são sete as punições civis e sete canônicas, também são sete as horas canônicas,[192] o sacerdote faz sete reverências na missa; sete sacramentos e sete ordens do clero,[193] e um menino de sete anos pode ser ordenado pelo menor e obter um benefício *fina cura*.[194]

Há sete Salmos penitenciais[195] e sete mandamentos da segunda tábua,[196] e por sete horas ficaram *Adão* e *Eva* no Paraíso, e sete homens foram anunciados por um anjo antes de nascer: *Ismael, Isaque, Sansão, Jeremias, João Batista, Tiago*, irmão do Senhor, e Cristo *Jesus*.

Por fim, esse número é o mais potente de todos, tanto para o bem quanto para o mal; a esse respeito, cantava *Lívio*,[197] o mais antigo poeta:

A sétima luz é chegada, e assim
O pai de toda a luz começa a absolver todas as coisas,
A sétima de todas as coisas originais,
O primeiro sétimo, o sétimo sete chamamos
De perfeito, com estrelas errantes o céu se envolve.
E nos mesmos círculos se deixa cercar.

Do número 7 e sua escala

A escala do número 7

	אצפקיאל Zaphkiel	צדקיאל Zadkiel	כמאל Camael	רפאל Rafael	האניאל Haniel	מיכאל Miguel	גבריאל Gabriel	
No mundo original					אלילאיר Ararita אשר אהיה Asher Eheieh			O nome de Deus com sete letras
No mundo inteligível								Sete anjos que se colocam na presença de Deus
No mundo celestial	שבתאי Saturno	צדק Júpiter	מאדים Marte	שמש O Sol	נגה Vênus	כוכב Mercúrio	לבנה A Lua	Sete planetas
	Abibe	Águia	Abutre	Cisne	Pomba	Cegonha	Coruja	Sete pássaros dos planetas
	Choco	Delfim	Pega	Lobo-do-mar	Thymallus	Tainha	Peixe-gato	Sete peixes dos planetas
No mundo elemental	Toupeira	Veado	Lobo	Leão	Bode	Macaco	Gato	Sete animais dos planetas
	Chumbo	Estanho	Ferro	Ouro	Cobre	Mercúrio	Prata	Sete metais dos planetas
	Ônix	Safira	Diamante	Carbúnculo	Esmeralda	Ágata	Cristal	Sete pedras dos planetas

A escala do número 7

	Pé direito	Cabeça	Mão direita	Coração	Partes íntimas	Mão esquerda	Pé esquerdo	
No mundo menor	Ouvido direito	Ouvido esquerdo	Narina direita	Olho direito	Narina esquerda	Boca	Narina direita	Sete membros integrantes distribuídos entre os planetas
								Sete orifícios da cabeça distribuídos entre os planetas
No mundo[198] infernal	גהנם Inferno	שערי מות Os portões da morte	צלמות A sombra da morte	באר שחת O poço de destruição	טיט היון A argila da morte	אבדון Perdição	שאול A profundeza da morte	Sete habitantes dos infernos; o que o rabino José de Castela, o Cabalista, descreve no Jardim das Nozes.

Notas – Capítulo X

1. "Também no sétimo mês o feto pode nascer, vivo" (Theon 2.46 [Lawlor, 69]).
2. "As crianças desenvolvem os dentes a partir do sétimo mês após o nascimento, e a dentição se completa em sete anos..." (*Ibid.*). Ver também Plínio 7.15 (Bostock e Riley, 2:153).
3. "... o sêmen e a puberdade surgem aos 14 anos de idade..." (Theon 2.46 [Lawlor, 69]).
4. "... é no terceiro período, aos 21 anos de idade, que a barba começa a crescer. É também nessa idade que o homem atinge sua altura total..." (*Ibid.*).
5. Ficar robustos.
6. "... é só no quarto período, 28 anos de idade, que ele adquire a robustez" (*Ibid.*).
7. Davi, no Salmos 90:10.
8. "Há sete vísceras, a língua, o coração, os pulmões, o fígado, o baço e os dois rins" (Theon 2.46 [Lawlor, 69]).
9. Talvez seja desnecessário acrescentar que essas estimativas de resistência estão totalmente erradas. A maioria das pessoas provavelmente morreria se ficasse sete minutos sem ar; e já foi demonstrado em experiências que o homem pode viver mais de um mês sem comida, embora não sem água, que é necessária após uma semana ou pouco mais.
10. "Sete dias são necessários para se diagnosticar uma doença, e todas as febres periódicas, mesmo em febre de três e quatro dias, o sétimo dia é sempre o mais sério" (*Ibid.*).
11. E ele prosseguiu com a divisão, da seguinte maneira: primeiro, tirou uma parte do todo [1], depois separou uma segunda parte, que era o dobro da primeira [2]; em seguida, pegou uma terceira parte, que era uma vez maior que a segunda e o triplo da primeira [3]. Depois, pegou uma quarta parte que era o dobro da segunda [4] e uma quinta parte, que era o triplo da terceira [9], e uma sexta parte, que era oito vezes maior que a primeira [8], e uma sétima parte, que era 27 vezes maior que a primeira [27]. (Platão, *Timaeus* 35b [Hamilton and Cairns, 1165]).
12. Em música, toda oitava nota é repetida, formando uma oitava, que é o mesmo tom separado por uma proporção 2:1.
13. Dítono: terceira maior; semidítono: terceira imperfeita; diatesseron: quarta; diapente: quinta; diapasão: oitava.
14. Chamado em Astrologia de aspecto da oposição, quando dois planetas ou pontos significativos estão a 180° de distância, resultando em máxima tensão e polarização entre os dois.
15. "De um solstício do Sol a outro há sete meses, e os planetas também são sete. De modo semelhante, sete meses são contados de um equinócio ao outro"(Theon 2.46 [Lawlor, 69]). Lembremo-nos de que os antigos contavam a partir do primeiro elemento em uma série, enquanto nós contamos a partir do segundo. Pela classificação moderna, há apenas seis signos entre os equinócios e os solstícios.
16. A Grande Cruz da Astrologia é formada quando quatro planetas ou pontos significativos como os nodos da Lua estão a 90° um para o outro, e é a constelação de tensão máxima.
17. Agrippa parece parafrasear Theon aqui (ver nota 15 deste capítulo), mas as palavras não são claras, e talvez fosse uma melhor explicação: "Pela mesma radiação e número, o solstício de verão é distante do solstício de inverno, e o equinócio de outono do equinócio da primavera, todos os quais determinados pelos sete signos".
18. Como Agrippa fala de longitude, ele deve estar se referindo aos círculos das casas da Astrologia, que definem as casas do zodíaco. Há seis que giram em torno da Terra, de norte a sul, intersectando nos polos. Não me parece claro como Agrippa chegou aos sete círculos, a menos que seja pelo mesmo sistema de contar que lhe dá sete signos em 180 graus (ver nota 15 deste capítulo).
19. Eixo da Terra, que antigamente era considerado o eixo do Universo.
20. A constelação da Ursa Maior, que é formada de sete estrelas brilhantes.
21. 1+2+3+4+5+6+7 = 28. A Lua atravessa o plano da eclíptica duas vezes a cada revolução em torno da Terra. Essas interseções são chamadas de nodos da Lua. Por 14 dias, a Lua está acima da eclíptica e, por outros 14, abaixo.

22. "O mês é composto de quatro semanas (quatro vezes sete dias); na primeira semana, a Lua parece dividida em duas; na segunda, torna-se cheia; na terceira, é novamente dividida; e, na quarta, volta a se encontrar com o Sol para iniciar um novo mês e aumentar, ou crescer, no decorrer da semana seguinte" (Theon 2.46 [Lawlor, 68]).

23. "As marés são altas na lua cheia e na lua nova porque nessas fases a lua e sol se alinham e suas forças de maré se complementam; nas fases minguante e crescente, o sol e a lua se digladiam, e o efeito de maré do sol cancela uma parte do efeito de maré da lua."

24. Sábado é o Sabá dos judeus.

25. Apocalipse 20.

26. Entre os números contidos na década, alguns criam e alguns são criados. Por exemplo, 4 multiplicado por 2 cria 8 e é criado por 2. Outros são criados, mas não criam, como 6, que é o produto de 2 e 3, mas que não cria nenhum dos números da década. Outros criam, mas não são criados, como 3 e 5, que não são criados por nenhuma combinação de números, mas criam: 3 produz 9, e 5 multiplicado por 2 produz 10.
O 7 é o único número que, multiplicado por outro, não cria nenhum dos números na década, e que não é produzido pela multiplicação de nenhum número (Theon 2.46 [Lawlor, 68]).

27. Outro número da década, o 7, é dotado de uma notável propriedade: é o único que não gera nenhum outro número contido na década e que não nasce de nenhum deles, fato que levou os pitagóricos a lhe dar o nome de Atena, pois essa deusa não nasceu de uma mãe e não teve filhos (*Ibid.*). Palas Atena nasceu da cabeça de Deus, sem sexo, e permaneceu virgem.

28. A palavra hebraica *saba*, da raiz SBAa (שבע), "sete", um dos tipos de juramentos feitos pelos judeus, sendo o outro *alah* (maldição), que invoca a maldição de Deus caso o juramento seja violado.

29. Gênesis 21:29-31.
30. Gênesis 2:2.
31. Êxodo 20:8-11.
32. Mateus 28:1.
33. "... Mergulhei sete vezes na água do mar, sendo o número 7 conveniente e apropriado para as coisas sagradas e divinas, como declarou o digno e sábio filósofo Pitágoras"(Apuleio, *O asno de ouro*, 47).
34. Levítico 14:7. Na Bíblia, o tipo de pássaro não é especificado, mas Rashi diz: "Uma vez que as pragas vêm da má língua, que é o ato de tagarelar, consequentemente eram necessários para a sua purificação pássaros que gorjeiam continuamente com seus chilros" (Rashi 1949, 3:129).
35. II Reis 5:10-4.
36. O sábio é Salomão. Ver Provérbios 6:31.
37. Levítico 25. Sete anos totais são 7 x 7.
38. Mateus 6:9-13.
39. Ver nota 9, cap. IX, l. II.
40. Salmos 119:164.
41. Gênesis 4:15.
42. Salmos 79:12.
43. Provérbios 6:16-9
44. Mateus 12:45.
45. Semana.
46. Isaías 11:2. Presumivelmente a santidade do Espírito é indicada na frase bíblica "do Senhor".
47. Zacarias 4:10.
48. Livro apócrifo [presente nas Bíblias católicas] de Tobias 12:15.
49. Apocalipse 8:2.
50. Apocalipse 4:5.
51. Apocalipse 1:12.
52. Apocalipse 1:16.
53. Ver nota 49 deste capítulo.
54. Apocalipse 5:6.
55. Apocalipse 5:1.

56. Apocalipse 8:1.
57. Gênesis 2:2.
58. Gênesis 5:24. Enoch era a sexta geração, pelos cálculos modernos.
59. Gênesis 4:19. Lameque era descendente de Caim.
60. Genesis 4:24
61. Talvez uma referência a Josephus, *Antiguidade dos Judeus*, 1.2.2.
62. Gênesis 7:2-3.
63. Gênesis 7:10-1.
64. Gênesis 21:29-31.
65. Gênesis 29:18-28.
66. Gênesis 50:10.
67. Gênesis 41.
68. A raiz de sabá é SBTh [שבת], que significa "teste". Portanto, "o sabá do descanso" – Êxodo 31,15 e 35,2 – em que [שבתון] indica intensidade, um grande sabá ou um sabá solene.
69. Êxodo 24:16.
70. Êxodo 31:15.
71. Ver nota 9, cap. IX, l. II.
72. Êxodo 22:30.
73. Êxodo 23:11.
74. Ver nota 68 deste capítulo.
75. Levítico 23:8.
76. Levítico 23:24.
77. Levítico 23:36.
78. Levítico 23:41.
79. Levítico 23:42.
80. Levítico 4:6.
81. Ver nota 34 deste capítulo.
82. Levítico 15:19, no contexto de 15:13.
83. Levítico 4:6.
84. Levítico 26:18.
85. Talvez Deuteronômio 27:3, com referência a Josué 18:6.
86. Deuteronômio 15:1.
87. Parece uma referência a Números 8:2.
88. Números 28:11. Mas não há menção aqui de ovelhas; na verdade, Rashi diz que os cordeiros são machos (Rashi 1949, 4:300). Agrippa pode ter se confundido com Gênesis 21:29, em que sete cordeiros são, na verdade, ovelhas.
89. Números 28:17.
90. Números 28:21-2.
91. Números 28:25.
92. Números 29:1.
93. Números 29:12.
94. Números 29:32. Bezerros. Ver 29:17.
95. Números 23:1
96. Miriam, em Números 12:14.
97. Números 19:11.
98. Josué 6:3-4.
99. Os abiezritas, o clã de Gideão, que expulsou o rei dos midianitas, que havia governado Israel por sete anos. Ver Juízes 6:1-11-34. A referência de Agrippa é confusa.
100. Juízes 14:12-17.
101. Um tendão é um rebento verde, flexível, usado para amarrar e plantar; varas de salgueiro. Ver Juízes 16:8.
102. Juízes 16:19.
103. Ver nota 99 deste capítulo.
104. I Reis 18:44.

105. I Reis 20:29.
106. Provavelmente II Reis 8:1.
107. II Reis 4:35.
108. II Samuel 21:9.
109. II Reis 5:14.
110. Gedalias. II Reis 25:25.
111. Ester 1:10.
112. Tobias 3:8.
113. Daniel 3:19.
114. Daniel foi jogado no covil dos leões por Dario (Daniel 6:16). A referência é Daniel 14:31-39.
115. Jó 1:2.
116. Jó 2:13.
117. Jó 5:19.
118. Esdras 7:14.
119. Esdras 3:10. Ver também Neemias 12:35.
120. Esdras 3:1-4.
121. Neemias 13:1.
122. Salmos 119:164,
123. Salmos 12:6.
124. Salmos 79:12.
125. Provérbios 9:1.
126. Provérbios 26:16.
127. Provérbios 6:16-9.
128. Provérbios 26:25.
129. Ver nota 46 deste capítulo.
130. Isaías 4:1.
131. Jeremias 15:9.
132. Ezequiel 3:15.
133. Zacarias 4:2.
134. Zacarias 4:10.
135. Zacarias 3:9.
136. Zacarias 8:19.
137. Miqueias 5:5.
138. Mateus 5:3-11. Mas eu conto nove.
139. Mateus 19:18-21.
140. Mateus 15:19.
141. Mateus 6:9-13.
142. Lucas 23:46.
143. Talvez João 2:5.
144. Mateus 15:36.
145. Mateus 15:37.
146. Mateus 22:25-6.
147. João 21:2.
148. João 2:6. Na verdade, eram seis.
149. Mateus 23:13-29.
150. Lucas 8:2.
151. Mateus 12:45.
152. Mateus 2:14-5.
153. João 4:52.
154. Tiago 3:17.
155. II Pedro 1:5-7.
156. Atos 20:4.
157. Tavez Atos 20:4.
158. Apocalipse 1:12.
159. Apocalipse 1:16.

160. Apocalipse 12:3.
161. Apocalipse 1:11.
162. Isaías 1:4, não Apocalipse.
163. Isaías 11:15, não Apocalipse.
164. Apocalipse 5:1.
165. Talvez Apocalipse 13:16.
166. Apocalipse 5:6.
167. Apocalipse 8:2.
168. Apocalipse 8:2.
169. Apocalipse 12:3. Mas os chifres são dez. Talvez Agrippa tenha confundido essa passagem com Apocalipse 5:6.
170. Apocalipse 12:13.
171. Apocalipse 15:1.
172. Apocalipse 15:7.
173. Apocalipse 17:1.
174. Apocalipse 17:3.
175. Apocalipse 17:9.
176. Apocalipse 17:17.
177. Apocalipse 10: 4.
178. Hesíodo cita cinco idades: (1) do ouro, (2) da prata, (3) do bronze, (4) dos heróis e (5) do ferro. Ovídio omite a quarta idade, talvez ofendesse seu senso de simetria poética. Lucrécio cita três, que são aquelas ainda consideradas nos tempos modernos: (1) da pedra, (2) de bronze e (3) do ferro. A divisão em sete idades, ou eras, começou com Nenius, um historiador galês que viveu no fim do século VIII e escreveu *Historia Britanum*. São elas: (1) Adão a Noé, (2) Noé a Abraão, (3) Abraão a Davi, (4) Davi a Daniel, (5) Daniel a João Batista, (6) João Batista ao Dia do Juízo Final, (7) A Segunda Vinda de Cristo. Quanto a esse tema, consultar Graves [1948] 1973, 266-8.
179. A primeira, o bebê, choramingando e vomitando nos braços da ama. Depois, o menino a resmungar, indo para a escola carregando sua bolsa. Com o rosto brilhante, logo de manhã, rastejando como um caracol. Depois, vem o enamorado, Suspirando como uma fornalha, com sua aflita balada, Que fala das sobrancelhas de sua amada. Em seguida, o soldado, Cheio de estranhas imprecações, barbado como um menestrel, de honra impecável, intempestivo e pronto para a briga. Atrás da efêmera reputação Ainda que na frente do canhão a disparar. E depois, o juiz, com sua grande barriga, coberta pela fina toga, Com olhos severos, barba formal, Cheio de sábios pensamentos e modernos ditados; Interpretando seu papel. A sexta idade, então, muda para a das calças largas e os chinelos. Com óculos caindo sobre o nariz e a bolsinha de rapé ao lado, Suas longas meias guardadas desde a juventude, agora um pouco largas Para suas canelas mais delgadas; e sua forte voz masculina Regredindo então ao timbre infantil, a fala cheia de assobios. Última cena de todas, A encerrar essa estranha história acidentada É a segunda infância, em mero oblívio Sem dentes, sem visão, sem gosto, sem tudo o mais.
(Shakespeare, *As You Like It*, ato 2, s. 7, linhas 143-66)
180. Descendentes das nove *disciplinae* de Varro, as sete artes liberais eram reconhecidas por Santo Agostinho e Martianus Capella. Na Idade Média, elas eram divididas em um *Trivium* de Gramática, Lógica e Retórica e um *Quadrivium* de Música, Aritmética, Geometria e Astronomia.
181. Preto, branco, vermelho, verde, amarelo, azul, roxo.
182. Ver tabela deste capítulo.
183. Ver tabela deste capítulo.
184. Os nervos foram reconhecidos como sete por Celsus em sua *De Medicina*, obra escrita no início do século I. Na verdade, existem 12 pares reconhecidos.
185. Roma foi construída sobre sete colinas: (1) Mons Palatinus, (2) Mons Capitolinus, (3) Mons Quirinalis, (4) Mons Caelius, (5) Mons Aventinus, (6) Mons Viminalis, (7) Mons Esquilinus. Por isso era chamada Urbs Septicolis.

186. (1) Romulus (753-716 a.C.), Numa Pompilius (716-673 a.C.), Tullus Hostilius (673-641 a.C.), (4) Ancus Marcius (640-616 a.C.), (5) L. Tarquinius Priscus (616-578 a.C.), (6) Survius Tullius (578-534 a.C.), (7) L. Tarquinius Superbus (534-510 a.C.).

187. (1) Sólon de Atenas, (2) Chilo de Esparta, (3) Tales de Mileto, (4) Bias de Priene, (5) Cleobulos de Lindos, (6) Pittacos de Mitilene, (7) Periander de Corinto.

188. "Por seis dias e sete noites, ele [Nero] se regozijou dessa maneira, criando confusão e tumulto e forçando os cidadãos a abandonar suas moradas e se abrigar entre as tumbas e os monumentos aos mortos" (Suetônio "Nero Claudius Caesar" 38. Em *History of the Twelve Caesar* [Holland, 290]).

189. Sete príncipes alemães que tinham o ofício de eleger o imperador alemão sob a autoridade do papa entre os séculos XIII e XIX. Eles possuíam considerável poder na época de Agrippa. Quando o Santo Império Romano foi dissolvido em 1806, os eleitores deixaram de existir.

190. Antes de Maximiliano I (até 1440), a coroação do imperador alemão era realizada em Roma pelo papa. O futuro imperador era recebido diante das portas prateadas da igreja de São Pedro, na qual a primeira oração era recitada. Em seguida, ele era conduzido para dentro, onde uma segunda oração era feita. Ele ia, então, ao confessionário de São Pedro e era ungido no braço direito e entre os ombros. Subindo até o grande altar, o papa entregava-lhe uma espada, que ele brandia e guardava na bainha. O papa, em seguida, entregava-lhe o cetro. A coroa era colocada na cabeça do imperador pelo pontífice. A cerimônia era concluída com uma missa de coroação, rezada pelo papa.

191. Gênesis 21:30.

192. Ver nota 47, cap. XVIII, I, III

193. Eram divididas em Maiores (bispo, padre, diácono [com subdiácono] e Menores (porteiro, leitor, exorcista e acólito). Essa ordem foi estabelecida no início do século III.

194. Literalmente, "no fim dos cuidados". Um benefício é um modo de viver eclesiástico. A circunstância ocorria com o Venerável Bede (ver nota biográfica).

195. Salmos 6, 32, 38, 51, 102, 130 e 143 da versão *King James*; 6, 31, 37, 50, 101, 129 e 142 da *Vulgata*. São usados cerimonialmente; por exemplo, na consagração de altares.

196. Existe um mito de que três mandamentos se encontravam em uma tábua de pedra que Moisés trouxe do monte Sinai e sete, na outra. Ver prancha no início de *The Sixth and Seventh Books of Moses*, publicado por De Laurence, Chicago.

197. Livius Andronicus. Ver nota bibliográfica.

198. Muitas dessas grafias hebraicas parecem ser erros de impressão, que remontam à edição original em latim. Desde então, elas têm sido copiadas fielmente por imitadores, incluindo Francis Barrett em *O Mago* (1810), que as corrompeu mais ainda. Houve um esforço por parte de MacGregor ou Aleister Crowley, no século XIX, para restaurar parte delas; a versão deles tem ao menos a vantagem de apresentar palavras hebraicas verdadeiras:

Vale de Hinoma, Gevenna (Josué 15:8) גי הנם
(Fogo do Inferno [Mateus 5:22]) γέεννα)
Portões da Morte (Salmos 9:13) שערי־מות
Sombra da Morte (Salmos 23:4) צל־מות
Poço de destruição (Salmos 55:23) באר שחת
Argila lodosa (Salmos 40:2) טיט היון
Destruição (Salmos 88:11) אבדון
Sepultura, inferno (Salmos 9:17) שאול

Muitas dessas expressões aparecem mais de uma vez na Bíblia, algumas (שאול) em vários lugares. Outras (טיט היון) ocorrem apenas uma vez. Citei simplesmente o primeiro uso, nos Salmos, quando ocorre.

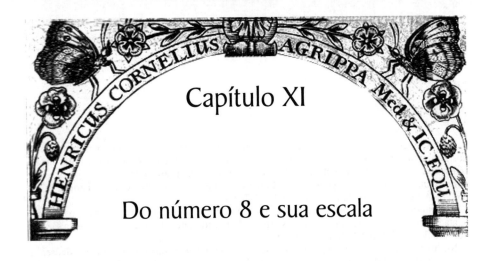

Capítulo XI

Do número 8 e sua escala

Os pitagóricos dizem que o 8 é o número da justiça e da plenitude: primeiro, porque ele é antes de mais nada dividido em números igualmente pares, ou seja, em quatro, e essa divisão é, pelo mesmo motivo, feita em duas vezes 2: duas vezes 2 duas vezes; e por causa dessa igualdade de divisão,[1] o número pegou para si o nome da Justiça, mas o outro[2] recebeu o nome da Plenitude, por causa do contexto da solidez corporal, uma vez que o primeiro faz um corpo sólido.

Daí o costume de *Orfeu* de jurar por oito divindades[3] se a qualquer instante ele implorasse à justiça divina, cujos nomes são: Fogo, Água, Terra, Céu, Lua, Sol, Phanes e Noite. Há também apenas oito esferas visíveis[4] dos céus: também esse número indica a natureza corpórea, que *Orfeu* inclui em oito de suas canções do mar.[5]

A isso também se chama aliança de circuncisão, que deve ser feita pelos judeus no oitavo dia.[6] Também havia na velha Lei oito ornamentos dos sacerdotes:[7] um peitoral, uma cota, um cinto, um mitra, uma túnica, um éfode, um cinto do éfode, uma placa dourada; ele também consiste no número da eternidade,[8] e indica o fim do mundo, pois segue o número 7, que é o mistério do tempo;[9] é também o número da bendição; pois Cristo ensina oito graus de bendição, como você poderá constatar em *Mateus*;[10] ele também é chamado de o número da segurança e da conservação, pois oito eram as almas dos filhos de *Jessé*,[11] dos quais *Davi* era o oitavo. Também *Zacarias*, pai de *João*, voltou a falar no oitavo dia.[12]

Dizem ainda que esse número era dedicado a *Dioniso*,[13] pois este nasceu no oitavo mês, e em cuja memória eterna a Ilha de Naxos foi dedicada, obtendo a prerrogativa de que apenas as mulheres de Naxos deveriam dar à luz no oitavo mês, e as crianças viveriam, enquanto os bebês de oito meses em outras nações morreriam, e suas mães correriam perigo imediato.

Notas – Capítulo XI

1. 2 x 4.
2. 2 x 2 x 2.
3. Algumas pessoas dizem que há oito deuses principais no Universo, e isso também se encontra nos juramentos de Orfeu: "Pelos criadores das coisas para sempre imortais: fogo e água, terra e céu, a Lua e o Sol, a grande tocha e a noite negra" (Theon 2.47 [Lawlor, 69]).
Ver os *Hinos de Orfeu*: 2, "À Noite"; 3, "Ao Céu"; 4, "Ao Fogo"; 5, "A Protogonus" (Phanes); 7, "Ao Sol"; 8, "À Lua"; 21, "Ao Mar, ou Tethys"; 25, "À Terra".
4. Sete esferas dos planetas e a oitava do zodíaco. A nona era Deus e invisível. "Timóteo também relata o provérbio 'oito é tudo', porque as esferas do mundo que giram em volta da terra são em número de 8" (Theon 2.47 [Lawlor, 69-70]).
5. No hino órfico "Ao Oceano", o mar era venerado como "o maior purificador dos deuses" e era chamado por Pitágoras, segundo Porfírio, de "uma lágrima de Saturno", porque, como diz Thomas Lawlor, Saturno representa o puro intelecto (Taylor 1875, 108). Os hinos órficos mais intimamente associados ao mar são: 16, "A Netuno"; 21, "Ao Mar, ou Thetys"; 22, "A Nereu"; 23, "Às Nereidas"; 24, "A Proteu"; 73, "A Leucothea"; 74, "A Palemon"; 82, "Ao Oceano". Agrippa pode estar se referindo a outros hinos.
6. Gênesis 17:12.
7. Êxodo 28:4.8.36.
8. O número 8, de lado, forma a lemniscata (∞), símbolo da eternidade.
9. Porque o 7 não surge de outros números nem os faz surgir (ver nota 26, cap. X, l. II); portanto, não começa nem termina.
10. Ver nota 138, cap. X, l. II.
11. I Samuel 16:10-3.
12. Lucas 1:59-64.
13. Dioniso era o filho de Zeus e da princesa de Tebas, Semele. Apaixonado por Semele, Zeus fez a promessa desmedida de que faria qualquer coisa que ela pedisse. Instigada pela ciumenta Hera, Semele solicitou ver Zeus em todo o seu esplendor. Zeus não podia recusar, pois havia jurado pelo Rio Estige, e, quando levantou o véu e descobriu o rosto, Semele foi consumida por seu fogo devorador, mas Zeus tirou do ventre dela o feto ainda em desenvolvimento e o colocou em segurança sobre sua coxa, onde ele vingou.

Do número 8 e sua escala

A escala do número 8

אלוה ודעת Eloha Vedaath
יהוה ודעת Jehovah Vedaath

No mundo original								Os nomes de Deus com oito letras
No mundo inteligível	Herança	Incorruptibilidade	Poder	Vitória	A visão de Deus	Graça	Um reino	Alegria	Oito recompensas dos abençoados
No mundo celestial	O céu estrelado	O céu de Saturno	O céu de Júpiter	O céu de Marte	O céu do Sol	O céu de Vênus	O céu de Mercúrio	O céu da Lua	Oito céus visíveis
No mundo elemental	A secura da terra	O frio da água	A umidade do ar	O calor do fogo	O calor do ar	A umidade da água	A secura do fogo	O frio da terra	Oito qualidades particulares
No mundo menor	Os amantes da paz	Fome e sede de justiça	Os humildes	Aqueles que são perseguidos por serem justos	Puros de coração	Misericordiosos	Pobres em espírito	Os que choram	Oito tipos de homens bem-aventurados
No mundo infernal	Prisão	Morte	Jugamento	A ira de Deus	Trevas	Indignação	Tribulação	Angústia	Oito recompensas dos condenados

Capítulo XII

Do número 9 e sua escala

número 9 é dedicado às Musas por meio da ajuda da ordem das esferas celestiais e dos espíritos divinos; portanto, há nove esferas móveis e, de acordo com elas, são nove as Musas,[1] a saber: *Calíope, Urânia, Polímnia, Terpsícore, Clio, Melpômene, Erato, Euterpe, Tália*; musas estas que são atribuídas às nove esferas, de modo que a primeira se assemelha à esfera suprema, chamada de *primum móbile*, e descendo por graus, de acordo com a ordem escrita, até a última, que se assemelha à esfera da Lua. Assim, *Calíope* é atribuída à *primum móbile*, *Urânia* ao céu estrelado, *Polímnia* a Saturno, *Terpsícore* a Júpiter, *Clio* a Marte, *Melpômene* ao Sol, *Erato* a Vênus, *Euterpe* a Mercúrio, *Tália* à Lua.

Há também nove ordens de anjos abençoados, a saber: Serafins, Querubins, Tronos, Dominações, Potestades, Virtudes, Principados, Arcanjos, Anjos, as quais Ezequiel associa a nove pedras,[2] que são: a safira, esmeralda, carbúnculo, berilo, ônix, crisólita, jaspe, topázio, sárdio; esse número tem também um grande mistério oculto da cruz; pois na nona hora, nosso Senhor *Jesus* Cristo entregou seu espírito.[3] E em nove dias os antigos sepultavam seus mortos,[4] e, no mesmo número de anos, dizem que *Minea* recebeu as leis de *Júpiter* em uma caverna;[5] de fato, esse número era particularmente respeitado por Homero, quando as leis tinham de ser passadas ou respostas tinham de ser dadas, quando a espada estava prestes a ser brandida. Os astrólogos também observam o número 9 nas idades dos homens, não diferente do que fazem com o número 7, que eles dizem ser os anos climatéricos, eminentes para alguma notável mudança.

Entretanto, o número às vezes indica imperfeição e incompletude, porque não atinge a perfeição do 10, mas é inferior por um, sem o qual é deficiente, como *Agostinho* interpreta na história dos dez leprosos:[6] tampouco é a longitude de nove côvados de *Ogue*,[7] rei de Basã, que é um tipo de diabo, sem um mistério.

Notas – Capítulo XII

1. Calíope, poesia épica; Urânia, Astronomia; Polímnia, poesia sagrada; Terpsícore, dança coral e canto; Clio, história; Melpômene, tragédia; Erato, poesia de amor; Euterpe, poesia lírica; Tália, comédia.
2. Ezequiel 28:13.
3. Mateus 27:46. Essa exclamação de Cristo tem nove palavras na Bíblia *King James*.
4. Isso vem de Homero e se refere ao mito de Niobe, cujos filhos e filhas foram mortos pelos deuses para puni-la por seu orgulho e vaidade: "Por nove dias, eles ficaram prostrados sobre o próprio sangue; e não havia ninguém para sepultá-los, pois o filho de Kronos transformara as pessoas em pedra; mas no décimo dia os deuses uranianos os sepultaram" (*Ilíada* 24, linhas 610-2 [Lattimore, 491]). O mesmo mito é relatado com um colorido poético por Ovídio em *Metamorfoses* 6.2. Ovídio diz que os filhos e filhas eram em número de 7. É provável que os nove dias reflitam algum antigo costume e sepultamento ou mistério de religião.
5. Homero fala de "Knossos, a grande cidade, o lugar onde Minos foi rei por períodos de nove anos, e conversava com o grande Zeus" (*Odisseia* 19, linhas 178-9) [Lattimore, 286]).
6. Lucas 17:12-9.
7. Deuteronômio 3:11.
8. Agrippa cita o termo hebraico para Gibor como GIBR (גיבר), que não bate com a ortografia moderna GBVR (גבור).
9. O nome desse anjo provavelmente deveria ser Jofiel. Entretanto, ele aparece nessa forma tanto na edição inglesa quanto na latina.

A escala do número 9

יהוה צבאות Jehovah Sabaoth
יהוה צדקנו Jehovah Zidkenu
אלהים גבור Elohim Gibor[8]

										Os nomes de Deus com nove letras
No mundo original		Serafins	Querubins	Tronos	Dominações	Potestades	Virtudes	Principados	Arcanjos	Anjos	
	No mundo inteligível	Metatron	Ofaniel[9]	Zaphkiel	Zadkiel	Camael	Rafael	Haniel	Miguel	Gabriel	Nove cores de anjos
	No mundo celestial	Prim un móbile	Céu estrelado	Esfera de Saturno	Esfera de Júpiter	Esfera de Marte	Esfera do Sol	Esfera de Vênus	Esfera de Mercúrio	Esfera da Lua	Nove anjos que governam os céus
	No mundo elemental	Safira	Esmeralda	Carbúnculo	Berilo	Ônix	Crisólita	Jaspe	Topázio	Sárdio	Nove esferas móveis
	No mundo menor	Memória	Cogitativo	Imaginativo	Senso comum	Ouvir	Ver	Cheirar	Degustar	Tocar	Nove pedras representando os nove coros de anjos
	No mundo infernal	Espíritos falsos	Espíritos mentirosos	Recipientes de iniquidade	Vingadores de perversidade	Ilusionistas	Poderes do ar	Fúrias, espalhando malignidade	Separadores ou divisores	Tentadores ou sedutores	Nove sentidos internos e externos juntos
											Nove ordens de diabos

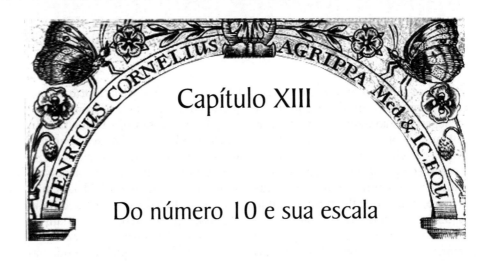

Capítulo XIII

Do número 10 e sua escala

número 10 é chamado de todo número ou de número universal, completo, significando todo o curso da vida, pois, além dele, não, se pode enumerar exceto por replicação; e ele ou implica todos os números dentro de si ou os explica por si, multiplicando-os;[1] por isso, ele é atribuído a uma múltipla religião e poder e é aplicado à purgação das almas. Por isso os antigos chamavam as cerimônias de denário,[2] pois aqueles que seriam expiados ou que ofereceriam sacrifícios precisavam se abster de certas coisas por dez dias. Entre os egípcios, por exemplo, era costume que aquele que ia oferecer sacrifício a *Io*[3] jejuasse dez dias antes, o *que Apuleio* afirma ter feito, dizendo que fora instruído para se abster de toda carne e jejuar por dez dias.[4]

Há dez partes sanguíneas do ser humano, o mênstruo, o esperma, o espírito plasmático,[5] a massa,[6] os humores, o corpo orgânico, a parte vegetativa, a parte sensitiva, a razão e a mente. Há também dez partes integrantes simples que constituem o homem: osso, cartilagem, nervo, fibra, ligamento, artéria, veia, membrana, carne, pele.

Também são dez as partes das quais o homem é intrinsecamente constituído: o espírito, o cérebro, os pulmões, o coração, o fígado, a vesícula, o baço, os rins, os testículos, a matriz.

Havia dez cortinas no templo,[7] dez cordas no saltério e[8] dez instrumentos musicais com os quais os Salmos eram cantados, cujos nomes eram: neza, no qual as odes eram cantadas; nablum, o mesmo que os órgãos; mizmor, onde se cantavam os Salmos; sit, os cânticos; tehila, as exortações; beracha, as bênçãos; halel, os louvores; hodaia, as graças; asre, a felicidade de uma pessoa; aleluia,[9] só para os louvores a Deus e contemplações. Eram dez também os cantores dos Salmos: *Adão, Abraão, Melquisedeque, Moisés, Asaph, Davi, Salomão* e os três filhos de *Coré*;[10] há ainda os dez mandamentos; e, no décimo dia[11] após a ascensão de Cristo, ocorreu a vinda do Espírito Santo. Nesse número, *Jacó* venceu o anjo, após lutar com ele a noite toda, e ao nascer do Sol foi abençoado e chamado pelo nome de *Israel*.[12] Nesse número, Josué venceu 31 reis,[13] e Davi venceu *Golias*[14] e os filisteus, e Daniel escapou do perigo dos leões.[15]

Esse número também é tão circular como uma unidade porque, se for separado e somado,[16] retorna a uma unidade, de onde se originou, e ele é o fim e a perfeição de todos os números, e o começo das dezenas. Assim como o número 10 volta à unidade de onde proveio, tudo o que flui retorna àquilo de onde iniciou o fluxo. A água retorna ao mar, onde se originou; o corpo retorna à terra, de onde foi tirado; o tempo retorna à eternidade, de onde começou a fluir; o espírito retornará a Deus, que o enviou; e por fim, toda criatura retorna ao nada, de onde foi criada, não tendo apoio senão o da palavra de Deus, em quem todas as coisas se ocultam; e todas as coisas com o número 10, e pelo número 10, formam um círculo, como dizia *Proclo*, começando em Deus e nele terminando.

Deus, portanto, a Primeira Unidade, ou o Um, antes de se comunicar aos inferiores, difundiu-se no primeiro dos números, o número 3,[17] depois no número 10, como em dez ideias e medidas para todos os números, e todas as coisas, que os hebreus chamam de dez atributos[18] e consideram dez nomes divinos; causa pela qual não pode haver mais um número. Assim, todas as dezenas têm alguma divindade em si e, segundo a Lei, são de Deus,[19] junto com seus primeiros frutos,[20] como as coisas originais e o começo dos números; e toda décima parte é com o fim que é dado a ele, que é o princípio e o fim de todas as coisas.

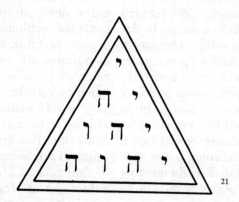
[21]

Notas – Capítulo XIII

1. "A década completa a série de números, contendo em si a natureza de par e ímpar, daquilo que se movimenta e daquilo que se encontra estático, do bem e do mal" (Theon 2.49 [Lawlor, 70]).
2. Do número 10.
3. Na mitologia grega, Io era filha de Inachus e Zeus, que a transformou em uma bezerra para escondê-la da ciumenta Hera. Para se vingar, Hera fez com que Io fosse atormentada por uma mutuca, até que ela nadou pelo mar Jônico até o Egito e fugiu. Ela era representada como uma mulher com cabeça de vaca, confundida com Hathor.
4. Os sumos sacerdotes de Ísis ordenaram a Apuleio que "jejuasse por dez dias contínuos, sem comer carne animal nem beber vinho" (*O asno de ouro*, cap. 48 [Adlington]).
5. O espírito que dá forma ou molde.
6. A quantidade total de sangue ou fluido no corpo.
7. Êxodo 26:1.
8. Um instrumento musical como um santir, descrito como tendo dez cordas. Ver Salmos 33:2 e a tradução de Knox (Salmos 32:2), em que a descrição é mais exata de uma "harpa de dez cordas".
9. Não um instrumento, mas uma exclamação de louvor a Deus: hebraico (הלל) de halal, "brilhar", mais yah (יה), forma abreviada de Jeová.
10. Coré se rebelou contra Moisés e foi morto por Deus (Números 16:32), mas seus filhos foram poupados (Números 26:11). Seus descendentes formaram um dos coros dos levitas, que são mencionados nos títulos de quase 12 Salmos (por exemplo, Salmos 44-9), como os "filhos de Coré".
11. Atos 2:4.
12. Gênesis 32: 24-8. Rashi diz que o mesmo número de horas que o Sol se apressou em se pôr para Jacó em Berseba (Gênesis 28:11) agora se apressava em brilhar (Gênesis 32:31), mas não especifica o número de horas (Rashi 1949, 1:332-3). Em Berseba, Jacó prometeu uma décima parte de sua riqueza a Deus (Gênesis 28:22).
13. Josué 4:19.
14. I Samuel 17:17-8.
15. Talvez o número de horas que Daniel tenha ficado no covil dos leões, segundo uma versão da história. Ver Daniel 6,16-9, em que, porém, o número de horas não é especificado.
16. $1 + 0 = 1$; também $1 + 2 + 3 + 4 + 5 + 6 + 7 + 8 + 9 + 10 = 55$, e $5 + 5 = 10$, e $1 + 0 = 1$.
17. "O número 2 somado à unidade produz 3, que é o primeiro número que tem um começo, um meio e um fim. Por isso, esse número é o primeiro ao qual o nome *aglomerado* se aplica, pois todos os números menores que esse não são chamados de aglomerado (ou de muitos), mas de um ou um e outro; enquanto o 3 é chamado de aglomerdo" (Theon 2.42 [Lawlor, 66]). Ver notas cap. VI, l. II.
18. O sefiroth cabalístico do hebraico "*sapphire*" (ספיר), e não como se afirma *saphar* (ספיר), "enumerar". São descritos como recipientes esféricos que contêm as emanações do Ain Soph (אין סוף), o Ilimitado. Aparecem na tabela no fim do capítulo. Ver também apêndice VI.
19. O dízimo. Ver Gênesis 28:22 e Número 18:21.
20. Êxodo 13:2 e 23:19.
21. Nesse diagrama, as letras do Tetragrammaton são escritas de um modo que formam o *tetractys* de Pitágoras. Essas mesmas letras, escritas lado a lado, compõem o nome de "Jeová com dez letras juntas" que aparece na tabela no fim do capítulo. Na *Ópera*, esse diagrama aparece do modo correto; entretanto, na edição inglesa de 1651, é grosseiramente distorcido a ponto de se tornar irreconhecível e representa um verdadeiro desafio para aqueles que tentam resolvê-lo, como eu fiz, antes de ver a versão correta. Francis Barrett copiou essa versão distorcida da edição inglesa e a incluiu em seu *Magus* (1801), aparentemente sem a menor ideia do que ele significa.

A escala do

	יהוהידוידי O nome de Jeová (Javé) com dez letras juntas			ואו הא O Nome de Jeová	
No mundo original	אהיה Eheie	יהוה Iod Jehovah	יהוה אלהים Jehovah Elohim	אל El	אלהסניבר Elohim Gibor
	כתר Kether	חכמה Hochmach	בינה Binah	חסד Hesed	גבורה Geburah
No mundo inteligível	Serafins	Querubins	Tronos	Dominações	Potestades
	Haioth ha-Kados	Ofanim	Aralim	Hasmalim	Serafim
	Metattron	Jofiel	Zaphkiel	Zadkiel	Camael
No mundo celestial	Rashith ha-Gallalim Primum Mobile	Masloth Esfera do Zodíaco	Sabbathi Esfera de Saturno	Zedeck Esfera de Júpiter	Madim Esfera de Marte
No mundo elemental	Pomba	Leopardo	Dragão	Águia	Cavalo
No mundo menor	Espírito	Baço	Fígado	Vesícula	Coração
No mundo infernal	Deuses falsos	Espíritos mentirosos	Recipientes de iniquidade	Vingadores de perversidade	Ilusionistas

Do número 10 e sua escala

número 10

יורהא com dez letras juntas	אלהים צבאות O nome Elohim Sabaoth				Os nomes de Deus com dez letras
אלִיה Eloha	יהוה צבאית Jehovah Sabaoth	אלהים צבאיה Elohim Sabaoth	שרי Shaddai	ארנ מלך Adonai Malekh	Dez nomes de Deus
חפארה Tiphereth	נצה Netzach	חוד Hod	יסד Iesod	מלכות Malchuth	Dez Sephiroth
Virtudes	Principados	Arcanjos	Anjos	Almas abençoadas	Dez ordens dos bem-aventurados segundo Dionísio
Malachim	Elohim	BeniElohim	Querubim	Issim	Dez ordens dos bem-aventurados de acordo com as tradições dos homens
Rafael	Haniel	Miguel	Gabriel	A alma do Messias	Dez anjos governantes
Shemes esfera do Sol	Noga esfera de Vênus	Cochab esfera de Mercúrio	Levanah esfera da Lua	Holom Jesodoth Esfera dos Elementos	Dez Esferas do Mundo
Leão	Homem	Serpente	Touro	Cordeiro	Dez animais consagrados aos deuses
Coração	Rins	Pulmões	Genitais	Matriz	Dez partes intrínsecas do homem
Poderes do ar	Fúrias, as disseminadoras do mal	Separadores ou divisores	Tentadores ou sedutores	Almas ímpias querendo governar	Dez ordens do condenados

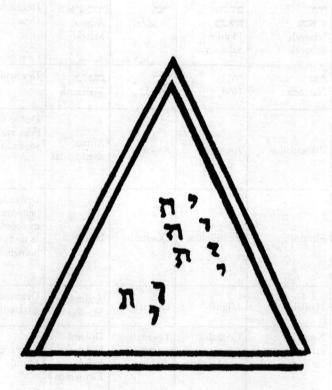

Nome de Jeová (Javé) de dez letras juntas
Extraído de The Magus, *de Francis Barrett (Londres, 1801)*

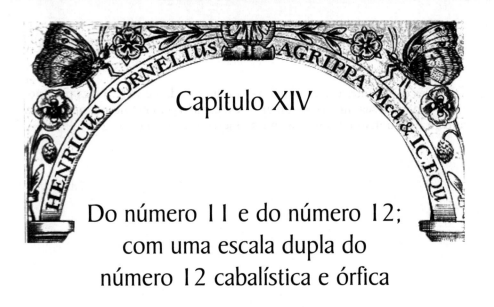

Capítulo XIV

Do número 11 e do número 12; com uma escala dupla do número 12 cabalística e órfica

 número 11, excedendo o número 10, que é o número dos mandamentos, é um antes do número 12, que é o da graça e perfeição; por isso, é chamado de o número do pecado e do penitente. Assim, no tabernáculo, foi ordenado que se fizessem 11 capas de pelos,[1] que é o hábito daqueles que são penitentes e lamentam por seus pecados. Por isso, o número não tem comunhão com coisas divinas ou celestiais nem a menor atração ou escala com tendência para as coisas do alto, e tampouco traz qualquer recompensa; entretanto, às vezes, ele recebe uma graça de Deus, como aqueles que chegaram na hora undécima[2] à vinda do Senhor e receberam a mesma recompensa daqueles que haviam carregado o fardo e suportado o calor do dia.

Quanto ao número 12, é divino e por ele os celestiais são medidos; ele é o número dos signos no zodíaco sobre os quais há 12 anjos[3] como chefes, sustentados pela irrigação do grande nome de Deus.[4] Em 12 anos, também Júpiter aperfeiçoa seu curso,[5] e a Lua atravessa diariamente 12 graus. Há também 12 juntas principais no corpo do homem, i.e., nas mãos, cotovelos, ombros, coxas, joelhos e vértebras dos pés.

Há também um grande poder do número 12 nos mistérios divinos. Deus escolheu 12 famílias[6] de Israel, sendo regidas por 12 príncipes;[7] o mesmo número de pedras[8] foi colocado no meio do Jordão, e Deus ordenou que a mesma quantidade fosse colocada no peito do sacerdote;[9] 12 leões sustentavam o mar de fundição[10] feito por *Salomão*; e havia o mesmo número de fontes em Helim,[11] e de espiões[12] enviados à terra prometida, e de apóstolos de Cristo[13] espalhados pelas 12 tribos, e 12 mil pessoas foram separadas e escolhidas,[14] e a Rainha do Céu foi coroada com 12 estrelas,[15] e no Evangelho 12 cestos[16] dos restos foram coletados, anjos[17] guardam os 12 portões da cidade e 12 pedras[18] da Jerusalém celestial.

Nas coisas inferiores, muitos seres se procriam segundo esse número; a lebre e o cunículo,[19] sendo os mais prolíferos, dão cria 12 vezes por ano, e o camelo gera no mesmo número de meses, e a pavoa bota 12 ovos.[20]

A escala do

No mundo original				חקרוש ברודהוא אב בן דדיח חקרש			
	יהוה	יחוו	יוח	חוי	חיה	חחו	
	Serafins	Querubins	Tronos	Dominações	Potestades	Virtudes	
No mundo inteligível	Malchidiel	Asmodel	Ambriel	Muriel	Verchiel	Hamelial
	Dã	Rúben	Judá	Manasés	Aser	Simeão
	Malaquias	Ageu	Zacarias	Amós	Oseias	Miqueias
	Matias	Tadeu	Simão	João	Pedro	André
No mundo celestial	Áries	Touro	Gêmeos	Câncer	Leão	Virgem
	Março	Abril	Maio	Junho	Julho	Agosto
No mundo elemental	Sálvia	Verbena reta	Verbena curva	Confrei	Lady's Seal	Calamita
	Sardônia	Cornalina	Topázio	Calcedônia	Jaspe	Esmeralda
No mundo menor	A cabeça	O pescoço	Os braços	O peito	O coração	A barriga
No mundo infernal	Deuses falsos	Espíritos mentirosos	Recipientes de iniquidade	Vingadores de perversidade	Ilusionistas	Poderes do ar

número 12

Bendito seja ele Pai, Filho, Espírito Santo						Os nomes Deus com letras
והיה	וחהי	ויהה	היהו	הוהי	חהוי	O grande nome de volta em bandeiras[21]
Principados	Arcanjos	Anjos	Inocentes	Mártires	Confessores	12 ordens dos espíritos abençoados
Zuriel	Barbiel	Adnachiel[22]	Hanael	Gabriel[23]	Barchiel	12 anjos regendo os signos
Jonas	Obadiah	Zefanias	Naum	Habacuc	Joel	12 profetas
Bartolomeu	Filipe	Tiago, o mais velho	Tomé	Mateus	Tiago, o mais jovem	12 apóstolos
Libra	Escorpião	Sagitário	Capricórnio	Aquário	Peixes	12 signos do zodíaco
Setembro	Outubro	Novembro	Dezembro	Janeiro	Fevereiro	12 meses
Erva de escorpião	Flor-de--diana	Pimpinela	Bardana	Erva de dragão	Aristolóquia	12 plantas
Berilo	Ametista	Jacinto	Crisópraso	Cristal	Safira	12 pedras
Os rins	Os genitais	As coxas	Os joelhos	As pernas	Os pés	12 membros principais
Fúrias, as disseminadoras do mal	Separadores, ou divisores	Tentadores, ou sedutores	Bruxas	Apóstatas	Infiéis	12 graus dos condenados e de diabos

A escala órfica do

No mundo inteligível	Palas	Vênus	Febo	Mercúrio	Júpiter	Ceres
No mundo celestial	Áries	Touro	Gêmeos	Câncer	Leão	Virgem
	Março	Abril	Maio	Junho	Julho	Agosto
No mundo elemental	Coruja	Andorinha	Galo	Íbis	Águia	Pardal
	Cabra	Bode	Touro	Cão	Veado	Porca
	Oliveira	Murta	Loureiro	Aveleira	*Aesculus* (Castanheiro)	Macieira
No mundo menor	A cabeça	O pescoço	Os braços	O peito	O coração	A barriga

número 12

Vulcano	Marte	Diana	Vesta	Juno	Netuno	12 deidades
Libra	Escorpião	Sagitário	Capricórnio	Aquário	Peixes	12 signos do zodíaco
Setembro	Outubro	Novembro	Dezembro	Janeiro	Fevereiro	12 meses
Ganso	Pombo	Gralha	Garça	Pavão	Cisne	12 pássaros consagrados
Asno	Lobo	Corsa	Leão	Ovelha	Cavalo	12 animais consagrados
Buxo	Corniso	Palmeira	Pinheiro	Espinho-de-carneiro	Olmo	12 árvores consagradas
Os rins	Os genitais	As coxas	Os joelhos	As pernas	Os pés	12 membros do homem distribuídos entre os signos

Notas – Capítulo XIV

1. Na verdade, "cortinas de pelo de cabra" (Êxodo 26:7). Mantos de pelo de camelo, chamados *adderet*, eram usados pelos profetas como uma espécie de distinção de ofício; ver Zacarias 13:4.
2. Mateus 20:9.
3. Ver tabela no fim do capítulo.
4. As 12 permutações do Tetragrammaton listadas na tabela.
5. O ciclo de Júpiter é de 11 anos, 315 dias.
6. Gênesis 49:28.
7. Números 1:5-16.
8. Josué 4:5.
9. Êxodo 28:15-20.
10. Na verdade, bois. I Reis 7:25.
11. Elim. Ver Números 33:9.
12. Números 13:4-15.
13. Mateus 10:2-6.
14. Talvez os 12 mil de cada tribo, em Apocalipse 7:5-8.
15. Apocalipse 12:1.
16. Mateus 14:20.
17. Apocalipse 21:12.
18. Apocalipse 21:19-20.
19. Nesse caso, coelho.
20. "A pavoa raramente bota mais que cinco ou seis ovos neste clima antes de se sentar. Aristóteles a descreve botando 12..." (Goldsmith [1774] 1849, 3:3:396).

    A pavoa produz com três anos [meses?] de idade. No primeiro, ela bota um ou dois ovos, no seguinte, quatro ou cinco e, nos demais anos, 12, mas nunca mais que isso. Ela os bota por três ou quatro dias, em intervalos, e gera três vezes por ano, se for tomado o cuidado de colocar os ovos sob uma galinha comum (Plínio 10.79 [Bostock e Riley, 2:538]).
21. Na edição inglesa, essa ordem dos nomes é mostrada: (1) יהוה, (2) יההו, (3) יוהה, (4) הויי, (5) הויה, (6) ההוי, (7) יוהי*, (8) *ויהה, (9) *וההי, (10) היוה, (11) הוהי, (12) ההוי). A *Ópera* latina apresenta esta ordem: (1) יהוה, (2) יההו, (3) יוהה, (4) הויה, (5) היוה, (6) ההוי, (7) והיה, (8) *ויהה, (9) *יוהי, (10) היוה, (11) הוהי, (12) ההוי. Ambas obviamente estão incorretas, baseadas na estrutura numérica da sequência. Eu apresento na tabela a ordem correta. Para compreender melhor os 12 nomes e a atribuição que faço deles aos signos do zodíaco, com base nos trinos elementais, consulte meu livro *The New Magus* (1988) 1:17:169-71.
22. Talvez seja Advachiel. Ver nota 13, cap. XXIV, l. III.
23. A *Ópera* latina diz Gabriel, mas talvez o certo fosse Cambiel. Ver nota 13, cap. XXIV, l. III.

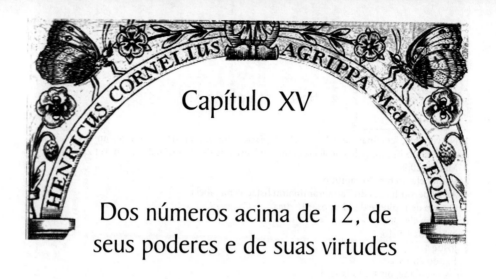

Capítulo XV

Dos números acima de 12, de seus poderes e de suas virtudes

Os outros números que, estão acima de 12 também são dotados de vários efeitos, cujas virtudes você deve compreender a partir de seu original e de suas partes, uma vez que eles são feitos da junção de números simples ou por multiplicação. Às vezes seus significados advêm da diminuição ou do excedente de um número anterior, particularmente mais perfeito, e eles contêm destes os sinais de certos mistérios divinos.

Você vê, por exemplo, que o terceiro número acima de 10 mostra os mistérios da aparição de Cristo aos gentios, pois no 13º dia após seu nascimento, uma estrela guiou os reis magos.[1]

O 14º dia representa Cristo, que no 14º dia do primeiro mês, foi sacrificado por nós; dia também que os filhos de Israel foram instruídos pelo Senhor para celebrar a Páscoa.[2] Esse número é cuidadosamente observado por *Mateus*, a ponto de ele passar por cima de algumas gerações para que pudesse observar em todo lugar esse número nas gerações de Cristo.[3]

O 15º número é um marco de ascensões espirituais, portanto o cântico dos graus é aplicado nesse sentido em 15 Salmos.[4] Também 15 anos foram acrescentados à vida do rei *Ezequias*:[5] e o 15º dia do sétimo mês era observado e santificado.[6]

O número 16 é chamado pelos pitagóricos de número da felicidade. Ele também compreende todos os profetas do Antigo Testamento e os apóstolos e evangelistas do Novo.

Os números 18 e 20 são interpretados pelos adivinhos como infelizes, pois no primeiro Israel serviu a *Eglom*, rei dos moabitas;[7] e no outro *Jacó* serviu,[8] e *José* foi vendido.[9] E, por fim, entre as criaturas que têm muitos pés, nenhuma delas tem mais de 20.[10]

O 22 significa a plenitude da sabedoria, e são 22 os caracteres das letras hebraicas, e 22 livros contidos no Antigo Testamento.

Ao número 28 o favor da Lua é atribuído, pois o movimento dela[11] é distante do curso de outros astros e, como se estivesse sozinha, completa o 28º dia, quando retorna ao mesmo ponto do zodíaco de onde veio: portanto, 28 mansões da Lua, tendo singular virtude e influência, são enumeradas no céu.

O número 30 é memorável por muitos mistérios. Nosso Senhor *Jesus Cristo* foi batizado[12] no 30º ano de idade e começou a fazer milagres e a ensinar sobre o reino de Deus. Também *João Batista* tinha 30 anos de idade quando começou a pregar no deserto[13] e preparar os caminhos do Senhor. Também Ezequiel, na mesma idade, começou a profetizar;[14] e *José* foi tirado da prisão[15] no 30º ano de idade e recebeu o governo do Egito das mãos do Faraó.

O número 32 é atribuído, pelos médicos hebreus, à sabedoria, e são 32 os caminhos da sabedoria descritos por *Abraão*.[16] Mas os pitagóricos chamam-no de o número da justiça, porque ele é sempre divisível em duas partes, até a unidade.[17]

Ao número 40 os antigos prestavam grande respeito, motivo pelo qual celebravam o festival Tessarosten.[18] Dizem que esse número conduz ao nascimento, pois nessa quantidade de dias a semente é preparada, transformada no ventre até o momento certo, e as proporções harmônicas se convergem em um corpo orgânico perfeito, estando pronto para receber uma alma racional. E no mesmo número de dias, dizem, após dar à luz, as mulheres se recuperam e são purificadas,[19] e também durante 40 dias os bebês não sorriem, ficam enfermos e vivem correndo grande risco. Na religião, ele é também um número de expiação e penitência, significando grandes mistérios. Pois na época do dilúvio, o Senhor fez chover por 40 dias[20] e noites sobre a Terra: os filhos de Israel vagaram por 40 anos[21] no deserto: por 40 dias a destruição de Nínive[22] foi adiada. O mesmo número era considerado sagrado nos jejuns dos santos: pois *Moisés*,[23] *Elias*[24] e *Cristo*[25] jejuaram 40 dias. Cristo demorou 40 dias em Belém até ser apresentado no templo: ele pregou por 40 meses em público: permaneceu por 40 horas morto no sepulcro: no 40º dia[26] após sua ressurreição, ele ascendeu ao céu. Segundo os adivinhos, nada disso foi feito sem alguma propriedade oculta e sem o mistério desse número.

O número 50 significa remissão dos pecados, das servidões e também da liberdade. De acordo com a Lei, no 50º dia, eram perdoadas as dívidas, e a todos eram devolvidas suas posses. Por isso, o ano do Jubileu[27] e o Salmos de arrependimento[28] mostram um sinal de indulgência e arrependimento. A Lei e o Espírito Santo são declarados no mesmo número: pois no 50º dia após a saída de Israel do Egito, a Lei foi dada a *Moisés* no Monte Sinai: no 50º dia[29] após a ressurreição, o Espírito Santo desceu[30] sobre os apóstolos no Monte Sião; por isso esse número é chamado de o número da graça e atribuído ao Espírito Santo.

O número 60 era sagrado para os egípcios, sendo o número do crocodilo, pois a fêmea bota 60 ovos,[31] em 60 dias, e a mesma quantidade de dias ela passa sentada sobre eles, e dizem que vive também 60 anos, e tem 60 dentes, e durante 60 dias, todos os anos, esse animal descansa, solitário, sem comer.

O número 70 também tem seus mistérios, pois durante 70 anos o fogo do sacrifício no cativeiro na Babilônia ficou sob água e permaneceu vivo, e no mesmo número de anos *Jeremias* previu a destruição do templo,[32] e o cativeiro na Babilônia[33] durou 70 anos, e no mesmo número de anos a desolação de Jerusalém[34] acabou. Também havia 70 palmas[35] no lugar em que os filhos de Israel se postaram defronte às tendas. Os Pais desceram ao Egito com 70 almas.[36] Também 70 reis com dedos e artelhos cortados fora juntaram carne debaixo da mesa de *Adonibezeque*;[37] 70 filhos vieram de *Joas*, 70 homens, todos filhos de *Jero*;[38] 70 pesos[39] de prata foram dados a *Abimeleque*, e o mesmo número de homens *Abimeleque* matou sobre uma pedra;[40] *Abdon* teve 70 filhos e sobrinhos, que cavalgaram 70 jumentos;[41] Salomão tinha 70 mil homens[42] carregando fardos. Setenta filhos do rei Ahabe foram decapitados em Samaria; 70, segundo o salmista, é a idade do homem.[43] *Lameque* será vingado 70 vezes sete vezes;[44] tu deverás perdoar teu irmão 70 vezes sete vezes[45] se ele cometer injúria contra ti.

Também o número 72 era famoso por serem em tal número línguas, os anciãos da sinagoga,[46] os intérpretes do Antigo Testamento, os discípulos de Cristo:[47] ele também tem uma grande comunhão com o número 12; no firmamento, por exemplo, todos os signos são divididos em seis partes,[48] o que resulta em 72 divisões de cinco, a quantidade de anjos governantes; e a quantidade de nomes de Deus;[49] e cada 5 rege um idioma com tal eficácia que os astrólogos e os fisionomistas identificam de qual idioma as pessoas se originam. Correspondente a isso são as juntas manifestas no corpo do homem, das quais em cada dedo e artelho há três que, somadas às 12 principais, antes reconhecidas no número 12, compõem um total de 72.[50]

O número 100, no qual a ovelha encontrada[51] foi colocada, que também passa do lado esquerdo para o direito, é considerado sagrado: e como ele consiste em dezenas, mostra uma perfeição completa.

Mas o complemento de todos os números é 1.000, que é medida quadrada[52] do número 10, significando uma perfeição completa e absoluta.

Há também dois números[53] especialmente celebrados por *Platão* em sua República e não desconsiderados por *Aristóteles* em sua Política, pelos quais grandes transformações nas cidades são previstas: são eles o quadrado de 12 e a medida quadrada deste, isto é, o 44 acima de 100, e acima de 1.000, número que é fatal: pois toda cidade ou principado que nele chega deverá depois, com uma medida quadrada completa, sofrer a queda: mas em quadrados, passa por uma mudança, porém para melhor, desde que governada com prudente disciplina, quando então não cairá pelo destino, mas só por imprudência.[54]

E que isso baste para números, em particular.

Notas – Capítulo XV

1. Mateus 2:2. Herodes pergunta aos reis magos a que horas a estrela apareceu (Mateus 2:7), mas a hora não é dita.
2. Simbolicamente apropriado, uma vez que o 14º dia do primeiro mês judaico era o da Páscoa, quando o cordeiro pascal era imolado e comido (Êxodo 12: 2-7). A última ceia ocorreu um dia antes para não entrar em conflito com as regras do Sabá, segundo o costume dos fariseus, embora fosse a festa de Páscoa.
3. Mateus 1:17.
4. Salmos 120-134.
5. II Reis 20:6.
6. Levítico 23:34.
7. Juízes 3:14.
8. Gênesis 31:41.
9. Gênesis 37:28.
10. A centopeia tem 21 pares de pernas, sendo o último maior, e talvez desconsiderado pela fonte de Agrippa. Presumivelmente ele não conhecia a milipeia ou não achava que ela tivesse pés.
11. A Lua se distingue dos outros planetas pela rapidez de seu movimento e por sua acentuada ascensão e queda por meio do plano da eclíptica, que é definida pela aparente revolução do Sol em volta da Terra. Os limites desse desvio marcam as fronteiras do zodíaco, uma faixa que se estende nove graus acima e nove graus abaixo da eclíptica.
12. Lucas 3:23.
13. João Batista nasceu seis meses antes de Cristo. Ver Lucas 1:36.
14. Ezequiel 1:1.
15. Gênesis 41:46.
16. "Os trinta e dois Caminhos da Sabedoria" é um tratado cabalístico anexo ao *Sepher Yetzirah*. Os caminhos citados são os dez *Sephiroth* e as 22 letras hebraicas, geralmente representados em um único glifo como uma árvore com dez frutas e 22 galhos. Abraão foi o famoso autor do *Sepher Yetzirah*: "E, depois que nosso pai Abraão o percebera e compreendera, registrando todas essas coisas, o Senhor altíssimo Se revelou e o chamou de Seu amado" (*Sepher Yetzirah* 6.4 [Westcott diz em sua introdução a essa obra: "O velho título tem, em acréscimo, as palavras 'As Letras de nosso Pai Abraão' ou 'atribuído ao patriarca Abraão', e mencionado assim por muitas autoridades medievais..." (*Ibid.*, 13).
17. 32, 16, 8, 4, 2, 1.
18. Do grego *tessarakonta* (quarenta).
19. O período de purificação para uma mulher após o oitavo dia da circuncisão de seu filho era de 33 dias, quando então um sacrifício era oferecido na porta do tabernáculo. Ver Levítico 8.2.
20. Gênesis 7:12.
21. Deuteronômio 8:2.
22. Jonas 3:4.
23. Êxodo 34:28.
24. I Reis 19:8.
25. Mateus 4:2.
26. Atos 1:3.
27. Levítico 25:10.
28. Salmos 50 da edição vulgata, mas 51 da versão James.
29. Possivelmente calculado de Êxodo 19:1.16.
30. Calculado de Atos 1:3.12 e 2:1.
31. Aristoteles (*History of Animals* 5) diz que o crocodilo traz na frente 60 ovos e senta sobre eles 60 dias.
32. Jeremias 7:14.
33. Jeremias 25:11.

34. Jeremias 25:18.
35. Êxodo 15:27.
36. Gênesis 46:27, que parece discordar de Atos 7:14.
37. Adoni-bezek, Juízes 1:7.
38. Jerubaal. Juízes 9:2.
39. Juízes 9:4.
40. Juízes 9:5.
41. Juízes 12:14.
42. I Reis 5:15.
43. Ver nota 7, cap. X, l. II.
44. Gênesis 4:24.
45. Mateus 18:22. Na verdade, Cristo diz "70 vezes sete".
46. Números 11:16. Dizia-se que havia 70 anciãos.
47. Lucas 10:1. Os discípulos em número de 70.
48. Na Astronomia, cada divisão de 5 graus dos signos zodiacais é ligada a uma fisionomia específica, totalizando 72 faces distintas, como são chamadas hoje em dia.
49. Schemhamphoras, um conjunto de 72 nomes de Deus, formados cabalisticamente a partir de Êxodo 14:19-21. Ver apêndice VII.
50. Nem precisaríamos explicar que o polegar e o dedão do pé só têm duas juntas, prejudicando o exemplo de Agrippa.
51. Lucas 15:4.
52. Dez ao cubo: $10 \times 10 \times 10$.
53. Doze ao quadrado ($12 \times 12 = 144$) e ao cubo ($12 \times 12 \times 12 = 1.728$).
54. É difícil abalar um Estado constituído desse modo. Todavia, como tudo o que nasce está sujeito à corrupção, nem uma constituição como essa permanecerá para sempre, mas há de dissolver-se. A sua dissolução será do seguinte modo: não só para as plantas da terra, mas também para os animais que sobre ela vivem, há períodos de fecundidade e de esterilidade de alma e corpo, quando uma revolução completa fecha para cada espécie os limites dos seus círculos, que são curtos para os que têm a vida breve e longos para os que a têm dilatada... Para a raça divina, há um período delimitado por um número perfeito; para a humana, o número é o primeiro em que a multiplicação das raízes pelos quadrados, abrangendo três dimensões e quatro limites de elementos que causam a igualdade e a desigualdade, o desenvolvimento e a atrofia, torna todas as coisas acessíveis e suscetíveis de ser expressas uma em relação à outra. Desses, quatro e três aliados os cinco dão duas harmonias quando, multiplicados por três, um igual um número igual de vezes, e cem vezes cem, ao passo que a outra é em parte da mesma extensão, em parte mais longa: de um lado, de cem quadrados das diagonais racionais de cinco, menos um em cada, ou de cem quadrados de diagonais irracionais, menos dois; por outro lado, de cem cubos de três. (Platão, *A República*, 8.546).

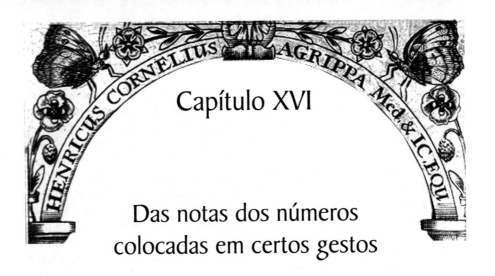

Capítulo XVI

Das notas dos números colocadas em certos gestos

á li com frequência em livros de magos, de suas obras e experimentos, a respeito de certos gestos[1] fantásticos e, a meu ver, ridículos, e cheguei a pensar que faziam parte de certos pactos ocultos com demônios, motivo que me levou a rejeitá-los. Mas, depois de um apurado exame da questão, compreendi que eles nada tinham a ver com demônios; mas que estavam, isso sim, relacionados a números, motivo pelo qual os antigos moviam para a frente e para trás as mãos, os dedos, representando números, gestos pelos quais os magos indicavam em silêncio palavras desconhecidas em sons, variadas em números e de grande virtude, juntando os dedos, e, às vezes, mudando as posições, venerando, assim, no sagrado silêncio, os deuses que governam o mundo.

Martianus também faz menção de tais ritos em sua Aritmética,[2] dizendo que os dedos da virgem, movendo-se de todas as maneiras e expressando 717 vezes com os dedos curvados, invocam *Júpiter*.

Mas, para que essas coisas sejam mais bem compreendidas, apresentarei algumas palavras de *Beda*, que dizia: para expressar 1, dobre o dedinho da mão esquerda e comprima-o no meio da palma; para expressar 2, coloque o dedo seguinte ao dedinho no mesmo lugar; 3, o dedo do meio no mesmo lugar; 4, erga o dedinho; 5, o seguinte a ele, no mesmo gesto; 6, o dedo do meio, e aquele que é chamado de anular, fixos no meio da palma;[3] para expressar 7, coloque só o dedinho acima da raiz[4] da palma, enquanto os demais se erguem; e do mesmo modo, ao expressar 8, o dedo anular; 9, coloque o dedo do meio contrário[5] a eles.

Quando quiser expressar 10, comprima a unha do dedo indicador no meio do polegar. Para expressar 20, coloque a ponta do dedo do meio bem entre as juntas do polegar e do indicador.[6] Para expressar 30, junte levemente as unhas do polegar e indicador. Ao expressar 40, encoste a parte interna do polegar à externa do indicador, ambos levantados. Se quiser expressar 50, dobre o polegar com a junta externa, como a letra grega gama,[7] contra a palma. Para 60, compasse o polegar, dobrado como antes, com o indicador dobrado sobre ele. Para expressar 70, use o indicador dobrado como antes, com o polegar estendido, cuja unha se erguerá além da junta mediana do indicador. Quando quiser expressar 90, encoste a unha do indicador dobrado na raiz do polegar estendido. É só para a mão esquerda.

Agora você pode fazer o número 100 com a mão direita, como fez o 10 com a esquerda; e 200 também com a mão direita, como fez o 20 com a esquerda; 2.000 com a direita, como 2 com a esquerda, e assim por diante até 9.000. Além disso, quando quiser expressar 10.000, coloque a mão esquerda para cima sobre o peito, com os dedos ligeiramente levantados para o céu.[8] Para expressar 20.000, espalme[9] a mesma mão sobre o peito. Para expressar 30.000, coloque o polegar da mesma mão voltado para baixo,[10] sobre a cartilagem do meio do peito. Para dizer 40.000, faça o mesmo, porém para cima,[11] estendida até o umbigo. Para expressar 50.000, coloque o polegar da mesma mão voltado para baixo sobre o umbigo.[12] Se quiser expressar 60.000, segure a coxa esquerda com a mesma mão, voltada para baixo. Já para 70.000, faça o mesmo com o polegar voltado para cima.[13] Para expressar 80.000, faça o mesmo, com o polegar voltado para baixo, sobre a coxa.[14] Quando quiser dizer 90.000, segure o lombo com a mesma mão, o polegar voltado para baixo.[15] Mas, para expressar 100.000 ou 200.000 e até 900.000, você deve, na mesma ordem que explicamos, usar a parte direita do corpo. Para expressar 1.000.000, junte as mãos e cruze os dedos um dentro do outro.[16]

Que baste o que observamos de *Beda*; você pode encontrar mais referências na grande Aritmética[17] do irmão *Lucas* dos Santos Sepulcros.

Notas – Capítulo XVI

1. No ocultismo oriental, os gestos rituais são chamados de *mudra* e costumam se concentrar nas mãos, expressando em miniatura a postura do corpo inteiro. Esses gestos das mãos são numerosos no início da arte cristã. Ver Ward [1928] 1969 para vários exemplos.
2. Martianus Minneus Felix Capella, *Satyricon* l. 7. Ver sua nota bibliográfica.
3. Ou seja, erguer o dedo do meio e descer o anular.
4. Talvez isso signifique manter a ponta do dedo no ar acima do lugar onde junta com a palma. Ver citação na nota da *Ecyclopaedia Britannica*, mais adiante nas notas.
5. Junto com (*compono*).
6. Ou seja, pressionar o segmento final do polegar, do indicador e do anular juntos.
7. Γ.
8. Colocar a mão esquerda espalmada sobre o peito diagonalmente com o polegar e os outros dedos juntos, apontando para cima.
9. Separar o polegar dos outros dedos.
10. Acomodar o polegar debaixo da palma, fora de vista.
11. Colocar a palma sobre o umbigo, com o polegar separado e apontando para cima.
12. Acomodar o polegar debaixo da palma.
13. Ou seja, colocar a mão esquerda espalmada sobre a coxa, com o polegar separado dos outros dedos.
14. Acomodar o polegar debaixo da palma.
15. Provavelmente, apenas colocar a mão sobre as virilhas, todos os dedos juntos (inclusive o polegar), uma vez que não é necessário distinguir o gesto nessa posição.
16. Esse fascinante e prático sistema de contar nos dedos também foi descrito por Nicholaus Rhabda de Smirna no século VIII:

> A mão esquerda se voltava para cima com os dedos juntos. As unidades de 1 a 9 eram expressas por várias posições do terceiro, do quarto e do quinto dedo, estando um ou mais deles fechados sobre a palma ou simplesmente dobrados na junta do meio, de acordo com o número desejado. O polegar e o indicador ficavam, portanto, livres para expressar as dezenas por meio de variadas posições relativas; ou seja, para 30, os pontos se aproximavam e se estendiam para a frente; para 50, o polegar se dobrava como a letra grega e se aproximava da base do indicador. O mesmo conjunto de sinais, se executados com o polegar o indicador da mão direita, indicava centenas em vez de dezenas, e os sinais de unidade, se realizados na mão direita, indicavam milhares (*Encyclopaedia Britannica* 1910, 19:866).

17. A *Summa de arithmetica geometria proportioni et proportionalita* (1494), de Lucas Paciolus. Ver nota bibliográfica.

Capítulo XVII

Das várias notas de números observadas entre os romanos

As notas dos números são feitas de diversas maneiras em diferentes nações. Os romanos as representavam por meio dessas diferentes notas, que *Valério Probo* descreve acerca das antigas letras e que ainda se encontram em uso:[1]

Um   Cinco   Dez   Cinquenta
 I   V   X   L

Cem   Duzentos   Quinhentos
 C   ↄ, CC   D

Mil   Cinco mil
M, S, ⊤, CXↃ   IↃↃ, ICC, V̄

Dez mil
CCIↃↃ, CMↃ, ↃMC, IMI, x̄

Cinquenta mil
IↃↃↃ, DↃↃ, ⊥̄

Cem mil
CCCIↃↃↃ, ⩘, ⩙, CM, c̄

Duzentos mil
ↄ, CC

Quinhentos mil   Um milhão
DM, ⅁⅁, d̄   CMↃ, CↅↃ, m̄, s̄

Há também outras notas de números atualmente usadas pelos aritméticos e calculadores o que, de acordo com a ordem dos números, são feitas assim: 1, 2, 3, 4, 5, 6, 7, 8, 9, às quais se acrescenta uma nota de privação assinada com a marca 0 que, embora não denote um número, faz os outros denotar ou dezenas ou milhares, como bem sabem os aritméticos.

Alguns também marcam o número 10 com uma linha para baixo, e outra atravessando-o; e 5 por meio dessa linha que toca a outra, mas não a atravessa, e uma unidade por aquela que se coloca por si, como você pode ver neste exemplo: † significa 10; ╫ significa 10 e 5; ╠ significa 16; ╠₁, 10 e 7; e a redonda O) colocada por si significa 100; mas, juntada às outras, significa tantas centenas quanto os números à qual se coloca, ou seja, OO ou ||OO significa 200, assim OOO ou |||O, 300, ⸸° 500, ⸸° 1.000. E essas notas costumam ser vistas como acrescidas em caracteres mágicos.

Notas – Capítulo XVII

1. O sistema romano de numerais não se baseia em letras, como se costuma presumir, mas em um sistema mais antigo de símbolos simples. A barra vertical (|) indica 1. O círculo dividido horizontalmente (⊖) mostra o número 100 e, quando dividido verticalmente (⊕), 1.000. Isso costuma ser representado em caracteres antigos CI⊃, e dessa divisão surgiu a romana D, indicando meio círculo, ou 500. A letra romana L, equivalendo a 50, é meia centena e antigamente costumava ser escrita ⊥ou ⊥. Do mesmo modo, a letra romana V, com valor de 5, é metade da romana X, ou 10. Na verdade, X não é uma verdadeira letra romana. Observe que no sistema descrito no fim do capítulo, a cruz também representa 10. O S deitado é formado de dois Cs ligados e equivale a 200. A barra horizontal significa 1.000, a letra ou as letras abaixo, o seu multiplicador. Portanto, ⌒S significa 200.000. Além disso, cada vez que um C é acrescido, o valor dos símbolos é aumentado por um fator de 10. Portanto, I⊃ ou D equivale a 500, enquanto I⊃⊃ equivale a 50.000. O S de pé sugere as duas metades unidas do símbolo do círculo dividido verticalmente, ou seja, D mais D, ou 500 mais 500. O ⊐ multiplica o valor por 1.000 – I⊃ ou D equivale a 500, mas ⊐ equivale a 500.000. Quanto aos dois curiosos símbolos, cada barra pode indicar um fator de 10 (10 x 10 x 10 x 10 x 10), com a barra transversal da segunda figura de pé para duas barras separadas.

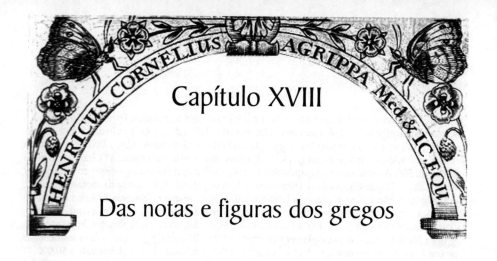

Capítulo XVIII

Das notas e figuras dos gregos

s gregos usam as letras alfabéticas, para suas notas de números, de três maneiras; da primeira, por meio de todo elemento de acordo com a série do alfabeto significando o número de seu lugar. Pois na ordem da qual qualquer número possui o lugar no alfabeto, assim é representado o número, como você pode ver aqui:

1	2	3	4	5	6
A	B	Γ	Δ	E	Z

7	8	9	10	11	12
H	Θ	I	K	Λ	M

13	14	15	16	17	18
N	Ξ	O	Π	P	Σ

19	20	21	22	23	24
T	γ	Φ	X	Ψ	Ω

E essa é a primeira ordem de números entre os gregos.

Pela segunda maneira, os gregos dividem todo o alfabeto em três classes, a primeira das quais, começando de alfa, é de unidades. A segunda, que começa de iota, é das dezenas. A terceira, iniciando de rô, é das centenas; e essa última ordem dos gregos foi instituída por imitação dos hebreus.[1] Ora, como seu alfabeto prescinde de três letras, é necessário acrescentar três figuras[2] e entrelaçá-las com as letras, por meio das quais explicam, por exemplo, o 6º, o 90º e 900º, como se observa nas seguintes classes:[3]

1	2	3	4	5	6	7	8	9
A	B	Γ	Δ	E	ς	Z	H	Θ

10	20	30	40	50	60
I	K	Λ	M	N	Ξ

70	80	90	100	200	300
O	Π	♀	P	Σ	T

400	500	600	700	800	900
γ	Φ	X	Ψ	Ω	⌐

Se a qualquer uma dessas letras for subscrito um sinal de acento agudo,[4] ela indica os milhares, como nestes exemplos:

1000	10.000	100.000
A	I	P

Pela terceira maneira,[5] os gregos usam apenas seis letras para indicar seus números, ou seja, I para uma unidade, Π para o número 5, porque ele é a cabeça da palavra πεντε,[6] isto é, 5,

Δ para o número 10, de δέκα,[7] H para 100, da palavra εκατον[8], X para 1000, da palavra χιλια[9], M para 10.000, de μύρια.[10] Essas seis letras somadas em números formam quatro ou outros números, com exceção de que não é multiplicada nem somada a si mesma, mas indica sempre o 5 das outras,[11] como se vê nos seguintes exemplos:

1	2	3	4	5	6	7	8	9
I	II	III	IIII	Π	ΠI	ΠII	ΠIII	ΠIIII

10	11	12	13	14	15	16	20	21
Δ	ΔI	ΔII	ΔIII	ΔIIII	ΔΠ	ΔΠI	ΔΔ	ΔΔI

50	60	100	200	500	1000	5000	10.000	50.000
⟨Δ⟩	⟨Δ⟩Δ	H	HH	⟨H⟩	X	⟨X⟩	M	⟨M⟩

Notas – Capítulo XVIII

1. O primeiro uso grego desse sistema de numeração aparece em moedas do reinado de Ptolomeu II, do Egito, no século III a.C., enquanto o primeiro uso em moedas judaicas é da época dos hasmoneus, século II a.C. Essa evidência contradiz a afirmação de Agrippa.
2. Foram acrescidas duas antigas letras fenícias, não usadas na escrita (ς ou Ϝ, e Ϙ), chamadas *digamma* e *koppa*, e uma antiga forma da letra San (ϡ), chamada em tempos modernos de *sampi*.
3. Eu mostrei os números neste capítulo em letras gregas de forma, mas eles podiam ser escritos em letras de forma ou manuscritas.
4. Ou seja, escritas com um acento agudo no canto inferior esquerdo.
5. Esse sistema é, na verdade, mais antigo que o anterior, e era chamado de herodiano, em homenagem ao gramático que o descreveu por volta de 200 d.C. Diz-se que ele remonta aos tempos de Sólon (século VII a.C.).
6. Pente.
7. Deka.
8. Hekaton.
9. Chilia.
10. Myria.
11. Um número-letra colocado em *pi* (Π) é multiplicado a cinco vezes o seu valor.

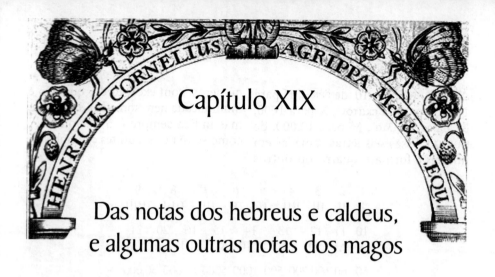

Capítulo XIX

Das notas dos hebreus e caldeus, e algumas outras notas dos magos

s letras hebraicas também possuem marcas de números, mas de uma maneira muito mais elaborada que em qualquer outra língua, uma vez que os maiores mistérios se escondem nas letras hebraicas, como se observa naquela parte da Cabala[1] chamada Notaricon.[2]

Ora, as principais letras hebraicas são em número de 22, das quais cinco possuem diversas outras figuras no fim de uma palavra, que eles chamam, assim, de cinco letras finais que, acrescidas às supracitadas, compõem 27, as quais, por sua vez, divididas em três graus,[3] indicam as unidades, que são o primeiro grau; as dezenas são o segundo grau e as centenas são o terceiro. Ora, cada uma delas, se marcada com um grande caractere, indica milhares, como aqui:

3000 2000 1000
נ   ב   א

As classes dos números hebraicos são as seguintes:

9 8 7 6 5 4 3 2 1
ט ח ז ו ה ד ג ב א

90 80 70 60 50 40 30 20 10
צ   פ   ע   ס   נ   מ   ל   כ   י

900 600 700 600 500 400
ץ   ף   ן   ם   ך   ת

300 200 100
ש   ר   ק

Há algumas, porém, que não usam essas letras finais, mas as escrevem desta maneira:

1000 900 800 700 600 500
א   קתת תת   שת   רת   קת

E essas figuras simples, todas acrescidas, descrevem todos os números compostos, tais como 11, 12, 110, 111, acrescentando ao número 10 aqueles que são de unidades; e do mesmo modo aos outros, à sua maneira. Entretanto, descrevem o 15º número não por 10 e 5, mas por 9 e 6, portanto טו, e em honra ao nome divino יה,[4] o que implica 15, para que o nome sagrado não seja atribuído a coisas profanas.

Também os egípcios, etíopes, caldeus e árabes têm suas marcas de números, que também costumam ocorrer entre caracteres mágicos.

Quem, portanto, desejar conhecê-los deve procurar aqueles que são peritos nessas letras. Pois os caldeus marcam os números com as letras de seu alfabeto, assim como os hebreus. Nós apresentamos esse alfabeto no fim do primeiro livro.[5]

Além disso, eu encontrei em dois livros muito antigos de Astrologia e Magia certas elegantíssimas marcas de números, que achei de bom-tom incluir neste livro, em ambos os volumes, apresentadas da seguinte maneira:

1 2 3 4 5 6 7 8 9

Com esses números virados para a esquerda, são obtidas dezenas, da seguinte maneira:

10 20 30 40 50 60 70 80 90

E com as marcas viradas para baixo, no lado direito, são obtidas centenas, desta maneira:

100 200 300 400 500 600 700 800 900

1000 2000 3000 4000 5000

6000 7000 8000 9000

E pela composição e mistura dessas marcas outros números compostos e misturas também são elegantemente feitos, como você pode perceber por estes:

1510   1511   1471   1486   2421

De acordo com o exemplo do qual podemos proceder em outros números compostos; e basta, então, para as marcas dos números.

Notas – Capítulo XIX

1. *Qabbalah*.
2. Ver apêndice VII.
3. Ver a tabela do alfabeto hebraico no apêndice VII.
4. Jah, metade do Tetragrammaton (יהוה), geralmente traduzível como Jeová/Javé.
5. Ver cap. LXXIV, l. I.

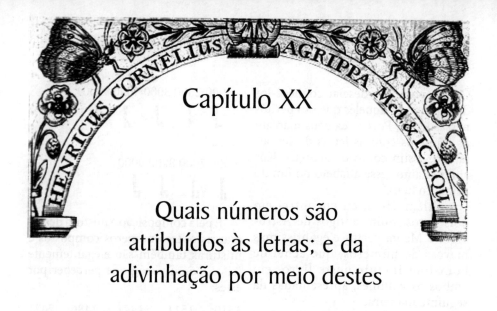

Capítulo XX

Quais números são atribuídos às letras; e da adivinhação por meio destes

s pitagóricos dizem (*Aristóteles* e *Ptolomeu* são da mesma opinião) que os próprios elementos das letras têm alguns números divinos pelos quais, coletados dos nomes próprios das coisas, podemos tecer conjeturas a respeito de coisas ocultas futuras. Por isso chamam a esse tipo de adivinhação aritmomancia,[1] ou seja, feita por meio de números, como *Terentianus* menciona nestes versos:[2]

> Os nomes são feitos de letras, algumas das quais
> Fatalidade preveem; enquanto outras o sucesso
> auspiciam: e assim Heitor derrotou Pátroclo,
> tornando-se, porém, presa de Aquiles.

Também *Plínio* dizia[3] que podia se acrescentar ao que Pitágoras tinha inventado um número ímpar de vogais de números impostos, que indicavam claudicação, falta de visão e outros infortúnios semelhantes, se atribuídos às partes do lado direito, mas um número par, ao lado esquerdo. E *Alexandrinus*,[4] o filósofo, ensinava que, de acordo com o número de letras, se pode descobrir o astro regente de qualquer pessoa nascida e se o marido ou a esposa morrerá primeiro, além de conhecer os eventos prósperos ou infelizes do resto de nossas obras. Suas tradições, que não foram contraditas por *Ptolomeu*,[5] o astrólogo, nós acrescentaremos aqui.

Mas os números atribuídos a cada letra nós mostramos anteriormente, em grego e hebraico, sendo o alfabeto dividido em três classes, das quais a primeira é de unidades, a segunda, de dezenas, e a terceira, de centenas. E vendo que no alfabeto romano faltam quatro para compor o número de 27 caracteres, seus lugares são compensados com I e V, consoantes simples, como nos nomes *John* e *Valentine*, e *hi* e *hu*, consoantes aspiradas, como em *Hierom* e *Huilhelme*, embora o alemão correspondente a *hu* aspirado seja um duplo vv;[6] os verdadeiros italianos e franceses, por sua vez, em sua linguagem oral vulgar, usam G e U, escrevendo, portanto, *Vuilhelmus* e *Guilhelmus*.

1	2	3	4	5	6	7	8	9
A	B	C	D	E	F	G	H	I
10	20	30	40	50	60	70	80	90
K	L	M	N	O	P	Q	R	S
100	200	300	400	500	600	700	800	900
T	V	X	Y	Z	I	V	HI	HV

Mas, se você quiser saber o astro regente de qualquer pessoa nascida, calcule o nome dela[7] e dos pais, através de cada letra, de acordo com o número acima escrito, e divida a soma do todo por 9, subtraindo-o o quanto for possível; se o resultado for uma unidade, ou 4, ambos indicam o Sol; se for 2 ou 7, o astro é a Lua; mas, se for 3, é Júpiter; 5, Mercúrio; 6, Vênus; 8, Saturno; 9, Marte;[8] e os motivos para tal são explicados mais adiante.

Se, do mesmo modo, você desejar saber o horóscopo[9] de uma pessoa nascida, calcule o nome dela e da mãe e do pai e divida o todo por 12; se o resultado for uma unidade, indica Leão; se for o 2 de Juno, Aquário; o 3 vestal,[10] Capricórnio; se for 4, Sagitário; 5, Câncer; o 6 de Vênus, Touro; o 7 do Paládio,[11] Áries; o 8 de *Vulcano*, Libra; o 9 de Marte, Escorpião; se for 10, Virgem; 11, Peixes; o 12 de *Febo* representa Gêmeos; e os motivos para tal serão explicados mais adiante.

Que ninguém se surpreenda diante do fato de, pelos números dos nomes, muitas coisas poderem ser prognosticadas, pois em tais números (também segundo o testemunho dos filósofos pitagóricos e dos cabalistas hebreus) se encerram certos mistérios, que poucos compreendem: pois o Altíssimo criou todas as coisas por número, medida e peso,[12] dos quais a verdade das letras e dos nomes se origina; letras e números estes que não foram instituídos por acaso, mas por determinada regra (embora desconhecida por nós). Por isso, *João*, no Apocalipse, diz que aquele que tiver entendimento que calcule o número do nome da besta, que é o número de um homem.[13]

Isso não pode se aplicar, contudo, àqueles nomes que as noções divergentes e seus diversos ritos, de acordo com as causas dos lugares ou sua educação, colocaram nos homens;[14] mas sim àqueles que foram inspirados a todos no momento do nascimento, pelo próprio céu com a conjunção de astros, bem como àqueles que os sábios entre os hebreus e egípcios desde muito tempo ensinam a todas as gerações dos homens.

Notas – Capítulo XX

1. Numerologia.
2. Talvez Spence tenha em mente esta passagem, quando escreve: "Os gregos examinavam o número e o valor das letras nos nomes de dois combatentes e previam que aquele cujo nome contivesse mais letras, ou letras de maior valor, seria o vitorioso"(Spence [1920] 1968, 36).
3. Ver nota 7, cap. III, l. II.
4. Talvez Alexandre de Afrodisia. Ver nota biográfica.
5. Ptolomeu parece desdenhar a Numerologia celestial, quando escreve: "Investigaremos, porém, o que se admite de previsões não por meio de sortilégios e números, para os quais não há explicação razoável, mas apenas pela ciência dos aspectos das estrelas..." (*Tetrabiblos* 3.3 [Robbins, 237]). Mas possivelmente Agrippa está se referindo a uma das obras apócrifas atribuídas a Ptolomeu – talvez sobre as aparições das estrelas fixas e uma coletânea de prognósticos.
6. W.
7. Agrippa não especifica se só os nomes pessoais ou pessoais e de família devem ser usados. No entanto, na Numerologia moderna, tanto o nome pessoal quanto o de família são calculados juntos.
8. Se o 9 for dividido igualmente na soma dos valores das letras dos nomes, indica Marte.
9. O signo no ascendente.
10. Termo derivado de Vesta, a forma romana de Héstia, deusa grega do fogo, cuja chama sagrada era mantida acesa por sacerdotisas virgens, culto que segundo Lívio teve origem em Alba e foi trazido para Roma por Numa: "As sacerdotisas eram pagas com a verba pública para poderem dedicar seu tempo ao serviço do templo, e eram investidas de uma santidade especial pela imposição da virgindade" (Lívio, *Early History of Rome* [de Selincourt, 55]). As vestais eram originalmente escolhidas pelo rei entre garotas de 6 a 10 anos de idade que tivessem os pais ainda vivos, não tivessem nenhum defeito físico ou mental e que fossem filhas de residentes nascidos livres na Itália. Serviam por 30 anos, quando então eram livres para casar. A princípio sendo quatro, o número delas aumentou para seis, por determinação de Tarquino I ou Sérvio Túlio, e, bem no fim de sua história, uma sétima foi acrescida. Para se informar mais sobre as vestais, consultar Plutarco, *Lives*...: "Numa Pompilius".
11. O Paládio era o mais sagrado dos sete objetos guardados pelas virgens vestais, dos quais, acreditava-se, dependia a segurança de Roma. Ele ficava escondido dos olhos profanos, mas consistia em uma estátua rudimentar de Palas Atena, que teria sido trazida a Roma após a queda de Troia por Enéas. É representado em uma moeda cunhada por Antonino Pio em homenagem à sua esposa, Faustina.
12. Ver nota 18, cap. VI, l. II.
13. Ver Apocalipse 13:18. A teoria há muito aceita é que a Besta se refere ao imperador romano Nero. César Nero escrito em grego é NERON KESAR, que, traduzido em letras hebraicas, se lê:

N (נ) = 50
R (ר) = 200
O (ו) = 6
N (נ) = 50
K (כ) = 100
S (ס) = 60
R (ר) = 200

666

Essa é a solução tradicional e aceita. O estudioso clássico Robert Graves levanta a objeção de que Qoph, ou Koph (ק), deveria ser Kaph (כ) = 20, que reduziria a soma a 586. Ele oferece uma interessante solução alternativa baseada no acrônimo D.C.L.X.V.I., numerais romanos que somam 666 e que alega representar as palavras *Domitius Caesar Legatos Xti Violenter Interfecit* (Domício César matou cruelmente os enviados de Cristo). Domício era o nome original de Nero. Ver Graves [1948] 1973, 345-6.
14. Aqueles nomes que passaram por tradução de uma língua para outra, que surgiram a partir do local de residência ou ainda que foram conferidos como títulos honorários não são passíveis de exame numérico.

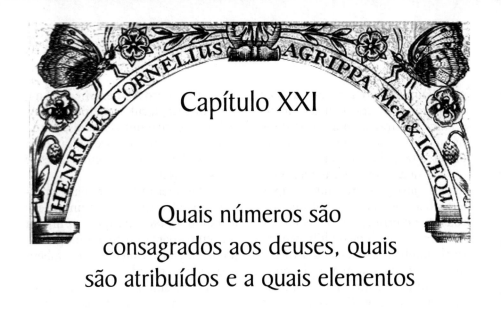

Capítulo XXI

Quais números são consagrados aos deuses, quais são atribuídos e a quais elementos

s pitagóricos, além do mais, dedicaram aos elementos e às divindades do céu números sagrados; ao Ar eles atribuíram o número 8; ao Fogo, o número 5; à Terra, o número 6; e à Água o número 12.

Além desses, a unidade[1] é atribuída ao Sol, que é o único rei dos astros, no qual Deus colocou seu tabernáculo, e também a Júpiter, uma vez que o poder causativo de sua espécie ideal e intelectual atesta que é a cabeça e o pai dos deuses, e a unidade é o começo e o pai de todos os números.

O número 2^2 é atribuído à Lua, que é a segunda grande luz, e se afigura como a Alma do Mundo, chamada *Juno*, pois entre esse número e a unidade há a primeira conjunção e proximidade; o mesmo número é atribuído a Saturno e a Marte, dois planetas desfavoráveis entre os astrólogos.

O número 3^3 é atribuído a Júpiter, ao Sol e a Vênus, três planetas favoráveis, e deputado a *Vesta, Hécate* e *Diana*; por isso, diz-se:[4]

Trina é Hécate, três bocas
Tem Diana, a virgem

O número 3, portanto, é dedicado a essa virgem, a qual dizem que é poderosa no céu e no inferno.[5]

O número 4^6 é do Sol, que por meio desse número constitui os cantos dos céus e distingue as estações: também é atribuído a Cilênio, pois só ele é chamado de deus quatro ao quadrado.[7]

O número 5,[8] que consiste no primeiro par e no primeiro ímpar, como de fêmea e macho, ambos os sexos,[9] é atribuído a Mercúrio e também ao mundo celestial, que, além dos quatro elementos, é em si, sob outra forma, o quinto.[10]

O número 6,[11] que consiste de dois 3, como uma mistura[12] de ambos os sexos, é atribuído aos pitagóricos, à geração e ao casamento; e pertence a Vênus e *Juno*.

O número 7^{13} é do descanso e pertence a Saturno; é o número do qual provêm o movimento e a luz da Lua, e, por isso, é chamado pelo nome de *Tritonia*, a Virgem,[14] porque ele nada gera. É um número atribuído a *Minerva*,[15] porque procede do nada; também a *Palas*, a *Virago*,[16] pois consiste em números, como de macho e fêmea. Plutarco também o atribui[17] a *Apolo*.

O número 8,[18] por conter o mistério da justiça, é atribuído a Júpiter; é também dedicado a *Vulcano*, pois consiste no primeiro movimento e no número 2, que é *Juno* multiplicado por si; ele também é associado a *Cibele*,[19] mãe dos deuses, à qual todo quatro ao quadrado[20] é atribuído. *Plutarco* o associa a *Baco*, ou *Dioniso*, que teria nascido no oitavo mês: outros, considerando que os bebês do oitavo mês não sobrevivem, atribuem-no a Saturno e às três Senhoras do Destino.

O número 9[21] pertence à Lua, o maior receptáculo[22] de todas as influências e virtudes celestiais, sendo também dedicado às nove Musas, bem como a *Marte*, do qual vem o fim[23] de todas as coisas.

O número 10[24] é circular[25] e pertence ao Sol, assim como a unidade; é atribuído a *Jano*,[26] porque é o fim da primeira ordem e no qual começa a segunda unidade. É um número também associado ao mundo.

Do mesmo modo, o número 12 distribui o ano em 12 meses, já que o Sol passa por 12 signos, e é atribuído ao mundo, ao céu e ao próprio Sol.

O número 11, sendo semicircular,[27] é atribuído à Lua e também deputado a *Netuno*.

Notas – Capítulo XXI

1. A mônada era chamada pelos filósofos órficos e pitagóricos de Sol, Júpiter, Amor, Proteu e Vesta.
2. A díade era chamada de Phanes, Natureza, Justiça, Rhea, Diana, Cupido, Vênus, Destino e Morte.
3. A tríade era chamada de Juno, Latônia, Thetis, Hécate, Diana, Plutão, Tritogena e Minerva.
4. A mesma referência aparece no cap. VI, l. II.
5. Ver nota 37, cap. VI, l. II.
6. A tétrade era chamada de Hércules, Vulcano, Mercúrio, Baco, Bassário, Pã, Harmonia, Justiça, o de Duas Mães e Guardião-chave da Natureza.
7. Hermes nasceu no Monte Cilene, daí a ser chamado de Cilênio; ele era chamado de quatro ao quadrado, porque suas estátuas, que decoravam os jardins, consistiam em um bloco oblongo de pedra com uma base quadrada encimada por uma cabeça esculpida, ou cabeça e torso.
8. A quinta era chamada de Natureza, Palas, Imortal, Providência, Nêmesis, Vênus e Justiça.
9. Fêmea 2 mais macho 3.
10. Quintessência.
11. Um grupo de 6 era chamado de Vênus, Saúde, o Mundo, o Arremesso Distante, Perseia, Triforme e Anfitrite.
12. 2 x 3.
13. Um grupo de 7 era chamado de Fortuna, Minerva e Marte.
14. Segundo uma versão, a deusa Atena era filha de Poseídon e o Lago Tritonis, motivo pelo qual era chamada de Tritogenia (nascida de Tritão). Segundo uma versão cretense, que tenta explicar esse epíteto e conciliá-lo com a noção mais comum de que a deusa surgiu da testa de Zeus, este teria batido a cabeça em uma nuvem, na qual Atena se escondia, derrubando-a perto do Rio Tritão.
15. A versão romana de Atena.
16. Uma virago é uma mulher masculinizada ou heroica que descreve Atena, a deusa guerreira. Nessa capacidade, ela matou o gigante Palas e fez de sua pele a famosa égide. Em termos menos poéticos, o epíteto Palas derivaria de um termo grego para "golpear", ou possivelmente "garota".

17. Não se deve entusiasticamente fazer oposição a esses jovens quanto a tais coisas, exceto para se dizer que não são poucos os elogios que se podem extrair de cada um dos números. E que necessidade haveria de se falar dos outros? Pois o número 7, sagrado para Apolo, ocupa o espaço de um dia antes que alguém descreva com palavras seus poderes (Plutarco, "The E at Delphi". *Em Moralia* 17 [Kippax, 4:493]).
18. Um grupo de 8 era chamado de Rhea, Amor, Netuno e Lei.
19. Originalmente uma deusa frígia das cavernas e da Terra, ao se estabelecer na Grécia, fundiu-se com Rhea. Os romanos a chamavam de Grande Mãe, porque, sendo a esposa de Cronos, ela era a mãe de todos os deuses do Olimpo. Ela usa uma coroa guarnecida na forma de uma cidade fortificada, o que lhe conferira o título de Mater Turrita. Outro de seus símbolos era o chicote decorado com ossos de juntas, com os quais seus frenéticos adoradores, os coribantes, se autoflagelavam ao som de tambores, flautas e címbalos. Esses eram os lunáticos que Apuleio assim descreve:

> No dia seguinte, eu vi um grande número de pessoas usando indumentárias das mais diversas cores, com o rosto pintado, mitra na cabeça, roupas da cor de açafrão. Sobrepelizes de seda e sapatos amarelos nos pés, eles adornavam a deusa em púrpura e a colocavam sobre as costas. E com os braços desnudos até os ombros, eles marchavam em frente, portando grandes espadas e pesados machados, dançando em frenesi... Com os pés e as mãos, faziam mil gestos; e se mordiam, até que, por fim, cada um puxava a arma e se feria nos mais diversos lugares.
>
> Entre todos, havia um mais enlouquecido que os outros. Ele apanhou um chicote e açoitou o próprio corpo, fazendo jorrar sangue em profusão, o que me encheu de temor, vendo que a mesma deusa desejosa de tanto sangue do homem apreciaria também o sangue de um asno (*O asno de ouro*, 36).

20. Todo número cúbico, neste caso: 2 x 2 x 2.
21. Um grupo de 9 era chamado de Oceano, Prometeu, Vulcano, Apolo, Juno e Prosérpina.
22. Sendo a Lua o corpo celeste mais próximo da Terra, ela é a intermediária final entre Deus e a Terra.
23. A morte, trazida por Marte.
24. A década era chamada de Céu, o Sol, Incansável, Destino, Phanes e Necessidade. A respeito de todas essas designações dos dez números, ver a introdução de Thomas Taylor à sua tradução dos *Hymns of Orpheus*, em que ele se baseia em *Denarius Pythagoricus* de Meursius.
25. Porque retorna à unidade. Ver nota, cap. XIII, l. II.
26. Uma das poucas divindades completamente romanas, esse deus de duas faces era a deidade das portas, governando todas as entradas e saídas. Originalmente era um dos Numes – os poderes nebulosos que foram as primeiras divindades de Roma –, chamado de o deus dos bons começos.
27. Os gregos conheciam pela fração 22/7, que é a proporção – aproximada – do diâmetro de um círculo à sua circunferência. Talvez por isso o 11 (metade de 22) seja chamado de semicircular: "... pois a circunferência do círculo equivale ao triplo do diâmetro mais uma sétima parte desse diâmetro. Se o diâmetro for 7, a circunferência é 22" (Theon 3.3 [Lawlor, 85]).

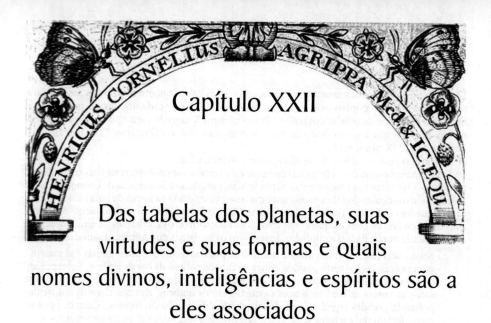

Capítulo XXII

Das tabelas dos planetas, suas virtudes e suas formas e quais nomes divinos, inteligências e espíritos são a eles associados

Afirmam os magos que existem determinadas tabelas de números, distribuídas entre os planetas, chamadas de tabelas sagradas dos planetas, sendo dotadas de muitas e grandiosas virtudes dos céus. Elas representam aquela ordem divina de números celestiais, impingidos sobre os celestiais pelas Ideias da Mente Divina, por meio da Alma do Mundo e pela doce harmonia desses raios celestiais, indicando, de acordo com a proporção das efígies,[1] inteligências superficiais que não poderiam ser expressas de nenhuma outra maneira senão pelas marcas dos números e dos caracteres.

Pois os números materiais e as figuras nada podem fazer nos mistérios das coisas ocultas, exceto por meio da representação de números formais e figuras, sendo governados e informados por inteligências e numerações divinas, as quais unem os extremos da matéria; e o espírito se curva à vontade da alma elevada, recebendo, por grande afetação e por meio do poder celestial do operador, um poder oriundo de Deus, aplicado por intermédio da Alma do Universo e de observações de constelações celestes a uma matéria apropriada para uma forma passível de uso pela habilidade do operador e pela destreza do mago. Mas apressemo-nos agora a explicar as diversas tabelas.

A primeira delas é atribuída a Saturno e consiste em um quadrado de um 3 contendo os números particulares de 9, em toda linha 3, em todo sentido e através de cada diâmetro,[2] compondo 15. Ora, a soma total de números é 45. Daí se formam nomes divinos que correspondem a números com uma inteligência para o que é bom, com um espírito para o que é mau,[3] e desses mesmos números se extrai o selo, ou caractere de Saturno, e de seus espíritos, como mostraremos a seguir na tabela. Dizem que, se essa tabela estiver gravada com Saturno favorável[4] em uma placa de chumbo, isso ajuda no trabalho de parto e traz segurança e poder a um homem, além de promover o sucesso de seus pedidos feitos a príncipes e potentados; se feita, porém, com Saturno desfavorável, impede construções, plantio e outras coisas do gênero, e demove o homem de suas honrarias e dignidades, além de causar discórdia e brigas e desordenar um exército.

A segunda é chamada tabela de Júpiter, que consiste em 4 multiplicado por si,[5] contendo 16 números particulares, e em toda linha e diâmetro 4, compondo 34. Ora, a soma de todos é 136. E dele advêm nomes divinos com uma inteligência para o bem, um espírito para o mal, daí se extraindo o caractere de Júpiter e seus espíritos. Dizem que, se essa tabela for impressa em uma placa de prata com Júpiter em poder e regendo, ela conduz a ganhos e riquezas, privilégios e amor, paz e concórdia, além de aplacar inimigos, confirmar honrarias, dignidades e conselhos; ela dissolve encantamentos, se for gravada em coral.

A terceira tabela pertence a Marte e é feita de um quadrado de 5, contendo 25 números, e destes em todo lado e diâmetro 5, o que resulta em 65, sendo a soma total 325. Dela advêm nomes divinos com uma inteligência para o bem, um espírito para o mal, e se extrai o caractere de Marte e seus espíritos. Estes, com Marte favorável, gravados sobre uma placa de ferro ou espada, tornam um homem poderoso na guerra, nos julgamentos e em suas petições, além de ser terrível contra os inimigos, sendo vitorioso sobre eles; a tabela gravada em cornalina[6] faz estancar o sangue e o mênstruo; mas, se for gravada em uma placa de bronze vermelho, impede as construções, derruba os poderosos de suas dignidades, honrarias e riquezas e causa discórdia, querelas e ódio entre os homens e os animais, espanta abelhas, pombos e peixes e paralisa moinhos; também traz má sorte a quem for caçar ou lutar, além de causar infertilidade em homens e mulheres, e outros animais; infunde terror em todos os inimigos e os impele a se render.

A quarta tabela é do Sol e é feita de um quadrado de 6, contendo 36 números, dos quais 6 em todos os lados e no diâmetro produzem 111, e a soma total é 666. Dela advêm nomes divinos com uma inteligência para o bem e espírito para o mal, e se extraem os caracteres do Sol e de seus espíritos. Gravada sobre uma placa de ouro com o Sol favorável, ela torna seu portador um homem reconhecido, amável, aceitável, poderoso, em todas as suas obras, e equipara-o aos reis e príncipes, elevando-o a grandes fortunas, permitindo-lhe fazer o que quiser. Mas, com o Sol desfavorável, ela faz de seu portador um tirano, um homem orgulhoso, ambicioso, insaciável, que terá um fim triste.

A quinta tabela é de Vênus, consistindo em um quadrado de 7 multiplicado por si, ou seja, de 49 números, dos quais 7 de cada lado e diâmetro compõem 175, e a soma total é 1.225. Dela advêm nomes divinos com uma inteligência para o bem e espírito para o mal, e se extrai o caractere de Vênus e de seus espíritos. Essa tabela gravada em uma placa de prata, com Vênus favorável, gera concórdia, acaba com as brigas, atrai o amor das mulheres, conduz à concepção, é boa contra infertilidade, promove habilidade para gestação, dissolve encantamentos e paz entre os homens e entre as mulheres, além de tornar todas as espécies de animais e de gado férteis; se colocado em um pombal, causa um aumento de pombas. Ela conduz à cura de todos os temperamentos melancólicos e gera alegria; carregada por viajantes, traz-lhes boa sorte. Mas, se for formada em bronze com Vênus desfavorável, ela causa as coisas opostas a tudo o que foi citado.

A sexta tabela é de Mercúrio, resultando do quadrado de 8 multiplicado por si, contendo 64 números, dos quais 8 em todo lado e ambos os diâmetros compõem 260, com a soma total de 2.080. Dela advêm nomes divinos com uma inteligência para o bem e espírito para o mal, e se extrai o caractere de Mercúrio e de seus espíritos. Com Mercúrio favorável, se gravada em prata ou estanho ou bronze amarelo ou se escrita em pergaminho virgem,[7] ela torna o portador grato e afortunado para fazer o que quiser; produz ganhos e impede a pobreza, conduz à memória, à compreensão e à adivinhação, bem como ao entendimento de coisas ocultas por meio de sonhos; e com Mercúrio desfavorável, provoca o contrário de tudo isso.

A sétima tabela é da Lua, de um quadrado de 9 multiplicado por si, tendo 81 números, em todo lado e diâmetro 9, produzindo 369, com a soma total de 3.321. Dela advêm nomes divinos com uma inteligência para o bem e espírito para o mal, e se extraem os caracteres da Lua e de seus espíritos. A Lua favorável gravada em prata torna o portador grato, amável, agradável, alegre, honroso e remove toda maldade e má vontade. Traz segurança nas viagens, aumento das riquezas e saúde do corpo; afasta os inimigos e outras coisas malignas do lugar que se quiser; a Lua desfavorável, porém, gravada em placa de chumbo e enterrada, fará de tal lugar um local desafortunado, bem como seus habitantes, e também barcos, rios, fontes e moinhos que se encontrarem nas proximidades. Propositalmente feita contra alguém, este sofrerá má sorte, sendo obrigado a abandonar sua terra, sua morada, se a placa nela estiver enterrada. Ela atrapalha os médicos e oradores, e qualquer homem em seu ofício, se contra ele, ela for preparada.

Agora, quanto aos selos e caracteres dos astros[8] e dos espíritos extraídos desses selos, o sábio explorador e aquele que souber discernir essas tabelas as compreenderá com facilidade.[9]

Nomes divinos que respondem aos números de Saturno.

3	Ab	אב
9	Hod	חד
15	Jah	יה
45	Jeová estendido	יוד הא ואו הא
	A Inteligência de Saturno.	
45	Agiel	אניאל
	O Espírito de Saturno.	
45	Zazel	זאזל

Nomes divinos que respondem aos números de Júpiter.

4	Aba[10]	אבא
16	-	חוח
16	-	ארי
34	El Ab	אלאב
	A Inteligência de Júpiter.	
136	Johphiel	יחפיאל
	O Espírito de Júpiter.	
136	Hismael	חסמאל

Nomes divinos que respondem aos números de Marte.

5	He, a letra do nome sagrado.	ה
25	-	יה
65	Adonai	ארני

A Inteligência de Marte.
325 Graphiel　　　　גראפיאל
O Espírito do Marte.
325 Barzabel[11]　　　　ברצבאל

Nomes divinos que respondem aos números do Sol.

6　Vau, a letra do nome sagrado　ו
6　He estendido
　　a letra do nome sagrado.　אח
36　Eloh　　　　אלה
A Inteligência do Sol.
111　Nachiel　　　　נכיאל
O Espírito do Sol.
666　Sorath　　　　סורת

Nomes divinos que respondem aos números de Vênus.

7　-　　　　אחא
A Inteligência de Vênus.
49　Hagiel　　　　הגיאל
O Espírito de Vênus.
175[12]　Kedemel　　　　קדמאל
A Inteligência de Vênus.
1.225[13] Bne Serafim　　　　בני שרפים

Nomes divinos que respondem aos números de Mercúrio.

8　Asboga,[14] 8 estendido.　אובוגה
64　Din　　　　דין
64　Doni　　　　דני
A Inteligência de Mercúrio.
260　Tiriel　　　　טיריאל
O Espírito de Mercúrio.
2.080　Taphtharthrarath　　דת
　　　　　　　　　　　　　תפתרת

Nomes divinos que respondem aos números da Lua.

9　Hod　　　　חד
81　Elim　　　　אלים
O Espírito da Lua.
369　Hasmodai　　　　חשמודאי
O Espírito dos Espíritos da Lua.
3321　Schedbarschemoth
Schartathan　　　　שרתתן
שרברשחמעת
A Inteligência da Inteligência da Lua.
3321　Malcha betharsithim hed beruah schehakim ער בדוה שחקים
מלכא בתרשיתים

SATURNO

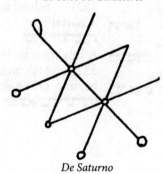

A tabela de Saturno em seu Compasso

4	9	2
3	5	7
8	1	6

Em notas hebraicas

ד	ט	ב
ז	ה	ג
ו	א	ח

Os Selos ou Caracteres

De Saturno

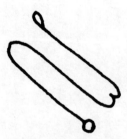

Da Inteligência de Saturno

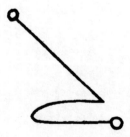

Do Espírito de Saturno

JÚPITER

A tabela de Júpiter em seu Compasso

4	14	15	1
9	7	6	12
5	11	10	8
16	2	3	13

Em notas hebraicas

ד	יד	טו	א
ט	ז	ו	יב
ה	יא	י	ח
יו	ב	ג	יג

Os Selos ou Caracteres

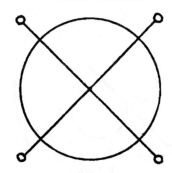

De Júpiter

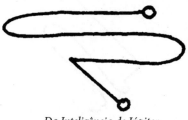

Da Inteligência de Júpiter

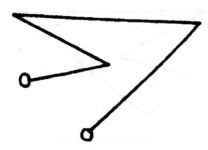

Do Espírito de Júpiter

MARTE

A tabela de Marte em seu Compasso

11	24	7	20	3
4	12	25	8	16
17	5	13	21	9
10	18	1	14	22
23	6	19	2	15

Em notas hebraicas

יא	כד	ז	כ	ג
ד	יב	כה	ח	יו
יז	ה	יג	כא	ט
י	יח	א	יד	כב
כג	ו	יט	ב	יה

Os Selos ou Caracteres

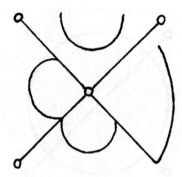

De Marte

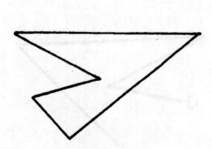

Da Inteligência de Marte

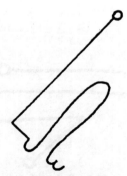

Do Espírito de Marte

Quais números são consagrados aos deuses... 447

SOL

A tabela do Sol em seu Compasso

6	32	3	34	35	1
7	11	27	28	8	30
19	14	16	15	23	24
18	20	22	21	17	13
25	29	10	9	26	12
36	5	33	4	2	31

Em notas hebraicas

א	לה	לד	ג	לב	ו
ל	ח	כח	כז	יא	ז
כד	כג	יה	יו	יד	יט
יג	יז	כא	כב	כ	יח
יב	כו	ט	י	כט	כה
לא	ב	ד	לג	ה	לו

Os Selos ou Caracteres

Do Sol

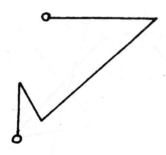

Da Inteligência do Sol

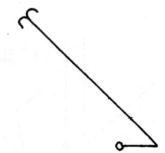

Do Espírito do Sol

VÊNUS

A tabela de Vênus em seu Compasso

22	47	16	41	10	35	4
5	23	48	17	42	11	29
30	6	24	49	18	36	12
13	31	7	25	43	19	37
38	14	32	1	26	44	20
21	39	8	33	2	27	45
46	15	40	9	34	3	28

Em notas hebraicas

כב	מז	י	מא	י	לה	ד
ה	כג	מח	יז	מב	יא	כט
ל	ו	כד	מט	יח	לו	יב
יג	לא	ז	כה	מג	יט	לז
לח	יד	לב	א	כו	מד	כ
כא	לט	ח	לג	ב	כז	מה
מו	טו	מ	ט	לד	ג	כח

Os Selos ou Caracteres

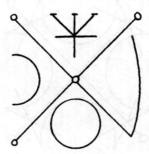

De Vênus

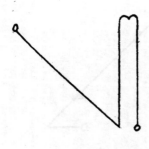

Da Inteligência de Vênus

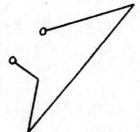

Do Espírito de Vênus

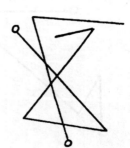

Das Inteligências de Vênus

Das tabelas dos planetas, suas virtudes e suas formas... 449

MERCÚRIO

A tabela de Mercúrio em seu Compasso

8	58	59	5	4	62	63	1
49	15	14	52	53	11	10	56
41	23	22	44	45	19	18	48
32	34	35	29	28	38	39	25
40	26	27	37	36	30	31	33
17	47	46	20	21	43	42	24
9	55	54	12	13	51	50	16
64	2	3	61	60	6	7	57

Em notas hebraicas

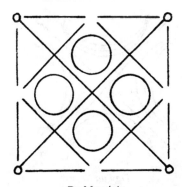

Os Selos ou Caracteres

De Mercúrio

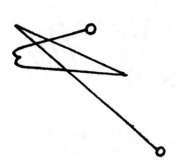

Da Inteligência de Mercúrio

Do Espírito de Mercúrio

LUA

<table>
<tr><td colspan="2">A tabela da Lua em seu compasso</td><td>Em notas hebraicas</td></tr>
</table>

37	78	29	70	21	62	13	54	5
6	38	79	30	71	22	63	14	46
47	7	39	80	31	72	23	55	15
16	48	8	40	81	32	64	24	56
57	17	49	9	41	73	33	65	25
26	58	18	50	1	42	74	34	66
67	27	59	10	51	2	43	75	35
36	68	19	60	11	52	3	44	76
77	28	69	20	61	12	53	4	45

Os Selos ou Caracteres

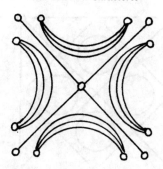

Da Lua

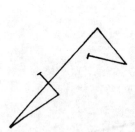

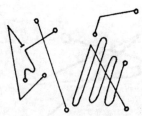

Do Espírito da Lua   Do Espírito ou dos Espíritos da Lua   Da Inteligência ou das Inteligências da Lua

Selos Mágicos ou Talismãs

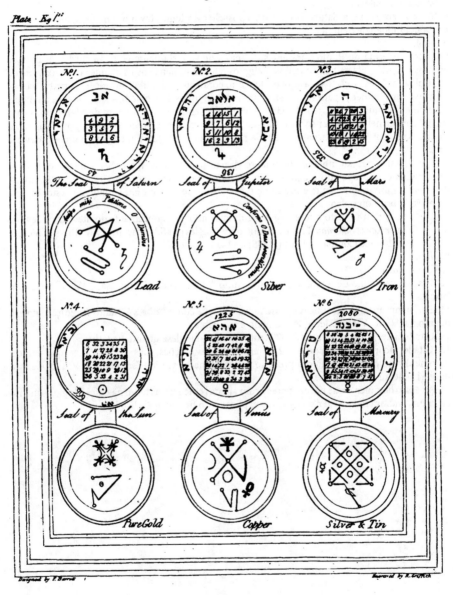

Talismãs
Extraído de O Mago, por Francis Barrett (Londres, 1801)

Notas – Capítulo XXII

1. Sigilos (sinetes).
2. Diagonal.
3. Agrippa usa o termo inteligência para indicar um ser sobrenatural bom e espírito para um ser sobrenatural malévolo.
4. No momento em que Saturno ocupa uma posição astrológica favorável no firmamento, tendo, portanto, influência benigna.
5. 4 x 4.
6. Pedra preferida de Plínio para anéis de selo, que supostamente gera concórdia, acalma os ânimos irritados, afasta pensamentos malignos e torna inofensivos os ataques de bruxaria e de mau-olhado. A descrição usada aqui pertence ao coral, que, segundo Gerard: "Essa pedra [coral] é um excelente remédio para secar, estancar e resolver todos os problemas relacionados a sangue, em homens e mulheres" (Gerard 1633, 3:166:1578). Sendo o coral a pedra de Marte, por causa de sua cor vermelha e poder sobre o sangue, com certeza um erro foi cometido por Agrippa ou um de seus copistas, e a cornalina deveria ser colocada com Júpiter, enquanto o coral deveria aparecer com Marte.
7. É necessário pergaminho genuinamente virgem para muitas operações mágicas, e ele deve ser devidamente preparado e consagrado. Há dois tipos: um chamado virgem e outro, inato. O pergaminho virgem é aquele tirado de um animal que não atingiu a idade de gestação, seja carneiro, cabrito ou outro.
    O pergaminho inato refere-se a um animal tirado prematuramente do útero da mãe (*The Greater Key of Solomon* 2.17, traduzido para o inglês por S.L. MacGregor Mathers [Chicago: De Laurence Company, 1914 {[1889]}, 114).
8. Planetas.
9. Ver apêndice V.
10. Esse nome divino de Júpiter é soletrado como "Abab", na edição inglesa, e "Abba", na *Ópera* latina.
11. Por algum motivo inexplicável, esse nome aparece como ברצאבאל tanto na edição inglesa quanto na latina. A letra Aleph(א) no meio é supérflua.
12. Citado incorretamente como "157" tanto na edição inglesa quanto na latina.
13. Citado incorretamente como "1252" em ambas as edições; mas, por estranho que pareça, o nome divino corresponde com precisão a esse número errado. Ver apêndice V, a explicação numérica detalhada do nome.
14. A versão hebraica desse nome aparece com apenas cinco letras tanto na edição inglesa quanto na latina, embora devesse ter seis – isso é explicado no fim do apêndice V.

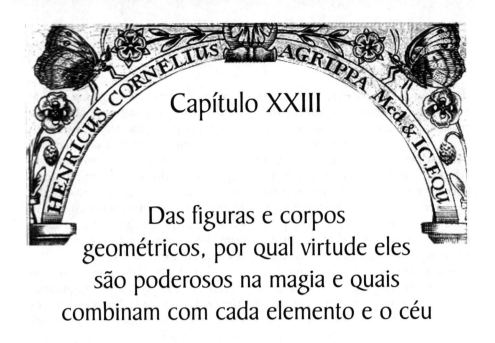

Capítulo XXIII

Das figuras e corpos geométricos, por qual virtude eles são poderosos na magia e quais combinam com cada elemento e o céu

As figuras geométricas formadas a partir de números também são igualmente poderosas.

Destas, a primeira é o círculo, que responde à unidade e ao número 10; pois a unidade é o centro e a circunferência de todas as coisas; e o número 10, somado sobre si, retorna à unidade de onde se originou, sendo o fim e o complemento de todos os números. Um círculo é chamado de uma linha infinita na qual não há *terminus a quo* nem *terminus ad quem*,[1] cujo começo e fim estão em todos os pontos, de onde também um movimento circular é chamado de infinito não de acordo com o termo, mas com o lugar; portanto, sendo o círculo a maior[2] e mais perfeita de todas as figuras geométricas, é considerado o mais apropriado para amarrações e conjurações; e, pelo mesmo motivo, aqueles que adjuram espíritos malignos costumam se cercar com um círculo.[3]

Também um pentagrama,[4] pela virtude do número 5, tem um grande poder sobre os espíritos do mal, graças à sua linearidade, que lhe dá cinco ângulos obtusos, cinco ângulos agudos[5] e cinco triângulos duplos[6] pelos quais é cercado. O pentagrama interior contém em si grandes mistérios, o que também deve ser investigado e compreendido nas outras figuras: triângulo, quadrângulo, sexângulo, septângulo, octângulo e as demais, das quais muitas, sendo feitas de diversas divisões,[7] obtêm variados significados e virtudes, de acordo com as mais diversas maneiras de desenhar, com as proporções de linhas e números.

Os egípcios e árabes confirmaram que a figura da cruz tem de fato grande poder, e que ela é o mais firme receptáculo de todos os poderes e inteligências celestiais, pois é a figura mais exata de todas, contendo quatro ângulos retos, e é a primeira descrição das superfícies, possuindo longitude e latitude:[8] e dizem que ela é inspirada com a fortitude dos celestiais, pois tal fortitude resulta da retidão de ângulos e raios: e os astros são, portanto, mais potentes quando possuem quatro cantos na figura do céu e formam uma cruz[9] pela projeção mútua de seus raios. Além disso (como já mostramos), ela tem grande correspondência com os números 5, 7, 9, poderosíssimos. A cruz também era considerada pelos sacerdotes egípcios, desde o começo da religião, entre as letras sagradas, significando aleatoriamente a vida da salvação futura.[10] Foi impressa na imagem de *Serapis*, e era figura de grande veneração entre os gregos. Mas o pertencente à religião nós discutiremos em outro momento.

É preciso observar que, quaisquer que sejam as maravilhas que as figuras realizam, quando as traçamos em papel, placas ou imagens, elas só o fazem graças à virtude adquirida de figuras mais sublimes, sendo por essas afetadas por aptidão natural ou por semelhança, uma vez que são configuradas à sua maneira exata, assim como o eco é a reprodução exata em uma parede oposta, ou, como a reprodução em um vidro oco,[11] dos raios solares refletidos sobre um corpo oposto de madeira ou outro material combustível que o faz queimar; ou como uma harpa que causa ressonância em outra harpa, fenômeno tão somente possível pela figura igual e apropriada, pois quando duas cordas são tocadas em uma, com igual intervalo de tempo e moduladas à mesma intenção, a outra também se agita.[12] O mesmo se passa com as figuras de que falamos e quaisquer caracteres que digam respeito às virtudes das figuras celestiais devidamente impressas sobre coisas, governando segundo a afinidade e expressando umas às outras. E, ainda a respeito das figuras, o mesmo deve ser compreendido acerca dos corpos geométricos: esfera, tetraedro, hexaedro, octaedro, icosaedro, dodecaedro e outros do gênero.

Tampouco devemos ignorar as figuras que *Pitágoras* e seus seguidores *Timeu*, *Locrus* e *Platão* atribuíam aos elementos[13] e aos céus: pois, em primeiro lugar, atribuíam à Terra um quadrado de quatro e um quadrado de oito ângulos sólidos, de 24 planos[14] e seis bases na forma de um dado; ao Fogo, uma pirâmide de quatro bases triangulares e o mesmo número de ângulos sólidos, de 12 planos; ao Ar, o octaedro, de oito bases triangulares e seis ângulos sólidos, de 24 planos; e, por fim, à Água eles atribuíam o icosaedro, com 20 bases, 12 ângulos sólidos; ao céu eles atribuíam o dodecaedro, de 12 bases, com cinco cantos e 20 ângulos sólidos e 70 planos.

Aquele que conhecer os poderes, as relações e as propriedades dessas figuras e corpos será capaz de realizar muitas coisas extraordinárias em magia natural e matemática, especialmente em vidros. E eu sei como fazer, por meio disso, coisas maravilhosas, nas quais qualquer pessoa pode ver o que quiser e a uma grande distância.[15]

Notas – Capítulo XXIII

1. *Terminus a quo* é um termo escolástico latino que significa "termo do qual", portanto, o ponto de partida; *terminus ad quem* significa "termo ao qual", ou seja, o ponto final.
2. Um círculo de uma determinada circunferência compreende uma área maior que qualquer outra figura plana com o mesmo perímetro.
3. Em evocação ritual, na qual os espíritos malignos ou perigosos são chamados ao mundo, o mago coloca-se dentro de um círculo protetor. Isso funciona como uma barreira mágica e impede a entrada do espírito ou de sua influência.
4. *Pentagrama:*

5. Os cinco ângulos obtusos são os de dentro do centro aberto do pentagrama; os ângulos agudos são os de dentro das pontas.
6. "Duplos" no sentido de correspondência ou correlação, indicando que os cinco triângulos em volta são todos iguais.
7. Depressões ou indentações.
8. Um plano é descrito por duas dimensões: comprimento e largura.
9. Ver nota 16, cap. X, l. II.
10. O ankh é um hieróglifo egípcio que significa vida e ressurreição:

11. Isto é, um espelho côncavo. Esse método de fazer fogo era usado pelas virgens vestais no ritual de manter acesas as chamas de Vesta, uma vez que o fogo obtido diretamente do Sol era considerado mais primordial, e, portanto, mais sagrado do que o fogo gerado por meio dos modos comuns. Sobre o fogo perpétuo de Vesta, escreve Plutarco:

> ... era considerado ato ímpio acendê-lo a partir de centelhas ou chamas comuns ou de qualquer outra maneira além dos raios puros e impolutos do Sol, o que se conseguia com o auxílio de espelhos côncavos, de uma figura formada pela revolução de um triângulo retângulo isósceles, com todas as linhas da circunferência se encontrando no centro, expondo-a à luz do Sol para coletar e concentrar todos os seus raios nesse ponto de convergência; onde o ar se tornará, então, rarefeito, e qualquer matéria leve, seca, combustível se acenderá sob o efeito dos raios, que adquirem aqui a substância e a força ativa do fogo (Plutarco, "Numa Pompilius". In *Lives* [Dryden, 82]).

12. Esse fenômeno é chamado de vibração simpática.
13. Ver apêndice III.
14. Vinte e quatro ângulos planos.

15. Parece muito a descrição de um telescópio. O momento e o local exatos de sua invenção são temas de grande controvérsia. É evidente que Roger Bacon, que morreu no fim do século XIII, conhecia pelo menos a teoria do telescópio:

> Vidros [espelho] ou corpos diáfanos [lentes] podem ser formados de uma maneira que os mais remotos objetos pareçam próximos, e o contrário, de modo que possamos ler as menores letras a uma distância incrível e enumerar coisas, por menores que sejam, também fazem as estrelas [planetas] parecerem tão próximas quanto desejarmos (Bacon, *Epistola ad Parisiensem*).

Giambatista della Porte, que escreve não muito tempo após Agrippa, diz: "Se você souber juntar os dois (isto é, os vidros côncavo e convexo) da maneira correta, verá objetos remotos ou próximos maiores que o normal e perfeitamente distintos" (*Magia Naturalis*, 1558).

Capítulo XXIV

De sua harmonia musical, força e poder

ampouco a harmonia musical é destituída dos dons dos astros; pois ela é uma poderosa criadora de imagens de todas as coisas, ao mesmo tempo seguindo oportunamente os corpos celestes e atraindo de modo extraordinário a influência celeste, mudando assim as afeições, intenções, gestos, movimentos, ações e disposições de todos os ouvintes, atraindo-os às suas propriedades, sejam elas de alegria, lamentação, coragem, descanso ou outras; também atrai os animais, serpentes, pássaros, delfins ao ouvir seus agradáveis sons.

Os pássaros são atraídos com flautas e os veados,[1] do mesmo modo. Os peixes no lago de Alexandria[2] se deleitam com um barulho. A música promove amizade entre os homens e os delfins.[3] O som da harpa conduz para cima e para baixo os cisnes hiperbóreos.[4] Vozes melodiosas domam os elefantes da Índia; e os próprios elementos se deliciam com música. A fonte Halesiana,[5] normalmente plácida e calma ao som de uma trombeta, levanta-se em júbilo e inunda as margens. Existem na Lídia as chamadas Ilhas das Ninfas,[6] que ao som de uma trombeta se movem para o meio do mar e, voltando-se, iniciam uma dança para depois retornar às praias; *M. Varro* afirma tê-las visto.

E há coisas ainda mais fantásticas, pois na costa da Ática o som do mar é como o de uma harpa. Uma certa pedra de Megaris[7] produz um som como de harpa sempre que a corda desse instrumento é tocada; tão grande é o poder da música que acalma a mente, eleva o espírito, incita os soldados à luta, renova as forças dos exauridos, dá alento aos desesperados e descanso aos viajantes. E os árabes dizem que os camelos carregando seus fardos ficam aliviados quando seus líderes cantam. De modo semelhante, aqueles que carregam grandes pesos cantam e, assim, se sentem fortalecidos e renovados; pois cantar traz deleite e força, aplaca os inimigos, modera a ira de homens enfurecidos, afasta a vã imaginação.[8]

Nesse contexto, afirmam *Demócrito* e *Teofrasto* que algumas doenças do corpo e da mente podem ser curadas e causadas.[9] E lemos que *Therpander* e *Arion* de Lesbos curaram os lésbios e jônicos por meio da música; e Ismênia[10] de Tebas curava diversas doenças graves com a música; além disso, *Orfeu, Amphion, Davi, Pitágoras, Empédocles,*[11] *Asclepíades* e *Timóteo* eram capazes de realizar muitas coisas fantásticas com os sons: às vezes, conseguiam animar espíritos apáticos com sons familiares; às vezes, aplacavam espíritos encolerizados, furiosos, zangados, com sons mais graves. E *Davi*, com uma harpa, reprimiu *Saulo*, em fúria.[12] E foi assim também que *Pitágoras* curou um rapaz de uma luxúria imoderada.[13] E *Timóteo* incitou *Alexandre* à ira, para depois novamente reprimi-lo.[14]

Saxo, o Gramático, em sua História dos Dinamarqueses, fala de um certo músico que se gabava de enlouquecer todos com sua música; e quando foi convocado pelo rei para realizar tal feito, empenhou-se de várias maneiras para afetar os humores. Primeiro, com um tom musical grave, ele encheu os ouvintes de tristeza e insensibilidade; depois, com um som mais vivo, ele os fez se alegrar e dançar; e, por fim, com uma música mais intensa, reduziu-os à fúria e à loucura.

Também lemos que em Apúlia aqueles que eram tocados por uma espécie de aranha perigosa[15] ficavam como em torpor até ouvir determinado som, quando então se levantavam para dançar. E acredita-se (e *Gellius* é testemunha) que aqueles que sofrem de dor ciática[16] encontram alívio ao som de uma flauta. *Teófrasto* também relata que o som da flauta cura picada de aranha, e o próprio *Demócrito* confessa que o trabalho de flautistas é cura para muitas doenças.

Notas – Capítulo XXIV

1. A respeito da proclividade dos veados, Plínio diz: "Eles são atraídos pela flauta do pastor e sua canção..." (Plínio 8.50 [Bostock e Riley, 2:300]).
2. Mareotis, localizado pouco atrás da cidade. Um canal conduzia do Eunostos, um dos dois portos de Alexandria, até o lago. Talvez Plínio se refira a ele quando escreve: "Os peixes não têm órgãos de audição nem sequer o orifício exterior. E, no entanto, é evidente que eles ouvem; pois é fato bem conhecido que em algumas lagoas os peixes têm o hábito de se aproximar para comer quando alguém bate palmas" (Plínio 10.89 [Bostock e Riley, 2:547]).
3. "O delfim é um animal não só amistoso para com o homem, mas também um amante da música; ele se encanta com concertos harmoniosos e, particularmente, com as notas do órgão hidráulico" (Plínio 9.8 [Bostock e Riley, 2:371-2]).
4. Termo aplicado a tudo que seja mais extremo ao norte. Segundo as lendas, Hiperbórea era uma terra "além do vento norte", habitada por um povo abençoado que desfrutava o perpétuo brilho do Sol, vivia livre de doenças, fome, preocupação, sofrimento e guerra. Os hiperbóreos veneravam Apolo, que os tinha visitado pouco após nascer, e eram uma raça alegre, que se regozijava em música e dança. A princípio, Hiperbórea fora provavelmente associada à terra ao norte da Tessália, mas, à medida que o conhecimento de Geografia se aperfeiçoava, ela foi jogada mais para o norte, sendo identificada com a Europa Ocidental e com os celtas e, posteriormente, com a região no litoral do lendário Oceano Hiperbóreo, para além dos míticos Grypes e Arimaspi, que habitavam o norte da Cítia.
5. Talvez localizada na planície Halesiana, na terra que cercava Troia, com suas termas salgadas e quentes.
6. "Existem algumas pequenas ilhas no Nymphaeus [na Ilíria], chamadas de as Dançarinas, porque, quando se cantam coros, elas se movem..." (Plínio 2.96 [Bostock e Riley, 1:123]).
7. Ver nota 3, cap. X, l. I.
8. Não é por esse motivo, Glauco, que a educação pela música é capital, porque o ritmo e a harmonia penetram mais fundo na alma e afetam-na mais fortemente, trazendo consigo a perfeição, e tornando aquela perfeita, se alguém tiver sido educado? E, quando não, o contrário? E porque aquele que foi educado nela, como devia, sentiria mais agudamente as omissões e as imperfeições no trabalho ou na conformação natural, e, suportando-as mal e com razão, honraria as coisas belas, e, acolhendo-as jubilosamente na sua alma, com elas se alimentaria e tornar-se-ia um homem perfeito (Platão, *A República*, 3.401d).

E a harmonia, que se assemelha em movimento às revoluções de nossas almas, não é considerada pelo recipiendário das Musas um prazer irreverente, próprio de nossos dias, mas sim como meio de correção da discórdia que pode assolar a alma, e nossa aliada no sentido de a ela trazer harmonia e concórdia. Também o ritmo por elas nos dado, e pelo mesmo motivo, em virtude dos modos irregulares e deselegantes presentes na humanidade, com o intuito de nos livrar deles (Platão, *Timaeus*, 47d [Hamilton e Cairns, 1175]).
9. O músico cretense Taletas foi convidado a ir a Esparta durante uma pestilência, por volta de 620 a.C., a qual ele teria definitivamente acabado.
10. Apolo era chamado de *Ismênio*, porque um de seus templos era localizado ao lado do Rio Ismenus, que nascia no monte Cithaeron e descia até Tebas. Segundo a lenda, o menino Ismenus foi atingido por uma flecha de Apolo e pulou no rio, dando-lhe o nome.
11. Quando um certo jovem se precipitou com a espada em punho contra Anquito, anfitrião de Empédocles, que na qualidade de juiz tinha condenado o pai do rapaz à morte, Empédocles mudou a intenção do jovem, cantando e acompanhando na lira este verso de Homero:

Nepente, sem fel, por todos os males
O oblívio se alastra [*Odisseia*, 4, linhas 793-4],

salvando assim Anquito da morte e o rapaz do crime de homicídio (Jâmblico, *Life of Pythagoras* 25 [Taylor, 60-1]).
12. I Samuel 16:23.

13. Entre os atos de Pitágoras, diz-se que, certa vez, com a música espondaica de uma flauta, ele apagou a ira do jovem que passara a noite se embriagando e pretendia incendiar o vestíbulo de sua amante, após vê-la sair da casa de um rival. O rapaz fora incitado [a esse temperamento intempestivo] por uma canção frígia; a qual Pitágoras, porém, rapidamente suprimiu. Em meio a seus estudos astronômicos, Pitágoras se encontrou com o flautista frígio em uma hora irregular, à noite, e convenceu-o a mudar a canção frígia por uma espondaica. O rapaz, então, tendo seu ataque de fúria imediatamente reprimido, voltou para casa em estado de perfeito juízo, embora pouco antes não pudesse ser impedido, e se recusasse até a ouvir qualquer admoestação, chegando mesmo, em sua estupidez, a insultar Pitágoras ao vê-lo (Jâmblico, *Life of Pythagoras*, 25 [Taylor, 60]).
14. Timóteo era um flautista de Tebas. Quando tocava diante de Alexandre, o Grande, um Nomo a Atena, Alexandre pulou de seu trono e agarrou o músico pelo braço. O episódio deu origem ao poema bem conhecido de Dryden, *Alexander's Feast*, que se baseia em uma passagem de *Life of Alexander*, de Plutarco, na qual, entretanto, Timóteo não é mencionado. Dryden dá ao músico uma lira, talvez o confundindo com Timóteo de Mileto (ver nota biográfica).
15. A picada da tarântula (*Lycosa tarantula*, antes conhecida como *Tarantula apuliae*), uma grande aranha venenosa que proliferava na cidade de Tarento, na região italiana de Apúlia, era considerada a causa do tarantismo, um problema histérico caracterizado por um impulso selvagem de dançar. Dizia-se que o tarantismo era semelhante à dança de São Vito, e foi epidêmico na Apúlia entre os séculos XV e XVII. A tarantela é uma dança típica do sul da Itália, popular desde o século XV, que supostamente curava o tarantismo se a vítima dançasse até cair de exaustão. É possível que essa doença nunca tenha existido, e que toda a dança tenha se originado como um remédio popular contra a picada da aranha.
16. Doença caracterizada por dor nevrálgica nos quadris.

Capítulo XXV

De som e harmonia e sua magnificência em operação

ão negaremos, igualmente, que há nos sons uma virtude para receberem os dons celestiais; se, junto a *Pitágoras* e *Platão*, nós considerarmos que os céus consistem em uma composição harmoniosa, que governa e causa todas as coisas por meio de movimentos e tons harmoniosos.[1]

O ato de cantar não pode produzir mais do que o som de um instrumento. Surge de um consentimento harmônico, da concepção da mente e da imperiosa afeição da fantasia[2] e do coração, e pelo movimento, com ar refratado e bem dosado, penetra com facilidade o espírito aéreo do ouvinte, que é o elo entre a alma e o corpo; e transferindo a amizade e a mente do cantor no ato, afeta o ouvinte com a sua afeição, e a fantasia do ouvinte com a própria fantasia, e a mente com sua própria mente, atinge o coração, perfura até o íntimo da alma, e aos poucos infunde até mesmo humores: além disso, faz mover ou detém os membros e os humores do corpo.

Manipulando assim as afeições, a harmonia confere tanto que não só a natural, mas também a artificial e vocal concede um certo poder às almas e aos corpos: mas é necessário que todos os consortes[3] provenham de fundações apropriadas, tanto em instrumentos de corda quanto de sopro, em cantos vocais, se você conseguir que todos entrem em acordo; pois nenhum homem com que o rugido dos leões, o mugido dos bois, o relincho dos cavalos, o zurro dos jumentos, o grunhido dos porcos sejam harmoniosos: tampouco podem as cordas, feitas de tripas de ovelha e de lobo, entrar em harmonia, pois suas fundações são dissonantes; mas as muitas e variadas vozes dos homens combinam, porque elas têm uma fundação na espécie: também os pássaros combinam, porque são de um único gênio ou espécie e semelhança que vem do alto; também os instrumentos artificiais combinam com vozes naturais, porque a similitude que existe entre eles é verdadeira e manifesta ou tem uma certa analogia.

Mas toda harmonia é ou de sons ou de vozes. O som é um sopro, a voz é um som e um sopro animado; a fala é um sopro pronunciado com som, e uma voz indicando algo, cujo espírito procede da boca com som e voz; *Chalcidius* dizia que uma voz é enviada desde a cavidade interna do peito e coração pela assistência do espírito. Por esse meio, aliado à língua, e formando e tocando as passagens estreitas da boca, por meio de outros órgãos vocais, são os sons articulados: os elementos da fala, intérprete pela qual os movimentos secretos da mente são esclarecidos. Mas *Lactâncio*[4] dizia que a natureza da voz é muito obscura, e não se pode compreender como ela é feita, ou o que é.

Para concluir, toda música consiste em voz, som e audição: som sem ar não pode ser audível, pois, embora seja necessário para a audição, assim como o ar, ele não é audível em si nem perceptível por sentido algum, a menos que por acidente; pois a visão nada vê senão pelas cores, nem os ouvidos ouvem se não há som; tampouco há o olfato sem odores ou o paladar sem sabor: portanto, embora o som não possa ser produzido sem ar, o som não é da natureza do ar, nem o ar da natureza do som, mas sim o corpo da vida de nosso espírito sensível, não sendo tampouco da natureza de nenhum objeto sensível, mas de uma virtude mais simples e superior; e é fato que a alma sensível vivifica o ar que a ela se une, e no ar vivificado que se une ao espírito, percebe a espécie de objetos colocados em ação, e isso é feito no ar vivente, mas em uma espécie sutil e diáfana e visível, em um ar comum e audível; e no pesado, as espécies dos outros sentidos são percebidos.

Notas – Capítulo XXV

1. Mas, diante de tudo isso, meus amigos, penso que vocês esqueceram o principal, aquilo que torna a música mais majestosa. Pois Pitágoras, Arquitas, Platão e muitos outros filósofos da Antiguidade eram da opinião de que não podia haver movimento do mundo ou deslocamento das esferas sem a assistência da música, uma vez que a Suprema Divindade criou todas as coisas do modo harmonioso (Plutarco, *On Music*, 44, traduzido para o inglês por John Phillips [Goodwin, 1:134]).

   O fuso [do Universo] girava nos joelhos da Necessidade. No cimo de cada um dos círculos, andava uma Sereia que com ele girava e que emitia um único som, uma única nota musical; e de todas elas, que eram oito, resultava um acorde de uma única escala. Mais três mulheres estavam sentadas em círculo, a distâncias iguais, cada uma em seu trono, que eram as filhas da Necessidade, as Parcas, vestidas de branco, com grinaldas na cabeça – Láquesis, Cloto e Átropos –, as quais cantavam ao som da melodia das Sereias, Láquesis, o passado, Cloto, o presente, e Átropos, o futuro (Platão, *A República*, 10.617b-c).

   "As sete esferas promovem os sete sons da lira e produzem uma harmonia (ou seja, uma oitava), por causa dos intervalos que as separam entre si" (Alexandre de Etólia, citado por Theon 3.15 [Lawlor, 92]).
2. Imaginação.
3. A combinação harmoniosa de vozes e instrumentos.
4. Mas como podemos explicar a voz? Na verdade, os gramáticos e os filósofos definem a voz como o ar tocado pela respiração, do qual as palavras [*verba*, presumivelmente de *verbero*: tocar] derivam seus nomes, o que é evidentemente falso. Pois a voz não é produzida fora da boca, mas sim dentro dela, e, portanto, esta opinião é mais plausível: a respiração, sendo comprimida, quando é impulsionada contra o obstáculo apresentado pela garganta, força para fora o som da voz:... Ora, se for de fato assim, Deus, que é o criador, pode ver. Pois a voz parece surgir não da boca, mas do fundo do peito. Na verdade, mesmo quando a boca está fechada, o som possível é emitido pelas narinas. Ademais, a voz não é afetada pelo maior fôlego com que ofegamos, como desejaríamos. Não se compreende, portanto, como isso acontece ou o que significa (Lactâncio, *De opificio dei sive de formatione hominis* [Sobre o ofício de Deus, ou a formação do homem] 15. Em *The Writings*, tradução de William Fletcher, em *Ante-Nicene Christian Library* [Edimburgo: T and T. Clark, 1971], 22:82).

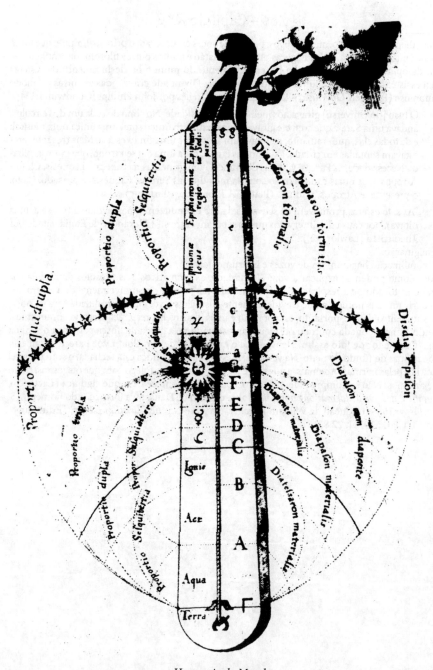

Harmonia do Mundo
Extraído de Utriusque cosmi maioris scilicet et minoris metaphysica, physica atque technica historia, *de Robert Fludd (Oppenheim, 1617)*

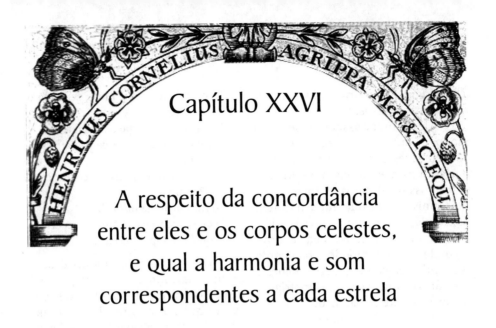

Capítulo XXVI

A respeito da concordância entre eles e os corpos celestes, e qual a harmonia e som correspondentes a cada estrela

Mas compreenda agora que, dos sete planetas, Saturno, Marte e a Lua têm mais da voz que da harmonia. Saturno tem palavras tristes, roucas, pesadas e vagarosas e sons como se fossem pressionados contra o centro; mas Marte possui palavras ásperas, agudas, ameaçadoras, grandiosas e furiosas; a Lua, por sua vez, consiste em um meio entre os dois.

Mas Júpiter, o Sol, Vênus e Mercúrio possuem harmonias. Júpiter tem consortes graves, constantes, fixos, doces, alegres e agradáveis; o Sol, veneráveis, assentados, puros e doces, com uma certa graça; Vênus, lascivos, luxuriosos, delicados, voluptuosos, dissolutos e fluentes; Mercúrio tem harmonias mais lenientes e variadas, alegres e agradáveis, com uma certa audácia, mas o tom de consortes particulares e proporcionados obedece às nove Musas. Júpiter tem a graça da oitava e também da quinta,[1] ou seja, o diapasão[2] com o diapente.[3] O Sol obtém a melodia da voz oitava, o diapasão; de modo igual por 15 tons, um disdiapasão;[4] Vênus conserva a graça da quinta; Mercúrio tem diatessaron;[5] a graça da quarta.[6]

Além disso, os antigos, satisfeitos com quatro cordas,[7] bem como com o número de elementos, atribuíam a Mercúrio a autoria destes, como relata *Nicômaco*, e, por meio de suas cordas de bronze, representavam a Terra; com os perípatos,[8] o meio, ou a Água; com a nota *diezeugmenon*, ou hipérbole,[9] o Fogo; com a *paranate*[10] ou *synemmenon*, ou tripla, o Ar; mas quando *Terpander*, o lésbio, descobriu a sétima corda, equiparou-as todas ao número de planetas.

Ainda, aqueles que seguiam o número dos elementos afirmavam que os quatro tipos de música combinavam, bem como os quatro humores, e acreditavam que a música dórica era consoante com a Água e o fleuma; a música frígia, à cólera e ao Fogo; a lídia, ao sangue e ao Ar; a meio-lídia, à melancolia e à Terra; quanto ao número e à virtude dos céus, outros atribuíam a música dórica ao Sol; a frígia, a Marte; a lídia, a Júpiter; a meio-lídia, a Saturno;

a hipofrígia, a Mercúrio; a hipomeio-lídia, às estrelas fixas.[11]

Além disso, associam-se esses modos de música às Musas e as cordas, aos céus, mas não nessa ordem, como declaramos acerca das nove Musas, entre nossos números e almas celestiais; pois dizem que *Tália* não tem harmonia, e atribuem-na ao silêncio e à Terra; mas *Clio* com a Lua se move segundo o modo hipodórico, a corda *proslambanomenos*,[12] ou Ar. *Calíope* e Mercúrio possuem o modo hipofrígio e o acorde hypate-hypaton, ou B(si)-Mi. *Terpsícore* com Vênus se move segundo o modo hipolídio, e parahypote, hypaton; e para *Melpomene* e segundo o modo dórico com licanos, hypaton, ou D(ré)-Sol-Ré são aplicados ao Sol. *Erato* com Marte mantém a maneira frígia, e hypátemise, ou E-La-Mi. *Euterpe*, e a música lídia, e pachyparemeson combina com Júpiter, *Polímia* e Saturno mantêm o modo meio-lídio, e lichanos meson D(ré)-Sol-Ré. São atribuídos a Urânia e às estrelas fixas a música hipolídia e A-La-Mi-Ré,[13] como vemos nestes versos:

> A silenciosa Tália à Terra comparamos,
> Pois pela música ela ninguém aprisiona;
> Perséfone, do mesmo modo, toca as cordas do baixo;
> Calíope também o segundo acorde toca,
> E usando a música frígia, o mesmo faz Mercúrio.
> Terpsícore toca o terceiro e, embora rara,
> A música da Lídia faz Vênus ainda mais bela,
> Melpômene e Titã, com grande graça
> Da música dórica, o quarto acorde produzem.
> O quinto, por sua vez, é atribuído a Marte,
> Deus da guerra, e a Erato, segundo o raro estilo
> Dos frígios, Euterpe também ama
> A sexta corda, que é da Lídia; assim como Júpiter.
> Saturno usa o sétimo acorde com Polímnia,
> E cria a melodia misto-lídia.
> O oitavo acorde é Urânia quem cria,
> E a música hipolídia eleva.

De mais a mais, alguns descobrem a harmonia dos céus por sua distância entre um e outro. Pois esse espaço que existe entre a Terra e a Lua, 126 mil milhas italianas,[14] faz o intervalo de um tom; mas a distância da Lua a Mercúrio, sendo metade desse espaço, gera meio-tom; e a mesma entre Mercúrio e Vênus outro meio-tom; mas de lá até o Sol se produz um tom triplo e meio, criando um diapene; mas da Lua ao Sol há um diatessaron duplo e meio; novamente do Sol a Marte há o mesmo espaço que da Terra à Lua, criando um tom; de lá a Júpiter, a metade produz meio-tom; o mesmo de Júpiter a Saturno, constituindo meio-tom; e de lá aos firmamentos estrelados também é o espaço de um meio-tom.[15]

Há, portanto, do Sol até as estrelas fixas, a distância de um diatessaron de dois tons e meio, mas da Terra há um diapasão perfeito de seis tons perfeitos; além disso, também da proporção dos movimentos dos planetas entre si, e com a oitava esfera, resulta a mais doce de todas as harmonias; pois a proporção dos movimentos de Saturno para os de Júpiter é duas vezes e meia; de Júpiter para Marte, seis vezes; de Marte para o Sol, Vênus e Mercúrio, que de certa forma completam seu curso ao mesmo tempo, é uma proporção dupla; seus movimentos em relação à Lua têm uma proporção de 12 vezes. Mas a proporção de Saturno para a esfera estrelada é de 1.200, se o que *Ptolomeu* diz é verdade, ou seja, que o céu se move ao contrário do *primum móbile*, em cem anos, um grau.[16] Portanto, o movimento devido[17] da Lua, sendo mais rápido, produz um som mais agudo no firmamento estrelado, que é o mais lento de todos, causando assim o som mais básico; mas pelo movimento violento[18] do *primum* móbile, torna-se o som mais rápido e agudo de todos. O movimento violento da Lua, porém, é lento e pesado, e sua proporção e reciprocidade de movimentos geram uma harmonia muito agradável; não há canções, sons e instrumentos musicais mais poderosos para afetar as emoções de um homem, ou nele introduzir impressões mágicas, que aqueles que são compostos de números, medidas e proporções, de acordo com o exemplo dos céus.

Também a harmonia dos elementos é oriunda de suas bases e ângulos,[19] dos quais já falamos; pois entre Fogo e Ar há uma dupla proporção nas bases, e uma proporção e meia em ângulos sólidos, e em planos, outra dupla; daí surge, portanto, uma harmonia de um duplo diapasão e um diapente. Entre Ar e Água, a proporção nas bases é tripla e mais uma terça parte; daí surgem diapasão-diapente, diatessaron; mas, nos ângulos, uma proporção e meia,[20] novamente constituindo diapente. Para concluir, entre Terra e Fogo, nas bases a proporção é de uma e meia, criando diapente; mas, nos ângulos, dupla, gerando diapasão; entre Fogo e Água, Ar e Terra, há pouquíssima consonância, porque há uma contrariedade perfeita em suas qualidades, mas são unidos pelo elemento intermediário.[21]

Notas – Capítulo XXVI

1. Quinta.
2. Oitava.
3. Quinta.
4. Dupla oitava ou décima quinta.
5. Quarta.
6. Quarta.
7. A cítara original possuía quatro cordas. Terpander aumentou esse número para sete e Timotheus, para 11. Ver notas biográficas.
8. Perípato, a nota mais baixa, mas em um dos dois tetracórdios inferiores (ver nota neste capítulo); o som da corda seguida à corda do baixo.
9. Na música grega, as hipérboles eram os tons mais altos da escala; a corda mais alta na cítara de quatro cordas.
10. Grego: "vizinho da nete", sendo a *nete* a corda mais alta; portanto, a segunda corda mais alta.
11. Os antigos gregos usavam seis modos, que são escalas musicais de diferentes diapasões, correspondendo mais ou menos a notas modernas. Eram eles: dórico, frígio, lídio, misto-lídio, iônico e eólio. Os filósofos atribuíam a essas escalas valores morais. Por exemplo, os "modos suaves e conviviais" são "alguns iônicos e também lídios, que são chamados de frouxos". Os "modos parecidos com cânticos", que são os "lídios mistos [mixo-lídios]", são "inúteis até para as mulheres, que devem dar o melhor de si, e menos ainda para os homens". Por outro lado, os "dóricos e frígios" são aqueles que "imitariam muito bem a voz e a entonação de um bravo homem engajado em guerra ou qualquer outra atividade de força" e "para o homem engajado em obras de paz, não impostas, mas voluntariamente..." (Platão, *A República*). Sair desses modos estabelecidos não era algo visto com bons olhos, por parecer uma entrega anti-intelectual ao apetite das massas por prazer. Os nomes dos modos gregos eram preservados no sistema da música de igreja, conhecido como música simples, ou canto simples (cantos gregorianos), estabelecido no século VI por Gregório, o Grande, embora estes divergissem completamente dos modos gregos. Outros foram adicionados, totalizando 14, dos quais dois – o 11º e 12º – nunca são usados por não serem práticos. Agrippa devia conhecer esse sistema:

Modos autênticos	Modos plagais
1. Dórico	2. Hipodórico
3. Frígio	4. Hipofrígio
5. Lídio	6. Hipolídio
7. Mixo-lídio	8. Hipomixo-lídio
9. Eólio	10. Hipoélio
11. Loco	12. Hipoloco
13. Iônico	14. Hipoiônico

12. A escala grega consistia em duas oitavas feitas de quatro tetracórdios (derivados da cítara de quatro cordas). O primeiro e o segundo tetracórdios partilhavam de uma mesma corda, bem como o segundo e o quarto, resultando em 14 sons. Para completar a dupla oitava, uma 15ª corda, chamada de *proslambanomenos*, era acrescentada ao fim da escala, um tom abaixo do último *hypate*:

Cordas	Tetracórdio
1. Nete	
2. Paranete ou diatônico	1º tetracórdio (hipérboles)
3. Trítono	
4. Nete das disjuntas	
5. Paranete ou diatônico	2º tetracórdio (disjuntas)
7. Paramese	

8. Mese
9. Lichanos ou diatônico   } 3º tretracórdio (meses)
10. Parhypate
11. Hypate
12. Hiper-hypatate ou diatônico
13. Parhypate   } 4º tetracórdio (hypates)
14. Hypate
15. Proslambanomenos

13.

Planeta	Musa	Corda	Modo
Terra	Tália	Silêncio	–
Lua	Clio	Proslamba-Nomenos	Hipodórico
Mercúrio	Calíope	Hypate-Hypaton (B.Mi.)	Hipofrígio
Vênus	Terpsícore	Parahypate-Hypaton	Hipolídio
Sol	Melpômene	Licanos-Hypaton (D.Sol.Re.)	Dórico
Marte	Erato	Hypatemise (E. La. Mi.)	Frígio
Júpiter	Euterpe	Pachyparemeson	Lídio
Saturno	Polímnia	Lichanos- Meson (D.Sol.Re)	Misto-lídio
Zodíaco	Urânia	Mese (A.La.Mi.Re)	Hipomisto-lídio

As cordas descritas são aquelas na tabela da nota anterior, a partir de baixo, compreendendo os dois tetracórdios inferiores, os *hypates* e meses. Sete sílabas, chamadas solfejos, designam as sete notas da escala: ut (ou dó), ré, mi, fá, sol, lá e si. Elas derivam de um antigo hino monástico a João Batista, no qual a primeira sílaba de cada linha era cantada um grau mais alto que a primeira sílaba da linha precedente. A primeira pessoa a usar essas sílabas foi Guido de Arezzo, no século XI.
14. Uma milha italiana era quase igual a uma milha romana, sendo a italiana 1/100 mais longa. A milha romana equivalia a 0,9193 de uma milha inglesa. Portanto, 126 mil milhas italianas seriam aproximadamente 116 mil milhas inglesas. Isso nem chega perto da distância verdadeira entre a Terra e a Lua, que é por volta de 240 mil milhas.
15. Esse mesmo arranjo é citado neste verso de Alexandre de Etólia:

> A Terra no centro dá o som baixo do *hypate*;
> a esfera estrelada dá a nete conjunta;
> o Sol, localizado no meio das estrelas errantes, dá a mese;
> a esfera de cristal dá a quarta, em relação a tal;
> Saturno é mais baixo, por um meio-tom;
> Júpiter diverge de Saturno tanto quanto de Marte;
> o Sol, gozo dos mortais, é um tom abaixo;
> Vênus difere do ofuscante Sol por um tom triplo;
> Hermes continua, com um meio-tom mais baixo que Vênus;
> e então vem a Lua, que traz à natureza tonalidade tão variada;
> e, por fim, a terra no centro dá a quinta, em relação ao Sol...
> (Theon 3.15 [Lawlor, 92]).

Pitágoras, empregando os termos usados em música, às vezes chama a distância entre a Terra e a Lua de tom; de lá até Mercúrio ele considera metade desse espaço, e mais ou menos igual entre Mercúrio e Vênus; do Sol a Marte é um tom, sendo o mesmo da Terra à Lua; de lá a Júpiter, meio-tom; de Júpiter a Saturno também meio-tom, e de lá um tom e meio até o zodíaco. Assim, há sete tons, que ele chama de harmonia em diapasão, referindo-se a todo o compasso das notas. Diz-se, portanto, que Saturno se move no tempo dórico, Júpiter no frígio, e assim por diante com os demais; mas tal arranjo é mais divertido que útil (Plínio 2.20 [Bostock e Riley, 1:52-3]).

Por "tom triplo", Agrippa se refere a três semitons. Codificado, o arranjo é o seguinte:

Zodíaco, dando a nete
Saturno	}meio-tom	
Júpiter	}meio-tom	quarta
Marte	}meio-tom	
Sol, dando a mese	}tom	
Vênus	}tom triplo	
Mercúrio	}meio-tom	quarta
Lua	}meio-tom	
Terra, dando o hypate	}tom	

16. O fenômeno referido aqui é a precessão dos equinócios. Como o eixo da Terra oscila, os pontos equinociais – localização do Sol quando dia e noite são iguais – se movem lentamente em volta da eclíptica de leste a oeste; ou seja, contrário à ordem usual dos signos do zodíaco. A revolução completa dos equinócios leva cerca de 25 mil anos. É o que se chama de Ano Platônico. A travessia de cada signo leva 2.120 anos, um Mês Platônico. Uma vez que cada signo tem 30 graus, o período verdadeiro da passagem por cada grau é de cerca de 71 anos.

17. O movimento devido é o movimento verdadeiro de um planeta, oposto ao seu movimento aparente, observado a partir da Terra. Os astrônomos antigos baseavam suas opiniões na teoria das esferas de cristal sólido inseridas uma na outra, com a Terra no centro. Posteriormente, foram elaboradas esferas menores circulando as maiores. Por conseguinte, surgiu confusão quanto ao que era o verdadeiro movimento de um planeta e seu movimento aparente. O movimento planetário era dividido em: (1) *Movimento para a frente* – o movimento aparente de um planeta através do zodíaco de leste a oeste; (2) *Movimento contrário* – o movimento aparente de um planeta através do zodíaco de oeste a leste. Platão considera este o movimento devido, ou verdadeiro; mas Adrasto o considerava um movimento aparente; (3) *Estacionário* – a aparente falta de movimento de um planeta; (4) *Retrógrado* – a aparente volta de um planeta a partir de seu ponto estacionário em direção oposta ao seu movimento anterior, um retrocesso. Ver Theon 3.17-21 (Lawlor 96).

18. O movimento rápido, ou violento, das estrelas resulta da rotação da Terra sobre seu eixo. As estrelas completam a aparente revolução em torno da Terra em aproximadamente 23 horas e 56 minutos – um dia sideral ou estelar. Os planetas seguem esse movimento violento das estrelas, mas a cada noite ficam um pouco para trás, até completarem um círculo contra o fundo estelar. A Lua é a que mais se atrasa, completando seu circuito em apenas 27 dias, o que significa que deve cair para trás das estrelas aproximadamente 13 graus a cada noite.

19.

Elementos	Sólidos	Bases	Ângulos sólidos	Ângulos planos
Fogo	Tetraedro	4	4	12
Terra	Hexaedro	6	8	24
Ar	Octaedro	8	6	24
Espírito	Dodecaedro	12	20	60
Água	Icosaedro	20	12	60
Fogo e Ar		4:8	4:6	12:24
Ar e Água		8:20	6:12	24:60
Água e Terra		20:6	12:8	60:24
Terra e Fogo		6:4	8:4	24:12
Fogo e Água		4:20	4:12	12:60
Ar e Terra		8:6	6:8	24:24

Consonâncias	Proporções
Diatessaron (4ª)	4:3 (Sesquitércia)
Diapente (5ª)	3:2 (Sesquiáltera)
Diapasão (oitava)	2:1 (Dupla)
Diapasão-diapente (oitava + 5ª = 12ª)	3:1 (Tripla)
Disdiapasão (oitava dupla = 15ª)	4:1 (Quádrupla)

20. Na verdade, duas vezes e meia.
21. O Ar está entre o Fogo e a Água; a Água está entre o Ar e a Terra. Ver apêndice III.

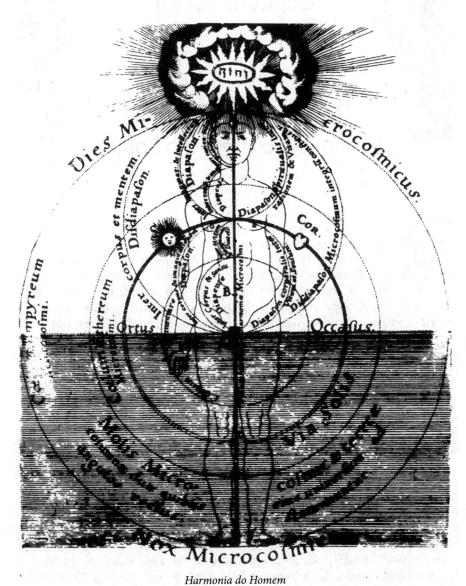

Harmonia do Homem
Extraído de Tomus secundus de supernaturali, naturali, praeternaturali et contranaturali microcosmi historia, *de Robert Fludd (Oppenheim, 1619)*

Capítulo XXVII

Da proporção, medida e harmonia do corpo do homem

Uma vez que o homem é a mais bela e perfeita obra de Deus, feito a sua imagem e semelhança, o mundo inferior contém e mantém em si, por meio da mais perfeita composição e doce harmonia, a mais sublime dignidade de todos os números, medidas, pesos, movimentos, elementos e todas as outras coisas que são de sua composição; e nele, como que no ofício supremo, todas as coisas obtêm uma determinada alta condição, além da consonância ordinária que elas têm em outros compostos.

Assim, todos os antigos em tempos imemoriais enumeravam com os dedos,[1] e com eles mostravam todos os números; e parecem provar que por meio das juntas do corpo de um homem todos os números, medidas, proporções e harmonias foram inventados; portanto, de acordo com essa medida do corpo, os antigos estruturavam e erguiam seus templos, palácios, casas, teatros; também seus barcos, engenhos e toda espécie de artifício, e toda parte e membro de seus edifícios e construções, tais como colunas, capitéis de pilares, bases, contrafortes, pés de pilares e coisas do tipo.

Além disso, o próprio Deus ensinou Noé[2] a construir a arca de acordo com a medida do corpo, e ele fez todo o tecido do mundo proporcional ao corpo do homem, daí a ser chamado de o grande mundo, enquanto o corpo do mundo é menor; portanto, alguns que já escreveram sobre o microcosmo, ou o homem, medem o corpo por seis pés, um pé por dez graus, cada grau por cinco minutos, resultando, assim, em número de 60 graus, que compõem 300 minutos, aos quais são comparados, em mesma quantidade, cúbitos geométricos, por meio dos quais Moisés descreve[3] a arca. Pois, assim como o corpo do homem tem 300 cúbitos de comprimento, 50 de largura e 30 de altura, também o comprimento da arca é 300 cúbitos, com 50 de largura e 30 de altura, sendo a proporção do comprimento para a largura um sêxtuplo, para a altura um décuplo, e a proporção da largura para a altura cerca de dois terços.

Do mesmo modo, as medidas de todos os membros são proporcionais e consoantes tanto com as partes do mundo quanto com as medidas do Arquétipo, e nessa concórdia não há um único membro no homem que não tenha correspondência com algum signo, astro, inteligência, nome divino, às vezes em Deus, o próprio Arquétipo.

Mas toda a medida do corpo pode ser virada e, procedendo da redondeza, tende para ela novamente:[4]

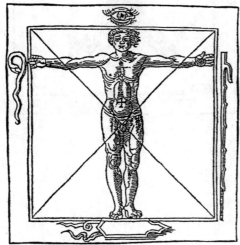

Também a medida quatro ao quadrado é o corpo mais proporcional; pois, se um homem ficar ereto, com os pés juntos e os braços estendidos para os lados, ele formará uma quadratura equilateral, cujo centro está na parte inferior da barriga.[5]

Mas, se no mesmo centro for feito um círculo a partir da coroa da cabeça, com os braços caindo, até as pontas dos dedos tocarem a circunferência desse círculo e os pés ficarem virados para fora na mesma circunferência, na mesma distância entre as pontas dos dedos e o topo da cabeça, divida o círculo, que foi desenhado, tendo ao centro a parte inferior da barriga em cinco partes iguais, constituindo assim um perfeito pentágono; e com os calcanhares em referência ao umbigo, faça um triângulo de lados iguais.[6]

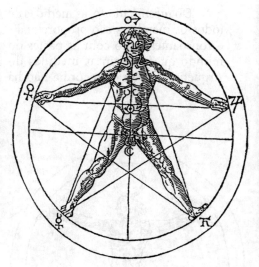

Se, porém, os calcanhares não se moverem e os pés se estenderem para os dois lados, direito e esquerdo, e as mãos se erguerem até a linha da cabeça, então as extremidades dos dedos e artelhos farão um quadrado de lados iguais, cujo centro está no umbigo, na cintura do corpo.[7]

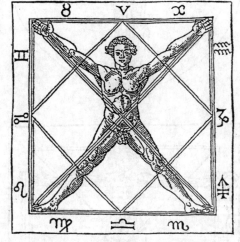

Se as mãos, porém, forem assim elevadas e os pés e as coxas estendidas, deixando o homem aparentemente mais curto pela décima quarta parte de sua estatura ereta, então a distância de seus pés em referência à parte inferior da barriga formará um triângulo equilátero; e o centro, localizando-se no umbigo e formando um círculo, tocará as extremidades dos dedos e dos artelhos.[8]

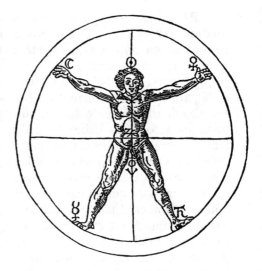

Mas, se as mãos forem elevadas à máxima altura possível, acima da cabeça, o cotovelo estará à altura da coroa; e se os pés estiverem juntos, um homem de pé em tal posição pode ser inserido em um quadrado equilátero formado pelas extremidades das mãos e dos pés: o verdadeiro centro desse quadrado é o umbigo, que é o meio entre o topo da cabeça e os joelhos.[9]

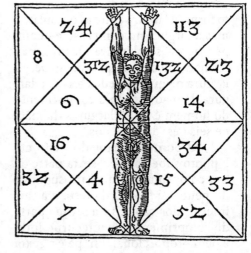

Prossigamos agora para as medidas específicas. O compasso de um homem sob as axilas contém o meio de seu comprimento,[10] cujo meio é a parte mais baixa do peito: e de lá para cima, até o meio do peito, entre as duas mamas,[11] e do meio do peito até a coroa da cabeça, a cada lado a quarta parte; também da parte inferior do peito até a mais baixa dos joelhos, e de lá até a parte mais baixa dos tornozelos, a quarta parte de um homem. Também é a mesma latitude[12] das omoplatas de um extremo ao outro: é igual também o comprimento do cotovelo até o fim do dedo mais longo, o que se chama de cúbito. Portanto, quatro cúbitos formam o comprimento do homem, e um cúbito forma a largura entre as omoplatas, mas a largura no compasso é de um pé;[13] agora, seis larguras de uma mão formam um cúbito, quatro, um pé, e a largura de quatro dedos forma a largura da mão, e todo o comprimento do homem é de 24 larguras da mão, de seis pés, de 96 dedos.

O ponto inferior do peito até o ponto superior[14] é a sexta parte de seu comprimento, o ponto superior do peito até o topo da testa e a raiz inferior dos cabelos é a sétima parte do comprimento; de um corpo forte e bem proporcional, um pé é a sexta parte do comprimento, mas de um corpo alto é a sétima. Tampouco (segundo atestam *Varro* e *Gellius*) a altura do corpo do homem excede sete pés. Por último, o diâmetro de seu compasso[15] é a mesma medida entre a mão fechada e voltada para a curva do cotovelo, e a do peito até as mamas,[16] subindo até o lábio superior ou descendo até o umbigo; e ainda aquela das extremidades dos ossos[17] da parte superior do peito incluindo o esôfago; e a da sola do pé até o fim da barriga da perna, e de lá até o osso no centro do joelho. Todas essas medidas são coiguais e formam a sétima parte de toda a altura.

A cabeça do homem, desde o extremo do queixo até a coroa, é a oitava parte de sua altura, bem como do cotovelo até o fim da omoplata; do mesmo tamanho é o diâmetro do compasso de um homem alto. O compasso da cabeça desenhado desde o topo da testa e do ponto inferior da parte de trás da cabeça forma a quinta parte de seu comprimento total; o mesmo se diz da largura do peito.

Nove larguras do rosto formam um homem bem proporcional e dez, um homem alto. O comprimento do homem se divide em nove partes: o rosto, do topo da testa até o extremo do queixo é uma; do ponto inferior da garganta ou superior do peito até o ponto superior do estômago, outra; daí até o umbigo, a terceira parte; daí até o ponto mais baixo da coxa,[18] a quarta; daí, o quadril até a parte superior da barriga da perna, mais duas se formam; daí até a junta do pé, as pernas formam mais duas; ao todo, oito partes. Além delas, o espaço entre o topo da testa até a coroa da cabeça, e entre a junta do pé e a sola do pé, eu digo que esses três espaços unidos formam a nona parte. Em largura, o peito tem duas partes e os dois braços, sete.[19]

Mas o corpo com larguras de dez rostos é o que tem as proporções mais exatas. Portanto, a primeira parte dele é da coroa da cabeça à parte inferior do nariz; de lá até o ponto superior do peito, a segunda; e até o ponto superior do estômago, a terceira; daí até o umbigo, a quarta; do umbigo até os membros privados, a quinta, em que se encontra o meio do comprimento do homem; daí até as solas dos pés são mais cinco partes, que, unidas às primeiras, totalizam dez, pelas quais todo corpo é medido com proporções exatas.

O rosto do homem da extremidade do queixo até o topo da testa e a raiz dos cabelos é a décima parte. A mão do homem, desde a junção com o punho[20] até o dedo mais longo, é uma parte; também entre[21] as duas mamas é outra parte; e de ambas até a parte superior do esôfago é um triângulo equilátero. A latitude da parte inferior da testa de um ouvido a outro é outra parte; a latitude de todo o peito, isto é, de sua parte superior até as juntas das omoplatas, é de ambos os lados[22] uma parte, totalizando duas.

O compasso da cabeça de través[23] a partir da distância das sobrancelhas pelo topo da testa até o fim da nuca, onde termina o cabelo, também tem duas partes; do lado de fora dos ombros até a união das juntas da mão, e do lado de dentro das axilas até o começo da palma da mão e dos dedos,[24] há três partes. O compasso da cabeça pelo meio da testa tem três partes; o compasso da cintura tem quatro partes em um homem bem proporcional, mas em um corpo magro tem três partes e meia, ou a mesma medida da parte superior do peito até a inferior da barriga. O compasso do peito pela axila até as costas tem cinco partes, ou seja, metade de todo o comprimento. Da coroa da cabeça até o pomo de Adão, é a 13ª parte de toda a altitude. Se os braços se estenderem para cima, o cotovelo fica paralelo à coroa da cabeça.

Veremos agora até que ponto as demais mensurações são iguais entre si. A distância entre o queixo e a parte superior do peito é igual à latitude da boca;[25] a distância entre a parte superior do peito e o umbigo é igual ao compasso da boca;[26] a distância entre o queixo e a coroa da cabeça é igual à latitude da cintura;[27] e a distância entre a parte superior do nariz até a inferior é igual à distância entre o queixo e a garganta. Também a cavidade dos olhos, a partir do ponto entre as sobrancelhas até os cantos interiores, e a extensão da parte inferior do nariz e a distância entre ela e o extremo do lábio superior, digo que são os três iguais; assim como a distância entre a ponta da unha do indicador até sua junta inferior.[28]

E do ponto a mão se junta ao braço pelo lado de fora,[29] e pelo lado de dentro da ponta da unha do dedo médio até sua junta inferior;[30] e daí até a junção da mão com o punho, digo que são partes iguais. A junta maior do indicador equivale à altura da testa; as outras duas até a ponta da unha equivalem ao nariz, de cima até embaixo; a primeira e a maior junta do dedo médio equivalem ao espaço que há entre a extremidade do nariz e a do queixo; e a segunda junta do dedo médio equivale

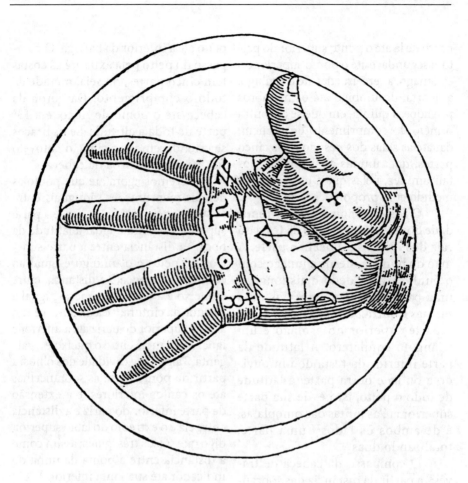

à distância da extremidade do queixo até a parte superior do lábio superior; a terceira, da boca até a extremidade do nariz; e a mão inteira, ao rosto inteiro. A junta maior do polegar tem a mesma largura da boca e a mesma distância entre a ponta do queixo e a parte superior do lábio inferior; mas a junta menor tem a mesma distância entre a parte superior do lábio inferior e a ponta do nariz; as unhas são a metade daquelas juntas que são chamadas de juntas das unhas.

A distância entre o meio das sobrancelhas e os cantos exteriores dos olhos é a mesma que entre esses cantos e as orelhas. A altura da testa, o comprimento do nariz e a largura da boca são iguais. Também a largura da mão e do pé é a mesma. A distância entre a parte inferior do tornozelo e a superior do pé é a mesma que entre essa parte e a ponta das unhas.[31] A distância do topo da testa até o ponto entre os olhos, de lá até a ponta do nariz e de lá até a ponta do queixo é a mesma. As sobrancelhas juntas são iguais ao círculo dos olhos, e o meio círculo das orelhas equivale à largura da boca: portanto, os círculos dos olhos, das orelhas e da boca são iguais. A largura do nariz é igual ao comprimento do olho; portanto, os olhos têm duas partes daquele espaço entre suas duas extremidades; uma terceira parte é ocupada pelo nariz, entre os dois.

Da coroa da cabeça até os joelhos, o umbigo fica exatamente no meio; da parte superior do peito até a ponta do nariz, o pomo de Adão fica no meio; da coroa até a ponta do queixo, estão os olhos no meio; do espaço entre os olhos até a ponta do queixo, encontra-se a ponta do nariz no meio; da ponta do nariz até a ponta do queixo, é o extremo do lábio inferior que fica no meio; uma terceira parte da mesma distância é o lábio superior.

Além do mais, todas essas medidas passam por múltiplas proporções e se harmonizam entre si; pois o polegar está para o punho em uma medida circular em uma proporção dupla e meia, contendo-o duas vezes e meia, como 5 está para 2; mas a proporção destes[32] para o músculo do braço perto do ombro é tripla; a proporção da grandeza da perna para a do braço é de 3 para 2; e a mesma proporção é a do pescoço para a perna e da perna para o braço.[33] A proporção da coxa é três vezes a do braço; a proporção de todo o corpo para o tronco[34] é oito e meia; do tronco ou peito para as pernas e delas para as solas do pés,[35] um terço e meio; do pescoço para o umbigo e até o fim do tronco, o dobro.[36] A latitude destes[37] à latitude da coxa é metade novamente; da cabeça ao pescoço, o triplo; da cabeça ao joelho, triplo, e o mesmo para com a perna. O comprimento da testa entre as têmporas[38] é quatro vezes a sua altura.

Essas são as medidas que existem em todos os lugares;[39] medidas estas pelas quais as medidas do corpo de um homem, segundo altura, largura, altura e circunferência, devem concordar, e também entre os celestiais: medidas todas que são divididas por múltiplas proporções ou sobre o que se divide ou sobre o que é misto, e do qual resulta uma multíplice harmonia. Pois uma proporção triplica um diapasão; quadruplica o dobro, duas vezes um diapasão e diapente.[40]

E da mesma maneira são os elementos, as qualidades, as compleições e os humores proporcionados. Pois essas medidas de humores e compleições são atribuídas a um homem sadio e de compostura, ou seja, as oito medidas de sangue, de fleuma quatro, de cólera duas, de melancolia uma, de modo que dos dois lados haja, por ordem, uma proporção dupla;[41] mas da primeira para a terceira, e da segunda para a quarta, uma proporção quatro vezes dupla;[42] mas da primeira para a última óctupla.[43]

Dioscórides dizia que o coração de um homem no primeiro ano tem o peso de duas dracmas,[44] no segundo ano de quatro, nessa proporção no 50º ano ter o peso de cem dracmas, a partir de quando os decréscimos novamente atingem um equilíbrio, que no fim pode retornar ao mesmo limite, e não exceder o espaço de vida pelo decaimento de tal membro: cálculo que, em um espaço de cem anos, ele circunscrevia a vida do homem. E isso, segundo *Plínio*,[45] era a heresia dos egípcios.

Também os movimentos dos membros do corpo humano respondem aos movimentos celestiais, e todo homem tem em si o movimento do coração, que responde ao movimento do Sol,[46] e difundindo-se através das artérias por todo o corpo, significa para nós, com toda certeza, anos, meses, dias, horas e minutos. Além disso, existe um certo nervo encontrado pelos anatomistas perto do nodo do pescoço que, ao ser tocado, faz mover todos os membros do corpo, cada um de acordo com seu movimento devido; toque este, segundo Aristóteles, semelhante àquele pelo qual Deus faz mover todos os membros do mundo. E há duas veias no pescoço que, ao serem seguradas com firmeza, falha a força de um homem, e ele fica sem sentidos até que sejam soltas.

Portanto, o eterno Criador do mundo, quando se preparava para colocar a alma no corpo, como sua habitação, confeccionou primeiro uma moradia adequada e digna de recebê-la, dotando a mais excelente alma do mais belo corpo, o qual, essa mesma alma, conhecendo seu destino, estrutura, adorna-o para nele habitar. Assim, o povo da Etiópia, que era governado pela sabedoria dos ginosofistas, como atesta Aristóteles, coroava como reis não aqueles que eram os mais fortes e ricos, mas sim os que eram mais assentados e belos; pois concebiam que o galanteio da mente dependia da excelência do corpo.

Muitos filósofos antigos e modernos que perscrutavam os segredos das causas ocultas na verdadeira majestade da natureza insistiam em afirmar que não existem falhas nem desproporções no corpo, que o vício e a intemperança da mente não seguem, pois é certo que estes aumentam, proliferam e operam com o auxílio um do outro.[47]

Notas – Capítulo XXVII

1. Ver cap. XVI, l. II.
2. Gênesis 6:14-6.
3. Moisés é o suposto autor do livro do Gênesis.
4. Na primeira ilustração, a pedra cúbica indica a Terra, assim como o próprio grande círculo. Sobre a barriga da figura se encontra uma ferramenta do construtor medieval para encontrar o prumo – um símbolo do pedreiro. Os pentagramas em volta das mãos estão apontando para baixo, o que no ocultismo do século XIX é um símbolo de satanismo; entretanto, Agrippa não teria feito essa distinção entre o pentagrama voltado para cima e o invertido. A cruz por meio do grande círculo sugere os pontos cardeais. O círculo pequeno acima da cabeça pode representar o Sol.
5. Na segunda ilustração, o centro da figura é a virilha. A cruz sobre o umbigo marca o outro centro usado na ilustração anterior. Na borda, encontra-se a serpente e o cajado nodoso de Esculápio, deus dos médicos, e acima da figura, o olho de Deus.
6. Na terceira ilustração, a Lua se encontra acima do centro inferior da virilha e o Sol, acima do centro superior do plexo solar. Os cinco planetas estão dispostos em torno do perímetro na ordem de sua rapidez, de um movimento aparentemente horário: Mercúrio, Vênus, Marte, Júpiter, Saturno.
7. Na quarta ilustração, os símbolos em torno da borda são os signos do zodíaco, começando por Áries e seguindo em sentido anti-horário.
8. Na quinta ilustração, os planetas mais masculinos – Sol, Júpiter, Marte – espalham-se ao longo do eixo do corpo; os planetas totalmente femininos – Lua, Vênus – encontram-se acima das mãos e aqueles ligeiramente femininos – Mercúrio, Saturno –, sobre os pés.
9. Na sexta ilustração, devo confessar que não pude determinar o significado numerológico dos 16 números em volta da figura, embora me pareça que a explicação seja muito simples.
10. A circunferência em torno da parte superior do tórax é metade da altura.
11. Os dois mamilos.
12. Largura.
13. Talvez a profundidade através do tórax no nível dos mamilos.
14. Do plexo solar até a parte superior dos ombros.
15. Diâmetro da circunferência do peito.
16. A distância entre o nível dos mamilos e lábio superior, descendo ao umbigo.
17. A distância entre as extremidades das clavículas.
18. Parte extrema da coxa.
19. Ou seja, na divisão nônupla da distância entre as pontas dos dedos dos braços estendidos.
20. O comprimento da mão entre a base até os dedos.
21. Distância entre os mamilos.
22. A distância entre a coluna e as extremidades dos ombros.
23. Isto é, a medida entre o meio das sobrancelhas acima do topo da cabeça até a base dos cabelos, na nuca.
24. Do ombro até o punho ou da axila até a raiz dos dedos.
25. Largura.
26. Deve ser uma referência à circunferência da cabeça no nível da boca e da base do cabelo.
27. Largura da cintura.
28. Agrippa refere-se aos segmentos dos dedos, quando fala das juntas; assim, provavelmente, da ponta da unha até a junta mediana do dedo indicador.
29. Da junta maior até o punho, no dorso da mão.
30. O lugar em que o dedo se junta à palma.
31. Do calcanhar, passando pelos tornozelos, até o lado interno do pé até o dedão.
32. Isto é, do punho até a parte superior do braço.
33. Talvez o meio do antebraço está para o meio da canela, assim como o meio da canela está para o pescoço.

34. Essa referência não me parece clara; talvez seja a distância entre o umbigo e a virilha em comparação com a altura do corpo.
35. Da parte superior do peito até a virilha é um terço da altura total; da virilha às solas dos pés, metade da altura.
36. Do fundo da garganta até o umbigo é o dobro da distância entre o umbigo e a virilha.
37. Distância de través, ou largura, da cintura.
38. Medindo-se de través.
39. Essas medidas e proporções do corpo humano são muito semelhantes à lista compilada pelo artista italiano e inventor Leonardo da Vinci. Uma vez que Agrippa viveu tanto tempo na Itália entre 1511 e 1517, quando Leonardo tinha 60 e poucos anos e ainda era muito ativo, não é impossível que os dois se correspondessem ou até tenham se conhecido. Entretanto, a ligação, se existe, parece ter sido o livro *Summa de arithmetica geometria proportioni et proportionalita*, do matemático Lucas Paciolus (ver sua nota bibliográfica), que era amigo íntimo de Da Vinci. Agrippa menciona essa obra no fim do capítulo XVI, l. II, referindo-se a seu autor como "Irmão Lucas dos Santos Sepulcros".
40. Uma proporção dupla (2:1) produz um diapasão, ou uma oitava; quatro vezes o dobro (4:1) produz um disdiapasão, ou oitava dupla.
41. Sangue e fleuma (8:4), e cólera e melancolia (2:1).
42. Sangue e cólera (8:2), e fleuma e melancolia (4:1).
43. Sangue e melancolia (8:1).
44. Uma dracma equivale a 60 gramas ou cerca de 1/8 de uma onça.
45. Dizem que o coração aumenta a cada ano no homem, e que duas dracmas de peso são acrescidas anualmente até o 50º ano, após o que ele decresce também anualmente, em proporção semelhante; e é por esse motivo que os homens não vivem além do 100º ano, uma vez que o coração falha. Essa é a noção comum entre os egípcios, cujo costume é embalsamar os corpos dos mortos para preservá-los (Plínio 11.70 [Bostock e Riley, 3:65-6]).
46. Isto é, o coração controla seu tempo pelas batidas, assim como o Sol pelo movimento.
47. Era por causa dessa crença perniciosa que tantas mulheres feias foram executadas por bruxaria e, por uma lógica oposta, exigiam a perfeição física das virgens vestais de Roma e dos estudantes de Cabala entre os judeus.

Capítulo XXVIII

Da composição e harmonia da alma humana

ssim como a consonância do corpo consiste em uma medida apropriada e uma proporção dos membros, a consonância da mente também consiste de um temperamento apropriado e da proporção de suas virtudes e operações, que são concupiscíveis, irascíveis e racionais, todos em igual proporção. Em razão da concupiscência, a proporção tem diapasão;[1] da raiva, diatessaron;[2] e da irascível à concupiscência tem a proporção diapente.[3] Assim, quando a alma mais bem proporcionada se une ao corpo mais bem proporcionado, é evidente que tal pessoa é agraciada com um felicíssimo presente, uma vez que a alma se harmoniza com o corpo na disposição dos naturais,[4] harmonia esta que permanece oculta e, no entanto, é-nos insinuada pelos sábios.

Mas, para nos estendermos à harmonia da alma, devemos investigá-la com os meios pelos quais ela nos é passada, ou seja, pelos corpos celestes e esferas; sabendo, portanto, quais são os poderes da alma aos quais os planetas respondem, nós poderemos, graças àquelas coisas de que já falamos, conhecer melhor as harmonias entre elas. Pois a Lua rege os poderes de aumentar e de diminuir; a fantasia e a astúcia dependem de Mercúrio; a virtude concupiscível, de Vênus; as vitais, do Sol; as irascíveis, de Marte; as naturais, de Júpiter[5]; as receptivas, de Saturno.[6]

Mas a vontade, como primum móbile e o guia de todos esses poderes, unindo-se ao intelecto superior, sempre tende para o bem. O intelectual, de fato, sempre mostra um caminho para a vontade, como uma vela clareando a vista; ela, entretanto, não move a si mesma, mas é a mestra de sua própria operação, daí a ser chamada de vontade livre (livre-arbítrio). E embora seja sempre propensa para o bem, como um objeto apropriado para ela mesma, às vezes é cega pelo erro, forçada pelo poder animal, e ela escolhe o mal, acreditando ser o bem. Portanto, a vontade livre é definida como uma faculdade do intelecto, sendo o bem escolhido com a ajuda da graça e o mal, pela ausência desta. A graça, portanto, que os adivinhos chamam de caridade ou amor infundido, está presente na vontade como o primeiro motivador; na ausência da qual a consonância se converte em dissonância.

De mais a mais, a alma responde à terra pelos sentidos, à água pela imaginação, ao ar pela razão, ao céu pelo intelecto,[7] e a alma entra em harmonia com eles, conforme são temperados em um corpo mortal.

Os antigos sábios, portanto, sabendo que as disposições harmoniosas de corpos e de almas são diversas, de acordo com a diferença das compleições dos homens, usavam e não em vão sons musicais e cantorias para confirmar a saúde do corpo, e restaurá-la após perdida, também para colocar a mente em ordem, até tornarem um homem apto para receber a harmonia celestial, e deixá-lo totalmente celestial. Além disso, não há nada mais eficaz para afastar os espíritos malignos que a harmonia musical (pois eles caíram da harmonia celestial, e não suportam nenhuma consonância verdadeira, pois lhes faz mal, e fogem dela), como *Davi*, que com sua harpa curou *Saulo*,[8] que estava atormentado por um espírito mau. Assim, entre os antigos profetas e Pais, que conheciam esses mistérios harmônicos, os cantos e os sons musicais eram inseridos nos serviços sagrados.

Notas – Capítulo XXVIII

1. 2:1.
2. 4:3.
3. 3:2.
4. Qualidades humanas inatas.
5. As virtudes inerentes – habilidade artística, aptidão atlética, poder pessoal – dependem de Júpiter.
6. As virtudes adquiridas e as habilidades de aprender dependem de Saturno.
7. A esfera moral da mente, que é superior à razão, a esfera lógica.
8. Ver nota 12, cap. XXIV, livro II.

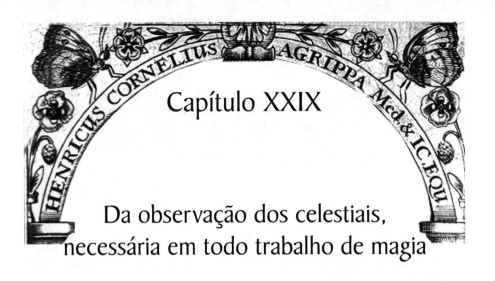

Capítulo XXIX

Da observação dos celestiais, necessária em todo trabalho de magia

oda virtude natural realiza coisas muito mais extraordinárias quando é composta não só de uma proporção natural, mas também informada por uma observação meticulosa dos celestiais apropriados para isso (quando o poder celestial é mais forte para o efeito que desejamos, além de ser auxiliado por muitos celestiais), submetendo os inferiores aos celestiais, como boas fêmeas fecundadas pelos machos. Também em todo trabalho devem ser observados a situação, o movimento e o aspecto das estrelas e planetas, em sinais e graus, e o modo como estes se colocam em referência ao comprimento e à latitude do clima; pois por meio disso variam as qualidades dos ângulos descritos pelos raios dos corpos celestes, incidindo sobre a figura de algo, de acordo com o que as virtudes celestiais são infundidas. Assim, quando você estiver trabalhando com qualquer coisa que pertença a algum planeta, deve colocá-la em suas dignidades, afortunadas e poderosas, em regência naquele dia, hora e figura do céu.

Tampouco espere que o resultado do trabalho seja poderoso, mas observe a Lua oportunamente direcionada para isso, pois nada deve ser feito sem a assistência da Lua. E se você tiver mais padrões de sua obra, observe-os todos quando estiverem mais poderosos, interagindo uns com os outros em aspecto amistoso:[1] e se não puder usufruir de tais aspectos, será conveniente ao menos observar a angularidade.[2] Mas siga a Lua, ou quando ela sobreolhar ambos, ou quando estiver unida a um e sobreolhando outro; ou ainda quando passar de uma conjunção ou aspecto para a conjunção ou aspecto do outro; pois considero que tal ação não pode de modo algum ser omitida. Você deverá também, em todas as obras, observar Mercúrio, pois ele é um mensageiro entre os deuses superiores e os deuses infernais; quando passa aos bons, ele lhes aumenta a bondade; quando passa aos maus, tem influência sobre sua maldade.

Dizemos que um signo, ou planeta, é desfavorável quando se encontra no aspecto de Saturno ou Marte, principalmente nos opostos ou quadrantes;[3]

pois são aspectos de inimizade; mas uma conjunção, um trino ou sextil são aspectos de amizade; entre estes há uma grande conjunção. Entretanto, se você já o contempla por meio de um trino, e se o planeta for recebido, tal é considerado já counido. Ora, todos os planetas têm medo da conjunção do Sol, embora apreciem o trino e o sextil do astro.

Notas – Capítulo XXIX

1. Os principais aspectos da Astrologia são:

Conjunção (☌), quando os planetas estão juntos. Isso os faz agir em uníssono, embora não necessariamente em harmonia.

Oposição (☍), quando os planetas são separados por 180° de arco. Esse é o aspecto da tensão máxima tendendo para uma polarização de seus poderes.

Quadratura (□), quando os planetas são separados por 90°. Esse aspecto libera energia e causa eventos.

Semiquadrado (∠), quando os planetas são separados por 45°. Esse é o aspecto da tensão menor.

Trino (Δ), quando os planetas são separados por 120°. É o aspecto dos relacionamentos harmoniosos, mas não dinâmicos, e da comunicação igual.

Sextil (✶), quando os planetas são separados por 60°. É o aspecto que conduz ao entendimento equilibrado.

Semissextil (⚹), quando os planetas são separados por 30°. É o aspecto dos relacionamentos menores ou parcialmente harmoniosos.

Conjunção, trino, sextil e semissextil têm sido considerados historicamente favoráveis; oposição, quadratura e semiquadratura, desfavoráveis. Mas pode-se dizer que o efeito de um aspecto depende da resposta do indivíduo.

2. Os ângulos, ou cantos, dos céus são ascendente, meio-céu (*Medium Coeli*), descendente e meio-céu inferior (*Immum Coeli*), respectivamente; o horizonte leste, o ponto mais alto no céu, o horizonte oeste e o ponto mais baixo no lado oposto da Terra. Em termos históricos, os planetas nos ângulos eram considerados os mais fortes. As casas angulares (ver nota 28, cap. VI, l. II) dão poder e iniciam novas ações. A Casa I afeta o individual; a Casa IV, o lar; a Casa VII, o parceiro; e a Casa X, a vida mundana. Os sinais angulares no ascendente e meio-céu afetam a psique; o primeiro, o despertar de uma nova autoconsciência ou personalidade; o segundo, a autoconsciência já estabelecida ou ego. Os signos descendentes e do meio-céu inferior complementam seus opostos.

3. Oposição ou quadratura. Ver nota anterior.

Capítulo XXX

Quando os planetas têm sua influência mais poderosa

s planetas estarão mais poderosos quando estiverem regendo uma casa,[1] ou em exaltação,[2] ou em triplicidade,[3] ou em termo,[4] ou em face[5] sem combustão[6] do que está direto na figura dos céus, isto é, quando estão em ângulos,[7] principalmente ascendente, ou décimo, ou em casas em sucessão,[8] ou em seus deleites.[9] Mas devemos estar atentos para que não estejam nos confins e sob o domínio de Saturno ou Marte, pois ficariam em graus escuros, em poços ou vácuos.[10]

Observe que os ângulos do ascendente, do décimo e do sétimo são favoráveis,[11] ou afortunados, bem como o regente do ascendente[12] e o lugar do Sol e da Lua, e o lugar de parte da Fortuna,[13] e de seu regente,[14] o senhor da conjunção precedente e da prevenção;[15] mas aqueles do planeta maligno são desfavoráveis, ou desafortunados,[16] a menos que sejam importantes para o seu trabalho, que lhe ofereçam alguma vantagem; ou se em sua revolução ou no seu nascimento eles tenham sido predominantes; nesses casos, eles não devem ser suprimidos.

A Lua será poderosa se estiver na casa dela,[17] em exaltação, triplicidade ou face, em um grau conveniente para o trabalho desejado, e ainda se tiver uma mansão desses 28 adequada para si e para o trabalho; que não se queime[18] no caminho nem retarde o curso;[19] que não seja eclipsada nem queimada pelo Sol, a menos que esteja em unidade com ele;[20] que ela não desça na latitude sul para ser queimada[21] nem se oponha ao Sol,[22] nem se prive de luz;[23] que tampouco seja bloqueada por Marte ou Saturno.

Não mais falarei agora disso, uma vez que esse e outros temas necessários são suficientemente abordados nos volumes dos astrólogos.

Notas – Capítulo XXX

1. Ver nota 3, cap. XVII, l. I.
2. Ver nota 4, cap. XVII, l. I.
3. Os regentes da triplicidade são aqueles planetas que governam a ação dos quatro trinos elementais dos signos do zodíaco (ver nota 3, cap. VIII, l. I). Um planeta deve reger o trino durante o dia e outro à noite, sendo os planetas em maior harmonia com a natureza do trino escolhidos para tais funções. Por exemplo, a triplicidade do Fogo é Áries/Leão/Sagitário. O Sol, que rege Leão, é o regente desses signos durante o dia, enquanto Júpiter, que rege Sagitário, é o regente noturno. Marte, que rege Áries, não é usado por ser lunar e, portanto, discordante dos outros planetas, ambos solares. Como há sete planetas, mas oito regentes, o último planeta não designado, Marte, é atribuído ao último trino, Água, tanto de dia quanto à noite. Vênus é designado corregente de dia e a Lua à noite, porque esse trino de água é feminino. As triplicidades são citadas por Ptolomeu em sua obra *Tetrabiblos* 1.18 (Robbins, 83-7). Para conveniência, eu apresento a seguinte tabulação:

Triplicidade		Dia	Noite
Fogo	(♈, ♌, ♐)	☉	♃
Terra	(♉, ♍, ♑)	♀	☽
Ar	(♊, ♎, ♒)	♄	☿
Água	(♋, ♏, ♓)	♂, ♀	♂, ☽

4. Ver nota 4, cap. VIII, l. II.
5. Há três faces em cada signo e cada uma de dez graus. Na Antiguidade, as faces eram atribuídas aos planetas em sua ordem ptolemaica:

Signo	1ª Face	2ª Face	3ª Face
♈	♂	☉	♀
♉	☿	☽	♄
♊	♃	♂	☉
♋	♀	☿	☽
♌	♄	♃	♂
♍	☉	♀	☿
♎	☽	♄	♃
♏	♂	☉	♀
♐	☿	☽	♄
♑	♃	♂	☉
♒	♀	☿	☽
♓	♄	♃	♂

As faces são diferenciadas por Agrippa por decanatos, que tem um sistema diferente pelo qual os planetas são designados como regentes (ver nota cap. XXXVI, l. II). Em outros aspectos, os decanatos e as faces, conforme o uso do termo por Agrippa, parecem indistinguíveis. Ver também nota 3, cap. XXII, l. I.
6. Um planeta dentro de três graus da longitude do Sol é considerado combusto, porque o poder do Sol domina sua operação.
7. Ver nota 2, cap. XXIX, l. II.

> Dizia-se que um planeta é *essencialmente* dignificado quando se encontra em seu próprio signo, exaltação, triplicidade, termo ou face; e *acidentalmente* dignificado quando no meio-céu, ou ascendente, ou na 7ª, 4ª, 11ª, 9ª, 2ª ou 5ª casa. Um planeta é *acidentalmente forte*

quando se encontra em movimento rápido e direto, e próximo à sua maior distância do Sol; é um planeta superior (♂, ♃, ♄), quando oriental ao Sol; inferior (☽, ☿, ♀), quando ocidental.

Um planeta é *essencialmente fraco* quando se encontra em queda ou detrimento. É acidentalmente fraco quando está na 12ª, 8ª ou 6ª casa, retrógrado ou com movimento muito lento, dentro de oito graus, 30 minutos do Sol; é planeta superior, quando ocidental ao Sol; inferior, quando oriental.

Embora um planeta fosse considerado fraco dentro de oito graus, 30 minutos do Sol, dizia-se que era forte quando estivesse a 17 minutos ou em conjunção exata com o Sol – "in cazimi", como diziam os antigos (Pearce 1970 [1879], 436).

8. Ptolomeu diz que os planetas são mais poderosos "quando se encontram no meio-céu ou perto dele, e depois quando estão exatamente no horizonte ou no lugar em sucessão..." (*Tetrabiblos* 1.24 [Robbins, 117]). Em sucessão, nesse caso, é a casa imediatamente seguinte – aquela à esquerda da casa em questão. Quanto ao poder relativo das casas, conforme citação de Ptolomeu, ver nota 5, cap. XXVI, l. III.

9. De acordo com Ptolomeu, os planetas "se deleitam" quando estão contidos em um signo do zodíaco que "embora o signo contentor não tenha familiaridade com os astros em si, ele a tem com as estrelas do mesmo grupo..." (*Ibid*. 1.23 [Robbins, 113]). O grupo do Sol contém, além do Sol, os planetas Júpiter e Saturno; o da Lua contém a Lua, Vênus e Marte. Mercúrio pertence a ambos os grupos de acordo com sua posição – quando é visto como estrela matutina (no leste), ele está com o Sol; quando visto como estrela vespertina (no oeste), pertence à Lua. Por exemplo, Vênus se deleitaria em Áries, porque Áries é regido por Marte, e Marte pertence ao grupo da Lua. Se os planetas se encontrarem em signos sob o domínio de planetas do grupo oposto, "uma grande parte de seu devido poder é paralisada, pois o temperamento que surge da dessemelhança dos signos produz uma natureza diferente e adulterada" (*Ibid*.).

10. Ou seja, os poderes de um planeta não devem ser usados quando o planeta está em um signo regido por Saturno ou Marte, ou quando o planeta cai dentro do orbe, ou do domínio, de Saturno ou Marte – em conjunção com esses corpos. Os orbes dos planetas são seus círculos de maior influência: Saturno – 10 graus; Júpiter – 12 graus; Marte – 7 graus, 30 minutos; Sol – 17 graus; Vênus – 8 graus; Mercúrio – 7 graus, 30 minutos; Lua – 12 graus, 30 minutos. Variam muito as opiniões quanto à extensão dos orbes. A influência de Saturno e Marte costuma ser considerada maléfica. Ptolomeu os chama de "astros destrutivos" (*Tetrabiblos* 1.7 [Robbins, 43]).

11. Ou seja, há planetas afortunados (favoráveis) em um arranjo harmonioso na primeira (ascendente), décima (meio-céu) e sétima (descendente) casas do zodíaco.

12. É o planeta que rege o signo sobre o ascendente. A casa que o planeta ocupava era considerada muito importante, principalmente se estivesse em um dos ângulos, ou próxima do meio-céu.

13. A Parte, ou Quinhão, da Fortuna é um ponto hipotético cuja posição determina as aquisições materiais de um indivíduo ou outro objeto de busca. "O objeto material de alguém deve ser ganho a partir da assim chamada 'Parte da Fortuna';... pois quando os planetas que regem a Parte da Fortuna estão no poder, tornam o indivíduo rico, principalmente se tiverem o devido testemunho das luminárias..." (*Ibid*. 4.2 [Robbins, 373, 375]). Sobre o método para se determinar esse ponto, escreve Ptolomeu:

> Considere a Parte da Fortuna sempre como a quantidade de números de graus, tanto à noite quanto de dia, que é a distância entre o Sol e a Lua [na ordem dos signos seguintes] e que se estende a uma distância igual do horóscopo [isto é, o Ascendente] na ordem dos signos seguintes, para que, qualquer que seja a relação e o aspecto do Sol para com o horóscopo, a Lua também tenha relação com a Parte da Fortuna, oferecendo como que um horóscopo lunar (*Ibid*. 3.10 [Robbins, 275, 277]).

O que os gregos conheciam como "ordem dos signos seguintes" é o que hoje se considera sua ordem natural – anti-horário de Áries a Touro, a Gêmeos, etc. Pierce descreve o cálculo da Parte da Fortuna de maneira mais concisa: "A Parte da Fortuna é aquele ponto dos céus onde estaria a Lua se o Sol estivesse exatamente nascendo" (Pierce 1970 [1879], 438).

14. Qualquer planeta que esteja regendo o signo sobre o qual cai a Parte da Fortuna.

15. Ver nota, 10.
16. Isto é, Marte e Saturno devem estar em uma posição que minimiza sua potência.
17. A casa de Câncer, a 4ª, chamada de Meio-céu Inferior.
18. Entrar em combustão. Ver nota 6.
19. Quanto ao aparente movimento dos planetas de um modo geral, comenta Theon: "Eles não cobrem a mesma distância no espaço na mesma quantidade de tempo; eles se movem mais rápido quando parecem maiores por causa de sua distância menor da Terra, e se movem menos rápido quando parece menores por causa da distância maior" (Theon 3.12 [Lawlor, 90]).

E sobre a Lua, especificamente, escreve Plínio: "Após ficar dois dias em conjunção com o Sol, no 30º dia, ela emerge de novo, lentamente, e segue seu curso costumeiro..." (Plínio 2.6 [Bostock e Riley, 1;32]).

20. Ver nota, 7.
21. Que a Lua não se ponha no horizonte oeste, abaixo do plano da eclíptica, enquanto estiver sob a influência próxima do Sol.
22. Em oposição, quando a Lua estiver cheia.
23. Talvez por eclipse lunar, quando a sombra da Terra cai sobre a face da Lua e a deixa vermelho-pálida ou preta; mas, se o eclipse mencionado no texto é lunar, então esta deve ser uma referência à Lua nova.

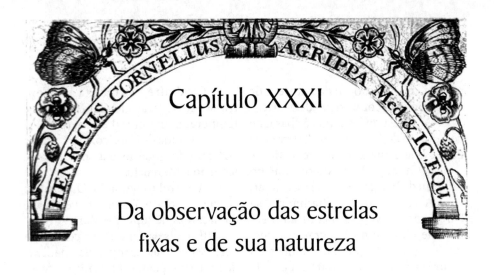

Capítulo XXXI

Da observação das estrelas fixas e de sua natureza

evemos considerar ainda todas as coisas acerca das estrelas fixas. Saiba que todas as estrelas fixas são da significação e da natureza dos sete planetas; mas algumas são da natureza de um planeta, e outras, de dois: por isso, tão logo um planeta é unido a qualquer uma das estrelas de sua natureza, a significação dessa estrela adquire maior poder, e a natureza do planeta é aumentada; mas, em se tratando de uma estrela de duas naturezas, a natureza daquele que será o mais forte dominará em significação. Por exemplo, se for da natureza de Marte e Vênus, e se Marte for o mais forte, a natureza deste último dominará; se Vênus, porém, for o mais forte, sua natureza dominará.

Ora, as naturezas das estrelas fixas são descobertas por suas cores,[1] concordando com certos planetas e sendo a eles atribuídas. As cores dos planetas são estas: de Saturno, azul e chumbo, e brilhante; de Júpiter, citrino quase pálido, e claro; de Marte, vermelho e incandescente; do Sol, amarelo e, ao nascer, vermelho, depois reluzente; de Vênus, branco e brilhante, branco pela manhã e avermelhado à noite; de Mercúrio, reluzente; da Lua, cor clara.

Saiba também que, em relação às estrelas fixas, quanto maiores e mais brilhantes e visíveis elas forem, maior e mais forte será sua significação; estrelas estas chamadas pelos astrólogos de estrelas de segunda e terceira magnitudes.

Falarei agora de algumas que são as mais potentes nessa faculdade, como, por exemplo, o Umbigo de Andrômeda[2] no 22º de Áries, da natureza de Vênus e Mercúrio; alguns a chamam de joviana e outras, de saturnina.

A Cabeça de Algol[3] no 18º grau de Touro, da natureza de Saturno e Júpiter. As Plêiades[4] também se encontram no 22º grau, um estrela lunar por natureza e marcial por compleição.

Também no 3º grau de Gêmeos se encontra Aldebarã,[5] da natureza de Marte e compleição de Vênus; mas Hermes a colocava no 25º grau de Áries. Capela[6] está no 13º grau da referida constelação de Gêmeos, da natureza de Júpiter e de Saturno.

A estrela do Cão Maior[7] se encontra no 7º grau de Câncer e é Venérea; a do Cão Menor[8] está no 17º grau da mesma constelação e é da natureza de Mercúrio e da compleição de Marte.

A estrela do Rei,[9] que é chamada de Coração do Leão, está no 21º grau de Leão e é da natureza de Júpiter e Marte.

A Cauda da Ursa Maior[10] está no 19º grau de Virgem e é venérea e lunar.

A estrela que é chamada Asa Direita do Corvo[11] se encontra no 17º grau de Libra, e no 13º grau da mesma fica a Asa Esquerda,[12] ambas da natureza de Saturno e Marte. A estrela chamada Espiga[13] está no 16º da mesma constelação e é venérea e mercurial. No 17º grau da mesma está Arcturo,[14] da natureza de Marte e Júpiter, do primeiro, quando o aspecto do Sol está voltado para ela, do segundo, quando está contrário a ela.

Elefeia[15] está no 4º grau de Escorpião e é da natureza de Vênus e Marte.

O Coração de Escorpião[16] está no terceiro grau de Sagitário, é da natureza de Marte e Júpiter.

O Abutre em Queda[17] encontra-se no 7º grau de Capricórnio, é temperado, mercurial e venéreo.

A Cauda de Capricórnio[18] está no 16º grau de Aquário, é da natureza de Saturno e Mercúrio.

A estrela chamada Ombro do Cavalo[19] está no 3º grau de Peixes e é da natureza de Júpiter e Marte.

E que seja uma regra geral para você esperar as apropriadas dádivas dos astros regentes, prevenir-se deles, se estiverem desfavoráveis e opostos, como mostrado anteriormente. Pois os corpos celestes, assim como são afetados fortuitamente, também o são de modo desafortunado e em mesmo nível nos afetam e às nossas obras, de modo favorável ou desfavorável. E embora muitos efeitos procedam das estrelas fixas, são no entanto atribuídos aos planetas, uma vez que estes estão mais próximos de nós e são mais distintos e conhecidos, além de executarem tudo o que as estrelas superiores lhes comunicarem.[20]

Notas – Capítulo XXXI

1. Cada um dos planetas tem sua cor peculiar; Saturno é branco; Júpiter, brilhante; Marte, incandescente; Lúcifer [Vênus no leste], reluzente; Vésper [Vênus no oeste], refulgente; Mercúrio, cintilante; a Lua, temperada; o Sol, ao nascer, é resplandecente, depois se torna radiante. A aparência das estrelas, que são fixas no firmamento, também é afetada por essas causas (Plínio 2.16 [Bostock e Riley, 1:50]).
2. Mirach, uma estrela amarela com fama de ser favorável em honrarias e matrimônios.
3. Algol é uma estrela variável que brilha e empalidece, sendo muito visível nos céus do norte. Os árabes a chamavam de Demônio Cintilante. Os hebreus lhe deram o nome de Cabeça de Satanás e Lilith, a amante-demônio de Adão. Já os chineses a chamavam de Pilha de Cadáveres. Em todos os lugares ela era considerada violenta, perigosa e extremamente desafortunada. Al Sufi a descrevia como uma estrela vermelha, e essa vermelhidão ocasional foi observada por um astrônomo chamado Schmidt, em Atenas, em 1841.
4. Esse pequeno aglomerado estelar, chamado de Sete Irmãs, varia em cor desde o branco prateado a um branco lúcido, tendendo para o violeta, a um branco intenso. Elas eram associadas às chuvas repentinas e à época do plantio e consideradas um augúrio de cegueira e de acidentes oculares.
5. Aldebarã, de uma coloração rosa-pálida, era uma estrela afortunada que anunciava riqueza e honrarias.
6. Capela é branca e indicava riqueza, honra cívica e fama militar. Ptolomeu a descrevia como uma estrela vermelha, talvez por causa de uma peculiaridade em sua visão das cores.
7. Sírio (Sírius), a estrela mais brilhante no céu, é binária e conhecida na Antiguidade por sua cintilação e suas rápidas mudanças de cor, variando do brilhante branco-azulado a amarelo, e talvez até vermelho, se pudermos crer nos registros antigos. Em épocas remotas, ela era considerada uma estrela maligna que trazia pragas, febres, seca e morte por causa de sua ligação com o calor dos dias de cão do verão, propiciada com sacrifício e cultos. Em séculos mais recentes, acreditava-se que ela prenunciava riqueza e fama.
8. Prócion é uma estrela binária branco-amarelada que, supostamente, prenunciava riqueza, fama e boa sorte.
9. Régulo, ou Cor Leonis, é de cor branca viva, supostamente conferia um destino real de riquezas e poder aos nascidos sob sua influência.
10. Alcaide é uma estrela branca e brilhante, com fama de anunciar com seu brilho a queda de príncipes e o fim de impérios.
11. Giena, a estrela mais brilhante da constelação do Corvo, chamada de Asa Direita, embora nos mapas modernos ela esteja localizada no lado *esquerdo* – talvez dependa de se visualizar o Corvo de cima ou de baixo.
12. Algorabe, uma estrela amarelo-pálida, localizada, nos mapas modernos, na asa *direita* do Corvo – ver nota anterior.
13. De cor branca viva e brilhante, essa estrela era identificada com Virgem e regia as colheitas.
14. Arcturo (ver nota 45, cap. XXXII, l. I), uma estrela dourada brilhante, famosa por provocar tempestades sobre a Terra, mas trazia riquezas e honrarias aos nascidos sob ela. Ptolomeu a descreve como vermelho-dourada.
15. Alfeca (ver nota 47, XXXII, l. I), uma estrela branca brilhante, que, segundo os astrólogos, bem como outras estrelas da constelação de Corona Borealis, conduzia à fertilidade e a uma natureza gentil e amável.
16. Antares, uma estrela brilhante de uma cor vermelha incandescente, intimamente associada, por esse motivo, a Marte. Era uma das quatro Estrelas Reais dos antigos persas (3000 a.C.), que a chamavam de Guardiã dos Céus.
17. Veja uma estrela brilhante de cor de safira pálida, um bom augúrio.
18. Deneb Algedi, uma estrela de brilho comum (magnitude 3.1) e algumas associações com o oculto. Ver nota 52, cap. XXXII, l. I.

19. *Menkib* (beta do Pégaso), do termo árabe *Mankib al Farás*, uma estrela variável irregular com um considerável alcance de brilho, que é de uma coloração amarelo-profunda. Costuma ser chamada de *Scheat*, do árabe *Al Sa´id*, a Parte Superior do Braço, ou possivelmente de *Sa´d*, Sorte. Esse nome também se aplicava a *Markab* (alfa do Pégaso), que possui associações ocultas mais ricas, anunciando perigo de vida, provindo de cortes, facadas ou fogo; entretanto, é uma estrela branca que parece ser de uma cor menos apropriada para as naturezas mistas de Júpiter e Marte.
20. As longitudes zodiacais das estrelas fixas fornecidas por Agrippa são 8 ou 9 graus atrás de suas atuais posições devido à precessão dos equinócios. As posições estavam corretas 240 anos antes de ele escrever *Filosofia Oculta*, o que é uma forte indicação de que Agrippa usou as Tabelas de Alfonso, tabelas astrológicas compiladas em 1253, em Toledo. Ver nota 12, cap. XXVII, l. III. Tenho uma dívida com David Godwin por esses cálculos astrológicos.

Capítulo XXXII

Do Sol, da Lua e de suas considerações mágicas

Sol e a Lua têm o encargo de reger os céus e todos os corpos sob os céus. O Sol é o senhor de todas as virtudes elementares; e a Lua, por virtude do Sol, é a mestra da geração, aumento ou diminuição. Nesse sentido, diz *Albumasar* que, por meio do Sol e da Lua, a vida é infundida em todas as coisas, o que *Orfeu* chama de olhos vivificadores do céu.[1]

O Sol dá luz a todas as coisas, e a dá em abundância a todas as coisas não só do céu e do ar, mas também da Terra e das profundezas; todo o bem que possuímos, como diz *Jâmblico*, o recebemos do Sol, e somente dele, ou dele através de outras coisas. Heráclito chama o Sol de fonte de luz celestial; e muitos dos platônicos colocam a Alma do Mundo de modo particular no Sol, como se aquilo que preenche todo o globo do Sol e envia seus raios para todos os lados fosse um espírito permeando todas as coisas, distribuindo vida, sentido e movimento ao próprio Universo.

Por esse motivo, os naturalistas chamavam o Sol de o verdadeiro centro do céu; e os caldeus o colocavam no meio dos planetas. Os egípcios também o colocavam no meio do mundo, isto é, entre os dois cincos do mundo; acima do Sol, colocavam os cinco planetas, e abaixo, a Lua e os quatro elementos. Pois ele é, entre as outras estrelas, a imagem e a estátua do grande Príncipe dos dois mundos – terrestre e celestial; a verdadeira luz, e a imagem mais exata do próprio Deus; cuja essência se assemelha ao Pai, a Luz ao Filho e o calor ao Espírito Santo. A nada os platônicos associam a Essência Divina, de maneira mais manifesta que a ele. Tão grande é a consonância do Sol com Deus que *Platão* o chama de filho conspícuo de Deus, e *Jâmblico*, de imagem divina da inteligência divina. E nosso *Dioniso* o chama de estátua conspícua de Deus.

Ele se senta como rei no meio de outros planetas, superando todos em luz, grandeza, beleza, iluminando todos, distribuindo-lhes virtude para dispor de corpos inferiores, regulando e dispondo de seus movimentos, de modo que daí vêm os movimentos chamados de diurnos ou noturnos, para o sul ou para o norte, orientais ou ocidentais, diretos ou retrógrados;[2] e assim como ele afasta com sua luz toda a escuridão da noite, também despele os poderes das trevas, como lemos em Jó;[3] tão logo chega a manhã, pensam na sombra da morte; e o salmista,[4] ao falar do leão que se afasta de Deus para devorar diz que o Sol nasce, e todos se reúnem e voltam à cova dos leões; tendo se afastado os leões, o homem poder sair para trabalhar.

O Sol, portanto, possuindo a região mediana do mundo, é como o coração e está no corpo de todo animal; o Sol está no alto do céu e acima do mundo, regendo todo o Universo e as coisas nele contidas, é o verdadeiro autor das estações e de todas as qualidades delas,[5] como dia e ano, frio e calor, e outras; e, como dizia *Ptolomeu*,[6] quando ele chega ao lugar de qualquer astro, mexe com o poder que este tem no ar. Com Marte, por exemplo, calor; com Saturno, frio. Nesse sentido, diz *Homero*, sendo substanciado por *Aristóteles*, existe na mente movimentos tais que o Sol, o príncipe e moderador dos planetas, traz-nos todos os dias.

Mas a Lua, mais próxima da Terra, o receptáculo de todas as influências celestes, pela rapidez de seu curso, junta-se ao Sol e aos outros planetas e estrelas todos os meses, como se fosse a esposa de todos os astros, e é a mais frutífera dentre eles, recebendo as emanações e influências de todos os outros planetas e estrelas, como em uma concepção, trazendo-os até o mundo inferior, próximos a ela mesma; pois todos os astros exercem influência sobre ela que, sendo o último recipiente,[7] comunica por sua vez as influências de todos os superiores a esses inferiores e as faz jorrar sobre a Terra; e dispõe desses inferiores de maneira mais manifesta que outros, e seu movimento é mais sensível pela familiaridade e proximidade que ela tem conosco; e como um intermediário entre os superiores e inferiores, comunica tudo a todos.

Portanto, o movimento da Lua deve ser observado antes dos demais, sendo ela a mãe de todas as concepções, que ela concede a esses inferiores, de acordo com sua variada compleição, movimento, situação e os diferentes aspectos em relação aos planetas e outros astros. E embora ela receba poderes de todos os astros, o principal é o Sol; estando ela em frequente conjunção com o Sol, é reabastecida com uma virtude vivificante, e de acordo com seu aspecto toma emprestada dele a compleição; pois, no primeiro quarto, como afirmam os peripatéticos, ela é quente e úmida; no segundo, quente e seca; no terceiro, fria e seca; no quarto, fria e úmida.[8]

E embora seja a Lua o mais baixo dos astros, ela promove a concepção dos superiores; pois dela, nos corpos celestes, começa aquela série de coisas que *Platão* chamava de Corrente Dourada,[9] pelas quais toda coisa e toda causa, ligadas umas às outras, dependem do superior, culminando a Causa Suprema de todas, das quais todas as coisas dependem; por isso, sem a intermediação da Lua, não podemos em momento algum atrair o poder dos superiores.

Assim, *Thebit* nos aconselha, quando quisermos aproveitar a virtude de qualquer astro, a usar a pedra e a erva desse planeta quando estiver sob a Lua favorável, ou quando ela tiver um aspecto bom voltado para ele.

Notas – Capítulo XXXII

1. Em um hino órfico a Júpiter, preservado por Proclo, no qual o deus é descrito como o Universo, aparece a linha: "Seu olhos, o Sol e a Lua com raios emprestados..." (*Hymns of Orpheus*, Introdução, em *Thomas Taylor the Platonist: Selected Writings*, 178). No hino órfico "To the Sun", está escrito "Ouvi o grande Titã, cujo olho eterno/com grande alcance, ilumina todo o céu..." (*Ibid.*, hino 7, p. 218). Lembra Homero, que se refere ao Sol como: "... um temível deus/Hélios, que vê todas as coisas e ouve todas as coisas" (*Odisseia*, 12, linhas 322-3, [Lattimore, 193], também l. 11, linha 109 [Lattimore, 171]).
2. Ver nota 17, cap. XXVI, l. II.
3. Jó 24:17. Ver também 17:12. Por todo o livro de Jó, há uma persistente imagem das trevas.
4. Salmos 104:21-3.
5. O Sol é levado em meio a estes [planetas], um corpo de grande tamanho e poder, o regente não só das estações e dos diferentes climas, mas também dos próprios astros e dos céus. Quando consideramos suas operações, devemos vê-lo como a vida, ou melhor, como a mente do Universo, o principal regulador e o Deus da natureza; ele também empresta sua luz aos outros astros. Ele é ilustríssimo e excelentíssimo, contemplando todas as coisas e ouvindo todas as coisas, o que, percebo, lhe é atribuído exclusivamente pelo príncipe dos poetas, Homero (Plínio 2.4 [Bostock e Riley, 1:20]).

Pois o Sol, junto ao ambiente [a atmosfera], está sempre afetando algo na Terra, de uma forma ou de outra, não só pelas mudanças que acompanham as estações do ano para gerar os animais, produzir as plantas, fazer fluir as águas e as mudanças dos corpos, mas também por suas revoluções diárias, suprindo calor, umidade, secura e frio em ordem regular e em correspondência com suas posições relativas ao zênite (Ptolomeu *Tetrabiblos* 1.2 [Robbins, 7]).

6. "Observe, porém, que também de acordo com seus aspectos em relação ao Sol, a Lua e os três planetas [Saturno, Júpiter e Marte] experimentam aumento e diminuição de seus poderes". (*Ibid* 1.8 [Robbins, 45]). Em outra fonte, Ptolomeu diz: "... o Sol e Mercúrio, porém, acreditavam eles [os antigos], têm poderes [benéficos e maléficos], porque possuem uma natureza comum, e juntam suas influências àquelas dos outros planetas com os quais se associam" (*Ibid*. 1.5 [Robbins, 39]) O poder ampliador do Sol é mais acentuado no fenômeno de cazimi (ver nota 7, cap. XXX, l. II).
7. A Lua também, como corpo celeste mais próximo da Terra, concede sua efluência de modo mais abundante sobre as coisas mundanas, pois a maioria delas, animadas ou inanimadas, são simpáticas à Lua e mudam, quando em sua companhia; os rios aumentam e diminuem sua correnteza com a luz da Lua, os mares alteram a maré, quando ela surge e desaparece, e as plantas e os animais, de modo total ou parcial, crescem ou minguam com ela (*Ibid*., 1.2 [Robbins, 7]). Ver Deuteronômio 33:14.
8. "Pois na fase crescente, após a nova até o primeiro quarto, a Lua produz mais umidade; em sua passagem do primeiro quarto para cheia, mais calor; de cheia para o último quarto, secura; e do último quarto para a ocultação, frio" (*Ibid*. 1.8 [Robbins, 45]).
9. Essa imagem se origina com Homero, que assim narra a vanglória de Zeus:

> Que do céu desça um cordão de ouro; e
> > Que dele se apoderem
> Todos vocês que são deuses e deusas, e ainda assim
> Nem vocês poderão arrastar Zeus do céu para o chão, não
> Zeus, o altíssimo senhor do julgamento, ainda que tentem
> > Até se cansar.
>
> Eu, no entanto, se desejar com minha força arrastá-los,
> Poderia atrair para o alto todos vocês, a terra e todo o mar e tudo o mais,
> Para depois puxar de volta a corda dourada, em torno do chifre
> > De Olimpo

E prendê-la com firmeza, para que tudo, mais uma vez, fique suspenso no ar.
(*Ilíada*, 8, linhas 19-26 [Lattimore, 182-3])

Provavelmente Agrippa se refere ao "fuso da Necessidade" de Platão, "estendendo-se desde o alto através de todo o céu e terra, uma luz, direita como uma coluna, muito semelhante ao arco-íris, mas mais brilhante e mais pura" (Platão, *A República*, 10.616b]). Ele faz uma alusão um tanto bem-humorada à Corrente Dourada quando compara a corrente dos poetas da Musa a uma corrente de anéis magnetizados dependurados em uma magnetita (*Ion* 533d-534a). A Corrente Dourada inevitavelmente nos faz pensar na escada de Jacó, pela qual os anjos constantemente subiam e desciam (Gênesis 28:12).

Capítulo XXXIII

Das vinte e oito mansões da Lua e de suas virtudes

vendo que a Lua mede todo o Zodíaco no espaço de 28 dias, os sábios indianos[1] e antigos astrólogos atribuíram 28 mansões à Lua,[2] as quais, estando fixas na oitava esfera, desfrutam (como dizia *Alpharus*) de diversos nomes e propriedades, oriundos dos diversos signos e astros nelas contidos, e por meio dos quais a Lua, em movimento, obtém outros poderes e virtudes. Cada uma dessas mansões, porém, segundo a opinião de Abraão, contém 12 graus, 51 minutos e quase 26 segundos, cujos nomes e também seus inícios no Zodíaco[3] da oitava esfera são os seguintes.

A primeira mansão é Alnath, ou seja, os Chifres de Áries; seu início é na cabeça de Áries da oitava esfera; causa discórdia e promove viagens.

A segunda se chama Allothaim, ou Albochan, a barriga de Áries, e começa no 12º grau do mesmo signo, 51 minutos, 22 segundos completos; ela conduz à descoberta de tesouros e à retenção de prisioneiros.

A terceira é Achaomazon ou Athoray, ou seja, Enxurrada ou Plêiades; seu início é aos 25 graus de Áries, 42 minutos completos e 51 segundos. Ela é propícia para os navegantes, caçadores e alquimistas.

A quarta mansão é chamada de Aldebarã, ou Aldelamen, Olho ou Cabeça de Touro; começa no 8º grau de Touro, 34 minutos e 7 segundos do mesmo Touro sendo excluído; causa a destruição e a obstrução de construções, fontes, poços, minas de ouro, e provoca o afastamento de coisas rastejantes e gera discórdia.

A quinta se chama Alchatay ou Albachay. Seu começo é depois do 21º grau de Touro, 20 minutos, 40 segundos; ela ajuda na volta de uma viagem, na instrução dos estudiosos; fortalece a construção de edifícios e traz saúde e boa vontade.

A sexta é Alhanna, ou Alchaya, a Pequena Estrela de Grande Luz; seu início é depois do 4º grau de Gêmeos, 17 minutos e 9 segundos; favorece a caça, a tomada de cidades e a revanche de príncipes; destrói as colheitas e as frutas e atrapalha a operação do médico.

A sétima mansão é Aldimiach, ou Alarzach, isto é, o Braço de Gêmeos, e começa no 17º grau de Gêmeos, 8 minutos e 34 segundos, e dura até o fim do signo. Ela promove ganhos e amizades e é favorável aos amantes, espanta as moscas e destrói magistérios.

E assim um quarto do céu se completa nessas sete mansões; e em igual ordem e número de graus, minutos e segundos, as mansões remanescentes em todos os quartos têm seus diversos inícios; vale salientar que no primeiro signo desse quarto três mansões têm seu começo; nos outros dois signos, duas mansões.

Portanto, as sete mansões seguintes começam em Câncer, e seus nomes são Alnaza ou Anatrachya, isto é, Enevoado ou Nublado, a oitava Mansão; ela promove amor, amizade e companhia entre os viajantes; afasta os ratos e aflige os prisioneiros, reforçando-lhes o aprisionamento.

Em seguida, a nona mansão é chamada de Archamm, ou Arcaph, Olho do Leão; ela atrapalha a colheita e os viajantes, e semeia discórdia entre os homens.

A décima é chamada de Algelioche, ou Albgegh, Pescoço ou Testa de Leão. Fortalece as construções, promove amor e benevolência e é uma ajuda contra os inimigos.

A 11ª é Azobra, ou Arduf, o Pelo na Cabeça do Leão; é boa para viagens e para os ganhos comerciais, bem como para a redenção de prisioneiros.

A 12ª mansão é Alzarpha, ou Azarpha, Cauda de Leão; traz prosperidade às colheitas e plantações, mas atrapalha os navegantes. É boa para melhorar o estado dos servos, dos prisioneiros e dos companheiros.

A 13ª é chamada de Alhaire, ou Estrelas do Cão, ou ainda Asas de Virgem; é útil para benevolência, ganho material, viagens, colheitas e liberdade de prisioneiros.

A 14ª mansão se chama Achureth, ou Arimet, Azimeth ou Alhumech, ou ainda Alcheymech, ou seja, a Espiga de Virgem ou Espiga Voadora. Ela promove o amor das pessoas casadas, cura os doentes, é proveitosa para os navegantes, mas atrapalha as viagens por terra; e com essa o segundo quarto do céu se completa.

Seguem-se as outras sete, cuja primeira começa na cabeça de Libra, a 15ª mansão, e seu nome é Agrapha, ou Algarpha, ou Coberta, ou Voando Encoberta. Ela é útil para a extração de tesouros, para se cavarem buracos; ajuda a acelerar o divórcio, a discórdia e a destruição de casas e de inimigos, e atrapalha os viajantes.

A 16ª é chamada de Azubene, ou Ahubene, isto é, os Chifres de Escorpião. Ela atrapalha as viagens e o matrimônio, a colheita e o comércio; mas ajuda na redenção dos prisioneiros.

A 17ª é chamada de Alchil, a Coroa de Escorpião. Ela melhora a sorte, faz o amor durar, fortalece as construções e ajuda os navegantes.

A 18ª se chama Alchas, ou Altob, Coração de Escorpião; ela causa discórdia, sedição, conspiração, contra príncipes e homens poderosos, e inspira vingança dos inimigos, mas liberta prisioneiros e ajuda nas construções.

A 19ª se chama Allatha, ou Achala, e por outros é chamada de Hycula ou Axala, isto é, a Cauda de Escorpião; ajuda a sitiar e tomar cidades e afasta os homens de seus lugares; também semeia a destruição de navegantes e a perdição dos prisioneiros.

A 20ª mansão é Abnahaya, ou Raio (emanação); ela ajuda a domar animais selvagens, fortalece as prisões, destrói a riqueza das sociedades e impele um homem a ir a determinado lugar.

A 21ª é Abeda, ou Albeldach, que significa uma Derrota. Ela é boa para colheitas, ganhos financeiros, construções e viajantes; e causa divórcio, e assim se completa o terceiro quarto do céu.

Restam as sete últimas mansões completando o último quarto do céu. A primeira destas, a 22ª, começando na cabeça de Capricórnio, se chama Sadahacha, ou Zobeboluch, ou ainda Zandeldena, ou seja, Pastor. Ela promove a fuga de servos e prisioneiros e ajuda na cura de doenças.

A 23ª é chamada de Zabadola, ou Zobrach, que significa Engolir; ela causa divórcio, promove a liberdade de prisioneiros e a saúde dos doentes.

A 24ª se chama Sadabath, ou Chadezoad, a Estrela da Fortuna. Promove o bem das pessoas casadas, a vitória de soldados; mas fere a execução do governo, atrapalhando-o de modo que não consegue exercer o poder.

A 25ª é Sadalabra, ou Sadalachia, isto é, Borboleta ou um Quarto Espalmado. Ajuda a tomar cidades e contra-atacar, destrói os inimigos, causa divórcio, reforça prisões e construções, apressa os mensageiros, é útil para encantamentos contra copulação, restringindo o membro de um homem de modo que este não consiga cumprir seu dever.

A 26ª é chamada de Alpharg, ou Pragol Mocaden, a Primeira Atração; promove a união e o amor dos homens, a saúde dos prisioneiros e destrói prisões e construções.

A 27ª é chamada Alcharya, ou Alhalgalmoad, ou a Segunda Atração; aumenta as colheitas, as rendas, os ganhos; cura enfermidades, mas atrapalha construções; prolonga a prisão, causa perigo aos navegantes e ajuda a causar o mal a quem você desejar.

A 28ª e última, é chamada de Albotham, ou Alchalcy, ou seja, Peixes. Ela aumenta a colheita e o comércio; dá segurança aos viajantes em lugares perigosos; promove a alegria dos casais, mas fortalece as prisões e provoca perda de tesouros.

E nessas 28ª mansões se ocultam muitos segredos da sabedoria dos antigos, com a qual eles criavam maravilhas em todas as coisas que se encontram sob o círculo da Lua; e atribuíam a cada mansão suas semelhanças, imagens e selos, bem como sua presidente inteligência; e trabalhavam segundo a virtude delas, das mais diversas maneiras.

Notas – Capítulo XXXIII

1. A Lua é muito mais proeminente na Astrologia hindu que na ocidental.
2. Do árabe *Al Man-azil al Kamr* (Lugares de Descanso da Lua), *manzil* significa o repouso do meio-dia de um homem montado em um camelo no deserto. As mansões talvez sejam a mais antiga divisão dos céus, mais velhas inclusive que o zodíaco. Elas são encontradas na Índia, China, Arábia, Babilônia, Egito, Pérsia e outros locais de antigas civilizações. Os indianos reconhecem 27 mansões e os árabes, 28. A diferença de opinião surge porque a revolução da Lua em torno da Terra leva 27,3 dias. Até à época de Cristo, a lista de mansões começava com as Plêiades no início de Touro, mas depois dessa época foi alterada para as estrelas no início de Áries em decorrência da precessão dos equinócios, sendo essas estrelas associadas à 27ª mansão da série anterior. Três dos nomes das séries chinesa e árabe são os mesmos, pelo menos sugerindo a possibilidade de uma origem comum perdida no tempo. Com típico zelo sincrético, os árabes associavam as mansões com as letras do alfabeto grego (sendo a primeira mansão silenciosa) e com as divisões essenciais do Universo. As mansões eram nomeadas de acordo com as estrelas que ocupavam cada uma – ou talvez fossem as estrelas que recebiam os nomes das mansões.
3. Quando as sete divisões do primeiro quarto do zodíaco são transpostas em segundos de arco, pode-se ver facilmente que elas não são regulares:

1ª Mansão:	46,282''	
2ª	46,289''	
3ª	46,286''	
4ª	46,283''	
5ª	46,289''	
6ª	46,285''	
7ª	46,286''	
Total:	324.000''	= 90 graus

A medida que Agrippa cita de Abraão (12°51'26'' ou 46,286'') é, na verdade, muito próxima da 28ª parte do zodíaco: 360° x 3600'' = 1.296.000'' ÷ 28 = 46,285.7''. E Agrippa diz "quase 26 segundos", indicando que sabia a medida exata.

Capítulo XXXIV

Do movimento verdadeiro dos corpos celestes a ser observado na oitava esfera e da base das horas planetárias

Aquele que quer trabalhar de acordo com a oportunidade celestial deve observar duas coisas, ou uma dentre as duas, a saber: o movimento dos astros ou seus tempos; refiro-me a movimentos quando os astros estão em suas dignidades ou dejeções, essenciais ou acidentais;[1] mas chamo de tempos os dias e as horas distribuídos entre seus domínios. Tudo isso é vastamente ensinado nos livros dos astrólogos; mas aqui nos cabe considerar e observar duas coisas especiais.

Uma é que nós observamos os movimentos e as ascensões e caminhos oscilatórios dos astros,[2] quando se encontram, na verdade, na oitava esfera, negligência que leva muitos a errar na confecção das imagens celestiais e frustra o efeito desejado.

A outra coisa que devemos observar é o tempo, o momento, de escolher as horas planetárias; pois quase todos os astrólogos dividem todo o espaço de tempo entre o nascer e o pôr do sol, em 12 partes iguais, e as chamam de 12 horas do dia; e o tempo entre o pôr do sol e o alvorecer também é dividido em 12 partes iguais, chamadas de 12 horas da noite; e em seguida eles distribuem cada uma dessas horas a um planeta, de acordo com a ordem de suas sucessões, dando sempre a primeira hora do dia ao senhor regente daquele dia, e a cada um por ordem, até o fim de 24 horas.[3]

E nessa distribuição, os magos concordam com eles; mas na divisão das horas alguns divergem, dizendo que o espaço do nascer e do pôr do sol não deve ser dividido em partes iguais, e que essas horas não são chamadas de desiguais porque as diurnas são diferentes das noturnas, mas porque ambas são diferentes mesmo entre si.[4]

Portanto, a divisão de horas desiguais ou planetárias tem um motivo diferente de sua medida observada pelos magos. Assim como nas horas artificiais, que são sempre iguais entre si, as ascensões de 15 graus[5] no equinócio[6] constituem uma hora artificial; também nas horas planetárias as ascensões de 15 graus na eclíptica constituem uma hora desigual ou planetária, cuja medida devemos investigar e descobrir por meio das tabelas das ascensões obliquas de cada região.

Notas – Capítulo XXXIV

1. Ver nota 7, cap. XXX, l. II.
2. Por causa da inclinação do eixo da Terra, as estrelas e os planetas parecem descrever caminhos que circundam a Terra como oscilações de uma bola de fio, enquanto a Terra segue em sua órbita.
3. Por questão de conveniência, as horas planetárias são especificadas na página seguinte.
4. Isso se deve ao ângulo entre o plano da eclíptica e o plano do Equador, ou equinocial, que resulta da inclinação do eixo da Terra. Metade dos signos do zodíaco – Câncer, Leão, Virgem, Libra, Escorpião, Sagitário – leva mais de meia hora para ascender. São chamados de signos de longa ascensão. A outra metade do zodíaco – Capricórnio, Aquário, Peixes, Áries, Touro, Gêmeos – leva menos de meia hora para ascender. Esses são chamados de signos de ascensão curta. Essa divisão desigual de tempo se reflete no sistema desigual de casas de Campanus (século XIII), Regiomantanus (século XV) e Plácido (século XVII).
5. Porque 360°: 24 = 15°.
6. O equador equinocial. Quando o Sol está nesse círculo, ou plano, dia e noite têm exatamente a mesma duração. É o que se chama de equinócio, e, nesses dois dias do ano, as horas artificiais do relógio têm a mesma duração das horas planetárias.

Do movimento verdadeiro dos corpos celestes a ser... 505

Dia	Dom.	Seg.	Ter.	Qua.	Qui.	Sex.	Sáb.
1	☉	☽	♂	☿	♃	♀	♄
2	♀	♄	☉	☽	♂	☿	♃
3	☿	♃	♀	♄	☉	☽	♂
4	☽	♂	☿	♃	♀	♄	☉
5	♄	☉	☽	♂	☿	♃	♀
6	♃	♀	♄	☉	☽	♂	☿
7	♂	☿	♃	♀	♄	☉	☽
8	☉	☽	♂	☿	♃	♀	♄
9	♀	♄	☉	☽	♂	☿	♃
10	☿	♃	♀	♄	☉	☽	♂
11	☽	♂	☿	♃	♀	♄	☉
12	♄	☉	☽	♂	☿	♃	♀

Noite	Dom.	Seg.	Ter.	Qua.	Qui.	Sex.	Sáb.
1	♃	♀	♄	☉	☽	♂	☿
2	♂	☿	♃	♀	♄	☉	☽
3	☉	☽	♂	☿	♃	♀	♄
4	♀	♄	☉	☽	♂	☿	♃
5	☿	♃	♀	♄	☉	☽	♂
6	☽	♂	☿	♃	♀	♄	☉
7	♄	☉	☽	♂	☿	♃	♀
8	♃	♀	♄	☉	☽	♂	☿
9	♂	☿	♃	♀	♄	☉	☽
10	☉	☽	♂	☿	♃	♀	♄
11	♀	♄	☉	☽	♂	☿	♃
12	☿	♃	♀	♄	☉	☽	♂

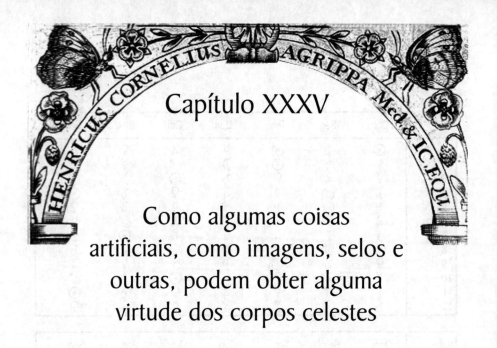

Capítulo XXXV

Como algumas coisas artificiais, como imagens, selos e outras, podem obter alguma virtude dos corpos celestes

ão grande é a extensão, o poder e a eficácia dos corpos celestes que não só as coisas naturais, mas também as artificiais, se devidamente expostas a eles, são afetadas por tão poderosos agentes e obtêm uma vida tão maravilhosa que costuma lhes trazer alguma admirável virtude. Aliás, dizia *São Tomás de Aquino*, aquele santo doutor, em seu livro *De Fato*, que até as roupas, as construções e outras obras artificiais recebem alguma qualificação dos astros.

Os magos afirmam que não apenas por meio da mistura e da aplicação das coisas naturais, mas também em imagens, selos, anéis, vidros[1] e outros instrumentos, devidamente elaborados de acordo com certas constelações, alguma ilustração celestial pode ser obtida e alguma coisa maravilhosa e extraordinária pode ser recebida; pois as emanações dos corpos celestes, sendo animadas, vivas, sensuais e trazendo consigo admiráveis dons e um violentíssimo poder, impingem, ainda que só por um momento e ao primeiro toque, poderes extraordinários nas imagens, embora sua matéria seja menos apta.[2]

Entretanto, virtudes mais poderosas são conferidas às imagens, se estas forem confeccionadas de determinada matéria, cuja virtude natural e especial seja compatível com o trabalho, desde que a figura da imagem seja igual à da celestial; pois tal imagem, tanto em relação à matéria naturalmente côngrua à operação e influência celestial quanto à sua figura ser igual à celestial, é mais bem preparada para receber as operações e os poderes dos corpos e figuras celestiais, e recebe instantaneamente o dom celestial. A partir daí, ela trabalha em caráter constante com as outras coisas, e essas coisas lhe devem obediência.

Por isso, diz *Ptolomeu,* em Centilóquio,[3] que as coisas inferiores obedecem às celestiais, e não só a elas, mas também às suas imagens; como, por exemplo, os escorpiões obedecem não só ao Escorpião celestial, mas também à sua imagem, se esta for devidamente confeccionada sob sua ascensão e domínio.

Notas – Capítulo XXXV

1. Espelhos mágicos usados para previsões e comunicação com os espíritos. O mais antigo deles é a superfície de um líquido, tal como água, óleo ou tinta. Ver Pausânias (*Guide to Greece* 7.21.5), a respeito do uso de um espelho em adivinhação.
2. Embora a matéria sobre a qual as imagens são formadas seja menos suscetível à influência.
3. Uma obra que consiste em cem aforismos acerca de Astrologia atribuída a Ptolomeu. Às vezes também é chamada de *Fructus librorum suorum*.

Zodíaco egípcio
Extraído de The Gods of the Egyptians, *de E.A. Wallis Budge (Londres, 1904)*

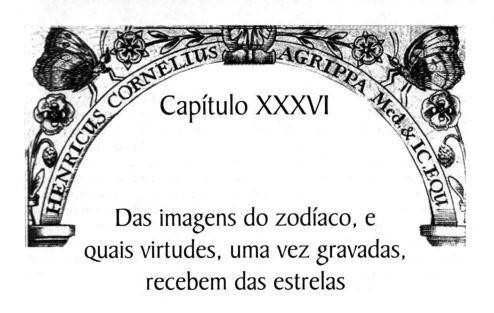

Capítulo XXXVI

Das imagens do zodíaco, e quais virtudes, uma vez gravadas, recebem das estrelas

Mas as imagens celestiais, de acordo com suas semelhanças, são feitas imagens desse tipo, criam nos céus: algumas visíveis e conspícuas, outras apenas imagináveis, concebidas e elaboradas pelos egípcios, indianos e caldeus; e suas partes são ordenadas de tal forma que até mesmo as figuras de algumas delas são distintas de outras: por esse motivo, colocam-se no círculo do zodíaco 12 imagens gerais,[1] de acordo com o número de signos.

Destas, afirma-se que as que constituem Áries, Leão e Sagitário, por sua triplicidade incandescente e oriental, são[2] úteis contra febre, paralisia, hidropisia, gota, e todos os resfriados e enfermidades fleumáticas; o indivíduo que porta consigo tais imagens se torna aceitável, eloquente, engenhoso e honorável, porque elas são as casas de Marte, do Sol e de Júpiter. Também se fazia a imagem de um leão contra fantasias melancólicas, hidropisia, peste, febre e para dissipar doenças, na hora do Sol, o primeiro grau do signo de Leão ascendente, que é a face e o decanato[3] de Júpiter. Mas contra pedras nos rins e outras doenças renais e ferimentos causados por animais era feita a mesma imagem, quando o Sol está no coração do Leão, no meio do céu.[4] E, novamente, porque Gêmeos, Libra e Aquário constituem a triplicidade aérea e ocidental, e são as casas de Mercúrio, Vênus e Saturno, acreditava-se que afastavam doenças, conduziam à amizade e à concórdia, prevaleciam contra melancolia e promoviam saúde; e dizem que Aquário particularmente liberta a pessoa da febre quartã.

Também Câncer, Escorpião e Peixes, sendo da triplicidade da água e do norte, prevalecem contra febres quentes ou frias, também contra a héctica[5] e todas as disposições coléricas; mas Escorpião, que rege as partes íntimas, provoca luxúria, com sua face ascendente, que pertence a Vênus. E o mesmo era feito contra serpentes e escorpiões, venenos e espíritos maus, sua segunda face ascendente, que é a face do Sol[6] e decanato de Júpiter. E diz-se também que aquele que tal portasse se tornaria sábio e de boa cor;[7] e dizem que a imagem de Câncer é bastante eficaz contra serpentes e venenos, quando o Sol e a Lua estão em conjunção nesse signo, e ascendem na primeira e terceira face; pois essa é a face de Vênus e o decanato da Lua; mas a segunda face da Lua, o decanato de Júpiter: informam-nos também que as serpentes são atormentadas quando o Sol está em Câncer.

Também Touro, Virgem e Capricórnio, constituindo a triplicidade terrestre e do Sol, cura enfermidades quentes e prevalecem contra a febre sínoca;[8] torna seu portador um indivíduo grato, aceitável, eloquente, devoto e religioso, porque são eles as casas de Vênus, Mercúrio e Saturno: também se afirma que Capricórnio mantém os homens em segurança e os protege, pois é a exaltação de Marte.

Notas – Capítulo XXXVI

1. Universalmente aceitas e reconhecidas.
2. Isto é, a imagem assim constituída.
3. As decanias são divisões dos signos do zodíaco em três partes, cada qual contendo dez graus. Nesse sentido, são iguais às faces, o termo usado por Agrippa. A primeira decania em cada signo é fortemente da natureza do signo e é regida por seu planeta regente. A segunda decania é regida pelo planeta regente do signo seguinte na triplicidade elemental a que pertence o signo. A terceira decania é regida pelo planeta regente do terceiro signo da mesma triplicidade elemental. A tabela a seguir mostra as decanias e os planetas que as regem.

Signo	1ª	2ª	3ª

4. Ou seja, quando o Sol no decanato do meio de Leão estava na décima casa, meio-céu.
5. Consumpção por febre lenta ou tuberculose. É caracterizada por vermelhidão nas bochechas e a pele quente e seca.
6. Ver tabela, nota 5, cap. XXX, l. II.
7. Corado de saúde.
8. Uma febre contínua acompanhada de inflamação.

Capítulo XXXVII

Das imagens das faces e daquelas imagens que estão fora do zodíaco

o zodíaco, existem ainda 36 imagens,[1] de acordo com o número das faces, das quais (como narra *Porfírio*) *Teucer*, o Babilônio, teria escrito já há muito tempo – como um antigo matemático –, inspirando muitos escritos árabes posteriores.

Diz-se, portanto, que na primeira face de Áries ascende a imagem de um homem negro, de pé, que vestia uma roupa branca e um cinto, de grandioso corpo, com olhos vermelhos e grande força, e com a aparência de estar zangado; e essa imagem significa e promove coragem, fortitude, imponência e intrepidez: na segunda face ascende uma forma de mulher, vestida em roupa vermelha e outra branca por baixo, que se espalha sobre seus pés, e essa imagem promove nobreza, poder de um reino e grandeza de domínio: na terceira face sobe a figura de um homem branco, pálido, com cabelos ruivos, e vestindo uma roupa vermelha, carregando em uma das mãos um bracelete dourado e na outra um cajado de madeira, de aparência incansável e irado, pois não pode realizar o bem que deseja. Essa imagem traz inteligência, humildade, alegria e beleza.

Na primeira face de Touro ascende um homem nu, um arqueiro, um fazendeiro ou um agricultor, que se empenha em semear, arar, construir, cultivar e dividir a Terra, de acordo com as regras da geometria: na segunda face ascende um homem nu, segurando uma chave na mão; a imagem dá poder, nobreza e domínio sobre as pessoas; na terceira face, ascende um homem em cuja mão há uma serpente e um dardo, e é a imagem de necessidade e lucro e também da miséria e escravidão.

Na primeira face de Gêmeos ascende um homem em cuja mão se encontra uma vara, e ele serve a outro homem; a imagem confere sabedoria e o conhecimento dos números e das artes que não envolvem lucro; na segunda face ascende um homem em cuja mão há uma flauta e outro curvado, cavando a terra; e elas indicam agilidade infame e desonesta, como a dos ilusionistas e bobos da corte; a imagem também significa labor e busca árdua; na terceira, um homem em busca de armas e um tolo segurando na mão direita um pássaro e na esquerda, uma flauta; elas têm o significado de esquecimento, ira, audácia, brincadeiras, piadas e palavras inaproveitáveis.

Na primeira face de Câncer, ascende a forma de uma jovem virgem, vestida com belas roupas e com uma coroa na cabeça; ela promove agudeza dos sentidos, uma inteligência sutil e o amor dos homens; na segunda face ascende um homem elegantemente vestido ou um homem ou mulher sentados à mesa e jogando; promove riquezas, jovialidade, alegria e o amor das mulheres; na terceira face, ascende um homem, um caçador com lança e trompa, chamando cães para a caça; o significado dessa imagem é a contenda dos homens, a perseguição daqueles que fogem, a caça e a tomada de posse das coisas por meio de armas e disputas.

Na primeira face de Leão, ascende um homem montado em um leão; significa audácia, violência, crueldade, maldade, luxúria e um labor a ser realizado; na segunda sobe uma imagem com as mãos voltadas para cima e um homem cuja cabeça é uma coroa; ele tem a aparência de um homem zangado, que ameaça, tendo na mão direita um espada desembainhada e na esquerda um broquel; ela indica contendas ocultas e vitórias desconhecidas, e diz respeito também aos homens plebeus e às ocasiões de brigas e batalhas: na terceira face ascende, um jovem em cuja mão se encontra um chicote e um homem muito triste, de aspecto doentio; as imagens significam amor e sociedade e a perda do direito de um indivíduo por evitar disputas.

Na primeira face de Virgem, ascende a figura de uma boa donzela e um homem espalhando sementes; a imagem indica obtenção de riqueza, necessidade de dieta, arado, semeadura e cultivo; na segunda face, ascende um homem negro, vestido com uma pele de animal, e um homem com um tufo de cabelos, segurando uma sacola; indicam ganhos financeiros, ganância por riqueza e cobiça: na terceira face ascende uma mulher branca e surda ou um homem velho apoiado em um cajado; o significado disso é mostrar fraqueza, enfermidade, perda de membros, destruição de árvores e despovoação de terras.

Na primeira face de Libra, ascende a forma de um homem zangado, em cuja mão há uma flauta, e a forma de um homem lendo um livro; essa operação justifica e ajuda os agoniados e fracos contra os poderosos e perversos: na segunda face, ascendem dois homens elegantemente vestidos, sentados em uma cadeira; e o significado é mostrar indignação contra o mal e tranquilidade e segurança de vida, com abundância de coisas boas; na terceira face, ascende um homem violento segurando um arco e, diante dele, um homem nu e ainda outro homem segurando pão em uma mão e um cálice de vinho na outra; o significado é mostrar desejos perversos, cantos e esportes ímpios e gula.

Na primeira face de Escorpião, ascende uma mulher de rosto belo e bons hábitos e dois homens batendo nela; tais operações se referem à atração física, beleza e querelas, bem como traições, enganos, difamações e perdições; na segunda face, ascendem um homem nu e uma mulher nua e um homem sentado sobre a terra e, diante dele, dois cães se mordendo: essa operação indica impudência, engodo e falsidade e a disseminação de maldade e contenda entre os homens; na terceira face, ascende um homem curvado sobre os joelhos e uma mulher batendo nele com um cajado; o significado é de bebedeira, fornicação, ira, violência e contenda.

Na primeira face de Sagitário, ascende a forma de um homem armado, com cota de malha, segurando uma espada desnuda na mão; essa operação é para coragem, astúcia e liberdade; na segunda face, ascende uma mulher chorando, coberta de roupas; seu significado é o de tristeza e medo do próprio corpo; na terceira face, sobe um homem cuja cor parece dourada, ou um homem ocioso brincando com um cajado; e o significado disso é nós seguirmos nossa vontade pessoal, obstinação, atividades do mal, contenções e horríveis problemas.

Na primeira face de Capricórnio, ascende a forma de uma mulher e um homem carregando sacolas cheias; e o significado é ir em frente e regozijar, ganhar e perder, com fraqueza e baixeza: na segunda face, ascendem duas mulheres e um homem olhando para um pássaro em voo; e a imagem indica a necessidade daquelas coisas que nunca podem ser feitas e a busca pelas coisas não pode ser conhecida; na terceira face, ascende um mulher casta de corpo, ábia de obras e um banqueiro contando seu dinheiro sobre a mesa; a imagem indica governo com prudência, cobiça de dinheiro e avareza.

Na primeira face de Aquário, ascende a forma de um homem prudente e de uma mulher tecendo; o significado é o pensamento e o empenho para se obter ganho financeiro, pobreza e baixeza. Na segunda face, ascende a forma de um homem com barba longa, indicando compreensão, humildade, modéstia, liberdade e boas maneiras; na terceira face, ascende um homem negro e zangado, e o significado dessa imagem é a expressão de insolência e impudência.

Na primeira face de Peixes, ascende um homem carregando fardos sobre os ombros, bem vestido; ela diz respeito a viagens, a mudança de lugar, e ao cuidado para enriquecer e obter roupas; na segunda face, ascende uma mulher de boa aparência, bem enfeitada; e o significado é o desejo de alguém se colocar em posição de destaque; na terceira face, ascende um homem nu e um jovem, e perto dele uma bonita donzela com a cabeça enfeitada com flores; e a imagem indica descanso, ócio, deleite, fornicação e o carinho das mulheres. E basta, a respeito das imagens das faces.

Além dessas, há no zodíaco 360 imagens, de acordo com o número dos graus, cujas formas *Pedro de Abano* descreveu.[2]

Fora do zodíaco, há figuras gerais, que *Hyginius* e *Aratus* descrevem para nós, e muito específicas, de acordo com o número de faces e graus, de cuja existência se falássemos nos estenderíamos muito; mas destas as principais são explicadas: Pégaso,[3] que prevalece contra as doenças dos cavalos e protege os cavaleiros em batalha: em seguida, há Andrômeda,[4] que promove o amor entre marido e mulher, famosa até por reconciliar os adúlteros; Cassiopeia[5] restaura a força aos corpos enfraquecidos e fortalece os membros; Serpentário[6] elimina os venenos e cura mordidas de animais venenosos; Hércules[7] dá vitória em guerras; o Dragão[8] com as Ursas[9] torna um homem habilidoso, engenhoso, valente, aceitável aos deuses e aos homens; Hidra[10] confere sabedoria e riqueza e oferece resistência aos venenos; Centauro[11] confere saúde e vida longa; Ara[12] conserva a castidade e deixa uma pessoa aceitável aos deuses; Baleia[13] torna a pessoa amável, prudente, feliz, tanto em mar quanto em terra, e a ajuda a recuperar os bens perdidos; o Navio[14] promove a segurança nos mares; a Lebre[15] prevalece contra a mentira e a loucura; o Cão[16] cura hidropisia, resiste à peste, e também protege contra animais e criaturas ferozes; Órion[17] concede a vitória e a Águia[18] traz novas honrarias; e preserva os velhos; o Cisne[19] elimina paralisia e a febre quartã: Perseu[20] liberta da inveja e das feitiçarias e protege contra relâmpagos e tempestades; o Cervo[21] protege as pessoas frenéticas e enlouquecidas. Agora, já foi dito o suficiente.

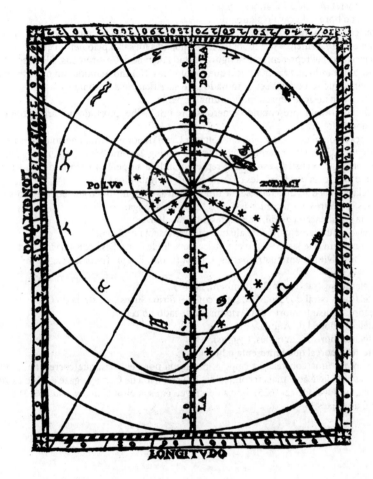

Constelação do Dragão
Extraído de Theatrum Mundi, *de Giovanni Paolo Gallucci (Veneza, 1588)*

Notas – Capítulo XXXVII

1. Descritas em *Picatrix*, um grimório medieval popular.
2. Pedro de Abano fala das imagens astronômicas dos 360 graus dos céus em sua obra *Conciliator*, escrita por volta de 1303. Johannes Ângelus reimprimiu *Astrolabium planum*, de Pedro, em Veneza, em 1488, sob o título de *Opus astrolabii plani in tabulis: a Iohanne Angeli*, e incluiu nessa obra a seção de Abano, que descreveu os 360 espíritos, levando algumas pessoas a atribuir esses espíritos incorretamente a Johannes Ângelus.
3. Constelação boreal do cavalo alado.
4. Constelação boreal de Andrômeda, a filha mítica de Cefeu e Cassiopeia, que foi amarrada a uma rocha como sacrifício a um monstro marinho, mas foi salva pelo herói Perseu.
5. Constelação boreal representando a figura sentada da mãe de Andrômeda. Ela despertou a ira de Netuno, afirmando que era mais bela que as Nereidas. Netuno mandou um monstro marinho contra o reino, que só poderia ser dominado pelo sacrifício de Andrômeda.
6. Serpente, a constelação representando uma serpente.
7. Constelação boreal representando o herói sobre um joelho, puxando um arco, com o pé em cima da cabeça do Dragão.
8. Constelação boreal que se espalha em volta da Ursa Menor e termina perto da Ursa Maior.
9. Ursa Menor e Ursa Maior, também conhecidas em inglês como *Little Dipper* e *Big Dipper*.
10. Uma constelação austral, estendida, representando a serpente marinha do lago Lerna em Árgolis, que foi morta por Hércules em um de seus 12 trabalhos.
11. Constelação austral, que representa um centauro, animal mítico metade cavalo e metade homem. Os centauros eram conhecidos por terem vida longa.
12. Pequena constelação austral, que representa um altar.
13. Constelação fundamentalmente austral, que representa uma baleia.
14. Argo, a nau em que Jasão viajou em busca do velo de ouro. Essa constelação austral era tão grande que foi dividida em quatro partes: Carina (proa), Puppis (popa), Vela (as velas) e Pyxis (bússola).
15. Constelação austral (em inglês, também, *Lepus*).
16. Constelação austral do Cão Maior, que contém Sírio (Sirius), a Estrela do Cão.
17. O caçador, o gigante morto por Ártemis e colocado no céu.
18. Constelação boreal de Áquila.
19. Constelação boreal (em inglês, *Cygnus*).
20. Constelação boreal que representa o herói.
21. O Veado era uma constelação egípcia, mostrada por Petosiris, que correspondia mais ou menos à Cassiopeia. Não é mais reconhecida. Era chamada de Cerva (a gazela) pelo astrônomo alemão Johann Bayer (1572-1625), que a descreveu em sua obra *Uranometria* (1603) e a localizava ao sul de Peixes.

Capítulo XXXVIII

Das imagens de Saturno

 gora falaremos das imagens que eram atribuídas aos planetas, embora de tais coisas grandes volumes tenham sido escritos pelos antigos sábios, de maneira que não há necessidade de declará-las aqui. Recitarei, porém, algumas delas.

Das operações de Saturno, com Saturno ascendendo, em uma pedra que é chamada de magnetita, a imagem de um homem tendo o semblante de um cervo, os pés de um camelo e sentado sobre uma cadeira ou um dragão,[1] segurando na mão uma foice e na esquerda um dardo; imagem que eles esperavam ser útil para o prolongamento da vida; pois *Albumasar*, em seu livro Sadar, prova que Saturno conduz ao prolongamento da vida: no qual também ele conta que em certas regiões da Índia, sujeitas a Saturno, há homens de vida muito longa que só morrem em idade extremamente avançada.

Outra imagem foi feita de Saturno para a duração de dias em uma safira, na hora de Saturno, com Saturno ascendendo, ou em constituição favorável, cuja figura era um velho sentado em um trono, com as mãos erguidas acima da cabeça, e com elas segurando um peixe ou uma foice, sob os pés, um cacho de uvas,[2] a cabeça coberta com um pano preto ou de cor escura, tendo todas as roupas pretas ou de cor escura: essa imagem também é usada contra pedras[3] e outras doenças renais, ou seja, na hora de Saturno, com o planeta ascendendo com a terceira face de Aquário.

Também das operações de Saturno se fazia uma imagem para aumentar poder, com Saturno ascendendo em Capricórnio, cuja forma era um velho apoiado em um cajado, tendo na mão uma foice torta e vestido de preto.[4]

Também se fazia uma imagem de cobre derretido, Saturno ascendendo ao nascer, isto é, no primeiro grau de Áries, ou o que é mais verdadeiro no primeiro de Capricórnio – imagem que, segundo diziam, falava com uma voz de homem.[5]

Das operações de Saturno e de Mercúrio, outra imagem era feita, de metal fundido, de um homem belo, a qual, garantia-se, previa eventos futuros; e era feita no dia de Mercúrio, na terceira hora de Saturno, com o signo de Gêmeos ascendendo na casa de Mercúrio, indicando profetas, como

Saturno e Mercúrio, em conjunção em Aquário no nono lugar do céu, que também é chamado de Deus;[6] além disso, que Saturno tenha um aspecto trino sobre o ascendente, e a Lua idem, e o Sol um aspecto no lugar da conjunção. Vênus obtendo algum ângulo pode ser poderoso e ocidental; que Marte seja queimado pelo Sol, mas que não tenha um aspecto voltado para Saturno e Mercúrio; pois diziam que o esplendor dos poderes desses astros era difundido sobre essa imagem e falava com os homens, declarando coisas que lhes seriam úteis.

Notas – Capítulo XXXVIII

1. "A forma de Saturno, na opinião da venerável *Picatrix*, é a de um homem sentado em um trono, tendo cabeça de corvo e pés de camelo". (*Picatrix*, citado por Seznec [1940] 1972, 1:2:55)
2. Os manuscritos latinos de *Picatrix* contêm variantes capazes de produzir imagens totalmente diferentes: assim, a figura de Saturno, "de acordo com o douto Mercúrio", é a de um homem tendo sob os pés, como afirmam alguns textos, "similem unius lagori id est racam"; em outros, "aliquid simile racemo". No primeiro caso, um lagarto deve ser visto sob os pés de Saturno; no segundo, um cacho de uvas (Seznec [1940] 1972, 2:1:182).
3. Pedras nos rins e, talvez, na vesícula também. "Cortar para tirar as pedras" era um dos menos agradáveis aspectos da vida medieval, uma vez que não havia anestesia. John Evelyn descreve como seria uma operação típica:

> O modo de remoção era assim: a pessoa doente tinha sua camisa retirada e era amarrada, pelos braços e coxas, a uma cadeira alta. Dois homens forçavam-lhe os ombros para baixo. Em seguida, o cirurgião procurava com um instrumento curvado até tocar a pedra. Depois disso, sem mover o instrumento – que tinha um pequeno canal para a borda da lanceta passar – e sem ferir nenhuma outra parte, fazia uma incisão de cerca de uma polegada e meia através do escroto. Então, enfiava os dedos para trazer a pedra o mais perto possível do orifício da ferida e, com outro instrumento parecido com o pescoço de um grou, ele a puxava para fora com incrível tortura para o paciente – principalmente porque perscrutava cruelmente a vesícula, acima e abaixo, com um terceiro instrumento, à procura de outras pedras que poderiam ter sobrado: e a efusão de sangue era grande (*John Evelyn's Diary*, 3 de maio de 1650 [Londres: Folio Society, 1963], 77).

Desnecessário dizer que qualquer meio mágico de evitar a operação era procurado com grande ansiedade — o próprio irmão de Evelyn morreu, não deixando que o cortassem dessa maneira.
4. Ver ilustração 64 em Seznec ([1940] 1972), em que essa imagem é representada em um manuscrito da biblioteca do Vaticano.
5. Parece a descrição de outra cabeça de bronze oracular, que costumava ser associada a Saturno. Ver notas 22 e 23, cap. I, l.II.
6. As casas do zodíaco tinham nomes antigos, que eram:

I	Horóscopo	VII	Ocidente
II	Portão do Inferno	VIII	Começo da Morte
III	Deusa (☾)	IX	Deus (☉)
V	Meio-céu inferior	X	Meio-céu
V	Boa fortuna	XI	Bom demônio
VI	Má fortuna	XII	Mau demônio

Capítulo XXXIX

Das imagens de Júpiter

as operações de Júpiter era feita, para a prolongação da vida, uma imagem, na hora de Júpiter, estando ele em sua exaltação felizmente ascendendo, e uma pedra clara e branca, cuja figura era um homem coroado, vestindo trajes de um tom açafrão, montado em uma águia ou dragão, tendo na mão direita um dardo pronto para golpear com o objeto a cabeça da mesma águia ou dragão.[1]

Também fizeram outra imagem de Júpiter na mesma conveniente situação, em uma pedra clara e branca, especialmente em cristal, e era um homem nu coroado, tendo as mãos juntas e erguidas, como se suplicasse algo, sentado em uma cadeira com quatro pés, que é carregada por quatro meninos alados;[2] e afirma-se que essa imagem aumenta a felicidade, as riquezas, a honra, confere benevolência e prosperidade e liberta dos inimigos.

Também foi feita outra imagem de Júpiter para uma vida religiosa e gloriosa, um avanço da fortuna; cuja figura era um homem com cabeça de leão, ou carneiro,[3] e pés de águia, vestindo roupas em tom de açafrão, e ele era chamado de o filho de Júpiter.

Notas – Capítulo XXXIX

1. Ver Seznec 1972 [1940], ilustração 71, que mostra esse Júpiter.
2. Ver Seznec 1972 [1940], ilustração 12. Essa imagem é de *Picatrix*. Seznec explica que é originária da figura de Zeus descrita por Pausânias (*Guide to Greece* 5.11.1-2).
3. Talvez oriunda de Zeus Amon ou até mesmo de Mitra.

Figuras dos Planetas
Extraído de Secrets merveilleux de la magie naturelle et cabalistique, *de Petit Albert (Colônia, 1722)*

Capítulo XL

Das imagens de Marte

Das operações de Marte se fazia uma imagem na hora de Marte, com ele ascendendo na segunda face de Áries, em uma pedra marcial, especialmente diamante;[1] sua forma era a de um homem armado, montado em um leão, tendo na mão direita uma espada desnuda ereta; na mão esquerda uma imagem desse tipo mostrava um homem poderoso, no bem e no mal, sendo portanto temido por todos; e quem portar tal imagem recebe o poder do encantamento, tornando-se capaz de aterrorizar os homens com sua aparência, quando estiver zangado, ou deixá-los atordoados.

Outra imagem de Marte foi feita para a obtenção de coragem, audácia e boa sorte nas guerras e contenções, cuja forma era um soldado armado e coroado, portando espada, carregando na mão direita uma lança longa; e isso era feito na hora de Marte, a primeira face de Escorpião ascendendo com o planeta.

Notas – Capítulo XL

1. O diamante era a pedra de Marte por causa de sua dureza. É difícil imaginar como um diamante podia ser trabalhado na Antiguidade. Os fabricantes de gemas usavam varetas com pontas cobertas de pó de diamante para perfurar outras pedras, mas usar diamante para entalhar diamante, mesmo com máquinas modernas, é um negócio laborioso.

Capítulo XLI

Das imagens do Sol

as operações do Sol era feita uma imagem na hora do Sol, a primeira face de Leão ascendendo com o Sol, cuja forma era a de um rei coroado, sentado em uma cadeira, com um corvo no peito e sob os pés um globo; suas roupas têm cor de açafrão. Dizem que essa imagem torna o homem invencível e honorável e ajuda a trazer um bom resultado final aos seus afazeres, além de afastar sonhos fúteis. Também é útil contra febres e contra a peste; e a imagem era feita de glande,[1] ou rubim,[2] na hora do Sol, ascendente em sua exaltação.

Outra imagem do Sol era feita em um diamante, na hora do Sol, ascendendo em sua exaltação; essa figura era a de uma mulher coroada com o gesto de quem dança e ri, de pé, em uma carruagem puxada por quatro cavalos, segurando um espelho na mão direita e, na esquerda, um cajado, encostando-se no peito e com uma chama na cabeça; dizem que essa imagem faz um homem afortunado e rico, amado por todos; e tal imagem era feita de cornalina na hora do Sol, ascendendo na primeira face de Leão, contra paixões lunares que procedem da combustão[3] da Lua.

Notas – Capítulo XLI

1. Há duas espécies de glandes ["pedra de bolota"], uma de coloração esverdeada e a outra como o bronze de Corinto em aparência; a primeira vem de Coptos e a última, de Troglodítica. Ambas são permeadas por uma veia com aspecto de chama, que parece atravessá-las (Plínio 37.55 [Bostock e Riley, 6:443]).
A *Chambers Cyclopaedia Supplement* de 1753 apresenta a conjetura de que essa pedra pode ser a mesma que a *lapis judaicus*, ou *Jewstone*, da qual também há duas espécies: a espinha fóssil de um grande ouriço-do-mar encontrado na Síria, que tinha uso medicinal, particularmente contra pedras nos rins, e marcassita, que é pirita de ferro de cor prata.
2. Rubi.
3. Ver nota 6, cap. XXX, l. II.

Capítulo XLII

Das imagens de Vênus

as operações de Vênus era feita uma imagem, disponível para o favor e a benevolência, e na hora devida ascendia em Peixes, e cuja forma era a imagem de uma mulher com cabeça de pássaro e pés de águia, segurando um dardo na mão.

Outra imagem de Vênus era feita para se obter o amor das mulheres, de lápis-lazúli, na hora de Vênus ascendendo em Touro, e cuja figura era uma donzela nua com os cabelos soltos, segurando na mão um espelho e com uma corrente em volta do pescoço, e um jovem bonito próximo a ela, segurando-a pela corrente com a mão esquerda, mas com a direita arrumando-lhe os cabelos; e os dois se entreolham com muito amor, e nas proximidades se vê um menino alado[1] segurando uma espada ou um dardo.

Outra imagem existia também com a primeira face de Touro ou Libra ou Peixes ascendendo com Vênus, cuja figura era uma pequena donzela com os cabelos soltos, vestindo trajes longos e brancos, segurando uma coroa de louros,[2] uma maçã[3] ou flores, na mão direita, e um pente, na mão esquerda. Dizem que ela tornava os homens agradáveis, alegres, fortes, animados e também conferia beleza.

Notas – Capítulo XLII

1. Cupido, filho de Vênus.
2. Uma coroa de louros era oferecida como coroa da vitória nos jogos de Pítia na antiga Grécia. É um símbolo de vitória e, por extensão, de paz.
3. Símbolo de amor erótico, a maçã e outras frutas vermelhas eram consideradas afrodisíacas.

Capítulo XLIII

Das imagens de Mercúrio

as operações de Mercúrio era feita uma imagem na hora de Mercúrio, com ele ascendendo em Gêmeos, cuja forma era a de um rapaz bonito, com barba, tendo na mão esquerda uma vara, por onde se enrola uma serpente,[1] e na direita um dardo,[2] e os pés alados. Dizem que essa imagem confere conhecimento, eloquência, diligência em comércio e lucro; além disso, ela promove paz e concórdia e cura febres.

Outra imagem era feita de Mercúrio: ele ascendendo em Virgem, para a boa vontade, juízo e memória, cuja forma era um homem sentado em uma cadeira ou montado em um pavão, tendo pés de águia, uma crista na cabeça e na mão direita um galo ou um fogo.

Notas – Capítulo XLIII

1. O caduceu, que se tornou o símbolo moderno da Medicina.
2. Talvez uma flauta. Ver Seznec [1940] 1972, ilustrações 82 e 83.

Capítulo XLIV

Das imagens da Lua

as operações da Lua fazia-se uma imagem para os viajantes contra o cansaço, na hora da Lua, esta ascendendo em sua exaltação; a figura de um homem apoiado em um cajado, tendo um pássaro sobre a cabeça e uma árvore florescendo diante dele.

Era feita também outra imagem da Lua para aumentar os frutos da Terra, contra venenos e enfermidades infantis, na hora da Lua, com ela ascendendo na primeira face de Câncer, a figura de uma mulher cornífera[1] montada em um touro, ou em um dragão com sete cabeças[2] ou em um caranguejo;[3] na mão direita, ela tem um dardo, na esquerda, um espelho, está vestida de branco ou verde, e tem sobre a cabeça duas serpentes com chifres entrelaçadas e uma serpente enrolada[4] em cada braço e também uma em cada pé.

E, assim, a conversa a respeito das figuras dos planetas já basta.

Notas – Capítulo XLIV

1. Com chifres.
2. Ver Apocalipse 12:3 e 17:3.
3. A Lua é regente de Câncer, o Caranguejo.
4. Um símbolo conhecido da deusa Ishtar, intimamente relacionado à Lua.

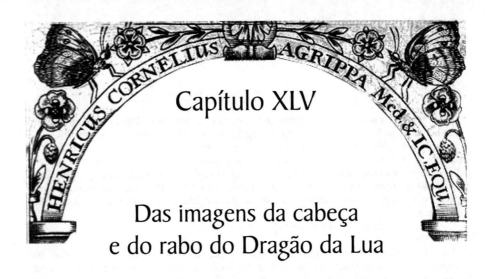

Capítulo XLV

Das imagens da cabeça e do rabo do Dragão da Lua

utra imagem era feita da cabeça e do rabo do Dragão da Lua,[1] a saber, entre um círculo aéreo e incandescente, à semelhança de uma serpente, com a cabeça de um gavião amarrada a eles, como a grande letra teta,[2] e era feita quando Júpiter com a Cabeça alcançava o meio[3] do céu; imagem essa que eles afirmavam garantir boa parte do sucesso das petições e que indicava um gênio bom e afortunado, representado por essa imagem da serpente.

Pois os egípcios e fenícios exaltam essa criatura acima de todas as outras, e dizem que ela é uma criatura divina e tem uma natureza divina; pois nela habita um espírito mais refinado e maior que em qualquer outra, o que se manifesta tanto por seus movimentos rápidos sem pés, mãos ou outros instrumentos quanto por sempre renovar a própria idade com a pele, tornando-se jovem de novo.[4]

Mas a imagem da Cauda era feita quando a Lua se encontrava eclipsada, na Cauda, ou afetada por Saturno ou Marte, e tinha o intuito de trazer angústia, enfermidade e infortúnio; e eles a chamavam de gênio do mal. Uma imagem assim fora incluída pelos hebreus em um cinturão dourado de joias, que *Blanche*, filha do duque de *Bourbon* (por vontade própria ou ignorando o fato), deu ao seu marido *Pedro*, rei da Espanha, o primeiro desse nome, que quando a usava parecia estar envolto por uma serpente; e posteriormente encontraria uma virtude mágica no cinturão, o que o levou a abandonar a esposa.[5]

Notas – Capítulo XLV

1. Os nodos da Lua são os pontos em espaço nos quais os caminhos da Lua e do Sol intersectam – não há Lua nem Sol nesses pontos, mas os lugares em que seus círculos se cruzam. Quando a Lua surge e sobe além da eclíptica ou do plano do Sol, o ponto de interseção é chamado de nodo de ascensão, ou *Caput Draconis* (Cabeça do Dragão); quando a Lua passa de cima para baixo da eclíptica, o ponto é chamado de nodo de descensão, ou *Cauda Draconis* (Cauda do Dragão). Esses pontos não são fixos, mas se movem em um círculo em volta do zodíaco, formando diferentes aspectos com os planetas e outros pontos astrológicos significativos. Estão sempre localizados a 180º entre si.
2. A letra grega de forma: Θ, diferente da letra manuscrita: θ.
3. Meio-céu.
4. Eu sou a serpente Sata cujos anos são infinitos. Deito-me e morro. Nasço todos os dias. Sou a serpente Sa-en-ta, habitante das partes mais profundas da terra. Deito-me na morte. Nasço, renovo-me, renovo minha juventude todos os dias" (*O Livro dos Mortos* 87, "Of Changing into the Serpent Sata", traduzido por E. A. Wallis Budge [Nova York: University Books, 1970 {[1913]}] 544-5).

Horápolo diz o seguinte dos egípcios:

Quando queriam representar o Universo, eles delineavam uma serpente cravejada de escamas matizadas devorando a própria cauda; as escamas representando as estrelas no Universo. O animal é também extremamente pesado, como a terra, e extremamente escorregadio, como a água; além disso, todos os anos, a serpente renova a própria idade com a pele, assim como o Universo efetua uma mudança correspondente todos os anos e se renova. E o uso do próprio corpo como alimento implica que todas as coisas geradas pela providência divina no mundo sofrem uma corrupção e a ela retornam (Horápolo, *Hieroglyphics*, 1.2 [Cory, 7-8]).
5. Ver nota biográfica para Pedro, o Cruel.

Capítulo XLVI

Das imagens das mansões da Lua

ambém são feitas imagens para todas as mansões da Lua.

Na primeira, para a destruição de alguém, era feita em um anel de ferro a imagem de um homem negro trajando uma vestimenta de pelos, usando um cinturão, arremessando uma pequena lança com a mão direita; essa imagem era selada em cera negra e perfumada com estoraque líquido,[1] e sobre ela se desejava que viesse o mal.

Na segunda, contra a ira do príncipe, e para a reconciliação com ele, era selada em cera branca e almécega uma imagem de um rei coroado, perfumada com áloe lenhosa.

Na terceira, era feita uma imagem em um anel de prata, com a parte frontal quadrada e a figura de uma mulher bem vestida sentada em uma cadeira, com a mão direita erguida até a cabeça; era selada e perfumada com almíscar, cânfora e cálamo-aromático (ácoro).[2] Afirmava-se que tal imagem trazia boa sorte e todas as coisas boas.

Na quarta, para vingança, separação, inimizade e má vontade, era selada em cera vermelha a imagem de um soldado sentado sobre um cavalo, segurando uma serpente na mão direita; era perfumada com mirra vermelha e estoraque.

Na quinta, para se obter o favor de reis e oficiais e um bom entretenimento, era selada em prata a cabeça de um homem, sendo perfumada com sândalo.

Na sexta, para a obtenção de amor entre duas pessoas, eram seladas em cera branca duas imagens se abraçando, sendo perfumadas com áloe lenhosa e âmbar.

Na sétima, para se conseguir alguma coisa boa, era selada em prata a imagem de um homem bem vestido, erguendo as mãos para o céu, como em oração e súplica, perfumada com bons odores.

Na oitava, para vitória em guerra, era feito um selo de estanho com a imagem de uma águia com rosto de homem, perfumado com enxofre.[3]

Na nona, para causar enfermidades, era feito um selo de chumbo com a imagem de um homem sem suas partes íntimas, cobrindo os olhos com as mãos; e a imagem era perfumada com resina de pinho.

Na décima, para facilitar os trabalhos de parto e curar os doentes, era feito um selo de ouro com uma cabeça de leão, sendo perfumada com âmbar.

Na 11ª, para instilar medo, reverência e veneração, era feito um selo de uma placa de ouro com a imagem de um homem montado em um leão, segurando a orelha esquerda do animal com a mão esquerda e, na direita, portando um bracelete de ouro, e a imagem era perfumada com bons odores e açafrão.

Na 12ª, para separação de amantes, era feito um selo de chumbo preto, com a imagem de um dragão lutando contra um homem, e sendo perfumado com pelos de leão e assa-fétida.[4]

Na 13ª, para promover a concórdia entre os casais e para dissolver encantamentos contra copulação, era feito um selo com as imagens de ambos, do homem com cera vermelha, da mulher com cera branca, abraçados; e a imagem era perfumada com áloe lenhosa e âmbar.

Na 14ª, para provocar divórcio e separação entre homem e mulher, era feito um selo de cobre vermelho com a imagem de um cachorro mordendo a cauda, perfumado com pelos de um cachorro preto e de um gato preto.

Na 15ª, para gerar amizade e boa vontade, era feita a imagem de um homem sentado e escrevendo, perfumada com olíbano e noz-moscada.

Na 16ª, para lucros comerciais, era feito um selo de prata com a imagem de um homem sentado em uma cadeira, segurando uma balança na mão, perfumada com especiarias muito fragrantes.

Na 17ª, contra ladrões e assaltantes, era selada com ferro a imagem de um macaco, perfumada com pelos de macaco.

Na 18ª, contra febres e dores de barriga, era feito um selo de cobre com a imagem de uma cobra mordendo a cauda acima da cabeça, perfumado com chifres de cervo,[5] e supostamente o mesmo selo afugentava as serpentes[6] e todas as criaturas venenosas do lugar onde fosse enterrado.

Na 19ª, para facilitar o parto e provocar menstruação, era feito um selo de cobre com a imagem de uma mulher com as mãos cobrindo o rosto, perfumado com estoraque líquido.

Na 20ª, para caça, era feito um selo de estanho com a imagem de Sagitário, meio homem e meio cavalo, perfumado com a cabeça de um lobo.[7]

Na 21ª, para a destruição de uma pessoa, era feita a imagem de um homem com duas faces,[8] frontal e traseira, sendo perfumada com enxofre e azeviche, e colocada em uma caixa de bronze, adicionando-se enxofre e azeviche, e cabelos daquele a quem se pretendia ferir.

Na 22ª, para a captura de fugitivos,[9] era feito um selo de ferro com a imagem de um homem com asas nos pés e um capacete na cabeça,[10] sendo perfumado com argento-vivo (azougue).[11]

Na 23ª, para destruição e desperdício, era feito um selo de ferro com a imagem de um gato com cabeça de cão, perfumado com pelos da cabeça de um cão e enterrado no lugar onde se pretendia prejudicar.

Na 24ª, para a multiplicação de rebanhos de gato, era usado o chifre de um carneiro, touro ou bode, ou de qualquer animal cujo rebanho se desejava aumentar, selado com um selo de ferro,[12] tendo a imagem de uma mulher amamentando o filho, e o penduravam no pescoço do animal que fosse o líder do rebanho, ou era selado[13] em seu chifre.

Na 25ª, para a preservação de árvores e colheitas, era selada em madeira uma figura de um homem plantando, perfumada com as flores da figueira e pendurada na árvore.

Na 26ª, para amor e favores, era selada em cera branca e almécega a imagem de uma mulher lavando e penteando o cabelo,[14] perfumada com coisas de bons aromas.

Na 27ª, para destruir fontes, fossos,[15] águas medicinais e banhos, era feita de terra vermelha uma imagem de um homem alado, segurando na mão um vaso vazio e perfurado; após queimada a imagem, eram colocados no vaso assa-fétida e estoraque líquido, e o receptáculo era fechado e enterrado na lagoa ou fonte que se pretendia destruir.

Na 28ª, para pegar peixes, era feito um selo de cobre com a imagem de um peixe e perfumado com a pele de um peixe do mar, que era em seguida jogado na água da região onde se desejava apanhar peixes.

Além de todas essas imagens, eram escritos ainda os nomes dos espíritos e seus caracteres, após o que se seguiam invocações e orações pelas coisas desejadas.

Notas – Capítulo XLVI

1. Há dois tipos de estoraque: uma goma, que era guardada e vendida em palhetas ocas, chamado de calamita, e uma resina líquida, de que fala Gerard: "... de algumas dessas árvores escorre um certo liquor em goma, que jamais endurece por meios naturais, mas permanece sempre fino, que é chamado de Styrax ou estoraque") (Gerard [1633] 1975,3:143:1526. Ver também nota 17, cap. XXVI, l. I.
2. Cálamo doce (*Calamus aromaticus*).
3. Súlfur.
4. *Asafoetida*.
5. Os chifres do *Cervus elaphus* eram muito usados na medicina e em outras práticas, sendo uma fonte principal de amônia. Era costume moê-los até formar um pó e tratar o pó, queimando-o ou fervendo-o em água para produzir a cor de sable dos artistas (preto), geleia de chifre, sal de chifre (sal aromático), chá de chifre e gotas de chifre.
6. Os veados eram proverbiais inimigos das serpentes, e acreditava-se que a fumaça do chifre queimado afastava as cobras.
7. O lobo tinha poder sobre o cavalo. Plínio diz: "Na verdade, tão poderosa é a influência desse animal, além do que já afirmamos [8.34], que, se um cavalo pisar em seu rastro, entrará imediatamente em torpor" (Plínio 28.44 [Bostock e Riley, 5:331-2]).
8. Jano, o deus romano que regia as entradas e as saídas.
9. Prender (pegar, ou segurar) escravos em fuga.
10. Uma descrição de Mercúrio.
11. Mercúrio.
12. O selo de ferro era aquecido e deixava sua imagem no chifre.
13. Queimado.
14. Vênus.
15. Poços.

Capítulo XLVII

Das imagens das estrelas fixas de Behenia[1]

 agora, as operações das estrelas fixas de acordo com a opinião de *Hermes*.

Sob a Cabeça de Algol, era feita uma imagem cuja figura era a cabeça de um homem com o pescoço ensanguentado; dizem que ela garantia sucesso às petições, e tornava seu portador corajoso e magnânimo e preservava os membros do corpo; também ajudava contra feitiçaria e refletia tentativas do mal e encantamentos malignos sobre nossos adversários.

Sob a constelação das Plêiades, era feita uma imagem de uma pequena virgem ou a figura de uma lâmpada; dizia-se que ela aumentava a luz dos olhos, invocava espíritos, levantava ventos e revelava coisas secretas e ocultas.

Sob Aldebora,[2] fazia-se uma imagem à semelhança de Deus ou de um homem em voo; ela promove riquezas e honrarias.

Sob Capela, era feita uma imagem cuja figura era um homem disposto a se divertir com instrumentos musicais; ela torna seu portador aceitável, honroso e exultante diante de reis e príncipes; e ajuda em casos de dor de dente.

Sob a Estrela do Cão Maior,[3] era feita uma imagem de um cão e uma pequena virgem; a imagem traz honra e boa vontade, o favor dos homens e espíritos aéreos e dá poder para pacificar e reconciliar reis e outros homens.

Sob a Estrela do Cão Menor,[4] fazia-se a imagem de um galo, ou de três pequenas donzelas; ela promove o favor dos deuses, dos espíritos e dos homens; e dá poder contra feitiçaria, além de conservar a saúde.

Sob o Coração de Leão,[5] era feita uma imagem de um leão ou gato, ou a figura de uma pessoa honorável sentada em uma cadeira; ela trazia bom temperamento aos homens, acalmava a ira e concedia favores.

Sob a Cauda da Ursa Maior,[6] era feita a imagem de uma pessoa pensativa, ou de um touro, ou a figura de um bezerro; é uma imagem que funciona contra encantamentos e dá segurança aos viajantes.

Sob a Asa do Corvo,[7] fazia-se a imagem de um corvo, ou cobra, ou de um homem negro vestido de negro;[8] ela deixa um homem encolerizado, audacioso, corajoso, cheio de ideias, agressivo e provoca sonhos nefastos; também dá o poder de afastar espíritos malignos e de invocá-los; é útil contra a maldade dos homens, demônios e ventos.

Sob a Espiga,[9] era feita a imagem de um pássaro ou de um homem carregado de mercadorias; ela traz riquezas e faz uma pessoa superar contendas; afasta a escassez e a malignidade.

Sob Arcturo, era feita a imagem de um cavalo, ou lobo, ou a figura de um homem dançando; ela é boa contra febres, estanca e retém o sangue.

Sob Elphrya,[10] era feita a imagem de uma galinha ou de um homem coroado e de idade avançada; ela concede boa vontade e amor dos homens e promove castidade.

Sob o coração do Escorpião,[11] era feita a imagem de um homem armado, com cota de malha ou a figura de um escorpião; ela dá compreensão e memória, produz uma boa cor e ajuda contra os espíritos ímpios, afastando-os e restringindo-os.

Sob o Abutre,[12] era feita a imagem de um abutre, ou galinha, ou de um viajante; ela torna um homem magnânimo e orgulhoso e dá poder contra demônios e animais.

Sob a Cauda do Escorpião,[13] era feita a imagem de um cervo, ou bode, ou de um homem zangado; ela concede prosperidade e aumenta a ira.

Essas são as imagens de algumas das estrelas fixas que estas requerem que sejam gravadas sobre as pedras por elas regidas.[14]

Notas – Capítulo XLVII

1. "Behen" vem do árabe: *bahman* – uma espécie de raiz. Os manipuladores de ervas na Antiguidade adotavam sem saber sua atribuição (ver Gerard [1633] 1975, 679), e assim o significado nunca foi muito claro. Agrippa usa o termo como sinônimo de árabe.
2. Aldebarã.
3. Sírio.
4. Prócion.
5. Régulo.
6. Alcaide.
7. Giena.
8. Não se deve pensar que toda referência a um homem negro trate de um homem de pele negra. Para os europeus medievais, geralmente um homem negro era um caucasiano com pele morena ou cabelos e olhos pretos que trajavam roupas pretas. Isso fica claro a partir de trechos dos julgamentos de bruxas citados por Margaret Murray (1921, 2.2), que descrevem o Senhor das Bruxas. O preto significava o mal e as obras do oculto.
9. Ou Spica.
10. Alfeca.
11. Antares.
12. Vega.
13. Deneb Algedi.
14. Ver cap. XXXII, l. I, e cap. XXXI, l. II, para mais referências às estrelas fixas.

Capítulo XLVIII

De figuras geomânticas intermediárias entre imagens e caracteres

Existem também algumas outras figuras, estruturadas pelo número e pela situação dos astros, e também alinhadas aos planetas e signos, que são chamadas de geomânticas,[1] e os videntes geomânticos reduzem os pontos de suas projeções, pelo excesso de paridade ou imparidade,[2] nessas figuras; e, além disso, são gravadas ou impressas sob o domínio de seus planetas e signos, concebendo a virtude e o poder das imagens; e essas figuras são como um intermédio entre imagens e caracteres.[3]

Mas aquele que desejar saber exatamente a natureza, as qualidades, as propriedades, as condições, os significados e a natividade dessas figuras pode ler os volumes de geomancia;[4] são em número de 16, cujos nomes e figuras são estes (ver página seguinte):

Notas – Capítulo XLVIII

1. Sobre a adivinhação geomântica, ver Apêndice VIII.
2. Se há um número par ou ímpar de pontinhos.
3. Entre desenhos e letras.
4. Na tradução inglesa de Robert Turner (1655) de *Of Geomancy* de, Agrippa, há uma obra anexada chamada *Astronomical Geomancy*, de Gerard Cremonensis, que é um dos apêndices de magia da *Ópera latina*.

Figuras geomânticas

Figura	Nome	Elemento	Planeta	Signo
• • • • •	Caminho Jornada	Água	☽	♌
• • • • • • • •	Povo Congregação	Água	☽	♑
• • • • • •	Conjunção Uma Assembleia	Ar	☿	♍
• • • • • •	Uma prisão Preso	Terra	♄	♓
• • • • • •	Grande fortuna Grande ajuda Maior entrada salvaguardada	Terra	☉	♒
• • • • • •	Fortuna menor Ajuda menor Saída salvaguardada	Fogo	☉	♉
• • • • • •	Obtenção Compreensão interior	Ar	♃	♈
• • • • • •	Perda Compreensão exterior	Fogo	♀	♎
• • • • • • •	Alegria, riso, saúde, barba	Ar	♃	♉
• • • • • •	Tristeza Condenado Cruz	Terra	♄	♏
• • • • •	Uma garota Bela	Água	♀	♎
• • • • • •	Um garoto Amarelo sem Barba	Fogo	♂	♈

Figura	Nome	Elemento	Planeta	Signo
∴∴	Branco Claro	Água	☿	♋
∴∴∴	Avermelhado Vermelho	Fogo	♂	♊
∴∴	A cabeça Entrada no limiar Limiar superior	Terra	☊	♍
∴∴	A cauda Saída no limiar Limiar inferior	Fogo	☋	♐

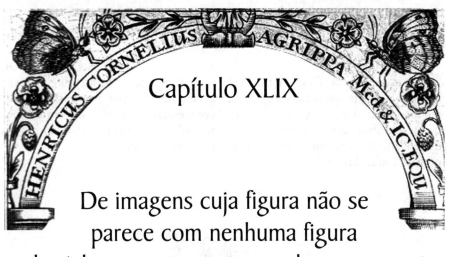

Capítulo XLIX

De imagens cuja figura não se parece com nenhuma figura celestial, mas antes com aquela que a mente do trabalhador deseja

á ainda outras espécies de imagens que não estão de acordo com a semelhança de figuras celestiais, mas sim com as coisas que a mente do trabalhador ou operador deseja e das quais são efígies ou representações. Desse modo, para atrairmos o amor, nós fazemos imagens de pessoas se abraçando; para gerar discórdia, pessoas se batendo; para provocar amargura ou destruição, como o prejuízo de um homem ou danos a uma casa ou cidade, ou qualquer coisa assim, fazemos imagens distorcidas, quebradas em membros e partes, à semelhança e figura do objeto que queremos destruir ou danificar.

E os magos nos alertam que, ao elaborarmos ou gravarmos imagens, devemos escrever nelas o nome do efeito; nas costas, se for para o mal, a destruição; na barriga, se for para o bem, o amor. Além disso, na testa da imagem[1] deve ser escrito o nome da espécie ou do indivíduo que ela representa ou para ou contra quem ela é feita. E no peito também deve constar o nome do signo ou da face ascendente, bem como o de seu regente; e ainda os nomes e caracteres de seus anjos. Além de tudo isso, ao ser feita a imagem, eles recomendam que seja feita uma oração para o efeito que se deseja. Tudo isso afirma *Alberto Magno* em seu Speculo.[2]

As imagens feitas são usadas de modos diversos, de acordo com suas virtudes: às vezes, são penduradas ou amarradas ao corpo; às vezes são enterradas debaixo do solo ou no rio; outras vezes, penduradas em uma chaminé acima da saída da fumaça[3] ou em uma árvore, para que seja agitada ao vento; às vezes, com a cabeça para cima e outras vezes para baixo; às vezes, elas são colocadas em água quente ou no fogo. Pois dizem que os trabalhadores das imagens a afetam para que ela gere paixões semelhantes naqueles a quem ela é atribuída, conforme determina a mente do operador. Como lemos em *Nectanabus*, o mago fazia imagens de navios em cera com tal argúcia que, quando as afundava em água, os navios de seus inimigos também soçobravam no mar e afundavam.[4]

Ora, a parte da astrologia escrita acerca das eleições[5] nos ensina que as constelações também devem ser observadas para a confecção de imagens e coisas do gênero.

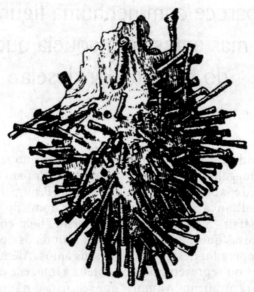

Coração de um porco espetado com alfinetes e espinhos brancos
Extraído de The Evil Eye, de Frederick Elworthy (Londres, 1895)

Notas – Capítulo XLIX

1. Ver Apocalipse 7:3 e 13:16.
2. *Speculum Astronomiae*, uma obra atribuída a Alberto Magno.
3. A prática de colocar artefatos mágicos na chaminé devia ser comum, embora não haja um consenso claro quanto ao motivo. Elworthy fala de vários casos em que corações de animais e outros objetos foram descobertos dentro de chaminés no sul da Inglaterra:

> Algumas pessoas idosas declaram que era costume, quando um porco morria pelo "mau-olhado" de uma bruxa, cravejar-lhe o coração de alfinetes e espinhos brancos e colocá-lo na chaminé, na crença de que, assim como o coração secara e murchara, o mesmo aconteceria com a pessoa maldosa que tinha "desejado o mal" do porco. Enquanto ele ali permanecesse, nenhuma bruxa teria poder sobre os porcos pertencentes àquela casa (Elworthy [1895] 1971, cap. 2, n. 79, p. 53).

O texto citado dá duas razões, não uma, por que o fetiche era colocado na chaminé, e uma terceira é sugerida: "... para impedir a entrada de bruxas pela chaminé" (*Ibid*, 55). Entretanto, também eram colocados fetiches na chaminé por bruxas, para gerar o mal. Elworthy conta o caso de um garoto que trabalhava em uma fazenda e que tinha dor no pé, e descobriu que seus empregadores tinham escondido um boneco no lugar para lhe causar mal. "Era uma coisa feia, e ele sabia que fora feito para ele. O garoto viu que os pés da pequena figura estavam cheios de alfinetes e espinhos!" (*Ibid.*, n. 80, p. 55). Cebolas encontradas em chaminés eram embrulhadas com papel, no qual estava escrito o nome da vítima, e o papel era preso por alfinetes; e na chaminé de uma mulher que tivera filhos de um amante, que depois a largou, foi encontrado um modelo de um pênis ereto cheio de alfinetes (*Ibid.*).

4. Se o inimigo viesse pelo mar, em vez de enviar seus marinheiros para enfrentá-los, ele se retirava a um certo cômodo e, tendo consigo uma tigela guardada para esse fim, enchia de água e, então, tendo feito figuras de cera dos navios e homens do inimigo, também de seus homens e navios, ele os colocava na água da tigela, os seus de um lado e os do inimigo de outro. Ela saía, vestia um manto de profeta egípcio, segurava na mão uma vara de ébano, voltava ao cômodo e, pronunciando palavras de poder, invocava os deuses que ajudavam os homens a trabalhar com magia, ventos, demônios subterrâneos, que imediatamente vinham ao seu auxílio. Com a ajuda deles, as figuras dos homens de cera ganhavam vida e começavam a lutar, e os navios de cera começavam a se mover da mesma maneira; mas as figuras que representavam seus homens derrotavam as figuras dos inimigos, e os navios e homens da frota hostil afundavam na água, até o fundo da tigela, assim como barcos e homens reais afundam em meio às ondas até o fundo do mar (Budge [1901] 1971, cap. 3, 92).

Ver também a nota biográfica sobre Nectanebus.

5. A escolha de um momento astrologicamente apropriado para qualquer ação, como o batismo de uma criança, a partida de um navio ou a abertura de um edifício público. As eleições são observadas até hoje com um zelo fanático no Oriente.

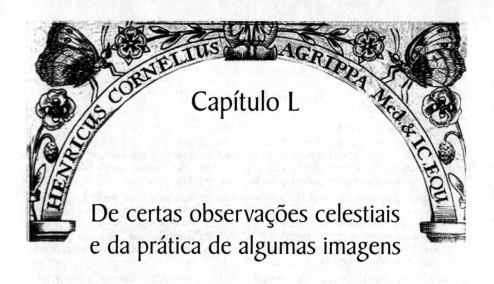

Capítulo L

De certas observações celestiais e da prática de algumas imagens

Mostrarei agora a observação de corpos celestes, que são necessários para a prática de algumas dessas espécies de magia.

Assim, para trazer boa fortuna a uma pessoa, fazemos uma imagem na qual se concentram elementos afortunados ou favoráveis, ou seja, seu significador da vida,[1] os doadores de vida,[2] os signos e os planetas. Além disso, que sejam também afortunados o ascendente, o meio do céu e os seus regentes: também o lugar do Sol e o lugar da Lua; Parte da Fortuna e o regente da conjunção ou prevenção[3] antes da natividade, deprimindo os planetas malignos. Mas, se fizermos uma imagem para provocar amargura, devemos agir de modo contrário, e os elementos que antes seriam afortunados devem agora ser desafortunados, contando com astros malignos.

Do mesmo modo, devemos proceder para trazer boa fortuna a qualquer local, região, cidade ou casa. Também, para destruir ou prejudicar qualquer um destes, deve ser feita uma imagem sob a ascensão daquele homem que se deseja destruir e prejudicar, e deve ser feito desafortunado,[4] o regente da casa de sua vida, o regente do ascendente e a Lua o regente da casa da Lua, e o regente da casa do regente ascendente e a décima casa e seu regente. Quanto às providências de um lugar, coloque Fortunas[5] em seu ascendente; e na primeira, décima, segunda e oitava casas, que sejam afortunados o regente do ascendente e o regente da casa da Lua.

Mas, para afastar certos animais de certos lugares, para que não procriem nem vivam lá, que seja feita uma imagem sob a ascensão do animal que você deseja afastar e à sua semelhança; e se você quiser afastar escorpiões de algum lugar, faça uma imagem do escorpião, com o signo de Escorpião ascendendo com a Lua, e faça afortunado o ascendente, seu regente e o regente da casa de Marte; e faça desafortunado o regente do ascendente na oitava casa, e que sejam unidos com um aspecto maligno, oposto ou quadrante; e que seja escrito o nome do ascendente, de seu regente e da Lua e do regente do dia e do regente da hora. Faça também um buraco no meio do lugar de onde você quer afastá-los; e jogue ali um pouco da terra retirada dos quatro cantos do mesmo lugar e enterre lá a imagem com a cabeça para baixo, dizendo: este é o sepultamento dos escorpiões, para que não venham a esse lugar, e o mesmo do resto.

Para ganhos financeiros, faça uma imagem sob o ascendente da natividade[6] do homem ou do lugar ao qual quer dirigir o ganho; e o regente da segunda casa, que está na casa de substância, deve se unir ao regente do ascendente no trino ou sextil, e deve haver uma recepção entre eles. Faça afortunados a 11ª casa e seu regente, bem como a oitava; e, se puder, ponha parte da Fortuna no ascendente ou na segunda; e que a imagem seja enterrada no lugar ou levada do lugar ao qual você quer dirigir os ganhos.

Também para concórdia e amor, que seja feita uma imagem no dia de Júpiter sob o ascendente da natividade daquele a quem se deseja que seja amado, e afortunados o ascendente e a décima casa, e que se esconda o mal do ascendente. Faça também o regente da décima e os planetas da 11ª afortunados, unidos ao regente do ascendente, do trino ou sextil, com recepção;[7] em seguida, faça outra imagem para aquele a quem deseja fazer amar; considere se este será amigo ou companheiro da pessoa que você deseja que seja amada; e então, faça uma imagem sob a ascensão da 11ª casa a partir do ascendente da primeira imagem; se a pessoa em foco for uma esposa ou um marido, que a imagem seja feita sob a ascensão da sétima casa; se irmão ou irmã, ou um primo ou prima, sob a ascensão da terceira, e assim por diante; e coloque o significador do ascendente da segunda imagem, unido ao significador do ascendente da primeira imagem; e que haja entre eles uma recepção e que o restante seja afortunado, como na primeira imagem; depois, junte as duas imagens em um abraço, ou coloque a face da segunda imagem contra as costas da primeira, embrulhe ambas com seda, jogando-as ou deixando-as espoliar.

E para o sucesso de petições, ou para a obtenção de algo negado, ou tirado, ou de posse de outra pessoa, faça uma imagem sob o ascendente daquele que faz a petição; e que o regente do ascendente se una ao regente do ascendente do trino, ou sextil, e que haja entre eles uma recepção, e, se possível, que o regente da segunda esteja no signo obediente e o regente do ascendente, na regência,[8] faça afortunados o ascendente, e seu regente, e cuide para que o regente do ascendente não seja retrógrado nem combusto, nem cadente ou na casa de oposição, isto é, na sétima a partir de sua casa; que ele não seja impedido pelos malignos, que seja forte e esteja em um ângulo; faça afortunados o ascendente e o regente da segunda e a Lua; e faça outra imagem para aquele a quem a petição se destina; inicie-a sob o ascendente que a ele pertence e, se for rei ou príncipe, comece sob o ascendente da décima casa a partir do ascendente da primeira imagem; se for pai, sob a quarta; se filho, sob a quinta; e assim por diante. E deixe o significador da segunda imagem unido ao regente do ascendente da primeira imagem, de um trino ou sextil. E que haja recepção. E que ambos sejam fortes e afortunados, e que nenhum mal recaia sobre eles. Faça afortunadas a décima e a quarta casa, se puder, ou qualquer uma delas; e quando a segunda imagem estiver perfeita, una-a à primeira, face a face, e embrulhe-as em um pano de linho limpo e enterre-as no meio da casa do peticionário sob um significador favorável, sendo a Fortuna forte, e deixe a face da primeira imagem voltada para o norte, ou melhor, para o lugar onde o objeto da petição se encontra; ou se por acaso o peticionário pretende se dirigir até o indivíduo a quem se destina a petição, que ele mesmo carregue as imagens consigo.

E que seja feita uma imagem de sonhos, a qual, sendo colocada sob a cabeça daquele que dorme, o faz ter sonhos verdadeiros a respeito de qualquer coisa que tenha antes deliberado: e que tal figura seja a de um homem dormindo no peito de um anjo, que deve ser confeccionado no Leão[9] em ascensão, com o Sol na nona casa em Áries; escreva no peito do homem o nome do efeito desejado e na mão do anjo o nome da inteligência do Sol. Que a mesma imagem seja feita em Virgem ascendente, estando Mercúrio favorável em Áries na nona casa,[10] ou Gêmeos ascendendo em Mercúrio, com a nona casa em Aquário; e que seja recebido de Saturno, com um aspecto favorável, e que o nome do Espírito de Mercúrio seja escrito. Que o mesmo também seja feito em Libra em ascensão, Vênus sendo recebido de Mercúrio em Gêmeos, na nona casa, escrevendo o anjo de Vênus. Além disso, faça a mesma imagem em Aquário em ascensão, com Saturno favorável possuindo a nona casa em sua exaltação, que está em Libra; e escreva nela o anjo de Saturno; e, além disso, que seja feita em Câncer ascendendo a Lua, recebida por Júpiter e Vênus em Peixes,[11] e em posição afortunada (favorável) na nona casa, e escreva então o espírito da Lua.

Também são feitos anéis de sonhos, de magnífica eficácia; e há anéis do Sol e de Saturno, e a constelação destes é quando o Sol ou Saturno ascendem em sua exaltação[12] na nona casa, nesse signo, que era a nona casa de natividade; e que seja escrito nos anéis o nome do espírito do Sol ou de Saturno.

Que tudo o que foi dito aqui seja suficiente acerca das imagens, pois agora você pode descobrir mais dessa natureza por conta própria. Mas saiba que tais imagens não servem para nada, se não forem vivificadas por uma virtude natural, ou celestial, ou heroica,[13] ou anímica,[14] ou demoníaca, ou angelical, ou por elas assistidas.

Mas quem pode dar uma alma a uma imagem, ou vida a uma pedra, ou metal, ou madeira, ou cera? E quem pode levantar das pedras filhos para Abraão?[15] Certamente esse arcano não entra em um artista com o pescoço duro nem pode alguém dar algo que não possui. Ninguém tem essas coisas, mas se alguém as tiver (dom de restringir os elementos, dominar a natureza, sobrepujar-se aos céus) transcenderá o progresso dos anjos, e virá ao próprio Arquétipo em si, do qual, se algo for assim feito, um cooperador poderá realizar muitas coisas, das quais falaremos mais adiante.

Notas – Capítulo L

1. O significador é o que Ptolomeu chama de mediador, que os gregos também chamavam de *apheta* e os persas conheciam como *hyleg*. É um planeta ou parte do céu que na hora do nascimento se torna o moderador e significador da vida. De acordo com Ptolomeu, uma vida pode ser comparada com um arco na roda do zodíaco, que começa em seu lugar específico de partida, com uma dose de momento, dependendo de seu lugar mediador e das estrelas que regem a mediação, percorre o zodíaco não mais que um quarto do caminho e é parado por várias posições destrutivas dos planetas. O número de graus atravessados por esse arco, convertido em graus de ascensão certa, dá o número de anos da vida. Ver *Tetrabiblos* 3.10 (Robbins, 271-307).
2. Quanto aos planetas que regem a duração de vida em relação ao mediador, diz Ptolomeu: "Os astros benéficos adicionam e os maléficos subtraem. Mercúrio, mais uma vez, é associado ao grupo com o qual mostra um aspecto. O número da adição ou subtração é calculado por meio da localização nos graus em cada caso" (*Ibid.*, 281). Os planetas benéficos são a Lua, Júpiter e Vênus. Saturno e Marte são maléficos. O Sol e Mercúrio têm uma natureza comum e juntam sua influência aos planetas com os quais se associam.
3. Entretanto, não se deve pensar que esses lugares sempre e inevitavelmente destroem, mas somente quando são afligidos. Pois eles sofrem prevenção se caírem no período de um planeta benéfico e se um dos planetas benéficos projetar seu raio de um quartil, trino ou oposição no próprio grau ou nas partes que o seguem, no caso de Júpiter não mais que 12º, e no caso de Vênus não acima de 8º... (*Ibid.*, 285).
4. Quando Agrippa fala de "fazer afortunado" ou "fazer desafortunado", ele se refere à escolha de um momento certo para confeccionar a imagem, quando houver um arranjo astrológico favorável (afortunado) ou desfavorável (desafortunado), com referência ao trabalho a ser feito e ao lugar onde será realizado. Ninguém pode "fazer" os planetas afortunados, mas deve esperar para que assim se tornem.
5. Júpiter é a Fortuna Maior; Vênus é a Fortuna Menor. Juntos, eles são chamados de as Fortunas.
6. Quando a natividade ou momento e lugar de nascimento não são conhecidos, o ascendente deve ser estabelecido por correspondência natural.
7. Quando dois planetas estão, cada qual, no signo regido pelo outro, diz-se que se encontram em recepção mútua: por exemplo, Vênus em Áries e Marte em Libra.
8. De modo semelhante, os nomes "que comandam" e os "obedientes" são aplicados às divisões do zodíaco dispostas a igual distância a partir do mesmo signo equinocial, seja ele qual for, porque ascendem em iguais períodos de tempo e se encontram em iguais paralelos. Destes, os que estão no hemisfério de verão são chamados de "os que comandam" e os do hemisfério do inverno, de "obedientes", porque o Sol faz o dia ser mais longo que a noite quando se encontra no hemisfério de verão, e mais curto no de inverno (Ptolomeu *Tetrabiblos* 1.14 [Robbins, 75, 77]).
Os pares de signos que comandam e obedientes são os seguintes, excluindo o par equinocial Áries-Libra:

Em comando	Obediente
Touro	Peixes
Gêmeos	Aquário
Câncer	Capricórnio
Leão	Sagitário
Virgem	Escorpião

9. Leão ascendendo na primeira casa com o Sol em Áries na nona casa.
10. Se Virgem estivesse em ascensão, Touro estaria na nona casa.
11. Ou seja, Júpiter em Câncer e a Lua em Peixes, com Vênus também em Peixes.
12. Talvez quando o signo da exaltação do Sol (Áries) ou Saturno (Câncer) estiver em ascensão com o planeta correspondente na nona casa.
13. Exaltada acima do nível humano comum, especialmente aplicado a homens que atingiram um *status* de semideus, como Perseu.

14. Que tem relação com a alma; espiritual. Agrippa (cap. 34, l. III) compara a ordem dos heróis anímicos com os Aishim da Cabala, os "Homens de Deus" (ver Juízes 13:6).
15. Gênesis 28:11-8. Talvez essa seja uma referência velada à lenda do golem. O golem era um escravo formado de argila e infundido de espírito por meios mágicos para proteger os judeus contra seus perseguidores cristãos. Embora o golem do rabino Loew tenha sido criado mais tarde (1580) por ser conhecido por Agrippa, ele tem sua origem no Talmude. "Rava criou um homem e o mandou ao rabino Zera, que falou com ele. Vendo que não respondia, o rabino Zera lhe disse: 'Você é uma criação da magia, volte ao pó'"(Patai 1980, 239).

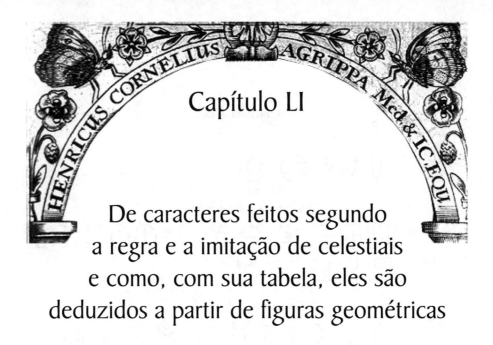

Capítulo LI

De caracteres feitos segundo a regra e a imitação de celestiais e como, com sua tabela, eles são deduzidos a partir de figuras geométricas

s caracteres também têm sua comunidade derivada dos raios dos celestiais, distribuídos de acordo com determinado número por uma determinada propriedade peculiar, que os celestiais, nas diversas quedas de seus raios, de diversas maneiras, produziram também diversificadas virtudes: portanto, sendo os caracteres delineados de variadas formas, de acordo com os diversos toques desses raios, rapidamente obtêm variadas operações, tornando-se mais eficazes que as propriedades das misturas naturais.

Ora, os verdadeiros caracteres dos céus se encontram na escrita dos anjos, que entre os hebreus é conhecida como escrita dos Malachim,[1] por meio da qual todas as coisas são descritas e indicadas no céu,[2] para todo homem letrado ser capaz de ler. Mas disso falaremos depois.

Mas hoje são feitos caracteres de figuras geomânticas, unindo as pontas de cada um de diversas maneiras, atribuindo-os de acordo com o estilo de sua figuração àqueles planetas e signos dos quais foram feitos, como veremos na tabela a seguir.[3]

Caracteres geomânticos
Os caracteres da Lua

Do caminho:

Do povo:

Os caracteres de Mercúrio

Da conjunção:

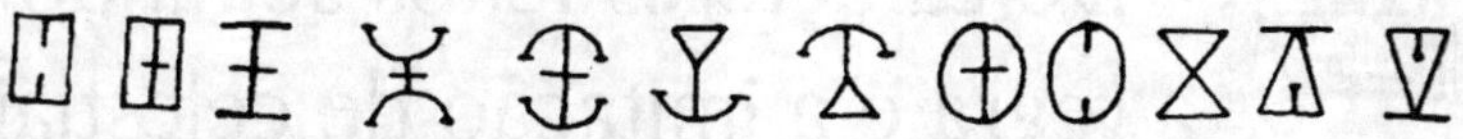

Do branco:

Os caracteres de Vênus

De Perda:

De uma garota:

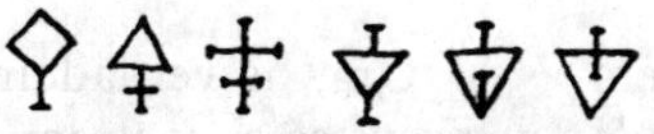

Os caracteres do Sol

De uma sorte maior:

De uma sorte menor:

Os caracteres de Marte

Do vermelho:

De um garoto:

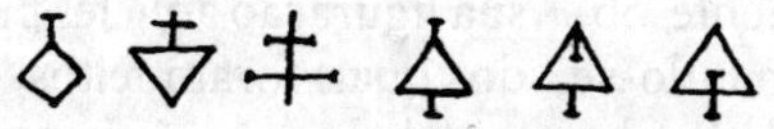

Os caracteres de Júpiter

Da obtenção:

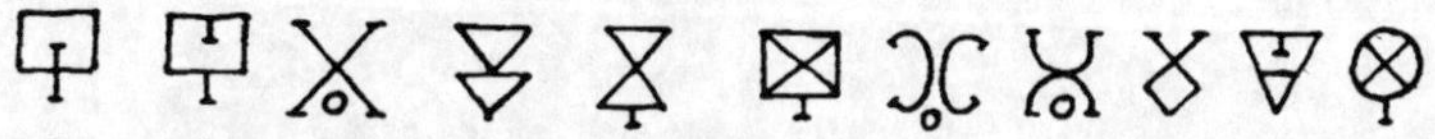

Do júbilo:

De caracteres feitos segundo a regra e a imitação de celestiais...   547

Os caracteres de Saturno

De uma prisão:

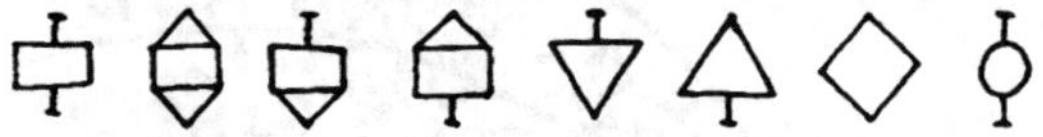

Da tristeza:

Os caracteres do Dragão

Da cabeça:

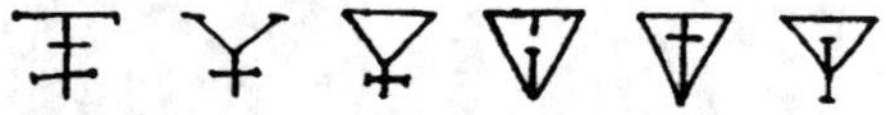

Da cauda:

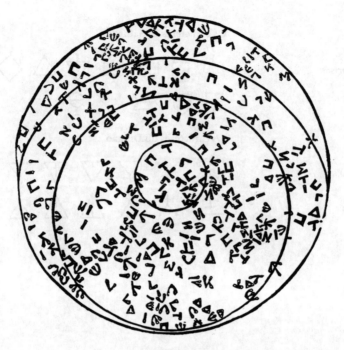

Escritas dos astros
Extraída de Curiosites innouies, *de Jacques Gaffarel (1637)*

Notas – Capítulo LI

1. Os Malachim são a ordem angelical da sexta Sephirah, Tiphareth. O livro de Malaquias era uma obra anônima, cujo título foi derivado do versículo 3:1, em que o termo hebraico para "meu mensageiro" foi convertido em nome próprio. No versículo 3:16 está escrito: "Os que temiam ao Senhor falavam uns aos outros; o Senhor atentava e ouvia; havia um memorial escrito diante dele para os que temem ao Senhor e para os que se lembram do seu nome". O termo hebraico para maliku significa "rei" – ou seja, deus. Há uma referência a esse alfabeto celestial na obra *Greater Key of Solomon*: "Vinde, pois, pela virtude destes Nomes pelos quais nós vos exorcizamos; ANAI, ÆCHHAD, TRANSIN, EMETH, CHAIA, IONA, PROFA, TITACHE, BEN ANI, BRIAH, THEIT; todos escritos no Céu nos caracteres dos Malachim, isto é, a língua dos Anjos" (*Greater Key of Solomon* 1.7 [Mathers, 33]). Mathers acrescenta a nota: "O Alfabeto Místico conhecido como 'escrita dos Malachim' é formado a partir das posições dos Astros nos céus, desenhando-se linhas imaginárias de um astro a outro para se obterem as formas dos caracteres desse Alfabeto" (*Ibid.*).
2. A ilustração que acompanha deixa bem claro a que se refere Agrippa. É de uma obra de Jacopo Gaffarelli, também conhecido como James Gaffarelli e Jacques Garrarel (?1601-1681), que era bibliotecário do cardeal Richelieu e foi enviado por ele a uma expedição a Veneza para compra de livros. É possível que ele tenha sido um cabalista, tendo escrito duas obras: (1) *Curiosidades inéditas a respeito da escultura talismânica dos persas e o Horóscopo dos patriarcas* e as *Escritas dos Astros* (1637), escrita em francês, da qual é tirada essa ilustração, e (2) um volume em latim defendendo a Cabala. Ele deve ter sido também um plagiador, mandando imprimir uma nova página-título para *História da Conquista de Constantinopla*, de Girolamo Gaspare (1532-1600), dando-a de presente a Richelieu, afirmando ser obra sua.
3. Muitas das figuras geomânticas estavam erradas e foram corrigidas. O erro mais gritante, que também aparece na *Opera* latina, era a reprodução de todos os caracteres para Puer de cabeça para baixo. Além de corrigi-los e reordená-los para combinarem com as figuras para Puella, eu corrigi também a terceira figura para Tristitia, invertida tanto na edição inglesa quanto na latina, e a segunda figura de Laetitia e a terceira de Albus, erradas em ambas as edições, e a terceira figura de Acquisitio, errada somente na edição inglesa.

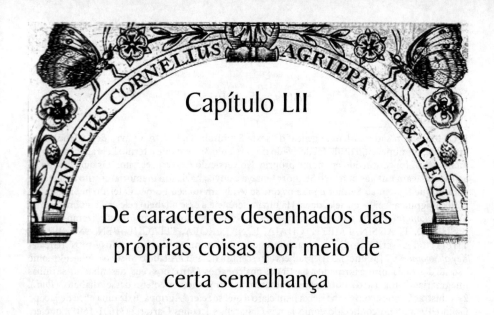

Capítulo LII

De caracteres desenhados das próprias coisas por meio de certa semelhança

alamos anteriormente de certas espécies de imagens feitas não só à semelhança de imagens celestiais, mas também de acordo com a emulação daquilo que a mente do operador deseja. O mesmo pode ser feito com os caracteres; pois tais caracteres nada mais são que imagens mal desarticuladas, que, no entanto, possuem certa semelhança provável com a mente dos desejos do operador, seja da imagem como um todo ou de certas marcas que expressam a imagem total.

Dos caracteres de Áries e Touro, por exemplo, desenhamos os chifres, ♈, ♉; de Gêmeos, o abraço, ♊; de Câncer, o progresso e o regresso,[1] ♋; de Leão, Escorpião e Capricórnio, suas caudas, ♌, ♏, ♑; de Virgem, a Espiga,[2] ♏, ♍; de Libra, uma balança, ♎; de Sagitário, um dardo, ♐; de Aquário, as ondas, ♒; e de Peixes, peixes, ♓.

De modo igual, o caractere de Saturno é feito a partir de uma foice, ♄, ♄; de Júpiter, de um cetro, ♃, ♃; de Marte, um raio, ♂; do Sol, um brilho redondo e dourado, ☉, ☉; de Vênus, um espelho ♀;[3] de Mercúrio, uma varinha, ☿, ☿ da Lua, as formas crescente ☾ e decrescente, ☽.

Além destes, de acordo com a mistura de signos e astros e naturezas, também são feitos caracteres mistos, como da triplicidade do fogo; da terra; do ar; da água.

Também, de acordo com as 120 conjunções[4] de planetas, resultam muitos caracteres compostos de várias figuras, como de Saturno e Júpiter; assim ♄♃, ou assim, ♄♃, ou de Saturno e Marte, ♄♂ ou ♄♂; de Júpiter e Marte, ♃♂ ou ♃♂; de Saturno, Júpiter e Marte, ♄♃♂ ou ♃♄. E assim como esses são exemplificados por 2 e 3, também os demais o são, podendo, no entanto, ser estruturados a partir de mais.

Do mesmo modo, podem os caracteres de outras imagens celestiais em ascensão em qualquer face ou grau dos signos ser desenhados à semelhança das imagens, como nesses que são feitos de acordo com o modo de imitar aquilo que a mente do operador deseja; como, por exemplo, no caso do amor, as figuras se aproximando e se abraçando; mas para o ódio, ao contrário, afastando-se uma da outra, em contenda, desiguais e soltas.⁵

Mas agora mostraremos aqui aqueles caracteres que *Hermes* atribuía⁶ às estrelas fixas, e Behenii, a saber:

Caracteres das estrelas fixas

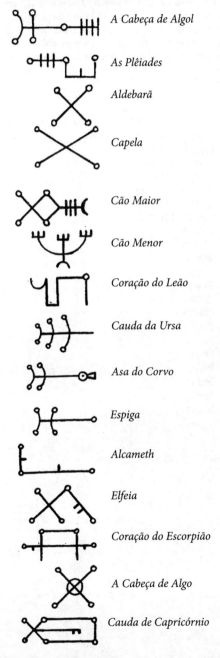

A Cabeça de Algol

As Plêiades

Aldebarã

Capela

Cão Maior

Cão Menor

Coração do Leão

Cauda da Ursa

Asa do Corvo

Espiga

Alcameth

Elfeia

Coração do Escorpião

A Cabeça de Algo

Cauda de Capricórnio

Notas – Capítulo LII

1. Câncer é simbolizado como ♋, que costuma expressar as duas garras de um caranguejo ou dois redemoinhos opostos. Um jeito mais antigo de representar o signo é ♋, sugerindo movimentos contrários. É um símbolo apropriado para um signo que cai no solstício de verão, quando o Sol alcança seu ponto mais alto nos céus, depois começa a declinar de novo.
2. A estrela Espiga na constelação de Virgem. A semelhança entre o símbolo de Virgem e de Espiga é a cruz, presente em ambas. A palavra latina *spica* significa "espiga de milho", e Virgem é um signo associado com a deusa grega do milho, Deméter, e a romana Ceres.
3. Na edição inglesa, esse símbolo está de cabeça para baixo.
4. Essas conjunções hipotéticas (algumas nunca acontecem) dos planetas podem ser tabuladas da seguinte maneira:

21 + 35 + 35 + 21 + 7 + 1 = 120

5. Com base nesses princípios, são formados os caracteres de espíritos bons e maus no *Quarto Livro de Filosofia Oculta* (pseudo-Agrippa).

6. Embora Agrippa atribua esses caracteres a Hermes, o mesmo grupo de estrelas e caracteres aparece em um manuscrito do século XV chamado *Livro de Enoch* (© Madras Editora, São Paulo), encontrado na biblioteca Bodleian, em Oxford, e também em um antigo manuscrito do século XIV no Museu Britânico (Harley 1612, 15-18 v.). Os manuscritos estão em latim. Uma tradução francesa de uma obra semelhante se encontra em Trinity College, Cambridge, 1313, 13-15 v. No manuscrito Bodleian, a informação está disposta em cinco colunas, que dão 15 estrelas, e suas relativas pedras, ervas, caracteres e virtudes. Referindo-se ao manuscrito do Museu Britânico, Joan Evans diz: "A exatidão de sua astrologia, a presença de formas linguísticas, como *Gergonsa*, e a diferença entre esse tratado e o costumeiro lapidário ocidental de pedras gravadas fazem parecer improvável que ele seja de origem espanhola" (Evans [1922] 1976, 109). Em uma nota de rodapé, ela diz: "É a fonte do tratado de *Abdul Hassan Isabet ben Cora*, conhecido entre os manuscritos ocidentais como Thebit *de Imaginibus* (ex. B. M. Royal 12, C. xviii, 10v)" (*Ibid.*). Seguem abaixo os caracteres do manuscrito Bodleian (ver Evans [1922] 1976, apêndice G) para comparação com os de Agrippa, com seus nomes no manuscrito e os nomes atribuídos a eles na versão inglesa de Agrippa. Fica logo evidente que Agrippa omitiu (talvez deliberadamente) partes de alguns caracteres.

Caracteres da estrela do Livro de Enoch

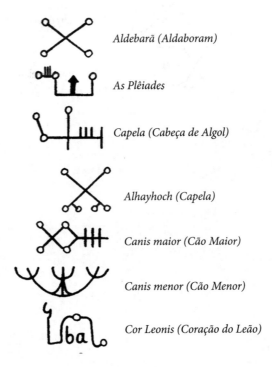

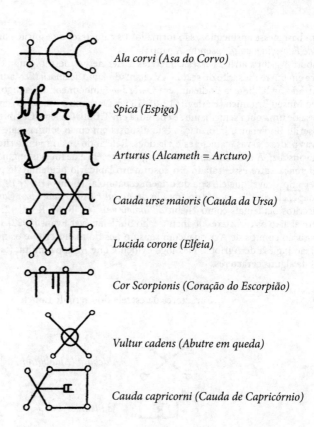

Ala corvi (Asa do Corvo)

Spica (Espiga)

Arturus (Alcameth = Arcturo)

Cauda urse maioris (Cauda da Ursa)

Lucida corone (Elfeia)

Cor Scorpionis (Coração do Escorpião)

Vultur cadens (Abutre em queda)

Cauda capricorni (Cauda de Capricórnio)

Capítulo LIII

Nenhuma adivinhação é perfeita sem a Astrologia

 alamos nos capítulos precedentes das diversas formas de adivinhação, mas é preciso ressaltar que todas elas requerem o uso e as regras da Astrologia, como uma chave absolutamente necessária para o conhecimento de todos os segredos; e que todas as espécies de adivinhação têm sua raiz e fundação na Astrologia, de modo que, sem ela, têm pouca ou nenhuma utilidade. Entretanto, a adivinhação astrológica – considerando-se que os celestiais são causas e sinais de todas aquelas coisas que existem, e que são feitas nos inferiores – dá demonstrações certas pela situação e pelo movimento de corpos celestes, daquelas coisas que são ocultas ou futuras;[1] das quais no momento não mais falaremos, uma vez que enormes volumes científicos foram escritos pelos antigos estão disponíveis em todo lugar.

Portanto, quando os fisiognomistas examinam o corpo, ou aparência, ou testa, ou mão, ou quando os videntes estudam os sonhos e auspícios,[2] para terem certeza do bom julgamento, também investigam a configuração do céu. A partir de tais julgamentos, junto a com conjecturas de semelhanças e sinais, são produzidas opiniões verdadeiras dos significadores.

Além disso, caso apareça algum prodígio, a configuração do céu deve ser elevada; também devem ser investigadas aquelas coisas que já se passaram antes nas revoluções de anos de grandes conjunções e eclipses: os nascimentos, entronizações,[3] fundações e as revoluções, perfeições, direções de príncipes, nações, reinos, cidades, quando aparecem, e sobre qual lugar da configuração celestial caem; e com tudo isso, conseguimos, por fim, encontrar um significado racional e provável dessas coisas. Do mesmo modo, com menos labor, devemos proceder com os sonhos.

Aqueles que em frenesi[4] preveem eventos futuros só o fazem sob instigação dos astros, ou instrumentos inferiores destes, quando suas previsões devem por fim ser imputadas aos celestiais, como lemos em *Lucano*, o velho profeta *Tuscus*:[5]

O movimento do relâmpago, e as veias

Que são
Fibrosas, e quentes, e o movimento de uma pluma
Leve vagando no ar, sendo ensinado

Depois da visão de toda a cidade[6] e do sacrifício, a inspeção das entranhas pronunciam finalmente um julgamento[7] de acordo com as disposições dos corpos celestes.

Também a própria geomancia, a mais exata das adivinhações, que opera segundo os pontos da terra,[8] ou quaisquer outras superfícies, ou por uma queda,[9] ou por qualquer outro poder inscrito, os reduz primeiro a figuras celestiais, ou seja, àquelas 16 que mencionamos anteriormente, fazendo julgamentos de acordo com a Astrologia, por suas propriedades e observações; e assim se referem todas as adivinhações naturais, cujo poder só pode vir do céu e da mente daqueles que as executam.

Pois tudo o que é movido, causado ou produzido nesses inferiores, deve necessariamente imitar os movimentos e as influências dos superiores, aos quais as raízes, causas e sinais se reduzem, e cujo julgamento é mostrado por regras astrológicas. Assim, os dados,[10] tetraedro, hexaedro, octaedro, dodecaedro, icosaedro, sendo feitos segundo certos números, signos e astros em momentos oportunos, sob as influências dos celestiais, e estando inscritos, obtêm uma magnífica virtude de adivinhação e previsão quando são jogados, como nos registros prenestinos,[11] nos quais se lê o destino dos romanos.

Notas – Capítulo LIII

1. Mas todas as coisas acontecem de acordo com a Providência, e não há lugar destituído da Providência. Ora, a Providência é o desígnio soberano de Deus, que governa os céus; e esse desígnio soberano coordena dois poderes subordinados, a saber: Necessidade e Destino. Necessidade é a decisão firme e inalterável da Providência, e Destino é subserviente à Providência, de acordo com a Necessidade. E os astros são subservientes ao Destino. Pois nenhum homem pode fugir do Destino ou se proteger da terribilidade dos astros. Pois os astros são os instrumentos do Destino; é de acordo com o Destino que todas as coisas ocorrem no mundo da natureza e dos homens (*Stobaei Hermetica*, excerto 12. In Scott [1924] 1985, 1:435).
O texto original é muito fragmentado. Tomei a liberdade de incorporar as notas de rodapé de Scott no corpo do texto.
2. Especificamente, sinais observados nos voo dos pássaros. Ver nota 3, cap. LIII, l. I. O termo é usado aqui em um sentido mais geral.
3. A indução de um rei, bispo, papa, duque, etc. ao ofício; sentar-se no trono.
4. Em êxtase.
5. Diante de todas essas coisas, parecia uma boa ideia convocar os profetas etruscos, segundo o velho costume. Destes, Aruns, o de idade mais avançada, habitava as muralhas da desértica Luca, era habilidoso no reconhecimento dos movimentos de relâmpagos e nas veias palpitantes nas entranhas, bem como nos alertas dos pássaros em voo no céu (Lucano, *Pharsalia*, 1, linha 583 [Riley, 37-8]).
6. Aruns ordenou aos cidadãos de Roma que perambulassem pela cidade, em uma cerimônia de purificação (*Ibid.*, c. linha 592).
7. Agrippa se refere à menção de Lucano da previsão do astrólogo Nigidius Figulus, após a descrição da inspeção oficial das entranhas por parte de Aruns, implicando que ela impunha um selo final às previsões de catástrofes que se abateriam sobre Roma:

Por que as Constelações saíram de curso e por que na obscuridade elas são levadas por todo o Universo? Por que brilha com tanta intensidade o lado de Órion que porta a espada? O frenesi de armas é ameaçador; e o poder da espada se impõe pela força; e por muitos anos, essa loucura prevalecerá. E de que adianta pedir um fim aos Deuses do céu? Essa paz só pode vir com um tirano. Prolonga, Roma, a contínua série de tuas agruras; estende por algum tempo tuas calamidades, só agora livre durante a guerra civil (*Ibid.*, linha 663 [Riley, 43]).

É Figulus que prevê de maneira explícita a guerra, a partir dessa configuração dos céus, enquanto Aruns é ambíguo e se recusa a se comprometer com base na leitura das entranhas.

8. Buracos cavados na terra. Ver apêndice VIII.

9. Queda de dados ou outros objetos de adivinhação ou padrões projetados por pedras ou outros objetos jogados para leitura.

10. Provavelmente, os dados foram colocados no início desta lista de corpos regulares porque normalmente são usados dois – ou seja, 2, 4, 6, 8, 12, 20 (ver nota 19, cap. XXVI, l. II). Entretanto, como os dados são cúbicos, o cubo é mencionado duas vezes, a menos que Agrippa se refira a um hexaedro não regular, com seis triângulos equiláteros. Mas isso não parece provável. É possível que por "dados" (*tesserae*), Agrippa se refira a tabletes ou objetos de sorte com duas faces. Isso faria mais sentido.

11. Lemos nos registros dos prenestinos que Numerius Suffucius, um homem de alta reputação e posição, costumava ser comandado pelos sonhos (que acabaram se tornando ameaçadores) a cortar uma pederneira em duas, em determinado local. Extremamente alarmado diante da visão, ele começou a agir em obediência a ela, apesar do escárnio de seus concidadãos; e mal tinha ele dividido a pedra, encontrou em seu interior certos objetos de adivinhação com caracteres gravados em carvalho... Ao mesmo tempo e no mesmo lugar onde o Templo da Fortuna está situado hoje, dizem que escorreu mel de uma oliveira. Diante do fenômeno, os áugures declararam que os objetos lá instituídos receberiam a mais alta honraria e, sob orientação deles, foi trazida uma urna feita da mesma oliveira, e nela eles são guardados, propiciando a leitura de oráculos da Fortuna. Mas como poderia haver, ao menos, o menor grau de informação correta proveniente desses objetos, que sob a direção da Fortuna são manuseados e apanhados pelas mãos de uma criança? Como tais objetos de adivinhação foram levados àquele lugar específico, e que cortou e entalhou o carvalho do qual são compostos?... Só a antiguidade e a beleza do Templo da Fortuna ainda preservam os objetos prenestinos contra o desprezo até dos indivíduos mais vulgares. Pois qual magistrado, ou homem de qualquer reputação, ainda recorre a eles? E em todos os outros lugares, são completamente desconsiderados (Cícero, *De Divinatione* 2.41 [Yonge, 235-6]).

Esses objetos eram placas de carvalho com frases inscritas. Eram tirados do estojo especial, embaralhados e apanhados por uma criança, que observava e esperava pelo assentimento da cabeça da estátua da Fortuna, que tinha a forma de uma mulher amamentando dois bebês. Ver nota geográfica sobre Preneste.

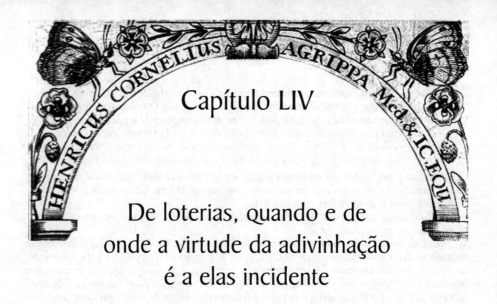

Capítulo LIV

De loterias, quando e de onde a virtude da adivinhação é a elas incidente

 uaisquer adivinhações e previsões de eventos humanos que forem feitas por loteria devem necessariamente ter alguma causa oculta; que na verdade não será acidental, como *Aristóteles* descreve ser o caso da fortuna.[1] Pois vendo que em uma série de causas, segundo os platônicos, uma causa acidental nunca pode ser a primeira e suficiente, devemos então procurá-la mais alto e encontrar uma à qual possamos atribuir o efeito.[2] Não podemos colocá-la em natureza corpórea, mas sim imaterial e em substâncias que realmente administrem a loteria e expõem o significado da verdade, seja nas almas dos homens, em espíritos separados, em inteligências celestiais, ou no próprio Deus.

Ora, como há na alma do homem poder e virtude suficientes para direcionar esse tipo de loteria, ela é manifesta, pois há em nossa alma uma divina virtude, e semelhança, e apreensão, e poder de todas as coisas. E, como dissemos no primeiro livro,[3] todas as coisas têm uma obediência natural a ela, um ímpeto e uma eficácia para com aquilo que a alma deseja com muita força; e todas as virtudes e operações das coisas naturais e artificiais lhe obedecem quando ela se lança ao excesso do desejo, e todas as predições dessa espécie satisfazem ao apetite de uma mente assim e adquirem para si virtudes maravilhosas de presságios, aproveitando a oportunidade celestial naquela hora em que o excesso de tal apetite quase excede[4] a tudo.

E essa é a base e a fundação de todas as questões astrológicas pela qual a mente elevada ao excesso de qualquer desejo se permite uma hora e uma oportunidade mais conveniente e eficaz, de acordo com a configuração do céu, para que o astrólogo então possa julgar e saber sem dúvida aquilo que alguém deseja e quer descobrir.

Mas como as predições nem sempre são direcionadas pela mente do homem, mas também, como já dissemos, com a ajuda de outros espíritos – tampouco a mente de um profeta está sempre disposta ao excesso de paixão de que falamos – era costume entre os antigos realizar certos ritos sagrados, antes da prática da adivinhação, nos quais invocavam inteligências divinas e espíritos para direcionar a loteria.

Qualquer tipo de presságio, portanto, que essas formas de adivinhação trazem, não deve ser por acaso ou por sorte, mas sim de origem espiritual, por virtude da fantasia[5] ou da mão daquele que move os objetos de adivinhação, quer esse poder provenha da alma do operador por excesso de sua afeição, quer provenha de determinada divindade ou espírito auxiliador, ou operando do alto, seja a predição proveniente da leitura de ossos,[6] ou de dados, ou ainda da interpretação de versos,[7] como foi o caso de *Homero e Virgílio*, os quais, conforme nos informa *Aetlius* de Esparta, *Adriano* já investigava, e que teriam afetado o imperador *Trajano*:[8]

> Quem é aquele que teria ido tão longe com o ramo da oliveira
> Para apresentar oferendas? Seu queixo grisalho nós já conhecemos,
> Um rei de Roma, cujas leis governaram a cidade pela primeira vez,
> E com o auxílio das Curas um solo pobre se recupera
> Sob o grande comando –

Versos pelos quais ele não teve esperanças vãs de possuir o Império. Também entre os hebreus, e mesmo entre nós cristãos (embora alguns adivinhos desaprovem), são feitas previsões a partir dos versículos dos Salmos.[9]

Há mais e variados tipos de loteria, os quais não eram praticados na Antiguidade, mas que são observados por nós na escolha de magistrados[10] para prevenir contra inveja, dos quais *Cícero* faz menção contra *Verres*:[11] mas não são de nosso propósito aqui. Aqueles, porém, que são divinos e sagrados, concernem a oráculos e à religião, os quais abordaremos no livro seguinte: apenas explico por ora que, por maior que seja o poder de pressagiar, adivinhar ou prever o futuro, os objetos de loteria nada têm em si, exceto por virtude de uma operação do alto neles manifesta.

Notas – Capítulo LIV

1. Ver *Metafísica*, 5.30 e todo o livro 6, para o exame que Aristóteles faz do acaso.
2. O amante do intelecto e do conhecimento deveria em primeiro lugar explorar as causas da natureza inteligente e, em segundo lugar, daquelas coisas que, sendo movidas por outras, são impelidas por sua vez a mover outras. E é isso o que todos nós devemos fazer também. Ambas as espécies de causas devem ser por nós reconhecidas, mas há que se fazer uma distinção entre aquelas que são dotadas de intento e propiciam coisas boas e belas, e as que são desprovidas de inteligência e sempre produzem efeitos casuais, sem ordem ou intento. (Platão *Timaeus* 46e [Hamilton & Cairns, 1174])
3. Ver cap. LXVII, l.I.
4. Supera.
5. Imaginação.
6. O astrágalo, ou osso do tarso, geralmente de uma ovelha, marcado dos quatro lados e jogado como dado. Os gregos e romanos tinham dois jogos: *ludus talorum*, com o astrágalo; e *ludus tessararum*, com dados. "Como funciona? Igual ao jogo de mora, ou dados [ou com ossos], no qual a sorte e a fortuna são tudo, e a razão e habilidade não têm valor algum" (Cícero, *De Divinatione*, 2.41 [Yonge, 235]). Em latim, lê-se *quod talos jacere, quod tesseras*, traduzido erroneamente como "dados". Morra, ou mora, é um jogo que consiste em um jogador tentar adivinhar o número de dedos mostrados pelo outro.
7. Rapsodomancia, meio de adivinhação no qual o livro de um poeta é aberto e um verso lido aleatoriamente, como um oráculo.
8. A citação é de *Eneida*, de Virgílio, l. 6, c. linha 808. Refere-se a Numa, o segundo rei de Roma. Como Trajano ficara prematuramente grisalho, ele aceitou o verso como um augúrio pessoal de grandeza. As Curas, ou Sabinas, mencionadas no trecho, eram famosas por sua simplicidade e austeridade.
9. Existe uma forma de adivinhação conhecida como bibliomancia; entretanto (segundo Spence, 1920), tratava-se de um meio de descobrir bruxos e bruxas, que consistia em a pessoa acusada ter seu peso comparado com o da grande Bíblia da Igreja. Se a pessoa fosse mais leve que a Bíblia, era considerada inocente – prática que remonta ao hábito de pesar o coração dos mortos entre os antigos egípcios.
10. Há ainda uma sétima espécie de regra favorecida pelo céu e pela fortuna, por assim dizer. Os homens são expostos ao jogo de sorte, e aquele que obtiver o mais aprazível arranjo dos objetos jogados deverá imperar sobre os outros, e o que perder se retirará em submissão. (Platão, *Leis*, 3.690c [Hamilton & Cairns, 1285]).
11. *Divination in Q. Caecilium* em *De Oratore*, de Cícero. Ver a nota biográfica sobre Verres.

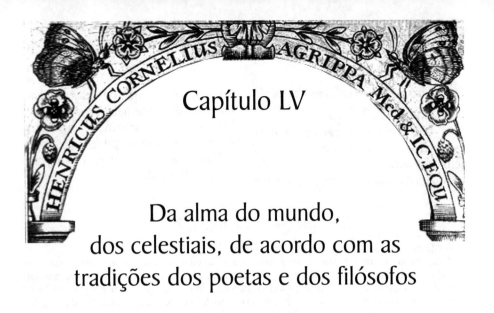

Capítulo LV

Da alma do mundo, dos celestiais, de acordo com as tradições dos poetas e dos filósofos

É necessário que o céu e os corpos celestes, desde que tenham um poder, influência e operação manifesta sobre esses inferiores, sejam animados, pois uma operação não pode proceder de um mero corpo.[1] Todos os famosos poetas e filósofos afirmam, assim, que o mundo e todos os corpos celestiais devem ter uma alma e também inteligência:[2] nesse sentido, canta *Marco Manilio* em sua Astronomia a *Augusto*:[3]

> O grande mundo corpóreo, que aparece
> Em diferentes formas, de ar, terra, mar e fogo,
> Uma divina alma governa, uma deidade
> Sabiamente impera–

E *Lucano*:[4]
> A Terra pesada no ar é sustentada
> Pelo grande Júpiter

E *Boécio*:[5]

> Tu conferes ao mundo uma alma, que move
>> Todas as coisas de natureza trina, e essa alma
>> Tu espalhas pelos membros destas,
>> E em dois orbes de movimento ela
>> Divide, e se apressa em retornar a si–

E *Virgílio*,[6] repleto de filosofia, canta:
> A princípio, o céu, a Terra e as planícies,
> O globo reluzente da Lua, e as estrelas titânicas
> Vivificadas com um espírito, se espalham pelo todo
> E empilhados aos montes, uma alma assim se infunde;
> E daí, o homem, e os animais, e os pássaros tiram
>> o sustento,
> E em leito de mármore flutuam monstros;
> Sementes de um vigor em chamas geram

Uma raça celestial, cercada porém do peso da terra

Pois o que mais parecem indicar esses versos, senão que o mundo não só tem uma alma espiritual, mas também participa da Mente Divina, e que a virtude original e o vigor de todas as coisas inferiores dependem da Alma do Mundo? Assim proclamam e confirmam todos os platônicos, pitagóricos, bem como *Orfeu, Trismegisto, Aristóteles* e todos os peripatéticos.

Notas – Capítulo LV

1. Ver Tomás de Aquino, *Summa contra gentiles*, 3.87.
2. Ora, quando o criador estabeleceu a alma de acordo com sua vontade, ele nela estabeleceu também o universo corpóreo e aproximou os dois, unindo-os centro a centro. A alma, imbuída em todos os lugares desde o centro até a circunferência do céu, do qual ela também é invólucro externo, voltando-se de si para si, teve um início divino de vida interminável e racional por todos os tempos (Platão, *Timeu*, 36e [Hamilton & Cairns, 1166]).
3. *Astronomica*, de Manilio, um poema astrológico em cinco livros, hoje perdido. Ver nota bibliográfica.
4. "Talvez uma grande parte de Júpiter, permeando a terra a ser por ele agitada, que sustenta o globo fixo no ar, passe através das cavernas cirenaicas, sendo atraída, em uníssono com o Trovão etéreo (Lucano, *Pharsalia*, 5, linhas 93-6 [Riley, 169-70]). Lucano fala dos vapores que sobem da caverna em Delfos, os quais intoxicavam as pítias.
5. *A consolação da filosofia* 3.9.
6. *Eneida*, 6, c. linha 724.

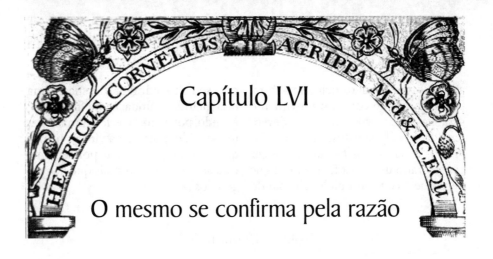

Capítulo LVI

O mesmo se confirma pela razão

mundo, os céus, as estrelas e os elementos têm uma alma com a qual geram outra alma nesses corpos inferiores e mistos. Como dissemos no livro anterior,[1] eles têm também um espírito, o qual pela mediação da alma se une ao corpo, pois como o mundo é um determinado corpo inteiro, suas partes são os corpos, de todos os seres vivos, e assim como o todo é mais perfeito e nobre que as partes, também muito mais perfeito e nobre é o corpo do mundo que os corpos de cada ser vivo.

Seria absurdo que todos os imperfeitos corpos e partes do mundo, e todos os animais mais básicos, tais como moscas e vermes, fossem dignos de vida, e de ter uma vida e uma alma, e que o mundo inteiro, um corpo tão perfeito, completo e nobre, não tivesse vida nem alma;[2] não é menos absurdo que os céus, as estrelas, elementos que dão vida a todas as coisas, bem como a alma, fossem em si sem vida e sem alma; e que toda planta ou árvore fosse de uma condição mais nobre que o céu, que as estrelas e os elementos, que são a causa natural delas.

E qual ser vivo pode negar que com a terra e a água vivem, geram, vivificam, nutrem e aumentam as inumeráveis árvores, plantas e seres vivos, como se vê de forma tão evidente nas coisas que procriam sozinhas[3] e naquelas que não têm uma semente corpórea? Tampouco poderiam os elementos gerar e alimentar tais espécies de seres vivos, se eles não tivessem ao menos vida ou alma.

Mas alguns mal orientados podem dizer que os seres vivos não são gerados pela alma da terra ou da água, e sim pelas influências das almas celestiais; a estes os platônicos respondem[4] que o acaso não pode gerar uma substância, a menos que, como instrumento, se sujeite à substância seguinte, porque um instrumento removido do artífice não responde ao efeito da arte; além disso, essas influências celestiais, acidentalmente removidas de substâncias vitais ou da própria vida, não podem gerar uma substância vital nesses inferiores.

E *Mercurius*, em seu livro que ele chama de De Communi, dizia que tudo o que existe no mundo é movido por aumento ou diminuição.[5] Tudo o que move algo deve ter vida; e como todas as coisas movem algo, inclusive a Terra, particularmente com um movimento gerativo e alterativo, então todas devem ter vida. E se alguém duvida que os céus vivem, dizia *Teófrasto*, não pode ser considerado um filósofo; e aquele que nega que o céu é animado, afirmando que seu movedor não é sua forma, destrói toda a fundação da filosofia. O mundo, portanto, vive, tem uma alma e um sentido; pois ele dá vida às plantas que não são produzidas por semente; e dá sentidos aos animais que não são gerados por coito.

Notas – Capítulo LVI

1. Ver cap. XIV, l. I.
2. A noção de que o mundo é um ser vivo com uma alma recebeu um novo reforço em tempos recentes, com a admissão da ciência de que não só a Terra formou a vida, mas a vida formou a Terra, adaptando a atmosfera e o clima para satisfazer suas necessidades. O mundo não é como é por acaso, mas porque os seres vivos assim o fizeram.
3. Uma referência à geração espontânea. Ver nota 6, cap. V, l. I.
4. Ver nota 2, cap. XIV, l. II.
5. "Pois no caso de tudo o que existe, à sua existência deve seguir a destruição. Pois aquilo que ganha a existência... aumenta; e no caso de tudo o que aumenta, o aumento é seguido por destruição"(Stobaei, *Hermética*, 20 [Scott 1985 {1924}, 1:451]). "Corpos dissolutos aumentam e diminuem..."(*Ibid.* 11, 431). No entanto, em uma contradição quase direta à conclusão de Agrippa, é afirmado: "Além disso, as forças operam não só em corpos que têm almas, mas também em corpos sem alma, como troncos de árvores e pedras e outros semelhantes, aumentando-lhes o tamanho e levando-os à maturidade, corrompendo, dissolvendo, apodrecendo e fazendo-os ruir, e forçando-os a passar por todos os processos possíveis para os corpos sem alma" (*Ibid.* 3, 397).

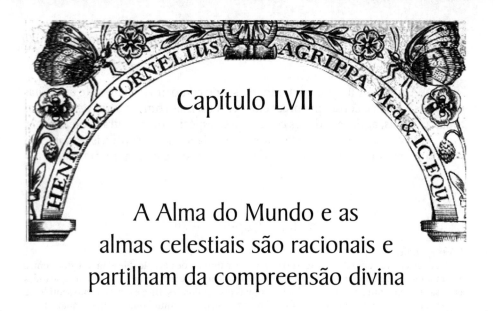

Capítulo LVII

A Alma do Mundo e as almas celestiais são racionais e partilham da compreensão divina

 importante que as almas anteriormente mencionadas tenham razão, pois enquanto as obras universais das almas supracitadas conspiram entre si com uma certa ordem perpétua, é necessário que sejam governadas não pelo acaso, mas pela razão. E essa razão permite que direcionem e façam culminar todas as suas operações em uma certeza. Pois é necessário que a terra tenha a razão das coisas terrestres e a água das coisas aquáticas; e assim com o resto; razão esta que permite que, cada um, em seu tempo, lugar e ordem, seja gerado e, uma vez ferido, reparado.

Portanto, os filósofos não pensam que a Alma da Terra[1] é como a alma de algum corpo desprezível, mas sim racional e inteligente a ponto de ser uma divindade. E, além disso, como cada um de nós é munido de razão, seria absurdo que a Alma do Universo não tivesse razão própria. Mas, como Platão dizia,[2] se o mundo foi feito pelo próprio bem, como de fato deve ter sido, ele certamente é dotado não só de vida, sentido e razão, mas também de compreensão. Pois a perfeição de um corpo é sua alma, e é mais perfeito o corpo que possui uma alma mais perfeita.

É inevitável, portanto, já que os corpos celestes são os mais perfeitos, que tenham também as mais perfeitas mentes. Assim, eles partilham de um intelecto e de uma mente; o que os platônicos provam pela perseverança de sua ordem, e teor, porque o movimento é, por sua natureza, livre, podendo com facilidade mudar e seguir ora um caminho, ora outro. Assim não seria se não fosse coordenado por um intelecto e uma mente, e ainda uma mente perfeita que antevê do começo ao fim o melhor caminho, e o objetivo final. E a mente perfeita, mais poderosa ainda na alma, o é ainda mais na Alma do Mundo, ordenando sem dúvida as almas dos corpos celestes e dos elementos, governando com perfeição as obras a eles designadas. Pois os corpos não resistem à alma mais poderosa, e uma mente perfeita não muda seu conselho.

A Alma do Mundo, portanto, é uma coisa única e certa, que preenche todas as coisas, agracia todas as coisas, une e aproxima todas as coisas, formando assim uma estrutura do mundo, sendo como um instrumento de muitas cordas, mas com um som oriundo das três espécies de criaturas, intelectuais, celestiais e incorruptíveis, e com um único respiro e uma única vida.

Notas – Capítulo LVII

1. Ver apêndice II.
2. Deixe dizer-lhes, agora, por que o criador fez este mundo de geração. Ele é um criador bom, e o bom nunca pode ter ciúme de coisa alguma. E sendo livre de todo ciúme, ele desejou que todas as coisas fossem como ele próprio, dentro de suas possibilidades. Esse é o mais exato sentido da origem da criação e do mundo, e a nós cabe acreditar no testemunho de homens sábios. Deus desejou que todas as coisas fossem boas e nada fosse mau, dentro do alcançável e possível. Vendo toda a esfera visível se agitando de maneira desordenada e irregular, dessa desordem ele criou ordem, considerando que era a ordem um caminho melhor que a desordem. Ora, os caminhos do bem jamais poderiam ser ou ter sido nada menos que os melhores; e o criador, refletindo nas coisas que são, por natureza, visíveis, percebeu que nenhum ser não inteligente considerado em sua totalidade poderia ser melhor que o inteligente considerado em sua totalidade e, ainda, que essa inteligência não poderia estar presente em algo destituído de alma. Razão pela qual ele colocou inteligência na alma e a alma no corpo, para que ele pudesse ser o criador de uma obra que fosse, por natureza, a mais pura e a melhor. Podemos, portanto, usar a linguagem da probabilidade e dizer que o mundo nasceu – um ser vivo verdadeiramente dotado de alma e inteligência pela providência de Deus (Platão, *Timeu*, 29e-30b [Hamilton & Cairns, 1162-3]).

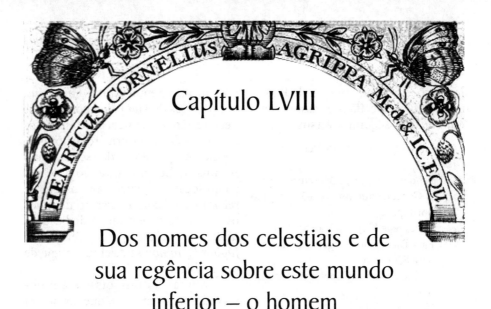

Capítulo LVIII

Dos nomes dos celestiais e de sua regência sobre este mundo inferior – o homem

s nomes das almas celestiais são muitos e diversificados, de acordo com seu múltiplo poder e virtude sobre essas coisas inferiores, das quais receberam diferentes nomes, que os antigos em seus hinos e orações usavam.

Observe que cada uma dessas almas, segundo *Orfeu*,[1] teria uma virtude dupla; uma colocada no saber e a outra vivificando e governando o corpo. Discorrendo sobre as esferas celestiais, *Orfeu* chama a primeira virtude de *Baco* e a outra de Musa. Assim, ele não se deixa inebriar por nenhum *Baco* que não tenha antes copulado com sua Musa. Portanto, são designados nove *Bacos* para as nove Musas.

Na nova esfera, Orfeu coloca *Baco Cribônio* e a Musa *Calíope*; no céu estrelado, *Picionio* e *Urânia*; na esfera de Saturno, *Anfieto* e *Polifímia*; na esfera de Júpiter, *Sabásio* e *Terpsícore*; na esfera de Marte, *Bassário* e *Clio*; na esfera do Sol, *Trietérico* e *Melpômene*; na esfera de Vênus, *Lísio* e *Erato*; na esfera de Mercúrio, *Sileno* e *Euterpe*; na esfera da Lua, *Baco Lio* e a Musa *Tália*.

E nas esferas dos elementos, ele cita as almas da seguinte maneira: no Fogo, ele coloca o Planeta e a Manhã; no Ar, Relâmpago, *Júpiter* e *Juno*; na Água, o Oceano e *Tétis*; na Terra, *Plutão* e *Prosérpina*.

Mas a Alma do Mundo, ou Universo, os magos chamam de *Júpiter* do Mundo; e a Mente do Mundo, *Apolo*; e a Natureza do Mundo, *Minerva*. Além disso, ao Fogo eles atribuem *Vulcano*; à água, *Netuno*; e os chamam por diversos nomes.

Também nos astros do zodíaco, os pitagóricos colocavam 12 deuses ou almas, que se localizavam nos corações desses astros, governando assim todo o astro. No coração de Áries é colocada uma *Palas* específica; no coração de Touro, uma *Vênus* específica; de Gêmeos, um *Febo* específico; de Câncer, *Mercúrio*; de Leão, *Júpiter*; de Virgem, *Ceres*; de Libra, *Vulcano*; de Escorpião, *Marte*; de Sagitário, *Diana*; de Capricórnio, *Vesta*; de Aquário, uma

Juno específica; no coração de Peixes, um *Netuno* específico. E assim canta *Manilius* nos seguintes versos:

> Palas rege o Carneiro, Vênus, o Touro,
> Febo os Gêmeos, e Mercúrio rege
> O Câncer, enquanto o Leão é regido por Júpiter,
> Ceres rege Virgem, Vulcão, Libra.
> Para Escorpião o regente é Marte; e para Sagitário
> A doce Diana; Capricórnio quem rege é
> Vesta; Aquário, Juno;
> E Netuno é o regente de Peixes –

E mais antigo, *Orfeu* escreveu para *Museus*, considerando mais divindades dos céus que essas mencionadas, citando seus nomes, aspectos e deveres, nomeando-as todas em devidos cânticos.[2] Que ninguém pense, portanto, que são os nomes de espíritos malignos enganadores, mas sim de virtudes naturais e divinas, distribuídas no mundo pelo verdadeiro Deus, para servir e beneficiar o homem que soubesse usá-las.

E a própria antiguidade atribuiu a cada uma dessas divindades os vários membros do homem; como, por exemplo, a orelha à memória, que *Virgílio* também dedica a Febo, cantando: *Cíntio me puxa pela orelha*,[3] e me repreende. E a mão direita, sendo um sinal de fortitude e com a qual se faz um juramento, *Numa Pompilius*, nas palavras de *Lívio*, dedicou à fé:[4] os dedos estão sob a tutela de *Minerva*, os joelhos se dão à misericórdia; por isso, aqueles que pedem perdão se ajoelham. Alguns dedicam o umbigo a *Vênus* como local de luxúria; alguns que se referem a ele como o centro de todos os membros dizem que é dedicado a *Júpiter*. É por isso que no Templo de *Júpiter Hammon* se celebra a efígie de um umbigo.[5]

Muitas outras coisas eram observadas pelos antigos, que atribuíam cada minúsculo membro e junta às divindades, que, se devidamente compreendidas e sua regência devidamente conhecida, jamais negligenciariam seus deveres, tendo inclusive escritos sagrados atestando que todos os nossos membros são regidos pelas virtudes superiores, do que falaremos mais no livro seguinte; e não só os membros, mas toda atividade do homem, é distribuída à sua divindade, como, por exemplo, a caça a *Diana*, as guerras a *Palas*, a agricultura a *Ceres*, como menciona *Apolo* em seus Oráculos, em *Porfírio*:[6]

> Palas ama as guerras, e as florestas a Diana
> São designadas; a Juno, o ar úmido;
> A Ceres, o milho e as frutas; a Osíris,
> A água e os humores aquosos.

Notas – Capítulo LVIII

1. Em seus *Hymns of Orpheus*, Thomas Taylor cita uma passagem da *Theologia Platonica de immortalitate animae*, de Marsilio Ficino, publicada por volta de 1482, na qual cita uma fonte órfica desconhecida. Lamentavelmente, ele não se incomodou em identificar sua fonte. Como Agrippa deve ter consultado Ficino ou sua fonte neste capítulo, vale a pena reproduzir a citação conforme traduzida por Taylor:

> "Aqueles que professam a teologia órfica reconhecem um poder duplo na alma e nos orbes celestiais: uma consistindo em conhecimento, a outra em vivificar e governar o orbe ao qual o poder está ligado. Assim, no orbe da terra, chamam o poder gnóstico de Plutão, o outro de Prosérpina. Na água, o primeiro poder é o Oceano e o segundo, Tétis. No ar, um é o Júpiter dos trovões e o outro é Juno. No fogo, Phanes e Aurora. Na alma da esfera lunar, chamam o poder gnóstico de Licniton Bacchus e o outro de Tália. Na esfera de Mercúrio, um é Bacchus Silenus, o outro é Euterpe. No orbe de Vênus, um é Lysius Bacchus e o outro, Erato. Na esfera do Sol, um é Trietericus Bacchus e outro, Melpômene. No orbe de Marte, um é Bassareus Bacchus e o outro, Clio. Na esfera de Júpiter, um é Sebazius e o outro é Terpsícore. No orbe de Saturno, um é Amphietus e o outro, Polimnia. Na oitava esfera, um é Pericionius, o outro, Urânia. Mas na alma do mundo, o poder gnóstico é Bacchus Eribromus, mas o poder animador é Calíope. De tudo isso, inferem os teólogos órficos que os epítetos específicos de Baco são comparados com os das Musas, de modo que podemos compreender que os poderes das Musas intoxicam com o néctar do conhecimento divino; e podemos considerar que as nove Musas e os nove Bacos giram em torno de um Apolo, como o esplendor de um Sol invisível" (*Thomas Taylor the Platonist: Selected Writings* [Raine & Harper, 203-4].

Para uma maior discussão dessa passagem, ver Mead 1965 (1896), 92-6. Com bastante exatidão, Mead explica que a doutrina dos pares masculino-feminino interdependentes de intelecto e poder é a doutrina hindu do tantrismo, de Shiva-Shakti, sob outro nome. Em suma, todo o poder de se manifestar e mudar está no aspecto feminino, enquanto o aspecto masculino é o da pura mente e, portanto, impotente no mundo. A respeito desse tema, os livros de *sir* John Woodroffe (Artur de Avalon) não são apenas úteis, mas absolutamente necessários, de modo particular *Sakti and Sakta* e sua tradução dos *Princípios do Tantra*. Eles compensam mil vezes uma leitura atenta.

2. Uma referência aos *Hinos órficos* que são dirigidos por Orfeu a Museus.

3. "Quando eu cantava sobre reis e batalhas, Febo me puxava pela orelha e me avisava nestes termos: 'É dever do pastor, Títiro, alimentar as ovelhas gordas e embalá-las com seu canto'". (Virgílio, *Éclogas*, 6. c. linha 3 [Lonsdale e Lee, 21]). Jacinto teria sido um belo rapaz amado por Apolo e que foi morto pelo deus quando este, descuidado, arremessou um disco que atingiu o jovem na testa. Na verdade, ele era um deus mais antigo, pré-grego, cujo culto e festival (as Jacintas) foram quase completamente apoderados por Apolo. Pausânias diz: "... a tumba de Jacinto está localizada em Amiclia, debaixo da estátua de Apolo" (*Guide to Greece* 3.1.3 [Levi, 2:10]). Esta é uma história sucinta, embora não intencional, dos dois deuses na Grécia.

4. Ele [Numa] instituiu uma cerimônia anual dedicada à Fidelidade, com sacerdotes cujo dever era chegar em um carro puxado por dois cavalos ao local de celebração e lá realizar seus ritos com as mãos enfaixadas até os dedos, significando que a fidelidade deveria ser religiosamente preservada e que permanecera, inviolável, na mão direita de um homem (Lívio, *The Early History of Rome*, 1.21 [de Selincourt, 56]).

5. Pausânias descreve uma pedra "umbigo" de Saturno: "Subindo a partir desse memorial [de Neoptolemos], chega-se a uma pedra, não muito grande; nela é despejado óleo todos os dias, e em todos os festivais é oferecida lã não tosquiada. Há uma opinião de que essa pedra foi dada a Cronos no lugar de sua progênie, e que ele a vomitou novamente" (*Guide do Greece* 10.24.5 [Levi 1:468]). O culto de pedras oraculares pequenas, redondas e polidas é muito difundido. Ver Gênesis 28:11-8.

6. A obra referida é *De philosophia ex oraculis haurienda*, na qual Porfírio defende os oráculos de vários deuses e que é preservada em fragmentos na obra *Praeparatio evangelica*, de Eusébio.

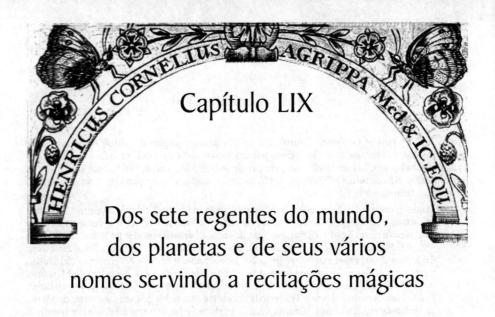

Capítulo LIX

Dos sete regentes do mundo, dos planetas e de seus vários nomes servindo a recitações mágicas

lém disso, chamavam aos sete regentes do mundo (segundo *Hermes*),[1] Saturno, Júpiter, Marte, o Sol, Vênus, Mercúrio e a Lua, por muitos outros nomes e epítetos,[2] chamando Saturno, por exemplo, de *Coelius*,[3] o ceifeiro, o pai dos deuses, senhor do tempo, grande senhor, o grande, o sábio, o inteligente, engenhoso, revolvedor de um longo espaço, velho de grande profundidade, autor da contemplação secreta, imprimindo ou deprimindo grandes pensamentos nos corações dos homens, destruindo e preservando todas as coisas, derrubando força e poder, constituindo-se em um guardião de coisas secretas, uma enxurrada delas, causando prejuízo e sendo autor da vida e da morte.

Júpiter é chamado de pai que ajuda, rei do céu, magnânimo, trovão, relâmpago, inconquistável, alto e poderoso, grande e poderoso, bom, afortunado, doce, temperado, de boa vontade, honesto, puro, de boa caminhada, de honra, senhor da alegria e dos julgamentos, sábio, verdadeiro, promotor da verdade, juiz de todas as coisas, o que supera a todos em bondade, senhor das riquezas e da sabedoria.

Marte é chamado de *Mavors*,[4] poderoso em guerra, sanguinário, poderoso com armas, espadachim, magnânimo, audacioso, indomável, generoso, relâmpago, de grande poder e furiosa pressa, contra o qual ninguém pode se defender se a ele resistir, o que destrói os fortes e poderosos e depõe reis de seus tronos, senhor do calor e poder, senhor do calor incandescente e do planeta de sangue; aquele que inflama os corações dos lutadores e lhes dá coragem.

O Sol é chamado de *Febo*,[5] *Diespiter*,[6] Apolo, Titã,[7] Peã,[8] *Phanes*,[9] Hórus, Osíris, como no oráculo:[10]

O Sol, Osíris, alegre Dioniso
Apolo, Hórus, rei que governa o dia
Que altera os tempos, que traz vento e chuva,
O rei dos astros e a chama imortal.

Ele é chamado ainda de *Arcitenes*,[11] ardente, incandescente, dourado, em chamas, radiante, de cabelos em chamas, de cabelos dourados, olho do mundo, *Lúcifer*,[12] o que tudo vê, o que tudo governa, o criador da luz, o rei dos astros, grande senhor, bom, afortunado, honesto, puro, prudente, inteligente, sábio, reluzente sobre o mundo inteiro, o que governa e vivifica todos os corpos que têm alma, príncipe do mundo que mantém todos os astros sob sua tutela, luz de todas as estrelas, escurecedor, ardente, o que supera a virtude dos outros, quando se aproxima, mas que com sua luz e esplendor dá luz e esplendor a todas as coisas: à noite ele é chamado *Dioniso*, mas durante o dia, *Apolo*,[13] como aquele que afasta as coisas do mal. Por isso, os atenienses o chamavam de *Alexicacon*[14] e *Homero*, de *Vlion*,[15] isto é, o que afasta as coisas malignas. Também é chamado de *Febo* por causa de sua beleza e brilho; e de *Vulcano* por sua violência incandescente, pois sua força consiste em muitos fogos. E é chamado de Sol, porque contém a luz de todas as estrelas; e por isso os assírios o chamavam de אדאר, Hadade,[16] que significa único; e os hebreus de שמש, Schemesch,[17] que significa *o próprio*.

Vênus é chamado de a senhora,[18] a que alimenta, a bela, branca, clara, agradável, poderosa, a senhora prolífera do amor e da beleza, a progênie das eras, a primeira progenitora dos homens, que no princípio de todas as coisas juntou a diversidade dos sexos com um amor crescente e, com uma prole eterna, propaga espécies de homens e de animais, a rainha dos deleites, a senhora do regozijo, amiga, sociável, misericordiosa, que nada leva a mal, sempre generosa com os mortais, mãe afetuosa para com quem está em agonia, salvaguarda da humanidade, a que não deixa passar um momento do tempo sem fazer o bem, a que supera todas as coisas com seu poder, a que humilha os altos perante os baixos e os fortes perante os fracos e os nobres perante os simples, a que retifica e iguala todas as coisas: e é chamada de *Afrodite*, porque no sexo ela ocupa todas as mentes:[19] e é também chamada de *Lucífera*, portadora da luz, que dá luz aos anos do Sol; e de *Hesperus*,[20] quando segue o Sol, e de *Phosperus*,[21] porque é a líder de todas as coisas, embora não tirânica.

Mercúrio é chamado de o filho de *Júpiter*, o representante dos deuses, o intérprete dos deuses, *Natimorto*,[22] o que traz a serpente, o porta-vara, o que tem asas nos pés, eloquente, promotor de lucros, sábio, racional, robusto, vigoroso, poderoso no bem e no mal, notário do Sol, mensageiro de Júpiter, mensageiro entre os deuses supernos e infernais, entre machos e fêmeas,[23] frutífero em ambos os sexos; e *Lucano* o chamava de Hermes, isto é, intérprete, trazendo luz à obscuridade e abrindo as coisas mais secretas.

A Lua é chamada de *Febe*,[24] *Diana*, *Lucina*,[25] *Prosérpina*, *Hecate*, menstruada, meia forma, a que traz luz à noite, vagante, silenciosa, a que tem dois chifres, preservadora, andarilha noturna, portadora dos chifres, rainha do céu, a principal divindade, a primeira dos deuses e deusas celestes, rainha dos espíritos, mestra de todos os elementos, aquela a quem os astros respondem, retorno das estações, servida pelos elementos; ao assentimento, os relâmpagos se projetam, as sementes germinam, as plantas crescem; ela é a mãe inicial dos frutos, a irmã de *Febo*,[26] luz e brilho, portadora de luz de um planeta a outro, iluminadora de todos os poderes com sua luz; ela restringe as várias passagens dos astros, distribui luzes pelos circuitos do Sol, é senhora de grande beleza, senhora da chuva e das águas, doadora de riquezas, enfermeira da humanidade, governadora de todos os estados, gentil, misericordiosa, protetora dos homens em mar e em terra, mitigadora de todas as tempestades da fortuna, dispensadora do destino, a que alimenta todas as coisas que crescem na Terra, a que vagueia pelas florestas, aplaca a ira dos goblins,[27] fecha as aberturas da Terra; distribui a luz do céu, os laudos rios dos mares e o deplorável silêncio dos infernos com seu assentimento; governa o mundo, pisoteia o inferno; de sua majestade, os pássaros em voo têm medo, os animais selvagens se refugiam dela nas montanhas, as serpentes se escondem do Sol, os peixes mergulham nas profundezas do mar.

Aquele que desejar saber acerca desses e outros nomes de astros e planetas e seus epítetos, sobrenomes e invocações, ou quiser fazer uma investigação mais minuciosa, deve procurar os Hinos de *Orfeu*, pelos quais aquele que tem entendimento alcançará uma grande compreensão de magia natural.

Notas – Capítulo LIX

1. "E a primeira Mente – aquela que é Vida e Luz –, sendo bissexual, deu à luz outra Mente, uma Criadora de coisas; e essa segunda Mente fez do fogo e do ar sete Administradores, que englobam com suas órbitas o mundo percebido pelos sentidos; e sua administração é chamada Destino"(*Corpus Hermeticum*, 1.9 [Scott, 1:119]).
2. Os sobrenomes, ou epítetos, dados aos deuses clássicos são muito numerosos. O propósito deles era distinguir funções específicas. Vejamos alguns exemplos dos escritos herméticos:
> O Regente do Céu, ou de tudo o que se incluir sob o nome de "Céu", é Zeus Hypatos [O Altíssimo]; pois a vida é dada a todos os seres por Zeus, pela mediação do céu... O Regente do ar é o distribuidor subordinado da vida; a ele pertence a região entre o céu e a terra; nós o chamamos de Zeus Neatos [O Mais Baixo]... Terra e mar são regidos por Zeus Chrhonios [Do Submundo]; é ele que fornece alimento a todos os seres mortais que têm alma e a todas as árvores frutíferas; e é pelo poder dele que os frutos da terra são produzidos.

E há outros deuses ainda, cujos poderes e operações são distribuídos entre todas as coisas existentes (Asclépio 3.19b, 27c [Scott, 1:325]).
3. Coelius significa celeste, e era um nome dado a Urano, pai de Cronos, ou Saturno, que personificava o céu noturno.
4. Marte é uma contração de *Mavors*.
5. Febo significa reluzente (brilhante ou puro).
6. De *Diovis pater*, ou Pai do Céu, nome aplicado a Júpiter.
7. Esse nome às vezes é aplicado aos descendentes dos Titãs, especialmente Hélios (Sol) e Selene (Lua).
8. Nome ou hino em honra de Apolo.
9. Phanes (o Manifestador) é Deus como causa ideal das coisas, "Bright Space Son of Dark Space" (Mead [1896] 1965, 7:108]). Acerca desse deus, Lactantius escreve: "Orfeu nos diz que Phanes é o pai de todos os Deuses, e para eles criou o céu, pensando em seus filhos, para que pudessem ter uma habitação e uma sede comum – 'ele fundou para os imortais uma imperecível mansão'" (id., 110-11).
10. Citado por Eusébio em *Praeparatio evangelica*.
11. Do latim, *arcitement*, aquele que carrega ou atira com um arco. Apolo é Senhor do Arco de Prata, o que atira a distância, o arqueiro.
12. Portador da Luz, ou Mensageiro da Luz, um título geralmente atribuído a Vênus, como Estrela Matutina.
13. Há um elo místico entre Dioniso e Apolo expresso no mito órfico de que, enquanto o menino Dioniso olhava, cativado, para um espelho, os Titãs os despedaçaram, depois ferveram e cozinharam suas partes. Sentindo o cheiro e percebendo o que havia acontecido, Zeus lançou um relâmpago sobre os Titãs e os consumiu em fogo. Ele deu as partes de Dioniso a Apolo, para enterrá-las. Dioniso emergiu da terra reconstituído e de volta à vida. Comentando essa fábula, Olympiodorus, em seu comentário sobre *Fedon* de Platão, diz:
> Dioniso ou Baco, tendo sua imagem formada em um espelho, a perseguiu e foi, assim, distribuído entre todas as coisas. Mas Apolo o apanhou e reconstituiu, sendo uma divindade de purificação e o verdadeiro salvador de Dioniso; e assim ele é citado nos hinos sagrados, Dionusites (Taylor 1875, 2:137).

A respeito do mesmo tema, ver Mead 1965 (1896), 7:118-20.
14. Alexicacus (O que evita o mal), sobrenome aplicado de modo particular a Zeus, Apolo e Hércules.
15. Talvez Hélios "que traz alegria aos mortais". Ver a *Odisseia*, l. 12, linhas 269, 279 Lattimore, 192.

16. Um deus edomita chamado In-Shushinak (Aquele de Susa), deus local de Susa, principal cidade de Edom, mas também o Soberano dos Deuses, o Mestre do Céu e da Terra, e Criador do Universo. Costuma ser identificado como Hadade, o deus assírio-babilônio do relâmpago e da tempestade, que controlava as chuvas. Hadade também tinha o poder de revelar o futuro e era conhecido como Senhor da Visão. O nome do deus aparece como um nome pessoal em I Reis 11:17.

17. Termo hebraico para "Sol". A palavra aparece em sua forma masculina e feminina no Salmos 104:19 e Gênesis 15:17.

18. A Senhora de Paphos, porque a velha Paphos, na costa oeste de Chipre, era a sede do culto de Afrodite, que logo após nascer teria sido levada até lá pelas ondas. Ver Lucano, *Pharsalia*, 8, c. linha 457.

19. Não ficou claro para mim o que essa frase significa, a menos que pretenda indicar que Afrodite preside todas as formas de amor. Como Afrodite Urânia, ela é deusa do amor puro e ideal; como Afrodite Genetrix, é deusa do amor entre pessoas casadas; e como Afrodite Porne, é a deusa da prostituição. Havia também uma Afrodite de Chipre, barbada, chamada de Aphroditos, que englobava características masculinas e femininas em uma única imagem.

20. Vênus é chamada de Hesperus, Versperugo, Vesper, Noctifer ou Nocturnus quando o planeta aparece no oeste após o ocaso.

21. Phosphorus, outro nome para Vênus, como Estrela Matutina, quando aparece no leste antes do alvorecer.

22. Do grego: στιλβειν (stilbein), brilhar ou reluzir. Aplicado a Mercúrio, porque o planeta brilha ou cintila no céu.

23. Referência aos grupos do Sol (macho-dia) e da Lua (fêmea-noite) descritos por Ptolomeu, que diz: "... segundo a tradição, a Lua e Vênus são astros noturnos, o Sol e Júpiter são diurnos, e Mercúrio é comum a ambos, diurno como estrela matutina e noturno como estrela vespertina" (*Tetrabiblos* 1.7 [Robbins, 43]). Saturno e Marte, por sua vez, são atribuídos aos grupos do Sol e da Lua, respectivamente.

24. Ártemis Febe, deusa da Lua; feminino de Febo (Sol).

25. "Deusa que traz a luz", a versão romana da deusa grega Ilítia. Ela preside o nascimento das crianças. O nome Lucina é adicionado, como sobrenome, a Juno e Diana.

26. Mene, outro nome para Selene, era irmã de Hélios. Ver também nota 24.

27. Um espírito familiar maldoso com uma predileção por crianças, cavalos e (segundo Keightley [1880] 1978) moças jovens. A palavra deriva do termo latino medieval *cobalus*. Aparece pela primeira vez na *Historia ecclesiastica*, de Orderic Vitalis (1142), que descreve um demônio que St. Taurin expulsou do templo de Diana: "*Hunc vulgus Gobelinum appellat*". Keightley diz que o goblin "é evidentemente o mesmo que o Kobold", um espírito alemão (Keightley [1880] 1978, 476). Freake usa o termo "goblins" para traduzir o latino *larvae*, que eram os fantasmas dos homens ímpios que saíam da cova para vagar pela noite e atormentar os vivos. Os romanos distinguiam os larvae dos *lares*, que eram os fantasmas dos homens bons. Essa tradução de larvae para goblins é enganosa – "fantasmas" teria sido um termo melhor.

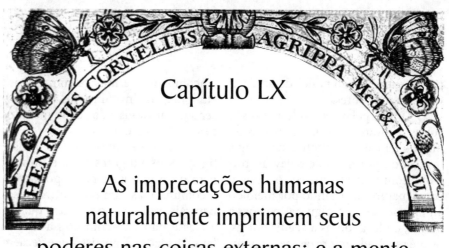

Capítulo LX

As imprecações humanas naturalmente imprimem seus poderes nas coisas externas; e a mente do homem, por meio de cada grau de dependência, ascende ao mundo inteligível e se torna semelhante aos mais sublimes espíritos e inteligências

As almas celestiais enviam suas virtudes aos corpos celestes, que por sua vez as transmitem a este mundo sensível. Pois as virtudes do orbe terrestre não vêm de outra causa que não a celestial. Por isso o mago que as opera usa uma astuta invocação dos superiores, com palavras misteriosas,[1] e uma certa espécie de fala engenhosa que atrai uma à outra, entretanto, por uma força natural, por uma espécie de acordo entre ambos, no qual as coisas acontecem por si, ou às vezes são atraídas involuntariamente.

Nesse sentido, dizia *Aristóteles* no sexto livro de sua Filosofia Mística[2] que, quando em algum feitiço ou encantamento, uma pessoa invoca o Sol ou outros astros, rogando deles o auxílio para o trabalho desejado, o Sol e os outros astros não ouvem suas palavras, mas são movidos por meio de uma certa conjunção e série mútua, na qual as partes do mundo são mutuamente subordinadas uma à outra e têm um consentimento mútuo, em virtude de sua grande união; assim como no corpo do homem, por exemplo, um membro se move ao perceber o movimento de outro, e na harpa uma corda se move ao movimento de outra. Quando alguém move, do mesmo modo, alguma parte do mundo, outras partes são movidas pela percepção do primeiro movimento. Portanto, o conhecimento da dependência das coisas entre si é a fundação de toda operação extraordinária, necessária para o exercício do poder de atrair as virtudes superiores.

Ora, as palavras dos homens são coisas naturais; e porque as partes do mundo têm atração mútua, um mago, invocando por meio de palavras, trabalha com poderes que se coadunam com a natureza, atraindo por meio do amor, por exemplo, algumas pessoas a outras, ou levando-as a seguir outras, ou até repelindo por razão de uma inimizade existente, por contrariedade e diferença de posições e multiplicidade de virtudes; pois, embora contrárias e diferentes, concordam com perfeição em uma parte; às vezes, o mago também compele por meio de autoridade, pela virtude celestial, pois para ele o céu não é estranho.

Assim, se um homem recebe a impressão de alguma ligação,[3] ou fascínio, não a recebe de acordo com a alma racional, mas sensual, e se sofre em alguma parte, sofre de acordo com a parte animal. Pois um homem sabedor e inteligente não pode ser atraído pela razão, mas sim pela impressão e força do sentido, assim como o espírito animal do homem é afetado além de sua disposição anterior e natural pela influência dos celestiais e pela cooperação das coisas do mundo.

Um filho, por exemplo, impele o pai a trabalhar, embora esteja indisposto e cansado para prover seu sustento; e o desejo de governar culmina em raiva e outros esforços para se obter o domínio; e a indigência da natureza e o medo da pobreza movem um homem ao desejo de riqueza; e os enfeites e a beleza das mulheres incitam a concupiscência; e a harmonia de um músico sábio move seus ouvintes, comovendo-os com várias paixões, levando alguns a seguir a consonância da arte, outros a acompanhar a música com gestos,[4] embora quase involuntários, porque se sentem cativados, não sendo movidos pela razão nesses casos.

Mas esses tipos de fascínios e ligações os vulgares nem admiram nem detestam, justamente por serem incomuns, mas admiram outras coisas naturais, pois são ignorantes quanto a elas e não têm com elas a menor familiaridade. É por isso que recaem em erros, achando que tais coisas estão acima da natureza ou são contrárias à natureza, quando na verdade fazem parte dela.

Devemos saber, portanto, que todo superior move seu inferior, em seu grau e ordem, não só no corpo, mas também no espírito. Assim, a alma universal move a alma específica; e o racional atua sobre o sensual, e este sobre o vegetal; e cada parte do mundo atua sobre outra, e cada parte tende a ser movida por outra; e cada parte deste mundo inferior sofre influência dos céus de acordo com sua natureza e aptidão, assim como uma parte do corpo animal sofre[5] influência de outra. E o mundo intelectual superior move todas as coisas abaixo de si e, de certa maneira, contém todos os mesmos seres, do primeiro ao último, que se encontram no mundo inferior.

Os corpos celestes, portanto, movem o corpo do mundo elemental, composto, gerativo, sensível, da circunferência ao centro, por meio de essências superiores, perpétuas e espirituais, dependendo do intelecto primário, que é o intelecto atuante; porém, da virtude acrescida pela palavra de Deus,[6] palavra esta que os sábios caldeus da Babilônia chamam de causa das causas, porque dela são produzidos todos os seres, depende o intelecto atuante, que é o segundo; e a razão disso é a união dessa palavra com o Primeiro Autor, de quem todas as coisas são verdadeiramente produzidas. A palavra, portanto, é a imagem de Deus, e o intelecto atuante é a imagem da palavra; a alma é a imagem desse intelecto; e nossa palavra é a imagem da alma, pela qual ela age sobre as coisas naturais de modo natural, pois a natureza é a sua obra.

E cada uma aperfeiçoa a obra seguinte, como um pai a um filho,[7] e o segundo nunca existe sem o primeiro. Pois eles são interdependentes, por uma espécie de dependência ordinária, de modo que, quando o segundo se corrói, é devolvido àquele que era o próximo antes dele, até chegar ao céu, de lá à alma universal e, por fim, ao intelecto atuante, por meio do qual todas as outras criaturas existem, e o qual, ele mesmo, existe no autor principal, que é a palavra criativa de Deus, à qual, no fim, todas retornam.

Nossa alma, portanto, se quiser exercer algum efeito extraordinário nesses inferiores, deve respeitar o início destes, para ser fortalecida e ilustrada, e receber o poder de ação através de cada grau, desde o Primeiríssimo Autor. Portanto, devemos ser mais diligentes na contemplação das almas dos astros que em seus corpos, e do mundo supercelestial e intelectual que do mundo corpóreo celestial, porque aquele é mais nobre, embora este seja excelente e um caminho para aquele, sem o qual a influência do superior não pode ser obtida.[8]

Como, por exemplo, o Sol é o rei das estrelas, cheio de luz, mas a recebe do mundo inteligível acima de todas as outras estrelas, porque dele é mais capaz de um esplendor inteligível. Assim, aquele que deseja atrair a influência do Sol deve contemplar o Sol não só pela especulação da luz exterior, mas também pela interior. E isso é algo que nenhum homem pode fazer, a menos que retorne à alma do Sol e se torne como ela[9] e compreenda sua luz inteligível com uma visão intelectual, assim como compreende a luz sensível com o olho físico.

Tal homem, então, se encherá dessa luz; e a luz, impingida pelo orbe superior que ela própria recebe, permitindo que o intelecto seja exatamente igual a ela, por fim adquire aquele brilho supremo, distribuindo-o a todas as formas que dela partilham. E quando tal homem recebe a luz do grau supremo, sua alma alcança a perfeição e se torna semelhante aos espíritos do Sol, e adquire as virtudes e as qualidades da virtude sobrenatural, desfrutando do poder delas, se tiver fé no Primeiro Autor.

Em primeiro lugar, portanto, devemos implorar a assistência do Primeiro Autor, e rezar não apenas com a boca, mas com um gesto religioso e uma alma suplicante, também em abundância, sem cessar e com sinceridade, para que ele ilumine nossa mente e remova a escuridão que cresce em nossa alma por causa de nosso corpo.

"O Sol é o rei dos astros, o mais repleto de luz..."

Notas – Capítulo LX

1. Os nomes bárbaros de evocação que aparecem nos grimórios de magia. A maioria consiste em nomes de deuses copiados de línguas estrangeiras tantas vezes que se tornaram irremediavelmente alterados. No entanto, mesmo nessa obscuridade, oculta-se uma curiosa atração. Embora nada signifiquem, pode-se projetar neles significado. Ver nota 36, cap. XI, l. III. "Não mudeis os nomes de evocação, pois há nomes sagrados em toda língua que são dados por Deus, tendo nos Ritos Sagrados um Poder Inefável" (*The Chaldean Oracles of Zoroaster*, Westcott [1895] 1983, 57). O "oráculo" citado vem de uma coletânea feita por Psellus e foi traduzido por Thomas Taylor. No contexto dessa citação, considere a frase no prólogo do livro apócrifo de Eclesiástico: "De fato, as coisas expressas originalmente em hebraico não têm a mesma força quando traduzidas para outra língua. Isso acontece também com a Lei, os Profetas e os outros Livros: são muito diferentes na língua original". (*Bíblia Sagrada*, edição pastoral © Sociedade Bíblica Católica Internacional e Paulus)
2. Uma das muitas obras de magia erroneamente atribuídas a Aristóteles.
3. Domínio da vontade.
4. Bater os pés ao som da música e outros gestos assim.
5. Recebe.
6. Ver João 1:1.
7. Mas da Luz surgiu uma Palavra sagrada, que se instalou sobre a substância aquática; e essa Palavra era a voz da Luz, [ver Gênesis 7:2-3]... "Essa Luz", ele [Poimandres] disse, "sou Eu, a Mente, o primeiro Deus, que existia antes da substância aquática que apareceu da escuridão; e a Palavra, que surgiu da Luz, é um filho de Deus." "Como pode ser?", eu perguntei. "Entenda o que eu digo", respondeu ele, "olhando para o que você próprio tem em si; pois em você também a palavra é filho, e a mente é pai da palavra. Elas não são separadas; pois a vida é a união da palavra e da mente" (*Corpus Hermeticum*, 1.5a-6 [Scott, 1:117])."
Ver também João 1:14.
8. Agrippa está dizendo que não devemos confundir estrelas e planetas materiais com as realidades sobrenaturais que eles sombreiam, mas ao mesmo tempo não desprezá-los, pois eles são um meio necessário pelo qual a realidade é compreendida.
9. Está é uma verdade mágica vital: para conhecer qualquer coisa, você tem de se tornar essa coisa; você nada pode conhecer além de si mesmo, mas você é tudo.

Ao ilustríssimo e renomado Príncipe Hermano de Wyda, Príncipe Eleitor, Duque de Westfália e Angaria, Senhor Arcebispo de Colônia e Padre-mor, seu prestimoso Senhor, Henrique Cornélio Agrippa de Nettesheim

é a excelente opinião dos mais antigos magos (ilustríssimo Príncipe) que em nada trabalhemos com mais afinco nesta vida que em não nos degenerarmos da excelência da mente, pela qual mais nos aproximamos de Deus e assumimos a natureza divina, evitando que a qualquer momento a nossa mente, caindo no torpor do ócio, decline à fragilidade de nosso corpo terreno e dos vícios da carne; quando então a perderíamos, como se ela fosse atirada em meio aos escuros precipícios da perversa luxúria. É preciso, portanto, ordenarmos a mente de modo que ela possa estar atenta à sua própria dignidade e excelência e sempre pensar e operar algo digno de si.

Mas só o conhecimento da ciência divina realiza isso para nós com plena potencialidade. Quando nos lembramos da majestade do tal conhecimento e nos ocupamos de estudos divinos para, a cada momento, contemplar coisas divinas, por meio de uma sábia e diligente inquisição e por todos os graus de seres, ascendendo até o próprio Arquétipo, para dele extrair a infalível virtude de todas as coisas; virtude essa que, aqueles que negligenciam, confiando apenas nas coisas naturais e mundanas, acabam se perdendo em diversos erros e falácias, chegando a ser enganados por espíritos malignos; mas a compreensão das coisas divinas purga a mente dos erros e a torna divina, dá um poder infalível aos nossos trabalhos e afasta os engodos e obstáculos de todos os espíritos ímpios, submetendo-os ao nosso comando.

Na verdade, ela compele os bons anjos e todos os poderes do mundo ao nosso serviço; sendo a virtude de nossas obras extraídas do próprio Arquétipo ao qual nós ascendemos, e todas as criaturas têm de nos obedecer; pois (como dizia *Homero*) nenhum dos deuses ousa permanecer sentado uma vez que Júpiter tenha saído; e há que se governar (como dizia *Aristófanes*) por um dos deuses cujo direito é executar suas ordens, e que pelo senso de dever atende a nossos pedidos de acordo com o nosso desejo.

Vendo, enfim (ilustríssimo Príncipe), que sua pessoa tem uma alma divina e imortal, que lhe foi dada e que enxerga na bondade da providência divina um destino estabelecido e a abundância que a natureza lhe concedeu pela agudeza de seu entendimento e perfeição dos sentidos, sua pessoa é, então, capaz de ver, buscar, contemplar, discernir e perscrutar o agradável panorama das coisas naturais, a sublime morada dos céus e a mais difícil passagem das coisas divinas: e eu, comprometido com sua pessoa pelo vínculo de suas grandiosas virtudes, tenho o dever de comunicar, sem inveja, um relato de todas as opiniões, aqueles mistérios de magia cerimonial e divina que de fato aprendi, e não esconder o conhecimento desses assuntos de que se ocupam os sacerdotes de Ísis, aqueles antigos sacerdotes dos egípcios e dos caldeus, os antigos profetas babilônios, os cabalistas – os magos videntes dos hebreus; também os órficos, pitagóricos e platônicos, os mais dedicados filósofos da Grécia; além destes, também os brâmanes[1] dos indianos, os ginosofistas[2] da Etiópia e os teólogos incorruptíveis de nossa religião; temos de, pela força das palavras, pelo poder dos selos e pelos encantamentos, bênçãos e imprecações, bem como pela virtude da observação, gerar estupendos e maravilhosos prodígios, os quais eu lhe intimo neste terceiro livro de Filosofia Oculta, e trago à luz aquelas coisas que permaneceram encobertas pela areia da Antiguidade, envoltas na obscuridade do esquecimento, na escuridão quimérica,[3] até os dias atuais.

Portanto, nós apresentamos à sua pessoa uma obra completa e perfeita nestes Três Livros de Filosofia Oculta ou Magia, que compusemos com total esmero e grande empenho de corpo e mente; e, apesar de não economizar palavras, é uma obra perfeitamente elaborada com respeito às palavras; desejo, enfim, um favor: que não espere a graça da oratória ou a elegância de um discurso nestes livros, pois o escrevemos há muito tempo e em nossa juventude, quando nossa fala ainda era tosca e nossa linguagem rude; e temos respeito não por estilo de um discurso, mas somente pela série ou ordem de frases; nós estudamos a elegância menor do discurso e a abundância de seu material; e supomos ter realizado nosso intento, se conseguirmos, dentro de nossas maiores possibilidades, cumprir aquilo que prometemos declarar acerca dos segredos da magia, e libertamos nossa consciência de uma dívida.

Mas estamos cientes, sem sombra de dúvida, de que muitos sofistas detratores conspirarão contra mim, em particular aqueles que afirmam ser aliados de Deus e estar abastados de divindade, e que se acham no direito de censurar as folhas das Sibilas,[4] não hesitando em julgar e condenar à fogueira nossas obras mesmo antes de serem lidas ou devidamente compreendidas (pois é alimento que não condiz com o paladar deles, unguento que não lhes alivia a dor; e também pela centelha de ódio que há muito alimentam de mim, mal podendo se conter). Assim (ilustríssimo Príncipe e sábio Prelado), submetemos esta obra de minha autoria aos méritos de sua virtude e agora a tornamos sua, passível de sua censura, e a colocamos sob sua proteção, de modo que se os pérfidos e ignóbeis sofistas[5] a difamarem, por grotesca loucura de sua inveja e maldade, possa a sua pessoa, com a perspicácia de seu bom senso e candor de julgamento, protegê-la e defendê-la.

Adeus e prosperidade.

Notas – Ao ilustríssimo

1. Membros da casta sacerdotal da Índia.
2. Uma antiga seita de filósofos ascetas hindus que não tinham bens pessoais e andavam nus, ou quase nus, pelo mundo. Foram descritos pela primeira vez aos gregos em relatos dos companheiros de Alexandre, o Grande, quando de sua campanha na Índia. Mais tarde, o nome passou a se referir também a outras seitas semelhantes, como a que é descrita no sexto livro da *Vida de Apolônio de Tiana*, habitando os confins da Etiópia, ao longo do Nilo. É a esse grupo posterior que se refere Agrippa.
3. "A expressão proverbial 'escuridão quimérica' foi emprestada da descrição de Homero (no décimo primeiro livro da *Odisseia*), que a aplica a uma terra remota e fabulosa na orla marítima" (Gibbon [1776-88] 1830, 31:505, n. "t").
Lá se encontra a comunidade e a cidade do povo quimérico,
Oculto em névoas e nuvens. O próprio Hélios, o radiante Sol,
Não consegue penetrar a escuridão nem iluminá-los com seu brilho,
Não se pode subir até o céu estrelado
Nem do céu voltar à terra,
Mas uma noite lúgubre sempre se espalha por sobre as pobres almas.
(Homero, *Odisseia*, 11, linhas 14-9 [Lattimore, 168])
4. De acordo com Varro, as profecias sibilinas eram escritas sobre folhas de palmeira.
5. "Eu afirmo que na posteridade os homens serão confundidos pelos sofistas, e serão por eles desviados dos ensinamentos puros e sagrados da verdadeira filosofia" (*Asclépio*, 1.14a [Scott, 1:311]).

O Terceiro e Último Livro de Magia ou Filosofia Oculta

Escrito por
Henrique Cornélio Agrippa

Livro III

Índice

Capítulo I
Da necessidade, do poder e do benefício da religião 589
Capítulo II
Das coisas secretas na religião que devem ser mantidas ocultas 591
Capítulo III
Qual a dignificação necessária para alguém ser um verdadeiro mago e operador de milagres 597
Capítulo IV
Das duas ajudas da magia cerimonial: religião e superstição 600
Capítulo V
Dos três guias da religião que nos conduzem ao caminho da verdade 603
Capítulo VI
Como a alma do homem, com o auxílio desses guias, ascende à natureza divina e se torna uma realizadora de milagres 605
Capítulo VII
O conhecimento do verdadeiro Deus é necessário para um mago; o que os antigos magos e filósofos pensavam acerca de Deus 607
Capítulo VIII
O que os antigos filósofos pensavam acerca da divina Trindade 611
Capítulo IX
Qual é a verdadeira e mais ortodoxa fé a respeito de Deus e da Santíssima Trindade 616
Capítulo X
Das emanações divinas que os hebreus chamam de numerações, outros de atributos; os deuses e as divindades dos gentios; e as dez Sephirot e os dez nomes mais sagrados de Deus que os governam e sua interpretação 618
Capítulo XI
Dos nomes divinos, seu poder e sua virtude 626
Capítulo XII
Da influência dos nomes divinos através de todas as causas medianas sobre essas coisas inferiores 637

Capítulo XIII
Dos membros de Deus e de sua influência sobre nossos membros 640
Capítulo XIV
Dos deuses dos gentios, das almas dos corpos celestes, e quais lugares
eram consagrados no passado e a quais divindades 643
Capítulo XV
O que pensam os nossos teólogos a respeito das almas celestiais 651
Capítulo XVI
Das inteligências e dos espíritos, e de seus três tipos e diversos nomes,
e dos espíritos infernais e subterrâneos 654
Capítulo XVII
Do mesmo tema, na opinião dos teólogos 661
Capítulo XVIII
Das ordens dos espíritos maus, de sua Queda e de suas diversas
naturezas 666
Capítulo XIX
Dos corpos dos demônios 676
Capítulo XX
Da perturbação por parte dos espíritos maus, e da preservação
que recebemos dos espíritos bons 679
Capítulo XXI
Obediência ao devido gênio e a descoberta de sua natureza 683
Capítulo XXII
O guardião trino do homem e de onde ele vem 686
Capítulo XXIII
Da língua dos anjos, e de como conversam entre si e conosco 690
Capítulo XXIV
Dos nomes dos espíritos e de sua variada imposição; dos espíritos que guardam os astros, os signos, os cantos dos céus e os elementos 692
Capítulo XXV
Como os mecubais hebreus tiravam os nomes sagrados dos anjos
a partir da escrita sagrada, e dos 72 anjos, que trazem o nome de
Deus, com as tabelas de Ziruph, e as comutações de letras e números 700
Capítulo XXVI
Como descobrir os nomes dos espíritos e gênios a partir da
disposição dos corpos celestes 709
Capítulo XXVII
Da arte de calcular os nomes segundo a tradição dos cabalistas 712
Capítulo XXVIII
Como às vezes os nomes dos espíritos são tirados daquelas coisas por
eles guardadas 717
Capítulo XXIX
Dos caracteres e selos dos espíritos 723
Capítulo XXX
Outro modo de fazer caracteres, passado pelos cabalistas 725

Capítulo XXXI
Outra espécie de caracteres e marcas de interesse de espíritos que são recebidas por meio de revelação 730
Capítulo XXXII
Como os espíritos bons podem ser invocados por nós, e como os espíritos maus podem ser por nós vencidos 733
Capítulo XXXIII
Os meios de atrair espíritos, suas adjurações e como expulsá-los 739
Capítulo XXXIV
Da ordem animástica e dos heróis 741
Capítulo XXXV
Dos deuses mortais e terrestres 745
Capítulo XXXVI
Do homem e de como ele foi criado à imagem de Deus 748
Capítulo XXXVII
Da alma do homem e por qual meio ela é unida ao corpo 755
Capítulo XXXVIII
Quais os dons divinos que o homem recebe do alto, vindos das várias ordens de inteligências e dos céus 757
Capítulo XXXIX
Como as influências superiores, sendo boas por natureza, são depravadas nas coisas inferiores e se tornam causas do mal 760
Capítulo XL
Que em todo homem um caráter divino é estampado; pela virtude de cada homem é possível obter a realização de milagres 763
Capítulo XLI
Opiniões diversas concernentes ao homem depois da morte 766
Capítulo XLII
Por quais meios os magos e necromantes acreditam conseguir invocar as almas dos mortos 781
Capítulo XLIII
Do poder da alma do homem na mente, na razão e na imaginação 785
Capítulo XLIV
Dos graus de almas e de sua destruição ou imortalidade 790
Capítulo XLV
De vidência e transe 793
Capítulo XLVI
Do primeiro tipo de transe, vindo das musas 795
Capítulo XLVII
Do segundo tipo, de Dioniso 798
Capítulo XLVIII
Do terceiro tipo de transe, de Apolo 800
Capítulo XLIX
Do quarto tipo de transe, de Vênus 805

Capítulo L
Do arrebatamento do êxtase e das previsões que acontecem com
aqueles que adoecem, ou que desmaiam, ou que se encontram
em agonia 807
Capítulo LI
Dos sonhos proféticos..811
Capítulo LII
Lançar a sorte e as marcas que possuem o poder garantido
de oráculos 815
Capítulo LIII
Como deve se portar aquele que receberá oráculos...........................818
Capítulo LIV
Da limpeza e como deve ser observada..821
Capítulo LV
De abstinência, jejum, castidade, solidão, tranquilidade e ascensão
da mente 824
Capítulo LVI
Da penitência e das esmolas...828
Capítulo LVII
Daquelas coisas que, sendo administradas exteriormente, conduzem
à expiação 830
Capítulo LVIII
Das adorações e dos votos..833
Capítulo LIX
Dos sacrifícios e das oblações, e seus tipos e modos 836
Capítulo LX
As imprecações e ritos que os antigos costumavam usar em sacrifícios
e oblações 845
Capítulo LXI
Como essas coisas devem ser realizadas, tanto a Deus quanto
às deidades inferiores..847
Capítulo LXII
De consagrações e de como fazê-las 849
Capítulo LXIII
Que coisas podem ser chamadas de sagradas, consagradas, e como
assim se tornam entre nós e as deidades; e dos momentos sagrados 852
Capítulo LXIV
De certas observâncias religiosas, cerimônias e ritos de
perfumadura, unções e coisas do gênero 857
Capítulo LXV
A conclusão de toda a obra 864

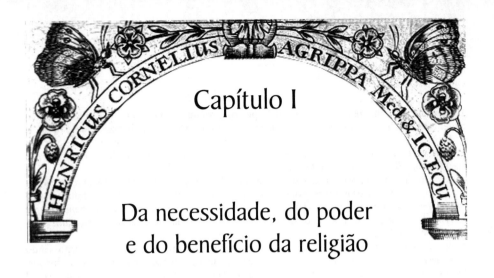

Capítulo I

Da necessidade, do poder e do benefício da religião

 chegado o momento de usarmos a pena para questões superiores, para aquela parte da magia que nos ensina a conhecer e a entender as regras da religião, e como alcançar a verdade por meio da religião divina, bem como preparar devidamente nosso espírito e nossa mente, uma vez que só assim poderemos compreender a verdade. Pois os magos são da opinião de que, se a mente e o espírito não estiverem em boa condição, o corpo não pode estar em boa saúde; mas um homem só é verdadeiramente são quando o corpo e a alma se encontram em tal harmonia e concórdia que a firmeza da mente e do espírito não está abaixo dos poderes do corpo.

Mas uma mente firme e robusta (dizia *Hermes*)[1] só pode ser obtida por integridade da vida, por piedade e, finalmente, por divina religião; pois a sagrada religião purga a mente e a torna divina, ajuda a natureza e fortalece os poderes naturais, assim como um médico ajuda a saúde do corpo e o agricultor, a força da terra. Aquele, portanto, que deixa a religião de lado e confia apenas nas coisas naturais é propenso a se deixar enganar por espíritos malignos; entretanto, do conhecimento da religião brotam o desprezo e a cura dos vícios, além de uma salvaguarda contra espíritos ímpios.

Para concluir, nada é mais agradável e aceitável a Deus que um homem perfeitamente pio e verdadeiramente religioso que tanto supera outros homens quanto se encontra, ele mesmo, distante dos deuses imortais. Devemos, portanto, após sermos purgados,[2] oferecer-nos e nos entregar à divina piedade e à religião; com nossos sentidos adormecidos, com a mente aquietada para esperar aquele divino néctar ambrosiano (chamo de néctar ao que o profeta *Zacarias*[3] se referia como vinho que deixava as donzelas alegres), louvando e adorando o supercelestial *Baco*, principal governante dos deuses e sacerdotes, autor da regeneração, o qual, como cantavam os antigos poetas, nasceu duas vezes,[4] e do qual os rios mais divinos fluem para os nossos corações.

Notas – Capítulo I

1. Mas quando a mente entra em uma alma piedosa, conduz essa mesma alma à luz do conhecimento; e tal alma nunca se cansa de louvar e bendizer a Deus nem de fazer toda espécie de bem por palavras e atos à imitação de seu Pai. Portanto, meu filho, quando estiver dando graças a Deus, você deve rezar para que a mente que lhe foi designada seja uma boa mente (*Corpus Hermeticum* 10.21-22a [Scott, 1:203]).

Aquelas almas, portanto, que se encontram sob o comando da mente, são iluminadas por sua luz e têm seus impulsos controlados; pois assim como um bom médico inflige dor ao corpo, queimando-o ou cortando-o quando a doença toma conta dele, também a mente inflige dor à alma, libertando-a do prazer que advém das doenças da alma (*ibid.* 12(i).3 [Scott, 1:225]).

2. Uma limpeza ritual em que a lavagem da alma é expressada em uma lavagem do corpo, sendo considerada absolutamente necessária antes de qualquer ato de magia para propósitos divinos. Por esse motivo, afirma-se de maneira explícita no capítulo dedicado à limpeza ritual em *Key of Solomon*: "O Banho é necessário para todas as Artes Mágicas e Necromânticas" (*The Greater Key of Solomon* 2.5 [Mathers, 93]).

3. Zacarias 9:17.

4. Dioniso nasceu duas vezes, primeiro em um parto prematuro de sua mãe morta, Semele, que ousara olhar para a plena glória de Zeus, sendo por ela consumida; e depois da coxa de Zeus, em que seu pai divino o tinha colocado para protegê-lo até ele vingar. Por isso, Dioniso era chamado de *Dithyrambus*. Uma vez que *di* (δι) em grego significa "dois" e *thyra* (θυρα), "porta", sem dúvida o nome se refere à passagem pelas portas de dois ventres diferentes, o primeiro de Semele e o segundo de Zeus. "Dithyrambus" também era o nome do hino cantado em louvor a Baco.

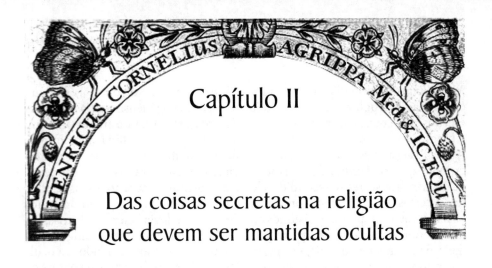

Capítulo II

Das coisas secretas na religião que devem ser mantidas ocultas

eja você quem for que deseja estudar esta ciência, mantenha-se em silêncio e guarde sempre nos armários secretos de seu peito religioso essa santa determinação; pois (como dizia *Mercúrio*)[1] divulgar ao público um discurso tão repleto da grande majestade do divino é um sinal de espírito irreligioso. E o grande *Platão* recomendava[2] que os santos e secretos mistérios não fossem divulgados ao povo; também *Pitágoras*[3] e *Porfírio* exigiam de seus seguidores um silêncio religioso; também Orfeu, dono de certa autoridade de religião, solicitava um voto de silêncio daqueles por ele iniciados às cerimônias das coisas sagradas, como vemos nos versos que ele canta a respeito da palavra sagrada:[4]

> Vocês, admiradores da virtude,
> Consideram bem aquilo que lhes tenho a dizer.
> Mas quanto a vocês, que desprezam e profanam as leis sagradas,
> Afastem-se e não mais retornem!
> Mas você, ó Museus, cuja mente é nobre,
> Observe minhas palavras, e leia-as com seus olhos,
> Guarde-as em seu sagrado peito,
> E, em sua jornada, pense somente em Deus,
> O autor de todas as coisas, o que não pode morrer

De quem agora trataremos.

E, em *Virgílio*, lemos acerca da Sibila:[5]

> A deusa vem, ficai longe, profanos
> O profeta clama, e de seus bosques corre

Também na celebração dos mistérios sagrados de *Ceres Eleusínia* só os iniciados eram admitidos, enquanto o proclamador[6] ordenava que os vulgares e profanos fossem embora; e em *Esdras*[7] lemos a respeito do preceito do segredo cabalístico dos hebreus, declarado nestes versos: entregarás estes livros sagrados aos sábios dentre o povo, cujo coração tu conheces e compreendes, e guardarás esses segredos.

Assim, os volumes religiosos dos egípcios e aqueles livros que tratavam dos segredos de suas cerimônias eram feitos de papel consagrado;[8] neles se registravam letras que não podiam ser facilmente reconhecidas, por isso, eram consideradas sagradas. *Macrobius*,

Marcellinus e outros dizem que eram chamadas hieróglifos[9] para que tais escritos não entrassem para o conhecimento dos profanos, que também *Apuleio*[10] atesta nestas palavras, dizendo que: após o término do sacrifício, de um armário secreto e escondido, ele tirava certos livros anotados com letras obscuras, que compunham resumos da fala e eram concebida, em parte por meio de figuras de animais, em parte por outras cheias de nós e retorcidas como uma roda, espalhando-se como ramos de videira, sendo devidamente defendidas da curiosidade dos profanos.

Seremos, portanto, estudiosos merecedores desta ciência se permanecermos em silêncio e escondermos aquelas coisas secretas da religião, pois a promessa de silêncio (como dizia *Tertuliano*) se deve à religião. Mas aqueles que não agem assim se encontram em grave perigo, como explica *Apuleio* ao falar dos segredos dos escritos sagrados: eu lhos revelaria se tivesse permissão; vocês saberiam se fosse permitido; mas os ouvidos e a língua contrairiam a mesma culpa da leviana curiosidade.

Lemos também que *Teodoro*,[11] o poeta trágico, ao citar alguns mistérios das escrituras judaicas em uma fábula, acabou perdendo a visão. *Theopompus* também começou a traduzir parte da Lei divina para a língua grega e logo apresentou distúrbios da mente e do espírito. Perguntando a Deus por que aquilo lhe acontecera, ele recebeu em sonho a seguinte resposta: porque havia poluído as coisas divinas, ao querer torná-las públicas. Também se fala de um tal *Numenius* que, curioso pelas coisas ocultas, incorreu no desagrado dos poderes divinos, porque interpretou os mistérios sagrados da deusa *Eleusínia* e os divulgou, pois sonhara que a deusa de Elêusis vestia as roupas de uma prostituta de frente para um bordel e que, ao ser indagada por quê, lhe respondera, irada, que ele a havia violentamente tirado de sua modéstia e a prostituído para todos os cantos, admoestando-o que as cerimônias dos deuses não deviam ser divulgadas.

Por essas e outras, os antigos sempre tiveram o maior cuidado em ocultar os mistérios de Deus e da natureza, escondendo-os em diversos enigmas, lei que era observada pelos indianos, brâmanes, etíopes, persas e egípcios, e que *Hermes*, *Orfeu* e todos os antigos poetas e filósofos – *Pitágoras*, *Sócrates*, *Platão*, *Aristoxenus*, *Ammonius* – respeitavam inviolavelmente. Nesse sentido, *Plotino* e *Orígenes* e os outros discípulos de *Ammonius* (como relata *Porfírio*[12] em seu Livro da Educação e Disciplina de Plotino) juraram nunca divulgar os decretos de seu mestre. E como *Plotino* quebrou o juramento feito a *Ammonius* e revelou seus mistérios, foi consumido pela horrível doença dos piolhos como punição.

O próprio Cristo, enquanto viveu na Terra, dizia, de certa forma, que só os discípulos mais iniciados deveriam entender o mistério da palavra de Deus, mas os outros só a receberiam em parábolas:[13] determinando que as coisas sagradas não fossem atiradas aos cães nem as pérolas aos porcos;[14] nesse sentido, também o profeta dizia: guardo no coração as tuas palavras para não pecar contra ti.[15] Portanto, não é apropriado que tais segredos, que são do conhecimento apenas de alguns sábios e comunicados somente pela boca,[16] sejam divulgados ao público.

Peço, então, que o leitor me perdoe se eu mantiver em silêncio muitos e os principais mistérios secretos da magia cerimonial. Suponho que será suficiente se eu revelar aquelas coisas que devem se tornar conhecidas, para que você, pela leitura deste livro de magia, não fique totalmente alheio a esses mistérios; mas sob a condição de que as coisas que lhe forem comunicadas, assim como *Dionísio*[17] exigiu de *Timóteo*,[18] não sejam expostas aos indignos, mas sim guardadas entre os sábios, que providenciarão para que a devida reverência lhes seja dada.

Além disso, eu ainda aconselho ao leitor, neste começo, que, assim como os poderes divinos detestam as coisas públicas e profanas e o amor, o segredo, também todo experimento mágico foge aos olhos do público, tentando se esconder, e é fortalecido pelo silêncio, mas destruído pela divulgação; tampouco nenhum esforço completo se segue a ele. Todas essas coisas sofrem perda quando são jogadas para mentes frívolas e incrédulas. Portanto, espera-se do operador de magia que, se quiser que sua arte seja frutífera, aja em segredo e não manifeste a vivalma nem seu trabalho nem o local, hora, desejo ou vontade, exceto a um mestre, sócio ou companheiro, que, por sua vez, também deverá ser fiel, crente, silencioso e digno por natureza e educação, uma vez que a frivolidade de um companheiro, sua incredulidade e indignidade impedem e perturbam o efeito de toda operação.

Notas – Capítulo II

1. Há cinco razões para o silêncio, ou circunspeção, em torno da doutrina sagrada dada por Hermes. A primeira, citada por Agrippa, é que a divulgação de coisas sagradas para as mentes profanas as polui:

> "Você pode invocar Amon, mas ninguém mais; do contrário, a abordagem do mais sagrado dos temas e da mais profunda reverência será profanada pela entrada e pela presença de uma multidão de ouvintes." ... E então Amon também entrou no santuário; e o local se tornou sagrado por causa da admiração e da devoção dos quatro homens, e se encheu da presença de Deus. E todos ouviam em respeitoso silêncio... (*Asclépio,* prólogo 1b [Scott, 1:287, 289]).

A segunda razão para o silêncio é que as mentes profanas não conseguem compreender uma doutrina sagrada, caçoam daqueles que a pregam e são incitadas a cometer um mal ainda maior:

> Evite conversar com as multidões. Não que eu queira que você se abstenha de beneficiar os outros; minha razão para esse conselho é que as multidões rirão de você se falar com elas como eu lhe falei. O semelhante atrai o semelhante; mas homens diferentes nunca são amigos ... Além disso, meu ensinamento tem uma certa propriedade que é particular a ele; impele os homens maus a cometer mais maldade ... Portanto, cuidado para não falar às multidões para que, na ignorância, elas não se tornem ainda mais perversas (*Stobaei Hermetica* 11.4-5 [Scott, 1:433, 435]).

A terceira razão para o silêncio é que ele permite que a iluminação divina da doutrina se manifeste: "E agora, meu filho, não fale, mas guarde um silêncio solene; e assim a misericórdia de Deus virá sobre nós" (*Corpus Hermeticum* 13.8a [Scott, 1:245]).

A quarta razão para o silêncio é simplesmente a futilidade de se tentar expressar o inexprimível: "Pois existe, meu filho, uma doutrina secreta, cheia de sabedoria sagrada, em torno d'Aquele que é o único senhor de tudo e preconcebido Deus, o qual está além do poder do homem de declarar" (*Fragments* 12 [Scott, 1:537]).

A quinta e última razão para o silêncio envolve uma proscrição contra a tradução das doutrinas para outras línguas, porque as próprias palavras são sagradas e personificam poder:

A tradução distorce muito o sentido dos escritos e causa muita obscuridade. Expressado em nossa língua nativa, o ensinamento transmite seu significado com clareza; pois a própria qualidade dos sons [falta uma parte do texto]; e quando as palavras egípcias são ditas, a força das coisas indica trabalhos nelas" (*Corpus Hermeticum* 16.1b-2 [Scott, 1:263, 265]).

2. Ainda que supuséssemos ser verdade, não deviam contar-se assim descuidadamente [os mistérios] a gente nova, ainda privada de raciocínio, mas antes passar-se em silêncio; mas, se fosse forçoso referi-lo, escutá-lo em segredo, o menor número possível de pessoas, depois de terem sacrificado não um pouco, mas uma vítima enorme e impossível de encontrar, a fim de que fosse dado ouvi-lo a muitos poucos (Platão, *A República* 2.378a).

3. Sobre esse assunto, escreve Clemente Alexandrino: "Dizem que Hiparco, o pitagórico, acusado de escrever os princípios de Pitágoras em linguagem comum, foi expulso da escola, e um pilar lhe foi erguido como se ele estivesse morto" (*Stromateis* 5.9. Em *Ante-Nicene Christian Library*, vol. 12).

Pitágoras exigia não apenas o silêncio em torno dos segredos de sua fraternidade, mas um período de silêncio geral por parte de todos os discípulos: "Pitágoras exigia cinco anos de silêncio dos jovens, que ele chamava de *echemychia*, abstinência total da fala ou restrição da língua" (Plutarco, "*On Curiosity*", 9, traduzido por Philemon Holland. In *Plutarch's Moralia: Twenty Essays* [Londres: J. M. Dent and Sons, s.d.], 143).

4. Esse hino órfico é citado por Thomas Taylor no apêndice de sua obra *Eleusinian and Bacchic Mysteries* (Taylor 1875, 166). Agrippa parece ter tirado sua versão latina do hino da tradução de Marsílio Ficino (Ver Charles G. Nauert, *Agrippa and the Crisis of Renaissance Thought* [University of Illinois Press, 1965], 137, n. 72]).

5. Virgílio, *Eneida* 6, c. linha 260.

6. Um dos oficiais que conduziam os Mistérios Maiores de Deméter em Elêusis (diferentemente dos Mistérios Menores, conduzidos em Agrae) tinha o título de Proclamador, ou *Keryx* (como Xenofontes o descrevia), sendo a forma mais correta *Hierokeryx*, cujo dever era ler a proclamação, ou *prorrhesis*, na abertura das cerimônias e exigir o silêncio dos iniciados.

As palavras exatas que eram ditas na proclamação nós não podemos conhecer, mas seu sentido pode ser deduzido a partir de variadas fontes.

"Todas as pessoas que têm mãos limpas e fala inteligível", referindo-se ao grego, claro, "aquele que é puro de toda poluição e cuja alma não é consciente de nenhum mal e que viveu bem e de forma justa", segundo a proclamação afirmava, podia proceder com a iniciação; os demais deviam se abster (Mylonas 1974, 247).

As fontes que Mylonas usou para reconstruir a proclamação são citadas na nota de rodapé 116, na mesma página. Ver também p. 224-29, uma interessante discussão a respeito dos segredos dos ritos. Um dos hinos homéricos se refere aos mistérios de Deméter nestes termos: "... seus ritos sagrados... que não devem ser negligenciados nem indagados, nem mencionados, pois uma poderosa reverência aos deus restringe a voz" (*Homeric Hymns* 32, "To Ceres", c. linha 480, traduzido por Buckley. Em *The Odyssey of Homer, with the Hymns, Epigrams, and Battle of the Frogs and Mice* [Nova York: Harper & Brothers, 1877], 425).

7. *O Segundo Livro de Esdras* (apócrifo), 12:37-8.

8. Papiro, que não era muito conhecido na época medieval. Era estranho até para Nicholas Flammel (?1330-1417) que, segundo seus próprios relatos, aprendeu o segredo da alquimia a partir de um antigo grimório que lhe caiu nas mãos "pela soma de dois florins, um livro Dourado, muito antigo e grande. Não era feito de Papel nem de Pergaminho, como os outros Livros, mas de delicadas cascas (pareceu-me) de árvores jovens" (Flammel [1624, 1889] 1980, 6).

9. Aqueles que eram instruídos pelos egípcios aprendiam em primeiro lugar aquele sistema de escrita egípcia, chamada epistolográfica; em segundo lugar, a hierática, que é usada pelos escribas sagrados; e, por fim, a hieroglífica. Desta última, uma forma expressa seu significado *pelos primeiros elementos [em ordem alfabética]*; mas a outra forma é *simbólica*. Da simbólica,

uma espécie transmite diretamente seu significado por *imitação*; outra por *metáforas*; enquanto a espécie remanescente fala por meio de alegorias, como se tivesse sido escrita por meio de enigmas (Clemente Alexandrino, *Stromateis* 5. Em: Horapolo, *Hieroglyphics*, apêndice [Cory, 169-70]).

Pitágoras também conviveu com os egípcios; e, no Egito, ele viveu com os sacerdotes e aprendeu com eles a sabedoria, a língua e as três formas de escrita desse povo: a epistolográfica, a hieroglífica e a simbólica, uma transmitindo seu significado diretamente por imitação, a outra por alegoria, por meio de enigmas.(Porfírio, "A vida de Pitágoras" In: Horapolo, *Hieroglyphics*, apêndice [Cory, 171]).

10. "... escrito em parte com caracteres desconhecidos, em parte pintado com figuras de animais, declarando de modo sucinto toda sentença, com altos e baixos, girando como uma roda, estranhos e impossíveis de ser lidos por pessoas profanas" (Apuleio, *O asno de ouro* c. 48 [Adlington]).

11. Sabemos de outro homem, Theodoras, que tentou caçoar de um hierofante [dos mistérios gregos], perguntando-lhe: "Explique-me, Eurykleides, quem são os ímpios aos olhos dos deuses?" Eurykleides respondeu: "Aqueles que expõem os segredos aos não iniciados". Theodoras retrucou: "Você é um homem ímpio também, pois dá explicações a uma pessoa que não é iniciada". Por esse sacrilégio, Theodoras só foi salvo de ser levado diante do Areópago por intervenção de Demétrio de Phaleron (Mylonas 1974, 225-6). De acordo com Amphikrates (*Famous Men*), Teodoro foi condenado a beber cicuta (*ibid.*, n. 8). A história citada por Agrippa deve ser uma adaptação da mencionada.

12. Erênio, Orígenes e Plotino fizeram um pacto de não revelar nenhuma das doutrinas que Ammonius lhes havia passado. Plotino foi fiel e, em todos os seus relacionamentos com seus conhecidos, nada divulgou acerca do sistema de Ammonius. Mas o pacto foi quebrado, primeiro por Erênio e depois por Orígenes. O segundo, contudo, só registrou por escrito o tratado *Sobre os seres-espíritos* e, no reino de Galieno, o outro intitulado *O rei, o único criador*. Plotino ficou muito tempo sem nada escrever, mas começou a basear suas conferências no que havia aprendido em seus estudos com Ammonius (Porfírio, "On the Life of Plotinus and the Arrangement of His Work", 3, tradução de Stephen Mackenna. Em *Plotinus: The Ethical Treatises* [Londres: Philip Lee Warner, 1917], 1:3-4).

Porfírio não associa a doença e a morte de Plotino à sua traição do pacto de silêncio. Agrippa deve ter consultado a versão mais colorida da morte de Plotino que aparece em Firmicus Maternus:

> Primeiro seus membros ficaram enrijecidos e o sangue corria devagar até coagular. Pouco a pouco, os olhos foram ficando embaçados e a visão falhou. Logo depois, uma infecção maligna irrompeu por baixo de toda a pele. O sangue poluído bombeou-lhe os membros e todo o corpo. A cada hora e a cada dia, pequenas partes de seus órgãos internos se dissolviam e eram expelidas pela doença debilitante. Uma parte do corpo podia estar em boa condição em determinado momento, e dali a pouco era deformada pela doença infecciosa (*Ancient Astrology Theory and Practice (Matheseos libri VIII)* 1.7.20, tradução de Jean Rhys Bram [Park Bridge: NJ: Noyes Press, 1975], 23).

13. Mateus 13:10-4.
14. Mateus 7:6.
15. Salmos 119:11.
16. As doutrinas secretas eram transmitidas de forma oral, do mestre ao discípulo, literalmente sussurrada no ouvido. Quanto à Cabala, Christian Ginsburg diz:

> É por isso que se chama *Kabbalah* (קבלה de קבל receber), denotando em primeiro lugar a *recepção* e depois *uma doutrina recebida por tradição oral*. A *Kabbalah* também é chamada por alguns de *Sabedoria Secreta* (הכמה סתרה), porque ela só era passada por meio de tradição pelos iniciados e indicada nas escrituras hebraicas por sinais que são ocultos e ininteligíveis para aqueles que não foram instruídos em seus mistérios (Ginsburg [1863-4], 1970, 86).

Falando do que ele chama de "períodos arcaicos da história do mundo", Isaac Myer diz:

> O professor e o pupilo tinham mais uma relação de pai e filho, mestre servo, como no caso hoje em dia entre o guru ou mestre brâmane e seu estudante. ... Assim, a tradição

oral em religião, filosofia, ciência e arte, o que era real, interior, inteligível ao intelecto, a espiritualidade do todo, era tudo ensinado e fielmente transmitido e preservado entre os iniciados e os trabalhadores intelectuais; e a todos os ignorantes e incultos, a espiritualidade superior permanecia inacessível e fechada (Myer [1888] 1974, 176-7).

17. Pseudo-Dionísio, autor de *Sobre a hierarquia celestial*.

18. Como se supunha que o pseudo-Dionísio fosse discípulo de Paulo (Atos 17:34), o Timóteo mencionado devia ser o companheiro do apóstolo citado na Primeira e na Segunda Epístolas de Paulo a Timóteo.

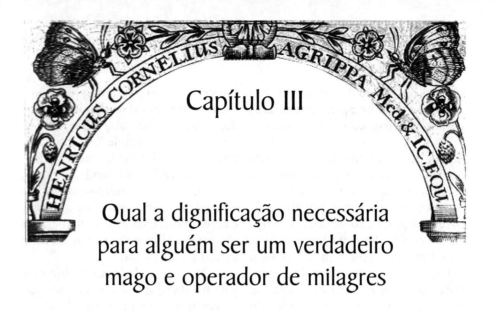

Capítulo III

Qual a dignificação necessária para alguém ser um verdadeiro mago e operador de milagres

erto do início do primeiro livro desta obra, nós falamos qual tipo de pessoa deve ser um mago;[1] mas agora declararemos um modo secreto e místico, necessário para todo aquele que deseja praticar essa arte, que é ao mesmo tempo o começo, a perfeição e a chave de todas as operações mágicas, e ainda a dignificação[2] dos homens a essa virtude e poder tão sublimes; pois essa faculdade requer de um homem uma dignificação maravilhosa, uma vez que a compreensão, que é em nós a maior faculdade da alma, é a única verdadeira operadora de milagres e a qual, se sobrecarregada de excessos com a carne e ocupada com a alma sensível do corpo, não é digna do comando de substâncias divinas; assim, muitos perseguem[3] essa arte em vão.

É, portanto, mister que aqueles dentre nós que se empenham em alcançar tão grande altura meditem de modo especial em duas coisas: a primeira, como deixar as afeições carnais, o fraco sentido e as paixões materiais; a segunda, como e por qual meio nós podemos ascender a um intelecto puro e imbuído dos poderes dos deuses, sem os quais jamais teremos a felicidade de ascender ao escrutínio das coisas secretas e ao poder das operações maravilhosas, ou milagres; pois é nisso que consiste a dignificação, que a natureza, o merecimento e uma certa arte religiosa compõem.

A dignidade natural é a melhor disposição do corpo e de seus órgãos, não obscurecendo a alma com a grosseria, sendo desprovida de toda intemperança e procedendo da situação, do movimento, da luz e da influência dos corpos celestes e espíritos que são familiarizados com as gerações de todos, bem como aqueles cuja nona casa é favorecida por Saturno, Sol e Mercúrio; também Marte na nona casa comanda os espíritos; mas essas coisas foram fartamente abordadas no livro dos astros. Aquele, porém, que não é assim por natureza precisa compensar tal defeito com a educação e o uso mais ordeiro e próspero das coisas naturais até que se torne completo em todas as perfeições intrínsecas e extrínsecas.

Por isso tanta atenção é dada na Lei de *Moisés* ao sacerdote,[4] para que este não se deixe poluir por uma carcaça morta, ou por mulher viúva ou menstruada, para permanecer livre de lepra, fluxo de sangue, erupção,[5] e seja perfeito em todos os seus membros, não cego nem coxo, nem corcunda, e com um nariz bem proporcionado. E *Apuleio* dizia em sua Apologia[6] que o jovem a ser iniciado em adivinhação por encantamentos mágicos[7] deveria ser escolhido entre os sãos, com boa saúde, e ser engenhoso, bem posicionado, eloquente na fala, para que nele o poder divino possa se familiarizar como nas boas casas; e para que a mente do jovem, tendo rapidamente adquirido experiência, possa ser restaurada à infinidade.

Mas a dignidade meritória é aperfeiçoada por duas coisas, a saber: aprendizado e prática. A finalidade do aprendizado é conhecer a verdade; é imprescindível, portanto, como falamos no início do primeiro livro, que ele a aprenda e se torne habilidoso nessas faculdades, estando, por fim, após todos os impedimentos removidos, plenamente apto para aplicar à alma a contemplação e a se converter a si mesmo.[8] Pois existem em nosso eu a apreensão e o poder de todas as coisas; mas nós somos proibidos, pouco usufruindo de tais coisas, por paixões contrárias desde o nosso nascimento e por vãs imaginações e imoderadas afeições, as quais, sendo expulsas, abrem o caminho para a entrada do divino conhecimento e poder. Mas a operação religiosa não é menos eficaz por si só, dando-nos poder suficiente para obter essa virtude deificadora, tão grande é a virtude dos deveres sagrados devidamente exibidos e realizados que, embora talvez não sejam compreendidos, apesar de observados com devoção e atenção, e acreditados com uma fé firme, não são menos eficazes para nos investir de um poder divino.[9]

Mas a dignidade que é adquirida pela arte da religião é aperfeiçoada por determinadas cerimônias religiosas, expiações, consagrações e ritos sagrados, que procedem daquele cujo espírito foi consagrado pela religião pública e que tem o poder da imposição das mãos e de iniciar com o poder sacramental,[10] pelo qual o caráter da divina virtude e poder é em nós impingido, o qual chamamos de consentimento divino, e pelo qual um homem sustentado com a natureza divina e tornado companheiro dos anjos carrega consigo o poder importado de Deus; e esse rito é mencionado nos mistérios eclesiásticos.

Se, portanto, você quiser ser um homem perfeito na sagrada compreensão da religião, meditar nela com devoção e constância, acreditar sem duvidar e for o tipo de indivíduo ao qual a autoridade dos ritos sagrados e da natureza conferiu dignidade acima dos outros, e que os poderes divinos não desprezam, então, por meio da oração, da consagração, do sacrifício e da invocação, você será capaz de atrair poderes espirituais e celestiais e impingi-los no que quiser, vivificando assim todo trabalho de magia; mas aquele que, sem a autoridade de tal ofício, sem o mérito da santidade e do aprendizado, fora da dignidade da natureza e da educação, tiver a pretensão de realizar qualquer intento mágico, trabalhará em vão e enganará tanto a si mesmo quanto aqueles que nele acreditam, além do perigo de incorrer no desagrado dos poderes divinos.

Notas – Capítulo III

1. Ver cap. II, l. I.
2. A palavra é usada no sentido de purificar e exaltar, com alusão à dignificação astrológica de um planeta, na qual o poder funcional de um planeta é aumentado por sua posição ou seus aspectos.
3. Tentam obter ou provocar.
4. Levítico 21. Ver também 15:19 e 22:2-8.
5. Ruptura ou hérnia. Ver Levítico 21:20. Talvez hérnia inguinal.
6. *Apologia*, também conhecida como *De magia liber*, a defesa contra uma acusação de feitiçaria, apresentada por Apuleio em Sabrata, em 173 d.C., diante de Cláudio Máximo, procônsul da África. Ainda existente.
7. Ver nota no capítulo "De Goetia e Necromancia", que Freake adicionou ao texto. Forma o capítulo 45 de *De incertitudine et vanitate scientiarum*, de Agrippa.
8. Voltar-se para dentro de si.
9. Esse é um ponto importante. A ação do ritual é até certo ponto automática; não precisa ser compreendida como algo que cause um efeito sobre o praticante.
10. A iniciação mágica é específica e concreta, com o intuito de realizar alguma mudança. O melhor exemplo disso se encontra no *angkur* tibetano:

> A principal ideia que associamos à iniciação é a revelação de uma doutrina secreta, a admissão do conhecimento de certos mistérios, enquanto o angkur é, acima de tudo, a transmissão de um poder, uma força, por meio de um processo psíquico. O objetivo é comunicar ao iniciado a capacidade de realizar algum ato específico ou de praticar certos exercícios que levam ao desenvolvimento de várias faculdades físicas ou intelectuais (David-Neel [1931] 1959, 43).

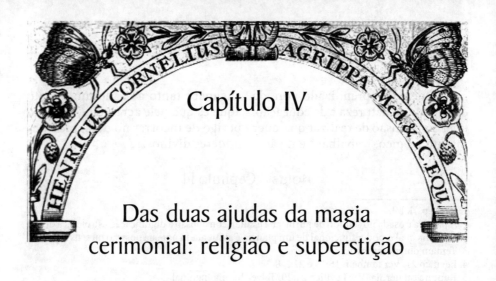

Capítulo IV

Das duas ajudas da magia cerimonial: religião e superstição

Há duas coisas que regem todas as operações da magia cerimonial: religião e superstição.

Essa religião é uma contemplação contínua das coisas divinas e, por meio de boas obras, uma unificação do indivíduo com Deus e com os poderes divinos pela qual, em uma família reverente, um serviço e uma santificação de culto dignos de tais poderes são realizados, e também as cerimônias de culto divino, devidamente praticadas; religião, portanto, é uma certa disciplina de coisas sagradas externas e cerimônias pelas quais, por meio de certos sinais, nós somos alertados quanto a coisas internas e espirituais, disciplina esta tão profundamente implantada em nós pela natureza que divergimos das outras criaturas mais por isso que pela racionalidade.[1]

Assim, aquele que negligencia a religião (como já mencionamos antes) e só confia na força das coisas naturais, com frequência é enganado por espíritos malignos; por isso, aqueles que possuem instruções mais religiosas e sagradas não plantam árvores nem videira, nem se dedicam a qualquer trabalho comum sem a menor invocação divina, como o Doutor das Nações ordena em Colossenses,[2] dizendo que todo ato nosso ou palavra deve ser em nome do Senhor *Jesus* Cristo, a ele dando graças e a Deus seu Pai.

Portanto, sobrepor os poderes da religião às virtudes físicas e matemáticas está tão longe de ser uma falta que não fazer isso é um pecado odioso: nesse sentido, no *Libro Senatorum* diz o rabino *Henina* que aquele que se apodera de qualquer criatura sem a bênção divina é visto por Deus e pela Igreja como um usurpador e ladrão, a respeito do qual escreve *Salomão*: aquele que tomar qualquer coisa por violência de pai ou mãe é um destruidor;[3] mas Deus é nosso Pai e a Igreja é nossa Mãe, como está escrito, e por acaso não é o seu pai que o possui?[4] E em outra fonte, filho meu, ouve o ensino de teu pai e não deixes a instrução de tua mãe.[5]

Nada desagrada mais a Deus que ser negligenciado e desprezado; nada o agrada mais que ser reconhecido e adorado. Por isso, ele não permite a nenhuma criatura do mundo que seja sem religião. Todos os seres adoram a Deus, rezam (como dizia *Proclo*), fazem hinos aos líderes de suas ordens; algumas coisas, porém, são verdadeiramente feitas de uma maneira natural, outras de uma maneira sensível; outras, racional; e outras, intelectual; e todas as coisas, à sua própria maneira, de acordo com o Cântico das Três Crianças,[6] bendizem ao Senhor: mas os ritos e as cerimônias de religião, com respeito à diversidade das épocas e lugares, variam.

Toda religião tem algo de bom, porque é dirigida a Deus, seu criador: e embora Deus só permita a religião cristã, outros cultos a ele dirigidos não são por ele rejeitados e não deixam as pessoas sem recompensa, quando não eterna, ao menos temporária, ou no mínimo com um castigo menor; entretanto, ele detesta, esbraveja contra e destrói os indivíduos profanos e totalmente irreligiosos, pois são seus inimigos, sua impiedade é maior que a dos outros que seguem uma religião falsa e errônea; pois não há uma religião tão errônea (dizia *Lactantius*) que não tenha um pouco de sabedoria, por meio do que possam receber o perdão aqueles que seguem o principal dever do homem, se não em ato, pelo menos em palavra. Nenhum homem, porém, alcança a verdadeira religião a menos que a aprenda de Deus.

Todo culto, portanto, que é diferente da verdadeira religião, é superstição. Do mesmo modo também o é tudo aquilo que promove culto divino a quem não deveria ou de uma maneira errada. Devemos, assim, tomar particular cuidado para não nos tornarmos em momento algum invejosos do Deus Todo-poderoso e de Seus sagrados poderes; pois tal atitude não só seria ímpia como também, em um ato indigno dos filósofos; a superstição, portanto, embora muito diferente da verdadeira religião, não é totalmente rejeitada e, em muitas coisas, é até tolerada e observada pelos principais líderes da religião.

Mas chamo especialmente de superstição aquilo que tem uma certa semelhança com a religião, imitando tudo o que existe na religião, tal como milagres, sacramentos, ritos, observâncias e coisas assim, das quais o poder que obtém não é pouco, como não é pouco a força obtida pela credulidade do operador; pois o quanto uma credulidade constante é capaz de fazer já falamos no primeiro livro, e é algo de pronto conhecido ao vulgar. Portanto, a superstição requer credulidade, assim como a religião necessita de fé, uma vez que a credulidade constante pode realizar grandes coisas, como até milagres em opiniões e falsas operações.

Assim, aquele que acredita piamente em sua religião, ainda que falsa, e eleva seu espírito por meio de sua credulidade até ser recebido por aqueles espíritos que são os principais líderes de tal religião, pode realizar aquelas coisas que a natureza e a razão não discernem; mas a incredulidade e a desconfiança enfraquecem todo trabalho não apenas em superstição, mas também na verdadeira religião, e comprometem o efeito desejado até mesmo dos mais fortes experimentos.

Como a superstição imita a religião, estes exemplos esclarecem: quando, por exemplo, vermes e gafanhotos são excomungados para não mais danificarem as frutas; quando sinos e imagens são batizados, e coisas assim.

Mas como os velhos magos e aqueles que foram os autores dessa arte entre os antigos eram caldeus, egípcios, assírios, persas e árabes, todos cuja religião era idolatria perversa e poluída, nós precisamos tomar muito cuidado para não aceitar o erro deles, que é a guerra contra a religião católica, pois isso é blasfêmia e passível de maldição.[7] E eu também seria blasfemo se não alertasse o leitor de todas essas coisas, nessa ciência; sempre, enfim, que você encontrar essas coisas por nós escritas, saiba que não são apenas relatadas por outros autores nem registradas por nós para mostrar a verdade, mas também para uma possível conjetura que se alia à verdade e uma instrução para imitação das coisas que são verdadeiras.[8]

Devemos, então, dos erros deles, depurar a verdade, um trabalho que requer profunda compreensão, perfeita piedade e dolorosa e laboriosa diligência, além de sabedoria para extrair o bem de qualquer mal e aproveitar as coisas oblíquas para o uso correto daquelas coisas assim governadas, como o exemplo dado por *Agostinho* de um carpinteiro para quem as coisas oblíquas e complicadas são tão necessárias e convenientes quanto as coisas retas.

Notas – Capítulo IV

1. Portanto, o maior bem do homem só se encontra na religião; pois as outras coisas, mesmo aquelas que seriam peculiares do homem, são encontradas também nos outros animais. Pois, quando eles discernem e distinguem suas vozes próprias por meio de marcas específicas entre si, parecem então conversar; também parecem ter um tipo de sorriso, quando, com as orelhas soltas e a boca contraída, e com os olhos relaxados como para brincar, eles pulam sobre o homem ou sobre seus companheiros e filhotes. Por acaso não oferecem eles uma espécie de cumprimento que se assemelha ao amor natural e à indulgência? E, ainda, aquelas criaturas que consideram o futuro e cuidam da própria alimentação certamente têm visão. Também se veem indícios de razão em muitos desses animais. (...) É, portanto, incerto se aquelas coisas que são dadas ao homem são também comuns entre outros seres vivos: e com certeza eles não têm religião. Julgo, de fato, que a razão é dada a todos os animais, mas às criaturas mudas somente para proteção da vida e ao homem para o seu prolongamento. E como a razão em si é perfeita no homem, ela se chama sabedoria, que diferencia o homem nesse aspecto, uma vez que só ele é capaz de compreender as coisas divinas (Lactantius, *Divine Institutions* 3.10 [*Ante-Nicene Christian Library* 21:158]).
2. Colossenses 3:17. O Doutor das Nações é Paulo.
3. Provérbios 28:24.
4. Deuteronômio 32:6.
5. Provérbios 1: 8.
6. O cântico apócrifo das Três Crianças 29-68.
7. Deus amaldiçoou o homem no Jardim do Éden, porque Adão comeu a maçã (Gênesis 3:17). Cristo assumiu para si essa maldição quando foi crucificado e redimiu aqueles que o seguiam (Gálatas 3:13), mas não o restante da humanidade (Mateus 25:41). Portanto, um cristão dissidente reassume o manto do pecado original.
8. Esse parágrafo foi incluído para rechaçar os ataques que Agrippa sabia que seriam lançados contra ele por seus críticos ortodoxos.

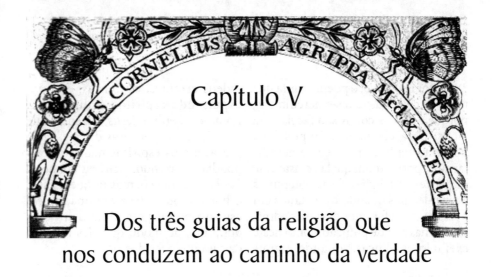

Capítulo V

Dos três guias da religião que nos conduzem ao caminho da verdade

Há três guias que nos conduzem pelos caminhos da verdade e que governam toda a nossa religião, a saber: amor, esperança e fé.

Pois o amor é carruagem da alma, a mais excelente de todas as coisas, que desce desde as inteligências do alto até as coisas mais inferiores. Ele congrega e converte nossa mente na beleza divina, também nos preserva em todas as nossas obras, dando-nos eventos de acordo com os nossos desejos, administrando poder às suplicas, como lemos em *Homero*: *Apolo* ouviu as preces de *Chryson* porque era um grande amigo dele;[1] e também se lê sobre *Maria Madalena* no Evangelho, a qual teve muitos pecados perdoados porque ela amou demais.[2]

Já a esperança, apegando-se com determinação às coisas desejadas, com certeza e sem hesitar, alimenta a mente e a aperfeiçoa.

A fé, por sua vez, que é a virtude superior, não se fundamenta nas ficções humanas, mas apenas nas revelações divinas e permeia todas as coisas em todo o mundo, pois desce desde a primeira luz, e é a mais próxima dela, além de ser muito mais nobre e excelente que as artes, ciências e crenças que advêm de coisas inferiores; em nosso intelecto ela é lançada por reflexão desde a primeira luz.

Para concluir, pela fé, o homem se torna semelhante aos poderes superiores e desfruta o mesmo poder que eles: nesse sentido, diz *Proclo*, assim como a crença que é uma credulidade que está abaixo da ciência, a crença que é a fé verdadeira se encontra substancialmente acima de toda ciência e compreensão, aproximando-nos imediatamente de Deus; pois a fé é a raiz de todos os milagres e só por meio dela (segundo os platônicos) é que nós nos aproximamos de Deus e obtemos divino poder e proteção.

Assim, lemos que Daniel escapou da boca dos leões porque acreditou em seu Deus.[3] À mulher que sofria de hemorragia, Cristo disse: tua fé te curou;[4] e ao cego que desejava ver, ele perguntou, crês tu que posso te abrir os olhos?[5] *Palas* em *Homero* conforta *Aquiles* com estas palavras: vim para acalmar sua ira, se você acreditar.[6]

Por isso, *Lino*, o poeta,[7] canta que todas as coisas devem ser acreditadas, porque todas as coisas são fáceis para Deus; para ele nada é impossível, portanto nada é incrível; se acreditarmos, portanto, naquelas coisas que pertencem à religião, delas obteremos a virtude; mas quando titubeamos em nossa fé, nada faremos digno de admiração, mas sim de punição, como neste exemplo em Lucas:[8] quando alguns judeus errantes, exorcistas, estavam expulsando espíritos malignos em nome do Senhor *Jesus*, dizendo que os adjuravam por *Jesus* de que *Paulo* pregava; e os espíritos malignos respondiam, dizendo: *Jesus* eu conheço, *Paulo* eu conheço, mas tu quem és? E o homem que estava dominado pelo espírito pulou para cima deles e os dominou, de modo que eles fugiram da casa nus e feridos.

Notas – Capítulo V

1. Crises, um sacerdote de Apolo, foi até Agamenon implorar pela libertação de sua filha, Criseis, a qual fora capturada pelos gregos e lhe dada de presente, mas ele recusou. Crises rogou vingança a seu Deus:
   Então ele falou em oração, e Febo Apolo ouviu-o,
       descendo pelos pináculos do Olimpo zangado no fundo da alma,
       carregando nos ombros o arco e o coldre fechado;
       as flechas ressoavam sobre os ombros do deus que andava furiosamente.
   Ele veio como o cair da noite,
       ajoelhou-se longe e do lado oposto dos navios e disparou uma flecha.
   Terrível foi o estrondo por causa do arco de prata.
       Primeiro ele foi atrás das mulas e os cães de caça ao redor,
       então atirou uma flecha rasgante contra os homens e os acertou.
   As piras de cadáveres queimavam em todo lugar incessantemente.
       (Homero, *Ilíada*, Canto I, Linhas 43-52 [Lattimore, 60])
2. Lucas 7:47. Pela tradição, a mulher que ungiu os pés de Cristo seria Maria Madalena. No entanto, o nome dela não é citado, e não há evidência da identidade dessa mulher.
3. Daniel 6:23.
4. Mateus 9:22.
5. Mateus 9:28-9.
6. Jogado na correnteza de um rio, Aquiles é confortado pelos deuses Posêidon e Atenas: "Não tenha medo, filho de Peleus, nem fique ansioso,/nós, dois dos deuses, estamos ao seu lado para ajudá-lo,/com o consentimento de Zeus, meu mesmo e de Palas Atena. ... Mas também alguns conselhos para lhe dar, se você acreditar em nós" (Homero, *Ilíada* 21, linhas 288-93 [Lattimore, 426]).
7. Na época dos gramáticos de Alexandria, Lino foi considerado o autor das obras apócrifas que descreviam as aventuras de Dioniso. Ver sua nota bibliográfica.
8. Na verdade, nos Atos dos Apóstolos (19:13-6). Agrippa pode ter confundido esses versículos com Lucas 9:49.

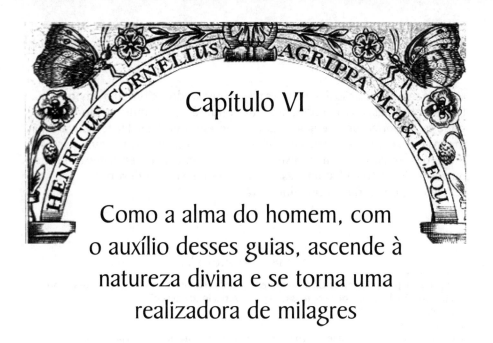

Capítulo VI

Como a alma do homem, com o auxílio desses guias, ascende à natureza divina e se torna uma realizadora de milagres

ossa mente, portanto, sendo pura e divina, inflamada de um amor religioso, adornada com esperança, dirigida pela fé, colocada à altura e no alto da alma humana, atrai a verdade e, de repente, a compreende, e vislumbra todas as estações,[1] bases, causas e ciências tanto das coisas naturais quanto das imortais na própria verdade divina, como se fosse uma espécie de vidro[2] da eternidade.

Assim, quando nós, embora naturais, conhecemos aquelas coisas que estão acima da natureza e compreendemos todas as coisas abaixo, como por meio de divinos oráculos, recebemos o conhecimento não só das coisas presentes, mas também das passadas e futuras e com muitos anos de antecedência; além disso, não apenas nas ciências, artes e oráculos a compreensão desafia[3] a si mesma essa virtude divina, mas também recebe esse poder miraculoso em certas coisas pela ordem de mudança.[4]

É por isso que, embora estejamos estruturados em um corpo natural, às vezes predominamos sobre a natureza e realizamos operações maravilhosas, súbitas e difíceis, como fazendo com que espíritos maus nos obedeçam, que os astros se desordenem, os poderes celestiais se mobilizem, os elementos a nós aquiesçam. De fato, os homens devotos e aqueles elevados por essas virtudes teológicas comandam os elementos, dissipam nevoeiros, levantam ventos, fazem chover, curam doenças e ressuscitam os mortos, e todas essas coisas já foram feitas nas mais diversas nações, segundo cantam e relatam os poetas e historiadores; e são de fato feitas, e todos os mais famosos filósofos e teólogos confirmam; nesse sentido, os profetas, apóstolos e outros eram famosos pelo maravilhoso poder de Deus.

Devemos saber, portanto, que assim como pelo influxo do primeiro agente, às vezes algo se produz sem a cooperação das causas intermediárias; pela obra apenas da religião, algo pode ser feito sem a aplicação das virtudes naturais e celestiais; mas nenhum homem pode trabalhar só pela religião pura, a menos que se torne totalmente intelectual;[5] mas aquele que, sem a mistura de outros poderes, trabalhar apenas com a religião e perseverar no trabalho, será consumido pelo poder divino e não poderá viver muito tempo; aquele, porém, que fizer tal tentativa e não for purificado, acarretará para si o julgamento e será entregue ao Espírito do Mal para ser devorado.

Notas – Capítulo VI

1. Lugares, ou posições, talvez em alusão às estações da cruz, uma série de 14 posições, representando a paixão de Cristo, que eram usadas para exercícios de devoção.
2. Espelho.
3. Reivindica ou invoca.
4. Em outras palavras, a mente não só recebe compreensão, mas também o poder de agir e causar mudança.
5. Livre de apegos, no sentido budista; libertado não só dos desejos da carne, mas dos apegos emocionais e de todos os outros aspectos do carma (ação-reação).

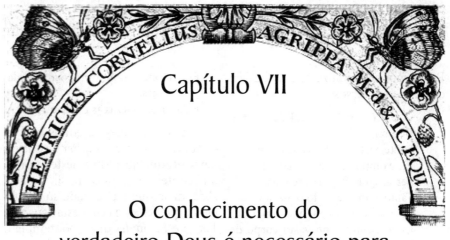

Capítulo VII

O conhecimento do verdadeiro Deus é necessário para um mago; o que os antigos magos e filósofos pensavam acerca de Deus

ma vez que a existência e a operação de todas as coisas dependem do Deus altíssimo, Criador de todas as coisas, a partir dele e também de outros poderes divinos, aos quais também é concedido o poder de fazer e criar não principalmente, mas instrumentalmente pela virtude da Causa Primeira (pois o início de tudo é a Causa Primeira, mas o que é produzido pelas segundas causas é muito mais produzido pela Primeira, que é a geradora das segundas causas, a que chamamos de deuses), é necessário que todo mago conheça o verdadeiro Deus, que é a Causa Primeira, ou Primeira Causa, e Criador de todas as coisas; e também os outros deuses ou poderes divinos (que chamamos de segundas causas); e não ignore, com adoração, reverência, ritos sagrados confortáveis às condições de cada um, que eles devem ser venerados.

Aquele, enfim, que invoca os deuses e não lhes confere sua devida honraria nem lhes distribui o que lhes pertence por direito, não desfrutará a presença deles nem dos seus efeitos. Na harmonia, por exemplo, se uma corda se parte, toda a música é prejudicada e, às vezes, incorre no perigo da punição, como se lê acerca dos assírios instalados na Samaria,[1] os quais, porque não conheciam os costumes do deus da região, o Senhor mandou leões até eles para os destruírem, pois eram ignorantes dos direitos do deus da região.

Vejamos, agora, o que os antigos magos e filósofos pensavam a respeito de Deus. Lemos que *Nicocreonte*, um tirano de Chipre, perguntou ao oráculo de Serápis[2] quem era o maior de todos os deuses, e este lhe respondeu que o maior deus deveria ser aquele cuja cabeça estava nos céus; os mares, em sua barriga; a Terra, em seus pés, os ouvidos se encontravam no céu e seus olhos eram a luz do glorioso Sol.

Em termos não muito diferentes, *Orfeu* canta[3] nestes versos:

> O céu é o palácio real de Júpiter,
> ele é rei,
> Fonte, virtude e Deus de tudo;
> Ele é onipotente, e em seu seio
> Terra, água, fogo e ar repousam.
> Tanto a noite quanto o dia, a verdadeira sabedoria com doce amor,
> Estão contidos no vasto corpo de Júpiter.
> Seu pescoço e sua gloriosa cabeça, se pudéssemos ver,
> Contemplam os céus no alto, e, em majestade;
> Os gloriosos raios das estrelas representam
> Seus cachos dourados e o adorno de sua cabeça.

E em outro ponto:[4]

> O brilhante Febo e a Lua são os dois olhos
> Desse grande Júpiter, pelos quais ele tudo vê;
> Sua cabeça prediz tudo e se encontra no céu,
> De onde nenhum som é sussurrado em segredo.
> Tudo ele permeia; seu corpo se estende pela vastidão,
> Não conhece fronteiras nem fins.
> O ar espaçoso é a sua respiração, suas asas, o vento,
> Pelo qual ele voa mais rápido que a mente.
> Seu ventre é nossa mãe Terra, que se infla
> Em enormes montanhas, as quais o oceano enche
> E circunda; seus pés são as rochas e pedras
> Que deste globo constituem as fundações.
> Esse Júpiter, sob a terra, oculta todas as coisas,
> E das profundezas as traz para a luz.

Portanto, eles acreditavam que o mundo inteiro era *Júpiter*,[5] e que ele havia produzido a Alma deste mundo, que contém o mundo em si. *Sófocles*, aliás, dizia que na verdade só há um Deus, que fez este céu e esta espaçosa Terra; e *Eurípides* dizia: contempla o Altíssimo, que tudo abraça com seus braços o imensurável céu e a Terra; acredita que ele é Júpiter, considera-o Deus. E *Ênio*, o poeta, canta:

> Contempla essa sublime luz reluzente, a que todos chamam de Júpiter.

Portanto, o mundo inteiro é *Júpiter*, como dizia *Porfírio*, uma criatura feita de todas as criaturas, e um Deus constituído de todos os deuses; mas *Júpiter* é, pelo que podemos compreender, a fonte da qual todas as coisas são produzidas, criando todas as coisas por sua sabedoria. E assim canta *Orfeu*, falando da santa Palavra:[6]

> Existe um Deus, que criou todas as coisas,
> Tudo preserva e, acima de tudo, se eleva.
> Só por nossa mente é ele compreendido,
> E aos pobres mortais nunca deseja o mal.
> E além dele não há outro.

E um pouco mais adiante:[7]

> Ele próprio é o começo, o meio e o fim.

Como nos ensinaram os antigos profetas, aquele a quem Deus há muito tempo entregou as duas tábuas o chamou no mesmo versículo de único grande Criador e imortal.

Também *Zoroastro* em sua História Sagrada[8] dos persas define Deus nestes termos: ele é o primeiro de todas as coisas que não sofre degeneração nem corrupção, não gerado, que nunca morre, sem partes, e o mais semelhante a si mesmo, autor e promotor de todas as coisas boas, o pai de todos, generoso e sábio, a luz sagrada da justiça, a perfeição absoluta da natureza, dela seu criador e sua sabedoria.[9]

Apuleio também o descreve como um rei, a causa, a fundação e o princípio original de toda a natureza, o supremo gerador dos espíritos, eterno, o preservador de todos os seres vivos, um pai sem propagação que não pode ser compreendido por tempo, lugar ou qualquer outra circunstância e, portanto, imaginável por uns, exprimível por ninguém.

Assim, *Eurípides* dizia que o Deus supremo devia ser chamado de *Júpiter*, por cuja cabeça, segundo *Orfeu*, todas as coisas chegaram a esta existência, enquanto os outros poderes ele considerava subservientes, ou seja, sem Deus dele separado, os quais são chamados pelos filósofos de ministros ou anjos de Deus, inteligências separadas; assim, afirma-se que a veneração religiosa se deve somente a esse altíssimo *Júpiter* e a nenhum outro poder divino, a menos que em nome dele.

Notas – Capítulo VII

1. Ver II Reis 17:24-5.
2. A principal sede do culto ao deus Serápis (Osíris-Ápis) era Alexandria, no Egito, para onde a estátua original do deus fora trazida por Ptolomeu Soter e guardada no primeiro Serapeum (local onde Serápis era venerado). Nos tempos greco-romanos, os lugares de culto de Osíris (Serápis) totalizavam 42, um para cada nome do Egito, e o culto do deus se espalhou por todo o mundo antigo. O deus era servido por um sacerdócio de homens egípcios santos, ascetas, que provavelmente seguiam o regime da irmandade pitagórica – celibato, vegetarianismo, propriedade comum. Serápis falou a Ptolomeu pela primeira vez em um sonho, e Cícero menciona um oráculo onírico de Serápis: "Pode Esculápio, ou Serápis, por meio de um sonho, nos prescrever uma maneira de obter a cura para a má saúde?" (*De divinatione* 2.59 [Yonge, 252]).
3. Esse hino é apresentado por Thomas Taylor na dissertação introdutória, seção 2, de sua obra *Hymns of Orpheus*.
4. Ver nota anterior. Essa citação é do mesmo hino.
5. Proclo, em seu Comentário sobre Parmênides, de Platão (3.22), escreve:

> Orfeu diz que, após devorar Phanes, Zeus gerou todas as coisas; pois todas as coisas foram manifestadas original e unificadamente no Primeiro e, em segundo lugar, em partes, no Demiurgo, a causa da Ordem Mundana. Pois nele, o Sol e a Lua, o próprio céu e os elementos, e o "amor onipresente", e todas as coisas, "foram geradas no ventre de Zeus".

E no Comentário sobre Crátilo, de Platão, ele diz:

> Orfeu passa a tradição segundo a qual ele [Zeus] criou toda a criação celestial, e fez o Sol e a luz e todos os deuses das estrelas, e criou os elementos sob a lua (citado por Mead [1896] 1965, 133-4].

6. Ele é o Único, autocriado; e dele todas as coisas procedem,
E nelas ele exerce sua atividade;
Nenhum mortal o vê, mas ele vê todos (Taylor 1975, 166).
7. Zeus, o poderoso trovejante, é o primeiro; Zeus é o último;
Zeus é a cabeça, Zeus é o meio de todas as coisas;
De Zeus todas as coisas foram produzidas (*ibid.*).
8. Os livros sagrados de Zoroastro são coletados em *Zend-Avesta* ou, mais corretamente, *Avesta*, sendo *Zend* (interpretação) a tradução e o comentário que a acompanham. A história desses livros é muito longa e interessante. Pausanius a menciona quando descreve um sacerdote persa da Lídia:

> Um mago entra na casa e faz uma pilha de madeira seca sobre o altar: primeiro, ele coloca uma coroa na cabeça e depois entoa o título a ser cultuado de algum deus em palavras bárbaras, incompreensível para os gregos, lendo em um pergaminho o que entoa; e é absolutamente certo que a madeira pega fogo, daí produzindo uma chama clara e forte (*Guide to Greece* 5.27.6 [Levi, 2:280]).

O historiador do século X, Masudi, descreve os livros:

> Zartusht deu aos persas o livro chamado *Avesta*. Consistia em 21 partes, cada uma contendo 200 folhas. Esse livro, na escrita que Zartusht inventou e que os Magos chamavam de escrita da religião, foi escrito sobre 12 mil peles de vaca, amarradas com faixas douradas. A língua era o persa antigo, que hoje em dia ninguém compreende (*Encyclopaedia Britannica*, 11ª edição, 28:968).

O *Arda-Viraf-Nama* acusava Alexandre, o Grande, de ter queimado essas peles em Persépolis.
9. Mas Deus é Aquele que tem a cabeça do Falcão. É o primeiro, incorruptível, eterno, não gerado, indivisível, dissimilar, do qual procede todo o bem; indestrutível; o melhor de todos os bens, o mais sábio dos sábios; Ele é o Pai da Igualdade e da Justiça, autodidata, físico, perfeito e sábio – Ele que inspira a Sagrada Filosofia (Eusébio, *Praeparatio evangelica* 1.10. Em Wescott [1895] 1983, 33).

A respeito desse Oráculo, comenta Westcott:

> Esse Oráculo não aparece nas coletâneas antigas nem no grupo de oráculos citado pelos ocultistas medievais. Cory [Isaac Preston Cory, *Ancient Fragments*, Londres, 1828] parece ter sido o primeiro a descobri-lo nos volumosos escritos de Eusébio, que atribui a autoria ao Zoroastro persa. (*ibid.*)

Só posso pensar que a fonte é muito próxima da entoada pelo sacerdote persa mencionada na nota 8 deste capítulo.

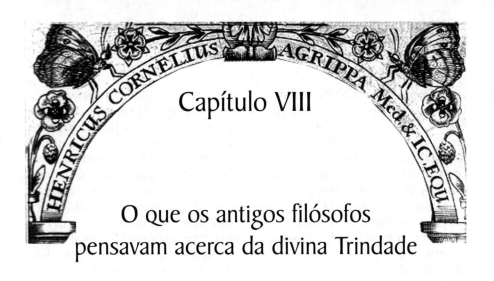

Capítulo VIII

O que os antigos filósofos pensavam acerca da divina Trindade

gostinho e *Porfírio* testificam que os platônicos viam três pessoas em Deus:[1] o primeiro, o Pai do mundo; o segundo, o Filho e a Primeira Mente (e assim é chamado por *Macrobius*); e o terceiro, o Espírito ou a Alma do Mundo, que *Virgílio*, aliás, baseando-se na opinião de *Platão*, chamava de um espírito, quando canta:[2]

O espírito alimenta, a mente
Se difunde pelo Todo, em sua espécie
A matéria atua e agita.

Plotino[3] e *Filo* afirmam que o Filho de Deus, ou seja, a Primeira Mente ou intelecto divino, flui a partir de Deus Pai como um palavra do orador ou como a luz da luz;[4] por isso a mente é chamada ao mesmo tempo de Palavra e Fala, o esplendor de Deus Pai; pois a mente divina, por si, com um único e ininterrupto ato, compreende o bem maior sem a menor vicissitude ou conhecimento intermediário; Deus gera em si mesmo uma emanação e um Filho, que é a inteligência plena, imagem completa de si mesmo e o padrão perfeito do mundo, que *João*[5] e *Hermes* chamam Palavra ou Fala; *Platão*,[7] de Filho de Deus Pai; *Orfeu*,[8] de *Palas*, nascido do cérebro de *Júpiter*, ou seja, Sabedoria.

Essa é a imagem mais absoluta de Deus, o Pai, por uma certa relação, ou alguma coisa absoluta intrínseca, como se fora gerado e distinto do Pai, que diz em Eclesiástico:[9] Eu saí da boca do Altíssimo, ele me criou desde o princípio. *Jâmblico* atesta que esse Filho é único e o mesmo que Deus, o Pai em essência, chamando de Deus tanto o Pai quanto o Filho.

Também *Hermes Trismegisto*, em Asclépio, menciona o Filho de Deus em diversos lugares, pois dizia: meu Deus e Pai gerou uma Mente, uma obra extraída de si. Em outro lugar: Unidade gera Unidade e reflete seu flagrante amor em si;[10] e em Pimander (em que ele parece profetizar a aliança da graça que está por vir e do mistério da regeneração) diz que o autor da regeneração é o Filho de Deus,[11] o homem pela vontade do Deus único, e também que Deus é preenchido com a fertilidade dos dois sexos.[12]

De modo semelhante, os filósofos indianos afirmam que o mundo é um animal,[13] em parte masculino, em parte feminino; e *Orfeu* também chama de natureza ou *Júpiter* deste mundo tanto seu aspecto masculino quanto o feminino[14], e diz que os deuses têm ambos os sexos. Tanto que em seus Hinos ele louva *Minerva* nestes termos: és ao mesmo tempo homem e mulher;[15] e *Apuleio*, em Livro do Mundo,[16] da divindade de *Orfeu*, produz este verso de *Júpiter*:

Júpiter é macho e fêmea; é imortal.

E *Virgílio*, falando de *Vênus*, diz:

Eu desço, e Deus é meu guia.

E em outro ponto, discorrendo sobre *Juno* e *Alecto*, ele diz:

Deus não se absteve de ouvir sua prece.

E *Tibullus* canta:[17]

Eu que profano fui, a mim
São grandiosas as divindades de Vênus.

E se afirma que o povo de Cacenia[18] adorava o deus Lua.

Dessa inteligência completa de suprema fecundidade seu amor é produzido, unindo a inteligência à mente. E assim é a prole muito íntima do Pai que quaisquer outros pais e filhos. Esta é a terceira pessoa, isto é, o Espírito Santo. *Jâmblico* também atribui aos oráculos dos caldeus um poder paterno em Deus,[19] e uma emanação do intelecto do Pai, e um amor incandescente que procede do Pai e Filho, sendo ambos Deus.

Lemos ainda em *Plutarco* que os gentios descreviam Deus como um espírito intelectual e incandescente, sem forma, mas se transformando no que ele quiser, igualando-se a todas as coisas. E se lê em Deuteronômio,[20] nosso Deus é um fogo que consome; no mesmo sentido, também *Zoroastro* dizia que todas as coisas foram geradas somente do fogo;[21] o mesmo afirmava *Heráclito*, o professor efésio. Para o erudito *Platão*, a moradia de Deus era o fogo,[22] que compreendia assim o inefável esplendor de Deus no próprio Deus, e seu amor também por si mesmo.

Lemos em *Homero*[23] que os céus são o reino de Júpiter, quando ele canta:

Júpiter escurecendo as nuvens e reinando no céu.

E em outro ponto:[24]

A morada de Júpiter, o céu, está no ar,
Lá ele se senta.

Segundo os gramáticos gregos, a palavra *éter* deriva de *aetho*, que significa queimar, *aer spiritus quasi aethaer*, ou seja, um espírito que queima, ou espírito ardente.

E por isso *Orfeu* chama o céu de *Pyripnon*, isto é, um lugar que respira em fogo; portanto, o Pai, Filho e o Espírito animado, que também é ardente, são chamados pelos eruditos de três pessoas. *Orfeu*, aliás, invoca em suas adjurações estas palavras: Céu, eu te admiro, obra sábia do grande Deus; eu te adjuro, ó Palavra do Pai, que ele pronunciou pela primeira vez quando estabeleceu o mundo inteiro por sua sabedoria.[25]

Hesíodo[26] também confessa as mesmas coisas sob os nomes de *Júpiter*, *Minerva* e *Bule*, em sua Teogonia, descrevendo nestes termos o duplo nascimento de *Júpiter*: a primeira Filha, *Tritônia*, a dos olhos cinzentos, cujo poder era igual ao do Pai, e a prudente *Bule*,[27] ou Conselho, que nos versos supracitados

Orfeu menciona no plural, por causa de sua emanação dupla, pois ele procedia tanto de *Júpiter* quanto de *Minerva*.

E até *Agostinho*, em seu quarto livro,[28] *De Civit Dei*, atesta que *Porfírio*, o platônico, via três pessoas em Deus; a primeira ele chama de o Pai do Universo; a segunda, de a Primeira Mente (e *Macrobius* o Filho); e a terceira, de a Alma do Mundo, que *Virgílio*,[29] na opinião de *Platão*, chama de espírito, dizendo:

O espírito interior mantém.

Portanto, é Deus, como afirma Paulo,[30] aquele de quem, em quem e por quem todas as coisas existem; pois assim como de uma fonte, do Pai fluem todas as coisas;[31] mas como em um lago, no Filho são postas todas as coisas, como em suas Ideias; e pelo Espírito Santo todas as coisas são manifestadas e tudo é distribuído em seus devidos graus.

Notas – Capítulo VIII

1. Pois dissemos que há três princípios consequentes um ao outro; a saber: *pai, poder* e *intelecto paterno*. Mas na realidade esses não são três nem um e, ao mesmo tempo, três. Mas é necessário explicarmos estes por meio de nomes e conceitos dessa espécie, adaptando-os à sua natureza, ou pelo nosso desejo de expressar algo apropriado à ocasião. Pois, assim como denominamos essa tríade de *um*, e *muitos*, e *tudo*, e *pai*, poder e intelecto paterno, e ainda união, infinito e misto [segundo Platão] – do mesmo modo chamamos de *mônada*, e de *díade indefinida*, e de *tríade* [segundo Pitágoras] e uma natureza paterna composta de ambas (Damáscio, citado por Mead [1896] 1965, 67).

Para um tratamento completo dessas três divisões de deidades, veja o texto no capítulo 5.

2. "Primeiro o céu, e a terra, e as planícies aquosas, e a esfera brilhante do Sol, e a estrela de Titã, um Espírito alimenta por dentro; e uma Mente, imbuída por todos os membros, dá energia a toda a massa e se mistura com o poderoso corpo" (Virgílio, *Eneida* 6, c.linha 724 [Lonsdale & Lee, 174]).

3. Diante dessa imobilidade no Supremo, não pode ter assentido nem emitido decreto, tampouco tendido à existência de um secundário. O que aconteceu, então? O que devemos conceber como tendo surgido em torno dessa imobilidade? Deve ter sido uma radiância circundante – produzida a partir do Supremo, mas em nada alterada do Supremo – e pode ser comparada à luz brilhante em volta do Sol e incessantemente gerada a partir da substância imutável (Plotino, *As Enéadas* 5.1.6. traduzida para o inglês por Stephen Mackenna [London e Boston: *The Medici Society,* 1926], 4:8]).

O autor do princípio causativo, de mente divina, é para ele [Platão] o Bem, aquilo que transcende o Ser: com frequência ele usa também o termo "A Ideia" para indicar o Ser e a Mente Divina. Portanto, Platão conhece a ordem gerativa – do Bem, o Princípio Intelectual; do Princípio Intelectual, a Alma (*ibid.* 5.1.8 [Mackenna, 4:12]).

4. Nesse tema podemos citar o oráculo extraído de Proclo: "Quando a Mônada se estende, a Díade é gerada" (*Chaldean Oracles of Zoroaster* 26 [Westcott, 38]).

5. João 5:7.

6. "Pois eu considero impossível que aquele que é o criador do Universo em toda a sua grandeza, o Pai ou Mestre de todas as coisas, possa ser chamado por um único nome, sendo composto de tantos outros; creio que ele não tem nome, ou melhor, que todos os nomes se refiram a ele" (Asclépio 3.20a [Scott, 1:333]).

7. Talvez uma referência em uma de suas cartas: "... o deus que é o governante de todas as coisas presentes e futuras, e o pai legítimo do princípio ativo regulador..." (Platão, *Carta* 6.323d [Hamilton & Cairns, 1604)]).
8. Da fonte do grande pai, supremamente brilhante, Como fogo ressoante, saltando para a luz ("Hymn to Minerva". Em Taylor 1875, 155).
Sobre Palas Atena, Proclo diz: "Orfeu diz que Zeus a gerou de sua cabeça – 'reluzindo em plena panóplia, uma flor despudorada'" (*Commentary on the Timaeus* 1.51. Em Mead [1896] 1965, 143).
9. Livro apócrifo existente nas Bíblias católicas, mas não nas protestantes (24:3.9).
10. Não encontro correspondências a essas referências em *Asclépio* na tradução de Scott. Entretanto, acerca do mesmo tema, encontrei:

> Quando o Mestre, o Criador de todas as coisas que nós costumamos chamar de Deus, fez aquele que era o segundo [Cosmos], um deus visível e sensível – e eu o chamo de "sensível" não porque ele percebe as coisas pelos sentidos... mas porque pode ser percebido pelo sentido e pela visão –, quando eu digo que Deus tinha assim agido, sua primeira e única criação, e quando viu que o ser que tinha feito era belo e repleto de todas as coisas boas, ele nele se regojizou, e o amou profundamente, como seu verdadeiro filho (*Asclépio* 1.8 [Scott, 1:299, 301]).

11. Tat: Diga-me isto: o que é o ministro pela qual a consumação do Renascimento se dá? Hermes: Um homem que é o filho de Deus, trabalhando subordinado à vontade de Deus.
Tat: E que tipo de homem surge por meio do Renascimento?
Hermes: O que nasce por meio desse nascimento é outro; é um deus, e filho de Deus. Ele é o Todo, e está em tudo; pois não tem parte alguma na substância corporal; tem parte da substância das coisas inteligíveis, sendo totalmente composto dos Poderes de Deus (*Corpus Hermeticum* 13.2 [Scott, 1:239, 241]).
12. Agrippa parece se referir a uma passagem em *Asclépio*: "Ele, cheio de toda a fecundidade dos dois sexos em um, e sempre repleto de sua própria divindade, incessantemente cria tudo o que deseja gerar; e tudo o que ele deseja é bom" (*Asclépio* 3.20b [Scott, 1:333]).
13. Platão também descreve o mundo como um animal:

> Imaginemos o mundo como a própria imagem daquele todo do qual todos os outros animais, tanto individualmente quanto em suas colônias, são partes. Pois o Universo original contém em si todos os seres inteligíveis, assim como este mundo comporta a nós e todas as criaturas visíveis. Pois a divindade, desejando que este mundo fosse o mais belo e perfeito dos seres inteligíveis, criou um animal visível comportando em si todos os outros animais de uma natureza afim (*Timaeus* 30c-d [Hamilton & Cairns, 1163]).

> Uma vez que o mundo é solitário, ele dá origem a todos os seres vivos por geração, então, deduz-se que ele deve ser bissexual.

14. "Pois Zeus era todas as coisas produzidas. Ele é macho e fêmea..." (Hino Órfico, no apêndice de Taylor, 1875, 166).
15. Deusa que porta escudo, ouça, aquela a quem pertence
Uma mente de homem, e o poder de domar os fortes!
(*Hino órfico a Minerva* em Taylor 1875, 155).
16. *De mundo liber*, uma tradução da obra grega Περι κοσμου, que outrora fora erroneamente atribuída a Aristóteles.
17. "Terei ultrajado a divindade da grande Vênus com minhas palavras e sofrerei agora a pena por minha ímpia língua? Sou por acaso acusado de deflagrar as moradas dos deuses e rasgar as guirlandas de seus sagrados santuários?" (*Tibullus Elegies* 1.5., tradução para o inglês de Walter K. Kelly [Londres: George Bell and Sons, 1884], 119).
18. Na *Opera* latina, escreve-se Carenus. Não sei a que cidade se refere, mas pode ser Carana, na Armênia Magna (Erzurum, Turquia), ou Karanis, no Egito, que ficava bem a nordeste do lago Moeris; provavelmente é a segunda.
19. Deus costuma ser referido nos Oráculos caldeus de Zoroastro como Pai, Intelecto e Fogo, mas não há uma menção explícita do filho de Deus. Alguns dos títulos dados a Deus na tradução dos Oráculos são: "Mente do Pai" (Westcott, 40), "Intelecto Paterno" (41), "Princípio Paterno"

O que os antigos filósofos pensavam acerca da divina Trindade   615

(35), "Pai dos Deuses e Homens" (37), "Fonte Paterna" (40), "Fogo brilhante" (37) e "um calor animando todas as coisas" (36). O fogo de Deus, também conhecido como "Lua gerada pelo Pai" (44), é associado ao fogo da alma: "O que primeiro surgiu da Mente, vestindo um Fogo com outro Fogo, unindo-os, para que ele pudesse misturar as crateras fontanais enquanto preservava o esplendor imaculado de Seu próprio Fogo" (Westcott, 37).

20. Na verdade, Hebreus 12:29. Agrippa deve ter confundido esse versículo com Deuteronômio 32:22.

21. "Todas as coisas surgiram daquele Fogo original" (Um oráculo registrado por Psellus. Em *Chaldean Oracles of Zoroaster* [Westcott, 36]).

22. "Dos [deuses] celestiais e divinos, ele criou a maior parte do fogo, que fossem as coisas mais brilhantes e claras para se olhar..." (Platão, *Timaeus* 40 a [Hamilton & Cairns, 1169])

23. Da prece a Agamenon: "Zeus, exaltado e poderosíssimo, que mora no céu entre as escuras névoas..." (*Ilíada* 2, linha 412 [Lattimore, 87]).

24. Talvez "Zeus, filho de Cronos, que habita o alto dos céus..." (Homero, *Ilíada* 4, linha 166 [Lattimore, 117]).

25. Não parece ser uma referência ao hino órfico "Ao Céu".

26. "Primeiro uma menina, Tritogeneia, a dos olhos cinzas,/Igual em espírito e inteligência/A Zeus seu pai..." (*Teogonia* c. linha 896 [Wender, 52]).

27. Atena era chamada de *Boulaia* (deusa conselheira). O termo grego Βουλαῖοδ significa "do ou no conselho".

28. Na verdade, o décimo livro:

> Pois ele [Porfírio] fala de Deus Pai e de Deus Filho, chamado pelos gregos de intelecto do Pai, mas do Espírito nenhuma palavra é dita, pelo menos não de forma clara, embora a que ele se refira, quando menciona um meio entre os dois, eu não compreenda. Pois se seguisse Plotino em seu discurso das três essências primas (*Enéada* 5, tratado 1), e considerasse a terceira pessoa a natureza da alma, ele não a citaria como meio entre o Pai e o Filho. Pois Plotino a cita como sendo depois do intelecto do Pai; mas Porfírio, designando-a como meio, a interpõe entre as duas pessoas (Agostinho, *Cidade de Deus* 10.23 [Healey, 1:296]).

29. Ver nota 2 deste capítulo.

30. Romanos 11:36.

31. A metáfora da fonte aparece numerosas vezes nos Oráculos caldeus: "A mente do Pai girava e girava, emitindo como que um trovão ecoante, compreendendo pela Vontade invencível as Ideias omniformes que voavam aos borbotões da fonte; pois o Pai vivo era a Vontade e o Fim" (*Chaldean Oracles of Zoroaster* 39 [Westcott, 40]).

Capítulo IX

Qual é a verdadeira e mais ortodoxa fé a respeito de Deus e da Santíssima Trindade

Os doutores católicos e o povo fiel de Deus decretaram que devemos acreditar e professar que só existe um único Deus verdadeiro, incriado,[1] infinito, onipotente, eterno, Pai, Filho e Espírito Santo, três pessoas, coeternas e iguais, da mais simples essência, substância e natureza. Esta é a fé católica, esta é a religião ortodoxa, esta é a verdade cristã: que nós adoramos um Deus em trindade, e trindade em unidade, não confundindo as pessoas e não dividindo a substância.[2]

O Pai gerou o Filho a partir de toda a eternidade e lhe deu sua substância e, no entanto, a conservou em si. O Filho também, sendo gerado, recebeu a substância do Pai, mas não assumiu a pessoa apropriada do Pai; pois o Pai não a trasladou ao Filho; pois são ambos da única e mesma substância, embora de pessoas diferentes. Esse filho também, embora coeterno com o Pai, gerado da substância do Pai antes do mundo, também nasceu no mundo a partir da substância de uma virgem, e seu nome foi *Jesus*, Deus perfeito, de uma alma razoável e carne humana, que em todas as coisas foi homem, exceto no pecado.

Por isso é necessário que acreditemos que nosso Senhor *Jesus* Cristo, o Filho de Deus, é Deus e homem, uma pessoa, duas naturezas; Deus gerado antes do mundo sem uma mãe, de uma virgem pura, antes e depois de seu nascimento; ele sofreu na cruz e morreu, mas na cruz restaurou a vida e destruiu a morte com sua morte; foi sepultado e desceu ao Inferno, mas libertou do Inferno as almas dos Pais, e ressuscitou por seu próprio poder; no terceiro dia subiu aos céus e enviou seu espírito consolador, e virá para julgar os vivos e os mortos; e quando ele vier, todos os homens ressuscitarão em carne e prestarão contas de suas obras.

Essa é a fé verdadeira, da qual, se qualquer homem duvidar, e não acreditar com firmeza, estará longe da esperança da vida eterna e salvação.[3]

Notas – Capítulo IX

1. Não criado.
2. Os filósofos falam com liberdade, nunca temendo ofender os ouvidos religiosos naqueles mistérios incompreensíveis; mas nós devemos medir nossas palavras, para não cometermos o erro ímpio com nossa liberdade de expressão acerca de tais assuntos. Portanto, quando falamos de Deus, não falamos de dois princípios nem de três, assim como dizemos que há dois deuses ou três, embora quando falamos do Pai, do Filho e do Espírito Santo, digamos que cada um deles é Deus. Tampouco dizemos, como os hereges sabelianos, que Ele que é o Pai é o Filho, e Ele que é o Espírito Santo é o Pai e o Filho, mas o Pai é o Pai do Filho, e o Filho, o Filho do Pai, e o Espírito Santo é tanto do Pai quanto do Filho, mas não é o Pai nem o Filho (Agostinho, *Cidade de Deus* 10.23 [Healey, 1:296]).
3. Detecta-se nessa recitação árida dos pontos da ortodoxia uma ironia velada por parte de Agrippa. Ele precisava fazer tais afirmações para garantir a sobrevivência de seu livro. No clima de sua época, os homens tinham medo não só de escrever, mas também de pensar livremente.

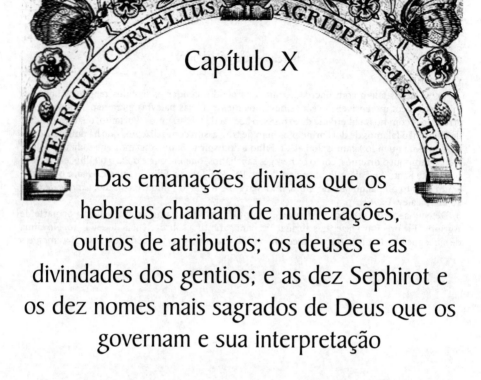

Capítulo X

Das emanações divinas que os hebreus chamam de numerações, outros de atributos; os deuses e as divindades dos gentios; e as dez Sephirot e os dez nomes mais sagrados de Deus que os governam e sua interpretação

 próprio Deus, embora seja Trindade em pessoas, é apenas uma única e simples essência; mesmo assim, não duvidamos de que nele existam muitos poderes divinos, que dele emanam como raios,[1] e que os filósofos dos gentios chamam de deuses; os mestres hebreus, de numerações; e nós, de atributos.

Como sabedoria que *Orfeu* chama de *Palas*; compreensão, de *Mercúrio*; o conceito de forma, *Saturno*; o poder protetor, *Netuno*; a natureza secreta das coisas, *Juno*; o amor, *Vênus*; a vida pura, *Sol* ou *Apolo*. A matéria do mundo inteiro, ele chama de *Pã*; a Alma, que gera as coisas abaixo, contempla as coisas acima e se retrai em si mesma, ele homenageia com três nomes: *Maris*, *Netuno* e *Oceano*, e mais do mesmo tipo, que ele canta:

Plutão e Júpiter e Febo, são um:
Mas por que falamos de dois? Deus é apenas um.

E no mesmo sentido Valério Sarano canta:

Júpiter onipotente, o deus e rei dos reis,
O pai dos deuses, um, e, no entanto, todas as coisas.

Portanto, os mais prudentes teólogos dos gentios veneravam um Deus, sob diversos nomes e poderes e diferentes sexos, os quais, segundo *Plínio*,[2] a débil e fraca mortalidade digeriu em um, ciente da própria fragilidade, para que todo homem pudesse venerar a parte que preferisse; assim, aqueles que tivessem necessidade de fé invocariam *Júpiter*; os que quisessem a providência, *Apolo*; sabedoria, *Minerva*; e quem desejasse outras coisas poderia invocar outros poderes. Foi assim que surgiu aquela grande variedade de deidades, em razão da grande e variada distribuição de graças; mas Deus é um, e dele advêm todas as coisas.

Também *Apuleio*, em seu livro *De Mundo*,[3] diz a *Faustin* que, embora só exista um Deus e um poder, ele recebe diversos nomes por causa da multiplicidade de espécies por cuja variedade é feito de muitas formas. E *Marco Varro*, em seu livro Da Veneração a Deus, diz que, assim como todas as almas se reduzem à única Alma do Mundo, ou Universo, também todos os deuses remontam a *Júpiter*, que é o mesmo Deus, venerado sob diferentes nomes.[4]

É, portanto, mister conhecer as sensíveis propriedades e intelectualizá-las com perfeição por meio de uma analogia mais secreta; aquele que compreender de fato os Hinos de Orfeu e os antigos magos perceberá que eles não diferem dos segredos cabalísticos nem das tradições ortodoxas; aos quais Orfeu se refere como Curetes[5] e deuses despoluídos, *Dionísio*[6] de Poderes, enquanto os cabalistas os associam à numeração Pahad,[7] ou seja, ao medo divino. Assim, aquilo que é En Soph[8] na Cabala, Orfeu chama de Noite;[9] e *Tifão*[10] é o mesmo que *Orfeu*, como *Zamael*[11] na Cabala.[12]

Mas os mecubais dos hebreus, os mais doutos nas coisas divinas, receberam os dez principais nomes de Deus, como certos poderes divinos, ou como se fossem membros de Deus, que por dez numerações chamadas *Sephiroth*,[13] como vestimentas, instrumentos ou exemplos do Arquétipo, têm influência sobre todas as coisas criadas, desde as mais altas até as mais baixas, mas em determinada ordem; em primeiro lugar, e imediatamente, exercem influência nas nove ordens de anjos e na hoste das Almas Benditas, e por meio delas nas esferas celestiais, nos planetas e nos homens; tudo recebendo de cada *Sephiroth* poder e virtude.

A primeira dessas *Sephiroth* é o nome *Eheia*,[14] o nome da essência divina; sua numeração é chamada Cether,[15] interpretada como uma Coroa ou Diadema, que significa a mais simples essência da Divindade, chamada de Aquele Que o Olho Não Vê, atribuído a Deus Pai, tendo sua influência pela ordem dos Serafins,[16] ou, como os hebreus os chamam, *Haioth Hacadosch*,[17] ou seja, Criaturas de Santidade, e pelo primum mobile concede a graça de ser todas as coisas, enchendo todo o Universo da circunferência ao centro, cuja inteligência particular se chama *Metatron*,[18] isto é, Príncipes das Faces, cujo dever é levar os outros à Face do Príncipe; e por meio dele o Senhor falou com *Moisés*.[19]

O segundo nome é Iod, ou Tetragrammaton acrescido a *Iod*;[20] sua numeração é Hochma,[21] ou Sabedoria; significa a Divindade cheia de Ideias, e o primogênito, e é atribuído ao Filho, tendo sua influência pela ordem dos Querubins,[22] ou o que os hebreus chamam de *Orphanim*,[23] isto é, Formas ou Rodas; e daí ao céu estrelado,[24] no qual ele cria tantas figuras quanto são as Ideias nele contidas e distingue o próprio caos das criaturas, por uma inteligência chamada *Raziel*,[25] que era o regente de *Adão*.[26]

O terceiro nome é *Tetragrammaton Elohim*; sua numeração se chama Prina,[27] isto é, providência e entendimento, e significa remissão, quietude, o Jubileu,[28] conversão penitencial, uma grande trombeta, e a vida do mundo que virá; é atribuído ao Espírito Santo[29] e tem sua influência pela ordem dos Tronos, ou o que os hebreus chamam de *Aralim*, ou os Grandes Anjos Poderosos e Fortes, e daí, pela esfera de Saturno, administra forma à matéria amorfa, cuja inteligência particular é *Zaphchiel*,[30] o regente de *Noé*,[31] e outra inteligência chamada *Iophiel*,[32] regente de *Sem*.[33]

E essas são as supremas e mais altas numerações, verdadeiras sedes das pessoas divinas, por cujos comandos todas as coisas são feitas, mas executadas pelas outras sete, que se chamam, portanto, numerações estruturais.

Assim, o quarto nome é *El*, cuja numeração é *Hesed*,[34] Clemência ou Bondade, e significa graça, misericórdia, piedade, magnificência, o cetro e a mão direita, e tem seu influxo pela ordem das Dominações,[35] que os hebreus chamam de *Hasmalim*,[36] e assim, através da esfera de Júpiter, criando as imagens de corpos, concedendo clemência e administrando justiça a todos; sua inteligência particular é *Zadkiel*,[37] o regente de *Abraão*.[38]

O quinto nome é *Elohim Gibor*, isto é, o Deus Poderoso que pune os pecados dos ímpios; e sua numeração se chama *Geburach*,[39] que significa poder, gravidade, fortitude, segurança, julgamento, punindo com sacrifício e guerra; e é aplicado ao tribunal de Deus, o cinturão, a espada e a mão esquerda de Deus; também se chama *Pacha*, ou *Medo*,[40] que tem sua influência através da ordem das Potestades, que os hebreus chamam de *Serafins*,[41] e daí através da esfera de Marte, à qual pertencem fortitude, guerra, aflição,

atrai os elementos; e sua inteligência particular é *Camael*,[42] o regente de *Sansão*.

O sexto nome é *Eloha*,[43] ou um nome de quatro letras, acrescido a *Vaudahat*;[44] sua numeração é Tiphereth, ou aparato, beleza, glória, prazer, e significa a Árvore da Vida,[45] e tem sua influência através da ordem das Virtudes, que os hebreus chamam de *Malachim*,[46] ou seja, Anjos, na esfera do Sol, dando-lhe brilho e vida, e daí produzindo metais; sua inteligência particular é *Rafael*, que era o regente de *Isaque* e *Tobias*, o Jovem,[47] e o anjo *Peliel*, regente de *Jacó*.

O sétimo nome é *Tetragrammaton Sabaoth*,[48] ou *Adonai Sabaoth*, ou seja, o Deus das Hostes; e sua numeração é Nezah,[49] triunfo e vitória; a coluna direita[50] é a ele aplicado e significa a eternidade e justiça de um deus vingativo; tem sua influência através da ordem dos Principados, que os hebreus chamam de Elohim, isto é, Deuses, na esfera de Vênus, e promove o zelo e o amor pela justiça, e produz vegetais; sua inteligência particular é *Haniel* e o anjo *Cerviel*, regente de *Davi*.

O oitavo se chama *Elohim Sabaoth*,[51] também interpretado como o Deus das Hostes, não da guerra e da justiça, mas da piedade e concórdia; pois esse nome significa ambas as coisas e precede seu exército; sua numeração é chamada de Hod, interpretada como louvor, confissão, honra e fama; a coluna esquerda é a esse nome atribuída; ele tem sua influência através da ordem dos Arcanjos, que os hebreus chamam de *Ben Elohim*,[52] ou os Filhos de Deus, na esfera de Mercúrio, e promove elegância e consonância de fala, e produz os seres vivos; sua inteligência é *Miguel*, que era o regente de *Salomão*.

O nono nome é *Sadai*,[53] Onipotente, que tudo satisfaz, e *Elhai*,[54] que é o Deus Vivo; sua numeração é *Iesod*,[55] ou Fundação, e significa um bom entendimento, aliança, redenção e descanso, tem sua influência através da ordem dos Anjos, que os hebreus chamam de *Querubins*, na esfera da Lua, causando o aumento e a diminuição de todas as coisas, e cuida dos gênios,[56] os guardiões dos homens, e os distribui; sua inteligência é *Gabriel*, que era o guardião de *José, Josué* e *Daniel*.

O décimo nome é *Adonai Melech*,[57] o Senhor e Rei; sua numeração é *Malchuth*,[58] isto é, Reino e Império, e significa igreja, templo de Deus, portão, e tem sua influência através da ordem Animástica, ou das Almas Benditas, que os hebreus chamam de *Issim*,[59] ou Nobres, Senhores e Príncipes; são inferiores às hierarquias e têm influência sobre os filhos dos homens; dão conhecimento e a maravilhosa compreensão das coisas, além de indústria e profecia; e a alma de *Messias*[60] é a que os preside, ou (como afirmam outros) a inteligência *Metatron*,[61] sendo chamada de Primeira Criatura, ou a Alma do Mundo, e era regente de *Moisés*.

Notas – Capítulo X

1. "E desceu então um Rodamoinho de Fogo, arrastando consigo o fulgor da flama brilhante, penetrando os abismos do Universo, para de lá descer e estender seus magníficos raios"(*Chaldean Oracles of Zoroaster* 24 [Westcott, 38]).
2. Acreditar que existem numerosos deuses, derivados das virtudes e vícios do homem, tais como castidade, concórdia, entendimento, esperança, honra, clemência e fidelidade; ou, segundo a opinião de Demócrito, que só existem dois, punição e recompensa, indica estupidez ainda maior. A natureza humana, fraca e débil como é, ciente de sua própria enfermidade, criou essas divisões para que todo indivíduo pudesse recorrer àquilo que imagina mais necessitar. É por isso que encontramos diferentes nomes usados por diferentes nações; as deidades inferiores são dispostas em classes, e doenças e pestes são deificadas, em consequência de nosso desejo ansioso por propiciá-las (Plínio 2.5 [Bostock e Riley, 1:20-1]).
3. Ver nota 16, cap. VIII, l. III
4. Nosso autor [Varro] diz que os verdadeiros deuses são apenas partes da alma do mundo, e a própria alma: ... Assim, Varro diz claramente que Deus é a alma do mundo, e essa alma é Deus. ... Portanto, se Júpiter é um deus, e o rei dos deuses, nenhum outro além dele pode ser o mundo, pois ele deve reger sobre os outros, bem como sobre suas próprias partes. Com esse propósito, em seu livro do culto aos deuses [*De cultu deorum*], que ele publicou separado destes outros [*Antiquitatium libri*], Varro cita Valério Sorano:

> Grande Júpiter, rei dos reis e pai de todos
> Os deuses; Deus único e Deus de todos.

Esses versos são expostos por Varro, que, chamando o masculino de provedor da semente e o feminino de recebedor, considera Júpiter o mundo e que, ao mesmo tempo, dá e recebe em si. Assim, Sorano (diz ele) chama Júpiter de progenitor, gerador, pai e mãe, "pai/mãe pleno, de todos", etc., e pelo mesmo motivo era ele chamado de um e todos: pois o mundo é um, e todas as coisas existem nessa unidade (Agostinho, *Cidade de Deus* 7.9 [Healey, 1:204]. Eu omiti o verso original em latim, de Sorano.

5. Platão, baseando-se em Orfeu, chama a tríade inflexível e imaculada dos deuses intelectuais de Curética, como se observa no que o hóspede ateniense diz nas Leis, celebrando os esportes armados dos curetes e sua dança rítmica. Por Orfeu, representa os curetes, que são três, como os guardas de Júpiter (Proclo, *Teologia de Platão* 5.3. In Mead [1896] 1965, 74).
6. Pseudo-Dionísio. As potestades são os anjos da quinta esfera de Marte. Ver tabela cap. XII, l. II.
7. Pachad (פחד), ou Medo, um dos nomes da quinta *Sephira*, ou Emanação, da divindade. Ver apêndice VI.
8. Ain Soph (אין־סוף), o Ilimitado. Ver apêndice VI.
9. Noite, deusa-mãe, fonte de doce descanso,
   Da qual no princípio deuses e homens surgiram
   (*Hymns of Orpheus* 2 [Taylor, Selected Writings, 213])
10. Um monstro flamejante com cem cabeças que subiu das profundezas de sua mãe Terra para desafiar os deuses. Zeus lançou relâmpagos em seu coração e transformou suas forças em cinzas, soterrando-o sob o Monte Etna, onde seus estrondosos rosnados ainda são ouvidos às vezes.
11. O anjo negro Samael, a serpente de Gênesis, que segundo a antiga lenda judaica gerou uma criança com Eva, antes de ela se deitar com Adão. Uma versão diz que essa criança seria Caim. Ver Waite [1929] 1975, 7:3:286 e n. 5, mesma página.
12. Os nomes dos deuses, de quem canta Orfeu, não são títulos de demônios enganadores, mas sim as designações de virtudes divinas. Assim como os Salmos de Davi são admiravelmente designados para a "obra" da Cabala, também os Hinos de Orfeu o são para a magia natural. O número dos Hinos de Orfeu é o mesmo número pelo qual a divindade trina criou o éon, numerado sob a forma do quaternário pitagórico. Aquele que não sabe com perfeição como intelectualizar as propriedades sensíveis pelo método da analogia oculta, nunca chegará ao significado real dos Hinos de Orfeu. Os curetes de Orfeu são os mesmos que as potestades de Dionísio. O Tifão Órfico é o mesmo que o Zamael da Cabala. A Noite de Orfeu é o Ain Soph da Cabala ... (Pico della Mirandola. Em Mead [1896] 1965, 36).
Waite se refere a Mirandola como "o primeiro verdadeiro estudante cristão da Cabala" (Waite [1929] 1975, 443).
13. Ver nota 18, cap. XIII, l. II.
14. Eheieh (אהיה).
15. Kether (כתר).
16. A mais alta ordem cristã de anjos citada pelo pseudo-Dionísio. Ver Isaías 6:1-7.
17. Chaioth ha-Qadesh (חיות הקדש), Seres Vivos Sagrados.
18. Metatron (מטטרון), o anjo mais alto, também chamado de Anjo da Presença e o Príncipe do Mundo que, segundo o *Zohar*, guardava o templo de Salomão e era a espada flamejante que vigiava os portões do Éden. É Metatron que cuidará das almas na Ressurreição.
19. Referência a Êxodo 23:20-3, dos quais Rashi observa: "E os nossos rabinos diziam: 'Este (anjo) é Mattatron, cujo nome é como o nome de seu Mestre', (isto é) Mattatron tem o valor numérico do Todo-poderoso (314)" (Rashi 1949, 2:278). Rashi se refere à equivalência numérica das somas das letras no nome do anjo Metatron (מטטרון = 50 + 6 + 200 + 9 + 9 + 40 = 314) e o nome de Deus Shaddai (שדי = 10 + 4 + 300 = 314). No *Siphra di zenioutha* (*Livro da Ocultação*), talvez o mais antigo livro do *Zohar*, aparece esta passagem: "... o dedo de Deus era o mensageiro (מטטרון) ou guia de Moisés, e lhe mostrou toda a terra de Israel" (Em Ginsburg [1863], 1970, 109, n. 11). Segundo a tradição, Metatron era a nuvem que encobriu o Tabernáculo.
20. Ver a tabela no fim do capítulo XIII, l. II. Yod Jeová (י יהוה) difere dos nomes, ou no do nome combinado, que costuma ser associado a Chokmah no ocultismo moderno, que é Jah ou Yah (יה) ou Jah Jeová (יה יהוה).
21. Chokma (חכמה).
22. Ver tabela cap. XII, l. II.
23. Auphanim (אופנים), ou Rodas.
24. A esfera do zodíaco, ou 8ª esfera. O zodíaco é uma grande roda.
25. רזיאל, às vezes citado como Ratziel.
26. Ver Gênesis 5:1. Mencionando esse versículo bíblico no *Livro das Gerações de Adão*, Waite diz:

O *Zohar* supõe que indica a existência de um *Livro Secreto e Supremo*, a fonte de tudo, incluindo as letras hebraicas na forma sob a qual se manifestam cá embaixo. Expõe o Santo Mistério da Sabedoria e a eficiência residente no Nome Divino das 72 letras. Foi-nos enviado do céu pelas mãos do anjo Raziel e confiado a Adão. Raziel é descrito como o anjo das regiões secretas e chefe dos Mistérios Supremos (Waite [1929] 1975, 1:1:16).

O *Sepher Raziel* é um grimório medieval erroneamente atribuído a Eleazer de Worms (segundo Waite [1929] 1975, 519, n. 2).

Com seus longos catálogos de nomes angélicos, seus talismãs e filtros, seu selo duplo de Salomão, seus símbolos alfabéticos místicos ou ocultos, suas figuras para o domínio dos espíritos maus e suas conjurações por meio de Nomes Divinos, essa obra constitui um dos grandes repositórios de Magia Medieval, além de ser fartamente representativa da Cabala Prática. (*ibid.*)

Waite também se refere a "uma lenda de um velho MIDRASH chamado o LIVRO DE RAZIEL..." (Waite [1929] 1975, 16, n. 5) que seria a precursora do *Sepher Raziel*.

27. Binah (בינה).
28. "E IVBL, Yobel, "jubileu", é H, *He* (o primeiro He do Tetragrammaton); e *He* é o espírito jorrando sobre tudo..." (Mathers [1887] 1962, 1:5:42:107). O Jubileu era um momento de restituição, remissão e libertação. Ver Levítico 25:9.
29. O Shekinah, que Waite descreve como "o princípio da Maternidade Divina – ou seja, o lado feminino da Divindade..." (Waite [1929] 1975, 8:1:369). Nos textos da Cabala não está claro se o Shekinah pode ser completamente identificado como o Espírito Santo, se é totalmente distinto ou se deveria ser considerado o sopro do Espírito Santo na forma de respiração. Entretanto, em algum lugar do *Zohar*, está escrito: "O Espírito Santo – esse é o Shekinah com que Ester [Ester 5:1] se vestiu" (Waite [1929] 1975, 8:1:368). Waite conclui que o Espírito Santo do Zohar e o Shekinah do *Zohar* são a mesma coisa, mas que o Espírito Santo cabalístico não é idêntico ao Espírito Santo cristão, embora existam muitas semelhanças. Ver Waite [1929] 1975, 362-9.
30. Tzaphkiel (צפקיאל).
31. No *Zohar*, a arca de Noé é Elohim. "Diz-se que Noé caminhou com Elohim... Mas Elohim é a Noiva Celeste, que é Shekinah" (Waite [1929] 1975, 7:4:292-3). Portanto, o anjo de Elohim e de Shekinah é o anjo regente de Noé.
32. Jophiel (יהפיאל) seria a inteligência da esfera do zodíaco na tabela do capítulo XIII, l. II.
33. Um dos filhos de Noé, que com seu irmão Jafé cobriu a nudez do pai (Gênesis 9:23), que fora visto por Cam. No texto original hebraico da Bíblia, o "Deus de Sem" é Elohim (אלהי שם). Ver Gênesis 9:26.
34. Chesed (חסד).
35. Domínios.
36. Chasmalim (חשמלים), ou Os Brilhantes.
37. Tzadkiel (צדקיאל).
38. Os patriarcas costumam ser atribuídos às dez *Sephiroth*. Este é o arranjo oferecido por Agrippa:

Se cumprirem os mandamentos, os piedosos não só desfrutarão uma prelibação daquela sublime luz que brilha no céu, e que lhes servirá como uma vestimenta para entrarem no outro mundo e comparecerem diante dos Santos (*Sohar*, ii, 299b), mas também já se tornarão na terra a habitação das *Sephiroth*, e cada santo tem uma *Sephira* em si, correspondendo à virtude que ele cultiva melhor ou à característica mais predominante em seu caráter. Entre os patriarcas, portanto, que eram os mais exaltados em piedade, vemos que o Amor, a quarta *Sephira*, encarnou em Abraão; o Rigor, a quinta *Sephira*, em Isaque; a Temperança, a sexta *Sephira*, em Jacó; a Firmeza, a sétima *Sephira*, em Moisés; o Esplendor, a oitava *Sephira*, em Aarão; a Fundação, a nona *Sephira*, em José; e o Reino, a décima *Sephira*, encarnou em Davi (Ginsburg [1863] 1970, 1:122).

39. Geburah (גבורה), ou Severidade.
40. Ver nota 7 deste capítulo. Outro nome para essa *Sephira* é Din (דין), ou Justiça.
41. Serpentes de fogo.
42. Khamael (כמאל).

43. Aloah (אלוה);
44. va Daath (ורעת).
45. Gênesis 2:9 e 3:22. Para um sentido cabalístico mais específico, ver Apêndice VI.
46. Reis.
47. Ver livro apócrifo de Tobias 1:1 (Bíblia católica).
48. Ou seja, IHVH Tzabaoth (יהוה צבאות).
49. Netzach (נצח).
50. A cabalística Árvore da Vida é dividida em três pilares: o Pilar da Misericórdia (lado direito), o Pilar da Severidade (lado esquerdo) e o Pilar do Meio, da Temperança. Ver Apêndice VI.
51. Elohim Tzabaoth (צבאות אלהים).
52. Beni Elohim (בני אלהים).
53. Shaddai (שרי), o Todo-poderoso.
54. El Chai (אל חי), o Poderoso Ser Vivente.
55. Yesod (יסוד).
56. Espíritos protetores que presidem as atividades das pessoas, ou localidades e instituições. Eram os espíritos do ar inferior:

> Digo que existem demônios que vivem conosco aqui na terra e outros que habitam acima de nós, no ar inferior, e outros ainda cuja morada é a parte mais pura do ar, onde nenhuma bruma ou nuvem pode se formar, e onde nenhuma perturbação é causada pelo movimento de quaisquer corpos celestes (*Asclépio* 3.33b [Scott, 1:369, 371]).

A esfera da Lua era a grande divisora entre as coisas celestes e terrestres: "... observe como a Lua, em seu curso, divide os imortais dos mortais" (*Corpus Hermeticum* 11(ii).7 [Scott, 213]). À Lua era atribuída a regência de todos os espíritos inferiores: "... no ar habitam almas que são regidas pela Lua..." (*Stobaei Hermetica* 24.1 [Scott, 497]).

57. Adonai Melekh (אדני מלך).
58. Malkuth (מלכות).
59. Aishim (אשים), os Homens de Deus.
60. Literalmente, "o ungido", o salvador dos judeus, prometido nos livros proféticos. Ver Daniel 9:25 e Isaías 9:6.
61. É interessante que Metatron seja o anjo da primeira e da décima *Sephiroth*. Nesse contexto, vale observar que existem dois Metatrons – o anjo celeste mais alto criado com ou antes do mundo; e o anjo no qual Enoch se transformou após sua ascensão ao céu. O primeiro rivaliza a Deus em sua glória, enquanto o segundo é um servo, o escrivão que registra os atos dos homens. Há também dois modos de escrever o nome Metatron: com seis (מטטרון) e com sete (מיטטרון) letras. A forma com sete letras é a mais antiga, aparecendo quase sempre nos mais antigos manuscritos. O Metatron de sete letras é a suprema emanação do Shekinah, enquanto o de seis letras é o Enoch transformado. Geralmente, Sandalphon é citado como o anjo de Malkuth, mas uma definição mais correta dele é o anjo que preside o planeta Terra, diferentemente de Uriel, o anjo da Terra elemental. Ver Knight [1965] 1980, 1:16:32:199.

Das emanações divinas que os hebreus chamam de numerações... 625

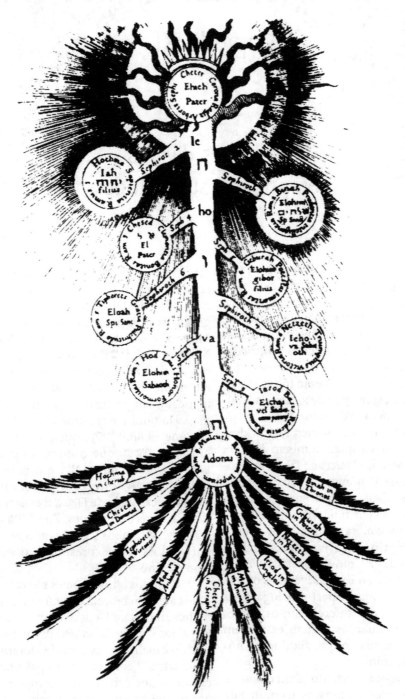

Árvore invertida das Sephiroth

Extraído de Tomi secundi tractatus secundus: de praenaturali utriusque mundi historia, *de Robert Fludd (Frankfurt, 1621)*

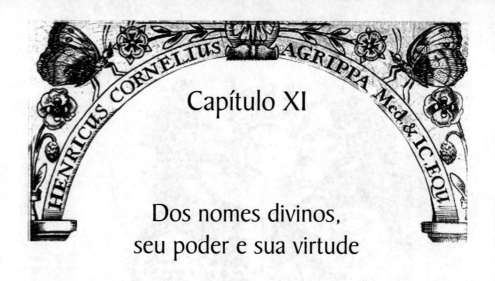

Capítulo XI

Dos nomes divinos, seu poder e sua virtude

 próprio Deus, embora seja apenas um em essência, possui diversos nomes que expõem não as suas diferentes essências ou deidades, mas certas propriedades que dele fluem, nomes estes que fazem jorrar em nós e em todas as suas criaturas, como por vários canais, muitos benefícios e diversos dons.

Dez desses nomes nós já descrevemos, os quais também *Hierom* reconhece até *Marcella*.[1] *Dionísio* reconhece até 45 nomes de Deus e Cristo.[2] Os mecubais dos hebreus encontram 72 nomes a partir de determinado texto do Êxodo,[3] tanto dos anjos quanto do próprio Deus,[4] que recebem os nomes das 72 letras, e *Schemhamphores*,[5] ou seja, o Expositivo; mas outros vão mais longe, a partir de lugares da Escritura, que inferem tantos nomes de Deus quantos podem existir em números, mas o que significam nós não sabemos.

Desses, portanto, além daqueles que já apresentamos, vem o nome da essência divina, *Eheia*,[6] אהיה, que *Platão* traduz ὤν,[7] da qual chamam a Deus de το ὄν,[8] outros de ὀών,[9] ou seja, o Ser. *Hua,* הוא,[10] é outro nome revelado em *Isaías,*[11] o que significa o abismo da Divindade, o qual os gregos traduzem como ταυτὸυ,[12] o Mesmo, e os latinos como *Ipse*, Ele Mesmo. *Esch,*[13] אש é outro nome recebido de *Moisés*, que é como Fogo, e o nome de Deus *Na*[14] נא deve ser invocado em perturbações e problemas. Há também o nome *Iah,*[15] יה, e o nome *Elion,*[16] עליון, que e o nome *Macom,*[17] מקום, que o nome *Caphu* בפו, e o nome *Innon* ינון, e o nome *Emeth,*[18] אמת, interpretado como Verdade, e é o selo de Deus. E existem ainda outros dois nomes: *Zur,*[19] צור e *Aben,*[20] אבן, ambos significando uma obra sólida, um expressando o Pai com o Filho.

E muitos outros nomes são colocados acima na escala dos números; e muitos nomes de Deus e de anjos são extraídos das Sagradas Escrituras por cálculo cabalístico, as artes da Notaria e Gematria,[21] em que muitas palavras retraídas por certas letras compõem um nome, ou um nome disperso por cada uma de suas letras significa ou gera mais.

Dos nomes divinos, seu poder e sua virtude 627

Às vezes, são tirados do começo das palavras, como o nome *Agla*[22] אגלא, deste versículo da Sagrada Escritura: אתה גביר לעולם אדני,

que é o Deus poderoso para sempre; do mesmo modo o nome *Iaia,* יאיא, deste versículo:

יהוה אלהינו יהוה אחד,

que é Deus nosso Deus é um Deus; também o nome *Iava,*[23] יאוא, deste versículo:

יחי אור ויהי אור,

que haja luz, e houve a luz; também o nome *Ararita*[24] אראריתא, deste versículo:

אחד,אחר ראש אהדותו ראש יחודו תמורתו,

que é um princípio de sua unidade, um começo de sua individualidade, sua vicissitude em uma coisa; e este nome, *Hacaba* חקבא, é extraído deste versículo:

הקדוש ברוך הוא,

o santo e bendito; do mesmo modo este nome, *Jesu* ישו, se encontra no começo destes dois versículos:

יבא של וחלו,

isto é, até a vinda do Messias, e do outro versículo:

ינון שמי ויח,

isto é, seu nome viverá para sempre; assim também é o nome *Amen* אמן extraído deste versículo:

אדני מלך נאמן,

o Senhor do Rei fiel.

Às vezes esses nomes são extraídos do fim das palavras, como o mesmo nome *Amen*, deste versículo:

לא בן חרשעים,

ou seja, os ímpios não são assim,[25] mas as letras são transpostas; assim, pelas letras finais deste versículo:

לי מה שמו מה,

o quê? ou qual é o seu nome? encontramos o nome Tetragrammaton.

Em todos esses exemplos, uma letra é colocada para uma palavra e outra extraída de uma palavra, seja do começo, do fim ou de onde você quiser; e às vezes esses nomes são extraídos de todas as letras, uma por uma, assim como todos os 72 nomes de Deus são extraídos daqueles três versículos de Êxodo,[26] começando por estas três palavras: ויט, ויבא, ויסע, sendo o primeiro e último versículos escritos da direita para a esquerda, o do meio ao contrário, da esquerda para a direita, como mostraremos mais adiante.

E às vezes uma palavra é extraída de outra palavra, ou um nome de outro nome, pela transposição de letras, como *Messias* משיח de *Ismah* ישמה; e *Miguel* מיכאל de מלאכי, *Malaquias*. Mas, às vezes, mudando-se o alfabeto, que os cabalistas chamam de Ziruph[27] צירוף, do nome Tetragrammaton יהוה, por exemplo, são extraídos מצפץ, *Maz, Paz,*[28] כוזו, *Kuzu;*[29] outras vezes, por razão da igualdade de números, os nomes são mudados, como *Metatron* מטטרון por *Sadai* שדי, pois ambos formam 314;[30] por exemplo, *Iiai* ייא e *El* אל são iguais em número, pois ambos formam 31.[31]

E esses são segredos acerca dos quais é dificílimo julgar e oferecer uma ciência perfeita; tampouco podem ser compreendidos e ensinados em qualquer outra língua. Os nomes de Deus, porém (como diz *Platão* em *Crátilo*),[32] são de grande estima entre os bárbaros, que os tinham de Deus, e sem os quais não podemos de forma alguma perceber as verdadeiras palavras e nomes pelos quais Deus é chamado; nada mais, portanto, podemos dizer exceto as coisas que Deus nos revelou graças à sua bondade; pois são os mistérios e as comunicações da onipotência de Deus, não dos homens, nem dos anjos, mas instituídos e firmemente estabelecidos pelo Deus altíssimo, em determinada ordem, com imóvel número e figura de caracteres, soprando a harmonia do Divino, sendo consagrados pela assistência divina.

Por isso, as criaturas do alto os temem, as criaturas abaixo tremem diante deles, os anjos os reverenciam, os demônios têm medo deles, toda criatura os honra e toda religião os adora; assim, a observância religiosa desses nomes e palavras e a devota invocação com temor e tremor nos confere uma grande virtude e deifica a união, além de dar o poder de realizar coisas maravilhosas, acima da natureza.

Portanto, não podemos mudá-los por motivo algum. Nesse sentido, *Orígenes* dita que eles sejam mantidos sem corrupção em seus caracteres originais;[33] e Zoroastro também proíbe a mudança de palavras bárbaras e antigas;[34] pois, como afirmou Platão em Crátilo, todas as palavras e nomes divinos procedem ou primeiramente de Deus ou da Antiguidade, cujo início mal se conhece, ou dos bárbaros.[35] *Jâmblico* também alerta para que não sejam traduzidos de sua língua original para nenhuma outra;[36] pois, diz ele, na tradução eles não conservariam a mesma força.

Esses nomes de Deus são, portanto, o meio mais apropriado e poderoso de reconciliar e unir o homem com Deus, como lemos em Êxodo:[37] em todo lugar onde eu fizer celebrar a memória de meu nome, virei a ti e te abençoarei; e no livro dos Números,[38] assim, porão o meu nome sobre os filhos de Israel, e eu os abençoarei.

Por isso, *Platão*, em Crátilo e Filebo,[39] manda reverenciar os nomes de Deus mais que as imagens ou estátuas dos deuses; pois há uma imagem e um poder mais evidentes de Deus na faculdade da mente, principalmente se a inspiração vier mais do alto do que das obras das mãos humanas.

As palavras sagradas, portanto, não têm o seu poder em operações mágicas de si, pois são palavras, mas sim dos poderes divinos ocultos operando por meio delas nas mentes daqueles que, pela fé, as seguem; palavras por meio das quais o poder secreto de Deus, como por meio de canais condutores, é transmitido àqueles cujos ouvidos foram purgados pela fé; e pela mais pura conversão e invocação dos nomes divinos se tornam a habitação de Deus e são capazes dessas divinas influências.

Assim, aquele que fizer uso correto dessas palavras e nomes de Deus, com essa pureza de mente, na maneira e na ordem em que são passadas, obterá e também fará coisas maravilhosas, como lemos acerca de *Medeia*:[40]

O mais doce sono, ela causa, e com palavras por ela ditas três vezes,
Os mares se acalmaram, e sua fúria cessou.

Isso já observavam de modo especial os antigos doutores entre os hebreus, que eram capazes de realizar coisas extraordinárias por meio de palavras. Também os pitagóricos mostraram como curar de um modo magnífico as doenças do corpo e da mente, com certas palavras;[41] lemos também que *Orfeu*, sendo um dos argonautas, fez desviar uma terrível tempestade[42] só com palavras; de modo semelhante, *Apolônio*, sussurrando algumas palavras, ressuscitou uma donzela morta em Roma;[43] e *Filóstrato* nos informa que alguns, por meio de

Dos nomes divinos, seu poder e sua virtude 629

certas palavras, invocavam o fantasma de *Aquiles*.[44]

E *Pausânias*[45] relata que na Lídia, nas cidades de Hero-Cesareia e Hipépis, havia dois templos consagrados à deusa a quem chamavam de *Pérsica*[46] nos quais, quando o serviço divino terminava, um certo mago colocava madeira seca sobre o altar e, depois, em sua língua nativa, cantava hinos e pronunciava certas palavras bárbaras, extraídas de um livro que ele tinha na mão; e logo se via a madeira seca acender e queimar, sem que se tivesse ateado fogo a ela.

Também *Serenus Samonicus* ensinava, entre os preceitos da Física, que se este nome, *Abracadabra*,[47] fosse escrito da forma como é aqui expresso, isto é, diminuindo letra por letra de trás para a frente, da última à primeira, curaria a febre hemitrítica ou qualquer outra, desde que uma folha de papel ou pergaminho fosse pendurada em volta do pescoço, e a doença aos poucos diminuiria até passar por completo:

a	b	r	a	c	a	d	a	b	r	a
a	b	r	a	c	a	d	a	b	r	
a	b	r	a	c	a	d	a	b		
a	b	r	a	c	a	d	a			
a	b	r	a	c	a	d				
a	b	r	a	c	a					
a	b	r	a	c						
a	b	r	a							
a	b	r								
a	b									
a										

Mas o rabino *Hama*, em seu Livro de Especulação, revela um selo mais eficaz contra qualquer doença do homem ou qualquer tipo de dor, em cujo lado frontal se encontram os quatro nomes em quadrado de Deus, ou subordinados um ao outro em um quadrado, do mais alto ao mais baixo, sendo citados os mais sagrados nomes da Divindade, com a intenção inscrita no círculo circunferente; enquanto do lado de trás se inscreve o nome com sete letras *Araritha*, bem como sua interpretação, ou seja, o versículo de onde é extraído, como se vê descrito na página 630.[48]

Mas tudo isso deve ser feito no mais puro ouro ou pergaminho virgem, puro, limpo e sem manchas, também com tinta feita para tal propósito, da fumaça[49] de luzes de cera consagradas, ou incenso, e água-benta; o agente deve estar purificado e limpo por meio de sacrifício e ter uma esperança infalível, uma fé constante, e sua mente deve se elevar ao Deus altíssimo, se ele quiser de fato obter esse poder divino.

Do mesmo modo, contra as más intenções e maldades de maus espíritos ou homens e contra qualquer espécie de perigo, seja em viagens, nas águas, de inimigos, armas, como descrito anteriormente, com esses caracteres de um lado בוויו e esses צמרכד do outro, sendo o começo e o fim das cinco primeiras letras de Gênesis, e a representação da criação do mundo, deles se faz uma ligatura[50] que libertará um homem de todos os malefícios, se ele acreditar firmemente em Deus, o criador de todas as coisas.

Não duvide nem estranhe que as palavras sagradas, aplicadas em uso

A parte da frente

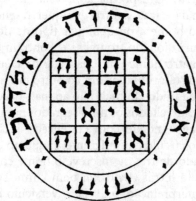

A parte de trás

A parte da frente

A parte de trás

externo, possam realizar muito, pois foi com elas que o Deus Todo-poderoso criou os céus e a Terra; e, além disso, constata-se por experiência, como disse *Rab Costa Ben Luca*, que muitas coisas sem a virtude física são capazes de grandes realizações; como, por exemplo, o dedo de uma criança abortada pendurado em volta do pescoço de uma mulher impede a concepção, desde que não seja de lá tirado.

Além disso, em várias palavras sagradas e nomes de Deus, há grande poder divino, que opera milagres, conforme atestam *Zoroastro*, *Orfeu*,

Jâmblico, *Sinésio*, *Alchindus* e todos os filósofos famosos; e *Artephius*, mago e filósofo, escreveu um livro peculiar a respeito da virtude das palavras e dos caracteres. *Orígenes*, em nada inferior aos mais famosos filósofos, contraria *Celso* e afirma que existem de fato em certos nomes divinos algumas virtudes divinas,[51] e, no livro dos Juízes, o Senhor diz, meu nome, que é Pele פלא, significa conosco, aquele que realiza milagres, que faz maravilhas.[52]

Mas o verdadeiro nome de Deus não é conhecido pelos homens nem pelos anjos, mas só por Deus, tampouco será manifestado (como atestam as Escrituras) antes que seja cumprida a vontade de Deus; contudo, Deus tem outros nomes entre os anjos, outros ainda entre os homens; pois não há um único nome de Deus entre nós (como *Moisés*, o egípcio,[53] dizia) que não seja tirado de suas obras e signifique com participação, além do nome Tetragrammaton, que é sagrado e significa a substância do Criador, no sentido mais puro, da qual nenhuma outra coisa participa junto a Deus, o Criador. Por isso, é chamado de o nome separado, que é escrito, mas não lido,[54] nem se expressa entre nós, mas é citado, e significa o segundo idioma superno, que é de Deus e talvez dos anjos.

De modo semelhante, os anjos têm seus nomes entre si e em sua língua, que *Paulo* chamava de a língua dos anjos,[55] a respeito da qual temos muito pouco conhecimento; mas todos os seus outros nomes são tirados de seus ofícios e operações, cuja eficácia não é grande; e por isso os magos os chamam por seus nomes verdadeiros, ou seja, os nomes celestes que estão contidos na Bíblia Sagrada.

Notas – Capítulo XI

1. Era na casa de Marcella em Roma, entre 382 e 385 d.C., que São Jerônimo ensinava as Escrituras e o hebraico a ricas viúvas e donzelas, pregando também as virtudes da vida monástica. Ver sua nota biográfica.
2. Pseudo-Dionísio, o Areopagita, em sua obra *Sobre os nomes divinos*.
3. Êxodo 14:19-21. Ver Apêndice VII.
4. Os versículos podem ser escritos de duas maneiras para produzir dois grupos de 72 nomes:

> Ora, se esses versículos forem escritos por extenso um acima do outro, o primeiro da direita para a esquerda, o segundo da esquerda para a direita e o terceiro da direita para a esquerda (ou, como diriam os gregos, *bustrofédon*), produzirão 72 colunas de três letras cada. Cada coluna, por sua vez, será uma palavra de três letras, e como há 72 colunas, haverá 72 palavras de três letras, cada uma sendo os 72 nomes da Divindade referida no texto [do *Zohar*]. E estas se chamam Schehamphorasch ou o nome divino. Escrevendo os versículos da direita para a esquerda, em vez de *bustrofédon*, etc., haverá outro grupo de 72 nomes obteníveis (Mathers [1887] 1962, 170n).

5. É fato bem conhecido que todos os nomes de Deus que aparecem nas Escrituras derivam de Suas ações, exceto um, o Tetragrammaton, constituído pelas letras *yod, he, vau* e *he*. Esse nome é aplicado exclusivamente a Deus, sendo portanto chamado de *Shem ha-meforash*. "O *nomen proprium*." ... Todos os outros nomes de Deus são derivativos, só o Tetragrammaton é o verdadeiro *nomen proprium* [nome próprio], e não deve ser considerado sob nenhum outro ponto de vista. Cuidado para não cair no erro daqueles [cabalistas] que escrevem amuletos. Tudo o que você ouvir deles ou ler em suas obras, em especial com referência aos nomes que eles formam em combinação, é totalmente sem sentido; eles chamam essas combinações de *shemot* (nomes) e acreditam que sua pronúncia exige santificação e purificação, e que com o uso de tais nomes conseguem realizar milagres. As pessoas racionais não devem dar atenção a esses nomes, tampouco acreditar em suas afirmações. Nenhum outro nome é chamado de *ha-meforash*, exceto o Tetragrammaton, que é escrito, mas não pronunciado de acordo com suas letras (Moisés Maimônides, *O guia dos perplexos* 1.61, traduzido para o inglês por M. Friedlander [Nova York: Dover Publications, [1904] 1956], 89, 91).

Maimônides era aristotélico, o que explica sua atitude antagônica em relação à Cabala.
6. Eheieh. Ver Êxodo 3:14. O nome completo Eheieh Asher Eheieh (אהיה אשר אהיה), traduzido na Bíblia como "Eu sou O que Sou", segundo MacGregor Mathers seria mais bem explicado como "Existência é existência" ou "Eu sou Aquele que é" (Mathers [1887] 1962, 17). Mathers provavelmente chega a tal conclusão a partir de Maimônides:

> Deus, então, ensinou a Moisés como ensiná-los [os israelitas] e como estabelecer entre eles a crença na existência d'Ele próprio, ou seja, dizendo *Ehyeh asher Ehyeh*, um nome

derivado do verbo *hayah* no sentido de "existir", pois tal verbo denota "ser" e, em hebraico, não há diferença entre os verbos "ser" e "existir" (*Guia dos perplexos* 1.63 [Friedlander, 94]).
Os tradutores do *Comentário* de Rashi atribuem à frase outro tempo verbal: "Eu serei o que serei". (Rashi 1949, 2:23)
7. (Ser) Ver Platão, *Crátilo* 421 a [Hamilton & Cairns, 456].
8. "Daí o ser."
9. όως-όον ou όν (aquele; o que; que).
10. "Ele" ou, na versão em latim, "ele mesmo". Ver Isaías 43:10 e 48:12, também 7:14 para o segundo significado. Às vezes, esse nome é usado de forma enfática com referência a Deus (Deuteronômio 32:39). Segundo Genésio (1890 : 218), não deveria ser considerado um nome divino.
Entretanto, está escrito no *Zohar*:

> 204. E como Nele não há começo nem fim, Ele [o Antigo] não se chama AThH, *Atah*, Tu; uma vez que Ele é oculto e não revelado. Mas HVA, *Hoa*. Ele, é Ele assim chamado.
> 205. Mas nesse aspecto onde se encontra o começo, o nome AThH, *Atah*, Tu, tem seu lugar, e o nome AB, *Ab*, Pai. Pois se escreve, Isa. lxiii, 16: "Como *Atah*, Tu, és *Ab*, nosso Pai".
> 206. No ensinamento da escola de Rava Yeyeva, o Mais Velho, a regra universal é que Microposopus seja chamado de AthH, *Atah*, Tu; mas que o Altíssimo Antigo, que é oculto, seja chamado de HVA, *Hoa*, Ele; e também com razão (*Lesser Holy Assembly* 7.204-6 [Mathers [1887] 1962, 279]).

Sobre esse nome, MacGregor escreve:

> Ele mesmo, HVA, *Hoa*, o qual só podemos simbolizar por meio deste pronome: ELE, Que é Absoluto; ELE, Que está além de nós; da terrível e incognoscível Coroa, Que disse, EU SOU; Aquele no Qual não há passado nem futuro, Ele Que é o ETERNO PRESENTE. Portanto, ELE, *Hoa*, o Pai, só conhecido pelo Filho, IHVH, e a quem o Filho O revelar. Pois ninguém pode ver *Hoa* e viver, pois seria Nele absorvido (Mathers [1887] 1962, 156n).

11. Isaías – no original, em inglês, *Esay*.
12. "O mesmo". Em latim, às vezes, é traduzido como "ele mesmo".
13. Fogo. Usado para indicar o fogo de Deus, literalmente em referência ao relâmpago (1 Reis 18:38) e em um sentido figurativo à ira de Deus (Deuteronômio 32:22). Também significa fogo, em um sentido mais geral.
14. Traduzido na Bíblia como "rogo a ti"/ "rogo-te" ou "agora", usado na forma de um pedido submisso ou apelo (Gênesis 24:2), ou por aqueles que deliberam consigo mesmos e, na prática, pedem permissão à própria permissão (Êxodo 3:5). Aparece no chamamento cortês aos superiores (Gênesis 18:3).
15. Yah (יה) . Usado na Bíblia como uma forma abreviada de IHVH em frases como "louvado seja Jeová [ou o Senhor]" (Salmos 104:35). "Com essa palavra [Yah], diz-se: 'Elohim formou os mundos'. Ver Ya'lkut ha-Zohar, em *Forming the Worlds* (Myer [1888] 1974, 319).
16. Supremo ou Altíssimo (Gênesis 14:18; Salmos 7:17).
17. Um lugar ou moradia às vezes usada para o local de Deus (Gênesis 33:20).
18. Verdade. Usado na Bíblia para a verdade em geral (Gênesis 42:16) e também a verdade de Deus (Salmos 25:5; 26:3). No *Zohar*, essa palavra indica um aspecto da barba do Microprosopus: "A palavra AMTh, *Emeth*, Verdade, depende, portanto, daquele que é Antigo..." (*Greater Holy Assembly* 35.852 [Mathers {1887} 1962, 217]). "Quando Ele [Microprosopus] brilha na luz do Antigo dos Dias [Macroprosopus], é chamado 'abundante em Misericórdia', e quando outra das outras formas é considerada, nessa forma Ele é chamado 'e em verdade', pois essa é a luz de Seu semblante" (*ibid.*, 36.866 [Mathers {1887} 1962, 218-9]).
19. Uma rocha, nome aplicado de modo específico a Deus como o refúgio de Israel (Isaías 30:29; Deuteronômio 32:37).
20. Uma rocha, especificamente a rocha de Israel, Jeová (Gênesis 49:24). *Aben*, אבן, contém as duas palavras hebraicas: *ab*, אב (pai), e *ben*, בן (filho).
21. Notarikon e gematria. Ver Apêndice VII.
22. O sentimento "Tu és poderoso para sempre, ó Senhor!" é comum no Antigo Testamento e, de modo particular, nos Salmos (ver Salmos 92:8), mas não consegui localizar a fonte de seu versículo hebraico.

Dos nomes divinos, seu poder e sua virtude 633

23. Gênesis 1:3.
24. O equivalente hebraico desse versículo é impreciso tanto no texto em latim quanto em inglês. Tentei corrigir os erros, que a maioria das autoridades simplesmente copia.
25. Salmos 1:4.
26. Ver nota 3 deste capítulo.
27. Ver Apêndice VII.
28. Pela permuta conhecida como ATH-BASH. Ver Apêndice VII.
29. Não consegui extrair esse nome das tabelas de Ziruph. Talvez se trate da Tabela Certa das Comutações.
30. Ver nota 19, cap. X, l. III.
31. Iiai = I + I + A + I = 10 + 10 + 1 + 10 = 31; El = A + L = 1 + 30 = 31.
32. Sim, de fato, Hermógenes, e há um princípio excelente que nós, como homens de bom senso, devemos reconhecer – nada sabemos dos deuses, seja de sua natureza, seja dos nomes que eles dão a si mesmos, mas temos certeza de que os nomes com os quais se apresentam são verdadeiros. E esse é o melhor de todos os princípios, e o segundo melhor é afirmar que, em nossas preces, por exemplo, podemos chamá-los por qualquer tipo ou espécie de nome ou patronímico que eles quiserem, porque não conhecemos nenhum outro (*Crátilo* 400d-e [Hamilton & Cairns, 438]).
Essa parece ser uma das passagens a que alude Agrippa (ver também nota 35, abaixo), mas, assim como em outros trechos, ele interpreta Platão de acordo com seus propósitos. Sócrates, o *alter ego* de Platão, está sendo irônico quando diz as palavras citadas e argumenta *contra* a afirmação de Crátilo, cuja opinião combina com a de Agrippa: "Creio, Sócrates, que o verdadeiro ponto da questão é que um poder mais que humano deu os nomes às coisas em primeiro lugar, e que os nomes assim dados são necessariamente os verdadeiros" (*ibid.* 438c [Hamilton & Cairns, 472]).
33. Se conseguirmos estabelecer, enfim... a natureza dos nomes poderosos, alguns dos quais são usados pelos doutos entre os egípcios, ou pelos magos dos persas, bem como pelos filósofos indianos chamados brâmanes, ou pelos samanaeans, e outros em diferentes países, e se conseguirmos também determinar o que a chamada magia não é, como os seguidores de Epicuro e Aristóteles supõem – algo totalmente incerto –, mas sim que ela é, como provam os mestres, um sistema consistente, possuindo palavras que só muito poucos conhecem, então podemos dizer que o nome Sabaoth ou Adonai, e os outros nomes tão reverenciados entre os hebreus, não são aplicáveis a nenhuma coisa ordinária criada, mas pertencem a uma teologia secreta que se refere ao Criador de todas as coisas. Esses nomes, enfim, quando pronunciados dentro daquelas circunstâncias apropriadas à sua natureza, são dotados de grande poder; e outros nomes ainda, populares na língua egípcia, são eficazes contra certos demônios capazes de fazer um número limitado de coisas; e outros nomes na língua persa têm igual poder sobre outros espíritos; e o mesmo acontece em cada nação individual para diferentes propósitos (Orígenes, *Against Celsus* 1.24 [Ante-Nicene Fathers, 4:406]).
E ainda no tema dos nomes, temos de mencionar que aqueles que têm habilidade no uso das encantações relatam que a expressão oral da mesma encantação em sua devida língua pode realizar o que o encantamento se propõe a fazer; mas, quando traduzida para outra língua, torna-se ineficaz e débil, como se tem observado (*ibid.* 25 [Ante-Nicene Fathers, 4:406-7]).
Veja também todo o capítulo 45, livro 5, deste trabalho de Orígenes.
34. Ver nota 1, cap. LX, l.II.
35. Mais uma vez Agrippa distorce, ou não compreende, o que Platão quis dizer:

> Pode parecer ridículo, Hermógenes, que objetos sejam imitados em letras ou sílabas e, assim, encontrar expressão, mas não se pode evitar – não há princípio melhor no qual possamos buscar a verdade dos primeiros nomes. Sem isso, devemos recorrer à ajuda divina, como os poetas trágicos que, em qualquer perplexidade, têm seus deuses esperando no ar, e precisaremos sair de nossa dificuldade de forma semelhante, dizendo que "os deuses deram os primeiros nomes; portanto, estão certos". A melhor concepção, ou talvez aquela outra noção seja ainda melhor, é a de que vieram de alguns povos bárbaros, pois os bárbaros são mais antigos do que nós, ou podemos dizer que essa antiguidade jogou um véu sobre eles, que é a mesma desculpa que a outra, pois não são motivos e sim apenas pretextos para se poder explicar a verdade das palavras (Platão, *Crátilo* 425d-e [Hamilton & Cairns, 460]).

36. Pois se os nomes subsistissem ao serem contraídos, não importaria se alguns fossem usados no lugar de outros. Mas, se perdem a natureza das coisas, aqueles nomes que são mais propícios a uma coisa também serão mais agradáveis aos deuses. Assim, fica evidente que a língua das nações sagradas é indubitavelmente preferível à de outros homens. Ao que se pode acrescentar que os nomes nem sempre preservam o mesmo significado quando traduzidos para outra língua; mas há certas expressões em cada nação que não podem ser exprimidas por meio da linguagem a nenhuma outra. E, além disso, embora seja possível traduzi-las, elas não conservam o mesmo poder quando traduzidas. Também os nomes bárbaros têm muita ênfase, grande concisão e menos ambiguidade, variedade e multiplicidade. Portanto, em todos os sentidos, são adaptados a mais excelentes naturezas (Jâmblico, *On the Mysteries* 7.5 [Taylor, 294-5]).
37. Êxodo 20:24.
38. Números 6:27.
39. "Quanto a mim, Protarco, na questão de dar nomes aos deuses sempre tenho mais medo que se pensa que um homem teria; na verdade, nada me enche mais de temor" (Platão, *Filebo* 12c [Hamilton & Cairns, 1088]). Agrippa usa essa referência a partir de Orígenes, *Against Celsus* 1.25.
40. Ver nota 8, cap. VI, l. II.
41. "Algumas doenças também eram curadas por encantações. Pitágoras, contudo, achava que a música contribuiria muito para a saúde se fosse usada da maneira apropriada. Os pitagóricos também empregavam frases escolhidas de Homero e Hesíodo para a correção das almas" (Jâmblico, *Life of Pythagoras* 29 [Taylor, 88]). Ver também cap. 25. No texto presente, pode ser útil acrescentarmos um trecho de Proclo traduzido por Taylor: "Quando perguntaram a Pitágoras qual era a mais sábia das coisas, ele disse que era o número; e ao lhe perguntarem qual era a próxima coisa em sabedoria, ele respondeu, aquele que dá nome às coisas. ... Pitágoras, portanto, afirmava que não cabia a qualquer pessoa criar nomes, mas somente àquelas que observavam o intelecto e a natureza das coisas" (*ibid.* 18 [Taylor, 43-4]).
42. Talvez uma referência a Apolônio de Rhodes, *Argonautica* 1, c.linha 1036, em que Orfeu instrui os jovens guerreiros a dançar em suas armaduras enquanto Jasão sacrifica e reza para desviar os ventos da tempestade.
43. Filóstrato, *Life of Apollonius of Tyana* 4.45; também Eusébio, *Against the Life of Apollonius of Tyana Written by Philostratus* 26. Ver nota 10, cap. LVIII, l. I.
44. Apolônio diz aos discípulos:

> "Para realizar meu encontro com Aquiles, eu não escavei uma vala como Ulisses nem evoquei seu fantasma com o sangue de cordeiros, mas ofereci aquelas orações pelas quais os sábios indianos alegavam invocar heróis que já foram, e então disse: 'Ó, Aquiles, a turba vulgar diz que você está morto, mas não partilho da mesma opinião nem Pitágoras, a fonte de minha filosofia. Se estivermos certos, apareça para nós. Meus olhos ser-lhe-ão de grande serventia, se você os usar como testemunhas de que ainda está vivo!' E então a terra sobre o monte estremeceu um pouco, e dela saiu um jovem com cerca de 5 cúbitos de altura, vestindo um manto da Tessália" (Filóstrato, *Life and Times of Apollonius of Tyana* 4.16 [Eelis, 99]).

45. Ver nota 8, cap. VII, l. III.
46. "Hierocesareia, remontando a uma antiguidade ainda maior, apregoava ter uma Diana persa, cuja fama fora consagrada no reinado de Ciro" (Tácito, *"Anais"* 3,62. Em *Complete Works*, tradução de Alfred John Church e William Jackson Brodribb [Nova York: Random House [Modern Library], 1942, 136).
47. Talvez nenhuma outra fórmula mágica seja tão conhecida. Budge a aborda detalhadamente em sua obra *Amulets and Talismans*, cap. 8. Ele não concorda que Serenus tenha inventado a palavra e diz:

> ... parece-me que a fórmula se baseia em algo muito mais antigo e, seja como for, a ideia deriva de uma fonte mais antiga ainda. Muitas tentativas já foram feitas para se encontrar um significado para a fórmula, mas a explicação apresentada por Bischoff em sua "Kabbalah" (1903) é provavelmente a mais correta. Ele deriva sua fórmula das palavras caldeias כהבדא אבדא, ou seja, ABBÂDÂ KÉ DÂBRÂ, que parecem ser dirigidas à febre, significando algo como "pereça como a palavra" (Budge [1930] 1968, 8:220-1).

A atração desse amuleto continua até os tempos modernos. O bem conhecido mago Aleister Crowley dava grande importância à palavra, mas a alterou para adaptá-la aos seus preceitos, em ABRA-HADRABA, a "palavra do Aeon", pela qual ocorreria a união da consciência humana com a solar. "Ela representa a Grande Obra completa, sendo, portanto, um arquétipo de todas as operações mágicas menores" (Crowley [1929] 1976, 42). De acordo com Kenneth Grant, a razão para a mudança na ortografia era a crença de Crowley de que ele tinha descoberto o verdadeiro nome esotérico do Deus Hod, que é o termo caldeu para Set. Ver Grant 1976, 3:59.
48. Na frente do amuleto, os nomes de Deus são, de cima para baixo: IHVH, ADNI, YIAI e AHIH. Na borda, está escrito: IHVH ALHIKV IHVH AKD: "IHVH Nosso Deus é IHVH Um". Quanto às palavras na parte de trás, ver nota 24, e a parte do texto a que se refere. Os pontos indicam que cada letra representa uma palavra.
49. A tinta é feita da fuligem depositada pela fumaça.
50. Um amuleto amarrado ao corpo.
51. Ver nota 33 deste capítulo.
52. Juízes 13:18. "Por que perguntas assim pelo nome, que é maravilhoso?" Nome = PLA: algo maravilhoso ou admirável, um milagre de Deus.
53. Ver nota 5 deste capítulo.
54. Recebemos a instrução, na bênção sacerdotal, de não pronunciar o nome do Senhor como ele é escrito na forma do Tetragrammaton, o *shem ha-meforash*. Nem todos sabiam como pronunciar o nome, que vogais eram dadas a quais consoantes e se algumas das letras capazes de reduplicação deveriam receber um *dagesh*. Homens sábios transmitiram sucessivamente a pronúncia do nome; apenas uma vez em cada sete anos, a pronúncia era comunicada a um distinto discípulo. Devo acrescentar, porém, que a afirmação "Os sábios comunicavam o Tetragrammaton a seus filhos e seus discípulos uma vez em cada sete anos" não se refere apenas à pronúncia, mas também ao significado, motivo pelo qual o Tetragrammaton foi convertido em um *nomen proprium* de Deus, e inclui certos princípios metafísicos (Maimônides, *Guia dos perplexos* 1.62 [Friedlander, 91]).
Ele acrescenta: "Há uma tradição segundo a qual, após a morte de Simeão, o Justo, seus irmãos sacerdotes pararam de usar o Tetragrammaton na bênção..." (*ibid.*, 92).
Esse zelo em não manchar o nome mais sagrado de Deus levou à perda de sua verdadeira pronúncia. Quando um judeu lê a escritura e encontra o nome IHVH, pronuncia-o "Adonai" (ADNI).
... portanto, Ele (YHVH) só é chamado pelo nome de She'kheen-ah אדני *Adonai*, isto é, Senhor: por isso os rabinos dizem (do nome YHVH): Não como sou escrito (YHVH), sou lido. Neste mundo, Meu Nome é escrito YHVH e lido Adonoi, mas, no mundo por vir, o mesmo será lido como é escrito, e assim a Misericórdia (representada por YHVH) virá de todos os lados (Myer [1888] 1974, 18:341). Myer está citando o *Zohar*.
55. I Coríntios 13:1.

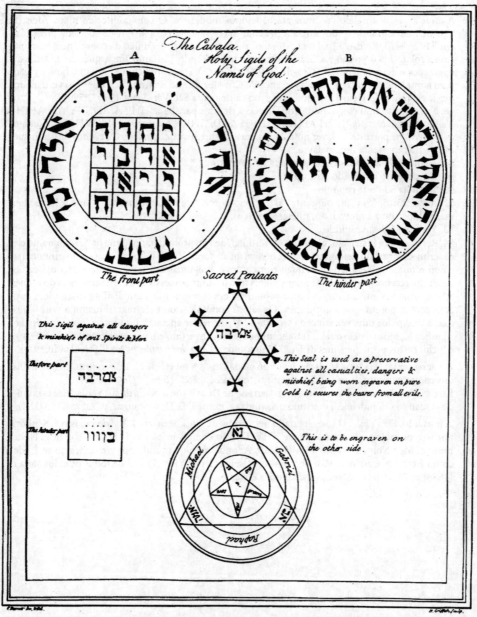

Nomes Cabalísticos de Deus
Extraído de O Mago, de Francis Barrett (Londres, 1801)

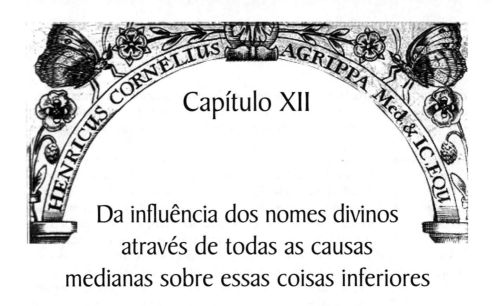

Capítulo XII

Da influência dos nomes divinos através de todas as causas medianas sobre essas coisas inferiores

 altíssimo Criador e Primeira Causa, embora governe e disponha de todas as coisas, distribui o cuidado e a execução a diversos ministros, tanto bons quanto maus, que *João*, no Apocalipse,[1] chama de anjos auxiliadores e destruidores; dos quais o profeta[2] canta: o anjo do Senhor acampa-se ao redor dos que o temem e os livra; e em outro lugar,[3] descreve as imissões[4] dos anjos maus.

Ora, tudo o que Deus faz por meio dos anjos, como seus ministros, o mesmo faz por meio dos céus, das estrelas, como por instrumentos, para que assim todas as coisas o sirvam, a fim de que toda parte do céu e toda estrela possam discernir todo canto e local da Terra, e todo tempo, espécie e indivíduo; é, portanto, lógico que a virtude angelical dessa parte ou estrela seja aplicada às coisas, lugares, tempos e espécies. Nesse sentido, *Agostinho*, em seu Livro das Perguntas,[5] diz que toda coisa visível neste mundo tem um poder angelical a ela designado.

Também *Orígenes*,[6] no livro dos Números, diz que o mundo tem necessidade de anjos para comandar os exércitos da Terra, os reinos, as províncias, os homens, os animais, a natividade e os progressos dos seres vivos, os arbustos, as plantas e outras coisas, dando-lhes aquela virtude que se diz existir neles, a partir de uma profecia oculta; necessidade muito maior é a de anjos que comandam as santas obras, virtudes e homens santos, como aqueles que veem a face do Pai altíssimo e que são capazes de guiar os homens no caminho certo, até nas menores coisas, como membros justos deste mundo, no qual Deus, como principal presidente, mora e docemente distribui todas as coisas, não sendo contido nem circunscrito, mas contendo todas as coisas.

Como *João* descreve no Apocalipse aquela cidade celestial, cujos 12 portões[7] são guardados por 12 anjos, infundindo neles o que eles recebem do nome divino, 12 vezes revolvido;[8] e nas fundações dessa cidade, os nomes dos 12 apóstolos e o Cordeiro;[9] pois, assim como na Lei, no peitoral do juízo[10] e nas fundações da cidade santa[11] descrita por *Ezequiel*, estavam escritos os nomes das tribos de Israel e o nome das quatro letras que predominava sobre elas;[12] também no Evangelho[13] os nomes dos apóstolos estão escritos nas pedras da fundação da cidade celeste, pedras estas que representam as tribos de Israel na Igreja, sobre as quais o nome do Cordeiro tem influência, ou seja, o nome de *Jesus*,[14] no qual se encontra toda a virtude do nome de quatro letras, uma vez que *Jeová*, o Pai, lhe deu todas as coisas.

Portanto, os céus recebem dos anjos aquilo que enviam cá para baixo; mas os anjos, por sua vez, recebem do grande nome de Deus e *Jesus*, cuja virtude se encontra primeiro em Deus, e é depois difundida entre esses 12 e sete anjos, pelos quais se estende aos 12 signos e 12 planetas, e consequentemente a todos os outros ministros e instrumentos de Deus, penetrando até as profundezas.

Nesse sentido, disse Jesus: tudo quanto pedirdes ao Pai em meu nome, ele vo-lo concederá;[15] e após sua ressurreição disse: em meu nome expulsarão demônios,[16] e assim por diante. E assim o nome de quatro letras não é mais necessário, pois toda a sua virtude foi transferida para o nome de *Jesus*, no qual e só no qual são feitos milagres; tampouco existe outro (como disse *Pedro*),[17] porque não há salvação em nenhum outro, pois abaixo do céu não existe nenhum outro nome dado entre os homens, pelo qual importa que sejamos salvos.

Mas não pensemos que, ao pronunciar o nome de *Jesus* de modo profano, como um nome de qualquer homem, poderemos realizar milagres por sua virtude. Devemos invocá-lo no Espírito Santo, com a mente pura e com um espírito fervoroso, para obtermos aquelas coisas que são prometidas nele, conhecimento sem o qual não seremos ouvidos, pois, como diz o profeta, pô-lo-ei a salvo porque conhece o meu nome.[18]

Assim, nenhum favor pode ser obtido dos céus, a menos que a autoridade, o favor e o consentimento do nome *Jesus* intervenha; é por isso que os hebreus e os cabalistas habilidosos nos nomes divinos nada conseguem fazer, depois de Cristo, por meio daqueles nomes, como faziam seus pais muito tempo atrás; e agora se confirma por experiência que nenhum demônio ou poder do Inferno, os quais frustram e perturbam os homens, são capazes de resistir a esse nome, mas acabam se ajoelhando e obedecendo, quando o nome *Jesus*, devidamente pronunciado e proposto, é venerado.

E eles temem não só o nome, mas também sua cruz e seu selo;[19] e não só os joelhos das criaturas terrestres, celestes e infernais se dobram, mas também as coisas insensíveis o reverenciam, e todos tremem diante de sua presença, quando, com o coração fiel e a verdade nos lábios, o nome Jesus é pronunciado, e mãos puras impregnam o salutífero sinal da cruz.

Não diria Cristo em vão aos seus discípulos: em meu nome expulsarão espíritos, etc., se determinada virtude não se expressasse naquele nome, com poder sobre os demônios as doenças, as serpentes e as pessoas, as línguas e assim por diante, uma vez que o poder contido nesse nome é ao mesmo tempo a virtude de Deus, o instituidor e daquele que é expressado por esse nome e de um poder implantado na própria palavra.

É por isso que, diante do fato de toda criatura temer e reverenciar o nome daquele que a criou, às vezes até os homens perversos e profanos, se acreditarem na invocação dos nomes divinos desse tipo, dominam de fato os demônios e são capazes de realizar outras coisas grandiosas.

Notas – Capítulo XII

1. Apocalipse 7:2.15, e em outros lugares.
2. Salmos 34:7. Nesse contexto, ver Salmos 91:9-12.
3. Salmos 78:49.
4. Inserções em algo.
5. Talvez *De doctrina Christiana*, de Agostinho.
6. E o que é tão agradável, tão magnífico quanto a obra do Sol ou da Lua que ilumina o mundo? No entanto, há trabalho no mundo também para os anjos que dominam sobre os animais e para os anjos que presidem os exércitos da Terra. Há trabalho para anjos que presidem o nascimento de animais, sementes e plantações, e muitos outros brotos. E há ainda trabalho para anjos que presidem as obras sagradas, que ensinam a compreensão da luz eterna e a ciência das coisas divinas (Orígenes, *Fourteenth Homily on Numbers*, tradução de Rufinus. In Thorndike 1929, 1:454).
... tampouco devemos supor que os ofícios são designados a um ou outro anjo em particular por acaso: como Rafael, por exemplo, cuja obra é curar e restaurar a saúde; Gabriel, a conduta das guerras; Miguel, o dever de escutar as preces e as súplicas dos mortais. Pois não podemos imaginar que eles obtiveram tais ofícios por outro motivo que não seus méritos, e graças ao zelo e às excelentes qualidades que já exibiam antes da formação do mundo; de modo que depois, na ordem dos arcanjos, esse ou aquele ofício foi atribuído a cada um, enquanto outros mereciam ser classificados na ordem dos anjos, agindo sob a tutela de um ou outro arcanjo, ou do líder de uma ordem (Orígenes, *De principiis* 1.8 [*Ante-Nicene Fathers*] 4:264-5).
7. Apocalipse 21:12.
8. As 12 permutações de Tetragrammaton. Ver a tabela que acompanha o capítulo XIV, l. II.
9. Apocalipse 21:14.
10. Êxodo 28:29.
11. Ezequiel 48:31.
12. "... o nome da cidade desde aquele dia será: O Senhor (יהוה) está ali." Ezequiel 48:35.
13. Mateus 19:28.
14. Ginsburg, referindo-se à obra cabalística cristã *De verbo mirifico* (Basle, 1494), de autoria do místico alemão Johannes Reuchlin, diz: "O nome Jesus, em hebraico יהשוה ... forma o nome יהוה *Jeová*; e ש, que na linguagem da Cabala é o símbolo do fogo ou da luz. ... Esse misterioso nome, portanto, contém toda uma revelação, mostrando-nos que Jesus é o próprio Deus, a Luz do *Logos*" (Ginsburg [1863] 1970, 3:5:211). Agrippa conhecia essa obra de Reuchlin.
15. João 15:16.
16. Marcos 16:17.
17. Atos 4:12.
18. Salmos 91:14.
19. O sinal da cruz feito com a mão.

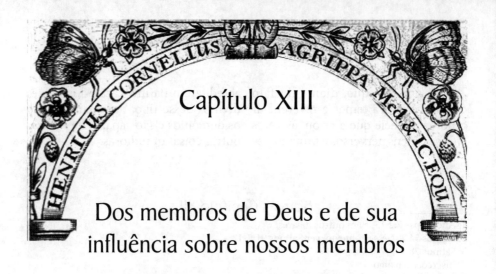

Capítulo XIII

Dos membros de Deus e de sua influência sobre nossos membros

Lemos em vários lugares da Sagrada Escritura a respeito dos diversos membros de Deus e de seus ornamentos; mas por membros de Deus entende-se múltiplos poderes, que no próprio Deus residem, distintos entre si pelos nomes sagrados de Deus; mas as vestes e os ornamentos de Deus são, na verdade, caminhos e relações, ou emanações, ou canais condutores, por meio dos quais ele se difunde e cujas orlas tocam nossa mente. É frequente, portanto, que o poder divino se estenda, como com *Jesus* na questão da mulher que sofria de hemorragia, quando ele disse, alguém me tocou, pois sinto uma virtude de mim se estender.[1]

Esses membros em Deus são como os nossos, mas se constituem nas ideias e nos exemplos[2] de nossos membros, aos quais, se conciliarmos nossos membros, sendo então traduzidos na mesma imagem, seremos os verdadeiros filhos de Deus e semelhantes a Ele, fazendo e realizando as obras de Deus.

Assim, quanto aos membros de Deus, muitas coisas são extraídas das Escrituras; pois lemos sobre a cabeça nos Cânticos:[3] a tua cabeça é como o monte Carmelo, a tua cabeleira, como a púrpura de um rei; mas esse Carmelo não significa o monte na costa da Síria, mas uma pequena criatura que produz a púrpura.[4] Também sobre os olhos, pálpebras e ouvidos, lemos nos Salmos: os olhos do Senhor repousam sobre os justos, e os seus ouvidos estão abertos ao seu clamor,[5] seus olhos espreitam o desamparado,[6] e sua pálpebras perguntam pelos filhos dos homens;[7] e sobre a boca, o gosto, a garganta, os lábios e os dentes, lemos em Isaías; tu indagastes a minha boca;[8] e nos Cânticos, os teus beijos são como o bom vinho, vinho que se escoa suavemente para o meu amado, deslizando entre seus lábios e dentes[9]; também sobre as narinas, pelas quais (como vemos com frequência na Lei) ele aspirou o suave cheiro[10] dos sacrifícios.

Ele tem ombros, braços, mãos, e dedos, sobre os quais lemos em Isaías: o governo está sobre os seus ombros;[11] a quem foi revelado o braço do Senhor?[12] E o rei profeta canta, deste-lhe domínio sobre as obras da tua mão;[13] e contemplo os teus céus, obra dos teus dedos.[14] O Senhor também tem a mão direita e a esquerda; pois assim diz o salmista, disse o Senhor ao meu senhor: Assenta-te à minha direita;[15] e quanto à esquerda, lemos no Evangelho que os malditos serão colocados à Sua esquerda no último dia.[16]

Mais adiante, lemos a respeito do coração, peito e costas de Deus; como no Livro dos Reis, Deus encontrou em *Davi* um homem de acordo com seu próprio coração;[17] o Evangelho fala também do peito, sobre o qual o discípulo se reclinou.[18]

E o salmista descreve as costas, na palidez do ouro; e Ele mesmo fala, em Jeremias, mostrar-lhes-ei as costas, e não o rosto, no dia da sua calamidade;[19] e Ele disse a *Moisés*, tu me verás pelas costas;[20] quanto aos pés, o salmista também canta, e teve sob seus pés[21] densa escuridão; e o Livro do Gênesis diz que ele andava no jardim[22] na viração do dia.

De modo semelhante, também lemos sobre as vestes e o ornamento de Deus; segundo o salmista, o Senhor reinou, vestiu-se de beleza, com roupas de luz como vestimenta;[23] ele é sobrevestido de glória e majestade;[24] tomaste o abismo por vestuário e a cobriste;[25] e, em Ezequiel, o Senhor diz: estendi sobre ti as abas do meu manto e cobri a tua nudez.[26]

Além disso, lemos sobre o bordão, o cajado e a espada de Deus; como canta o salmista, o teu bordão e o teu cajado[27] me consolam; abençoas o justo e, como escudo,[28] o cercas da tua benevolência; e no Deuteronômio lemos sobre a espada[29] da sua glória.

E muitos outros exemplos desse tipo são encontrados na palavra sagrada.

Por esses membros e ornamentos divinos, não há dúvida, os nossos membros e todas as coisas que nos cercam, e todas as nossas obras, são regidos, dirigidos, preservados, governados e também censurados; pois, como afirma o profeta, ele colocou meus pés sobre uma rocha[30] e me firmou os passos; e em outra passagem, lemos: bendito seja o Senhor, rocha minha, que me adestra as mãos para a batalha e os dedos para a guerra; [31] e quanto à boca, lemos, e me pôs nos lábios[32] um novo cântico. Mais adiante, nosso Salvador afirma, eu lhes darei boca e sabedoria;[33] e quanto ao cabelo, lemos, não se perderá[34] um só fio do cabelo de vossas cabeças; e em outra passagem, até os cabelos todos da cabeça estão contados.[35]

Pois o Deus Todo-Poderoso, fazendo-nos à sua imagem e semelhança, criou membros e figuras abertas em nós de muitas maneiras, de acordo com a similitude de Suas virtudes ocultas, como sinais, mantendo a mesma ordem e proporção a elas.

Por isso os mecubais dos hebreus dizem que, se um homem capaz da influência divina de fato deixar seu corpo puro e livre de sujeira, então ele se torna a *habitale*[36] e o trono do membro secreto de Deus e da virtude à qual o mesmo nome é atribuído, de maneira que, se aquele membro desejar qualquer coisa, invocando o nome do Senhor, "eu o livrarei, pô-lo-ei a salvo, porque conhece o meu nome";[37] e esses são os grandes e ocultos mistérios sobre os quais é ilegal publicar mais alguma coisa.

Notas – Capítulo XIII

1. Marcos 5:30.
2. Ideais e arquétipos.
3. Cantares de Salomão 7:5.
4. Kermes é um pigmento vermelho que antigamente era obtido da fêmea prenha do inseto *Coccus Ilicis*, encontrado no sul da Europa e no norte da África, que fica pendurado em uma espécie de azinheira como uma frutinha vermelha. No início do século XVI, ele começou a ser substituído por cochinila, um pigmento parecido feito com insetos fêmeas de *Coccus Cacti*, importado do México e do Peru pelos espanhóis. O nome carmin (de Kermes) era aplicado em ambos. Agrippa, é claro, está se referindo ao produto do Velho Continente. O que os antigos chamavam de púrpura, nós chamaríamos de vermelho.
5. Salmos 34:15.
6. Talvez, Salmos 10:8.
7. Salmos 11:4.
8. Isaías 30:2.
9. Cantares de Salomão 7:9.
10. Gênesis 8:21.
11. Isaías 9:6.
12. Isaías 53:1.
13. Salmos 8:6.
14. Salmos 8:3.
15. Salmos 110:1.
16. Mateus 25:33- 41.
17. 1 Samuel 13:14.
18. João 13:25 e 21:20.
19. Jeremias 18:17.
20. Êxodo 33:23.
21. Salmos 18:9.
22. Gênesis 3:8. Desta passagem, Rashi diz: "naquela direção [interpretando רוח 'direção' ao invés de 'vento'] de onde o sol vem, ou seja, o oeste. Pois em direção à noite, o sol está no oeste..." (Rashi, 1949, 1:30). Os colchetes são dos editores do *Commentary*.
23. Salmos 91:1.
24. Talvez, Salmos 104:1.
25. Salmos 104:6.
26. Ezequiel 16:8.
27. Salmos 23:4.
28. Salmos 5:12.
29. Deuteronômio 33:29. Ver Salmos 45:3.
30. Salmos 40:2.
31. Salmos 144:1.
32. Salmos 40:3.
33. Lucas, 21:15.
34. Lucas 21:18.
35. Mateus 10:30.
36. Habitação. A palavra habitação era usada para descrever o tabernáculo judeu.
37. Ver nota 18, cap. XII, l. III.

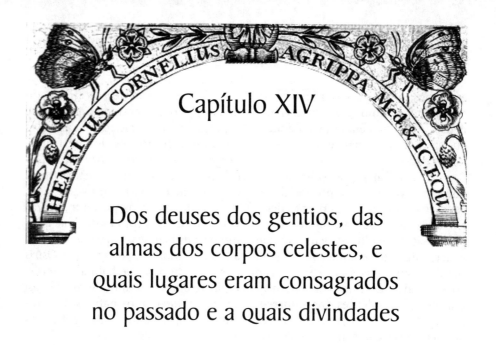

Capítulo XIV

Dos deuses dos gentios, das almas dos corpos celestes, e quais lugares eram consagrados no passado e a quais divindades

s filósofos afirmavam, como já mostramos antes, que os céus e os astros são animais divinos, e suas almas são intelectuais, participando da mente divina; e eles alegam que algumas substâncias separadas são superiores, outras, inferiores; ou seja, as que governam e as que servem, às quais eles chamam de inteligências e anjos; *Platão*, ademais, afirmava que as almas celestiais[1] não são confinadas a seus corpos, como as nossas são aos nossos, mas se vão aonde querem ir, e também que se regozijam na visão de Deus, e, sem dificuldade ou dor, regem e fazem locomover seus corpos; e juntas, movendo-os, governam as coisas inferiores com facilidade.

Por isso, almas dessa espécie são chamadas de deuses, e a elas são atribuídas honras e dedicados sacrifícios e orações, sendo elas também veneradas com reverência divina; e esses são os deuses aos quais todas as pessoas são atribuídas, como determinou *Moisés* em Deuteronômio,[2] dizendo: Guarda-te, não levantes os olhos para os céus e, vendo o Sol, a Lua e as estrelas, a saber, todo o exército dos céus, sejas seduzido a inclinar-te perante eles e dês culto àqueles, coisas que o Senhor, teu Deus, repartiu a todos os povos debaixo de todos os céus; mas o Senhor (*Jeová*) teu Deus vos tomou e vos tirou da fornalha de ferro do Egito para que lhe sejais povo de herança. E no mesmo livro, capítulo 17,[3] ou ao Sol, ou à Lua, ou a todo o exército do céu (que os adore).

E os doutores entre os hebreus, no trecho de Gênesis[4] em que se diz que *Abraão* deu presentes aos filhos das concubinas, ou seja, *Shemoth* e *Steltoma*, nomes, aliás, estranhos, porém *Isaque* como herdeiro de tudo o que possui, dizem que os filhos das concubinas não estavam na bênção de *Abraão* dada a *Jeová*, o Criador altíssimo, mas sim a estranhos deuses e divindades,[5] mas que *Isaque* e sua semente foram dados ao onipotente *Jeová* e, em parte alguma, à divindades estranhas; por isso, são admoestados em Deuteronômio, porque serviam a deuses estranhos e adoravam aqueles que eles não conheciam e aos quais não foram dados.

E também *Josué Nave*, após o povo ser levado à terra prometida, ter vencido os inimigos e as propriedades em Israel distribuídas, dá ao povo a permissão de escolher o Deus a que iam venerar, dizendo, escolhei hoje a quem sirvais: se aos deuses a quem serviram vossos pais que estavam dalém do Eufrates ou aos deuses dos amorreus, em cuja terra habitais; mas o povo respondeu, serviremos ao Senhor *Jeová*, e ele será o nosso Deus; *Josué* disse, então, não podereis servir ao Senhor, porquanto é Deus santo, Deus zeloso; e como o povo persistisse em servir a *Jeová*, ele disse, sois testemunhas contra vós mesmos de que escolhestes o Senhor para o servir; agora, pois, deitai fora os deuses estranhos que há no meio de vós e inclinai o coração ao Senhor, Deus de Israel; e ele ergueu uma grande pedra e nela escreveu, esta pedra nos será testemunha para que vós não mintais a vosso Deus.[6]

Portanto, os outros deuses aos quais as outras nações foram dadas eram o Sol, a Lua, os 12 signos e outros corpos celestes e tecidos divinos; não, porém, como corpos, mas com a alma a eles se apegando, e toda a milícia do céu, que *Jeremias* chama de Rainha do Céu,[7] ou seja, o poder pelo qual o céu é governado, é a Alma do Mundo da qual diz *Jeremias*: os filhos pegam gravetos e dela fazem uma fogueira, e as mulheres misturam óleo para fazer um bolo para a Rainha do Céu; tampouco era a dulia dessa Rainha e outras almas celestiais proibida; já a latria,[8] porém, era apenas do Senhor.

Mas o nome dessas almas, ou deuses, já o declaramos aqui; a que regiões, povos e cidades eram eles atribuídos como devidos patronos, *Orígenes*,[9] *Tertuliano*,[10] *Apuleio*,[11] *Deodoro*[12] e muitos outros historiadores concordam, em parte, conosco.

Todos os povos, portanto, adoravam seus deuses com as devidas cerimônias: os beócios, a *Amphiarus*;[13] os africanos, *Mopsus*;[14] os egípcios, *Osíris* e *Ísis*; os etíopes, que habitam Meroe, *Júpiter* e *Baco*; os árabes, *Baco* e *Vênus*; os citas, *Minerva*; os nativos de Náucratis, *Serapis*; os sírios, *Atargates*;[15] os árabes, *Diaphares*; os africanos, *Celestus*;[16] os habitantes da terra de Nórnia, *Tibelenus*.[17]

Na Itália, também pela consagração das cidades livres, *Delventius* era o deus dos crustumensians, *Viridiano;* da terra de Nárvia; *Aucharia*,[18] dos Aesculans, *Nursia*,[19] dos Volscians, Valentia dos otriculanos, Nortia[20] dos Sutrianos; *Curis*,[21] dos falicianos, particularmente famosos.

Os latinos adoravam, com a maior devoção, a *Marte*; os egípcios, *Ísis*; os mouros, *Iuba*;[22] os macedônios, *Cabrius*;[23] os cartagineses, *Urano*; os latinos, *Fauno*; os romanos, *Quirino*;[24] os sabinos, *Sangus*;[25] os atenienses, *Minerva*; Samos, *Juno*; Paphos, *Vênus*; Lemnos, *Vulcano*; Naxos, *Baco*; Delfos, *Apolo*.

E como canta *Ovídio* em seu Fasti:[26]

Atenas a Palas; Creta, a Diana implora.
A ilha de Lemnos, a Vulcano adora.
Os espartanos a Juno.

Os cartagineses e os leucádios adoravam a *Saturno*; Creta, Pireus, Homole, Ida, Elis e Líbia, *Júpiter*, onde ficava seu oráculo;[27] Epirus, Latium,

Gnidus, Lícia, Pisa, Macedônia, *Marte*; os thermodonians, citas e a Trácia, o Sol.

Os citas adoravam um único deus, sacrificando a ele um cavalo;[28] o mesmo faziam os heliopolenses e assírios; e, sob o nome de Apolo, os habitantes de Rhodes, os hiperbóreos e os milésios; e os montes Parnasso, Phaselus, Cynthus, Soracte[29] eram consagrados a ele, e também as ilhas de Delos, Claros, Tenedos e Mallois, um lugar na Ilha de Lesbos, e o Bosque de Grineia, além das cidades de Patara, Crisa, Tarapnas, Cirra, Delfos, Arrefina, Entrosi, Tegira; também Tebas, a Ilha de Naxos, Nise, uma cidade da Arábia, Callichoros, um rio da Paflagônia, eram a ele consagrados sob o nome de *Baco* e *Dioniso*; também os montes Parnasso e Cítero da Boécia, onde se realizavam a cada dois anos os Bacanais;[30] e os tamaritanos, povo vizinho dos hircanians adoravam *Baco* com cerimônias próprias.

Os assírios foram os primeiros a introduzir o culto a Vênus; a eles se seguiram os adoradores de Páfia, no Chipre, os fenícios e os habitantes de Cítera, que (segundo Egeu) foram seguidos pelos atenienses; entre os lacedemônios, *Vênus Armatha*[31] era venerada; em Delfos, *Vênus Epitybia*;[32] ela também era adorada pelos coanos; e, em Amathus, uma ilha do Mar Egeu, e, em Mênfis, uma cidade do Egito; em Gnido[33] e na Sicília, e no Bosque de Idálio, além da cidade de Hipepa, e em Erice, uma montanha da Sicília; também na Caledônia, Cirene e Samos; e não há registro (segundo o testemunho de *Aristóteles*) de nenhum culto dos antigos deuses com cerimônias grandiosas em mais lugares.

Os franceses, em particular, veneravam *Mercúrio*, chamando-o de *Teutates*;[34] também os árcades, hermopolitas, egípcios e menfitas.

Os citas ao redor do Monte Taurus adoravam a Lua sob o nome de *Diana*; e, em Éfeso, ela tinha um templo majestoso;[35] e, em Micena, após a morte de *Thoantes*, rei de Taurica, e de sua estátua ser levada por *Ifigênia* e *Orestes*,[36] ela passou a ser venerada em Arícia.[37] O rito cerimonial sofreu mudanças, e ela também começou a ser venerada pelos magnésios, um povo da Tessália; também em Pisa, uma cidade de Acaia;[38] e em Tibure e Aventium, uma colina romana; e em Perga, uma cidade de Pamfila; Agras, no reino de Ática. Além disso, diz-se que o povo de Cardiff venerava a Lua sob o sexo masculino.[39]

Havia ainda outros lugares consagrados a outras divindades, como *Palas*, que é chamada de *Minerva*, a quem eram consagradas Atenas, os Montes Pireus e Aracinto, o Rio Tritão, e Alcomeneum, uma cidade da Boécia; e Neo, uma das Ilhas Cíclades.

Os lugares sagrados de *Ceres* são Elêusis, Ática, Ena e Catana, cidades da Sicília, e o monte Etna.

O principal culto a *Vulcano* ficava na ilha de Lemnos, e em Imbres, uma ilha da Trácia; além de Terásia, uma ilha consagrada a *Vulcano*, e também Sicília.

Vesta era a deusa dos troianos, a qual o fugitivo *Enéas* carregou para a Itália,[40] e a ela são dados os frígios, e os montes Idea e Díndimo, e Reatum, uma cidade de Úmbria; também o monte Berecinto, e Pessinuntium, uma cidade da Frígia.

As cidades de Cartago, Prosena, Argos e Micena adoravam *Juno*.

Também a ilha de Samos, e o povo de Phaliscia, Orchestus, uma cidade da Boécia, e Tenatus, um promontório de Lacônia, eram consagrados a *Netuno*, e a nação e a cidade dos trezenianos viviam sob a proteção do mesmo deus.

Assim eram, portanto, os deuses das nações, que as regem e governam, os quais o próprio *Moisés*, em Deuteronômio,[41] chama de deuses da Terra, aos quais todas as nações eram atribuídas, não significando outra coisa que não os corpos celestes, e suas almas.

Notas – Capítulo XIV

1. Ver as *Leis* de Platão, livro 10, em particular seções 898-9.
2. Deuteronômio 4:19-20.
3. Deuteronômio 17:3.
4. Gênesis 25:6.
5. Rashi alude a essa tradição de uma maneira um tanto oblíqua: "(Este versículo) [Gen 25:6] é escrito de forma incompleta (os nomes das concubinas não são mencionados), pois só havia uma concubina, Hagar, a mesma que Keturah. ... Nossos rabinos explicam: O nome dos poderes impuros (malignos) passou a eles" (Rashi 1949, 1:235).
6. Josué 24:15-27.
7. Jeremias 7:18. Ver também 44:17-26. Conjetura-se que essa deusa sem nome seja a Ishtar da Mesopotâmia – deusa mãe da fertilidade, do amor e da guerra –, cujo culto era popular na Judeia durante o domínio assírio do século VII a.C.
8. *Dulia* e *latria* são palavras adotadas pelos católicos romanos: *latria* expressa a suprema reverência e a adoração oferecidas somente a Deus; *dulia* é a reverência e a adoração secundária oferecidas aos santos. *Latria* é a reverência de um *latris,* ou servo remunerado, enquanto *dulia* é a reverência de um *doulous,* ou escravo.
9. Ver Orígenes, *Against Celsus* 2.55 e 3.34.
10. Ver Tertuliano, *Ad nationes* 2.8.
11. Ver Apuleio, *De magia.*
12. Ver Deodoro, *Bibliotheca historica* livros 1-5.
13. Amphiaraus, um herói grego reconhecido como um deus após sua morte. Ele era filho de Oicles e Hypermnestra e, pelo lado paterno, descendia do vidente Melampus. Sendo um dos argonautas, ele também participou do cerco a Tebas. Enquanto fugia dessa cidade em sua charrete, perseguido por Periclimeno, a terra se abriu e o engoliu. Zeus o elevou à posição de deus.

Os habitantes de Oropa foram os primeiros a acreditar que Amphiaraos era um deus, mas desde então toda a Grécia passou a considerá-lo assim. ... Oropos tem um templo de Amphiaraos e uma estátua de pedra branca. ... Os nativos de Oropa têm uma fonte, perto do santuário, chamada de fonte de Amphiaraos; eles nunca sacrificam coisa alguma nela nem a usam para os ritos de purificação ou água-benta, mas, quando uma doença em um homem é curada por prescrições oraculares, eles têm o costume de jogar moedas de prata e de ouro na fonte, pois é lá, dizem, que Amphiaraos foi elevado à condição de deus. ... Penso que Amphiaraos era um ótimo árbitro de sonhos, uma vez que era reconhecido por ter instituído o sonho oracular (Pausânias, *Guide to Greece* 1.34.2-3 [Levi, 1:97-9]).

14. Herói e vidente grego, filho de Ampyx com a ninfa Clóris. Em deferência ao seu dom profético, ele era considerado um filho de Apolo com Himantis. Assim como Amphiaraus, ele foi um dos caçadores caledônios que perseguiram o javali gigante de Ártemis e um dos membros da tripulação do Argos em busca do velocino de ouro. No decorrer dessa viagem, ele morreu na Líbia de uma picada de cobra e foi enterrado lá. Não deve ser confundido com outro vidente do mesmo nome, que era filho do vidente de Creta Rhacius e de Manto, filha de Tirésias.

15. Atargatis é uma "deusa-peixe" da Síria, esposa de Baal, que tinha muitas funções. Ela era ancestral da casa real, fundadora de costumes sociais e religiosos, e deusa da fertilidade. Em sua última função, ele representava os poderes geradores de vida da água e da terra. Era conhecida entre os gregos como Derketo e Dea Síria (ou Deasura). Apuleio descreve o culto a essa deusa em *O asno de ouro*, cap. 36. Luciano escreveu um tratado, *De dea Syria* (Sobre a deusa síria) descrevendo seus templos e sacerdotes. As lendas as associam ao Peixes astrológico. Dizem que ela foi transformada em peixe, ou chocada de um ovo encontrado por um peixe, e salva pelos peixes da ira de Tifão. Quanto a essa última versão, ver Ovídio, *Fasti* 2, c. linha 470. Ela também é mencionada no apócrifo II Macabeus 12:26.

16. Celeste. Ver nota 10 deste capítulo.

17. Tiberino, um dos reis míticos de Alba. De acordo com Lívio, ele morreu afogado enquanto tentava atravessar o Albula, e seu nome foi dado ao rio, que ficou conhecido como Tibre (*History of Rome*, 1.3). O espírito do rei se tornou o guardião do rio.

18. Ou Ancharia (ver nota 10 deste capítulo). A antiga deusa romana Angerona (ou Angerônia). Os antigos diziam que ela aliviava a dor e a tristeza e curava esquinência; ou que era a deusa protetora de Roma, cujo nome era o nome sagrado da cidade. Autoridades modernas consideram-na semelhante à deusa Ops, Acca Larentia e Dea Dia. Deve ter sido a deusa do Ano-novo, uma vez que o festival em sua homenagem, chamado Angeronália (ou Divália), era celebrado em 21 de dezembro. Em Faesulae (Fiesole, perto de Florença), onde foi descoberto seu altar, ela era adorada sob o nome de Ancharia.

19. Nursia. Ver nota 10 deste capítulo. Nortia (ou Nurtia) era uma deusa etrusca adorada em Volsinii (Bolsena, localizada no lago italiano do mesmo nome). Ela é especialmente lembrada, porque a cada ano um prego era colocado na parede de seu templo como uma forma de calendário primitivo – talvez iniciado como uma prática de magia para evitar a peste e algum outro mal. Ver Lívio, *History* 7.3.7. Essa prática também existia no templo de Júpiter Optimus Maximus, em Roma.

20. Veja nota 19 deste capítulo.

21. Juno Curis, ou Curitius, ou Quiritis, era uma deusa especialmente venerada em Falerii (ou Falerium), na Etrúria, que ficava mais ou menos 51 quilômetros a norte de Roma, na atual Civita Castellana. O nome vem de *cúria*, uma divisão do povo romano composta de uma associação de famílias (gentes) que formava uma unidade política e religiosa. As dez *cúrias* realizavam cerimônias (*sacra*) a Juno Curis. Tertuliano fala de um "Pai Cruis, de Falisci, em honra do qual, também, Juno recebeu seu sobrenome" (ver nota 10). Provavelmente havia um Júpiter Curis.

22. Juba II ganhou honras divinas após sua morte. Ver nota biográfica.

23. Cabeiros, um dos Cabiri, divindades gregas místicas que aparecem em vários lugares no mundo antigo. A princípio, havia dois, um mais velho, identificado como Hephaestus, e um mais jovem, identificad como Hermes. Quando o culto a eles se uniu ao de Deméter e Core, o número dessas divindades aumentou para quatro. A deusa Cabeiro, que segundo os escritores antigos era a esposa de Hephaestus, é idêntica a Deméter – Deméter era chamada de Kabeiria

em Tebas. Também em Tebas foi encontrada uma representação de um deus chamado Cabeiros, que se assemelha a Dioniso. A principal sede do culto aos Cabeiri era a Ilha de Trácia, perto da Macedônia. Filipe da Macedônia e sua esposa foram iniciados nos mistérios dos Cabeiri lá.
24. Uma palavra sabina (*quiris*: lança) usada como sobrenome de Rômulo e Augusto, quando foram elevados ao *status* de deuses, e dos deuses Marte e Jano. O festival em homenagem à translação ao céu do divino Rômulo era chamado de Quirinália. O deus Quirino era semelhante a Marte e venerado nos primeiros dias de Roma, no Monte Quirinal, onde, segundo a tradição, um grupo de sabinos se assentara.
25. Semo Sancus, também chamado Dius Fidius, era um deus de luz e de juramento adorado pelos sabinos, úmbrios e romanos. Há quem o identifique com o italiano Hércules, mas isso é questionável. O santuário do deus no Monte Quirinal tem um buraco no telhado, porque ele só podia ser invocado sob céu aberto. Uma inscrição sobre um altar em uma segunda capela localizada em uma ilha no Tibre levou alguns dos primeiros padres, como Justino, o Mártir, Tertuliano e Eusébio, a identificar o deus erroneamente com Simão, o Mago (ou o Mágico), o qual eles acreditavam ser venerado em Roma. "... instalado no Panteão Simão, o Mago, a quem deram uma estátua e o título de Deus Santo..." (Tertuliano, *Apologia* 13 [*Ante-Nicene Fathers*, 3:29]).

Havia um samaritano, Simão, nativo da aldeia chamada Gitto, que no reino de Cláudio César e na cidade real de Roma realizava poderosos atos de magia, em virtude da arte dos demônios que nele operavam. Ele foi considerado um deus e, como tal, homenageado com uma estátua, a qual foi erguida no Rio Tibre, entre as duas pontes, recebendo a inscrição, na língua de Roma: "Simoni Deo Sancto" [A Simão, o Deus santo] (Justino, o Mártir *"Primeira Apologia"* 26. Em *Ante-Nicene Christian Library* [Edimburgo: T and T. Clark, 1867], 2:29).
26. O povo de Cecrops [os atenienses] venera Palas; Creta, a terra de Minos, Diana; a terra de Hypsiple [Lemnos] adora Vulcano; Esparta e Micenas, a cidade do Peloponeso, Juno; o distrito de Maenalus [Arcádia], a cabeça com louro de pinhos de Fauno. Marte era um objeto merecedor da adoração de Larium. ... (Ovídio, *Fasti* 3, linhas 81-5 [Riley, 89-90])
27. O oráculo de Júpiter Amon ficava no oásis de Ammonium (hoje Siwa).
28. Heródoto assim descreve a religião dos citas:

Eles veneram apenas os seguintes deuses, a saber: Vesta, que reverenciam acima de todos os outros, Júpiter e Tellus, que consideram a esposa de Júpiter; e depois destes: Apolo, Vênus Celestial, Hércules e Marte. Esses deuses são venerados por toda a nação: os citas da realeza oferecem sacrifícios também a Netuno (*History* 4 [Rawlinson, 221-2]).

Ele menciona o sacrifício do cavalo apenas em relação aos costumes funerais para um rei: "Cinquenta dos melhores atendentes do rei falecido são levados, todos nativos da Cítia ... e estrangulados, com cinquenta dos mais belos cavalos" (*ibid.*, 225-6).
29. A montanha inteira era consagrada a Apolo. No festival ao deus, seus adoradores andavam sobre brasas. " 'Maior de todos os deuses para mim, Apolo, guardião do sagrado Monte Soracte, que antes de tudo homenageamos, para o qual o fogo dos pinhos é alimentado e cujos seguidores, nós, passando em meio ao fogo na força de nossa piedade, comprimimos a sola de nossos pés contra carvões incandescentes..." (Virgílio, *Eneida* 11, c. linha 785 [Lonsdale e Lee, 258]). Quero mencionar nesse contexto que o suposto sacrifício feito pelos pagãos de seus filhos ao fogo, mencionado tantas vezes na Bíblia, era apenas um rito iniciatório de andar no fogo.
30. O festival de Dioniso (Baco), que parecia consistir em uma orgia prolongada. Platão diz: "Já vi essa forma de festival antes, em Ática; e, em Tarento, povoado nosso, vi toda a cidade de taça nas mãos, no festival de Dioniso ..." (*Leis* 1:637b, [Hamilton & Cairns, 1237]). O costume foi introduzido em Roma através da Etrúria. No começo, os festivais eram secretos, frequentados só por mulheres e realizados três dias por ano no bosque de Simila (ver Ovídio, *Fasti* 6, linhas 503-17). Depois, os homens passaram a ser admitidos, e os festivais se tornaram tão populares que, em 186 a.C., foi passado um decreto proibindo-os em toda a Itália, exceto em circunstâncias especiais. Mesmo assim, eles continuaram por muitos anos depois.
31. *Armata* significa "abastecida com armas". Pausânias menciona um templo de Vênus Armada em Lacônia: "Não muito longe daqui, você verá uma colina não muito alta, na qual há um antigo

templo e uma estátua armada para o culto de Afrodite" (*Guide to Greece* 3.15.10 [Levi, 2:53]). Não é de se admirar que os belicosos espartanos adorassem uma Vênus guerreira.

32. Afrodite Epitymbia (Afrodite da Tumba), equivalente a Vênus Libitina (*libitinarii*: coveiros), uma deusa dos mortos. Plutarco menciona uma estátua de Afrodite Epitymbia em Delfos para a qual os espíritos dos mortos eram invocados (*Roman Questions* 23). Ele explica a aparente incongruência da deusa do amor na condição de deusa da tumba dizendo que a única e mesma divindade governa tanto o nascimento quanto a morte, e que a deusa mostra a verdade de que a morte não deve ser temida, mas sim desejada – um sentimento compatível com a paixão romana pelo suicídio. Outros epítetos igualmente improváveis para Afrodite são Cavadora de Covas, Deusa das Profundezas e a Deusa Sombria.

33. A mais famosa estátua de Afrodite no mundo antigo ficava em um templo em Gnidus (Cnido). Era uma obra de Praxiteles, sendo depois imitada nas moedas da cidade e muito copiada. Há uma reprodução no Vaticano.

34. Lucano menciona esse deus obscuro de passagem: "... toda a Gália de cabelos longos... por quem o inflexível Teutates é aplacado somente com derramamento de sangue, e Hesus, temível com seus altares impiedosos; e o santuário de Taranis, não mais humano que o de Diana da Cítia (*Pharsalia* 1, linhas 443-66 [Riley, 29]). Riley menciona em suas notas que Teutas ou Teutates era identificado como Mercúrio, Hesus ou Esus, com Marte, e Taranis, com Júpiter, pelos escritores romanos. Teutates era venerado com sacrifício humano: "Os gauleses costumavam aplacar Hesus e Teutas com sangue humano" (Lactantius, *Divine Institutes* 1.21 [*Ante-Nicene Christian Library*, 21:48]). Charles Anthon afirma que, segundo alguns, o nome Teutates deriva de duas palavras bretãs, *deu-tatt*, que significam Deus (ver *A Classical Dictionary* [Nova York: Harper and Brothers, 1843], 1301). Ele descreve Teutates como o "gênio do comércio" e diz que "ele era considerado o inventor de todas as artes e o protetor dos caminhos" (*ibid.*, 534). É difícil não notar a semelhança entre os nomes do deus egípcio Thoth e o gaulês Teutas, principalmente porque ambos são associados à arte, ao comércio, às viagens e ao romano Mercúrio.

35. Em uma planície a noroeste da cidade de Éfeso, além de suas muralhas, ficava o templo de Ártemis, que fora construído no século VI a.C., mas destruído por fogo na noite em que Alexandre, o Grande, nasceu (13-14 de outubro, 356 a.C.). As cidades-Estado jônicas se uniram para reconstruí-lo com tamanho esplendor que ele passou a ser considerado uma das maravilhas do mundo.

36. Tendo ofendido Ártemis ao matar um de seus veados e se gabar do feito, Agamenon foi obrigado a oferecer sua filha, Ifigênia, em sacrifício para ganhar um vento favorável, de modo que sua frota pudesse singrar contra Troia. No último momento, Ártemis arrebatou a jovem do altar e a levou, em uma nuvem, a Tauris, onde Ifigênia se tornou uma sacerdotisa da deusa. Quando seu irmão, Orestes, foi a Tauris para roubar a imagem sagrada de Ártemis Toantea, que havia caído do céu, Ifigênia o ajudou, e por fim levou a estátua à cidade ática de Brauron, perto de Maratona, onde ela morreu. Os lacedemônios afirmavam que Ifigênia trouxe a estátua a Esparta, onde a deusa era adorada sob o nome de Ártemis Ortia. Antigamente, eram feitos sacrifícios humanos a Ifigênia na Ática e em Esparta, e em épocas posteriores jovens eram açoitados em Esparta no festival de Ártemis Ortia.

37. Perto da cidade de Arícia havia um bosque e um templo de Diana (Ártemis) Aricina. O sacerdote lá era sempre um escravo foragido, e era obrigado a lutar por seu posto contra qualquer outro escravo que quebrasse um ramo de uma certa árvore sagrada, no desafio. O combate era até a morte.

38. Pisa ficava em Elis, não Acaia.

39. Referência à Afrodite barbada de Chipre, que era chamada Afrodito por Aristófanes, segundo Macrobius, que menciona a deusa em sua *Saturnalia* 3.8.2. Philochorus, em sua *Atthis* (citada por Macrobius), identifica esse deus macho-fêmea com a Lua, e diz que nos sacrifícios a ele, homens e mulheres trocavam de roupa. Afrodito é o nome do deus de período posterior, Hermafrodito, cujo nome significa "Afrodito na forma de uma herma (ou um herme)" – uma estátua na forma de um pilar quadrangular encimado por uma cabeça ou um busto. Na mitologia posterior, Hermafrodito passou a ser considerado o filho de Hermes e Afrodite.

40. Supõe-se que Enéas levou consigo o fogo eterno de Héstia (Vesta), junto com Penates, quando fugiu do cerco de Troia. "Parto para o exílio nas profundezas, com meus companheiros e meu filho, Penates, e grandes deuses" (Virgílio, *Eneida* 3, c. linha 11 [Lonsdale e Lee, 114]). Os penates eram deuses domésticos dos romanos, pertencentes a determinadas famílias ou ao Estado. Vesta era uma dos penates. Eram guardados na parte central da casa, e um fogo ficava sempre aceso para eles, na lareira. A cada refeição, eram feitas libações no fogo ou sobre a mesa, como sacrifícios aos penates. Quando um romano se ausentava por um longo período, ele cumprimentava os deuses domésticos ao retornar, como quaisquer outros membros da família.

41. Deuteronômio 13:7.

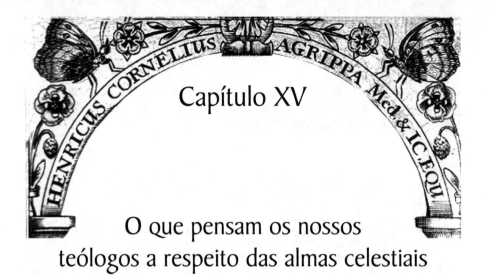

Capítulo XV

O que pensam os nossos teólogos a respeito das almas celestiais

ue os céus e os corpos celestes são animados com certas almas divinas não é somente a opinião de poetas e filósofos, mas também a afirmação das Sagradas Escrituras e dos católicos; pois Eclesiastes também descreve a alma do céu,[1] e *Jerônimo* professa a mesma coisa; do mesmo modo, *Orígenes*, em seu livro dos Princípios,[2] parece crer que os corpos celestes são animados, pois se diz que eles recebem ordens de Deus, o que só condiz com uma natureza razoável, como está escrito, as minhas mãos estenderam os céus, e a todos os seus exércitos dei as minhas ordens. Além disso, *Jó* parece ter admitido com total franqueza que as estrelas não estão livres da mancha do pecado, pois lemos, as estrelas não são puras aos olhos dele, o que não deve ser uma referência ao brilho de seus corpos.

Que os corpos celestes são animados era também a posição de *Eusébio*, bem como de *Agostinho* em seu Enchiridion;[3] além desses, também escritores de época posterior, como *Alberto Magno*[4] em seu livro dos Quatro iguais, e *Tomás de Aquino*[5] em seu livro das Criaturas Espirituais, e *John Scot* (*João Escoto*) na segunda das Sentenças;[6] a esses doutos indivíduos, que se acrescente o cardeal *Nicholas Cusaus*.

E prosseguindo, o próprio *Aureolus*,[7] em forte debate, parece convencido de tais coisas. Quem, aliás, não acharia estranho que os corpos celestes são venerados com a dulia, e deles se esperam sufrágios e auxílios; ao que até *Tomás*[8] consente, desde que tal rito não seja impregnado de idolatria. Também *Plotino* afirma que os astros conhecem nossos desejos e os ouvem.[9]

Se alguém, porém, contradisse tais afirmações, considerando-as sacrílegas, que preste atenção a Agostinho em seu Enchiridion, e em seu livro de Retrações,[10] e *Tomás* no segundo livro Contra os Gentios,[11] e em seus Quodlibets,[12] e *Scotus* em suas Sentenças,[13] e *Gulielmus Parisiensis* em sua Suma do Universo, são unânimes em dizer que os corpos celestes são animados ou inanimados; nada interfere com a fé católica.[14]

Portanto, embora pareça para muitos ridículo que existam almas nas esferas e nas estrelas, como deuses das nações, cada uma delas governa suas regiões, cidades, tribos, povos, nações

e línguas, o que não será estranho para aqueles que compreendam tal fato.

Notas – Capítulo XV

1. Talvez Eclesiástico 24:5.
2. Pensamos, portanto, que elas [as estrelas] podem ser designadas como seres vivos, e por isso mesmo se diz que elas recebem ordens de Deus, o que acontece com seres racionais. "As minhas mãos estenderam os céus, e a todos os seus exércitos dei as minhas ordens", diz o Senhor [Isaías 45,12]. Quais, enfim, são essas ordens? De que cada estrela, em sua ordem e em seu curso, deve agraciar o mundo com a quantidade de esplendor que a ela foi confiado. ... Entretanto, se as estrelas são seres vivos e racionais, sem dúvida aparecerão entre elas tanto um avanço quanto um retrocesso. Pois as palavras de Jó "as estrelas não são puras aos olhos dele" [Jó 25,5] parecem-me transmitir uma ideia assim. (Orígenes, *De principiis* 1.7 [*Ante-Nicene Fathers*, 4:263]).
3. Agostinho aborda a natureza das estrelas em vários pontos de suas obras – *Enchiridion* 1.58; *Cidade de Deus* 13.16; *De genesi ad litteram* 2.18; e em sua correspondência com Orósio. Quando Orósio menciona a opinião de Orígenes de que o Sol, a Lua e as estrelas são racionais,

> Agostinho em réplica afirma que nós podemos ver que o Sol, a Lua e as estrelas são corpos celestes, mas não animados. Ele concorda firmemente com Paulo, que há tronos, dominações, principados e potestades nos céus, "mas não sei o que são nem qual é a diferença entre eles". De um modo geral, Agostinho tende a considerar esse estado de ignorância uma condição feliz. Incomoda-lhe um dos versículos no livro de Jó [Jó 25:4-5 – ver nota 2] ... Agostinho evita essa dificuldade, perguntando se essa passagem deve ser interpretada como de autoridade divina, uma vez que é expressa por um dos consoladores de Jó e não pelo próprio Jó, do qual se diz que seus lábios não haviam pecado contra Deus. (Thorndike, *History of Magic and Experimental Science*, 1:22:520-1).

4. Alberto nega veementemente a noção de que as estrelas são animais, no sentido expresso da palavra, mas as considera instrumentos da Primeira Inteligência:

> O primeiro movedor move o primeiro céu e, através dele, as outras esferas nele incluídas. Se todos os outros céus têm uma inteligência celestial própria que os move, esse é um ponto em torno do qual Alberto é um tanto obscuro. Outros pensam que sim. Ele menciona, por exemplo, a opinião de alguns árabes de que as enchentes se devem à imaginação da inteligência que move a esfera da lua, e acredita que haja alguma verdade nessa crença.

Thorndike está descrevendo *De causis et proprietatibus elementorum et planetarum*, em que Alberto "subdivide a substância celestial em três elementos, compondo respectivamente o Sol, a Lua e as estrelas, e o céu separado dos corpos celestes" (*ibid*. 581).
5. Em *De substantiis separatis*, Tomás concorda que os anjos movem as estrelas. "Ele também afirma com frequência, tanto no desenrolar de suas obras principais quanto em respostas mais breves a perguntas especiais, que Deus rege as criaturas inferiores por meio das superiores e os corpos terrestres por meio das estrelas" (*ibid*. 2:60:609).
6. Duns Scotus, *Opus Oxoniense*, um comentário a respeito das *Sententiae* (Quatro Livros de Sentenças) de Pedro Lombardo. Agrippa se refere ao comentário sobre o segundo livro das *Sententiae*.
7. Talvez Aurélio Agostinho, ou Santo Agostinho, em suas cartas a seu discípulo espanhol Orósio, mencionado na nota 3 deste capítulo.
8. Tomás de Aquino.
9. Também em relação às preces, não há uma vontade que as atende; os poderes que respondem às encantações não agem por vontade. ... alguma influência vem do ser abordado sobre o praticante – ou sobre outra pessoa – mas o ser em si, Sol ou estrela, nada percebe. A oração ou prece

é atendida pelo mero fato de que uma parte e outra parte são envolvidas em um tom como uma corda musical que, tocada em um extremo, vibra também no outro (Plotino, *As Enéadas* 4.4.40-1 [Mackenna, 3:96-7]).
10. *Retractationum libri.*
11. *Summa contra gentiles.*
12. *XII Quodlibeta disputata.*
13. Ver nota 6 deste capítulo.
14. William afirma que Platão e Aristóteles, Boécio, Hermes Trismegisto e Avicena, todos acreditavam que as estrelas eram animais divinos cujas almas eram tão superiores às nossas quanto o são seus corpos celestes ... Mas ele permite que os cristãos, se desejarem, acreditem, assim como Aristóteles e muitos filósofos italianos, que o mundo superior é um ou muitos animais, que os céus são animados ou racionais. Assim, ele não vê nenhum perigo para a Fé. ... Mas declara que "é evidente que as almas humanas são mais nobres que aquelas que são colocadas nos corpos celestes". (Thorndike, *History of Magic and Experimental Science*, 2:52:366-7)

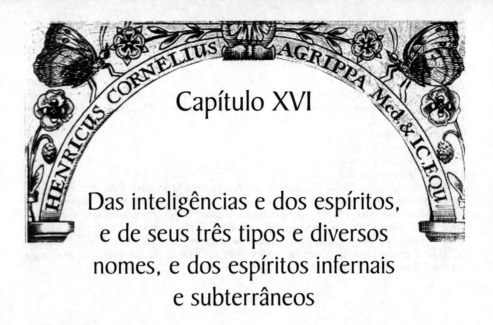

Capítulo XVI

Das inteligências e dos espíritos, e de seus três tipos e diversos nomes, e dos espíritos infernais e subterrâneos

gora, consequentemente, devemos falar das inteligências dos espíritos e dos anjos. Uma inteligência é uma substância inteligível, livre de toda massa grosseira e putrescível de um corpo, imortal, insensível, auscultando tudo, tendo influência em tudo; e a natureza de todas as inteligências, os espíritos e os anjos é a mesma.

Mas eu chamo de anjos, aqui, não aqueles a que costumamos chamar de demônios, e sim espíritos assim chamados pelo verdadeiro sentido da palavra,[1] os que sabem, compreendem e são sábios. Destes, segundo a tradição dos magos, há três tipos, o primeiro dos quais chamam de supercelestial, e mentes totalmente separadas de um corpo, esferas inteligentes, por assim dizer, venerando o único Deus, como sua mais firme e estável unidade ou centro; nesse sentido, até os chamam de deuses em virtude de uma certa parcela de divindade; pois estão eles sempre cheios de Deus e impregnados do néctar divino. Estes só estão ao redor de Deus e não governam os corpos do mundo, tampouco são aptos para governar as coisas inferiores, mas infundem a luz recebida de Deus nas ordens inferiores e distribuem o dever de cada um a todas elas.

As inteligências celestiais são a segunda ordem, sendo chamadas de anjos do mundo, isto é, designados além da adoração divina para as esferas do mundo e para governar todo céu e toda estrela, estando divididos em tantas ordens quantos são os céus do mundo e as estrelas[2] nos céus; e se chamam saturninos aqueles que governam o céu de Saturno e o próprio Saturno; de jovianos os que governam o céu de Júpiter e o próprio Júpiter; e do mesmo modo são nomeados os diversos anjos de acordo com o nome e a virtude dos demais astros.

E como os antigos astrólogos reconheciam 55 movimentos,[3] inventaram, então, o mesmo número de inteligências ou anjos; colocaram, ainda, no céu estrelado anjos que poderiam reger os signos, triplicidades, decanias, quinários, graus e astros; pois, embora a escola dos peripatéticos atribua apenas uma inteligência a cada um dos orbes dos astros, considerando-se que cada astro e cada pequena parte do céu têm seu devido e específico poder e influência, é necessário que tenham também sua inteligência para reger, que pode conferir poder e operar.

Foram estabelecidos, portanto, 12 príncipes dos anjos, que regem os 12 signos do Zodíaco, e 36 que podem reger o mesmo número de decanias, e 72 que podem reger o mesmo número de quinários do céu, e as línguas dos homens e das nações, e quatro que podem reger as triplicidades e os elementos, e sete governadores, ou regentes, do mundo todo, de acordo com os sete planetas.

E foram dados a todos eles nomes e selos, os quais chamam de caracteres, e os usavam em suas invocações, encantações e incrustações, descrevendo-os nos instrumentos de suas operações, imagens, placas, vidros, anéis, papéis, velas e coisas assim; e se em algum momento eles trabalhassem para o Sol, invocavam pelo nome do Sol, e pelos nomes dos anjos solares, e assim por diante.

Em terceiro lugar, eles estabeleciam anjos como ministros[4] para tratar daquelas coisas de baixo, que *Orígenes* chama de certos poderes invisíveis,[5] aos quais as coisas que se encontram na Terra são atribuídas, e por eles distribuídas. Pois, às vezes, aqueles que não vemos direcionam nossas jornadas, e todos os nossos afazeres estão presentes às batalhas, e por meio de auxílios secretos trazem o sucesso desejado a seus amigos, pois se diz que a seu bel-prazer eles podem gerar prosperidade e infligir adversidade.

Do mesmo modo, são estes distribuídos em mais ordens, sendo alguns de fogo, alguns de água, alguns aéreos, alguns terrestres; quatro espécies de anjos que são classificadas de acordo com os quatro poderes das almas celestiais: a mente, a razão, a imaginação e a natureza vivificante e movente. Assim, os de fogo seguem a mente das almas celestiais, convergindo para a contemplação das coisas mais sublimes; mas os do ar seguem a razão e favorecem a faculdade racional, e de certa maneira a separam da vegetativa e sensível; servem, por isso mesmo, a uma vida ativa, assim como os de fogo à vida contemplativa; mas os de água seguem a imaginação, servindo a uma vida voluptuosa; os da terra seguem a natureza, e favorecem a natureza vegetal.

Também se distinguem esses tipos de anjos em saturninos e jovianos, de acordo com os nomes dos astros, e dos céus; além disso, alguns são orientais,[6] alguns ocidentais,[7] alguns meridionais,[8] alguns setentrionais.[9]

Não existe, além do mais, nenhuma parte do mundo que seja destituída da devida assistência desses anjos, não porque estejam somente lá, mas porque reinam lá de modo especial, pois se encontram na verdade em todo lugar, embora alguns exerçam uma operação especial e tenham influência em tal lugar, enquanto outros a têm em outros lugares; tampouco podem essas coisas ser verdadeiramente compreendidas, embora estejam sujeitas às influências dos astros, pois têm correspondência com o céu acima do mundo, de onde todas as coisas são dirigidas e com a qual todas as coisas devem ser compatíveis.

Embora esses anjos sejam designados para diferentes astros, bem como diferentes lugares e tempos, não são limitados por tempo nem espaço, nem pelos corpos aos quais são designados para reger, mas apenas segundo a determinação da ordem de sabedoria; e assim, cada qual favorece mais e protege esse ou aquele corpo, lugar, tempo, astro. Nesse sentido, chamam-se alguns de diurnos, outros de noturnos, outros de meridionais;[10] de modo semelhante, alguns são chamados de homens da mata, alguns de montanheses, outros de homens do campo, e outros ainda de domésticos.

Assim, os deuses das florestas, do campo, os sátiros, os espíritos familiares,[11] as fadas das fontes, fadas dos bosques, ninfas do mar, as náiades,[12] nereidas,[13] dríades,[14] piérides,[15] hamadríades,[16] potâmides,[17] Hinnides, Agapte, Pales,[18] Pareades, Dodonae,[19] Feniliae,[20] Lavernae,[21] Pareae, Musas, Aonides,[22] Castalides,[23] Heliconides,[24] Pegasides,[25] Meonides,[26] Phebiades,[27] Camenas,[28] as Graças,[29] os gênios,[30] os hobgoblins[31] e outros do gênero; são chamados superiores vulgares, alguns semideuses e deusas.

Alguns desses são tão familiarizados com os homens que chegam a ser afetados com perturbações humanas, e pela instrução de tais seres, Platão acredita, os homens fazem, com frequência, coisas maravilhosas, assim como de acordo com a instrução dos homens, alguns animais que nos são mais próximos, tais como macacos, cães, elefantes, costumam fazer coisas estranhas, além da capacidade de suas espécies.[32]

E aqueles que escreveram as Crônicas dos dinamarqueses e noruegueses atestam que diversas espécies de espíritos naquelas regiões obedecem às ordens dos homens; além disso, alguns deles são corpóreos e mortais, com corpos que são gerados e morrem, embora sua vida seja longa,[33] segundo a opinião dos egípcios e dos platônicos, particularmente endossada por *Proclo*. Também *Plutarco*[34] e *Demétrio*,[35] o filósofo, e *Emiliano*,[36] o retórico, afirmam a mesma coisa.

Dessa terceira espécie de espírito, na opinião dos platônicos, existem tantas legiões quantos são os astros no céu, e a mesma quantidade de espíritos em cada legião que a quantidade de estrelas no céu. Mas há quem pense (como *Atanásio*) que o verdadeiro número de bons espíritos é de acordo com o número de homens, 99 partes, segundo a parábola das cem ovelhas;[37] outros consideram apenas nove partes, de acordo com a parábola das dez dracmas,[38] outros supõem que o número de anjos é igual ao de homens, pois está escrito que ele delimitou o número de pessoas de acordo com o número de anjos de Deus.

E, ainda, quanto ao número deles, muitos escreveram muitas coisas, mas os teólogos mais recentes, seguindo o Mestre das Sentenças,[39] *Agostinho*, e *Gregório*, resolvem com facilidade a questão, dizendo que o número de anjos bons transcende a capacidade da humanidade; ao que, ao contrário, inumeráveis espíritos imundos correspondem, uma vez que existem tantos no mundo inferior quanto são os puros no superior, e alguns adivinhos afirmam ter recebido isso por meio de revelações.

Eles incluem também um tipo de espírito, subterrâneo ou obscuro, que os platônicos chamam de anjos caídos, vingadores de perversidade e profanos, de acordo com o decreto da justiça divina, e os chamam de anjos do mal e espíritos malignos porque eles perturbam e ferem por prazer; destes também são reconhecidas mais legiões, e do mesmo modo, distinguindo-se de acordo com os nomes dos astros e elementos, e partes do mundo, são colocados sobre reis, príncipes e governantes e seus nomes.

Destes, quatro reis mais maldosos governam acima dos outros, de acordo com as quatro partes do mundo; sob eles, muitos outros príncipes de legiões governam, e também muitos de ofícios particulares. Daí, vêm as perversas Górgones,[40] as Fúrias,[41] Tisífone, Aleto, Megera e o Cérbero.[42]

Os espíritos dessa espécie, diz *Porfírio*, habitam um lugar perto da Terra, aliás, dentro da própria Terra; não existe maldade que eles não se atrevam a cometer; eles têm um costume violento e prejudicial, e planejam atentados violentos e súbitos; e quando fazem suas incursões, às vezes se mantêm escondidos, mas outras vezes oferecem uma violência deflagrada e se deleitam em todas as coisas perversas e contenciosas.[43]

Notas – Capítulo XVI

1. A palavra "inteligente", do latim *intelligere*: ver por dentro, perceber, compreender.
2. Planetas.
3. Aristóteles distingue 55 esferas acima das quais os planetas e as estrelas se movem, em seu *De caelo* (*Sobre os céus*).
4. Hebreus 1:14.

Pois de fato reconhecemos que os anjos são "espíritos ministrantes", e dizemos que "são enviados para ministrar àqueles que serão os herdeiros da salvação"; e que eles ascendem, levando as súplicas dos homens, aos mais puros dos lugares celestiais no Universo, ou até às regiões supercelestiais, ainda mais puras; e descem de lá, transmitindo a cada um, de acordo com seu merecimento, algo concedido por Deus àqueles que são os recebedores de Seus benefícios. Tendo aprendido a chamar esses seres de "anjos" [isto é, mensageiros] por causa de seus ofícios, vemos que, como são divinos, são às vezes mencionados como "deus" nas Escrituras Sagradas, mas não para que nós honremos e veneremos no lugar de Deus aqueles que nos ministram e trazem Suas bênçãos (Orígenes, *Against Celsus* 5.4 [*Ante-Nicene Fathers*, 4:544]).

5. Também afirmamos, em relação não somente aos frutos da terra, mas a todo rio, correnteza e sopro de ar, que o solo produz aquelas coisas que se dizem crescer naturalmente – que a água jorra em fontes e refresca a terra com seus córregos – que o ar permanece puro e sustenta a vida daqueles que o respiram, só em consequência do intermédio e do controle de certos seres que chamamos de obreiros e guardiões invisíveis; mas negamos que tais agentes invisíveis sejam demônios (*ibid.*, 8.31 [*Ante-Nicene Fathers*, 4:650-1]).
6. Do leste.
7. Do oeste.
8. Do sul.
9. Do norte.
10. Aqui, referência ao meio-dia.
11. Espíritos domésticos são mencionados numerosas vezes no Antigo Testamento e parecem estar ligados à adivinhação. Saul procurou a bruxa de Endor por causa de seu espírito familiar (I Samuel 28:7). A punição por ter um espírito assim era a morte (Levítico 20:27). Deus é taxativo ao proibir o recurso de espíritos familiares (Levítico 19:31). Quanto a esse último versículo, Rashi

faz este interessante comentário: "Uma proibição contra um בצל אוב e um ידעוני. Um בצל אוב é um mago que (parece) falar das axilas, e um ידעוני é aquele que coloca um osso de animal, cujo nome é Yiddo'a, na boca e o osso parece falar" (Rashi 1949, 3:196).
12. Ninfas dos rios, lagos e de outros corpos de água doce.
13. Nereidas, as 50 ninfas do mar que eram filhas de Nereu e Dóris.
14. Ninfas dos bosques.
15. Um sobrenome das musas derivado de Pieria, uma região na costa sudeste da Macedônia, onde eram adoradas, em primeiro lugar, pelos trácios. De acordo com a lenda, Piero, rei de Emácia na Macedônia, tinha nove lindas filhas chamadas Piérides, que ousaram desafiar as musas em um concurso de poesia. Como castigo, elas foram transformadas em pegas, e as Musas ficaram com seus nomes.
16. Três ninfas que viveram e morreram com a árvore na qual moravam, sendo portanto mortais, embora com vida longa.
17. Ninfas dos rios.
18. Deus romano dos pastores e seus rebanhos. O festival dele, chamado Palília, era celebrado em 21 de abril, a suposta data de nascimento da cidade de Roma. Não se sabe ao certo se essa divindade era masculina ou feminina, uma vez que os antigos escritores se referiam ao deus usando ambos os sexos (Ovídio diz feminino; Varro diz masculino). A dúvida levou à possibilidade de que existiam dois deuses, um Pales masculino semelhante a Pã, e um Pales feminino associado a Vesta. Para uma descrição da Palília, ver Ovídio, *Fasti* 4, linhas 721-82.
19. Uma classe de ninfas específica a Dodona e seus carvalhos. Zeus Dodonaios era venerado em Dodona, o segundo oráculo mais célebre no mundo antigo depois de Delfos. No passado remoto, o oráculo era recebido pelo farfalhar das folhas de um carvalho, ou bosque de carvalhos, consagrado a Zeus, e interpretado por seus sacerdotes, os Selloi. Ver Homero, *Ilíada* 16, linhas 333-5; Pausânias, *Guide to Greece* 10.12.5.
20. Talvez ninfas do mato ou dos campos. O termo *fenilia* significa "um lugar em que o feno é guardado".
21. Laverna era a deusa romana dos ladrões e impostores. Ela tinha um bosque sagrado na Via Salaria e um altar perto da Porta Lavernalis. Possivelmente suas ninfas se localizavam no bosque.
22. Um nome para as musas derivado de Aonia, a região de Beócia que continha o Monte Hélicon e a fonte Aganipe, ambos frequentados pelas musas. Em *Metamorfoses*, de Ovídio, uma Musa se refere a si própria e às suas irmãs como "nós de Aonia".
23. Nome das musas derivado da fonte Castalia, no Monte Parnasso. A fonte também era consagrada a Apolo, e dizia-se que seu nome derivava de Castalia, filha de Achelous, que se atirou à fonte para fugir do estupro de Apolo. A pítia, oráculo de Apolo, se banhava em suas águas.
24. As Musas eram chamadas de Heliconíades, ou Heliconides, pelos poetas romanos, por causa do Monte Hélicon. Ver nota 22 deste capítulo.
25. Pégaso supostamente criou a fonte Hipocrene no Monte Hélicon com um coice de seu casco. Por isso, a fonte era chamada de *Pegasis* (derivando de Pégaso), e as Musas receberam o nome de Pegasides, porque viviam na fonte.
26. Talvez Mênades, as Bacantes, mulheres em frenesi que veneravam Dioniso. Também eram chamadas de Tíades, Clodones e Mimallones.
27. Talvez as musas com nome baseado em Febo, outro nome de Apolo, a quem são intimamente ligadas.
28. Também chamadas de Casmenae, ou Carmenae, ninfas proféticas da água da antiga Itália. A mais importante era Carmenta (ou Carmentis), que era venerada em seu templo no sopé do Capitólio e em seus altares perto da Porta Carmentalis, em Roma. Juvenal as associa a uma fonte e a um bosque sagrado perto da Porta Capena, na muralha ao sul da velha cidade de Roma:

> Aqui, onde Numa se encontrava com sua amante noturna [Egéria, uma das camenas, que instruía o rei a formar leis religiosas], o bosque da fonte outrora vazia e os templos são, em nossos dias, alugados para os judeus, cujos móveis consistem apenas em um cesto e uma pilha de feno. Por cada árvore é obrigada a pagar aluguel ao povo e, após as camenas serem

despejadas, o bosque é um abrigo de mendigos (Juvenal, *Satires* 3, c. linha 12, tradução de Lewis Evans [Nova York: Hinds, Noble and Eldrege, s/d.], 15).
29. As *Gratiae* dos romanos, chamadas *Charites* pelos gregos, derivado de Charis, esposa de Hephaestus, a personificação da graça e da beleza (ver Homero, *Ilíada* 18, linhas 382-3). Eram em número de três e se chamavam Eufrosina, Aglaia e Talia.
30. Ou no texto em inglês *genii*, plural de gênio, um espírito protetor dos romanos. Os gregos os chamavam de demônios. Hesíodo diz que há 30 mil deles na Terra, são invisíveis e são as almas dos bons homens da Era Dourada (Ver Platão, *Crátilo* 397e-398c.). Os romanos os viam como geradores e produtores de vida que acompanhavam cada homem como seu eu superior. A ideia é muito semelhante à dos anjos da guarda. Gregório Taumaturgo fala de seu gênio, dirigindo-se a Orígenes:

.... se eu puder falar de algo além disso e, em particular, de algum daqueles seres que não se veem, mas que são mais próximos da natureza de Deus, e que têm um cuidado especial para com os homens, falarei daquele ser que, por alguma decisão momentosa, tem-me sob sua tutela desde a infância, governando-me, criando-me, treinando-me – refiro-me ao santo anjo de Deus que me alimentou desde a juventude, como diz o santo querido de Deus, seu mais particular [ver Gênesis 48:15-6]. ... Mas nós, além da homenagem oferecida ao Governante de todos os homens, reconhecemos e louvamos aquele ser, seja ele quem for, que tem sido um maravilhoso guia de nossa infância, que em todas as outras questões no passado sempre foi meu tutor beneficente e guardião (*Oration and Panegyric Addressed to Origen* 4 [*Ante-Nicene Fathers*, 6:24]).

31. Na *Opera* latina, aparece o termo *lêmures*. Os lêmures eram fantasmas, espíritos ou espectros dos mortos. Às vezes, eram divididos em duas classes: *lares*, os fantasmas dos homens bons, e *larvae*, fantasmas dos homens maus. Não se costumava fazer essa distinção. Os romanos celebravam o festival de Lemurália (ou Lemúria) para agradar esses espíritos.
32. Como já explicamos, Cronus sabia, claro, que nenhum ser humano é competente para exercer um controle irresponsável sobre a humanidade sem se inchar de orgulho e improbidade. Ciente disso, ele deu às nossas comunidades, como reis e magistrados, não homens, mas espíritos, seres de uma espécie mais divina e superior, assim como fazemos com nossos rebanhos de ovelhas e com outros animais domésticos. Não colocamos bois para controlar bois, nem bodes para controlar bodes; nós, de uma espécie melhor que a deles, agimos como seus mestres. Assim, o deus, em sua bondade para com o homem, fez o mesmo; colocou sobre nós essa raça superior de espíritos, que de nós cuidava com facilidade e conveniência, nos proporcionando paz e misericórdia, um lei justa e uma justiça inabalável, e agraciando as famílias da humanidade com harmonia e felicidade (Platão, *Leis* 4.713c-d [Hamilton & Cairns, 1304-5])
33. Referindo-se a uma passagem quase no fim do segundo livro de *De nuptiis Philologiae et Mercurii et de septem artibus liberalibus* (As núpcias da Filologia e Mercúrio e as sete artes liberais) de Marciano Capela, Thorndike diz: "Por fim, a própria terra é habitada por uma raça longeva de habitantes das florestas e dos bosques, fontes, lagos e rios, chamados Pãs, Faunos, sátiros, silvanos, ninfas e outros nomes. Assim como os homens, eles acabam morrendo, mas possuem um grande poder de visão e de infligir dano" (Thorndike, 1:546).
34. E além disso, Hesíodo imagina que mesmo os demônios, depois de certas revoluções do tempo, finalmente morrem. Por, ao apresentar uma ninfa falando, ele ressalta o momento em que eles expiram:

Nove idades do homem em sua flor vive a gralha faladora; em quatro, supera o cervo
A vida das gralhas; já aos corvos a Natureza dá três vezes a idade dos cervos;
Uma fênix vive o tempo dos corvos multiplicado por nove.
Mas vocês, belas ninfas, como as verdadeiras filhas
Do poderoso Júpiter e de natureza divina,
Multiplicam a idade da fênix por dez.

Ora, aqueles que não compreendem bem o que o poeta quer dizer com a palavra γενεά (idade), calculam esse tempo como um grande número de anos. Pois a palavra significa um ano; de modo que a soma total é de 9.720 anos, que é o tempo da idade dos demônios. E há vários matemáticos que calculam um tempo ainda mais curto. Pindar, por exemplo, diz: O Destino deu às ninfas uma vida igual à das árvores; e portanto, elas são chamadas

de hamadríades, porque nascem e morrem com os carvalhos (Plutarco, *Obsolescência dos Oráculos* 11, tradução de Robert Midgley [Goodwin, 4:15]).
35. Demétrio de Tarso, gramático que é um dos oradores no diálogo de Plutarco, a *Obsolescência dos Oráculos*. Ver nota 34 deste capítulo.
36. Orador do século I, mencionado por Plutarco em sua *Obsolescência dos Oráculos*, cap. 17. Agrippa simplesmente pegou os nomes Demétrio e Emiliano da obra de Plutarco para impressionar o leitor, não por algum bom motivo.
37. Lucas 15:4.
38. Lucas 15:8.
39. Pedro Lombardo. Ver sua nota biográfica.
40. Originalmente só havia Gorgo, uma aterradora sombra de Hades (o Inferno), mencionada por Homero na *Odisseia* 11, linha 633. Na *Ilíada*, é dito que a égide de Atena continha a cabeça de Gorgo:

> E sobre os ombros, ela carregava a terrível égide,
> Em volta da qual o Terror se agregava como uma guirlanda,
> E o Ódio também lá se encontrava, bem como a Força em Batalha,
> E o Massacre em seu coração gélido
> Sobre os quais se via a cabeça da temível e gigantesca Gorgon,
> Uma imagem de medo e tristeza, augúrio de Zeus das égides.
> (Homero, *Ilíada* 5, linhas 738-42 [Lattimore, 148]).

Hesíodo fala de três Górgones chamadas Esteno, Euríale e Medusa, filhas de Fórcis e Ceto, das quais herdam o nome Pórcides. Viviam no extremo oeste no oceano, tinham serpentes na cabeça, asas, garras de bronzes e dentes enormes. Medusa era fatal. Qualquer um que olhasse para o rosto dela se transformava em pedra. Depois de Perseu matá-la, Atena colocou a cabeça de Medusa no centro de seu escudo (ou peitoral).
41. As Eumênides, ou, em passado mais remoto, as Erínias dos gregos (as *Furiae* romanas, ou *Dirae*), eram deusas vingadoras que puniam crimes. *Erínias* significa "deusas zangadas" ou "deusas que perseguem o criminoso". O título posterior Eumênides é um eufemismo que significa "deusas aplacadas", e era um meio de evitar a expressão indevida, portanto a invocação, delas. São descritas como figuras negras, aladas, com cabelos infestados por serpentes e olhos sangrando, que trazem desconforto e infortúnio sobre a cabeça daqueles que foram amaldiçoados por seus crimes. Hesíodo diz que elas nasceram das gotas de sangue da deusa Gaia (Terra). Seus nomes são Tesífone, Aleto e Megera.
42. O cão-monstro guardião da entrada do Inferno, em que o barqueiro Caronte deixava as sombras na margem mais longínqua do Rio Estige. Homero menciona "o cão" tanto na *Ilíada* (8, linha 368) quanto na *Odisseia* (11, linhas 623 e 625), mas não cita seu nome. Hesíodo o descreve com 50 cabeças, e diz que era filho de Tifão e Equidna. Já os escritores de período posterior o apresentam com três cabeças, cauda de serpente e serpentes se enrolando em volta de seu pescoço: "Esses são os reinos em que o enorme Cérbero faz ressoar o latido de suas mandíbulas trinas, repousando seu corpanzil na caverna de frente para a balsa" (Virgílio, *Eneida* 6, linhas 417-8 [Lonsdale & Lee, 167]). Ver também *Georgics* 4, c. linha 470.
43. No mais sagrado dentre os mistérios, antes da aparição de Deus, certos demônios terrestres se apresentam, e lutam contra aqueles que devem ser iniciados, afastam-nos dos bens imaculados e lhes desviam a atenção para a matéria. Por isso, os deuses nos exortam a não olhar para eles, até que estejamos fortalecidos pelos poderes que os mistérios conferem. Pois assim falaram: Não é bom vocês os vislumbrarem até que seus corpos tenham sido iniciados. E nesse contexto, os oráculos (os caldeus) acrescentam que esses demônios seduzem as almas e as afastam dos mistérios. (Proclo, *"Commentary on the First Alcibiades of Plato"*, tradução de Thomas Taylor. In Proclo, *An Apology for the Fables of Homer* 1, n. 8 [*Thomas Taylor the Platonist: Selected Writings*, 461]).

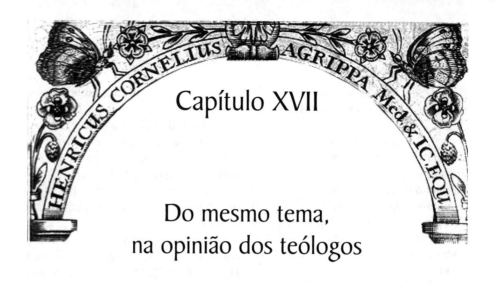

Capítulo XVII

Do mesmo tema, na opinião dos teólogos

as nossos teólogos, assim como *Dioniso*, reconhecem as três distinções de anjos, todas as quais eles dividem em três ordens; a estas chamam de hierarquias, e que *Plutarco* também distingue pelo número 9.

Assim, eles colocam na hierarquia superior os Serafins, Querubins e Tronos, como anjos supercelestiais contemplando a ordem da providência divina; a primeira na bondade de Deus; a segunda na essência de Deus, como a forma; a terceira na sabedoria.

Na hierarquia do meio, eles colocam as Dominações, Virtudes e Potestades, como anjos mundanos disputando pelo governo do mundo; a primeira ordem comanda aquilo que a outra executa; a segunda é de ministros do céu que às vezes conspiram para realizar milagres; a terceira afasta aquelas coisas que parecem ser capazes de perturbar a lei divina.

Mas, na hierarquia inferior, eles colocam Principados, Arcanjos e Anjos, que *Jâmblico* também reconhecia,[1] e são espíritos ministrantes que descem para cuidar das coisas inferiores; os primeiros cuidam das coisas públicas, dos príncipes e magistrados, províncias e reinos, tudo o que lhes pertence; quando lemos em *Daniel*,[2] "Mas o príncipe do reino da Pérsia me resistiu por 21 dias"; e *Jesus*, filho de *Sirac*, atesta[3] que a cada nação um anjo é nomeado; que também *Moisés* em seu canto em Deuteronômio[4] parece mostrar, dizendo "Quando o Altíssimo distribuía as heranças às nações... Os segundos estão presentes nos deveres sagrados, e conduzem a adoração divina de todos os homens, e oferecem orações e sacrifícios de homens diante dos deuses". A terceira ordem dispõe de toda questão menor, e a cada coisa cada um é o preservador. São eles também que conferem virtude às menores plantas e pedras e todas as coisas inferiores; a quem muitas coisas comuns com Deus, muitas com homens; e são eles os ministros mediadores.

Atanásio, porém, além de Tronos, Querubins e Serafins, que estão próximos de Deus e o exaltam sem parar com hinos e contínuos louvores, rezando por nossa salvação, reconhece outras ordens, as quais chama pelo nome comum de milícia do céu.

A primeira delas é a ordem Doutrinal, da qual se lê em *Daniel*, "vim, para fazer-te entender o que há de acontecer ao teu povo nos derradeiros dias".[5]

Em seguida vem a ordem Tutelar, da qual lemos também em *Daniel*, "Miguel, um dos primeiros príncipes, veio para ajudar-me";[6] "E naquele tempo se levantará Miguel, o grande príncipe, o defensor dos filhos do teu povo";[7] dessa ordem também fazia parte *Rafael*, que levou e trouxe de volta *Tobias*, o mais jovem.[8]

A próxima é a ordem Procuratória, que é mencionada em *Jó*, no qual lemos, "Se com ele houver um anjo intercessor, Deus terá misericórdia dele";[9] e da mesma ordem também pertence o que se lê no décimo sexto capítulo do Eclesiástico, quase no fim, "No princípio, o Senhor criou as suas obras e, depois de havê-las feito, colocou cada uma em seu lugar; fixou uma ordem eterna para suas obras, desde a origem delas até o seu futuro longínquo; elas não têm fome e não se cansam, e nunca abandonam suas atividades; nenhuma delas jamais se choca com a outra, e nunca desobedecem ao comando dele".[10]

A ordem Ministerial é a próxima, da qual *Paulo* fala aos hebreus, "Não são todos eles espíritos ministradores, enviados para servir aqueles que hão de herdar a salvação?"[11]

Depois dessas vem a ordem Auxiliar, da qual lemos em *Isaías*, "Saiu o anjo do Senhor, e feriu no arraial dos assírios a cento e oitenta e cinco mil".[12]

A ordem Receptora das almas é a seguinte, da qual lemos em *Lucas*, "A alma de Lázaro foi levada pelos anjos para o seio de Abraão".[13] E também aprendemos que devemos fazer "das riquezas iníquas amigos, para que, quando aquelas nos faltarem, esses amigos nos recebam nos tabernáculos eternos".[14]

Além dessas, há a ordem dos Assistentes, da qual lemos em *Zacarias*, "São os dois ungidos, que assistem junto ao Senhor de toda a terra".[15]

Mas os teólogos dos hebreus, por sua vez, numeram e nomeias essas ordens.[16]

Pois no posto mais alto estão aquelas que eles chamam de Haioth Hacadosh[17] חוות הקדש, isto é, Criaturas de Santidade, ou pelas quais Deus אחד promove o dom do ser.

No segundo posto vem a ordem dos Ofanins[18] אופנים isto é, formas ou rodas, por meio dos quais Deus יהוה distingue o caos.

No terceiro posto estão os Aralim[19] אראלים grandes, fortes e poderosos anjos, por meio dos quais *Jeová Elohim* pronunciou, ou *Jeová* se junto a *He* יהוה e administrou forma à matéria líquida.

No quarto posto está a ordem dos Hasmalim[20] חשמלים, pelos quais El לא criou as efígies dos corpos.

A quinta ordem é dos Serafins[21] שרפים, pela qual Deus *Elohim Gibor* אלהים גבור atraiu os elementos.

A sexta é dos Malaquins[22] מלאכים, anjos por meio dos quais Deus *Eloha* אלוה produziu os metais.

A sétima ordem é dos Elohim י־אלה, isto é, os deuses pelos quais Deus *Jeová Sabaoth* יהוה צבאות produziu os vegetais.

A oitava é dos Beni Elohim[23] בני אלהים, os Filhos de Deus, por meio dos quais Deus *Elohim Sabaoth* צבאות אלהים fez os animais procriarem.

A nona e mais baixa ordem é a dos Querubins כרובים[24], por meio da qual Deus *Sadai* שדי criou a humanidade.

Abaixo destas há a ordem dos anamasticus[25] chamados Issim[26] אִישִׁ-ם, isto é, nobres e fortes homens, ou Abençoados, pelos quais Deus Adonai אֲרָנִי concedeu o dom da profecia.[27]

Notas – Capítulo XVII

1. E, em suma, todos esses gêneros exibem suas devidas ordens: o gênero aéreo exibe o fogo do ar; o terrestre, um fogo da terra e mais negro; e o celestial, um fogo mais esplêndido. Mas dentro dessas três fronteiras, todos os gêneros são distribuídos de acordo com uma ordem tripla de começo, meio e fim. E os deuses, de fato, exibem as supremas e mais puras causas dessa ordem tripla. Mas, os gêneros de anjos dependem dos arcanjos. Os gêneros de demônios parecem subservientes aos dos anjos; e, de um modo semelhante, os gêneros de heróis são ministrantes. Não são, porém, subservientes a anjos do mesmo modo que a demônios. Novamente, os gêneros de arcontes, quer presidam sobre o mundo, quer sobre a matéria, exibem a ordem que é adaptada a eles. Mas todos os gêneros de almas se apresentam como a última das mais excelentes naturezas (Jâmblico, *On the Mysteries* 2.7 [Taylor, 98-9]).
2. Daniel 10:13.
3. Eclesiástico 17:17.
4. Deuteronômio 32:8. Entretanto, a interpretação de Agrippa desse versículo é questionável – talvez ele o associe a Deuteronômio 4:19.
5. Daniel 10:14.
6. Daniel 10:13.
7. Daniel 12:1.
8. Tobias 5:4.16 e 11:4.
9. Jó 33:23. O significado deste verso é mais claro na tradução de Knox do que em Rei Thiago.
10. Eclesiástico 16:26-8.
11. Hebreus 1:14.
12. Isaías 37:36.
13. Lucas 16:22.
14. Lucas 16:9.
15. Zacarias 4:14.
16. Santo, Bendito seja Ele! Afixado às legiões dos Tronos para servi-lo (as dez Hostes Angélicas, o mundo Yetzirático.) São elas: Malakheem, Areleem, 'Häy-yôth, Ophaneem, Hash-maleem, E'leem, Eloheem, Benai Eloheem, Isheem e Serapheem. E para serviço destas, o Santo, Bendito! fez Samä-el e suas legiões, que são as nuvens que descem à terra (*Zohar* 2.43a. In Myer [1888] 1974, 17:329).
17. Chaioth ha-Qadesh. Ver Ezequiel 1:5-14. Ver também Apêndice VI aqui e nas notas subsequentes.
18. Auphanim. Ver Ezequiel 1:15-20.
19. Ver Ezequiel 1:26.
20. Chashmalim. Ver Ezequiel 1:27.
21. Ver Isaías 6:6.
22. Melakim, geralmente derivado do hebraico מֶלֶךְ (rei), plural מְלָכִים (ver Esdras 4:13). Mas com certeza deriva de מַלְאָךְ (um mensageiro de Deus); ou seja, um anjo (ver Êxodo 23:20 e 33:2).
23. Ver Gênesis 6:4.
24. *Cherubim-Kerubin*.
25. *Dii animalie*, deuses que já foram homens; em outras palavras, heróis.

26. Aishim (Homens Valorosos; Homens de Deus). Ver Isaías 53:3, no hebraico, para essa forma plural de איש (um homem). É usado em referência a anjos em Juízes 13:6.8. MacGregor Mathers usa a forma אשים AshIM, da raiz אש (fogo), o que parece um erro (ver Mathers [1887] 1962, 26). Assim como o outro erro de Mathers, mencionado na nota 381, ganhou aceitação universal no moderno ocultismo popular. Mathers toma emprestado a maior parte de seu material dos nomes das *Sephiroth* diretamente da Kabbalah de Ginsburg [1863] 1970 (ver a tabela no texto citado acima, p. 93).

27. Ver Juízes 13:8, em que essa forma de nome divino é usada e o anjo do Senhor dá o dom da profecia.

Do mesmo tema, na opinião dos teólogos

Apollyon
Extraído de O Mago, *de Francis Barrett (Londres, 1801)*

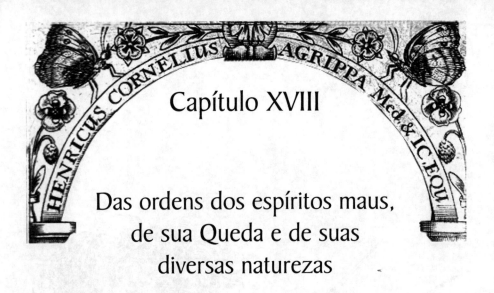

Capítulo XVIII

Das ordens dos espíritos maus, de sua Queda e de suas diversas naturezas

Algumas escolas de teologia distribuem os espíritos malignos em nove graus,[1] opostos às nove ordens dos anjos.

Portanto, a primeira dessas ordens é a chamada de Falsos Deuses, que, usurpando o nome de Deus, querem ser venerados como deuses, e requerem sacrifícios e adorações, como o Diabo que disse a Cristo, "Tudo isso te darei, mostrando-lhe todos os reinos do mundo";[2] e foi o príncipe deles que disse, "Subirei acima das mais altas nuvens e serei semelhante ao Altíssimo";[3] o qual é chamado *Belzebu*,[4] isto é, um velho deus.

Em segundo lugar, seguem os Espíritos das Mentiras, de cuja espécie se manifestou um espírito mentiroso na boca dos profetas de *Acabe*;[5] e o príncipe deles é a serpente *Pytho*;[6] de onde Apolo é chamado *Pythius*,[7] e aquela mulher, bruxa, em *Samuel*,[8] e a outra no Evangelho,[9] que tinha *Pytho* no ventre.[10] Portanto, essa espécie de demônios se une aos oráculos e ilude os homens com adivinhações e previsões, enganando-os.

Na terceira ordem estão os Instrumentos de Iniquidade, também chamados de Instrumentos da Ira; são os inventores das coisas malignas e das artes do mal, como se vê em *Platão*, aquele demônio *Teuto*,[11] que ensinou os jogos de cartas e dados; pois toda perversidade, maldade e deformidade procedem deles; a respeito do que se lê em Gênesis, nas bênçãos de *Simeão* e *Levi*, *Jacó* diz, "Instrumentos de Violência[12] são a sua morada; seu conselho minha alma não procurará"; os quais o salmista chama de Instrumentos de Morte,[13] *Isaías* de Instrumentos de Fúria,[14] e *Jeremias*, Instrumentos de Ira;[15] *Ezequiel*, Instrumentos de Destruição e Morte;[16] e seu príncipe é *Belial*,[17] que é interpretado como um rebelde ou desobediente, um prevaricador e apóstata, do qual *Paulo* fala aos coríntios, indagando que acordo poderia Cristo ter com *Belial*?[18]

Em quarto lugar vêm os Vingadores do Mal, e seu príncipe é *Asmodeo*,[19] ou seja, o que causa julgamento.

Depois dessas ordens, em quinto lugar, vêm os Enganadores, que imitam milagres e servem aos conjuradores e bruxos/bruxas do mal, e seduzem as pessoas com seus milagres, assim como a serpente seduziu *Eva*,[20] e seu príncipe é *Satã* (ou Satanás), do que lemos no livro do Apocalipse, "Opera grandes sinais, de maneira que até fogo do céu faz descer à terra, diante dos homens; seduz os que habitam sobre a terra por causa dos sinais que lhe foi dado executar".[21]

Em sexto lugar, se oferecem os Poderes do Ar; estes se juntam ao trovão e aos relâmpagos, corrompendo o ar, provocando pestilências e outras moléstias; a estes pertencem os quatro anjos mencionados no Apocalipse, aos quais foi dado o poder de causar dano à terra e ao mar, conservando seguros os quatro ventos da Terra;[22] e seu príncipe é *Meririm*;[23] ele é o demônio meridiano, um espírito fervente, um demônio que é furioso no sul, que Paulo, em sua Epístola aos Efésios, chama de "espírito que atua nos filhos da desobediência".[24]

A sétima mansão é das Fúrias, que são poderes do mal, da discórdia, guerra e devastação, cujo príncipe no Apocalipse[25] é chamado em grego de *Apollyon*, em hebraico *Abaddon*,[26] isto é, destruidor e devastador.

Em oitavo lugar vêm os Acusadores, ou Inquisidores, cujo príncipe é *Astarath*,[27] ou aquele que procura: na língua grega ele é chamado de *Diabolos*,[28] isto é, um acusador, ou caluniador, que no Apocalipse é chamado de acusador dos irmãos, acusando-os dia e noite diante da face de nosso Deus.[29]

E, por fim, os Tentadores e Aprisionadores ocupam o último lugar, e há um deles presente em cada homem, o qual chamamos de gênio do mal, e seu príncipe é *Mammon*,[30] interpretado como cobiça.

Mas todos são unânimes em afirmar que os espíritos maus vagam por este mundo inferior, enfurecidos contra todos e sendo chamados de demônios, dos quais *Agostinho*, em seu primeiro livro da encarnação da palavra a *Januário*, diz: quanto aos demônios e seus anjos contrários às virtudes, a pregação eclesiástica ensina que eles, de fato, existem; mas o que são e como existem não é exposto com clareza; entretanto, a maioria é da opinião de que esse Diabo foi um anjo e, tornando-se depois um apóstata,[31] persuadiu muitos anjos a segui-lo, os quais são chamados até hoje de anjos dele; a Grécia, entretanto, não crê que todos eles sejam malditos, ou propositadamente maus, mas que, desde a criação do mundo, a dispensação das coisas é executada por esse meio, e que o tormento das almas em pecado é trabalho deles.

Os outros teólogos[32] dizem que nenhum demônio foi criado mau, mas que foram expulsos do céu pelas ordens dos anjos bons por seu orgulho, cuja queda não só os teólogos hebreus, mas também assírios, árabes, egípcios e gregos confirmam por suas premissas; *Pherecydes*, o Sírio, descreve a queda dos demônios, e que *Ophis*,[33] a serpente diabólica, era o líder daquele exército rebelde; *Trismegisto* canta sobre a mesma queda em seu Pimander,[34] e *Homero*, sob o nome de *Ararus*,[35] em seus versos; e Plutarco em seu discurso *Da Usura*,[36] indica que *Empédocles* sabia que a queda dos demônios foi desta maneira: os demônios também confessam a própria queda.

Sendo, portanto, jogados nesse vale de amarguras, alguns deles estão próximos de nós e vagam nesse ar obscuro, enquanto outros habitam os lagos, rios e mares, outros ainda a Terra e aterrorizam os seres terrestres, e invadem aqueles que cavam poços e metais, provocam abismos na terra, abalam as fundações das montanhas e atormentam não só os homens, mas também outras criaturas.

Alguns que se satisfazem apenas com risadas e truques só se empenham em exaurir os homens, em vez de feri-los; alguns, capazes de se esticar à altura do corpo de um gigante para depois encolher até a pequenez de um pigmeu, e de assumir diversas formas, perturbam os homens com um tolo medo; outros semeiam mentiras e blasfêmias, como lemos no primeiro livro dos Reis, dizendo, "Sairei e serei espírito mentiroso na boca de todos os profetas de *Acabe*".[37] Mas os piores demônios são aqueles que ficam à espreita e atacam viajantes em suas jornadas, e apreciam as guerras e o derramamento de sangue, e afligem os homens com as mais cruéis perseguições: lemos a respeito deles em Mateus, "que ninguém podia passar por aquele caminho".[38]

A Escritura ainda reconhece demônios noturnos, diurnos e meridionais, e descreve outros espíritos de perversidade por seus diversos nomes, como lemos em *Isaías*[39] dos sátiros, mochos, sirenes, cegonhas; e no Salmo[40] de macacos, basiliscos, leões, dragões; e no Evangelho lemos acerca de escorpiões[41] e *Mammon* [as riquezas][42] e do príncipe deste mundo[43] e poderes das trevas, de todos os quais o príncipe é *Belzebu*, que a Escritura chama de príncipe do mal.[44]

Porfírio dizia que o príncipe deles é *Serapis*, também chamado de *Plutão* pelos gregos, sendo *Cérbero*, o cão de três cabeças, o principal dentre eles, pois tem familiaridade com os três elementos: Ar, Água e Terra, e é um demônio muito pernicioso; e *Prosérpina*, que muito é capaz de fazer nesses três elementos, é sua princesa, o que ela própria afirma em suas respostas, nestes versos:

De natureza trina, eu, Lucina, a bela,
Sou a filha, enviada do alto;
O Febo dourado eu sou, com três cabeças
Que carrego com as formas de Terra, Fogo e Ar,
Dos mastins negros da terra eu cuido.

A opinião de *Orígenes*[45] acerca dos demônios é esta: são espíritos que agem por livre e espontânea vontade, abandonaram o serviço de Deus com seu príncipe, o Diabo; se começam a se arrepender um pouco, são revestidos de carne humana; e quanto mais, por meio desse arrependimento, após a ressurreição, eles ganharem carne, mais próximos estarão de finalmente voltar à visão de Deus, estando também livres de seus corpos etéreos e aéreos, e todos os joelhos, então, se dobrarão perante Deus, das coisas celestiais, terrestres e infernais, para que Deus seja tudo em todos.

Além disso, Santo *Irineu* concorda com a opinião de *Justino*, o Mártir, que dizia: *Satanás* nunca ousou proferir blasfêmia contra Deus antes de o Senhor vir à Terra, pois ainda não sabia sua condenação; mas há muitos demônios que caíram e que esperam salvação.[46]

Muitas pessoas pensam de acordo com a história de *Paulo*, o Eremita, escrita por *Jerônimo* e reverenciada pela Igreja com horas canônicas;[47] ou da lenda de *Brandan*, conforme aprenderam; e com esse argumento, afirmam que suas preces são ouvidas; lemos, aliás, no Evangelho que Cristo ouviu as súplicas dos demônios e permitiu que eles entrassem nos porcos;[48] também o Salmo 71, de acordo com nossa suputação; mas, de acordo com a suputação dos hebreus, o Salmo 72, em que lemos, "Curvem-se diante dele os habitantes do deserto, e seus inimigos lambam o pó.[49] Lemos no texto hebraico que os habitantes do deserto dobrarão os joelhos diante dele, isto é, os espíritos do Ar[50] o adoram, como afirmam os cabalistas, e seus inimigos lamberão o pó, que entendem como *Zazel*,[51] e seu exército: do qual lemos em Gênesis, Comerás pó todos os dias da tua vida",[52] e em outro lugar o Profeta diz "pó será a comida da serpente".[53] E assim os cabalistas creem que mesmo alguns demônios serão salvos, que também era a opinião de *Orígenes*.

Notas – Capítulo XVIII

1. O consenso em tempos passados parecia ser de uma divisão trina de anjos caídos ou espíritos malignos. Uma das 93 visões de Santa Francisca (1384-1440) tem a ver com a hierarquia do Inferno. Ela diz que um terço dos anjos caídos reside no ar e causa tempestades e doenças; outro terço habita na Terra e seduz as almas à condenação, enquanto a terceira parte vive no Inferno.

Lúcifer, ela nos diz, é o monarca de todos os infernos, mas ele governa em correntes de ferro, e sua tristeza é tão grande quanto seu poder. Sob ele, há três príncipes, cada um absoluto em seu domínio. O primeiro é Asmodeo, antes um querubim, mas agora o "principado" dos pecados carnais. O seguinte é Mammon, o demônio da avareza que guarda o "trono" deste mundo. O terceiro é Belzebu, que retém o "domínio" dos idólatras. Esses três poderes e Lúcifer nunca saem de suas prisões, exceto com permissão especial de Deus; mas eles têm legiões e legiões de subordinados na terra que se reportam a eles (Brewer 1901, 352).

Sobre o mesmo tema, diz o *Zohar*:

"Vinde e vede! Essas espécies malignas são três, um grau acima do outro. O grau superior das três paira no ar, o inferior é daqueles que riem das pessoas e as atormentam em seus sonhos, pois são impudentes como cães [ver *Chaldean Oracles* 75]. E há um grau maior acima dos outros, que é daqueles do Alto e de Baixo [grau intermediário], que revelam aos homens coisas que às vezes são verdadeiras e às vezes não são; e as coisas verdadeiras acontecem no futuro." (Myer [1888] 1974, 20:435).

2. Mateus 4:8.
3. Isaías 14:14.
4. No Antigo Testamento, o deus da cidade filistina de Ecron (2 Reis 1:2). No Novo Testamento, os fariseus atribuíam a habilidade de Jesus para expulsar demônios ao poder desse arquidemônino (Mateus 12:24). O nome *beelzeboub*, na tradução *Vulgata*, geralmente é traduzido como "Senhor das Moscas", mas nos melhores manuscritos gregos a palavra é escrita *beelzeboul*, "Senhor da Terra", que parece ser a versão correta.
5. Ahab. Ver I Reis 22:22.
6. O termo latino *pytho* significa o espírito familiar (doméstico) que possui o vidente e lhe permite fazer profecias. O nome python passou a ser aplicado ao vidente.
7. Apolo matou Píton, a grande serpente monstruosa nascida da lama que cobriu a Terra após o dilúvio, e que vivia nas cavernas do Monte Parnasso. Em memória de sua vitória, o deus instituiu os jogos pitônicos e passou a ser chamado de Apolo Pythius.
8. I Samuel 28:7.
9. Atos 16:16.

10. Ver nota 11, cap. XVI, l. III. Ventriloquia, no uso original da palavra, significa "falar pela barriga", motivo pelo qual as pessoas possuídas por espíritos proféticos eram conhecidas como ventríloquas. Em registros antigos, a voz do espírito parecia vir do fundo do abdome ou da "axila", e era grave e gutural. Esse é um fenômeno genuíno, que não se deixa afetar por cultura ou época (ver Isaías 29:4). Oesterreich escreve:

> A segunda característica que revela mudança de personalidade é intimamente ligada à primeira: a voz. No momento em que o semblante se altera, uma voz mais ou menos mudada sai da boca da pessoa em transe. A nova entonação também corresponde ao caráter na nova individualidade se manifestando no organismo e é condicionada por ela. De modo específico, o registro superior da voz é modificado; se a voz é feminina, ela se torna grave, pois em todos os casos de possessão de que tive conhecimento a individualidade era um homem (Oesterreich [1921] 1974, 1:2:19-20).

Talvez essa qualidade masculina da voz tenha sido em parte a origem da crença expressa por Crisóstomo em suas *Homilias sobre a Primeira Epístola aos Coríntios* 29.12.1, a respeito de um Oráculo em Delfos:

> Diz-se hoje em dia que essa sacerdotisa, a pitonisa, se sentava com as pernas abertas sobre o tripé de Apolo e o espírito mau entrava nele, vindo de baixo e passando por seus órgãos genitais, deixando-a em um estado de frenesi, e ela começava a soltar os cabelos e espumar na boca, como um homem embriagado. (In Osterreich [1921] 1974, 2:9:315).

11. Thoth.

Conta a história que na região de Naucratis, no Egito, vivia um dos velhos deuses do país, o deus a quem é consagrado o pássaro Íbis e cujo nome é Teuto. Foi ele que inventou os números e os cálculos, a Geometria e a Astronomia, e o jogo de dados, e acima de tudo a escrita (Platão, *Fédron* 274c [Hamilton & Cairns, 520]).

Como em outros trechos, podemos conjeturar que Agrippa não compreendia sua própria referência, uma vez que é improvável que ele tivesse falado de maneira tão disparatada do Hermes egípcio.

12. Gênesis 49:5 (em algumas versões, "instrumentos de iniquidade").
13. Salmos 7:13.
14. Talvez Isaías 51:20.
15. Não encontrei em Jeremias, mas em Romanos 9:22.
16. Ver Ezequiel 9.
17. Um demônio no Novo Testamento (II Coríntios 6:15), do grego *beliar*, que é uma corrupção do hebraico בליצל, significando "aquilo que é inútil, que não dá frutos", e por extensão "perversidade, um homem perverso, um destruidor". A palavra não é usada no Antigo Testamento como nome próprio. "Filhos de *Belial*" significa filhos da maldade (Juízes 19:22).
18. II Coríntios 6:15.
19. O Destruidor, o demônio que matou os sete maridos de Sara no livro apócrifo de Tobias (3:8). Foi exilado no Alto Egito pela fumaça ardente do coração e do fígado de um peixe, e preso lá pelo poder do anjo Rafael (8:2-3). No folclore judaico, Asmodeo é descrito como tendo o poder de ludibriar até o rei Salomão. Induzindo o rei a tirar o anel mágico que ele usava para controlar os demônios, Asmodeo se sentou no trono por 40 anos enquanto Salomão vagava pelo próprio reino como um mendigo. Por isso era chamado de "rei dos demônios". Conta-se que, em seu nascimento, o rei Davi teve uma emissão de semente enquanto copulava com o súcubo, Igrat, enquanto dormia, gerando Adad, rei de Edom. Quando lhe perguntavam o nome, ele dizia "*Sh'mi Ad, Ad sh'm*", ou seja, "Meu nome é Ad, Ad é meu nome". Era chamado, portanto, de Ashm'dai, ou Asmodai (Asmodeo), rei dos demônios. Ver Patai 1980, 457 e 459. Acredita-se que o nome seja, na verdade, uma contração de Aeshma-Daeva (demônio cobiçoso), pertencente a um grupo de sete demônios da mitologia persa.
20. Gênesis 3:13.
21. Apocalipse 13:13-14.
22. Apocalipse 7:1-2.
23. Talvez do hebraico כמרירים, KMRIRIM, que aparece em Jó 3:5, como "a escuridão do dia", um eclipse ou obscurecimento do Sol, que era um mau presságio. Antigos intérpretes considera-

vam a letra K um prefixo ao substantivo MRIRIM, cujo significado seria "as maiores amarguras (calamidades) que podem se suceder, um dia". Ver Gesenius 1890, 402.
24. Efésios 2:2.
25. Apocalipse 9:11.
26. Hebraico: אבדון, ABDON (destruição). Ver Jó 28:22. Era usado como o nome de uma região de Gehena em escritos rabínicos posteriores, com base em trechos dos Provérbios 15:11 e 27:20. No Novo Testamento, é o nome do anjo do abismo, e aparece somente em Apocalipse 9:11.
27. Astarote, עשתרת, AShThRTh. Em grego, Astarte, uma forma da deusa babilônica Ishtar. Como é aspecto feminino de Baal (Juízes 2:13) e teria sido reproduzida com chifres por Luciano e Herodiano, acredita-se que fosse uma deusa da Lua. É chamada de deusa dos sidônios (I Reis 11:5) e era adorada por Salomão, que havia se casado com "muitas mulheres estrangeiras" (I Reis 11:1), entre as quais algumas sidônias, que influenciaram suas práticas religiosas, em sua velhice. Nos grimórios medievais, Astarote é metamorfoseada em um demônio masculino: "Ele é um Duque Forte e Poderoso e aparecia na Forma de Anjo pernicioso, montado em um Animal Infernal como um Dragão, carregando na mão direita uma Víbora" (Goetia [demônio número 29]. In Lemegeton, or The Lesser Key of Solomon, manuscrito 2731 do Museu Britânico). O Goetia foi transcrito desse manuscrito e publicado por MacGregor Mathers.
28. Διαβολοδ, o Difamador; o Diabo.
29. Apocalipse 12:10.
30. De mamôna, o termo aramaico para "riquezas". Aparece no Novo Testamento, no qual é quase personificado (Lucas 16:13). A personificação se completou entre os séculos XIV e XVI, quando Mammon se tornou o demônio da cobiça.
31. Assim, esse ser existira outrora como luz, antes de extraviar e cair neste lugar, e ter sua glória se transformado em pó, que é a marca peculiar dos ímpios, como diz o profeta; sendo também chamado de o príncipe deste mundo, ou seja, de uma habitação terrena: pois exerce poder sobre aqueles que eram obedientes à sua perversidade, pois "o mundo inteiro" – chamo este lugar de terra, mundo – "jaz no Maligno", [I João 5:19] e nesse apóstata. Que ele é um apóstata, isto é, um fugitivo, até o próprio Senhor diz no livro de Jó: Podes tu, com anzol, apanhar o crocodilo [dragão, apóstata]" [Jó 41:1], um fugitivo (Orígenes, De principiis 1.5 [Ante-Nicene Fathers, 4:259]).
32. Orígenes é o principal expoente da doutrina do livre-arbítrio universal, que inclui a possibilidade da redenção dos demônios, bem como da corrupção dos anjos:

> Se eles são chamados, enfim, poderes opostos [os anjos caídos], e considerados outrora sem mácula, enquanto a imaculada pureza não existe no ser essencial de ninguém além do Pai, do Filho e do Espírito Santo, mas é uma qualidade acidental em toda coisa criada; e se aquilo que é acidental também pode cair, e como esses poderes opostos já foram outrora imaculados, pertencendo entre aqueles que ainda permanecem sem mancha, é evidente que ninguém é puro por essência ou natureza, e que ninguém foi pela natureza poluído (ibid. [Ante-Nicene Fathers, 4:259-60]).

> A mesma visão se deve ter daquelas influências opostas que se prestaram a tais lugares e ofícios, que derivam a propriedade pela qual se tornam "principados" ou "potestades", ou governantes das trevas do mundo, ou espíritos de maldade, ou espíritos malignos, ou demônios impuros, não de sua natureza essencial, nem por terem sido criados assim, mas obtiveram esses graus de maldade em proporção à sua conduta, e ao ponto em que chegaram na maldade (ibid. 1.8 [Ante-Nicene Fathers, 4:266]).

33. ὄφις, uma serpente. Ófio, um dos primeiros Titãs, era o governante do Olimpo, ao lado de sua rainha, Eurínome, até ser deposto por Saturno e Rea:

> A fábula de como a Serpente, a quem chamavam de
> Ofio, com Eurínome, foram os primeiros governantes
> Do alto Olimpo, até serem expulsos por Saturno
> (Milton, Paradise Lost 10, linhas 581-3).

34. Não há uma menção específica da queda dos anjos na versão do Pimander dada por Scott. Fala-se de tropas de demônios vingadores que são ordenadas sob os sete planetas: "Com tempestades e furacões e explosões incandescentes, e corrupções do ar e terremotos, e fome, guerras,

eles punem a impiedade do homem" (*Corpus Hermeticum* 16.10b [Scott, 1:269]). Também há uma referência a um único "demônio vingador", cujo ofício é mais bem descrito na tradução de Everard, de 1650, do que na de Scott:

> Pois não há uma única parte do Mundo que esteja livre do Diabo, o qual, entrando sorrateiramente, semeia a semente de sua *devida* operação, e a mente se impregna e traz à luz aquilo que foi semeado: *Adultérios, Assassinatos, Violência contra os pais, Sacrilégios, Impiedades, Estrangulamentos*, derrubar pessoas e todas as outras coisas que são obras dos *Demônios* malignos (Everard [1650, 1884] 1978, 13:14:88).

Fica mais claro, porém, que as almas migram tanto para cima quanto para baixo na ordem da existência, de acordo com seu valor, indo dos homens para os demônios em caminho ascendente, e pássaros em caminho descendente. A implicação é que os demônios têm o livre-arbítrio para se elevarem ou se degradarem (Ver *Corpus Hermeticum* 10.7-8 [Scott, 1:191, 193]).

35. Essa referência é obscura, para mim. Araros era filho de Aristófanes e era um dramaturgo grego. A *Opera* latina registra seu nome como *Atarus*. Talvez uma referência oblíqua à queda de Hephaistos do céu, provocado pelo irado Zeus (ver *Ilíada* 1, linhas 590-4).

36. Tampouco há um meio para esses devedores fugirem até os doces pastos e pradarias que antes desfrutavam, mas eles vagam ao redor, como aqueles demônios mencionados por Empédocles, os quais foram expulsos do céu pelos deuses ofendidos.

> Pela força do céu, eles são expulsos,
> E a Terra, porém, logo os cospe de volta.
> E então, até a orbe de Titã [o sol] são forçados a voar,
> E Titã, por sua vez, os manda para o céu.
> (Plutarco, *De vitando aere alieno* [O que não devemos tomar emprestado] 7, tradução de R. Smith [Goodwin, 5:420-1]).

Empédocles, claro, está descrevendo a passagem das almas condenadas pelos quatro elementos, respectivamente: Água, Terra, Fogo e Ar. A mesma citação aparece em *Ísis e Osíris* 26 de Plutarco (Goodwin, 4:87), com a linha adicional: "Recebidos, um a um, por todos os que os abominam".

Em outro trecho, na *Moralia*, Plutarco cita esta passagem relacionada, de outra ou da mesma obra de Empédocles:

> Esse antigo decreto de um destino imutável,
> Daqueles que, com horrendos crimes, sujam as mãos,
> Aos demônios longevos é imposto o encargo.
> Nessa triste condição é que eu me encontro,
> Banido de Deus, forçado a vagar pelo mundo.
> (Plutarco, *De exilio* 17, tradução de John Patrick [Goodwin 3:34]).

37. Ver nota 5 deste capítulo.
38. Mateus 8:28.
39. Isaías 13:21-2; 34:11, 14-5.
40. Salmos 91:13.
41. Lucas 10:19.
42. Lucas 16:9. Ver nota 30 deste capítulo.
43. João 12:31; 14:30; 16:11.
44. Ver nota 4 deste capítulo.
45. Essas questões são mais ou menos encontradas em *De principiis* 1.6, de Orígenes. Entretanto, Agrippa usa referências que são veementemente contraditas por Orígenes. Quanto à questão de os demônios que se arrependem serem investidos de carne humana, Orígenes afirma: "Do que posso inferir, creio, que toda natureza racional, ao passar de uma ordem para outra, pode passar através de cada uma para todas e avançar de todas para cada...", mas dos demônios, de modo mais específico, ele diz:

> Devemos nos lembrar, porém, que certos seres que caem daquele princípio que mencionamos desceram a um nível tão profundo de indignidade e maldade que não merecem o

treinamento e a instrução por meio dos quais a raça humana, enquanto ainda na carne, é treinada e instruída com a assistência dos poderes celestes... (*De principiis* 1.6 [*Ante-Nicene Fathers*, 4-261]).

Quanto à questão de serem livres de corpos etéreos e aéreos, Orígenes diz:

> E se alguém imagina que, no fim, a natureza material, ou física, será inteiramente destruída, não compreende de modo algum como seres tão numerosos e poderosos são capazes de viver e existir sem um corpo, uma vez que é um atributo exclusivo da divina natureza – do Pai, Filho e Espírito Santo – viver sem qualquer substância material, e sem o menor grau de um adjunto físico. Outros talvez digam que no fim toda substância física será tão pura e refinada que se parecerá com o éter, e de igual pureza e limpeza celestial. Mas como serão as coisas, só Deus sabe com certeza, e aqueles que são Seus amigos através de Cristo e do Espírito Santo (*ibid.*, 262).

46. Antes do advento do Senhor, Satanás nunca ousava blasfemar contra Deus, pois não tinha certeza de qual seria a sua condenação, uma vez que o anúncio de sua vinda só era feito pelos profetas em parábolas e alegorias. Mas, após o advento do Senhor, aprendendo muito com os discursos de Cristo e Seus apóstolos, sabendo que o fogo eterno estava preparado para ele, que escolhera se afastar de Deus, e para todos os que, sem arrependimento, perseveram na apostasia, então, por meio de um homem, ele, como já fosse condenado, blasfema dizendo que Deus é que o julga, e lhe imputa o pecado de sua apostasia ao seu Criador, em vez de assumir que o faz por vontade própria e predileção (fragmento de uma obra perdida de Justino, o Mártir, preservado em Irineu em *Against the Heresies* 5.26 [*Ante-Nicene Christian Library*, 2:355-6])

47. As sete vezes por dia em que são realizados ofícios sagrados na Igreja Romana; matutina (0 hora); prima (6 horas); terça (9 horas); sexta (meio-dia); nona (15 horas); vésperas (18 horas) e compline (21 horas). Ver Salmos 119:164.

48. Mateus 8:31.

49. Salmos 72:9.

50. Satanás é o "príncipe da potestade do ar" (Efésios 2:2) e vive no deserto, motivo pelo qual Cristo foi tentado do deserto (Mateus 4:1).

51. Azazel, que no *Zohar* é um dos anjos expulsos do céu que pecam com as filhas dos homens e que ensinam feitiçaria aos homens. Isso também se afirma no *Livro de Enoch*:

> Que poder eles tinham [os homens] para conseguir atrair do céu as estrelas? Não seriam capazes de tal proeza não fosse a artimanha de 'UZZA, 'AZZA e 'AZZIEL, que lhes ensinaram feitiços com os quais podiam atrair as estrelas e usá-las. (*Hebrew, Book of Enoch by Rabby Ishmael ben Elisha* 5.9, tradução de Hugo Odeburg [Cambridge University Press, 1928], 16].

O Livro apócrifo de Enoch diz: E Azazel ensinou os homens a fazer espadas, e facas, e escudos, e peitorais, e lhes apresentou o metal (da terra) e a arte de trabalhar com ele, e braceletes, e ornamentos, e o uso do antimônio, e o embelezamento das pálpebras, e todo tipo de pedra preciosa, e todas as tinturas coloridas (Enoch 8.1 [Charles 1913, 2:192]).

52. Gênesis 3:14.

53. Isaías 65:25.

Belial dançando diante de Salomão
Extraído de Das Buch Belial, *de Jacobus de Teramo (Ausgburg, 1473)*

Asmodeus
Extraído de Dictionnaire infernal, *de Collin de Plancy (Paris, 1863)*

Das ordens dos espíritos maus, de sua Queda e de suas diversas... 675

Mammon
Extraído de O Mago, de Francis Barrett (Londres, 1801)

Ophis
Extraído de O Mago, de Francis Barrett (Londres, 1801)

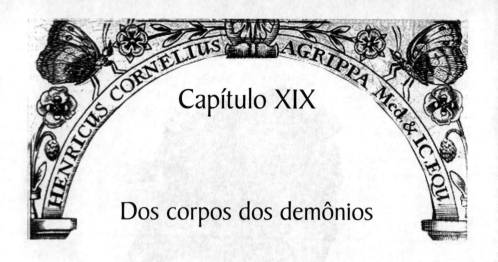

Capítulo XIX

Dos corpos dos demônios

uanto aos corpos dos anjos, há uma grande divergência entre os estudiosos e filósofos; pois *Tomás* afirma que todos os anjos são incorpóreos, até os anjos malignos, mas às vezes assumem corpos, que depois de algum tempo abandonam de novo; *Dioniso,* em *Nomes Divinos,*[1] afirma com veemência que os anjos são incorpóreos.

Agostinho, porém, falando de *Gênesis,*[2] expõe sua opinião segundo a qual os anjos são seres do Ar e animais do Fogo. Tendo a natureza de corpos aéreos, nenhum deles pode ser destruído pela morte, pois o elemento mais ativo que passivo é predominante neles; o mesmo parece afirmar que todos os anjos no início da criação tinham corpos aéreos, sendo formados da parte mais pura e superior do ar, e mais aptos para agir que para experimentar; e esses corpos foram preservados nos anjos bons após a confirmação, mas mudados nos maus, quando de sua queda, para a qualidade do ar mais grosso, para serem atormentados no fogo.

Além disso, *Magnus Basilius*[3] atribui corpos não só aos demônios, mas também aos anjos puros, como certos espíritos finos, aéreos e puros; com o que concorda *Gregório. Apuleio* era da opinião que nenhum anjo tem corpo; pois no livro Do Demônio, de *Sócrates,*[4] ele diz que há uma espécie mais propícia de espíritos, os quais, sendo sempre livres de vínculos corpóreos, são alcançados por meio de certas preces.

Mas *Psellus,* o platônico, e *Christianus* pensam que a natureza dos espíritos não é sem corpo; não creem, porém, que os corpos dos anjos e dos demônios sejam iguais; pois o primeiro não tem matéria, enquanto os corpos dos demônios são, de certa forma, materiais, como sombras, e sujeitos a paixões para que sejam golpeados e sintam dor, e possam ser queimados no fogo em cinzas conspícuas, o que, aliás, se registra em Tuscia.[5] E embora seja um corpo espiritual, é muito sensível e, ao ser tocado, sofre; e ainda que seja despedaçado, suas partes se unem novamente, assim como o ar e a água, mas nesse meio tempo experimentam muita dor. É por isso que eles temem o fio da espada e qualquer outra arma.

Em *Virgílio,* a sibila diz a *Enéas:*[6]

Siga seu caminho e carregue sua espada.

Dos corpos dos demônios

E *Sérvio* diz que ela devia convencer *Enéas* a consagrar sua espada. *Orfeu* também descreve os tipos de corpos demoníacos; há de fato um corpo que só resiste ao fogo, mas ao ser visto, não sofre, e *Orfeu* chama a este de demônios de fogo e celestiais:[7] outro tipo de corpo é composto de uma mistura de fogo e ar, e estes são chamados de demônios etéreos e aéreos; aos quais, se alguma substância aquosa for acrescentada, surge então um terceiro tipo, que é chamado de demônio da água, e às vezes é visto; e a este, se for acrescida terra, não é de um tipo muito espesso; é chamado de demônio da terra, e são mais conspícuos e sensíveis.

Ora, os corpos dos demônios sublimes são alimentados pelo mais puro elemento etéreo e não se mostram prontamente, a menos que sejam enviados por Deus, sendo confeccionados dos mais brilhantes fios, e tão pequenos que transmitem todos os raios de nossa visão graças à sua fineza, e os reverberam com esplendor, e enganam por causa de sua sutileza. A estes, *Calcidius* chama de demônios etéreos e aéreos, porque seus corpos não possuem tanto fogo que os torne conspícuos nem tanta terra que sua solidez resista ao toque, e toda a sua compostura, sendo composta da clareza do céu e da umidade do ar, une superfícies indissolúveis.[8]

Os outros demônios não são tão discerníveis nem invisíveis; sendo às vezes conspícuos, aparecem como as mais diversas figuras e usam corpos como sobras, de imagens sem sangue, atraindo a imundície de um corpo grosseiro, e têm muita comunhão com o mundo (que os antigos chamavam de alma ímpia) e, em razão de sua afinidade com a terra e a água, também são tomados de prazeres terrenos e de luxúria; dessa espécie são os hobgoblins, os íncubos e súcubos,[9] aos quais, não é absurdo pensar, pertencia *Melusina*.[10]

Entretanto, nenhum demônio (como supõe *Marco*)[11] pode ser considerado masculino ou feminino, uma vez que essa diferença de sexo pertence a compostos, e os corpos dos demônios são simples; tampouco podem eles assumir quaisquer formas que queiram; aos do Fogo e do Ar, porém, é fácil fazer isso, isto é, mudar para a forma que sua imaginação conceber. Já os demônios subterrâneos e das trevas, tendo por natureza um corpo grosso e não atraente, não podem usar a diversidade de formas que outros podem.

Os demônios da água, porém, que habitam as superfícies úmidas da Terra, são, em virtude da umidade do elemento, mais parecidos com mulheres; a eles pertencem as fadas dos rios e ninfas dos bosques; já os que habitam lugares secos se mostram na forma de homens, como os sátiros, ou onosceli[12] com pernas de asno, ou faunos e íncubos, dos quais se acredita haver muitos, e alguns chegam a desejar e copular com mulheres. Além disso, há certos demônios, que os franceses chamam de dusii,[13] que não se cansam de tentar essa forma de luxúria.

Notas – Capítulo XIX

1. Sobre os nomes divinos, de pseudo-Dionísio, cap. 4.
2. *De Genesi ad litteram*, Santo Agostinho.
3. Basílio, o Grande. Ver nota biográfica.
4. *De deo Socratis*, de Apuleio. Segundo Thorndike, Apuleio fala muito em seu ensaio sobre a substância que forma os corpos dos demônios. "Seu elemento nativo é o ar, que Apuleio acreditava se estender até a lua. ... Mas seus corpos são muito leves, como as nuvens, um ponto peculiar deles" (Thorndike, 1:240).
5. Etrúria.
6. "Fora, eu suplico, fora, vocês não iniciados", exclamam os profetas em voz alta, "e se afastem do bosque; entrem no caminho e desembainhem de vez a espada; ora você precisa de coragem, Enéas, ora de resolução da alma'" (Virgílio, *Eneida* 6, c. linha 260 [Lonsdale & Lee, 164]).
7. Acreditava-se que uma espécie de fogo tênue, claro, existia acima do nível do ar.
8. Um corpo indestrutível.
9. Um íncubo (*incubo*, pesadelo, do latim, *incubare*, deitar por cima, pesar, padecer) é um demônio em forma de homem que tem relações sexuais com mulheres enquanto elas dormem. Como sugere a raiz latina, era associado à opressão e à dificuldade para respirar que costumam acompanhar os pesadelos, o que é na verdade causado pela substância de espíritos interagindo com o corpo humano. Um súcubo (*succuba*, prostituta) é um demônio em forma de mulher que tem relações sexuais com homens, também enquanto dormem. Essa crença é muito antiga.

> Embora, de fato, os sábios egípcios não façam a distinção, que seja possível para um espírito divino se aplicar à natureza de uma mulher, impregnando-a com o início da gestação, enquanto, por outro lado, concluem ser impossível para o homem ter qualquer relação ou interação por meio do corpo com qualquer divindade, não considerando, porém, que o que acontece de uma lado deve também ocorrer do outro; a mistura, por força dos termos, é recíproca (Plutarco, "Numa Pompílio". In *Lives* [Dryden, 77]).

Os filhos dessas uniões, entre eles Merlin e o futuro Anticristo, são chamados Adamitici, "e dizem que na infância essas crianças choram dia e noite, e são pesadas, porém magras, e capazes de sugar o leite até secar de cinco amas. ... Outros, por outro lado, mencionam os poderes super-humanos dessas crianças, e afirmam que elas possuem alguns atributos de divindade..." (Remy [1595] 1930, 1:7:20).
10. Um ninfa da fonte de Lusigna, em Poitou, que se casou com Raimundo de Poitiers e se tornou a lendária ancestral e espírito doméstico de seus descendentes. Segundo Jean d'Arras em sua *Chronique de la Princese*, escrita por volta de 1387, ela pediu a Raimundo que prometesse jamais olhar para ela em dia de sábado, que ela voltava na forma de mulher para a de ninfa, com atributos de peixe. Obviamente, ele quebrou a promessa e ela foi embora. Mas sempre que algum de seus descendentes fosse ameaçado, ela dava um grito, como sinal de alerta.
11. Marco, o Valentiniano. Agrippa cita essa frase dos escritos de Psellus.
12. Onocentauros, seres como os centauros, mas com a parte inferior do corpo de um asno, em vez de cavalo.
13. E há muitos relatos de pessoas que viveram por experiência própria, ou souberam pela experiência de outros, de honestidade e crédito indubitáveis, que os silfos e faunos, normalmente chamados de íncubos, molestam as mulheres, desejando carnalmente e com elas copulando, e que certos demônios que os gauleses chamam de *dusii* insistem em praticar essa impureza, e tentam outros a fazê-la também, o que é afirmado por essas pessoas com tanto convicção que seria inapropriado duvidar..." (Agostinho, *Cidade de Deus* 15.23 [Healey, 2:90])
Uma forma alternativa plural é "Dusiens".

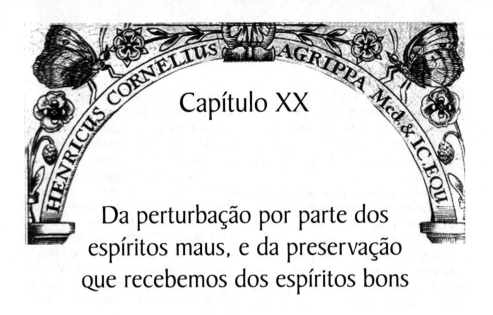

Capítulo XX

Da perturbação por parte dos espíritos maus, e da preservação que recebemos dos espíritos bons

 opinião comum entre os sábios que todos os espíritos maus, por natureza, odeiem Deus e todos os homens; por isso, a Providência Divina colocou para nos velar espíritos mais puros, aos quais Ele nos confiou, sendo eles como pastores e governantes, ajudando-nos todos os dias e afastando de nós os espíritos ímpios, retendo-os e constringindo-os para que não possam nos causar tanto mal quanto gostariam; como lemos em *Tobias*, *Raquel* perseguiu o demônio chamado *Asmodeo* e o acorrentou nos desertos do Alto Egito.[1] Deles fala *Hesíodo*,[2] que há 30 mil espíritos imortais de *Júpiter* vivendo na Terra, que são os guardiões dos homens mortais, para que sigam a justiça e cometam atos de misericórdia; e tais espíritos, revestidos de ar, vão a qualquer lugar da Terra.

Pois nenhum príncipe nem potestade estariam a salvo, nenhuma mulher permaneceria intocada, nenhum homem nesse vale de ignorância chegaria ao fim designado para ele por Deus, se não fôssemos protegidos por bons espíritos ou se os espíritos ímpios tivessem a permissão de satisfazer as vontades dos homens; assim como, entre os espíritos bons, há um guardião ou protetor designado para cada indivíduo, corroborando o espírito do homem para fazer o bem, também entre os espíritos maus são enviados como inimigos que controlam a carne e a desejam; e o bom espírito combate a nosso favor, como um protetor contra o inimigo e a carne.

Ora, entre esses oponentes, o homem está no meio, e a ele cabe julgar a quem dará vitória; não podemos, portanto, acusar os anjos de não conseguirem levar as nações sob sua responsabilidade ao conhecimento do Deus verdadeiro, à verdadeira piedade, que optam pelo erro e pela idolatria; é escolha nossa desviar do caminho certo e seguir os espíritos dos erros, dando vitória ao Diabo; pois está nas mãos do homem seguir quem ele bem entender e derrotar quem ele quiser; e se der vitória ao Diabo, acabará se tornando seu servo e será por sua vez derrotado, não podendo mais combatê-lo, como uma vespa que perde o ferrão. Essa é também a opinião de *Orígenes* em seu livro Periarchon,[3] concluindo que os santos em luta contra os espíritos maus os derrotam e, com isso, diminuem seus exércitos, não podendo mais ser molestado por nenhum espírito do mal.

Assim como é dado a cada homem, enfim, um espírito bom, também lhe é dado um espírito mau e diabólico. Ambos procuram se unir ao nosso espírito, tentando atraí-lo para si e se misturar com ele, como vinho com água;[4] de fato, os bons, por meio de todas as suas boas obras, nos mudam em anjos quando se unem a nós, como está escrito acerca de *João Batista* em Malaquias: "Eis que eu envio o meu mensageiro que preparará o caminho diante de mim";[5] transmutação e união das quais também está escrito em outro lugar: "Aquele que se une ao Senhor é um espírito com ele".[6] Também um espírito mau quer que fiquemos com ele e nos unamos a ele, como Cristo disse de Judas, "Não vos escolhi eu em número de doze? Contudo, um de vós é diabo".[7]

E era disso que falava *Hermes*, ao dizer que, quando um espírito tem influência sobre a alma do homem, ele espalha a semente[8] de suas noções, e uma alma semeada de sementes e repleta de fúria produz coisas extraordinárias, todas sendo ofícios dos espíritos. Quando um espírito bom influencia uma alma santa, exalta-a à luz da sabedoria; mas um espírito mau, transfundido em uma alma perversa, a induz a roubo, assassinato, luxúria e todos os ofícios dos espíritos malignos.

Os espíritos úmidos (como dizia *Jâmblico*) purgam a alma de modo perfeito; e alguns nos conferem outras coisas boas; estão presentes para dar saúde ao corpo, virtude à alma, segurança também à alma; o que é mortal em nós eles levam embora, alimentam o calor e o tornam mais eficaz à vida, e com harmonia sempre infundem luz em uma mente inteligível.[9]

Mas se há um guardião de uma única pessoa ou vários é um ponto de divergência entre os teólogos; acreditamos que exista mais de um, como diz o profeta, "Porque aos seus anjos dará ordens a teu respeito, para que te guardem em todos os teus caminhos";[10] o que, como dizia *Hierome*, deve se aplicar a todos os homens, assim como a Cristo.

Todos os homens, portanto, são governados pelo ministério dos mais diversos anjos, alcançando virtude, merecimento e dignidade aqueles que se comportam de forma digna; já os que, por outro lado, se mostram indignos, são depostos, jogados tanto pelos maus quanto pelos bons espíritos ao mais baixo nível de amargura, dela merecedores. Os que são atribuídos aos anjos mais sublimes são preferidos antes dos outros homens, pois os anjos que deles cuidam os exaltam e submetem os outros a eles por meio de um poder oculto; o qual, embora nenhum deles perceba, aquele que é afetado, porém, sente uma certa reverência inexplicável por tal poder, que os anjos superiores fazem fluir aos superiores, e com certa dose de terror levam aos inferiores o medo da superioridade.

Homero parece ter ciência disso, quando disse que as musas geradas por *Júpiter* sempre auxiliavam, como companheiras inseparáveis, os reis também por *Júpiter* gerados, que por eles era feito venerável e magnífico. Lemos também que *M. Antonius*,[11] em sua amizade com *Octavus Augustus*,[12] fazia-lhe sempre companhia. Mas quando *Augustus* saiu como conquistador, um certo mago o aconselhou da seguinte maneira: "Ó Antonio, o que tens tu a ver com esse jovem? Evita-o, pois, embora tu sejas mais velho que ele, e mais habilidoso, e também de melhor descendência, e embora tenhas passado pelas guerras de mais imperadores, teu gênio teme o gênio desse jovem, e tua fortuna lisonjeia sua fortuna; a menos que o evites, acabarás cedendo a ele".

O príncipe não é como os outros homens? Como os outros homens, então, poderia reverenciá-lo, não fosse um terror divino exaltá-lo, e incutir medo nos outros, deprimi-los, levando-os a reverenciá-lo como um príncipe? Devemos, portanto, nos empenhar no sentido de que, sendo purificados por boas ações, e seguindo coisas sublimes, e escolhendo os oportunos momentos e estações, sejamos confiados ou encaminhados a um grau de anjos mais sublimes e mais potentes, que, por tomarem conta de nós, possamos ser preferidos aos outros.

Notas – Capítulo XX

1. Tobias 8:3.
2. Três vezes dez mil guardiões dos homens,
    Imortais, passeiam pela terra fértil de Zeus.
    Envoltos por uma neblina, eles visitam toda a região
    E garantem os processos legais e observam os crimes.
    (Hesíodo, *Works and Days*, c. linha 252 [Wender, 66]).
3. Περὶ Ἀρχῶν (Peri Archon) é título grego original da obra mais conhecida por seu título latino, *De principiis*.
4. Que certos pensamentos são sugeridos ao coração dos homens por anjos bons ou maus, é algo que se vê tanto no anjo que acompanhou Tobias [Tobias 5:4-6] quanto pelas palavras do profeta, quando ele diz: "E o anjo respondeu" [Zacarias 1:12]. O livro do Pastor [Pastor de Hermas 6:2] declara a mesma coisa, dizendo que cada indivíduo é atendido por dois anjos; que sempre que surgem em nossos corações bons pensamentos, eles são sugeridos pelo anjo bom; mas, quando são de uma espécie contrária, são instigados pelo anjo mau. ... Não devemos, porém, imaginar que qualquer outro resultado se segue ao que é sugerido ao nosso coração, seja algo bom ou ruim, exceto uma comoção (mental) e um impulso que nos instiga para o bem ou para o mal. Pois temos a capacidade, quando um poder maligno nos incita para o mal, de rechaçar as sugestões perversas, e resistir às vis induções, e não fazer coisa alguma merecedora de culpa. E, por outro lado, é possível, quando um poder divino nos chama para coisas melhores, não atender ao chamado; nossa liberdade de escolha é preservada em ambos os casos (Orígenes, *De principiis* 3.2 [*Ante-Nicene Fathers*, 4:332]).
5. Malaquias 3:1.
6. I Coríntios 6:17.
7. João 6:70.
8. "E além disso, meu filho, você deve saber que existe outro tipo de obra que os decanos fazem; eles semeiam a terra com a semente de certas forças, algumas salutares e outras perniciosas, que muitos chamam de demônios" (*Stobaei Hermetica* 6.11 [Scott, 1:415]).

9. Mas a presença dos deuses, na verdade, nos concede a saúde do corpo, virtude da alma, pureza do intelecto, e em uma palavra eleva cada coisa ao seu devido princípio. E aquilo que em nós é frio e destrutivo, essa presença aniquila; aquilo que é quente, ela aumenta, deixando ainda mais poderoso e predominante; e faz com que todas as coisas estejam em conformidade com alma e intelecto. Também emite uma luz, acompanhada com harmonia inteligente, e exibe aquilo que não é corpo como corpo aos olhos da alma, através dos olhos do corpo. (Jâmblico, *On the Mysteries* 2.6 [Taylor, 95-6])
10. Salmos 91:11.
11. Marco Antônio.
12. Otávio Augusto. Em 30 a.C., Marco Antônio cometeu suicídio com Cleópatra em Alexandria, para evitar ser capturado pelo exército de Augusto.

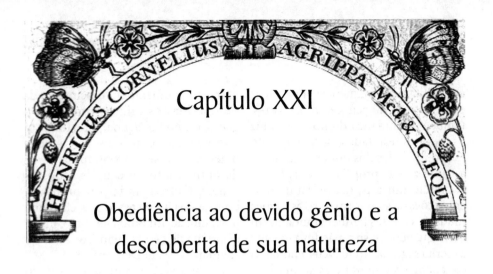

Capítulo XXI

Obediência ao devido gênio e a descoberta de sua natureza

ssim como toda região celeste tem determinada estrela e uma imagem celestial sobre a qual tem influência acima dos outros, também as supercelestiais obtêm uma certa inteligência, que a rege e guarda, com infinitos outros espíritos ministrantes de sua ordem, sendo todos chamados por um nome comum, os Filhos de *Elohim Sabaoth* בני אלהים שבאות isto é, Filhos do Deus das Hostes.[1]

Assim, quando o Altíssimo delibera guerra ou matanças, ou a desolação de algum reino, ou a submissão de algum povo nessas regiões inferiores, ocorre um conflito sobre a Terra, com esses espíritos do alto, como está escrito em *Isaías*,[2] o Senhor castigará no céu as hostes celestes, e os reis da terra, na terra; conflitos estes dos quais lemos também em Daniel,[3] do príncipe do reino da Pérsia, do príncipe dos gregos, do príncipe do povo de Israel; e de seu conflito interno, que *Homero*[4] também parecia notar, quando canta:

> Grande era a comoção na corte celeste
> Quando a guerra dos deuses a todos agitou:
> Quando Febo combateu Netuno,
> Palas lutou contra Marte, o deus da guerra,
> Diana hostilizou Juno, e Latona
> Tentou destruir Mercúrio.

Embora em toda região existam espíritos de todas as espécies, os mais poderosos dentre eles são os da mesma ordem daquele que preside a região. Na região solar, por exemplo, os espíritos solares são mais potentes; na região lunar, são os lunares, e assim por diante. É por essa razão que vários eventos de nosso dia a dia ocorrem e nos seguem em diferentes lugares e províncias, sendo mais afortunados em um lugar que outro, onde o demônio, nosso gênio, receberá mais poder, ou onde obteremos um demônio mais poderoso da mesma ordem. Homens solares, por exemplo, se viajam para uma região ou província solar, serão mais afortunados nelas, pois lá terão gênios mais poderosos e mais vantajosos, por cujo auxílio eles atingirão finais felizes, além de sua expectativa.

Por isso, a escolha de um lugar, região ou momento pode conduzir à felicidade na vida, desde que corresponda, em habitação e frequência, à natureza e ao instinto de seu gênio. Às vezes, também a mudança do nome produz os mesmos resultados, pois, enquanto as propriedades dos nomes significam a natureza das próprias coisas, fazem como em um espelho, declarando as condições de suas formas, se os nomes mudam, as coisas também mudam, em consequência. Assim, não foi à toa que a escrita sagrada atraiu Deus, enquanto ele abençoava *Abrão* e *Jacó*, mudando-lhes os nomes, chamando um de *Abraão*[5] e o outro de *Israel*.[6]

Ora, os antigos filósofos nos ensinam a conhecer a natureza do gênio de todo homem, pelas estrelas, seu influxo e seus aspectos, que influenciam no nascimento de todos; mas com instruções tão variadas e diferentes entre si, que é muito difícil compreender os mistérios dos céus por suas direções.

Porfírio,[7] por exemplo, procura o gênio da estrela que é a senhora da natividade;[8] já *Maternus*[9] procura a partir daí ou dos planetas que tivessem o maior número de dignidades, ou ainda daquele em cuja casa a Lua estava para entrar no momento do nascimento da pessoa. Mas os caldeus procuram o gênio, ou no Sol acima, ou na Lua. Já outros, e muitos hebreus, pensam que o gênio deve ser encontrado a partir de outro canto do céu, de todos os cantos. Outros ainda procuram um bom gênio na 11ª casa, o qual chamam, portanto, de um Bom Demônio; mas o gênio mau eles atribuem à 6ª casa, e o chamam de Mau Demônio.[10]

Uma vez, porém, que o estudo de tais gênios é laborioso e oculto, é mais fácil procurar a natureza de nosso gênio a partir de nós mesmos, observando aquelas coisas ditadas pelo instinto da natureza, a que os céus também nos inclinam[11] desde a mais tenra infância, não se deixando desviar por nenhum contágio; ou aquelas coisas que a mente, após a alma estar livre de preocupações fúteis e afeições sinistras e todos os impedimentos, nos sugere: essas são, sem dúvida, as persuasões de um gênio que são dadas a todos desde o nascimento, levando-nos e persuadindo-nos àquilo que o astro pertinente nos inclina.

Notas – Capítulo XXI

1. Na hierarquia da Cabala, a nona *Sephira*, Hod, traz o nome associado de Deus, Elohim Sabaoth, אלהים צבאות, ALHIM TzBAOTh (Deus das Hostes), e a ordem dos anjos Beni Elohim, אלהים בני, BNI ALHIM (Filhos de Deus). Ver Apêndice VI.
2. Isaías 24:21. Esse versículo simplesmente menciona o Senhor (יהוה, IHVH), mas em outros trechos em Isaías, o título Senhor das Hostes (יהוה צבאות, IHVH TzBAOTh) é usado; por exemplo, Isaías 19:4.
3. Daniel 10:20-1.
4. ... tamanho foi o estrondo quando os deuses se confrontaram em sua ira.
   Pois contra o senhor Posêidon, Febo Apolo se posicionou com suas flechas emplumadas,
   E contra Enialos, a deusa dos olhos de cor gris, Atena.
   Contra Hera se colocou a senhora do clamor, a deusa do cajado de ouro,
   Das flechas em voo, Ártemis, irmã do arremessador.
   Opondo-se a Leto estava o forte e generoso Hermes
   E contra Hephaistos se posicionou o caudaloso rio

Que é chamado de Xantos pelos deuses, mas de Skamandros pelos mortais. (Homero, *Ilíada* 20, linha 66 [Lattimore, 406]).
5. Gênesis 17:5.
6. Gênesis 32:28.
7. Provável referência ao comentário de Porfírio sobre *Tetrabiblos* de Ptolomeu.
8. Talvez a Lua crescente, regente da natividade.
9. Alguns dizem que o regente do mapa é o planeta que está localizado nas casas favoráveis do mapa, em sua própria casa ou em seus termos. Outros, porém, se baseiam no Sol e na Lua, argumentando que o regente do mapa é aquele em cujos termos o Sol e a Lua se encontram, ou seja, o Sol de dia e a Lua à noite. Essa teoria faz sentido. Outros já dizem que o regente do mapa é o regente da exaltação da Lua. E outros, ainda, afirmam que o regente é aquele em cujo signo a Lua entra após sair daquele em que estava no nascimento (Firmicus Maternus, "Mathesos libri" *VIII* 4.19.2, tradução de J. R. Bram. In *Ancient Astrology* [Park Ridge, NJ: Noyes Press, 1975], 138).
10. Ver nota 6, cap. XXXVIII, l. II.
11. Pois, se for possível descobrir o senhor da genitura, o demônio por ele imposto será revelado; mas, se tal conhecimento for inatingível, ignoraremos o senhor da genitura de acordo com essa hipótese, e no entanto, mesmo assim, ele terá uma existência, e também o demônio por ele imposto. O que impede, portanto, desde que tal descoberta não seja difícil por meio de previsão a partir do nascimento, e por meio de adivinhação divina, ou teurgia, que haja uma grande abundância de conhecimento científico acerca desse assunto? Em suma, o demônio não é apenas imposto pelo senhor da genitura, mas há outros princípios mais universais envolvidos. E mais ainda, esse tipo de método introduz uma certa investigação artificial e humana a respeito do demônio específico (Jâmblico, *On the Mysteries* 9.5 [Taylor, 320]).

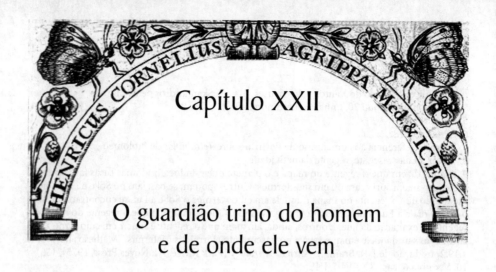

Capítulo XXII

O guardião trino do homem e de onde ele vem

odo homem tem um demônio trino bom[1] como guardião, ou preservador, um dos quais é santo, outro da natividade e o terceiro da profissão.

O demônio santo, segundo a doutrina dos egípcios, é designado para a alma racional, não pelas estrelas e planetas, mas sim por uma causa sobrenatural, do próprio Deus, o presidente dos demônios, sendo universal, acima da natureza: ele dirige a vida da alma, sempre põe pensamentos bons na mente, estando constantemente ativo para nos iluminar, embora nem sempre o notemos; mas, quando somos purificados e vivemos em paz, nós o percebemos quase como se ele falasse conosco, comunicando-nos sua voz ainda que em silêncio e se esforçando a cada dia para nos conduzir a uma sagrada perfeição.[2]

É também com o auxílio desse demônio que nós podemos evitar a malignidade do destino; ele deve por nós ser venerado com honesta santidade, como fazia *Sócrates*.[3] Os pitagóricos acreditam que nós podemos ser ajudados por esse demônio, por meio de sonhos e sinais, ou evitando as coisas do mal e procurando com esmero as coisas do bem. Na verdade, os pitagóricos eram unânimes em rogar a *Júpiter* que os afastasse do mal ou que lhes mostrasse por meio de qual demônio isso podia ser feito.

Já o demônio da natividade, que é chamado de gênio, desce até nós a partir da disposição do mundo e dos circuitos das estrelas mais potentes na hora do nascimento. Por isso, alguns pensam que quando a alma está entrando no corpo, graças aos subterfúgios dos demônios, ela escolhe naturalmente para si um preservador – aliás, não só para ficar com ela, mas também defendê-la. Sendo o executor e mantenedor da vida, ele a ajuda a viver e cuidar do corpo, sendo comunicado ao corpo, e ajuda o homem naquele ofício que os celestiais lhe imputaram ao nascer.[4] Quem tem a boa sorte de receber um gênio afortunado é virtuoso em suas obras, eficaz, forte e próspero. Esses indivíduos são chamados pelos filósofos de afortunados ou os que nascem com a sorte.

O demônio da profissão é enviado pelas estrelas, às quais se sujeitam a profissão ou seita professadas por qualquer homem, que a alma, tão logo começa a fazer escolhas nesse corpo e assumir disposições, secretamente deseja. Esse demônio muda quando a profissão muda e, então, de acordo com a dignidade da profissão, temos demônios de nossas profissões mais excelentes e sublimes, que sucessivamente cuidam do homem, que obtém um guardião da profissão, à medida que procede de virtude em virtude.

Assim, quando uma profissão combina com nossa natureza, está presente em nós um demônio de uma profissão apropriada a nós, e a nosso gênio, e nossa vida ganha mais paz, felicidade e prosperidade; mas, quando assumimos uma profissão inapropriada ou contrária ao nosso gênio, nossa vida se torna laboriosa e perturbada com patronos desagradáveis. É por isso que alguns prosperam mais em determinada ciência, arte ou ofício, em pouco tempo e sem sofrimento, enquanto outros sofrem muito, estudam com afinco, tudo em vão.

E embora não exista uma ciência, arte ou virtude que deva ser evitada, para você viver de modo próspero, cuide de seus afazeres com alegria; em primeiro lugar, conheça o seu bom gênio, e sua própria natureza, e qual o bem que a disposição celestial lhe prometeu, e conheça Deus – o distribuidor de tudo isso – que distribui a cada um o que lhe aprouver, e siga esses princípios, professe-os, entre em harmonia com aquela virtude à qual o Distribuidor Altíssimo o eleva e o conduz, que fez *Abraão*[5] se destacar em justiça e clemência, *Isaque*[6] em medo, *Jacó*[7] em força, *Moisés*[8] em humildade e milagres, *Josué*[9] em guerra, *Fineias*[10] em zelo, *Davi*[11] em religião e vitória, *Salomão*[12] em conhecimento e fama, *Pedro*[13] em fé, *João*[14] em caridade, *Jacó*[15] em devoção, *Tomé*[16] em prudência, *Madalena*[17] em contemplação, *Marta*[18] em oficiosidade.

Portanto, na virtude em que você pensar, poderá com mais facilidade ser nela proficiente, usar diligência para chegar ao topo, destacar-se, quando em muitas outras você não consegue; mas, quanto ao resto, empenhe-se em ser o mais proficiente possível; se tiver o aval da natureza e a religião for compatível, você encontrará um progresso duplo de sua natureza e profissão. Se, no entanto, estiverem em discórdia, siga o melhor, pois em algum momento você perceberá melhor a presença de um preservador de uma excelente profissão do que da natividade.

Notas – Capítulo XXII

1. Porfírio, em sua *Epístola a Anebo*, menciona a opinião popular de que existem três demônios, "um dos quais cuida do corpo, outro da alma e outro do intelecto" (Jâmblico, *On the Mysteries* [Taylor, 15]). Ele continua: "Vejo também que há um culto duplo do demônio específico; sendo um deles o culto dos dois, mas o outro de três [demônios]" (*ibid.*). Jâmblico refuta veementemente tal afirmação:

> Não se pode, portanto, distribuir um demônio ao corpo, outro à alma e outros ao intelecto: pois é absurdo que o animal seja um, mas o demônio que dele cuida, multiforme. Pois em todo lugar, as naturezas que governa é mais simples que as naturezas que são governadas. E seria ainda mais absurdo se os muitos demônios que governam as partes não estivessem juntos, e sim separados (*ibid.*9.7 [Taylor, 322-3]).

2. A comunicação com esse demônio santo, ou anjo de guarda, é o objeto do processo ritual descrito em detalhes no grimório medieval *Magia Sagrada de Abramelim, o Mago*.
3. Sócrates, na verdade, nunca fala de seu sinal divino como um demônio. É assim retratado por escritores que vieram depois de Platão. Ao descrevê-lo, Sócrates diz: "Começou em minha infância – uma espécie de voz que fala comigo, e quando fala sempre me dissuade do que proponho fazer, e nunca me impele a prosseguir" (Platão, *Apologia* 31d [Hamilton & Cairns, 17]). Referindo-se à sua intenção de cometer suicídio, de acordo com o julgamento do Estado, ele continua:

> No passado, a voz profética com a qual já me acostumei sempre foi minha companheira, contradizendo-me em coisas bem triviais, se eu estivesse para tomar um caminho errado. Agora algo me aconteceu que pode ser considerado uma suprema calamidade; entretanto, nem quando saí de casa esta manhã, nem quando tomei meu lugar aqui no tribunal, nem em qualquer momento de meu discurso, o sinal divino me contradisse. Em outras discussões, ele costumava me deter no meio de uma frase, mas dessa vez não me interrompeu nenhuma vez no que eu tenha dito ou feito. Qual pode ser a explicação? Eu lhes direi. Desconfio que isso que me aconteceu agora é uma bênção, e estamos errados em supor que a morte é um mal (*ibid.* 40a-b [Hamilton & Cairns, 24]).

Xenofonte escreve:

> A maioria das pessoas diz que é desviada de um objeto ou impelida em sua direção pelos pássaros ou pessoas que encontra no caminho; mas Sócrates falava como se o próprio divino fosse seu monitor. Também dizia a muitos de seus amigos que fizessem certas coisas e não fizessem outras, implicando que o divino assim lhe recomendara. Os que seguiam suas sugestões se beneficiavam, enquanto os que as ignoravam se arrependiam. ("Memorabilia of Socrates" 1.1.4. In *The Anabasis, or Expedition of Cyrus and the Memorabilia of Socrates*, tradução de J. S. Watson [Londres: George Bell and Sons, 1875], 350.

4. Esse demônio, portanto, é estabelecido no paradigma antes que a alma desça à gestação; e quando a alma o recebe como seu líder, esse demônio imediatamente governa o corpo, dando completude à sua vida e unindo-a ao corpo quando desce. Do mesmo modo, ele governa o animal comum da alma, dirige sua vida específica, e nos passa os princípios de todos os nossos pensamentos e raciocínios. Nós também fazemos coisas que ele sugere ao nosso intelectual, e ele continua a nos governar até que, por meio da teurgia sacerdotal, possamos obter um Deus como guardião inspetor e líder da alma. (Jâmblico, *On the Mysteries* 9.6 [Taylor, 321])
5. Gênesis 13:9; 14:23; 18:23-32.
6. Talvez Gênesis 26:7.
7. Gênesis 32:24-8.
8. Êxodo 3:11; 4:2-7.
9. Josué 6:2.
10. Números 25:11.
11. I Samuel 17:46.
12. I Reis 3:12; 10:1.
13. Mateus 16:16-7.

14. João 20:25.
15. Talvez Hebreus 11,21.
16. João 20,25.
17. João 20:11, a menos que Agrippa tenha confundido Maria Madalena com Maria, a irmã de Lázaro, e então seria Lucas 10:39.
18. Lucas 10:40.

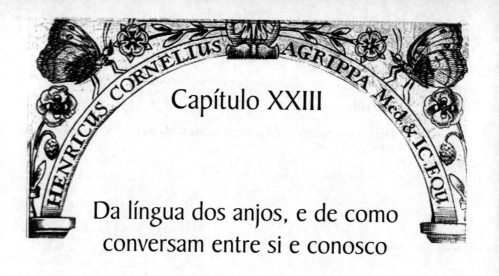

Capítulo XXIII

Da língua dos anjos, e de como conversam entre si e conosco

 oderíamos duvidar que os anjos, ou demônios, sendo puro espírito, usam algum tipo de fala vocal, ou têm uma língua entre si para se comunicar conosco; entretanto, *Paulo* diz,[1] ainda que eu fale a língua dos homens e dos anjos, mas que tal língua seja oral, muitos duvidam.

Muitos pensam que, se os anjos usam alguma língua, só pode ser o hebraico, pois foi a primeira e veio do céu, e existia antes da confusão de línguas[2] na Babilônia, na qual a Lei foi dada por Deus, "o Pai, e na qual o Evangelho era pregado por Cristo", o Filho, e muitos oráculos eram dados aos profetas pelo Espírito Santo. Embora todas as línguas tenham e sofram várias mutações e corrupções, só o hebraico continua inviolado. Além disso, um sinal evidente dessa opinião é que, embora cada demônio e cada inteligência usem o idioma daquela nação por eles habitados, nunca falam em nenhuma outra língua senão essa.

O modo como os anjos falam; porém, não nos é revelado; tampouco como os próprios anjos são. Ora, para que possamos falar, precisamos de uma língua, assim como outros instrumentos como o palato, as mandíbulas, os lábios, dentes, garganta, pulmões, artéria áspera[3] e os músculos do peito, que iniciam o movimento desde a alma. Se; porém, alguém quer falar a distância com outra pessoa, precisa usar uma voz mais alta; se perto, pode sussurrar-lhe no ouvido; e se quiser ser compreendido pelo interlocutor, uma respiração mais suave é suficiente, pois pode deslizar até o ouvinte sem o menor barulho, como uma imagem no olho ou no espelho. Assim como as almas saindo do corpo, anjos e demônios falam; e o que o homem faz com voz sensível, eles o fazem imprimindo a concepção da fala naqueles com quem eles conversam, de maneira ainda muito melhor do que se a expressassem por meio de uma voz audível.

E os platônicos dizem que *Sócrates* percebia seu Demônio[4] pelos sentidos, mas não desse corpo físico, e sim do corpo etéreo oculto. Nesse sentido, também *Avicena* crê que os anjos eram vistos e ouvidos pelos profetas. Esse instrumento, seja qual for a virtude pela qual um espírito transmite a outro espírito as coisas que estão em sua mente, é chamado pelo apóstolo *Paulo* de a língua dos anjos.

Entretanto, muitas vezes eles emitem também uma voz audível, como quando clamaram diante da ascensão do Senhor, "Homens da Galileia, por que estais olhando para as alturas?"[5] E na antiga Lei, eles conversavam com vários pais, usando uma voz sensível, mas somente quando assumiam corpos.

Mas com quais sentidos esses espíritos e demônios ouvem nossas invocações e orações e veem nossas cerimônias, é algo que ignoramos completamente. Pois há um corpo espiritual de demônios que é sensível por natureza, que lhes permite tocar, ver, ouvir, sem qualquer meio, e nada constitui um obstáculo para eles; entretanto, eles não percebem por esse meio como nós fazemos com diferentes órgãos, mas sim como esponjas embebidas em água, absorvendo todas as coisas sensíveis com o corpo, ou talvez de alguma outra maneira que ignoramos. Também há animais que não são dotados de todos os órgãos, e igualmente sabemos que muitos não possuem ouvidos, mas percebem sons, ainda que ignoremos como.[6]

Notas – Capítulo XXIII

1. I Coríntios 13:1.
2. Gênesis 11:6-7.
3. Traqueia.
4. Ver nota 3, cap. XXII, l. III.
5. Atos 1:11.
6. A resposta a esse enigma é que anjos e demônios percebem o mundo dos homens por meio dos sentidos dos homens. Seria difícil imaginar de que outro modo poderiam percebê-lo, uma vez que o mundo do humano é definido e moldado pelas percepções humanas.

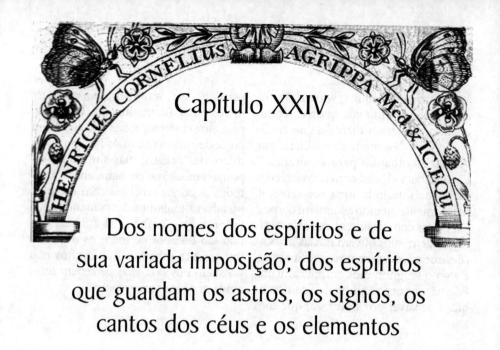

Capítulo XXIV

Dos nomes dos espíritos e de sua variada imposição; dos espíritos que guardam os astros, os signos, os cantos dos céus e os elementos

Muitos e diversos são os nomes dos bons e dos maus espíritos; seus nomes devidos e verdadeiros, porém, bem como dos astros, só Deus conhece, pois só Ele numera as multidões de estrelas e as chama pelo nome. Assim, nenhum desses nomes é de nosso conhecimento, exceto por revelação divina, e pouquíssimos são expressados na escritura sagrada.

Mas os mestres dos hebreus creem que os nomes dos anjos lhes foram impostos por Adão, por causa do que está escrito: "Havendo o Senhor Deus formado da terra todos os animais do campo e todas as aves dos céus, trouxe-os ao homem, para ver como este lhes chamaria; e o nome que o homem desse a todos os seres viventes, esse seria o nome deles".[1] Por isso, os mecubais hebreus acham que o homem tem o poder de impor nomes aos espíritos, mas somente aqueles homens que foram dignificados e elevados a essa virtude por meio de alguma graça divina ou autoridade sagrada.

Mas, como um nome capaz de expressar a natureza do divino, nem toda a virtude das essências angelicais pode ser expressa por voz humana, os nomes são, na maioria, atribuídos de acordo com suas obras, significando certo ofício ou efeito requerido pelos espíritos; nomes esses que, como oblações ou sacrifícios oferecidos aos deuses, obtêm eficácia e virtude para atrair qualquer substância espiritual do alto ou de baixo, para produzir algum efeito desejado.

Já vi pessoas escreverem em pergaminho virgem o nome e o selo de algum espírito na hora da Lua. O pergaminho depois era dado para ser devorado por uma rã aquática, a pessoa murmurava certos versos, colocava a rã de volta na água e, em seguida, o efeito produzido eram chuvas. Vi também o mesmo homem[2] inscrevendo o nome do mesmo espírito com seu selo na hora de Marte, que era dado a uma gralha, a qual, sendo liberada depois da recitação de um verso, vinha do canto do céu para onde ela tinha voado, relâmpagos, tremores e horríveis trovões, com nuvens espessas. E os nomes desses espíritos não eram ditos em língua estrangeira nem significavam coisa alguma além de seu ofício.

Dessa espécie são os nomes daqueles anjos, *Raziel*,[3] *Gabriel*,[4] *Miguel*,[5] *Rafael*,[6] *Haniel*,[7] que significam a visão de Deus, a virtude de Deus, a força de Deus, o remédio de Deus, a glória de Deus. Do mesmo modo, nos ofícios dos demônios malignos se leem seus nomes, um jogador, um enganador, um sonhador, um fornicador e outros do tipo.

Assim, recebemos de muitos dos antigos pais dos hebreus os nomes dos anjos que guardam os planetas[8] e os signos: Saturno, *Zaphkiel*; Júpiter, *Zadkiel*; Marte, *Camael*; o Sol, *Rafael*; Vênus, *Haniel*; Mercúrio, *Miguel*; a Lua, *Gabriel*. São aqueles sete espíritos que sempre se colocam diante do rosto de Deus,[9] aos quais é confiada a guarda de todo o reino celestial e também do terreno, sob a Lua. Pois estes (como dizem os mais curiosos teólogos) governam todas as coisas por meio de uma certa vicissitude de horas, dias e anos, como ensinam os astrólogos acerca dos planetas por eles guardados, e que *Hermes Trismegisto* chama de os sete governantes[10] do mundo, que, por meio dos céus, como instrumentos, distribuem as influências de todos os astros e signos entre esses inferiores.

Ora, alguns usam nomes diferentes para os anjos que governam os astros, dizendo, por exemplo, que Saturno é guardado por uma inteligência chamada *Oriphiel*; Júpiter, *Zachariel*; Marte, *Zamael*; o Sol, *Miguel*; Vênus, *Anael*; Mercúrio, *Rafael*; a Lua, *Gabriel*. E cada um desses governa o mundo 354 anos e quatro meses; e sua regência começa a partir da inteligência de Saturno; depois, em ordem, as inteligências de Vênus, Júpiter, Mercúrio, Marte, a Lua, o Sol regem, e a regência retorna ao espírito de Saturno.[11] *Abbas Tritemius* escreveu para *Maximiliano César* um tratado[12] especial a respeito disso, que, se for meticulosamente examinado, poderá fornecer grande conhecimento dos momentos futuros.

Os 12 signos[13] são regidos assim: Áries, por *Maechidael*; Touro, *Asmodel*; Gêmeos, *Ambriel*; Câncer, *Muriel*; Leão, *Verchiel*; Virgem, *Hamaliel*; Libra, *Zuriel*; Escorpião, *Barbiel*; Sagitário, *Advachiel*; Capricórnio, *Hanael*; Aquário, *Cambiel*; Peixes, *Barchiel*.

Esses espíritos que guardam e regem os planetas e os signos são mencionados por *João* no Apocalipse, falando do começo e do fim; e dos sete espíritos[14] diante do trono de Deus, que eu identifico como guardiões dos sete planetas; e no fim do livro, quando ele descreve a plataforma da cidade celestial, dizendo que nos 12 portões havia 12 anjos.[15]

Há ainda 28 anjos, que regem nas 28 casas da Lua, cujos nomes em ordem são: *Geniel, Enediel, Amixiel, Azariel, Gabriel, Dirachiel, Scheliel, Amnediel, Barbiel, Ardesiel, Neciel, Abdizuel, Jazeriel, Ergediel, Ataliel, Azeruel, Adriel, Egibiel, Amutiel, Kyriel, Bethnael, Geliel, Requiel, Abrinael, Aziel, Tagriel, Alheniel, Amnixiel*.

Há também quatro príncipes[16] dos anjos, que guardam os quatro ventos e as quatro partes do mundo, dos quais *Miguel* guarda o vento leste; *Rafael*, o oeste; *Gabriel*, o norte; *Nariel*, ou, como alguns o chamam, *Uriel*, o sul.

Também são atribuídos aos elementos,[17] os seguintes: ao Ar, *Cherub*; à Água, *Tharsis*; à Terra, *Ariel*; ao Fogo, *Seruph*, ou segundo *Philon*, *Nathaniel*.

Ora, cada um desses espíritos é um grande príncipe e tem muito poder e liberdade no domínio de seus planetas e signos, bem como em seus tempos, anos, meses, dias e horas, além de seus elementos, partes do mundo e ventos. E cada um deles governa muitas legiões.

E do mesmo modo, entre os espíritos maus,[18] há quatro que na condição de reis poderosos governam os outros, de acordo com as quatro partes do mundo, cujos nomes são: *Urieus*, rei do leste; *Amaymon*, rei do sul; *Paymon*, rei do oeste; *Egin*, rei do norte: que os doutores hebreus, talvez com razão, chamam de *Samuel*,[19] *Azazel*,[20] *Azael*,[21] *Mahazuel*, sob os quais muitos outros regem na condição de príncipes de legiões e governantes;[22] também existem numerosos demônios de ofícios particulares.

Além desses, os antigos teólogos dos gregos reconhecem seis demônios, os quais chamam de Telchines,[23] outros Alastores;[24] que não gostam dos homens e, trazendo consigo água do Rio Estige, borrifam-na sobre a terra, causando calamidades, pestes e fome; e se denominam *Acteus, Megalezius, Ormenus, Lycus, Nicon, Mimon*.

Mas quem desejar saber exatamente os nomes distintos, ofícios, lugares e tempos dos anjos e dos demônios malignos, deve consultar o livro do rabino *Simão* dos Templos,[25] e seu Livro das Luzes,[26] e seu tratado da Grandeza da Estatura;[27] e seu tratado no tempo do rabino Ismael,[28] e quase todos os comentários de seu Livro da Formação;[29] e farto material aí encontrará.

Notas – Capítulo XXIV

1. Gênesis 2:19.
2. Talvez o abade Trithemius, mago mestre de Agrippa.
3. Instantaneamente, o Santíssimo, bendito seja, levou Moisés de lá, o qual encontrou Galetzur, que se chama Raziel. E por que seu nome é Galetzur? Porque ele revela (*m'galle*) as razões da Rocha (*Tzur*, ou seja, Deus). E ele é chamado Raziel, porque ouve atrás da Cortina os segredos de Deus (*raze El*), aquilo que deve acontecer e ser anunciado no mundo. Dizem que Galetzur se coloca diante do Trono e suas asas se abrem para receber o sopro da boca dos Animais e, não fosse assim, todos os Anjos Ministrantes seriam queimados pelo sopro da boca dos Animais. E Galetzur tem ainda outra tarefa: usa uma espécie de panela de ferro, que é do fogo, e recebe nela os carvões incandescentes do Rio Rigyon, e a coloca diante dos reis, e governantes, e príncipes do mundo para que seu esplendor se manifeste e que o medo deles recaia sobre o mundo (*Ma'ayan Hokhma* [Fonte de sabedoria], Midrash do século XII citado por Patai 1980, 404)
"Quando Adão estava no Jardim do Éden, o Santíssimo, bendito seja, enviou-lhe um livro pela mão de Raziel, o santo anjo, encarregado dos supernos mistérios sagrados. Nele estavam inscritas inscrições supernas e sabedoria sagrada" (*Zohar*, descrevendo o *Livro de Raziel*, citado por Patai 1980, 469).

4. Há divergências quanto ao significado do nome. Algumas autoridades o traduzem como "homem de Deus", mas outras como "força de Deus" ou "Deus é forte", ou ainda "Deus é minha força". Gabriel geralmente é mencionado em conjunção com Miguel. Juntos, eles subjugam o "Príncipe do Poder", Samael, e o fim do governo do mal no céu e na Terra.

A cor vermelha é Gabriel. Foi ele que destruiu Sodoma; ele está do lado esquerdo. Ele é quem se encarrega de todos os julgamentos do mundo do lado esquerdo, a serem executados pelo Anjo da Morte, que é o mestre da destruição da casa do rei. E todos realizam suas tarefas. O anjo Gabriel tem a tarefa de cuidar da alma santa, e o Anjo da Morte tem a tarefa de cuidar da alma com Inclinação para o Mal (*Sitre Tora* [Segredos da Tora], citado por Patai 1980, 440-1]).

Em outros lugares, o *Zohar* diz que, quando todo homem nasce, quatro anjos descem ao seu lado direito e quatro ao esquerdo. Do lado direito ficam Miguel, Gabriel, Rafael e Nuriel [Uriel]. O líder é Miguel. Do lado esquerdo, estão os anjos Pecado, Destruidor, Raiva e Ira. São governados por Gabriel. "Do lado de Gabriel, também há quatro anjos punidores, ou seja, têm a qualidade de julgamento rigoroso sobre os ímpios. E eles atormentam os ímpios, pois, como vimos, é permitido tentar os ímpios neste mundo" (*Zohar*, citado por Patai 1980, 431). Note que Gabriel é citado nos dois lados – não é incomum, na Cabala, anjos diferentes terem o mesmo nome.

5. O nome significa "que é como Deus", o líder dos arcanjos. Junto a Gabriel, segundo em comando, ele é nomeado para governar Israel. Foi Miguel quem conduziu a batalha contra Satanás e os anjos maus (Apocalipse 12:7). Ele governa o lado direito, seu rosto é branco e com Gabriel ele destrói os falsos messias.

6. O nome significa "Deus cura". O anjo da cura que tem tanto destaque no livro de Tobias. Ele instrui Tobias para esfregar sobre os olhos de seu pai a bílis de um peixe para curá-lo de catarata (Tobias 11:8). De acordo com uma história no Midrash, seu nome original era Leviel, mas, por prudência em não contradizer a intenção de Deus, foi mudado para Rafael: "Imediatamente Ele mudou o nome, e seu nome passou a ser Rafael [Deus cura], colocando-lhe nas mãos todos os tipos de remédios no mundo" (*Konen* [Ele estabeleceu], citado por Patai 1980, 265).

7. O nome significa "graça de Deus". Esse é o anjo de Vênus, designado no sistema da Cabala para a sétima *Sephira*, Netzach.

No sexto dia (sexta-feira), quem rege é 'Anael. Ele é encarregado de todas as maneiras de amar. Esse governante se assemelha a uma mulher. Ele tem em uma das mãos um espelho no qual se contempla, e na outra um pente com o qual se penteia. (*A sabedoria dos caldeus*, manuscrito hebraico do século XIV ou anterior, traduzido para o inglês por M. Gaster [1900]. Em *Three Works of Ancient Jewish Magic* [Londres: Chthonios Books, 1986], 2:16).

8. Os anjos que regem os planetas são:

♄ Zaphkiel   TzPQIAL   צפקיאל
♃ Zadkiel   TzDQIAL   צדקיאל
♂ Camael   KMAL   כמאל
☉ Rafael   RPhAL   רפאל
♀ Haniel   HANIAL   האניאל
☿ Miguel   MIKAL   מיכאל
☽ Gabriel   GBRIAL   גבדיאל

O mesmo grupo de nomes é encontrado, com pequenas variações, na *Sabedoria dos Caldeus*. Na introdução à obra, Gaster menciona a mesma lista de anjos em um comentário sobre o *Sepher Yetzirah*, de Jehuda ben Barzillai de Barcelona (século XII) e, com exceção de um único nome, no *Livro de Raziel*. (Ver *Three Works of Ancient Jewish Magic*, 2:7-8). Um arranjo um pouco diferente de anjos planetários é encontrado no *Heptameron*, um texto de magia atribuído a Pietro d'Abano (1250-1316):

    ♄ – Cassiel
    ♃ – Sachiel
    ♂ – Samael
    ☉ – Miguel

♀ – Anael
☿ – Rafael
☽ – Gabriel

Essa lista é tirada do *Conciliator* de Pietro d'Abano, escrito em 1303, mas publicado pela primeira vez em Veneza em 1471. Thorndike diz que o sistema de Pedro deriva de Averroes (1126-1198) (Ver Thorndike, 2:900).

9. Apocalipse 4,5. Os sete espíritos que se encontram diante do trono de Deus são descritos no *Livro de Enoch*:

E esses são os nomes dos santos anjos guardiões. Uriel, um dos santos anjos, que está acima do mundo e dos tártaros. Rafael, um dos santos anjos, que está acima dos espíritos dos homens. Raguel é um dos santos anjos vingadores no mundo das luminárias. Miguel, outro dos santos anjos, é aquele que rege a melhor parte da humanidade e sobre o caos. Saraqael, um dos santos anjos, está acima dos espíritos, daqueles que pecam no espírito. Gabriel, um dos santos anjos, preside o Paraíso e as serpentes e os querubins. Remiel, outro dos santos anjos, que Deus designou para aqueles que se levantam (Charles 1913, 2:201).

No *Livro hebraico de Enoch*, esses anjos são atribuídos aos sete céus:

Sete (são os) príncipes, os grandes, belos, reverenciados, maravilhosos e honrosos que regem os sete céus.
... Mikael, o grande príncipe, é designado para guardar o sétimo céu, o mais alto, no *'Araboth*. Gabriel, o príncipe da hoste, guarda o sexto céu, que fica em *Makon*. Shataquiel, príncipe da hoste, guarda o quinto céu, em *Ma'on*. Shahaqiel, príncipe da hoste, guarda o quarto céu, em *Zebul*. Badariel, príncipe da hoste, guarda o terceiro céu, em *Shehaqim*. Barakiel, príncipe da hoste, guarda o segundo céu, na altura de (*Merom*) *Raqia'*. Pazriel, príncipe da hoste, guarda o primeiro céu, que fica em *Wilon*, em *Shamayim* (Odeburg 1928, 17:45-8).

10. Ver nota 1, cap. LIX, l. II.
11. Essa ordem segue os dias da semana, de trás para diante:

♄ Oriphiel (sábado)
♀ Anael (sexta-feira)
♃ Zachariel (quinta-feira)
☿ Rafael (quarta-feira)
♂ Zamael (terça-feira)
☽ Gabriel (segunda-feira)
☉ Miguel (domingo)

A relação entre os dias da semana e a ordem tradicional dos planetas por sua aparente rapidez de movimento não pode ser expressa de maneira mais elegante que pelo símbolo do heptagrama:

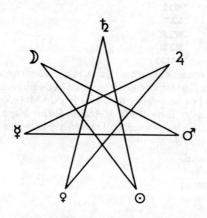

Dos nomes dos espíritos e de sua variada imposição; dos espíritos... 697

Movendo-se em um círculo em volta dos pontos, começando por Saturno, a ordem dos planetas por seus movimentos se revela, mas, se traçarmos a linha interligando o heptagrama de um ponto a outro, veremos a atribuição dos planetas aos dias da semana.

12. A segunda lista de espíritos dos planetas dada por Agrippa deriva de *De septem secundeis, id est, intelligentiis, sive spiritibus orbes post deum moventibus*, uma obra escrita por seu mago mestre, o abade Johannes Trithemius (1462-1516). Nela, Trithemius apresenta um sistema no qual os meses platônicos – períodos de cerca de 2.120 anos durante os quais cada equinócio passa por um signo completo do zodíaco – são divididos em seis partes de 354 anos e quatro meses, e alocados aos anjos na ordem citada na nota anterior. Pelos cálculos de Trithemius, a Era de Gabriel terminou em 1879. Estamos agora vivendo a Era de Miguel, que se estenderá até 2233. Trithemius alega ser capaz de mostrar que a qualidade diferente de cada era se reflete em sua história – o "conhecimento dos tempos futuros" intimado por Agrippa.

13.

♈ Malchidael	MLKIDAL	מלכידאל
♉ Asmodel	ASMODAL	אסמודאל
♊ Ambriel	AMBRIAL	אמבריאל
♋ Muriel	MURIAL	מודיאל
♌ Verchiel	VRKIAL	ורכיאל
♍ Hamaliel	HMLIAL	חמליאל
♎ Zuriel	ZURIAL	זוריאל
♏ Barbiel	BRBIAL	ברביאל
♐ Advachiel	ADVKIAL	אדוכיאל
♑ Hanael	HNAL	חנאל
♒ Cambiel	KAMBIAL	כאמביאל
♓ Barchiel	BRKIAL	ברכיאל

Malchidael também pode ser soletrado Melchidael.
Uma forma alternada de Cambiel é Cambriel, KAMBRIAL, כאמבריאל.
No texto original (tanto em inglês quanto em latim), Agrippa cita o anjo Barchiel tanto para Escorpião quanto para Peixes. Parece um erro. Aqui, usei o anjo Barbiel da tabela, cap. XIV, l. II, para Escorpião. Em uma lista, em tudo o mais idêntica, de anjos zodiacais citados em Regardie [1937-40] 1982, 1:174 e 3:44, o anjo Amnitzel (אמניצאל) é atribuído a Peixes.
14. Ver nota 9 deste capítulo.
15. Apocalipse 21:12.
16. Ver Apocalipse 7:1.

"Este primeiro é Miguel, o misericordioso e paciente: e o segundo, que cura todas as doenças e feridas dos filhos dos homens, é Rafael: e o terceiro, que guarda todos os poderes, é Gabriel: e o quarto, que converte o arrependimento em esperança daqueles que herdam a vida eterna, se chama Phanuel" (*Livro de Enoch* 40,9 [Charles 1913, 2:211-1]).

17.
Ar	Cherub (Kerub)	KRUB	כרוב
Água	Tharsis	ThRShISh	תרשיש
Terra	Ariel	ARIAL	אריאל
Fogo	Seruph (Seraph)	ShRP	שרף

Esses quatro nomes aparecem no sexto dos sete pentáculos de Júpiter citados na *Chave Maior de Salomão*, em que estão escritos na forma de uma cruz e cercados pelos versículos bíblicos: "Transpassaram-me as mãos e os pés. Posso contar todos os meus ossos" (Salmos 22,16-7). É mais comum no ocultismo moderno encontrar Kerub atribuído à Terra e Ariel ao Ar.
18. Esses nomes aparecem em uma variedade de formas e lugares. Pode ser útil citar aqui algumas comparações:

Testamento de Salomão (século XII ou XIII):

Leste	Sul	Oeste	Norte
Oriens	Amemon	Boul	Eltzen

Pseudomonarchia Daemonum, de John Wierus (1515-1588):

Leste	Sul	Oeste	Norte
Amaymon	Gerson	Goap	Zymymar

Livre des Esprits (fim do século XV ou início do século XVI):

Leste	Sul	Oeste	Norte
Orient	Amoymon	Paymon	Cham

Grimório do papa Honório III:

Leste	Sul	Oeste	Norte
Magoa	Egym	Baymon	Amaymon

Grimório do papa Honório III (edição variante):

Leste	Sul	Oeste	Norte
Maymon	Egin	Paymon	Amaymon

19. Samael, um dos três grandes príncipes de Gehenna, o armazém no Norte do mundo onde se guardam as reservas de fogo, geada, neve, granizo, tempestade, escuridão e ventos violentos. É a moradia dos demônios nocivos e espíritos destrutivos, e tem três portões que se abrem para a Terra. Samael guarda o terceiro portão no Vale de Ben Hinnom, defronte a Sião e Jerusalém. Ele é o arqui-inimigo do anjo superior, Metatron, e é chamado de Príncipe dos Acusadores e da Inclinação para o Mal (oposto a Gabriel, a Inclinação para o Bem).

"Os filhos de Deus eram os filhos de Caim. Pois quando Samael copulou com Eva, injetou-lhe imundície, e ela concebeu e deu à luz Caim. E seu aspecto era diferente dos outros humanos, e todos os que vieram de seu lado foram chamados de filhos de Deus" (*Zohar*. In *Patai* 1980, 471).

Ele é mencionado no *Livro Hebraico de Enoch* por Metatron, que diz: "Mesmo Samael, o Príncipe dos Acusadores, que é maior que todos os príncipes dos reinos do alto, temia e estremecia diante de mim" (14,2 [Odeberg 1928, 37]).

20. Ver nota 51, cap. XVIII l. III.

21. Ou Asael, um dos "líderes das dezenas" dos 200 anjos que desejavam as filhas dos homens e, por isso, desceram à Terra (*Livro apócrifo de Enoch* 6:7-8).

22. No *Faustbook* publicado por Scheible (Stuttgart, 1849), é o tratado à parte intitulado *Doctoris Johannis Fausti magiae naturalis et innatural*, Passau, 1505, que atribui esses anjos maus aos elementos nesta ordem:

   Samael – Fogo
   Azazel – Ar
   Azael – Água
   Mahazael – Terra

23. Os Telchines eram uma tribo ou família supostamente descendente ou de Thalassa ou Posêidon. Chegaram ao Chipre vindos de Creta, para depois migrarem a Rhodes, onde fundaram as cidades de Camirus, Lindus e Ialysus. Foi por causa deles que Rhodes ganhou o nome de Telchinis. Quando viram, com suas artes de adivinhação, que Rhodes afundaria no mar, eles fugiram em diferentes direções. Lycus foi para a Lícia e lá construiu o templo a Apolo Lício. Apolo era adorado em Lindus, enquanto Hera era venerada em Camirus e Ialysus. Apesar da homenagem, Apolo era hostil aos Telchines. Ele se transformou em um lobo e os destruiu. Segundo uma história diferente, foi Zeus que afogou a tribo em uma enchente, possivelmente em Rhodes. A eles se atribui a invenção das artes e ofícios, tais como a metalurgia. Eles fizeram imagens dos deuses, a foice de Cronos e o tridente de Posêidon. Na opinião de Strabo,

os Telchines históricos eram uma tribo de artistas e artesão muito habilidosos, ficando conhecidos como magos em épocas posteriores. Pode-se estabelecer um paralelo com os Heruli, uma tribo germânica de hábeis artesãos, proverbiais como magos. Os Telchines adquiriram uma reputação maligna de feiticeiros cujo olhar e cujos traços eram manchados e causavam destruição. Eles podiam provocar queda de granizo, chuva ou neve, mudar de forma, e tinham o hábito desagradável de fazer um veneno com água do Estige misturada com enxofre para matar animais e plantas.

24. Alastor era o sobrenome de Zeus quando aparecia como vingador do mal. Por extensão, aplicava-se também a qualquer deidade que se vinga de atos vis.

25. Talvez o *Heikhalot de-R. Simeon B. Yohai*, a seção do *Zohar* que trata dos sete palácios no Éden e dos "sete palácios da impureza" no Inferno, e de angelologia.

26. Talvez *Midrash Yehi Or*, um nome aplicado ao *Zohar* por Israel al-Nakawa (morto em 1391) porque o manuscrito que ele possuía começava com um comentário sobre o versículo "que haja luz" (Gênesis 1,3) (ver Scholem 1977, 2:1:213). Os cabalistas espanhóis da Idade Média conheciam o *Zohar* sob os títulos de *Midrash de-R. Simeon B. Yohai* e *Mekhilta de-R. Simeon B. Yohai*.

27. Talvez o *Idra Rabba* (Assembleia maior), a seção do Zohar que trata da forma de Adão Kadmon.

28. A. E. Waite fala de um tratado chamado *Deliniation of the Heavenly Temples*, criticado por Nahmanides, (morto cerca de 1270) sob o título *Proportion of the Height*, e também chamado de *Description of the Body of God*, que foi atribuído ao rabino Ismael(Waite[1929]1975,91). A obra tem em vista ser uma revelação do aracanjo Metratom para o rabino Ismael (ou Yeshmael) sobre as proporções e nomes santos inscritos para os membros do corpo de Deus.

29. *Sepher Yetzirah*, do qual foram escritos numerosos comentários. Não se conhece seu verdadeiro autor.

Capítulo XXV

Como os mecubais hebreus tiravam os nomes sagrados dos anjos a partir da escrita sagrada, e dos 72 anjos, que trazem o nome de Deus, com as tabelas de Ziruph, e as comutações de letras e números

á ainda outros nomes sagrados de espíritos bons e maus deputados a cada ofício, de eficácia muito maior que os anteriores, que os mecubais hebreus tiravam da escrita sagrada, de acordo com aquela arte que eles ensinam; assim como também certos nomes de Deus são tirados de certos lugares.

A regra geral para isso é que, sempre que algo da essência divina está escrito na Escritura, desse lugar o nome de Deus pode ser devidamente usado; mas o lugar na Escritura em que o nome de Deus é expresso marca o ofício subjacente a tal nome. Assim, a Escritura fala do ofício ou da obra de qualquer espírito, bom ou mau, de onde o nome do mesmo espírito, bom ou mau, pode ser tirado. Observando essa regra inalterável, recebemos, portanto, dos bons espíritos, seus nomes bons, e dos maus espíritos, seus nomes maus.

Não confundamos ainda preto com branco, dia com noite, luz com escuridão; o que se manifesta no exemplo destes versículos: "Sejam como a palha ao léu do vento, impelindo-os o anjo do Senhor. Torne-se-lhes o caminho tenebroso e escorregadio, e o anjo do Senhor os persiga":[1]

יהוו במץ לפני רוה ומלאך יהוה
רחה יהי דרכם חשך וחלקלקת
ולאך יהוה רדפם

No Salmo 35 dos hebreus, mas 34 nosso, do qual são tirados os nomes dos anjos, מידאל *Midael*, e מיראל *Mirael*, da ordem dos guerreiros.

E do versículo, "Suscita contra ele um ímpio, e à sua direita esteja um acusador [*Satanás*]";[2] Salmo 109 dos hebreus, 108 na versão latina:

חפקר צלדו רשע ושטן יצמר על ימינו
é extraído o nome do espírito mau *Schii* שׂיצׂי, que significa um espírito que é obra da engenhosidade.

Há um certo texto no Êxodo[3] contido em três versículos, no qual todos são escritos com 72 letras, começando deste modo: a primeira, Vajisa ויסע; a segunda, Vajabo ויבא; a terceira, Vajot ויט; que se estendem em uma linha, a saber, o primeiro e o terceiro da esquerda para a direita; mas o meio em ordem contrária, começando da direita para a esquerda, terminando na esquerda: assim cada uma das três letras, sendo subordinada uma à outra, forma um nome que são 72 nomes, que os hebreus chamam de Schemhamphorae;[4] aos quais, se for acrescido o nome *El* אל ou *Jah* יה, se produzem os 72 nomes trissilábicos dos anjos, todos os quais trazem o grande nome de Deus, conforme escrito: "Eis que envio um anjo adiante de ti. Guarda-te diante dele; pois nele está o meu nome".[5]

E são eles que guardam os 72 quinários, e o mesmo número de nações e línguas,[6] e de juntas no corpo humano, e cooperam com os 72 anciãos[7] da sinagoga, e com o mesmo número de discípulos de Cristo;[8] e seus nomes, segundo a extração feita pelos cabalistas, aparecem na tabela a seguir, da maneira como explicamos.

Existem ainda muitos outros modos de compor Schemhamphorae a partir dos versículos, por exemplo, quando os três se encontram em uma ordem sequencial, da direita para a esquerda, além daqueles que são extraídos pelas tabelas de Ziruph e das comutações que mencionamos. E como essas tabelas servem para todos os nomes, tanto divinos quanto angelicais, incluímo-las neste capítulo.

Notas – Capítulo XXV

1. Salmos 35:5-6.
2. Salmos 109:6.
3. Êxodo 14:19-21.
4. Os Schemhamphoras.
5. Êxodo 23:20-1.
6. Gênesis 10. Setenta, e não 72.
7. Números 11:24. Setenta anciãos são mencionados, mas, se um número igual era escolhido de cada tribo, então o total deve ser 72.
8. Lucas 10:1. Novamente são mencionados 70, mas a intenção é 72.

Esses são os 72 anjos portando o nome de Deus, Schemhamphorae.

כ	ל	ה	ה	מ	י	ה	ל	א	ה	כ	א	ל	מ	ע	ס	י	ו
ל	א	ק	ר	ב	ז	ה	א	ל	ז	ה	ל	ה	ה	ל	י	ל	ה
י	ו	מ	י	ה	ל	ע	ו	ד	י	ת	א	ש	מ	פ	י	א	ו
אל	יה	יה	אל	אל	אל	יה	יה	אל	אל	אל	יה	יה	אל	אל	יה	יה	יה
Caliel	Leviah	Hakamiah	Hariel	Mebahel	Ieiazel	Hahaiah	Lauiah	Aladiah	Haziel	Cahethel	Akaiah	Lelahel	Mehasiah	Elemiah	Sitael	Ieliel	Vehuia
מ	כ	ל	י	ו	ל	א	ר	ש	ה	נ	ח	מ	נ	ה	פ	נ	ל
נ	ו	ה	ח	ש	כ	י	י	א	ה	ר	ת	ל	ל	ל	ה	ה	ו
ד	ק	ח	ו	ב	ר	מ	ה	ת	ו	א	ה	ה	כ	י	ל	י	ה
אל	יה	יה	יה	אל	אל	אל	יה	אל	יה	אל	אל	אל	אל	אל	אל	יה	יה
Monadel	Kavakiah	Lehachiah	Iechuiah	Vasariah	Lecabel	Omael	Reiiel	Seehiah	Ierathel	Haaiah	Nithhaia	Chahuia	Melahel	Ieiaiel	Nelkael	Pahaliah	Leuuiah
נ	נ	א	ה	ד	מ	א	ס	י	ו	מ	י	ה	ר	ח	א	נ	י
י	נ	מ	ח	נ	ש	ר	א	ל	ו	י	ה	י	ה	ה	ע	מ	י
ת	א	מ	ש	י	ל	ה	ל	ל	ה	כ	ה	ז	ע	ר	ה	ה	ה
אל	אל	יה	יה	אל	אל	אל	יה	אל	אל	אל	אל	אל	אל	אל	יה	אל	אל
Nithael	Nanael	Imamiah	Hachasiah	Daniel	Vehuel	Mihael	Asaliah	Ariel	Sealiah	Ielahiah	Vevaliah	Mikael	Hahahel	Ihiazel	Rehael	Chaamiah	Aniel
מ	ה	י	ר	ח	א	מ	ד	מ	א	י	ו	מ	ה	י	נ	פ	מ
ו	י	ב	א	ב	נ	מ	ח	נ	ה	ח	ה	מ	צ	ר	מ	ו	ב
מ	י	ה	ב	י	ק	ב	י	י	ו	ה	ל	ח	ר	מ	ל	י	ה
יה	אל	אל	אל	אל	אל	יה	אל	אל	אל	אל	אל	אל	אל	אל	יה	אל	יה
Mumiah	Haiael	Iibamiah	Raehel	Chabuiah	Eiael	Menkiel	Damabiah	Mecheiel	Annauel	Iahhel	Umabel	Mizrael	Harachel	Ieialel	Nemamiah	Poiel	Mebahiah

A tabela certa das comutações

ת	ש	ר	ק	צ	פ	ע	ס	נ	מ	ל	כ	י	ט	ח	ז	ו	ה	ד	ג	ב	א
א	ת	ש	ר	ק	צ	פ	ע	ס	נ	מ	ל	כ	י	ט	ח	ז	ו	ה	ד	ג	ב
ב	א	ת	ש	ר	ק	צ	פ	ע	ס	נ	מ	ל	כ	י	ט	ח	ז	ו	ה	ד	ג
ג	ב	א	ת	ש	ר	ק	צ	פ	ע	ס	נ	מ	ל	כ	י	ט	ח	ז	ו	ה	ד
ד	ג	ב	א	ת	ש	ר	ק	צ	פ	ע	ס	נ	מ	ל	כ	י	ט	ח	ז	ו	ה
ה	ד	ג	ב	א	ת	ש	ר	ק	צ	פ	ע	ס	נ	מ	ל	כ	י	ט	ח	ז	ו
ו	ה	ד	ג	ב	א	ת	ש	ר	ק	צ	פ	ע	ס	נ	מ	ל	כ	י	ט	ח	ז
ז	ו	ה	ד	ג	ב	א	ת	ש	ר	ק	צ	פ	ע	ס	נ	מ	ל	כ	י	ט	ח
ח	ז	ו	ה	ד	ג	ב	א	ת	ש	ר	ק	צ	פ	ע	ס	נ	מ	ל	כ	י	ט
ט	ח	ז	ו	ה	ד	ג	ב	א	ת	ש	ר	ק	צ	פ	ע	ס	נ	מ	ל	כ	י
י	ט	ח	ז	ו	ה	ד	ג	ב	א	ת	ש	ר	ק	צ	פ	ע	ס	נ	מ	ל	כ
כ	י	ט	ח	ז	ו	ה	ד	ג	ב	א	ת	ש	ר	ק	צ	פ	ע	ס	נ	מ	ל
ל	כ	י	ט	ח	ז	ו	ה	ד	ג	ב	א	ת	ש	ר	ק	צ	פ	ע	ס	נ	מ
מ	ל	כ	י	ט	ח	ז	ו	ה	ד	ג	ב	א	ת	ש	ר	ק	צ	פ	ע	ס	נ
נ	מ	ל	כ	י	ט	ח	ז	ו	ה	ד	ג	ב	א	ת	ש	ר	ק	צ	פ	ע	ס
ס	נ	מ	ל	כ	י	ט	ח	ז	ו	ה	ד	ג	ב	א	ת	ש	ר	ק	צ	פ	ע
ע	ס	נ	מ	ל	כ	י	ט	ח	ז	ו	ה	ד	ג	ב	א	ת	ש	ר	ק	צ	פ
פ	ע	ס	נ	מ	ל	כ	י	ט	ח	ז	ו	ה	ד	ג	ב	א	ת	ש	ר	ק	צ
צ	פ	ע	ס	נ	מ	ל	כ	י	ט	ח	ז	ו	ה	ד	ג	ב	א	ת	ש	ר	ק
ק	צ	פ	ע	ס	נ	מ	ל	כ	י	ט	ח	ז	ו	ה	ד	ג	ב	א	ת	ש	ר
ר	ק	צ	פ	ע	ס	נ	מ	ל	כ	י	ט	ח	ז	ו	ה	ד	ג	ב	א	ת	ש
ש	ר	ק	צ	פ	ע	ס	נ	מ	ל	כ	י	ט	ח	ז	ו	ה	ד	ג	ב	א	ת

A tabela aversa das comutações

א	ב	ג	ד	ה	ו	ז	ח	ט	י	כ	ל	מ	נ	ס	ע	פ	צ	ק	ר	ש	ת
ת	א	ב	ג	ד	ה	ו	ז	ח	ט	י	כ	ל	מ	נ	ס	ע	פ	צ	ק	ר	ש
ש	ת	א	ב	ג	ד	ה	ו	ז	ח	ט	י	כ	ל	מ	נ	ס	ע	פ	צ	ק	ר
ר	ש	ת	א	ב	ג	ד	ה	ו	ז	ח	ט	י	כ	ל	מ	נ	ס	ע	פ	צ	ק
ק	ר	ש	ת	א	ב	ג	ד	ה	ו	ז	ח	ט	י	כ	ל	מ	נ	ס	ע	פ	צ
צ	ק	ר	ש	ת	א	ב	ג	ד	ה	ו	ז	ח	ט	י	כ	ל	מ	נ	ס	ע	פ
פ	צ	ק	ר	ש	ת	א	ב	ג	ד	ה	ו	ז	ח	ט	י	כ	ל	מ	נ	ס	ע
ע	פ	צ	ק	ר	ש	ת	א	ב	ג	ד	ה	ו	ז	ח	ט	י	כ	ל	מ	נ	ס
ס	ע	פ	צ	ק	ר	ש	ת	א	ב	ג	ד	ה	ו	ז	ח	ט	י	כ	ל	מ	נ
נ	ס	ע	פ	צ	ק	ר	ש	ת	א	ב	ג	ד	ה	ו	ז	ח	ט	י	כ	ל	מ
מ	נ	ס	ע	פ	צ	ק	ר	ש	ת	א	ב	ג	ד	ה	ו	ז	ח	ט	י	כ	ל
ל	מ	נ	ס	ע	פ	צ	ק	ר	ש	ת	א	ב	ג	ד	ה	ו	ז	ח	ט	י	כ
כ	ל	מ	נ	ס	ע	פ	צ	ק	ר	ש	ת	א	ב	ג	ד	ה	ו	ז	ח	ט	י
י	כ	ל	מ	נ	ס	ע	פ	צ	ק	ר	ש	ת	א	ב	ג	ד	ה	ו	ז	ח	ט
ט	י	כ	ל	מ	נ	ס	ע	פ	צ	ק	ר	ש	ת	א	ב	ג	ד	ה	ו	ז	ח
ח	ט	י	כ	ל	מ	נ	ס	ע	פ	צ	ק	ר	ש	ת	א	ב	ג	ד	ה	ו	ז
ז	ח	ט	י	כ	ל	מ	נ	ס	ע	פ	צ	ק	ר	ש	ת	א	ב	ג	ד	ה	ו
ו	ז	ח	ט	י	כ	ל	מ	נ	ס	ע	פ	צ	ק	ר	ש	ת	א	ב	ג	ד	ה
ה	ו	ז	ח	ט	י	כ	ל	מ	נ	ס	ע	פ	צ	ק	ר	ש	ת	א	ב	ג	ד
ד	ה	ו	ז	ח	ט	י	כ	ל	מ	נ	ס	ע	פ	צ	ק	ר	ש	ת	א	ב	ג
ג	ד	ה	ו	ז	ח	ט	י	כ	ל	מ	נ	ס	ע	פ	צ	ק	ר	ש	ת	א	ב
ב	ג	ד	ה	ו	ז	ח	ט	י	כ	ל	מ	נ	ס	ע	פ	צ	ק	ר	ש	ת	א

Outra tabela aversa das comutações

ת	ש	ר	ק	צ	פ	ע	ס	נ	מ	ל	כ	י	ט	ח	ז	ו	ה	ד	ג	ב	א
ש	ל	א	ת	ר	ק	צ	פ	ע	ס	נ	מ	כ	י	ט	ח	ז	ו	ה	ד	ג	ב
ר	מ	ב	א	ת	ש	ק	צ	פ	ע	ס	נ	ל	כ	י	ט	ח	ז	ו	ה	ד	ג
ק	נ	ג	מ	ב	א	ת	ש	ר	צ	פ	ע	ס	נ	ל	כ	י	ט	ח	ז	ו	ה	ד
צ	נ	ד	ג	ב	א	ת	ש	ר	ק	פ	ע	ס	מ	ל	כ	י	ט	ח	ז	ו	ה
פ	ד	נ	ה	ג	ב	א	ת	ש	ר	ק	צ	ע	ס	מ	ל	כ	י	ט	ח	ז	ו
ע	ס	ה	ו	ד	ג	ב	א	ת	ש	ר	ק	צ	פ	נ	מ	ל	כ	י	ט	ח	ז
ס	ה	ע	ז	ו	ד	ג	ב	א	ת	ש	ר	ק	צ	פ	נ	מ	ל	כ	י	ט	ח
נ	ע	ו	ח	ז	ד	ג	ב	א	ת	ש	ר	ק	צ	פ	ס	מ	ל	כ	י	ט
מ	ו	פ	ש	ח	ז	ה	ד	ג	ב	א	ת	ס	ר	ק	צ	ע	ס	נ	ל	כ	י
ל	פ	ז	י	ט	ח	ו	ה	ד	ג	ב	א	ת	ש	ר	ק	צ	ע	ס	נ	מ	כ
כ	ז	צ	מ	י	ט	ח	ו	ה	ד	ג	ב	א	ת	ש	ר	ק	פ	ע	ס	נ	ל
י	צ	ח	נ	ל	כ	ט	ז	ו	ה	ד	ג	ב	א	ת	ש	ר	ק	פ	ע	ס	מ
ט	ח	ק	ס	מ	ל	כ	י	ז	ו	ה	ד	ג	ב	א	ת	ש	ר	צ	פ	ע	נ
ח	כ	ט	ע	נ	מ	ל	ק	י	ז	ו	ה	ד	ג	ב	א	ת	ש	ר	צ	פ	ס
ז	ר	י	פ	ס	נ	מ	ל	כ	ט	ח	ו	ה	ד	ג	ב	א	ת	ש	ק	צ	ע
ו	י	ס	צ	ע	ר	נ	מ	ל	כ	ח	ז	ה	ד	ג	ב	א	ת	ש	ק	פ
ה	ק	ש	כ	פ	ע	ס	נ	מ	ל	י	ט	ח	ז	ו	ד	ג	ב	א	ת	ר	צ
ד	ט	כ	ל	ר	כ	צ	פ	ע	ס	נ	מ	י	ש	ח	ז	ו	ה	ג	ב	א	ת	ק
ג	ת	כ	ל	ש	ס	י	ט	ק	ח	צ	ז	פ	ו	ע	ה	נ	ד	מ	ב	א	ר
ב	א	ת	ט	ק	י	ר	כ	ח	צ	ז	פ	ו	ע	ה	ס	ד	נ	ג	מ	ל	ש
א	ב	ג	ד	ה	ו	ז	ח	ט	י	כ	ל	מ	נ	ס	ע	פ	צ	ק	ר	ש	ת

A tabela de combinações de Ziruph

כמ	ין	טס	חע	זפ	וצ	הק	דר	גש	בת	אל
למ	כנ	יס	טע	חפ	זצ	וק	הר	דש	גת	אב
במ	לנ	כס	יע	טפ	חצ	זק	ור	הש	דת	אג
מנ	לס	כע	יפ	טצ	חק	זר	וש	הת	בג	אד
גנ	מס	לע	כפ	יצ	טק	חר	זש	ות	בד	אה
גס	מע	לפ	כצ	יק	טר	חש	זת	גד	בה	או
דס	נע	מפ	לצ	כק	יר	טש	חת	גה	בו	אז
סע	נפ	מצ	לק	כר	יש	טת	דה	גו	בז	אח
הע	ספ	נצ	מק	לר	כש	ית	דו	גז	בח	אט
עפ	סצ	נק	מר	לש	כת	הו	דז	גח	בט	אי
ופ	עצ	סק	נר	מש	לת	הז	דח	גט	בי	אכ
פצ	עק	סר	נש	מת	וז	הח	דט	גי	בכ	אל
זצ	פק	ער	סש	נת	וח	הט	די	גכ	בל	אמ
צק	פר	עש	סת	זח	וט	הי	דכ	גל	במ	אנ
חק	צר	פש	עת	זט	וי	הכ	דל	גמ	בנ	אס
קר	צש	פת	חט	זי	וכ	הל	דמ	גנ	בס	אע
טר	קש	צת	חי	זכ	ול	המ	דנ	גס	בע	אפ
רש	קת	טי	חכ	זל	ום	הנ	דס	גע	בפ	אצ
יש	רת	טכ	חל	זמ	ון	הס	דע	גפ	בצ	אק
שת	יכ	טל	חמ	זנ	וס	הע	דפ	גצ	בק	אר
כת	יל	טמ	חנ	זס	וע	הפ	דע	גק	בר	אש
כל	ים	טנ	חס	זע	ופ	הצ	דק	גר	בש	את

Outra tabela de Ziruph, chamada de Racional

לם	כנ	יס	טע	חפ	זצ	וק	הר	דש	גת	אב
מנ	לס	כע	יפ	טצ	חק	זר	וש	הת	דב	אג
נס	מע	לפ	כצ	יק	טר	חש	זת	וב	הג	אד
סע	נפ	מצ	לק	כר	יש	טת	חב	זג	וד	אה
עפ	סצ	נק	מר	לש	כת	יב	טג	חד	זה	או
פצ	עק	סר	נש	מת	לב	כג	יד	הה	חו	אז
צק	פר	עש	סת	נב	מג	לד	כה	יו	טז	אח
קר	צש	פת	עב	סג	נד	מה	לו	כז	יח	אט
רש	קת	צב	פג	עד	סה	נו	מז	לח	כט	אי
שת	רב	קג	צד	פה	עו	סז	נח	מט	לי	אכ
תב	שג	רד	קה	צו	פז	עח	סט	ני	מכ	אל
בג	תד	שה	רו	קז	צח	פט	עי	סכ	נל	אמ
גד	בה	תו	שז	רח	קט	צי	פכ	על	סמ	אנ
דה	גו	בז	תח	שט	רי	קכ	צל	פמ	ענ	אס
הו	דז	גח	בט	תי	שכ	רל	קמ	צנ	פס	אע
וז	הח	דט	גי	בכ	תל	שמ	רנ	קס	צע	אפ
זח	וט	הי	דכ	גל	במ	תנ	שס	רע	קפ	אצ
חט	זי	וכ	הל	דמ	גנ	בס	תע	שפ	רצ	אק
טי	חכ	זל	ומ	הנ	דס	גע	בפ	תצ	שק	אר
יכ	טל	חמ	זנ	וס	הע	דפ	גצ	בק	תר	אש
כל	ים	טנ	חס	זע	ופ	הצ	דק	גר	בש	את
שת	קר	פצ	סע	מנ	כל	טי	זח	הו	גד	אב

Tabela das transposições numéricas

Unidades

					א
				אא	ב
				אב	ג
			בב	אג	ד
			בג	אד	ה
		גג	בד	אה	ו
		גד	בה	אז	ז
	דד	גה	בו	אח	ח
	דה	גו	בז	אט	ט
הה	דו	גז	בח	אט	י

11-19

יא	טב	חג	זד	וה
יב	טג	חד	זה	וו
יג	טד	חה	זו	
יד	טה	חו	זז	
יה	טו	חז		
יו	טז	חח		
יז	טח			
יח	טט			
יט				

Dezenas

					י
				יי	כ
				יכ	ל
			כב	יל	מ
			כג	ימ	נ
		לל	כמ	ינ	ס
		לם	כנ	יס	ע
	ממ	לנ	כס	יע	פ
	מנ	לס	כע	יפ	צ
נן	מס	לע	כפ	יצ	ק

110-190

קי	צכ	פל	עמ	סנ
קכ	צל	פמ	ענ	סס
קל	צמ	פנ	עס	
קמ	צנ	פס	עע	
קנ	צס	פע		
קס	צע	פפ		
קע	צפ			
קפ	צצ			
קצ				

Centenas

					ק
				קק	ר
				קר	ש
			רר	קש	ת
			רש	קת	ם
		שש	רת	קם	ן
		שת	רם	קן	ף
	תת	שם	רן	קף	ץ
	תם	שן	רף	קץ	א
דד	תן	שף	רץ		

1100-1300

רץ	שף	תן	
שץ	תף		
תץ			

Chave

5	10	10	10	10
ה	דו	גז	בח	אט
50	100	100	100	100
ן	מס	לע	כפ	יצ
500	1000	1000	1000	1000
ד	תם	שן	רף	קץ

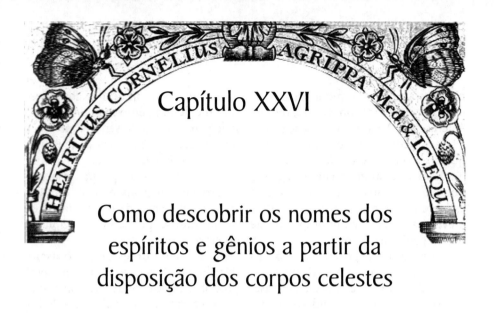

Capítulo XXVI

Como descobrir os nomes dos espíritos e gênios a partir da disposição dos corpos celestes

s antigos magos ensinavam uma arte para descobrir o nome de um espírito para qualquer efeito desejado, perscrutando-o a partir da disposição do céu; por exemplo, qualquer harmonia celestial sendo proposta a você para a confecção de uma imagem ou um anel, ou qualquer outro trabalho a ser feito sob determinada constelação. Se você descobrir o espírito que rege tal trabalho, estando a figura do céu ereta, coloque letras correspondentes aos números e ordene-as a partir do grau do ascendente, de acordo com a sucessão dos signos por meio de cada grau, preenchendo todo o círculo do céu: então, as letras que caem nos lugares dos astros cujo auxílio você procura, estando de acordo com o número e o poder de tais astros, marcas externamente em números e ordem, comporão o nome de um espírito bom; se, porém, você fizer isso a partir do início de um grau que cai contra a progressão dos signos, o espírito resultante será mau.[1]

Por meio dessa arte, alguns dos mestres hebreus e caldeus ensinam que a natureza e o nome de qualquer gênio podem ser descobertos; como exemplo, caso se saiba o grau do ascendente do nascimento de uma pessoa e os outros cantos do céu estiverem alinhados, então aqueles que tiverem o maior número de dignidades dos planetas nesses quatro cantos, o que os árabes chamam de almutez,[2] deve ser observado em primeiro lugar entre os demais: e em segundo lugar, o próximo em número de dignidades, e assim por diante na ordem, sempre recebendo dignidades nos mencionados cantos. Sendo essa ordem usada, você pode conhecer o lugar verdadeiro, e o grau devido no céu, começando do grau do ascendente por meio de cada grau, de acordo com a ordem dos signos para aplicar 22 das letras hebraicas; e então, as letras que caírem nos lugares dos mencionados astros, sendo marcadas e dispostas de acordo com a ordem descoberta acima – nos astros – e devidamente unidas de acordo com as regras da língua hebraica, compõem o nome de um gênio: ao qual, segundo o costume, algum nome monossilábico de onipotência divina, ou seja, *El*, ou *Iah*, é acrescido. Mas, se a colocação das letras for feita a partir de um ângulo da queda, e contra a sucessão dos signos,[3] e as letras que caírem no nadir (isto é, o ponto oposto) dos mencionados astros estiverem, segundo a ordem que descrevemos, unidas, comporão o nome de um gênio maligno.

Os caldeus, porém, têm outro procedimento; pois não tiram o almutez dos cantos, e sim da 11ª casa, embora façam de resto tudo o que foi dito aqui. Eles descobrem um gênio maligno a partir do almutez do ângulo da 12ª casa, que chamam de um Espírito do Mal, em uma colocação a partir do grau da queda contra a progressão dos signos.[4]

Também os árabes, e muitos outros, e alguns hebreus, que descobrem o nome de um gênio pelos lugares dos cinco hylegians,[5] e fazendo projeções sempre a partir do início de Áries, e as letras sendo colocadas de acordo com a ordem dos hylegians com os astrólogos, reduzidas a uma ordem conhecida e se juntando, compõem o nome de um gênio mau dos lugares hylegians opostos, e sendo a projeção feita a partir do último grau de Peixes, contra a ordem dos signos.

Mas há outros que não usam os lugares dos hylegians, e sim de almutez sobre os cinco hylegians, projetando-se de um horóscopo, como mencionado anteriormente.

E esses nomes estando assim distribuídos de acordo com os números proporcionados aos astros, compactados ou ajuntados, e as letras mudadas, apesar de desconhecidas em som e significado, nós devemos confessar, podem realizar ser mais eficazes por meio do segredo da principal filosofia em um trabalho mágico, que nomes significativos, enquanto a mente, perplexa diante da obscuridade deles, e com a firme convicção e crença de que há algo divino por trás, pronuncia com reverência essas palavras e nomes, embora não compreendidos, para a glória de Deus, cativando-se com uma afeição espiritual de piedade, em obediência a Ele.

Notas – Capítulo XXVI

1. Em outras palavras, determine o grau do ascendente, que é o grau que começa a ascender no horizonte, para qualquer momento magicamente significativo, depois coloque as letras hebraicas nos 360 graus do zodíaco, uma para cada grau, começando com *aleph* no grau ascendente e procedendo em sentido anti-horário. As letras recomeçam após cada ciclo do alfabeto – por exemplo, *beth* é colocada no 24º grau. Em seguida, escolha na mesma ordem, começando pelo ascendente, aqueles planetas e pontos astrológicos que serão mais produtivos para formar as qualidades do espírito, omitindo elementos discordantes, e escreva as letras, sempre mantendo a ordem. Alguns nomes serão mais potentes que outros, dependendo da configuração astrológica no momento de sua composição. Para os espíritos maus, o mesmo processo dever ser seguido, mas a direção é em sentido horário. Devem ser acrescidas vogais para que os nomes hebraicos sejam pronunciáveis.
2. Árabe: "o prevalecente"; ou planeta prevalecente ou regente no horóscopo; o planeta mais forte na hora do nascimento, também chamado de Senhor da Figura. Nos textos antigos, a palavra é grafada como *almuten*. Agrippa parece aplicar o termo em sentido mais amplo, à casa com o maior número de dignidades planetárias – planetas posicionados de um modo que promove sua ação vigorosa, geralmente no signo regente, em exaltação, e nos ângulos.

3. Ou seja, do grau do signo descendente no horizonte oeste, procedendo em sentido horário.

4. Parece-me que Agrippa está dizendo que os nomes podem ser encontrados ao se desenhar uma Grande Cruz através das casas angulares (1ª, 4ª, 7ª e 10ª), próximas (2ª, 5ª, 8ª e 11ª) ou anteriores (3ª, 6ª, 9ª e 12ª), pegando primeiro aquela casa das quatro que tenha o maior número de planetas dignificados e começando a colocar letras no nome da casa, em sentido anti-horário para espíritos bons, sentido horário para os espíritos malignos, procedendo sucessivamente para as três casas restantes na Cruz, na ordem de suas dignidades. Em todos os casos, os graus do zodíaco recebem letras em sentido anti-horário a partir do ascendente para espíritos bons e horário a partir do descendente para espíritos maus. Os árabes encontram espíritos tanto bons quanto maus a partir das casas angulares, usando os graus sobre os quais os planetas caem para as letras dos espíritos bons e os graus exatamente opostos no círculo do zodíaco a partir daqueles planetas para as letras dos espíritos maus. Os caldeus, por outro lado, descobrem os espíritos bons a partir das casas próximas, e os maus das casas anteriores. A casa próxima 11 recebe, na verdade, o nome de Bom Demônio, enquanto a anterior 12 é chamada de Mau Demônio.

5. O hyleg é o planeta ou parte do céu que forma o Promovedor da Vida. Há cinco lugares hylegicais. Ptolomeu dá a ordem citada por Agrippa:

> Entre estes dá-se preferência, em relação a poder de dominação, aos primeiros [graus] que se encontram no meio-céu [10ª casa]; depois, aos do oriente [1ª casa]; depois, aos que estão no signo que ascende diante do meio-céu [9ª casa]; pois toda a região abaixo da terra deve, obviamente, ser desconsiderada quando uma dominação de tal importância entra em cena, exceto aquelas partes que no próprio ascendente estiverem entrando na luz (*Tetrabiblos* 3.10 [Robbins, 273]).

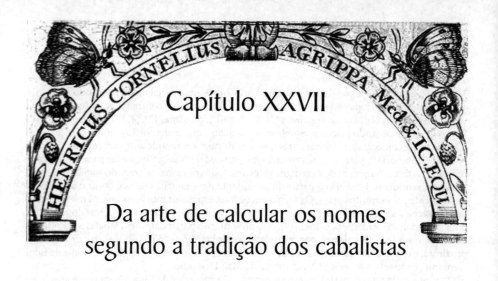

Capítulo XXVII

Da arte de calcular os nomes segundo a tradição dos cabalistas

á ainda outra arte desses tipos de nomes, que chamam de calculadora, e é feita com as seguintes tabelas, iniciando-se com algum nome sagrado, divino ou angelical, usando aquelas letras que você encontrará nos ângulos comuns[1] sob seus astros e signos: após o que, sendo reduzidos em ordem, o nome de um espírito bom é composto a partir da natureza de tal astro, ou signo, sob o qual você iniciou; mas, se você começar pela coluna ascendente, usando os ângulos comuns acima dos astros e signos marcados na linha mais baixa, compõe-se o nome de um espírito mau.

E esses são os nomes dos espíritos de qualquer ordem, ou ministério celeste, tanto bons quanto maus, que você pode desse modo multiplicar em nove nomes[2] de tantas ordens quanto puder, ao iniciar com um nome, compor outro de um espírito de ordem superior a partir da mesma ordem, seja ele bom ou maligno.

O início desses cálculos, porém, depende dos nomes de Deus; pois toda palavra tem uma virtude na magia, justamente por depender da palavra de Deus e ser estruturada de acordo. Portanto, devemos saber que todo nome angelical deve proceder de algum nome primário de Deus. Por isso se diz que os anjos trazem o nome de Deus, como está escrito, "Pois meu nome está nele".[3]

Para que os nomes dos anjos bons sejam diferenciados dos nomes dos maus, é comum ser acrescentado algum nome de onipotência divina, como *El*,[4] ou *On*[5] ou *Jah*,[6] ou *Jod*,[7] e ser pronunciado junto: e como *Jah* é um nome de beneficência, e *Jod* de uma divindade, esses dois nomes, portanto, são acrescidos somente aos nomes de anjos; mas o nome *El*, que implica poder[8] e virtude, é acrescido não só aos espíritos bons, mas também aos maus; os espíritos maus não podem subsistir nem fazer coisa alguma sem a virtude de *El*, Deus.

Devemos saber, no entanto, que os anjos comuns devem vir do mesmo astro e signo, a menos que se entre com um nome misto, como são os nomes dos gênios, e aqueles dos quais falamos no capítulo anterior, que são compostos a partir das disposições do céu, de acordo com a harmonia dos diferentes astros. Pois, sendo a tabela iniciada com esses nomes, o ângulo comum deve ser o daquele astro ou signo usado em primeiro lugar.[9]

Alguns ainda estendem[10] essas tabelas, acreditando que, se houver uma entrada com uma saída, com o nome de um astro, ofício ou qualquer efeito desejado, um demônio bom ou mau, servindo a tal ofício, ou um efeito bom ou ruim podem ser obtidos. Da mesma forma, aqueles que iniciam com o nome próprio de uma pessoa creem que podem extrair os nomes dos gênios, sob aquele astro que parece estar acima de tal pessoa, e que identificarão pela fisionomia, ou pelas paixões e inclinações da mente, e pela profissão e fortuna, se esta é marcial, saturnina, solar ou da natureza de qualquer outro astro.

E embora esse tipo de nome primário tenha pouco ou nenhum poder por sua significação, essas formas de nomes extraídos, bem como os deles derivados, são muito eficazes; assim como os raios do Sol que refletidos sobre um vidro oco[11] queimam fortemente, enquanto o próprio Sol quase não é quente.

Há outra ordem de letras nessas tabelas, regidas sob os astros e signos, parecida com aquela dos astrólogos, de números 10, 11 e 12. Sobre essa arte-calculadora, *Alfonso Cíprio*[12] já escreveu; e eu não sei quantos outros mais, além de adaptá-la para os caracteres latinos; mas, como as letras de todas as línguas, como mostramos no primeiro livro, têm em seu número, ordem e figura um original celeste e divino, creio que esse cálculo dos nomes de espíritos possa ser feito não só com letras hebraicas, mas também caldeias, árabes, egípcias, gregas, latinas ou quaisquer outras, desde que as tabelas sejam feitas à imitação das precedentes.

Mas alguns objetam que, por essas e nessas tabelas, homens de diferente natureza e fortuna às vezes obtêm, por causa da semelhança do nome, o mesmo gênio do mesmo nome. Devemos, portanto, saber que não é absurdo que o mesmo demônio possa ser separado de uma alma e guarde mais de uma. Além disso, assim como homens diferentes têm muitas vezes o mesmo nome, também os espíritos de diferentes ofícios e naturezas podem ser observados ou marcados por um nome, por um único selo ou caractere, mas em um aspecto diverso: pois, assim como a serpente às vezes tipifica Cristo[13] e às vezes o Diabo,[14] também os mesmos nomes e os mesmos selos podem ser aplicados às vezes à ordem de um bom demônio e outras vezes de um mau. E por fim, a intenção ardente do invocador, por meio da qual nosso intelecto se une às inteligências separadas, faz com que tenhamos às vezes um espírito, às vezes outro, embora invocados sob o mesmo nome, a nosso serviço.

A seguir, então, as tabelas do cálculo dos nomes dos espíritos, bons e maus, sob a regência dos sete planetas e sob a ordem dos 12 signos militantes.

Notas – Capítulo XXVII

1. A coluna de quadrados sob o planeta ou signo do zodíaco. Cada ângulo, ou quadrado, é "comum" no sentido de que se relaciona tanto ao planeta, ou ao signo, quanto à letra sendo usada.
2. Um nome sendo colocado e outro extraído da primeira hierarquia, o segundo nome pode, por sua vez, ser usado para iniciar um nome da segunda hierarquia, e assim por diante até a nona hierarquia, cada nome seguinte tendo uma potência oculta maior.
3. Ver nota 5, cap. XXV, l. III
4. אל, AL, como em Gabriel.
5. ןו, VN, como em Metraton.
6. יה, IH, como em Laviah.
7. י, I, ou יר, ID; ou יור, YOD.
8. Yod significa "mão" e, por extensão, "poder da mão de Deus". El também significa "poder" ou "força de Deus". O nome composto Yod El, ID AL, יד אל (Jó 27:11), "mão de Deus" é particularmente poderoso, embora seja de pouca utilidade na magia.
9. No nome de um gênio, ou demônio, em que as letras são extraídas separadamente dos céus pelos planetas (ver cap. XXVI, l. III), as letras são colocadas na tabela dos planetas sob aqueles mesmos planetas que regem sua formação. Quando o nome é colocado na tabela dos signos, cada letra é colocada sob o signo no qual o planeta que lhe deu o nascimento residia no momento da formação.
10. Estendem o uso.
11. Espelho côncavo.
12. Provável referência às tabelas alfonsinas, tabelas astronômicas feitas por astrônomos árabes e espanhóis, e que foram coletadas sob a ordem de Alfonso X, governante de Castela, em 1253. Também são chamadas de tabelas toledanas, da cidade de Toledo, onde foram adaptadas para ser em usadas. Ver Chaucer, "The Franklin's Tale", linha 1273, em *The Canterbury Tale* (*Os contos de Canterbury*).
13. João 3:14.
14. Apocalipse 12:9.

Da arte de calcular os nomes segundo a tradição dos cabalistas 715

Tabela dos sete planetas

	☽	☿	♀	☉	♂	♃	♄	A linha do bem
	ח	ז	ו	ה	ד	ג	ב	א	א
	ט	נ	מ	ל	כ	י	ט	ח	ב
	ר	ש	ר	ק	צ	פ	ע	ס	ג
	ק	ו	ה	ד	ג	ב	א	ח	ד
	צ	מ	ל	כ	י	ט	ח	ז	ה
	פ	ר	ק	צ	פ	ע	ס	נ	ו
	ע	ה	ד	ג	ב	א	ח	ש	ז
A entrada dos anjos maus	ס	ל	כ	י	ט	ח	ז	ו	ח	A entrada dos anjos bons
	נ	ק	צ	פ	ע	ס	נ	מ	ט
	מ	ד	ג	ב	א	ח	ש	ר	י
	ל	כ	י	ט	ח	ז	ו	ה	כ
	כ	צ	פ	ע	ס	נ	מ	ל	ל
	י	ג	ב	א	ח	ש	ר	ק	מ
	ט	י	ט	ח	ז	ו	ה	ד	נ
	ח	פ	ע	ס	נ	מ	ל	כ	ס
	ז	ב	א	ח	ש	ר	ק	צ	ע
	ו	ט	ח	ז	ו	ה	ד	ג	פ
	ה	ע	ס	נ	מ	ל	כ	י	צ
	ד	א	ח	ש	ר	ק	צ	פ	ק
	ג	ח	ז	ו	ה	ד	ג	ב	ר
	ב	ס	נ	מ	ל	כ	י	ט	ש
	א	ח	ש	ר	ק	צ	פ	ע	ת
A linha do mal	♄	♃	♂	☉	♀	☿	☽	

Tabela dos 12 signos

	♓	♒	♑	♐	♏	♎	♍	♌	♋	♊	♉	♈	A linha do bem
	ת	ל	כ	י	ט	ח	ז	ו	ה	ד	ג	ב	א
	ש	א	ב	ג	ד	ה	ו	ז	ח	ט	י	כ	ל
	ר	ב	א	ת	ש	ר	ק	צ	פ	ע	ס	נ	מ
	ק	מ	נ	ס	ע	פ	צ	ק	ר	ש	ת	א	ב
	צ	נ	מ	ל	כ	י	ט	ח	ז	ו	ה	ד	ג
	פ	ג	ד	ה	ו	ז	ח	ט	י	כ	ל	מ	נ
	ע	ד	ג	ב	א	ת	ש	ר	ק	צ	פ	ע	ס
A entrada dos anjos maus	ס	ס	א	פ	צ	ק	ר	ש	ת	א	ב	ג	ד	ח	A entrada dos anjos bons
	נ	א	ס	נ	מ	ל	כ	י	ט	ח	ז	ו	ה
	מ	ה	ו	ז	ח	ט	י	כ	ל	מ	נ	ס	ע
	ל	ו	ה	ד	ג	ב	א	ת	ש	ר	ק	צ	פ
	כ	פ	צ	ק	ר	ש	ת	א	ב	ג	ד	ה	ו
	י	צ	פ	ע	ס	נ	מ	ל	כ	י	ט	ח	ז
	ט	ז	ח	ט	י	כ	ל	מ	נ	ס	ע	פ	צ
	ח	ח	ז	ו	ה	ד	ג	ב	א	ת	ש	ר	ק
	ז	ק	ר	ש	ת	א	ב	ג	ד	ה	ו	ז	ח
	ו	ר	ק	צ	פ	ע	ס	נ	מ	ל	כ	י	ט
	ה	ט	י	כ	ל	מ	נ	ס	ע	פ	צ	ק	ר
	ד	י	ט	ח	ז	ו	ה	ד	ג	ב	א	ת	ש
	ג	ש	ת	א	ב	ג	ד	ה	ו	ז	ח	ט	י
	ב	ת	ש	ר	ק	צ	פ	ע	ס	נ	מ	ל	כ
	א	כ	ל	מ	נ	ס	ע	פ	צ	ק	ר	ש	ת
A linha do mal		♈	♉	♊	♋	♌	♍	♎	♏	♐	♑	♒	♓	

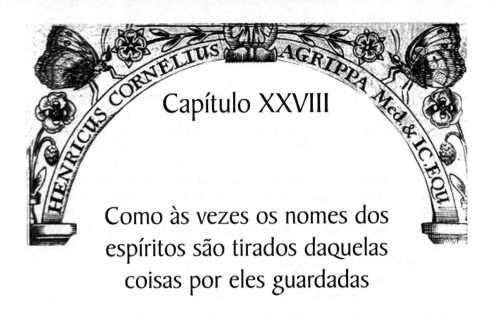

Capítulo XXVIII

Como às vezes os nomes dos espíritos são tirados daquelas coisas por eles guardadas

ejo que existe outra espécie de nomes, dados aos espíritos, tirados das coisas justamente guardadas por eles, como se tais nomes fossem tomados emprestados dos astros, ou de homens ou lugares, ou tempos, ou coisas do gênero, tendo o nome divino acrescentado no fim.

Assim, o espírito de Saturno é chamado *Sabathiel*; o espírito de Júpiter, *Zedekiel*; o espírito de Marte, *Madimiel*; o espírito do Sol, *Semeliel* ou *Semeschia*; o espírito de Vênus, *Nogahel*; o espírito de Mercúrio, *Cochabiah* ou *Cochabiel*; o espírito da Luz, *Jareahel* ou *Levanael*.[1] É da mesma maneira que se nomeiam os espíritos que regem os signos, ou seja, pelos nomes dos signos, em ordem a partir de Áries: *Teletiel, Suriel, Tominiel, Sattamiel, Ariel, Betuliel, Masniel, Acrabiel, Chesetiel, Gediel, Deliel, Dagymiel*.[2]

E também podemos chamá-los por seus termos latinos: *Ariel, Tauriel, Geminiel, Cancriel, Leoniel, Virginiel, Libriel, Scorpiel, Sagittariel, Capriel,* *Aquariel, Pisciel*; e pelos planetas: *Saturniel, Joviel, Martiel, Soliah, Veneriel, Mercuriel, Lunael* ou *Lunaiah*.

Ora, uma vez que todos os espíritos (como já dissemos antes), bons ou maus, procuram uma união com os homens, a qual às vezes eles conseguem, lemos que alguns homens são chamados de deuses, anjos e demônios. Então, os nomes daqueles que são dotados de qualquer singular excelência virtuosa, ou que partiram desta vida com alguma perversidade, obtiveram um lugar entre os nomes dos bons e maus demônios, e são entre eles reconhecidos, quer vejamos isso como referência às almas de tais homens, quer como referência aos gênios.

Lemos, portanto, em Esdras,[3] que o nome do arcanjo *Jeremiel* veio de *Jeremias*, o profeta. E *Zachariel* de *Zacarias*; e *Uriel* de *Uriah*, o profeta, morto por Joaquim. Do mesmo modo, *Samuel, Ezequiel, Daniel* eram os nomes dos anjos, tanto quanto dos profetas. *Phaniel*[4] é o nome de um anjo, e do lugar onde *Jacó* lutou a noite toda. *Ariel* é o nome de um anjo, que é o mesmo que o Leão de Deus;[5] às vezes, também é o nome de um demônio mau;[6] e de uma cidade que é chamada de Ariópolis, onde o ídolo Ariel era venerado.

Encontramos também nas escritas sagradas que muitos nomes de demônios maus se originaram de homens perversos ou das moradas de homens perversos; como o *Astaroth*, que é o nome de um demônio mau, que fora o nome de Ogue, rei de Basã, onde viviam gigantes;[7] ao mesmo tempo, Astaroth também era a cidade dos Amorreus;[8] Refaim,[9] um vale; e Jeramiel, a terra dos Allophyli;[10] e eram também os nomes de ídolos e de demônios maus; assim como *Rema*[11] era a estátua do ídolo de Damasco; *Camos*,[12] o ídolo de Moabe; *Melchim*,[13] o ídolo dos Amontae; Bel,[14] o ídolo dos babilônios; *Adramelech*,[15] o ídolo dos assírios; *Dagom*,[16] o ídolo dos Allophyli.

E *Philo* menciona sete estátuas de ouro que os amorreus[17] possuíam, às quais chamavam Ninfas Sagradas, que quando invocadas mostravam-lhe a qualquer hora suas obras; e os nomes que eram de mulheres, esposas dos sete homens perversos, consagrados após o dilúvio: *Chanaan, Phut, Selath, Nebroth, Abirion, Elath, Desuat*, e sobre os quais se colocaram pedras preciosas, gravadas e consagradas, uma das quais tinha a virtude de restaurar a visão aos cegos; tampouco podiam tais pedras ser queimadas pelo fogo ou cortadas por ferro, nem obliteradas com água, até que o anjo do Senhor por fim as pegou e enterrou no fundo do mar.

Além de tudo isso, sabemos que *Nimbroth*,[18] *Chodorlaomor*,[19] *Balach*,[20] *Amalech*,[21] nomes de reis, obtiveram a ordem de espíritos malignos.

Também os gigantes e os demônios tinham um nome comum, *Enakim*[22] ענקים, porque não partilhavam da imagem de Deus, isto é, não receberam o esplendor do intelecto espiritual, mas sua razão multiplicou toda sorte de fraudes e pecados malignos. Portanto, não são considerados como pertencentes à espécie do homem (como dizia o rabino *Moisés*, o egípcio), mas à espécie dos animais, e demônios, embora tenham a forma do homem; e assim eram (dizia ele) os filhos de *Adão*, que foram os predecessores de *Set* e *Abel*; contexto no qual diziam os sábios hebreus que Adão gerou *Tochot*[23] תובות, demônios. Mas encontrou, depois, graça aos olhos de Deus e gerou Set à sua imagem e semelhança, isto é, que de acordo com a imagem de Deus obteve uma perfeição humana, a qual aquele que não possuir não é considerado membro da espécie humana, em virtude das pravidades que são a causa de todos os males e maldades.

Segundo *Porfírio*, também é a opinião dos magos que as almas más se convertem na natureza dos demônios e se tornem tão perniciosas quanto eles; fato confirmado por Cristo, quando ele falou a respeito de *Judas Escariote*: "Não vos escolhi eu em número de doze? Contudo, um de vós é diabo".[24] A esses demônios, chamam adventícios[25] e, por causa das almas dos homens, tornam-se demônios. E assim os nomes dos homens ímpios e demônios maus são os mesmos, quer os chamemos de almas dos homens maus ou gênios maus que assumiram

nomes de homens maus, como se fossem eles mesmos.
Também *Behemoth* e o *Leviatã*[26] significam animais e demônios.

Por meio desses exemplos, aquele que for inquisitivo encontrará os nomes dos espíritos bons, bem como dos maus.

Notas – Capítulo XXVIII

1. As esferas dos planetas trazem os seguintes nomes no mundo cabalístico de Assiah, o mundo das ações. Os títulos que acompanham os nomes em hebraico são dados por Mathers (1887), 27-8:

♄ Shabbathai (Descanso)	ShBThAI	שבתאי
♃ Tzedek (Justiça)	TzDQ	צרק
♂ Madim (Força Veemente)	MDIM	מרים
☉ Shemesh (Luz Solar)	ShMSh	שמש
♀ Nogah (Esplendor Reluzente)	NOGH	נוגה
☿ Kokab (Luz Estelar)	KOKB	כוכב
☽ Levanah (Chama Lunar)	LBNH	לבנה

2. Os nomes hebraicos para os signos do zodíaco são:

♈ Teleth	TLH	טלה
♉ Sur	SVR	שור
♊ Tomim	ThAOMIM	תאומים
♋ Sattam (Sartan)	SRTN	סרטן
♌ Arih	ARIH	אריה
♍ Betulh	BThVLH	בתולה
♎ Maznim	MAZNIM	מאזנים
♏ Acrab	AQRB	אקרב
♐ Cheseth	QShTh	קשה
♑ Gedi	GDI	גרי
♒ Deli	DLI	רלי
♓ Dagim	DGIM	רנים

Com base no anjo hebreu, o de Agrippa para Câncer está incorreto. Provavelmente deveria ser Sartaniel. O anjo de Libra deveria ser Maznimiel. Quanto aos nomes hebraicos dos signos do zodíaco, ver Regardie [1937-40] 1982, 1:171-4 (tabela). Esses nomes para os signos podem ser encontrados no *Livro de Raziel*. Uma ilustração de um manuscrito desse texto de magia hebraico no Museu Britânico mostra os nomes nos 12 círculos sobrepostos (ver Budge [1930] 1968, 22:387).
3. II Esdras 2:18.
4. Peniel. Ver Gênesis 32:31.
5. אדי ARI (leão) + אל AL (Deus).
6. Milton coloca Ariel entre os "ateus" dos anjos caídos (*Paradise Lost* 6, linha 371). Robert H. West, em sua obra *Milton and the Angels* (Athens, 1955), menciona que o nome é usado como epíteto de Jerusalém em Isaías 29:1 e 33:7, em que é traduzido como "heróis". Ele acrescenta que, nas traduções do Antigo Testamento feitas por Áquila e Symmachus, Ariel é o nome dado à cidade pagã de Arina, ou Ariópolis, que venerava o ídolo Ariel (Marte). Ver West 1955, 154.
7. Números 21:33. Astarote era o nome de uma cidade de Basã, possivelmente a capital, já que se diz que o rei Ogue residia lá (Deuteronômio 1:4). Seu nome completo era Astarote Karnaim, AaShThRVTh QRNIM, צשתרות קרנים, "Astarte de chifre", nome talvez oriundo de um templo ou estátua da deusa no local.
8. Ogue era um dos dois reis dos amorreus que governavam além do Jordão. Ver Deuteronômio 4:47.
9. Isaías 17:5.

10. Os jerameelitas são mencionados como um povo em I Samuel 27:10 e 30:29. Eles ocupavam uma parte das estepes no sul da Palestina, cerca de 27 quilômetros ao sul do Hebrom. *Allophyli* ('Αλλοουλοι) é uma palavra grega que significa "filisteus".
11. Rimom. Ver II Reis 5:18.
12. KMVSh, במוש (Subjugador), o deus nacional dos moabitas e amorreus (Juízes 11:24) venerados por Salomão após ser corrompido por suas esposas (II Reis 23:13).
13. Milcom, MLKM סלבם, ídolo dos moabitas e amorreus (Sofonias 1:5).
14. BL, בל, contração de BAal בצל, o principal deus dos babilônios, venerado na torre de Babel (Jeremias 51:44). Bel era considerado como sendo o planeta Júpiter (*stella Jovis*) pelos escritores gregos e romanos.
15. Adrammelech, ADRMLK, אדרמלך, "Magnificência do Rei", um ídolo dos sefarditas levado da Mesopotâmia à Samaria (II Reis 17:31).
16. DGVN, דגון, "Grande Peixe", um ídolo com a cabeça e as mãos de um homem e o rabo de um peixe venerado pelos filisteus em Asdode (I Samuel 5:1-7).
17. Amonitas.
18. Nisroque? Se for, então, ver Isaías 37:38.
19. Quedorlaomer, rei do Elão. Gênesis 14:1.
20. Balaque, rei de Moabe. Números 22:4; Apocalipse 2:14.
21. Amalecitas, um antigo povo (Números 24:20) que habita o sul da Palestina (Números 13:29). Eram perpetuamente perseguidos por Deus (Êxodo 17:14).
22. Anaquim, AaNQIM, צנקים, "De pescoço longo", um povo cananeu, famoso por sua grande estatura (Deuteronômio 9:2).
23. Por 130 anos, Adão ficou separado de sua esposa e não gerou. Depois que Caim matou Abel, Adão não queria copular com sua esposa. ... E dois espíritos femininos (Lilith e Naamah) vieram copular com ele e dele engravidaram. E seus filhos são os espíritos malignos do mundo e são chamados de Pragas da Humanidade (*Zohar* [edição em 3 volumes, Vilna: Roma, 1894, 3:76b], citado por Patai 1980, 456).
24. Ver nota 7, cap. XX, l. III.
25. Vindo de fora, do exterior; não inerente.
26. O elefante (ou hipopótamo) e a baleia. Ver Jó 40:15-24 e 41. Eles representam vastos poderes elementais além da beira da percepção.

> E naquele dia dois monstros se separaram, um monstro fêmea chamado Leviatã, para habitar os abismos do oceano acima das fontes das águas, e o monstro macho, chamado Behemoth, que passou a ocupar com seu seio o vasto deserto de Dûidâin, no leste do jardim em que vivem os escolhidos e justos, de onde meu avô [Enoch] foi levado, o sétimo desde Adão, o primeiro homem que o Senhor dos Espíritos criou. E eu pedi ao outro anjo que me mostrasse o poder desses monstros, como se separaram em um dia, sendo um lançado no fundo do mar e o outro na terra seca do deserto. E ele me disse: "Tu, filho do homem, procura saber aquilo que é segredo" (*Livro de Enoch* 60:7-10 [Charles 1913, 2:224]).

Como às vezes os nomes dos espíritos são tirados daquelas coisas... 721

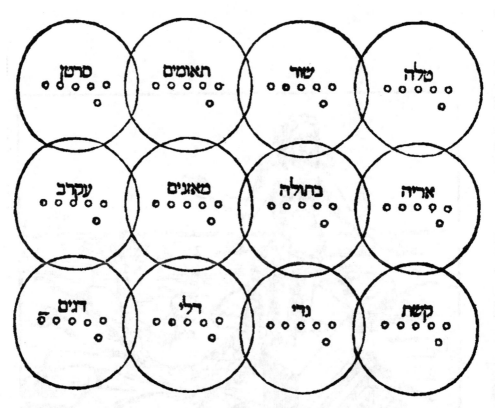

Nomes Hebraicos do Zodíaco
Extraídos do Livro de Raziel

Dagon
Extraído de Oedipus Aegyptiacus, *por Athanasius Kircher (Roma, 1652)*

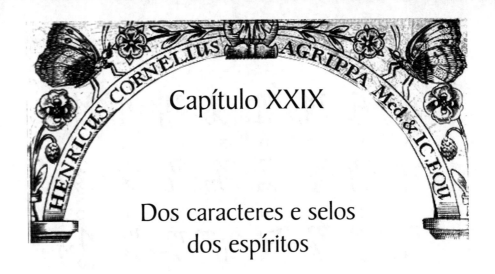

Capítulo XXIX

Dos caracteres e selos dos espíritos

evemos agora falar dos caracteres e selos dos espíritos. Caracteres, portanto, nada mais são do que certas letras e escritas desconhecidas, preservando os segredos dos deuses e os nomes de espíritos da leitura de homens profanos, e eram chamados pelos antigos de hieróglifos[1] ou letras sagradas, pois eram devotados somente aos segredos dos deuses. Era, de fato, considerado ilegal escrever os mistérios dos deuses com os mesmos caracteres com que as coisas profanas e vulgares eram escritas.

Nesse sentido, dizia *Porfírio* que os antigos estavam dispostos a ocultar Deus e as virtudes divinas por meio de figuras sensíveis e daquelas coisas que eram visíveis, significando, entretanto, coisas invisíveis, dispostos a transmitir grandes mistérios em letras sagradas, e explicá-las em certas figuras simbólicas: como exemplo, quando dedicavam todas as coisas redondas ao mundo, ao Sol, à Lua, esperança e fortuna; um círculo ao céu, e partes de um círculo à Lua; pirâmides e obeliscos ao fogo, e aos deuses do Olimpo; um cilindro ao Sol e à Terra; o quintal de um homem à geração e a *Juno*, a quem também, por causa do sexo feminino, era dedicada a figura triangular.

Esses tipos de caracteres tinham outra raiz além do prazer e da autoridade do instituidor, isto é, daquele que recebia o poder de instituir e consagrar essas letras, como era o caso de muitos prelados entre as mais diversas nações e seitas religiosas, cujas instituições a nós não chegaram, uma vez que poucas delas foram passadas pelos autores, e de maneira esparsa e fragmentada.

A esse tipo de caracteres pertencem aqueles observados por *Pedro Apono*, conforme passado por *Honório de Tebas*,[2] cujas figuras são as seguintes, relacionando-se ao nosso alfabeto:

Notas – Capítulo XXIX

1. Do grego ἱεροδ (sagrado) γλυφη (esculpido). Plutarco usou o termo pela primeira vez em referência à escrita.
2. Talvez o mesmo Honório de Tebas que é o alegado autor do *Livro Jurado de Honório*. Nos manuscritos do século XIV dessa obra, diz-se que, para salvar sua arte mágica da aniquilação pelas mãos do papa e seus cardeais, 89 magos mestres de Nápoles, Atenas e Toledo se reuniram e escolheram Honório, filho de Euclides, um mestre de Tebas, para condensar seus grimórios de magia em um único livro com 93 capítulos. Três cópias deveriam ser feitas e passadas a partir do leito de morte somente mediante a condição de que o novo proprietário de cada volume fizesse um juramento de fidelidade – daí o nome. No entanto, o alfabeto de Tebas não aparece no *Livro Jurado* nem no *Heptameron* de Pietro d'Abano. Talvez apareça no *Conciliador* de Pedro, que não tive a oportunidade de examinar.

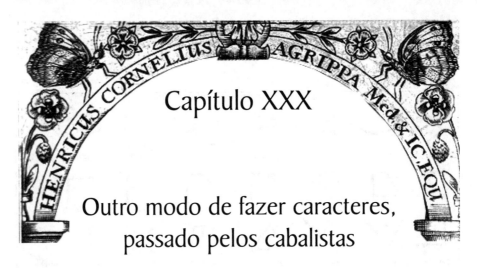

Capítulo XXX

Outro modo de fazer caracteres, passado pelos cabalistas

ntre os hebreus, eu encontro outros tipos de caracteres, dos quais um é o mais antigo, a saber, uma escrita antiga que *Moisés* e os profetas usavam, cuja forma não é fácil de descobrir por qualquer um, pois as letras que eles usam até os dias de hoje foram instituídas por *Esdras*.

Existe também entre eles uma escrita que chamam de Celestial, pois mostram-na colocada e afigurada entre as estrelas, modo também pelo qual os astrólogos produzem imagens dos signos a partir do alinhamento dos astros. Há ainda uma forma de escrita chamada Malachim, ou Melachim, isto é, Dos Anjos ou Real; e outra chamada de Passagem Pelo Rio. Os caracteres e figuras de todas essas[1] são os seguintes:

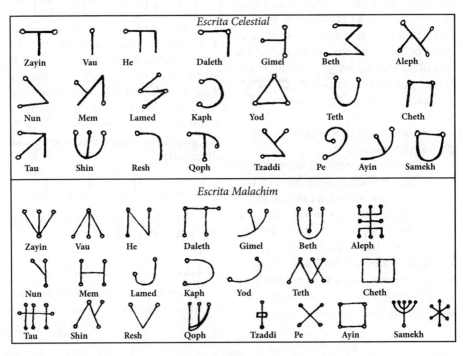

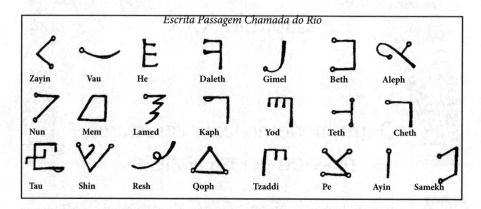

Outra forma ainda comum entre os cabalistas, e antigamente muito estimada, mas hoje tão comum que é classificada em meio às coisas profanas, é a seguinte: os 27 caracteres hebraicos podem ser divididos em três classes, cada uma das quais contendo nove letras. A primeira, אבגדהוזחט, que são os selos ou marcas dos números simples e das coisas intelectuais, distribui-se em nove ordens de anjos. A segunda tem יכלמנסעפצ, as marcas das dezenas e das coisas celestiais, nos nove orbes dos céus. A terceira tem as outras quatro letras, com as cinco finais, por ordem, isto é, קרשתךםןףץ, que são as marcas das centenas e das coisas inferiores, ou seja, os quatro elementos, e dos cinco tipos de compostos perfeitos.[2]

De vez em quando, eles distribuem essas três classes em nove câmaras, das quais a primeira é de unidades – intelectual, celestial e elemental; a segunda de duos; a terceira de trinos; e assim por diante: essas câmaras são estruturadas pela intersecção de quatro linhas paralelas, que se intersectam em ângulos retos, como vemos na seguinte figura:

גלש	בכר	איק
וסם	הנך	דמת
טצץ	חפף	זען

Das quais, sendo dissecadas em partes, surgem nove figuras específicas:

└ ⊔ ⌐ ⌐ ⌐ ⌐ ⊓ ⌐ ⌐

Que são das nove câmaras, caracterizando suas letras de acordo com a anotação acima: se for de um ponto, mostra a primeira letra da câmara; se for de dois, a segunda; de três, a terceira; como se quiséssemos estruturar o caractere *Miguel* מיכאל, da seguinte maneira, com cinco figuras adicionadas:

Que por sua vez se contraem em três figuras, desta maneira:

E estas, por sua vez, se contraem em uma, com os pontos anotados

Outro modo de fazer caracteres, passado pelos cabalistas 727

omitidos, surgindo por fim o caractere de *Miguel*:

Há outra espécie de caracteres, comum a quase todas as letras e línguas, e muito fácil, que é feita pela junção de letras. Para se obter, por exemplo, o nome de Miguel, os caracteres são estruturados assim:

Em hebraico   *Em grego*

Em latim

E essa forma é entre os árabes a mais recebida; tampouco existe outra escrita que se junta de maneira tão elegante e pronta a si mesma quanto o árabe.

Saiba agora que os espíritos angelicais, sendo de puro intelecto e totalmente incorpóreos, não possuem nenhuma marca de caracteres e figuras grossas ou quaisquer outros sinais humanos. Nós, porém, não conhecendo a essência ou qualidade deles, a partir de seus nomes ou obras, ou outras coisas, e de acordo com nossa fantasia, devotamos e consagramos a eles figuras e marcas, por meio das quais não podemos de modo algum atraí-los a nós, mas podemos, isso sim, nos elevar a eles, já que eles não são conhecidos de fato por tais caracteres e figuras.

E, em primeiro lugar, focamos nossos sentidos, interna e externamente, sobre eles; em seguida, por meio de uma certa admiração de nossa razão, somos induzidos a uma veneração religiosa a eles e nos envolvemos com toda a mente em adoração extática, e com uma crença extraordinária, uma esperança além de qualquer dúvida, um amor vivo, chamando-os em espírito e em verdade pelos verdadeiros nomes e caracteres, obtemos deles a virtude ou o poder que desejamos.

Notas – Capítulos XXX

1. Os símbolos celestiais são claramente letras hebraicas estilizadas em sua sequência correta. Entretanto, os que compõem Malachim e Passagem Pelo Rio parecem ser estilizações mais extremas, mas não na sequência certa. Por exemplo, o símbolo para Gimel em Malachim é muito mais sugestivo de Ayin. O símbolo de Pe em Passagem Pelo Rio é o mesmo que o símbolo Tzaddi na Escrita Celestial; do mesmo modo, o sinal Qoph é o Yod na Escrita Celestial. Como, no entanto, muitos dos símbolos nesses dois últimos alfabetos obviamente não têm relação com as letras hebraicas, seria um trabalho de adivinhação restaurá-las à sua verdadeira ordem.

2. Talvez uma referência aos corpos compostos listados na tabela no fim do cap. VIII, l. II: animal, planta, metal, pedra e planta-animal. Essa última categoria é curiosa. Uma divisão melhor parece ser aquela do *Rasa'li*, um texto islâmico do século X: anjo, homem, animal, planta e mineral.

Alfabetos mágicos
Extraído de O Mago, de Francis Barrett (Londres, 1801)

Capítulo XXXI

Outra espécie de caracteres e marcas de interesse de espíritos que são recebidas por meio de revelação

á ainda outra espécie de caracteres recebida apenas por meio de revelação, que não pode ser descoberta de outra maneira e cuja virtude advém da deidade reveladora, da qual existem certas obras secretas, exalando uma harmonia de divindade; é como se houvesse determinados acordos ou pactos, ou ligas, entre nós e eles.

A essa espécie pertence a marca ou o sinal mostrado a *Constantino*,[1] que muitos chamaram de cruz, inscrita com letras latinas, *In hoc vince*, isto é, Assim, vencerás; e outro sinal revelado a *Antíoco*, pelo sobrenome *Soteris*, na figura de um pentângulo, que significa saúde, pois, convertido em letras, produz a palavra ὑγίεια, Saúde.[2] E na fé e virtude de ambos os sinais, os dois reis obtiveram uma grande vitória contra seus inimigos. *Judas*, em virtude de tais revelações, recebeu depois o sobrenome de *Macabeus*, pois, lutando ao lado dos judeus contra *Antíoco Eupator*,[3] recebeu de um anjo o notável sinal מכבי,[4] por cuja virtude ele matou logo 14 mil com um número infinito de elefantes, e depois mais 35 mil de seus inimigos: pois o sinal representava o nome Jeová e era um emblema memorável do nome de 72 letras pela igualdade de número, sendo sua exposição מי כמוך באלים יהוה, ou seja, Quem é forte *Jeová*?[5]

As figuras desses memoráveis sinais são assim estruturadas:

Além disso, diz *Porfírio* em seu livro *De Responsis*[6] que esses sinais e caracteres significavam os próprios deuses, que concediam favores e eram assim invocados, recebendo oferendas. Assim, as figuras mostravam como deveriam ser as imagens; e foi dessa forma que ele percebeu tais coisas com relação ao oráculo de *Prosérpina*.

Disse *Porfírio*, além do mais, que *Hécate* instruía como as imagens deveriam ser construídas para ela, e que deveriam ser cercadas de erva-de-santa-maria e que nela se pintassem ratos domésticos, e os mais finos ornamentos que lhe pudessem agradar, bem como a mesma quantidade de ratos, deveriam ser levados; em seguida, sangue, mirra, estoraque e outras coisas deveriam ser queimados: se tudo isso fosse feito, ela apareceria e atenderia o operador por meio de sonhos.

Reproduzimos aqui o oráculo de *Hécate*, pois assim fala ela:[7]

> Ouve, pois falarei como deverás construir uma estátua
> Para mim; pega ramos dos bosques, da erva-de-santa-maria,
> Adorna-a, e sobre ela pinta a imagem de ratos domésticos;
> Usa, então, adornos belos e de grande valor.
> E depois, olíbano, mirra, estoraque, misturado com sangue de ratos;
> Canta agora palavras secretas e boas;
> E verás uma forma minha; sobre ela, coloca
> A mesma quantidade de ratos vivos; pega louros,
> E do tronco do loureiro prepara um estojo para guardá-los,
> E com devoção, reza à estátua,
> Não te esqueças de pagar com oferendas e fazer votos;
> Se essas coisas exigidas
> Tu fizeres, em sonhos me verás.

Esses eram, em tempos passados, os mistérios secretos dos deuses e demônios dos gentios, por meio dos quais eles se deixavam compelir, deter e amarrar pelos homens. Assim, *Jâmblico* e *Porfírio* ensinam que aquele que invoca demônios sagrados deve recebê-los com a devida honra, e distribuir a cada um o que lhe for conveniente, como forma de agradecimento, oblações, presentes, sacrifícios, com palavras, caracteres apropriados às suas condições e próprios deles;[8] do contrário, jamais obterá a presença das divindades, dos demônios ou dos efeitos desejados; além disso, os que forem invocados de maneira negligente podem infligir sofrimentos ao invocador.

Notas – Capítulos XXXI

1. Quando o imperador Constantino marchava contra o exército maior de Maxentius, em Roma, suas tropas viram no céu, ao meio-dia, uma cruz flamejante de luz em meio às nuvens, inscrita com as palavras "Por meio desta, conquistarás", em grego. Naquela noite, Cristo lhe apareceu em um sonho com uma cruz na mão e instruiu Constantino a usar um estandarte feito à semelhança dela. Quando acordou, o imperador deu ordens para que fosse feito um mastro dourado e uma barra transversal na parte superior, também de ouro, encimada por uma coroa de ouro cravejada de joias. No meio da coroa apareciam as letras gregas Qui (X) e Ro (P) por cima de uma cruz: da cruz pendia um véu púrpura. Esse estandarte era chamado de *Labarum*. Constantino escolheu 50 de seus melhores homens para carregá-lo e defendê-lo. Ele se confrontou com Maxentius nos Campos Quintianos, perto da ponte de Milva, em 27 de outubro de 312, e esmagou seu inimigo. Maxentius se afogou no Rio Tibre. Ver Brewer 1901, 72, e Gibbon [1776-88] 1830, cap. 20. Gibbon conta a história com mais ceticismo, mas menos charme.

2. Na *Opera* latina, essa palavra grega é grafada ὑγίρα, o modo como aparece no próprio selo. O quarto caractere parecer ser uma contração de ει, necessária porque a palavra tem seis letras, enquanto o pentagrama tem apenas cinco pontas.

3. Provavelmente Antíoco Epifanes, rei da Síria entre em 175-164 a.C. Ver a nota biográfica de Judas Macabeus.

4. מכבי – MKBI. As letras do nome Macabeus, também soletradas MQBI, מקבי.

5. Êxodo 15:11, parte de cujo versículo se lê MI KMKH BALM IHVH מי כמכה באלם יהוה Entretanto, como o hebraico em Agrippa é o mesmo nas edições inglesa e latina, deixei como está. Só no selo, mas não todas, as letras hebraicas em torno da borda foram desenhadas de frente para trás, invertidas da esquerda para a direita, embora retenham sua colocação apropriada nas palavras que elas compõem. O provável intuito era disfarçar as palavras, mas pode ter sido simplesmente um erro de cópia. As quatro letras iniciais da frase dão um total numérico de 72: M = 40, K = 20, B = 2, I = 10.

6. *De Responsis Hecate*, talvez uma parte de *De philosophia ex oraculis haurienda* (Sobre a filosofia dos oráculos), preservado em fragmentos no *Praeparatio Evangelica* de Eusébio. Mais de 12 fragmentos de oráculos de Hécate de Porfírio são preservados em Eusébio.

7. Ver Eusébio, *Praeparatio Evangelica* 5.12.1-2 e 5.13.3.

8. "Pois não há uma única coisa, por menor que seja, adaptada aos deuses aos quais os deuses não se façam imediatamente presentes, e com as quais não se coadunem" (Jâmblico, *On the Mysteries* 1.15 [Taylor, 63]).

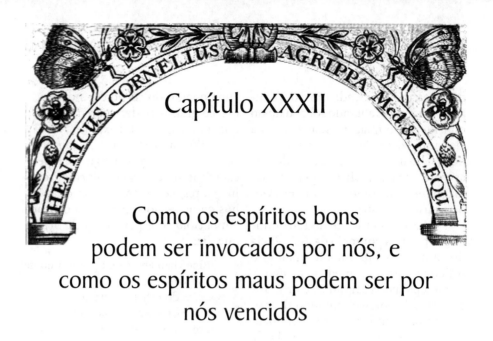

Capítulo XXXII

Como os espíritos bons podem ser invocados por nós, e como os espíritos maus podem ser por nós vencidos

ela eficácia da religião, a presença de espíritos predispõe o efeito, e nenhum trabalho de extraordinária eficácia em religião pode ser feito, a menos que algum bom espírito que seja o governante e completador do trabalho esteja presente.

Ora, os espíritos bons, se puderem ser invocados de diversas maneiras, não podem ser constritos por nós, nem se comprometer conosco; mas precisamos implorar-lhes com coisas sagradas, como lemos em *Apuleio*, pelos corpos celestes, pelas deidades infernais, pelos elementos naturais, pelo silêncio da noite, pelo aumento da terra do Nilo, pelos segredos de Mênfis;[1] e também, segundo *Porfírio*: "Tu que te levantas da lama, que te assentas em teu lugar, que velejas em barcos, que a toda hora mudas de forma, e és mudado em cada signo do zodíaco".

Com essas e outras orações simbólicas e hinos, sendo todos sinais de virtudes divinas, os espíritos às vezes cediam ao uso humano; não por serem compelidos por qualquer espécie de necessidade, mas por vontade deles mesmos; e por meio de um costume, deixando-se tocar pelas preces daqueles que os invocavam, cediam com mais facilidade: assim referido por *Porfírio* em *De Responsis Hecate*:[2]

> Eu, tocado por tuas preces,
> Desço até ti.

E em outro trecho do mesmo livro, ele diz:

> Conquistadas por preces, as deidades do alto
> Descem à terra e mostram as coisas futuras.

Também a adivinhação das coisas devidas funciona de tal maneira na mente do homem que os espíritos bons têm prazer em nos assistir e comunicar-nos seu poder e virtude, ajudando-nos diariamente com iluminações, inspirações, oráculos, profecias, sonhos, milagres, prodígios, adivinhações e augúrios, agindo e atuando sobre o nosso espírito como imagens semelhantes a eles, influenciando-o, e tornando-nos mais semelhantes a eles, de modo que às vezes nosso espírito opera coisas maravilhosas, como costumam fazer os espíritos celestiais.

Mas os espíritos maus são dominados por nós por meio da assistência dos bons, principalmente quando o solicitante é muito piedoso e devoto, e entoa palavras sagradas, e pronuncia uma fala horrível, conjurando, por exemplo, o poder divino por meio dos nomes veneráveis e sinais de poderes sobrenaturais, por milagres, sacramentos, mistérios sagrados e coisas assim: e de tais conjurações ou adjurações, feitas em nome e sob o poder da religião e da virtude divina, os espíritos maus têm medo; motivo pelo qual também os homens profanos às vezes constringem ou comprometem, com essas conjurações sagradas, espíritos maus que não as toleram.

Aliás, *Cipriano*, em seu livro *Quod Idola Dii Non Sunt*,[3] diz que os espíritos adjurados pelo Deus verdadeiro podem nos servir e confessar, e são forçados a sair de corpos possuídos, e saltam para fora deles de uma vez ou desaparecem aos poucos, de acordo com a fé do paciente, ou a graça do conjurador. E *Atanásio*, em seu livro *De Variis Questionibus*, diz que não há palavra mais terrível e destruidora do poder dos demônios que o início do Salmo 68, "Levanta-se Deus, dispersam-se os seus inimigos, de sua presença fogem os que o aborrecem". E *Orígenes*, contra *Celso*, diz que a menção do nome de *Jesus* costuma expulsar muitos demônios, tanto da alma quanto do corpo dos homens, e exerce grande poder sobre aquele do qual um demônio foi expulso.[4]

Nós também podemos, com ameaças e insultos, constringir ou repelir espíritos maus, particularmente os inferiores, como as lâmias,[5] os íncubos e outros do gênero, como lemos em *Lucano*[6] a respeito daquela bruxa, que diz:

Eu lhe chamarei agora por um nome verdadeiro,
Os cães do Estige, eu, na luz suprema
Deixarei, e a seguirei até o túmulo
De todas as urnas da morte eu tirarei,
Sim, você, Hécate, aos deuses eu mostrarei
(a quem podia se mostrar sob outra forma), pálida, porém, e sem graça,
Proibindo-lhe de fazer Erebus o rosto mudar.

E lemos em *Filóstrato*, quando *Apolônio* e seus companheiros viajavam em uma noite de claríssimo luar, que o fantasma de uma lâmia os cercou,[7] e ora mudava para uma forma, ora para outra, e às vezes desaparecia diante dos olhos de todos. Assim que *Apolônio* percebeu do que se tratava, começou a insultá-la com veemência, aconselhando seus companheiros a fazer o mesmo, pois ele sabia que esse era o melhor remédio contra tais invasões. Seus companheiros seguiram o conselho, e o fantasma, produzindo um barulho, logo desapareceu como uma sombra, pois esse tipo de espírito é temeroso, estremece e é afetado por um falso terror, e por ameaças falsas e impossíveis. Por isso também dizia *Chereon*, o santo escriba, que essas eram as coisas pelas quais especialmente os espíritos são afetados.[8]

Além dos tipos descritos até aqui, há uma certa espécie tão nociva de espírito e, no entanto, tão próxima do homem, que chega até a ser afetado pelas paixões humanas, e muitos desses espíritos amam a companhia dos homens e têm prazer em viver ao lado deles; alguns atacam as mulheres, outros as crianças, alguns amam a companhia dos mais variados animais domésticos e selvagens, alguns habitam as florestas e os parques, alguns vivem nas fontes e nos prados.

As fadas e os hobgoblins habitam as campanhas;[9] as náiades, as fontes; as potâmides, os rios; as ninfas, os pântanos e lagoas; as oréades,[10] as montanhas; os humedes, os prados; as dríades e hamadríades, as florestas, também habitadas pelos sátiros e silvanos;[11] assim como as naptae[12] e as ágapes, as flores; as dodonae, as bolotas; as paleae e fernilae, as rações, animais e o campo em geral.

Aquele, portanto, que desejar invocar esses espíritos, deve fazê-lo no local onde eles vivem, atraindo-os com fumaças adocicadas, sons agradáveis e instrumentos feitos das entranhas de certos animais e uma madeira peculiar, acrescentando canções, versos, encantamentos apropriados para a operação e um elemento que deve ser a todo custo observado – a inocência da mente, uma credulidade firme e silêncio constante; é por isso que eles sempre vêm às crianças, às mulheres e aos homens pobres e mesquinhos. Eles têm medo e fogem de homens de mente constante, corajosa e firme, sendo incapazes de agredir os homens bons e puros, mas somente os perversos, malévolos e impuros.

Dessa espécie são os hobgoblins, os familiares e os fantasmas de homens mortos. E quanto a isso diz *Plotino*[13] que as almas dos homens às vezes se convertem em espíritos: e de homens merecedores do bem se convertem em familiares, que os gregos chamam de *eudemons*,[14] isto é, espíritos bem-aventurados: mas, dos homens merecedores do mal, convertem-se em lâmias e hobgoblins, que os gregos chamam de *cacodemons*,[15] ou seja, espíritos malignos; mas podem ser chamados de fantasmas, quando não se sabe ao certo se são bons ou maus.

Dessas aparições há vários exemplos; como os que *Plínio* e *Júnior* mencionam acerca da casa de *Atenodoro*, o filósofo de *Társis*, onde apareceu com súbito e horrível barulho o fantasma de um homem velho.[16] E *Filóstrato* nos conta de uma lâmia de *Menipo Lício*, o filósofo, que se manifestou como uma linda mulher de Corinto, que *Apolônio de Tiana* julgou ser um hobgoblim; o mesmo aconteceu em Éfeso, a aparição na forma de velho mendigo, que foi a causa da pestilência e, após ser apedrejado por ordem de *Apolônio*, converteu-se em um mastim e a pestilência acabou.[17]

Devemos saber que todo aquele que trabalhar intelectualmente com espíritos maus poderá constringi-los pelo poder dos espíritos bons; aquele, porém, que só trabalhar no campo mundano, acarretará a si mesmo julgamento e condenação.

Notas – Capítulo XXXII

1. O profeta egípcio Zachlas é procurado por um homem idoso, que lhe pede que restaure a vida de seu filho assassinado, para que este aponte seu assassino:
> Ó sacerdote, tenha misericórdia, misericórdia eu lhe rogo pelos Planetas Celestiais, pelos Poderes infernais, pela virtude dos elementos naturais, pelos silêncios da noite, pelas construções próximas à cidade de Copton, pela enchente do Nilo, pelos mistérios secretos de Mênfis e pelos instrumentos e trombetas da Ilha Pharos, tenha misericórdia, eu peço, e chame de volta à vida esse corpo morto, e permita que seus olhos agora fechados se abram e vejam (Apuleio, *O asno de ouro*, cap. 11).

2. Ver nota 6, cap. XXXI, l. III.

3. Esses espíritos, porém, quando adjurados por nós através do Deus verdadeiro, imediatamente cedem e confessam, e são forçados a sair do corpo possuído. Você pode vê-los à nossa voz, e pela operação de oculta majestade, feridos e rotos, queimados por fogo, esticados em uma punição cada vez maior, uivando, gemendo, implorando, confessando mesmo diante daquelas pessoas que os veneram, e saltando para fora imediatamente ou desaparecendo aos poucos, à medida que a fé do sofredor vem ao seu auxílio, ou os efeitos da graça do curandeiro" 7. Nos *Tratados* 6 [*Ante-Nicene Fathers*, 5:467]).
Esse tratado extremamente breve não merece ser chamado de "livro", como diz Agrippa.

4. E uma filosofia semelhante de nomes também se aplica ao nosso Jesus, de cujo nome já se viu, de maneira inconfundível, ter o dom de expulsar espíritos malignos da alma e do corpo (dos homens), tamanho era o poder que ele exercia sobre aqueles dos quais os espíritos eram expulsos (Orígenes, *Against Celsus* 1.25 [*Ante-Nicene Fathers*, 4:406]).
Ver também 1.67 (*Ante-Nicene Fathers* 4:427).

5. Demônios noturnos associados às Fúrias e Harpias por alguns escritores da Antiguidade. Elas aparecem na forma de mulheres velhas e sugam a vitalidade de crianças. Sentam-se sobre o peito das pessoas adormecidas e lhes provocam pesadelos – daí o termo "dominado por bruxas". Na edição inglesa, a palavra foi traduzida como "hag" (mulher feia; bruxa).

6. A bruxa Erichtho se incomoda quando a sombra de um soldado morto hesita em retornar ao seu cadáver em putrefação. Ela pede às Fúrias e à deusa do Inferno que a apressem:
> Neste momento, sob seu nome real, eu as invoco e, cadelas do Estige, deixo-as na luz do mundo superior; entre as covas eu as seguirei, entre os ritos funerários, serei sua observadora; das tumbas eu as expulsarei, de todas as urnas as afastarei. E quanto a você, Hécate, esquálida com sua palidez, a exporei aos deuses, diante dos quais em forma falsa, com outros traços, você certamente se colocará, e a proíbo de esconder o semblante de Erebus. Revelarei, donzela de Enna, sob o infinito corpo da Terra, que festivais a detêm, por qual pacto você ama o sombrio soberano, a que corrupção se submeteu, levando seus pais a quase chamarem-na de volta (Lucano, *Pharsalia* 6, linhas 730-42 [Riley, 243-4]).

7. Enquanto seguiam em sua jornada sob o luar em certa noite, seu caminho foi bloqueado por uma aparição fantasmagórica de uma Empusa, que ora assumia uma forma, ora outra, para depois sumir por completo. Apolônio reconheceu sua natureza imediatamente, e não só insultou o espectro, mas ainda insistiu com seus companheiros para que fizessem a mesma coisa, pois tal comportamento é um salvo-conduto contra tais visitações, e a Empusa se foi, urrando como fazem os fantasmas (Filóstrato, *Life and Times of Apollonius of Tyana* 2.4 [Eells, 37]).

8. E por que, embora absurdo, são usadas ameaças e falsos terrores pela pessoa comum, não a um demônio, ou alma que já partiu, mas ao próprio e soberano Sol, ou à Lua, ou algum dos deuses celestiais, com o intento de forçar essas divindades a falar a verdade? Pois, acaso aquele que diz que explodirá os céus, ou revelará os segredos de Ísis, ou apontará para o arcano no adito, ou deterá Baris, ou espalhará os membros de Osíris a Tifão, ou fará alguma outra coisa desse gênero, aquele que diz isso tudo, não sabe que, ao ameaçar aquilo que não conhece nem é capaz de afetar, se mostra tolo ao extremo? E que abjeção isso não produz naqueles que, como tolas crianças, são possuídos por um medo vão, e se atemorizam diante de tais ficções?

E no entanto, Chaeremon, que foi um escriba do sagrado, escreve tais coisas, conforme disseminadas pelos egípcios. Também se diz que tais coisas, e outras de espécie semelhante, são de uma natureza extremamente compulsiva (Porfírio, *Carta a Anebo*, prefixada por Jâmblico em *On the Mysteries* [Taylor, 10-1].
Ver a nota biográfica de Chaeremon.
9. Campos abertos, gramados, distintos das colinas, bosques e aldeias. Talvez usado, nesse contexto, para cidadãos comuns.
10. Ninfas das montanhas.
11. Silvano é o deus latino dos bosques e dos limites das florestas. É descrito como um homem alegre, luxurioso, e identificado com Pã e Fauno pelos escritores romanos. Aqui, os silvanos são divindades da floresta.
12. De ναπη, um vale arborizado.
13. "... e novamente, não são poucas as almas que, uma vez entre os homens, continuam a servi-los mesmo depois de sair do corpo; e por meio de revelações práticas e úteis, deixam claro que as outras almas também não deixaram de existir" (Plotino, *As Enéadas* 4.7.15 [Mackenna, 3:143]).
14. Do grego εὐ (feliz) δαίμων (gênio). Relacionado ao nome da 11ª casa do zodíaco.
15. Do grego κακὸς (maligno) δαίμων (gênio). O nome da 12ª casa do zodíaco.
16. Sendo essa talvez a quintessencial história de era clássica, ou de qualquer outra era, apresento-a aqui na íntegra:

> Havia em Atenas uma grande e espaçosa mansão, com a má fama de ser perigosa aos seus moradores. Na calada da noite, ouvia-se o estrépito do ferro e, caso se prestasse atenção, correntes se arrastando, a uma certa distância a princípio, mas depois bem perto. Em seguida, aparecia o espectro de um homem velho, magro e imundo, com uma barba longa e cabelos em pé, usando grilhões nas pernas e balançando correntes nos punhos. Os pobres moradores da casa passavam noites em claro, aterrorizados; a falta de sono acabava levando a doenças e, por fim, à morte, à medida que o pavor crescia, pois mesmo durante o dia, quando a aparição tinha-se ido, a lembrança dela ficava na mente, de modo que o terror permanecia nas pessoas mesmo depois de ter sumido a causa. A mansão ficou abandonada, deixada exclusivamente para o espectro; mas anunciava-se que estava à venda ou para alugar, caso aparecesse um interessado que não conhecia a história de sua má reputação.
>
> O filósofo Atenodoro chegou a Atenas e viu o anúncio. Ficou desconfiado quando soube do preço baixo, e toda a história acabou sendo revelada. Nem por isso ele perdeu o interesse; pelo contrário, ficou mais ansioso ainda para alugar a casa. Ao cair da escuridão, ele solicitou que colocassem seu divã na parte da frente da casa e lhe trouxessem seu livros de anotação, uma pena e um candeeiro. Mandou todos os seus criados se retirarem para os cômodos interiores e concentrou o pensamento, os olhos e a mão na escrita, para que a mente ficasse ocupada e não conjurasse o fantasma do qual ouvira falar, nem outros medos imaginários. A princípio, não ouviu nada além do costumeiro silêncio da noite; logo, porém, começou o estrepitoso ruído de ferro e de correntes se arrastando. Ele não desviou o olhar nem parou de escrever, mas forçou a mente a ignorar os sons. O som, porém, ficou mais alto, mais próximo, era ouvido perto da porta e, por fim, dentro da sala. Ele olhou ao redor, viu e reconheceu o fantasma que lhe fora descrito. Estava parado e gesticulando, como se o chamasse. Atenodoro, por sua vez, fez um sinal que esperasse um pouco, e mais uma vez se curvou sobre suas notas e pena, enquanto o fantasma balançava as correntes sobre sua cabeça, enquanto ele escrevia. Ele olhou novamente e o viu gesticulando, como antes; então, sem esperar mais, pegou o candeeiro e o seguiu. O espectro se movia devagar, como se as correntes lhe fossem pesadas, e quando chegou ao pátio da casa, de repente sumiu, deixando Atenodoro sozinho. Com um pouco de grama e algumas folhas, ele marcou o lugar. No dia seguinte, procurou os magistrados, e os aconselhou que dessem ordens para cavar no local. Lá, eles encontraram ossos, deformados por causa das correntes, corroídos pelos grilhões, quando o tempo e a ação do solo haviam decomposto o corpo. Os ossos foram retirados e receberam um funeral público, e assim, com o descanso das sombras, a casa nunca mais foi visitada por elas. (Plínio, o Jovem, *Cartas* 7.27 tradução de B. Raidice [Middlesex: Penguin, 1963], 203-4).

17. Apolônio fala com os convidados:

Compreenderão melhor quando eu explicar que essa bela noiva é um daqueles demônios que as pessoas chamam de lâmia. Esses seres amam e apreciam os prazeres sexuais, mas gostam muito mais de comer carne humana, e usam a sedução dos sentidos para atrair suas vítimas, das quais pretendem se alimentar. "Segure a língua e saia desta casa!", gritou a noiva, fingindo estar horrorizada pelo que ouvira; e já começava a chamar todos os filósofos de tolos quando, de repente, toda a riqueza de taças de ouro e pratos de prata se desmanchou e desapareceu diante dos olhos de todos, e os cozinheiros e mordomos e demais criados evaporaram diante do exorcismo de Apolônio. Em seguida, a lâmia simulou um choro, e implorou-lhe que não a atormentasse nem a obrigasse a dizer quem ela era; mas ele insistiu, não afrouxando a própria compulsão, até ela admitir que era uma lâmia e que estava engordando Menipo com guloseimas para que pudesse devorar-lhe o corpo, e que tinha o hábito de corpos que eram jovens e belos, pois seu sangue era imaculado (Filóstrato, *Live and Times of Apollonius of Tyana* 4.25 [Eells, 106]).

Encontraram o que parecia ser um velho mendigo, cujos olhos piscavam em malícia, maltrapilho e desgrenhado, e levando consigo uma bolsa com migalhas de pão. Apolônio deteve os efésios em torno da visão e lhes ordenou: "Peguem todas as pedras que puderem, e joguem-nas contra essa coisa, que é detestável aos olhos dos deuses!" Os efésios ficaram perplexos com a ordem e permaneceram imóveis, pois pensavam que seria um crime matar um estranho já tão maltratado, pois ele implorava pela própria vida e pedia caridade. Apolônio insistiu na ordem de apedrejar o intruso e que não o deixassem escapar; até que, por fim, alguns que se encontravam fora do círculo começaram a jogar pedras no mendigo, o qual, até então piscando, arregalou ou olhos em pura selvageria, como tochas incandescentes. Todos viram, então, que era um demônio, e o apedrejaram até formar uma grande pilha no lugar em que ele se encontrava. Após uma breve pausa, Apolônio ordenou que removessem as pedras e vissem que fera maligna eles tinham matado. Quando o fizeram, o mendigo que fora apedrejado tinha sumido e no lugar dele havia um mastim, grande como um leão, que fora esmagado pelas pedras e espumava pela boca como se estivesse raivoso (*ibid.* 4.10 Eells, 96]).

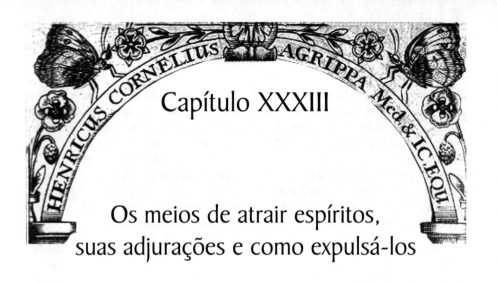

Capítulo XXXIII

Os meios de atrair espíritos, suas adjurações e como expulsá-los

São três os meios[1] pelos quais se podem atrair, conjurar ou expulsar espíritos. Alguns deles são chamados do mundo elemental, como quando adjuramos um espírito por meio de coisas inferiores e naturais de afinidade com ou adversas a eles, podendo, assim, invocá-los ou expulsá-los com flores, ervas, animais, neve, gelo, inferno, fogo e coisas do gênero, acrescentando, às vezes, louvores divinos, bênçãos e consagrações, como na Canção das Três Crianças[2] e no salmo: "Louvai ao Senhor do alto dos Céus",[3] e na consagração e bênção do Sírio Pascal.[4] Esse meio de atração afeta os espíritos com amor ou ódio, dependendo de tais espíritos apreciarem ou abominarem tais coisas, de acordo com a forma em que aparecerem. Nesse sentido, diz *Proclo* que, assim como o leão teme o galo, principalmente se for branco, também um espírito na forma de um leão desaparece quando vê um galo.[5]

O segundo meio é tirado do mundo celestial, isto é, quando os adjuramos pelo céu, pelas estrelas, por seus movimentos, raios, luz, beleza, claridade, excelência, fortitude, influência e deslumbramento, e coisas assim: e esse meio de atração afeta os espíritos por meio de admoestação e exemplo. Também exerce um certo comando, particularmente sobre os espíritos ministrantes e aqueles que são das ordens mais baixas.

O terceiro meio de atração é do mundo intelectual e divino, aperfeiçoado pela religião. Isto é, quando juramos pelos sacramentos, pelos milagres, pelos nomes divinos, pelos selos sagrados ou mistérios da religião; esse é o meio mais alto e forte de todos, afetando o espírito por meio de comando e poder.

Mas deve-se observar que, de acordo com a providência universal, há uma providência específica; e de acordo com a alma universal, há almas específicas; assim, em primeiro lugar, invocamos pelos meios superiores e pelos nomes e poderes que regem as coisas, depois pelos inferiores e pelas coisas em si.

Devemos saber, ainda, que por tais meios, não só espíritos, mas todas as criaturas são atraídas, tais como tempestades, incêndios, enchentes, pragas, doenças, força de armas e todos os animais, ou pela maneira como é feita a adjuração ou por meio de depreciação ou bendição; como no encantamento de serpentes, além do natural e celeste, recorrendo-se aos mistérios e à religião, a maldição da serpente[6] no Paraíso terrestre, pelo levantamento[7] da serpente no deserto; e também com o recurso do Salmo 91: "Pisarás o leão e a áspide, calcarás aos pés o leãozinho e a serpente".[8]

A superstição também prevalece nisso, por meio da translação de alguns ritos sacramentais para aquilo que pretendemos atrair ou impedir, como em excomunhão, funeral ou exéquias, usados para afastar doenças, serpentes, ratos ou vermes, o que, segundo lemos, já foi feito em diversas ocasiões, e certamente o será de novo.

Notas – Capítulo XXXIII

1. Observe como este capítulo reflete a obra de Agrippa em sua totalidade – a divisão entre natural, celestial e divino.
2. Canção das Três Crianças Sagradas 35–65.
3. Salmos 148:1.
4. Na época de Agrippa, o sírio pascal tinha grande destaque nas celebrações da Páscoa da Igreja Romana. Tinha dimensões impressionantes – na catedral de Salisbury, em 1517, o sírio media cerca de 10,8 metros, e em Westminster, em 1558, pesava 136,20 quilos. Colocado geralmente no lado norte, pouco abaixo do primeiro degrau até o altar, ele ficava em um castiçal requintado. Na catedral de Durham, o próprio suporte era chamado de sírio pascal, e tinha 11,4 metros de altura. O fogo era renovado com pederneira na véspera da Páscoa. E de lá, três velas que formavam o lúmen Christi, e delas o sírio pascal propriamente. Ele simbolizava o Cristo vitorioso e ressuscitado, e ficava aceso até a oitava semana da Páscoa, e era cortado em pedaços, dos quais se faziam velas funerais para os pobres. Simbolicamente, seu fogo continuava aceso o ano todo, personificado nas chamas das outras luzes na igreja.
5. Por isso se diz que um galo é muito temido, e até reverenciado, por um leão; e o motivo para isso não conseguimos encontrar na matéria ou nos sentidos, mas só na contemplação de uma ordem supernal. Pois, de fato, sabemos que a presença da virtude solar é mais compatível com um galo que com um leão. ... Às vezes, há também demônios com a parte frontal de um leão, os quais, se colocados de frente para um galo, desaparecem de repente; e isso ocorre porque essas naturezas que possuem uma posição inferior na mesma ordem sempre reverenciam seus superiores..." (Proclo, *De sacrificio et magia*, fragmento latino traduzido por Marsilius Ficinus, Veneza, 1497. Citado na íntegra por Taylor em Jâmblico, *Life of Pythagoras* [Taylor, 216]).
6. Gênesis 3:14.
7. João 3:14. Ver também II Reis 18:4.
8. Salmos 91:13.

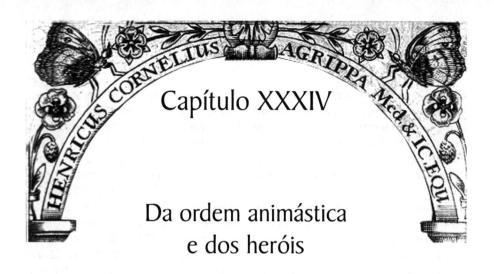

Capítulo XXXIV

Da ordem animástica e dos heróis

pós as ordens dos espíritos abençoados, a seguinte é a animástica, que os teólogos hebreus chamam de Issim,[1] isto é, Homens Fortes e Poderosos; que os magos dos gentios chamam de heróis e semideuses, ou meio homens e meio deuses: os quais *Fulgêncio*, um autor que não deve ser desprezado, supunha serem chamados assim porque, graças à sua baixeza de caráter, não podiam ser julgado merecedores do céu e tampouco deviam ser considerados terrestres para a reverência da graça. Dessa espécie, na Antiguidade, eram *Príapo*,[2] *Hipo*,[3] *Vertumnus*;[4] ou por terem sido eminentes nesta vida por suas virtudes divinas e benefícios para a humanidade, após o corpo mortal ser deixado, são transladados à ordem dos deuses abençoados;[5] sempre proporcionando aos homens mortais as mesmas virtudes e benefícios que haviam tido em vida: ou porque foram procriados a partir da semente secreta dos superiores, os quais pensam terem sido gerados pela mistura de deuses ou anjos e homens, obtendo, portanto, uma natureza intermediária, de modo que não são anjos nem homens: a mesma opinião, aliás, de *Lactantius*.[6]

E ainda hoje há quem mantenha um vínculo comercial e conjugal com espíritos; e todos hoje em dia creem que *Merlim*,[7] um profeta bretão, fora filho de um espírito, tendo nascido de uma virgem: e também imaginam que *Platão*, o príncipe da sabedoria, nasceu de uma virgem, engravidada pelo fantasma de *Apolo*. E conta-se nas histórias que algumas mulheres dos godos (chamadas alrumna), famosas por sua beleza e ingenuidade, há muito tempo em Filimire ou (como dizem outros) em Idanthresie, ao saírem das tendas do rei dos godos, foram passear pelos desertos da Cítia, na Ásia, além dos pântanos de Meotis, onde foram, então, engravidadas por faunos e sátiros, gerando assim os primeiros hunos.[8] Além disso, lemos em *Psellus* que os espíritos às vezes lançam sementes,[9] das quais nascem certas criaturas pequenas.

Esses heróis, portanto, não têm menos poder em dispor e reger essas coisas inferiores do que os deuses e anjos, e têm entre si suas dignidades e ofícios distribuídos; e assim, são construídos para eles não menos templos, imagens e altares, assim como lhes são dedicados os mesmos sacrifícios, votos e outros mistérios. Seus nomes invocados tinham virtudes divinas e mágicas para a realização de alguns milagres. Como, de fato, afirmava *Eusébio*,[10] muitos tentaram tais realizações invocando o nome de *Apolônio* de Tiana; e lemos mais do mesmo assunto tanto nos poetas quanto nos historiadores e filósofos, acerca de *Hércules, Atlas, Esculápio* e outros heróis dos gentios;[11] mas são desatinos dos gentios.

Quanto aos nossos santos heróis, nós acreditamos que se destacam em poder divino, e que a alma do Messias[12] os governa (como também atestam os teólogos judeus); pois *Jesus* Cristo, por diversos de seus santos, como se fossem membros apropriados para esse propósito, administra e distribui diferentes dons de sua graça entre essas partes inferiores, e cada um dos santos desfruta um dom específico de trabalho. Assim, quando suplicamos e oramos a esses santos, de acordo com a múltipla distribuição de suas graças, cada um deles nos concede livremente suas dádivas, benefícios e graças com maior abundância que os poderes angelicais, uma vez que superiores a nós, e mais aliados à nossa natureza, pois no passado foram homens também, e sofreram afetações e enfermidades humanas; e seus nomes, graus e ofícios são-nos mais conhecidos.

Portanto, nesse número quase infinito, há 12 - a saber, os apóstolos de Cristo - que (como diz a verdade evangélica) se sentam em 12 tronos,[13] julgando as 12 tribos de Israel, que no Apocalipse se distribuem entre 12 fundações,[14] como os 12 portões da cidade celestial, que regem os 12 signos, e são selados nas 12 pedras preciosas,[15] e todo o mundo é distribuído entre eles; mas seus verdadeiros nomes são estes: o primeiro שמעון הכפי *Symehon Hacephi, Pedro*; o segundo אלצור *Alousi*, a quem chamamos de *André*; o terceiro יצקבת *Jahacobah, Tiago* Maior; o quarto פוליפוש *Polipos*, que chamamos de *Filipe*; o quinto ברכיה *Barachia*, ou *Bartolomeu*; o sexto יוחנה *Johanah*, a quem chamamos de *João*; o sétimo é תמני *Thamni*, ou *Tomé*; oitavo se chama מדון *Medon*, a quem chamamos de *Mateus*; o nono é יצקב *Jahacob, Tiago* Menor; o décimo é כטיפא *Catepha*, ou *Tadeu*; o décimo primeiro, שמאן *Saman*, é *Simão* de Cananeia; o décimo segundo, מתתיה *Matattiah*, é o que chamamos de *Matias*.[16]

Depois deles vêm os 72 discípulos[17] de Cristo, que também regem o mesmo número de quinários do céu e de tribos, povos, nações e línguas. E, derivados deles, segue-se uma inumerável multidão de santos, que também receberam diversos ofícios, lugares, nações e povos sob sua proteção e patronagem, cujos milagres mais aparentes diante das preces dos fiéis que os invocam, nós vemos em clareza e confessamos.

Notas – Capítulo XXXIV

1. Ver nota 26, cap. XVII, l. III.
2. Filho de Dioniso e Afrodite. Por raiva de Afrodite, Hera fez com que ele se tornasse feio. Príapo é o deus da fertilidade universal, e por extensão o protetor dos rebanhos, abelhas, vinhas, jardins e peixes. Costumava ser representado na forma de uma herma carregando uma cornucópia ou foice, e de cor vermelha brilhante, o que lhe rendeu o nome de *rubicundus*.
3. Uma das filhas de Oceano e Tétis, que "cuida de jovens rapazes em todo o mundo" (Hesíodo, *Teogonia* c. linha 350). Mas essa não deve ser a referência de Agrippa. Talvez ele falasse de Hippothoon, filho de Posêidon e da mulher mortal Alope. Hippothoon era um dos "heróis dos nomes", que deram origem ao nome das dez tribos da Ática. Ele possuía uma estátua na Casa Redonda, como menciona Pausânias (*Guide to Greece* 1.5.2).
4. Ou Vortumnus, que teria sido originalmente uma deidade etrusca levada a Roma pela antiga colônia vulsiniana que ocupava o Monte Célio. A ele era atribuído o poder de mudar de forma, e ele ganhou a mão de sua esposa, Pomona, transformando-se em um jovem bonito. Seu festival, o Vortumnália, era realizado em 23 de agosto e marcava a transição das estações. Sendo ele o deus da colheita, os primeiros frutos eram sacrificados a ele.
5. "E as almas humanas, quando alcançam o início de uma vida imortal, transformam-se em demônios, e dali passam para a dança coral dos deuses; isto é, a glória majestosa da alma" (*Corpus Hermeticum* 10.7 [Scott 1:191, 193]).
6. Portanto, enquanto eles [os anjos] viviam entre os homens, o mais enganador governante da terra, por associação própria, aos poucos os incitou aos vícios, e os poluiu por meio de relações com mulheres. ... Mas a progênie destes, não sendo anjos nem homens, mas de uma natureza mista, não era admitida no inferno, assim como seus pais não eram mais admitidos no céu. Assim, passaram a existir duas espécies de demônios; uma espécie do céu e a outra da terra. A segunda é a espécie dos espíritos ímpios, autores de todos os males que são cometidos, e o mesmo diabo é seu príncipe. Daí a Trismegisto chamá-lo de governante dos demônios. Mas os gramáticos dizem que eles são chamados de demônios, ou *daemones*, isto é, habilidosos e familiarizados com as questões; pois pensam que estes são deuses (Lactancio, *Divine Institutes* 2.15 [*Ante-Nicene Christian Library*, 21:127]).
7. Merlim foi gerado no ventre de uma jovem virgem por um demônio, para ser o anticristo. Mas o habilidoso confessor da jovem batizou imediatamente a criança de origem antinatural, salvando-a para o Cristianismo. De seu pai demônio, Merlim herdou o poder da profecia.
8. Pois nem Jornandes, que era bispo dos godos quando Justiniano era Imperador, hesitou em seu livro sobre a origem dos Getae em afirmar que havia na Cítia bruxas, chamadas em sua língua nativa de *Aliorumnae* [*Haliurunae*], conduzidas por Filimer, o rei dos godos, até os mais distantes desertos, onde eram abraçadas por espíritos impuros e davam à luz anões horrendos e ferozes, dos quais nasceram, então, os hunos (Nicolas Remy, *Demonolatry* 1.6 [Ashwin, 17]). A obra citada por Remy é *De origine actibusque getarum*, escrita em 551 pelo historiador Jordanes (cujo nome mais correto, porém menos usado, é Jordanis, ou Jordannis). Filimer foi o sexto rei dos godos, que liderados por ele migraram para a Cítia e se estabeleceram na região que chamavam de Oium. Idanthyrsus era o rei-chefe dos citas na época de Dário (século VI a.C.).
9. Sobre o sêmen dos espíritos, Psellus escreve em sua obra *De daemonibus*: "Se eles ejaculam qualquer sêmen que seja, como o corpo de onde vem, tão carente de calor que nada pode ser mais incapaz ou impróprio para a procriação" (In Remy *Demonolatry* 1.6 [Ashwin, 13]).
10. Ainda hoje, contudo, Jesus demonstra o valor de seu poder divino ao expulsar espíritos, bem como pela invocação de seu nome milagroso quaisquer demônios malignos ou perturbadores que atormentam a alma e o corpo do homem, e sabemos que isso é verdade, por experiência. Esperar tal eficácia do nome de Apolônio, ou sequer investigar a questão, é tolice (Eusébio, *Against the Life of Apollonius of Tyana by Philostratus* 4)].
"Em nossos dias, ainda há homens que afirmam que descobriram amuletos supersticiosos dedicados ao nome de Apolônio" (*ibid.*, 40; ambas citações minhas).

11. Outras, por outro lado, alegam poderes sobrenaturais a tais crianças, e afirmam que elas possuem alguns atributos de divindade, como os que os antigos costumavam atribuir aos seus heróis, os quais, segundo Luciano, não eram homens nem deuses, mas ambos. Temos uma prova total disso no que encontramos escrito sobre o nascimento de Cástor e Pólux, Baco, Alexandre, Rômulo, Esculápio e outros semideuses: que foram gerados por aqueles que, na época, eram chamados de deuses, mas que nós chamamos de demônios, que se escondiam sob uma forma assumida e copulavam com as mães desses homens (Remy *Demonolatry* 1.4 [Ashwin, 20]).
12. MshICh, משיח, o "príncipe ungido" (Daniel 9:25).
13. Mateus 19:28.
14. Apocalipse 21:14.
15. Apocalipse 21:19-20.
16. Observe a omissão de Judas do grupo. Seu lugar é ocupado por Matias, o 13º apóstolo. Ver Atos 1:26.
17. Lucas 10:1 O Rei Thiago disse "setenta", mas Knox deu 72.

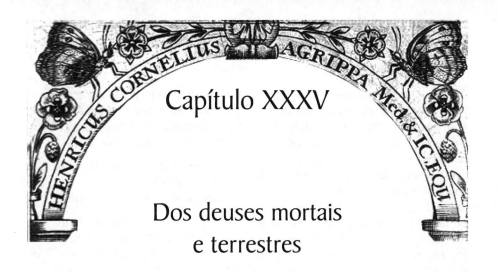

Capítulo XXXV

Dos deuses mortais e terrestres

m seguida, existem os deuses mortais, que também chamamos de heróis, e os deuses terrestres, ou companheiros dos deuses superiores: reis, príncipes e sacerdotes, pelos quais este mundo é governado e disposto por suas leis, os quais como deuses recebemos, veneramos e reverenciamos, pois o próprio Deus comunicou Seu nome a eles, e por uma devida denominação o confirmou, chamando-os de deuses, como quando disse a *Moisés*: "Te constituí como um deus para o Faraó";[1] e em outra parte, eles lhes ordenou, "contra Deus não blasfemarás";[2] e novamente, se o ladrão não for achado, o dono da casa será levado perante os [deuses];[3] e o salmista diz: "Os príncipes dos povos se reúnem, o povo de Deus de Abraão, porque a Deus pertencem os escudos da terra; ele se exaltou gloriosamente".[4] E ainda, Deus assiste na congregação divina; no meio dos deuses estabelece o seu julgamento;[5] e pouco depois, "Eu disse: sois deuses, sois todos filhos do Altíssimo".[6]

Além disso, ele deu instruções também quanto à veneração e reverência desses deuses, decretando dízimos e primeiros frutos a eles, e lhes dando o poder da espada, proibindo que qualquer pessoa os maldissesse, e ordenando obediência a eles, ainda que fossem perversos. Assim, na Antiguidade, sempre eram chamados os príncipes de deuses, sendo venerados como poderes divinos, como atesta *Janus*[7] em *Ovídio*, em seu primeiro livro de Fasti, dizendo:

> Quando a Terra dos deuses era poderosa,
> Eu reinava
>
> E as divindades se imiscuíam com os seres humanos.

E *Platão*, em seu terceiro livro *A República*, indica que príncipes tanto vivos quanto mortos devem ser homenageados com honras divinas, instituição recebida entre todas as nações, desde a primeira era, ou seja: deificar seus príncipes com honras divinas e consagrá-los à eterna memória.[8]

E foi assim que impuseram, então, seus nomes imperecíveis a cidades, províncias, montanhas, rios, lagos, ilhas e mares; e a eles foram dedicados, com grande pompa, pirâmides, colossos, arcos triunfais, troféus, estátuas, templos, peças, festivais; e também os céus, as estrelas, os dias e meses são chamados por seus nomes. Temos, por exemplo, janeiro, de *Janus*; julho de *Julius* [*Júlio César*]; agosto de *Augusto*; Mercúrio vem de *Mercúrio Trismegisto*; Jovis vem de *Júpiter*. Esse costume, lemos, era seguido não só pelos egípcios, gregos e romanos, mas também pelos extremos bárbaros, como os godos, daneses (dinamarqueses) e germanos.

Segundo o testemunho de *Saxo Grammaticus*, o dia a que os primeiros chamam Mercúrio, estes chamam de dia de Odim;[9] o dia a que os primeiros chamam de Júpiter, estes o chamam de dia de Thor (Tor),[10] derivado de *Odim* e *Thor*, em tempos passados, dos reis dos godos e da Dinamarca; não é, aliás, por nenhum outro motivo que são chamados de godos, uma vez que em sua língua nativa o deus-chefe era chamado de *Got*.[11] Os holandeses (em inglês, *Dutch*) também são assim chamados porque eles chamavam o deus Marte, o qual veneravam, de *Teuto*;[12] nome pelo qual os gauleses também chamavam *Mercúrio*.

Portanto, reis e sacerdotes (desde que justos) são companheiros dos deuses e dotados de semelhante poder. É por isso que conseguem curar doenças por meio do toque e da palavra;[13] e às vezes dominam o clima e os céus, como canta *Virgílio*,[14] acerca de *Augusto*:

Chove a noite toda, pela manhã os raios de sol voltam;
César com Júpiter divide o trono.

E a Escritura fala de *Josué*, que enquanto lutava em Gibeom, comandou o Sol e a Lua, dizendo: "Sol, detém-te em Gibeom, e tu, Lua, no vale de Aijalom".[15] E o Sol e a Lua lhe obedeceram: não se movendo durante um dia, até ele se vingar de seus inimigos; também *Moisés* dividiu o mar Vermelho,[16] e *Josué* o Jordão,[17] deixando ao povo caminhos sobre terra seca; o mesmo fez *Alexandre*, o macedônio, conduzindo seu exército.[18]

Às vezes, eles também são agraciados com um espírito profético, como lemos de *Caifás*[19] na Sagrada Escritura, quando ele profetiza, pois era o sumo sacerdote daquele ano.

Vendo, portanto, que o Senhor da Terra deseja que os reis e sacerdotes sejam chamados de deuses por meio de comunicação de nome e poder, sem dúvida nos cabe reverenciá-los e prezá-los, preferindo o julgamento deles ao nosso, e simplesmente lhes obedecendo, deles suplicando e adorando-os, e venerando com toda a reverência o Deus altíssimo neles presente.

Notas – Capítulo XXXV

1. Êxodo 7:1.
2. Êxodo 22:28.
3. Êxodo 22:8.
4. Salmos 47:9.
5. Salmos 82:1.
6. Salmos 82:6.
7. "Então, eu também reinava, quando a terra podia receber os deuses, e as divindades se misturavam entre as moradas dos homens" (Ovídio, *Fasti* 1, linhas 247-8 [Riley, 19]). O significado é que os deuses podiam tolerar a Terra antes da poluição do pecado humano.
8. Depois de terem ensinado continuamente outros assim, para serem como eles, e de os terem deixado como guardiões da cidade, na vez deles retirar-se-ão para habitar nas Ilhas dos Bem-Aventurados. A cidade erigir-lhes-á monumentos e sacrifícios públicos, na qualidade de divindades, se o oráculo de Pítia o autorizar; caso contrário, como homens bem-aventurados e divinos (Platão, *A República* 8.540b).
9. Odim ou Woden, em inglês *Wednes*day, quarta-feira.
10. Em inglês *Thurs*day, quinta-feira.
11. Quanto ao nome "godo" (*goth*), Brewer comenta: "Em islandês, *got* (um cavaleiro); daí Woden – isto é, *Gothen*. Sem dúvida, *got*, cavaleiro montado, em inglês – *good* (bom) – e o nome sagrado de Deus (em inglês, *God*) devem remontar a *got* ou *guth*, sendo a ideia teutônica a de que Deus era um poderoso guerreiro" (Brewer 1870, 357).
12. Mais uma vez, Brewer. "Thuath-duiné (homens do norte). A palavra inglesa *Dutch* (holandês/holandeses) e a alemã *Deutsch* (alemão) são variações da mesma palavra original, escrita Theodisk" (*ibid.*, 884-5).
13. Escrófula era uma doença chamada de mal do rei, porque se acreditava que o toque real era capaz de curá-la. A última pessoa "tocada" na Inglaterra foi o doutor Samuel Johnson, com a idade de 2,5 anos, pela rainha Anne, em 1712. Os reis franceses também alegavam tal poder desde a época de Ana de Clóvis (481 d.C.). Em um domingo de Páscoa, em 1686, Luís XIV tocou 1.600 pessoas, dizendo ao mesmo tempo: "*Le roy te touche, Dieu te gnerisse*" (O rei o toca, Deus o cura).
14. Essa citação não é de Virgílio.
15. Josué 10:12-3.
16. Êxodo 14:21
17. Josué 3:17.
18. Encorajado por esse acidente, ele [Alexandre] se empenhou em reduzir os portos marítimos da Cilícia e da Fenícia, e conduziu seu exército ao longo da costa de Panfília, com tamanha destreza que muitos historiadores descrevem o feito e o exaltam com admiração, como se fosse nada menos que um milagre, e um extraordinário efeito de privilégio divino, que as ondas, normalmente tão violentas, não dando alento entre as ranhuras dos penhascos em momento algum, permitissem-lhe passagem (Plutarco, "Life of Alexander". Em *Lives* [Dryden, 812-3]).
19. João 11:49-51.

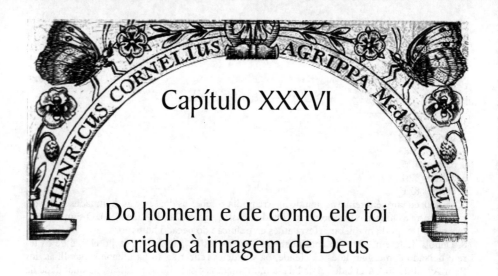

Capítulo XXXVI

Do homem e de como ele foi criado à imagem de Deus

Deus mais abundante (como dizia *Trismegisto*)[1] criou duas imagens como a si mesmo, a saber, o mundo e o homem, para que em um pudesse se manifestar por meio de certas operações extraordinárias; mas, no outro, para desfrutar seus prazeres.

Sendo ele um, criou um mundo; sendo infinito, fez o mundo redondo; sendo eterno, criou o mundo incorruptível e eterno; sendo ele imenso, fez do mundo a maior de todas as coisas; sendo a vida principal, adornou o mundo com sementes vitais, gerando todas as coisas a partir de si; sendo onipotente, apenas por Sua vontade e não por necessidade da natureza, Ele criou o mundo, não de uma matéria já existente, mas do nada; e sendo o centro de todo o bem, abraçando Sua palavra, que é a primeira ideia de todas as coisas, com Sua melhor vontade e amor essencial, Ele produziu este mundo externo de acordo com o exemplo do interno, isto é, ideal, não necessariamente enviando a essência de Sua ideia, mas criando do nada para a eternidade, por meio da Ideia.

Deus também criou o homem à Sua imagem; pois assim como o mundo é a imagem de Deus, também o homem é a imagem do mundo. Por isso, alguns pensam que se diz que o homem não é criado apenas à imagem de Deus, mas também à imagem da imagem, sendo chamado, portanto, de microcosmo, que é o mundo menor.

O mundo é uma criatura racional, imortal; o homem também é racional, porém mortal, ou seja, dissolvível; pois (como dizia *Hermes*),[2] uma vez que o mundo é mortal, é impossível que qualquer parte possa perecer. Morrer, portanto, é um nome vão, e assim como o vácuo não existe em parte alguma, tampouco existe a morte; quando dizemos que um homem morre, quando sua alma e corpo se separam, não queremos dizer que alguma parte dele perece de fato ou se converte em nada.

Entretanto, a verdadeira imagem de Deus é Sua palavra.[3] A sabedoria, vida, luz e verdade existem por causa d'Ele, daquele cuja imagem a alma do homem é a imagem, segundo a qual se diz que somos feitos à imagem de Deus, não do mundo ou das criaturas;

pois, assim como Deus não pode ser tocado, nem percebido pelos ouvidos nem visto pelos olhos, também a alma do homem não pode ser vista, ouvida ou tocada. Assim como o próprio Deus é infinito e não pode ser comandado por coisa alguma, a mente do homem também é livre e não pode ser restringida ou limitada. Além do mais, Deus compreende todo este mundo, e tudo o que há nele, em sua mente, a mente do homem também o compreende no pensamento;[4] e o que lhe é peculiar em Deus, assim como Deus move e governa todo este mundo por sua vontade, a mente do homem governa e rege o próprio corpo.

Era, portanto, necessário que a mente do homem assim selada pela Palavra de Deus fosse revestida também do homem corpóreo, segundo o mais completo exemplo do mundo; e por isso o homem é chamado de o outro mundo e a outra imagem de Deus, pois tem em si tudo o que está contido no mundo maior, de modo que nada existe sem existir de fato no próprio homem, e todas as coisas realizam os mesmos deveres nele como no mundo maior.

Existem no homem os quatro elementos, com as mais verdadeiras propriedades de sua natureza, e nele há um corpo físico, o veículo da alma em proporção correspondente ao céu: há nele a vida vegetativa das plantas, os sentidos dos animais, dos espíritos celestiais, a razão angelical e a compreensão divina, e a verdadeira conjunção, e a posse divina de todas as coisas fluindo em uma.

Assim, em letras sagradas, o homem é chamado de toda criatura, e sendo o homem outro mundo, compreende todas as parte de tal mundo, e ainda recebe e contém em si o próprio Deus. Daí a *Xisto*,[5] o pitagórico, dizer que a alma do homem é o templo de Deus; ideia também transmitida por *Paulo*, em termos claros, dizendo que somos o templo de Deus;[6] e a mesma Escritura Sagrada atesta em muitos lugares: o homem é, portanto, a imagem manifesta de Deus, já que contém em si todas as coisas que são em Deus.

Mas Deus, por certa eminência, contém todas as coisas por meio de seu poder, como causa e princípio de todas as coisas; transmitiu, porém, esse poder ao homem, para que este pudesse, do mesmo modo, conter todas as coisas, mas por certo ato e composição, ser como um nó, um elo, um vínculo entre todas as coisas.

O homem, portanto, pode regozijar nessa honra de ser semelhante a tudo, operar em tudo e com tudo conversar: ele se simboliza com a matéria da maneira devida; com os elementos em um corpo de natureza quádrupla; com as plantas em uma virtude vegetativa; com os animais em uma faculdade sensível; com os céus em um espírito etéreo, e num influxo das partes superiores sobre as inferiores; com os anjos em compreensão e sabedoria; com Deus, por conter em si todas as coisas; com Deus e com as inteligências ele é preservado pela fé e sabedoria; com os céus e as coisas celestes, pela razão e pelo discurso; com todas as coisas inferiores, pelo sentido e domínio; e age com tudo, e tem poder sobre tudo, até sobre o próprio Deus, conhecendo-o e amando-o.

E assim como Deus conhece todas as coisas, também o homem pode conhecer todas as coisas inteligíveis, vendo que tem como objeto essencial,

Ens[7] em geral, ou (como dizem outros) a Verdade em si; tampouco se encontra coisa alguma nele, ou disposição alguma, na qual não brilha algo da divindade; assim como não há em Deus coisa alguma que não seja representada no homem.

Aquele, portanto, que se conhecer, conhecerá todas as coisas em si mesmo; especialmente Deus, à cuja imagem ele foi feito; conhecerá o mundo, semelhança do qual ele traz em si; conhecerá todas as criaturas, com as quais se simboliza; e que conforto ele pode ter e obter das pedras, plantas, animais, elementos, céus, espíritos, anjos e todas as coisas, em seu tempo, lugar, ordem, medida, proporção e harmonia, podendo tudo atrair para si, como a magnetita.

E *Geber*, em sua Suma de Alquimia,[8] ensina que nenhum homem pode atingir a perfeição dessa arte sem reconhecer os princípios dela em si mesmo, só assim obtendo o poder maior de atração, e o poder ainda maior de operar coisas maiores e mais extraordinárias, ascendendo a tão grande perfeição que se torna o filho de Deus, e é transformado naquela imagem que é Deus, e a ele se une, o que não é possível para os anjos, para o mundo ou qualquer outra criatura; ou seja, só o homem tem o poder de se tornar o filho de Deus e a ele se unir.

Mas, se o homem se unir a Deus, todas as coisas nele contidas também se unem, principalmente sua mente, pois espíritos e poderes animais, e a faculdade vegetativa, e os elementos são para a matéria, atraindo consigo o próprio corpo, que, mudando de forma, se desenvolve em uma condição melhor, adquirindo uma natureza divina até ser glorificado em imortalidade. E esse é aquele dom especial do homem, a quem é devida essa dignidade da imagem divina, não existente em nenhuma outra criatura.

Alguns teólogos,[9] porém, consideram que esses poderes da memória, compreensão e vontade do homem são a imagem da divina Trindade; e alguns vão mais longe, colocando essa imagem não só nessas três faculdades a que chamam de atos primeiros, mas também em atos secundários; e assim como a memória representa o Pai, a compreensão o Filho, a vontade o Espírito Santo, a palavra produzida por nossa compreensão, e o amor fluindo de nossa vontade, e a própria compreensão tendo um objeto presente e produzindo-o, manifestam o Filho, o Espírito e o Pai.

E os teólogos mais misteriosos ensinam ainda que todos os nossos membros representam algo em Deus cuja imagem nós temos; e que até em nossas paixões nós representamos Deus, mas por uma certa analogia: pois na palavra sagrada nós lemos a respeito da fúria, do arrependimento, complacência, amor, ódio, prazer, deleitação, indignação de Deus, e coisas do gênero, e também falamos dos membros de Deus, congruentes nesse contexto.

Hermes Trismegisto, confessando a divina Trindade, descreve-a como Compreensão, Vida e Brilho, ou como a Palavra, a Mente e o Espírito, e diz que o homem feito à imagem de Deus representa a mesma Trindade; pois há nele uma mente compreensiva, uma palavra pensante, e um espírito, como um brilho divino se difundindo por todos os lados, preenchendo todas as coisas, movendo e tecendo tudo em união.[10]

Mas não se entenda, com isso, o espírito natural que é o meio pelo qual a alma se une à carne e ao corpo, permitindo assim que o corpo viva e atue; e um membro age sobre outro, de cujo espírito falamos no primeiro livro. Tratamos aqui do espírito natural, que de certa forma é também corpóreo, embora não tenha um corpo denso, tangível e visível, mas sim um corpo sutil e fácil de se unir à mente, isto é, aquela superior e divina que existe em nós; que ninguém se surpreenda se dissermos que a alma racional é esse espírito, e uma coisa corpórea, ou que ela tem ou favorece alguma corporalidade enquanto está no corpo e a usa como instrumento, compreendendo-o, os platônicos chamam de corpo etéreo da alma, e sua carruagem.[11]

Portanto, *Plotino*[12] e todos os platônicos, seguindo *Trismegisto*, de modo semelhante, colocam três coisas no homem, às quais denominam o supremo, o inferior e o meio.

O supremo é aquela coisa divina a que eles chamam a mente, ou porção superior, ou intelecto iluminado. *Moisés*, no Gênesis, a chama de sopro da vida;[13] ou seja, o sopro de Deus ou seu espírito inspirado em nós.

O inferior é a alma sensível que também é chamada imagem: *Paulo*, o apóstolo, a chama de homem animal.[14]

O meio é o espírito racional que une os dois extremos – a alma animal à mente – favorecendo a natureza dos dois extremos; contudo, difere do supremo, que é chamado intelecto iluminado, a mente, a luz, a porção suprema; também difere da alma animal, da qual, segundo o apóstolo nos ensina, devemos separá-lo, pelo poder da palavra de Deus: a palavra de Deus é viva e penetrante, mais penetrante que uma espada de dois gumes; capaz até de dividir a alma e o espírito.[15]

Enquanto essa porção suprema jamais peca, jamais se rende ao mal, sempre resiste ao erro e exorta as melhores coisas, a porção inferior, a alma animal, está sempre envolta pelo mal, pelo pecado e pela concupiscência, e é atraída para as piores coisas, sobre as quais fala o apóstolo *Paulo*: "mas vejo, nos meus membros, outra lei, que, guerreando contra a lei da minha mente, me faz prisioneiro da lei do pecado".[16] A mente – a porção suprema –, portanto, jamais é condenada; mas quando seus companheiros devem ser punidos, segue ilesa para seu original; mas o espírito, que *Plotino* chama de alma racional,[17] que por sua natureza é livre e pode, a seu bel-prazer, ligar-se a qualquer dos dois, se aderir com constância à porção superior, será imediatamente unida e embelezada junto a ela, até ser assumida por Deus; se aderir à alma inferior, será depravada e se tornará má até se transformar em um espírito vil. Mas no que toca à mente e ao espírito, já discorremos o suficiente.

Agora, abordemos a fala ou a palavra. *Hermes* acredita que ela tem o mesmo valor da imortalidade; pois a fala ou palavra é aquilo sem o qual nada é e nem pode ser feito; pois ela é a expressão da que expressa e das coisas expressas; e a fala do orador, e aquilo que fala, é a fala ou a palavra; e a concepção de quem concebe e aquilo que concebe é a palavra; e a escrita do escritor e aquilo que escreve é a palavra; e a formação do formador e aquilo que forma é a palavra; e a criação do criador e aquilo que cria é a palavra; e o ato de quem o pratica e a coisa praticada é a palavra; e o conhecimento daquele que sabe e a coisa conhecida é a palavra; e tudo o que pode ser falado é a palavra, e é chamada igualdade, pois se apresenta a todos de maneira igual; assegurando que uma coisa não é mais do que outra; dando a todos de maneira igual, de modo que um não seja nem mais nem menos que o outro; e sendo ela mesma racional, torna racional a si mesma e todas as coisas, assim como a luz torna visível a si e todas as coisas.

Portanto, a palavra é chamada por *Hermes* de filho luminoso da mente;[18] pois a concepção pela qual a mente concebeu a si mesma é a palavra intrínseca gerada da mente; ou seja, o conhecimento de si mesma; mas a palavra extrínseca e vocal é a filha e a manifestação dessa Palavra, e um espírito que procede da boca com som e voz, significando algo: mas cada voz nossa, fala e palavra, a menos que seja formada pela voz de Deus, se mistura ao ar e desaparece; mas o espírito e a palavra do Senhor permanecem, acompanhados de vida e sentido.

Assim, toda a nossa fala, nossas palavras, espírito e voz, não têm poder em magia, a menos que sejam formados pela palavra divina: *Aristóteles*, em seu "Meteors",[19] e no fim de sua Ética,[20] confessa que não há nenhuma virtude, natural ou moral, a não ser por meio de Deus; e em "Secret Tenents",[21] afirma que, se nosso entendimento for bom e sensato, podemos fazer muitas coisas com os segredos da natureza se a influência do poder divino estiver presente; caso contrário, não poderemos fazer absolutamente nada. Nossas palavras também podem realizar muitos milagres, se forem formadas pela palavra de Deus, na qual a nossa geração universal se torna perfeita, como diz *Isaías*,[22] por tua permissão, "Ó Senhor, nós concebemos, como as mulheres concebem pela permissão de seus maridos, e geramos o Espírito".

Entendimento semelhante é o encontrado entre os ginosofistas da Índia; ou seja, que *Buda*, um príncipe que tinha a mesma opinião, deu origem a uma virgem, nascida de sua costela; e entre os muçulmanos existe uma forte crença de que muitos, chamados na língua deles Nefesohli, nascem de um modo oculto, por vontade divina, sem cópula carnal. A vida deles é, por conseguinte, maravilhosa e impassível, ao mesmo tempo angelical e sobrenatural; mas deixemos essas trivialidades de lado.

Somente o Rei Messias – a palavra do Pai feita carne, Cristo *Jesus* – revelou esse segredo, e o manifestará no tempo devido; portanto, uma mente muito semelhante à dele (como declama *Lazarillus* em "Crater of Hermes):[23]

> Deus me revelou que como divindades
> Ele pode gerar deuses com capacidade.
> Feliz aquele que conhece seu valor, e como
> Ele é igual aos deuses acima!
> Eles reprimem o perigo, fazem as doenças desaparecer,
> Eles têm presságios, e da miséria
> Livram os homens, recompensam os bons, e aos maus
> Castigam; e assim fazem a vontade de Deus Altíssimo.

Aqueles que não são nascidos do desejo da carne, nem do homem nem da mulher, mas de Deus; uma geração universal na qual o Filho é como o Pai em todas as maneiras; e na qual aquilo que é gerado é da mesma espécie daquele que gerou; e esse é o poder da palavra formada pela mente, e recebida pela pessoa corretamente disposta, como semente na matriz para geração: mas eu digo, disposta e corretamente recebida, porque nem todos participam da palavra da mesma maneira, mas alguns de forma diferente; e esses são os mais ocultos segredos da natureza que não devem ser publicados.

Notas – Capítulo XXXVI

1. Pois há duas imagens de Deus: o Cosmo é uma e o homem é a outra; sendo que ele, assim como o Cosmo, é um único todo criado de partes diversas (*Asclépio* 1.10 [Scott, 1:305]).

...quando, eu digo, Deus criou esse ser [Cosmo], sua primeira e única criação, e quando viu que o ser que fizera era belo e totalmente preenchido com todas as coisas boas, ele se alegrou e o amou com intensidade, como a seu próprio filho. Por isso, sendo sábio e bom, ele desejou que existisse outro que tomasse conta do ser que havia gerado; e nesse ato de vontade, criou o homem, para ser um imitador de sua sabedoria e cuidado paternal (*ibid.* 1.8 [Scott, 1:301]).

Pois é a função do homem contemplar as obras de Deus; e por essa razão ele foi criado; para que veja o universo com admiração e conheça seu Criador (*Corpus Hermeticum* 4.2 [Scott, 1:151]).

2. "Pois vendo que o Cosmo é o segundo Deus, e um ser imortal, é impossível que uma parte daquele ser imortal morra; e tudo no Cosmo é parte do Cosmo" (*Corpus Hermeticum* 8.1bid [Scott, 1:175]).

3. Uma referência ao *Logos* (em grego: λογος – palavra, fala, discurso, razão). Os neoplatônicos e os estoicos usaram o termo para se referir à Inteligência do Cosmo, um tipo de mediador entre Deus e o mundo. O apóstolo João adotou esse termo técnico grego para se referir de modo específico à segunda parte da Trindade – Cristo (João 1:1, 14).

4. Ordene à sua alma que viaje a qualquer lugar de sua escolha e, assim que der a ordem, ela estará lá. Ordene que ela passe da terra para o oceano, e ela fará isso com a mesma velocidade; ela não se moveu como uma pessoa se move de um lugar para outro; mas *está* lá. Ordene-a que voe ao céu, e ela não precisará de asas; nada pode impedir seu caminho, nem o calor incandescente do Sol, nem o redemoinho dos planetas-esferas; abrindo seu caminho em meio a tudo, ela voará até chegar ao ponto mais externo de todas as coisas corpóreas. E se você desejar alcançar o próprio universo e ver as coisas fora do Cosmo (se de fato existir alguma coisa fora do Cosmo), mesmo isso lhe é permitido (*Corpus Hermeticum* 11(2). 19 [Scott, 1:221]).

5. Talvez Sexto. "Você tem dentro de si algo semelhante a Deus, e por isso use a si mesmo como o templo de Deus, pois você é semelhante a Deus" (*Select Sentences of Sextus the Pythagorean*. Em *Life of Pythagoras*, Jâmblico [Taylor, 192]).

6. I Coríntios 3:16.

7. Do latim *esse*: ser. Entidade, no sentido original de ser essencial, ou existência real.

8. *Summa perfectionus meagisterii*. Ver nota biográfica sobre Geber.

9. Ver Agostinho, *De trinitate* (A trindade) 10.2; também Aquino, *Suma teológica* 77.1.1;

10. " 'Aprenda meu significado', disse ele [*Poimandres*], 'observando o que você tem em si mesmo; pois em você também, a palavra é o filho, e a mente é o pai da palavra. Elas não estão separadas uma da outra, pois a vida é a união da palavra e da mente'" (*Corpus Hermeticum* 1.6 [Scott, 1:117]).

11. Para a longa alegoria de Platão a respeito da alma como uma carruagem alada, ver *Fédron* 246-56

12. Plotino.

13. Gênesis 2:7.
14. Talvez I Coríntios 15:32.
15. Hebreus 4:12.
16. Romanos 7:23
17. "A alma inferior deve sempre se esforçar para ter na memória as atividades da superior; de modo especial quando ela mesma é de boa qualidade, pois sempre haverá algumas que são melhores logo de início e são melhoradas aqui pela orientação da superior" (Plotino, *As Enéadas* 4.3.32 [Mackenna, 3:46]).
18. 'Essa Luz', ele disse [*Poimandres*], 'sou eu, Mente, o primeiro Deus, que existia antes da substância aquosa que surgiu das trevas; e a Palavra que surgiu da Luz e o filho de Deus.'" (*Corpus Hermeticum* 1.6 [Scott, 1:117]). Ver também a nota 10 deste capítulo.
19. *De meteoris* (A Meteorologia).
20. *A Ética a Nicômaco* 10.9.1179b, linhas 20-30.
21. *Secretum secretorum* de pseudo-Aristóteles, que M. Gaster chamou de "O livro mais popular da Idade Média" ("Introduction to a Hebrew version of the Secret of Secrets", *Journal of the Royal Asiatic Society*, 1908, P. II, p.1065-84). Existiam pelo menos 207 manuscritos em latim em circulação e muito mais em outras línguas. Foi publicado várias vezes antes de 1500. A obra consiste em uma coletânea de informações sobre astronomia, alquimia, encantamentos, geomancia, medicina, governo e "algo útil a respeito de quase todas as ciências". Ela foi supostamente escrita por Aristóteles a pedido de Alexandre. Ver Thorndike, 2:267-76.
22. Não encontrei essa passagem em Isaías.
23. *Crater Hermetis;* uma obra escrita em 1494, ou um pouco antes desse ano, por Ludovico Lazzarelli, um contemporâneo de Agrippa (ver sua nota biográfica). Foi publicada por Lefevre d'Etaples em sua edição parisiense de 1505, com vários escritos herméticos, e consiste em um diálogo entre Lazzarelli e o rei Fernando de Aragão. Por meio de uma série de hinos místicos, o rei é preparado para a revelação de um mistério sagrado envolvendo a técnica de criação de um deus insinuada por Hermes Trismegisto em seu *Asclépio* (ver Scott [1924] 1985, 1:339-40). D. P. Walker acredita que Lazzarelli falava a respeito da criação de um deus demônio familiar, por um mestre oculto para seu discípulo – ver seu *Spiritual and Demonic Magic from Ficino to Campanella* (University of Notre Dame Press, 1975), 70-1. A obra foi muito influenciada pelos *Hinos de Orfeu*. A cratera de Hermes, referida no título, é a vasilha para mistura, cheia com a mente, que Deus enviou à Terra, e para a qual convidou todos os corações humanos a mergulhar se desejassem obter uma porção da gnose. (Ver *Corpus Hermeticum* 4.4 [Scott, 1:51]).

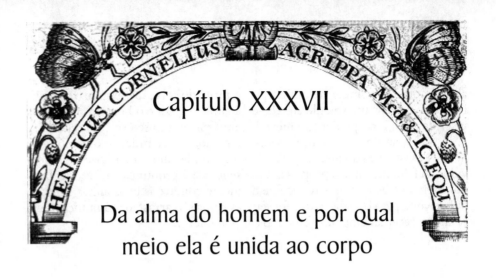

Capítulo XXXVII

Da alma do homem e por qual meio ela é unida ao corpo

 alma do homem é uma certa luz divina, criada segundo a imagem do mundo, a causa das causas e o primeiro exemplo, e a substância de Deus; delineada por um selo cujo caráter é a palavra eterna. A alma do homem também é uma certa substância divina, individual e presente em plenitude em cada parte do corpo, produzida de tal modo por um autor incorpóreo que depende apenas do poder do agente, e não do seio da matéria.

A alma é um número substancial, uniforme, que converte[1] a mesma; é racional e superior em excelência a todos os corpos e coisas materiais; a separação dela não se faz de acordo com a matéria nem procede de coisas inferiores e rudes, mas da causa eficiente; pois não se trata de um número quantitativo, mas está fora de todas as leis corpóreas, não sendo dividida nem multiplicada por partes. Portanto, a alma do homem é uma certa substância divina, fluindo de uma fonte divina e levando consigo um número: não aquele número divino pelo qual o Criador dispôs todas as coisas, mas um número racional por meio do qual, uma vez que tem uma proporção para todas as coisas, a alma pode entender todas elas.

Assim, sendo a alma do homem dessa natureza, segundo a opinião dos platônicos, e procedendo imediatamente de Deus, ela se une por meios competentes a esse corpo denso,[2] de onde, a princípio em sua decida, ela é envolta por um corpo celestial e aéreo, que é chamado por alguns de veículo celestial da alma e por outros a carruagem da alma.[3] Através desse veículo do meio, pelo comando de Deus, que é o centro do mundo, a alma é pela primeira vez infundida no ponto do meio do coração, que é o centro do corpo do homem, e daí é espalhada para todas as partes e membros de seu corpo, e aí une sua carruagem ao calor natural, sendo um espírito gerado pelo coração por meio do calor; por esse meio ela mergulha nos humores, tornando-se inerente a todos os membros e ficando igualmente próxima de todos eles, embora seja difundida de um para o outro, mesmo que o calor do fogo a deixe mais próxima do ar e da água. Assim se manifesta o modo como a alma imortal, por meio de um corpo imortal – ou seja, um veículo etéreo – é inserida em um corpo denso e mortal. Mas quando, por doença ou malícia, esses veículos do meio são dissolvidos ou falham, então a própria alma, por meio desses veículos, se recolhe e flui de volta para o coração que foi seu primeiro receptáculo; mas, falhando o espírito do coração e extinto o coração, a alma o deixa e o homem morre, e a alma parte com seu veículo celestial; e o gênio, seu guardião, e o demônio[4] a seguem, levando-a ao juiz,[5] e então a sentença é pronunciada. Deus calmamente conduz as boas almas à glória; as ruins são arrastadas à punição pelo Diabo feroz.

Notas – Capítulo XXXVII

1. Tem o poder de conversão. Ver Aquino, *Summa contra gentiles* 2.4.
2. Ver Platão, *Timaeus* 42e-43a (Hamilton and Cairns, 1171).
3. Ver nota 11, cap. XXXVI, l. III.
4. Os espíritos bom e mau indicados designados por toda a vida para cada alma humana (ver Orígenes, *De principiis* 3.2.4). Após a morte, eles aparecem perante o juiz das almas (ver nota seguinte) e disputam qual deles assumirá a responsabilidade.
5. Após a alma deixar o corpo, haverá um julgamento e uma investigação de seus merecimentos. A alma ficará sob o poder do chefe dos demônios. Quando ele considera uma alma devota e justa, permite que ela habite uma região adequada a seu caráter; mas, se verificar que ela está tomada pelas marcas do pecado e corrompida por vícios (incuráveis), ele a lança para baixo e a entrega às tempestades e redemoinhos daquela porção do ar que está em conflito frequente com o fogo e a água, para que a alma vil sofra punição eterna, sendo sempre açoitada e jogada entre o céu e a terra pelas ondas de matéria cósmica (*Asclépio* 3.28 [Scott, 1:367]).
Ver nota 36, cap. XVIII, l. III.

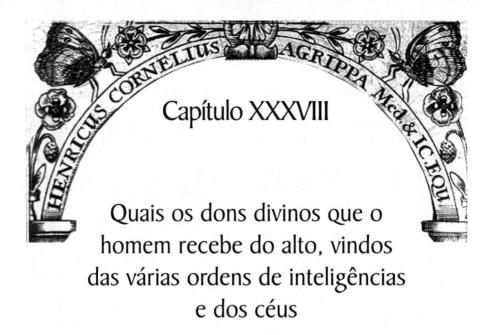

Capítulo XXXVIII

Quais os dons divinos que o homem recebe do alto, vindos das várias ordens de inteligências e dos céus

odos os poderes são difundidos para o homem da fonte suprema do bem,[1] pelos sete planetas, como se eles fossem instrumentos.

De Saturno, uma contemplação divina e um entendimento profundo; solidez de julgamento; especulação firme; estabilidade e uma resolução inamovível.

De Júpiter, uma prudência imperturbável; temperança; benignidade; piedade; modéstia; justiça; fé; graça; religião; equidade; clemência; realeza.

De Marte, verdade; ausência de medo; coragem e força constantes; um desejo fervoroso de animosidade; o poder de ato e a prática; e uma inconversível veemência da mente.

Do Sol, nobreza da mente; perspicuidade da imaginação; a natureza do conhecimento e opinião; maturidade; conselho; zelo; luz da justiça; razão e julgamento ao distinguir o certo do errado; luz extraída em meio às trevas da ignorância; a glória da verdade descoberta; e caridade, a rainha de todas as virtudes.

De Vênus, um amor fervoroso; a esperança mais doce; o movimento do desejo; ordem; concupiscência; beleza; doçura; desejo de autocrescimento e propagação.

De Mercúrio, fé e crença penetrantes; raciocínio claro; o vigor de interpretar e pronunciar; seriedade da fala; agudeza de intelecto; discurso da razão; e os suaves movimentos dos sentidos.

Da Lua, uma consonância pacificadora; fecundidade; o poder de gerar e crescer, de aumentar e diminuir; e uma temperança moderada; e a fé no fato de que a familiaridade com as coisas manifestas e ocultas dá direcionamento a tudo; também o movimento da Terra para a vida e o crescimento de si e dos outros.

Mas essas influências são principalmente extraídas das sete inteligências,[2] que estão diante de Deus, que dispôs à alma o trono dessas virtudes; mas os planetas apenas dispõem o corpo, dando uma aparência tratável proporcionada e temperada para todas as coisas boas; e eles são como os instrumentos das inteligências; mas Deus, como a causa primária, confere a influência e o crescimento a tudo.

Aqueles, portanto, que buscaram as virtudes e diversas disposições da alma, acreditam de fato que obtêm naturezas diversas, em razão da diversidade de meios, e que essas almas não estão unidas aos corpos, a menos que estes sejam proporcionados por esses astros.[3] Assim, em um corpo, com um temperamento influenciado por Júpiter, eles acreditam que a alma infundida é temperada pelo poder e inteligência de Júpiter; e assim acontece também em relação aos outros planetas. De acordo com cada disposição, se a alma trabalhar bem no corpo, quando ela for purgada e expiada, retornará ao poder e à mansão divinos de onde desceu.

Além disso, o homem é fortalecido pelas ordens angelicais com maravilhosas visões; a saber.

Dos Anjos: para que o homem possa ser um mensageiro da vontade divina e um intérprete da mente de Deus.

Dos Arcanjos: para que ele possa governar todos os animais do campo, peixes do mar e aves do ar; sobre os quais o comando lhe é dado.

Dos Principados: para que todas as coisas possam ser submetidas ao homem; e que ele compreenda os poderes de tudo e atraia todos os poderes para si, por meio de uma determinada força secreta e supercelestial.

Das Virtudes: ele recebe poder, pelo qual é fortalecida a luta constante contra os inimigos da verdade, por cuja recompensa regemos uma raça nesta vida.

Das Potestades: contra os inimigos desse tabernáculo terreno.

Das Dominações: ajuda pela qual podemos subjugar todos os inimigos domésticos que levamos conosco e alcançar nosso fim desejado.

Dos Tronos: somos tecidos juntos e, sendo reunidos em nós mesmos, fixamos nossa memória naquelas visões eternas.

Dos Querubins: o homem recebe a luz da mente, o poder da sabedoria; fantasias e imagens superiores, pelas quais somos capazes de contemplar até as coisas divinas.

Dos Serafins: para que, pela chama perfeita de amor, possamos imediatamente ser inerentes a eles.

Esses são os graus, as escadas, pelos quais o homem ascende com facilidade a todos os tipos de poderes por meio de uma certa conexão e carruagem naturais, de acordo com as diversas disposições do corpo e da mente, e pelo favor dos astros, na disposição do corpo, e das inteligências que os governam, cuja natureza é vestida pela alma em sua descida, mesmo sendo tão clara quanto a cor do vidro; pela qual ela passa; com o favorecimento do supremo poder de Deus, de onde tudo é bom e sem o qual nenhuma coisa boa nem perfeita pode ser alcançada.

Por isso, labutam em vão todos aqueles que, confiando apenas no curso da natureza e no poder e favor das coisas inferiores, objetivam alcançar as coisas divinas; e também aqueles que, fingindo ter um pé nos céus, de fato tentam obter essas coisas pelo favor dos céus. Elas só podem ser obtidas de Deus; pois os inferiores, quero dizer os animais, plantas, pedras, metais, têm seu poder subserviente ao céu; mas o céu proveniente das inteligências; mas esses que vêm de Deus, em quem todas as coisas preexistem no poder maior; como no homem o mundo pequeno,[4] não existe um membro que não tenha correspondência com algum elemento, planta, inteligência, e com alguma medida e numeração no Arquétipo, como demonstramos anteriormente.

Notas – Capítulo XXXVIII

1. Ver nota 1, capítulo LIX, l. II.
2. Apocalipse 1:4.
3. Pois no momento em que cada um de nós nasce e se torna vivo, os demônios, que estão naquele momento desempenhando a função de ministros do nascimento, assumem a responsabilidade sobre nós, ou seja, os demônios que estão sujeitos a um determinado planeta. Pois os planetas substituem um ao outro de momento a momento; eles não operam sem mudar, mas sucedem um ao outro em rotação (*Corpus Hermeticum* 16.15 [Scott, 1:271]).
4. Microcosmo.

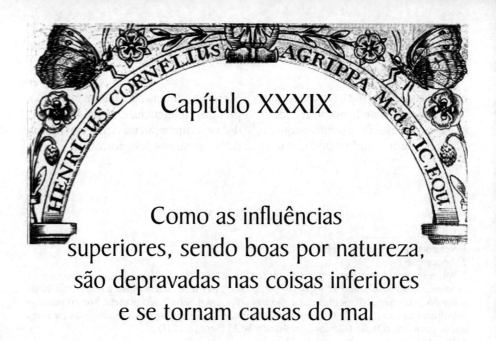

Capítulo XXXIX

Como as influências superiores, sendo boas por natureza, são depravadas nas coisas inferiores e se tornam causas do mal

omo todo poder e virtude vêm do alto, de Deus, das inteligências e dos astros, que não podem errar nem praticar o mal,[1] é necessário que todo o mal, e qualquer coisa que esteja em desconformidade e dissonância nessas coisas inferiores, procedem de fato não da malícia da influência, mas da disposição maldosa do receptor; assim cantou *Chysippus* acertadamente:

> Como tolos, eles acusam falsamente os deuses,
> Tornam-nos a causa de todas as suas misérias,
> Quando com sua insensatez ferem a si mesmos.

Por isso, *Júpiter*, relembrando a morte por meio de *Homero*[2] no conselho dos deuses:

> Nós, deuses, somos acusados pelos homens (que vício é esse?)
> De sermos a causa, a fonte daquilo que está em desordem,
> Quando são eles mesmos, por sua própria vileza
> Que se colocam em perigo.

Quando, portanto, a perversidade do sujeito recebe as influências do que é perverso, ou sua debilidade não consegue suportar a eficácia dos superiores, então, pela influência dos céus, aquilo que é recebido em uma matéria repleta de discordâncias resulta em algo dissonante, deformado e mau; contudo, os poderes celestiais sempre permanecem bons, pois, enquanto existirem em si mesmos, e oriundos do Doador da Luz têm sua influência por meio das inteligências sagradas e dos céus, mesmo que venham da Lua, sua influência é boa; mas, quando são recebidos por um sujeito vil, também são vilificados; então, com respeito à diferente natureza do receptor, eles são recebidos de maneiras diferentes e, pelas qualidades dissonantes entre si no mesmo sujeito, eles também são variados e pacientemente inseridos no sujeito.

De onde tudo o que está compreendido no sujeito, de repente resulta outra coisa diferente daquilo que os superiores enviaram; portanto, a qualidade perniciosa nesses inferiores é muito diferente do influxo dos céus; e, por conseguinte, a destemperança daqueles que têm a visão turva não deve ser imputada à luz; nem as queimaduras ao fogo; nem as feridas à espada; nem as correntes e as prisões ao juiz; mas aos ofensores e àqueles de disposição malévola; assim também não é culpa dos seres maus serem lançados às influências celestiais.

Portanto, quando temos a disposição correta, as influências celestiais cooperam em todas as coisas para o bem; mas, quando a disposição é má e perdemos, por nossos pecados, o bem divino que estava em nós, tudo opera para o mal; por isso a causa de todos os males é o pecado, que é a desordem e a destemperança de nossa alma; de onde, sendo ela mal governada, ou decaindo ou declinando daquilo que as influências celestiais requerem, todas as coisas se rebelam e entram em dissonância para nossa destruição.

Então, no corpo do homem, que de outro modo é moderado e composto da mais doce harmonia, a destemperança dos elementos começa; humores vis se elevam; e mesmo os bons entram em desordem e se separam uns dos outros, e por uma certa vicissitude incomodam e atormentam o corpo. Então, uma veemente dissonância é percebida, por superfluidade, diminuição ou algum acidente iátrico,[3] ou pela carne supérflua, de onde humores supérfluos são gerados, e pela mesma causa ocorrem as enfermidades; assim, os espíritos animais, quando as rédeas se quebram, caem em contenda.

Então, as influências celestiais, de outro modo boas, tornam-se prejudiciais a nós, mesmo a luz do Sol aos olhos com má disposição. Como consequência, Saturno envia angústia, tédio, melancolia, loucura, tristeza, obstinação, rigidez, blasfêmia, desespero, mentira, aparições, medos, perambulação dos mortos, agitação de diabos. Júpiter envia cobiça, ocasiões vis para adquirir riqueza e tirania. Marte, ira furiosa, arrogância profana, ousadia violenta, teimosia feroz. O Sol, orgulho imperioso e ambição insaciável. Vênus, os enganos da concupiscência, amores lascivos e luxúria impura. Mercúrio, decepções, enganos, mentiras, desejos sutis de propensões maldosas ao pecado. A Lua, o progresso inconstante de todas as coisas e tudo o que é contrário à natureza do homem.

E por esse meio, o próprio homem, em decorrência de sua falta de semelhança com as coisas celestiais, recebe dor, quando deveria colher os benefícios; por conta da mesma dissonância com as coisas celestiais (como disse *Proclo*), os homens também se sujeitam até aos espíritos maus que, como operadores de Deus, se encarregam de puni-los: assim, eles sofrem injustiças pelos espíritos maus, até serem mais uma vez expiados, por meio das devidas purgações, e assim o homem retorna à natureza divina.

Assim, um mago excelente pode evitar que muitos males lhe aconteçam pela disposição dos astros, quando prevê a natureza deles, evitando-os, tomando cuidado e se defendendo para que eles não o atinjam, evitando que, devido à má disposição do sujeito, ele receba dor quando deveria colher benefícios.

Notas – Capítulo XXXIX

1. Agrippa parece se contradizer: veja o primeiro parágrafo do capítulo XV, l. III e a nota 2.
2. *Odisseia* 1, versos 32-4.
3. Médico.

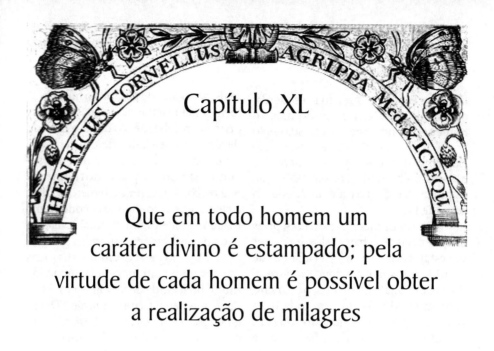

Capítulo XL

Que em todo homem um caráter divino é estampado; pela virtude de cada homem é possível obter a realização de milagres

 experiência mostra que um certo poder de domínio e predominância é implantado no homem por natureza; pois (*Plínio* testemunha)[1] que um elefante, quando encontra um homem vagando no deserto, mostra-se generoso e cortês, e indica o caminho a ele; a mesma criatura, antes de ver o homem, treme, fica parada, olha ao redor, estremecendo ao ouvir os passos do homem, por medo de traição. Do mesmo modo, o tigre, o mais feroz de todos os animais, quando avista o homem, remove seus filhotes;[2] e lemos mais informações dessa natureza em diversos autores, que escreveram grandes volumes a respeito dos animais.

Mas como esses animais sabem que o homem deve ser temido, se nunca o viram? E se já o viram e o conhecem, por que o temem, se são mais fortes e ágeis que ele?[3] O que é essa natureza do homem, que infunde terror nos animais selvagens? Todos os historiadores que escrevem a respeito dos animais a reconhecem, mas deixam aos outros a incumbência de ensiná-la e prová-la.

A esse respeito, *Apolônio Tyaneus* (como lemos em *Filóstrato*), vendo uma criança guiando um enorme elefante, respondeu a *Damus*, que lhe perguntara de onde vinha a obediência de uma criatura tão grande a uma criança tão pequena: que vinha de um certo terror ativo, implantando no homem por seu Criador, e que todos os animais e criaturas inferiores, percebendo-o, temem e reverenciam o homem, como se ele fosse um personagem aterrorizante; e um selo de Deus estampado no homem, pelo qual tudo se sujeita a ele, e o reconhece como superior, seja servo ou animal. Pois, de outro modo, nem uma criança poderia controlar seu rebanho e os elefantes, nem um rei poderia apavorar seu povo, nem julgar os culpados.[4]

Por isso, o caráter é estampado no homem proveniente da ideia divina que os cabalistas da língua hebraica chamam Pahad[5] פחד, e a mão esquerda, ou espada, de Deus: além do mais, o homem não tem apenas um selo pelo qual é temido, mas também pelo qual ele é amado; cuja ideia nas numerações divinas é chamada Hesed[6] חסד, que significa clemência, e a mão direita e o cetro de Deus.

Dessas numerações divinas, pelas inteligências e astros, selos e caráter são estampados em nós; a cada um de acordo com sua capacidade e pureza: sinais esses que, sem dúvida, o primeiro homem criado possuía em toda integridade e plenitude, quando todas as criaturas atraídas pela gentileza secreta e subjugadas pelo terror vinham a ele como seu Senhor, para que ele lhes desse nomes.[7] Mas, depois do pecado de prevaricação, ele caiu dessa dignidade com toda a sua posteridade.

Contudo, esse caráter não está extinto por completo em nós. Mas, quanto mais carregado de pecados o homem se torna, mais distante ele fica desse caráter divino, e recebe menos deles; e quando deveria receber amizade e reverência, cai em escravidão e terror de outros – tanto dos animais quanto dos homens e diabos; como *Caim*, que, temeroso, disse a Deus: "quem comigo se encontrar, me matará"[8] pois ele temia animais e diabos; não apenas homens, que eram poucos.

Mas, no passado, muitos homens que viveram com inocência, uma vida muito boa, ainda desfrutaram esse poder e obediência, como *Sansão*,[9] *Davi*[10] e *Daniel*[11] sobre os leões; *Eliseu*[12] sobre o urso; *Paulo*[13] sobre a víbora; e muitos anacoretas[14] viviam no deserto, em cavernas e refúgios de animais selvagens, não os temendo nem sendo feridos por eles; pois pelo pecado o caráter divino é obscurecido, mas quando o pecado é purgado e expiado, ele brilha ainda com mais intensidade.

Notas – Capítulo XL

1. Quando um elefante, no deserto, encontra um homem que está apenas vagando sem rumo, dizem que o animal se mostra misericordioso e gentil, e até indica o caminho. Mas o mesmo animal, se se depara com rastros do homem, antes de encontrá-lo, treme em todos os membros, por medo de uma emboscada; para de andar e fareja o ar; olha ao redor; e urra com força e raiva... (Plínio 8.5 [Bostock e Riley, 2:248]).
2. Do mesmo modo, a tigresa, que é o terror dos outros animais selvagens, vê sem espanto os rastros do próprio elefante; quando se depara com as pegadas do homem, imediatamente leva embora seus filhotes (*ibid.*).
3. E, ainda mais, por que eles [o elefante e o tigre] temeriam o mero vestígio do homem, já que são tão superiores a ele em força, tamanho e agilidade? Sem dúvida, assim é a lei da Natureza, assim é a influência do poder dela – os mais selvagens e os maiores animais jamais viram aquilo que têm razões para temer e, não obstante, têm uma instintiva sensação de medo, quando chega o momento que devem temer (*ibid.*, 248-9).
4. Esse é, com certeza, o mais dócil de todos os animais; e depois de ser domesticado pelo homem, permite que ele faça o que quiser, sempre demonstrando a mesma obediência. Sente prazer em pegar a comida na mão do dono, como um cachorrinho; acaricia-o com a tromba quando ele se aproxima; permite que o dono coloque a cabeça dentro de sua boca, mantendo-a aberta o tempo que for necessário, como vimos entre os nômades. Porém, à noite ele lamenta sua escravidão;

não com o usual urro, mas com um pranto triste e comovente. Todavia, se o homem se aproxima dele enquanto está chorando, o elefante para de lamentar, como se sentisse vergonha. Assim, ele é seu próprio mestre, Damis, e sua disposição tratável o controla e governa mais que seu dono (Filóstrato, *Life and Times of Apollonius of Tyana* 2.11 [Eells, 42-3]).
5.Pachad. Ver Apêndice VI.
6. Chesed. Ver Apêndice VI.
7. Gênesis 2:19.
8. Gênesis 4:14.
9. Juízes 14:5-6.
10. I Samuel 17:34-5.
11. Daniel 6:22.
12. *Eliseu* – II Reis 2:24
13. Atos 28:3-6
14. O *anacoreta* é aquele que se afasta da civilização e leva uma vida de devoção, contemplação e oração, distante dos outros homens; diferentemente do *cenobita*, que se afasta do mundo, mas vive em uma comunidade fechada de religiosos. Quanto à submissão dos animais aos anacoretas, ver Brewer 1901, 360-7. Mais exemplos nesse contexto: Oseias 2:18; Jó 5:23; Isaías 11:9; Ezequiel 34:25-8.

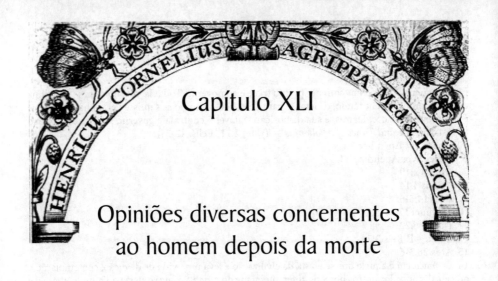

Capítulo XLI

Opiniões diversas concernentes ao homem depois da morte

e modo geral, todo homem morrerá; a morte é fatal para todos nós; mas ela pode ser natural, violenta, voluntariamente recebida, infligida pelas leis humanas para os crimes, ou por Deus pelo pecado, de modo que essas duas modalidades não parecem estar em função da natureza, mas a uma punição pelos pecados que (como dizem os mestres hebreus) Deus não remete a ninguém.

Portanto, conforme lemos em *Ezechiah*,[1] depois da profanação do Santuário, embora não tenha permanecido nenhuma ordem de execução judiciária, ainda existiu uma punição quádrupla pela qual os homens poderiam ser condenados; nenhum homem culpado de morte deveria escapar sem retaliação; pois aquele que merecia ser apedrejado até a morte era, com a permissão de Deus, expulso de casa, ou pisoteado por animais, ou tomado pela ruína ou queda. Mas aquele que merecia ser queimado era consumido pelo fogo ou encontrava a morte por picada de serpente ou veneno. Mas aquele que deveria morrer pela espada era morto pela violência da jurisdição ou pelo tumulto de pessoas ou facções, ou pela ação de ladrões. Aquele que merecia ser enforcado era sufocado nas águas ou morto por alguma punição de estrangulamento; e com base nessa doutrina, o grande *Orígenes* acreditou que o Evangelho de Cristo deveria ser assim declarado: aquele que usa a espada deve morrer pela espada.[2]

Além do mais, os filósofos étnicos pronunciaram que a retaliação desse tipo é *adrastia*,[3] ou seja, um poder inevitável das leis divinas, pelo qual, nas outras vidas, cada um é recompensado de acordo com a razão e os méritos de sua vida anterior. Assim, aquele que governou com injustiça na vida anterior, na outra vida voltaria em uma posição servil; aquele que sujou as mãos com sangue sofreria retaliação; quem viveu uma vida de violência voltaria em um corpo embrutecido.

Plotino escreveu a respeito dessas coisas em seu livro acerca do gênio próprio de cada um; afirmando que qualquer pessoa que tenha mantido o caráter humano nasce de novo como homem; mas quem usou apenas os sentidos volta como um animal selvagem. Assim também acontece com aqueles que usam o sentido aliado à raiva – eles também voltam como animais selvagens; mas quem faz uso do sentido por concupiscência e prazer retorna como um animal lascivo e glutão; mas se o homem vive pela degeneração do sentido, plantas crescem novamente junto com ele. Porém, aqueles que viveram seduzidos pela música, sem ser depravados em outras coisas, voltam como animais musicais; e aqueles que governaram sem razão, se tornam águias, a menos que tenham sido maculados por alguma vileza. Mas aquele que viveu com civilidade e virtude, retorna como homem.[4]

O próprio *Salomão*, nos Provérbios, chama o homem às vezes de leão,[5] tigre, urso,[6] porco;[7] às vezes de lebre, galo,[8] arganaz;[9] às vezes de formiga,[10] ouriço, serpente,[11] aranha,[12] águia,[13] cegonha ou qualquer outra ave;[14] e muitos outros animais.

Mas os cabalistas dos hebreus não admitem que as almas são transformadas em animais, porém não negam que elas perderam por completo a razão, e que em outra vida serão abandonadas a uma afeição e imaginação selvagens. Também afirmam que as almas voltam apenas três vezes, não mais, porque esse número parece ser suficiente para a purgação dos pecados, conforme o que aconteceu a Jó, Deus redimiu a minha alma de ir para a cova; e a minha vida terá luz. Eis que tudo isso é obra de Deus, duas e três vezes para com o homem, para reconduzir da cova a sua alma e o alumiar com a luz dos viventes.[15]

Mas agora vejamos a opinião dos antigos no que concerne aos mortos. Quando o homem morre, o corpo dele volta para a terra, de onde foi retirado; o espírito retorna ao céus, de onde desceu, como diz o Pregador,[16] o corpo retorna à terra de onde veio e o espírito volta a Deus que o deu ao corpo. *Lucrécio* expressou[17] essa ideia nos seguintes versos:

O que veio da terra, à terra retorna;
O que veio de Deus, volta de onde veio.

Mas *Ovídio* o fez em melhores versos:

Existem quatro coisas no homem: espírito, alma, fantasma e carne;
Quatro lugares os mantêm e possuem.
A terra cobre a carne; o fantasma paira sobre o túmulo,
Orco tem a alma; o espírito almeja as estrelas.

A carne sendo abandonada, o corpo destituído de vida é chamado carcaça morta, que, segundo os adivinhos dos hebreus, fica sob o poder do demônio *Zazel*,[18] sobre o qual falam as Escrituras: "Comerás pó todos os dias de tua vida";[19] e, em outra passagem, o pó da Terra será seu pão. O homem foi criado do pó da Terra,[20] de onde também vem o demônio chamado Senhor da Carne e do Sangue, enquanto o corpo não é expiado e santificado com as devidas solenidades.

Por isso, não sem motivo, os antigos ordenavam expiações das carcaças; que aquilo que estava impuro fosse borrifado com água-benta, perfumado com incenso, conjurado com orações sagradas, cercado por luzes enquanto sobre a terra, e por fim, enterrado em local sagrado. Assim vemos *Elpenor*, em *Homero*,[21] imploro-te (ele diz), *Ulisses*, toma atenção em mim, e não me deixes desenterrado, abandonado para me tornar objeto da ira dos deuses.

Mas o espírito do homem, que é de uma natureza sagrada e filiação divina, porque é sempre imaculado, se torna incapaz de qualquer punição; mas a alma, se agiu bem, rejubila junto com o espírito e, seguindo adiante com uma carruagem aérea, passa com liberdade pelo coro dos heróis ou alcança o céu, onde desfruta todos os sentidos e poderes: uma felicidade abençoada perpétua, o conhecimento de todas as coisas, e também a visão divina e a posse do reino dos céus; se tornando parceira do poder divino, concede dádivas aos inferiores, como se fosse um deus imortal.

Mas, se ela agiu mal, o espírito a julga e a deixa aos prazeres do Diabo; e a alma infeliz vagueia pelo Inferno sem um espírito, como uma imagem, como reclama *Dido*,[22] em *Virgílio*:

> E agora, minha grande imagem irá para
> Debaixo da terra.

Essa alma destituída de essência inteligível e relegada ao poder da fantasia furiosa está sempre sujeita ao tormento das qualidades corpóreas, sabendo que está, pelo julgamento justo de Deus, para sempre privada da visão divina (para a qual foi criada), por seus pecados: a ausência dessa visão divina, como testemunha a Escritura, é o fundamento de todos os males e a mais sofrível punição de todas, à qual a Escritura chama o jorro da ira de Deus.[23]

Portanto, essa imagem da alma entra no fantasma como em um corpo aéreo, e com o qual às vezes adverte os amigos; às vezes agita os inimigos, como *Dido* quando ameaça[24] *Enéas* em *Virgílio*, dizendo:

> Eu o perseguirei, e infligirei três torturas.

Pois quando a alma é separada do corpo, as perturbações da memória e do sentido permanecem.

Os platônicos afirmam que as almas, em especial daqueles que foram assassinados, agitam os inimigos e a indignação do homem não faz muito a respeito, assim como a *Nêmesis* divina e o demônio, prevendo e permitindo isso. Assim, o espírito de *Naboth* (como interpretam os mestres hebreus), porque no fim de sua vida foi tomado de um desejo de vingança, foi forçado a executar a vingança, o espírito de uma mentira, e seguiu adiante, com a permissão de Deus, um espírito mentiroso na boca de todos os profetas, até fazer com que Acabe caísse em Ramote-Gileades.[25]

E o próprio *Virgílio*, junto aos pitagóricos e platônicos, com quem nosso *Agostinho* concorda, confessa que as almas separadas mantêm a memória das coisas que fizeram nesta vida e de seus desejos, quando entoa:[26]

> Que gosto tinham elas por cavalos
> bravios
> E armas; e o mesmo os persegue até o
> túmulo.

E *Agazel*, em seu livro *De Scientia Divina*, e outros árabes e muçulmanos que foram filósofos, acreditam que as operações da alma, sendo comuns ao corpo conjugado, estampa na alma um caráter de uso e exercício, que, sendo separado, ficará fortemente impresso nas operações e paixões semelhantes que não foram no tempo de vida. E embora o corpo e os órgãos sejam corrompidos, a operação não cessará, mas como as afeições e disposições, permanecerá.

Os antigos dão a essas almas o nome comum de *Manes*; aqueles que eram inocentes nesta vida, e foram purificados pelas virtudes morais, eram muito felizes; e a respeito delas, canta *Virgílio*:[27]

> _____que morreram por seu país,
> Com sacerdotes que em suas vidas fizeram votos de castidade,
> E poetas sagrados, que mais agradaram a Febo
> Ou pelas artes inventadas ajudam a vida do homem,
> E outros em sua memória celebrados.

Embora tenham partido desta vida sem a justificação da fé e graça, como muitos adivinhos pensam, mesmo assim suas almas são levadas em sofrimento para campos felizes e prazerosos, como diz *Virgílio*:[28]

> Elas foram para lugares verdes e agradáveis,
> E com assentos confortáveis, e bosques agradáveis.

Ali desfrutam prazeres maravilhosos e também conhecimento sensitivo, intelectual e revelado.

Talvez também elas possam ser doutrinadas no que concerne à fé e justificação, como aqueles espíritos a quem, há muito tempo, Cristo pregou o Evangelho na prisão. Pois como é certo que ninguém pode ser salvo sem a fé em Cristo, também é provável que essa fé seja pregada a muitos pagãos e sarracenos depois desta vida, naqueles receptáculos das almas[29] até a salvação; e elas são mantidas nesses receptáculos, como em uma prisão comum, até chegar o momento em que o grande Juiz examinará nossas ações. Concordam com essa opinião *Lactanius, Irineu, Clemente, Tertuliano, Agostinho, Ambrósio* e muitos outros autores cristãos.

Mas as almas que são impuras, incontinentes e partem maculadas não desfrutam esses sonhos felizes; elas vagueiam repletas dos mais horrendos fantasmas e nos piores lugares; não desfrutando de nenhum conhecimento além do que é obtido por concessão ou manifestação, e com um contínuo desejo carnal são submetidas, em razão de sua corrupção corpórea, à sensação de dor e ao medo das espadas e facas.

Sem dúvida, *Homero* parece se sensibilizar com elas quando, no 11º livro de sua *Odisseia*, a mãe de *Ulisses*, depois de morta, fica perto do filho e apresenta sacrifícios, mas não o vê nem fala com ele, enquanto *Ulisses*, com a espada desembainhada, afasta os fantasmas do sangue do sacrifício.[30] Mas depois que *Tyresia*, a profetiza,[31] a adverte, a mulher bebe o sangue e imediatamente reconhece o filho e, chorando, fala com ele. Mas a alma de *Tyresia*, a profetiza, não obstante a espada desembainhada, mesmo antes de provar o vinho, conhecia *Ulisses*, falou com ele, e lhe mostrou o fantasma da mãe junto dele.

Quaisquer que sejam as maldades que as almas tenham cometido, portanto, nos corpos não expiados nesta vida, elas são constrangidas, levando consigo seus hábitos,[32] o que o poeta explica nos seguintes versos:

> _____quando eles morrem,
> Não são deixados por toda a sua miséria.
> Se não se arrependeram de seus crimes,
> Devem agora ser punidos por seu tempo desperdiçado.

Pois como os modos e hábitos dos homens acontecem nesta vida, tais afeições em sua maioria seguem a alma após a morte, que então recorda aquelas coisas que não foram formalmente feitas na vida e pensa nelas com mais intensidade,[33] pois as diversas ocupações da vida cessam, como a nutrição, o crescimento, a geração e várias outras dos sentidos, e negócios humanos, confortos e obstáculos de um corpo denso. Então aquelas espécies são representadas à razão fantástica, que são as mais turbulentas e furiosas, e que naquelas almas fica escondida uma fagulha intelectual, mais ou menos encoberta, ou extinta por completo, na qual as espécies mais falsas ou terríveis são transmitidas por espíritos maus.

Por isso, agora a alma é atormentada na faculdade concupiscente, pela concupiscência de um bem imaginário, ou daquelas coisas que a afetaram formalmente nesta vida; sendo privada do poder de desfrutá-las; embora lhe pareça que algumas vezes está alcançando tal prazer, ela é afastada pelos espíritos maus em amargo tormento, como nos poetas,[34] *Tantalus*,[35] de um banquete; *Sardanapalus*,[36] de abraços; *Midas*,[37] do ouro; *Sisyphus*,[38] do poder; e eles chamaram essas almas hobgoblins; sendo que, se qualquer uma delas toma conta das coisas da casa, vive e habita em silêncio na casa, ela é chamada deus do lar ou familiar.

Mas elas são torturadas com mais crueldade na faculdade irascível, com o ódio de um mal imaginário, com perturbações e também falsas suspeitas; e os mais horríveis fantasmas as atormentam; e são apresentadas a tristes representações; às vezes do céu caindo sobre suas cabeças; às vezes de serem consumidas pela violência das chamas; ou afogadas em um golfo; engolidas pela terra; transformadas em diferentes espécies de animais; diaceradas e devoradas por monstros; arrastadas por florestas, mares, fogo, ar e aterradores lugares infernais; e algumas vezes de serem tomadas e atormentadas por diabos.

Tudo o que concebemos não acontece após a morte de modo diferente desta vida para aqueles que são tomados por uma destemperança melancólica, ou àqueles que são aterrorizados e atormentados por coisas horríveis vistas em sonhos, como se essas coisas de fato lhes acontecessem. Porém, elas não são verdadeiras, apenas espécies dessas coisas apreendidas na imaginação; mesmo horríveis representações de pecados aterrorizam essas almas depois da morte como se elas estivessem em um sonho; e a culpa da maldade as conduz a diversos lugares. *Orfeu* as chama, por essa razão, de povo dos sonhos, dizendo que os portões de *Plutão* não podem ser destrancados, pois dentro deles está o povo dos sonhos.

Essas almas vis, não conseguindo desfrutar nenhum lugar bom quando vagueiam em um corpo aéreo, representam qualquer forma à nossa visão; são assim chamadas bruxas e goblins: inofensivos àqueles que são bons, mas prejudiciais aos que são maus; aparecendo algumas vezes em corpos magros; outras em mais densos; na forma de vários animais e monstros, cuja condição tiveram em vida, como canta o poeta:[39]

> Então, diversas formas de feras aparecem;
> Pois ele se torna um tigre, porco, e urso,
> Um dragão com escamas, e uma leoa,

Ou do fogo expressa um barulho amedrontador;
Ele se apresenta em diferentes aparências,
Fogo, animais selvagens e riachos.

Pois a alma impura de um homem, que nesta vida contraiu um grande hábito para seu corpo, por uma certa afeição interna ao corpo elemental, molda outro corpo para si a partir dos vapores dos elementos; e, renovada na matéria suave, ela se escraviza nesse corpo, que continuamente desaparece, como em uma prisão; e sendo um instrumento sensível por uma lei divina, sente calor e frio; e perturba o corpo, o espírito e o sentido, como mau-cheiro, uivos, lamentações, ranger de dentes, lágrimas e correntes, como entoa *Virgílio*:[40]

_____ e portanto por seus crimes
Elas devem ser punidas, e por tempo desperdiçado
Devem sofrer torturas; algumas penduradas ao vento;
Outras, para limpar suas manchas de pecado, são arremessadas
Em um vasto golfo, ou purgadas no fogo.

E em *Homero*, em Necromancia,[41] *Alcino* faz o seguinte relato a respeito de *Ulisses*:[42]

De *Tytius*, o querido da Terra,
Vimos o corpo estendido a algumas milhas
E de cada lado dele havia um grande abutre
Devorando suas entranhas.

Essas almas às vezes não habitam apenas esse tipo de corpo, mas, por uma grande afeição à carne e ao sangue, se transmudam em outros animais e tomam o corpo de criaturas rastejantes e ferozes; entrando neles e os possuindo como demônios. *Pitágoras* tem a mesma opinião; e antes dele *Trismegisto*, afirmando que almas vis às vezes entram em animais rastejantes e ferozes.[43] Elas não dão vida a esses corpos como formas essenciais, mas como seres inanimados vivem neles como em prisões, ou ficam muito próximas a eles, como se os movessem internamente; ou presas a eles, são atormentadas, como *Ixion*[44] à roda das serpentes; *Sysiphus* a uma pedra.

Elas não entram apenas nessas feras, mas às vezes nos homens, como falamos a respeito da alma de *Nabaoth*, que se tornou um espírito mentiroso na boca dos profetas. Assim, alguns afirmam que as vidas, ou espíritos de homens maus, entrando no corpo de outros homens, os perturbaram e, algumas vezes, os mataram.

Nada seria mais afortunado do que a permissão de que as almas abençoadas fizessem sua morada em nós, nos iluminando, como lemos em *Elias*, que, sendo levado deste mundo, seu espírito recaiu sobre *Eliseu*;[45] e em outra passagem lemos que Deus tomou o espírito que estava em Moisés e o deu a 70 homens.[46] Existe aqui um grande segredo, que não deve ser revelado de maneira imprudente.

Algumas vezes, também (o que é muito raro), as almas são tomadas de tal loucura que elas não entram apenas nos corpos dos vivos, mas também, por meio de um certo poder infernal, penetram carcaças mortas, como lemos em *Saxo Grammaticus*,[47] que *Asuitus* e *Asmundus* prometeram um ao outro que aquele que vivesse por mais tempo seria enterrado junto ao primeiro falecido. Quando *Asuitus* morreu, ele foi enterrado em uma câmara, junto com seu cão e cavalo. *Asmundus*, por força do juramento de amizade, foi enterrado vivo no mesmo túmulo (a carne que ele comeria por um longo tempo seria levada para ele). Algum tempo depois, *Ericus*, rei da Suécia, passando pelo local com seu exército, violou a tumba de *Asuitus* (pensando que encontraria um tesouro). Ao abrir a câmara, encontrou *Asmundus* e quando viu sua aparência horrenda, coberta de feridas, com sangue escorrendo de uma ferida esverdeada (pois *Asuitus*, revivendo às noites, arrancou a orelha direita do amigo), exigiu saber a causa do ferimento. *Asmundus* respondeu com os versos a seguir:

> Por que minha visão o surpreende?
> Pois aquele que vive entre os mortos,
>   a graça
> Da beleza deve perder; eu ainda não sei
> Que ousado demônio estígio de Asuit
> O espírito enviado do inferno, que
>   devorou
> Um cavalo, um cão, e com essa carne
> Ainda não satisfeito, voltou suas garras
>   para mim,
> Feriu meu rosto, arrancou minha orelha, e então
> você vê
> Minha face feia, ferida e ensanguentada;
> Esse monstruoso demônio não retornou a seu lugar
> Sem receber a vingança; eu imediatamente
> Cortei sua cabeça, e com uma estaca
> Transpassei o corpo.

Pausânias conta uma história[48] não muito diferente, extraída dos intérpretes de Delfos; ou seja: existia um certo demônio infernal, ao qual chamavam *Eurinomus*, que comia a carne dos mortos, devorando até os ossos. Lemos também nas Crônicas dos cretenses que os fantasmas chamados catechanae voltavam a seus corpos e deitavam com suas esposas; para evitar isso e para que eles não mais incomodassem as esposas, as leis determinavam que o coração deles deveria ser transpassado com um prego, e a carcaça deveria ser queimada. Essas coisas são curiosas, sem dúvida; e difíceis de se acreditar, mas as leis e as histórias antigas as tornam críveis.

Também não é estranho à religião cristã o fato de que muitas almas foram restauradas a seus corpos antes da ressurreição universal. Além do mais, acreditamos que muitos, por um favor singular de Deus, foram recebidos em glória com seus corpos; e muitos foram enviados vivos ao Inferno. E ouvimos que, diversas vezes, os corpos dos mortos foram levados das tumbas pelos demônios, sem dúvida por nenhuma outra razão que não a de aprisioná-los e atormentá-los. E a essas prisões e correntes de seus corpos são acrescidos a possessão de lugares abomináveis e imundos, onde há os fogos de *Etna*,[49] golfos de água, o estremecer dos trovões, raios, brechas na Terra; e onde a região é privada de luz, e não recebe os raios do Sol, e não vê a luz das estrelas, mas é sempre escura. *Ulisses*, em *Homero*,[50] foi a uma região como essa:

> Aqui, pessoas consideradas cimérias,
> Afogadas em trevas perpétuas; é sabido
> Que não veem o nascer nem o pôr
>   do sol,
> Mas com noite eterna são oprimidas.

Também não são meras fábulas as histórias registradas sobre a caverna de *Patrício*,[51] a gruta de *Vulcano*,[52] as cavernas de *Atenas* e da gruta de *Nursia*. Muitos que as viram e conheceram atestam o mesmo. Também *Saxo Grammaticus* fala de coisas maiores que essas do palácio de *Geruthus* e da caverna de *Ugarthilocus*.

Também *Plínio, Solino, Phytias, Clearchus* falam dos grandes prodígios no Mar do Norte, do qual *Tácito*, em sua História de Druso[53] mostra que no Mar da Germânia vagavam soldados que testemunharam diversos milagres jamais ouvidos; por exemplo, a força dos redemoinhos; tipos de pássaros jamais vistos; monstros marinhos como homens e animais;[54] e em seu livro *Da Germânia*, ele menciona que os heldusians e axions, com rostos de homem e corpo de animal, habitavam a região.[55] Sem dúvida, tudo isso é obra de fantasmas e diabos.

> A respeito deles, também *Claudiano* há muito entoou:[56]
> Nas fronteiras extremas da França existe um lugar,
> Cercado pelo mar, onde em sua raça
> Fama diz que Ulisses, ao provar sangue
> Enxergou um povo secreto, onde altos e
> Tristes lamentos de espíritos errantes eram ouvidos,
> Que muito atemorizavam os camponeses.

Aristóteles fala das Ilhas Eólias, perto da Itália, onde em Lipara havia uma tumba da qual ninguém podia se aproximar em segurança à noite; e que címbalos, vozes estridentes e altas risadas eram ouvidos; também tumultos e sons vazios aconteciam; e os habitantes confirmavam essas histórias. Uma vez, um jovem que estava bêbado se aproximou da tumba e adormeceu; três dias depois foi encontrado e acreditou-se que estava morto; mas durante as solenidades do funeral, acordou e contou, para espanto de todos, as coisas que vira e sofrera.

Também na Noruega existe uma montanha temida por todos, cercada pelo mar – comumente chamada Hethelbergius –, representando o Inferno, onde se ouvem altos lamentos, uivos e guinchos a uma milha; grandes abutres e corvos negros a sobrevoam, produzindo sons horríveis, que proíbem a aproximação das pessoas; além do mais, dela fluem duas fontes, sendo uma intensamente fria e a outra quente, excedendo todos os outros elementos. Existe no mesmo país, em direção à extremidade sul, um promontório chamado Nadhegrin, onde os demônios do lugar são vistos por todos, no corpo aéreo. Na Escócia, temos a Montanha Dolorosus,[57] de onde terríveis lamentações são ouvidas; e na Turíngia há uma montanha chamada Horrisonus, onde habitam silvanos e sátiros, como ensinam a fama e a experiência, e escritores confiáveis testemunham. Em diversos países e províncias encontramos milagres como esses.

Não relatarei aqui as coisas que vi com meus próprios olhos e senti com as mãos, pois, em razão da estranheza e maravilha delas, eu serei chamado de mentiroso pelos incrédulos.

Também não acho apropriado desconsiderar o que muitos de nossa época pensam a respeito dos receptáculos da alma; não existindo muita diferença desses que acabamos de mencionar: *Tertuliano,* em seu quarto livro contra as heresias de *Marcion,*[58] diz ser aparente a todo homem sábio, que já ouviu falar dos Campos Elísios, que existe um local determinado (chamado seio de *Abraão*) para o recebimento das almas de seus filhos, e que essa região não é celestial, contudo mais alta que o Inferno, onde as almas dos justos repousam, até que a consumação das coisas restaure a ressurreição de todas as coisas com a plenitude da recompensa.

Também *Pedro,* o apóstolo, disse a *Clemente,* um rei,[59] dessas coisas, tu me proíbes, Ó *Clemente,* de revelar alguma coisa concernente a coisas que são indizíveis: porém, como muitos, eu o farei até quando puder. Cristo, desde o início e em cada geração, ainda que de modo secreto, sempre esteve presente com os religiosos, especialmente com aqueles pelos quais ele era desejado, e a quem ele mais aparecia. Mas não era tempo da ressurreição para os corpos dissolvidos: isso parecia uma recompensa de Deus; aquele que era justo permaneceria mais tempo em um corpo; ou o Senhor o trasladaria (como vemos relatado com clareza na Escritura, a respeito de alguns homens justos). Deus agiu assim com outros que o agradaram e, segundo sua vontade, foram transladados ao Paraíso reservado para um reino. Mas aqueles que não cumpriram a regra da justiça, mas tinham algum resquício de maldade na carne, seus corpos são de fato dissolvidos, mas as almas são mantidas em regiões boas e agradáveis, para que, na ressurreição dos mortos, quando elas receberem os corpos, agora purgados pela dissolução, possam desfrutar a herança eterna pelas coisas que fizeram bem.

Também *Iraneus,* no fim do livro que escreveu contra as heresias dos valentinianos, disse: considerando que o Senhor estava em meio às trevas da morte, onde estavam as almas dos mortos; e se levantou novamente em corpo; e depois da ressurreição é manifesto que as almas de seus discípulos (para quem ele operou essas coisas) iriam para algum lugar invisível, determinado por Deus, e lá permaneceriam até a ressurreição; depois recebendo seus corpos e se erguendo de novo de modo perfeito; ou seja, em corpo – como fez o Senhor –, e assim se apresentariam a Deus; pois nenhum discípulo está acima do Mestre, mas todos devem ser perfeitos como o Mestre. Portanto, assim como nosso Mestre não voou e partiu, mas esperou o tempo de sua ressurreição determinado pelo Pai, que também é manifestado em *Jonas,*[60] e após três dias foi levado; também nós devemos esperar o tempo de nossa ressurreição determinado por Deus, previsto pelos profetas; e então, levantando novamente, nós seremos levados – aqueles que o Senhor considerar dignos de sua honra.

Lactanius Firmianus também concorda com isso, no livro das Instituições Divinas, cujo título é *Da Recompensa Divina,*[61] afirmando que nenhum homem pense que as almas depois da morte são julgadas de imediato, pois todas elas são detidas em uma custódia comum, até que chegue o tempo em que o grande Juiz examinará seus merecimentos, então aquelas consideradas justas receberão a recompensa da imortalidade; mas aquelas cujo pecado e vileza são detectados não viverão novamente, mas, sendo destinadas para uma determinada punição, ficarão trancadas com os anjos maus na mesma escuridão.

Da mesma opinião são *Agostinho* e *Ambrósio*, que afirmam em Enchiridion: o tempo que é interposto entre a morte do homem e a última ressurreição mantém a alma em receptáculos secretos, pois todas são merecedoras de descanso ou tristeza, de acordo com o que fizeram quando viveram na carne.

Mas *Ambrósio*, em seu livro a respeito dos Benefícios da Morte, diz: Os escritos de *Esdras*[62] chamam as habitações das almas de depósitos; em que, diante das reclamações do homem (porque o justo que partiu antes, pode parecer, mesmo até o dia do julgamento – ou seja, por um longo tempo – ser fraudado em sua justa recompensa) compara o dia do julgamento a um galardão: pois o dia do julgamento é esperado por todos; e enquanto isso, os conquistados devem se sentir envergonhados, e os conquistadores podem obter a palma da vitória. Por isso, enquanto a plenitude dos tempos é esperada, as almas anseiam pela recompensa devida: punição para algumas; glória para outras; e na mesma passagem ele chama de inferno um lugar que não é visto, para onde vão as almas, separando-se do corpo; e em seu segundo livro De Caim e Abel, ele afirma que a alma se solta do corpo, e depois do fim desta vida, ainda fica em suspenso, em dúvida quanto ao julgamento que está por vir.

A essas afirmações acrescentemos o que diz o Evangelho concernente ao dia do julgamento; são as palavras de Cristo segundo Mateus: Muitos, naquele dia, hão de dizer-me: "Senhor, Senhor! Porventura não temos nós profetizado em teu nome, e em teu nome não expelimos demônios? Então, lhes direi explicitamente: nunca vos conheci".[63] Por essas palavras, parece claro que mesmo até esse dia eles estavam incertos no que dizia respeito à sua sentença, e pela confiança nos milagres que realizaram em nome de *Jesus*, enquanto viviam, tinham alguma esperança de salvação.

Portanto, como o julgamento das almas é adiado até o último dia, alguns teólogos acreditam que intercessões satisfatórias podem ajudar não apenas os justificados, mas também os condenados, antes do julgamento. Assim, *Trajano*, o imperador, foi tirado do inferno por São *Gregório*[64] e conduzido à salvação, embora alguns acreditem que ele não escapou da culpa da punição; mas a justiça da punição foi prolongada até o dia do julgamento. *Tomás de Aquino*, entretanto, afirma que parece mais provável que, pela intercessão de São *Gregório*, *Trajano* tenha vivido de novo e obtido um poder de graça pelo qual foi absolvido da punição e da culpa do pecado.

Alguns teólogos acreditam que, pelos cantos entoados para os mortos, nem as punições nem a culpa são diminuídas ou abolidas, mas a dor é apenas minorada – situação que podemos assemelhar à de um carregador suado que parece sentir alívio do peso de sua carga quando algumas gotas d'água são borrifadas sobre ele, embora a carga não seja diminuída. Contudo, a opinião comum dos teólogos nega que as preces ou cantos funerais favorecem de alguma maneira os culpados que estão dentro dos portões de *Plutão*.

Mas, como todas essas coisas são de uma obscuridade incompreensível, muitos em vão aguçaram o intelecto discorrendo sobre elas; por isso, atentemo-nos à opinião de *Agostinho*, como ele afirma no décimo livro a respeito do Gênesis, é melhor duvidar das coisas ocultas do que discutir a respeito de coisas incertas; pois eu não tenho dúvidas de que o homem rico será compreendido nas chamas do Inferno e o homem pobre, no frescor das alegrias; mas o modesto pesquisador dificilmente conseguirá descobrir – e os contestadores nunca descobrirão – como essa chama do Inferno, o seio de *Abraão*, a língua do homem rico, o tormento da sede e a gota refrescante[65] devem ser entendidos.

Mas como essas coisas são omitidas no momento, passaremos para outros assuntos e discorreremos sobre a restituição das almas.

Notas – Capítulo XLI

1. Ezequiel 5.
2. Mateus 26:52.
3. Adrasto, rei de Argos, liderou a guerra dos Sete Contra Tebas. O primeiro ataque à cidade fracassou e apenas ele escapou com vida. Dez anos depois, Adrasto atacou pela segunda vez, com os filhos de seus companheiros mortos, e foi vitorioso, confirmando um oráculo favorável que previra esse resultado.
4. A frase é uma citação mais ou menos precisa do tratado *On Our Alloted Guardian Spirit*, de Plotino. Todavia, Agrippa modifica o fim da lista, que apresento aqui: "...visionários fúteis e que estão sempre com os olhos voltados para o céu se tornam pássaros que voam alto; a observância das virtudes cívicas e seculares faz o homem voltar como homem; ou quando o mérito é de destaque inferior, volta como um dos animais de tendência comunal, uma abelha ou algo parecido" (Plotino, *As Enéadas* 3.4.2 [Mackenna, 2:47]).
5. Provérbios 19:12.
6. Provérbios 17:12.
7. Provérbios 11:22.
8. Provérbios 30:31.
9. Coelho. Provérbios 30:26.
10. Provérbios 6:6.
11. Talvez Provérbios 23:32.
12. Provérbios 30:28.
13. Talvez Provérbios 23:5.
14. Provérbios 1:17.
15. A ideia da reencarnação por três vezes deriva de uma passagem em *The Discourse of the Faithful Shepherd*, cujo texto está incorporado no *Zohar*. Quanto a essa questão, Waite escreveu: "Segundo o testemunho nesse texto, a encarnação pode acontecer três vezes, por causa das palavras: 'Tudo isso é obra de Deus, duas e três vezes para com o homem', Jó 33, 29. O *Zohar* contém esta passagem: 'Veja o que Deus faz com respeito a cada homem, até a terceira vez.'" (Waite 1929, 6.1.253, n°7). Ver *Zohar*, Cremona Edition, 3:178b.
16. 3:20-1.
17. *On the Nature of Things* 2, c. verso 1011.
18. Azazel, ver nota 51, cap. XVIII, l. III.

19. Ver nota 52, cap. XVIII, l. III.
20. Ver nota 53, cap. XVIII, l. III.
21. Mas agora eu suplico, por aqueles que ainda verão, que não estão aqui,
    por sua esposa, e por seu pai, que o criaram quando você era pequeno,
    e por Telêmaco, que você deixou sozinho em seu palácio;
    pois eu sei que depois de deixar este lugar
    e a casa de Hades
    você voltará com seu belo navio para a ilha, Aiaia;
    que naquele momento, meu senhor, eu lhe peço que lembre de mim
    e não me deixe desvelado, desenterrado,
    quando partir, pois temo que eu me torne a maldição de deus sobre você:
    mas me queime com todas as armas que pertencem a mim,
    e cave um túmulo ao lado da praia do mar cinza;
    para um homem infeliz, para que aqueles que vierem me conheçam
    (Homero, *Odisseia* 11, versos 66-76 [Lattimore, 170]).
22. "Eu vivi minha vida, e terminei o curso que o destino traçou para mim; e agora grande será meu fantasma que passará sob a terra" (Virgílio, *Eneida* 4, c. verso 650 [Lonsdale e Lee, 141]).
23. Apocalipse 16:1.
24. "Com chamas negras eu perseguirei você, embora eu esteja distante; e quando a morte fria separar meus membros de meu espírito, minha sombra o acompanhará onde quer que esteja. Você receberá sua punição, homem vil!" (Virgilio, *Eneida* 4, c. verso 385 [Lonsdale e Lee, 135]).
25. I Reis 21:9-10; 22:20-2; e II Reis 9:25-6.
26. Virgílio, *Eneida* 6, c., verso 655.
27. Virgílio, *Eneida* 6, verso 660ss.
28. Descrição de Virgílio dos Elíseos, *Eneida* 6, c. verso 638.
29. Irineu considerava herege a noção de que as almas são glorificadas imediatamente depois da morte, e Cipriano, Tertuliano, Cirilo de Jerusalém, Basil, Ambrósio, Gregório de Nusassa, Crisóstomo, Jerônimo, e os *Atos* de Santa Perpétua, todos implicam um tipo de lugar intermediário para as almas e defendem as orações para os mortos. As referências não são claras e sofrem a influência do Hades pagão. Orígenes acreditava que mesmo os perfeitos devem passar pelo fogo no mundo depois da morte. Agostino escreveu que não era incrível o fato de que as almas imperfeitas serão salvas pelo fogo purgatório. Contudo, foi o papa Gregório I (?544-604) quem primeiro formulou a doutrina do purgatório (*purgatorium*), palavra que entrou oficialmente para o vocabulário da Igreja por meio do papa Inocêncio IV (papado de 1243-1245), e confirmada pelo Concílio de Lião (1274). A autoridade bíblica nasce do apócrifo 2 Macabeus 12, 39-45, em que as orações para os pecadores mortos são descritas como "um pensamento sagrado e bom" e "uma reconciliação para os mortos, para que eles possam ser perdoados do pecado".
30. "Eu vejo diante de mim, agora, a alma de minha mãe falecida,/mas ela se senta ao lado do sangue em silêncio, e ainda não se dignou/a olhar diretamente para seu filho nem proferir uma palavra para mim." (Homero, *Odisseia* 11, versos 141-3 [Lattimore, 171-2]).
31. Teireisias, o profeta; não profetisa. Por alguma razão, Agrippa mudou o sexo do personagem. De todas as almas no Hades, apenas Teireisias tem consciência.
32. A sombra de Anchises expõe ao filho, Enéas, a doutrina da punição:

    Mesmo quando a vida os deixou com seu último raio, ainda assim,
    todas as doenças e pragas do corpo não se afastam dos miseráveis;
    e é possível que muitas corrupções há muito contraídas se aprofundaram
    em seu ser. Por isso, eles sofrem uma provação de punição, e pagam a pena
    completa dos atos maldosos; alguns são expostos aos ventos; de outros,
    a mancha da culpa é lavada na enchente: cada um de nós sofre sua própria
    pena espiritual; e depois, somos libertados, para percorrer os amplos
    espaços dos Elíseos, e possuir os campos felizes, um grupo escasso: até
    que em um longo curso de tempo, quando o ciclo está completo, purgamos
    as manchas há muito contraídas, deixando pura a essência etérea, e inalterado
    o fogo do céu. (Virgílio, *Eneida* 6, c. verso 734 [Lonsdale e Lee, 174]).

33. A afeição residual das sombras pelas ações e sentimentos das vidas passadas é aparente quando Odisseu visita a terra dos mortos: "Apenas a alma de Telamonian Aias permaneceu/a uma certa distância, ainda com raiva da decisão/ que me foi favorável contra ele; quando ao lado dos navios nós disputamos/ nosso caso para as armas de Aquiles" (Homero, *Odisseia* 11, versos 543-6 [Lattimore, 182]). Ver também a reação do fantasma de Dido para com seu amante, Enéas, quando ele visita o Inferno (*Eneida* 6, versos 450).

34. Homero, *Odisseia* 11, versos 568-600; Virgílio, *Eneida* 6, versos 562-627.

35. O rei mítico Tântalo supostamente testou a previsão divina de Zeus presenteando o deus com um banquete de carne humana. Em outro relato, Tântalo foi covidado por Zeus a um banquete e depois traiu os segredos divinos a ele comunicados em confidência. Uma terceira versão conta que Tântalo roubou néctar e ambrosia da mesa dos deuses para dar a seus amigos mortais. Sua punição foi ficar continuamente com sede sem poder beber. Ver *Odisseia* 11, versos 583-92.

36. Ver nota biográfica.

37. O rico e efeminado rei da Frígia, que supostamente recebeu o dom de Silenus de transformar tudo o que tocava em ouro. Quando descobriu que não podia comer, ele implorou a Silenus que retirasse o dom. Silenus ordenou-lhe que se banhasse na nascente que era a fonte do Rio Pactolus, que limpou Midas da maldição e transformou as margens do rio em ouro.

38. O fraudulento e avarento rei de Corinto, condenado a rolar para sempre uma grande pedra montanha acima no Hades. Segundo a lenda mais comum, ele disse à esposa para deixar seu corpo desenterrado; depois, quando no Inferno, pediu a Plutão permissão para retornar à Terra e punir a negligência dela. Quando Plutão concordou, Sísifo se recusou a voltar para o submundo e foi levado para lá à força por Hermes. Ver *Odisseia* 11, versos 593-600.

39. A ninfa do rio Cirene alerta seu filho Aristeu sobre o poder de mudar de forma de Proteu:

> Mas quando você o capturar, e o prender com as mãos e correntes, imediatamente muitas formas procurarão enganá-lo; e imagens de animais selvagens; pois ele se transformará de repente em um cerdoso javali; um feroz tigre; um dragão com escamas; e uma leoa com pescoço fulvo; ou produzirá um forte rosnado das chamas; e se esforçará para escapar das correntes, ou se derreter em água corrente, e fugir. (Virgílio, *Georgics* 4, c. verso 405 [Londsdale and Lee, 74].

40. Ver nota 32 deste capítulo.

41. Livro 11 da *Odisseia*, em que Ulisses realiza um ritual necromântico segundo as instruções de Circe para conjurar as sombras dos mortos, para obter suas respostas oraculares.

42. *Odisseia* 11, versos 576-8. Ver também *Eneida* 6, c. verso 602. Virgílio tomou emprestada essa passagem intacta de Homero. Titos era o filho gigante de Gaia que, por instigação de Hera, tentou estuprar Ártemis. A deusa o matou com seu arco. É Ulisses quem conta a história ao rei Alcino.

43. Os livros herméticos são divididos quanto ao fato de as almas dos homens reencarnar com animais. Esta é a passagem à qual Agrippa se refere:

> Mas se uma alma entrou em um corpo humano, ele persiste em maldade; ela não prova as delícias da vida imortal, mas é arrastada de volta; reverte o curso e retoma o caminho das coisas rastejantes; e aquela alma condenada, não conhecendo a si mesma, vive em servidão a um corpo nocivo e estranho (*Corpus Hermeticum* 10.8a [Scott, 1:193]).

Scott apresentou algumas páginas mais adiante nesta passagem, obviamente de outra autoria:

> Mas ela pode entrar apenas em um corpo humano; pois nenhum outro tipo de corpo pode conter uma alma humana. Não é permitido que uma alma humana decaia tanto a ponto de entrar no corpo de um animal irracional; é uma lei de Deus que as almas humanas devam ser salvas de uma ofensa como essa (*ibid*. 10:19b [Scott, 210]).

Proclo escreve com certa ambiguidade:

> Razão verdadeira afirma que a alma humana pode se alojar em animais, porém de tal maneira que ela possa obter sua própria vida, e que a alma degradada possa ser levada para cima é presa à natureza básica, por uma propensão e semelhança de afeição. E esse é o único modo de insinuação que provamos por uma série de argumentos em nosso

Comentários sobre Phaedrus (Introdução à *Teologia de Platão*, tradução para o inglês de Thomas Taylor, em Mead [1986], 1965, 193).

44. Ixion, o rei de Lapithae, na Tessália, casou-se com Dia e concordou em dar ao pai dela, Deioneus, um caro presente em troca da mão de Dia; mas de modo traiçoeiro atraiu seu sogro a um banquete e o arremessou a uma cova incandescente. Como punição, ficou louco. Zeus teve pena dele; curou sua loucura e o convidou ao Olimpo. Ixion, que não se arrependeu, tentou, sem sucesso, seduzir Hera. Zeus ficou tão furioso que prendeu Ixion para sempre a uma roda girante de fogo. Seu destino é mencionado de maneira breve por Virgílio (*Eneida* 6, linha 601) e Ovídio (*Metamorfose* 4, verso 461).

45. II Reis 2:15.

46. Números 11:25.

47. Esse é com certeza um dos relatos mais antigos (por volta de 1200) da morte de um vampiro, cortando-lhe a cabeça e atravessando-lhe o coração com uma estaca.

48. Acima de todos, há Eurynomos; os oficiais em Delfos dizem que Eurynomos é um
    espírito demoníaco no Hades; que devora a carne dos mortos deixando apenas os ossos.
    Mas a *Odisseia* de Homero e *Minyad* e *Homecomings*, que mencionam o Hades e
    seus horrores, nada relatam a respeito do demoníaco Eurynomos. Mas explicarei que tipo
    de Eurynomos está na pintura e qual a sua aparência: a cor da pele é algo entre o azul e
    o preto; como as moscas que pousam na carne; ele exibe os dentes; e a pele de um abutre
    é estendida para que ele se sente (Pausânias, *Guide to Greece* 10.28.4 [Levi, 1: 479-80]).

49. O Monte Etna na Sicília é vulcânico.

50. *Odisseia* 11, versos 14-9.

51. A caverna de São Patrício da Irlanda, conhecida como Purgatório de São Patrício, é localizada em uma pequena Ilha em Lough Derg em Donegal, Irlanda. O santo pintou as paredes da caverna com cenas do inferno, e com frequência se recolhia lá para a prática de oração e austeridades. Ela se tornou o centro de uma comunidade sempre em mudança de ascéticos, que se fechavam em seis pequenas tumbas por nove dias para saber antecipadamente o que os esperava no Inferno. Tinham a permissão de sair das tumbas três vezes ao dia para ir à capela; consumiam apenas pão e água por oito dias, e no nono dia jejuavam. Na costa da ilha havia uma pequena cabana de peregrinos que funcionava como um tipo de hotel. Embora pareça estranho, esse lugar era muito popular, em grande parte porque induzia a transes àqueles que voluntariamente enfrentavam as adversidades. Na verdade, funcionava como um oráculo cristão.

52. Acredita-se que Vulcano (Hephaestus) tinha sua oficina no interior do Monte Etna, na Sicília, onde fazia raios para Zeus.

53. A seção dos *Anais* (livros I e II) de Tácio, que trata das campanhas germânicas de Druso César (15 a.C. – 19d.C.), também conhecido como Druso Júnior ou Germânico César, para distingui-lo do pai Nero Cláudio Druso.

54. Quando a frota de Germânico foi dispersa por uma tempestade, ele enviou navios em busca de seus soldados, que foram lançados pela Bretanha e ilhas ao redor. "Todos, ao voltarem de regiões distantes, contavam maravilhas a respeito de furacões violentos; pássaros desconhecidos; monstros marinhos, de forma meio-humana, meio-animal; coisas que de fato viram ou, em seu terror, acreditaram" (Tácito, *Anais* 2.24 [Church and Brodribb, 66]).

55. "Todo o resto [histórias das tribos germânicas] é fabuloso, como a de Helussii e Oxiones, que têm rosto e expressão de homem, mas corpo de animais selvagens" (Tácito, *Germany* 46 [Church and Brodribb, 732]).

56. A citação de Claudiano se refere ao ritual necromântico conduzido por Ulisses na terra dos mortos; mas foram as sombras, e não Ulisses, quem bebeu o sangue. – ver *Odisseia*, livro 11.

57. Talvez Dollar (Dolour) Law, uma montanha com 817 metros, nas fronteiras da Escócia, entre os Rios Yarrow e Tweed, a noroeste de St. Mary's Lake.

58. Tertuliano, *Against Marcion* 4.34.

59. Talvez se refira a um obra apócrifa atribuída ao papa Clemente I, ou Clemente Romano, que era considerado discípulo de Simão Pedro.

60. Ver Jonas 1:17. Também Apocalipse 11:9-12.

61. Que ninguém imagine, contudo, que as almas são imediatamente julgadas após a morte. Pois

todas são detidas em um lugar comum de confinamento, até que chegue a hora em que o grande Juiz fará uma investigação de seus merecimentos. Então, aquelas cuja piedade for aprovada, receberão a recompensa da imortalidade; mas aquelas cujos pecados e crimes virão à tona, não nascerão novamente, mas ficarão escondidas na mesma escuridão com os vis, destinadas a uma punição [Lactanio, *Divine Institutions* 7.21 [*Ante-Nicene Christian Library* 21:474]).
62. Talvez II Esdras 7:32.
63. Mateus 7:22-3.
64. Havia uma lenda popular na Idade Média, segundo a qual o papa Gregório, o Grande (540-604), rezou para que a alma pagã do imperador romano Trajano fosse libertada do Inferno. Tal libertação não era possível diretamente, então Deus fez com que Trajano renascesse e vivesse o suficiente para professar sua fé em Cristo, o que ele não poderia fazer no Inferno. Dante se refere a essa história em duas passagens na *Divina Comédia*: "Aqui temos a história da glória suprema do príncipe romano, cujo valor incitou Gregório à sua grande vitória: Falo de Trajano, o imperador..." (*Divina Comédia: Purgatório* 10.74-6).

Pois ele voltou para seus ossos, do Inferno, de onde jamais há retorno pela vontade justa; e essa foi a recompensa da esperança viva; da esperança viva, que colocou seu poder nas orações elevadas a Deus para revivê-lo, para tornar possível seu desejo. A alma gloriosa, da qual eu falo, ao retornar à carne, na qual ficou por pouco tempo, acreditou Nele que tinha poder de ajudar; e acreditando foi acalentada por tal fogo de amor verdadeiro que na segunda morte se tornou digna de participar da festividade (*Divina Comédia: Paraíso* 20:106-17).
65. Lucas 16:19-26.

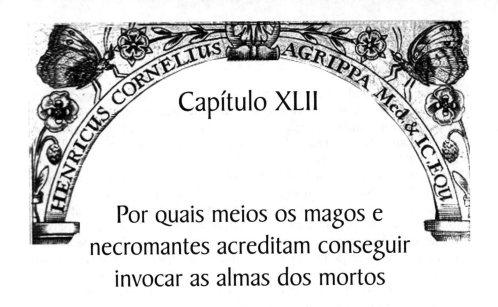

Capítulo XLII

Por quais meios os magos e necromantes acreditam conseguir invocar as almas dos mortos

 elas coisas que já foram ditas, é evidente que, após a morte, as almas amam o corpo do qual saíram, particularmente aquelas que não tiveram um funeral descente ou deixaram o corpo por meio de morte violenta, vagando em torno de sua carcaça em espírito perturbado e aborrecido, como que atraídas por algo que tem com elas uma afinidade.

Conhecendo-se o meio pelo qual no passado estavam unidas aos corpos, elas podem facilmente ser invocadas e atraídas por vapores, licores e sabores[1] que lhes são semelhantes, também com o uso de certas luzes artificiais, canções, sons e coisas semelhantes, que movem a harmonia imaginativa e espiritual da alma; também as invocações sagradas e outras coisas que pertencem à religião não devem ser negligenciadas, por causa da parte da alma racional, que está acima da natureza.

Assim, a bruxa teria invocado *Samuel*,[2] e a profetisa tessalonicense, em *Lucano*, teria feito uma carcaça ficar de pé;[3] e assim, lemos nos poetas, e naqueles que relatam tais coisas, que as almas dos mortos não podem ser chamadas sem sangue e uma carcaça; mas suas sombras podem facilmente ser atraídas pela fumigação de tais coisas; também podem ser usados ovos, leite, mel, óleo, vinho, água, farinha, como que compondo o remédio apropriado para as almas retomarem seus corpos, como vemos em *Homero*, quando *Circe* dá amplas instruções a *Ulisses*.[4]

Pensa-se, contudo, que essas coisas só podem ser feitas naqueles lugares onde essas espécies de almas têm maior ligação, ou por alguma afinidade com o corpo, atraindo-as, ou por alguma afeição imprimida em sua vida, atraindo de fato a alma a certos lugares, ou ainda por alguma natureza infernal do lugar, sendo, portanto, apropriado para a punição ou purgação das almas.

Locais assim são mais bem conhecidos pela ocorrência de visões e incursões noturnas, e fantasmas desse tipo; alguns são conhecidos como locais de sepultamento e de execução, e onde tenham ocorrido recentes matanças, ou onde as carcaças dos trucidados, ainda não expiadas nem devidamente enterradas, foram largadas alguns anos antes no solo. Pois a expiação[5] e o exorcismo[6] de qualquer lugar, bem como o sagrado sepultamento, sendo feitos ao corpo, com frequência impedem a alma de levantar e as afasta cada vez mais na direção dos locais de julgamento.

É daí que a necromancia recebe seu nome,[7] pois opera em cima dos nomes dos corpos, e dá respostas por meio dos fantasmas e aparições dos mortos, e de espíritos subterrâneos, atraindo-os para as carcaças dos mortos, por meio de certos encantamentos e invocações infernais, e com sacrifícios mortais, e ímpias oblações. Nesse sentido, lemos em *Lucano* acerca de *Erichthone*,[8] a bruxa; que invocava os mortos, e que previu a *Sexto Pompeu* todos os eventos da guerra de Farsália;[9] havia também em Phigalia, uma cidade da Arcádia, certos magos, sacerdotes hábeis em ritos sagrados e invocadores das almas dos mortos. E as Escrituras Sagradas afirmam que uma certa mulher, uma bruxa, invocou a alma de *Samuel*; até mesmo as almas dos santos amam seus corpos e dão mais atenção às súplicas nos locais em que são preservadas suas relíquias.

Mas há duas espécies de necromancia: a que é chamada de *neciomancia*, ou revivificação de carcaças, que não é feita sem sangue; e a *ciomancia*,[10] que consiste em invocar apenas a sombra. Para concluir, ela realiza todas as suas operações por meio das carcaças dos mortos com violência, e de seus ossos e membros, e tudo o mais deles, pois há em tais coisas um poder espiritual que lhes é amigável.

Portanto, é fácil atrair o fluxo de espíritos ímpios, sendo a semelhança e propriedade muito familiar. E o necromante, fortalecido pela ajuda deles, pode fazer muito nas coisas humanas e terrestres, e incitar desejos ilícitos, provocar sonhos, doenças, ódio e paixões semelhantes, contando também com o poder das almas que, ainda envolvidas em um espírito perturbado e agitado, e vagando em volta de seu corpo abandonado, podem fazer as mesmas coisas que os espíritos ímpios cometem.

Considerando, portanto, por meio da experiência, que as almas ímpias e impuras arrancadas com violência de seu corpo, e de homens não expiados, privados de um funeral decente, vagam em torno de suas carcaças e são atraídas a elas por afinidade, os bruxos abusam delas para realizar suas bruxarias, atraindo essas almas infelizes pela aposição[11] de seus corpos ou usando parte deles, comprometendo-os por meio de encantamentos infernais, solicitando deles coisas mediante carcaças deformadas, espalhadas pelos vastos campos, e das sombras errantes daqueles que não tiveram um sepultamento, e por meio dos fantasmas mandados de volta desde o Aqueronte,[12] e das hostes do Inferno, os quais foram precipitados à condenação pela morte prematura; e pelos horríveis desejos dos condenados e orgulhosos demônios vingadores de impiedade.

Mas aquele que desejar de fato restaurar as almas a seus corpos deve, antes, conhecer a verdadeira natureza da alma de onde ela veio, e até que grau de perfeição foi dotada, com qual inteligência é fortalecida, por quais meios foi difundida no corpo, por qual harmonia será com ele compactada; qual afinidade ela tem com Deus, com as inteligências, com os céus, elementos, e todas as outras coisas cuja imagem e semelhança lhe são próprias.

À guisa de conclusão, para o corpo ser recomposto novamente e trazer de volta os mortos, é necessário que todas as coisas pertençam não aos homens, mas somente a Deus, e aos que Ele as comunicar, como no caso de Eliseu que reviveu o corpo do filho do sunamita;[13] e também *Alcestis*[14] teria voltado à vida pelas mãos de Hércules e vivido por muito tempo, depois disso; e *Apolônio de Tiana* reviveu uma donzela já morta.

E devemos acrescentar aqui que às vezes acontece aos homens que seu espírito vivificador é neles retraído, e eles parecem mortos e sem sentido, quando então sua natureza intelectual permanece unida ao corpo, e tem a mesma forma, também permanecendo no corpo, embora o poder de vivificar não se estenda a ela, na verdade, mas continue retraído na união com a natureza intelectual; entretanto, não deixa de existir; e embora se diga que um homem está morto, sendo a morte a falta de um espírito vivificante, não há de fato uma separação; e o corpo pode ser despertado de novo e viver.

E são muitos os milagres desse tipo; e muitos desse tipo eram vistos entre os gentios e judeus em épocas passadas, número a que faz referência *Platão* em seu décimo livro *A República*, falando de Er, o armênio, panfílio de nascimento, que, tendo morrido em combate, andava a recolher ao fim de dez dias os mortos já putrefatos, quando o retiraram em bom estado de saúde, então levaram-no para casa para lhe dar sepultura, e quando, ao 12º dia, jazia sobre a pira, tornou à vida e narrou o que vira no além.[15] Lemos a respeito dessas coisas também, em parte, no primeiro livro, e voltaremos a elas quando falarmos dos oráculos, que são ditos em arrebatamento, êxtase e na agonia de homens prestes a morrer.

Notas – Capítulo XLII

1. Sacrifícios de comida e bebida com aparência, odor e gosto agradável.
2. I Samuel 28:11.
3. O sangue pisado que jorra fica quente e nutre as feridas enegrecidas e corre nas veias e nas extremidades dos membros. Inflamados sob o peito frio, os pulmões palpitam; e uma nova vida aos poucos se imiscui com o tutano, até então desusado. E então, toda junta pulsa; os tendões se entendem; e por todos os membros, todo o corpo morto então se levanta da terra, é rejeitado pelo solo e se empertiga no mesmo instante. Os olhos com suas aberturas distendidas se abrem. Neles ainda não se vê o rosto de um ser vivo, de alguém que está morrendo. Sua palidez e rigidez permanecem e, trazido de volta ao mundo, ele se sente perplexo. Mas seus lábios selados ressoam sem qualquer murmúrio. Só lhe são dadas uma voz e uma língua para responder (Lucano, *Pharsalia* 6, linhas 750-62 [Riley, 244-5]).
4. Circe descreve a Ulisses o ritual necromântico para invocar as sombras dos mortos:

> Cave um buraco com cerca de um cúbito em cada direção,
> e nele despeje, até encher, bebida oferecida para os mortos.
> Primeiro, mel misturado com leite e, por cima de tudo, salpique com cevada branca;

E prometa muitas vezes às cabeças sem força dos que se foram que,
retornando a Ítaca, você sacrificará uma vaca estéril, a sua melhor, em seu palácio e empilhará tesouros na pira, e a Teiresias, à parte, dedique um carneiro negro, um que se destaque entre o rebanho.
Mas quando, com suas orações, tiver suplicado o favor das gloriosas hordas dos mortos, sacrifique um carneiro e uma fêmea negra,
virando-os na direção do Érebo, enquanto você se vira na direção oposta,
e segue o curso do rio; e lá as numerosas almas dos mortos virão e se reunirão ao seu redor.
(Homero, *Odisseia* 10, linhas 517-30 [Lattimore, 165-6]).

Circe não diz, mas Ulisses entende que deve encher o buraco com o sangue dos carneiros macho e fêmea sacrificados:

Quando terminei meus sacrifícios e orações às hordas dos mortos, peguei os carneiros e lhes cortei a garganta por sobre o buraco, e o sangue escuro escorreu para dentro dele, e as almas dos mortos se reuniram no local, provenientes do Érebo... (*ibid.* 11, linhas 34-7 [Lattimore, 169]).

Isso é necessário porque as sombras de Hades estão sem energia, e o sangue preenche-as com a força vital da vida. Isso não apenas atrai os fantasmas, mas dão a eles força para se tornarem cientes dos seus entornos e opostos.
5. Purificação de uma pessoa, lugar ou coisa de culpa por meio de cerimônia religiosa, particularmente para evitar o mal.
6. O ato de expulsar um espírito maligno de uma pessoa, lugar ou coisa por meio de cerimônia religiosa.
7. Grego: νεκρο, cadáver; μαντεία, adivinhação.
8. Erichtho.
9. Ver Lucano, *Pharsalia* 6, linha 777-800.
10. Grego: σκιο, sombra; μαντεία, adivinhação. A bruxa de Endor invocou os fantasmas dos mortos para profetizar para Saul; e o mesmo fez Ulisses na terra dos mortos.
11. Aplicação.
12. O grande rio do Inferno (Hades), usado aqui para indicar toda a terra dos mortos.
13. II Reis 4:32-5.
14. Alcestis era a esposa de Admetus, rei de Pherae, na Tessália. Tendo ele adoecido, Apolo fez um pacto com as Moerae (Destinos) para que lhe poupassem a vida se outra pessoa fosse em seu lugar. Admetus aceitou a proposta, acreditando que algum servo ou amigo cumprisse o pacto, mas, quando a hora se aproximou, ninguém se ofereceu, até que, por fim, Alcestis se ofereceu para morrer no lugar do marido. Admetus ficou horrorizado, mas a sorte estava lançada. Quando a Morte estava pronta para levar Alcestis ao Hades, Hércules chegou ao palácio. Ele obrigou a morte a libertar a rainha, que voltou para o seu marido. Ver a peça *Alcestis*, de Eurípides.
15. Ver *A República* 10:614b-621b.

Capítulo XLIII

Do poder da alma do homem na mente, na razão e na imaginação

 alma do homem consiste em uma mente, razão e imaginação; a mente ilustra a razão, a razão flui para a imaginação: tudo é uma alma. Se a razão não for iluminada pela mente, não está livre de erros; mas a mente não dá luz à razão, a menos que Deus ilumine, ou seja, a primeira luz; pois a primeira luz é em Deus e excede em muito toda compreensão e, por esse motivo, não pode ser chamada de uma luz inteligível. Mas, uma vez infundida na mente, torna-se racional, e não pode apenas ser compreendida, mas também considerada: e então, uma vez infundida pela razão na fantasia da alma, torna-se não só excogitável, mas também imaginável; porém, não corpórea. Mas, quando de lá, ela vai para o veículo celestial da alma, torna-se enfim corpórea; não, porém, manifestamente sensível até que tenha passado para o corpo elemental, simples e aéreo ou composto, no qual a luz se manifesta de forma visível ao olho.

Considerando essa progressão da luz, os filósofos caldeus declaram um certo poder extraordinário da mente: pode acontecer que a mente, estando fixa em Deus, encha-se de poder divino; e estando assim repleta de luz, seus raios se difundem por todos os meios, até mesmo o corpo mortal denso, escuro, pesado, podendo agraciá-lo com uma abundância de luz,[1] tornando-o como as estrelas e igualmente brilhante; e também pela plenitude de seus raios e fulgor, pode elevá-lo às alturas, como a palha é elevada pelas chamas de uma fogueira, carregando o corpo, como se fosse espírito, a lugares remotos.

Lemos, por exemplo, que *Filipe*, nos Atos dos Apóstolos, o qual batizava o eunuco na Índia, de repente se viu em Azoto.[2] O mesmo lemos de *Habacuque* em Daniel;[3] outros passam por portas fechadas, fogem de seus carcereiros e das prisões; como lemos acerca de *Pedro*, o apóstolo,[4] e de *Pedro*, o exorcista;[5] talvez não se surpreenda tanto com isso a pessoa que já viu aqueles famosos homens melancólicos, que andam enquanto dormem e passam por lugares intransponíveis, e sobem aos locais mais inacessíveis, e exercem as obras daqueles que estão acordados, quando eles próprios, em estado de vigília, não seriam capazes; coisas para as quais não há outra razão na natureza senão uma forte e exaltada imaginação.

Mas esse poder reside em todo homem e está na alma do homem desde a raiz de sua criação; mas varia de um homem para outro de acordo com força e fraqueza, e aumenta ou diminui de acordo com seu exercício e uso, por meio dos quais é levado do poder ao ato; e aquele que sabe corretamente o uso de tal faculdade pode ascender por seu conhecimento até sua faculdade imaginativa transcender e se unir ao poder universal, o que *Alchindus*, *Bacon* e *Gulielmus Parisiensis* chamam de senso da natureza; *Virgílio*, de senso etéreo; *Platão*, de senso do veículo.

E a imaginação do homem está em sua força maior quando aquele poder etéreo e celestial é jorrado em abundância sobre ela, por meio de cujo fulgor encontra alento, até apreender a espécie, as noções e o conhecimento das coisas verdadeiras, de modo que aquilo que seja pensamento em sua mente se manifeste como no pensamento, e obtenha tão grande poder que possa se lançar, unir e insinuar nas mentes dos homens, e dar-lhes certeza de seus pensamentos, e de sua vontade e desejo, ainda que por meio de espaços grandes e remotos, como se percebessem um objeto presente por intermédio dos sentidos;[6] e em pouco tempo, muitas coisas podem ser feitas, como se fossem feitas sem o tempo.

Essas coisas, entretanto, não são concedidas a todos, mas àqueles cujo poder imaginativo e cogitativo seja mais forte e tenha chegado ao fim da especulação; o homem está apto para apreender e manifestar todas as coisas, pelo esplendor do poder universal, ou da inteligência, e a apreensão espiritual que está acima dele, e isso é aquele poder necessário, ao qual deveriam obedecer e seguir todos os que procuram a verdade.

Se, portanto, o poder da imaginação é tão grande que pode se insinuar em quem bem entender, não sendo impedido nem interrompido por distância alguma de tempo ou espaço, e pode às vezes levar consigo o corpo pesado, imaginando ou sonhando, não há dúvida de que o poder da mente é ainda maior, se em algum momento obtiver sua devida natureza, e não sendo de maneira alguma oprimido pela atração dos sentidos, deverá perseverar como si mesmo, porém incorruptível.

Vejamos, agora, exemplos de como as almas se permeiam da abundante luz dos corpos celestes e, a partir daí, uma grandíssima abundância de luz redunda em seus corpos: o rosto de *Moisés* resplandeceu[7] tanto que os filhos de Israel não podiam olhar para ele, tamanho era o brilho em seu semblante; *Sócrates* se transfigurou a tal ponto, lemos, que em luz ele superava as lucíferas rodas do Sol; quando *Zoroastro* se transfigurou, seu corpo foi levado para o alto. *Elias*[8] e *Enoque*[9] ascenderam ao céu em um carro de fogo, e Paulo foi arrebatado ao terceiro céu.[10] Nossos corpos, portanto, após o dia do Juízo Final, também serão chamados de gloriosos, e do mesmo modo serão arrebatados; e podemos dizer que, por esse meio, brilharão como o Sol e a Lua; coisa perfeitamente possível e que já aconteceu. *Avicebron*, o mouro, e *Avicena*, o árabe, e *Hipócrates*, o grego, e toda a escola dos caldeus reconhecem e confirmam essa realidade.

Além disso, reporta a história que Alexandre, o Grande, estando cercado e em grande perigo na Índia, ardeu tanto em mente que pareceu, aos olhos dos bárbaros, emitir luz.[11] O pai de Teodorico, pelo que se diz, emitia centelhas de fogo por todo o seu corpo;[12] a mesma coisa fazia um sábio, emitindo fagulhas do corpo, acompanhadas por um barulho; tampouco esse poder da alma se encontra apenas nos homens, mas às vezes até nos animais, como no cavalo de Tibério, que parece soltar chamas pela boca.

Mas a mente está acima do destino na providência; portanto, ela não é afetada pelas influências dos corpos celestes nem pelas qualidades das coisas naturais; assim, só a religião pode curá-la; mas a sensibilidade da alma está no destino, acima da natureza, que de certa forma é o nó do corpo e da alma, e sob o destino, acima do corpo; por isso, é mudada pelas influências dos corpos celestes, e afetada pelas qualidades das coisas naturais e corpóreas.

Chamo a essa sensibilidade da alma, esse poder vivificante e retificador do corpo, de o original de todos os sentidos; a própria alma manifesta nesse corpo seus poderes sensíveis e percebe as coisas corpóreas por meio do corpo, e o move, e o governa em seu lugar, e o nutre.

Nessa sensibilidade, dois poderes principais predominam: um é chamado de fantasia ou faculdade imaginativa ou cognitiva, de cujo poder já falamos, quando abordamos as paixões da alma;[13] o outro é chamado de senso da natureza, do qual também falamos quando mencionamos a bruxaria.[14]

O homem, portanto, pela natureza de seu corpo, está sujeito ao destino; a alma do homem, pela sensibilidade, move a natureza no destino, na ordem da providência; a razão, porém, tem livre escolha; então a alma, pela razão, ascende até a mente, onde se enche de luz divina; às vezes, ela desce à sensibilidade e é afetada pelas influências dos corpos celestes, e qualidades das coisas naturais, e é desviada pelas paixões e pelo encontro com objetos dos sentidos; às vezes, a alma se volta totalmente para a razão, procurando outras coisas ou por meio da fala ou pela autocontemplação.

Pois é possível que aquela parte da razão, que os peripatéticos chamam de intelecto possível,[15] possa ser levada à condição de falar livremente e operar sem a conversão para seus fantasmas, pois tão grande é o comando dessa razão que, por mais que qualquer coisa incorra à mente, ou à sensibilidade, ou à natureza, ou ao corpo, não pode passar para a alma, a menos que a razão se empenhe para isso.

Por esse meio, a alma não se preza a ver, nem ouvir, nem sentir, nem sofrer coisa alguma pelos sentidos externos, enquanto a razão cognitiva não a apreender primeiro; mas ela apreende tal coisa quando está em repouso, não quando anseia por ela, como vemos naquelas pessoas que não atentam para quem encontram, pensando com mais afinco em outras coisas.

Que se saiba, portanto, que nem as influências superiores, nem as afeições naturais, nem as sensações, nem as paixões da mente ou do corpo, nem qualquer outra coisas sensível podem operar ou penetrar a alma, senão pelo julgamento da própria razão. Assim, por ato dela, não por nenhuma violência extrínseca, a alma pode ser afetada ou perturbada, o que numerosos mártires provaram em seu martírio.

Assim, *Anasarchus*, filósofo de Abdera, tendo sido lançado por ordem de *Nicocreontes*, um tirano de Chipre, sobre uma rocha côncava, ignorando as dores do corpo enquanto era golpeado com pilões de ferro, teria dito: "golpeiem, golpeiem a casca de *Anasarchus*, embora não consigam ferir o próprio *Anasarchus*", o tirano ordenou que sua língua fosse cortada, mas ele, com os próprios dentes, a arrancou, e a cuspiu no rosto do tirano.[16]

Notas – Capítulo XLIII

1. Os Oráculos dos Deuses declaram que, por meio de cerimônias de purificação, não só a Alma, mas os próprios corpos se tornam dignos de receber muita assistência e saúde, pois, dizem, o revestimento mortal da matéria rude será, por esse meio, purificado. E isso os Deuses, em exortação, anunciam aos mais santos dos teurgistas (*Chaldean Oracles of Zoroaster* [Westcott, 60]).
2. Atos 8:27-40. Mas o eunuco foi batizado em algum lugar entre Jerusalém e Gaza.
3. Daniel 14:32-5. Os capítulos 13 e 14 de Daniel estão em grego (Bíblia católica) e não se encontram no texto hebraico.
4. Atos 12:7-10.
5. Durante o reinado do imperador romano Diocleciano (284-305), Pedro, o exorcista, foi jogado na prisão pelo juiz Sereno. Artêmio, o carcereiro, tinha uma filha que estava possuída por um espírito maligno. Pedro sugeriu que ele rogasse a Jesus Cristo pela salvação de sua filha. Artêmio respondeu que um deus que não podia tirar um de seus seguidores da prisão teria pouco poder para ajudar sua filha. Pedro afirmou que Deus tinha o poder tanto de libertá-lo quanto de curar a garota, quando então Artêmio decidiu testar a questão e trancou Pedro no mais fundo dos calabouços, acorrentando-lhe as mãos e os pés. Naquela noite, Pedro apareceu diante de Artêmio e sua esposa na casa deles e curou a filha do casal, ao mesmo tempo batizando 300 pessoas que haviam se reunido para observar. Sereno ordenou que Pedro fosse trancafiado novamente, porém mais uma vez foi libertado por um anjo e foi procurar Artêmio para instruí-lo em sua nova fé. A história tem um final infeliz – Artêmio, sua esposa Cândida e Pedro foram decapitados, e suas almas levadas ao céu por anjos. Ver Brewer 1901, 91-2.
6. Telepatia.
7. Êxodo 34:30.
8. Reis 2:11.
9. "E ele foi levado para o alto nos carros do espírito e seu nome desapareceu entre eles" (*Livro de Enoch* 70:2 [Charles 1913, 2:235]). Ver Gênesis 5:24.
10. II Coríntios 12:2.
11. Ver nota 6, cap. LXIII, l. I.
12. Ver nota 7, cap. LXIII, l. I.
13. Ver o começo do capítulo LXIII, l. I.
14. Ver cap. L, l. I.
15. Ora, pois, é evidente que, embora o intelecto possa estar unido a esse ou aquele homem, tem a primazia entre todas as outras coisas que pertencem ao homem, pois os poderes sensíveis obedecem ao intelecto e estão à sua disposição" (Tomás de Aquino, "Suma teológica" 76.2. Em *Introduction to Saint Thomas Aquinas*, ed. Anton C. Pegis [Nova York: Random House [Modern Library], 1948], 299).

"Reconhecer as naturezas das qualidades sensíveis não é tarefa dos sentidos, mas do intelecto" (*ibid.* 78.3 [Pegis, 328]). Quanto ao "intelecto possível", termo oriundo de *De anima* (Sobre a alma) de Aristóteles 3.4.429 a, Tomás de Aquino diz: "Mas o fantasma em si não é a forma do intelecto possível; a espécie inteligente abstraída dos fantasmas é essa forma" (*Suma teológica* 76.2).

E mais adiante, diz: "Mas o intelecto que é uma potencialidade às coisas inteligíveis, e por isso Aristóteles o chama de intelecto possível, não é passivo..." (*ibid.* 76.2). E mais adiante:

> Portanto, nada impede a única e mesma alma, sendo ela imaterial, de ter um poder por meio do qual torna todas as coisas imateriais, pela abstração das condições da matéria individual (esse poder é chamado de intelecto agente), e outro poder, receptivo dessa espécie, que é chamado de intelecto possível, em virtude de ser uma potencialidade a tais espécies. (*ibid.* 79.4).

Agrippa parecia estar se referindo de modo específico à questão 76, artigo 2, a Resposta de Tomás de Aquino, mas o leitor deve ler as questões 76-9 da *Suma teológica*, à luz do livro 3 de *De anima*, de Aristóteles.

16. Ver a nota biográfica de Anaxarco.

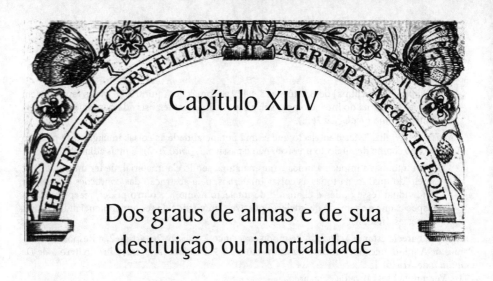

Capítulo XLIV

Dos graus de almas e de sua destruição ou imortalidade

 mente, vindo de Deus, ou do mundo inteligível, é portanto imortal e eterna; mas a razão é por muito tempo vivida pelo benefício de sua origem celestial; já o que é sensível, vindo do seio da matéria e dependendo de sua natureza sublunar, é sujeito à destruição e corrupção: portanto, a alma por sua mente é imortal, por sua razão tem vida longa em seu veículo etéreo, mas resolúvel, a menos que restaurada no circuito de seu novo corpo;[1] ou seja, não é imortal, a menos que unida a uma mente imortal.

A sensibilidade da alma, portanto, ou a alma sensível ou animal, sendo produzida do seio de uma matéria corpórea, e o corpo sendo resolúvel, perecem os dois juntos, ou sua sombra permanece não por muito tempo nos vapores de seu corpo resolvido, em nada usufruindo da imortalidade, a menos que esteja unida a um poder mais sublimado.

A alma, então, que está unida à mente, é chamada de alma de pé, não cadente; mas nem todos os homens obtêm essa mente, pois (como dizia *Hermes*)[2] Deus a oferece como um prêmio e recompensa das almas, a qual aqueles que negligenciarem, que não têm mente, e são marcados pelos sentidos materiais, e tornados como criaturas irracionais, recebem a mesma destruição que estas, como se lê em Eclesiastes:[3] o que sucede aos filhos dos homens sucede aos animais; o mesmo lhes sucede: como morre um, assim morre o outro, todos têm o mesmo fôlego de vida, e nenhuma vantagem tem o homem sobre os animais; porque tudo é vaidade.

É por isso que muitos teólogos pensam que as almas dos homens dessa espécie não têm imortalidade após terem deixado o corpo, mas apenas uma esperança de ressurreição, quando todos os homens forem restaurados. Agostinho relata que essa era a heresia dos árabes, que afirmavam que as almas morriam junto com seus corpos; e no dia do juízo final se levantavam novamente com eles.

Aqueles que, enfim, sustentados pela graça divina, obtiveram uma mente, de acordo com a proporção de suas obras se tornaram imortais[4] (como dizia *Hermes*), tendo compreendido todas as coisas por meio de seu entendimento, estando na terra, e no mar, e nos céus, e se existir alguma outra coisa acima do céu, contemplando o próprio bem.

Mas aqueles que viveram uma vida miserável, e que, embora não tenham obtido a inteligência divina, mas uma certa inteligência racional dela, as almas desses homens, quando deixam o corpo, migram para certos receptáculos secretos em que são afetadas com poderes sensíveis e exercidas em certo ato; e pela imaginação, e por virtudes irascíveis e concupiscíveis, ou se deleitam ao extremo ou lamentam amargamente. Essa era também a opinião de *Santo Agostinho*, no livro que escreveu *Do Espírito e da Alma*.[5] Os sábios dentre os indianos, persas, egípcios e caldeus, todos ensinavam que essa alma sobrevive muito mais tempo que o corpo, mas não é imortal, exceto por meio da transmigração.

Já os nossos teólogos filosofam por um caminho bem contrário acerca dessas coisas, dizendo que, embora exista o mesmo original comum e princípio de todas as almas, elas são distinguidas pelo Criador em graus diversos, não apenas acidentais, mas também intrínsecos, fundamentados em sua própria essência, pela qual uma alma difere da outra, de acordo com o que lhe é próprio. Também é a opinião de *João Escoto*, bem como dos teólogos de Paris, que assim decretam em seus artigos.

Aliás, assim dizia o Sábio: fui um filho prodigioso e ganhei uma boa alma, melhor que muitas outras, e de acordo com essa desigualdade de almas, todos são capazes, em seu grau, de cumprir seu encargo; dom gratuito dado por Deus, como lemos no Evangelho:[6] "A um deu cinco talentos, a outro, dois e a outro, um, a cada um segundo a sua própria capacidade". E o apóstolo diz:[7] "E ele mesmo concedeu uns para apóstolos, outros para profetas, outros para evangelistas e outros para pastores e mestres, com vistas ao aperfeiçoamento dos santos para o desempenho do seu serviço, para a edificação do corpo de Cristo."

Pois existem (segundo *Orígenes*)[8] certas perfeições invisíveis, às quais são confiadas aquelas coisas que são distribuídas aqui sobre a Terra, nas quais não há pouca diferença, assim como também se requer dos homens.

Assim, uns alcançam o mais alto grau de sabedoria e dignidade; outros pouco diferem dos animais, e alimentando os animais quase se transformam neles; outros vivem em virtudes e em riqueza; outros têm pouco ou nada, e às vezes esse pouco que têm lhes é tirado e dado àquele que tem mais; e assim é a justiça divina na distribuição dos dons, para que correspondam às virtudes de todo recebedor, a quem também as recompensas são dadas de acordo com suas obras: na proporção certa de dons para dons, merecimentos para merecimentos, havendo a mesma proporção de recompensas a recompensas.[9]

Para concluir, devemos saber que toda alma nobre tem uma operação quádrupla; a primeira é divina, pela imagem da divina propriedade; a segunda intelectual, pela formalidade da participação com as inteligências; a terceira racional, pela perfeição de sua devida essência; de modo que não há obra em todo este mundo tão admirável, tão excelente, tão maravilhoso, que a alma do homem, associada à sua imagem de divindade, que os magos chamam de alma de pé e não cadente, não pode realizar por conta própria sem ajuda externa. Portanto, a forma de todo poder mágico vem da alma do homem de pé, e não cadente.

Notas – Capítulo XLIV

1. Uma referência à transmigração de almas.
2. "*Tat.* 'Diga-me, pai, por que Deus não conferiu uma mente a todos os homens?' – *Hermes.* 'Era a vontade dele, meu filho, que a mente só fosse colocada como prêmio, para que as almas humanas a pudessem ganhar'" (*Corpus Hermeticum* 4.3 [Scott, 1:151]).
3. Eclesiastes 3:19.
4. "Mas tantos quantos usufruíram do dom [da mente] enviado por Deus, meu filho, são em comparação aos outros como deuses imortais aos homens mortais" (*Corpus Hermeticum* 4.5 [Scott, 1:153]).
5. Talvez *De anima e tejus origine*, de Agostinho.
6. Mateus 25:15.
7. Efésios 4:11, 12.
8. "Há também certos poderes invisíveis aos quais as coisas terrestres foram confiadas para administrar; e não se deve acreditar que existe diferença alguma entre eles, como também é o caso entre os homens" (Orígenes, *De principiis* 2.9.3 [*Ante-Nicene Fathers*, 4:290]).
9. Portanto, é possível compreender que havia originalmente vasos racionais, purgados ou não, isto é, que purgavam a si mesmos ou não, e que consequentemente todo vaso, de acordo com a medida de sua pureza ou impureza, recebia um lugar, ou região, ou condição por nascimento, ou um ofício a cumprir, neste mundo. E Deus, do alto até o mais humilde, distingue pelo poder de Sua sabedoria e distribui todas as coisas por meio de Seu julgamento controlador, de acordo com a mais imparcial retribuição, sendo assim cada um auxiliado e cuidado em conformidade com seu merecimento. Nisso, sem dúvida, se mostra todo princípio de igualdade, enquanto a igualdade das circunstâncias preserva a justiça de uma retribuição de acordo com o mérito (*ibid* 2.9.8 [*Ante-Nicene Fathers*, 4:293]).

Capítulo XLV

De vidência e transe

idência é o poder que permite aos sacerdotes e outros discernir as causas das coisas e prever eventos futuros, quando, por exemplo, os oráculos e espíritos descem dos deuses ou de demônios até esses indivíduos e são por eles transmitidos; o que os platônicos chamam de descida das almas superiores até as nossas almas; e *Hermes* chama de os sentidos dos demônios e espíritos dos demônios. Essas espécies de demônios eram chamadas de Eurideae e Pythonae,[1] que, como acreditavam, costumavam entrar no corpo dos homens e utilizar suas vozes e línguas, para a previsão de coisas futuras. *Plutarco* também faz menção a isso em seu diálogo acerca das causas do Defeito dos Oráculos.[2]

Mas *Cícero*, seguindo os estoicos, afirma que o pré-conhecimento de eventos futuros só pertence aos deuses;[3] e Ptolomeu, o astrólogo, dizia que só os inspirados com uma divindade preveem determinadas coisas. Com eles concorda *Pedro*,[4] o apóstolo, dizendo, "Nunca jamais qualquer profecia foi dada por vontade humana; entretanto, homens santos falaram da parte de Deus, movidos pelo Espírito Santo". Isaías[5] também afirma que a previsão de coisas futuras é enviada pelos deuses, dizendo: "Anunciai-nos as coisas que ainda hão de vir, para que saibamos que sois deuses; fazei bem ou fazei mal, para que nos assombremos, e juntamente o veremos".

E são três as maneiras de se ver: frenesi, ou transe; êxtase e sonhos, cada qual em sua ordem.

Notas – Capítulo XLV

1. Ver nota 2 deste capítulo.
2. Pois é uma atitude muito tola e infantil supor que o deus [Apolo], assim como os espíritos falando nas entranhas dos ventríloquos (que no passado eram chamados de Eurícles e agora Pítons), entra no corpo do profeta e fala por meio de sua boca e voz, como instrumentos apropriados para tal fim. Pois aquele que mistura Deus nas questões humanas não tem respeito nem reverência que são devidos a tão grande majestade, sendo ignorantes de seu poder e virtude, (Plutarco, *De defectu oraculorum* [A obsolescência dos oráculos] 9, tradução de Robert Midgley [Goodwin, 4:13])
O adivinho de Atenas, Eurícles, era um ventríloquo com o sobrenome de Engastromythes (fala na barriga). O nome também era aplicado às sacerdotisas de Apolo. Ele é mencionado em Aristófanes nas *Wasps*, linha 1019 ("... e como o profético Gênio, que se escondia na barriga de Eurícles..."), e também por Platão em *Sofista* 252c ("... e como aquele estranho indivíduo, Eurícles, carregam consigo, aonde quer que vão, uma voz na barriga que lhes contradiz...").
3. Como costuma ocorrer em suas referências, Agrippa atribui uma crença ao autor, que este expressa, mas não afirma ser sua:

> Você defende, eu respondo, a própria fortaleza dos estoicos, Quintus, afirmando a dependência recíproca entre essas duas condições; assim, se existe essa arte de adivinhação, então existem deuses, e se existem seres que são deuses, então existe a arte da adivinhação. Mas nenhum desses dois pontos é admitido com a facilidade com que você imagina. Pois os eventos futuros podem ser indicados pela natureza sem a intervenção de nenhum Deus; e mesmo que existam deuses, ainda é possível que nenhuma forma de adivinhação seja dada por eles à raça humana (Cícero, *De divinatione* 1.6 [Yonge, 146].

4. II Pedro 1:21.
5. Isaías 41:23.

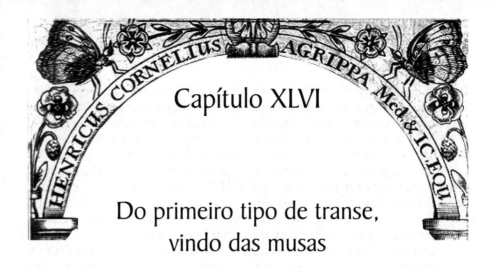

Capítulo XLVI

Do primeiro tipo de transe, vindo das musas

transe é uma ilustração da alma vinda dos deuses, ou demônios. Daí este verso de *Ovídio*:

> Deus está em nós, sustentáculos do trono
> De Deus, do espírito que vem do alto.

Platão define[1] a ideia por alienação e amarração; pois abstrai daqueles pelos quais os sentidos físicos são estimulados e, alienando-se de um homem animal, adere a uma divindade da qual recebe aquelas coisas que não pode buscar por poder próprio; pois, quando a mente é livre e está em liberdade, as rédeas do corpo se soltam e, saindo como que de uma prisão, transcendem as amarras dos membros e, sem nada para impedir-lhe o caminho, sendo agitada por suas próprias instigações e instigada por um espírito divino, compreende todas as coisas e prevê eventos futuros.

Ora, são quatro os tipos de transe divino procedentes das várias deidades, a saber, das musas, de *Dioniso*, de *Apolo* e de *Vênus*.

O primeiro transe, portanto, procedendo das Musas, agita e estimula a mente, e a torna divina ao atrair coisas superiores às coisas inferiores por meio de coisas naturais. Ora, as musas são as almas das esferas celestiais, de acordo com o que se encontram vários graus, e pelas quais há uma atração de coisas superiores a inferiores.

O inferior desses graus, assemelhando-se à esfera da Lua, possui aquelas coisas que são dos vegetais, tais como plantas, frutas das árvores, raízes e as provenientes de matérias mais duras, como pedras, metais, ligamentos[2] e suspensões.[3] Por isso se diz que a pedra selenita,[4] ou seja, pedra da lua, e a pedra da civeta[5] possibilitam adivinhação. Também a verbena[6] e a erva theangelis[7] possibilitam a vidência, como já foi explicado antes.

O segundo grau, semelhante a Mercúrio, possui aquelas coisas que são dos animais e compostas da mistura de diversas coisas naturais, como copas e carnes; nesse sentido, dizem que o coração de uma toupeira,[8] comido ainda quente e palpitante, conduz à previsão de eventos futuros. E o rabino *Moisés*, em seus comentários sobre o Levítico, diz que existe um animal ידוע *Jedua*, de forma humana, de cujo umbigo sai um fio por meio do qual ele se prende ao solo como um cabaço, e até o ponto onde o fio alcança, o animal é capaz de devorar e consumir tudo o que for verde ao seu redor e, enganando a vista, nunca pode ser pego, a menos que o fio seja cortado por um dardo, quando então morre. Ora, os ossos desse animal, sendo colocados de certa maneira na boca[9] de uma pessoa, esta logo entra em transe e começa a fazer previsões.

O terceiro grau responde à esfera de Vênus e possui sutis pós, vapores e odores, e unguentos, e sufumigações, que são feitas daquilo de que falamos.

O quarto grau pertence à esfera do Sol; possui vozes, palavras, cantos e sons harmoniosos, por cuja doce consonância expulsa da mente qualquer perturbação e anima novamente. É por isso que *Hermes*, *Pitágoras*[10] e *Platão* nos aconselham a recompor uma mente descontente e animá-la com canto e harmonia. Por meio de sons, *Timóteo*[11] teria induzido o rei *Alexandre* a um transe; e o sacerdote de Calame (sob o testemunho de *Aurélio Augusto*)[12] podia, a bel-prazer, com uma certa melodia aguda, sair do próprio corpo e entrar em êxtase, assunto do qual também já falamos.

O quinto grau responde a Marte: ele possui imaginações veementes e afeições da mente, também conceitos e movimentos já mencionados.

O sexto grau responde a Júpiter: possui os discursos da razão, deliberações, consultas e purgações morais; de tais coisas falamos, em parte, e voltaremos a mencionar mais adiante. Ele possui também admirações e venerações, por cuja surpresa, a fantasia e a razão às vezes são tão restritas que de repente deixam passar todas as suas ações; quando, então, livre e exposta só a uma deidade, seja ela deus ou demônio, recebe influências supernas e divinas, a respeito das quais já deliberamos. Lemos, por exemplo, que as sibilas e os sacerdotes de Pítia recebiam oráculos nas cavernas de *Júpiter* e de *Apolo*.[13]

O sétimo grau se assemelha a Saturno: possui as inteligências mais secretas e as silenciosas contemplações da mente. Chamo de contemplação aqui a livre perspicácia da mente, suspensa em admiração diante da contemplação da sabedoria. Pois a excogitação feita por meio de enigmas e imagens é uma espécie de especulação, ou discurso pertencente a Júpiter, e não uma contemplação.

O oitavo grau se assemelha ao céu estrelado. Ele observa a situação, moção, os raios e a luz dos corpos celestes: possui também imagens, anéis e coisas do gênero, as quais são feitas de acordo com a regra dos celestiais, como já falamos.

O nono grau responde ao primum móbile, ou seja, a nona esfera, como o próprio Universo: possui coisas mais formais, tais como números, figuras, caracteres, e observa as influências ocultas das inteligências do céu, e outros mistérios que, trazendo em si as energias das deidades celestes e espíritos invocados, os atrai com facilidade e os ordena, por meio de uma certa necessidade de conformidade, a abordar e deter uma pessoa, não a deixando voltar facilmente; tema que lemos nos oráculos de *Porfírio*:[14]

Cessa agora, poupa as palavras, e à vida
Dá repouso,

Dissolve, e deixa as velhas formas (te solicito),
Deforma os membros, e aperta as amarras.

E em outro lugar:
Vós, guirlandas, soltai os pés, com água limpa

Borrifai-os, e que o verde louro
Seja tirado das mãos, e que toda linha
E caractere sejam borrados.
De tais temas já falamos o suficiente, e a eles retornaremos adiante.

Notas – Capítulo XLVI

1. Ver Platão, *Fédron* 244-50.
2. Ver nota 1, cap. XLVI, l. I.
3. Ver nota 2, cap. XLVI, l. I.
4. Os filósofos dizem que, se for provada, traz o conhecimento de certas coisas futuras. Se a pedra for colocada debaixo da língua, principalmente no primeiro [dia da] Lua, ela tem uma virtude por apenas uma hora. Portanto, estando no décimo dia da Lua, ela tem essa virtude na primeira ou décima hora. O método de adivinhação é o seguinte: quando ela está debaixo da língua, se nosso pensamento estiver voltado para qualquer negócio, se tiver de se realizar, fixa-se com firmeza no coração, não podendo ser tirado; se não tiver de se realizar, o coração se afasta de um salto do objeto. (*Livro dos Segredos* 2.6 [Best and Brightman, 28]).
5. A hiena, ou pedra da hiena. Ver nota 3, cap. XXXVIII, l. I.
6. "Os povos nas províncias gaulesas [druidas] usam ambas [verbena macho e fêmea] para fins premonitórios e para a previsão de eventos futuros..." (Plínio 25.59 [Bostock e Riley, 5:121]).
7. Ver nota 5, cap. XXXVIII, l. I.
8. Ver nota 18, cap. LV, l. I.
9. Ver o comentário da Rashi, na nota 11 cap. XVI, l. III.
10. Ver Jâmblico *On the Mysteries* 2.9, e as notas de Thomas Taylor.
11. Ver nota 14, cap. XXIV, l. II.
12. Santo Agostinho, que era chamado de Aurélio Augusto, embora ele mesmo jamais usasse Aurélio como primeiro nome, tampouco fosse assim chamado nas cartas que lhe eram endereçadas. Essa mesma referência aparece no capítulo L, l. III. Calamae, ou Kalamata, era uma antiga cidade da Grécia (atual Kalamai, Peloponeso). Ver nota 5, cap. XLVIII, em que Jâmblico parece utilizar a mesma referência.
13. A mais famosa caverna de Apolo se localizava no Monte Parnasso, em Delfos, onde ficava a Pítia, ou sacerdotisa de Apolo. A mais notável caverna de Zeus ficava no Monte Dicte, a oeste de Creta, onde o deus teria sido criado às escondidas, longe da maldade de seu pai, Cronos.
14. *Prophyrii de philosophia ex oraculis hauriendis*, um comentário acerca dos oráculos caldeus, preservado em partes em *Praeparatio evangelica*, de Eusébio.

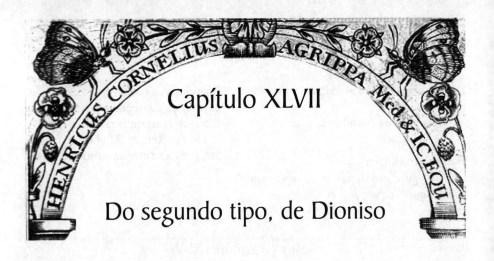

Capítulo XLVII

Do segundo tipo, de Dioniso

segundo tipo de transe procede de *Dioniso*: é feito por meio de expiações, exteriores e interiores, e por meio de conjurações, mistérios, solenidades, templos e observações, desviam a alma para a mente, a suprema parte de si, fazendo dela um templo apropriado aos deuses, no qual os espíritos divinos podem morar e, por eles possuída e cheia de vida, a alma se enche de felicidade, sabedoria e oráculos, não em sinais e marcas e conjeturas, mas em uma certa concitação[1] da mente e no movimento livre: assim, *Baco* previa para a Boécia,[2] e *Epimênides* para o povo de Cous,[3] e a sibila *Erithea*[4] para os troianos.[5]

Às vezes, esse transe acontece por meio de uma visão clara, às vezes por uma voz distinta: *Sócrates*, por exemplo, era governado por esse demônio, cujo conselho ele seguia prontamente, cuja voz ele ouvia com os ouvidos e para quem a forma de um demônio[6] costumava aparecer. Muitos espíritos proféticos também se fizeram ver, associando-se às almas daqueles que eram purificados; exemplos do que encontramos nas Escrituras Sagradas, como em *Abraão* e sua criada *Hagar*; em *Jacó, Gideão, Elias, Tobias, Daniel* e muitos outros.

Assim, *Adão*[7] tinha familiaridade com o anjo Raziel. Sem, filho de *Noé*, com *Jophiel*; *Abraão*,[8] com *Zadkiel*; *Isaque* e *Jacó*[9] com *Peliel*; *José, Josué*[10] e *Daniel*,[11] com *Gabriel*; *Moisés*,[12] com *Metatron*; *Elias*, com *Malbiel*; *Tobias*,[13] o jovem, com *Rafael*; *Davi*, com *Cerniel*; *Manoá*,[14] com *Phadael*; *Cenez*,[15] com *Cerrel*; *Ezequiel*,[16] com *Hasmael*; *Esdras*,[17] com *Uriel*; *Salomão*, com *Miguel*.

Às vezes, os espíritos – graças à virtude das almas – entram e se apoderam de corpos orgânicos, quer de animais ou de homens e, usando a alma como base, emitem vozes por meio de instrumentos orgânicos, como se manifesta na jumenta de *Balaão*,[18] e em *Saul*,[19] sobre o qual o espírito do Senhor recaiu e profetizou. Disso fala *Apolo* em suas respostas, segundo *Porfírio*:[20]

Febo, em seu fulgor, do alto
Desceu, e pelo ar puro se fez
Transmitir; entrando nas almas purificadas
Com um sopro sonoro, nelas manifestando uma voz
Por meio de uma garganta mortal.

Notas – Capítulo XLVII

1. Agitação, tumulto.
2. Dioniso (Baco) era um deus profético cujo oráculo em Delfos era tão importante quanto o de Apolo. As principais sedes de seu culto eram a Boécia e a Ática.
3. Parece que não existe a menor ligação entre Epimênides e Cous (ver nota biográfica). Talvez Agrippa quisesse se referir a Cnossos.
4. Também chamada de Cumaean, Sibila, que segundo lendas teria vendido os livros sibilinos a Tarquin, o Orgulhoso. Quando os livros foram destruídos pelo fogo em 83 a.c., os romanos tinham uma coleção nova de mil versos oraculares obtidos em Eritreia (atual Cesme, Turquia). Esses oráculos parecem ter sido coletados pela primeira vez na época de Sólon e Ciro (século VI a.C.), em Gergis, no Monte Ida, não longe de Troia. Foram atribuídos à sibila de Helesponto e guardados no templo de Apolo, em Gergis. De lá, foram levados para Eritreia, de lá para Cumae pela sibila Herophile, e de Cumae para Roma.
5. Essa referência tripla de Agrippa deve ter sido inspirada por esta frase de Cícero:

> Mas aqueles homens, por outro lado, são destituídos de arte, cedendo a pressentimentos quanto ao futuro, não agindo por meio da razão nem da conjuntura, tampouco observando e levando em conta sinais específicos, mas entregando-se, isso sim, à excitação da mente, ou a alguma influência desconhecida que não se submete a nenhuma regra ou restrição precisa (como costuma acontecer com aqueles que sonham e às vezes profetizam em transe), como Bacis de Boécia, Epimênides, o cretense, e a sibila de Eritreia (*De Divinatione* 1.18 [Yonge, 159-60]).

6. Ver nota 3, cap. XXII, l. III.
7. Ver nota 3, cap. XXIV, l.III.
8. Possível referência a Gênesis 18, embora o nome do anjo não seja mencionado.
9. Gênesis 26:24 e 32:30. Peniel, PNVAL, פנואל, "o rosto de Deus".
10. Josué foi visitado por um anjo (Josué 1:1), e em vários lugares está escrito que "o Senhor estava com Josué" (Gênesis 39:2, 21, 23), mas o nome do anjo não é citado.
11. Daniel 8:16 e 9:21.
12. Metatron é identificado como Shekinah, ou Espírito Santo, que está com Moisés – ver notas 19 e 61 cap. X, l. III.
13. Tobias 5:4 (Bíblia católica).
14. Juízes 13:3-21. Mais uma vez o nome do anjo não é citado. Ver também Juízes 13:18.
15. Provável referência a Quenaz, irmão de Calebe, sobre quem o espírito do Senhor desceu (Juízes 3:9-10).
16. Ezequiel 1:26-8.
17. II Esdras 4:1 e seguintes.
18. Números 22:28.
19. I Samuel 10:10-3.
20. Ver nota 14, cap. XLVI, l. III.

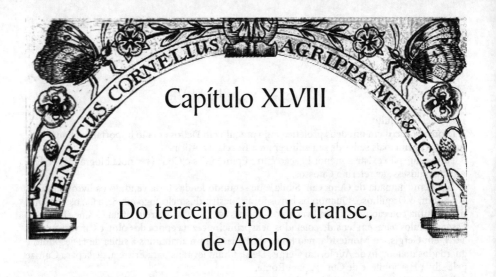

Capítulo XLVIII

Do terceiro tipo de transe, de Apolo

terceiro tipo de transe procede de Apolo, ou seja, da mente do mundo. Com ele, por meio de certos sagrados mistérios, votos, sacrifícios, adorações, invocações e artes sagradas, ou certas confecções secretas, pelos quais os espíritos de seu deus infundem virtude, fazem a alma se elevar acima da mente, unindo-a a deidades e demônios.

Lemos acerca da estola sacerdotal,[1] que, ao ser usada, possibilitava a profecia. Lemos também nos livros dos Senados, no capítulo de *Eliezer*, que o rabino *Israel* fazia determinados bolos, sobre os quais vinham escritos alguns nomes divinos e angelicais, que eram consagrados, de modo que aqueles que os comessem com fé, esperança e caridade, logo irrompiam com um espírito de profecia. Lemos na mesma fonte que o rabino *Johena*, filho de *Jochahad*, do mesmo modo trouxe iluminação a um rude camponês chamado *Eliezer*, que, sendo analfabeto, foi tomado de um súbito arrebatamento e começou a pregar inesperadamente os grandes mistérios da Lei a uma assembleia de homens sábios, assombrando todos os que estavam por perto.

E conta-se que um certo homem chamado *Herviscus*, um egípcio, era dotado de tal natureza divinatória que só ao ver imagens que representassem qualquer divindade entrava em uma espécie de transe divino.

Lemos ainda nas Escrituras que quando *Saul* se encontrava entre os profetas, o espírito do Senhor veio sobre ele, que começou a profetizar, e quando saiu da assembleia dos profetas, parou;[2] o mesmo aconteceu com os homens que *Saul* enviou atrás de *Davi*: os quais, vendo a companhia dos profetas, e *Samuel* no meio deles, receberam o espírito do Senhor e também profetizaram.[3] Às vezes, a abundância de luz divina é tão grande sobre os profetas que, tomados de um transe divino, acabam contagiando também quem se encontra por perto, que entra no mesmo espírito de transe.

Não é incrível, portanto, que um homem ignorante se torne de uma hora para outra sábio ou que um sábio fique subitamente ignorante: pois existe uma certa arte (conhecida por poucos) de informar, adornar e ilustrar uma mente pura, para que possa enfim ser resgatada da ignorância e trazida à luz da sabedoria: e ao contrário, há um modo, envolvendo certos segredos ocultos, de fazer aqueles que têm uma mente impura e descrente se tornarem ignorantes de novo, embora no presente sejam cultos e sábios.

Também a mente do homem, especialmente quando simples e pura, pode (segundo o testemunho de *Apuleio*),[4] por meio de alguma sagrada e misteriosa recriação, ser induzida a um sono e ofuscada a ponto de esquecer de vez as coisas presentes e entrar em sua natureza divina, sendo tão iluminada com luz divina, e inspirada em um transe divino, que é capaz de prever as coisas futuras e receber a virtude de alguns maravilhosos efeitos. Nesse sentido, diz Jâmblico que, quando os profetas são inspirados com uma divindade, não temem coisa alguma, pois passam por caminhos intransponíveis e são levados ao fogo sem se ferir, e também passam por sobre rios.[5]

Lemos a respeito de certas cavernas, como de *Apolo*,[6] *Trophonius*,[7] o tripé,[8] covis, fontes, lagos e outros locais que eram consagrados aos deuses dessa maneira, ou feitos segundo esse mistério, para que então os sacerdotes possam atrair o espírito da profecia, como vemos em *Jâmblico*, em *Porfírio*:[9] a Sibila (diz ele) em Delfos recebia Deus de dois jeitos: ou por meio de um espírito sutil e fogo, que provinha da boca da caverna, na qual ela se sentava à entrada sobre um banco com três pés, de bronze, dedicado a uma divindade, e era divinamente inspirada e profetizava; ou um grande fogo saindo da caverna cercava a profetisa, agitando-a, tomando-a de uma deidade, e ela profetizava, inspiração essa que ela também recebia ao se sentar sobre um assento consagrado, logo irrompendo em previsões.

Havia, ademais, uma profetisa em Branchi[10] que se sentava sob uma árvore, e também segurava uma varinha na mão, que lhe fora dada por alguma deidade, ou lavava os pés, e às vezes a barra de suas vestes nas águas, ou extraía vapor do fogo das águas. Por todos esses meios, ela se enchia de esplendor divino e dava muitos oráculos.

Lemos também que na terra da Trácia havia determinada passagem[11] consagrada a *Baco*, da qual previsões e oráculos eram dados, com seus priores tendo bebido vinho em abundância e fazendo coisas estranhas. Também na cidade de Clarus, onde o templo de *Clarius Apolo*[12] se encontrava, havia os que tinham o dom de pronunciar coisas divinas após ter bebido muito vinho, fazendo coisas estranhas.

Havia uma fonte profética Patrai em Achaia,[13] localizada diante do templo de *Ceres*, onde aqueles que indagassem a respeito da condição dos doentes desciam devagar à água um vidro amarrado a um pequeno cordão, e após fazer certas súplicas e fumigações, tal condição se fazia ver no vidro.[14]

Não muito longe de Epidaurus, uma cidade da Lacônia, havia um charco profundo chamado de Água de *Juno*,[15] que, após serem nele jogados bolos de milhos, dava respostas felizes se as águas retivessem o que lhe fora jogado; mas infelizes, se, como em ato de desprezo, os bolos fossem atirados de volta. O mesmo fenômeno dizem que ocorre nas cavernas de Etna, onde dinheiro ou sacrifício mostravam os mesmos presságios bons ou maus, sendo retidos ou rejeitados.

Coisas semelhantes relata *Dío* em sua História Romana, em um local que chamam as Ninfas, o qual, após se oferecer olíbano no fogo, fornecia oráculos a respeito de todas aquelas coisas que se quisesse saber, particularmente em relação à morte, e àquelas coisas pertinentes ao matrimônio.

Maravilhoso também é o que relata Aristóteles a respeito de uma fonte dos paliscanos da Sicília,[16] à qual as pessoas se dirigiam para fazer juramentos e afirmações, que inscritas em tábuas eram jogadas na água. Se as coisas escritas fossem verídicas, as tábuas boiariam; se falsas, afundariam; em seguida, surgia de súbito um fogo que queimava até as cinzas aqueles que cometessem perjúrio.

Havia também na cidade de Dodona um carvalho,[17] que, tão logo alguém entrasse para receber alguma resposta, se movia e emitia um som; além disso, havia uma estátua segurando uma varinha que batia em uma vasilha, a qual dava respostas por meio de toques moderados. Daí a se ler na epístola de *Austinus* a *Paulinus*:[18]

> E o metal de Dodona dava respostas,
> Com seus toques moderados, tão dócil que era.

Notas – Capítulo XLVIII

1. A veste de um sacerdote judeu. Era feita de linho, não tinha mangas e era aberta sob as axilas, sendo presa por fivelas na altura dos ombros e ornada na cintura. As cores dessa estola do sumo sacerdote eram ouro, púrpura e escarlate. Davi a usava para profetizar. Ver I Samuel 23:9-11; 30:7-8.
2. Ver nota 19, cap. XLVII, l. III.
3. I Samuel 19:20.
4. Após se banhar sete vezes no oceano, Apuleio invoca a Deusa com uma oração: "Quando terminei a oração e expus minhas súplicas à Deusa, tive a boa fortuna de adormecer, e aos poucos foi-me aparecendo um rosto divino e venerável, venerado até pelos próprios deuses" (*O asno de ouro*, cap. 47). A Deusa prevê o futuro de Apuleio.
Quanto à questão do sono profundo, Jâmblico escreve:

> Mas os sonhos que são denominados *theopemptoi*, ou *enviados de Deus*, não subsistem do jeito que você diz; mas ocorrem ou quando o sono está nos deixando e nós começamos a acordar, e depois ouvimos uma certa voz que nos diz de modo conciso o que deve ser feito; ou quando ouvimos vozes entre o sono e a vigília, ou quando estamos perfeitamente despertos. E às vezes, de fato, um espírito invisível e incorpóreo cerca os adormecidos para não ser percebido pela visão, e sim por outra cossensação e inteligência. A entrada desse espírito é também acompanhada de um barulho, e ele se espalha por todos os lados sem o menor contato e efetua admiráveis obras que conduzem à liberação de paixões da alma e do corpo. Mas, às vezes, uma luz discreta e brilhante se mostra, cuja visão faz os olhos fecharem, se estavam antes abertos. Os outros sentidos, porém, se encontram em estado vigilante, e sob certo aspecto têm uma cossensação da luz difundida pelos Deuses; e o adormecido ou o que repousa ouve o que os Deuses dizem, e sabe, por percepção

consecutiva, o que então é feito por eles. Isso, entretanto, é observado de modo ainda mais perfeito quando a visão percebe, quando o intelecto corrobora e segue o que é realizado, sendo acompanhado pelo movimento de espectadores. Sendo, portanto, essas as diferenças desses sonhos, nenhum deles é semelhante ao sonho humano comum (Jâmblico, *On the Mysteries* 3.2 [Taylor, 115-6]).

5. Muitos, mediante inspiração divina, não se queimam quando tocados pelo fogo, uma vez que a influência inspiradora impede a ação danosa do fogo. Muitos também, embora se queimem, não sentem o dano, pois não vivem uma vida animal. E há alguns que, embora atravessados por espetos, não percebem; mas outros são golpeados nos ombros com machados, e outros têm os braços cortados com facas, sem ter a menor consciência do que lhes está acontecendo. Suas energias também não são humanas. Pois lugares inacessíveis se tornam acessíveis àqueles que recebem inspiração divina; essas pessoas são jogadas no fogo, caminham no meio do fogo e andam sobre as águas dos rios, como o sacerdotes em Castabalis, sem se machucar. (*Ibid.* 3.4 [Taylor, 122])

6. Ver nota 13, cap. XLVI, l. III.

7. Trophonius era filho de Erginus, rei de Orchomenus. Junto a seu irmão Agamedes é lendariamente famoso por ter construído o templo em Delfos, uma estrutura magnífica. Após sua morte, ele passou a ser venerado como herói e teve um oráculo próprio em sua homenagem, em uma caverna perto de Lebadea, na Beócia (a oeste do atual lago Voiviis). Para um fascinante relato em primeira mão do oráculo de Trophonius, ver Pausânias, *Guide to Greece* 9.39.4. Pausânias não só viu o oráculo, mas também passou pelos procedimentos rituais para consultá-lo.

8. A sacerdotisa em Delfos se sentava em um tripé – um banquinho com três pés – sobre uma fissura na caverna de Apolo, de onde subiam fumaças tóxicas. Embora raramente se diga de modo explícito, o motivo era que se acreditava que as fumaças entravam nela não pela garganta, mas pelo ventre.

9. Mas a profetiza em Delfos, quer estivesse dando oráculos à humanidade por meio de espírito atenuado e incandescente, jorrando da boca da caverna, quer estivesse sentada no adito sobre um tripé de bronze, ou sobre um banco com quatro pés, tornava-se consagrada ao Deus; e como tal, ela se entrega ao espírito divino e é iluminada com um raio de fogo divino. E quando o fogo, ascendendo da boca da caverna, a envolve em círculos em abundância, ela se enche dele com um esplendor divino (Jâmblico, *On the Mysteries* 3.11 [Taylor, 143]).

A premissa dessa obra é ser uma resposta dada por Jâmblico a Porfírio a perguntas feitas na *Carta a Anebo*, deste último, que é o prefácio de *On the Mysteries* – daí a referência de Agrippa a Porfírio.

10. A mulher profética também em Brandchidae, segurando uma varinha na mão que fora recebida de algum Deus, e tornando-se cheia de esplendor divino, ou sentada sobre um eixo, prevê eventos futuros; ou ela mergulha os pés ou a barra do vestido na água, ou ainda recebe Deus ao ingerir os vapores da água; por todos esses meios, ela se torna apta a participar externamente do Deus (*ibid.* [Taylor, 144]).

Vale a pena examinar a carta da Roda da Fortuna, no tarô Visconti-Sforza, sob a luz da interpretação acima.

11. A Trácia era o principal centro do culto a Dioniso e é provável que o deus tenha sido levado de lá para a Grécia. O oráculo trácio de Dioniso (que os trácios chamavam de Baco) se localizava sobre uma fissura, ou caverna, em um dos mais altos picos das montanhas Rhodope (Sul da Bulgária).

12. Clarus era uma pequena cidade na costa jônica, perto de Colofonte (não muito distante de Éfeso), famosa somente por seu templo e oráculo de Apolo, que recebeu, assim, o sobrenome de Clarius. Ver Jâmblico, *On the Mysteries* 2.10 (Taylor, 141-2).

13. Atual Patrai, Grécia.

14. Há uma fonte na frente do santuário de Demeter, com uma pedra seca e uma trilha que desce até a fonte do outro lado. Há um oráculo infalível aí, que serve para os doentes. Amarram um espelho em algum tipo de cordão fino e o equilibram sobre a superfície da água na fonte, sem mergulhá-lo, mas apenas deixando a superfície do espelho tocar de leve a água. Em seguida, rezam à deusa e queimam incenso e olham no espelho, vendo nele a pessoa doente, viva ou morta (Pausânias, *Guide to Greece* 7.21.5 [Levi, 1:283-4]).

Levi crê que essa seja a fonte que se encontra na igreja de Santo André, perto da catedral de Patrai.
15. Cerca de um quarto de milha mais para a direita se encontra a água de Ino, como a chamam, do tamanho de um pequeno lago, porém mais profunda; nela, jogam-se pães de centeio, no festival de Ino. Quando a água aceita os pães e fica com eles, significa um bom augúrio para quem os jogou lá; mas, se ela os manda de volta à superfície, isso é considerado um mau sinal (*ibid.* 3.23-8 [Levi, 2:87-8]).
Levi diz que foi descoberta uma pequena lagoa em tempos recentes, cerca de um quarto de milha da acrópole em Epidauro, a qual tem mais de 30 metros de profundidade. Ino era a filha mortal de Cadmus, que deu à luz dois filhos ilegítimos de Athamas. Quando Athamas foi enlouquecido pelos deuses por sua infidelidade, Ino se jogou no mar e foi transformada na deusa Leucothea. Agrippa confundiu Ino com Juno.
16. Em Palícia, na Sicília (sudoeste da atual Lentini), havia duas fontes sulfurosas chamadas Deilloi, que eram consagradas aos Palici, deuses gêmeos nascidos de Zeus, e à ninfa Talia, filha de Vulcano. No início dos tempos, eram oferecidos sacrifícios humanos aos deuses. Nos tempos clássicos, seu santuário se tornou asilo para escravos foragidos. Eram feitos juramentos em tábuas e atirados a uma das duas fontes. Se as tábuas flutuassem, os juramentos eram considerados verdadeiros; se afundassem, eram vistos como mentiras e os perjuros eram punidos com a cegueira ou a morte.
17. É muito duvidoso que o oráculo através do bronze fosse recebido no bosque sagrado de Zeus em Dodona. Parece ter existido um círculo de vasos colocados em volta ou pendurados nas árvores ao redor do templo. O vento soprando fazia os vasos soar com tons melodiosos. Talvez fossem penduradas varas leves de modo que tocavam os receptáculos de bronze ou gongos, quando movidas pela brisa entre os carvalhos. Ou talvez estátuas segurando varas fossem colocadas perto do bronze que se balançava suavemente, movido pelo vento entre os galhos dos carvalhos sagrados, estando os vasos suspensos nos ramos.
18. A carta de Ausônio Décimo Magno a Merópio Pôncio Anício Paulino. Ver notas biográficas separadas.

Capítulo XLIX

Do quarto tipo de transe, de Vênus

gora o quarto tipo de transe procede de *Vênus*, e, por meio de um amor fervoroso, converte e transmuda a mente para a de Deus, e a torna totalmente igual à de Deus, como se fora a verdadeira imagem de Deus; o que leva *Hermes* a dizer:[1] Ó *Asclépio*! O homem é um grande milagre, um animal a ser honrado e adorado; pois ele passa para a natureza de Deus, tornando-se assim Deus: ele conhece a natureza dos demônios e sabe que tem sua origem neles, desprezando a parte de sua natureza humana em si mesmo, tendo total segurança da divindade do outro; sendo sua alma, portanto, convertida e feita como Deus, é formada de Deus, de modo que se eleva acima de todo intelecto, conhece todas as coisas por meio de um certo contrato essencial de divindade; portanto, *Orfeu* descreve o amor como sendo sem olhos,[2] pois está acima do intelecto.

Sendo, portanto, a alma convertida a Deus pelo amor e sublimada acima da esfera intelectual, e tendo obtido por sua integridade o espírito de profecia, às vezes realiza coisas maravilhosas e maiores do que a natureza do mundo pode fazer, coisas essas chamadas de milagres. Pois assim como o céu por sua imagem, a luz, e calor, faz coisas que o fogo não é capaz de fazer por sua qualidade natural (o que se conhece por experiência na alquimia,[3]) também Deus, pela imagem e luz de si mesmo, faz aquelas coisas que o mundo não é capaz de fazer por uma virtude inata.

Ora, a imagem de Deus é o homem, pelo menos um homem que, por um transe de Vênus, é feito como Deus, e vive só pela mente, e recebe Deus em si. Entretanto, a alma do homem, segundo doutores hebreus e cabalistas, é definida como sendo a luz de Deus, e criada segundo a imagem do Mundo, a causa das causas, o primeiro exemplo, e a substância de Deus, figurada por um selo cujo caráter é a Palavra eterna.[4] Tema a que se refere *Hermes Trismegisto*, dizendo que tal homem é mais excelente do que aqueles que se encontram no céu, ou no mínimo igual a eles.[5]

Notas – Capítulo XLIX

1. Ver *Asclépio* 1.6a (Scott, 1:295).
2. Uma observação refletida por Chaucer ("The Marchantes Tales"), linha 1598, e Shakespeare (*O mercador de Veneza*, ato 2, c. 6, linha 36).
3. "Ó aquelas naturezas celestiais, multiplicando as naturezas da verdade segundo a vontade de Deus! Ó aquela potente natureza, que venceu e conquistou naturezas, e fez com que as naturezas se regozijassem e fossem felizes! Essa, portanto, é a natureza especial e espiritual a que Deus dá o que o fogo não pode" (*Turba Philosophorum* 11 [Waite, (1896) 1976, 35]).
4. Isso se aplica mais à alma arquetípica de Adão, que compreende em si todas as outras almas, que às almas humanas individuais. A Palavra é IHVH. O selo é o hexagrama conector.
5."Se tivermos de falar a verdade sem medo, aquele que é de fato um homem está acima dos deuses do céu, ou, pelo menos, iguala-se a eles em poder" (*Corpus Hermeticum* 10.24b [Scott, 1:205]):

> Desejando que o homem fosse ao mesmo tempo um ser da terra e capaz de imortalidade, Deus o compactou dessas duas substâncias, uma divina, a outra mortal; e sendo assim compactado, é determinado por Deus não só a ser melhor que todos os seres mortais, mas também melhor que os deuses, que são feitos integralmente de substância mortal (*Asclépio* 3.22b [Scott, 1:337]).

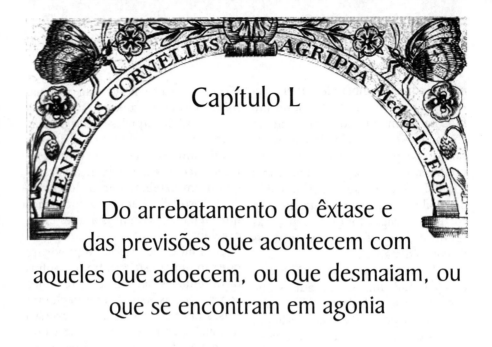

Capítulo L

Do arrebatamento do êxtase e das previsões que acontecem com aqueles que adoecem, ou que desmaiam, ou que se encontram em agonia

m arrebatamento é uma abstração e alienação, bem como uma ilustração da alma procedente de Deus, por meio do qual Deus retoma a alma, que havia caído do céu para o inferno, de volta do inferno para o céu. A causa disso é, em nós, uma contínua contemplação de coisas sublimes, que, em harmonia com uma profunda intenção da mente, a alma em sua sabedoria profunda se recolhe com suas veementes agitações das coisas sensíveis e do corpo, e (como dizia *Platão*) às vezes de tal maneira que até sai do corpo, parecendo ser dissolvida; como relata *Aurelius Austin* a respeito de um sacerdote de Calamia:[1] (que já mencionamos antes) ele estava deitado com toda a aparência de morto, sem respirar; e quando foi queimado com fogo e ferido, não o sentiu.

É grande, portanto, o comando da alma quando esta obtém sua natureza própria e não é oprimida pela atração dos sentidos, a tal ponto que por poder próprio ela ascende, ou permanecendo no corpo, ou às vezes se libertando de suas amarras, e voa para fora dele até as moradas supercelestiais, onde, estando mais próxima de Deus e mais semelhante a ele, e convertida em receptáculo de coisas divinas, ela se enche com a divina luz e os oráculos.

Como dizia, nesse sentido, *Zoroastro*:[2] "tu deves ascender até a própria luz, e até os raios emanados do Pai, quando então tua alma te será enviada, investida de boa e grande mente". E *Trismegisto* dizia:[3] "é necessário que ascendas acima dos céus, e te mantenhas longe das artimanhas dos espíritos"; e *Pitágoras* dizia:[4] "se, ao deixares o corpo, tu passares aos espaçosos céus, serás um deus imortal".

Lemos, assim, que *Hermes*, *Sócrates*, *Xenócrates*, *Platão*, *Plotino*,[5] *Heráclito*, *Pitágoras* e *Zoroastro* eram dados a se abstrair em arrebatamentos e assim adquirir o conhecimento de muitas coisas. Também lemos em *Heródoto* que havia em Proconnesus um filósofo de magnífico conhecimento chamado *Atheus*,[6] cuja alma às vezes saía do corpo e, após visitar lugares remotos, retornava a ele mais sábia e culta. Plínio relata a mesma coisa, que a alma de *Harman Clazomenius*[7] costumava vagar fora do corpo, trazendo depois informações verídicas de coisas distantes.

E existem até hoje na Noruega e Laplândia[8] muitos indivíduos que conseguem se abstrair por três dias inteiros do corpo, e ao retornar declaram muitas coisas que viram em lugares distantes; e enquanto estão ausentes é necessário vigiar para que nenhum ser vivo se aproxime ou toque no corpo; do contrário, afirmam, não podem retornar a ele.

Devemos saber, portanto, que (de acordo com a doutrina dos egípcios), já que a alma é um ser espiritual, quando ela se liberta do corpo pode estar em qualquer lugar e tempo, de tal forma que, como uma luz dentro de uma lanterna, se esta for aberta, difunde-se para todos os lados e não deixa nenhum lugar escapar, pois está em todo lugar e continuamente; e *Cícero*, em seu livro De Adivinhação, diz que a alma do homem não é capaz de adivinhar em momento algum, a menos que esteja suficientemente solta a ponto de ter pouca ou nenhuma ligação com o corpo;[9] quando, então, alcançará aquele estado que é o supremo grau de perfeição contemplativa, sendo arrebatado de todas as espécies criadas, e não compreende mais apenas pelas espécies adquiridas, mas pela inspeção das ideias: o que leva Platão a afirmar que poucos homens são participantes nesta vista; mas nas mãos dos deuses, todos.[10]

Também aqueles que se perturbam com a síncope[11] e com doença debilitante, de certa forma imitam uma síncope, e nessa doença às vezes como em arrebatamento desenvolvem a profecia,[12] em cujo tipo lemos que *Hércules*[13] e muitos árabes eram excelentes.

E há certos tipos de previsões que são uma mistura entre os confins das predições naturais e os oráculos sobrenaturais, isto é, que declaram coisas futuras a partir de um excesso de paixão, como de amor, tristeza ou em meio a frequentes suspiros, ou na agonia da morte, como em *Statius*, da mãe de *Aquiles*:[14]

Tampouco aquela sem pais queridos
Sob o transparente, os remos temia.

Pois existe em nossas mentes um certo poder perspícuo e capaz de todas as coisas, mas impedido pela escuridão do corpo e da mortalidade; porém, após a morte, tendo adquirido a imortalidade e livre do corpo, em um conhecimento pleno e perfeito. É por isso que aqueles que estão próximos da morte, e enfraquecidos pela velhice, às vezes têm uma luz incomum, pois a alma, estando menos tolhida pelos sentidos, adquire uma compreensão mais aguda e, um pouco relaxada de suas amarras, não se sujeita ao corpo; e estando mais perto do lugar aonde deve ir, percebe facilmente revelações, que, misturadas com suas agonias, lhe são então oferecidas.

Nesse sentido, *Ambrósio*, em seu livro da Crença da Ressurreição, diz que, estando ele livre no movimento aéreo, não sabe para onde vai nem de onde vem; sabemos, porém, que ela sobrevive ao corpo, e que, uma vez livre, as correntes de seus sentidos derrubadas discerne à vontade aquelas coisas que não conseguia ver antes por estar no corpo, o que podemos estimar pelo exemplo daqueles que dormem, cuja mente quieta e o corpo como que sepultado se elevam até as coisas do alto, e declaram ao corpo as visões de coisas ausentes, das próprias coisas celestiais.

Notas – Capítulo L

1. Ver nota 12, cap. XLVI, l. III.
2. "Cabe a você seguir logo a Luz, e os Raios do Pai, que lhe enviou uma Alma (Psique) dotada de muita mente (Nous)" (*Chaldean Oracles* 160 [Westcott, 58]).
3. E então, privado de tudo o que lhe fora impregnado pela estrutura dos céus, ele ascende à substância da oitava esfera, de posse agora de seu próprio poder; e canta, junto àqueles que lá habitam, hinos ao Pai; e os que lá estão regozijam-se com sua chegada. E sendo igual àqueles com quem habita, ele ouve as Potestades, que estão acima da substância da oitava esfera, cantando louvores a Deus com uma voz que é só deles. E depois, então, cada um à sua vez, eles sobem em direção ao Pai; oferecem-se às Potestades, e se tornam as próprias Potestades, entrando em Deus (*Corpus Hermeticum* 1.26 a [Scott, 129].

Você vê, meu filho, através de quantos elementos corpóreos em sucessão temos de abrir nosso caminho, e através de quantas tropas de demônios e cursos de estrelas, que poderemos mover para frente a um e único Deus.
4. Mas observe minhas leis, abstendo-se de coisas
Que sua alma deve temer, distinguindo-as bem;
Deixando a inteligência reinar sobre seu corpo;
Para que, ascendendo ao radiante Éter,
Em meio aos Imortais, seja você também um Deus.

(*Golden Verses of Pitagoras*, tradução francesa de Fabre d'Olivet [1813], tradução inglesa do francês, Nayan Louise Redfield [1917] [New York: Samuel Weiser, 1975], 9).
5. Aconteceu muitas vezes: saí do corpo e me tornei externo a todas as outras coisas, centrado em mim mesmo; contemplando uma maravilhosa beleza; e então, mais do que nunca, cercado de uma comunidade da mais nobre ordem; vivendo a mais nobre vida, adquirindo identidade com o divino; posicionando-me dentro d'Ele em sua atividade; colocado acima de tudo o que no Intelecto é menos que o Supremo: entretanto, chega o momento de descer do intelecto para a razão; e, após a breve estada com o divino, pergunto-me como posso estar agora descendo e como a alma entrou no corpo; a alma que, mesmo dentro do corpo, é a maravilha que se mostrou ser (Plotino, *Enéada* 4.8.1 [Mackenna 3:143]).
6. Aristeas, filho de Caustrobius, nativo de Proconnesus, diz no decorrer de seu poema que, arrebatado em fúria báquica, ele foi até as Issedônias. ... Contarei agora uma história que ouvi a respeito dele tanto em Proconnesus quanto em Cyzicus. Aristeas, diziam, que pertencia a uma das mais nobres famílias na ilha, entrara um dia na oficina de um pisoeiro, quando de repente caiu morto. O pisoeiro, então, fechou a oficina e foi comunicar à família de Aristeas o que havia acontecido. A notícia da morte já tinha se espalhado pela cidade quando um cidadão de Cyzicus, recém-chegado de Artaca [Erdek], contradisse o rumor, afirmando que tinha se encontrado com Aristeas a caminho de Cyzicus e conversado com ele. Esse homem, portanto, negou a notícia do falecimento; mesmo assim, os parentes de Aristeas se dirigiram à oficina do pisoeiro com as coisas necessárias para o funeral, pretendendo levar o corpo. Mas, quando a oficina foi aberta, não havia ninguém lá, morto ou vivo. Sete anos depois, Aristeas reapareceu, disseram-me, em Proconnesus, e escreveu o poema chamado pelos gregos de "Arimaspeia", após o que ele desapareceu uma segunda vez (Heródoto, *História* 4 [Rawlinson, 209]).

Plínio contribui com este interessante detalhe: "Afirma-se também que em Proconnesus, a alma de Aristeas foi vista saindo de sua boca, sob a forma de um corvo..." (Plínio 7.53 [Bostock e Riley, 2:210-1]).

7. Com referência à alma do homem, vemos, entre outros casos, que a alma de Hermotinus de Clazomenae tinha o hábito de sair do corpo e vagar por terras distantes, de onde trazia numerosos relatos de várias coisas, que não poderiam ter sido obtidos por nenhuma pessoa presente. O corpo, enquanto isso, ficava aparentemente sem vida. Um dia, porém, seus inimigos, os cantharidae, como eram chamados, queimaram-lhe o corpo, de modo que a alma, ao voltar, não encontrou mais seu invólucro (*ibid*., 210).

> A alma de Hermodorus de Calzomenae, pelo que se conta, deixava o corpo por vários dias e noites, e viajava por muitas terras, conversando com pessoas a distância; até que, por fim, por causa da traição de sua esposa, seu corpo foi dado aos inimigos, que queimaram a casa enquanto o morador estava fora. É certo, porém, que tal relato não passa de fábula. A alma nunca saía do corpo, mas apenas afrouxava o vínculo que prendia o Daemon e lhe permitia vagar, de modo que este, após ver e ouvir vários acontecimentos externos, voltava com as notícias... (Plutarco, *On the Sign of Socrates* 22, tradução de Creech [Goodwin, 2.411]).

Quanto ao caso de Hermotinus, dizem que ele costumava se privar da alma enquanto dormia, enquanto ela vagava longe de seu corpo como uma pessoa em uma viagem de férias. Sua esposa traiu essa estranha peculiaridade. Seus inimigos, encontrando-o adormecido, queimaram-lhe o corpo, como se fosse um cadáver: quando sua alma voltou, tarde demais, imputou a si mesmo (eu suponho) a culpa do assassinato. Entretanto, os bons cidadãos de Clazomanae consolaram o pobre Hermotinus com um templo, no qual nenhuma mulher pode entrar por causa da infâmia de sua esposa (Tertuliano, *A Treatise On the Soul* (De anima) 44 [*Ante-Nicene Fathers*, 3:223]).

8. A referência aqui é ao xamanismo, em que uma das características proeminentes é a viagem astral ou o voo da alma. O mito de Odim exibe muitos aspectos xamanistas: "Seu corpo parecia adormecido ou morto, enquanto ele se tornava um pássaro ou animal, um peixe ou dragão, e ia em um instante a terras distantes..." (Snorri Sturluson, "Ynglinga Saga". In *Heimskringka*, tradução de Erling Monson [Cambridge, 1932], 5, citado por Eliade [1951] 1972, 381). Em outro trecho, diz Eliade:

> O que nos interessa nesse caso é o fato de os feiticeiros e xamãs serem capazes, aqui na terra e quando quiserem, de realizar a "saída do corpo"; isto é, embora só a morte tenha o poder de transformar o resto da humanidade em "pássaros", os xamãs e feiticeiros podem desfrutar da condição de "almas", de "seres desencarnados", o que só é acessível aos profanos quando estes morrem (Eliade [1951] 1972, 479).

9. "A mente do homem, porém, nunca exerce o poder da adivinhação natural, a menos que esteja tão livre e desprendida a ponto de se desembaraçar do corpo, como acontece no caso dos profetas e adormecidos" (Cícero, *De Divinatione* 1.50 [Yonge, 191]. A edição inglesa da *Filosofia Oculta* omite as palavras "a menos que" da tradução de Cícero, o que inverte o significado da passagem. Corrigi esse erro.

10. Ver o sonho de Sócrates da caverna, em Platão, *A República* 7.514-9.

11. Uma suspensão da ação do coração; suspensão de vitalidade.

12. Ver notas 1 e 2 cap. LX, l. I. Ver também Aristóteles, *Problemas* 30.

13. O hino órfico a Hércules chama o herói de "o habilidoso em adivinhação" (*Hinos de Orfeu* 11 [*Thomas Taylor the Platonist: Selected Writings*, 226]).

14. Talvez *Achilleis*. Ver nota biográfica de Statius.

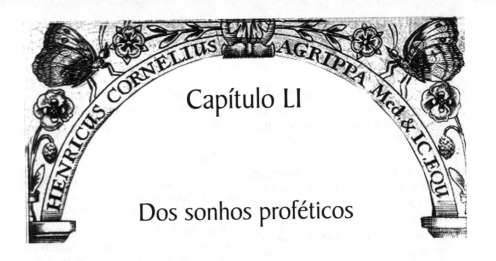

Capítulo LI

Dos sonhos proféticos

hamo de sonho aquilo que procede do espírito da fantasia e intelecto unidos, ou da ilustração do intelecto agente sobre nossas almas, ou pela verdadeira revelação de algum poder divino em uma mente quieta e purificada; pois é assim que a nossa alma recebe verdadeiros oráculos e nos confere uma abundância de profecias.

Pois, nos sonhos, parece que fazemos perguntas e também aprendemos a lê-las e descobri-las; também muitas coisas duvidosas, muitas políticas, muitas coisas desconhecidas e não desejadas, jamais experimentadas por nossas mentes, se manifestam a nós em sonhos. Também as representações de lugares desconhecidos aparecem, e as imagens de homens vivos ou mortos, e de coisas futuras; e ainda coisas que às vezes já aconteceram, mas que não sabíamos, são reveladas; e esses sonhos não precisam de interpretação, como daqueles que falamos no primeiro livro e que pertencem à adivinhação, não ao pré-conhecimento.

E acontece que a maioria das pessoas que vê esses sonhos não os compreende; pois (como dizia *Abdala*) ver sonhos depende da força da imaginação; e compreendê-los depende da força do entendimento; o intelecto, portanto, dominado pelo excesso de atividade da carne, encontra-se em um sono profundo, ou seu espírito imaginativo ou fantástico é tão embotado ou não refinado que não consegue receber as espécies e representações que fluem a partir do intelecto superior, e as retém quando recebidas; tal homem não é apto para prever por meio dos sonhos.

Portanto, é necessário que aquele que recebe os sonhos verdadeiros conservasse um espírito puro, imperturbável e quieto, para que seja digno do conhecimento e da orientação por parte da mente e do entendimento; pois tal espírito é apto para profetizar e (como dizia *Sinésio*) é um espelho translúcido de todas as imagens que fluem para todo lugar provindas de todas as coisas.

Quando, portanto, somos sãos em corpo, não perturbados em mente, não nulificados por comida ou bebida nem tristes por pobreza, provocados por qualquer vício de luxúria ou ira, mas vamos castos para a cama e adormecemos, então nossa alma pura e divina se liberta de todos os pensamentos danosos e, por fim, livre para sonhar, é agraciada com esse espírito divino como um instrumento, e recebe aquelas emanações e representações que são lançadas para baixo, para nós, e resplandecem com a mente divina; e, como um espelho deificado, vislumbra com mais clareza e eficácia todas as coisas do que pela investigação vulgar do intelecto ou pela retórica da razão; o poder divino instrui a alma, sendo convidado à sua companhia pela oportunidade da solitude noturna; e tal deidade jamais lhe faltará quando estiver desperto, governando todas as suas ações.

Aquele, portanto, que, mediante silenciosa e religiosa meditação, e com uma dieta moderada e temperada de acordo com sua natureza, mantém seu espírito puro, prepara-se até poder se tornar divino e sabedor de todas as coisas. Aquele, por outro lado, que padece com um espírito fantasioso, não recebe visões perspicazes e distintos; e mesmo com a visão divina, em virtude de sua fraqueza, tece julgamentos confusos e indistintas, como exemplo, quando nos embriagamos com vinho e nosso espírito se oprime com vapores nocivos (uma vez que os líquidos perturbadores se manifestam em diversas formas), a visão é enganadora e embotada.

Nesse sentido, *Amphiarus*, o profeta (como lemos em *Filóstrato*), recomendava que as pessoas que recebem oráculos se abstenham um dia inteiro de carne e três dias de vinho, pois a alma não consegue profetizar corretamente se não estiver livre de vinho e carne; e às mentes sóbrias e religiosas, engajadas em divino culto, os deuses costumam dar oráculos, como vemos em *Orfeu*:[1]

Espírito de grande profecia,
Que vai até as almas em sono tranquilo,
E as inspira com conhecimento dos deuses,
E as leva a prever.

Era costume entre os antigos que os indivíduos que quisessem receber respostas deveriam antes fazer certas expiações sagradas e sacrifícios e, ao término do culto divino, deitarem-se religiosamente em uma câmara consagrada, ou pelo menos sobre as peles dos animais sacrificados, cerimônia que *Virgílio* menciona[2] nestes versos:

E assim buscavam respostas às suas dúvidas,
Enquanto os sacerdotes traziam oferendas,
Lá depositavam as peles dos carneiros sacrificados,
E no silêncio da noite se preparavam para dormir.

E mais adiante, canta:[3]

Mas agora.
Querendo o rei Latinus receber oráculos,
Cem ovelhas eles sacrificaram,
E sobre seu velo se deitaram.

E os governantes dos lacedemônios (como dizia *Cícero*)[4] costumavam se deitar no templo em Pasiphae, para sonhar. O mesmo era feito no templo de *Esculápio*,[5] de quem se acreditava virem sonhos verdadeiros. E os calabreses, consultando *Podalyrius*,[6] o filho de *Esculápio*, dormiam perto do sepulcro em peles de cordeiros; pois com isso descobriam em sonhos aquilo que desejavam saber.

O momento mais propício para os sonhos é a noite, quando os sentidos se libertam de objetos errantes, e erros meridianos,[7] e vãs afeições; tampouco o medo agita a mente nem o pensamento estremece, e estando quieta, a mente se adere com firmeza à deidade.

Pois existem (como afirma o rabino *Johenan* em seu livro dos Senadores) quatro tipos de sonhos verdadeiros: o primeiro, matutino, que ocorre entre o sono e a vigília; o segundo, que um vê a respeito do outro; o terceiro, cuja interpretação é mostrada ao mesmo sonhador na visão noturna; e o quarto, que se repete para o mesmo sonhador, de acordo com o que *José* disse ao Faraó:[8] o sonho é dúplice, um sinal de confirmação, quando o Faraó se preparar para ir dormir, que pense naquelas coisas que hão de ser.

É necessário, porém, que aquele que interpreta os sonhos de um homem tenha o conhecimento que lhe permita distinguir e discernir as semelhanças das coisas, e conhecer os costumes de todas as nações, de acordo com as leis que receberam de Deus e seus anjos; além disso, deve-se saber que quase não há um único sonho sem algum tipo de vaidade, assim como não há trigo sem joio, o que se manifesta até no sonho de *José*, o Patriarca, que seu pai, *Jacó*, interpretando,[9] disse: "Que sonho é esse que tiveste? Acaso viremos, eu e tua mãe e teus irmãos, a inclinar-nos perante ti em terra?" O que sua mãe, aliás, não seguiu, vindo a morrer pouco depois.

Também o rabino *Johenan* no livro citado falava dessas coisas; e também o rabino *Levi* afirma que nenhum sonho profético pode ser postergado de seu efeito por mais que 22 anos.[10] E em seu 17º ano de vida, *José* teve um sonho que se concretizou quando tinha 39 anos.

Portanto, quem deseja receber sonhos divinos, que esteja em boa disposição do corpo, deixe o cérebro livre de vapores e a mente de perturbações, e que nesse dia se abstenha de jantar, tampouco beba qualquer coisa que embriaga. Que se recolha a uma câmara limpa, asseada, e também exorcizada e consagrada, e deverá ter as têmporas ungidas por um perfume, e usar nos dedos[11] coisas que provoquem sonhos, e com representações dos céus colocadas sobre a cabeça,[12] e que se use papel consagrado, e, após fazer suas orações, que vá para a cama, meditando com confiança naquilo que deseja saber: e assim, ele verá sonhos verdadeiros e certos, com a verdadeira iluminação de seu intelecto.

Quem conseguir praticar essas coisas que nestes livros transcrevemos, obterá facilmente o dom de oráculos e dos sonhos.

Notas – Capítulo LI

1. A ti invoco, bendito poder de sonhos divinos,
    Anjo dos destinos futuros, velozes asas são as tuas:
    Grande fonte de oráculos para a espécie humana,
    Quando, sussurrando delicado à mente,
    Em meio ao sono e ao doce silêncio e à obscuridade da noite,
    Teu poder desperta a visão intelectual;
    Às almas silenciosas, revela seu futuro destino.

("À divindade dos sonhos". Em *Hinos de Orfeu* 85 [*Thomas Taylor the Platonist: Selected Writings*, 290]).
2. E o sacerdote, então, traz suas oferendas, e, enquanto a silenciosa noite cai, deita-se em um leito de peles e cai no sono; logo começa a ver muitas imagens se movendo de modo fugidio, e ouve múltiplas vozes, e desfruta o intercâmbio dos deuses, e solicita os poderes de Aqueronte libertados através da profundeza de Avernus. Nesse instante, Latinus, chegando com propósitos oraculares, oferece cem ovelhas não tosquiadas, para depois se deitar sobre a pele delas, em um leito de velocino ... (Virgílio, *Eneida* 7, c. linha 90 [Lonsdale e Lee, 179]).
3. Ver nota 2, anterior.
4. Além disso, os magistrados espartanos, não satisfeitos com uma superintendência cautelosa das questões de Estado, de vez em quando passavam uma noite no templo de Pasiphae, que fica na região vizinha de sua cidade, para lá sonhar, pois consideravam verdadeiros os oráculos recebidos em sonhos (Cícero, *De Divinatione* 1.43 [Yonge, 184]). Pasiphae era filha de Hélios e esposa de Minos.
5. Ver nota 2, cap. VII, l. III.
6. Podalirius era o filho de Esculápio e Epione (ou Arsinoe), e irmão de Marchaon. Ele liderou os tessálios contra Troia. Voltando da guerra, foi jogado pelas tempestades contra a costa de Siros, em Caria, onde praticou sua miraculosa arte de cura (ver Pausânias, *Guide to Greece* 3.26.10). Apesar da lenda, nada se sabe de Siros (ou Syrnos). Não deve ser confundida com a Ilha de Siro (ou Syrus) no Mar Egeu (atual Siros).
7. Erros ao meio-dia ou em estado de vigília.
8. Gênesis 41:32.
9. Gênesis 37:10.
10. Há 22 letras no alfabeto hebraico, totalizando um número místico de completude ou totalidade.
11. Possivelmente pedras ou outras substâncias encravadas em anéis, ou símbolos inscritos neles.
12. Talvez um mapa astrológico para aquela noite específica desenhado em papel consagrado; ou o mapa de um gênio ou espírito – ver cap. XXVI, l. III.

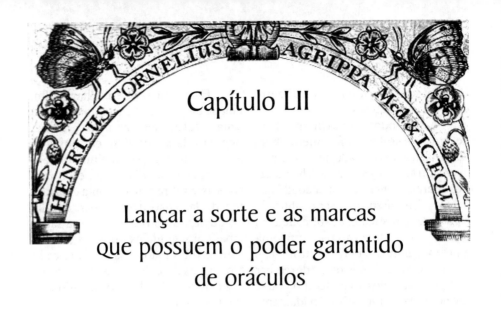

Capítulo LII

Lançar a sorte e as marcas que possuem o poder garantido de oráculos

á também certos modos de lançar a sorte que possuem o poder divino dos oráculos, como indícios de julgamento divino, sendo consultados com preces sinceras, e às vezes ordenados pelo próprio Deus, como se lê em Levítico a respeito de uma cabra oferecida ao Senhor, e do bode emissário;[1] e no livros dos Números, das varas das tribos[2] de Israel.

Ora, tanto *Moisés*[3] quanto *Josué*[4] lançaram a sorte na presença do Senhor para dividir as terras e heranças entre as tribos de Israel de acordo com a ordem de Deus. Os apóstolos de Cristo, após as preces, fizeram um sorteio para escolher *Matias*[5] no lugar de *Judas*, o traidor. *Jonas*, o profeta, quando fugia da presença de Deus de barco até Tarso, em meio a uma violenta tempestade, foi descoberto pelos marinheiros como sendo a causa do perigo, e ao jogarem-no no ar, a tempestade cessou.[6]

César relata[7] que M. Valério Próculo, capturado por seus inimigos, teve a vida poupada quando estes sortearam entre os prisioneiros quem deveria morrer queimado ou aguardar execução posterior. Antigamente existia em Bura, uma cidade de Acaia, um oráculo de *Hércules*[8] constituído por um tabuleiro de xadrez, no qual aquele que ia se consultar, após ter rezado, jogava quatro dados, cuja configuração o profeta observava e descobria, escrito no tabuleiro, o que iria acontecer: todos esses dados eram feitos de ossos de sacrifícios.

Que se saiba isto: os antigos não lançavam a sorte por qualquer motivo trivial, mas ou por necessidade, ou para algum fim vantajoso e somente com grande devoção, reverência, expiações, jejum, pureza, orações, invocações, juramentos, sacrifícios, consagrações e outros mistérios sagrados da religião. Pois tais ordenações sagradas tendem a se adiantar às nossas obras, de modo especial para conquistar a boa vontade, o prazer e a presença dos espíritos divinos, por cuja concessão, orientando o método de tirar sorte, podemos receber um julgamento verdadeiro das coisas procuradas.

Assim, todos os que lançam a sorte devem fazê-lo com uma mente bem disposta, não perturbada nem distraída, e com um forte desejo, firme deliberação, e constante intenção de saber aquilo que deseja. Além disso, deve ser qualificado com pureza, castidade e santidade para com Deus e os celestiais, com uma esperança inquebrantável e firme fé, e sagradas orações, sendo digno de receber os espíritos divinos, e conhecer o prazer divino; se você for assim devidamente qualificado, eles lhe revelarão os maiores segredos pela virtude da leitura da sorte, e você se tornará um verdadeiro profeta, capaz de dizer a verdade a respeito de coisas passadas, presentes e futuras, de tudo o que lhe perguntarem.

Agora que falamos da leitura da sorte, devemos também observar os augúrios de todos os discernimentos, quando, embora com medo, porém com firme expectativa, prefixamos à nossa alma, para a capacidade de profetizar, certas obras, ou solicitamos um sinal, como *Eliezer*,[9] conterrâneo de *Abraão*, e *Gideão*,[10] juiz em Israel, teriam feito, segundo as Escrituras.

Havia outrora em Pharis, uma cidade de Acaia, no meio do mercado, uma estátua de *Mercúrio*, e aquele que para lá se dirigisse em busca de algum augúrio, após queimar olíbano e acender velas diante da estátua, e colocasse sobre a mão direita dela uma moeda da região, deveria sussurrar-lhe no ouvido direito o que queria saber, tapar em seguida os próprios ouvidos com as duas mãos e sair do mercado; tão logo os descobrisse, a primeira voz a ser ouvida lhe daria o oráculo com sua resposta.[11]

Embora esse tipo de leitura da sorte pareça aos ignorantes algo casual, ou fortuito, e que nada tem de racional, é na verdade concedido por Deus e pelas virtudes maiores por motivos determinados, e não se submetem à intenção daquele que o modera. Acaso a sorte da escolha de *Saul*[12] como rei de Israel não foi considerada fenômeno casual e fortuito? E, no entanto, ele fora antes indicado pelo Senhor para ser rei, e ungido pelo profeta *Samuel*. E Deus, que o nomeou rei, fez uso da sorte que recairia sobre ele. E assim, encerramos esse assunto.

Notas – Capítulo LII

1. Levítico 16:8.
2. Números 17:2-5.
3. Números 26:55.
4. Josué 13:6.
5. Atos 1:26.
6. Jonas 1:7-15.
7. Júlio César, escrevendo sobre Caio Valério Prócilo: "Prócilo contou que, diante de seus olhos, os germanos lançaram a sorte três vezes para decidir quem deveria ser morto na fogueira imediatamente ou aguardar execução posterior, e acrescentou que deve agora a vida ao modo como a sorte era lida entre eles" (César, *A conquista da Gália* 2.2, tradução de S. A. Handford [1951] [Harmondsworth: Penguin Books, 1967], 73). Em um ponto anterior no mesmo capítulo, César diz que as mulheres germânicas tiram a sorte para escolher um momento apropriado para a batalha. O método usado era provavelmente as runas.

8. No caminho de volta de Boura em direção ao mar encontra-se o Rio Boura, com um pequeno Héracles em uma gruta chamado de Boura Héracles, que dá oráculos com um tabuleiro e dados. Para consultar o deus, você reza na frente da estátua e depois pega os dados (Héracles tem um número enorme de dados) e joga quatro na mesa. Para cada jogada do dado, há uma interpretação escrita no tabuleiro (Pausânias, *Guide to Greece* 7.25.6 [Levi, 1:298-9]). Héracles é o nome grego de Hércules. Bura era uma das 12 cidades de Acaia (norte de Kalavrita, Peloponeso). É possível que Pausânias quisesse dizer que os dados eram jogados um por vez, e os oráculos, escritos nos quadrados do tabuleiro sobre os quais cada um caía, em sucessão.
9. Referência à visão de Abrão, Gênesis 15 – verificar versículo 2.
10. Juízes 6:17; 36:40.
11. A praça do mercado de Pharai é centro antiquado, grande, com uma estátua de Hermes no meio e com barba, está de pé sobre a terra apenas, feita de um único bloco e de tamanho modesto. Tem uma inscrição dizendo que foi dedicada por Simylos de Micenas. Chamam-na de Hermes do Mercado e ela tem um oráculo tradicional. Na frente da estátua há uma espécie de lareira de pedra, como lâmpadas de bronze a ela afixadas com chumbo. Você vai à noite consultar o deus e enche as lâmpadas com óleo; em seguida, acende todas e coloca uma moeda do local (que eles chamam de peça de bronze) sobre o altar à direita do deus e sussurra no ouvido do deus a sua pergunta. Em seguida, deve cobrir os ouvidos e sair do mercado, e, quando estiver fora, tire as mãos de cima dos ouvidos e a primeira frase que ouvir será o oráculo (Pausânias, *Guide to Greece* 7.22.2 [Levi 1:285]).
12. I Samuel 10:1, 20-7.

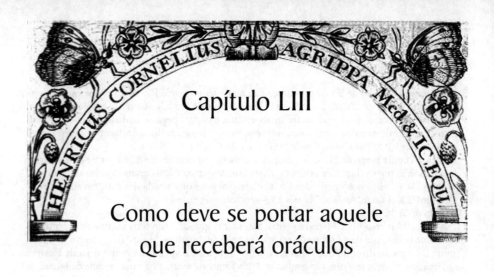

Capítulo LIII

Como deve se portar aquele que receberá oráculos

 odo aquele que, desejoso de entrar no estado supremo da alma, procura receber oráculos, deve buscá-los com castidade e devoção, estando puro e limpo, para que sua mente não esteja poluída com imundícies e esteja livre de toda culpa. Deve também purificar ao máximo a mente e o corpo de todas as doenças e paixões, e de todas as condições irracionais que aderem a ela como ferrugem ao ferro, aplicando e se valendo daquelas coisas que pertencem à tranquilidade da mente. Pois só assim receberá os oráculos mais verdadeiros e eficazes.

Ora, como a mente é purgada e reduzida a uma pureza divina é algo que devemos aprender por meio da religião e da sabedoria. Pois nem a sabedoria sem a religião nem a religião sem a sabedoria merecem aprovação: pois a sabedoria (como dizia *Salomão*)[1] é a árvore da vida para aqueles que nela tocam. E dizia *Lucrécio*[2] que é a intenção de Deus, ou o sopro de Deus, ao cantar:

Famosíssimo Memnius! Deus que é
O príncipe da vida, o qual a razão, que nós
Chamamos de sabedoria, descobriu pela primeira vez, e
Que pela arte a vida liberta de tribulações, das trevas,
E a conduz à luz, e à paz.

Tal também se entende como uma ilustração divina; sentido no qual *Demócrito* considera que nenhum homem é sábio a menos que tocado por alguma profecia divina, como era o caso de Menos, o cretense, do que se diz que aprendera todas as coisas de *Júpiter*, com o qual interagia frequentemente no monte Ida;[3] também os atenienses relatam que *Melosagora Eleusinus* aprendera com as ninfas; e lemos ainda que, quando *Hesíodo* era pastor na Beócia e cuidava de seu rebanho perto do Monte Hélicon, algumas penas de escrever lhe foram dadas pelas Musas, quando então se tornou poeta,[4] o que só aconteceria de forma tão repentina não pela mão do homem, mas por inspiração divina.

Pois Deus, ao se transmitir a almas santas, faz dos homens profetas e operadores de milagres, poderosos em obras e em discursos, como afirmam *Platão* e *Mercúrio*, e também *Xisto*,[5] o pitagórico, dizendo que um homem assim é o templo de Deus e que Deus é seu hóspede: com o que concorda nosso *Paulo*,[6] chamando o homem de templo de Deus; e em outro ponto, ao falar de si, diz que pode tudo naquele que o fortalece, pois ele é o poder e sem ele nada podemos.[7] *Aristóteles*, a propósito, confessa em Meteorologia[8] e Ética[9] que não há virtude natural ou moral senão em Deus; e, em seus Segredos,[10] diz que um bom e são intelecto nada pode fazer nos segredos da natureza sem a influência da virtude divina.

Recebemos, pois, essa influência somente quando nos livramos dos pesados impedimentos e das ocupações terrenas e carnais, e de toda agitação externa; tampouco pode um olho turvo ou impuro vislumbrar coisas leves, nem receber coisas divinas aquele que ignora a purificação de sua mente. Devemos chegar a essa pureza da mente por graus: tampouco consegue uma pessoa recém-iniciada nesses mistérios compreender logo todas as coisas, pois sua mente precisa se acostumar gradualmente, até o intelecto se tornar mais iluminado e se aplicar à luz divina, mesclando-se a ela.

Uma alma humana, portanto, devidamente purgada e expiada, livre de toda impureza, irrompe com um movimento liberal e ascende ao alto, recebendo coisas divinas, instrui-se e, feliz, parece receber as instruções de outro lugar; nesse momento, não precisa de lembrança alguma nem de demonstração por empenho próprio, uma vez que sua mente, sendo a cabeça e o timoneiro da alma, imitando por sua natureza os anjos, obtém o que deseja, não por sucessão do tempo, mas em um momento.

Antes de aprender, *Davi* fora pastor convertido em profeta[11] e hábil nas coisas divinas. *Salomão*, no sonho de uma noite, encheu-se do conhecimento de todas as coisas do alto e de baixo.[12] Foi assim que aprenderam também *Isaías, Ezequiel, Daniel* e os outros profetas e os apóstolos.

Pois a alma (segundo a opinião dos pitagóricos e dos platônicos) pode, por meio da purificação, sem qualquer outro estudo ou pesquisa, só com o contato desses inteligíveis recebidos do alto, adquirir o conhecimento perfeito de todas as coisas conhecíveis. Pode também, por uma expiação extrínseca, alcançar a compreensão de todas as coisas invisíveis, graças à sua forma substancial.

Pois a mente é purgada e expiada por meio de limpeza, abstinência, penitência, esmolas: e a esse estado conduzem também certas instituições sagradas, como descobriremos mais tarde. Pois a alma deve ser curada por meio do estudo das religiões, mesmo aquelas chamadas de ocultas, e, uma vez restaurada à sua sanidade, confirmada pela verdade e fortificada por graças divinas, nada precisa temer.

Notas – Capítulo LIII

1. Provérbios 3:18.
2. Pois, se falássemos com a conhecida dignidade que a ele é devida, [Epicuro] era um deus, eu afirmo, Ó Ilustre Memnius, que descobriu pela primeira vez aquilo que se chama de sabedoria; e que, pela ciência da filosofia, tirou a existência humana do meio de tão grandes ondas de tribulações e tão grande escuridão da mente e a colocou em uma condição tranquila e de clara luz (Lucrécio, *On the Nature of Things* 5, c. linha 6, tradução de John Selby Watson [Londres: George Bell and Sons, 1901], 194).
O poema é endereçado por Lucrécio a seu amigo Caio Memmio Gemelo.
3. O rei Minos de Creta teria sido instruído na arte da legislatura por Zeus, que era adorado no monte Ida, em Creta.
4. As Musas ensinaram Hesíodo a cantar
   Doces canções, enquanto ele pastoreava seus cordeiros
   Sobre o sagrado Hélicon; as deusas do Olimpo,
   Filhas de Zeus que seguram a égide, dirigiram a mim estas palavras:
   "Vocês, rudes pastores, que vergonha: são crápulas, não são homens!
   Sabemos o suficiente para dizer mentiras, mas, quando queremos, dizemos
   a verdade."
   Assim falaram as filhas do grande Zeus
   E me deram um cajado, uma arma de louro verdejante, visão magnífica,
   E sopraram uma voz sagrada em minha boca,
   Com a qual poderia falar das coisas futuras
   E das coisas que já se foram.
   (Hesíodo, *Teogonia* linhas 21-35 [Wender, 23-4].
5. Ver nota 5, cap. XXXVI, l. III.
6. Ver nota 6, cap. XXXVI, l. III.
7. Filipenses 4:13.
8. Ver nota 19, cap. XXXVI, l. III.
9. Ver nota 20, cap. XXXVI, l. III.
10. Ver nota 21, cap. XXXVI, l. III.
11. I Samuel 16:13.
12. I Reis 3:5-15.

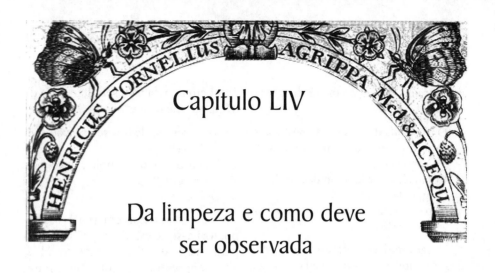

Capítulo LIV

Da limpeza e como deve ser observada

 evemos, portanto, observar primeiro a limpeza na comida, nas obras, nas afeições, eliminando toda imundície e todas as perturbações da mente, bem como todo e qualquer sentido ou espírito que ofenda, e todas as coisas na mente que não combinam com os céus; aliás, não só na mente e no espírito, mas também no corpo ou em volta dele: pois uma limpeza externa, acredita-se, não é pouca ajuda para a pureza da mente.

Por esse motivo, os filósofos pitagóricos, tomados por desejos de oráculos, louvados e celebrados por sua adivinhação, banhavam-se em um rio e vestiam roupas brancas de linho; pois consideravam a lã um tecido profano por ser excremento de animais; e habitavam uma câmara pura e perfeitamente imaculada.[1]

De modo semelhante, os brâmanes, sábios da Índia, banhavam-se nus em uma fonte, que é chamada Dirce na Beócia,[2] ungindo antes a cabeça com gotas de âmbar e odores propícios para tal finalidade; em seguida, após estarem suficientemente limpos, segundo o costume, eles saíam por volta do meio-dia, vestiam-se com linho branco, colocavam um traje branco, e anéis nos dedos e aduelas nas mãos.

Também entre os gimnosofistas[3] era costume se lavar três vezes por dia e duas vezes à noite em água fria, antes de entrarem nos locais sagrados. E todos os dias eles usavam vestes de linho lavadas diariamente.

Lemos a respeito desse tipo de banho também em *Hesíodo*,[4] em seus livros de Obras e Dias, quando ele canta:

> Ninguém se atreve, com as mãos sujas, a Júpiter
> Despejar vinho, tampouco aos deuses do alto;
> Pois, se assim o fizerem, não serão ouvidos,
> Por mais que rezem e supliquem.

E em outro lugar:[5]

> Quando os homens ímpios passam pelos rios
> Com as mãos sujas, os deuses se zangam
> Com eles, e os afligem.

Em *Virgílio*, *Enéas* assim se dirige[6] ao seu pai:

> Ó pai, cuida dos deuses domésticos, e
> Segura-os em tuas santas mãos; sê corajoso
> Como eles, perdurando depois de tão grandes lutas
> Não me aventuro até me lavar nos rios mais cristalinos.

Também era costume dos gentios, quando realizavam seus serviços religiosos aos deuses, limpar o corpo em banhos; e quando se defrontavam com os deuses infernais, era necessário estar molhados. De fato, em Virgílio, *Dido*,[7] sempre que fazia alguma solenidade aos deuses, dizia:

> Faça com que minha irmã Ana (minha caríssima ama);
> Venha, e que meu corpo com água limpa lave.

E em outro lugar, em que *Enéas* é levado à presença dos infernais, portando um ramo para dar a *Prosérpina*,[8] canta assim:

> A passagem, Enéas guarda; e seu corpo
> Com água limpa lava.

Também ao relatar o sepultamento de *Misenus*,[9] ele canta:

> Seus amigos, ele três vezes lavou com água limpa,
> E com um ramo de oliveira, umedecido em orvalho,
> Os borrifou.

Estando o homem, por fim, limpo, torna-se celestial e espiritual, apto para a visão de Deus e união com Ele, a Ele se apresentando com mente pura, deleitando-se na limpeza de todas as coisas, como interiores, pele, roupas, casas, utensílios, oblações, presentes e sacrifícios; limpeza essa que purifica o ar e atrai a mais pura influência das coisas celestiais e divinas, e atrai os ministros puros de Deus, e os bons demônios: embora às vezes espíritos impuros, e demônios malignos, como macacos imitadores dos bons demônios, também se empenhem nessa espécie de limpeza, para ser adorados ou enganar. Portanto, devemos observar em primeiro lugar que a mente esteja pura e o coração esteja puro, e que os poderes impuros não possam ascender.

Notas – Capítulo LIV

1. Eles também usavam uma vestimenta branca e pura. E, de modo semelhante, deitavam-se em camas puras e brancas, cujas colchas eram feitas de fios; pois não usavam colchas de lã (Jâmblico, *Life of Pythagoras* 21 [Taylor, 54]).
2. Dirce, esposa de Lico, tirano de Tebas na Beócia, foi amarrada a um touro e arrastada até a morte, e seu corpo foi atirado em um poço (ou uma fonte) que posteriormente passou a se chamar Poço de Dirce (ou Fonte de Dirce). O local exato dessa água era um segredo em Tebas, na Antiguidade. Seja qual for a fonte de referência de Agrippa, ela devia esclarecer-lhe como os brâmanes da Índia iam se banhar em uma fonte na Beócia.
3. Sábios nus do Egito.
4. Hesíodo, *Obras e Dias* c. linha 724.
5. *Ibid.* c. linha 739.
6. "Tu, meu pai, pega com tua mão os vasos sagrados e os deuses domésticos de nossa terra. Eu segurá-los é um crime, pois venho de uma luta tão sangrenta e tão recente carnificina, que tenho antes de me purificar em água corrente" (Virgílio, *Eneida* 2, c. linha 717-20 [Lonsdale & Lee, 112]).
7. *Dido* – "Cara ama, leva-me até onde se encontra minha irmã Anna; dize a ela que se apresse e molhe todo o corpo com água do rio, e que traga consigo as vítimas prescritas e as oferendas propiciatórias; que assim ela venha; e tu, protege-te a fronte com o filete sagrado" (*ibid*, 4. verso 634-5 [Lonsdale e Lee, 140-1])
8. "Enéas consegue entrar e borrifa o próprio corpo com água limpa, e pendura o ramo à entrada da porta" (*ibid.* 6, c. linha 635-6 [Lonsdale & Lee, 172]). Enéas deposita o ramo dourado na porta do palácio de Plutão.
9. "Por três vezes, ele conduziu seus companheiros por água limpa, borrifando-os com o leve orvalho do ramo de uma oliveira frutífera, e purificou os guerreiros, e lhes disse palavras de despedida" (*ibid.* 6, c. linha 229-30 [Lonsdale & Lee, 164]).

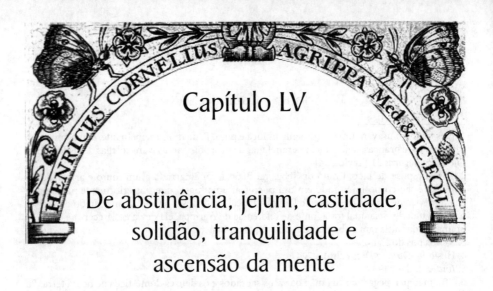

Capítulo LV

De abstinência, jejum, castidade, solidão, tranquilidade e ascensão da mente

 abstinência também fortifica e defende os observadores contra os vícios e demônios maus, e faz da mente um templo impoluto de Deus, unindo-a a Deus. Pois nada conduz mais à saúde e à temperança que evitar superfluidades e não exceder os limites do alimento necessário.

Tampouco se deve tomar nutrientes que sejam fortes demais para a natureza, mas é preferível deixar a natureza ser mais forte que a comida, como se diz de Cristo, que comia apenas na proporção que não produzisse excremento da terceira concocção.[1] Muitos outros que também comiam com parcimônia desfrutaram de melhor saúde e agilidade do corpo, como Moisés[2] e Elias,[3] que jejuaram por 40 dias: de um o rosto resplandeceu, o outro foi elevado como se o corpo fosse espírito.

Pois os magos e filósofos afirmam que nosso espírito não é como uma coisa terrena ou corpo alimentado por nutrientes recebidos por meio de certos órgãos pela concocção de comida e bebida, mas extrai seu alimento[4] como uma esponja de todo o corpo, isto é, dos vapores finos que penetram o corpo por todos os lados. Por isso, aqueles que desejam ter esse espírito puro e potente, que se alimentem de comidas secas e extenuem esse corpo denso com jejuns, para que seja penetrado com mais facilidade; e para que o espírito não se torne espesso nem sufoque, que o corpo seja mantido limpo por loções, fricções, exercícios e roupas, e que o espírito seja corroborado por luzes e fumigações, entrando em um estado de pureza e fineza. Ao comer e beber, devemos, portanto, estar puros e abstinentes, como os filósofos pitagóricos, que ao guardar uma mesa sagrada e sóbria, levavam uma vida de temperança.[5] Temperança de vida e compleição, que não gera nenhum humor supérfluo que possa embotar a fantasia, faz com que nossa alma, às vezes sonhando e às vezes observando, esteja sempre sujeita a influências superiores. Além disso, àquele que por abstinência modera toda e qualquer moção da mente e do corpo, os pitagóricos prometem saúde perpétua de ambos e uma vida longa.

Os brâmanes, por sua vez, só admitem em seu colégio aqueles que que se abstiverem do vinho, dos prazeres da carne e dos vícios, dizendo que ninguém pode compreender Deus se não o imitar por meio de uma inter-relação divina: o que também *Phraotes* e *Filóstrato* ensinavam aos baixo-indianos.

Além disso, devemos nos abster também de todas aquelas coisas que infectam a mente ou o espírito, tais como a cobiça e a inveja, que são servas da injustiça (como dizia *Hermes*), forçando a mente e a mão a praticar atos vis; também do ócio e da luxúria; pois a alma sufocada no corpo e sob a luxúria não vê coisa alguma celestial. Assim, os sacerdotes de Atenas, que são chamados em grego de *hierofantes*[6] (como relata *Hierom*), para viver em maior castidade em suas atividades sagradas e a fim de cumprir seus afazeres divinos sem luxúria, costumavam se castrar, bebendo cicuta. E a castidade de uma mente devotada a Deus faz de nossa mente (como ensina *Orfeu* a *Museus* no hino de todos os deuses)[7] um perpétuo templo de Deus.

Devemos nos abster também de toda a miríade e variedade de sentidos, afeições, imaginações, opiniões e paixões semelhantes, que ferem a mente e pervertem o julgamento da razão, como vemos claramente nos indivíduos lascivos, invejosos e ambiciosos. Por isso, *Cícero* (em suas Perguntas)[8] chama essas paixões de doenças da mente, e suas doenças pestilentas. Mas *Horácio* as chama de fúrias ou loucuras,[9] quando canta:

> As garotas têm mil fúrias, assim como
>   os rapazes.

E parece ser da opinião de que todos os homens são tolos em algumas. De fato, lemos no Eclesiástico que existe um número infinito de tolos.[10] Assim, os estoicos negam que as paixões sejam incidentais ao sábio; eu digo paixões referindo-me ao que segue a apreensão dos sentidos: pois as paixões racionais e mentais um sábio pode ter. Essa também parece ser a opinião de *Boécio*[11] quando canta que algumas paixões devem ser postas de lado na busca da verdade, nestes versos:

> Se é a verdade que você quer descobrir,
>   com uma visão clara,
> E pelo caminho certo andar, então
>   elimine de seu ser
> Alegria, medo, dor, esperança; pois,
>   quando tais coisas estão presentes,
> A mente fica obscura e restrita.

Devemos, portanto, desviar a mente de todas as multiplicidades[12] e paixões afins, para alcançarmos a simples verdade; o que se diz, de fato, que muitos filósofos conseguiram na solitude prolongada. Pois a mente, pela solitude sendo liberta de toda a preocupação das questões humanas, torna-se aberta e preparada para receber os dons das deidades celestiais.

Quando *Moisés*, o legislador dos hebreus e maior de todos os profetas, sabedor de todo o conhecimento dos caldeus e egípcios, queria se abstrair dos sentidos, ia para o grande deserto da Etiópia, onde deixava de lado todas as questões humanas e aplicava a mente para a exclusiva contemplação das coisas divinas, agradando assim ao onipotente Deus, que se mostrou a ele face a face e lhe deu um maravilhoso poder de milagres, como atestam as Escrituras Sagradas.[13]

Diz-se que *Zoroastro*, o pai e príncipe dos magos, teria adquirido o conhecimento de todas as coisas naturais e divinas graças à solitude de vinte anos,[14] quando escreveu e fez muitas coisas estranhas na arte de adivinhar e prever. Coisas semelhantes os escritos de *Orfeu* a *Museus* afirmam que ele fez nos desertos da Trácia. Lemos também que *Epimênides* de Creta se tornou culto após um longo sonho, pois dizem que dormira por 50 anos, escondido todo esse tempo;[15] *Pitágoras* também teria se deitado às escondidas por dez anos; e *Heráclito* e *Demócrito*, pela mesma causa, deleitavam-se na solidão.

A verdade é que, quanto mais abandonarmos a vida animal e humana, mais viveremos como anjos e, unidos a Deus, adquirindo assim uma condição muito melhor, temos o poder sobre todas as coisas e também o poder de governar tudo.

O modo como nossa mente deve ser separada de uma vida animal e de toda a multiplicidade, erguendo-se até ascender à única, boa, verdadeira e perfeita, por meio de cada grau de coisas conhecíveis, e de todos os conhecimentos, é ensinado por *Proclo* em seus Comentários sobre Alcebíades,[16] mostrando como as primeiras coisas sensíveis devem ser evitadas para que passemos a uma essência incorpórea, em que deveremos exceder a ordem das almas ainda multiplicada por diversas regras, hábitos e várias proporções, muitos vínculos e uma variedade de forças, e buscar um intelecto e um reino inteligível, e contemplar como são melhores que as almas.

Além disso, devemos suportar uma multiplicidade intelectual, embora unida e intelectual, e chegar a uma unidade superintelectual e essencial, absoluta de toda multiplicidade, e a própria fundação do bem e da verdade. De modo semelhante, devemos evitar todo conhecimento que de uma forma ou de outra desviem e enganem, para alcançarmos a mais simples verdade.[17] A multiplicidade, portanto, de afeições, sentidos, imaginações e opiniões deve ser deixada, que em si é tão diferente como algumas coisas são contrárias a outras em qualquer assunto; e devemos ascender às ciências, nas quais, embora haja uma multiplicidade variada, não há contrariedade. Pois uma se entrelaça na outra, até todas formarem uma, pressuposta por todas, e não supondo nada além disso: a que todo o restante pode ser referido.

Esse não é, contudo, o cume dos conhecimentos, pois acima dele há um puro intelecto. Portanto, deixada de lado toda composição, divisão e variada forma de discurso, vislumbremos ao ascender à vida intelectual e simples visão, a essência inteligível com preceitos individuais e simples, a fim de que possamos obter o mais alto nível da alma, pela qual somos um, sob a qual nossa multiplicidade é unidade. Assim, alcancemos a Primeira Unidade, da qual há uma unidade em todas as coisas, por meio do Um, daquele que é como a flor de nossa essência: que por fim alcançamos, quando, ao evitarmos toda multiplicidade, elevamo-nos à nossa própria unidade e nos tornamos um, e agimos uniformemente.

Notas – Capítulo LV

1. 1. *terceira concocção* – A primeira concocção era a digestão no estômago e nos intestinos; a segunda concocção era a transformação do quimo formado pelo processo anterior em sangue; a terceira concocção era a secreção de elementos como suor e lágrimas. A estes, Burton chama de "humores excrementosos da terceira concocção" (Burton *Anatomy of Melancholy* 1.1.2.2 [1621] 1961, 1:148).
2. Êxodo 34:28-9.
3. I Reis 19:4-8; II Reis 2:11.
4. Sustento.
5. Para uma descrição da refeição noturna dos pitagóricos, ver Jâmblico, *Life of Pythagoras* 21 [Taylor, 52].
6. O hierofante era o supremo sacerdote da Ática e chefe dos mistérios de Elêusis. Seu posto era vitalício, e ele era escolhido da família hierática dos Eumolpidae; quando assumia o ofício, lançava ritualmente seu nome ao mar, sendo conhecido a partir de então apenas pelo título. Presidindo os mistérios, ele declarava o fim de todas as guerras em andamento, revelava os segredos do culto aos iniciados e tinha o poder de vedar a entrada daqueles que considerasse indignos. Uma tiara e fita púrpura bordada compunham seus trajes rituais.
7. Essa referência não está no hino a Musaeus citado por Taylor em seus *Hymns of Orpheus*. Agrippa devia ter outra órfica em mente.
8. *Tusculanarum disputationum libri V*.
9. Horácio, *Sátiras* 2.3.
10. Não parece ser uma citação específica, mas sim uma referência ao livro do Eclesiástico (Bíblia católica).
11. Consolação da filosofia 1.7: "A perturbação da paixão".
12. Agrippa usa esse termo do mesmo modo que maia é usado pelos hindus e budistas. A realidade é una, uniforme e invariável. Tudo o que é mutável, variado e múltiplo é, portanto, irreal, uma ilusão passageira, um desvio da perspectiva absoluta; e, se tivermos essa visão de Deus, também é nesse sentido que devemos considerá-la. Tal noção deriva do neoplatonismo (ver nota 16 deste capítulo).
13. Êxodo 3; 33:11.
14. Plínio menciona esses 20 anos no deserto, período durante o qual, diz ele, Zoroastro viveu apenas de queijo (Plínio 11.97). Os zoroastristas chamavam a esse retiro de seu líder no deserto de sua "jornada ao trono de Ormuzd". Dío Crisóstomo escreve que, por amor à sabedoria e justiça, Zoroastro se afastou dos outros homens e foi viver na solidão, em uma montanha. A montanha foi consumida pelo fogo, mas o sábio não se feriu e, depois disso, falou com as multidões.
15. Ver nota 3, cap. XLVII, l. III.
16. Se você quiser, portanto, viajar pelos diversos meios do saber, ... fuja de todos os objetos dos sentidos (uma vez que são dispersos e divididos, e não se sujeitam à devida apreensão), e eleve-se acima de tudo isso, chegando ao ser incorpóreo. ... Da multiplicidade das almas, eleve-se até o Intelecto e aos reinos da inteligência para poder alcançar a unificação das coisas: ... Assim, seguro e iniciado no conhecimento da multiplicidade inteligente que é indivisível e unificada, proceda para outro princípio, e, diante das formas inteligentes de ser, considere seu conjunto e a unidade que transcende as totalidades. Quando chegar lá, você terá deixado para trás toda a multiplicidade, terá ascendido à própria fonte do Bem (Proclo, "Commentary of the First Alcebíades" 248-9. Em *Proclus: Alcibiades I*, tradução de W. O'Neill [The Hague: Martinus Nijhoff, 1965], 163).
17. Esse foi o argumento que Agrippa expôs em mais detalhes na *Vaidade das Ciências*.

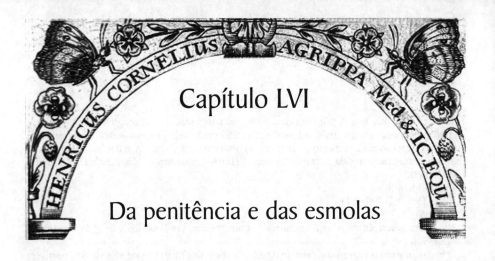

Capítulo LVI

Da penitência e das esmolas

ra, a maior parte da purgação é uma penitência voluntária por nossas faltas: pois (como dizia *Sêneca* em Tieste)[1] aquele que sofre por ter cometido ofensas é, de certa forma, inocente. Isso nos leva à maior de todas as expiações, opondo-se as aflições aos deleites e purgando da alma uma estúpida alegria, dandolhe um certo poder, reduzindo-nos às coisas do alto. A penitência, portanto, não é só uma mortificação de vícios, mas um martírio espiritual da alma, que com a espada do espírito se mortifica por todos os lados; ora, a espada do espírito é a palavra de Deus de que fala o profeta *Jeremias*;[2] e *Paulo*, escrevendo aos Efésios,[3] diz que maldito é aquele que brande sua espada do sangue; e o salmista canta:[4] em seus lábios há espadas.

Portanto, nossas cogitações, aflições da mente e todos os males que procedem de nosso coração e nossa boca devem ser ditos ao sacerdote em confissão, para que possa ele, de acordo com a palavra de Deus, julgar tais coisas; e de acordo com o poder que lhe é conferido por Deus, seguido de penitência, possa purificar e purgar aqueles que se encaminham para o bem; não se encontra na religião um sacramento mais forte para a expiação de ofensas odiosas. Por isso, dizem os próprios deuses (como *Ovídio* atesta em Pontus):[5]

Aliviam-se as dores, recupera-se a luz
Até então perdida, quando o pecador mortal
Se arrepende de seus pecados.

Há outro sacramento de expiação: dar esmolas, do qual me lembro de ter lido muito pouco nos filósofos, mas que muito nos ensina, dizendo que, Antes, dai esmola do que tiverdes e tudo vos será limpo.[6] E em Eclesiástico se lê que "A água apaga o fogo, e a esmola apaga os pecados";[7] e *Daniel* ensinou ao rei da Babilônia[8] que ele deveria se redimir de seus pecados dando esmolas; e o anjo *Rafael* testemunha em *Tobias*:[9] A esmola livra da morte e purifica de todo pecado; quem pratica esmola, terá vida longa.

Por isso, Cristo nos mandava rezar ao Pai com estas palavras: "perdoai nossas ofensas, assim como perdoamos a quem nos tem ofendido, o pão nosso de cada dia nos dai hoje;"[10] e em outro lugar, "Receberá muitas vezes mais e herdará a terra".[11] E quando ele vier para julgar os vivos e os mortos, repreenderá os ímpios por sua falta de esmolas e obras de misericórdia, quando então dirá, "Eu tinha fome, sede e não me destes de comer nem de beber";[12] e em outro lugar, ao falar dos pobres, "o que fizerdes a esses pequeninos, o fazeis também a mim".[13]

De tal coisa *Homero* também parece ter consciência, quando narra um jovem se lamentando, *Antínoo*,[14] com estas palavras: "Como pôde bater em um pobre mendigo? Ele o destruirá se Deus habita o céu, pois os próprios deuses se fazem passar por estranhos e hóspedes, andando pelo mundo todo, derrubando cidades e observando as injúrias e a maldade dos homens".

Notas – Capítulo LVI

1. *Em Tieste* – Tieste é uma das peças trágicas escritas pelo filósofo romano Sêneca.
2. *Jeremias* – Jeremias 48:10.
3. *Aos Efésios* – Efésios 6:7.
4. *O salmista canta* – Salmos 59:7.
5. Vi alguém que confessou ter ofendido a divindade de Ísis, vestindo linho, sentando-se diante dos altares de Ísis; outro, privado da visão por falta semelhante, chorava, no meio da rua, que tinha merecido o castigo. Os habitantes do céu gostam quando tais declarações públicas são feitas, pois assim podem provar por testemunho como é grande a extensão de seu poder. Com frequência, eles atenuam a punição e restauram a visão que foi tirada, quando veem que um homem é sincero no arrependimento (Ovidio, *Ex Ponto* 1, linhas 51-8 [Riley, 371]).
6. Lucas 11:41.
7. Eclesiástico (apócrifo, Bíblia católica) 3:29.
8. Daniel 4:27.
9. Livro de Tobias (apócrifo, Bíblia católica) 12:9. Ver também 4:7-11.
10. Mateus 6:12.
11. Mateus 19:29.
12. Mateus 25:42.
13. Mateus 25:40.
14. Um dos pretendentes de Penélope reprova Antínoo por ter batido em Ulisses, que se disfarça de mendigo:

"Antínoo, agiu muito mal ao agredir um pobre vagabundo:
Ficará amaldiçoado se ele for um deus vindo do céu.
Pois os deuses assumem toda espécie de transformação, aparecendo
Como estranhos de outras paragens, e vagam pelas cidades,
Observando para ver quais homens seguem as leis
E quais são violentos"
(Homero, *Odisseia* 17, c. linhas 483-7 [Lattimore, 265]).

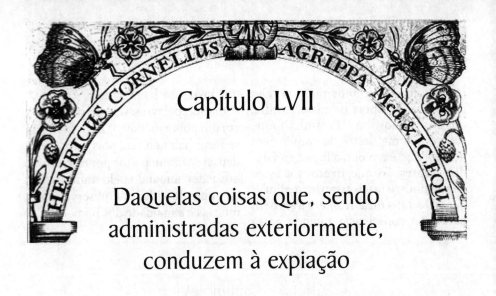

Capítulo LVII

Daquelas coisas que, sendo administradas exteriormente, conduzem à expiação

credita-se, e assim é ensinado por aqueles versados nas coisas sagradas, que a mente também pode ser expiada com certas instituições e sacramentos ministrados exteriormente, como sacrifícios, consagrações, borrifos de água-benta, unções e defumações, que têm um poder natural para isso.

Em relação a essa prática, o enxofre é usado nas religiões para expiar demônios maus por meio da defumação. Um ovo também era usado nas purgações;[1] por isso os ovos são considerados sagrados, com lemos em *Ovídio:*[2]

> Que venha a velha senhora, e purgue a cama,
> E o lugar, trazendo enxofre e ovos sagrados
> Em suas mãos trêmulas.

Proclo também escreve[3] que, nas purificações, os sacerdotes usavam enxofre, betume ou as águas do mar; pois o enxofre purifica pela intensidade de seu odor e a água do mar, pela sua parte ígnea.

Do mesmo modo a erva cinco-folhas,[4] que por sua pureza era usada pelos sacerdotes antigos nas purificações.[5] Também os galhos de oliveira; acredita-se serem de tão grande pureza que, segundo relatos, uma oliveira plantada por uma prostituta é infértil para sempre, ou murcha.[6]

Também o olíbano, a mirra, a verbena, a valeriana e a erva chamada phu[7], conduzem à expiação. Também o abençoado cravo e a bílis de um cão negro[8], quando defumados, são muito poderosos também para expiar maus espíritos e feitiços. As penas de um abibe afastam os fantasmas.

É maravilhoso e dificilmente crível, mas o sério e digno autor *Josephus* menciona em sua história de Jerusalém uma raiz de Baaras,[9] de um lugar perto de Machernus, uma cidade da Judeia. Ela tem cor amarela, que brilha à noite; e é difícil de ser arrancada, com frequência enganando as mãos que tentam fazê-lo e desaparecendo da visão, movendo-se constantemente, até que a urina de uma mulher menstruada seja borrifada sobre ela. Assim retida, é arrancada sem perigo; mas a morte repentina sobrevém àquele que a retira da terra, a não ser que ele use um amuleto feito da mesma raiz. Aqueles que a desejam, prendem a raiz a um cão que, com grande esforço, consegue arrancá-la e, tomando o lugar do dono, morre imediatamente – depois disso qualquer pessoa pode tocar a raiz sem nenhum perigo. O poder dela é excelente para expiações e também para livrar aqueles que são incomodados por espíritos impuros.

A respeito dessas coisas que agem sobre substâncias espirituais, amedrontando-as, atraindo-as, reduzindo sua força ou incitando-as, não há divergência de opinião de que o fogo da Sicília[10] age sobre as almas. Sem ferir os corpos (como testemunhado por *Guilherme de Paris*), causam tormentos intoleráveis às almas daqueles que estão próximos.[11] Mas sobre essas questões, já discorremos, em parte, anteriormente.

Notas – Capítulo LVII

1. Ovos podres têm cheiro de enxofre.
2. Ovídio, *Ars Amatoria* (A Arte do Amor) 2, verso 329. Ovos e enxofre eram usados para purificar os quartos dos doentes; mesmo dos doentes de amor. É fácil imaginar que o mau cheiro prolongado tirava os doentes do estado de melancolia. Apuleio menciona a purificação de um navio por um sacerdote de Ísis, que fez uso de "uma tocha, um ovo e enxofre" (*O asno de ouro*, c. 47, perto do fim).
3. O coração de uma toupeira é adequado à adivinhação, mas enxofre e água do mar devem ser usados para purificação. Assim, os antigos sacerdotes, pelas relações e simpatia mútuas para com cada um, reuniam suas virtudes em uma; mas os expeliam por repugnância e antipatia; fazendo purificações, quando necessário, com enxofre e betume, e borrifos de água do mar. Pois o enxofre purifica graças à intensidade do odor; mas a água do mar, graças à sua porção ígnea. (Proclo, *De sacrifício et magia*, frag., tradução para o latim de Marsilius Ficinus [Veneza, 1497]; tradução para o inglês de Thomas Taylor, em Jâmblico, *On the Mysteries* [Taylor, 346]).
4. Plínio fala a respeito da cinco-folhas: "Essa planta também é empregada na purificação de casas". (Plínio 25.62 [Bostock e Riley, 5:123]).
5. Ovídio apresenta uma extensa lista de materiais usados para purificação nos ritos da deusa Pales:

> O sangue de um cavalo será usado na defumação; e as cinzas de um bezerro; e o terceiro ingrediente será extraído da fava. Pastor, purifique as ovelhas no início do crepúsculo. Em primeiro lugar, borrife-as com água, e varra o chão com uma vassoura feita de ramos. O local em que ficam as ovelhas deve ser decorado com folhas e galhos amarrados; e a longa guirlanda deve fazer sombra nas portas ornamentadas. Uma fumaça azul é produzida por enxofre nativo; e deixe as ovelhas berrarem quando esfregadas com o enxofre enquanto ele fumega. Queime, também, alecrim, e as ervas Sabinas; e deixe o loureiro queimado crepitar no meio da lareira (Ovídio, *Fasti* 4, versos 633-42 [Riley, 166]).

6. Plínio relata outra versão dessa crença popular concernente à pureza da oliveira: "Segundo M. Varro [*De re rústica* 1.2], uma oliveira que foi lambida por uma cabra, ou sob a qual ela passou quando ainda jovem, com certeza será infrutífera" [Plínio 15.8 [Bostock e Riley, 3:291-2]).
7. *Valeriana phu*, a valeriana de jardim ou espiga de Creta. Turner relata que ela "cresce em Ponto" (*Herbal* 1562, 2:86 [*OED*, s.v. Phu]). Gerard diz que "ela é usada em antídotos para venenos e remédios para prevenção da peste" (Gerard [1633] 1975, 2:440:1078).
8. O cão negro é o animal de Hécate.
9. ... mas ainda no vale que cerca a cidade do lado norte, existe um certo lugar chamado Baaras, que produz uma raiz de mesmo nome. Sua cor é como a da chama, e quando a noite se aproxima emite uma certa luz como um raio; não é fácil arrancá-la, muitos tentam, mas ela escapa-lhes

das mãos, até que a urina de uma mulher, ou seu sangue menstrual, seja derramado sobre ela. Mesmo assim, a morte certa acontecerá para aqueles que a tocarem, a menos que a pessoa a pendure na mão e a arraste. Também há outro modo de arrancá-la sem correr perigo: cavar uma trincheira ao redor da raiz, até que a parte escondida dela esteja bem pequena; então amarrar um cão a ela; e, enquanto o cão faz força para seguir aquele que o amarrou, a raiz é arrancada, mas o animal morre imediatamente, como se tomasse o lugar do homem que desejava extrair a planta: depois disso, ninguém mais precisa ter medo de tomar a raiz nas mãos. Apesar de todo esse esforço para apanhá-la, a raiz só tem valor por uma qualidade: se ela for colocada perto de uma pessoa doente, afasta de imediato os demônios, que nada mais são do que espíritos maus que entram no corpo dos homens vivos e os matam, a menos que estes consigam algum tipo de ajuda (Josephus, *A Guerra dos Judeus* 7.6.3 [Whiston, 667-8]).

Gerard a identifica como peônia, e lista variações da mesma história encontradas em Apuleio, Theophrastus, Plínio e Aelianus, observando que "semelhante história fabulosa é contada a respeito da mandrágora" (Gerard [1633] 1975, 2:380:983).

10. A montanha vulcânica Etna, na Sicília.

11. É possível especular que esse tormento era causado pelos gases venenosos invisíveis que envolvem os alpinistas imprudentes.

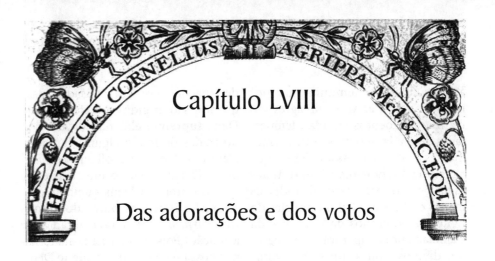

Capítulo LVIII

Das adorações e dos votos

dorações, votos, sacrifícios e oblações[1] são certos graus nas coisas sagradas para descobrir Deus; e essas coisas que principalmente provocam o poder divino, e alcançam uma comunhão indissolúvel e sagrada de Deus com as almas; pois, pelas orações proferidas com palavras verdadeiras e sagradas, de modo sensível e com afeição, conseguimos obter um grande poder; quando, pela aplicação delas a qualquer divindade, nós avançamos tanto que ele pode dirigir seu discurso e resposta por uma maneira divina, pela qual (como diz *Dionísio*)[2] Deus fala com os homens, mas poucos percebem. Mas, com frequência, o rei e profeta *Davi* percebe isso, quando afirma, "ouvirei o que o Senhor falará em mim".[3]

A adoração, portanto, praticada de modo contínuo por um longo tempo e com frequência, aperfeiçoa o intelecto e torna a alma maior para o recebimento das luzes divinas, inflamando amor divino, produzindo fé, esperança e maneiras sagradas, purificando a alma de toda a contrariedade e do que é avesso a ela; e também repele diversos males, que de outra maneira, naturalmente, atacariam. Assim canta *Ovídio*:

... com orações, Jove é tocado;
Muitas vezes vi, quando do alto
Ele enviaria horríveis relâmpagos, mas foi
Apaziguado com olíbano.

O homem volta a Deus por meio das orações pelas quais ele (diz *Platão* a Fédrom)[4] para os cavalos e entra nas câmaras de repouso, em que se alimenta de ambrosia e bebe néctar. Por isso, aqueles que desejam desfrutar alguma virtude, devem rezar e suplicar com frequência a ele que tem toda a virtude em si. A melhor oração não é aquela proferida em palavras, mas com um silêncio religioso[5] e sincera cogitação oferecidos a Deus; e também aquela que com a voz da mente e palavras do mundo intelectual é oferecida a ele.

Um voto é uma afeição ardente de uma mente casta entregue a Deus, que, por meio da promessa, deseja aquilo que parece ser bom. Essa afeição (como testemunham *Jâmblico*[6] e *Proclo*) une tanto a alma a Deus que a operação de Deus e da mente se torna uma; ou seja, de Deus como o artífice, e da mente como um instrumento divino: toda a Antiguidade testemunha que, por meio de votos, às vezes milagres são realizados, doenças curadas, tempestades desviadas e outras coisas semelhantes acontecem. Assim, lemos que a maioria dos homens sábios de todas as nações – os bragmanni da Índia; os magos da Pérsia; os gimnosofistas do Egito; os adivinhos da Grécia[7] e da Caldeia,[8] que se superaram nos segredos divinos, aplicavam-se nos votos divinos, por isso realizaram muitas coisas maravilhosas.

Para a perfeição de um voto e de uma adoração (pois um voto não pode ser perfeito sem adoração; nem uma adoração sem o voto), há duas coisas de modo especial necessárias; a saber:

Em primeiro lugar, conhecimento da coisa a ser adorada e para a qual faremos o voto; de que maneira será feito; em que ordem; e por quais meios ela será venerada, pois existem vários cooperadores e instrumentos de Deus – os céus; astros; espíritos administradores; almas celestiais; e heróis, a quem devemos implorar como carregadores, intérpretes, administradores, mediadores; mas, antes de tudo, ele, que vai ao arquétipo Deus, que é o único termo supremo de adoração; as outras divindades são como passagens ao próprio Deus. Saiba, portanto, que as adorações e votos devem, com uma mente pia e pura, ser feitos principalmente àquele Deus único, o Pai supremo, Rei e Senhor de todos os deuses. Mas, quando eles são feitos aos deuses inferiores, a intenção termina neles. Assim, no que diz respeito a adorações e votos, quando são dirigidos a divindades inferiores, *Zoroastes* e *Orfeu* acreditavam que defumações deveriam ser usadas; mas, quando são erigidos à majestade do Deus supremo, elas não devem ser utilizadas de modo algum. Também *Hermes* e *Platão* a proíbem. *Hermes* diz a *Tatius*:[9] é como um sacrilégio quando orares a Deus queimar olíbano,[10] e incensos parecidos; pois (diz *Porfírio*) eles não são agradáveis à oração. Pois não há nada material que possa ser encontrado que ao Deus imaterial não seja impuro.[11] Portanto, não é agradável a Deus nem a oração proferida em palavras nem a mental, se a mente estiver poluída com vício.

Em segundo lugar, também se requer uma certa assimilação de nossa vida com a vida divina, em pureza, castidade e santidade; com um desejo lícito daquilo que pedimos; pois por esse meio conseguimos obter a benevolência e a generosidade divinas; pois, a menos que, com as mentes purgadas, mereçamos ser ouvidos; e as coisas que pedimos mereçam ser feitas, é manifesto que os deuses não atenderão às nossas preces: o divino *Platão* afirma que Deus não pode ser alcançado por nossas preces ou dons para fazer coisas injustas;[12] por isso, não desejemos de Deus nada que consideramos incorreto desejar; pois utilizando apenas esse meio vemos que muitos são frustrados em seus votos e orações, pois eles não estão dispostos religiosamente e seus desejos e orações não são feitos para as coisas que agradam a Deus. Eles também não sabem discernir em qual ordem devem rezar nem pelas quais mediadores devem chegar a Deus; a ignorância desses fatos reduz nossas preces e súplicas a nada, e faz com que nossos desejos sejam negados.

Notas – Capítulo LVIII

1. Ofertas de sacrifícios, devoção ou agradecimentos a uma divindade.
2. Pseudo-Dionísio, o Aeropagita.
3. Salmos 85:8.
4. Platão se refere "àquele lugar além dos céus", no qual:

   "...habitam seres verdadeiros, sem cor ou forma, que não podem ser tocados; apenas a razão, a condutora da alma, pode vê-los; e todo o conhecimento verdadeiro é o conhecimento disso. ...E quando ela [a alma] assim também contempla e celebra tudo o que tem de ser verdadeiro, ela desce de novo entre os céus e volta para casa. E assim fazendo, seu condutor [a razão] atrela seus corcéis à manjedoura deles, e coloca ambrosia diante deles, e néctar para ser bebido (*Fédrom* 247c-e Hamilton and Cairns, 494])."

5. "Ó inefável, impronunciável, para ser louvado em silêncio!" *Divino Pymander de Hermes Mercúrio Trismegisto* 2.96 (Everard [1650, 1884] 1978, 17). Da prece de Hermes. A tradução de Scott da mesma passagem é mais difundida.
6. Ver Jâmblico, *On the Mysteries* 5.26, com referência aos vários tipos de oração e seus benefícios.
7. Os Hierofantes dos Mistérios.
8. Nos tempos antigos, "caldeu" denotava "mago", de modo particular um astrólogo, e foi quase esquecido que o nome se referia a um povo em um território geográfico.
9. Mas quando eles começaram a rezar, Asclépio sussurrou, "Diga-me, Tat, vamos propor a seu pai que acrescentemos em nossas orações, como os homens costumam fazer, um oferecimento de incenso e perfumes?" Trismegisto ouviu e, muito perturbado, disse: "Calma, calma, Asclépio; é a mais suprema impiedade pensar tal coisa com relação a Ele que é o único bem. Presentes como esses são inadequados para ele; pois ele é pleno de todas as coisas que existem, e nada lhe falta. Adoremo-lo com agradecimentos; pois palavras de louvor são as únicas ofertas que ele aceita" (*Asclépio*) Epílogo 41a [Scott, 1:373]. Ver também *Corpus Hermeticum* 5.10b, 11 [Scott, 1:165]).
10. "Embora o olíbano possa apaziguar os Deuses e as divindades iradas; ele não deve ser totalmente dado aos altares flamejantes" (Ovídio, *De medicamine faciei* [Sobre o tratamento da compleição] [Riley, 494]). A respeito das ofertas de incenso feitas pelos egípcios, condenada por Hermes no caso da divindade suprema, Plutarco escreve: "Além do mais, eles oferecem incenso ao sol três vezes ao dia: resina no nascer; mirra quando está no meio do céu; e o que eles chamam de Kephi, no pôr do sol". (*Isis and Osiris* 52. Em *Moralia* [Goodwin, 4:112]), Kyphi, ou cyphy, era uma mistura de mel, vinho, uvas-passas, ciperácia, resina, mirra, aspalathus, seselis, almécega, betume, erva-moura, canela, frutinhas de junípero grande e pequeno, cardamomo e cálamo (*ibid.* 80-1 [Goodwin, 136-8]). A tradução para o inglês de *Moralia*, da Harvard Univesity Press, menciona junco doce em vez de erva-moura.
11. "Pois o Cosmo é uma massa de mal, assim como Deus é uma massa de bem" (*Corpus Hermeticum* 6.4 a. [Scott, 1:169]).
12. Para o homem bom, é glorioso, bom e lucrativo para a felicidade da vida; e perfeitamente adequado fazer sacrifícios e estar sempre em comunhão com o céu por meio da oração e ofertas, e todos os modos de adoração. Mas, para o homem mau, é exatamente o contrário. Pois o homem mau é impuro de alma; enquanto o bom é puro; e do que é poluído, nem o homem bom nem Deus podem aceitar um presente; por isso, todo esse esforço dedicado ao céu é um trabalho desperdiçado para o ímpio; e sempre frutífero para o pio (Platão, *As Leis* 4.716d-e [Hamilton e Cairns, 1307-8]).

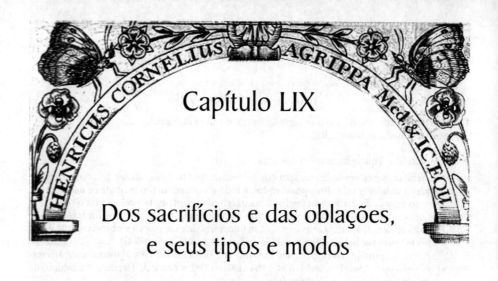

Capítulo LIX

Dos sacrifícios e das oblações, e seus tipos e modos

m sacrifício é uma oblação ao mesmo tempo sagrada pela oferta, e que santifica e torna sagrado o ofertante, a não ser que a irreverência ou outro tipo de pecado sejam um impedimento para ele. Assim, esses sacrifícios e oblações nos dão muita esperança e nos fazem membros da família de Deus, e afastam de nós muitos males que pairam sobre nossas cabeças; como confirmam os médicos dos hebreus dizendo que, quando matamos nossas criaturas vivas e dissipamos nossa fortuna em sacrifício, afastamos as maldades que pairam sobre nós.

Pois, assim como o sacerdote mortal sacrifica neste mundo inferior a alma da criatura irracional a Deus, separando o corpo da alma, também *Miguel,* o arcanjo, o sacerdote do mundo superior, sacrifica as almas dos homens,[1] separando a alma do corpo e não o corpo da alma, a menos que, por acaso, isso aconteça em fúria, êxtase e sono, e em lapsos da alma como esses, aos quais os hebreus chamam de morte do corpo.

Mas os sacrifícios e oblações devem ser oferecidos ao Deus superior; mas quando devem ser dirigidos aos poderes divinos secundários, isso deve ser feito da mesma maneira que ensinamos ao tratar das orações e votos.

Mas existem muitos tipos de sacrifícios: um deles é chamado oferta queimada, quando a coisa sacrificada é consumida pelo fogo; outro é uma oferta de infusão de sangue; existem também sacrifícios salutíferos, que são feitos para obter saúde; outros, pacificadores, para obtenção de paz; outros, de louvor, para a libertação de algum mal; ainda outros gratulatórios, para reverência e agradecimento divinos. Mas alguns sacrifícios não são feitos nem para a honra de Deus nem por boa vontade – esse tipo existia entre os hebreus – chamados sacrifícios de ciúme, que eram feitos apenas para descobrir adultério.

No passado havia entre os gentios o sacrifício da expiação, pelo qual as cidades eram purgadas da fome, peste ou outra horrível calamidade; os ritos consistiam em procurar o homem mais vil da cidade e conduzi-lo ao local designado, segurando nas mãos queijo, bolachas e figos secos; depois açoitá-lo sete vezes com varas e reduzi-lo a cinzas junto com as mesmas varas, espalhando as cinzas no mar. *Lycophron* e *Hiponax* mencionam esses sacrifícios; também *Filóstrato* relata coisas semelhantes referente a *Apolônio* de Tyana, quando ele afastou a peste de Éfeso.

Existiam muitos tipos de sacrifícios e ofertas, como *Agonais*,[2] *Dapsa*,[3] *Farreationes, Hecatombe*,[4] *Hóstia*,[5] *Hyacinthia*,[6] *Armilustra*,[7] *Janualia*,[8] *Lucalia, Lupercais*,[9] *Munychia*,[10] *Novendinalia*,[11] *Nyctiluca, Palatialia, Pastillaria, Popularia, Protervia, Scenopegia, Solitaurilia, Stata, Rubigalia*,[12] *Fontanalia*,[13] *Ormia, Parentalia*,[14] *Inferiae*,[15] *Consualia*,[16] *Lampteria, Amburbia*,[17] *Ambarvalia*,[18] *Vinalia*,[19] *Thyia*,[20] *Holocaustomata*,[21] *Orgia*,[22] *Latialia*,[23] *Dianetaurica*,[24] *Bacchanalia*,[25] *Trieterica, Liberalia*,[26] *Cocytia, Cerealia*,[27] *Thesmophoria*,[28] *Adonia*,[29] *Teonia, Laurentalia*,[30] *Opalia*,[31] *Palilia*,[32] *Quirinalia*,[33] *Vertumnalia*,[34] *Gynaecia, Panathenea*,[35] *Quinquatria*[36], *Diapalia*,[37] *Diasia*,[38] *Horma, Hormea, Nemea*,[39] *Mytriraca*,[40] *Palogygia*.

E as ofertas deles eram próprias e diversas: um bode e um jumento eram sacrificados a *Bacchus*; uma leitoa a *Ceres*; um cavalo ao Sol; um veado e cães a *Diana*; um jumento a *Priapus*; um ganso a *Ísis*; um galo[41] à Noite; uma cabra a *Faunus*; um touro a *Netuno*; uma cabra a *Minerva*; um touro a *Hércules*; uma criança[42] a *Saturno*; uma leitoa com porcos a *Maja*;[43] um galo a *Esculápio*; além disso, eles faziam sacrifícios a *Hercules Gnidius*, com repreensões e xingamentos.

Havia também diversas ordens de sacerdotes, como Sumo Sacerdotes, Flâmines,[44] Arquiflâmines,[45] Phylades, Sálios,[46] Hierofantes;[47] e muitos outros nomes de religiões, superstições, sacrifícios, cerimônias, festivais, consagrações, dedicações, votos, devoções, expiações, juramentos, ofertas, obras de satisfação – pelos quais os gentios seduzidos faziam sacrifícios a falsos deuses e demônios.

Mas o verdadeiro sacrifício, que purga qualquer homem e o une a Deus, tem duas partes: uma, que o sumo sacerdote Cristo ofereceu para a remissão dos pecados, purificando todas as coisas pelo sangue de sua cruz; a outra, pela qual um homem se oferece limpo, imaculado, para um sacrifício vivo a Deus, como Cristo, o sumo sacerdote se ofereceu, e nos ensinou a nos oferecer junto a ele, como ele foi ofertado, falando do sacramento de seu corpo e sangue, façam isso em minha memória;[48] ou seja, que devemos nos ofertar junto a ele, sendo mortificados pela paixão de seu corpo mortal e despertos no espírito.

A esse respeito *Porfírio* diz, "nos esforcemos para oferecer uma santidade de vida para um sacrifício; pois nenhum homem pode ser um bom sacerdote de Deus senão aquele que se oferece como sacrifício, erigindo a própria alma como uma imagem, e constituindo tanto a sua mente e entendimento em um templo no qual ele possa receber a luz divina"; mas sacrifícios eternos (como diz *Heráclito*) são curas certas da alma, instituída pelo médico supremo; pois o espírito mau possui um homem (como diz *Proclo*) até ele ser expiado por meio de sacrifícios; portanto, os sacrifícios são necessários para pacificar Deus e os poderes celestiais, e para expiar o homem, que tem tanto a imagem de Deus quanto do mundo.

Mas nosso senhor *Jesus* Cristo, o verdadeiro sumo sacerdote, concluiu todos os sacrifícios em pão e vinho apenas, como na substância primária da carne do homem, não mais sendo necessário o sacrifício de animais, nem de outras coisas, nem da efusão de sangue, no qual seremos purificados, sendo perfeitamente limpos no sangue dele.

Entre os egípcios existiam 666[49] tipos de sacrifícios; pois eles de fato designavam honras divinas e sacrifícios para cada estrela e planeta, pois eles eram animais divinos participando de uma alma intelectual e uma mente divina. Por isso, os egípcios afirmavam que quando oferecemos preces humildes às estrelas, elas nos ouvem e concedem dádivas celestiais, mais por sua livre vontade do que por um acordo natural.

E é isso que *Jâmblico* afirma,[50] os corpos celestiais e as divindades do mundo possuem certos poderes divinos e superiores em si; assim como também naturais e inferiores, que *Orfeu* chama de chaves para abrir e fechar,[51] e por aqueles estamos presos às influências fatais, e por esses podemos nos livrar do destino. Desse modo, se qualquer infortúnio vindo de Saturno ou Marte paira sobre alguém, os magos comandam que ele não deve voar imediatamente para Júpiter ou Vênus, mas para Saturno ou Marte. Assim, quando *Psique* de Apuleio foi perseguida por *Vênus*, por iguálá-la em beleza, foi forçada a importunar para obter o favor não de *Ceres*, nem *Juno*, mas da própria *Vênus*[52]

Eles faziam sacrifícios a cada astro com as coisas pertencente a eles: ao Sol, com coisas solares e seus animais, como o loureiro, o galo, o cisne, o touro; a Vênus com os animais dela, o pombo ou a tartaruga; e com suas plantas, a verbena, por exemplo, como canta *Virgílio*:

... traz a água
Com suave guirlanda, cercando o altar
Rodeando, queimando grandes ramos
e olíbano
Que é forte e puro.

Além disso, o mago, quando confeccionava qualquer coisa, natural ou artificial, pertencente a algum astro, a apresentava depois como oferta religiosa e sacrifício ao mesmo astro, recebendo menos uma virtude natural da influência oportunamente recebida que uma divinamente confirmada e mais forte. Pois a oblação de qualquer coisa, quando oferecida a Deus da maneira certa, torna a coisa santificada por Deus pela oblação como sacrifício, tornando-se parte dela.

Sacrifícios brancos eram oferecidos para deuses celestiais e etéreos; negros, para os terrestres ou infernais; para os terrestres, sobre os altares; para os infernais, em fossos; para os aéreos e aquosos, coisas voadoras; brancas para estes, negras para aqueles.[53] Por fim, para todos os deuses e demônios, além dos terrestres e infernais, coisas voadoras eram oferecidas; mas para aqueles apenas animais quadrúpedes, pois os iguais se agradam. Dentre estes, apenas os que eram oferecidos aos celestiais e etéreos podiam ser ingeridos; sendo as extremidades[54] reservadas para Deus, mas não as outras partes.

Tudo isso foi expresso pelo oráculo de Apolo nos seguintes versos:

Um sacrifício tríplice aos deuses do alto,
Animais brancos devem ser mortos para eles; para os abaixo
Também tríplice; mas negros para eles;
Com altares abertos os deuses celestiais
São levados; com os deuses infernais se requer
Covas cheias de alimentos negros e mirra;
E eles não se satisfazem a não ser com um sacrifício
Que é enterrado; mas os deuses do ar
Se deliciam com mel e os mais claros vinhos,
E nos altares que o fogo seja aceso,
Requer, com sacrifício de coisas voadoras e brancas:
Mas as divindades da Terra têm prazer
Em que os corpos terrestres sejam defumados com olíbano
E biscoitos oferecidos em reverência
Mas para os deuses que governam o mar, tu deves
Apresentar teus sacrifícios nas costas do mar,
E sobre as ondas lançar o animal inteiro.
Mas para as divindades celestiais
Dá as extremidades, e depois consome com fogo;
Aquilo que sobrar, tu podes, se desejares,
Comer; e deixa o ar com espessos vapores
E gotas de cheiro adocicado.

Desses sacrifícios *Porfírio* faz menção em seu livro das Respostas,[55] com o qual outros concordam. Pois eles dizem que tais sacrifícios são certos meios naturais entre os deuses e os homens; *Aristóteles* afirma que é natural no homem fazer sacrifícios para Deus. Eles são meios que favorecem a natureza de ambos, e representam coisas divinas analogicamente, e têm, com a divindade a quem são oferecidos, certas analogias convenientes – tão ocultas que o entendimento do homem não consegue concebê-las –, mas que Deus e as divindades requerem em particular para nossa expiação; com as quais as virtudes celestiais são agradadas e não executam a punição que nossos pecados merecem.

Esses sacrifícios são (como chamados por *Orfeu*) chaves que abrem o portão dos elementos [56] e dos céus; por meio deles um homem pode ascender aos supercelestiais; e as inteligências dos céus; e os demônios dos elementos podem descer a ele.

Os homens que são perfeitos e verdadeiramente religiosos não precisam dos sacrifícios; mas apenas aqueles que (segundo *Trismegisto*),[57] caindo em desordem, são feitos servos dos céus e das criaturas; aqueles que, por estar sujeitos aos céus, pensam, portanto, que podem ser corroborados pelo favor da virtude celestial, até que, voando mais alto, são absolvidos de sua presidência e se tornam mais sublimes.

Notas – Capítulo LIX

1. É Miguel quem pesa as almas em uma grande balança no julgamento final.
2. Antigos festivais romanos celebrados em 9 de janeiro, 17 de março, 21 de maio e 11 de dezembro, em honra a várias divindades. Ver Ovídio, *Fasti* 1, versos 317-36.
3. Latim: *daps* – um magnífico banquete por ocasião de um sacrifício.
4. Originalmente, um festival grego dedicado a Apolo, que acontecia no mês de verão Hekatombaion, consistindo em um sacrifício em massa de cem bois. Desde os tempos de Homero a palavra foi usada de modo mais geral, significando qualquer sacrifício numeroso e, nesse sentido, ele também foi praticado pelos romanos.
5. Latim: *hostia* – um sacrifício.
6. A morte de Hyacinthus, o belo jovem morto acidentalmente por Apolo, era celebrada em sua cidade nativa de Amyclae, com a Hyacinthia, o segundo mais importante dos festivais espartanos. Às vezes acontecia no início do verão durante o mês espartano Hecatombeus e durava três dias; os ritos passavam de lamentos a júbilo.
7. O Armilústrio (purificação das armas) era celebrado em 19 de outubro, em honra a Marte e aos 12 *Salii Palatini*, os dançarinos de Marte. Nessa data, os 12 *ancilia*, ou escudos sagrados, eram exibidos; acreditava-se que um deles caiu do céu durante o reinado de Numa.
8. Talvez o festival de Janus; celebrado em Roma em 1º de janeiro. O nome desse festival pode ter sido deslocado pelas Agonais de 9 de janeiro (ver nota 2 deste capítulo) e parece não ser conhecido pelos autores modernos.
9. Festival romano celebrado em 15 de fevereiro com o sacrifício de um bode, ou bodes, e um cão, na caverna chamada Lupercal, localizada abaixo do canto ocidental do Palatino, a principal das sete colinas da antiga Roma. Após o sacrifício, jovens vestindo apenas uma faixa feita da pele das vítimas corriam pelo Palatino açoitando a todos que encontrassem, mas principalmente as mulheres, com chicotes feitos de pele de bode. Ao que parece, tratava-se da combinação de um rito de fertilidade com a propiciação de uma divindade em forma de lobo.
10. Uma colina fortificada na península de Piraeus, perto de Atenas. No sopé ficava um porto com o mesmo nome; o mais oriental dos três portos que serviam a Atenas. Em Munychia ficavam os templos de Ártemis Munychia, em que aqueles acusados de crimes contra o Estado de Atenas podiam buscar refúgio. O festival dessa deusa da Lua, chamado Munychia, era celebrado no mês ateniense de Munychion (abril), com o sacrifício ritual de uma corça vestida como uma menina.
11. A Novendiale era um *feriae imperativae*, um festival romano designado pelo senado, magistrados ou sacerdotes para comemorar algum grande evento ou evitar um desastre. A Novendiale acontecia sempre que pedras caíam do céu.
12. Robigália, um festival romano celebrado em 25 de abril para impedir que o mofo (*robigo*) destruísse as colheitas. Uma procissão deixava a cidade atravessando o portão Flamino, cruzava a ponte Mílvia e parava no quinto marco da Via Cláudia, onde um cão e uma ovelha eram sacrificados à deusa (ou deus) Mofo. Ovídio explica que os sacrifícios aconteciam na "gruta do antigo Mofo"; os participantes vestiam roupas brancas, e as entranhas do cão e da ovelha eram lançadas ao fogo pelos *flamen quirinalis* (ver nota 44 deste capítulo), com vinho e incenso (*Fasti* 4, versos 905-42). Columella acrescenta o repulsivo detalhe de que o cão era um filhote ainda amamentando; e Plínio diz que o festival foi instituído por Numa no 11º ano de seu reinado.
13. Festival romano celebrado em 13 de outubro em honra a Fontus, filho de Janus, no qual as fontes eram adornadas com guirlandas. O nome do deus indica sua natureza – a personificação das águas correntes (*fons*).
14. Um festival público oficial romano em honra aos mortos; ou como Ovídio explica com mais precisão, "para a propiciação dos fantasmas", que durava de 13 a 21 de fevereiro. O último dia tinha o nome "Ferália". Durante o período do festival, todos os templos permaneciam fechados, os magistrados retiravam suas insígnias e as cerimônias de casamento eram proibidas. Ver Ovídio, *Fasti* 2, versos 533-70.

15. Os *inferi* eram os deuses do submundo. A palavra também era usada de maneira mais geral para descrever qualquer criatura no Hades, incluindo as almas que partiram.
16. O festival em honra ao antigo deus italiano da agricultura Consus era celebrado em Roma em 21 de agosto e também em 15 de dezembro. No primeiro dia, os *flamen quirinalis* e as Virgens Vestais ofereciam sacrifícios e corridas de mula aconteciam no Circo. Cavalos e mulas descansavam do trabalho e eram coroados com guirlandas. Várias diversões rústicas, como montar bois cobertos de óleo, aconteciam. Acreditava-se que o festival fora instituído por Rômulo.
17. Ambrubium era uma procissão solene do povo pela cidade de Roma, realizada em épocas de grande perigo ou para evitar uma calamidade.
18. Festival romano para proteger as colheitas, observado em 29 de maio. Um boi, uma ovelha e um porco (chamado *suovetaurilia*) dedicados em sacrifício a *Ceres* eram, antes, conduzidos pelas terras romanas pelos *Fratres Arvales* (Irmãos Arvales), uma irmandade de 12 sacerdotes. À medida que o *ager Romanus* aumentou de tamanho, essa procissão foi descontinuada.
19. Um festival romano dedicado a Júpiter em seu aspecto de protetor do vinho. Era dividido em duas partes: a *Vinália rustica*, que celebrava a colheita da uva em 19 de agosto; e a *Vinália urbana*, que acontecia em 21 de abril – o aniversário oficial de Roma –, quando o vinho feito da colheita do outono anterior era provado pela primeira vez.
20. Um festival grego dedicado a Dionísio, celebrado todos os anos nas cercanias da cidade de Elis. Thyia, filha de Castalius (ou Cephisseus), foi a primeira a oferecer sacrifícios a Dionísio. O nome Thyiades, frenéticas mulheres devotas de Dionísio, derivava dela.
21. Holocausto é uma palavra grega que significa "totalmente queimado"; ou seja, uma oferta em sacrifício completamente consumida pelo fogo.
22. Festival noturno de Dionísio no qual as mulheres bacchae dilaceravam um touro e comiam sua carne crua sob a chama bruxuleante de tochas. A palavra era usada de modo geral para designar qualquer rito de Dionísio, em particular o festival trienal que acontecia no alto do Monte Cithaeron. Ver Virgílio, *Eneida* 4, verso 302.
23. O *feriae Latinae* era celebrado todos os anos no Monte Alba, em honra a Júpiter Latialis (ou Latiaris), o deus protetor da região de Latium. Durante os dias de sua observância, um tratado sagrado era mantido, e todo o senado de Roma, com os altos magistrados, tomava parte nos ritos, que era presidido por um dos cônsules. A data da celebração variava de acordo com as circunstâncias políticas, por causa do tratado que o acompanhava.
24. Festival de Artemis Taurica, quando em Tauro todos os desconhecidos naufragados na costa eram sacrificados. Quando a deusa foi levada para Ática e venerada em Esparta, o rito foi suavizado – rapazes eram açoitados até que seu sangue respingasse o altar.
25. O nome em latim para a Orgia Dionisíaca. Ver nota 22 deste capítulo.
26. Festival da fertilidade observado em 17 de março, em honra à divindade italiana Liber Pater; identificado pelos romanos com Dionísio. Bolos de carne, mel e óleo eram oferecidos ao deus. Os jovens deixavam de lado suas togas de menino (*toga praetexta*) e adotavam as togas de homem (*toga libera*). Ver Ovídio, *Fasti 3*, versos 713-91.
27. Festival romano observado de 12 a 19 de abril, em honra a Ceres, durante o qual aconteciam jogos. Ver Ovídio, *Fasti 4*, versos 393-620, que é a melhor passagem dessa obra.
28. Antigo festival grego celebrado apenas pelas mulheres, em honra a Deméter, em datas diferentes em diversas cidades-Estados. Em Atenas acontecia de 24 a 26 de outubro. As mulheres se abstinham de relações sexuais com seus maridos por nove dias antes dos ritos, e dormiam em camas espargidas com agnus castus, ramos de pinheiro ou outras plantas mágicas. Porcos eram jogados em covas, ou abismos naturais supostamente cheios de cobras venenosas. Após três dias de purificação ritual, algumas mulheres chamadas "Drawers" (*antletriai*) desciam às covas, assustavam as serpentes batendo palmas e recolhiam uma parte da carne de porco em putrefação. Quem pegasse um pouco dessa carne do altar de Deméter e espalhasse com as sementes nos campos teria uma boa colheita.
29. Festivais anuais em honra a Adonis, celebrados em Byblus, Alexandria, Atenas e em outros lugares. Em Alexandria, imagens de Adonis e Afrodite eram colocadas juntas, fingindo união, cercadas pelas frutas da estação, perfumes caros e bolos feitos na forma de coisas vivas. No dia seguinte, mulheres com cabelos despenteados e seios nus lançavam a imagem de Adonis ao mar

e entoavam uma prece por um ano bom. Essa cerimônia, com a que acontecia em Atenas, ocorria no fim do verão. O festival em Byblus era conduzido na primavera.

30. Mais apropriadamente Larentalia; um festival romano em honra a Acca Larentia, em 23 de dezembro. Muitas histórias são contadas a respeito dessa mulher. Acreditava-se que ela amamentara Rômulo e Remo; ou que fora ganhada por Hércules em um jogo de dados, e que transmitira para Roma a vasta fortuna do marido falecido, o rico etrusco Tarutius, com quem Hércules a aconselhou a se casar; ou ainda que fora a mãe de Lares, com quem era intimamente ligada. Ver Ovídio, *Fasti* 3, versos 55-8.

31. Festival romano observado no fim de dezembro.

32. Mais corretamente Parilia; um festival romano celebrado em 21 de abril em honra à deusa italiana Pales, guardiã dos rebanhos. Nessa data, os pastores pediam perdão por sua profanação acidental de locais sagrados e saltavam três vezes sobre uma fogueira de feno. Ver também a nota 19 deste capítulo sobre essa data.

33. Festival romano em 18 de fevereiro, em honra a Quirinus, o primeiro nome dado a Rômulo, depois que ele foi elevado ao grau de divindade.

34. Festival romano honrando o deus etrusco Vertumnus (ou Vortumnus), em 23 de agosto. Ele era o deus da vegetação em crescimento, e o festival marcava a mudança das estações.

35. Festival ateniense em honra a Atena Polias, observado em 28 e 29 do Hecatombaeon (por volta do meio de agosto). Havia uma Panathenaea Menor celebrada a cada quatro anos. Nos tempos remotos havia uma grande procissão, na qual uma estátua de Atenas era ritualmente vestida com uma roupa cor de açafrão, chamada *peplus*. Em tempos posteriores, o festival incluiu jogos de ginástica, concursos de música e um concurso equestre. Um grande número de animais reunidos de todas as partes do império era sacrificado.

36. Festival romano em honra a Minerva, celebrado de 19 a 23 de março; assim chamado porque caía no quinto dia após as ides de março. Em tempos posteriores, o festival durava cinco dias, sendo que os quatro últimos eram devotados a espetáculos de gladiadores. Havia um Quinquatrus Menor, em 13 e 14 de junho, celebrado principalmente pelos flautistas. Ver Ovídio, *Fasti* 3, versos 809-50 e 6, versos 651-710.

37. Diipolia, o sacrifício de um boi a Zeus Polieus, realizado na Acrópole em Atenas todos os anos em junho. O sacerdote que matava o boi se afastava e se mantinha em exílio ritual por determinado período; o boi usado era julgado, condenado e atirado ao mar; a pele dele era recheada com feno, presa a um arado e tratada como se estivesse viva. Ver Pausânias, *Guide to Greece* 1.24.4.

38. Festival grego de Zeus, realizado em fevereiro.

39. Nemeia era um vale na Argólia onde Hércules supostamente teria matado o leão da Nemeia. Havia um grande templo nemeu de Zeus na região, cercado por um bosque sagrado, onde aconteciam os jogos da Nemeia. O prêmio dos jogos era uma coroa feita de aipo.

40. Talvez a Matralia; um festival romano celebrado em 11 de junho, em honra à divindade italiana Mater Matuta, deusa da aurora, que em tempos remotos era associada ao nascimento. Somente mulheres casadas eram admitidas em seus ritos, e nenhuma que se casara mais de uma vez tinha permissão de coroar sua estátua com guirlandas. Em tempos posteriores, essa deusa foi associada ao mar e à navegação.

41. O galo comum de galinheiro, oposto ao galo de briga.

42. Havia uma tradição em que, nos tempos remotos, sacrifícios humanos eram oferecidos a Saturno.

43. Maia era adorada em Roma. Em 1º de maio, sacrifícios lhe eram oferecidos por um sacerdote de Vulcano, o que fez com que ela fosse considerada por alguns a esposa de Vulcano. Em tempos posteriores, ela foi confundida com Maia, filha de Atlas. Também era chamada pelo nome Majesta.

44. Um grupo de 15 sacerdotes em Roma, três Maiores e três Menores. Cada um era incumbido de supervisionar o culto a um deus específico. Dois dos Flâmines Menores são desconhecidos, mas os outros são:

	Maiores	
Flâmine		**Deus**
Dialis		Júpiter
Martialis		Marte
Quirinalis		Quirinus
	Menores	
Flâmine		**Deus**
Volturnalis		Volturnus
Palatualis		Pales
Furinalis		Furrina
Floralis		Flora
Falacer		Falacer
Pomonalis		Pomona
Volcanalis		Vulcano
Cerialis		Ceres
Carmentalis		Carmentis
Portunalis		Portunus

45. Os três Flâmines Maiores. Ver nota anterior.
46. Os Sálios; dois grupos formados cada um por 12 sacerdotes dançarinos de Marte. Eram de nascimento nobre, usavam vestes militares e carregavam os escudos sagrados (*ancilia*) de Marte. No Quinquatrus (19 de março) e no Armilustrium (19 de outubro), que marcavam o início e o fim da estação de campanhas militares, eles saíam em procissão por Roma, realizando danças rituais acrobáticas e cantando em um antigo dialeto perdido. Os *Salii Palatini* (ver nota 7) sempre foram ligados a Marte, mas os *Salii Collini* (ou Agonenses) podem ter sido originalmente associados a Quirinus.
47. Ver nota 6, cap. LV, l. III.
48. Lucas 22:19.
49. Com certeza não é coincidência que esse número é o da Besta no Livro do Apocalipse 13:18.
50. "Pois os Deuses, de fato, dissolvem o destino; mas as últimas naturezas que procedem deles e são complicadas com a geração do mundo e com o corpo completam o destino." (Jâmblico, *On the Mysteries* 8.7 [Taylor, 309]). A respeito de ficar preso ou se livrar do Destino, ver sec. 8, capítulos 6-8 dessa obra em sua totalidade.
51. As chaves eram o símbolo de Plutão, como menciona Pausânias em *Guide to Greece* 5.20.3. Talvez Agrippa faça alusão ao hino órfico a Plutão:

> As chaves da Terra a ti, rei ilustre, pertencem.
> Seus portões secretos se destrancam, profundos e fortes.
> (*Hinos de Orfeu* 17 [*Thomas Taylor the Platonist: Selected Writings*, 233]).

52. A jovem mortal Psique causou o ciúme de Vênus, que, por vingança, ordenou a seu filho Cupido que fizesse Psique se apaixonar pelo homem mais baixo e feio da Terra. Em vez disso, Cupido se apaixonou por ela. Eles viveram felizes em segredo por algum tempo, mas por curiosidade Psique violou a confiança de seu amante e ele a deixou. Ela vagou inconsolável e, por fim, se encontrou prisioneira no palácio de Vênus, e ali era atormentada. Com coragem, perseverou durante todo o infortúnio. Júpiter ficou com pena dela, devolveu-a a Cupido e a tornou imortal. A história é contada com graciosidade por Apuleio no capítulo 22 de *O asno de ouro*.
53. Ou seja, aos deuses aéreos, aves brancas; aos deuses aquosos, aves negras.
54. Os ossos da coxa eram queimados em sacrifício aos deuses, como descreve Homero:

> Depois de fazer suas orações e matar os bois e lhes retirar a pele,
> Separavam a carne das coxas e a envolviam em gordura.
> Dobrando em dois e espalhando pedaços de carne sobre elas,
> e como não tinham vinho para derramar sobre as ofertas queimadas,
> faziam uma libação de água e assavam todas as entranhas;
> mas, depois de queimar os pedaços da coxa e provar a carne,

eles cortavam todo o restante em pedaços e assavam
(*Odisseia* 12, versos 359-65 [Lattimore, 194]).
55. *De philosophia ex oraculis hausta*. Muitos oráculos citados por Eusébio em *Proeparatio evangelica*, livro 21.
56. Ver nota 1 deste capítulo.
57. Talvez se refira a esta passagem:

> Se, então, a parte racional da alma de um homem é iluminada por um raio de luz de Deus, para aquele homem a obra dos demônios é reduzida a nada; pois nenhum demônio e nenhum deus têm poder contra um único raio da luz de Deus. Mas, de fato, são poucos esses homens; e todos os outros são levados e motivados, alma e corpo, pelos demônios, colocando seus corações e afetos nas obras dos demônios (*Corpus Hermeticum* 16.16 [Scott, 1:271].

Capítulo LX

As imprecações e ritos que os antigos costumavam usar em sacrifícios e oblações

ejamos agora quais imprecações eram associadas a oblações e sacrifícios; pois aquele que oferecia algum sacrifício a Deus dizia estas coisas, ou outras semelhantes: "Eu, teu servo, te ofereço e sacrifico essas coisas; confesso que tu és o autor de toda a santidade, e te rogo, santifica essa oblação e derrama sobre ela a virtude de teu altíssimo e excelentíssimo espírito, para que possamos obter aquilo que pedimos. E que essa coisa que agora, por meio dessa oblação, se torna tua, vivendo ou morrendo para ti, que também eu seja teu por meio dessa oblação e comunhão, por meio dessa coisa que venho a ti oferecer e sacrificar; e professo ser de tua família e de teus adoradores".

Além dessas palavras, dizia-se na oferenda: "Assim como tenho o poder de matar este animal, se assim quiser, ou de salvá-lo, também tu tens o poder de levar-nos em tua ira ou de dar-nos em amor aquilo que desejamos".

E, por último, quando para expiação, ou para se evitar qualquer mal, um sacrifício era feito, dizia-se: "Assim como esse animal morre em minhas mãos, também morrem em mim todos os vícios e toda a impureza; ou que seja aniquilado esse ou aquele mal ou desconforto". Ou ainda: "Enquanto o sangue desse animal escorre de seu corpo, que todo vício e toda impureza saiam de meu corpo".

Em sacrifícios colocados sobre o altar para serem queimados, dizia-se: "Enquanto essa oblação é consumida por esse fogo até nada dela sobrar, que todo mal também seja consumido em mim; ou que esse ou aquele mal seja repelido, evitado e consumido".

Também era costume, enquanto se fazia uma imprecação, tocar o altar com as mãos daqueles para quem o sacrifício era feito, ou daqueles que desejassem participar, porque só a prece não fazia efeito, a menos que o suplicante tocasse o altar com as mãos, como se vê em *Virgílio*:[1]

Aqueles que com essas palavras rezam,
e o altar tocam

Que o onipotente ouça.

E em outro trecho:[2]

Eu toco os altares, e os fogos intermediários,

E as divindades suplicam.

Notas – Capítulo LX

1. *Eneida* 4, linhas 219-20.
2. *Eneida* 12, linha 201.

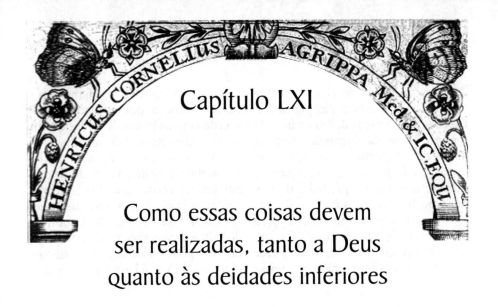

Capítulo LXI

Como essas coisas devem ser realizadas, tanto a Deus quanto às deidades inferiores

oda adoração, portanto, oblação ou sacrifício, deprecação, invocação, são diferenciados, ou por serem feitos somente a Deus ou a deidades inferiores, como anjos, astros, heróis. E com isso algumas regras devem ser observadas:

Quando alguma oração é oferecida só a Deus para a obtenção de algum efeito, deve ser feita com a comemoração de alguma obra, milagre, sacramento ou promessa, tirados de algum ponto da Escritura. Se for, por exemplo, alguma deprecação para a destruição dos inimigos, que seja comemorado o fato de Deus ter destruído os gigantes no dilúvio,[1] e os construtores de Babel[2] na confusão das línguas, Sodoma e Gomorra[3] na chuva de fogo, a hoste do Faraó[4] no Mar Vermelho, e coisas assim. Adicione-se a isso algum malefício tirado dos Salmos ou que possa ser encontrado em outros lugares da Escritura.

De modo semelhante, quando deprecamos contra os perigos das águas, devemos comemorar a salvação de *Noé* no dilúvio,[5] a passagem dos filhos de Israel pelo Mar Vermelho,[6] e Cristo caminhando sobre as águas,[7] e salvando um barco do naufrágio,[8] dando ordens ao vento e às ondas,[9] e salvando *Pedro*[10] quando ele afundava nas ondas do mar, e coisas assim.

Mas, se uma oração for necessária para a obtenção de milagres ou sonhos, seja ela a Deus, aos anjos ou heróis, muita coisa se pode tirar do Antigo Testamento, no qual se diz que Deus conversa com os homens, prometendo em diversas ocasiões presságios e revelações, além dos sonhos proféticos de *Jacó*,[11] *José*,[12] *Faraó*,[13] *Daniel*,[14] *Nabucodonosor*.[15] E no Novo Testamento temos o Apocalipse, de *João*,[16] e *Paulo*.[17] E temos ainda os santos magos, como *Helena, Constantino*[18] e *Carlos*,[19] além dos profetas posteriores, como *Methodius*,[20] *Cyrillus*,[21] *Joaquim, Merlim*,[22] *Brígida, Mechtindis, Hildegardis*, aos quais as divindades, sendo invocadas com devoção, costumam nos oferecer revelações divinas.

Além disso, devemos invocar os nomes sagrados de Deus, mas de modo especial aqueles que são significativos da coisa desejada, de alguma forma aplicável a ela. Por exemplo, para a destruição dos inimigos devemos invocar o nome da ira, da vingança, do medo, da justiça e da fortitude de Deus; para evitar qualquer perigo, precisamos invocar o nome da piedade, defesa, salvação, bondade e coisas do gênero.

É preciso também solicitar para os realizadores da coisa desejada, isto é, um anjo, astro, ou herói ao qual cabe tal ofício, mas observando que nossa invocação sobre eles seja feita com o devido número, peso e medida, e de acordo com as regras definidas quanto aos encantamentos. Pois entre esses não há diferença, mas os encantamentos nos afetam a mente, dispondo de suas paixões em conformidade com certas deidades; já as orações são aquelas que se exibem a qualquer deidade por meio do culto e da veneração; e da mesma raiz também pode ser usado o modo de consagração, do qual falaremos em seguida.

Notas – Capítulo LXI

1. Gênesis 6:4-7.
2. Gênesis 11:5-7.
3. Gênesis 19:24.
4. Êxodo 14:28.
5. Gênesis 8:1.
6. Êxodo 14:22.
7. Mateus 14:25.
8. Mateus 8:23-6.
9. Mateus 8:26; 14:32.
10. Mateus 14:31.
11. Gênesis 28:12-5.
12. Gênesis 37:5-10.
13. Gênesis 41:17-24.
14. Daniel 2:19; 7; 8.
15. Daniel 2:31-5; 4:10-7.
16. Apocalipse 1:10.
17. 2 Coríntios 12:1-4.
18. O imperador Constantino teve uma visão em sonho de São Nicolau, que lhe disse que três homens que estavam prestes a morrer sob acusação de necromancia eram inocentes, e que se não fossem libertados desolariam a região. Constantino os libertou. Também sonhou com Cristo, que lhe apareceu com uma cruz na mão e ordenou ao imperador que fizessem um estandarte feito à semelhança dela. Ver nota 1, cap. XXXI, l. III.
19. Talvez Carlos Magno, que tem fama de não ter morrido, mas estar apenas adormecido.
20. Methodius, o Mártir, escreveu a respeito dos Sete Adormecidos. Ver nota 19, cap. LVIII, l. I.
21. São Cirilo, que no dia de sua posse (9 horas da manhã de 7 de maio, 368 d.C.) viu uma cruz flamejante no céu sobre Jerusalém que persistiu por várias horas e era mais brilhante que o Sol. Eles escreveu acerca desse fenômeno ao imperador Constantino, dizendo que fora visível a toda a cidade e dava prova da doutrina cristã.
22. Além de seus poderes proféticos, Merlim é outro daqueles dos quais se diz que não morreram, mas apenas adormeceram. Ver nota 9, cap. XIX, l. III.

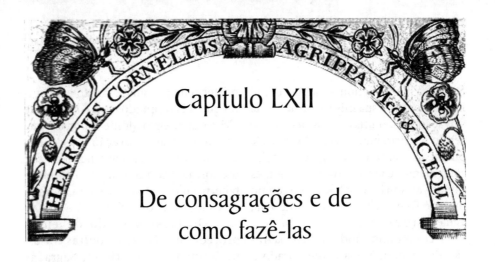

Capítulo LXII

De consagrações e de como fazê-las

 consagração é a realização de experimentos pelos quais uma alma espiritual, sendo atraída por proporção e conformidade, é infundida na matéria de nossas obras de acordo com a tradição de arte mágica, preparada correta e devidamente, e nossa obra é vivificada pelo espírito de compreensão. A eficácia de concentrações é aperfeiçoada por duas coisas, de modo especial, a saber: a virtude do próprio consagrando e a virtude da oração em si.

Da própria pessoa se requer uma vida santificada e um poder de consagrar; a primeira, a natureza e o merecimento proporcionam; a segunda é adquirida por imitação e dignificação, das quais já falamos. É necessário, então, que aquele que sacrifique conheça esse poder em si, com uma fé firme e indubitável.

Essas são as coisas necessárias na oração. Há também um certo poder de santificar adicionado por Deus, por ele determinado para esse ou aquele fim (como lemos na Sagrada Escritura) ou instituído para essa ou aquela coisa, pela virtude do Espírito Santo, de acordo com a ordenação da Igreja e existente em todo lugar. Ou, essa santidade está na própria oração, não por virtude de instituição, mas da comemoração de coisas sagradas, como letras sagradas, histórias, milagres, obras, efeitos, favores, promessas, sacramentos e outras coisas sacramentais que pareçam ser coerentes com a coisa a ser consagrada, ou modo apropriado, ou inapropriado, ou analógico.[1]

Daremos agora alguns exemplos, para que se abra facilmente um caminho para a devida consideração do tema.

Ao se consagrar a água, a seguinte comemoração deve ser feita: do fato de Deus ter colocado o firmamento no meio das águas;[2] pois no meio do paraíso terrestre ele fez uma fonte sagrada, da qual, através de quatro rios, toda a Terra é regada;[3] pois ele fez das águas um instrumento de sua justiça, na destruição dos gigantes, por meio do dilúvio sobre toda a Terra;[4] e na destruição do exército do Faraó no Mar Vermelho;[5] e conduzindo o povo a seco pelo meio do Mar Vermelho,[6] e através do Jordão;[7] e fazendo jorrar água milagrosamente de uma rocha;[8] e fez brotar uma fonte de água viva da queixada de um jumento diante das orações de

Sansão.[9] Ele designou as águas como instrumento de sua misericórdia,[10] e da salvação para remissão dos pecados; e sendo o Cristo batizado no Jordão, ele purificou e santificou as águas;[11] e coisa semelhante se faz ao invocar os nomes divinos apropriados a tais coisas, como quando Deus é chamado de fonte viva, água viva e rio vivo.

Do mesmo modo, na consagração do fogo, que seja comemorado o fato de que Deus criou o fogo como instrumento de sua justiça para punição, vingança, purgação dos pecados; e quando vier julgar o mundo ordenará que adiante dele vá um fogo;[12] e ele apareceu a *Moisés* em uma sarça ardente,[13] e conduziu os filhos de Israel em uma coluna de fogo,[14] e ordenou que o fogo inextinguível fosse mantido no Tabernáculo da Aliança,[15] e não deixou que um fogo se apagasse debaixo da água.[16] Também devemos usar nomes divinos como a oferenda em si, pois Deus é um fogo que consome, um fogo que derrete; e seus poderes são o brilho de Deus, a luz de Deus, o fulgor de Deus, e coisas assim.

Na consagração do óleo, devem ser comemoradas solenidades pertinentes, como no Êxodo o óleo da unção[17] e doces perfumes, e nomes sagrados a ele devidos, como é, por exemplo, o nome *Cristo*, que significa Ungido, e outros assim, como no Apocalipse, quando menciona as duas oliveiras destilando óleo santificado em lâmpadas, queimando na presença de Deus.[18]

Na consagração de lugares, que se comemore o Monte Sinai, o Tabernáculo da Aliança, o Sanctum Sanctorum,[19] o templo de *Salomão*, a santificação do Gólgota por meio do mistério da paixão de Cristo e o campo que foi comprado com o sangue de Cristo; também o Monte Tabor, em que ocorreu a transfiguração e ascensão ao céu. Nomes sagrados também são usados, tais como o lugar, o trono, o tabernáculo, o altar, a sede e a morada de Deus, e outros assim.

Do mesmo modo devemos proceder na bênção de outras coisas, perscrutando as Escrituras Sagradas e se referindo a nomes divinos e à profissão de religião para coisas que parecem apropriadas a uma ou outra coisa.

Pode existir, por exemplo, um papel ou um livro contendo alguns dos mistérios que devemos comemorar, como as tábuas dos dez mandamentos dadas a *Moisés* no Monte Sinai, e a santificação da Lei, e dos profetas, e as Escrituras promulgadas pelo Espírito Santo: e que sejam comemorados os divinos nomes do testamento de Deus, do livro de Deus, do livro da vida, do conhecimento, da sabedoria de Deus, e de coisas do gênero.

Se uma espada, por exemplo, for consagrada, podemos nos lembrar do Segundo Livro dos Macabeus, da espada enviada de Deus[20] a *Judas Macabeu*, para os inimigos dos filhos de Israel; também nos profetas, como a espada de dois gumes;[21] e no Evangelho, o que não tem espada, venda a sua capa e compre uma.[22] E na história de Davi um anjo foi visto ocultando uma espada ensanguentada;[23] e muitas histórias assim encontraremos nos profetas, e no Apocalipse, bem como os nomes sagrados da espada de Deus, a vara de Deus, o cajado de Deus, a vingança de Deus, e coisas assim.

Que bastem, agora, o que foi exemplificado das reais consagrações e bênçãos: pelo que se pode entender facilmente consagrações e bênçãos pessoais.

Mas há ainda outro rito poderoso e eficaz de consagração e expiação, que é do tipo supersticioso, a saber: quando o rito de qualquer sacramento for transmudado em outra coisa, a qual se pretende consagrar ou expiar, como o rito do batismo, da crisma, de funerais e outros desse tipo.

Além disso, devemos saber que um voto, oblação e sacrifício têm certo poder de consagração, tanto real quanto pessoal, sendo as coisas ou pessoas prometidas ou oferecidas.

Notas – Capítulo LXII

1. Ou seja, intrinsecamente, extrinsecamente ou por analogia.
2. Gênesis 1:6.
3. Gênesis 2:10.
4. Ver nota 1, cap. LXI, l. III. Talvez uma referência específica a Gênesis 7:19.
5. Ver nota 4, cap. LXI, l. III.
6. Ver nota 6, cap. LXI, l. III.
7. Josué 3:17.
8. Êxodo 17:6.
9. Juízes 15:19.
10. Talvez João 3:5 ou I Pedro 3:20-1.
11. Mateus 3:16; Marcos 1:9.
12. Salmos 97:3.
13. Êxodo 3:2.
14. Êxodo 13:21.
15. Êxodo 27:20.
16. Talvez I Reis 18:38.
17. Êxodo 30:25.
18. Apocalipse 11:4.
19. O Santo dos Santos, a parte mais central do tabernáculo, onde ninguém pode entrar. "Todo o templo era chamado de *O Local Sagrado*; mas a parte no interior dos quatro pilares, em que ninguém era admitido, se chamava o *Santo dos Santos*" (Josephus, *A Guerra dos Judeus* 2.6.4 [Whiston, 80]).
20. II Macabeus 15:15-6.
21. Talvez Salmos 149:6.
22. Lucas 22:36.
23. I Crônicas 21:27

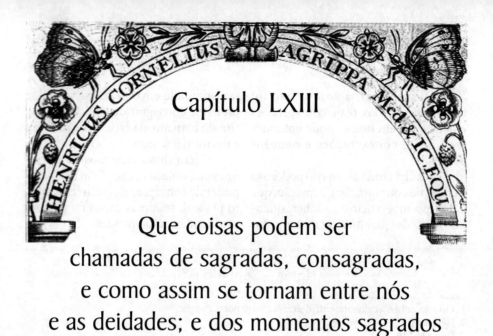

Capítulo LXIII

Que coisas podem ser chamadas de sagradas, consagradas, e como assim se tornam entre nós e as deidades; e dos momentos sagrados

ra, são chamadas sagradas aquelas coisas que são santificadas pelos próprios deuses ou seus demônios, sendo (como se pode dizer) dedicadas a nós pelos próprios deuses. Nesse sentido, chamamos os demônios de sagrados, pois neles vive Deus, cujo nome, diz-se, eles ouvem. Quando se lê em Êxodo: "Eis que envio um anjo adiante de ti. Guarda-te diante dele, e ouve a sua voz; pois nele está o meu nome".[1]

Também os mistérios são chamados sagrados. Pois um mistério é aquilo que possui uma virtude santa e oculta, e é favorecido pelos deuses ou demônios ou dispensado pelo próprio Deus altíssimo; e os sagrados nomes e caracteres são aqueles de que já falamos. A cruz, por exemplo, é chamada de santa e misteriosa, tendo adquirido essa condição por meio da paixão de *Jesus* Cristo. Também, assim, algumas orações são chamadas de sagradas e místicas, sendo instituídas pela devoção do homem, mas por revelação divina, como lemos no Evangelho, quando Cristo instituiu a Oração do Senhor, o Pai-nosso.[2]

Do mesmo modo, algumas confecções são chamadas de sagradas, nas quais Deus colocou a emanação especial de sua virtude, como lemos em Êxodo, sobre o doce perfume e óleo para unção,[3] e que em nós há uma fonte sagrada e um unguento sagrado.

Há ainda outra espécie de santidade, que consiste em chamarmos de sagradas aquelas coisas que são dedicadas e consagradas pelo homem a Deus, tais como votos e sacrifícios, de que já falamos. Lemos em *Virgílio*:[4]

> Mas César, com um triplo triunfo
> À cidade de Roma, como grande devoto,
> Dedicou aos deuses da Itália
> Um voto imortal.

E *Ovídio* em suas Metamorfoses[5] canta assim:

Chegou o dia em que o guerreiro que vencera Cigno, Aquiles,
Ofereceu o sangue de uma novilha em sacrifício, para Palas.
As vísceras queimaram no altar e o odor
Amado pelos deuses subiu aos céus.
O que sobrou entre os deuses foi consumido, Enquanto do resto os chefes se serviram.

De modo igual, as representações, lembranças, ídolos, estátuas, imagens, retratos feitos à semelhança dos deuses, ou dedicados a eles, são chamados de sagrados, como canta Orfeu em seu hino a *Vênus de Lícia*:[6]

Os chefes protegidos pelas coisas sagradas
De nossa nação, ergueram para a nossa cidade
Uma estátua sagrada.

E *Virgílio*:[7]

Ó pai, cuida dos deuses domésticos, e
Segura-os em tuas santas mãos.

E o divino *Platão*, em seu 11º livro das Leis,[8] propõe que as imagens sagradas e estatuas dos deuses sejam homenageadas, não por si, mas porque representam para nós os deuses, como os antigos veneravam a imagem de Júpiter, assim interpretando-a: pois nela, ele se assemelha a um homem, o que significa que ele tem uma mente que produz todas as coisas por seu poder seminal; ele finge sentar-se para que seu poder imutável e constante seja expressado; tem as partes superiores despidas, pois se manifesta às inteligências e aos superiores; mas as partes inferiores estão cobertas, porque ele se esconde das criaturas inferiores; segura o cetro na mão esquerda, porque nessas partes do corpo se encontra a mais espiritual morada[9] da vida, pois o criador do intelecto é o rei e o espírito vivificante do mundo; mas em sua mão direita ele porta tanto uma águia quanto a vitória, uma porque ele é o senhor de todos os deuses, como a águia de todos os pássaros; a outra porque todas as coisas se sujeitam a ele.

De maneira semelhante, reverenciamos também a imagem de um cordeiro, porque representa Cristo, e a imagem de uma pomba, porque significa o Espírito Santo, e as formas de um leão, boi, águia e um homem, significando os Evangelistas,[10] e coisas semelhantes, que encontramos expressas nas revelações dos profetas e em vários lugares da Sagrada Escritura, além do que, tais coisas conferem ao que é semelhante revelações e sonhos, sendo chamadas, portanto, de imagens sagradas.

Há também ritos sagrados e observações sagradas, feitos para a reverência dos deuses e para a religião, ou seja, gestos de devoção, genuflexão, descobrimento da cabeça, banhos, esborrifos com água-benta, perfumes, expiações exteriores, humildes procissões, ornamentos exteriores para louvores divinos, harmonia musical, queima de velas de cera e luzes, repicar de sinos, adorno de templos, altares e imagens, em tudo o qual se requer suprema e especial reverência e atratividade. E para tais práticas são usadas as mais belas e preciosas coisas, como ouro, prata, pedras preciosas e coisas assim: reverências essas e ritos que são como lições e convites a coisas sagradas espirituais, para a obtenção de abundância dos deuses, como verificamos no testemunho de *Prosérpina*, nestes versos:

Quem as estátuas de bronze desprezam,
Os presentes amarelos de ouro, ou o branco da prata?
Quem não se espantaria, e não diria que estes
Vêm dos deuses?

Os sacerdotes também são chamados santos, e os ministros dos poderes divinos, e deuses, eles mesmos, sendo consagrados, administram todas as coisas sagradas e também as consagram, como vemos em *Lucano*:

Os sacerdotes consagrados, a quem grande poder
É concedido.

E *Virgílio* diz, acerca de *Helenus*, o sacerdote de *Apolo*:[11]

Ele reza pela paz dos deuses, e solta
As guirlandas de sua sagrada cabeça.

Esses rituais sagrados são como certos acordos entre os deuses e nós, exibidos com louvor, reverência ou obediência, por cujos meios nós recebemos, com frequência, algumas virtudes maravilhosas de tal poder divino, a quem essa reverência é conferida; pois existem hinos sagrados, sermões, exorcismos, encantações e palavras, que são compostos e dedicados ao louvor e aos serviços divinos dos deuses, como diz *Orfeu* em um verso composto para os astros:[12]

Com palavras santas, eu agora chamo os deuses.

E a Igreja primitiva usava certas encantações sagradas contra doenças e tempestades, as quais, ou pronunciamos rezando para alguns poderes divinos, ou também às vezes levamos conosco, escritas e penduradas no pescoço ou amarradas a nós, o que nos permite obter algum poder de determinado santo muito admirado pelos homens.

Por esse meio também há nomes santos, figuras, caracteres e selos, os quais os homens contemplativos, em pureza de mente, por seus votos secretos, devotam, dedicam e consagram ao culto a Deus; coisas estas que, de fato, se qualquer homem posteriormente pronunciar com a mesma pureza da mente com a qual elas foram instituídas, realizará o mesmo tipo de milagres; além do que, os modos e as regras passadas pelo primeiro instituidor devem ser observados, pois aqueles que ignoram tais coisas perdem tempo e seu trabalho é em vão.

Assim, não só com palavras bárbaras, mas também hebraicas, egípcias, gregas, latinas e os nomes de outras línguas, sendo devotados a Deus e atribuídos e dedicados à sua essência, poder e operação, nós às vezes realizamos maravilhas; tais nomes se encontram em *Jâmblico*,[13] *Osíris, Jcton, Emeph, Ptha, Epies, Amun*; e também em *Platão* e entre os gregos, ὢν τὸν ταυτὸν,[14] pois chamam *Júpiter* de ζῆνα ἀπὸ το ζῆν[15] que significa viver, pois ele dá vida a todas as coisas; do mesmo modo Δία[16] que significa através, ou por, pois por ele todas as coisas foram feitas; e ἀθάνατὸν[17] que significa imortal; e entre os latinos ele é chamado de *Júpiter*, como um pai adjuvante, e outros assim, e também certos nomes devotados aos homens, como *Eutychis, Sofia, Teófilo*, ou seja, próspero, servo, caro a Deus.[18]

De modo semelhante, certas coisas materiais recebem não pouca santidade e virtude por meio da consagração, principalmente se feita por um sacerdote, como vemos aqueles selos de cera nos quais vem impressa a figura de cordeiros, receberem virtude pela bênção do sumo sacerdote romano, contra relâmpagos e tempestades, para que não possam ferir aqueles que os levam consigo, pois uma virtude divina é inspirada em imagens assim consagradas, e está nelas contida, como uma certa letra sagrada que tem a imagem de Deus.

Virtude semelhante recebem aquelas luzes de cera sagradas na Páscoa e na festa da Purificação da Virgem;[19] também sinos, por consagração e bendição, recebem virtude para afastar e restringir relâmpagos e tempestades, para que estes não molestem naqueles lugares no qual os sons são ouvidos; assim como o sal e a água, por meio de bênçãos e exorcismos recebem o poder de afastar espíritos maus.

E assim, nas coisas dessa espécie, também há momentos sagrados sempre observados pelas nações de toda religião com grande reverência, as quais devemos santificar pelos próprios deuses, ou são dedicadas a eles por nossos antepassados e anciãos, para a comemoração de alguns benefícios recebidos dos deuses e para graça perpétua. Assim, os hebreus recebiam seu sabá, e os pagãos seus dias santos, e nós os solenes dias de nossos ritos sagrados, sempre reverenciados com a mais alta solenidade.

Há também momentos contrários, que eles chamam de penitenciais e nós de dias negros, porque naqueles dias as comunidades sofriam golpes notáveis e calamidades, dos quais entre os romanos era o dia antes dos quatro nonos de agosto, pois nesse dia haviam sofrido aquele extraordinário golpe na batalha de Cana.[20] Também todos os dias postrídios[21] são chamados de dias negros porque as batalhas mais comuns tinham mau resultado nessas ocasiões. Entre os judeus, por exemplo, os dias negros são o 17 de junho, pois nesse dia *Moisés* quebrou as tábuas, *Manassés* ergueu um ídolo[22] no Sanctum Sanctorum, e as muralhas de Jerusalém foram derrubadas por seus inimigos; também o nono dia de julho é negro para eles, porque nesse dia ocorreu a destruição de ambos os templos. Por esse motivo, são chamados de dias egípcios, no passado seguido pelos egípcios; e toda nação pode assim facilmente fazer um cálculo dos dias felizes ou infelizes para elas.

E os magos propõem que esses dias santos e religiosos sejam observados não menos que os dias planetários e as disposições celestiais; pois afirmam que são muito mais eficazes, especialmente para obter virtudes espirituais e divinas, porque tais virtudes não vêm dos elementos e corpos celestiais, mas descendem do mundo inteligível e supercelestial, sendo ajudadas pelos sufrágios comuns dos santos, e não se deixam infringir por nenhuma disposição adversa dos corpos celestes nem são frustradas pelo contágio corruptível dos elementos, desde que não falte a firme crença nem a adoração religiosa, isto é, acompanhada de medo e tremor, pois isso cabe à religião; assim, esses dias são chamados de religiosos e sua violação é um pecado. Se os observarmos com cuidado, não precisamos temer mal algum, o que, do contrário, nos sucederá.

Notas – Capítulo LXIII

1. Êxodo 23:20-1.
2. Mateus 6:7-13; Lucas 11:1-4.
3. Ver nota 17, cap. LXII, l. III.
4. Virgílio *Eneida* 8, linhas 714–5.
5. *Em suas Metamorfoses* – E enquanto a sentinela zelosa vigiava as muralhas de Frígia, e outro vigia igualmente zeloso guardava as trincheiras de Argos, chegara um dia de festival, quando Aquiles, o conquistador de Cigno, prestava homenagem a Palas, com o sangue de uma bezerra, enfeitada com filetes. Tão logo colocara as entranhas sobre as chamas do altar, e o aroma, aceito pelas Divindades, subia aos céus, os ritos sagrados se serviram de sua parte, sendo o restante servido na mesa. (Ovídio, *Metamorfoses* 12.3 verso 147 [Riley, 421]).
6. Não encontro esse hino nos Hinos de Orfeu (*Hymns of Orpheus*) de Taylor.
7. Essa citação não consta da edição inglesa. Eu a recuperei da *Opera* latina. Ver nota 6, cap. LIV, l. III.
8. "Alguns dos deuses de nosso culto são visíveis; há outros dos quais fazemos imagens, acreditando que, quando adoramos a imagem sem vida, nós ganhamos as abundantes graças do deus vivo que ele representa" (Platão, *Leis* 11.931 a [Hamilton & Cairns, 1481]).
9. O coração, que fica no lado esquerdo.
10. Ver tabela no fim do cap. VII, l. II.
11. "Helenus, então, sacrificou veados à maneira devida, e tentou obter uma bênção dos deuses, e soltou um filete de sua sagrada cabeça, e à tua porta, Febo, ele agora me [Enéas] conduz pela própria mão, cheia de muitas dúvidas religiosas..." (Virgílio, *Eneida* 3, c. linha 370 [Lonsdale & Lee, 121]).
12. *Hinos de Orfeu*, hino 6: "Às estrelas", linha 1.
13. Jâmblico aborda os nomes bárbaros, sem na verdade citar nenhum deles, em *Sobre os Mistérios* 7.4.5. Os nomes dados por Agrippa não são bárbaros para Jâmblico, mas sim de deuses egípcios: Osíris, Tifão (?), Kneph (?), Ptah, Áfis, Amon. Ver nota de Thomas Taylor na página 289 de sua tradução de *Mistérios*.
14. ὧν τὸν ταυτὸν – ON, TON, TAUTON.
15. ζῆνα ἀπὸ το ζῆν – ZENA APO TO ZEN.
16. Δία –DIA.

> O nome de Zeus ... também tem um excelente significado, embora difícil de compreender, pois na verdade é uma sentença que se divide em duas partes, pois alguns o chamam de Zena (Ζῆνα), e usam metade do nome, enquanto outros que usam a outra metade o chamam de Dia (Δία); as duas palavras juntas significam a natureza do deus, e a função do nome, como dizíamos, é expressar a natureza. Pois ninguém é mais autor da vida para nós e para todos que o senhor e rei de tudo. Assim, estamos certos em chamá-lo de Zena ou de Dia, nomes que são um, embora divididos, indicando o deus por meio do qual todas as criaturas sempre têm vida (δί ὅν ζῆν ἀεὶ πᾶσι τοῖδ ζῶσιν ὑπάρχει) (Platão, *Crátilo* 396 a [Hamilton & Cairns, 433-4]).

17. ἀθάνατὸν – ATHANATON, "não sujeito à morte, imortal."
18. Os nomes de heróis e de homens em geral podem enganar, porque ambos costumam receber o nome de ancestrais, cujos nomes, como dizíamos, talvez nada tenham a ver com eles, ou sejam uma expressão de um desejo, como Eurychides (filho da boa fortuna), ou Sósias (o Salvador), ou Teófilo (o que ama Deus), e outros (Platão, *Crátilo* 387b [Hamilton & Cairns, 434]).
19. A Festa da Purificação da Virgem Maria, realizada em 2 de fevereiro, também chamada de Candelária por causa do grande número de velas distribuídas pelo papa e usadas na cerimônia.
20. Os romanos foram derrotados por Aníbal em Cannae, uma aldeia em Apúlia, em 216 a.C.
21. O dia seguinte.
22. Ver II Crônicas 33:7.

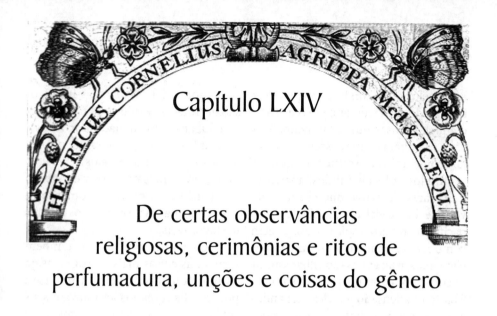

Capítulo LXIV

De certas observâncias religiosas, cerimônias e ritos de perfumadura, unções e coisas do gênero

 eja você quem for, portanto, que deseja operar nessa faculdade, deve em primeiro lugar implorar a Deus Pai, sendo ele um só, que seja digno de sua graça para tal coisa.

Esteja limpo, por dentro e por fora, em um lugar limpo, pois está escrito em Levítico, "Todo homem que se chegar às coisas sagradas... tendo sobre si imundície, aquela alma será eliminada diante de mim".[1] Portanto, lave-se bem, e nos dias designados, de acordo com os mistérios do número, vista roupas limpas e abstenha-se de toda sujeira, poluição e luxúria; pois os deuses não dão ouvidos ao homem (como dizia *Porfírio*) que não se abstém por muitos dias de atos venéreos.

Não se deite com mulher poluída ou menstruada nem com mulher que tenha hemorroidas; não toque coisa alguma imunda; nem uma carcaça, pois, como dizia Porfírio, quem toca um corpo morto não pode se aproximar de oráculos, talvez porque, em razão de alguma afinidade do mau cheiro funerário, a mente se corrompa e se torne inapta para receber influências divinas.

Lave-se, esteja ungido e perfumado, para então oferecer sacrifícios: pois Deus aceita o odor mais doce daquelas coisas que lhe são oferecidas por um homem purificado e bem disposto; e, junto com o perfume, ofereça sua oração e oblação, conforme canta o salmista: "Suba à sua presença a minha oração, como incenso".[2] Além disso, sendo a alma filha e imagem do próprio Deus, ela se delicia nesses perfumes e odores, recebendo-os pelas narinas e depois impregnando o homem corpóreo, e por meio do qual (como atesta *Jó*)[3] os espíritos mais vivazes são às vezes emanados, não podem ser retidos no coração do homem, fervendo ou através de cólera ou de labor; daí alguns pensarem que a faculdade do olfato é o mais vivo e espiritual de todos os sentidos.

Além disso, perfumes, sacrifício e unção penetram em todas as coisas e abrem os portões dos elementos e dos céus, pelos quais um homem pode ver os segredos de Deus, as coisas celestiais e aquelas coisas que estão acima dos céus, e também as que descem dos céus, tais como anjos e espíritos de abismos profundos, e locais fundos, aparições de lugares desertos, que chegam até você de forma visível e lhe obedecem; e pacificam todos os espíritos, e os atraem como ferro imantado, e os juntam aos elementos, e fazem os espíritos assumir os corpos: pois de fato o corpo espiritual é bastante adensado por eles, tornando-se mais corpóreo, vivendo pelos vapores, perfumes e odores de sacrifícios.

Além disso, tudo aquilo que você operar, faça-o com sincera afeição e desejo do coração, para que a bondade dos céus e dos corpos celestes recaia sobre você, cuja graça você obterá com mais facilidade; e também o devido lugar, tempo, profissão, costume, dieta, hábito, exercício e nome conduzem a fins maravilhosos, pois, por eles, o poder da natureza não só é mudado, mas também superado.

Pois um lugar afortunado, favorável, conduz à graça. Não foi sem causa que o Senhor falou com *Abraão*, dizendo-lhe que fosse à terra que ele lhe mostraria; e *Abraão* se levantou e viajou para o sul:[4] do mesmo modo, Isaque foi a Gerar, onde semeou cento por um e ficou riquíssimo.[5]

Mas lugares que são congruentes entre si é algo que se deve descobrir de acordo com o momento da natividade. Quem não sabe isso, observe onde seu espírito se deleita, onde seus sentidos se tornam mais apurados, onde a saúde de seu corpo e sua força são mais vigorosas, onde seus negócios são mais bem-sucedidos, onde a maioria se compraz dele, onde seus inimigos são derrotados, e saiba que essa região, esse lugar é preordenado por Deus e seus anjos para ele; e é também predisposto e preparado pelos céus. Portanto, reverencie esse lugar e mude-o de acordo com os seus momentos e negócios, mas evite sempre os lugares desfavoráveis.

Os nomes afortunados também tornam as coisas mais afortunadas; já os infortunados as deixam infelizes; por isso, os romanos levantavam seus soldados que estavam exaustos, para que os primeiros nomes dos soldados não caíssem em infortúnio; e ao cobrar tributos dos exércitos e colônias, escolhiam censores[6] com bons nomes. Além disso, acreditavam que, se nomes infortunados mudasse para afortunados, os resultados também mudariam para melhor. Epidamnus,[7] por exemplo, para evitar que os marinheiros que para lá singravam sofressem algum mal, teve o nome trocado para Dyrachius; pelo mesmo motivo passaram a chamar Maleoton,[8] para evitar malefícios, de Beneventus; mas julgavam que era bom chamar Lacus de Lucrinus,[9] pois o bem daquele nome era o do mais feliz de todos os lugares.

Escolha certo também as horas e os dias para as suas operações, pois não é à toa que nosso Salvador disse que há 12 horas no dia,[10] e assim por diante, pois os astrólogos ensinam que os tempos e os momentos podem trazer uma certa fortuna aos nossos interesses; também os magos observam a mesma coisa, e, para concluir, todos os antigos sábios concordam que é de suma importância que em cada momento do tempo e disposição dos céus, tudo, natural e artificial, tenha recebido seu ser neste mundo; pois se chega à conclusão de que o primeiro momento tem tão grande poder que todo o curso da fortuna depende dele e pode ser por ele previsto; e do mesmo modo, pelos sucessos da boa fortuna de tudo, acredita-se firmemente, e a experiência comprova, que o começo de tudo pode ser assim descoberto.

Sula, o astrólogo, previu que uma terrível destruição se aproximava de *Calígula*, que lhe pedira conselhos acerca de sua natureza;[11] *Metheon*, o astrólogo, também previu a calamidade das guerras que assolariam os atenienses, fazendo uma expedição contra os siracusanos;[12] e aos mesmos quando, prestes a partir para a Sicília, *Meson*, o astrólogo, previu uma grande tempestade. *Anaxágoras*, pelo conhecimento dos momentos do tempo, predisse em que dias uma grande pedra cairia do Sol; como de fato aconteceu em Aegos, um rio da Trácia;[13] por outro lado, *L. Tarnucius Firmianus*, pelos atos e fortuna de *Rômulo*, descobriu tanto o momento de sua concepção quanto o da natividade; o mesmo homem descobriu também a natividade da cidade de Roma, marcando os sucessos e as fortunas daquela cidade;[14] e *Maternus* relata[15] que o princípio e a criação deste mundo foram descobertos pelos eventos das coisas.

Que os momentos muito podem fazer nas coisas naturais, pode-se ver pelos muitos exemplos; pois há árvores que, após o solstício, invertem suas folhas, como o álamo, o olmo, a oliveira, a limeira, o salgueiro branco;[16] e os moluscos, caranguejos e ostras aumentam quando a Lua aumenta; e os mares no fluxo e refluxo observam os movimentos e os momentos da Lua;

e Euripus e Euboea[17] não entram em fluxo e refluxo sete vezes com magnífica rapidez? E três dias em cada mês, o sétimo, oitavo e nono dia da Lua, ela se detém; e entre os trogloditas há um lago que três vezes por dia se torna amargo e salgado, e depois novamente doce;[18] além disso, no inverno, quando todas as coisas murcham e secam, o poejo floresce; no mesmo dia, dizem, bexigas inchadas estouram e as folhas de uma espécie de salicácea[19] e romãs se viram e contorcem; e todos sabem, e eu vi na França e na Itália, e conheço o modo de plantio, que uma nogueira, aparentemente seca o ano todo, no dia de São João[20] produz folhas e flores e frutas maduras: e esse milagre consiste na observação do momento da semeadura.

Além disso, os momentos certos podem propiciar um poder maravilhoso para coisas artificiais, como os astrólogos em seus livros de eleições e imagens não se cansam de afirmar; e por esse meio, lemos em *Plutarco* que havia uma imagem entre os peleneans feita com tal zelo e arte que para qualquer lado que ela se voltasse, infligia todas as coisas de terror e grande perturbação, tanto que nenhum homem se atrevia a olhar, por medo. E lemos na vida de *Apolônio* que os magos da Babilônia haviam amarrado ao telhado de suas casas quatro pássaros de ouro, os quais chamavam de línguas dos deuses; e tinham o poder de conciliar as mentes da multidão com o amor e a obediência ao rei.[21] Na Ilha de Chios havia o rosto de *Diana* colocado em um lugar alto, cujo semblante parecia triste a quem se aproximasse, mas, para os que saíam de perto, parecia alegre: em Troas, os sacrifícios que eram deixados em volta da imagem de *Minerva* não putrefaziam.²²

No templo de *Vênus*, em Paphos, nunca chovia no pátio;²³ se alguma coisa fosse tirada da tumba de *Anteu*,²⁴ caíam chuvas do céu até que o objeto escavado fosse devolvido ao seu local; na tumba do rei de Ponto nasceu um loureiro do qual, se alguém quebrasse um galho e o levasse a bordo de um navio, as brigas não cessariam até que ele fosse jogado no mar.²⁵ Na Ilha de Borístenes, nenhum pássaro perturbava a casa de *Aquiles*; em Roma, nem moscas nem cães entravam no palácio de *Hércules*, no mercado de bois.²⁶ Em Olinto de Trácia havia um lugar no qual, se um besouro caísse, não conseguia sair, contorcendo-se até morrer.²⁷

Eu poderia citar inumeráveis exemplos, e ainda mais fantásticos que esses, que a Antiguidade relata terem sido feitos pela arte de imagens, e pela observação dos tempos e momentos; mas para evitar que alguém os ache obsoletos e os considere fábulas, apresentarei coisas novas, que ocorrem até hoje em alguns locais, e a elas adicionarei alguns fenômenos fantásticos artificiais.

Dizem que pela arte de imagens, acontece que, em Bizâncio, as serpentes não ferem e que as gralhas não voam por cima de áreas cercadas de muralhas; que, em Creta, não existem corujas noturnas; que, em Nápoles, nunca se ouve gafanhotos; que, em Veneza, nenhuma espécie de mosca entra nas barbearias públicas; que, em Toledo, nos matadores públicos só se vê uma mosca o ano todo, e é de uma notável brancura.

E no livro anterior nós já declaramos tanto os modos quanto os momentos pela observação dos quais essas coisas e outras semelhantes podem ser feitas; além disso, você deve observar, em especial, a virtude de discursos e palavras, pois por eles a alma se difunde até as substâncias inferiores, como pedras, metais, plantas, animais, e todas as coisas naturais, imprimindo nelas diversas figuras e paixões, impulsionando todas as criaturas, ou conduzindo-as e atraindo-as por certa afeição.

Cato, por sua vez, atesta que os bois cansados recuperam a força com certas palavras, e também com orações e palavras pode-se obter de *Tellus*²⁸ a produção de árvores incomuns; também por esse meio, pode-se fazer árvores passarem para outros lugares e crescer em outro solo; nabos crescem mais se for pedido a eles, no momento do plantio, que sejam benéficos para as pessoas e suas famílias e vizinhos; o pavão também, se for elogiado, estende mais suas penas.

Mas, por outro lado, a experiência mostra que a erva manjericão, se for semeada com xingamentos e vociferação, floresce mais; também uma espécie de lagosta cura queimaduras e escaldaduras se seu nome não for dito enquanto isso; e mais: indivíduos que praticam bruxaria matam árvores quando as elogiam, e do mesmo modo ferem milho já semeado e até crianças;²⁹ dizem, além do mais, que há grande poder nas execrações do homem, capaz de afastar e banir até os espíritos ímpios: *Eusébio* declara que por esse meio *Serapis*, dos egípcios, pronunciava frases curtas que expulsavam demônios, e ele também ensinava o modo como os demônios, assumindo as formas de animais brutos, aprisionavam os homens.

Para concluir, em todos os afazeres, ponha Deus diante de seus olhos, pois está escrito em Deuteronômio: "Buscarás ao Senhor, teu Deus, e o acharás".[30] E lemos em Marcos: "Por isso, vos digo que tudo quanto em oração pedirdes, crede que recebestes, e será assim convosco";[31] e em Mateus: "Se tiverdes fé como um grão de mostarda, nada vos será impossível";[32] também a fervorosa oração de um homem justo tem grande poder, pois *Elias* (como narra *Tiago*) era um homem como nós, sujeito a paixões, e rezou com toda a sinceridade pedindo que não chovesse sobre a Terra, e não choveu por três anos e seis meses; e de novo ele rezou, e o céu mandou chuva, e a Terra produziu seus frutos.[33]

Mas cuidado em suas orações para não pedir alguma coisa frugal ou que seja contra a vontade de Deus; pois Deus quer só o bem: tampouco use o nome de Deus em vão, pois será castigado aquele que usar o nome de Deus para banalidades; seja abstêmio e dê esmolas, pois, como o anjo diz a Tobias, a oração é boa, acompanhada de jejum e de esmolas;[34] e lemos no Livro de Judite que o Senhor ouvirá nossas preces se perseverarmos em jejuns e em oração, aos seus olhos.[35]

Notas – Capítulo LXIV

1. Levítico 22:3.
2. Salmos 141:2.
3. Jó 27:3.
4. Gênesis 12:1-9.
5. Gênesis 26:12.
6. Dois oficiais romanos que tinham o poder de tirar da lista dos cavaleiros romanos os nomes daqueles que haviam caído em desgraça.
7. Quando os romanos tomaram controle dessa cidade grega, associaram o nome dela ao termo latino *damnum* (dano, perda, injúria), que eles consideravam de má sorte, e o mudaram para Dyrrachinus.
8. Maleventum, assim chamada por causa de seu ar ruim, era uma das mais antigas cidades da Itália. Quando os romanos a colonizaram em 268 a.C., mudaram seu nome para Beneventum (ar bom).
9. Latim: *lucrum* – vantagem, lucro. Ver nota geográfica de Lucrinus Lacus.
10. João 11:9.
11. "Também Sula, o astrólogo, quando Caio [Calígula] pediu seu conselho e opinião sobre o horóscopo de sua natividade, disse-lhe claramente que, com certeza, a inevitável morte estava perto" (Suetônio, "Caio César Caligula". Em *História dos Doze Césares*).
12. Os atenienses cercaram a cidade de Siracusa na Sicília durante a guerra de Peloponeso. Em 413 a.C., o exército ateniense foi totalmente destruído.
13. Os gregos afirmam com orgulho que Anaxágoras de Clazômenas, no segundo ano da 78ª Olimpíada [467 a.C.], graças ao seu conhecimento de temas relacionados aos céus, previu que em determinado momento uma pedra cairia do Sol. E tal coisa de fato ocorreu, à luz do dia, em uma parte da Trácia, no Rio Aegos. A pedra pode ser vista hoje, tem o tamanho de um carro e parece queimada; na época, havia também um cometa visível no céu (Plínio 2.59 [Bostock e Riley, 1:88-9]).
14. Ver nota biográfica de Firmanus Tarutius.

15. Esses homens adivinhos, perfeitamente dignos e admiráveis, Petosiris e Nechepso, que se aproximavam dos próprios segredos da divindade, também nos legaram o mapa do nascimento do universo a fim de nos mostrar que o homem é feito à semelhança do Universo, de acordo com aqueles mesmos princípios pelos quais o universo rege a si mesmo; e é sustentado para sempre pelos mesmos fogos eternos (Firmicus Maternus, *Astrologia Antiga* [*Mathesos libri VIII*] 3 Proêmio, tradução de Jean Rhys Bram [Park Ridge, NJ: Noyes Press, 1975], 71).
16. *Salix alba*, também chamado de salgueiro Huntingdon.
17. Qualquer parte do litoral sujeita a marés violentas era chamada de Euripus, mas o nome era aplicado de modo especial ao estreito que separava Euboea da Beócia:

> Há, contudo, algumas marés que possuem uma natureza peculiar, como em Tauromenian Euripus [Estreitos de Messina], em que o fluxo e refluxo é mais frequente que em outros lugares, e em Euboea, em que ele acontece sete vezes durante o dia e à noite. As marés intermitem três vezes por mês, a saber, no 7°, 8° e 9° dias da Lua (Plínio 2.100 [Bostock e Riley, 1:127]).

18. "No país dos trogloditas, o que eles chamam de Fonte do Sol, por volta do meio-dia fica fresca e muito fria; aos poucos vai esquentando e, à meia-noite, torna-se quente e salina" (Plínio 2.106 [Bostock e Riley, 1:134]). O nome troglodita era usado pelos geógrafos gregos para designar os povos primitivos que habitavam as cavernas – principalmente os que viviam na costa oeste do Mar Vermelho, no Baixo Egito e na Etiópia. Essa costa era chamada de Troglodítica.
19. Nesse caso, a *Salix cinerae* e a *Salix caprae*.
20. A véspera de São João era celebrada na véspera do solstício de verão, com canções, danças, saltos sobre fogueiras e queimação de guirlandas de flores. Ramos eram tirados de árvores vivas e pendurados em cima das portas das casas. Acreditava-se que a alma deixava o corpo daqueles que dormiam e vagava, motivo pelo qual as pessoas se sentavam acordadas a noite toda e celebravam.
21. Damis conta que entraram no grande salão [na Babilônia], cujo teto abobadado imita o céu e é cravejado de safiras de um azul-celestial, carregado de imagens de seus deuses, feitas em ouro e reluzindo do fundo, como se flutuassem no ar. O rei costuma reunir a corte nesse salão, e quatro pássaros com o pescoço curvo se dependuram no teto, simbolizando a bondade da retribuição, para admoestar o rei para não se exaltar acima da humanidade. Os magos que frequentam o palácio afirmam terem colocado as figuras lá, e as chamam de línguas dos deuses (Filóstrato, *Life and Times of Apollonius of Tyana* 1.25 [Eels, 25-6]).
22. Veja nota 23 abaixo.
23. "Há em Paphos um templo que celebra Vênus, em cujo pátio nunca chove; também em Nea, uma cidade de Troas, no local que cerca a estátua de Minerva, os restos de animais sacrificados nunca se putrefazem" (Plínio 2.97 [Bostock e Riley, 1:123]).
24. Anteu era um dos seguidores troianos de Enéas.
25. Na mesma região [Ponto] se encontra o porto de Amico, famoso porque o rei Bebryx foi morto lá. Desde o dia de sua morte, sua tumba é coberta por um loureiro, que recebeu o nome de "loureiro frenético", devido ao fato de parte dele ter sido arrancada e levada a bordo de um navio, provocando inevitável discórdia e brigas, que só terminaram quando o galho foi jogado no mar (Plínio 16.89 [Bostock e Riley, 3:431-2]).
26. Talvez o templo de Hércules, que se erguia perto da Porta Trigêmea e continha uma estátua de bronze e um altar sobre o qual o próprio herói teria sido sacrificado. Todo ano, o pretor da cidade oferecia uma vaca jovem, que era depois comida pelas pessoas dentro do templo.
27. "Na Trácia, perto de Olinto, há um pequeno local, único onde esse animal não pode existir; daí ter recebido o nome de 'Cantharolethus' ["Besouros proibidos"]" (Plínio 11.34 [Bostock e Riley, 3:34]).
28. Tellus era o nome romano para Gaea (Gaia), deus da Terra. Seu festival, a Fordicidia (ou Hordicidia), era celebrado em 15 de abril, com o sacrifício de vacas.
29. Quanto ao tema do elogio usado como maldição, ver Elworthy [1895] 1971, cap. 1.
30. Deuteronômio 4:29.
31. Marcos 11:24.

32. Mateus 17:20.
33. Tiago 5:16-8.
34. Livro apócrifo de Tobias 12:8.
35. Livro apócrifo de Judite 4:13.

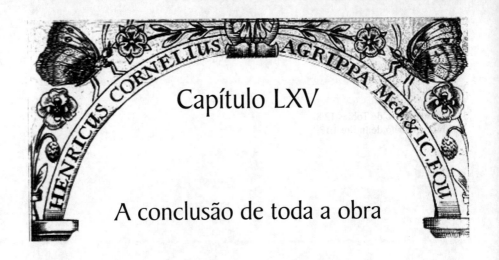

Capítulo LXV

A conclusão de toda a obra

ssas são as coisas que coletamos da tradição dos antigos para uma introdução à magia, compiladas neste livro com poucas palavras, porém suficientes para os que forem inteligentes; algumas dessas coisas são passadas em fragmentos, algumas até permanecem ocultas e deixadas para a busca por parte dos inteligentes, que contemplam de modo mais apurado essas coisas que estão escritas, e se buscadas com perseverança, podem obter os completos rudimentos da arte mágica, além de experimentos infalíveis.

Pois passamos aqui essa arte de uma maneira que não possa ficar escondida dos prudentes e inteligentes, e que ao mesmo tempo não admita os homens perversos e incrédulos aos mistérios de tais segredos, mas que os deixem destituídos e assombrados, à sombra da ignorância e do desespero.

Vocês, portanto, filhos da sabedoria e do aprendizado, estudem com diligência este livro, assimilando nossas dispersas intenções, que em diversos lugares propomos e que, se escondemos em um ponto, manifestamos em outro, para que se tornem visíveis a vocês, homens sábios; pois só para vocês é que foram estas palavras escritas, vocês cuja mente não é corrompida, e sim regulada de acordo com a ordem correta de viver, em castidade, honestidade e com fé verdadeira, temor e reverência a Deus: vocês cujas mãos estão livres de pecado e maldade, cujos modos são gentis, sóbrios e modestos. Sim, vocês perceberão que esse conhecimento que é preservado para vocês e os segredos que se escondem por trás de muitos enigmas não podem ser percebidos senão pelos de intelecto profundo, o qual, uma vez obtido, toda a ciência do invencível discípulo da magia se insinua a vocês: e a vocês aparecerão essas virtudes que em épocas passadas *Hermes, Zoroastro, Apolônio* e outros, que realizavam milagres, obtiveram.

Mas quanto a vocês, invejosos, caluniadores, filhos da ignorância e tolos lascivos, não se aproximem de nossos escritos, pois eles são seus inimigos, e vocês estarão à beira de um precipício do qual podem cair para o abismo da amargura.

Aquele, portanto, que por incredulidade ou fraco intelecto não obtiver seu desejo, que não me culpe por sua falta gerada pela ignorância nem diga que eu errei ou escrevi deliberadamente coisas falsas, ou que menti, mas que se acuse a si mesmo por não compreender nossos escritos; pois eles são de fato obscuros e cobertos dos mais diversos mistérios, o que pode facilmente levar muitos a errar e perder o juízo. Assim, que nenhum homem se zangue comigo, se a verdade dessa ciência vier revestida de muitos enigmas e se espalha por diversos lugares, pois nós não a escondemos dos sábios, e sim dos ímpios e profanos, e a transmitimos com palavras que devem cegar os tolos e, ao mesmo tempo, ser compreendidas com facilidade pelos sábios.

Fim.

Ao reverendo Padre, e Doutor de Divindade, Aurélio de Aquapendente, frade agostiniano; Henrique Cornélio Agrippa manda saudações.[1]

or essas cartas (reverendíssimo Padre!) que o senhor me enviou desde o segundo dia deste mês,[2] entendo sua candura para comigo, e grande saber, e de fato a curiosa procura por essas coisas que se escondem na escuridão; regozijo-me e me sinto abençoado por ter conhecido pessoalmente tal amigo, com quem posso aprimorar meus dons; e agora (que este manuscrito seja minha testemunha) considero-o entre um de meus melhores amigos.

Mas, ah, quem são seus líderes, aqueles que o senhor segue até a casa de *Dédalo*,[3] de onde não há retorno, e do temível *Menois*, ousando passar pelas vigias e se entregando às irmãs do destino?[4] Quem são seus mestres, com quem conversa sobre tão importantes coisas, ousando tornar uma divindade errante estável; pérfido, fiel e o mais fugaz[5] de todos os deuses, ser mais constante que *Adrastia*;[6] cuidado para não ser enganado por aqueles que estão enganados.

Tampouco pode a leitura de livros direcioná-lo aqui, pois são apenas enigmas. Quantos grandes escritos feitos do poder irresistível da arte da magia, das prodigiosas imagens dos astrólogos, das monstruosas transmutações dos alquimistas, daquela abençoada pedra, com a qual, com toque de *Midas*, todos os metais eram transmudados em ouro ou prata; tudo banal, fictício e falso, por mais que praticado ao pé da letra. Tais coisas, porém, são transmitidas e escritas por grandes e importantes filósofos, e homens santos, cujas tradições quem se atreveria a chamar de falsas? Não, seria ímpio pensar que são mentiras.

Há, portanto, outro significado no que está escrito, velado sob diversos mistérios e ainda não explicado por nenhum dos mestres, e acredito que nenhum homem pode obter só com a leitura de livros, sem um mestre habilidoso e fiel,[7] a menos que divinamente iluminado, como poucos o são. Assim, é inútil para qualquer homem que busque os segredos da natureza se entregar apenas à leitura. Pois quem faz isso cai na armadilha e nos ardis dos espíritos exteriores, a quem se dá o direito de governar, e se torna um perigoso escravo, não conhecendo a si mesmo e se perdendo nos passos de seu rebanho, procurando fora o que tem dentro de si.

E é isso que eu gostaria que o senhor soubesse: que em nós está o operador de todos os efeitos maravilhosos, que sabe discernir e efetuar, sem pecado ou ofensa a Deus, aquilo que os monstruosos matemáticos, os prodigiosos magos, os invejosos alquimistas e nefastos necromantes fazem por meio de espíritos. Em nós, eu digo, está o operador dos milagres.

Nem as estrelas brilhantes do céu nem as chamas do Inferno,

Mas sim o espírito que as faz, em nós habita.

De tais coisas, porém, falarei com mais detalhes, mas em sua presença (pois essas coisas não devem ser escritas, mas apenas infundidas por algumas palavras sagradas, e face a face), quando então terei o prazer de vê-lo.

Agora, quanto aos livros que deseja de mim, alguns às vezes se encontravam sob minha custódia, mas agora não.[8] E quanto aos livros meus que estão com o senhor, feitos em minha juventude e intitulados *De Filosofia Oculta*, os dois primeiros eram deficientes em muitas coisas, e o terceiro é totalmente imperfeito e contém apenas uma epítome de meus escritos. Mas (se Deus permitir) apresentarei e revisarei toda a obra, reservando a chave somente para os amigos mais íntimos, entre os quais sem dúvida se inclui o senhor.

Adeus, e prosperidade.

De Lião, XXIV de setembro, anno Domini MDXXVII.

Notas – Ao Reverendo Padre

1. Na *Opera* latina, essa carta é representada no Epistolarum 5.14.
2. 2 de setembro, 1527.
3. Dédalo construiu o labirinto em Cnossus para prender o Minotauro. Ver sua nota biográfica.
4. Uma das três parcas: Cloto, Láquesis e Átropos.
5. Passageiro, transitório. Talvez uma referência à Fortuna.
6. Sobrenome de Nêmesis, deusa que distribui felicidade ou infelicidade aos mortais e mantém um equilíbrio. Ela era vista como uma deusa vingadora que cedo ou tarde cuidava do pecador indolente.
7. É uma premissa aceita em magia que o poder ou a iniciação (a mesma coisa, pois conhecimento é poder) só pode ser conferido do mestre ao discípulo. Entretanto, um discípulo pode ter como mestre um dos deuses, sendo, portanto, solitário, embora não sozinho.
8. Agrippa não podia registrar por escrito que possuía livros proibidos, embora os tivesse de fato.

Para o mesmo homem[1]

or suas corteses cartas (reverendíssimo Padre!), vejo, como em um espelho, toda a sua mente, a qual abraço com o coração, e gostaria que o senhor soubesse que terá sempre o meu mais distinto apreço, e que sou o tipo de pessoa (escrevo com toda a sinceridade de meu coração) que jamais se esquece dos amigos. Sempre que de mim precisar, sendo seus desejos, aliás, nunca menos importantes que os meus, apressar-me-ei a encontrá-lo. Quando nos encontrarmos e conversarmos, sei que nossa amizade será indissolúvel e durará para sempre.

Agora, quanto à filosofia que o senhor quer conhecer, digo-lhe que consiste em conhecer o próprio Deus, o operador de todas as coisas, e em entrar nele (por meio de um contrato essencial e um vínculo), quando então o senhor será transformado e se tornará como Deus, como o Senhor falou com *Moisés*, dizendo: Vê que te constituí como Deus sobre o Faraó.[2] Essa é a verdadeira, grande filosofia oculta das obras maravilhosas.

A chave dele é o intelecto, pois, quanto melhor compreendermos as coisas do alto, com mais virtudes seremos agraciados, maiores serão nossas obras, feitas com mais facilidade e eficácia. Mas estando o nosso intelecto incluído na carne corruptível, a menos que transcenda a carne e obtenha sua devida natureza, não pode se unir a tais virtudes (pois igual atrai igual), e sua busca pelos segredos ocultos de Deus e da natureza será infrutífera; pois não nos é fácil ascender aos céus. Como pode alguém que se perdeu na poeira mortal, e nas cinzas, encontrar Deus? Como pode apreender coisas espirituais aquele que é engolido pela carne e pelo sangue? Como o homem pode ver Deus e viver? Que fruto produzirá um grão de milho se antes não morrer?

Pois morrer precisamos, e digo morrer para o mundo, e para a carne, e todos os sentidos, e para todo o animal homem, se quisermos entrar no espaço dos segredos, não porque o corpo é separado da alma, mas porque a alma deixa o corpo: morte de que fala *Paulo* aos Colossenses: "Porque morrestes e a vossa vida está oculta, juntamente com Cristo, em Deus".[3] E em outro lugar ele fala com mais clareza de si mesmo: "Conheço um homem em Cristo que, há 14 anos, foi arrebatado até o terceiro céu, se no corpo ou fora do corpo, não sei, Deus o sabe";[4] etc.

Digo que, por essa morte, preciosa à vista de Deus, devemos morrer, que acontece com tão poucos e talvez nem sempre. Pois alguns poucos a quem Deus ama são virtuosos e se tornam felizes. E primeiro serão aqueles que nascem de Deus, não da carne e do sangue. Em segundo lugar virão aqueles que são dignificados pela bênção da natureza e pelos céus no momento do nascimento. Os demais se empenham por méritos, e pela arte, do que falarei mais quando o vir.

Mas uma coisa eu aconselho, que não se engane a meu respeito, caso venha eu a me gabar de ter recebido tais coisas divinas, ou me alegue a qualquer momento tê-las, ou possa esperar que me sejam concedidas, pois eis que até então tenho sido um soldado, consagrado com o sangue dos homens, tendo quase pertencido à Corte do Rei, comprometido com uma queridíssima esposa pelo vínculo da carne, exposto a todo o impacto da fortuna inconstante, e sendo atravessado em minha carne, no mundo e nas questões mundanas, sem, portanto, ter a capacidade de obter as sublimes dádivas do Deus imortal. Mas poderia ser considerado um orientador, que aguarda às portas e mostra aos outros o caminho a ser seguido.

Mas, quanto ao meu amor por você, engana-se um pouco: não vejo como você possa ser meu devedor, vendo que nada lhe dei senão quando estou pronto para servir, concedendo todas as coisas.

Portanto, adeus e prosperidade.

De Lião, XIX de novembro, anno Dommini MDXXVII.

Notas – Para o Mesmo Homem

1. Ver *Opera* latina. Epistolarum 5.19.
2. Êxodo 7:1.
3. Colossenses 3:3.
4. 2 Coríntios 12:2.

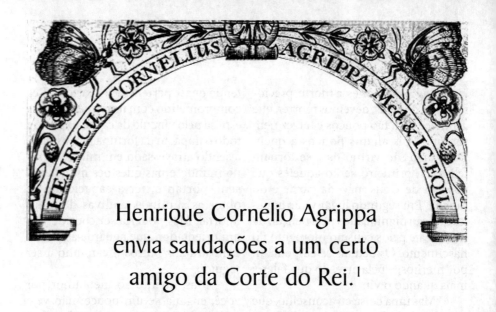

Henrique Cornélio Agrippa envia saudações a um certo amigo da Corte do Rei.[1]

s antigos faziam loucuras com este provérbio: levar corujas a Atenas;[2] mas não é menos loucura, e de grande impiedade, enviar diabos ao Inferno. Você sabe o que eu chamo de Inferno – aquela escola de vilezas, que com muito desgosto eu demonstrei, em outro lugar, ser a Corte. Mas jamais ouve uma ocasião tão justa para escrever e se indignar como agora; se fosse legal, eu trataria da questão como se deve, porém, como não posso fazê-lo, dar-lhe-ei os fatos dela.

Por isso, agora, ouça uma coisa que é ao mesmo tempo tola e ímpia: foi enviado da Alemanha um certo mestre dos espíritos, necromante, que possui poder sobre os espíritos, que como *Janes e Jambres*[3] resistiram a *Moisés*, assim ele também deveria se opor a *César*;[4] pois foram persuadidos pelo Pai das Mentiras de que ele podia prever todas as coisas futuras, revelar todas as deliberações secretas, manifestar até os pensamentos e, além do mais, que ele era dotado de um poder tão grande que poderia trazer de volta os filhos do rei pelo ar, mesmo quando lemos que *Habacuque* foi carregado à cova dos leões,[5] e fez como *Eliseu* quando cercado em Dotã,[6] mostrar as montanhas cheias de cavaleiros e carruagens de fogo, e um grande exército; além disso, ele pôde encontrar e tomar os tesouros da Terra, e forçar quaisquer casamentos e afeições que desejasse, rompê-los, e curar, usando um medicamento estígio, todas as doenças desesperadoras, como hidropisia e lepra nos ossos; e:

> Quem sabiamente pode curar logo a complicada gota,
> E conseguir a saúde mesmo dos desesperados.

Veja onde essas pessoas depositam sua fé; onde repousam sua esperança; eles, que tentam subjugar os elementos, os céus, o destino, a natureza, a providência, Deus e todas as coisas ao comando de um mago; e buscam preservar um reino dos demônios, os inimigos da preservação pública; dizendo em seus corações com *Acazias*[7] que não há um Deus em Israel; consultemos *Belzebu*, o deus de Acron, e como *Saul* falando com a bruxa,[8] diz, os filisteus guerreiam contra mim, e Deus se desviou de mim, e já não me responde; por isso te chamei.

Do que se desesperaram tanto de Deus, que julgaram necessário buscar a ajuda dos diabos? Por acaso isso não significa, segundo as palavras de *Judas*[9] e *Pedro*,[10] negar Deus e *Jesus* Cristo, nosso Senhor e salvador, que nos redimiu; trazendo assim destruição para eles mesmos? Será que eles não temem a ira do Senhor que será lançada sobre eles por espíritos maus? Não estão eles entregues a um senso réprobo, que deseja a certeza dos conselhos secretos do Diabo, o pai das mentiras, e esperam por vitória vinda de outro lugar que não do Senhor dos Exércitos?

E, além disso, à ousadia abominável desse operador de idolatria e sacrilégio, acrescenta-se o fato de que a mãe ortodoxa favorece essas coisas; e a autoridade de seu filho cristão fica, assim, acomodada; e os pilares da Igreja, bispos e cardeais fecham os olhos para isso, fortalecendo esse acontecimento abominável; e os nobres vis aplaudem essa operação de impiedade, como fazem os corvos com o trabalho do loto.

Que vilezas maiores cometeram o Faraó, *Balaque, Saul, Acabe* e sua *Jezabel, Acazias, Nabucodonosor, Baltazar, Senaqueribe* e outros adoradores de *Baal*?

O Faraó convocou seus magos contra *Moisés*;[11] e eles, condenados à terceira praga, confirmaram a existência do dedo de Deus,[12] mas o próprio rei, sendo obstinado mesmo depois das dez pragas, morreu no Mar Vermelho;[13] *Balaque*, o moabita, enviou *Balaão*, o feiticeiro, para amaldiçoar Israel,[14] mas o próprio Deus transformou a maldição em bênção;[15] *Balaque* foi amaldiçoado;[16] o que dizem as respostas de *Samuel* e do profeta *Saul*? Não foi ele morto no monte Gibeá?[17] *Acabe* e *Jezabel*, casados em maldade, confiaram nos profetas de *Baal*,[18] e, de acordo com a palavra do Senhor, um espírito mentiroso saiu da boca de todos os profetas que prometeram prosperidade a *Acabe*, quando ele se voltasse contra Ramote-Gileades,[19] mas *Acabe* caiu e *Jezabel* foi atirada aos cães, que a dilaceraram;[20] *Asa*, um rei de Judá, foi repreendido pelo profeta do Senhor, porque em sua doença não buscou ao Senhor, mas confiou na habilidade de seu médico.[21] Não cometem, eles, agora, um pecado ainda maior, abandonando Deus, o salvador, e as virtudes saudáveis da natureza, e buscando a ajuda de Satã? *Acazias*[22] fez isso no passado, e ouviu do profeta do Senhor, da cama que subiste, não descerás, mas, sem falta, morrerás.

Lembremos exemplos de outros reis injustos, e também as histórias dos gentios. *Zoroastro, Diatharus, Croesus, Pompeu, Pyrrhus, Crasso, Nero, Juliano* – o que eles ganharam com seus magos e adivinhos, que com falsidade prometeram-lhes prosperidade? Não foram todos reduzidos a nada e não morreram em seus pecados? Assim também essas loucuras pecaminosas trarão destruição aos seus admiradores; e aquele em quem confiam de modo especial será o mais infeliz de todos os homens.

Eu não nego que existam ciências naturais, artes metafísicas, genialidades ocultas que, sem ofender Deus, nem prejudicar a fé ou a religião, preservam reinos, derrotam inimigos, fazem prisioneiros, aumentam a riqueza, obtêm a boa vontade dos homens, expulsam doenças, conservam a saúde, prolongam a vida e restauram a força dos jovens: existem, também, intercessões religiosas sagradas, súplicas públicas, orações particulares de homens bons, pelas quais podemos não apenas aplacar a ira de Deus, mas também implorar que ele volte suas graças para nós.

Além disso, se existe uma determinada arte de prever o futuro e realizar milagres – que os antigos chamam *calomagia*[23] ou *teurgia*,[24] com certeza ela não é conhecida por esses tolos e escravos do Diabo; pois a habilidade de descobrir coisas por vir, pronunciar a verdade concernente a essas coisas que pairam sobre nossas cabeças e são ocultas, e do céu descem para os homens; e de realizar coisas que excedem o curso comum da natureza, pertence apenas a um homem de conhecimento profundo e perfeito e de vida e fé puras; e não a homens vãos e incultos.

Mas todas as criaturas servem àqueles que são inocentes, e aprenderam na lei do Senhor, em nome de sua fé, que aquilo que pedem, receberão: assim os corvos alimentaram *Elias*,[25] e, atendendo às suas preces, a Terra não deu frutos, o céu negou a chuva[26] e lançou fogo sobre os homens maus:[27] assim, os corvos serviram a *Eliseu*, os anjos lutaram por ele;[28] rios foram atravessados a pé enxuto;[29] os leões, deixando de lado sua ferocidade e desconsiderando a fome, não atacaram *Daniel*;[30] e a fornalha não queimou as crianças.[31] Essas não são obras de necromantes e feiticeiros nem de diabos, mas de homens fiéis e santos; pois é o espírito de Deus, e não os diabos, que os assiste.

Confesso que existem alguns (talvez muitos), mesmo em nossa época, que são muito sábios e possuem conhecimento, virtude e poder maravilhosos, dotados de uma conversa pura; e são tão prudentes e dispostos pela idade e força que podem muito bem ajudar o bem comum com seus conselhos e obras; mas os cortesãos menosprezam esses homens; como o fazem aqueles que estão distante dos propósitos deles; que trocam sabedoria por maldade, malícia por logro; conselho por engano; conhecimento por magia e malícia e prudência por perfídia.

A superstição toma o lugar da religião; e Deus é blasfemado em aflições; e a fé, fortalecida na fraqueza[32] (como diz o Apóstolo), é desprezada: eles preferem invocar os espíritos maus. Todos os homens bons são vítimas da zombaria deles; a hipocrisia ousada é promovida; a verdade é considerada um crime; louvores e recompensas são reservados para tolices e vilezas.

Ó tolos e vis! Que, por tais artes estabeleceram um reino; e por elas poderosos impérios já caíram e foram derrotados por completo; dos quais falou em verdade *Jeremias*, caiu a coroa da nossa cabeça; ai de nós, porque pecamos;[33] eu espero que isso não se aplique a vocês.

Pois, em verdade, os números correspondentes às letras nessa citação – MCVI – quando reunidos expressam o ano MDXXIV,[34] no qual, de acordo com os relatos, seu rei foi preso em Papia.[35] Vocês não veem essas coisas e ficam admirados, pois as consideravam impossíveis de acontecer?

E mesmo assim, vocês ficam orgulhosos, e obstinados em sua aflição. Vocês desprezam os profetas; e as ameaças de Deus são como contos de fada para vocês.

Prestem atenção! Vocês ainda verão e sentirão as grandes coisas de Deus sobre a Terra toda; e tremerão por causa da infelicidade que recairá sobre suas cabeças de repente: para onde fugirão? Fiquem com seus encantadores e a profusão de seus feiticeiros, se eles puderem beneficiá-los ou torná-los mais fortes. Será que aquele mago alemão,[36] que foi buscado, salvará vocês, tornando mentirosos os profetas e prevalecendo contra a ira do Senhor, salvando-os do mal?

Não, vis, *não;* a menos que o Senhor construa e mantenha as cidades e reinos, todos os guardiões trabalham e vigiam em vão. É obra exclusiva de Deus – não dos diabos, nem dos magos – suspender ou mudar a sentença dos profetas.

Mas se vocês, de todo o coração, se voltarem para a misericórdia d'Ele, e mudarem sua condição de homens maus, então poderão ser salvos do mal, como aconteceu a *Nabucodonosor* que, seguindo o conselho de *Daniel,* se redimiu dos pecados dando esmolas e das iniquidades se tornando piedoso com os pobres.[37] Ele evitou a iminente ira de Deus por algum tempo, até que, na corte da Babilônia, a atraiu para si de novo[38] por causa de um discurso orgulhoso.

Acabe, impiedoso, junto com sua *Jezabel,* a quem Deus ameaçou de morte pela boca de *Elias,* após se voltar para Deus, ouviu de novo a palavra do Senhor por meio do profeta, visto que se humilha perante mim, não trarei esse mal nos seus dias.[39]

Os ninivitas, que pelo edito dos reis e príncipes se arrependeram ao ouvir a pregação de *Jonas,* foram libertos da punição iminente.[40]

Isaías apresentou a seguinte sentença a *Ezequias*: que ele deveria colocar sua casa em ordem porque iria morrer. *Ezequias* chorou e orou, e foi curado, e viveu mais 15 anos; pois assim o Senhor falou ao mesmo homem pelo mesmo profeta; ouvi tua oração e vi as tuas lágrimas; acrescentarei, pois, aos teus dias 15 anos. Livrar-te-ei das mãos do rei da Assíria, a ti e a esta cidade, e defenderei esta cidade.[41] A conversão e oração desse rei devoto foram tão intensas que, embora ele tenha rezado apenas para si, obteve a bênção também para a cidade e seu povo.

É apenas o Senhor quem preserva o rei e que dá sabedoria ao filho do rei. Aqueles que buscam salvação devem correr para esse mestre, e não para magos e feiticeiros. Aqueles que desejam prosperidade devem temer o Senhor e buscar sua justiça.

Se a estabilidade de um reino for buscada, está escrito, os justos herdarão a terra;[42] o justo será tido em memória eterna e não será jamais abalado.[43] Quando se busca a segurança, aquele que teme o Senhor não se atemoriza de más notícias, mas escarnecerá dos inimigos.[44] Se honra e riqueza são desejadas, na sua casa há prosperidade e riqueza.[45] Se louvor e favor, será abençoada a geração dos justos.[46] Se poder, o temente a deus será poderoso na Terra, e também sua descendência;[47] o seu poder se exaltará em glória.[48] Quando se procura casamento, e prosperidade da união, a esposa daquele que teme o

Senhor será como a videira frutífera; e os filhos, como rebentos da oliveira.⁴⁹ Se a saúde do corpo é buscada, o Senhor não permitirá que o seu Santo veja corrupção.⁵⁰

Por fim, abençoado em todas as coisas é o homem que teme o Senhor; que é imaculado no caminho; que não segue os conselhos dos injustos; que tem piedade dos pobres e necessitados. Pois, em um dia ruim, o Senhor o salvará e não o entregará nas mãos dos inimigos. Todos os injustos verão; e serão atormentados; e rangerão os dentes e lamentarão; seu desejo perecerá.

Que isso seja suficiente para alertá-los. Pois eu não mais falarei sobre essa questão, evitando que a maldade do assunto me faça escrever mais do que o necessário.

Adeus.

De Paris, XIII de fevereiro, Anno MDXXVIII, segundo o calendário romano.

Notas – Henrique Cornélio Agrippa

1. Ver a *Opera* latina, Epistolarium 5.26.
2. Ver nota 20, cap. LIV, l. livro I.
3. Ver II Timóteo 3, 8, com referência ao Livro do Êxodo 7:11.
4. Imperador Carlos V.
5. Livro Apócrifo Bel e o Dragão 36; ou Daniel 14:35.
6. Ver II Reis 6:13; 7:6.
7. II Reis 1:2.
8. I Samuel 28:15, em que Saul fala com o fantasma de Samuel, não a bruxa.
9. Judas 14-5
10. 2 Pedro 2:1
11. Êxodo 7:11.
12. Êxodo 8:19.
13. Êxodo 14:28
14. Balaão. Números 22:6.
15. Números 23:20.
16. Balaque. Números 24:9.
17. Gibeá. II Samuel 31:4.
18. I Reis 16:31; II Crônicas 18:5.
19. II Crônicas 18:19-21.
20. II Reis 9:36.
21. II Crônicas 16:12.
22. II Reis 1:4.
23. Do grego (καλο): belo; a magia dos bons espíritos.
24. Do grego (θεόδ), deus; (εργόδ), trabalho. Magia de deus; magia branca, distinta de goettia, magia negra.
25. I Reis 17:6.
26. I Reis 17:1.
27. II Reis 1:10.
28. II Reis 7:6.
29. II Reis 2:8.
30. Daniel 6:22.
31. Daniel 3:25.
32. II Coríntios 12:9.

33. Lamentações de Jeremias 5:16.
34. O leitor dever resolver esse quebra-cabeça numerológico, pois eu não consegui.
35. Carlos V, rei da Espanha, tornou-se imperador da Alemanha com a morte de Maximiliano em 1519. Seu título foi disputado por Francisco I da França, e os dois entraram em guerra. No longo cerco de Pávia, na Itália, o exército de Carlos, que se encontrava na Espanha na época, aprisionou Francisco I. O cerco ocorreu em 1524, mas a captura foi feita em 24 de fevereiro de 1525.
36. Seria Fausto? O conjurador alemão com certeza era muito ativo nessa época; entre outras coisas, ele lançava encantamentos em Martinho Lutero. O abade Tritêmio, em uma carta datada de 1507, se refere com desprezo a Fausto como um tolo que deveria ser açoitado, acrescentando que o mago fugira da cidade em vez de enfrentá-lo. Acredita-se que Fausto morreu por volta de 1525, mas a data não é exata; e um aluno de Agrippa, Johan Wierus, afirma que Fausto era um vagabundo bêbado que praticara e depreciara a bela arte da magia "de maneira vergonhosa, por toda a Alemanha, com terrível engano, muitas mentiras e grande efeito" até 1540 (*De praestigiis daemonum*, Basel, 1563).
37. Daniel 4:27.
38. Daniel 4:30-1.
39. 1Reis 21:29.
40. Jonas 3:6-10.
41. Isaías 38:1-6.
42. Salmos 37:29.
43. Salmos 112:6
44. Salmos 112:7
45. Salmos 112:3.
46. Salmos 112:2.
47. *Ibid.*
48. Salmos 112:9
49. Salmos 128:3.
50. Salmos 16:10.

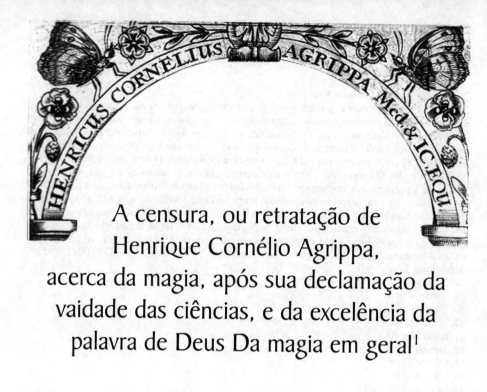

A censura, ou retratação de Henrique Cornélio Agrippa, acerca da magia, após sua declamação da vaidade das ciências, e da excelência da palavra de Deus Da magia em geral[1]

ão é necessário que falemos aqui de magia; pois ela é tão próxima e tem tanta afinidade com a astrologia que aquele que professa magia sem astrologia nada faz, e está no erro.

Suidas[2] é da opinião de que a magia tem seu nome e forma original a partir dos maguseans. A opinião comum é que a origem é persa, com o endosso de *Porfírio* e *Apuleio*, e que na língua persa o termo significa um sacerdote, sábio ou filósofo.

Magia, portanto, compreende toda a Filosofia, natural e matemática, e a elas juntam os poderes das religiões. Portanto, contém também goetia e teurgia,[3] razão pela qual a magia é dividida em duas partes: natural e cerimonial.

Notas – A Censura

1. Capítulo 41 de *De incertitudine et vanitate scientiarum*, de Agrippa.
2. Geralmente considerado o nome de um lexicógrafo grego do qual nada se sabe, e que escreveu um antigo dicionário de palavras gregas, tanto nomes quanto lugares, valioso, porque preserva boa parte da erudição e da cultura que, sem ele, estariam perdidas. Na verdade, Suidas é o nome do livro, não do autor, uma palavra com o significado latino de "fortaleza" ou "forte". A obra sofreu tantas interpolações que se tornou impossível de datar.
3. Magia negra e branca.

Da Magia Natural[1]

credita-se que a Magia Natural nada mais é do que o poder superior das ciências naturais, que, portanto, é chamado de supremacia da Filosofia natural; e a mais absoluta consumação disso, e aquela que é parte ativa da filosofia natural, que, com a ajuda das virtudes naturais, a partir de uma aplicação mútua e oportuna delas, realiza operações admiráveis, cuja magia principalmente os etíopes e indianos usaram – e a virtude das ervas e pedras e outras coisas era suficiente.

Afirma-se que *Hierome* mencionou esse assunto a *Paulino*, quando disse que *Apolônio* era um mago, ou filósofo, como também os pitagóricos.[2] Assim eram os magos que foram adorar Cristo, levando presentes, quando ele nasceu. Os intérpretes dos caldeus expõem os filósofos dos caldeus, como *Hiarchas*[3] entre os brâmanes; *Tespion*[4] entre os gimnosofistas; *Buda*[5] entre os babilônios; *Numa Pompílio* entre os romanos; *Zamolxides* entre os trácios; *Abbaris* entre os hiperbóreos; *Hermes* entre os egípcios; *Zoroastro*, o filho de *Oromasus*,[6] entre os persas.

Pois os indianos, etíopes, caldeus e persas se superavam nessa magia. Com o que, portanto (como *Platão* relata em Alcebíades),[7] os filhos dos reis persas eram instruídos, de modo que aprendiam a administrar e distribuir sua imagem à comunidade do mundo; e *Cícero* diz em seus livros Da Adivinhação[8] que não havia ninguém entre os persas que desfrutava o reino, exceto aquele que aprendera magia.

A Magia Natural, portanto, é aquela que contempla os poderes de todas as coisas naturais e celestiais; e buscando com curiosidade sua solidariedade, revela publicamente os poderes ocultos na natureza, assim unindo as coisas inferiores como atrativos às dádivas das coisas superiores, por sua aplicação mútua; e daí surgem grandes milagres, tanto pelas artes quanto pela natureza, à qual a arte se torna assistente enquanto opera essas coisas.

Pois os magos, como os mais curiosos pesquisadores da natureza, fazem uso dessas coisas que são preparadas por ela, aplicando coisas ativas às passivas, produzindo, às vezes, efeitos antes do tempo ordenado pela natureza, que as pessoas comuns pensam se tratar de milagres aquilo que, de fato, são obras naturais, em que a prevenção do tempo apenas fica no meio; como se alguém pudesse fazer brotar rosas em março; e amadurecer uvas, ou colher feijões, ou desenvolver a salsa em uma planta perfeita em questão de poucas horas; mais ainda, provocar coisas maiores, como nuvens, chuvas, trovões e animais de diferentes tipos, e muitas transmutações de coisas, muitas das quais *Roger Bacon* alegou ter realizado por simples magia natural.

A respeito dessas obras, escreveram *Zoroastro; Hermes; Eranthes,* rei da Arábia; *Zacarias,* o babilônio; *José,* o hebreu;[9] *Bocus; Aaron; Zenotenus; Kiramides; Almadal; Thetel; Alchindus; Abel; Ptolomeu; Geber; Zahel; Nazabarub;*[10] *Thebith; Berith; Salomão; Astaphon; Hiparco; Alcmeon; Apolônio; Triphon,*[11] e muitos outros; muitos cujas obras ainda estão inteiras, e outros de quem fragmentos dos trabalhos ainda existem e chegaram às minhas mãos.

Alguns autores modernos também escreveram a respeito da Magia Natural, mas poucas coisas; entre eles estão *Albertus; Arnoldus de Villa Nova; Raimundus Lullie; Bacon* e *Apponus*, e o autor do livro a *Alfonsus*, lançado sob o nome de *Picatrix*, que mescla à Magia Natural muita superstição; o que também foi feito pelo resto.

Notas – Da Magia Natural

1. *De incertitudine et vanitate,* capítulo 42.
2. Pelo relato do mesmo autor [Filóstrato], entre as visitas de Apolônio à Arábia, encontramos seus estudos entre os persas. Somos informados de que ele proibiu Damis de se juntar aos Magos, embora Damis fosse seu único aluno e companheiro; e foi sozinho, à meia-noite, estudar entre eles, poupando seu amigo das práticas da magia da qual ele mesmo não gostava. E quando foi falar com Varda, o rei babilônio, afirma-se que disse estas palavras: "Minha filosofia é de Pitágoras de Samos, que me instruiu nos caminhos da veneração, e como conhecer os deuses, visíveis e invisíveis, e manter uma comunicação regular com eles." (Eusébio, *Against the Life of Apollonius of Tyana by Philostratus* 11. Paráfrase minha).
3. Iarchus, líder dos brâmanes, mencionado em Filóstrato, *Life of Apollonius* 3. 16-51.
4. Thespion, líder dos gimnosofistas. Ver *Life of Apollonius* 6.10.
5. Buda seria mais apropriadamente localizado na Índia.
6. Oromasdes, ou Ahura-Mazda.
7. E aos 14 anos de idade ele é entregue aos professores reais: são quatro homens escolhidos, considerados os melhores entre os persas de uma determinada idade; e um deles é o mais sábio; outro, o mais justo; o terceiro, o mais moderado; e o quarto, o mais valente. O primeiro lhe ensina a magia de Zoroastro, o filho de Oromasus, que é a veneração dos deuses; e também ensina os seus deveres reais. O segundo, que é o mais justo, lhe ensina a sempre falar a verdade; o terceiro, ou mais temperado, proíbe que qualquer prazer se torne seu mestre para que ele se acostume a ser um homem livre e um verdadeiro rei, mestre de si mesmo, em primeiro lugar, e não um escravo. O mais valente o treina a ser corajoso e destemido, dizendo que, se ele sentir medo, será reduzido a um escravo... (Platão, *Alcebíades I 122a,* tradução de Benjamin Jowet [1892] [Nova York: Random House, 1937], 2:755).
8. "E nenhum homem pode se tornar um rei da Pérsia se não for previamente iniciado na doutrina dos magos" (Cícero, *De divinatione* 1.41 [Yonge, 182]).
9. Flavius Josephus.

10. Ou seja, Naza, o árabe. Talvez o mesmo Norbar, o árabe, que supostamente compilou Picatrix (ver Thorndike, 2:813).
11. Talvez Typhon. Tertuliano menciona Typhon em uma lista de autores, ou praticantes, de magia, em seu *Treatise on the Soul*, capítulo 57. Houve um gramático romano, no tempo de Augusto, que se chamava Tryphoon, mas Agrippa não deve se referir a ele.

Da Magia Matemática[1]

á ainda outros astutos imitadores da natureza e bravos inquisidores, os quais prometem conseguir, graças às influências dos céus, obtidas sem as virtudes naturais, mas só pelo aprendizado matemático, produzir obras como as da natureza, tais como corpos que andam e falam, que não possuem virtudes animais: foi assim o caso da pomba de madeira de *Architas*,[2] que de fato voava, e da estátua de *Mercúrio*,[3] que falava; e da cabeça de bronze[4] feita por *Alberto Magno*, que, pelo que dizem, também falava.

Boécio, um homem de grande sabedoria e muito conhecimento, se destacava nessas coisas; é ele quem *Cassiodoro* descreve ao discorrer sobre tais coisas: "a ti foi permitido conhecer as coisas difíceis e demonstrar milagres: pela engenhosidade de tua arte, os metais falam, *Diomedes* soa a trombeta em bronze, a serpente de bronze sibila, pássaros são feitos e, aqueles que não emitem sons, são ouvidos cantando uma doce melodia; pouco falamos, na verdade, daquele que tem o poder de imitar os céus".

A respeito dessas artes, creio que também lemos em *Platão*, no 11º livro de suas Leis:[5] há uma arte conferida aos homens mortais que lhes permite gerar certas coisas futuras, não por partilhar da verdade ou da divindade, mas apresentando certas representações de afinidade com elas. E os magos chegaram a esse ponto, sendo homens com coragem para fazer todas as coisas, principalmente aquela velha Serpente, a promotora de todas as ciências, que permite que, como macacos, imitem Deus e a natureza.

Notas – Da Magia Matemática

1. *De incertitudine et vanitate scientiarum*, cap. 43.
2. Ver nota biográfica de Architas.
3. Ver nota 11, cap. LII, l. III.
4. Ver nota 22, cap. I, l. II.
5. Ver nota 8, cap. LXIII, l. III.

Da Magia de Encantamento[1]

xiste ainda um tipo de magia natural que é chamada encantamento; é feita com xícaras, poções de amor e vários outros medicamentos de feiticeiros. Acredita-se que Demócrito a praticava. Por meio dela, filhos saudáveis e felizes podem ser gerados; outros dizem que é possível entender as vozes das aves, como relatam Filóstrato e Porfírio a respeito de Apolônio. Virgílio também2 fala de certas ervas pônticas:

> Eu, muitas vezes, observei Moeris se transformar em lobo e se esconder na floresta;
> De sepulcros, o encantamento das almas que partiram.

E *Plínio* relata[3] que um certo homem, *Demarchus Parrhasitus*, em um sacrifício humano que os árcades ofereciam a *Jupiter Lyceus*, provou as entranhas de um garoto sacrificado e se transformou em um lobo; daí porque *Agostinho* acredita[4] que a transformação de homens em lobos recebeu o nome derivado de *Pan Lyceus* e *Jupiter Lyceus*.

O mesmo *Agostinho* relata que, enquanto estava na Itália, havia certas mulheres praticantes de magia, como *Circe*, que, dando queijo aos viajantes, os transformavam em gado; e depois de carregarem a carga para elas, eram transformados em homens de novo; e que o mesmo aconteceu a um certo padre chamado *Prestantine*.[5]

Mas antes de considerar essas coisas tolices impossíveis, lembremos o que a Escritura diz a respeito de *Nabucodonosor*, o rei – como ele foi transformado em um boi,[6] e viveu sete anos se alimentando de feno e, de repente, voltou a ser homem pela misericórdia de Deus. Após a morte do rei, seu filho *Evilmerodac* jogou o corpo aos abutres, para que não vivesse de novo aquele que foi transformado de animal em homem. Vemos mais acontecimentos desse tipo relatados em Êxodo, concernente aos magos do Faraó.[7] Mas *Salomão* fala dos mesmos, magos ou feiticeiros, quando diz, "tu os amedrontaste, ó Deus! Porque fizeram coisas horríveis por encantamentos".

Além do mais, esses magos não pesquisam apenas as coisas naturais, mas também aquelas que acompanham a natureza, como movimentos, números, sons, vozes, concentos,[8] luzes, afeições da mente e palavras.

Assim, *Psylii* e *Marsi*[9] atraíam serpentes; e outros as afastavam. Assim Orfeu reprimiu a tempestade dos Argonautas com um hino;[10] e Homero relata em *Ulisses* que seu sangue foi contido com palavras. E na lei das Doze Tábuas,[11] uma punição era ordenada para aqueles que enfeitiçavam o milho. Sem dúvida, os magos produziam efeitos surpreendentes por meio de palavras, afeições e coisas semelhantes; não apenas sobre si mesmos, mas também sobre outras coisas.

Todas as coisas cujas virtudes naturais inatas são colocadas sobre outras coisas as atraem para si, ou as repelem, ou provocam qualquer outro efeito sobre elas, assim como a magnetita atrai o ferro; o azeviche afeta o joio; ou o diamante ou alho[12] une as coisas; de maneira que, por essa relação gradual e concatenada das coisas, não apenas dádivas naturais e celestiais, mas também intelectuais e divinas, podem, como *Jâmblico, Proclo* e *Sinésio* confirmam pela opinião dos magos, ser recebidas do alto. Proclo, em sua obra *De sacrificio e magia*,13 confessa: que pelo consentimento desse tipo de coisas, os magos podiam invocar divindades.

Alguns deles chegam a tal estado de loucura que, das diversas constelações, observando certos intervalos de tempo e uma certa regra de proporção, acreditam que a imagem dos deuses pode, por meio de um encantamento, receber o espírito da vida e intelecto, e assim responder àqueles que pedem conselhos e revelar os segredos da verdade oculta. Consequentemente, é manifesto que essa magia natural, às vezes, tende a goetia e teurgia, emaranhada nos ardis e erros dos maus espíritos.

Notas – Da Magia de Encantamento

1. *De incertitudine et vanitate scientiarum,* capítulo 44.
2. Ver nota 1, cap. XLI, l. I.
3. Ver nota 13, cap. XLV, l. I.
4. "Ele [Varro] também não acredita que Pan e Júpiter foram chamados Lycaei na história dos árcades por nenhuma outra razão que não a de sua transformação de homens em lobos; pois consideravam isso impossível para alguém sem poderes divinos" (Agostinho, *A cidade de Deus,* 18.17 [Healey, 2:191]).
5. Ver nota 14, cap. XLV, l. I.
6. Daniel 4:32. Mas Nabucodonosor apenas comia grama, como um boi – ou seja, ficou louco –; ele não foi transformado em um boi.
7. Êxodo 7:11-2; 8:7.
8. Harmonias musicais, canções.
9. Ver nota 16, cap. LVIII, l. I.
10. Ver nota 42, cap. XI, l. III.
11. As Doze Tábuas continham o primeiro código da lei romana. Foram compiladas da lei comum em 450 a.C. e colocadas no Fórum para que todos lessem. As Tábuas originais foram destruídas quando Roma foi incendiada pelos gauleses.

>"E então, além disso, não lemos as seguintes palavras nas próprias leis contidas nas Doze Tábuas – 'Qualquer pessoa que enfeitiçar a colheita', e em outra passagem 'Qualquer pessoa que usar encantamento pernicioso'?" (Plínio 28.4 [Bostock e Riley, 5:281]).

12. Ver nota 2, cap. XIII, l. I.

13. Os antigos, contemplando essa relação mútua entre as coisas, usavam com propósitos ocultos tanto as naturezas celestiais quanto as terrenas, por meio das quais, por uma certa semelhança, deduziam virtudes divinas nesta terra inferior (Proclo, *De sacrificio et magia*, fragmento. Tradução para o latim, Ficinus [Veneza, 1497]; tradução para o inglês, Thomas Taylor. Em Jâmblico, *Life of Pythagoras* [Taylor, nota à p. 72 na p. 214]).

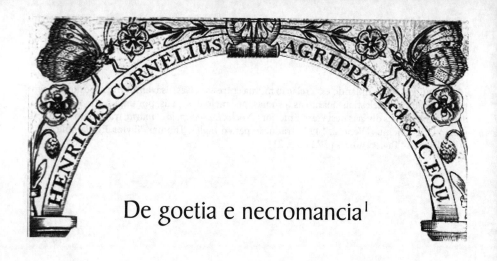

De goetia e necromancia[1]

s partes da magia cerimonial são goetia e teurgia.

Goetia é desafortunada, feita pelo intercâmbio com espíritos impuros, consistindo de ritos de pérfidas curiosidades, encantamentos ilícitos e deprecações, e é rechaçada e execrada por todas as leis. Seus praticantes são aqueles que chamamos hoje em dia de necromantes e bruxos:[2]

> Um povo invejado pelos deuses, tem a habilidade,
> Gerada pelo Maligno, de a bel-prazer
> Macular os próprios céus, e trazer desordem
> Às coisas do céu e da Terra, e inverter os polos,
> E mudar o curso dos rios,
> Derrubar montanhas e empurrar o céu
> Para debaixo da Terra.

Esses são os indivíduos que invocam as almas dos mortos e que os antigos chamavam de *Epodi*,[3] que enfeitiçam meninos,[4] e os conduzem à fala do oráculo, e carregam consigo espíritos familiares, como lemos acerca de Sócrates e outros, que, como se lê, se alimentam em espelhos, fingindo ser capazes de profetizar. E todos procedem de duas maneiras.

Alguns se empenham em invocar e comandar espíritos maus, adjurando por meio de certo poder, principalmente de nomes divinos; pois uma vez que toda criatura teme e reverencia o nome daquele que a fez, não é de admirar que os praticantes de goetia, os infiéis, pagãos, judeus, sarracenos e homens de todas as seitas e sociedades profanas, para segurar os demônios, invocam o nome divino.

Há alguns que são ímpios ao extremo e se submetem aos demônios, sacrificam para eles e os adoram, tornando-se assim culpados de idolatria e da mais vil baixeza: crimes que, ainda que não obnóxios, os expõem a graves perigos. Pois mesmo os demônios controlados são capazes de nos enganar aonde quer que vamos.

Das seitas dos praticantes de goetia provêm todos os livros das trevas, que *Vulpianus*, o legislador, chama de livros que não devem ser lidos, recomendando que sejam destruídos, o primeiro dos quais teria sido escrito por *Zabulus*, abordando artes ilícitas; depois, o de *Barnabás*,[5] do Chipre; e hoje em dia usam-se livros com títulos falsos, sob os nomes de *Adão*,[6] *Abel*,[7] *Enoch*,[8] *Abraão*,[9] *Salomão*,[10] também *Paulo*,[11] *Honório*,[12] *Cipriano*,[13] *Alberto*,[14] *Tomás*,[15] *Jerônimo*,[16] e de um certo homem de York,[17] cujos artifícios *Alfonso*, rei de Castela, *Robert*, um inglês, *Bacon*[18] e *Apponius*, e muitos outros homens de intelecto, porém, ingênuos, seguiram. Além disso, não só apregoam que homens e santos, e patriarcas, e os anjos de Deus, são os autores dessas execráveis opiniões, mas ainda afirmam que tais livros foram trazidos por *Raziel* e *Rafael*, os anjos de *Adão* e *Tobias*.

E esses livros logo se traem aos olhos daquele que os observa com cuidado, revelando as regras, ritos e costumes de seus preceitos, usando certas palavras e caracteres, uma ordem de extrusão, frases vazias, contendo nada mais que meros artifícios e imposturas, confeccionados em épocas posteriores, mais recentes, por homens ignorantes de toda a magia antiga, e artistas fracassados de uma arte perniciosa, de observações profanas misturadas com cerimônias da nossa religião, com muitos nomes desconhecidos e selos imiscuídos, com o intuito de aterrorizar e surpreender os simples e ignorantes.

Além disso, essas artes não parecem fábulas: pois, se tais coisas não existissem, e se por elas muitas coisas fantásticas e nocivas não fossem feitas, não haveria tantas leis estritas, divinas e humanas, criadas para lidar com elas ou para a eliminação delas.

E os praticantes de goetia usam somente os maus espíritos, já que os bons dificilmente aparecem, aguardando a ordem de Deus, e só vêm para os homens puros de coração e de vida santa; mas os malignos são invocados com facilidade, favorecendo aquele que é falso e fingindo santidade; estes estão sempre prontos para enganar, com seus artifícios, para que possam ser venerados e adorados.

E como as mulheres são mais propensas a segredos, e menos cautelosas, e propensas a superstições, são mais fáceis de enganar, e se entregam mais prontamente a eles, realizando grandes prodígios. Os poetas cantam sobre *Circe*,[19] *Medeia*[20] e outras desse tipo; *Cícero*, *Plínio*, *Sêneca*, *Agostinho* e muitos outros, bem como filósofos doutores católicos e historiadores, também as Escrituras atestam isso.

Pois nos livros dos Reis lemos que uma mulher que vivia em Endor invocou a alma de *Samuel*, o profeta,[21] embora muitos não a interpretem como a alma do profeta, e sim um espírito ímpio, que assumira a forma dele. Entretanto, os mestres hebreus, *Agostinho* e *Simplicianus* não o negam, pois poderia ser o verdadeiro espírito de *Samuel*, que poderia facilmente ser invocado de seu corpo antes de um ano completo de sua partida, como também ensinam os praticantes de goetia. Também os magos necromantes supõem que tal coisa pode ser feita por certos poderes e vínculos naturais, como afirmamos em nossos livros de Filosofia Oculta.

Portanto, não era à toa que os antigos Pais, versados nas coisas espirituais, ordenavam que os corpos dos mortos fossem enterrados em lugar sagrado, e acompanhados de luzes e borrifados com água-benta, e perfumados com olíbano, e incenso, e expiados por orações enquanto continuassem acima do solo.

Pois, como dizem os mestres dos hebreus, todo o nosso corpo e animal carnal, e tudo em nós que depende da matéria da carne, estando em má disposição, é deixado para alimentar a Serpente, e, como diziam, a *Azazel*,[22] que é o senhor da carne e do sangue, e príncipe deste mundo, que é chamado em Levítico de príncipe dos desertos, do qual se diz no Gênesis: "Comerás poeira todos os dias de tua vida"; e em Isaías: "Teu pão é a poeira, nosso corpo criado do pó da Terra, enquanto não for santificado, e elevado, não mais sujeito ao efeito da Serpente, mas de Deus"; um corpo espiritual feito de carne, segundo as palavras de *Paulo*: "Semeia-se corpo natural, ressuscita corpo espiritual".[23] E em outro lugar se afirma que todos ressuscitarão, mas nem todos serão mudados porque muitos permanecerão para sempre como alimento para a Serpente.

Essa matéria imunda e horrenda da carne e alimento para a serpente nós eliminamos na morte, trocando-a por uma melhor e espiritual, que se manifestará na ressurreição dos mortos; e já aconteceu com aqueles que provaram dos primeiros frutos da ressurreição, e muitos já a alcançaram, pela virtude do divino Espírito, nesta vida, como *Enoch, Elias* e *Moisés*, cujos corpos se transformaram em uma natureza espiritual e não viram corrupção; tampouco ficaram suas carcaças à mercê da serpente. E essa foi a disputa do Diabo com o arcanjo *Miguel* a respeito do corpo de *Moisés*, que *Judas* menciona[24] em sua Epístola.

Quanto a goetia e necromancia, agora basta.

Notas – De goetia e necromancia

1. *De incertitudine et vanitate scientiarum*, cap. 45.
2. A seguinte citação é de Lucano *Pharsalia* 6, c. linha 458.
3. Do grego ἐπάδω: aqueles que enfeitiçam por meio de encantações.
4. O uso de menino na pré-puberdade como veículo imaculado para a comunicação dos deuses é muito antigo. Começou na Babilônia e chegou ao Egito, onde ainda é praticado hoje. Por isso, Pitágoras dizia que as crianças eram amadas pelos deuses: "... ele observou que a divindade amava meninos, e assim, em tempos de grande seca, eles eram enviados pelas cidades para implorar que os deuses enviassem chuva, em consequência da persuasão de que o divino dá especial atenção às crianças..." (Jâmblico, *Life of Pythagoras* 10 [Taylor, 24]). A mesma noção pode ser vista em Cristo (Mateus 19,14).

Não posso deixar de dar exemplos que mostram a persistência e o amplo uso dessa forma de magia:

> Pegue uma faca nova com cabo preto e faça com ela um círculo na terra; sente-se no círculo com um menino ou uma menina com menos de 9 anos de idade, e esfregue-lhe na mão esquerda azeite de oliva e o fundo preto de uma panela, e diga à criança que não olhe para fora do lugar ungido, e sussurre-lhe no ouvido: Eu te adjuro... para que apareças nessa criança e lhe dês uma resposta verdadeira a tudo o que ela te perguntar por mim, e tudo ela dirá três vezes ("Babylonian Oil Magic", texto 3, tradução de S. Daiches [Londres, 1913]. Em *Three Works of Ancient Jewish Magic*).

> Pegue um prato novo e encha-o com óleo limpo de oásis e adicione ao prato, aos poucos, sem deixá-lo embaçado, para que fique totalmente claro; e pegue um menino, puro, que ainda não tenha estado com mulher, tendo falado com ele antes, com o intuito de verificar se

será útil como veículo. Se for útil, faça-o deitar-se de bruços; peça-lhe que abaixe a cabeça, em direção ao óleo, sete vezes, com os olhos fechados. Quando terminar, peça-lhe que abra os olhos e lhe pergunte o que você deseja saber..." (*Leyden Papyrus* 3.9-15, ed. Griffith e Thompson [Nova York: Dover, 1974, 35. Publicado originalmente como *The Demotic Magical Papyrus of London and Leiden* [Londres: H. Grevel and Co., 1904]).

Depois de algum tempo, um menino com cerca de 12 anos foi trazido, e o rito começou. Ele colocou a mão direita da criança sobre a sua e descreveu uma figura quadrada na palma, sobre a qual escreveu alguns caracteres árabes; enquanto secavam, ele escreveu em um pedaço de papel uma invocação aos seus espíritos familiares, que queimou com olíbano em uma fogueira aos seus pés. Por algum instante, uma nuvem de fumaça fragrante envolveu o bruxo e a criança assustada, sentada ao seu lado, mas já tinha desaparecido antes que os fantasmas se manifestassem. Então, pegando a mão do menino, ele despejou sobre ela um pouco de tinta e começou a murmurar rapidamente; seu semblante assumiu uma aparência de intensa ansiedade, e a teste começou a perspirar; de vez em quando, ele cessava as encantações, para perguntar ao menino se tinha visto algo; e recebendo resposta negativa, prosseguia com maior veemência que antes. Enquanto isso, o pequeno árabe olhava para o glóbulo de cinza em sua mão com uma expressão de fascínio, e por fim exclamou: "Eu os vejo agora!" (Warburton [1844] 1849, 1:100-1).

Warburton observou essa adivinhação no Cairo.

5. José Barnabás, um levita do Chipre que vendeu sua propriedade e deu o dinheiro aos discípulos de Cristo. Ver Atos 4,36-7.

6. Dizia-se que Adão era o coautor, com Daniel, de dois livros de adivinhação astrológica de acordo com os dias do ciclo lunar, escritos no século XIV. Essa espécie de obra era chamada de *Lunarium*, ou Livro da Lua. As obras mágicas eram atribuídas a Adão porque ele foi o primeiro homem e, portanto, o único condutor por meio do qual a sabedoria dos anjos podia chegar às gerações futuras.

7. Jerônimo Torrella publicou uma obra intitulada *Opus praeclarum de imaginibus astrologicis* (Das imagens astrológicas) em Valência, em 1496, na qual menciona um "antiquíssimo livro escrito por Abel, filho de Adão", que o selou dentro de uma pedra, na qual permaneceu em segurança durante o dilúvio e foi posteriormente descoberto por Hermes (Thorndike, 4:580). Outra obra, a *Essentiis essentiarum* (Essência das essências), atribuída a Tomás de Aquino, esclarece um pouco mais esse livro. Sobre o autor, escreve Thorndike:

> Ele também viu o livro de Abel das maravilhosas imagens que foram preservadas durante o dilúvio, com os nomes das inteligências que regem os planetas. Dizia-se que as imagens transformavam outros metais em ouro e permitiam que um indivíduo se tornasse um rei ou prelado. Nosso autor, porém, só testou uma delas. Passavam cavalos logo de manhã para tomar água, os quais lhe perturbavam o sono. Ele fez uma imagem segundo as instruções de Abel e a enterrou na frente de sua casa, depois do que nunca mais passou cavalo algum.

8. Havia uma obra de magia atribuída a Enoch com 15 estrelas, 15 pedras, 15 ervas e 15 imagens que deviam ser gravadas nas pedras. Ver Thorndike, 3:139.

9. Um livro de Abraão, ou Abrão, é citado várias vezes por Firmicus Maternus em sua *Mathesis* (ver Thorndike, 1:537). Havia um mito segundo o qual Abraão era versado em astrologia e havia instruído Zoroastro nessa arte (*Ibid.*, 3:51).

10. O número de obras de magia supostamente escritas por Salomão é grande. Thorndike lista *Almandel, Ars notoria, Cephar Raziel, Clavicula, Experimentos, Idea et entocta, Jocalia, Novem candariis, Leitura das mãos, Pentágono, Filosofia, Quatuor* e *Umbris idearum*, e menciona outras também. Ver Thorndike, 2:1024, e todo o cap. 49. A essa lista se pode acrescentar o *Lemegeton*.

11. Paulo era considerado o suposto autor de *Arte paulina*, que foi "descoberta pelo apóstolo Paulo após ter sido arrebatado ao terceiro céu, e que lhe fora passada em Corinto" (Thorndike, 2:282). A *Arte paulina* é o nome do terceiro livro em uma coleção de cinco que compreende o *Lemegeton* de Salomão – tradução inglesa, British Museum Library, Sloane 2731.

12. Honório de Tebas, mago, mestre e autor de *O livro jurado de Honório*. Não deve ser confundido com o papa Honório III, suposto autor do *Grimório do Papa Honório III*.
13. Cipriano, bispo de Antioquia, nasceu pagão e foi criado como mago, mas se converteu ao Cristianismo por virtude da virgem Justina – pelo menos, esse é o relato em suas *Confissões*, que narra em detalhe suas obras de magia. Ver Thorndike, vol. 1, cap. 18.
14. Alberto Magno é conhecido como mago, principalmente por causa do *Livro dos Segredos*, que era atribuído a ele e que contém extratos de suas obras.
15. Como Tomás de Aquino fora aluno de Alberto Magno, não é de surpreender o fato de ter sido atribuído a ele um número de obras alquímicas, incluindo um comentário sobre *Turba philosophorum*, uma obra chamada *O lírio abençoado entre os espinhos* e outra intitulada *De essentiis essentiarum* (Da essência das essências). Ver Thorndike, 3:42, 65, 136.
16. São Jerônimo e o suposto autor de uma obra sobre pedras preciosas, preservada em um manuscrito de Berlim do século XII (Thorndike, 2:236). Nada mais encontro de específico que associe Jerônimo à goetia.
17. Robert of York. Ver nota biográfica.
18. Um número de espúrias obras alquímicas era atribuído a Roger Bacon, e, apesar da afirmação de Bacon em sua *Epístola de secretis operibus* de que a magia era, em essência, uma ilusão, há muitas referências à magia em suas obras. Um grimório chamado *A necromancia de Roger Bacon*, derivado do manuscrito Sloane 3885 do Museu Britânico e do manuscrito adicional 36674 (editado e traduzido por M. A. Macdonald [Gillete, NJ: Heptangle Books, 1988]), afirma em sua introdução que fora descoberto pelos irmãos franciscanos Robert Lombard e Roger Bacon, em seus estudos em Alexandria, Egito.
19. Ver Homero, *Odisseia* 10, linha 135 em diante.
20. Ver Ovídio, *Metamorfoses* 7.1, e Apolônio de Rhodes, *Argonautica* 3, c. linha 442 em diante.
21. 1 Samuel 28:7-20.
22. Ver nota 51.
23. 1 Coríntios 15:44.
24. Judas 9.

Da teurgia[1]

uitos pensam que a teurgia não é ilegal desde que tenha os auspícios dos anjos bons e de uma divindade, embora com frequência, ainda que, sob os nomes de Deus, seja obstringida[2] pelas falácias dos anjos maus e pelas maldades dos maus demônios.

Pois obtemos e atraímos para nós mesmos, não somente por meio de poderes naturais, mas também de certos ritos e cerimônias, os celestiais, e por intermédio deles virtudes divinas; tema, entre outros, abordado pelos antigos magos em muitos volumes.

Mas a parte maior de todas as cerimônias consiste em observar limpeza e pureza, primeiro da mente, depois do corpo, e daquelas coisas que têm a ver com o corpo, como a pele, as roupas, as habitações, os recipientes, utensílios, oblações, sacrifícios, pureza esta que se dispõe à familiaridade e à contemplação de coisas divinas, e é muito necessária nas coisas sagradas, segundo as palavras de Isaías, "Lavai-vos, purificai-vos, tirai a maldade de vossos atos".[3]

A impureza, infectando o ar e o homem, perturba a influência puríssima das coisas celestiais e divinas, e afasta os espíritos puros de Deus. Mas, às vezes, os espíritos impuros e poderes enganadores, que querem ser venerados e adorados como deuses, também precisam dessa pureza. Portanto, é preciso aqui ter muita cautela, como já explicamos em detalhes em nossos livros de Filosofia Oculta.

Quanto a essa teurgia ou magia de coisas divinas, Porfírio não mede palavras ao concluir que, por meio de consagrações teúrgicas, a alma de um homem pode ser preparada para receber espíritos e anjos, e ver Deus: mas nega veementemente que por esse meio podemos retornar a Deus.

A essa escola pertencem a Arte Almadel, a Arte Notarial, a Arte Paulina, a Arte das Revelações e muitas superstições parecidas, que são muito perniciosas porque parecem divinas aos olhos dos ignorantes.[4]

Notas – Da teurgia

1. *De incertitudine et vanitate scientiarum*, cap. 46.
2. Presa, obrigada a.
3. Isaías 1:16.
4. Vários sistemas de magia explicados nos livros com os mesmos nomes.

Da Cabala[1]

 qui me veem à mente as palavras de *Plínio*,[2] quando afirmou que a facção da magia depende do fato de *Moisés* e *Latopea* serem judeus. Essas palavras me fazem pensar na Cabala dos judeus, que os hebreus acreditam ter sido entregue a *Moisés* pelo próprio Deus no Monte Sinai; e então por graus de sucessão, sem a existência de linguagem escrita, foi, até a época de *Esdras*,[3] transmitida a outros apenas de forma oral; assim como as opiniões de *Pitágoras* foram transmitidas de maneira formal por *Arquipo* e *Lisio*;[4] que tinham escolas em Tebas, na Grécia, onde mantinham os preceitos de seus mestres em memória; usando a sabedoria e a memória deles em vez de livros.

Assim, alguns judeus, desprezando a literatura, consideraram a memória, as observações, e tradições orais, os meios pelos quais a Cabala foi transmitida pelos hebreus, sendo recebida por nenhum outro meio além da audição.[5] Essa arte (como é relatado) é muito antiga, mas entre os cristãos o nome só se tornou conhecido em tempos mais recentes.

Os hebreus nos apresentam uma ciência que se desdobra em duas: *Bresith*,[6] à qual chamam Cosmologia; ou seja, a explicação dos poderes das coisas criadas, naturais e celestiais; e a exposição dos segredos da Lei e da Bíblia por razões filosóficas – o que, nesse caso, em nada se diferencia da magia natural que era, acreditamos, praticada com excelência pelo rei *Salomão*. Pois está escrito nas histórias sagradas dos hebreus que ele era versado em todas as coisas, desde o cedro do Líbano, até o hissopo que cresce na parede; também em animais, aves, criaturas que rastejam, e peixes – tudo isso indica que ele conhecia as virtudes mágicas da natureza. *Moisés*, o egípcio, entre os autores posteriores, seguiu o mesmo caminho em sua exposição a respeito do Pentáculos; também o fizeram muitos outros talmudistas.

A outra ciência é chamada *Mercara*,[7] que concerne às contemplações mais sublimes das virtudes divinas e angelicais; e aos nomes sagrados; selos; sendo uma certa divindade simbólica na qual letras, números, imagens, coisas, nomes e a parte de cima dos elementos, linha, pontos e acentos significam coisas profundas e grandes segredos.

Mercara é, por sua vez, dividida em Aritmancia, que também é chamada *Notariacon*,[8] abordando as virtudes angelicais, nomes e selos, e também as condições dos espíritos e almas; e Teomancia, que pesquisa os mistérios da majestade divina e suas emanações, os nomes sagrados e os pentáculos – mistérios que podem ser praticados com excelência e virtudes maravilhosas por aquele que os conhece; como por exemplo, prever todas as coisas futuras sempre que desejar; e comandar toda a natureza; exercer poder sobre demônios e anjos; e realizar milagres.

Foi por meio dessa arte, supõem os cabalistas, que *Moisés* demonstrou muitos sinais e transformou a vara em serpente;[9] as águas em sangue;[10] e infestou o Egito com rãs,[11] moscas,[12] piolhos,[13] gafanhotos,[14] lagartas,[15] fogo e chuva de pedras,[16] tumores e úlceras;[17] e feriu todos os primogênitos[18] humanos e animais; fez retirar-se os mares,[19] conduzindo o povo através deles; fez jorrar água das rochas;[20] e trouxe codornizes do céu;[21] também atraiu perante seu povo nuvens e relâmpagos durante o dia e uma coluna de fogo[22] à noite; e trouxe do céu a voz do Deus vivo[23] para o povo; e consumiu os arrogantes com fogo[24]; e com a lepra os que murmuravam;[25] e destruição imediata e repentina a todos os que a mereciam, fazendo com que a terra se abrisse e os tragasse.[26] Além disso, ele alimentou o povo com pão que veio do céu;[27] pacificou serpentes;[28] curou os envenenados;[29] preservou das doenças a enorme multidão, e impediu que suas roupas se gastassem; e fez seu povo vitorioso sobre os inimigos.[30]

Para concluir, por meio dessa arte de milagres *Josué* fez o sol se deter;[31] *Elias* trouxe o fogo do céu[32] sobre os inimigos e reviveu uma criança morta;[33] *Daniel* parou as bocas dos leões;[34] os três jovens entoaram canções na fornalha;[35] ainda através dessa arte os judeus incrédulos afirmam que até Cristo realizou tantos milagres; *Salomão* também a conhecia muito bem; ele a empregava em encantamentos contra demônios e seres a eles associados; em conjurações e contra doenças, como relatou *José*.[36]

Todavia, assim como não duvido que Deus revelou a *Moisés* muitos segredos escondidos sob as palavras da Lei, que não deveriam ser revelados ao homem profano comum, também reconheço que essa arte cabalística – da qual os hebreus falam com tanto orgulho, e que eu algumas vezes, de forma diligente e laboriosa, procurei – nada mais é do uma mera rapsódia de superstição e uma certa magia teúrgica; mas se ela veio de Deus (como afirmam os judeus), e conduz à melhoria da vida, à saúde do homem, à veneração a Deus, e à verdade do entendimento; então aquele Espírito da Verdade[37], que deixou a sinagoga e veio nos ensinar toda a verdade, não teria se escondido de sua Igreja, que de fato conhece todas as coisas que são de Deus e cuja bênção, batismo e outros mistérios da salvação são revelados e tornados perfeitos em todas as línguas.

Pois todas as línguas têm o mesmo poder igual; a mesma igual piedade; também não existe nenhum nome, no céu ou na Terra, pelo qual seremos salvos e pelo qual realizaremos milagres, além deste: *Jesus*, no qual todas as coisas estão resumidas e contidas.

Assim, os judeus, que são muito habilidosos em usar os nomes de Deus, pouco ou nada podem fazer depois do Cristo. Mas por experiência descobrimos e vemos que pela revolução da arte (como eles a chamam), com frequência frases impressionantes, repletas de grandes mistérios, são extraídas das Escrituras sagradas; porém, elas nada mais são que um jogo de alegorias, que homens ociosos, se ocupando de todos os pontos, letras e números contidos nessa língua, simulam e disfarçam a seu bel-prazer. E embora eles afirmem que essas frases contêm grandes mistérios, nada podem provar nem demonstrar, mas nós podemos (conforme as palavras de *Gregório*) contestá-las com a mesma facilidade com que são afirmadas.

Rabanus, o monge, simulou muitas coisas usando o mesmo artifício, mas com caracteres e versos em latim (inserindo certas imagens) que, quando lidos por meio do delineamento das superfícies e imagens, declaram algum mistério sagrado, representando as histórias das coisas pintadas; que também podem, sem nenhuma dúvida, ser extraídas de escritos profanos, como sabem todos os que leram os Cantones de *Valeria Proba*, composto a partir dos versos de *Virgílio*, sobre Cristo.

Todas as coisas desse tipo são especulações de um cérebro ocioso, no que diz respeito à realização de milagres, suponho que nenhum de vocês seja tão tolo a ponto de acreditar que eles contêm qualquer arte ou ciência.

Portanto essa Cabala dos judeus nada mais é que uma superstição perniciosa, pela qual, a seu bel-prazer, eles reúnem, dividem e transferem palavras, nomes e letras, espalhados pelas Escrituras sagradas; e, transformando uma coisa em outra, dissolvem as ligações da verdade, dos discursos, das induções e parábolas; reconstruindo-as aqui e ali segundo suas próprias ficções; trazendo a palavra de Deus para suas loucuras, difamando as Escrituras e afirmando que essas ficções têm fundamento nelas. Eles caluniam a Lei de Deus, e pela suputação de palavras, sílabas, letras e números extraídos com insolência, ousam criar provas violentas e blasfemas para sua descrença.

Além do mais, orgulhosos dessas banalidades, eles se vangloriam de pesquisar e encontrar os inefáveis mistérios de Deus, e segredos que estão acima das Escrituras, pelos quais eles também afirmam de modo insolente, e sem nenhum pudor, que podem profetizar, realizar milagres e outras maravilhas; mas aconteceu com eles, como ao cão de *Esopo*,[38] que, deixando seu pedaço de carne para caçar a sombra, perdeu o alimento: assim também, essas pessoas pérfidas e empertigadas, estando sempre ocupadas com as sombras das Escrituras, e com suas próprias vaidades; e praticando violência por sua artificial, mas supersticiosa Cabala, acabam por perder o pão da vida eterna e, alimentando-se com palavras vãs, de fato destroem a palavra da verdade.

Desse fermento judaico da superstição cabalística surgiram (suponho) os hereges ofiomantes,[39] gnósticos e valentinianos,[40] que, com seus discípulos, simularam uma certa Cabala grega, pervertendo todos os mistérios da fé cristã; e por sua corrupção herege, extraindo-os das letras e números gregos, pelos quais constituíram um corpo de verdade (como o chamam), e ensinaram que sem esses mistérios das letras e números a verdade não pode ser encontrada no Evangelho, porque os escritos contidos nele são vários, e algumas vezes repugnantes a si mesmos, e repleto de parábolas; para que aqueles que veem não possam ver; aqueles que ouvem não possam ouvir; aqueles que entendem não possam entender; e que são expostos àqueles cegos e equivocados, de acordo com a capacidade da cegueira e erro deles; mas que a verdade sincera escondida sob essas coisas é transmitida apenas aos indivíduos perfeitos; não por meio dos escritos, mas pela tradição oral, e é essa a teologia alfabetária e aritmética que Cristo manifestou em particular a seus apóstolos;[41] e da qual *Paulo* fala apenas aos perfeitos;[42] pois como esses são os mistérios superiores, eles não são escritos, nem devem ser, mas devem ser mantidos em segredo entre homens sábios.

Mas não há homem sábio entre aqueles que não sabem como refrear os maiores monstros da heresia.

Notas – Da Cabala

1. *Cabalie – De incertitudine et vanitate scientiarum*, cap. 47.
2. palavras de Plínio – "Existe também outra seita, dos adeptos da arte da magia, que se origina de Moisés, Janes e Lotapea – judeus por nascimento, mas milhares de anos depois de Zoroastro..." (Plínio 30.2 [Bostock e Riley, 5:425]). W. H. S. Jones afirma em sua nota a essa passagem (Cambridge: Harvard University Press, 1963, 8:285) que para "Lotapes" Plínio deveria ter escrito "Iotape" (ἰῶταπῆ), que é igual a Yahweh, o nome judaico para Deus. Janes é um dos magos do faraó que enfrentou Moisés (Êxodo 7:11). O nome dele aparece em 2 Timóteo 3:8.
3. época de Esdras, ver 1 Esdras 8:1-7
4. *Arquipo e Lisio* – Jâmblico relata a história desses dois discípulos: De repente, no entanto, os cilônios se tornaram tão hostis para com os homens, que ateando fogo a casa de Milo, onde os pitagóricos estavam reunidos, debatendo suas preocupações com a guerra; eles queimaram todos os homens, com exceção de dois – Arquipo e Lisio. Pois, robustos e vigorosos como eram, escaparam da casa... Os dois pitagóricos que se salvaram eram tarentinos. Arquipo retornou a Tarento, mas Lisio, odiando a negligência das cidades, foi para a Grécia, e se estabeleceu na Achaia do Peloponeso. Depois, se mudou para Tebas, estimulado por um ardente desejo de residir nessa cidade; e lá tinha como assistente Epaminondas, que chamava Lisio de pai. Em Tebas Lisio morreu (*Life of Pythagoras* 35 [Taylor, 128-9]).
Plutarco afirma que Philolau e Lisio foram os sobreviventes do incêndio na casa onde os pitagóricos estavam reunidos. Ele assim relata:
Philolaus fugindo para a terra dos lucanos foi protegido por seus amigos, que partiram em sua defesa e derrotaram os cilônios; mas no que diz respeito a Lisio, por muito tempo ninguém sabia onde ele estava; até que Gorgias o leonês, velejando da Grécia para a Itália, contou a Arceso que encontrou e conversou com Lisio em Tebas (On the Sign of Socrates 13 [Goodwin, 2: 393]).
5. além da audição - Cabala vem da raiz hebraica קבל, QBL: receber, aceitar, admitir; significa a tradição oral transmitida desde Moisés.
6. Bresith – ver nota abaixo.
7. Mercara – בראשית, BRAShITh (no princípio) é a primeira palavra do Antigo Testamento. Ma 'asch bereshit é o nome dado ao primeiro capítulo do Gênesis, sobre o qual surgiram muitas tradições esotéricas e especulações. מרכבה, MRKBH (carruagem de fogo) é a fonte de Ma 'asch merkabah, o nome dado ao primeiro capítulo de Ezequiel, que menciona a carruagem de Deus. Gershom Scholem escreve: Esses dois termos foram depois usados para descrever os assuntos relacionados a esses tópicos. Tanto o Mishuah quanto o Talmude (Hag. 2:1 e o correspondente Gemara nos Talmudes babilônico e de Jerusalém) mostram que no primeiro século da era comum, existiam tradições esotéricas nessas áreas; e severas limitações foram impostas à discussão pública de tais assuntos: "A história da criação não deve ser exposta perante duas pessoas; nem o capítulo sobre a Carruagem perante uma pessoa, a menos que seja um sábio e já tenha um entendimento independente do assunto." (Scholem *Kabbalah* 1977, 11-2).
8. Notariacon – ver Apêndice VII.
9. Vara em serpente – Êxodo 7:10.
10. Águas em sangue – Êxodo 7:20
11. Rãs – Êxodo 8:6.
12. Moscas – Êxodo 8:24.
13. Piolhos – Êxodo 8:17.
14. Gafanhotos – Êxodo 10:13.
15. Lagartas – Não existe tal praga, a menos que ela esteja associada à praga de gafanhotos. Mas Rashi declara de modo enfático que a praga de gafanhotos consistia apenas nesses insetos, e nenhuma outra espécie. Ver Rashi 1949, 2:89.
16. Fogo e chuva de pedras – Êxodo 9:23.
17. Tumores e úlceras – Êxodo 9:10.

18. Feriu todos os primogênitos – Êxodo 12:29.
19. Fez retirar-se os mares – Êxodo 14:21.
20. Água das rochas – Êxodo 17:6.
21. Codornizes do céu – Êxodo 16:13.
22. Coluna de fogo – Êxodo 13:21.
23. Voz do Deus vivo – Deuteronômio 5:24; Êxodo 19:19.
24. Os arrogantes com fogo – Números 16:35.
25. Com a lepra os que murmuravam – Números 12:10. Porém, Moisés afastou a lepra de Miriã; não deixou que ela se manifestasse.
26. Tragasse-os – Números 16:32.
27. Pão que veio do céu – Êxodo 16:15.
28. Pacificou as serpentes – Números 21:7.
29. Curou os envenenados – Números 21:9.
30. Sobre os inimigos – Êxodo 17:11.
31. O sol se deter – Josué 10:13.
32. Fogo do céu – 2 Reis 1:10.
33. Reviveu uma criança morta – 1 Reis 17:22.
34. Bocas dos leões – Daniel 6:22.
35. Fornalha – Canção dos Três Jovens Santos 28, em referência a Daniel 3:20-30.
36. Relatou José – Ver nota 9 em "Da magia natural", p. 878.
37. Espírito da Verdade – Jesus Cristo.
38. *Cão de Esopo* – Um cão, cruzando um pequeno regato, com um pedaço de carne na boca, viu a própria sombra refletida nas águas límpidas; e acreditando ser outro cão que carregava um pedaço maior de carne, não podia deixar de pegá-lo; mas estava tão distante de conseguir qualquer coisa com esse propósito ganancioso, que derrubou o pedaço que trazia na boca e este imediatamente afundou, perdendo-se para sempre (*Fábulas de Esopo*, 118, tradução Croxall e L'Estrange [Londres: Frederick Warne, n.d.], p. 262).
39. Ofiomantes – Uma antiga seita de gnósticos que veneravam a serpente e acreditavam em uma trindade do Deus Universal, ou Primeiro Homem; sua concepção, o Segundo Homem; e um Espírito Santo feminino. Dela, o Terceiro Homem, Cristo, foi gerado Pelo Primeiro e Segundo Homens. Cristo se elevou com sua mãe e lançou uma centelha sobre as águas, de onde nasceu Ialdabaoth, o Demiurgo, que deu origem a seis poderes e com eles os sete céus. Quando o Homem, criado pelos seis poderes, venerou o Primeiro Homem; Ialdabaoth, com raiva, criou Eva para destruí-lo. Mas Sofia, ou Prunikos (a centelha), enviou a Serpente para libertar Adão e Eva do poder de Ialdabaoth. A raça humana então entrou em guerra contra Ialdabaoth – que é o significado secreto dos escritos do Antigo Testamento – até que o Espírito Santo enviou Cristo, unido a sua irmã Prunikos, para entrar no vaso puro: Jesus nascido de uma virgem. Ialdabaoth instruiu os judeus a matar Jesus Cristo, mas apenas Jesus morreu na cruz, porque Cristo e Prunikos já o haviam deixado. Cristo depois ressuscitou o corpo espiritual de Jesus durante 18 meses para ensinar seus discípulos. No céu, Cristo senta à direita de Ialdabaoth, a quem destituiu de glória; e recebe as almas dedicadas a ele.
40. Valentinianos – Ver a nota biográfica sobre Valentino.
41. Manifestou em particular a seus apóstolos – Mateus 13:11.
42. Apenas aos perfeitos – 1 Coríntios 2:6.

De ilusionismo e prestidigitação[1]

etornemos agora à magia, parte da qual é uma arte de ilusionismo, ou seja, criar ilusões que são feitas segundo aparências apenas, pelas quais os magos mostram fantasmas, encenam muitos milagres fraudulentos e provocam sonhos, o que eles fazem nem tanto por meio de goetia e imprecações, ou artimanhas de demônios, e sim com o auxílio de vapores, perfumes, luzes, poções de amor, colírios, ligações e suspensões, também com anéis, imagens, espelhos e drogas, além de instrumentos de arte mágica e um poder natural e celestial.

Muitas coisas também são feitas todos os dias com truques das mãos, do tipo que vemos nos palcos, e feitos por saltimbancos, a quem chamamos quirósofos.[2] Há livros específicos que tratam de tais artes, como os livros de prestidigitação de Hermes e alguns outros.

Lemos também a respeito de certo homem chamado *Paseton*,[3] notável ilusionista, que oferecia um banquete aos seus convidados e, quando bem entendia, o fazia desaparecer, deixando todos se levantarem com fome, sede e iludidos. Lemos que *Numa Pompílio*[4] usava essas formas de ilusionismo, e também o douto *Pitágoras*[5] às vezes recorria a este truque: escrevia coisas em um espelho, o qual, sendo colocado contra a Lua cheia, mostrava a todos que se colocassem por trás aquelas coisas representadas no globo lunar.

A essa categoria pertencem aqueles poetas que cantam as transmutações dos homens, também apregoadas pelos historiadores e por alguns adivinhos cristãos, e também registrado na Escritura. Assim, homens aparecem como jumentos ou cavalos,[6] ou outros animais, com olhos fascinantes ou um semblante perturbado, fenômeno provocado por uma arte natural. Às vezes, tais coisas são feitas por espíritos bons e maus, ou pelo próprio Deus a pedido de um bom homem, como lemos na Escritura, quando *Eliseu* foi cercado por um exército do reio no que fortificava Dotã.[7] Mas, aos olhos puros e aos que podem ser abertos por Deus, tais coisas não enganam; aquela mulher, por exemplo, que todos pensavam fazer parte de um gado, a *Hilário*[8] nada mais pareceu que a verdadeira mulher que era.

Essas coisas, portanto, feitas somente de acordo com aparências, são chamadas de ilusionismo. Mas as que são feitas pela arte de transmutação, ou translação, como no caso de *Nabucodonosor*,[9] ou do milho levado a outro campo, pertencem à espécie da qual já falamos.

Mas dessa arte de ilusionismo, como dizia *Jâmblico*,[10] essas coisas supostamente enfeitiçadas ou encantadas, além da imaginação, nada têm de verdade ou essência. Sua finalidade é apenas incitar a imaginação de acordo com a aparência, não deixando marcas nem sinais. Ora, pelo que foi dito, é evidente que a magia nada mais é que uma coletânea de idolatria, astrologia e medicina supersticiosa.

Existe ainda uma grande companhia de hereges fundada por mágicos na própria Igreja, que, como *Jannes* e *Jambres*, resistem a *Moisés*[11] e negam a verdade apostólica. O principal dentre eles foi *Simão*, o samaritano,[12] a quem, por razão dessa arte, foi concedida em Roma, na época de *Cláudio César*, uma estátua com esta inscrição: A *Simão*, o santo deus. Suas blasfêmias são mencionadas por *Clemente*,[13] *Eusébio*[14] e *Irineu*.[15]

Desse *Simão*, como de muitas outras heresias, derivaram por sucessão os monstruosos Adoradores da Serpente,[16] os imundos gnósticos,[17] os ímpios valentinianos,[18] cerdonianos,[19] marcionistas,[20] montanistas[21] e muitos outros hereges, colocando-se contra Deus por lucro e vanglória, fazendo mal aos homens, enganando-os e atraindo-os para a destruição e o erro, levando-os ao julgamento final de Deus.

Mas eu escrevi acerca de magia, quando ainda era muito jovem, três grandes livros, os quais chamei de Filosofia Oculta, fruto de minha errônea curiosidade juvenil, ato do qual agora que sou mais maduro, estou disposto a me retratar, com esta explicação: Eu costumava perder muito tempo e dinheiro com essas frugalidades. Por fim, tornei-me sábio o suficiente para dissuadir os outros dessa destruição.

Pois todos aqueles que, longe da verdade e do poder de Deus, no engodo de demônios, segundo a operação de espíritos ímpios, se embrenham em adivinhação e profecia, e praticam por meio de vaidades mágicas, exorcismos, encantações e outras obras demoníacas e erros de idolatria, produzindo ilusões e fantasmas que logo desaparecem, alegando ter o dom dos milagres, digo que, assim como *Jannes* e *Jambres*, e *Simão*, o Mago, estão destinados aos tormentos do fogo eterno.

Da Filosofia Oculta de Henrique Cornélio Agrippa,
Fim.
Ano MDXXXIII, no mês de julho.

Notas – De ilusionismo e prestidigitação

1. *De incertitudine et vanitate scientiarum*, cap. 48.
2. Do grego χειρύσοΦος: habilidoso com as mãos.
3. Lemos que o feiticeiro Pasetes, por meio de certos encantamentos, fazia aparecer um suntuoso banquete, e logo depois fazia tudo sumir, a bel-prazer. Ele também costumava comprar coisas e contar o preço, e pouco depois o dinheiro retornava, em segredo, do vendedor para o comprador (Francesco Maria Guazzo, *Compendium Maleficarum* 1.3., tradução de E. A. Ashwin [Nova York: Dover, {[1608, 1929] 1988], 7).
4. Ver Agostinho, *Cidade de Deus* 7.35. A lenda de que Numa fora aluno de Pitágoras é mencionada por Lívio (*História* 1.17).
5. Alguns dos feitos maravilhosos atribuídos a Pitágoras são citados por Jâmblico em *Life of Pythagoras* 28.
6. Não é muito diferente do relato de São Vicente de Beauvais, em sua *Speculum majus*, Lib. XVIII, de uma mulher que, a pedido de um judeu, porque não cedia aos prazeres dele, foi transformada por uma bruxa em uma égua, assim sendo vista não só por todas as outras pessoas, mas também pelo próprio marido; e só São Macário, homem da mais rara santidade, não foi enganado pela ilusão, logo a identificando como a mulher que sempre fora (Nicolas Remy, *Demonolatry* 2.5. [Ashwin, 111]).
7. II Reis 6:18.
8. Muitos milagres são atribuídos a Santo Hilário, em *Vita St. Helarionius Eremitae*, de São Jerônimo.
9. Alusão à suposta transformação de Nabucodonosor em boi. Daniel 4,32.
10. Devemos dizer o mesmo, portanto, no que diz respeito a fantasmas. Pois, se eles não são verdadeiros, mas outras coisas sim, então, também no aparecimento dos espíritos eles parecem ser criaturas reais; ao mesmo tempo participam de falsidades e ilusões, do mesmo modo que as formas que se apresentam à visão em espelhos; e assim, em vão, atraem a mente para coisas que nunca acontecem em nenhum dos gêneros. Esses fantasmas, do mesmo modo, consistem em enganosas perversões. Pois aquilo que é uma imitação do ser, e uma obscura assimilação, se tornando causa de engano, não pertence a ninguém do gênero clara e verdadeiramente existente (Jâmblico, *On the Mysteries*) 2.10 [Taylor, 106]).
11. II Timóteo, 3:8.
12.
    Em São Clemente de Roma também lemos muito a respeito de Simão Magus: que ele fez um homem novo do ar, a quem podia tornar invisível quando desejasse; que podia furar pedras como se elas fossem de barro; que dava vida às estátuas; quando lançado ao fogo, não foi queimado; que tinha dois rostos como outro Janus; podia se transformar em um carneiro ou bode; que voava pelo ar; que, de repente, produzia uma grande quantidade de ouro; que podia criar reinos e derrubá-los; que fazia uma foice ceifar sozinha – e ela ceifava dez vezes mais que as outras – e que, quando uma certa prostituta chamada Selene estava em uma torre, e uma grande multidão correra para vê-la, cercando a torre por completo, ele fez com que a mulher aparecesse simultaneamente em todas as janelas, se exibindo para todas as pessoas. Anastácio de Niceia diz: "Simão Magus fazia estátuas falarem; e quando foi lançado ao fogo, ele não se queimou; ele voava pelo ar e transformava pedras em pães. Ele assumia a forma de uma serpente e outros animais; tinha dois rostos; transformava-se em ouro; fazia aparecer todos os tipos de espectros em festivais; chamava muitas sombras para aparecer diante de si – afirmava que eram as almas dos que partiram. Simão fez os vasos de uma casa se moverem como que por vontade própria, sem que ninguém os carregasse" (Guazzo, *Compendium Maleficarum* 1.3 [Ashwin, 7-8]).
13. *Os Reconhecimentos* de pseudo-Clementines, uma tradução em latim feita por Rufus, por volta de 400d.C., de um texto grego chamado *Clementine Homilies*, que trata dos feitos de Simão Magus. Ver Thorndike, 1:17.

14. Ver *Ecclesiastical History* 2.13. 14. Eusébio cita Justino Martyr e Irineu, e apresenta algumas ideias próprias.
15. Ver *Against Heresies* 1.16.
16. Ver nota 39, em "Da Cabala", p. 896.
17. O termo é usado por Agrippa para indicar uma seita específica, da mesma maneira que é usado por Irineu (*Against Heresies* 1.29, 30). No sentido mais amplo, todas as seitas aqui mencionadas são gnósticas, exceto o montanismo.
18. Ver nota biográfica sobre Valentino.
19. Um certo homem, todavia, de nome Cerdon, cujos primeiros impulsos foram derivados dos seguidores de Simão, que viveu por algum tempo em Roma, no tempo de Higino XIX, ensinava que o Deus proclamado pela lei e os profetas não era o Pai de nosso Senhor Jesus Cristo, pois este último fora revelado e o outro era desconhecido; o primeiro também era justo, mas o outro era bom. Marcion, de Ponto, quando sucedeu a Cerdon no episcopado, reforçou esse ensinamento proferindo suas blasfêmias sem nenhum pudor (Eusébio, *Ecclesiastical History* 4.11, tradução de C.F. Cruse [Londres: Bell and Daldy, 1866], 126-7).
Aqui, Eusébio cita diretamente Irineu, *Against Heresies*, livro III.
20. E há Marcion, homem de Ponto, que ainda hoje (por volta de 150 d.C.) está vivo e ensina seus discípulos a acreditarem em um outro deus maior que o Criador. E ele, com a ajuda dos demônios, fez com que muitas nações proferissem blasfêmias e negassem que Deus é o criador deste Universo, afirmando que outro, maior que Ele, realizou obras maiores (Justino Martyr, *First Apology* 26 [*Ante-Nicene Christian Library* 2:29-30]).
21. O montanismo era um tipo de Cristianismo carismático do século II.

Existe certa vila de Misia, na Frígia, chamada Ardaba. Lá, segundo dizem, Montano, um desses homens recentemente convertidos quando Crato era pró-cônsul na Ásia (por volta de 156 d.C.), devido ao excessivo desejo de se tornar líder, deu ao adversário a oportunidade de se voltar contra ele. Foi tomado e envolvido por um tipo de frenesi e êxtase, delirando e falando coisas estranhas; proclamando que era contrário às instituições que prevaleciam na Igreja, transmitidas e preservadas desde seus primórdios (Eusébio, *Ecclesiastical History* 5.16 [Cruise, 184]).

Logo duas mulheres, Prisca e Maximilla, também começaram a profetizar. A perseguição de 177 d.C. espalhou o montanismo da Frígia por toda Ásia Menor, Roma e até a Gália. A mensagem da seita era uma rígida adesão à moralidade asceta.

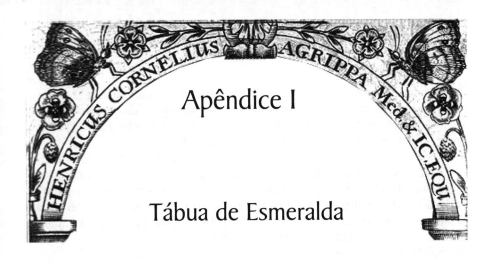

Apêndice I

Tábua de Esmeralda

 Tabula Smaragdina, ou Tábua de Esmeralda, é uma curta obra alquímica atribuída pelos comentaristas medievais a Hermes Trismegisto. Aparece pela primeira vez nos escritos do árabe Jabir ibn Hayyan (ou Geber), que viveu no século VIII, mas acredita-se ser, na verdade, bem mais antiga (ver Burckhardt [1960] 1974, 196). Na época de Agrippa, havia em circulação muitos manuscritos da obra. Ortolano (ou Hortolanus), o alquimista, escreveu um comentário dedicado à Tábua de Esmeralda por volta de 1350 (Thorndike, 3:183). Vale observar que Trithemius faz referência total à Tábua em sua carta a Germano de Gonay, datada de 24 de agosto de 1505 (*Ibid.*, 4:348).

Hargrave Jennings, em sua introdução a uma tradução dos escritos herméticos de John Everard, conta a lenda da Tábua:

> Em um tratado atribuído a Alberto Magno, lemos que a tumba de Hermes foi descoberta por Alexandre, o Grande, em uma caverna perto de Hebrom. Nela foi encontrada uma laje de esmeralda, a qual fora tirada, das mãos do Hermes morto, por "Sara, a esposa de Abraão", e que trazia inscrita em caracteres fenícios os preceitos do grande mestre acerca da arte de fazer ouro. Essa inscrição consistia em 13 sentenças e pode ser encontrada em várias obras de alquimia (Divine Pymander [Everard, viii-ix]).

O tema da Tábua de Esmeralda é a Grande Obra alquímica, ou, conforme descrita aqui, "a obra do Sol". Isso pode ser considerado, em um sentido mais elevado, a morte material e o renascimento espiritual da alma, ou, no sentido menor, a transformação física do metal comum em ouro. Agrippa admite, no capítulo XIV, livro I, que participou de experimentos alquímicos e conseguiu criar ouro, mas não mais pelo peso que pela quintessência do ouro usado no experimento. Sem dúvida, porém, ele valorizava a Tábua mais como um repositório, em forma reduzida cifrada, dos grandes princípios herméticos, particularmente a segunda sentença, que resume toda a base filosófica do ocultismo na Idade Média em poucas palavras.

A versão da *Smaragdina* apresentada aqui se baseia em várias traduções do texto latino, a referência usada por Agrippa. Ao se compor essa versão, foi levado em conta também o texto árabe. Ele difere do latino em alguns pontos de ênfase, mas não se julgou necessário desviar de maneira radical do sentido da versão latina. A principal variação entre os dois textos está na Sentença 10, que em árabe diz: "Assim, o microcosmo foi moldado do macrocosmo". As palavras traduzidas como "da operação do Sol" na Sentença 13 também podem significar "da obra de ouro" (*de operatione solis*), enfatizando a possível dupla interpretação.

Alguns tradutores combinam as Sentenças primeira e segunda, totalizando 12, mas eu preferi separar as duas para enfatizar que a referência à "verdadeira" na Sentença 1 se aplica à Tábua toda.

Hermes Trismegisto
Extraído de De divinatione et magicis praestigiis, *de Jacques Boissard (Oppenheim, 1605)*

Tábua de Esmeralda de Hermes Trismegisto

1. É verdadeira, sem falsidade e absolutamente certa.
2. Como é embaixo também é em cima; e como é em cima também é embaixo: realizar o milagre da coisa única.
3. Assim como todas as coisas se formaram de uma coisa, pelo pensamento de uma coisa, também todas as coisas nascem dela, e por escolha.
4. Seu pai é o Sol, sua mãe é a Lua, o Vento a carrega no ventre, sua ama é a Terra.
5. É a autora de toda a perfeição em todo o Mundo.
6. O poder é forte quando mudado em Terra.
7. Separe a Terra do Fogo, o sutil do grave, com delicadeza e cuidado.
8. Ascenda da Terra ao Céu e desça novamente à Terra, para unir o poder das coisas mais altas com o das coisas mais baixas; e assim, você obterá a glória de todo o mundo, e as sombras o deixarão.
9. Ela tem mais força que a própria força, pois vence todas as coisas sutis e penetra todos os sólidos.
10. Assim o mundo se moldou.
11. Daí procedem as maravilhas que aqui se encontram.
12. Eu sou, portanto, Hermes Trismegisto, possuindo as três partes da filosofia do mundo.
13. Aquilo que eu tinha a dizer da operação do Sol é perfeito.

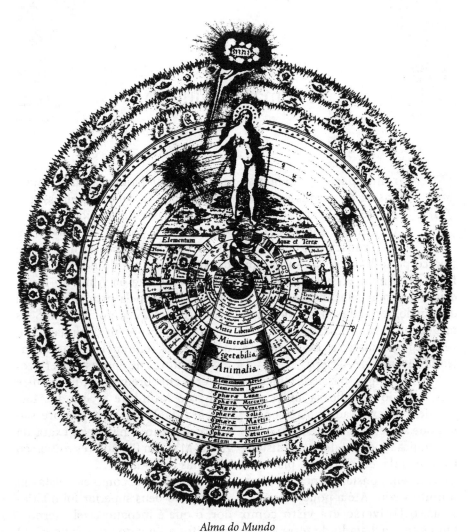

Alma do Mundo
Extraído de Utriusque cosmi maioris scilicet et minoris metaphysica atque technica historia, *de Robert Fludd (Oppenheim, 1617)*

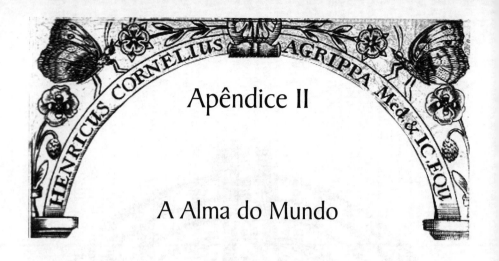

Apêndice II

A Alma do Mundo

rande parte da magia se baseia na premissa, geralmente implícita, de que o Universo é um único ser vivo consciente, dentro de cujo corpo todas as coisas subsistem. Esse ser cósmico era visto como um deus e chamado pelos antigos de Alma do Mundo. Será útil examinarmos algumas das qualidades dessa deidade, uma vez que nos ajudarão a compreender a teoria de magia de Agrippa.

Nos tempos clássicos e medievais, "mundo" significava "universo". Isso deve ser explicado, pois o conceito pode se perder na perspectiva astronômica moderna de vastas distâncias, incontáveis estrelas e planetas, galáxias em constante movimento e infinito vazio. Até a poucos séculos atrás, o Universo era visto como um círculo achatado de terra e mar e o arco do firmamento, no qual se moviam os pequenos discos do Sol e da Lua, os cinco pontos vagantes de luz chamados planetas e algumas centenas de pontos fixos chamados estrelas.

Uma visão maior das coisas não era algo inédito – alguns filósofos especulavam que a Terra era uma esfera e que o Sol tinha um tamanho muito grande, embora nunca imaginassem o quanto – mas, para a maioria das pessoas cultas, "Terra" e "mundo" eram ideias concêntricas, mas não muito dessemelhantes em alcance.

A doutrina da Alma do Mundo é expressa pela primeira vez em sua forma clássica por Platão. Seus escritos se tornaram o fundamento de todas as referências subsequentes. Escritores de épocas posteriores às vezes encobrem a distinção entre Alma do Mundo e a Grande Mãe, a deusa da Terra; nem sempre são claros quanto à natureza exata da Alma. Mas, em Platão, três coisas são distintas e lúcidas.

Para Platão, como ele relata em *Timaeus*, o deus superior foi o Criador, o que é incognoscível, eterno e perfeito, a "melhor das causas". O mundo, criado à sua imagem, é necessariamente belo, e a beleza do mundo é um espelho para o esplendor do Criador. Desejando trazer ordem ao caos da esfera visível para que "todas as coisas fossem como ele mesmo é", de pura bondade e livre de todo ciúme, ele fez surgir uma cópia de si mesmo, tão exata quanto possível, para daí gerar toda e qualquer coisa secundária. As características dessa "melhor das criações" foram determinadas por sua natureza essencial.

Ele fez o mundo inteligente porque a inteligência é mais bela que ininteligência. Ele deu ao mundo uma alma porque a inteligência não pode residir onde não há alma. Ele pôs a alma em um corpo porque "aquilo que é criado é, por necessidade, corpóreo, e também visível e tangível".

O mundo é um e não muito porque o Criador é um, e o mundo é sua imagem. Para que este mundo fosse visível, ele o moldou de Fogo. Para que fosse tangível, formou-o da Terra. Mas esses dois elementos não podiam se unir sem um meio, no sentido aritmético. Se o mundo fosse planar, um meio bastaria, mas, como era sólido, dois meios seriam necessários. Água e Ar eram necessários. O Fogo é para o Ar como o Ar é para a Água, e o Ar é para a Água como a Água é para a Terra.

> E por esses motivos, a partir desses elementos que são em número de quatro, o corpo do mundo foi criado e harmonizado por proporção, tendo, portanto, o espírito de amizade, e estando em si conciliado, seria indissolúvel pela mão de qualquer um senão o próprio criador (Platão, *Timaeus* 32c [Hamilton & Cairns]).

O Criador formou o mundo na mais perfeita das formas, a esfera, "que encerra em si todas as outras figuras". A superfície foi confeccionada com maciez perfeita, sem olhos, uma vez que nada havia para se olhar além do mundo; sem ouvidos porque nenhum som externo havia para se ouvir; sem nariz porque não havia ar externo para se respirar; sem boca porque o mundo era autossuficiente, "seus próprios dejetos fornecendo sua alimentação, e tudo o que ele fazia ou sofria ocorrendo em si mesmo e por si mesmo"; sem mãos, uma vez que o mundo "não tinha necessidade de pegar coisa alguma nem se defender contra ser algum"; sem pés porque o movimento do mundo era uma rotação circular, sendo o mais adequado para sua forma esférica e mais apropriado para a mente e a inteligência.

No centro do corpo do mundo o Criador colocou a alma, que é mais velha que o corpo. Isso é evidente, uma vez que a alma governa o corpo e o Criador jamais permitiria que o mais jovem dominasse o mais velho. A alma se difunde de um modo especial por todas as partes do mundo, e também pelo "ambiente exterior dele", e é feminina, a amante do corpo do mundo. Ela é moldada a partir de proporções numéricas harmoniosas, cuja mistura o Criador cortou em um X e dobrou, formando um círculo duplo, fazendo girar cada uma das partes em direção oposta, o círculo exterior para a direita e o interior diagonalmente para a esquerda. O círculo interior ele subdividiu em sete círculos desiguais nos quais se movem os sete planetas.

> Só após ter "moldado a alma segundo a sua vontade", o Criador formou dentro dela o mundo material e uniu os dois, centro a centro. O corpo do mundo é visível, mas a alma é invisível. E sendo composta do igual e do diferente, constituindo-se em três, e dividida e unida na proporção devida, e em suas revoluções

voltando-se sobre si mesma, a alma, ao tocar qualquer coisa que tenha existência, seja ela dispersada em partes ou não dividida, é movida em todos os seus poderes a declarar a igualdade ou a diferença de tal coisa e de alguma outra, e quais individuais são as coisas relacionadas, e por quais são afetadas, e em que sentido e como e quando, tanto no mundo da geração quanto no mundo da existência imutável (Ibid. 37a).

Desejando fazer o mundo uma cópia mais perfeita possível de si, o Criador colocou em ordem os céus e os fez mover de acordo com o número, fazendo surgir assim o tempo como uma imagem movente de sua própria eternidade. O tempo é um modelo defeituoso da eternidade porque a eternidade não se move, mas "repousa em unidade". Platão diz: "Ora, a natureza do ser ideal era eterna, mas conferir tal atributo em sua plenitude a uma criatura era impossível". Entretanto, o tempo foi o mais próximo que o Criador pôde criar. "Foi moldado segundo o padrão da natureza eterna – para que a ela se assemelhasse o máximo possível, pois o padrão existe a partir da eternidade, e o céu criado tem existido, existe e existirá em todo o tempo. Essa foi a vontade e a ideia de Deus na criação do tempo" (Ibid. 38b).

Para marcar e medir os números do tempo, o Criador colocou os sete planetas nas sete divisões irregulares do círculo interior da Alma do Mundo. Ele fez os deuses do Fogo e os colocou, segundo a figura do mundo, em um círculo "e os fez seguir o movimento inteligente do supremo, distribuindo-os por toda a circunferência do céu, que deveria ser um verdadeiro cosmo ou glorioso mundo, todo deles reluzente" (Ibid. 40a).

A Terra, que é a ama da humanidade e a primeira e mais velha dentre os deuses no interior do céu, foi colocada no centro do Universo sobre o eixo do mundo, para ser "guardiã e artífice da noite e do dia". O Criador despejou os elementos misturados com que tinha feito a Alma do Mundo, mas diluiu a mistura para o segundo e o terceiro graus, e a dividiu em almas iguais em número às estrelas fixas. Para cada alma ele designou uma estrela. Os deuses celestiais pegaram os quatro elementos do mundo e confeccionaram corpos para essas almas residirem, "não com as correntes indissolúveis que as prenderiam, mas com prendedores pequenos demais para serem visíveis" (Ibid. 43a). Almas que viviam como homens justos regressavam às suas estrelas. Almas que faziam o mal desciam para os corpos de animais.

Aquilo que é mais perfeito nos homens, o intelecto e a razão, foi abrigado em um corpo esférico, a cabeça, em imitação da esfera perfeita do mundo. Mas o resto do corpo foi confeccionado para se adequar às exigências da vida física. O homem recebeu pernas para se mover em seis direções – para trás, para a frente; direita, esquerda; para cima, para baixo. O sétimo movimento perfeito, a rotação em torno de um lugar, lhe foi negado por causa da sua imperfeição.

Foi necessário descer até o homem, na gênese de Platão em *Timaeus*, para que fosse mostrado o elo entre o homem, a Terra, a Alma do Mundo e o supremo Criador. Em outro lugar, em suas *Leis*, Platão diz mais coisas acerca da natureza da Alma do Mundo que merecem consideração.

Ele define a Alma de modo conciso, como algo que tem movimento próprio, e a identifica como o "primordial surgimento e movimento de tudo o que existe, existiu ou existirá, bem como de todos os seus opostos, uma vez que ela se revelou como a causa universal de toda mudança e movimento" (*Leis* 896 a [Hamilton & Cairns]). Ele acrescenta que ela é "a primeira de todas as coisas nascidas", o que corrobora o que diz em *Timaeus*; e que a Alma – significando toda a alma, ou a Alma do Mundo – é a causa do bem e do mal; e que ela move os céus; e que as almas individuais, ou partes da Alma, nos corpos celestes são estimadas como deuses.

Agrippa conhece melhor os escritos de Hermes Trismegisto que os de Platão, se nos basearmos na qualidade de suas citações em *Filosofia Oculta*. A doutrina da Alma do Mundo se afigura de modo proeminente na Hermética, em vários sentidos importantes.

Hermes enfatiza a distinção feita por Platão entre tempo, que é a duração do mundo, e eternidade, a duração do Criador.

O Cosmos é sempre vivo; pois foi feito imortal pelo Pai, que é eterno. "Sempre vivo" não é o mesmo que "eterno". O Pai não foi feito por outro; se é que ele foi feito, o foi por si mesmo; mas é mais correto dizer que ele não foi feito, e sempre existiu. Mas o Cosmos está sempre sendo feito [*Corpus Hermeticum* 8.2 (Scott, 1:175)].

Ele estabelece um elo entre Deus e o homem mais diretamente que Platão, dizendo de maneira sucinta: "Há estes três, portanto – Deus, Cosmos e Homem. O Cosmos é contido por Deus, e o homem é contido pelo Cosmos. O Cosmos é filho de Deus; o homem é filho do Cosmo, e neto, por assim dizer, de Deus" (*Ibid.* 10.14b [Scott, 197]).

Cosmos, ou o mundo, é uma esfera, como se vê em Platão, mas Hermes, usando uma metáfora, o chama de "cabeça". As coisas que estão mais próximas da superfície externa dessa cabeça, sua "membrana cerebral", têm mais alma que corpos, sendo, portanto, imortais. As coisas mais perto do centro têm mais corpo que alma, e são mortais. Essas são as coisas vivas abaixo do círculo da Lua. "Assim, o universo é composto de uma parte que é material e uma parte que é incorpórea; e como o corpo é feito com uma alma dentro, o Universo é um ser vivo" (*Ibid.* 10.11 [Scott, 195]).

Continuando com o tema, Hermes observa que o mundo está em constante fluxo, a cada dia suas partes mudam, não sendo mais vistas; o mundo, porém, como um todo, nunca se decompõe. Ele enfatiza que as formas que mudam são formas do mundo em si, não apenas nele contidas, mas dele separadas. "E o Cosmos assume todas as formas; ele não contém as formas como coisas nele contidas, mas o próprio Cosmos muda."

Em tudo isso, Hermes concorda com Platão. Em outro ponto, parece discordar; mas esse conflito é apenas superficial. Platão diz com todas as letras que a Alma do Mundo, como a mais perfeita imagem de Deus, é perfeitamente boa (*Leis* 898c; *Timaeus* 30b). Hermes assume uma posição oposta: "Pois o Cosmos é uma massa de malignidade, assim como Deus é uma massa de bondade" (*Corpus Hermeticum* 6.4a [Scott, 169]). Mais adiante, ele parece se contradizer, dizendo: "O Cosmos não é, na verdade, mau, mas também não é bom, como Deus é bom; pois é material, e sujeito a perturbação" (*Ibid.* 10.10b [Scott, 195]).

Não há um conflito de ideias nessas frases, mas apenas uma ênfase diferente. Platão está se referindo à Alma do Mundo, a parte incorpórea da criação, como o maior bem dentre as coisas criadas, mas não quer dizer, com isso, que seja igual em bondade a Deus, cuja bondade está além da compreensão humana. Ela é, na verdade, o maior bem, ou a maior bondade, a que se pode aplicar o termo. Hermes prefere enfatizar a vasta diferença entre Deus e mesmo a mais perfeita de todas as coisas criadas. Isso ele faz, considerando a parte material do mundo, que é passível de mudança. Chama-a de malignidade para indicar que até mesmo o maior bem criado é o mal em comparação com o bem de Deus. Depois ele modera sua posição, distinguindo a alma do corpo do mundo. Nesse sentido, a alma é eterna; não é maligna no sentido humano do termo. Sendo o corpo sempre mutável, nunca poderá ser bom, conforme se aplica o termo ao Deus eterno.

Embora Hermes seja citado como se fosse um autor histórico, é óbvio que essas duas passagens foram escritas por autores diferentes, sendo a primeira muito mais influenciada pela doutrina cristã. Uma vez que há uma harmonia filosófica única por trás dos escritos herméticos, não é estranho afirmar que partes do *Corpus* tenham sido escritas em épocas diferentes, por várias mãos. Menciono isso para que o leitor não pense que o óbvio me tenha passado despercebido.

A opinião do estudioso romano Varro acerca da Alma do Mundo, preservada no comentário de Agostinho em sua *Cidade de Deus*, é menos abstrata, mais coloquial, como se esperaria de um indivíduo popularizador de ideias. Varro divide a Alma do Mundo em três grau. O primeiro grau da Alma é insensível, sendo no mundo madeira, pedras e terra, equivalente no homem a unhas, ossos e pelos. O segundo grau é sensível, sendo no mundo o Sol, a Lua e as estrelas equivalentes, no homem, aos ouvidos, olhos, nariz, boca e tato. O terceiro grau é intelectual, no mundo o éter (que Agrippa chama de Espírito do Mundo ou quintessência), equivalente no homem à mente. Esse último e mais alto nível da Alma é chamado, no mundo, de deus, no homem de Gênio – isto é, o anjo da guarda.

A Terra era considerada por Varro uma deusa, a qual a Alma do Mundo, aqui abordada como um deus, interpenetrava, engravidava e tornava frutífera. Como diz Agostinho: "a parte da alma do mundo (dizem eles) 'contida nela a torna divina'" (*Cidade de Deus*, 7.23 [Healey]). De acordo com Varro, a parte masculina do mundo é chamada de Tellus, cujo poder é produzir, e a parte feminina Tellumo, cujo poder é receber. Os sacerdotes romanos acrescentam outros dois conceitos, dividindo o mundo em quatro poderes ou deidades. São eles Altor, que segundo Agostinho (ou, Varro) vem de *alo*, nutrir, pois a terra nutre todas as coisas; e Rusor, de *rursus*, que todas as coisas retornam à terra. Embora Agostinho não diga, seria lógico associar Altor a Tellus e Rusor a Tellumo, formando pares respectivamente de produção e crescimento, e recepção e decaimento.

Tudo isso Varro relata a respeito das crenças de seus contemporâneos e dos sacerdotes. Mas em outros pontos ele apresenta visões próprias, registradas por Agostinho (7,24):

> Pois Varro, como que envergonhado de tal postura, diz que Tellus é apenas uma deusa. Eles a chamam (diz ele) de a grande mãe, e sua insígnia é sinal da forma redonda da terra: as torres na cabeça simbolizam as cidades: os tronos em volta dela, sua eterna estabilidade quando tudo o mais se move: seus *galli*, sacerdotes, significam que aqueles que não têm semente [os que foram castrados] devem seguir a terra que tudo contém; seus movimentos violentos [danças] aconselham aos lavradores da terra que não permaneçam no ócio, pois ainda há trabalho a ser feito. Os címbalos significam os barulhos com os ferros do arado, etc., na lavoura; são feitos de bronze, pois era assim que se faziam tais instrumentos antes da descoberta do ferro. O leão manso significava que a terra mais bruta poderia, por meio da lavoura, se tornar fértil. E ele acrescenta, enfim, que ela era chamada de mãe terra, e de muitos outros nomes, o que a levava a ser associada a muitos deuses.

Nesse relato em segunda mão de Agostinho, como em outros escritores, às vezes há uma distinção vaga entre a face ativa, oculta, masculina da Alma do Mundo, e sua face receptiva, manifesta e feminina. A isso se acrescenta a confusão entre o mundo ou Universo e a Terra material. E a confusão surge porque eles não são poderes e corpos separados, mas um todo único, misturado e interpenetrado.

Platão deixa claro que a Alma do Mundo não é masculina nem feminina em si, mas recebe essas polaridades sobre sua superfície desnuda, assim como um espelho não é vermelho nem verde, mas reflete a cor que passa por ele:

> E o mesmo argumento se aplica à natureza universal que recebe todos os corpos – que deve ser sempre chamada de igual, pois, como ela sempre recebe todas as coisas, nunca se afasta de sua natureza e jamais, de modo algum e em tempo algum, assume uma forma como qualquer coisa que nela entre; ela é o recipiente natural de todas as impressões, sendo por elas movida e formada, e tendo diferente aparência de tempos em tempos por causa delas (Platão, *Timaeus* 50b).

Platão costuma falar da Alma do Mundo como feminina, por causa de sua relação com o Criador, que imprime formas sobre a Alma, formas estas que são seus filhos (ver *Timaeus* 50d).

É evidente que Agostinho, no mínimo, compreendia a distinção entre o mundo e a Terra, quando vemos este lúcido e conciso sumário que ele faz da doutrina da Alma do Mundo, com base em Platão:

> Eles [os platônicos] concordam também nisso, que os corpos terrestres não podem ser eternos, e no entanto

acreditam que toda a terra, a qual eles consideram uma parte central de seu grande deus (embora não do superior), o mundo, é eterna. Seu maior Deus fez, então, outro deus, maior que todo o resto abaixo dele, isto é, o mundo, e eles acreditam que este seja uma criatura com uma alma intelectual por meio da qual vive, tendo suas partes constituídas dos quatro elementos, cuja ligação o grande Deus (para evitar que o outro pereça) fez indissolúvel e eterna... (*Cidade de Deus*, 13,17).

A divisão trina da Alma, por Varro, em um grau insensível, outro sensível e um intelectual, parece corresponder à divisão de Platão de três naturezas que se imprimem na Alma:

> ... a primeira é que está em processo de geração; a segunda, aquela na qual ocorre a geração; e a terceira, aquela da qual a coisa gerada é uma semelhança naturalmente produzida. E nós podemos comparar o princípio receptivo a uma mãe, e a fonte ou origem a um pai, e a natureza intermediária a uma criança, e podemos observar ainda que, se o modelo deve assumir toda variedade de forma, então a matéria na qual o modelo é confeccionado não será devidamente preparada, a menos que seja informe e livre da impressão de qualquer uma das formas que deverá receber de fora (*Timeu*, 50c-d).

O grau insensível de Varro é a natureza receptiva de Platão, seu grau intelectual é a fonte platônica de geração, e o grau sensível é a natureza platônica intermediária das coisas geradas. Assim, o Sol, a Lua e as estrelas são filhos nascidos da mãe, a Alma do Mundo, gerados pelo pai, o Criador.

A afirmação de Varro de que o Sol, a Lua e as estrelas são os sentidos do mundo parece ser contradita por Platão, que explica que o mundo não tem sentidos (*Timeu*, 33-4). O motivo por que Platão nega com tanta veemência os sentidos do mundo é seu desejo de enfatizar que nada existe fora ou à parte do mundo. Os sentidos do mundo segundo Varro são voltados para dentro e parecem inspirados por considerações astrológicas. Se o Sol, a Lua e as estrelas devem guiar os destinos dos homens, precisam estar cientes do que os homens estão fazendo.

Implícita nessa noção de Varro se encontra uma separação entre os homens e a Alma do Mundo. Sua Alma do Mundo deve olhar para dentro para conhecer o que transpira na Terra. Platão teria dito que isso era desnecessário. A Alma do Mundo se difunde igualmente através de todo ponto em sua esfera, permitindo-lhe ter consciência das ações dos homens, como de seus próprios pensamentos – os quais, a propósito, não são como os pensamentos dos homens, mas, como nos diz Hermes, "mais poderosos e menos diversificados" (*Corpus Hermeticum*, 9.6 [Scott, 183]).

Para concluir, podemos mencionar a sobrevivência dessa doutrina até os tempos modernos. O que é a Mãe Natureza senão a "grande mãe" de Varro, a deusa de toda a Terra em seu princípio unificador e vivificador? Aquele que a engravida – o grau intelectual, segundo Varro, ou a fonte de geração, citada por Platão – é oculto, raramente mencionado em sua mitologia popular e, no entanto, em constante atividade, como se nota em sua incessante fecundidade. Em tempos recentes, a ciência descobriu Gaia e a fez respeitável, defendendo a teoria de que a Terra física não formou a vida, mas sim a vida formou a Terra, modificando seu clima, atmosfera e superfície. Essa teoria, nova no Ocidente, tem milhares de anos no Oriente, onde a deusa hindu Shakti, ou poder manifesto, se torna fecunda pela ação de Shiva, a consciência universal imutável.

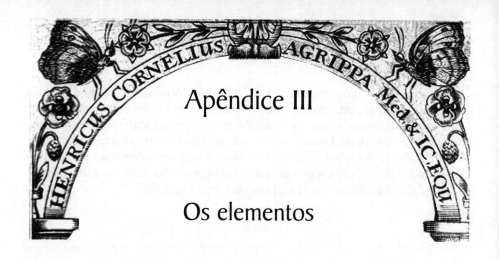

Apêndice III

Os elementos

sse exame dos elementos se baseia no tratado incompleto de Ocelo Lucano, *Da natureza do universo*, em *Sobre a geração e corrupção*, de Aristóteles, e *Timaeus*, de Platão. A maioria dos críticos modernos considera falsa a obra atribuída a Ocelo, acreditando que tenha se baseado em Aristóteles e sido escrita por volta de 150 a.C. Tal visão não é infundada. Entretanto, os escritores mais antigos afirmavam que a obra atribuída a Ocelo era genuína e que Aristóteles havia tirado dela muitas de suas ideias a respeito dos elementos. Nesta breve análise, qual obra foi composta primeiro não é importante; por isso, a opinião mais antiga, que Agrippa deve ter compartilhado, foi aqui adotada.

Nesta breve análise, qual obra foi composta primeiro não é importante; por isso, a opinião mais antiga, que Agrippa deve ter compartilhado, foi aqui adotada.

O filósofo pitagórico Ocelo Lucano afirma que a primeira coisa necessária para o mundo da geração existir é um fundamento primordial, uma base, ou matéria da qual todas as formas ou qualidades das coisas são moldadas. Esse estrato subjacente não tem qualidades tangíveis em si. Ocelo diz que tem a mesma relação com a forma que o silêncio tem com o som, a escuridão com a luz, ou a água pura com o gosto: "... na matéria [o substrato intangível], todas as coisas anteriores à geração se encontram em capacidade, mas elas existem em perfeição quando são geradas e recebem sua devida natureza" ("On the Universe". In *Ocellus Lucanus*, tradução de Thomas Taylor [Los Angeles: Philosophical Research Society [1831], 1976], 11-2).

Seguindo Ocelo, Aristóteles enfatiza o detalhe de que esse primeiro fundamento das coisas não pode ser tangível em si.

Erram, no entanto, aqueles pensadores que postulam, além dos corpos que mencionamos, uma matéria única – e ainda corpórea e separável. Pois esse "corpo" de que falam não poderia existir sem uma "contrariedade perceptível". Esse "Ilimitado", que alguns pensadores identificam como o "real original", deve ser ou leve ou pesado, ou frio ou quente.... Nossa doutrina é que, embora exista uma matéria dos corpos perceptíveis (uma matéria da qual os assim chamados "elementos" surgem), ela não possui uma existência separada, mas está sempre comprometida com uma contrariedade (*Sobre a geração e a corrupção* 2.1 [McKeon]). Quanto à opinião de Platão acerca dessa matéria primária, ver *Timaeus* 50b-d, citado no apêndice II, p. 911.

A segunda coisa necessária para um mundo de geração é a contrariedade, que Ocelo considera premente por dois motivos: que a mudança ocorra nas formas impressas em matéria primária passiva, e que poderes opostos não podem se juntar e anular – ou seja, a existência subjacente da contrariedade mantém os poderes opostos como quente e frio de se juntar e se neutralizar mutuamente, resultando em uma insipidez uniforme.

Essências, ou elementos, são a terceira coisa necessária para um mundo de geração. São eles Fogo, Ar, Água e Terra. Atribuídos a eles são os respectivos poderes de quente, úmido, frio e seco. Ocelo diz: "Mas as essências diferem dos poderes; pois as essências são corrompidas no local uma pela outra, e os poderes não se corrompem nem se geram, pois seus motivos são incorpóreos" (*On the Universe* [Taylor, 12]). Sobre essa distinção escreve Aristóteles: "... pois esses corpos [elementos] se transformam uns nos outros (não são imutáveis como Empédocles e outros pensadores afirmam, uma vez que uma 'alteração' teria sido impossível), enquanto as contrariedades [poderes] não mudam" (*Geração e corrupção* 2.1).

Dois desses poderes, quente e frio, são ativos e, como diz Ocelo, "subsistem como causas e coisas de uma natureza efetiva..." (*On the Universe* [Taylor, 12]), enquanto os outros dois, seco e úmido, são passivos. Como Aristóteles explica: "Por outro lado, quente e frio, e seco e úmido, são termos dos quais o primeiro par implica poder de agir e o segundo par, susceptibilidade" (*Geração e corrupção* 2.2).

Esses quatro são os poderes primários, ou as contrariedades, dos tangíveis. Deles surgem outros 12, totalizando 16, todos os quais afetam o sentido do tato. Aristóteles explica:

Procuramos, enfim, "fontes originárias", de corpo perceptível; e como "perceptível" equivale a "tangível", e "tangível" é o sensível ao tato; é claro que nem todas as contrariedades constituem "formas" e "fontes originárias" de corpo, mas apenas aquelas que correspondem ao tato. Pois é conforme a contrariedade – uma contrariedade, aliás, de qualidades tangíveis – que os corpos primários são diferenciados. É por isso que nem a brancura (e a negritude) nem a doçura (e a amargura), nem qualquer qualidade pertencente a quaisquer outras contrariedades constituem um "elemento" (*Geração e corrupção* 2.2).

Os 12 poderes elementares secundários são, em pares: pesado, leve; raro, denso; macio, áspero; duro, mole; fino, grosso; e agudo, obtuso (ou quebradiço, viscoso). Todos esses, segundo Aristóteles, derivam da umidade e secura, e podem ser reduzidos aos quatro poderes primários, mas não além disso. "Pois o quente não é essencialmente úmido ou seco nem o úmido é essencialmente quente ou frio; tampouco são o frio e o seco formas derivativas um do outro ou de quente e úmido. Por isso, devem ser quatro" (*Ibid.*).

Se esses quatro poderes primários forem combinados em pares, resultam então seis pares. Contudo, dois deles, quente-frio e úmido-seco, são compostos de contrariedades que nunca podem se juntar, porque os opostos se recusam a se copular em estável harmonia, pois, como diz Aristóteles: "é impossível que a mesma coisa seja quente e fria ou úmida e seca" (*Ibid.* 2.3). Os quatro pares estáveis se apegam aos elementos de acordo com as qualidades manifestas desses elementos. O Fogo é quente e seco. O Ar é quente e úmido. A Água é fria e úmida e a Terra é fria e seca.

Ocelo atribui quatro dos poderes a cada elemento. O Fogo é quente, seco, raro e agudo. O Ar é suave, macio, leve e fino. A Água é fria, úmida, densa e obtusa. A Terra é dura, áspera, pesada e grossa. Entretanto, ao considerar os elementos de acordo com sua inter-relação, Ocelo concorda com Aristóteles, dizendo: "O Fogo, portanto, é quente e seco, mas o Ar é quente e úmido; a Água é úmida e fria, mas a Terra é fria e seca. Assim, o calor é comum ao Ar e ao Fogo; o frio é comum à Água e à Terra; a secura, à Terra e ao Fogo; e a umidade, à Água e ao ar" (*On the Universe* [Taylor, 14]).

Ocelo fala ainda da peculiaridade de cada elemento, dizendo: "o calor é a peculiaridade do Fogo, a secura da Terra, a umidade do Ar, e a frigidez da Água" (*Ibid.* 15). Aristóteles tem a mesma posição: "Todavia, sendo em número de quatro, cada um deles [cada elemento] é caracterizado por excelência por uma qualidade única: a Terra pela secura em vez do frio; a Água pelo frio em vez da umidade; o Ar pela umidade em vez do calor; e o Fogo pelo calor em vez da secura" (*Geração e corrupção* 2.3).

Os elementos podem ser divididos em um número de pares contrastantes. Fogo e Ar expandem e sobem, e são, segundo Aristóteles, "formas do corpo se movendo em direção ao limite" (*Ibid.*). Em contraste, Terra e Água se contraem e caem, e são "formas do corpo que se move em direção ao centro" (*Ibid.*). Fogo e Terra formam o par de extremos, porque, na ordem natural dos elementos, o Fogo sobe ao topo e a Terra cai ao fundo. Aristóteles diz que eles são "os mais puros". Água e Ar, por outro lado, formam o par de intermediários e são "mais como misturas". Também "os membros de qualquer um dos pares são contrários àqueles do outro. A Água é contrária ao Fogo e a Terra ao Ar" (*Ibid.*). Isso significa que os poderes do Fogo, que são quente-frio, são contrários aos poderes da Água, que são frio-úmido, o mesmo acontecendo com o Ar e a Terra.

Esses pares podem ser ilustrados com um simples diagrama. Poderes contrários são indicados pelas diagonais:

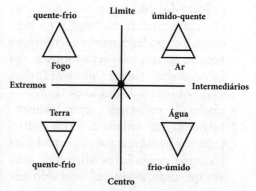

Devemos fazer a pergunta: por que os elementos são em número de quatro?

Embora seja tentador responder como o rei Lear ao Bobo, quando este lhe perguntou por que os planetas são em número de sete ("Porque não são oito"), há uma resposta mais útil, baseada em Aristóteles. Ele diz que todos os filósofos postulam um, dois, três ou quatro elementos. Aqueles que defendem a existência de um único elemento dizem que ele gera graças à ação da condensação e rarefação, ou frio e calor – portanto, na verdade, propõem dois elementos, e a coisa única de que falam é a matéria subjacente, ou "recipiente universal" de Ocelo. Outros, como Parmênides, que postulam dois elementos, os extremos Fogo e Terra, fazem dos intermediários Água e Ar as misturas. Já os que postulam a existência de três elementos simplesmente combinam os intermediários, e assim diferem muito pouco dos que afirmam que os elementos são em número de dois. Por fim, há os filósofos que desde o início dizem que há quatro elementos, como Empédocles – que os reduzem, porém, a dois, colocando todos os outros como opostos ao Fogo.

Aristóteles não considera por que ninguém postula cinco ou mais elementos. Talvez presuma que essa pergunta seja desnecessária. No entanto, a quintessência, ou éter, chamada por Agrippa de o Espírito do Mundo, às vezes é tratada como um quinto elemento, como o nome implica (*quine*: cinco), não sendo por acaso atribuída ao quinto sólido platônico, o dodecaedro, que, segundo Platão, "Deus usou na delineação do Universo com figuras de animais" (*Timaeus*, 55c).

Em *Epinomis*, Platão trata o éter como um dos elementos, colocando-o entre o Fogo e o Ar:

Ao lado do fogo, nós colocaremos o éter, presumindo que a alma forma dele criaturas que, assim como as outras espécies, têm no principal caráter de sua substância, embora em menor quantidade das outras espécies como veículos de união, e que depois do éter a alma cria outra espécie de criatura a partir do ar e uma terceira da água (*Epinomis*, 984b-c [Hamilton & Cairns]).

Entretanto, tal noção não parece compatível com o tom de *Timaeus*, e a própria autoria de *Epinomis* é duvidosa.

Aristóteles afirma que os elementos surgem um do outro, e cada elemento pode dar origem a qualquer outro elemento.

É evidente que todos eles podem, por natureza, se transformar uns nos outros, pois a transformação é uma mudança em contrários e a partir de contrários, e todos os "elementos" envolvem uma contrariedade em suas relações mútuas porque suas qualidades distintas são contrárias.... É evidente, portanto, que, se nós os considerarmos em geral, cada um é por natureza passível de surgir a partir de todos os outros... (*Geração e corrupção*. 2.4),

Como se poderia esperar, Ocelo concorda perfeitamente com a visão de Aristóteles.

Ocelo e Aristóteles dividem as transformações de elementos em três grupos.

A *primeira espécie* de transformação ocorre entre elementos que têm um poder em comum. Essa é a mais rápida e fácil mudança, pois só um elemento precisa ser convertido ou vencido para se transformar no elemento que o contém. É a mudança mais frequente na natureza.

O Fogo (quente-seco) se transforma em Ar (úmido-quente) se a secura no Fogo for vencida pela umidade. O Ar (úmido-quente) se transforma em Água (frio-úmido) se o calor no Ar for vencido pelo frio. A Água (frio-úmido) se transforma em Terra (seco-frio) se a umidade da Água for vencida pela secura. A Terra (seco-frio) se transforma em Fogo (quente-seco) se a frieza da Terra for vencida pelo calor.

Aristóteles diz: "É evidente, portanto, que a transformação de corpos simples será cíclica; e esse método cíclico de transformação é o mais fácil porque os elementos consecutivos contêm fatores complementares intercambiáveis" (*Geração e corrupção*, 2.4). Por "consecutivos", ele se refere aos elementos em sua ordem natural de separação, um acima do outro. E por "fatores complementares", implica o poder partilhado em cada par.

Embora esteja implícito, Aristóteles não afirma se esse ciclo de transformação flui em ambas as direções. Ocelo é mais explícito nesse ponto:

> Assim, quando a umidade no ar derrota a secura no fogo, mas a frigidez na água, o calor no ar, a secura na terra, a umidade na água, e vice-versa, quando a umidade na água derrota a secura na terra, o calor no ar, a frigidez na água e a secura no fogo, a umidade no ar, então são efetuadas as mutações e gerações dos elementos de um em outro (*On the Universe* [Taylor, 15]).

O Fogo (quente-seco) se transforma em Terra (seco-frio) se o calor do Fogo for vencido pelo frio. A Terra (seco-frio) se transforma em Água (frio-úmido) se a secura da Terra for vencida pela umidade. A Água (frio-úmido) se transforma em Ar (úmido-quente) se a frieza da Água for vencida pelo calor. O Ar (úmido-quente) se transforma em Fogo (quente-seco) se a umidade do Ar for vencida pela secura.

A *segunda espécie* de transformação ocorre entre elementos sem quaisquer poderes em comum. Aristóteles diz que, embora isso seja possível, é mais difícil porque envolve a mudança de mais qualidades e leva, por isso, mais tempo.

O Fogo (quente-seco) se transforma em Água (frio-úmido) quando o calor do Fogo é vencido pelo frio e a secura do Fogo é vencida pela umidade. O Ar (úmido-quente) se transforma em Terra (seco-frio) quando a umidade do Ar é vencida pela secura e o calor do Ar é vencido pelo frio.

A Água (frio-úmido) se transforma em Fogo (quente-seco) quando o frio da Água é vencido pelo calor e a umidade da Água é vencida pela secura. A Terra (seco-frio) se transforma em Ar (úmido-quente) quando a secura da Terra é vencida pela umidade e quando o frio da Terra é vencido pelo calor.

A *terceira espécie* de transformação ocorre quando dois elementos se combinam para formar um único terceiro elemento. Nas duas espécies anteriores, nós estávamos considerando um único elemento, o qual se transformava em outro quando um ou ambos de seus poderes eram convertidos. Aqui estamos tratando dois elementos unidos de modo que um poder em um elemento anule, ou, como diz Ocelo, "corrompa" um poder no outro, deixando apenas um único par de poderes, que combinam como um único elemento.

Fogo (quente-seco) mais Água (frio-úmido) se transformam em Terra (seco-frio) quando a umidade do Ar e o frio da Terra passam, mas se transformam em Água (frio-úmido) quando o calor do Ar e a secura da Terra passam.

Ar (úmido-quente) mais Terra (seco-úmido) se transformam em Fogo (quente-seco) quando a umidade do Ar e o frio da Terra passam, mas se transformam em Água (frio-úmido) quando o calor do Ar e a secura da Terra passam.

Não é possível formar um único elemento novo combinando dois elementos consecutivos dessa maneira, porque o resultado será ou poderes contrários, que não podem coexistir, ou um poder único, que em si não constitui um elemento. Por exemplo, se os elementos consecutivos Fogo (quente-seco) e Ar (úmido-quente) forem combinados, e a secura do Fogo e a umidade do Ar passarem, restará o calor do Fogo e o calor do Ar, o que não é um elemento e sim um único poder; se o calor do Fogo e o calor do Ar passarem, restará a secura do Fogo e a umidade do Ar, poderes contrários que não podem coexistir; se o calor do Fogo e a umidade do Ar passarem, restará a secura e o calor, que constituem Fogo; se a secura do fogo e o calor do Ar passarem, restará calor e umidade, que constituem Ar.

Na verdade, transformar dois elementos consecutivos em um terceiro elemento requer que mais de um poder em cada um passe. Por exemplo, para transformar Fogo (quente-seco) e Ar (úmido-quente) em Água (frio-úmido), a secura do Fogo deve passar, e também o calor do Ar, e, além disso, o calor do Fogo deve ser convertido em frio. Aristóteles considera isso possível, mas como se trata da classe mais envolvida de transformação, é a menos comum.

Em sua abordagem dos elementos, Aristóteles faz uma rápida referência à opinião de Platão de que nem todos os elementos podem ser transformados em outros, descartando-a com um breve comentário: "Ora, já foi comprovado que eles devem sofrer transformação recíproca" (*Geração e corrupção*, 2.5). Mas ele não se dá ao trabalho de cita as razões de Platão. Como o parecer de Platão é, no mínimo, tão importante quanto o de Aristóteles, não pode ser ignorado desse jeito, e sim receber a devida consideração.

A maior parte do que Platão tem a dizer acerca dos elementos está em seu *Timaeus*. Ele começa especulando quanto ao porquê dos elementos serem necessários, e conclui que a tangibilidade do mundo assim o exigiu:

> Ora, aquilo que é criado é necessariamente corpóreo, e também visível e tangível. E nada é visível quando não há fogo, nem tangível sem solidez; e nada é sólido sem terra. Por isso, Deus, no princípio da criação, fez o corpo do Universo consistido de fogo e terra (*Timaeus*, 31b).

Tendo chegado a esses extremos, ele diz que é necessário existir uma terceira coisa que funcione como elo entre eles, como uma espécie de meio numérico. "E o melhor elo é aquele que faz a mais completa fusão de si com as coisas que ele combina, e a proporção é mais bem adaptada para efetuar tal união" (*Ibid.* 31c). Um meio ou elemento unificador, porém, não é suficiente.

Se a estrutura universal tivesse sido criada como uma superfície apenas, sem profundidade, um único meio bastaria para unir-se a si mesmo com os outros elementos, mas como o mundo deve ser sólido, e os corpos sólidos são sempre compactados não por um meio, mas por dois, Deus colocou a Água e o Ar no meio entre o Fogo e a Terra, e os fez com a mesma proporção até quanto fosse possível – como o Fogo é para o Ar, o Ar é para a Terra, e como o Ar é para a Água, a Água é para a Terra – e assim ele uniu e moldou um céu visível e tangível (*Ibid.* 32a-b).

Para compreender o que Platão diz, será melhor recorrermos a Proclo e seu *Comentário sobre o Timaeus*. Primeiro, Proclo desconsidera aqueles que atribuem apenas um poder a cada elemento; ou seja, calor ao Fogo, frio ao Ar, umidade à Água e secura à Terra. "Pois é impossível que as coisas sejam coadaptadas entre si quando possuem os poderes mais contrários, a menos que tenham algo em comum" (*Comentário sobre o Timaeus*, citado em uma extensa nota por Taylor em Ocelo, *On the Nature of the Universe* [Taylor, 34]).

Após descartar a teoria dos elementos com um único poder, ele ataca aquela que postula que elementos são baseados em dois poderes, citando especificamente Ocelo e seu tratado *Da natureza*.

O primeiro ponto enfatizado é que a teoria dos dois poderes resulta em elementos que são igualmente hostis e harmoniosos entre si:

Que tipo de mundo, portanto, subsistirá daí? Que ordem haverá nas coisas que não têm qualquer arranjo e são alheias, e nas que são aliadas e coarranjadas? Pois as coisas que são em igual grau hostis e em paz acabarão por se dissolver e constituir comunhão. Mas, sendo essa comunhão também dissolvida e implantada, o Universo não poder existir mais do que não existir (*Comentário sobre o Timaeus* [Taylor, 35]).

Seu segundo ponto é que, no sistema de dois poderes de Ocelo e Aristóteles, aqueles elementos naturalmente mais distantes um do outro, Fogo e Terra, não recebem a atribuição dos poderes mais contrários, como é lógico de se esperar. Que o Fogo e a Terra são os elementos mais contrários é algo que se pode observar na natureza. "Como, enfim, ela dispôs os movimentos desses elementos, uma vez que o fogo é o mais leve e tende para o alto, enquanto a terra é o mais pesado e tende para baixo? Mas de onde vieram os movimentos daqueles que são mais contrários, se não da natureza?" (*Ibid.*, 35). Entretanto, diante dessa oposição natural, esses filósofos atribuíram os poderes mais contrários ao Ar (úmido-seco) e à Terra (seco-frio), e ao Fogo (quente-seco) e à Água (frio-úmido).

E isso pode levar alguns a se surpreenderem com Aristóteles, que, ao discorrer sobre o movimento, coloca a terra como o elemento mais contrário ao fogo; mas, quando fala dos poderes, ele pensa que as mais remotas das naturezas semelhantes são mais amistosas [Fogo (quente-

-seco) e Terra (seco-frio) compartilham do poder da secura] que aquelas que são próximas, quando movidas por movimentos mais contrários [Fogo (quente-seco) e Água (frio-úmido) e Ar (úmido-quente) e Terra (seco-frio) são separados só por um elemento]. (*ibid.*, 36)

O terceiro ponto enfatizado, pertinente à citação de Platão, é que, se aceitarmos que os elementos são sólidos, não é possível que se unam apenas por um meio. "Portanto, aqueles que afirmam tais coisas não falam sob um ponto de vista matemático nem físico, mas caem inevitavelmente no erro, em ambos os aspectos. Pois as entidades físicas são derivadas das matemáticas" (*ibid*).

Isso parece obscuro, mas na verdade é muito simples. Como existem três dimensões de espaço – comprimento, largura e altura – e os sólidos existem no espaço, eles têm relação numérica com números cúbicos (2x2x2 = 8), assim como as superfícies planas, com apenas duas dimensões de comprimento e largura, são relacionadas a números quadrados (2x2 = 4). Os dois menores cubos, 8 (2x2x2) e 27 (3x3x3), que possuem grande importância nas doutrinas pitagórica e platônica, têm *dois* meios, que são 12 e 18. Portanto, 8 está para 12 como 12 está para 18, e 12 está para 18 como 18 está para 27. Cada número é maior que o número precedente, por sua metade.

A importância desses números fica evidente quando os relacionamos com os três poderes de cada elemento que Proclo extrai de Platão. Ele diz:

Timaeus [o suposto narrador de *Timaeus*], ou qualquer outro que

o siga, não atribui apenas um nem dois poderes aos elementos, mas três; ao Fogo, a saber, tenuidade das partes, agudeza e facilidade de movimento; ao Ar, tenuidade das partes, obtusidade e facilidade de movimento; à Água, densidade das partes, obtusidade e facilidade de movimento; e à Terra, densidade das partes, obtusidade e dificuldade de movimento. Mas essa ordem é para que cada um dos elementos possa ter dois poderes, cada qual comum ao elemento colocado ao seu lado, e um poder diferente, assim como se demonstra nos números e figuras matemáticas, sendo esse poder diferente assumido desde um dos extremos; e também a ordem é para que a terra, de acordo com todos os poderes, possa subsistir opostamente ao fogo; e para que os extremos tenham dois meios, e as quantidades continuadas duas; o último tendo sólidos como meios, mas o primeiro, poderes comuns (ibid., 36-7).

Essa relação fica mais clara se observarmos esta simples tabela:

$\triangle$ sutil – agudo – rápido   2x2x2 = 8
$\triangle$ sutil – obtuso – rápido   2x3x2 = 12
$\triangledown$ denso – obtuso – rápido   3x3x2 = 18
$\triangledown$ denso – obtuso – lento   3x3x3 = 27

Após afirmar sua posição quanto à origem dos elementos e sua relação, Platão repete a opinião comum e aceita de que todos os quatro elementos são mutáveis:

Em primeiro lugar, nós vemos que aquilo que agora chamamos de água, por condensação, suponho, se torna pedra e terra, e esse mesmo elemento, quando derretido e disperso, passa para o vapor e para o ar. O ar, por sua vez, quando inflamado, torna-se fogo, e depois, quando condensado e extinguido, passa mais uma vez para a forma de ar, e novamente, o ar, coletado e condensado, produz nuvem e névoa – e delas, em compressão ainda maior, flui água, e da água surgem a terra e pedras mais uma vez – e assim a geração parece ser transmitida de um para outro em um círculo (*Timaeus*, 49c).

Essa, no entanto, não era a opinião de Platão. Ele crê que os elementos, como as coisas mais básicas, devem se formar a partir da mais simples e elegante forma geométrica, o triângulo:

> Em primeiro lugar, como todos podem ver, Fogo e Terra e Água e Ar são corpos. E todo tipo de corpo possui volume, e todo volume deve necessariamente ser limitado por superfícies, e toda superfície retilínea é composta de triângulos, e há dois tipos originais de triângulos, ambos compostos de um ângulo reto e dois ângulos agudos; um deles tem em cada extremo da base metade de um ângulo reto dividido, com lados iguais, enquanto no outro o ângulo reto é dividido em partes desiguais, tendo lados desiguais (ibid. 53c-d).

A primeira figura referida é o triângulo isóscele de 45-45-90 graus, do qual só existe um. A segunda figura é o triângulo escaleno, que, segundo Platão, "existe em um número infinito". Dessa miríade, Platão escolhe para os elementos o triângulo escaleno, que para ele é o mais belo. "Ora, aquele que consideramos o mais belo de todos os muitos triângulos – e não precisamos falar dos outros – é aquele do qual o dobro forma um terceiro triângulo, que é equilátero" (ibid. 54a). Essa é a descrição do triângulo de 30-60-90 graus. Portanto, os blocos geométricos constituintes dos elementos são:

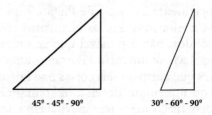

45º - 45º - 90º   30º - 60º - 90º

Essas formas deveriam ser familiares a todos, uma vez que estão incluídas em todos os instrumentos para desenho geométrico de uso escolar.

Platão esclarece:

Agora é hora de explicar o que foi dito antes, de modo obscuro. Era errado imaginar que todos os quatro elementos pudessem ser gerados por um ou outro ou mudados em um ou outro; essa era, afirmo, uma suposição errônea, pois são gerados dos triângulos que escolhemos quatro tipos – três daquele que tem os lados desiguais, só o quarto do triângulo isósceles. Assim, eles não podem ser todos resolvidos uns nos outros, um grande número de corpos pequenos se combinando em alguns pequenos, ou o contrário. Mas três deles podem ser resolvidos e compostos desse modo, pois todos surgem de um, e quando os corpos maiores são decompostos, muitos corpos pequenos deles surgem, assumindo figuras próprias. Ou novamente, quando muitos corpos pequenos são dissolvidos em seus triângulos, pelo seu número total eles podem formar uma grande massa de outro tipo. E assim se resume sua passagem de um para outro. (ibid. 54c-d).

Dos dois triângulos mencionados, Platão constrói os cinco sólidos regulares, que por esse motivo são chamados de sólidos ou corpos platônicos. Platão os descreve como sendo as formas sólidas que distribuem em partes iguais e semelhantes todo o círculo no qual se encontram inscritas. Isso equivale a dizer que elas são simétricas em toda dimensão, no raio de seus pontos centrais.

O triângulo de 30-60-90 graus é combinado em grupos de seis, cada qual formando um único triângulo equilátero, assim:

Ao Ar, como intermediário dos três, é atribuído o octaedro, que é o segundo em mobilidade, tamanho e agudeza. À Água é dado o icosaedro, por ser este o menos móvel, o maior e o mais obtuso ou menos penetrante.

De todos esses elementos, aquele que tem menos bases deve ser necessariamente o mais móvel, pois precisa ser o mais agudo e penetrante em todos os sentidos, e também o mais leve, já que é composto do menor número de partículas semelhantes; e o segundo corpo tem propriedades semelhantes em um segundo grau; e o terceiro corpo, no terceiro grau (ibid. 56b).

O triângulo de 45-45-90 graus é combinado em grupos de quatro, cada qual formando um único quadrado, assim:

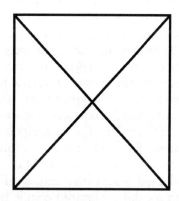

Quatro desses triângulos equiláteros compõem o tetraedro. Oito deles formam o octaedro. Vinte formam o icosaedro. A esses corpos, Platão atribui os três elementos que podem ser transformados um no outro, a saber, Fogo, Ar e Água. Ao Fogo é dado o tetraedro, porque dos três ele é o mais móvel, o menor e mais agudo.

Seis desses quadrados compõem o cubo, ao qual Platão atribui aquele elemento não sujeito à transformação, Terra.

À Terra, então, atribuamos a forma cúbica, pois a terra é o mais imóvel dos quatro e o mais plástico de todos os corpos; e aquele que possui as mais estáveis bases deve necessariamente ser de tal natureza. Ora, dos triângulos que escolhemos a princípio, aquele que tem dois lados iguais possui também, por natureza, bases mais firmes do que aquele que tem lados desiguais; e das figuras compostas que se formam umas das outras, o quadrângulo equilátero plano [quadrado] tem necessariamente uma base mais estável que o triângulo equilátero, tanto no todo quanto nas partes (ibid. 55e).

O quinto sólido regular, o dodecaedro, é composto de 12 pentágonos. Platão diz muito pouco acerca desse corpo, apenas: "Havia ainda uma quinta combinação usada por Deus na delineação do Universo com figuras de animais" (ibid. 55c). O dodecaedro era visto com reverência pelos pitagóricos, e Eudemus chegou a dizer que o próprio Pitágoras o teria descoberto, além de outros quatro corpos regulares (ver Diógenes Laércio, *Vidas dos filósofos* 8.19). Na verdade, o tetraedro, octaedro e cubo com certeza já eram conhecidos muito antes da época de Pitágoras pelos egípcios, mas Pitágoras talvez tenha descoberto o dodecaedro e o icosaedro.

Ao dodecaedro os antigos atribuíam o Éter, a Quintessência (quinta essência) ou o Espírito do Mundo. O dodecaedro tem uma união mística com o cubo, e portanto com a Terra, por meio da geometria. Se uma linha for dividida em proporção extrema e média, toda a linha e o segmento terão as medidas respectivas das bordas de um cubo e dodecaedro inscritos concentricamente em uma única esfera. Jâmblico fala do Hipaso de Pitágoras, que, "por ter divulgado e descrito o método de formar uma esfera a partir de 12 pentágonos, pereceu no mar, como uma pessoa ímpia..." (*Life of Pythagoras*, 18). Quem estiver curioso a respeito desse método, a propósito, deve consultar o décimo livro dos *Elementos*, de Euclides.

Baseando-se nessas formas subjacentes, Platão assim descreve as transformações dos quatro elementos:

A Terra, ao se encontrar com o Fogo e ser dissolvida pela agudeza dele, aconteça essa dissolução no fogo em si ou talvez em alguma massa de ar ou água, é levada para lá e para cá até que suas partes, se encontrando e se harmonizando mutuamente, se tornem terra de novo, pois nunca podem assumir qualquer outra forma. Mas a Água, quando dividida pelo Fogo ou pelo Ar, ao se restaurar pode se converter em uma parte Fogo e duas partes Ar, e um único volume de Ar dividido se torna dois volumes de Fogo. Mais uma vez, quando um corpo pequeno de Fogo está contido em um corpo maior de Ar ou de Terra, e ambos estão se movendo, e o Fogo em luta é vencido e decomposto, então dois volumes de Fogo formam um volume de ar, e quando o ar é vencido e cortado em pequenos pedaços, duas partes e meia de ar se condensam em uma parte de água (*Timaeus*, 56d-e).

Por sua natureza, o Fogo, sendo mais móvel, agudo e penetrante, corta os outros elementos em triângulos componentes, que ou se dispersam ou são assimilados no Fogo. Em um grau menor, isso se aplica também ao Ar em relação à Água. O mais ativo supera naturalmente o mais passivo. Para que a conversão dos elementos flua na direção oposta, do Fogo para o Ar, do Ar para a Água, pedaços pequenos e fracos do elemento mais ativo devem ser cercados e dominados por um volume maior do elemento mais passivo, que poderá, então, decompô-lo, e assimilar suas partes no caso do Ar e da Água, ou dispersá-lo no caso da Terra. A Terra pode ser decomposta pelos elementos mais ativos ou cercar e decompor uma quantidade menor de um elemento mais ativo, dominando-o, mas a Terra nunca assimila nem é assimilada por outros elementos.

Essa discórdia fundamental entre Platão e Aristóteles quanto a serem todos os elementos convertíveis, ou apenas alguns, nunca se resolveu nos séculos posteriores, e é responsável por grande parte da confusão acerca das propriedades dos elementos. De um modo geral, a visão de Aristóteles ganhou maior apoio e permeou a Medicina e alquimia árabe, chegando à Europa na Idade Média.

Página-título de The Anatomy of Melancholy, *de Robert Burton (Oxford, 1628)*

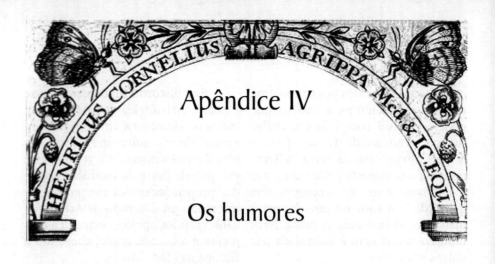

Apêndice IV

Os humores

A palavra "humor" deriva do latim *humorum*, que significa um fluido ou uma umidade. É nesse sentido que Shakespeare usa o termo em suas linhas tão citadas de *Júlio César*:

> Estará Brutus doente, e será físico
> Caminhar desprotegido e sugar os humores da úmida manhã? O quê! Estará Brutus doente, e se esgueirará da segurança de seu leito para confrontar o vil contágio da noite, e desafiar o reumático e insalubre ar,
> Agravando assim sua doença?
> (Ato 2, seç. 1, linhas 261-7).

No mesmo sentido, Ben Jonson define humor em sua peça *Every Man Out of His Humour*:

> O humor, por definição,
> É uma qualidade do ar e da água;
> E guarda em si essas duas propriedades
> De umidade e fluidez: pois, para demonstrar,
> Que seja derramada água no chão. Ela o molhará e escorrerá.
> Do mesmo modo, o ar espremido por uma corneta ou trombeta
> Flui instantaneamente, e deixa atrás
> Uma espécie de orvalho, quando então se conclui
> Que tudo aquilo que tiver fluidez e umidade
> Sem poder a si próprio conter
> É humor. Portanto, em todo corpo humano
> A cólera, melancolia, fleuma e sangue
> Pela razão de escorrerem continuamente
> Em alguns são parte e não continentes
> Recebem o nome de humores.
>   - A indução

O autor mais citado na língua inglesa em relação ao tema dos humores, Robert Burton, também recorre à fonte da palavra logo no início de seu exame dos humores, em *Anatomy of Melancholy*: "Um humor é um líquido ou parte fluídica do corpo, nele compreendido, e para sua preservação..." (1.1.2.2.). Burton já fez a transição do fluido geral, ou vapor, para o fluido dentro do corpo, ou suco. Qualquer suco vegetal ou animal pode ser chamado de humor.

Agrippa se refere aos humores em um sentido médico mais estreito, derivado dos ensinamentos de Hipócrates e seus discípulos. De acordo com esse sistema, existem dois tipos: inatos e adquiridos. Os inatos, com os quais todos nascemos e que são necessários para sustentar a vida, são em número de quatro, baseados nos quatro elementos de Fogo, Ar, Água e Terra. São chamados de humores primários, ou cardeais, e possuem os nomes de bile amarela ou cólera, sangue, fleuma e bile negra ou melancolia. Ninguém jamais conseguiu descrevê-los de maneira mais sucinta que Robert Burton, por isso apresento aqui sua descrição:

> O sangue é um humor quente, doce, temperado e vermelho, preparado nas veias que levam o quilo até o fígado, feito das partes mais temperadas desse mesmo quilo, cuja função é nutrir todo o corpo, dar força e cor, sendo dispersado pelas veias por todas as partes do corpo. E dele são gerados os espíritos no coração, os quais são comunicados pelas artérias às outras partes.
>
> Pituíta, ou fleuma, é um humor frio e úmido, produzido da parte mais fria do quilo (ou suco branco que vem da comida digerida no estômago), no fígado; sua função é nutrir e umedecer os membros do corpo que, assim como a língua, se movem, não se deixando secar demais.
>
> A cólera é quente e seca, produzida das partes mais quentes do quilo, e acumulada na bílis: ajuda o calor natural e os sentidos, e serve para evacuar excrementos.
>
> A melancolia, fria e seca, grossa, preta e amarga, produzida da parte mais feculenta da alimentação e purgada do baço, é uma espécie de rédea para os outros dois humores quentes, sangue e cólera, preservando-os no sangue e nutrindo os ossos. Esses quatro elementos têm certa analogia com os quatro elementos e com as quatro idades do homem (*Ibid.* 1.1.2.2).

Os espíritos que Burton relaciona com o sangue compõem, junto aos humores, a categoria das partes contidas no corpo, em contraste às partes que contêm, tais como o coração, o fígado, ossos, etc. Burton define espírito como "um vapor muito sutil, que é exprimido a partir do sangue, e o instrumento da alma para executar todas as suas ações; um elo ou meio comum entre o corpo e a alma, como alguns preferem definir..." (*Ibid.*). Há três espíritos no corpo.

> Os naturais são produzidos no fígado, e dali dispersados pelas veias para executar as ações naturais. Os espíritos vitais são feitos no coração dos naturais, e pelas artérias são transportados a todas as outras partes. Se os espíritos cessam, a vida cessa, como em uma síncope ou desmaio. Os espíritos animais, formados a partir dos vitais, são levados ao cérebro e difundidos pelos nervos entre os membros subordinados, dando sentido e movimento a todos eles (*Ibid.*1.1.2.2).

As "quatro idades do homem" referidas por Burton são, provavelmente, infância, juventude, maturidade e velhice, embora talvez ele tivesse em mente a Idade do Ouro, da Prata, do Bronze e do Ferro da humanidade. É fácil atribuir os humores a ambas as formas de idade, bem como a muitas outras divisões quádruplas do homem e da natureza. Por exemplo, John Wycliff, escrevendo por volta de 1380, afirmou: "O sangue é o mais gentil dos humores, que responde ao amor de Deus, enquanto os outros humores no homem respondem a outros três amores".

A relação entre os humores e os elementos é direta. Cada humor compartilha dos dois poderes de um dos elementos, de acordo com o esquema elemental de Aristóteles (ver Apêndice III):

Fogo (quente-seco) – Cólera
Ar (úmido-quente) – Sangue
Água (frio-úmido) – Fleuma
Terra (seco-frio) – Melancolia

Com o diagrama abaixo, compreende-se melhor:

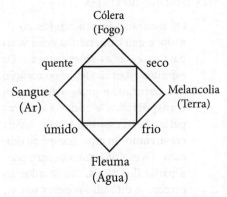

Cada triângulo do quadrado maior tem um elemento e um humor em seu ápice, e dois poderes contribuintes na base.

De acordo com as teorias médicas dos antigos gregos, em particular Avicena, e a partir deles, dos árabes, quando os humores se encontram em equilíbrio, o corpo goza de saúde perfeita. Cada humor verifica os efeitos prejudiciais dos outros humores, resultando em uma harmonia em todas as partes. A doença surge quando esse equilíbrio é perturbado. Platão define a situação nestes termos:

> Ora, todos nós podemos ver como se originam as doenças. Há quatro naturezas das quais o corpo é compactado – terra e fogo e água e ar – e o excesso antinatural destes, ou a mudança de qualquer um deles de seu lugar natural para outro, ou, como existe mais de um tipo de fogo e dos outros elementos, a tomada de qualquer um deles de um tipo errado, ou alguma outra irregularidade semelhante, produz desordens e doenças. Pois quando qualquer deles é produzido ou transformado de modo contrário à natureza, as partes que antes eram frias esquentam, e as que eram secas ficam úmidas, e as leves se tornam pesadas, e as pesadas, leves; ocorre toda espécie de mudança (*Timaeus*, 82a).

Platão descreve alguns dos humores adoentados que surgem quando os humores cardeais caem em desequilíbrio, como o "fleuma ácido", que ocorre quando "uma secreção de bile preta e ácida é... misturada pelo poder do calor com alguma substância salgada" (*ibid.*, 83c), e o "fleuma branco", que é:

> ... formado pela liquefação de carne nova e fresca na presença de ar, se inflado e encerrado em líquido que forme bolhas, as quais são invisíveis separadamente por causa do diminuto tamanho, mas juntas adquirem uma massa que é visível e tem uma coloração branca, derivada da formação de espuma... (*Ibid.* 83d).

Desordens nos humores cardeais resultam em desordens na alma, que é ligada ao corpo e afetada pelo estado deste:

> Pois quando o fleuma ácido e salgado e outros humores biliares e amargos vagam pelo corpo e não encontram uma saída, mas são comprimidos e misturam seus vapores com os movimentos da alma, sendo com ela mesclados, eles produzem todo tipo de doença, em número maior ou menor, e em todo grau de intensidade, e sendo levados aos três lugares da alma, onde podem agredi-la com severidade, criam infinitas variedades de mau temperamento e melancolia, precipitação e covardia, bem como de esquecimento e estupidez (*Ibid.* 86e-87a).

Desses desequilíbrios, que em termos práticos existem, em algum grau, em todas as pessoas, uma vez que nenhum ser humano é perfeito, surgem os quatro temperamentos do homem, o sanguino (correspondente ao sangue), o colérico (cólera), o fleumático (fleuma) e o melancólico (melancolia). Os dramaturgos da era elisabetana, como Shakespeare e Jonson, davam grande valor a esses tipos humanos. O homem admirável e feliz era aquele cujos humores viviam em harmonia. Um homem fora de seu humor tornava-se alvo de toda espécie de censura social e era considerado ridículo, sendo isso visto como um resultado natural e inevitável de sua falta de visão. Tal criatura não era tratada com piedade nem compreensão. A imagem perfeita do temperamento melancólico é Jaques, em *As You Like It*, de Shakespeare. O temperamento colérico é exemplificado em Hotspur, em *Ricardo II*. Já Bottom, em *Sonho de uma noite de verão*, é um tipo fleumático de alma. O personagem sanguino mais substancial de Shakespeare é o gentil Falstaff, em *Henrique IV: parte I* e *As alegres comadres de Windsor*.

A pessoa colérica tem pavio curto, é competitiva, precipitada, audaciosa, ríspida, corajosa, ativa e tem o rosto ruborizado. Na astrologia, o planeta correspondente a essa disposição é Marte. O indivíduo sanguino é otimista, ativo, gentil, justo, alegre, bom e companheiro e tem compleição rosada. Seu planeta é Júpiter. Já o fleumático é lento, estólido, passivo, metódico, letárgico e tem o rosto pálido. Seu astro é a Lua. O melancólico é triste, malsucedido, desafortunado, insatisfeito, servil e tem compleição escura. Seu planeta é Saturno.

Devemos dar uma atenção especial à melancolia, porque era separada e recebia maior atenção por parte de alguns escritores, incluindo Agrippa. Por um lado, era a mais vil e feia de todos os temperamentos. Por outro lado, era vista como algo relacionado à inspiração divina que se apossava dos oráculos do mundo antigo. Francis Yates (*Occult Philosophy in the Elizabethan Age*, cap. 6) localiza essa segunda interpretação no 13º dos *Problemas*, obra atribuída a Aristóteles, em que a melancolia é descrita como sendo um humor, ou temperamento, de heróis e grandes homens. De acordo com essa teoria, o frenesi heroico, combinado com a bile negra, produz o gênio. Agrippa discorre sobre essa visão no capítulo LX, l. I.

Ainda com exemplos tirados de Shakespeare, o personagem que

mais bem ilustra a loucura heroica da melancolia é Hamlet. Embora ele e Jaques sejam ambos possuídos pelo mesmo humor, são homens completamente diferentes. Hamlet é grande alma envolvida em grandes eventos. Jaques é alma pequena – até se poderia dizer atrofiada – envolvida em futilidade, cujo único alívio está nas crises de "humor negro". Mas a grandeza de Hamlet e outras melancolias heroicas é uma grandeza perigosa e temível, beirando o desastre. Nenhum homem de humores equilibrados – Próspero, por exemplo, em *A tempestade* – assumiria por livre e espontânea vontade um gênio melancólico. É um dom, e uma maldição, dos deuses.

Apêndice V

Quadrados mágicos

m quadrado mágico em sua forma mais pura pode ser definido como uma série de números consecutivos começando com 1, disposto em uma grade quadrada de modo que cada fileira, coluna e diagonal desta tenha soma igual. Na série 1 a n^2, n é a base, raiz, módulo ou ordem do quadrado – sendo "ordem" o termo mais comum. Por exemplo, um quadrado de nove câmaras (1 a 3^2) é chamado de quadrado de ordem 3.

O quadrado mais é antigo é o de ordem 3 *Lo Shu* (pergaminho de Lo) da China, que é usado nos manuscritos do *I Ching*, nesta forma:

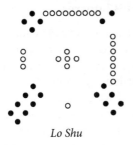
Lo Shu

Segundo a lenda, ele foi revelado ao imperador Yu por volta de 2200 a.C., quando uma tartaruga divina rastejou para fora do Rio Lo com o quadrado desenhado no casco. De acordo com o *I Ching*, "o Lo ofereceu a escrita da qual os sábios se aproveitaram". Em um comentário a respeito dessa frase, James Legge diz: "Ao sábio herói, ela sugeriu 'a Grande Planície', um documento interessante, porém místico, do mesmo clássico, 'de física, astrologia, adivinhação, moral, política e religião', o grande modelo para o governo do reino" (*I Ching*, traduzido por James Legge [Nova York: Dover, [1889] 1963], 17-8).

Logo se vê que, quando os pontos são transformados em números, o resultado é um quadrado da ordem 3:

4	9	2
3	5	7
8	1	6

Os antigos chineses usavam esse símbolo para ilustrar a unidade dos princípios elementais. Na magia deles, como na ocidental, os números pares são passivos e femininos, enquanto os números ímpares são ativos e masculinos. Os números 4 e 9 representam o elemento Metal; o 3 e 8, Madeira; o 1 e 6, Água; e o 2 e 7, Fogo. O 5 central representa o elemento Terra. Cada um dos elementos nas células exteriores do quadrado tem um número ímpar e um par para a união do *yin* (feminino) com o *yang* (masculino).

A primeira aparição do Lo Shu como verdadeiro quadrado mágico ocorre perto do fim da dinastia Chou (951-1126). Sem dúvida, ele é mais antigo, podendo ser um produto das especulações numéricas e astrológicas dos antigos babilônios. Onde quer que surgissem quadrados mágicos, costumavam ser usados em ciências ocultas em todo o mundo, por séculos. Na Índia, eles aparecem inscritos em placas de prata como amuletos. Conjectura-se que os árabes, usando-os já no século IX como acessórios para a Astrologia, aprenderam os quadrados com os indianos e os transmitiram por meio de sua escrita mística e astrológica para o Ocidente. Um quadrado mágico aparece em uma obra hebraica de Abraham ben Esdras, datada do século XI. Skeat dá vários exemplos de quadrados mágicos da Malásia em sua *Malay Magic* (Skeat [1900] 1967, cap. 6, seção 12, 555-8); entretanto, não há como sabermos como seriam os quadrados malaios ou seu lugar de origem.

No início do século XIV, Manuel Moschopulus (apelido que significava "pequeno bezerro"), um comentarista e gramático bizantino, escreveu um tratado devotado aos quadrados mágicos. Se levarmos em conta o fascínio perene do abade Trithemius por mensagens cifradas e enigmas, não é improvável que Agrippa conhecesse essa obra.

Não existem quadrados de ordem 2, e sim apenas um quadrado de ordem 3 que pode ser permutado oito vezes. À medida que a ordem aumenta, o número de quadrados possíveis e suas permutações sobe de maneira marcante. Há 880 quadrados de ordem 4 com 7.040 formas possíveis. As permutações destes não foram calculadas.

O termo permutação é usado aqui em referência ao modo como qualquer quadrado pode ser tombado, invertido, refletido ou mudado de qualquer outra maneira, dando a impressão, a princípio, de que um novo quadrado foi feito. Sob um exame mais apurado, descobre-se que a estrutura essencial do quadrado permutado não mudou.

Há três classes de quadrados mágicos, cada uma das quais devendo ser tratada separadamente, uma vez que possui métodos distintos de construção.

Quadrados ímpares

Quadrados ímpares são aqueles com uma ordem, ou raiz, ímpar. Os quadrados ímpares usados por Agrippa são de ordem 3, ordem 5, ordem 7 e ordem 9. Todos podem ser construídos com o uso das mesmas técnicas. Há várias maneiras populares de fazer quadrados ímpares. Descreveremos primeiro o modo mais comum, para mostrar como ele se relaciona à técnica usada por Agrippa.

Quadrados ímpares de qualquer ordem podem ser feitos com estes simples passos:

1. Construa a grade.
2. Coloque o número 1 na célula do meio da fileira de cima.
3. Coloque os números seguintes em ordem ao longo da diagonal subindo para a direita, exceto:
   a. Quando chegar à fileira de cima, escreva o próximo número na fileira de baixo *como se* estivesse sobre a fileira de cima.
   b. Quando chegar à coluna direita oposta, coloque o próximo número na coluna esquerda oposta *como se* estivesse fora da coluna direita.
   c. Quando chegar a uma célula já preenchida, desça um quadrado e continue para cima e para a direita em diagonal, como antes.

Essas regras são difíceis de seguir no abstrato, mas se tornam simples quando aplicadas de forma gráfica a um quadrado:

zontal e vertical, de modo que tanto a borda esquerda e a direita quanto a borda de cima e a de baixo se toquem. Quando cada anel diagonal de células nesse cilindro duplo é preenchida, os números caem para o anel seguinte até o quadrado ficar completo.

Agrippa usa uma técnica um pouco diferente, mas a essa relacionada, para fazer quadrados ímpares, produzindo um conjunto diferente de quadrados a partir daqueles produzidos pelo método citado, exceto, claro, no caso do quadrado de ordem 3, que apenas se reflete pelo método de Agrippa.

Ele começa colocando o número 1 na célula imediatamente abaixo da célula do meio do quadrado. Em seguida, ele escreve os números em ordem diagonal *para baixo* e à direita, levando-os da fileira de baixo de volta para a de cima, e da coluna direita de volta para a da esquerda, como já foi descrito no primeiro método. Mas, quando chega a uma célula preenchida, Agrippa pula *para baixo dois* quadrados. Com isso, chegando à parte mais baixa do quadrado, ele retorna ao topo:

É mais simples pensar no quadrado como se estivesse dobrado ao mesmo tempo em um cilindro hori-

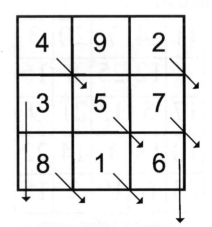

Quadrado de Saturno de Agrippa

Pode-se logo ver que o quadrado de Saturno de Agrippa é um reflexo de baixo para cima (reflexo em lago) do quadrado de ordem 3, desenvolvido pelo primeiro método. Uma permutação é inevitável, pois só existe um quadrado da ordem 3. Entretanto, quando os dois métodos são aplicados ao quadrado de ordem 5 de Marte, o resultado é diferente. Eis um quadrado da ordem 5 gerado pelo primeiro método:

17	24	1	8	15
23	5	7	14	16
4	6	13	20	22
10	12	19	21	3
11	18	25	2	9

Pelo método de Agrippa, se descermos e formos para a direita a partir da célula *abaixo* da célula do centro, pulando para baixo dois quadrados, o resultado é este:

11	24	7	20	3
4	12	25	8	16
17	5	13	21	9
10	18	1	14	22
23	6	19	2	15

Quadrado de Marte de Agrippa

Observe que os números nas fileiras do quadrado de Agrippa formam as diagonais de cima/esquerda indo para baixo/direita no primeiro quadrado de ordem 5; as diagonais de cima/esquerda para baixo/direita de Agrippa são as de baixo/esquerda para cima/direita no primeiro quadrado; e as colunas em ambos os quadrados contêm os mesmos números, mas em ordem diferente.

A mesma técnica é usada por Agrippa para gerar o quadrado da ordem ímpar 7 de Vênus e da ordem 9 da Lua.

Quadrados pares duplos

Quadrados pares duplos são aqueles que, quando divididos em quatro partes iguais por uma cruz através do centro, geram quatro quadrados de uma ordem, ou raiz, par. Os quadrados pares duplos usados por Agrippa são o quadrado da ordem 4 de Júpiter e da ordem 8 de Mercúrio.

Quadrados mágicos de Saturno, Júpiter e Marte
Extraído de O Mago, de Francis Barrett (Londres, 1801)

Essa classe de quadrado é a mais fácil de construir. Agrippa usou o mesmo método aplicado hoje em dia. As regras são:

1. Construa a grade.
2. Coloque números consecutivos nas células, começando com 1 no canto inferior esquerdo e atravessando para a direita, para depois retornar à esquerda e começar a segunda fileira; assim por diante até o canto superior direito.
3. Inverta todos os números diagonais com seus opostos através da intersecção no centro.

O quadrado de ordem 4 de Júpiter é construído desta maneira:

13	14	15	16
9	10	11	12
5	6	7	8
1	2	3	4

	14	15	
9			12
5			8
	2	3	

4	14	15	1
9	7	6	12
5	11	10	8
16	2	3	13

Esse é, em essência, o mesmo quadrado que vemos na famosa gravura de Albrecht Dürer chamada *Melencholia I*. Dürer girou o quadrado de Agrippa sobre si mesmo, então intercambiou as colunas exteriores:

4	14	15	1
9	7	6	12
5	11	10	8
16	2	3	13

Agrippa

16	3	2	13
5	10	11	8
9	6	7	12
4	15	14	1

Dürer

Dürer inverteu o quadrado para obter o número 1514 na fileira de baixo, que é o ano em que foi feita a gravura. Por que ele intercambiou as colunas exteriores não sabemos com certeza, mas talvez tenha sido para disfarçar o fato de que o seu quadrado e o de Agrippa eram o mesmo. Em sua obra, Dürer plagiou, sem escrúpulos, os trabalhos de muitos outros artistas.

Karl Anton Nowotny afirma que não há dúvida de que o quadrado de Júpiter de Dürer "foi tirado de um tratado sobre quadrados mágicos, sua relação com a astrologia e sua influência mágica em talismãs" ("A construção de certos selos e caracteres na obra de Agrippa de Nettesheim", *Journal of the Warburg and Courtault Institutes* 12 [1949], 46). Ele diz ainda que "uma versão" desse tratado aparece junto a um manuscrito da Cracóvia do século XV de *Picatrix*, e que outra versão com texto diferente e com os quadrados "um tanto distorcidos" aparece no *Archidoxis Magica*, supostamente de Paracelso.

É possível, porém, que a inspiração de Dürer tenha sido Agrippa, não o manuscrito *Picatrix* nem o *Archidoxis Magica*. A *Filosofia Oculta* foi escrita em 1509 e circulou por muitos anos em forma manuscrita. Como Agrippa e Dürer eram intelectuais alemães contemporâneos – Dürer morreu em 1528, Agrippa em 1535 –, é sensato presumir que tenham conversado acerca de questões do oculto, principalmente porque o tema era uma paixão dos dois.

Frances Yates defende a noção – segundo ela, "comprovada" por vários estudiosos – de que a gravura de Dürer foi baseada em uma versão manuscrita do cap. LX, l. I da *Filosofia Oculta* (Yates [1979] 1983, pt.1, cap. 6). Lembremo-nos de que no referido capítulo Agrippa postula três espécies de melancolia, as quais vê como um tipo de possessão, baseando-se nos três níveis da alma: imaginativo, racional e mental. Daí a gravura *Melencholia I*, que representa o primeiro tipo, ser chamada de melancolia imaginativa. Se isso for verdade, podemos supor que um conjunto de três gravuras foi planejado por Dürer, que infelizmente nunca se concretizou.

O outro quadrado par duplo é construído exatamente da mesma maneira que o quadrado de Júpiter, com a pequena diferença de que no quadrado de Mercúrio as diagonais devem se estender através de cada um dos quatro quadrados surgidos da divisão. O intercâmbio de números ainda ocorre em torno do ponto central do quadrado grande:

57	58	59	60	61	62	63	64
49	50	51	52	53	54	55	56
41	42	43	44	45	46	47	48
33	34	35	36	37	38	39	40
25	26	27	28	29	30	31	32
17	18	19	20	21	22	23	24
9	10	11	12	13	14	15	16
1	2	3	4	5	6	7	8

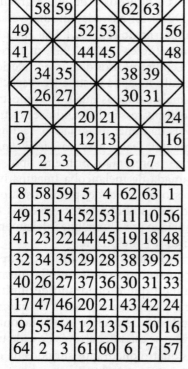

Quadrado de Mercúrio de Agrippa

Quadrados pares simples

A terceira classe de quadrados mágicos é chamada de par simples, porque, quando o quadrado é divido em quartos por uma cruz através da interseção central, cada quadrado surgido é de uma ordem, ou raiz, ímpar. De todos os quadrados usados por Agrippa, só o quadrado do Sol, que é da ordem 6, cai nessa categoria. Essa é a mais esdrúxula das três classes de quadrados construídos, e a menos elegante, porque exige uma certa manipulação.

Agrippa começou tratando o quadrado de ordem 6 como um par duplo. Primeiro, ele construiu uma grade e a preencheu com números consecutivos, começando do 1 no can-

to inferior esquerdo e atravessando da fileira de baixo para a direita, depois continuando do mesmo modo até a próxima fileira mais alta, e assim por diante até chegar à célula final. Como nos quadrados pares duplos, ele inverteu as diagonais primárias em torno do ponto central da grade:

Quadrados mágicos

Melencolia I
Gravura de Albrecht Dürer

No entanto, a inversão das diagonais secundárias dos quadrados produzidos em torno do ponto central não resulta em um quadrado mágico. Para fazer as substituições finais necessárias, parece que Agrippa se baseou na estrutura do quadrado mais simples, o *Lo Shu*, ou quadrado de ordem 3 de Saturno.

Tratando o primeiro quadrado – o inferior esquerdo – como de ordem 3, ele sobrepôs o padrão do selo de Saturno, que se baseia na estrutura numérica do quadrado de Saturno. Foi necessário girá-lo 90 graus para que a linha traçando a diagonal do quadrado de Saturno batesse com a diagonal percorrendo o quarto do quadrado do Sol:

Selo de Saturno

em lago), com seus correspondentes no quadrado superior esquerdo. Não foi necessário inverter os números abaixo da linha diagonal, pois já haviam sido invertidos:

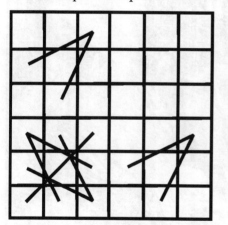

6	32	3↑	34	35	1
7↑	11	27	28	8	30
19	14↑	16	15	23	24
18	20↓	22	21	17	13→
25↓	29	10←	9→	26	12
36	5←	33↓	4	2→	31

Quadrado do Sol de Agrippa

Baseando-se no selo de Saturno como padrão, Agrippa fez duas inversões, cada uma envolvendo três pares de números. Os números abaixo dos pontos do ângulo que aponta para cima do selo de Saturno, ele inverteu da esquerda para a direita (reflexo em espelho) com os números correspondentes no quadrado no canto inferior direito. Os números abaixo dos pontos do ângulo que aponta para baixo, ele inverteu de cima para baixo (reflexo

No diagrama acima, os números sublinhados não foram movidos na grade. Pequenas setas indicam a direção da inversão dos pares refletidos.

Se Agrippa tivesse preferido inverter os números sob o ângulo apontando para cima do selo de Saturno, *de cima para baixo*, em vez de esquerda para a direita, invertendo também os números sob os pontos do ângulo apontando para baixo, da *esquerda para a direita*, em vez de cima para baixo, o resultado teria sido este quadrado, que também é mágico:

6	2↑	33	34	35	1
25	11	9↑	28	8	30
13↑	20	16	15	23	24
19↓	17←	22	21	14→	18
12←	29	27↓	10	26	7→
36	32↓	4←	3←	5	31

Agrippa invertido

O motivo pelo qual Agrippa escolheu a primeira dessas duas possibilidades, se de fato usou esse método, não é claro, a menos que, quando refletido nos quadrados superior esquerdo e inferior direito, cada ângulo do selo de Saturno traça a posição dos três primeiros números no quadrado de Saturno:

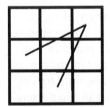 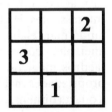

Além das características básicas que fazem um quadrado ser mágico, alguns quadrados possuem outras qualidades que foram observadas pelos matemáticos. Um quadrado mágico é considerado simétrico, ou associado, com a soma de seus números esconsos relacionados $n^2 + 1$, onde n é a ordem do quadrado. Números esconsos relacionados são pares opostos entre si em relação ao centro do quadrado. Por exemplo, no quadrado da ordem 4 de Júpiter, os números 7 e 10 são esconsos relacionados em volta do centro.

A soma deles ($4^2 + 1 = 17$) satisfaz a exigência de um quadrado associado, assim como a soma de todos os pares esconsos relacionados.

Todos os quadrados de Agrippa são associativos, exceto o do Sol. Na verdade, não existem quadrados mágicos da classe de pares simples.

Outro tipo especial de quadrado é chamado de pandiagonal. Um quadrado mágico pandiagonal é aquele cujas diagonais quebradas somam ½ n (n^2 + 1), sendo n a ordem do quadrado. Em outras palavras, as diagonais quebradas são tão mágicas quanto as diagonais sólidas. Os diagramas abaixo mostram o que significam diagonais quebradas:

a	c	b	
c	b		a
b		a	c
	a	c	b

	e	f	d
d		e	f
f	d		e
e	f	d	

Estrutura pandiagonal do quadrado da ordem 4

Não há quadrados diagonais da classe de pares simples, e o quadrado solitário da ordem 3 não é pandiagonal. Dos 880 quadrados da ordem 4, 48 são pandiagonais. Há exatamente 3.600 quadrados pandiagonais de ordem 5, mais de 38 milhões de ordem 7, e mais de 6,5 bilhões de ordem 8. Nenhum dos quadrados de Agrippa é pandiagonal. Sob o ponto de vista de ocultismo prático, isso é uma pena, pois os quadrados pandiagonais têm a qualidade de, ao mudar fileiras e colunas em torno do centro, permitir que qualquer número possa ser feito para ocupar qualquer célula.

No começo do século XX, o professor Kielhorn descobriu esse quadrado pandiagonal da ordem 4 em uma inscrição jainista do século XII, em Khajuraho, Índia:

7	12	1	14
2	13	8	11
16	3	10	5
9	6	15	4

Quadrado jainista

Descobre-se logo, por experiência, que a soma de qualquer diagonal quebrada equivale a 34, o que satisfaz a exigência de um quadrado pandiagonal. Ao mesmo tempo, note que o quadrado jainista não é associado. Por exemplo, a soma do par esconso relacionado 1 e 6 *não* é $4^2 + 1 = 17$.

Quadrados mágicos já foram feitos com números não consecutivos e com números primos. Um quadrado mágico duplo é mágico por seus números e pelos *quadrados* desses números. Um quadrado mágico triplo é mágico por seus números, seus quadrados e seus *cubos*. Um cubo mágico é composto de camadas de quadrados mágicos dispostos de modo que a soma de cada grau, fileira, coluna e diagonal cúbica (ou diâmetro) seja o mesmo número. A diagonal de cada quadrado individual não precisa ser mágica para satisfazer as exigências de um cubo mágico (ver imagens a seguir).

Há também estrelas mágicas nas quais a soma dos números localizados nos interstícios dos raios são iguais, e círculos mágicos nos quais os números são dispostos magicamente em raios em torno de um ponto central. Benjamim Franklin, além de seu famoso interesse pelos quadrados mágicos, também construiu um círculo mágico com muitas propriedades interessantes. Há geometrias mágicas ainda mais elaboradas; por exemplo, anéis mágicos, esferas mágicas e octaedros mágicos, que transmitem as propriedades mágicas de números até a quarta dimensão, mas já não pertencem ao tema deste tratado.

Superior

24	16	2
17	3	22
1	23	18

Meio

8	21	13
19	14	9
15	7	20

Inferior

10	5	27
6	25	11
26	12	4

Cubo mágico com números não consecutivos

Compreendendo a formação dos quadrados de Agrippa, podemos examinar os selos dos planetas relacionados a esses quadrados.

É óbvio que o selo de Saturno se baseia na estrutura numérica do quadrado de Saturno. O ângulo apontando para cima traça os números 1, 2, 3; a diagonal cobre 4, 5, 6; e o ângulo apontando para baixo toca 7, 8, 9.

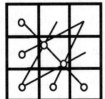

Selo de Saturno dentro do quadrado de Saturno

Não é claro o propósito, se existe algum, dos pequenos círculos nos pontos do selo. Na edição de Freake, sete círculos são representados, dois dos quais ausentes dos pontos do ângulo apontando para baixo. Na *Opera* latina de Agrippa, impressa na Alemanha por volta de 1600, o selo aparece assim:

Selo de Saturno na Opera *latina*

Os pequenos espaços triangulares gerados pela diagonal deslocada podem ter inspirado Freake a colocar círculos nas interseções do selo. Pessoalmente, creio que os pequenos círculos não possuem nenhum significado oculto, tendo apenas uma função decorativa.

O selo de Júpiter segue a mesma estrutura matemática que o de Saturno, ecoando em sua forma o método de formar do quadrado de Júpiter. Os números tocados pelo círculo são aqueles, na grade original, que não se moveram de sua posição consecutiva. Os números tocados pela cruz são os que foram invertidos em torno do ponto central do quadrado:

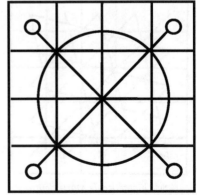

Selo de Júpiter dentro do quadrado de Júpiter

Note mais uma vez que todas as células no quadrado são cobertas por alguma parte do selo.

Com o selo de Marte, o castelo de cartas que estamos construindo cai. Não só não há uma relação óbvia entre o selo e a estrutura numérica do quadrado de Marte, mas também as linhas do selo nem ao menos tocam todas as células no quadrado. Parece que foi usado um método totalmente diferente no desenho deste selo:

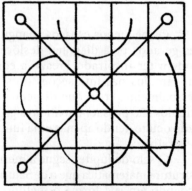

Selo de Marte dentro do quadrado de Marte

É possível construir um selo de Marte desenhado de um modo semelhante ao selo de Saturno. Teria esta aparência:

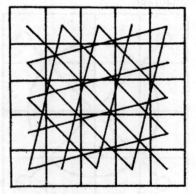

Selo hipotético de Marte dentro do quadrado de Marte

A diagonal do quadrado de Marte que vai do canto superior esquerdo ao inferior direito traça os números consecutivos de 11 a 15 no quadrado, e a crescente a ela atrelada cobre a distância entre os números 15 e 16, sugerindo uma aplicação de estrutura. O significado dos três semicírculos é menos claro. Nowotny baseia a construção dos quadrados ímpares sobre um tabuleiro de xadrez e diz que cada um desses semicírculos define três quadrados da mesma cor, mas, se fosse assim, o único semicírculo no alto do selo traçaria uma cor de quadrados e os outros dois semicírculos, a cor oposta. Quanto aos números ímpares de Marte e Vênus, ele admite que, "além das linhas inerentes no diagrama, figuras simbólicas são desenhadas sobre o esquema em tabuleiro de xadrez, indicando a natureza do planeta" (Nowotny 1949, 52).

Sem dúvida, há uma dinâmica entre o selo de Marte e o selo de Vênus. Na astrologia, Marte (♂ ou ♂) é o cônjuge de Vênus (♀), e ambos são formados das primeiras propriedades elementais do Sol (☉ ou ○) e da Terra (⊕ ou +). Os quadrados mágicos de Marte e Vênus são ambos da classe ímpar, com uma estrutura idêntica. Os selos parecem ter sido formados com um único método, mas qual seria não se sabe. Talvez se baseie nas letras hebraicas correspondentes a números no quadrado, com uma chave de palavras em vez de uma chave numérica; ou talvez sua estrutura seja simbólica.

Se o selo de Marte for examinado simbolicamente, o semicírculo logo sugere a Lua, e o longo arco no lado direito, a lâmina da foice de Saturno. As duas protrusões podem lembrar testículos, invocando o mito de Urano, que foi castrado por seu filho, Cronus, identificado com Saturno.

*Selo do Sol dentro
do quadrado solar*

O selo do Sol é semelhante em construção aos selos de Júpiter e Mercúrio, expressando de uma maneira clara a estrutura do quadrado mágico do Sol. A grande cruz central cobre os números que se invertem em torno do ponto central do quadrado. A cruz menor no quadrado inferior esquerdo pode ser sobreposta sobre o selo de Saturno (ver ilustração pág. 940), ecoando o método de formação do quadrado do Sol com o selo de Saturno, como guia. Observe que cada célula no quadrado é tocada por alguma parte do selo.

O selo de Vênus, assim como seu selo companheiro de Marte, é completamente diferente em estrutura, e provavelmente também em conceito, dos outros selos:

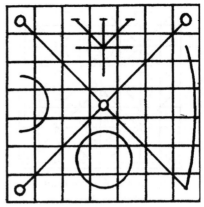

*Selo de Vênus dentro
do quadrado solar*

A mesma grande cruz e foice que aparecem no selo de Marte estão presentes aqui, junto ao meio-círculo ou crescente. Mas as duas protuberâncias cedem lugar a um círculo e uma figura com cinco ramificações. Simbolicamente, pelo menos, esta última pode representar a letra V de Vênus combinada com uma cruz de braços iguais (Æ), símbolo da Terra. Além da crescente da Lua e do círculo do Sol, estão presentes os três elementos primários dos quais todos os cinco planetas inferiores são construídos: ♀= ☉ mais ✛; ♂ = mais ☉; ♃ =⊃mais✛; ♄ =✛mais ⊃; e ☿ =⊃mais ☉ mais ✛. Nesse sentido, o selo de Vênus engloba todos os sete planetas, e na verdade, 7 é o número de Vênus.

Pouco se precisa dizer do selo de Mercúrio, uma vez que expressa de modo perfeito o método de gerar o quadrado de Mercúrio da grade de números consecutivos. Há aí uma extensão do selo de Júpiter, muito semelhante em termos de estrutura:

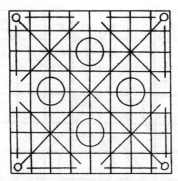

Selo de Mercúrio dentro do quadrado de Mercúrio

O selo da Lua deveria ser do mesmo estilo que os selos de Marte e de Vênus, se considerássemos apenas sua estrutura mágica, que é da classe ímpar. No entanto, o companheiro astrológico da Lua é o Sol, e, se os selos da Lua e do Sol forem comparados, serão observadas as semelhanças. Ambos têm a cruz grande e, mais importante, quatro semicírculos, ou crescentes, dispostos de forma simétrica em volta do centro, com as pontas voltadas para dentro. As crescentes do selo do Sol são simples, enquanto as da Lua são triplas, talvez para tocarem mais células no quadrado. Claro que Hécate tem três faces, uma para a fase crescente, outra para a cheia e outra para a minguante da Lua. Há 13 círculos pequenos no selo e 13 luas no ano lunar:

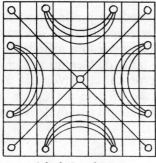

Selo da Lua dentro do quadrado lunar

Os selos menores, ou sigilos, dos espíritos individuais e das inteligências dos sete planetas são formados localizando-se as letras hebraicas de cada nome, com base nos valores numéricos dessas letras, em suas respectivas células no quadrado mágico do planeta ao qual o nome se associa, e depois desenhando-se uma linha de letra a letra, em ordem.

As letras de cada nome ligado a um planeta totalizam um dos números significativos no quadrado mágico de tal planeta. Esses números se baseiam na ordem do quadrado, no número total de células, na soma de cada fileira e na soma do quadrado. Por exemplo, os números significativos de Saturno são 3, 9, 15 e 45. O Espírito de Saturno é Zazel, ou em hebraico זאל, ZAZL, cuja soma numérica é 7 + 1 + 7 + 30 = 45. Valores numéricos podem ser manipulados cabalisticamente quando necessário, por meio da técnica de *Aiq Beker*, uma grade de nove câmaras em que cada uma comporta três letras hebraicas consideradas numericamente intercambiáveis (22 letras mais 5 formas finais somam 27 caracteres). No exemplo de Zazel, *lamed* (valor 30) cai na mesma câmara de *Aiq Beker* que *gimel* (valor 3) – portanto ל, L, é colocado no quadrado de Saturno na célula ocupada por 3 (ver apêndice VII: Cabala Prática).

Os sigilos podem ser disfarçados por meio de truques simples, porém eficazes, de girá-los ou refleti-los após terem sido extraídos dos quadrados. Sem uma mínima compreensão de como os sigilos foram criados, é impossível relacioná-los de forma direta aos quadrados.

Quadrados mágicos

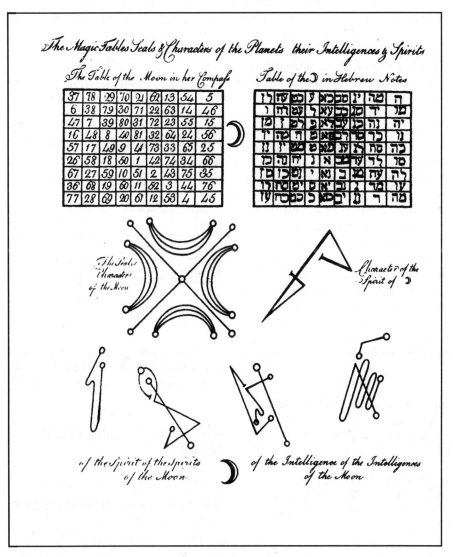

Quadrado mágico da Lua
Extraído de O Mago, de Francis Barrett (Londres, 1801)

Embora seja relativamente simples desenhar a maior parte dos sigilos quando se conhece a grafia hebraica dos nomes, alguns são muito difíceis. Como todas as fontes dos quadrados de Agrippa estão corrompidas, incluindo a *Opera* latina, a tradução de Freake e *O Mago* de Barret – a fonte consultada com maior frequência –, a tarefa se torna quase impossível. Mesmo os textos modernos de ocultistas bem respeitados, como Israel Regardie, estão repletos de erros. Na verdade, nunca vi um tratado sobre os quadrados, selos e sigilos que não contivesse erros. Este apêndice pode ser a primeira apresentação completa e correta de todos os sigilos de Agrippa nos cinco séculos que se passaram desde que a obra foi escrita.

As seguintes apresentações numéricas dos nomes restaurados e amostra gráfica dos sigilos localizados em seus respectivos quadrados serão úteis, principalmente para o ocultista ativo:

Saturno

Inteligência: Agiel; AGIAL; אגיאל
A   G   I   A   L
1 + 3 + 10 + 1 + 30 = 45

Espírito: Zazel; ZAZL; זאזל
Z   A   Z   L
7 + 1 + 7 + 30 = 45

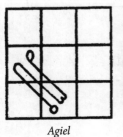
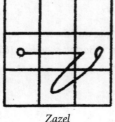

Agiel   Zazel

Observemos que, no caso de Agiel, como não há *yod* (valor 10) no quadrado, de acordo com *Aiq Beker*, é usada *aleph*. Do mesmo modo, *lamed* (30) se torna *gimel* (3).

Júpiter

Inteligência: Johphiel; IHPhIAl; יהפיאל
I   H   Ph   I   A   L
10 + 5 + 80 + 10 + 1 + 30 = 136

Espírito: Hismael; HSMAL; חסמאל
H   S   M   A   L
5 + 60 + 40 + 1 + 30 = 136

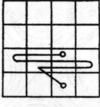
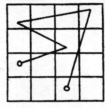

Johphiel   Hismael

No sigilo de Johphiel, as duas letras *yod* e *aleph* são duplicadas na célula única que contém o número 11.

Marte

Inteligência: Graphiel; GRAPhIAL; גראפיאל
G   R   A   Ph   I   A   L
2 + 200 + 1 + 80 + 10 + 1 + 30 = 325

Espírito: Barzabel; BRTzBAL; ברצבאל
B   R   Tz   B   A   L
2 + 200 + 90 + 2 + 1 + 30 = 325

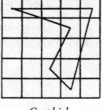
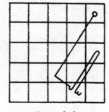

Graphiel   Barzabel

Novamente, no sigilo de Graphiel, *yod* e *aleph* são duplicadas na célula que comporta o número 11. As três pequenas protuberâncias no sigilo de Barzabel enfatizam que a célula que contém o número 2 é tocada três vezes.

Sol

Inteligência: Nachiel; NKIAL; נכיאל
N K I A L
50 + 20 +10 +1 + 30 = 111

Espírito: Sorath; SORTh; סורת
S O R Th
60 + 6 + 200 + 400 = 666

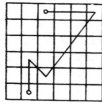 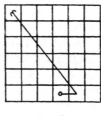

Nachiel   Sorath

O sigilo da Nachiel é difícil de desenhar, pois o último segmento leva à célula de 3 em vez da célula de 30. A protuberância dupla no começo do sigilo do Sorath indica duas letras ocupando a mesma célula.

Vênus

Inteligência: Hagiel; HGIAL; חגיאל
H G I A L
5 + 3 +10 + 1 + 30 = 49

Espírito: Kedemel; QDMAL; קדמאל
Q D M A L
100 + 4 + 40 + 1 + 30 = 175

Inteligências: Bne Serafim; BNI ShRPhiM; בני שרפים
B N I Sh R Ph I M
2 + 50 + 10 + 300 + 200 + 80 + 10 + 600 = 1252 (!)

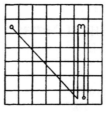 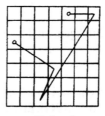

Hagiel   Kedemel

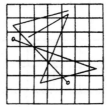

Bne Serafim

O sigilo do Bne Serafim se baseia na suposição errônea de que a soma dos números no quadrado de Vênus é 1252, quando na verdade é 1225. Tanto na *Opera* latina quanto na tradução de Freake, a soma de 1252 é apresentada. Obviamente, em algum ponto os dois dígitos foram trocados. Um erro semelhante ocorre na linha acima na tabela no cap. XXII, l. II, em que a soma de uma fileira no quadrado de Vênus foi dada como 157, em vez do correto 175. Esse erro também aparece tanto na edição latina quanto na inglesa.

O estranho é que o nome Bne Serafim tem uma soma numérica de 1252, e esse nome é usado no desenho do sigilo. Isso sugere que o erro original foi de Agrippa e que ele associou o nome Bne Serafim ao quadrado de Vênus, na crença errônea de que a soma do quadrado era 1252. É difícil imaginar como tal engano poderia ter acontecido, uma vez que o quadrado de Vênus está correto. Seria interessante consultar a versão manuscrita da *Filosofia Oculta* para ver se o erro aparece lá também.

Mercúrio

Inteligência: Tiriel; TIRIAL; טיריאל
T I R I A L
90 + 10 + 200 +10 +1 +30 = 260

Espírito:Taphthartharath;
ThPhThRThRth; תפתרתדת
Th Ph Th R Th R Th
400 + 80 + 400 + 200 + 400 + 200 + 400 = 2080

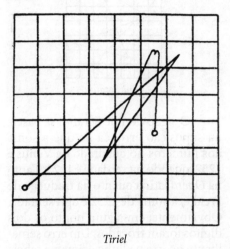

Tiriel

A protuberância dupla no sigilo de Tiriel indica *yod* e *aleph* juntas na célula contendo o número 11.

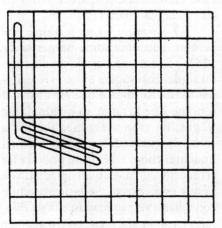

Taphthartharath

Lua

Inteligência:?
Espírito: Hasmodai: ChShMODAI;
חשמוראי

Ch Sh M O D A I
8 + 300 + 40 + 6 + 4 + 1 + 10 = 369

Espírito dos Espíritos: Schedbarschemoth Schartathan; ShDBRShHMAaTh ShRTh-ThN; שר כרשחמעת שרתתן
Sh D B R Sh H M Aa Th
300 + 4 + 2 + 200 + 300 + 5 + 40 + 70 + 400 +
Sh R Th Th N
300 + 200 + 400 + 400 + 700 = 3321

Inteligência da Inteligência: Malcha betharsithim hed beruah schehakim; MLKA BThRShIThIM AaD BRVCh ShChQIM; מלבא בתרשיתים צר ברוח שחקים
M L K A B Th R Sh I Th
40 + 30 + 20 + 1 + 2 + 400 +200 + 300 + 10 + 400
I M Aa D B R V Ch
10 + 600 + 70 + 4 + 2 + 200 + 6 + 8
Sh Ch Q I M
300 + 8 + 100 + 10 + 600 = 3321

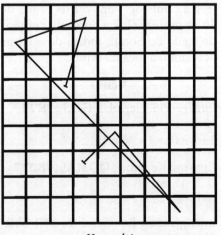

Hasmodai

No sigilo de Hasmodai, as letras *shin* (valor 300, reduzido por *Aiq Beker* para 30) e *mem* (valor 40) são combinadas na célula contendo o número 70.

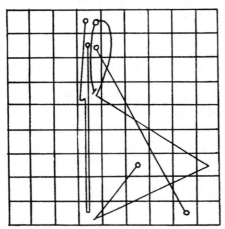

Schedbarschemoth Schartathan

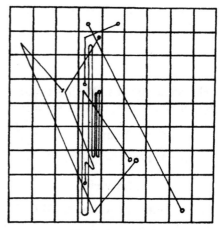

Malcha betharsithim hed beruah schehakim

No sigilo de Schedbarschemoth Schartathan, que poderia ser mais bem escrito como Shad Barschemoth Schartathan, a segunda letra *shin* (valor 300, reduzida por *Aiq Beker* para 30) e a *he* (valor 5) são duplicadas na célula contendo o número 35.

No sigilo da Inteligência da Inteligência, parece que *kaph* (valor 20) e *aleph* (valor 1) da primeira palavra foram duplicadas na célula contendo o número 21, uma vez que essa parte do sigilo tem apenas três pontos, e não há palavras de três letras no nome. Em razão da extrema complexidade da figuras, são possíveis variações, mas essa parece ser a forma mais precisa.

Muitos outros nomes podem ser aplicados aos quadrados para produzir sigilos únicos, que serão magicamente significativos desde que a soma das letras no nome seja equivalente a um dos números significativos nos quadrados. Os nomes de Deus que têm ligação numérica com planetas específicos por meio de seus quadrados têm sigilos próprios que Agrippa não desenhou, mas que podem ser imediatamente derivados usando-se as técnicas empregadas anteriormente.

Eis uma apresentação numérica dos nomes divinos dos planetas:

Saturno

3 Ab; AB; אב (1 + 2 = 3)
9 Hod; HD; הד (5 + 4 = 9)
15 Iah; IH; יה (10 + 5 = 15)
45 Hod; HVD; הוד (5 + 6 + 4 = 15)
45 Jeová estendido; IVD HA VAU HA; יוד הא ואו הא (10 + 6 + 4 + 5 + 1 + 6 + 1 + 6 + 5 + 1 = 45)

Júpiter

4 Aba; ABA; אבא (1 + 2 + 1 = 4)
16 __; HVH; הוה (5 + 6 + 5 = 16)
16 __; AHI; אהי (1 + 5 + 10 = 16)
34 El Ab; AL AB; אל אב (1 + 30 + 1 + 2 = 34)

Marte

5 He; H; ה (5)
25 __; IHI; יהי (10 + 5 + 10 = 25)

65 Adonai; ADNI; ארני (1 + 4 + 50 + 10 = 65)

Sol

6 Vau; V; ו (6)
6 He estendido; HA; הא (5 + 1 = 6)
36 Eloh; ALH; אלה (1 + 30 + 5 = 36)

Vênus

7 __; AHA; אחא (1 + 5 + 1 = 7)

Mercúrio

Asboga, oito estendido; AZBVGHV; אזבוגה ([1 + 7 = 8] + [2 + 6 + 8] + [3 + 5 = 8])
64 Din; DIN; דין (4 + 10 + 50 = 64)
64 Doni; DNI; רני (4 + 50 + 10 = 64)

Lua

9 Hod; HD; חד (5 + 4 = 9)
81 Elim; ALIM; אלים (1 + 30 + 10 + 40 = 81)

Os nomes marcados com um traço são possivelmente aqueles dos quais Agrippa não conhecia a pronúncia latina correta. O primeiro nome de Mercúrio, Asboga, é descrito como oito estendido. Gershom Scholem (*Kabbalah*, 1977, 19) diz que isso ocorre porque a soma de cada par de letras é 8. A quarta letra, *vau* (ו), foi indevidamente omitida tanto do texto latino quanto do inglês, destruindo o sentido da palavra. Aqui, o erro foi corrigido.

Apêndice VI

As *Sephiroth*

É impossível dar um resumo das ideias que compõem a cabala especulativa (*Kabbalah iyyunit*), uma vez que são envolventes e extensas demais para um tratamento sucinto; mas é necessário abordar a doutrina das emanações citada por Agrippa no capítulo X, l. III, para que os leitores que não são estudantes de Cabala tenham alguma noção do que ele está falando.

Em seus esforços para obter o mais alto e perfeito conceito de Deus, os mecubalistas despiram a divindade de todas as qualidades que, segundo eles, não podiam fazer parte do Deus primordial porque cada uma era limitada por sua definição e, portanto, imperfeita. Negavam à divindade um nome, um rosto, uma forma e até um propósito. Tudo o que poderia ser concebido foi removido dessa compreensão negativa de um Deus existente antes ou separado do mundo criado. O resultado eles chamavam de *Ain Soph* (אין סוף), cujo significado literal seria "que não termina", ou seja, ilimitado.

Tendo alcançado esse protótipo, que não difere da aristotélica Causa de Todas as Causas, eles se viram em um dilema. O *Ain Soph* não pode ser concebido de maneira alguma, por pessoa alguma, nem mesmo por meio da mais profunda meditação mística. Mais desconcertante, sendo desprovido de qualidades, o *Ain Soph* não tem o menor envolvimento com o mundo das coisas limitadas. O autor de uma antiga obra cabalística chamada *Ma'arekhet ha-Elohut* (ver Scholem, *Kabbalah* 1977, 1:3:89) defende uma posição nada insensata de que, como o *Ain Soph* não é citado na Bíblia nem na lei oral, seria absurdo referir-se a esse *deus absconditus* como Deus; o título pertenceria a um ser que era acessível à meditação e à oração. Tal visão, porém, era bastante impopular.

Em termos filosóficos, a percepção suprema de Deus como um ser (ou não ser) sem limite que engloba todas as coisas de uma maneira indiferenciada é inescapável. Também é logicamente necessária a existência de um criador supremo, ou causa primeira. Para explicar o processo de criação pelo qual um Deus que não pode mudar nem diminuir criou o mundo de seres imperfeitos limitados a partir de sua própria substância, e ainda dentro dela, ele devia ter o recurso de uma série de agentes chamadas *Sephiroth*, termo hebraico para safira, cuja lucidez é comparada à radiância de Deus.

Essas *Sephiroth*, em número de dez, agem como veículos, ou antes vasos, que transmitem a contínua emanação do *Ain Soph* em estágios sucessivos, descendo até o próprio mundo da criação. Não devem ser vistas como separadas de Deus, pois nada há que Deus não seja – pelo contrário, elas são os instrumentos inerentes com os quais o mundo é moldado, feito da substância da divindade e, no entanto, pelo menos em forma, cada um diferenciado para sua tarefa específica. Como elas podem ao mesmo tempo ser um com Deus e distinguíveis entre si é uma das visões mais difíceis de compreender na filosofia da Cabala; e em diferentes períodos de sua história, elas têm sido consideradas de modo diversificado como a própria essência de Deus e como seres separados, incapazes de conceber a divindade ou se aproximar d'Ele senão pela prece.

O processo de emanação em si foi comparado à concepção de uma criança que não diminui a substância do pai de modo algum, mas transmite suas qualidades. Outra metáfora considera as dez *Sephiroth* como espelhos de cores diferentes que sucessivamente captam e refletem a luz de uma única chama. A chama em si não diminui, embora algo pareça sair dela. Essa imagem surgiu para evitar qualquer sugestão de que no ato da criação algo saiu de Deus. Como Deus é perfeito, e deve permanecer sempre perfeito, ele não pode jamais ser menos do que tudo.

Pois se dizia que a mesma emanação não procedia para fora, mas ocorria dentro, nas profundezas de uma espécie de vórtice no coração do *Ain Soph*. Assim, todo o Universo permanece dentro de Deus, e não pode se separar dele e diminuir sua majestade. As *Sephiroth* são consideradas várias expressões da divindade única, e cada um recebe um nome diferente de Deus para enfatizar essa unidade na diversidade, quase sugerindo que elas não são mais do que estados divinos da mente, ou divinos pontos de vista.

Por que um Deus que engloba todo o Universo em potencial desejaria criar algo imperfeito é um ponto que nunca recebe a devida atenção. A resposta clássica é que ele fez tudo por amor, mas como Scholem ressalta: "a afirmação encontrada em muitos livros de que Deus quis revelar a medida de Sua bondade é um mero expediente nunca desenvolvido de forma sistemática" (*Kabbalah* 1977, 1:3:91). Igualmente insatisfatória é a sugestão de que Deus, por algum motivo, teve a necessidade de criar o mundo, pois que necessidade pode existir para um ser onipotente, autossuficiente? Por fim, a pergunta por que o Universo foi feito é considerada na Cabala um dos mistérios incognoscíveis.

Aceitando-se que o impulso de criar simplesmente surgiu, então se tornou necessário postular uma força criativa ou instrumento separado do impassível *Ain Soph*, mas intimamente ligado a ele. E é *Kether*, a primeira *Sephirah*, a "vontade infinita" (*ha-razon ad ein-sof*) que a mente do homem jamais pode alcançar. Existe no equilíbrio dinâmico com o *Ain Soph*, sempre dele saindo e a ele retornando, uma imagem em espelho de sua fonte. Com frequência, *Kether* era identificada com o *Ain Soph* nos textos da Cabala, tão ligados são os dois. Ela é o aspecto externo do *Ain Soph*, tão elevada que mal pode ser descrito como uma das *Sephiroth*; e, de fato, a lista das *Sephiroth* às vezes começa com a segunda, *Chokmah*.

Na antiga Cabala, *Kether* era o mais alto objeto de oração, a fonte suprema de vida e das demais nove emanações, portanto, Deus. Na Cabala mais recente, há uma distinção entre a vontade primordial de se manifestar, e *Kether* permanece sempre a qualidade mais exaltada, além da concepção humana.

De *Kether* emanam, sucessivamente, os outros nove vasos, cada um saindo do precedente, formando uma escada entre o universo infinito e o material. Esse processo ocorre fora do tempo e do espaço, com a separação entre cada emanação e a seguinte se passando no "cintilar de um olho", um momento imensuravelmente breve, que é, na verdade, mais uma abstração que uma divisão de tempo.

As *Sephiroth* são chamadas de vasos porque elas contêm a radiância uniforme de Deus, que é obscurecida e colorida por suas peles mais ásperas. Os diferentes graus de ocultação fazem com que cada vaso pareça diferente dos outros, mas isso é uma ilusão causada pelas limitações da mente humana, que explodiria se visse a plena glória dessa radiância, desprotegida ainda que por um breve instante.

Ligando uma *Sephirah* à seguinte, há um caminho, ou canal, por meio do qual a luz das *Sephiroth* flui em estado contínuo em ambas as direções, de Deus para o mundo e do mundo para Deus. Uma interrupção do fluxo de retorno para cima é chamada de "quebra dos canais" (*shevirat ha-zinnorot*), e é causada pelo pecado. Esses canais podem ser comparados a tubos ocos que conectam esferas radiantes transparentes, que brilham em diversas cores. Por meio desses canais é possível para a mente engajada em meditação subir de um vaso para o seguinte, experimentando a luz de Deus com uma pureza cada vez maior. A chegada a uma *Sephirah* possibilita a subida para a mais próxima, uma vez que a mente é condicionada para suportar a terrível glória da luz em estágios insuportáveis.

O símbolo bidimensional das dez *Sephiroth* ligadas por canais é chamado de a Árvore dos *Sephiroth*. A primeira das duas ilustrações é tirada do frontispício do livro *Portae Lucis*, do judeu convertido ao Cristianismo Paulus Ricius, publicado em Augsburg, Alemanha, em 1516. Ela mostra 16 caminhos, ou canais, um dos quais bifurcado. A Árvore continuou evoluindo e ficando cada vez mais complexa à medida que mais associações lhe eram acrescidas, sendo a principal a aplicação do alfabeto hebraico a um sistema de 22 canais, com o intuito de equilibrar os dez números das *Sephiroth*. Essa versão, dada por Athanasius Kircher em seu *Oedipus Aegyptiacus*, publicada em Roma em 1652, é, em essência, a mesma usada pelos cabalistas nos tempos modernos, com exceção de alguns detalhes.

Sem dúvida, a associação mais importante com as *Sephiroth* é a série de dez nomes divinos, pois nos lembram de que as *Sephiroth* nada mais são que nomes de Deus. Como escreve Scholem: "O Deus que 'invocou' Seus poderes para se revelarem deu-lhes nome e, pode-se dizer, chamou a Si mesmo por nomes apropriados" (ibid, 99). Esses são os "dez nomes que não podem ser apagados", em comparação com os quais todos os outros nomes de Deus são meros epítetos. Na antiga Cabala, as palavras em si reveladas à humanidade por Deus são de suma importância. Elas substituem qualquer outro artifício usado de modo especulativo para obter algum vislumbre da verdade. O poder, a verdade em si, se encontra nas letras e palavras reveladas por Deus.

Os nomes divinos são acompanhados por nomes descritivos das *Sephiroth*, que também são nomes de Deus. No *Ain Soph*, a divindade não tem nome. Os títulos descritivos das *Sephiroth* representam a qualidade e a quantidade da luz universal que se manifesta por meio dos graus de obscuridade impostos pelos vasos. Mais de um nome pode ser aplicado a uma única *Sephirah*, quando necessário para sugerir sua apropriada natureza. Os títulos das *Sephiroth* são, em grande parte, baseados no versículo bíblico 1 Crônicas 29,11. Também se refletem no Pai-Nosso, em Mateus 6,9-13.

Bem menos importância filosófica têm as outras estruturas ocultas aplicadas às *Sephiroth*, tais como a hierarquia dos anjos, as esferas dos céus, os elementos, os espíritos bons e maus individuais, os profetas hebreus e assim por diante. São todos acréscimos posteriores feitos à Árvore quando sua forma começou a se solidificar. Entretanto, são extremamente úteis sob o ponto de vista da Cabala prática. A santidade das *Sephiroth* é usada para dar autoridade e poder aos elementos específicos em obras mágicas.

Várias divisões das *Sephiroth* foram feitas com o intuito de ajudar a compreender seu significado. Elas foram separadas em cinco superiores e cinco inferiores, os poderes ocultos e os manifestos; nessa mesma base foi feita uma divisão entre três superiores e sete inferiores, estes sendo comparados aos sete dias da criação; foram divididos em três triângulos, o mais alto dos quais (*Kether, Chokmah, Binah*) era ligado ao intelecto, o mediano (*Chesed, Geburah, Tiphareth*) à alma, e o mais baixo (*Netzach, Hod, Yesod*) à natureza.

A Árvore também foi dividida em três pilares: o Pilar Direito (*Chokmah, Chesed, Netzach*) da Misericórdia, o Pilar Mediano (*Kether, Tiphareth, Yesod, Malkuth*) da Temperança e o Pilar Esquerdo (*Binah, Geburah, Hod*) da Severidade. O lado direito da Árvore é considerado masculino e o esquerdo, feminino. Deve-se ressaltar que a Árvore das *Sephiroth* é quase sempre representada vista por *trás*. Lembre-se de que *Chokmah* está do lado direito da Árvore, e *Binah* do lado esquerdo, e assim você evitará o erro comum de confundir os lados.

Existe uma 11ª *Sephirah*, que não é de fato uma *Sephirah*, e se chama *Daath*. Apareceu pela primeira vez no século XIII, como mediadora entre as influências de *Chesed* e *Binah*, e é considerada o aspecto manifesto de *Kether*. Localizada no Pilar Mediano entre e pouco abaixo de *Chokmah* e *Binah*, ela tem as mesmas qualidades de equilíbrio que os outros *Sephiroth* do Pilar Mediano.

O motivo de *Daath* não ser considerada realmente uma *Sephirah* é a injunção estrita e explícita no *Sepher Yetzirah*: "Dez é o número das inefáveis *Sephiroth*, dez e não nove, dez e não onze" (*Sepher Yetzirah*) 1.3 [Westcott, 15]). Embora *Daath* seja um conceito muito útil, poucos são os cabalistas que se atrevem a violar esse decreto claro, contido no mais antigo e sagrado texto cabalístico.

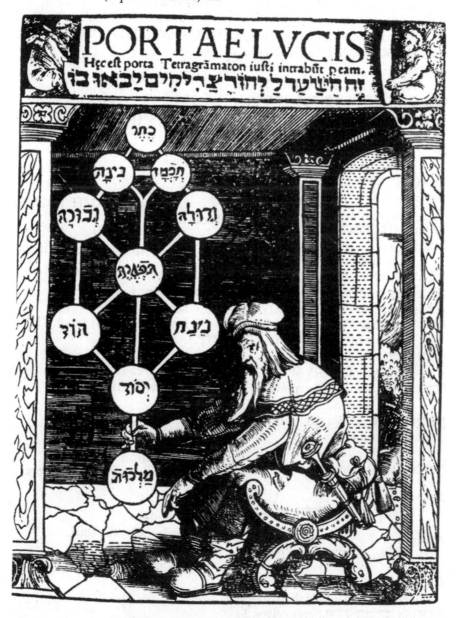

A árvore das Sephiroth
Extraída de Portae Lucis, de Paulus Ricius (Augsburg, 1516)

KETHER

Número
Um.

Títulos
Kether, KThR, כתר, A Coroa.
Authiqa, AaThIQA, עתיקא, O Antigo ou o O Velho.
Authiqa Qadisha, AaThIQA QDIShA, עתיקא קדישא, O Mais Sagrado Antigo.
Authiqa De-Authiquin, AaThIQA, DAaThIQIN, עתיקא דעתיקין, O Antigo dos Antigos.
Authiq Iomin, AaThIQ IVMIN, עתיק יומין, O Antigo dos Dias.
Temira De-Temirin, TMIRA DTMIRIN, טמירא דטמירין, O Escondido dos Escondidos.
Nequdah Rashuna, NQVDSH RAShVNH, נקודה ראשונה, O Ponto Primordial.
Nequdah Peshutah, NQVDSH PShVTH, נקודה פשוטה, O Ponto Sutil. (MacGregor Mathers apresenta uma grafia diferente do nome, NQVDSH PShVTh, נקודה פשות).
Risha Havurah, RIShA HVVRH, רישא חוורה, A Cabeça Branca.
Rom Meolah, RVM MAaLH, רום מעלה, A Altura Inescrutável.
Arikh Anpin, ARIK ANPIN, אריך אנפין, O Vasto Semblante (Macrorosopus).
Adam Auilah, ADM AaILAH, אדם צילאה, O Homem Celeste.

Nome divino
Eheieh, AHIH, אהיה, Eu Sou.

Arcanjo
Metatron, MTTRVN, מטטרון.

Ordem angelical
Chaioth ha-Qadesh, ChIVTh HQDSh, חיות הקדש, Seres Vivos Sagrados.

Arquidemônios
Satanás e Moloch.

Ordem demoníaca
Thamiel, Os Dois Competidores.

Esfera celeste
Rashith ha-Gilgalim, RAShITh HGLGLIM, ראשית הגלגלים, Primum Móbile.

Parte do homem
Cabeça.

CHOKMAH

Número
Dois.

Títulos
Chokmah, ChKMH, חכמה, Sabedoria.
Ab, AB, אב, O Pai.
Abba, ABBA, אבבא, O Pai Superno.

Nomes divinos
Jah, IH, יה
Jehovah (Jeová, Javé), IHVH, יהוה, O Senhor.
Yod Jehovah, IIHVH, ייהוה (dado por Agrippa, cap. X, l. III, e na tabela no fim do cap. XIII, l. II).

Arcanjo
Ratziel, RTzIAL, רציאל.

Ordem angelical
Auphanim, AVPNIM, אופנים, As Rodas.

Arquidemônio
Beelzebub (Belzebu).

Ordem demoníaca
Ghogiel, Os Impedidores.

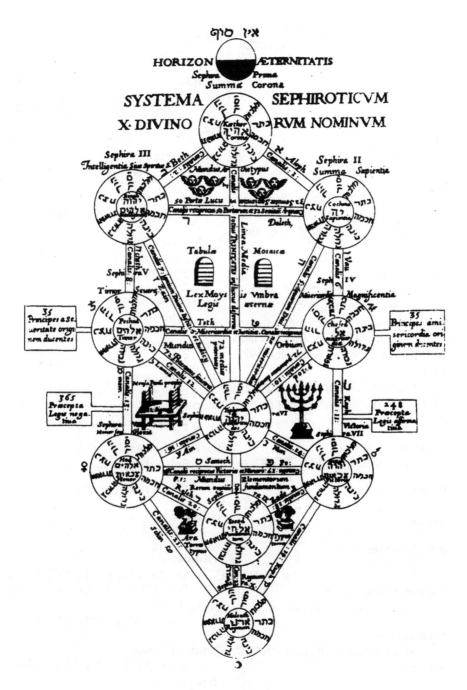

Árvore Sefhiróthica
Extraída de Oedipus Ægyptiacus, de Athanasius Kircher (Roma, 1652)

Esfera celeste
Masloth, MSLVTh, מסלות, Zodíaco (também na grafia MZLVTh, מזלות).

Parte do homem
Cérebro.

BINAH

Número
Três.

Títulos
Binah, BINH, בינה, Inteligência.
Ama, AMA, אמא, A Mãe.
Aima, AIMA, אימא A Grande Mãe Produtiva.

Nomes divinos
Elohim, ALHIM, אלהים, Senhor.
Jehovah Elohim, יהוה אלהים, O Senhor Deus. Em termos mais estritos, o nome divino é IHVH, pronunciado Elohim (ver Scholem, Kabbalah 1977, 108).
Jehovah, ou Jeová, junto a *he*, HIHVH, יהוהה (dado por Agrippa, cap. XVII, l. III).

Arcanjo
Tzaphkiel, TzPQIAL, צפקיאל.

Ordem angelical
Aralim, ARALIM, אראלים, Os Tronos.

Arquidemônio
Lucifuge.

Ordem demoníaca
Satariel, os Escondedores.

Esfera celeste
Shabbathai, ShBThAI, שבתאי, Saturno.

Parte do homem
Coração.

CHESED

Número
Quatro.

Títulos
Chesed, ChSD, חסד, Amor.
Gedulah, GDVLH, גדולה, Grandeza.

Nome divino
El, AL, אל O Poderoso.

Arcanjo
Tzadkiel, TzDQIAL, צדקיאל.

Ordem angelical
Chasmalim, ChShMLIM, חשמלים, Os Reluzentes.

Arquidemônio
Ashtaroth.

Ordem demoníaca
Agshekeloh, Os Golpeadores ou Quebradores.

Esfera celeste
Tzadekh, TzDQ, צדק, Júpiter.

Parte do homem
Braço direito.

GEBURAH

Número
Cinco.

Títulos
Geburah, GBVRH, גבורה, Força.
Din, DIN, דין, Julgamento ou Severidade.
Pachad, PChD, פחד, Medo.

Nomes divinos
Eloh, ALH, אלה, O Todo-poderoso.
Elohim Gibor, ALHIM GBVR, אלהים גבור, Deus das Batalhas, Agrippa

apresenta a grafia ALHIM GIBR, גיבר אלהים.

Arcanjo
Khamael, KMAL, כמאל.

Ordem angelical
Serafim, ShRPIM, שרפים, As Serpentes Flamejantes.

Arquidemônio
Asmodeus.

Ordem demoníaca
Golohab, Os Incendiários ou Os Chamejantes.

Esfera celeste
Madim, MADIM, מאדים, Marte.

Parte do homem
Braço esquerdo.

TIPHARETH

Número
Seis.

Títulos
Tiphareth, ThPARTh, תפארת, Beleza.
Rahamim, RChMIM, רחמים, Compaixão.
Melekh, MLK, מלך, O Rei.
Zauin Anpin, ZVIR ANPIN, זויר אנפי, O Semblante Menor (Microprosopus). Esse título também se aplica às Sephiroth combinadas de 4 a 9.

Nomes divinos
Eloah Va-Daath, ALVH VDAa-Th, אלוה ורעת, Deus Manifesto.
Elohim, ALHIM, אלהים, Deus.

Arcanjo
Rafael, RPAL, רפאל.

Ordem angelical
Malachim, MLKIM, מלכים, Reis.
Ginsburg ([1863] 1970) dá Shimanim, ShNANIM, שנאנים, Multidões (ver Salmos 68,17).

Arquidemônio
Belphegor.

Ordem demoníaca
Tagiriron, Os Disputadores.

Ordem celeste
Shemesh, ShMSh, שמש, Sol.

Parte do homem
Peito.

NETZACH

Número
Sete.

Títulos
Netzach, NTzCh, נצח, Firmeza ou Vitória.

Nomes divinos
Jehovah (Jeová) Sabaoth, IHVH TzBAVTh, יחוה צבאות, Senhor das Hostes.

Arcanjo
Haniel, HANIAL, האניאל.

Ordem angelical
Elohim, ALHIM, אלהים, Deuses, Ginsburg ([1863] 1970) dá Tarshishim, ThRShIShIM, תרשישים, Os Brilhantes (ver Daniel 10,6).

Arquidemônio
Baal.

Ordem demoníaca
Gharab Tzerek, Os Vorazes.

Esfera celeste
Nogah, NVGh, נוגה, Vênus.

Parte do homem
Perna direita.

HOD

Número
Oito.

Títulos
Hod, HVD, חוד, Esplendor.

Nome divino
Elohim Sabaoth, ALHIM TzBA-VTh, אלהים צבאות, Deus das Hostes.

Arcanjo
Miguel, MIKAL, מיכאל.

Ordem angelical
Beni Elohim, BNI ALHIM, אלהים בני, Filhos de Deus.

Arquidemônio
Adrammelech.

Ordem demoníaca
Samael, Os Falsos Acusadores.

Esfera celeste
Kokab, KVKB, Mercúrio, כוכב.

Parte do homem
Perna esquerda.

YESOD

Número
Nove.

Títulos
Yesod, ISVD, יסוד, A Fundação.
Yesod Aalam, ISVD AaVLM, יסוד עולם, Fundação Eterna do Mundo.

Nomes divinos
Shaddai, ShDI, שדי, O Todo-poderoso.
El Chai, AL ChI, אל חי, Vivente Poderoso.

Arcanjo
Gabriel, GBRIAL, גבריאל.

Ordem angelical
Querubim, KRBIM, כרבים, Os Fortes. Ginsburg ([1863] 1970) coloca aqui os Ashim, AShIM, אשים. Agrippa soletra KRVBIM, כרובים.

Arquidemônio
Lilith, A Sedutora.

Ordem demoníaca
Gamaliel, Os Obscenos/As Obscenas.

Esfera celeste
Levanah, LBNH, לבנה, Lua.

Parte do homem
Órgãos genitais.

MALKUTH

Número
Dez.

Títulos
Malkuth, MLKVTh, מלכות, O Reino.
Atarah, AaTRH, עטרה, O Diadema. Ver Provérbios 12:4.
Shekinah, ShKINH, שכינה, A Glória Manifesta de Deus.
Kallah, KLH, כלה, A Noiva (do Microprosopus)
Malkah, MLKH, מלכה, A Rainha.

Nomes divinos
Adonai, ADNI, ארני, Senhor.
Adonai Malekh, ADNI MLK, ארני מל ך, Senhor e Rei.
Adonai he-Aretz, ADNI HARTz, ארני הארץ, Senhor da Terra.

Arcanjo
Metatron, MTTRVN, מטטרון, em seu aspecto manifesto. O anjo

geralmente citado é Sandalphon, SN-DLPVN, סנדלפון, mas Sandalphon é o anjo da Terra.

Ordem angelical
Ashim (ou Ishim), AShIM, אשים, Almas de Chama: ver Salmos 104,4. Agrippa soletra AIShIM, אישים.

Arquidemônio
Nahema. A Estranguladora de Crianças.

Ordem demoníaca
Nahemoth, Os Dolorosos.

Esfera celeste
Aulam Yesodoth, AaVLM ISVDTh, עולם יסורות, Os Elementos. Às vezes, incorretamente dado como Cholem Yesodoth, ChVLM ISVDVTh, חולם יסורות, O Quebrador das Fundações.

Parte do homem
O corpo todo.

Há vários sistemas conflitantes de demônios e ordens demoníacas na literatura da Cabala. O que apresentamos aqui é a citada por S. L. MacGregor Mathers na introdução de sua tradução de Knorr von Rosenroth, *Kabbalah Unveiled* (Mathers [1887] 1962), prancha oposta à p. 30.

O arquidemônio de Malkuth, Nahema, é uma das quatro rainhas-demônio. Ela costuma ser confundida com Lilith nos escritos cabalísticos. Lilith regia Roma, Agrath (ou Agrat) regia Salamanca, Rahab (ou Mahalath) regia o Egito, e Nahema regia Damasco. Esses quatro lugares simbolizam, respectivamente, norte, oeste, sul e leste.

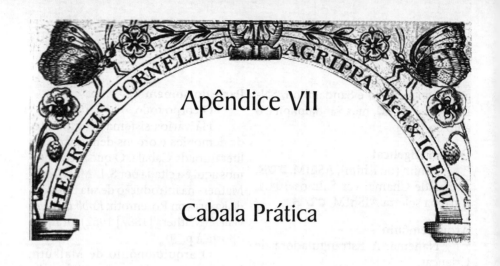

Apêndice VII

Cabala Prática

or conveniência, as especulações esotéricas do judaísmo conhecidas como a Cabala podem ser divididas em duas classes: Cabala especulativa (*Kabbalah iyyunit*), que trata das doutrinas filosóficas abstratas da natureza de Deus, do Universo e do homem; e a Cabala prática (*Kabbalah ma'asit*), que envolve práticas mágicas com o intuito de produzir resultados específicos. Essas classes não são totalmente separadas e costumam se mesclar, mas podem ser consideradas independentes quanto ao objetivo. A primeira busca uma transformação da alma de acordo com a vontade de Deus, e é mística; a segunda busca uma transformação do mundo segundo a vontade do homem, e é mágica.

Quando a Cabala começou a tomar forma como um sistema metafísico, as técnicas para fazer encantamentos, amuletos e talismãs foram nela absorvidas. Todas elas envolviam os poderes mágicos das letras do alfabeto hebraico, particularmente as que apareciam nas palavras da Tora, ou escrita sagrada. Um mago judeu usava o título de Ba'al Shem, בעל, Mestre do Nome, que se referia à sua habilidade para manipular os nomes de Deus para fins mágicos. É significativo o fato de tal nome ser de origem babilônica, pois aponta para as raízes da magia judaica na demonologia da Babilônia.

Como a magia judaica depende tanto da manipulação de palavras e letras, as técnicas pelas quais isso é feito foram chamadas, em si, de Cabala prática. No entanto, esse uso é muito estreito, uma vez que as técnicas são empregadas também em especulações abstratas e meditações em Deus.

Basicamente, o significado das letras hebraicas deriva de seu valor numérico. Cada letra representa um ou mais números, como se pode ver na tabela do alfabeto hebraico, e, por meio de vários sistemas, esses valores numéricos estão inter-relacionados. Foram listadas já 72 técnicas (ver Scholem, *Kabbalah*, 1977, 2:10:341), mas a matéria abordada por Agrippa cai nas três categorias de *gematria*, *notarikon* e *temurah*.

Cabala Prática

Alfabeto Hebraico

Ordem	Letra	Transliteração	Valor	Final	Nome	Significado	Tipo
1.	א	A	1		Aleph	Boi	Mãe
2.	ב	B, V	2		Beth	Casa	Dupla
3.	ג	G, Gh	3		Gimel (Chimel)	Camelo	Dupla
4.	ד	D, Dh	4		Daleth	Porta	Dupla
5.	ה	H	5		He	Janela	Simples
6.	ו	O, U, V	6		Vau	Prego	Simples
7.	ז	Z	7		Zayin (Zain)	Espada	Simples
8.	ח	Ch	8		Cheth (Heth)	Cerca	Simples
9.	ט	T	9		Teth	Cobra	Simples
10.	י	I, Y	10		Yod	Mão	Simples
11.	כ	K, Kh	20	500 ך	Kaph (Caph)	Punho	Dupla
12.	ל	L	30		Lamed	Boi-Aferroar	Simples
13.	מ	M	40	600 ם	Mem	Água	Mãe
14.	נ	N	50	700 ן	Nun (Noum)	Peixe	Simples
15.	ס	S	60		Samekh (Samech)	Suporte	Simples
16.	ע	Aa, Ngh, O	70		Ayin (Hain)	Olho	Simples
17.	פ	P, Ph	80	800 ף	Pe (Phe)	Boca	Dupla
18.	צ	Tz	90	900 ץ	Tzaddi (Tzad ou Tsadé)	Gancho	Simples
19.	ק	Q, K	100		Qoph (Coph)	Ouvido	Simples
20.	ר	R	200		Resh (Resch)	Cabeça	Dupla
21.	ש	S, Sh	300		Shin	Dente	Mãe
22.	ת	T, Th	400		Tau	Cruz	Dupla

Gematria, גמטריא, do grego γεωμετρία (geometria), e não – como afirma erroneamente Ginsburg e, baseando-se nele, Mathers, de γράμμα (um caractere escrito) – no sentido mais restrito usado aqui, é a regra segundo a qual uma palavra ou grupo de palavras recebe significado de acordo com o valor numérico total das letras envolvidas. Uma palavra pode ser ligada a outra que tenha o mesmo valor. Por exemplo, o nome do anjo Metatron, מטטרון, e o nome de Deus, Shaddai, שרי, totalizam cada um 314, permitindo que um represente o outro cabalisticamente pelo sistema de *gematria*. Isso explicaria o que se lê em Êxodo 23:21. Do mesmo modo, uma frase pode representar uma palavra, ou uma palavra uma frase, ou uma frase outra frase, desde que seus totais numéricos sejam iguais.

Notarikon, נוטריקון, do latim *notarius*, um taquígrafo da antiga Roma que abreviava palavras usando letras únicas, é a regra pela qual as letras iniciais das palavras em uma frase são combinadas para formar uma palavra, ou palavras, com significado relativo. Às vezes, as letras finais ou do meio também são usadas. Por exemplo, a frase de Deuteronômio 30:12: "Quem subirá por nós aos céus?", מי יעלה לנו השמימה, cede letras do começo de cada palavra que forma a palavra usada para circuncisão, מילה, e as do fim de cada palavra dessa mesma frase formam a palavra Jeová, יהוה. Com isso, considerava-se confirmado o decreto de Deus que a circuncisão era o caminho para a salvação. Inversamente, com o *notarikon*, as letras individuais em uma palavra podem se tornar as letras iniciais em uma frase ou sentença. A primeira palavra na Bíblia, Berashith, בראשית pode ser expandida na sentença *Berashith Rahi Elohim Sheyequebelo Israel Torah*: בראשית ראה אלהים שיקבלו ישראל תורה "No princípio, Deus viu que Israel aceitaria a Lei."

Temurah, תמורה, permutação, também chamado de Tziruph, צירוף, combinação, é a regra pela qual as letras são relacionadas e trocadas. Por determinada técnica, o alfabeto hebraico se dobra no meio sobre si mesmo para formar 11 pares de letras. Com algumas transposições, 22 grupos de pares são feitos, compondo a "Tabela de Combinações de Ziruph", dada por Agrippa no fim do cap. XXV, l. III. Cada grupo tem seu nome derivado das quatro primeiras letras, que em hebraico se lê da direita para a esquerda. Por exemplo, a fileira superior da tabela mostra o grupo chamado *Albath*, ALBTh, אלבת.

Será mais fácil compreender o método de Ziruph se os grupos forem escritos numericamente, com cada letra substituída em seu lugar no alfabeto hebraico. A seguir, uma exposição numérica da Tabela de Ziruph, e também da Tabela Racional de Ziruph, mostrando sua estrutura:

ZIRUPH

```
11 10  9  8  7  6  5  4  3  2  1
13 14 15 16 17 18 19 20 21 22 12   Albath   (1.)

12 11 10  9  8  7  6  5  4  3  1
13 14 15 16 17 18 19 20 21 22  2   Abgath   (2.)

 2 12 11 10  9  8  7  6  5  4  1
13 14 15 16 17 18 19 20 21 22  3   Agdath   (3.)

13 12 11 10  9  8  7  6  5  2  1
14 15 16 17 18 19 20 21 22  3  4   Adbag    (4.)
```

3 13 12 11 10 9 8 7 6 2 1 14 15 16 17 18 19 20 21 22 **4 5**	Ahbad	(5.)
14 13 12 11 10 9 8 7 3 2 1 15 16 17 18 19 20 21 22 **4 5 6**	Avbah	(6.)
4 14 13 12 11 10 9 8 3 2 1 15 16 17 18 19 20 21 22 **5 6 7**	Azbav	(7.)
15 14 13 12 11 10 9 4 3 2 1 16 17 18 19 20 21 22 **5 6 7 8**	Achbaz	(8.)
5 15 14 13 12 11 10 4 3 2 1 16 17 18 19 20 21 22 **6 7 8 9**	Atbach	(9.)
16 15 14 13 12 11 5 4 3 2 1 17 18 19 20 21 22 **6 7 8 9 10**	Aibat	(10.)
6 16 15 14 13 12 5 4 3 2 1 17 18 19 20 21 22 **7 8 9 10 11**	Achbi	(11.)
17 16 15 14 13 6 5 4 3 2 1 18 19 20 21 22 **7 8 9 10 11 12**	Albach	(12.)
7 17 16 15 14 6 5 4 3 2 1 18 19 20 21 22 **8 9 10 11 12 13**	Ambal	(13.)
18 17 16 15 7 6 5 4 3 2 1 19 20 21 22 **8 9 10 11 12 13 14**	Anbam	(14.)
8 18 17 16 7 6 5 4 3 2 1 19 20 21 22 **9 10 11 12 13 14 15**	Asban	(15.)
19 18 17 8 7 6 5 4 3 2 1 20 21 22 **9 10 11 12 13 14 15 16**	Aabas	(16.)
9 19 18 8 7 6 5 4 3 2 1 20 21 22 **10 11 12 13 14 15 16 17**	Aphba	(17.)
20 19 9 8 7 6 5 4 3 2 1 21 22 **10 11 12 13 14 15 16 17 18**	Azbaph	(18.)
10 20 9 8 7 6 5 4 3 2 1 21 22 **11 12 13 14 15 16 17 18 19**	Akbaz	(19.)
21 10 9 8 7 6 5 4 3 2 1 22 **11 12 13 14 15 16 17 18 19 20**	Arbak	(20.)
11 10 9 8 7 6 5 4 3 2 1 22 **12 13 14 15 16 17 18 19 20 21**	Ashbar	(21.)

11 10 9 8 7 6 5 4 3 2 1 12 13 14 15 16 17 18 19 20 21 22	Athbash	(22.)

Também:

21 19 17 15 13 11 9 7 5 3 1 22 20 18 16 14 12 10 8 6 4 2	Abgad	(23.)
11 10 9 8 7 6 5 4 3 2 1 22 21 20 19 18 17 16 15 14 13 12	Albam	(24.)

ZIRUPH RACIONAL

12 11 10 9 8 7 6 5 4 3 1 13 14 15 16 17 18 19 20 21 22 **2**	Abgath	(1.)*
13 12 11 10 9 8 7 6 5 4 1 14 15 16 17 18 19 20 21 22 **2 3**	Agdab	(2.)
14 13 12 11 10 9 8 7 6 5 1 15 16 17 18 19 20 21 22 **2 3 4**	Adhag	(3.)
15 14 13 12 11 10 9 8 7 6 1 16 17 18 19 20 21 22 **2 3 4 5**	Ahod	(4.)
16 15 14 13 12 11 10 9 8 7 1 17 18 19 20 21 22 **2 3 4 5 6**	Avzah	(5.)
17 16 15 14 13 12 11 10 9 8 1 18 19 20 21 22 **2 3 4 5 6 7**	Azcho	(6.)
18 17 16 15 14 13 12 11 10 9 1 19 20 21 22 **2 3 4 5 6 7 8**	Achto	(7.)
19 18 17 16 15 14 13 12 11 10 1 20 21 22 **2 3 4 5 6 7 8 9**	Atich	(8.)
20 19 18 17 16 15 14 13 12 11 1 21 22 **2 3 4 5 6 7 8 9 10**	Aikat	(9.)
21 20 19 18 17 16 15 14 13 12 1 22 **2 3 4 5 6 7 8 9 10 11**	Aklay	(10.)
22 21 20 19 18 17 16 15 14 13 1 **2 3 4 5 6 7 8 9 10 11 12**	Almak	(11.)
2 22 21 20 19 18 17 16 15 14 1 **3 4 5 6 7 8 9 10 11 12 13**	Amnal	(12.)
3 2 22 21 20 19 18 17 16 15 1 **4 5 6 7 8 9 10 11 12 13 14**	Anmas	(13.)

21 20 19 18 17 16 15 14 13 12 1
22 2 3 4 5 6 7 8 9 10 11   Aklay (10.)

22 21 20 19 18 17 16 15 14 13 1
 2 3 4 5 6 7 8 9 10 11 12   Almak (11.)

 2 22 21 20 19 18 17 16 15 14 1
 3 4 5 6 7 8 9 10 11 12 13   Amnal (12.)

 3 2 22 21 20 19 18 17 16 15 1
 4 5 6 7 8 9 10 11 12 13 14   Anmas (13.)

Os pares de números nos grupos anteriores foram escritos de cima para baixo, em vez de lado a lado, como Agrippa escreveu as letras correspondentes, para refletir a dobra do alfabeto hebraico de volta sobre si mesmo. Letras transpostas fora de sua posição normal são representadas por números em negrito. O nome de cada grupo está soletrado em nosso alfabeto, à direita. Como apêndice ao Ziruph, há dois grupos mencionados por Ginsburg em sua abordagem do tema ([1863]) 1970, 137). O primeiro está no fim da Tabela Racional de Ziruph, dada por Agrippa.

Observe que alguns dos pares são necessariamente repetidos. Por exemplo, na Tabela de Ziruph, o par AL, אל, que aparece no primeiro lugar do primeiro grupo, chamado *Albath*, também aparece no 12º grupo, *Albach*. Observe também que o primeiro (*Abgath*) e o 21º (*Athbash*) grupos na Tabela Racional de Ziruph aparecem na Tabela regular de Ziruph, formando respectivamente o segundo e o 22º grupos.

O uso das combinações de Ziruph é claro. Em cada par específico, letras em pares são consideradas como cabalisticamente relacionadas e trocáveis. Substituindo as letras nos pares, novas palavras podem ser criadas; também as somas numéricas podem ser manipuladas. Isso é feito com o intuito de gerar um *insight* para mais especulações ou fornecer provas para convicções já existentes.

Também na categoria de *temurah* caem as três Tabelas de Comutações chamadas de Direita (ou Certa), Aversa e Irregular. A Tabela Direita (Certa) tem seu nome derivado da fileira superior de letras, que é escrita do jeito hebraico normal, da direita para a esquerda. Sua estrutura é tão simples que nem precisa de comentários. Na segunda fileira, a letra *aleph*, א, move-se de seu lugar para o fim do alfabeto; na terceira fileira, *aleph*, א, e *beth*, ב, passam para o fim; e assim por diante, descendo pela tabela até a fileira inferior, o alfabeto é completamente transposto, exceto a letra *tau*, ת. De modo semelhante, na Tabela Aversa, assim chamada porque a fileira superior é escrita em ordem reversa, da esquerda para a direita, as letras passam do fim do alfabeto para o começo até ele ser completamente transposto, exceto pela letra *aleph*, א.

A Tabela Irregular Aversa é mais complexa e exige uma exposição numérica, fornecida na página seguinte. Assim como as tabelas Direita e Aversa, a Irregular tem uma simetria bilateral em torno do eixo, desde o canto inferior esquerdo até o superior direito. Cada fileira e coluna contêm o alfabeto hebraico completo. As letras que foram desenhadas em tamanho maior na tabela original são mostradas aqui em negrito. Se a estrutura da tabela for examinada, ver-se-á que essas são as letras que precisaram ser movidas em variância com o padrão geral, para que fosse preservado o alfabeto completo nas fileiras e colunas. Elas representam rupturas no sistema. Isso fica claro quando os pares em negrito em cada fileira são invertidos.

Por que a tabela Irregular é também chamada de Aversa, eu não sei, pois o alfabeto está escrito em sua sequência correta nos quatro lados do quadrado, em quatro direções diferentes, sendo a fileira superior da direita para a esquerda – mas talvez eu não tenha compreendido corretamente o uso desse termo na tabela anterior.

O método de usar tabelas de comutações deve ser inferido – uma vez que eu não encontrei descrição dele em lugar algum – a partir da necessidade de se substituir uma letra por outra. A coluna exterior direita que tem o alfabeto em sua sequência normal pode ser usada como uma chave pela qual poderiam ser inseridas as letras de uma palavra ou sentença que se deseja transmutar. Haveria, assim, 21 variações possíveis. Repito que isso é apenas uma conjectura de minha parte.

Inserida na categoria de temurah, mas importante demais para ser considerada sozinha, está a cabala das nove câmaras, ou *Aiq Beker*, בכר אק, assim chamada a partir das seis primeiras letras que a constituem. O alfabeto hebraico é escrito em nove células de uma grade por dois pares de linhas paralelas que intersectam em ângulos retos, resultando em três letras em cada célula (22 letras + 5 formas finais = 27 letras). O modo de colocar as letras fica mais fácil de compreender no diagrama:

300	30	3	200	20	2	100	10	1
ש	ל	ג	ד	כ	ב	ק	י	א
Sh	L	G	R	K	B	Q	I	A
600	60	6	500	50	5	400	40	4
ם	מ	ו	ך	נ	ה	ת	מ	ד
M.f.	S	V	K-f	N	H	Th	M	D
900	90	9	800	80	8	700	70	7
ץ	צ	ט	ף	פ	ח	ן	ע	ז
Tz-f.	Tz	T	P-f.	P	Ch	N-f.	Aa	Z

Qualquer letra tem uma ligação oculta, podendo, portanto, ser trocada com as outras letras em sua célula na grade. Por exemplo, a letra *he*, ה, pode ser substituída ou pelas letras *nun* נ ou a forma final de *kaph*, ך. De modo semelhante, seus valores podem ser trocados em computações ocultas. Agrippa usa o *Aiq Beker* extensivamente, extraindo seus sigilos para os espíritos e inteligências dos planetas a partir dos quadrados mágicos no cap. XXII, l. II. O *Aiq Beker* e o sistema de escrita secreta nele baseado são descritos por Agrippa no cap. XXX, l. III.

Outra técnica cabalística para formar palavras com significado mágico é o de escrever versículos da Torá um sobre o outro, e depois extraindo palavras das colunas verticais de letras. O uso mais importante desse artifício envolve Êxodo 14:19-21, em que cada versículo contém 72 letras.

Tabela Irregular Aversa

22	21	20	19	18	17	16	15	14	13	12	11	10	9	8	7	6	5	4	3	2	1
21	12	1	22	20	19	18	17	16	15	14	13	11	10	9	8	7	6	5	4	3	2
20	13	2	1	22	21	19	18	17	16	15	14	12	11	10	9	8	7	6	5	4	3
19	3	13	2	1	22	21	20	18	17	16	15	14	12	11	10	9	8	7	6	5	4
18	14	4	3	2	1	22	21	20	19	17	16	15	13	12	11	10	9	8	7	6	5
17	4	14	5	3	2	1	22	21	20	19	18	16	15	13	12	11	10	9	8	7	6
16	15	5	6	4	3	2	1	22	21	20	19	18	17	14	13	12	11	10	9	8	7
15	5	16	7	6	4	3	2	1	22	21	20	19	18	17	14	13	12	11	10	9	8
14	16	6	8	7	5	4	3	2	1	22	21	20	19	18	17	15	13	12	11	10	9
13	6	17	21	8	7	5	4	3	2	1	22	9	20	19	18	16	15	14	12	11	10
12	17	7	10	9	8	6	5	4	3	2	1	22	21	20	19	18	16	15	14	13	11
11	7	18	13	10	9	8	6	5	4	3	2	1	22	21	20	19	17	16	15	14	12
10	18	8	14	12	11	9	7	6	5	4	3	2	1	22	21	20	19	17	16	15	13
9	8	19	15	13	12	11	10	7	6	5	4	3	2	1	22	21	20	18	17	16	14
8	11	9	16	14	13	12	19	10	7	6	5	4	3	2	1	22	21	20	18	17	15
7	20	10	17	15	14	13	12	11	9	8	6	5	4	3	2	1	22	21	19	18	16
6	10	15	18	16	20	14	13	12	11	9	8	7	5	4	3	2	1	22	21	19	17
5	19	21	11	17	16	15	14	13	12	10	9	8	7	6	4	3	2	1	22	20	18
4	9	12	20	11	18	17	16	15	14	13	10	21	8	7	6	5	3	2	1	22	19
3	22	11	12	21	15	10	9	19	8	18	7	17	6	16	5	14	4	13	2	1	20
2	1	22	9	19	10	20	11	8	18	7	17	6	16	5	15	4	14	3	13	12	21
1	2	3	4	5	6	7	8	9	10	11	12	13	14	15	16	17	18	19	20	21	22

Cabala Prática

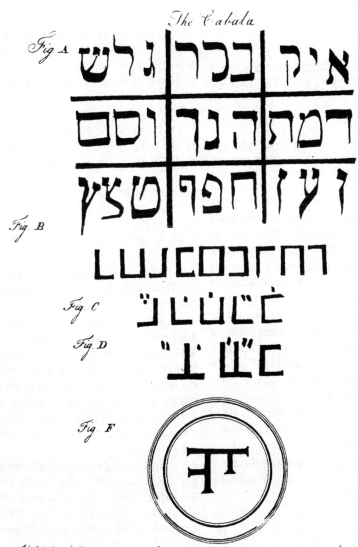

Cabala de nove câmaras
Extraído de O Mago, de Francis Barrett (Londres, 1801)

Os Schemhamphoras:

Êxodo 14:19 –

ויסע מלאך האלהים ההלך לפני מחנה
ישראל וילך מאחריהם ויסע עמוד הענן
מפניהם ויעמד מאחריהם:

Êxodo 14:20 –

ויבא בין מחנה מצרים ובין מחנה ישראל
ויהי הענן והחשך ויאר את הלילה ולא קרב
זה אל זה כל הלילה:

Êxodo 14:21 –

ויט משה את ידו על הים ויולך יהוה
את הים ברוח קדים עזה כל הלילה וישם
את הים לחרבה ויבקעו המים:

O primeiro versículo está escrito da maneira normal, da direita para a esquerda; o segundo, da esquerda para a direita abaixo do primeiro; e o terceiro, da direita para a esquerda abaixo do segundo. Cada coluna de três letras, lidas para baixo nas colunas, resulta em um dos 72 nomes de Deus que costumam ser chamados de Os Schemhamphoras, que adquirem um caráter sagrado adicional com o acréscimo dos sufixos divinos El, AL, אל ou Yah, IH, יה. Isso é descrito por Agrippa no fim do cap. XXV, l. III, e o resultado é mostrado na tabela dos Schemhamphoras que acompanha o mesmo capítulo. Por questão de clareza, a transliteração em nosso alfabeto é fornecida a seguir:

1	2	3	4	5	6	7	8	9	10	11	12
V	I	S	Aa	M	L	A	K	H	A	L	H
H	L	I	L	H	L	K	H	Z	L	A	H
V	I	T	M	Sh	H	A	Th	I	D	V	Aa

13	14	15	16	17	18	19	20	21	22	23	24
I	M	H	H	L	K	L	P	N	I	M	Ch
Z	B	R	Q	A	L	V	H	L	I	L	H
L	H	I	M	V	I	V	L	K	I	H	V

25	26	27	28	29	30	31	32	33	34	35	36
N	H	I	Sh	R	A	L	V	I	L	K	M
Th	A	R	A	I	V	K	Sh	Ch	H	V	N
H	A	Th	H	I	M	B	R	V	Ch	Q	D

37	38	39	40	41	42	43	44	45	46	47	48
A	Ch	R	I	H	M	V	I	S	Aa	Aa	M
N	Aa	H	I	H	I	V	L	A	R	Sh	I
I	M	Aa	Z	H	K	L	H	L	I	L	H

49	50	51	52	53	54	55	56	57	58	59	60
V	D	H	Aa	N	N	M	P	N	I	H	M
H	N	Ch	M	N	I	B	V	M	I	R	Tz
V	I	Sh	M	A	Th	H	I	M	L	Ch	R

61	62	63	64	65	66	67	68	69	70	71	72
V	I	Aa	M	D	M	A	Ch	R	I	H	M
M	H	N	Ch	M	N	I	B	A	B	I	V
B	H	V	I	B	Q	Aa	V	H	M	I	M

Agrippa substitui H, ה por Ch, ח e Ch, ח por k כ. Eu mudei a grafia usada por Agrippa para combinar as letras dos textos do Êxodo na Bíblia hebraica e as fontes da Cabala que consultei. Não tenho certeza se a grafia de Agrippa está errada ou, o que é mais provável, ela segue as letras de sua cópia do hebraico. O leitor que quiser restaurar a grafia dos nomes como eles aparecem na edição inglesa deve fazer as devidas substituições.

Embora Agrippa não mostre isso na tabela, as quatro fileiras de letras hebraicas são associadas às quatro letras do Tetragrammaton, IHVH, que podem ser escritas no lado direito da tabela, do alto para baixo. Como as letras do nome divino são ligadas aos quatro elementos (*yod* = Fogo; primeiro *he* = Água, *vau* = Ar, segundo *he* = Terra), é possível, graças a essa chave, atribuir os 72 nomes aos elementos e aos signos do zodíaco que se relacionam aos elementos em trios.

Cabala Prática

Cada fileira da tabela contém 18 nomes, divisíveis em três grupos de seis nomes cada. Começando no lado direito de cada fileira e lendo para a esquerda, o primeiro grupo recebe o signo cardeal de seu elemento, o segundo grupo, o signo fixo, e o terceiro grupo, o signo mutável. Os nomes de cada grupo são ligados, em ordem, com os quinários de cada signo.

Ressalto que essa atribuição dos Schemhamphoras ao zodíaco é nova para mim. Nunca a vi em nenhum outro lugar, mas parece ser uma extensão lógica da tabela de Agrippa.

O ocultista francês do século XIX Lenain, em sua obra *La Science Cabalistique* (1823), atribui os nomes aos quinários, mas comete o erro, parece-me, de colocar os nomes um após outro em ordem ao redor do firmamento sem considerar suas associações elementais.

Esta é a lista corrigida dos nomes com uma transliteração das letras hebraicas em nosso alfabeto, a numeração dos nomes, suas associações elementais e a minha atribuição deles aos signos do zodíaco:

Trio do Fogo

1. Vehuiah, VHV + IH, Fogo, Áries 1º - 5º
2. Yeliel, ILI + AL, Fogo, Áries 6º - 10º
3. Sitael, SIT + AL, Fogo, Áries 11º - 15º
4. Aulemiah, AaLM + IH, Fogo, Áries 16º - 20º
5. Mahasiah, MHSh + IH, Fogo, Áries 21º - 25º
6. Lelahel, LLH + AL, Fogo, Áries 26º - 30º
7. Akaiah, AKA + IH, Fogo, Leão 1º - 5º
8. Kahathel, KHTh + AL, Fogo, Leão 6º - 10º
9. Heziel, HZI + AL, Fogo, Leão 11º - 15º
10. Eladiah, ALD + IH, Fogo, Leão 16º - 20º
11. Laviah, LAV + IH, Fogo, Leão 21º - 25º
12. Hahauah, HHAa + IH, Fogo, Leão 26º - 30º
13. Yezalel, IZL + AL, Fogo, Sagitário 1º - 5º
14. Mebahel, MBH + AL, Fogo, Sagitário 6º - 10º
15. Hariel, HRI + AL, Fogo, Sagitário 11º - 15º
16. Haquemiah, HQM + IH, Fogo, Sagitário 16º - 20º
17. Leviah, LAV + IH, Fogo, Sagitário 21º - 25º
18. Keliel, KLI + AL, Fogo, Sagitário 26º - 30º

Trio da Água

19. Levoiah, LVV + IH, Água, Câncer 1º - 5º
20. Paheliah, PHL + IH, Água, Câncer 6º - 10º
21. Nelakel, NLK + AL, Água, Câncer 11º - 15º
22. Yiaiel, III + AL, Água, Câncer 16º - 20º
23. Melahel, MLH + AL, Água, Câncer 21º - 25º
24. Chahuiah, ChHV + IH, Água, Câncer 26º - 30º
25. Nethahia, NThH + IH, Água, Escorpião 1º - 5º
26. Haaiah, HAA + IH, Água, Escorpião 6º - 10º
27. Yerathel, IRTh + AL, Água, Escorpião 11º - 15º
28. Sheahiah, ShAH + IH, Água, Escorpião 16º - 20º
29. Riyel, RII + AL, Água, Escorpião 21º - 25º

30. Aumel, AVM + AL, Água, Escorpião 26º - 30º
31. Lekabel, LKB + AL, Água, Peixes 1º - 5º
32. Vehsheriah, VShR + IH, Água, Peixes 6º - 10º
33. Yechoiah, IchV + IH, Água, Peixes 11º - 15º
34. Lehachiah, LHCh + IH, Água, Peixes 16º - 20º
35. Kevequiah, KVQ + IH, Água, Peixes 21º - 25º
36. Menadel, MND + AL, Água, Peixes 26º - 30º

Trio do Ar

37. Aniel, ANI + AL, Ar, Libra 1º - 5º
38. Chaumiah, ChAaM + IH, Ar, Libra 6º - 10º
39. Rehauel, RHAa + AL, Ar, Libra 11º - 15º
40. Yeizel, IIZ + AL, Ar, Libra 16º - 20º
41. Hahahel, HHH + AL, Ar, Libra 21º - 25º
42. Mikael, MIK + AL, Ar, Libra 26º - 30º
43. Vevaliah, VVL + IH, Ar, Aquário 1º - 5º
44. Yelahiah, YLH + AL, Ar, Aquário 6º - 10º
45. Saeliah, SAL + IH, Ar, Aquário 11º - 15º
46. Auriel. AaRI + AL, Ar, Aquário 16º - 20º
47. Aushaliah, AaShL + IH, Ar, Aquário 21º - 25º
48. Miahel, MIH + AL, Ar, Aquário 26º - 30º
49. Vehuel, VHV + AL, Ar, Gêmeos 1º - 5º
50. Daniel, DNI + AL, Ar, Gêmeos 6º - 10º
51. Hachashiah, HChSh + IH, Ar, Gêmeos 11º - 15º
52. Aumemiah, AaMM + IH, Ar, Gêmeos 16º - 20º
53. Nanael, NNA + AL, Ar, Gêmeos 21º - 25º
54. Neithel, NITh + AL, Ar, Gêmeos 26º - 30º

Trio da Terra

55. Mabehiah, MBH + IH, Terra, Capricórnio 1º - 5º
56. Poïel, PVI + AL, Terra, Capricórnio 6º - 10º
57. Nememiah, NMM + AL, Terra Capricórnio 11º - 15º
58. Yeiel, IIL + AL, Terra, Capricórnio 16º - 20º
59. Harachel, HRCh + AL, Terra, Capricórnio 21º - 25º
60. Metzerel, MTzR + AL, Terra, Capricórnio 26º - 30º
61. Umabel, VMB + AL, Terra, Touro 1º - 5º
62. Yehahel, IHH + AL, Terra, Touro 6º - 10º
63. Aunuel, AaNV + AL, Terra, Touro 11º - 15º
64. Mechiel, MchI + AL, Terra, Touro 16º - 20º
65. Damebiah, DMB + IH, Terra, Touro 21º - 25º
66. Menaqel, MNQ + AL, Terra, Touro 26º - 30º
67. Aiauel, AIAa + AL, Terra, Virgem 1º - 5º
68. Chebuiah, ChBV + IH, Terra, Virgem 6º - 10º
69. Raahel, RAH + AL, Terra, Virgem 11º - 15º
70. Yebemiah, IBM + IH, Terra, Virgem 16º - 20º
71. Haïahel, HII + AL, Terra, Virgem 21º - 25º
72. Moumiah, MVM + IH, Terra, Virgem 26º - 30º

Cabala Prática 975

As sete tabelas de Transposições Numéricas dadas no fim do capítulo XXV, l. III aparecem incompletas à primeira vista, mas um exame de sua estrutura mostra que estão, na verdade, completas, que tabulam os diferentes pares de letras em hebraico que podem ser usadas para significar os mesmos números (o uso de letras para números é explicado no cap. XIX, l. II). Uma vez que diferentes pares de letras têm o mesmo valor numérico, elas têm uma ligação oculta, podendo, assim, ser trocadas.

A sexta tabela mostrando os pares de 1100-1300 é desenhada de uma maneira um pouco diferente das outras tabelas. Pode ser facilmente mudada para ser compatível em estrutura com as outras tabelas. Por que Agrippa a desenhou assim, eu não sei. A última tabela não contém informações novas, e pode ter sido acrescentada apenas como uma chave para se compreender o significado das tabelas anteriores.

É mais fácil entender as estruturas dessas tabelas convertendo as letras aos seus valores numéricos:

11-19 por Unidades

5 + 6	4 + 7	3 + 8	2 + 9	1 + 10
6 + 6	5 + 7	4 + 8	3 + 9	2 + 10
	6 + 7	5 + 8	4 + 9	3 + 10
	7 + 7	6 + 8	5 + 9	4 + 10
		7 + 8	6 + 9	5 + 10
		8 + 8	7 + 9	6 + 10
			8 + 9	7 + 10
			9 + 9	8 + 10
				9 + 10

Tabelas de Dezenas

					10
				10 + 10	20
				20 + 10	30
			20 + 20	30 + 10	40
			30 + 20	40 + 10	50
		30 + 30	40 + 20	50 + 10	60
		40 + 30	50 + 20	60 + 10	70
	40 + 40	50 + 30	60 + 20	70 + 10	80
	50 + 40	60 + 30	70 + 20	80 + 10	90
50 + 50	60 + 40	70 + 30	80 + 20	90 + 10	100

Tabela de Unidades

				1
			1 + 1	2
			2 + 1	3
		2 + 2	3 + 1	4
		3 + 2	4 + 1	5
	3 + 3	4 + 2	5 + 1	6
	4 + 3	5 + 2	6 + 1	7
4 + 4	5 + 3	6 + 2	7 + 1	8
5 + 4	6 + 3	7 + 2	8 + 1	9
5 + 5	6 + 4	7 + 3	8 + 2	9 + 1	10

110-190 por Dezenas

50 + 60	40 + 70	30 + 80	20 + 90	10 + 100
60 + 60	50 + 70	40 + 80	30 + 90	20 + 100
	60 + 70	50 + 80	40 + 90	30 + 100
	70 + 70	60 + 80	50 + 90	40 + 100
		70 + 80	60 + 90	50 + 100
		80 + 80	70 + 90	60 + 100
			80 + 90	70 + 100
			90 + 90	80 + 100
				90 + 100

Tabela de Centenas

									100
								100 + 100	200
								200 + 100	300
							200 + 200	300 + 100	400
							300 + 200	400 + 100	500
						300 + 300	400 + 200	500 + 100	600
						400 + 300	500 + 200	600 + 100	700
					400 + 400	500 + 300	600 + 200	700 + 100	800
					500 + 400	600 + 300	700 + 200	800 + 100	900
			500 + 500	600 + 400	700 + 300	800 + 200	900 + 100	1000

1100-1300 por Centenas

700 + 400	800 + 300	900 + 200
800 + 400	900 + 300	
900 + 400		

Chave

5.	10.	10.	10.	10.
5	6 + 4	7 + 3	8 + 2	9 + 1
50.	100.	100.	100.	100.
50	60 + 40	70 + 30	80 + 20	90 + 10
500.	1000.	1000.	1000.	1000.
500	600 + 400	700 + 300	800 + 200	900 + 100

Antes de concluir os comentários a respeito da Cabala prática, devemos fazer uma breve observação das tabelas no fim do capítulo XXVII, l. III, para descobrir os nomes dos anjos bons e maus dos planetas e dos signos do zodíaco.

Essas duas tabelas são formadas escrevendo as cartas do alfabeto hebraico nas fileiras do alto para baixo. Quando o alfabeto acaba, começa de novo na célula seguinte. Na tabela dos planetas, as letras são escritas da direita para a esquerda em cada fileira sucessiva. No entanto, na tabela do zodíaco, as letras são escritas da direita para a esquerda a cada segunda fileira começando do alto, e ao mesmo tempo da esquerda para a direita em cada segunda fileira começando da seguinte após a mais alta.

Qualquer nome ou palavra podem ser convertidos no nome de um anjo, encontrando-se as letras do nome ou da palavra individualmente no alfabeto que percorre o lado da tabela sendo usada, e lendo-se através da tabela até a letra correspondente na coluna sob o planeta, ou signo do zodíaco, no qual o nome angelical deve ser baseado. Os anjos bons são extraídos lendo-se nas letras do nome da direita para a esquerda – a direção natural da escrita hebraica. Os anjos maus são encontrados lendo-se nas letras da esquerda para a direita.

Por exemplo, se você quer encontrar o anjo mau de Escorpião baseado no nome raiz de Ham, הם, deve localizar a letra H no alfabeto subindo pelo lado esquerdo da tabela do zodíaco, e depois olhar para o outro lado, na coluna acima do signo de Escorpião, na linha do mal. A letra correspondente para M do nome raiz é L. Portanto, o nome do anjo mau é Aul, AaL, צל. Como sempre, as vogais devem ser acrescidas para tornar os nomes pronunciáveis. Instruções quanto ao uso dessas tabelas são dadas por Agrippa no capítulo XXVII, l. III.

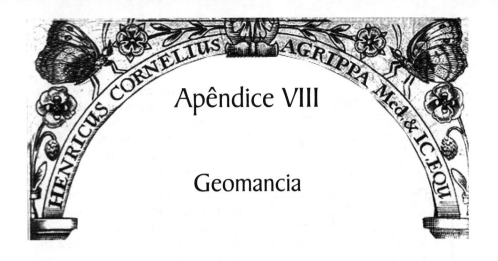

Apêndice VIII

Geomancia

eomancia é um termo geral que aborda qualquer forma de adivinhação que emprega, ou deriva, da terra. Havia um número de métodos antigos (ver cap. LVII, l. I), mas aquele que Agrippa descreve é a técnica clássica de adivinhar por meio de 16 figuras geradas quando se faz uma série de buracos em solo fino e macio ou na areia. O tratamento que Agrippa dá ao tema na *Filosofia Oculta* é, no mínimo, sucinto demais, no capítulo XLVIII do livro II, que é um dos capítulos mais curtos em toda a obra. Entretanto, ele era bem versado no assunto e escreveu um tratado à parte dedicado à geomancia que serviu como um dos livros-textos básicos para geomantes de gerações futuras.

Esse ensaio é mencionado no cap. XIII de *De incertitudine et vanitate scientiarum*, em que, ao se referir a obras de geomancia de Haly, Gerard de Cremona, Bartolomeu de Parma e Tundinus, ele diz, comparando com seu tratado: "Eu também escrevi uma geomancia muito diferente das demais, mas não menos supersticiosa e falaciosa, ou, se preferirem, até 'mentirosa'" (citado por Thorndike, 5:8:131). Isso foi escrito antes de 1526, mas depois de *Filosofia Oculta*, e aparece na *Opera* latina e na coletânea de seis obras do oculto extraídas da *Opera* e traduzidas para o inglês sob o título de *Henry Cornelius Agrippa, His Fourth Book of Occult Philosophy*.

Na verdade, o *Quarto livro* (... *Fourth Book*...) é apenas um dos seis tratados, uma produção espúria e inferior, muito semelhante em qualidade aos grimórios medievais. *De geomancia* parece ser uma obra genuína, seu estilo e conteúdo servem de guia – combinando perfeitamente com o tom e a atitude de Agrippa em *Filosofia Oculta*. Como o método de geomancia descrito no livro é o de Agrippa, e difere dos outros métodos, e como a obra é difícil de decifrar sem um guia, eu apresento aqui a técnica de Agrippa.

Ele começa declarando duas opiniões quanto à fonte da eficácia dessa forma de adivinhação. A primeira, dos antigos, é que ela deriva dos espíritos terrestres:

> ... portanto, para eles a projeção dos pontos dessa arte deve ser feita com signos na Terra, sendo essa arte adequada para esse elemento da Terra... e, portanto, eles usavam

of Geomancy.		
The greater Fortune. ✶ ✶ ✶ ✶ ✶ ✶	The leſser Fortune. ✶ ✶ ✶ ✶ ✶ ✶	Solis. ○
Via. ✶ ✶ ✶ ✶	Populus. ✶ ✶ ✶ ✶ ✶ ✶ ✶ ✶	Lunæ. ☽
Acquiſitio. ✶ ✶ ✶ ✶ ✶ ✶ Puella. ✶ ✶ ✶ ✶ ✶	Lætitia. ✶ ✶ ✶ ✶ ✶ ✶ Amiſſio. ✶ ✶ ✶ ✶ ✶	Jovis. ♃ Veneris. ♀
Conjunctio. ✶ ✶ ✶ ✶ ✶ Puer. ✶ ✶ ✶ ✶ ✶	Albus. ✶ ✶ ✶ ✶ ✶ Rubeus. ✶ ✶ ✶ ✶ ✶	Mercurii. ☿ Martis. ♂
Carcer. ✶ ✶ ✶ ✶ ✶ ☊ Dragons head. ✶ ✶ ✶ ✶	Triſtitia. ✶ ✶ ✶ ✶ ✶ ☋ Dragons taile. ✶ ✶ ✶ ✶	Saturni. ♄

Figuras geomânticas com os respectivos planetas
Extraído de Henry Cornelius Agrippa, His Fourth Book of Occult Philosophy (Londres, 1655)

primeiro certos sagrados encantamentos e deprecações, com outros ritos e observações, provocando e atraindo espíritos dessa natureza. ("De geomancia", no *Quarto Livro de Filosofia*, 1-2)

A segunda opinião, compartilhada pelo próprio Agrippa, é que a eficácia vem do forte desejo na alma do adivinho, e por conseguinte "não importa onde ou como esses pontos são projetados..." (ibid, 2). Quanto à questão de qual é a fonte próxima do poder na adivinhação por leitura de sorte para revelar as coisas ocultas, vale a pena uma releitura do capítulo LIV, l. II, em que o tema é explicado em detalhes.

Em seguida, ele cita as 16 figuras apresentadas em *Filosofia Oculta*. A atribuição dos planetas entre as figuras é igual; não há desacordo entre os geomantes quanto aos planetas. Mas a distribuição dos signos do zodíaco entre as figuras é completamente diferente, como mostra a tabela comparativa (ver página 980).

Uma vez que parece não haver um consenso quanto à numeração das figuras, eu as coloquei em ordem de acordo com os planetas a elas associados. A primeira coluna mostra as figuras em si; a segunda, seus nomes em latim; a terceira, seus planetas; a quarta, seus signos na tradução inglesa da *Filosofia Oculta*; a quinta, os signos na *Opera* latina; a sexta, as atribuições de Agrippa em *De geomancia*, que são feitas de um modo que cada signo está atrelado ao seu planeta regente, com exceção da Cabeça e da Cauda do Dragão; a sétima, as atribuições vulgares ou comuns dos signos dadas por Agrippa em *De geomancia*, por questão de completude; a oitava, os signos dados por Gerard Cremonensis em sua obra *Geomancia astronômica*, que é outro dos tratados que compõem o *Quarto Livro de Filosofia Oculta*.

Nosso autor descreve seu método, ordenando o zodíaco às figuras em *De geomancia*, que eu citarei aqui, principalmente porque me permite corrigir um erro no texto de Turner que gera confusão:

> E essas são as comparações infalíveis das figuras, e daí podemos facilmente discernir a igualdade de seus signos; portanto, as Fortunas Maior e Menor têm o signo de Leão, que é a casa do Sol; Via e Populus têm o signo de Câncer, que é a casa da Lua; Aquisitio tem como signo Peixes, e Laetitia, Sagitário, ambas a casa de Júpiter; Puella tem o signo de Touro, e Amissio de Libra, que são as casas de Vênus; Conjunctio tem como signo Virgem, e Albus, o signo de Gêmeos, as casas de Mercúrio; Pucr e Rubeus têm como signo Áries e Escorpião, as casas de Marte; Carcer tem o signo de Capricórnio, a Tristitia, Aquário, as casas de Saturno; a Cabeça do Dragão e a Cauda do Dragão são, portanto, divididas, a Cabeça para Capricórnio e a Cauda adere a Escorpião... (Turner [1655] 1978, 4).

A forte semelhança entre as atribuições zodiacais de Gerard e aquelas na *Filosofia Oculta* levam-me a crer que Agrippa usou Gerard como fonte antes de ter desenvolvido seu total entendimento de geomancia. Mais tarde, quando estruturou suas opiniões, ele não se deu ao trabalho de incluí-las em sua edição revisada de *Filosofia Oculta*.

Podemos mencionar de passagem que a atribuição dos signos do zodíaco usados no sistema Golden Dawn de geomancia, que é uma das mais comuns hoje em dia, é idêntica à atribuição de Agrippa de acordo com os planetas regentes, a não ser pelo detalhe de que os signos de Vênus estão invertidos, bem como os de Júpiter.

Embora não pareça lhe dar muita atenção, Agrippa descreve o método usual de adivinhação geomântica, começando com uma explicação de como gerar as figuras:

> E agora falaremos da maneira de projetar ou dispor essas figuras, que é a seguinte: colocamos os pontos de acordo com seu curso em quatro linhas, da direita para a esquerda, e em quatro cursos: isso resultará, portanto, em quatro figuras feitas em quatro linhas cardeais, de acordo com a marcação par ou ímpar em toda linha... (*Ibid.*,5).

Essa não é uma descrição muito lúcida, mas devia ser típica. Gerard Cremonensis descreve o mesmo processo:

> Cabe, portanto, fazer quatro linhas desiguais, com os pontos voltados casualmente para baixo; e juntar esses mesmos pontos; e a partir dos pontos que estiverem juntados, os quais permanecem na cabeça das linhas (como se faz em geomancia), extrair uma figura... ("Geomancia astronômica", no *Quarto livro*, 155).

Não importava de fato se as descrições fossem claras ou não, pois todos já sabiam como gerar as figuras geomânticas.

Pegue uma vara e faça com ela quatro séries aleatórias de buracos

Figuras geomânticas

Figuras			Signos do zodíaco				
			Filosofia oculta		*De geomancia*		Gerard Cremo-nensis
Formas	Nomes	Planetas	inglesa	latina	Agrippa	Comum	
* * * * * *	Carcer	♄	♓	♓	♑	♓	♓
* * * * * * *	Tristitia	♄	♏	♒	♒	♐	♏
* * * * * *	Aquisitio	♃	♈	♈	♓	♈	♈
* * * * * * *	Laetitia	♃	♉	♉	♐	♊	♉
* * * * *	Puer	♂	♈	♈	♈	♏	♊
* * * * * * *	Rubeus	♂	♊	♊	♏	♋	♊
* * * * * *	Fortuna Major	☉	♒	♒	♌	♉	♒
* * * * * *	Fortuna Minor	☉	♉	♉	♌	♉	♉
* * * * *	Puella	♀	♎	♎	♉	♋	♎
* * * * * *	Amissio	♀	♎	♎	♎	♐	♏
* * * * * *	Conjunctio	☿	♍	♍	♍	♎	♍
* * * * * * *	Albus	☿	♋	♋	♊	♌	♋
* * * *	Via	☽	♌	♌	♋	♍	♌
* * * * * * * *	Populus	☽	♑	♑	♋	♒	♑
* * * * *	Caput Draconis	☊	♍	♍	♑	♎	♍
* * * * *	Cauda Draconis	☋	♐	♐	♏	♑	♐

Geomancia

Caracteres geomânticos
Extraído de O Mago, de Francis Barrett (Londres, 1801)

em linhas paralelas no chão, indo da direita para a esquerda, parando cada série sempre que achar apropriado; isto é, quando os espíritos da Terra lhe mandam parar. Em seguida, conte os buracos em cada linha. Um número ímpar de buracos gera um ponto, ou estrela, sobre a figura geomântica, um número par de buracos gera duas estrelas. Por exemplo:

```
par     ·······      * *
ímpar   ·········gera *
par     ···           *
ímpar   ·······      * *
                 conjunção
```

Na forma comum de geomancia que Agrippa descreve primeiro, é necessário gerar quatro figuras, que são chamadas de quatro *Matres*, ou Mães. Estas, por sua vez, dão origem a todas as outras figuras geradas. É por isso que Agrippa fala de "quatro cursos"; isto é, quatro grupos de quatro séries de buracos, resultando em quatro figuras. Em uma adivinhação hipotética, essas séries podem ser feitas na areia:

```
8   ········   * *
11  ··········  *     I
10  ··········  * *
7   ·······     *
```

```
12  ············  * *
8   ·········    * *    II
10  ···········  * *
12  ············  * *

7   ·········    *
9   ·········    *      III
12  ············  * *
15  ···············  *

7   ········    *
10  ···········  * *    IV
7   ········    *
10  ···········  * *
```

Essas Mães são escritas da direita para a esquerda em uma fileira horizontal:

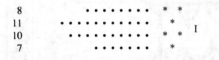

Das Mães nascem as Filhas, ou *Filiae*, por combinação dos elementos de cada fileira horizontal das Mães da direita para a esquerda, e empilhando-as de cima para baixo, para constituir cada Filha.

O nível 1 gera a primeira Filha, o nível 2, a segunda, o nível 3, a terceira e o nível 4, a quarta. As Filhas são escritas à esquerda das Mães, também da direita para a esquerda:

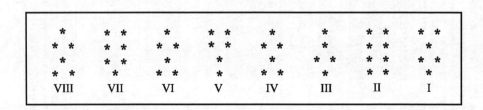

Como Agrippa explica:

Dessas quatro *Matres* são produzidas quatro outras figuras secundárias, que se chamam *Filiae*, ou Que Sucedem, juntadas desta maneira; ou seja, marcando as quatro *Matres* de acordo com sua ordem, colocando-as conforme o curso, uma depois da outra; e o que resultar de toda linha forma a figura das Filiae, cuja ordem é descendente a partir dos pontos superiores através tanto dos intermediários quanto dos inferiores... ("De geomancia". No *Quarto livro*, 6).

A partir dessa fileira de oito figuras, como Agrippa as denomina, "oito casas do céu", são geradas mais quatro figuras que Agrippa não denomina, mas que em outra referência são chamadas de Sobrinhos. Cada Sobrinho é feito pela combinação de duas adjacentes Mães ou Filhas, cujos pontos são adicionados em cada um dos quatro níveis para dar totais ímpares ou pares. Um total par gera dois pontos no mesmo nível do Sobrinho descendente, e um total ímpar um ponto. Agrippa diz:

... e as demais casas são encontradas da seguinte maneira; ou seja, da primeira e segunda deriva a nona; da terceira e quarta, a décima; da quinta e sexta, a décima primeira; e da sétima e oitava, a décima segunda: pela combinação ou junção de duas figuras de acordo com a regra do número par ou ímpar nos pontos restantes de cada figura (*Ibid.*, 7).

Isso pode ser representado, continuando com o exemplo:

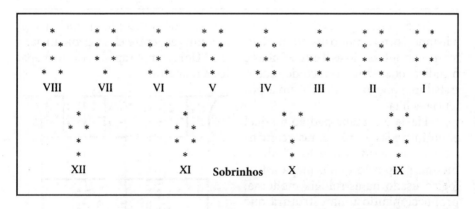

Mais duas figuras são geradas pela combinação dos Sobrinhos, da mesma maneira, as quais são chamadas de *Coadjuctrices* ou *Testes* – isto é, Testemunhas. Do par de Testemunhas, uma única 15ª figura é feita, também por combinação, chamada de Índice por Agrippa, e de Juiz por outros. Assim descreve este procedimento:

Do mesmo modo, se produzem das quatro últimas figuras, ou seja, da nona, décima, décima primeira e décima segunda, duas figuras que são chamadas de Coadjutrizeces ou Testes; das quais também uma é constituída, chamada de Índice de toda a figura, ou coisa gerada... (ibid, 7).

O mesmo exemplo demonstra:

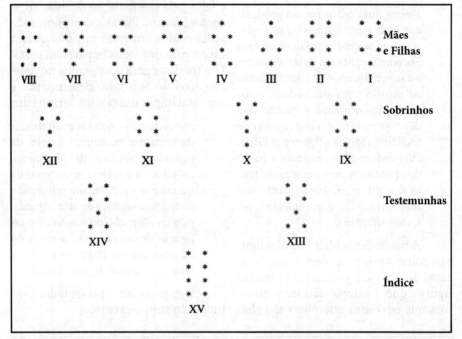

Todas essas figuras são usadas em adivinhação, mas muito mais importantes que as outras são as Testemunhas e o Índice, que, sendo o foco de todo o trabalho, concentram em si uma potência oculta.

Havia um mapa-padrão no qual eram inseridas as 15 figuras geomânticas de uma adivinhação. Tinha o mesmo propósito que o mapa astrológico usado na astrologia moderna, proporcionando uma estrutura que determinava claramente as figuras em sua devida relação, para que fossem lidas com facilidade. A versão desse mapa dada por Agrippa é rudimentar, mas um exemplo mais refinado e possivelmente usado pelos adivinhos com a nobreza durante a Renascença é representado por Robert Fludd, em uma prancha em sua obra *Utriusque cosmi historia* (Oppenheim, 1619), que mostra vários métodos principais de adivinhação, entre eles a geomancia.

Um exemplo apareceria no mapa, desta maneira:

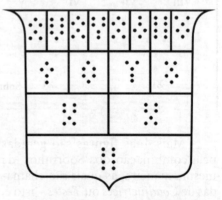

Stephen Skinner, em seu útil livro *The Oracle of Geomancy* (Prism, 1977, 350-2), explica com propriedade que, por causa da estrutura inerente das figuras e seu modo de geração, só há oito

Métodos de adivinhação mostrando o mapa geomântico
Extraído de Tomus secundus de supernaturali, naturali, praeternaturali et contranaturali microcosmi historia, *de Robert Fludd (Oppenheim, 1619)*

figuras possíveis que podem ocorrer no Índice, um erro cometido em algum lugar no mapa.

Agrippa não tinha muito entusiasmo por essa geomancia convencional: "E esta que descrevemos é a maneira comum observada por geomantes, que não rejeitamos nem exaltamos..." ("De geomancia". No *Quarto livro*, 8). Ele apresenta um sistema próprio de geomancia astrológica no qual 12 das figuras geomânticas são inseridas nas 12 casas do zodíaco de acordo com o mapa astrológico-padrão do dia. Com cada figura também entra seu respectivo planeta. O adivinho pode, então, desenhar com base tanto no significado das figuras quanto das casas, dando à adivinhação uma sutileza maior.

Assim como as *Matres* anteriores formam os quatro Ângulos de uma casa, a primeira o primeiro Ângulo, a segunda o segundo Ângulo, a terceira o terceiro Ângulo, e a quarta o quarto Ângulo; também as *Filiae* oriundas das *Matres* constituem as quatro casas Que Se Sucedem; a primeira a segunda casa, a segunda a décima primeira, a terceira a oitava, e a quarta a quinta casa; o resto das casas, que são Cadentes, devem ser calculadas de acordo com a regência de sua triplicidade; isto é, constituindo a nona a partir da primeira e quinta, e a sexta a partir da décima e da segunda, da sétima e décima primeira a terceira, e da quarta e oitava a décima segunda (ibid).

Para aqueles que nada sabem de astrologia, uma breve explicação é necessária. Cada signo do zodíaco tem uma divisão no círculo do firmamento de 30 graus, em que é associado. Para os astrólogos antigos, a casa de um signo significava simplesmente seu lugar natural. A primeira casa ficava no lugar de Áries, a segunda casa no lugar de Touro e assim por diante. Não precisamos considerar aqui as elaborações posteriores dos astrólogos quanto ao uso das casas.

Se uma cruz grande é desenhada sobre o anel das casas de horizonte a horizonte e do meio do céu à parte inferior do meio do céu, ela dividirá o anel em quatro seções iguais, tocando em sentido horário a primeira, décima, sétima e quarta casas, que por esse motivo são chamadas de os ângulos, ou casas angulares. As casas que as seguem no movimento normal anti-horário dos planetas são, contando em sentido horário, a segunda, décima primeira, oitava e quinta, chamadas por esse motivo de casas que se sucedem. O segundo grupo de casas depois dos ângulos, de novo respectivamente, são a terceira, décima segunda, nona e sexta, chamadas de casas cadentes.

Pelo sistema de Agrippa, as quatro Mães, geradas da maneira já descrita, são colocadas nas casas angulares em ordem, começando com a primeira casa e procedendo em sentido horário até a décima, sétima e quarta casas. As quatro Filhas, também geradas da maneira usual, são colocadas nas casas que se sucedem em sentido horário, começando com a segunda, depois a décima primeira, a oitava e, por fim, a quinta.

O método para gerar os quatro Sobrinhos pode ter sido inventado por Agrippa – pelo menos não o vi descrito por nenhum escritor antes dele. Baseia-se nos trios elementais que dividem o zodíaco e suas casas correspondentes em quatro grupos de três, cada um alocado a um elemento. Isso é representado em gráfico por quatro triângulos equiláteros com igual espaço entre si, centrados no eixo da Terra. Como as Mães e Filhas ocupam dois pontos em cada triângulo, as figuras para as casas cadentes, os pontos não ocupados, são formadas pela combinação das outras duas figuras em cada triângulo.

Este diagrama simples nos ajudará a compreender melhor:

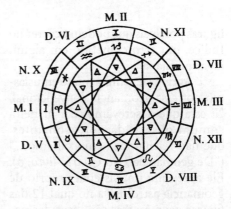

O anel exterior mostra as casas, o anel interior, os signos zodiacais a elas associados; os símbolos elementais indicam os trios; os exteriores, as figuras geomânticas e os números romanos ao lado, sua ordem de geração. Agrippa não afirma explicitamente em qual ordem os Sobrinhos são gerados. Embora isso talvez esteja implícito na sequência de sua descrição, eu preferi representar a numeração dos Sobrinhos no diagrama seguindo o mesmo padrão que ele dá para as Mães e Filhas.

Estando as figuras geomânticas inseridas nas casas do mapa, é simples agora colocar os signos e planetas, como descreve Agrippa:

> ... a figura que estiver na primeira casa lhe dará o signo ascendente, mostrado pela primeira figura; com isso feito, você atribuirá os signos às suas devidas casas, de acordo com a ordem dos signos. Então, em cada casa você colocará os planetas de acordo com a natureza da figura; a partir daí, desenvolverá seu julgamento de acordo com a significação dos planetas nos signos e casas em que eles se encontram, e também de acordo com seus aspectos entre eles, e com o lugar do solicitador e da coisa solicitada; e você julgará de acordo com as naturezas dos signos ascendentes em suas casas, e com as naturezas e propriedades das figuras que foram colocadas nas várias casas, bem como a mistura de outras figuras de seus aspectos... (ibid, 8).

Em outras palavras, a figura que forma a primeira Mãe, sendo colocada na primeira casa, ou ascendente, determina qual signo do zodíaco será colocado naquela casa, de acordo com a relação já dada entre as 16 figuras geomânticas e os signos do zodíaco. Como a ordem do zodíaco é invariável, os outros signos são escritos em sucessão em sentido anti-horário nas casas seguintes. Por exemplo, se a figura da primeira Mãe for a Fortuna Maior, o signo zodiacal na primeira casa será Leão, de acordo com o sistema de atribuição de signos pelos planetas regentes dado por Agrippa em *De geomancia*; mas seria Aquário, de acordo com o sistema derivado de Gerard de Cremona e citado em *Filosofia Oculta*. De qualquer forma, uma vez que o signo ascendente esteja estabelecido, os outros são inseridos em sentido anti-horário na ordem começando por aquele signo: I – Leão, II – Virgem, III – Libra, e assim por diante.

Os planetas são colocados nas casas de um modo ainda mais simples, de acordo com as figuras geomânticas a eles associadas. A relação entre as figuras e os planetas é inquestionável e nunca varia. Se a Fortuna Maior estiver na primeira casa, ela sempre recebe o Sol, e o mesmo se aplica ao resto.

O mapa, então, é lido de maneira astrológica, com a mistura dos significados das figuras geomânticas. As posições do solicitador e do objeto solicitado, mencionadas por Agrippa, são determinadas a partir dos significados das casas. A posição do objeto solicitado depende de sua natureza: se for uma questão de dinheiro, provavelmente seria pela segunda casa; se for de comunicação, a terceira casa; e assim por diante. Parece natural localizar o solicitador na primeira casa. Na leitura de um mapa geomântico, não é necessário procurar nenhuma posição astrológica, mas é essencial compreender os planetas, signos, casas e aspectos de astrologia.

Resta apenas a origem do Índice, ou Juiz, e o mapa está completo. As Testemunhas não são consultadas. O Índice é encontrado contando-se os buracos feitos na areia na geração das quatro Mães, dividindo por 12, depois contando o número dos restantes em sentido anti-horário a partir da primeira casa. Sempre que a conta termina, a figura naquela casa é considerada o Índice. Se nada restar após a divisão, o Índice é a figura na 12ª casa.

Mas agora nós lhe revelaremos o segredo de toda a arte, para descobrir o Índice na figura subsequente, que é assim: você numera todos os pontos que estão contidos nas linhas das projeções e os divide por 12: e o que resta será projetado do Ascendente pelas várias casas, e a casa sobre a qual cair uma unidade final, tal figura lhe dará um julgamento eficaz da coisa solicitada; juntamente com as significações dos julgamentos supramencionados. Mas se, em cada parte, forem iguais ou ambíguas, então só o Índice lhe dará a certeza da coisa solicitada (*Ibid.*, 8-9).

Lembremo-nos de que Agrippa começa a contar a partir da primeira coisa contada, não da segunda, como é a prática moderna. Em outras palavras, se houvesse um restante de três, o Índice seria a figura geomântica na terceira casa, não na quarta.

Seguindo o princípio de que as questões obscuras são mais fáceis de entender com exemplos do que com descrição, continuarei com o exemplo da adivinhação geomântica iniciado antes, estendendo-o para o sistema astrológico da Agrippa.

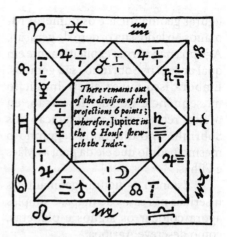

Mapa geomântico de Agrippa
Extraido de Henry Cornelius Agrippa, Fourth Book of Occult Philosophy (*Londres, 1655*)

No alto da coluna seguinte aparece o quadrado usado na Renascença. Os triângulos representam as casas, que eu numerei. Dentro deles estão inseridas as figuras geomânticas, signos e planetas de acordo com o sistema de Agrippa de planetas regentes. As Mães e Filhas são as mesmas que aquelas antes obtidas. Elas se combinam, de acordo com seus trinos elementais, para formar os Sobrinhos nas casas cadentes. O signo ascendente é localizado pela primeira Mãe e colocado na primeira casa com os outros signos seguindo em ordem anti-horária. As figuras geomânticas aderem às casas, não aos signos. O Índice é determinado contando-se o número total de pontos nas 16 fileiras que geraram as quatro Mães, dividindo por 12 e contando a partir do ascendente em sentido anti-horário; ou, em outras palavras, onde estiver o restante, a figura na casa do mesmo número é o Índice.

Geomancia

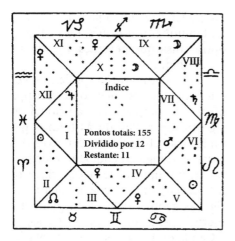

Gerard Cremonensis, em sua *Geomancia astronomica*, também dá um sistema de adivinhação astrológica por meio de figuras geomânticas, e é possível que Agrippa tenha originado seu sistema baseando-se em Gerard, mas modificando-o para se adaptar à sua mente analítica.

Gerard começa, encontrando o signo zodiacal a ser colocado na primeira casa, perfurando quatro fileiras de pontos para formar uma única figura geomântica:

> É expediente, portanto, fazer quatro linhas desiguais, pelos pontos marcados casualmente; e juntar esses pontos; e dos pontos que não se juntam, que permanecem na cabeça das linhas (como se faz em geomancia), extrair uma figura; e o signo do zodíaco que responde a essa figura [na atribuição de Gerard: ver a tabela], colocar para o Ascendente, por questão da palavra. ("Geomancia astronomica". No *Quarto livro*, 155)

Os demais signos seguem em ordem anti-horária em volta das 12 casas.

Gerard atribui os planetas às casas individuais, do mesmo modo que Agrippa localiza o Índice:

> É necessário, depois, fazer quatro linhas como curso para cada planeta, por pontos perfurados casualmente; e do mesmo modo para a Cabeça do Dragão, assim como foi feito para o Ascendente, e dividir esses pontos por doze; e o que restar acima de doze, ou o décimo segundo mesmo, se não restar um número maior, reter, e o planeta para o qual a projeção foi feita, colocar naquela Casa da qual o número superabundante será; ou seja, se restarem 12, que o planeta seja colocado na décima segunda Casa; se restarem dez, na décima Casa; se um, na primeira

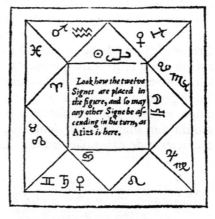

Mapa geomântico de Gerard Cremonensis de Henry Cornelius Agrippa, Quarto Livro de Filosofia Oculta *(Londres, 1655)*

> Casa; se dois, na segunda Casa, e assim por diante. E é preciso sempre começar do Sol, e depois da Lua, em seguida de Vênus e Mercúrio, e de Saturno, Júpiter e Marte, e da Cabeça do Dragão e da Cauda do Dragão... (*Ibid.*, 157).

No sistema de Gerard, nove figuras são derivadas separadamente, cada uma perfurando-se quatro fileiras de pontos da areia; a primeira estabelece a posição dos signos do zodíaco em relação às casas, as outras oito, as posições dos planetas e a Cabeça e a Cauda do Dragão. Como a Cabeça e a Cauda do Dragão estão sempre em posição oposta no círculo das casas, basta estabelecer o lugar da Cabeça do Dragão, e a Cauda está a 180° em torno do círculo de casas.

Skinner, a propósito, não deve ter compreendido isso, pois, ao descrever o sistema de Gerard, incorretamente diz que as figuras geomânticas devem ser feitas na areia tanto para a Cabeça quanto para a Cauda do Dragão – na verdade, ele as representa em seu diagrama (*Oracle of Geomancy*, 313) em um aspecto trino (!), que destrói a integridade do mapa. A importância das direções de Gerard é que elas resultam em um mapa astrológico que pode ser lido de maneira astrológica. Nenhuma figura geomântica é de fato escrita no mapa, e este é lido estritamente de acordo com suas relações planetárias, zodiacais e de casas. Gerard diz: "... tampouco devemos aqui considerar as Testemunhas, ou o Juiz, ou qualquer outra coisa que pertença à geomancia..." (ibid, 156).

Em comparação, podemos ver que, dos dois sistemas, o de Agrippa oferece a complexidade adicional do significado atribuído às figuras geomânticas atuando no contexto das casas astrológicas, enquanto o de Gerard tem simplicidade e elegância recomendáveis, uma vez que não aparecem figuras geomânticas, cada planeta é escrito apenas uma vez, e a Cabeça e a Cauda do Dragão são representadas com exatidão, distantes entre si em 180° no mapa.

De fato, por causa da frequente ocorrência múltipla de um único planeta – no exemplo anterior, Vênus aparece quatro vezes, e tanto a Lua quanto o Sol, duas –, mal se pode ler os aspectos de uma maneira legítima no sistema de Agrippa, que poderia ser caracterizado, em termos não muito elogiosos, como um estranho híbrido de geomancia e astrologia. Por essa razão, é passível de ser anátema entre os astrólogos, que preferem, é claro, o sistema de Gerard.

Dicionário biográfico

aron (Aarão): Autor de um livro "da natureza das ervas e pedras" (*Livro dos Segredos*) [Best & Brightman, 40]), junto a Evax, chamado de o *Livro dos Minerais* (*Ibid.*, 48). Essa obra é citada muitas vezes no *Livro dos Segredos* e também por Alberto Magno em seus escritos. É desconhecida, mas presume-se que tenha sido uma obra judaica ou árabe.

Ábaris: (século VI ou VIII a.C.) Filho de Seuthea. Foi um sacerdote de Apolo que teria saído de Hiperbórea (a região norte do Cáucaso), ou da Cítia, para escapar de uma peste em sua terra natal. Viajou pela Grécia curando os doentes com encantações, realizando milagres e prevendo o futuro, e salvou a cidade de Esparta de uma peste. A lenda diz que ele carregava como emblema uma flecha de ouro que lhe fora dada pelo deus Apolo e que o transportava no ar; além disso, não comia comida terrestre. Heródoto comenta: "Quanto à história de Ábaris, que teria sido hiperbóreo e viajado com sua flecha por todo o mundo sem comer uma única vez, deixarei passar em silêncio. Uma coisa, porém, é certa: se existem os hiperbóreos, devem existir as hipernoções" (*História* 4 [Rawlinson, 215]). Suidas atribui quatro obras a Ábaris: Oráculos citas, um poema sobre a visita de Apolo a Hiperbórea, uma coletânea de fórmulas expiatórias e uma teogonia em prosa. Tais escritos não existem mais e são considerados espúrios. Jâmblico relata que Ábaris se atraíra por Pitágoras por causa da semelhança do grego com Apolo, e que ele deu a Pitágoras sua flecha mágica de presente. Pitágoras mostrou a Ábaris sua "coxa dourada", garantiu ao cita que era de fato o deus encarnado na Terra para curar as doenças da humanidade e lhe ensinou vários mistérios, incluindo adivinhação por números. Ver Jâmblico, *Life of Pythagoras*, cap. 19.

Abbaris: Ver Ábaris.

Abenezra: (1092-1167) Abraham Ben Meir Ibn Esdras, conhecido como Abenezra, um filósofo judeu nascido em Toledo. Na primeira metade de sua vida, ele conquistou a reputação de poeta na Espanha, sua terra natal. Por volta de 1140, começou a viajar, passando pela África do Norte, Egito, Itália, França e Inglaterra, parando às vezes por alguns anos para escrever. Ele pertencia à escola filosófica judaica baseada em ideias gregas, que na época vivia em conflito com a escola mística que deu origem à literatura da Cabala. Suas visões eram neoplatônicas, e ele acreditava na astrologia. Abenezra produziu escritos em matemática e astronomia, bem como uma gramática hebraica e um comentário da Bíblia.

Abraham: Ver Abenezra.

Abu-Maaschar: (805-885) Astrônomo árabe nascido em Balkh, que viveu e trabalhou em Bagdá e morreu em Wasid, na Ásia Central. Ele afirmava que o mundo fora criado quando os sete planetas se encontravam em conjunção no primeiro grau de Áries e que, quando se encontrassem alinhados novamente no grau final de Peixes, se acabaria – uma visão que parece ter sua origem na doutrina estoica:

> Os estoicos dizem que os planetas, retornando ao mesmo ponto de longitude e latitude que cada um ocupava quando o Universo surgiu, em períodos fixos de tempo, provocam uma conflagração e destruição das coisas, e que o Universo se renova e volta à mesma condição... (*Nemesius Denatura hominus* 38. Em *Tetrabiblos*, Ptolomeu [Robbins, 15, n.3]).

Três das principais obras de Abu-Maaschar foram impressas mais ou menos na época em que Agrippa escrevia sua *Filosofia Oculta*: *De Magnis conjunctionibus* (Augsburg, 1489), *Flores astrologici* (Augsburg, 1488) e *Introductorium in astronomian* (Veneza, 1506). As ilustrações dos espíritos astrológicos que aparecem no *Astrolabium planum*, de Pietro d'Abano, publicado por Johannes Angelus em 1488, são tiradas de um manuscrito de Albumazar, na Biblioteca do Vaticano.

Aetlius: Ver Espartiano.

Africanus, P. Cornelius Scipio Aemilianus, Minor (P. Cornélio Scipio Emiliano Africano, o Jovem: (?185-129 a.C.) O filho mais jovem de P. Cornélio Scipio Africano, filho mais velho de Africano, o Grande. Um bom soldado e líder de homens – lutou em sua primeira guerra quando tinha 17 anos –, também foi um estudioso. Talvez seja mais lembrado pela captura da cidade de Numância na Espanha, em 133 a.C. Tinha sido nomeado cônsul no ano anterior, com o propósito de terminar a guerra na Espanha. Vítima de intriga política, foi assassinado nos próprios aposentos enquanto preparava um discurso, talvez por Fúlvio Flaco.

Alberto Magno: (?1206-1280) Também chamado de Alberto de Colônia, nasceu em Laningen, na Suábia, vindo de uma família nobre de Bollstadt. Estudou em Pádua, onde aprendeu as obras de Aristóteles, e se tornou irmão dominicano em 1223, em cuja qualidade lecionou Teologia em Colônia. Em 1245, foi para Paris para obter o doutorado e lá ficou por algum tempo, lecionando. Em 1260, tornou-se bispo de Regensburg, mas abriu mão do posto três anos depois, para pregar. Em tom de escárnio, os detratores se referem a ele como o "macaco de Aristóteles", mas seus admiradores lhe deram o título de "Doctor Universalis" e "o Grande". Tomás de Aquino foi seu aluno. Suas numerosas obras de filosofia ocuparam 36 volumes, quando foram impressas em Paris em 1890. Foi daí que o *Livro dos Segredos*, às vezes erroneamente atribuído a Alberto, foi parcialmente extraído. A obra a que se refere Agrippa é a *Speculum astronomiae*, atribuída a Alberto. Para uma discussão a respeito da autenticidade dessa obra, ver o artigo de Lynn Thorndike em *Speculum* 30 (1955), 413-33.

Albumasar: Ver Abu-Maaschar.

Alchindus: Ver Alkindi.

Alcino: (século II) Filósofo platônico que escreveu a *Epítome das doutrinas de Platão*.

Alcmaeon: (viveu em 500 a.C.) Médico e cientista natural de Cróton que foi aluno de Pitágoras. Ele foi o primeiro a dissecar animais e a operar no olho humano. Escreveu várias obras filosóficas e médicas, das quais só existem fragmentos.

Alexandre de Afrodisia: (século II) Chamado de Expositor. Nasceu em Afrodisia, Caria. Aluno de Aristocles de Micenas, foi para Atenas no fim do século II e se tornou o líder do Liceu, no qual lecionou filosofia peripatética. Sendo o mais destacado comentarista das obras de Aristóteles, seus escritos são volumosos. Muitos foram traduzidos para o latim durante a renovação cultural na Idade Média, embora outras tenham permanecido em grego e árabe. Além de seus comentários, ele escreveu obras originais, mais notadamente *De fato*, que examina o livre-arbítrio, e *De anima*, que argumenta contra a imortalidade.

Alexandre da Macedônia: (356-323 a.C.) Chamado de o Grande. Filho de Filipe II. Em sua juventude, foi instruído por Aristóteles. Aos 16 anos, recebeu a coroa e imediatamente partiu em conquista da maior parte do mundo conhecido. Belo, corajoso, fisicamente poderoso e habilidoso em combate, inteligente e honesto, ele tinha um temperamento irritável e era facilmente inflamado pelo álcool; não dispunha da prudência que lhe teria transformado em um grande governante. Talvez a história mais conhecida dele seja a do nó de Gordium. Havia uma fábula de que quem conseguisse desatar o nó seria o conquistador da Ásia. Segundo a maioria dos relatos, Alexandre cortou o nó com sua espada, um ato contrariamente caracterizado como sábio, pois representa uma transcendência zen do pensamento, e bruto, uma amostra de barbarismo. Plutarco conta uma história diferente. Ele teria apenas deslizado o nó do jogo da carroça ao qual estava atado, retirando o pino que o segurava. Seu legado mais duradouro foi a fundação da grande cidade de Alexandria, na foz do Rio Nilo, em 331 a.C. Na idade prematura de 32, ele morreu de febre na Babilônia, a qual pretendia transformar na capital do mundo.

Alfarrábio: (?870-950) Muhammad ibn Tarkhan ibn Uzlagh Abu Nasr al-Farabi, filósofo árabe nascido em Wasij, perto de Farab, no Turquistão. Quando jovem, viajou a Bagdá, na época o centro intelectual do mundo, onde aprendeu árabe e estudou Matemática, Filosofia e Medicina. Estabeleceu-se na corte de Hamdanid Saif Addaula, de quem recebia uma pequena pensão. Morreu em Damasco, enquanto viajava na companhia de seu patrono. Os escritos de al-Farabi a respeito de Aristóteles formaram a base para o sistema filosófico de Avicena, e é provável que Averróis também tenha se inspirado em suas obras, mas a grande aclamação dirigida a Avicena levou os estudiosos posteriores a ignorar al-Farabi.

Al Ghazali: (1058-1111) Abu Hamid ibn Muhammad al-Ghazali, filósofo e teólogo árabe que escreveu profusamente (69 obras) sobre uma vasta gama de temas intelectuais. Sua obra mais importante é *Tahafut al-Falashifah* (Destruição dos filósofos).

Algazel: Ver Al Ghazali.

Alkindi: (804-873) O filósofo árabe Abu Yusuf Ya'Qub Ibn Ishaq ul-Kindi, mais conhecido como Alkindi, ou simplesmente Kindi. Nasceu em Kufa, onde seu pai era governador, e estudou em Bosra e Bagdá. Permanecendo em Bagdá, ele obteve uma posição no governo para se sustentar e encontrou tempo para escrever mais de 200 obras em todas as áreas das ciências. Além disso, traduziu Aristóteles. Roger Bacon lhe dava altíssimo valor, só ficando em segundo lugar após Ptolomeu na questão da óptica. Ele é referido com honra como "O Filósofo dos Árabes".

Almadel: O nome do mago medieval mencionado pelo abade Johann Trithemius em sua *Antipalus maleficiorum* (c. 1500), como o autor de uma edição de a *Chave de Salomão*. Também o nome do quarto livro da coletânea manuscrita conhecida sob o nome coletivo de *Chave menor de Salomão* ou *Lemegeton*; aplicado de modo específico à tábua de cera nele descrita.

Alpharus: Ver Alfarrábio.

Alfonso: Ver Picatrix, o Espanhol.

Ambrósio: (?340-397) Bispo de Milão. Cidadão de Roma, nasceu em Treves, de uma família rica e influente, e foi educado para uma vida política por seu pai em Roma. Em 374, quando os partidos ariano e ortodoxo da Igreja entravam em conflito pelo bispado vago de Milão, Ambrósio fez um discurso a eles que foi tão bem recebido que acabou sendo eleito por aclamação como o único ocupante apropriado para a Sé. Favorecendo o lado ortodoxo, ele passou o resto da vida travando uma guerra doutrinal com os arianos e os pagãos. Foi um administrador competente e um diplomata eloquente, de princípios inabaláveis. Seus escritos consistem em comentários, sermões, discursos funerários e cartas, mas ele é mais lembrado por seus hinos, que formaram um padrão para épocas posteriores.

Ammonius Saccas: (século III d.C.) Filósofo grego que fundou a escola neoplatônica em Alexandria. Ganhou o sobrenome por causa de seu trabalho, que consistia em carregar sacos de milho em Alexandria, sua cidade natal. De humildes origens cristãs, ele ensinou a homens célebres, como Longino, Herennius, Plotino e Orígenes. Na metade da vida, ele abandonou a fé em que fora criado, trocando-a pela filosofia, e não deixou nenhuma obra escrita – pelo menos, é o que afirma Porfírio (conforme citado por Eusébio, *História eclesiástica* 6.19.6). Eusébio afirma que Ammonius permaneceu cristão por toda a vida e escreveu duas obras: *A harmonia de Moisés e Jesus* e *Harmonia dos quatro Evangelhos* (*Ibid.*). Parece ter havido um segundo filósofo cristão com o mesmo nome. É a esse homem que Eusébio se refere. Os dois costumam ser confundidos. Ammonius provavelmente morreu em 243, com mais de 80 anos.

Amphion: Filho semimítico de Zeus e da princesa de Tebas Antíope, que o deixou exposto, junto a seu irmão gêmeo, Zethus, no topo do Monte Cithaeron, por medo da ira de seu pai, Nycteus. Os meninos foram encontrados e criados por pastores. Hermes se interessou por Amphion e lhe deu uma lira, também lhe ensinando a tocá-la. Zethus, que se tornou um homem de grande força, ocupou-se de cuidar dos rebanhos e da caça. Quando Antíope foi expulsa de Tebas pela maldade e crueldade do usurpador rei Lico e sua esposa Dirce, ela se revelou aos filhos, que retornaram a Tebas e se vingaram do casal. Mestres da cidade, eles começaram a fortificar a muralha. Zethus levou grandes pedras ao lugar, zombando da falta de força física de seu irmão; em resposta, Amphion tocou sua lira de modo que as pedras, por magia, dançavam para fora da terra e assumiam seu lugar na muralha, sozinhas.

Anasarchus: Ver Anaxarco.

Anaxágoras: (500-428 a.C.) Filósofo grego de Clazômenas, Jônia. Aos 20 anos, abandonou sua propriedade e foi para Atenas a fim de se dedicar à filosofia. Péricles foi seu aluno. Em 450 a.C., ele foi acusado de impiedade, mas a eloquência de Péricles o salvou. Retirou-se para Lampsacus, onde morreu. Ele propunha a teoria de uma única causa superior independente da matéria, que considerava ser a mente.

Anaxarco: (século IV a.C.) Filósofo grego nascido em Abdera, da escola de Demócrito. Acompanhou Alexandre, o Grande (356-323 a.C.), em suas campanhas pela Ásia. Um de seus alunos foi Pírron, o cético. Alexandre tinha grande estima por Anaxarco, e o filósofo usava essa boa vontade para, às vezes, lembrar o rei de sua humanidade. Certa vez, quando Alexandre contemplava a possibilidade de se elevar à categoria de divindade, Anaxarco apontou para um dedo que o rei cortara recentemente e disse: "Vê o sangue de um mortal, não um deus". Quando Nicocreon, o tirano de Salamis em Chipre, visitou Alexandre em Tiro, o filósofo o insultou, provavelmente se recusando a ajoelhar-se aos seus pés. O tirano nada podia fazer enquanto Anaxarco estivesse sob a proteção de Alexandre; mas o filósofo teve o infortúnio de naufragar perto da costa do Chipre após a morte de Alexandre, e caiu no poder de seu inimigo, que o torturou até a morte, socando-o com um grande pilão. Essa história é contada por Cícero. Alguns escritores posteriores acusam Anaxarco de ser lisonjeador de Alexandre, mas talvez confundam o filósofo com Cleon de Sicília, ou se enganem por causa das calúnias dos peripatéticos, que eram rivais filosóficos dos céticos.

Anaxilau: (século I a.C.) Médico e filósofo nascido em Larissa, na Tessália. Em 28 a.C., ele foi banido da Itália por Augusto por praticar magia. A acusação surgiu por causa de sua habilidade em filosofia natural, com a qual ele aparentemente produzia efeitos fantásticos que os ignorantes consideravam ser o resultado de artes mágicas.

Anglicus, Robertus: (c. 1260) Escritor e tradutor inglês que escreveu um comentário sobre a *Esfera* de Sacrobosco em 1271, um *Tractatus quadrantis* em 1276 e *Cânones para o astrolábio*, que foi impresso por volta de 1478.

Lynn Thorndike sugere que Robert da Inglaterra (*Robert of England*) pode ser Robert de York (Thorndike, 4:520). Agrippa, porém, fala de "um certo homem de York" – possivelmente Robert – e "Robert, um inglês", separadamente, em seu capítulo de Goetia, a partir de sua *Incertitudine et vanitate scientiarum*, p. 695. É possível, embora menos provável, que Robert um inglês seja Robert de Chester, um estudante de astronomia e geometria que traduziu o Alcorão em 1143, os *Julgamentos* do astrólogo Alkindi mais ou menos na mesma época e um tratado de alquimia escrito por "Calid, rei do Egito" em 1144. De acordo com Robert, esta última seria obra de Hermes Triplex, que reinou no Egito depois do dilúvio.

Anselme: Ver Anselmi.

Anselmi, Georgio: (?1400-1450) Ou Georgius de Anselmis, ou Jorge Anselmo, de Parma, médico e filósofo, filho e neto de médicos. Pouco se sabe dele, exceto que teve quatro filhos e foi considerado um dos reformadores dos estatutos do colégio dos médicos de Parma, em 1440. Segundo escritores de épocas posteriores, ele era respeitado como um dos mais doutos cidadãos de Parma, habilidoso em filosofia, nas artes liberais e medicina. Seus escritos sobre harmonia musical costumavam ser citados por Franchino Gaffuri, que escreveu a respeito do mesmo assunto cerca de 50 anos mais tarde. Anselmi também recebeu o crédito de ter escrito uma obra de medicina em quatro volumes, chamada *Theoremata radicalia*, um tratado astrológico chamado *Astronomia*, consistindo em uma série de explicações sucintas de máximas astrológicas, e uma obra de magia chamada *Opus de magia disciplina*, em cinco partes. Nessa última obra, ele defende a magia e declara que um filósofo pode ser um mago se usar a magia apenas para o bem. Ele tira a palavra *magus* do persa antigo e diz que é equivalente ao termo grego *sacerdos*, ou sacerdote. A primeira parte cita as categorias de magia, a parte 4 é dedicada às imagens mágicas para os signos do zodíaco e outros corpos celestes; e a parte 5 trata de receitas e antídotos para venenos.

Antíoco Soter: (século III a.C.) Rei da Síria, 280-261 a.C. Era filho de Seleucus Nicator, e talvez seja mais lembrado até hoje por sua paixão e subsequente casamento com sua madrasta, Estratonice, a qual o pai lhe entregou voluntariamente.

Apion: (século I d.C.) Gramático grego que nasceu em Oásis Magna, no Egito, e estudou em Alexandria. Ensinou retórica em Roma durante os reinados de Tibério e Cláudio. Quando Calígula chegou ao poder, ele retornou à Alexandria, mas foi enviado de volta a Roma em 38 d.C. para queixar-se dos judeus diante de Calígula, em nome de Alexandria. Isso culminou em sua obra contra os judeus, ao que Josephus respondeu com *Contra Apion*. Ele também escreveu uma recensão dos poemas homéricos, um dicionário homérico e uma obra sobre o Egito, em cinco volumes.

Apolônio de Tiana: (século 1º d.C.) Filósofo pitagórico nascido em Tiana, viajou muito por Nínive, Babilônia, Tibete e Índia e teve muitos milagres atribuídos à sua autoria. Conquistou as boas graças de Vespasiano, mas foi acusado posteriormente por Domiciano de incitar insurreição. Diz-se que fugiu da prisão por meio da magia e que proclamou a morte de Domiciano no momento em que ela ocorreu, embora estivesse fisicamente distante. A maior parte de sua vida, como registra seu biógrafo Philostratus (Filóstrato), corresponde aos relatos do Evangelho da vida de Cristo – uma circunstância que despertou a ira dos Pais da Igreja contra sua memória. Parece provável que os autores dos Evangelhos tenham baseado suas narrativas, em grande parte, nas fábulas que cercavam Apolônio. Uma obra espúria, *Nuctemeron*, traz o nome dele e é reproduzida por Eliphas Levi em sua *Magia transcendental*. Levi teria usado essa obra em sua famosa evocação do espírito de Apolônio em Londres, em 1854. A verdadeira história do *Nuctemeron* eu não fui capaz de determinar. Cecco d'Ascoli, em sua *Sphera*, menciona o *Livro da arte mágica* e a *Facção angélica*, de Apolônio. Há também um livro chamado *Flores de ouro*, de sua autoria, e outro intitulado *Os segredos da natureza* (ver Thorndike, 2:43, 282).

Apolônio de Perga: (?262-?200 a.C.) Filósofo grego da escola Alexandrina, nativo de Perga, do qual quase nada se sabe. Sua mais famosa obra, *Das seções cônicas*, em oito volumes, é em parte altamente original e lhe rendeu o nome de Grande Geômetra. Ele também escreveu, entre outras obras matemáticas, *Do espelho incandescente*. Embora tenha se perdido, tal obra é mencionada por escritores antigos.

Apolônio de Rhodes: (viveu em 100 d.C) Poeta e gramático nascido em Alexandria, Egito. Ensinou retórica em Rhodes e mais tarde se tornou bibliotecário-chefe da famosa biblioteca de Alexandria. Seu poema *Argonáutica* ainda existe, mas a maioria de suas outras obras se perdeu.

Appious: Ver Apion.

Apponus: Ver Petrus.

Apuleio, Lúcio: (século II d.C.) Nasceu em Madaura, Numídia; estudou em Cartago e Atenas, e depois viajou pelo Oriente em busca de conhecimento oculto e iniciação. Quando se casou com uma mulher mais velha e rica de Alexandria, a família dela o acusou de usar bruxaria para enfeitiçá-la. A defesa bem-sucedida em seu julgamento foi perpetuada sob o título de *De magia*. A história do *Asno de ouro* foi baseada em uma obra anterior, a *Metamorfose*, de Lúcio de Petra. Em uma fase posterior de sua vida, Apuleio se tornou um sacerdote dos mistérios de Ísis em Cartago e também dava aulas de Filosofia.

Aquino, Tomás de: (?1227-1274) Teólogo e filósofo católico, filho de pais nobres, nasceu em Roccasecca, o castelo de seu pai, conde de Aquino, no território de Nápoles. Sua educação inicial foi no mosteiro de Monte Cassino, e ali seus colegas o chamavam de Boi Tolo; depois foi estudar na Universidade de Nápoles. Aos 16 anos, ele recebeu a influência dos dominicanos, para profundo desgosto de sua família, e assumiu o hábito dessa ordem aos 17. Seus superiores o enviaram para Colônia, para ser instruído por Alberto Magno. Em 1245, quando Alberto foi chamado a Paris, Tomás o acompanhou, e logo se distinguiu por suas habilidades de retórica. Em 1257, foi nomeado doutor em Teologia e começou a escrever, viajar e lecionar em Paris, Roma e Londres. As honrarias que a Igreja tentou lhe conferir foram recusadas – ele negou o arcebispado de Nápoles e a abadia de Monte Cassino. Em janeiro de 1274, foi convocado a Lião pelo papa Gregório X, para resolver uma disputa entre a Igreja Grega e a Latina, mas adoeceu e morreu na viagem. Dante implica, com malícia, que ele foi envenenado por Carlos de Anjou (*Divina Comédia: Purgatório* 20.69). As principais obras de Tomás de Aquino são *Suma teológica* e *Summa catholicae fidei contra gentiles*. Escreveu também comentários acerca de Aristóteles, Boécio e Dionísio, o pseudoareopagita. É conhecido pelos títulos de Doutor Angélico e Doutor Universal.

Aratus: (século III a.C.) Poeta nascido em Soli (posteriormente Pompeiópolis), na Cilícia, ou, segundo outras versões, Tarso. Passava a maior parte de seu tempo na corte de Antígono Gonatas, rei da Macedônia. Escreveu dois poemas astronômicos: *Diosemeia*, que fala de sinais astronômicos climáticos e dos efeitos do clima sobre os animais, e *Phaenomena*, que introduz as constelações e descreve os momentos em que surgem e se põem nela, ele lista 44 constelações: 19 boreais (Ursa Maior, Ursa Menor, Bootes, Dragão, Cefeu, Cassiopeia, Andrômeda, Perseu, Triangularum, Pégaso, Delfim, Auriga, Hércules, Lira, Cigno, Áquila, Seta, Corona e Serpentário), 13 centrais (Áries, Touro, Gêmeos, Câncer, Leão, Virgem, Libra, Escorpião, Sagitário, Capricórnio, Aquário, Peixes e as Plêiades) e 12 austrais (Órion, Cão, Lepus, Argo, Cetus, Erídano, Peixe Austral, Ara, Centauro, Hidra, Crater e Corvo). O estilo desses poemas era muito admirado pelos gregos e romanos. Ovídio diz, com sua costumeira hipérbole: "... com o Sol e a Lua, Aratus sempre existirá" (*Amores* 1.15, linha 16 [Riley, 299]).

Archyta: Ver Archytas.

Archytas: (viveu em 400 a.C.) Nativo de Tarento, foi filósofo, matemático e general. Nessa última condição, ele serviu sua cidade sete vezes e foi, em todas as suas campanhas, vitorioso. Da escola pitagórica de filosofia, ele fundou uma seita própria. Sua habilidade em invenções mecânicas, particularmente sua andorinha de madeira voadora, era a admiração de sua época. Diz-se que Platão e Aristóteles teriam se baseado nele. Durante uma viagem pelo mar Adriático, ele se afogou.

Árion: (século VII a.C.) Músico grego de Methymna, em Lesbos. Permaneceu por muitos anos na corte de Periander, tirano de Corinto, até sentir o impulso de viajar, quando foi à Itália e à Sicília, onde se tornou famoso e rico tocando cítara. Enquanto retornava de navio a Corinto, ele foi roubado pelos marinheiros, que lhe mandaram escolher entre se matar no tombadilho ou pular na água. Árion escolheu a segunda alternativa, mas antes pediu que lhe deixassem tocar sua harpa na proa do navio. Maravilhados diante da perspectiva de um concerto gratuito do melhor músico e cantor do mundo, os marinheiros concordaram. Enquanto Árion tocava, a doçura de sua música atraiu um cardume de delfins, e quando finalmente, em seus trajes de músico, ele pulou na água, um delfim o carregou em segurança de volta a Corinto. O caso foi revelado a Periander, que puniu os perplexos marujos quando aportaram. Essa história é contada em detalhes por Heródoto no início do primeiro livro de sua *História* e mencionada por Pausânias, que descreve ter visto uma estátua de bronze de Árion montada sobre um delfim em Tainaron (*Guide to Greece*, 2.15.7 [Levi, 2:95]). Árion também tem a fama de ser o inventor da poesia ditirâmbica e do nome "ditirambo".

Aristófanes: (?444-?380 a.C.) Dramaturgo cômico e poeta grego. Muito pouco se sabe de sua vida pessoal. Seu pai, Filipo, era proprietário de terra em Egina. Aristófanes era ateniense, embora seus direitos de cidadania tivessem sido questionados mais de uma vez por seu inimigo, Cleon. Diz-se que era "quase um menino" quando sua primeira comédia, *Os banqueteiros*, foi produzida em 427 a.C. Segundo Suidas, Aristófanes escreveu 54 peças (ou 44, dependendo na leitura do texto). Seus três filhos, Filipo, Araros e Nicostratus, foram todos poetas cômicos. Araros levou ao palco duas peças póstumas de seu pai. Em suas comédias, Aristófanes exibe o desprezo que sente pela moderna decadência de Atenas, como a vê, provocada pelos males da guerra do Peloponeso e exacerbada pelas corrosivas especulações dos sofistas, ambas as coisas servindo para comprometer o patriotismo e a religião. Sua arma é a ferina sátira pessoal contra os líderes de sua época, só possível em uma verdadeira democracia. Onze de suas comédias ainda existem.

Aristóteles: (384-322 a.C.) Filósofo grego nascido em Estagira, uma cidade em Calcidie, Macedônia (hoje Estarro, no Golfo de Strimon). Seu pai, Nicômaco, foi médico do rei da Macedônia, Amintas II, e também escreveu várias obras de ciência natural. Em 367 a.C., ele foi a Atenas para estudar Filosofia e se tornou aluno de Platão dois anos depois; naquela cidade, ele também se destacou. Platão o chamava de o "intelecto de sua escola" e sua casa, de a casa do "leitor". Aristóteles estudou com Platão até a morte do mestre, em 347 a.C., quando então viajou a Atarneus e se casou com Pítia, a filha adotiva do príncipe Hérmias. Quando seu sogro foi morto pelos persas, ele partiu para Mitilene e em 342 aceitou o convite do rei Filipe da Macedônia para ser tutor de seu filho Alexandre, na época com 13 anos de idade. Os quatro anos que Aristóteles passou ensinando Alexandre são em grande parte responsáveis por quaisquer virtudes que o conquistador possa ter exibido mais tarde.

Voltando a Atenas em 335 a.C., Aristóteles presidiu o Liceu, por recomendação do Estado, e logo reuniu um grande número de alunos. Ele dava aula duas vezes por dia: de manhã, temas esotéricos para um público seleto; e à noite, questões exotéricas a um grupo maior. Sua escola logo se tornou a mais famosa em Atenas. Ele lecionou por 13 anos, até que, em 323 a.C., a morte de Alexandre permitiu que a desconfiança e o ressentimento fomentados contra ele se expressassem. Ele era suspeito de ser simpatizante excessivo da Macedônia, mas, como seu comportamento estivesse acima de qualquer reprovação, foi acusado em 322 a.C. de impiedade pelo hierofante Eurímedon. Antes de ser julgado, Aristóteles fugiu de Atenas e se refugiou em Eubeia, cidade hereditária da família de sua mãe. Naquele mesmo ano, ele morreu de complicações no estômago – provavelmente câncer ou úlcera hemorrágica. Seu tipo físico não era de impressionar, ele tinha pouca estatura e era frágil, com olhos pequenos e uma constante expressão sarcástica. Um balbucio na fala não colaborava para melhorar essa impressão. Ainda assim, ele se tornou o maior filósofo no mundo ocidental, rivalizado apenas por seu velho mestre, Platão, que, apesar de rumores contrários, Aristóteles sempre teve na mais alta estima.

Aristoxeno: (fim do século IV a.C.) Filósofo e músico grego de Tarento, que foi discípulo de Aristóteles em Atenas. De seu caráter, nós nada sabemos, exceto pelo fato de ele ter ficado profundamente irritado quando Teofrasto foi nomeado líder dos peripatéticos após a morte de Aristóteles. Cícero (*Tusculanarum disputationum* 1.10) diz que Aristoxeno considera a alma uma harmonia do corpo (ver *Fédon*, de Platão). Suidas menciona que ele escreveu 453 obras sobre todos os assuntos abertos à literatura. Só *Elementos de harmonia* sobreviveu. É um tratado de música em três volumes.

Arnoldas: Ver Vila Nova.

Artephius: (século XII) Escritor de alquimia e filosofia hermética que morreu no século XII, mas do qual se fala que teria vivido mais de mil anos graças à sua arte, e o qual seria na realidade Apolônio de Tiana, com um nome falso. No prefácio de um de seus livros, *De vita propaganda* (A arte de prolongar a vida), ele afirma que escreveu o documento quando tinha 1.025 anos de idade. Outra obra que circulou sob seu nome foi *A Chave da Suprema Sabedoria*. Outra ainda tratava do "caráter dos planetas, da significância dos cantos dos pássaros, de coisas passadas e futuras, e da Pedra Filosofal" (Spence [1920] 1968, 36). Girolamo Cardano (1501-1576) menciona essas obras e dá sua opinião de que elas foram escritas como uma piada, visando à credulidade dos aspirantes a alquimista.

Asclepíades: Poeta lírico que teria inventado o metro que leva seu nome (*Metrum Asclepiadeum*). Nada se sabe dele. Não deve ser confundido com Asclepíades de Samos, um poeta bucólico do século III que era amigo de Teócrito. Talvez Agrippa tenha confundido o primeiro Asclepíades acima com Asclepíades, o médico, nativo de Bitínia, nascido em 124 a.C., que foi a Roma como retórico, mas fez sucesso como curandeiro. Seu tratamento consistia em dieta, exercício, massagem, compressas frias e vinho, que, se nem sempre curava os pacientes, pelo menos não os matava tão rápido quanto as práticas médicas de seus concorrentes. Em consequência disso, ele conquistou grande fama.

Ascolli, Cecco d': (1257-1327) O nome popular de Francesco Degli Stabili, matemático e astrólogo italiano nascido perto de Ancona. Em 1322, tornou-se professor de astrologia na Universidade de Bolonha. Entrou em conflito com a Igreja quando publicou um controvertido tratado sobre o uso e a intermediação de demônios e, para fugir à punição, partiu para Florença. Mas seus escritos não ortodoxos, bem como seus ataques públicos à *Divina Comédia* de Dante, selaram seu destino. Ele morreu na fogueira em Florença. Sua obra mais conhecida, *Acerba*, é um poema enciclopédico de astrologia, meteorologia, influências estelares, fisiognomia, vícios e virtudes, minerais, o amor pelos animais, problemas morais e físicos e teologia. Foi impresso muitas vezes, tendo alcançado 20 edições em 1546. A melhor edição é a de Veneza, datada de 1510. A primeira apareceu em Brescia, por volta de 1473.

Asculus: Ver Ascoli.

Atanásio: (293-373) Bispo de Alexandria. Nasceu naquela cidade. Nada se sabe do início de sua vida. Em 326, ele assumiu seu posto e, depois de alguns anos tranquilos, envolveu-se na controvérsia ariana, opondo-se a qualquer concessão com aquele partido. Seus princípios de ferro o levaram a ser expulso da Sé nada menos que cinco vezes no decorrer de sua vida, mas ele sempre conseguiu reassumir o bispado. É mais conhecido por seu *Discurso contra os arianos* e suas *Orações*, ambas as obras escritas durante períodos de exílio.

Ateneu: (século III) Gramático grego de Naucratis, Egito, que é lembrado por sua *Deipnosophistae* (Banquete dos cultos), uma coletânea de anedotas em 15 volumes, abordando uma grande variedade de temas.

Atenodoro de Canaã: (?74 a.C. – 7d.C.) Nascido em Canaã, perto de Tarso, esse filósofo foi amigo de Estrabo, que escreveu a respeito dele. Ensinou a Augusto em Apolônia, Epiro, quando o futuro imperador era menino, e o seguiu a Roma em 44 a.C. Dizem que ele instruiu o imperador a recitar o alfabeto antes de agir com raiva. Já idoso, voltou a Tarso para remodelar a constituição da cidade. Nenhuma de suas obras sobreviveu. Não deve ser confundido com Atenodoro (?120-?50 a.C.), o guardião da biblioteca de Pérgamo.

Aussônio Décimo Magno: (?310-?390) Poeta romano nascido em Burdigala (Bordeaux). Ensinou gramática e retórica em sua terra natal e teve a boa sorte de ser nomeado tutor de Graciano, filho do imperador Valentiniano. Em 379, Graciano o fez prefeito de Latium, Líbia e Gália, e, em 383, promoveu Aussônio a cônsul. Após a morte de Graciano naquele mesmo ano, ele se afastou da vida pública e, em 390, retornou a Burdigala. Acredita-se que tenha sido cristão. Muitos de seus escritos ainda existem, a maioria consistindo em pequenas obras poéticas. Agrippa se refere às suas *Epístolas*, uma coletânea de 25 cartas, algumas em verso e outras em prosa.

Averróis: (1126-1198) Abu al-Walid Muhammad ibn-Rushd, filósofo árabe nascido em Córdova, que estudou Teologia, Direito, Matemática, Medicina e Filosofia com os melhores professores da época, e passou os últimos anos de sua vida em vários encargos judiciais na Espanha e no Marrocos, e também como médico. Por algum tempo, ele gozou de grande favor; de repente, como reação por suas visões de pensamento livre, foi banido para um local perto de Córdova. Reconquistou o clamor pouco antes de sua morte, que mais ou menos coincidiu com o fim do poder muçulmano e preeminência cultural. Ele ganhou sua maior reputação entre os estudiosos cristãos por seus comentários a respeito de Aristóteles. Eles não percebiam que estes eram baseados em dois séculos de sabedoria anterior e atribuíram todo esse discernimento ao próprio Averróis. Não me é claro por que Agrippa o chama de babilônio, a menos que o termo denote um astrólogo.

Avicebron: Ver Ibn Gabriol.

Avicena: (980-1037) Abu 'Ali al-Husain ibn 'Abdallah ibn Sina, filósofo árabe nascido em Afshena, no distrito de Bokhara (atual Uzbequistão). Sua mãe era nativa de Afshena, seu pai era persa por nascimento e trabalhava como coletor de impostos. Quando Avicena era ainda muito jovem, a família se mudou para a cidade de Bokhara (atual Bucara, no Uzbequistão), que era um centro muçulmano de aprendizado e cultura, na época. Aos 10 anos de idade, o garoto superou seu mestre e surpreendeu os vizinhos com sua memorização do Alcorão completo e uma coletânea de poemas árabes. Aprendeu aritmética com um morador local e começou os *Elementos* de Euclides com um estudioso vagante, mas logo dispensou seus professores, preferindo o estudo solitário de Aristóteles e dos outros filósofos gregos. Aos 16 anos de idade, ele ajudava os doentes sem cobrar para aprender medicina prática. Quando deparava com uma pergunta para a qual não tinha resposta, ia à mesquita e rezava a noite toda até o amanhecer, estimulando a mente com taças de vinho. A *Metafísica* de Aristóteles continuava impenetrável até o dia em que ele encontrou um comentário de al-Farabi, que esclareceu o significado da obra imediatamente.

Quando Avicena curou o emir local de uma doença perigosa em 997, ganhou acesso à biblioteca real dos samânides, mas, depois que a biblioteca foi destruída por um incêndio que Avicena foi acusado de causar, ele começou a vagar de cidade em cidade, encontrando emprego por algum tempo como médico de oficiais importantes, o que lhe dava a oportunidade de escrever. Ele tinha paixão pelo vinho e por mulheres e intercalava seus estudos com aventuras sensuais. Em Hamadan (atual Irã), foi promovido ao posto administrativo de vizir, mas nem as tribulações da vida política o fizeram parar de escrever.

Levado pelos tumultos da guerra à cidade de Isfahan, Avicena passou os últimos 12 anos de sua vida a serviço de Abu Ya'far 'Ala Addaula, como médico e conselheiro, e chegou a acompanhar o príncipe em suas campanhas. Ele morreu em Hamadan após adoecer de cólica na marcha militar até aquela cidade e, em seu leito de morte, arrependeu-se de seu estilo de vida devasso, deu todos os seus bens aos pobres e libertou seus escravos.

Cerca de cem obras são atribuídas a Avicena, variando em tamanho de algumas páginas a vários volumes. Ele deve sua reputação na Europa ao seu *Cânon de medicina*, traduzido para o latim por Gerard de Cremona, que foi usado como texto médico em algumas universidades francesas até o ano de 1650. Ele também escreveu um livro sobre animais, que foi traduzido por Michael Scot, além de livros de teologia, filologia, matemática, astronomia, física, música, filosofia e alquimia.

Bacon, Roger: (?1214-?1294) Filósofo e químico inglês nascido perto de Ilchester, Somerset. Estudou em Oxford e depois foi a Paris, onde mostrou desprezo pela indolência e credulidade dos estudiosos da época. Voltando a Oxford por volta de 1250, ele entrou na ordem franciscana e começou um sério estudo particular de línguas e alquimia. Começaram a correr rumores de que ele lidava com as artes negras. A peça

Friar Bacon and Friar Bungay, escrita por Robert Green em 1589, dá um relato interessante dessas histórias.

A Bacon se atribui a invenção do telescópio e da pólvora, além de ter previsto muitas das invenções modernas (em seu tratado *De secretis operibus naturae*). Por volta de 1257, ele foi expulso de Oxford e colocado sob supervisão da Igreja em Paris, proibido de escrever para publicar; mas em 1265, o papa Clemente IV pediu que Bacon lhe enviasse um tratado de ciências. Bacon respondeu com *Opus majus, Opus minus* e *Opus tertium*. Em 1278, porém, seus livros foram condenados por Jerônimo de Ascoli, o futuro papa Nicolau IV, e Bacon foi mandado para a prisão por 14 anos, sendo libertado alguns anos antes de sua morte. *Opus minus* continha, ou pelo menos pretendia conter, um tratado de alquimia especulativa e prática, não mais existente.

Basílio, o Grande: (?330-379) Nascido em Cesareia, Capadócia, de uma família eminente, estudou em Constantinopla e Atenas com seu amigo e colega de aula, Gregório Nazianzeno. Juntos, eles compilaram uma antologia dos escritos de Orígenes, a *Philocalia*. Basílio viajou pela Síria e Arábia estudando os mais famosos santos eremitas, aprendendo a mortificar o corpo e aumentar o entusiasmo de sua piedade. Posteriormente, tornou-se o diretor de um convento em Ponto, no qual se encontravam sua mãe e irmã. Em 370, ele foi escolhido bispo de Cesareia e deflagrou um vigoroso ataque contra a facção ariana da Igreja, além de reformar as ordens monásticas do Oriente.

Basilius: Ver Basílio, o Grande.

Bede: (672-735) Historiador e teólogo inglês. Aos 7 anos de idade, foi levado ao mosteiro de Wearmouth e Jarrow, que consistia em duas estruturas separadas por cinco ou seis milhas de distância, sob a mesma abadia, para ser criado e educado. Sua vida foi tranquila, um modelo para a grande maioria de vidas naquela época. Em 731, ele escreveu: "Desde aquela época, passei toda a minha vida dentro daquele mosteiro, devotando todos os meus esforços ao estudo das Escrituras; e em meio à observância da disciplina monástica e ao dever diário de cantar na igreja, sempre foi minha alegria aprender ou ensinar ou escrever" (nota autobiográfica em *Ecclesiastical History of the English Nation*).

Em 691, ou no ano seguinte, ele foi ordenado diácono; em 702, ou no ano seguinte, padre. Ele visitou Egbert em York em 733, mas parece que nunca saiu da Inglaterra. Entretanto, suas obras tiveram enorme influência, abrangendo mais ou menos a soma do conhecimento humano na Europa Ocidental. Seu livro mais lido foi o *Ecclesiastical History*, que lhe conquistou o título "Pai da História Inglesa". Ele também foi chamado de Venerável Bede, por respeito por sua piedade e cultura.

Boco, Cornélio: Escritor de uma epigrafia citada por Plínio no livro 37 de sua *História Natural*. Nada se sabe do autor do livro.

Boécio, Anício Manlio Severino: (?480-524) Filósofo e estadista romano, que se tornou cônsul em 510 e viu seus dois filhos chegarem à mesma posição em 522. Tornou-se alvo de intriga política e foi acusado de traição contra Teodorico, o Grande. Seus únicos crimes parecem ter sido justiça e misericórdia. Teodorico o jogou na prisão, e ali ele padeceu por muitos anos antes de ser executado. Enquanto esteve lá, escreveu *A Consolação da Filosofia*, uma obra filosófica e teológica em cinco volumes que teve um sucesso estrondoso na Idade Média. Boécio foi um homem de grande cultura, o que atestam seus contemporâneos.

Quando Gunibald, rei dos borgonheses, visitou Roma, Boécio lhe mostrou um relógio de água e um relógio de sol que ele havia construído. O monarca ficou tão impressionado que, a pedido de Teodorico, Boécio os duplicou para Gunibald. Em séculos posteriores, ele foi considerado um mártir e lhe foram atribuídos erroneamente escritos cristãos. Gibbon o tinha em mais alta conta, chamando-o de: "o melhor dos romanos que Cato ou Túlio poderiam reconhecer como conterrâneos" (Gibbon [1776-88] 1830, 39:145).

Brendan: (século V) Também chamado Brandon ou Brandan. Nativo de Clonfert, foi abade de um mosteiro beneditino fundado por ele mesmo em Clonfert, no leste de Galway, Irlanda, por volta de 558. Nada se sabe de sua vida.

Ele é tema de uma célebre saga medieval, que trata de suas viagens pelo Atlântico até a terra prometida dos santos, depois chamada de Ilha de São Brendan. Tradicionalmente datada em 565-573, foi traduzida para o latim, francês, inglês, saxão, flamengo, galês, bretão, escocês e gaélico, e teve tanta fama que a Ilha de São Brendan foi considerada como fato geográfico pelo menos até 1721, quando a última de uma longa série de expedições partiu à sua procura. Mais recentemente, a lenda tem sido citada como evidência de que os irlandeses viajaram ao Novo Mundo antes dos vikings, mas essa teoria deverá se mostrar tão quimérica quanto a ilha em si. Não deve ser confundido com seu contemporâneo irlandês, São Brendan de Birr.

Brígida, Santa: Brígida (ou Bridget ou Brigid), uma deusa da Irlanda que era filha do deus Dagda e padroeira dos ferreiros, médicos e poetas. Ela é associada aos fogos de purificação. Seu festival, Imbolc, acontece em 1º de fevereiro. Como era comum, a Igreja a absorveu e converteu-a em santa, cujas datas são citadas como ?452-523 (ou 436-523). Santa Brígida teria nascido em Faughart, no condado de Louth, filha de um príncipe de Ulster. Ela era chamada de Santa Brígida Taumaturga por causa de seus milagres, cuja lista se estendia por 25 capítulos. Na Inglaterra, ela é venerada como St. Bride.

Briggita: Ver Brígida.

Caio César: (12-41) Mais conhecido como Calígula, apelido que lhe fora dado pelas tropas romanas, quando ele era criança. Começou seu reinado muito bem, mas sofreu uma doença em 38 d.C. que resultou em sua loucura, levando-o a extravagâncias, como se autodeclarar deus em vida e nomear seu cavalo cônsul. Para o bem do povo romano, foi assassinado.

Calígula: Ver Caio César.

Cassiodoro, Flávio Magno Aurélio: (?490-585) Nascido de uma família síria assentada em Scyllacium em

Bruttii, por volta de 507, graças à influência de seu pai, tornou-se questor (na época, uma espécie de secretário) de Teodorico, o Grande, e continuou em posições administrativas até 540, quando se retirou, na condição de monge. Sua paixão era a promoção de ensinamentos clássicos, que ele sentia estarem ameaçados pela crescente onda de barbarismo. Com essa finalidade, ele estabeleceu dois mosteiros e encarregou seus monges de copiar e traduzir manuscritos. Como seu contemporâneo Boécio, ele gostava de construir brinquedos científicos, como o relógio de água e o relógio de sol. A maior parte de seus escritos históricos e teológicos sobreviveu.

Cato Censório, Marco Pórcio: (234-149 a.C.) Nascido em Tusculum (antiga cidade que ficava perto da atual Frascati, Itália), esse escritor e político romano foi criado na fazenda de seu pai, em território sabino (Itália central). O estilo de vida prático e frugal que ele lá aprendeu permaneceria com ele pelo resto da vida. Costumava criticar os romanos por sua extravagância. Após se destacar como soldado, ele foi eleito censor em 184 a.C. e continuou vigoroso na política até o fim, sendo um dos principais promovedores da Terceira Guerra Púnica com seu lema *Delenda est Carthago* (abaixo Cartago). Escreveu *De re rustica*, um tratado de agricultura, ainda existente.

Celso, A. Cornélio: (século I d.C.) Pouco resta ainda das obras desse escritor romano, exceto *De Medicina*, um tratado médico em oito volumes que teve grande estima na Idade Média e na Renascença.

Chaeremon de Alexandria: (século I d.C.) Filósofo e gramático estoico foi o guarda dos livros sagrados da biblioteca de Alexandria, que ficavam separados no templo de Serapis. Na qualidade de escriba sagrado (ἱερογραμματεύς), ele tinha o dever de expor o significado desses escritos místicos. Devia pertencer à mais alta posição do sacerdócio. Em 49 d.C., ele foi chamado a Roma para ser o tutor do jovem Nero, futuro imperador. Em seus livros, ele explica os ensinamentos ocultos do Egito como culto de natureza simbólica. Entre tais obras se incluem uma *História do Egito*, um tratado sobre *Cometas*, uma obra de *Astrologia egípcia* e uma de *Hieróglifos*. Dessas, só restam fragmentos. Seu relato do sistema do sacerdócio egípcio é citado por Porfírio em seu *De Abstinência* 4.6. Não deve ser confundido com o Chaeremon que acompanhou Hélio Galo em uma expedição pelo interior do Egito por volta de 26 a.C. (ver *Geografia*, de Estrabo, último volume).

Chalcidus: (século VI) Filósofo platônico que traduziu o *Timaeus* de Platão para o latim e acrescentou um volumoso comentário.

Carlos da Boêmia: (1316-1378) Filho de João de Luxemburgo, sucedeu ao trono quando seu pai foi morto na batalha de Crecy, lutando ao lado dos franceses.

Chiramis: Ver Kiranus.

Crisipo: (280-207 a.C.) O terceiro dos grandes filósofos estoicos nasceu em Soli, Cilícia, filho de Apolônio de Tarso. Ainda jovem, foi roubado de sua herança e partiu para Atenas, onde estudou com Cleanto, e talvez com Zenão. Em uma fase posterior de sua vida, ele combinou os ensinamentos desses dois homens em um sistema unificado e os defendeu com suas habilidades retóricas contra os ataques do meio acadêmico da Idade Média, levando Diógenes Laércio a escrever: "Se os deuses usam dialética, só pode ser a de Crisipo" (*Vidas dos filósofos*, l. 7). Diz-se que ele compôs 705 obras (alguns afirmam 750), das quais só restam fragmentos.

Chyrannis: Ver Kiranus.

Chyrannides: Ver Kiranus.

Cicclus: Ver Ascoli.

Cipriano, Táscio Cecílio: (?200-258) Bispo de Cartago. Acredita-se que nasceu em Cartago de uma rica família patrícia, teve a melhor educação clássica disponível na época e depois se tornou professor de retórica. Pagão, ele tinha prazer em confundir os argumentos dos cristãos, até Cecílio (ou Ceciliano), um presbítero em Cartago, o converter, em 246. Em seu batismo, ele adotou como seu o nome desse amigo. Sua energia em ajudar os pobres com sua riqueza pessoal, sua piedade e seus brilhantes dons retóricos lhe renderam o ofício de bispo em 248 (ou 249).

A perseguição do imperador Décio em 250 e 251 o obrigou a fugir para salvar a vida. Quando Galo assumiu o poder em 251, Cipriano voltou a Cartago, mas quando o sucessor de Galo, Valeriano, reforçou a perseguição, ele foi banido para a cidade de Curubis, na África Proconsular, em 257, onde ficou 11 meses. Chamado de volta a Cartago, foi decapitado na planície em frente à muralha da cidade em 14 de setembro de 258, obtendo a duvidosa honraria de ser o primeiro bispo africano martirizado.

Ciro, o Velho: (século VI a.C.) Fundador do império persa. O rei da Média, Astíages, sonhou que crescia uma videira do ventre de sua filha grávida, Mandane, e cobria com suas folhas toda a Ásia. Ele consultou os magos, que interpretaram o sonho como significando que seu neto governaria a Ásia em seu lugar. Alarmado, Astíages mandou matar o bebê, mas, graças à bondade do pastor Mítradates e sua esposa Espaco, que cuidou do bebê, Ciro foi criado como pastor e acabou realizando a profecia de seu nascimento.

Diz-se que *Spaca* é um termo na língua média que significa "cadela", e que foi traduzido para o grego como *cyno*. Heródoto, que conta essa história em detalhes, apresenta uma explicação para o mito da cadela, dizendo que, quando o jovem Ciro reencontrou seus pais:

> "... ele falou da esposa do pastor que o tinha criado e a cobriu de elogios; em tudo o que ele falava de si aos pais, mencionava Cyno – Cyno era tudo. E assim aconteceu que seus pais, ouvindo a palavra e desejando convencer os persas de que havia uma providência especial na preservação de sua vida, espalharam a história de que Ciro fora amamentado por uma cadela. Essa foi a origem do boato" (Heródoto, *História* 1 [Rawlinson, 48]).

Claudiano, Cláudio: (fim do século IV d.C.) O último poeta latino clássico, egípcio pagão, provavelmente nativo de Alexandria, filho de pais romanos. Em ou antes de 395, ele viajou a Roma e logo ganhou a patronagem de Stilicho, general e ministro de Honório, jovem governante do

Império Ocidental (entre 395 e 423). Sendo poeta da corte, suas obras consistem basicamente de panegíricos a respeito das ações de seu patrono. Seus poemas se distinguem por uma surpreendente elegância e julgamento artístico. Presume-se que morreu com Stilicho em 408, uma vez que não se tem notícias dele depois de 404, mas é apenas conjectura.

Cleanto: (?301-232 a.C.) Filósofo estoico nascido em Assos, antiga cidade grega no litoral norte do atual Golfo de Edremit, na Turquia. Originalmente pugilista, ele chegou a Atenas quase sem um centavo, onde frequentou as aulas de Crato, o Cínico, e depois de Zenão, o Estoico. Ganhava a vida lá carregando água à noite. Sua inércia e resistência paciente lhe renderam o apelido de "o Asno". Entretanto, após a morte de Zenão em 263 a.C., ele passou a ser suficientemente estimado até se tornar diretor da escola estoica.

Sempre recusou doações em dinheiro e continuou se sustentando com o trabalho manual. Quando teve uma úlcera no estômago, foi aconselhado a fazer um jejum. Logo se curou, mas ainda se recusava a comer. Quando lhe perguntaram por quê, Cleanto disse que, como já estava a meio caminho da morte, não se incomodaria em dar passos atrás. E, agindo assim, morreu de fome. Uma grande parte de seu poema filosófico, o *Hino a Zeus*, foi preservado nos escritos de Stobaeus. Nele, Cleanto representa o sol como a morada de Deus e o fogo vivificante do Universo. Alguns fragmentos de suas obras foram registrados por Cícero, Sêneca e Diógenes Laércio.

Clearco de Soli: (viveu em 300 a.C.) Um aluno de Aristóteles que escreveu numerosas obras sobre uma grande variedade de temas. Nenhuma sobreviveu.

Croesus: (reinou em 560-546 a.C.) Último rei da Lídia, famoso por sua riqueza. No início de seu reinado, ele dominou todas as nações vizinhas. Em seguida, ele consultou o oráculo em Delfos para saber se deveria guerrear contra os persas. O oráculo respondeu que, se ele marchasse contra os persas, derrubaria um grande império. Croesus imediatamente reuniu um exército e marchou contra as tropas de Ciro, jamais pensando que talvez o oráculo se referisse ao seu império, e não ao persa. Após uma batalha indecisa em Sínope, Ciro cercou Sardis e capturou Croesus vivo. A princípio, planejava matá-lo na fogueira, mas, por estranho que pareça, os dois ficaram amigos. Croesus viveu mais tempo que Ciro e ainda acompanhou Cambises em sua expedição contra o Egito.

Cusanus, Nicolaus: (1401-1464) Também chamado de Nicolau de Cusa. Um cardeal e teólogo da Igreja Católica, ele foi o filho de um pescador de Cusa (ou Kues) no arcebispado de Treves. Quando criança se mostrou muito promissor, o que fez com que um nobre patrono pagasse por sua educação na Universidade de Pádua, onde ele estudou Direito. Quando ele perdeu seu primeiro caso, abandonou as leis e entrou para a ordem sagrada, ascendendo rapidamente na hierarquia da Igreja. De 1440-1447, ele serviu na Germânia como núncio do Papa. Em reconhecimento, o papa Nicolau V ordenou-o cardeal em 1448 e o designou bispo de Brixen em 1450. No ano seguinte, ele foi enviado novamente à Germânia e aos Países Baixos para checar abusos eclesiásticos e restaurar o senso de pobreza, caridade e obediência das instituições monásticas. O papa Pio II tinha muito apreço por ele e o tornou governador de Roma durante a ausência do Papa em 1459.

Suas obras mais importantes são filosóficas. Em *De docta ignorantia* e *De conjecturis libri duo* (ambas de 1440), ele defende a ideia de que todo o conhecimento humano é conjectura, que a sabedoria conduz ao reconhecimento da ignorância e que Deus pode ser compreendido em um exaltado estado de consciência. Suas crenças foram sustentadas um século depois por Giordano Bruno, que o chamava de "divino Cusanus".

Cusaus: Veja Cusanus.

Dagoberto I: (?607-639). Rei dos francos.

Damigeron: (200 a.C.) Também chamado Amigeron. Mago famoso. Tertuliano o apresenta junto a outros magos lendários em sua *De Anima* (200 d.C.). Seu lapidário em prosa constituiu a base para a obra pseudo-órfica *Lithica*, um poema de 770 linhas sobre a magia das pedras, bem como o lapidário de Marbod, *Liber lapidum*. "Um importante lapidário helenista é atribuído a Damigeron. Alguns fragmentos do texto original grego estão preservados no segundo livro das coletâneas médicas de Aetius, o texto na íntegra só existe ainda em uma tradução latina..." (Evans [1922] 1976, 20). O texto latino completo do lapidário é dado por Evans no apêndice A de sua obra. Pelo que pude entender, a obra costuma ser atribuída a Evax, um escritor latino que viveu na época de Tibério, mais provavelmente seu tradutor do grego.

Dárdano: (século I a.C.) Filósofo estoico que, com Mnesarco, dirigia a escola estoica em Atenas. Era contemporâneo do filósofo acadêmico Antíoco de Ascalon.

Dédalo: Escultor e arquiteto grego mítico. Escritores de períodos posteriores o representam como um ateniense que descendia da casa real de Erechtheus. Ele ensinou suas artes mecânicas ao filho de sua irmã, Perdix, e, quando viu que a habilidade do menino superava a dele, matou-o por inveja. Condenado à morte por seu crime, fugiu para Creta, onde conquistou a amizade do rei Minos, construindo para ele um homem de bronze para repelir os Argonautas.

Quando a esposa do rei, Pasife, se apaixonou por um touro, Dédalo fez uma vaca de madeira sobre a qual ela se deitava e satisfazia a paixão. O resultado dessa indiscrição foi o monstro meio homem meio touro, chamado Minotauro, para o qual Dédalo construiu o labirinto. Furioso pela participação de Dédalo na infidelidade da mulher, Minos atirou-o na prisão. Pasife o libertou e ele fugiu de Creta com seu filho Ícaro, em asas construídas de penas e cera. Ícaro voou muito perto do sol e a cera derreteu, e ele caiu no mar (Ver Ovídio, *Metamorfoses* 8.3 e *Ars Amatoria* 2, c. linha 92).

Os gregos atribuíam a Dédalo a serra, o machado, o compasso do geômetra e outras ferramentas, bem como as estátuas de madeira toscas, chamadas *daidala*, encontradas em toda a

Grécia, cujas origens se perderam na antiguidade. Sua idade e mistério lhe renderam um poder mágico. Pausânias descreve várias delas (*Guide to Greece* 9.3.2).

Deiotarus: (?116-40 a.C.) Tetrarca da Galácia que apoiava os romanos em suas guerras na Ásia contra Mitradates. Em recompensa, Pompeu lhe deu parte do leste de Ponto em 64 a.C., e o senado acrescentou a Armênia Menor e a maior parte da Galácia por volta de 51 a.C., conferindo-lhe o título de rei. Quando César chegou ao poder, por algum tempo ele foi privado de seus títulos e acusado de insubordinação. Cícero o defendeu com sucesso em 45 a.C. Após a morte de César, Deiotarus se aliou a Marco Antonio, reconquistando seus territórios. Desertando Marco Antonio no momento certo, e graças ao subsequente assassinato de um tetrarca rival, ele ganhou a Galácia.

Demócrito: (?460-?355 a C.) Filósofo grego nascido em Abdera (perto da foz do presente Rio Nestos), na Trácia. Dizem que ele cegou a si mesmo para facilitar a meditação, mas é mais lembrado como o defensor da teoria dos átomos. Nascido já rico, gastou toda a sua fortuna em suas extensas viagens e estudos, e morreu na idade avançadíssima, e mal acreditável, de 105 anos.

Deodoro Siculus: (século I a.C.) Historiador grego do qual se sabe muito pouco. Nasceu em Agyrium, na Sicília. Entre 60 e 57 a.C., viajou no Egito e, mais tarde, viveu em Roma. Ele afirma que passou 30 anos viajando pela maior parte da Europa e Ásia coletando material para sua obra *Biblioteca Histórica*, mas essa vanglória costuma ser desacreditada. A *História*, em 40 livros, cobria desde as mais antigas lendas até o início da guerra de César, na Gália. É repleta de repetições e contradições, mas é valiosa porque preserva elementos de fontes anteriores que, do contrário, estariam perdidos. Só os livros 1-5 e 11-20 ainda existem, embora ainda sejam encontrados fragmentos dos livros perdidos. Os primeiros cinco tratam da histórica mítica dos egípcios, assírios, etíopes e gregos.

Diatharus: Ver Deiotarus.

Dio Cássio: (?155-?235) Ou, mais corretamente, Cássio Dio. Historiador romano nascido em Niceia (Ásia Menor), filho de um senador romano, recebeu a melhor educação possível e viajou com seu pai à Cilícia, governada por ele. Após a morte do pai (por volta de 180), ele foi a Roma e se tornou senador, condição na qual ele pleiteava processos legais nos tribunais. Em 194, tornou-se pretor e foi nomeado governador de Pérgamo e Smirna em 218. Por volta de 220, quando retornou a Roma, tornou-se cônsul, um ofício que ele exerceria uma segunda vez em 229. Pouco depois dessa data, retirou-se para Niceia. A data de sua morte é incerta. Ele escreveu uma biografia de Arriano, uma obra sobre sonhos e presságios de Septimius Severus (ambas perdidas) e uma história de Roma em 80 livros, dos quais os livros 36-54 estão relativamente intactos. O restante só existe em fragmentos.

Diomedes: Filho de Tideu e Deipile, foi rei de Argos. Partiu com 80 navios na expedição grega contra Troia e foi o herói mais corajoso no exército grego, depois de Aquiles. Com seu companheiro Ulisses, ele levou de Troia o paládio mágico. Era venerado como um ser divino na Itália, onde fizeram estátuas dele em Turi, Argipipa, Metaponto e outros lugares.

Dionísio: Um homem convertido ao Cristianismo por Paulo, em Atenas: Houve, porém, alguns homens que se agregaram a ele e creram; entre eles estava Dionísio, o areopagita..." (Atos 17:34). Uma série de escritos teológicos supostamente compostos por um desconhecido platônico e gnóstico cristão do século V foram atribuídos a Dionísio e constituíram a base da teologia mística do monasticismo ocidental. As obras abordam questões como a essência divina, anjos, espíritos sagrados, cerimônias, hierarquia sacerdotal, e assim por diante. Seus títulos são *Da hierarquia celestial, Da hierarquia eclesiástica, Dos nomes divinos* e *Da teologia mística*. Uma coletânea de dez cartas também é atribuída a ele. É da primeira dessas obras que derivam as conhecidas ordens de anjos: Serafins, Querubins, Tronos, Dominações, Virtudes, Potestades, Principados, Arcanjos e Anjos. Cristo é colocado no topo dessa hierarquia.

Dionísio, o Velho (Ancião): (430-367 a.C.). Tirano de Siracusa. Ele derrotou os cartagineses e subjugou as cidades gregas na Itália, fazendo de si mesmo o grego mais poderoso antes da época de Alexandre. Diz-se que morreu por comer e se fartar demais, mas segundo alguns relatos sua morte foi apressada por seus atendentes médicos, sob ordem de seu filho.

Dioscórides: (século I) Chamado Pedacius (ou Pedanius). Médico grego de Anazarba, na Cilícia (região em torno da atual Adana, sul da Turquia), que serviu como cirurgião militar nos exércitos de Nero. Em 77-78 d.C., ele compilou uma obra descrevendo as virtudes de mais de 400 plantas e drogas em cinco livros, chamada *De Materia Medica*. Ela se tornou a obra-padrão do assunto, até o século XVII. Também incluía muito material a respeito das virtudes mágicas das pedras. Outras obras foram atribuídas a Dioscórides, mas provavelmente são espúrias. A *Materia Medica* foi traduzida para o inglês como *The Greek Herbal of Dioscorides*, por John Goodyer (1655).

Ênio, Quinto: (239-170 a.C.) Antigo poeta latino, nascido em Rudiae, Calábria. Era cidadão grego de Roma e serviu no exército romano. Em 204, ele chegou à patente de centurião enquanto lutava na Sardenha, durante a Segunda Guerra Púnica. Cato, o Velho, o observou e o levou de volta para Roma. Ênio alegava ser descendente de Messapus, um dos lendários reis de sua terra natal, e tinha um caráter nobre, orgulhoso e justo que atraía a admiração dos romanos. Logo conquistou a amizade dos grandes homens da cidade, em particular Scipio, o Velho, e Fulvius Nobilior. Por meio da influência do filho de Nobilior, Ênio se tornou cidadão de Roma.

Para ganhar a vida, ele dava aulas de grego aos jovens romanos ricos e traduzia e adaptava peças romanas para o latim, principalmente as tragédias de Eurípides; mas se tornou mais célebre por seus *Annales*, um poema narrativo épico baseado no destino nacional romano. Foi com essa obra que ele conquistou o título popular mencionado por Horácio, *alter Homerus* (um segundo Homero) – ver Horácio, *Epístolas* 2.1, linha 50.

Ele é considerado o pai da poesia latina. Hoje só existem fragmentos de suas obras. Cícero se lembra dele, em seus últimos dias, com afeição: "Aos 70 anos de idade, porém, Ênio, que viveu todo esse tempo, carregava os dois fardos considerados os mais pesados: pobreza e velhice, e os levava como se parecesse apreciar a condição" (*De senectate* 5 [Yonge]).

Epiteto: (século I d.C.) Filósofo estoico, nativo de Hierápolis, na Frígia. Era um escravo de Epaphroditus, liberto, e um dos favoritos de Nero. Depois que Epaphroditus lhe deu a liberdade, ele continuou vivendo e ensinando em Roma até Domiciano banir os filósofos da cidade. Ele se estabeleceu, então, em Nicópolis, Epiro. Embora o imperador Adriano o tivesse em mais alta estima, ele nunca voltou a Roma. Diz-se que era coxo e residiu em um chalé humilde em Nicópolis, vivendo na pobreza até a morte. Mais interessado na vida que na filosofia, ele vivia de acordo com suas convicções, e era tão valorizado que sua lâmpada de barro foi vendida por 3 mil dráconas após sua morte. Não escreveu nada. Arriano, um de seus alunos, compilou a obra *Enchiridion*, a partir das palestras de Epicteto quando idoso, e coletou-as em oito livros, quatro dos quais infelizmente se perderam.

Epimênides: (viveu em 600 a.C.) Chamado de o Expiador, esse semimítico sacerdote, profeta e poeta nasceu em Phaestus, Creta, mas costuma ser mais associado à cidade cretense de Cnossos. Diz-se que teria dormido em uma caverna por 57 anos (segundo Pausânias, 40), que vivera em ótima forma até a idade de 154, 157 ou 229 anos, e que teria purificado Atenas por meio de ritos mágicos, quando a cidade foi assolada pela peste por volta de 596 a.C. Essa última façanha pode ter uma base histórica, e é relatada em uma forma, por Platão.

Provavelmente já ouviram falar de Epimênides, um indivíduo inspirado, nascido nesta cidade [Cnossos – mas ver acima] e relacionado à minha família, que visitou Atenas dez anos antes das Guerras Persas, sob a recomendação do oráculo [de Delfos], e ofereceu certos sacrifícios ordenados pelo deus [Apolo], além de dizer aos cidadãos, que estavam alarmados diante das preparações dos persas, que o inimigo não viria ainda por dez anos, e, quando viesse, iria embora sem realizar seu propósito, após sofrer mais que causar danos (*Leis* 1.642d-e [Hamilton & Cairns]).

A data fornecida por Platão (guerras persas, por volta de 500 a.C.) é cerca de um ano após a data citada por Aristóteles, que associa as pestes a uma tentativa do nobre ateniense Cylon de assumir o controle político do Estado. Suidas faz a afirmação interessante de que Epimênides era capaz de viajar fora do corpo. Alguns fragmentos de poesia são atribuídos a Epimênides, mas muitos de seus escritos místicos se perderam.

Esopo: (viveu em 600 a.C.) Famoso fabulista que nasceu na Frígia. Dizem que morreu nas mãos dos invejosos cidadãos de Delfos, que o jogaram de um penhasco:

> E eles maquinaram um plano para matá-lo,
> Mas não se atreveriam a atacá-lo na presença dos estrangeiros

Que se encontravam, então, na cidade.
Observando, por fim, que um dos servos de Esopo fazia as malas
E os outros se preparavam para partir,
Eles foram ao templo de Apolo, lá apanharam uma taça de ouro
E a colocaram na bagagem de Esopo.
Esopo, nada sabendo da traição, partiu de Delfos;
Mas não estava longe quando os traidores correram em seu encalço,
E com grande comoção e barulho o pegaram.
E enquanto o levavam,
Esopo lhes perguntou:
Senhores, por que me levais?
Ao que eles responderam:
És um ladrão de ornamentos celestiais
Blasfemo e sacrílego
Pois despiste e roubaste o Templo de Apolo....

E então o seguraram e o jogaram do alto de uma colina.
E foi assim que Esopo morreu, miseravelmente...
(Caxton's Aesop [Cambridge: Harvard University Press, 1967], 68, 71).

Várias pestes assolaram Delfos, e a conselho do oráculo, o povo pagou uma compensação ao parente mais próximo de Esopo, quando então as epidemias cessaram. A história de sua vida costuma ser atribuída ao monge do século XIII Maximus Planudes, mas pode ser encontrada antes, no Egito do século I.

Eudamus: (século IV a.C.) Filósofo peripatético, nativo de Rhodes, um dos alunos mais importantes de Aristóteles. Ele editou muitas das obras de Aristóteles, uma das quais tem seu nome. Simplício o chamava de o mais genuíno dos companheiros de Aristóteles.

Eudoxus: (século IV a.C.) Nascido em Cnido, uma antiga cidade grega na atual região sudoeste da Turquia, foi um célebre médico, geômetra, legislador e astrônomo. Estudou com Platão em Atenas, mas foi dispensado por seu professor e viajou ao Egito, onde passou 16 meses com os sacerdotes de Heliópolis. Após ensinar física por algum tempo, ele retornou a Atenas, com alunos seus, e em uma fase posterior de sua vida estabeleceu um observatório astronômico em sua cidade natal.

Estrabo diz que foi Eudoxus quem descobriu que deveriam ser acrescidas seis horas ao ano de 365 dias. Vitravius atribui a Eudoxus a invenção do relógio de sol. Aristóteles escreve:

Eudoxus achava que o prazer era o bem, pois via todas as coisas, tanto racionais quanto irracionais, culminando nele, e porque em todas as coisas o objeto de escolha é aquilo que é excelente, e o maior objeto de escolha é o bem maior; ... Seus argumentos tinham mais crédito por causa da excelência de seu caráter que pelos argumentos em si; diziam que ele tinha um notável autocontrole, e por isso mesmo, não se pensava que ele dizia aquilo como um amigo dos puros prazeres, mas sim porque era a verdade. (*Ética a Nicômaco* 10.2.1172b, tradução de W. D. Ross [McKeon, 1094]).

Poucos de seus escritos ainda existem. O *Phaenomena* de Aratus é um poema baseado em uma obra astronômica em prosa de Eudoxus. Fragmentos de

Eudoxus são preservados nos escritos do astrônomo Hiparco.

Eurípides: (480-406 a.C.) Poeta dramático grego, nascido na ilha de Salamis, no Golfo Sarônico, bem no dia da vitória naval grega sobre a frota persa de Xerxes, que aconteceu no estreito entre a ilha e a costa. Embora o dramaturgo cômico Aristófanes retratasse a mãe de Eurípides como uma vendedora de ervas de dúbia honestidade, não há razão para acreditar que ele não fosse de origem nobre. Quando jovem, ele era o servidor de vinho em festivais, um cargo que exigia sangue nobre. Estudou retórica com Producus, que cobrava muito caro e procurava alunos nobres.

Um oráculo previu que um dia ele seria coroado com guirlandas sagradas. Interpretando erroneamente a previsão, seu pai mandou o menino treinar para ser atleta. Ele venceu os jogos em Elêusis e Thesean, mas não foi aceito nos jogos olímpicos por causa da pouca idade. Perdendo interesse pela ginástica, ele experimentou a pintura, sem grande sucesso, e depois estudou Filosofia com Anaxágoras e se tornou amigo íntimo de Sócrates. A primeira peça a levar seu nome foi produzida em 455 a.C.; só em 441 a.C., ele ganhou o primeiro prêmio e realizou a profecia do oráculo. Continuou a exibir peças até 408 a.C., quando deixou Atenas e foi desfrutar a hospitalidade da corte do rei Arquelau.

Os rumores contados acerca do poeta são questionáveis. Diz-se que ele saiu de Atenas por causa da infidelidade de sua mulher e do subsequente ridículo que incorreu; que passou a odiar todas as mulheres; que tinha um comportamento pessoal pervertido; e que teria sido atacado violentamente por cães atiçados contra ele por poetas rivais e invejosos. Eurípides morreu na Macedônia, na corte de seu patrono real. Ele é o suposto autor de 75 peças, das quais 18 ainda existem.

Eusébio: (?260-?340) Bispo de Cesareia e historiador eclesiástico, chama a si mesmo de Eusebius Pamphili, por devoção ao seu professor Pamphilus. Eusébio nasceu na Palestina. Apegou-se à escola de Pamphilus, na Cesareia, na qual estudou a Bíblia e os escritos de Orígenes. Quando seu professor foi morto durante as perseguições de Diocleciano em 309, ele fugiu para Tiro e depois para o Egito. Tornou-se bispo de Cesareia entre 313 e 315 e recebeu a oferta do patriarcado de Antioquia em 331, mas não aceitou. O homem mais culto de sua época, e amigo do imperador Constantino, Eusébio foi um poder a favor da moderação na Igreja durante um período de devoção fanática. Suas obras mais notáveis são *Chronicon*, um livro histórico antigo; *Praeparatio Evangelica*, contendo muitos extratos valiosos de escritores clássicos; e *História Eclesiástica*, que contém a história do Cristianismo dos tempos de Cristo até o ano 324 d.C.

Evax: Um nome mencionado oito vezes no *Livro dos Segredos*, sete das quais em companhia de Aaron. Existe uma referência ao *Livro dos Minerais* de Aaron e Evax. Pode-se conjeturar que os dois autores tenham sido encadernados em um único volume. O nome Evax era associado, em alguns manuscritos, ao autor ou ao tradutor de uma obra em latim do século VI, *De virtutibus lapidum* (Do poder das pedras). Ele também era associado a um lapidário posterior, em versos latinos, de Marbod (1035-1123). Ver a nota biográfica de Damigeron.

Firmanus Tarutius: (século I a.C.) Matemático e astrólogo que era amigo de Varro e contemporâneo de Cícero. Foi a pedido de Varro que ele projetou um horóscopo de Rômulo, trabalhando em retrospecto, a partir dos eventos, para encontrar a data de nascimento e também da fundação de Roma.

Firmianus: Ver Firmanus.

Flaco, Fúlvio: (século II a.C.) Nomeado cônsul com P. Cornelius Scipio Aemilianus Africanus II em 134 a.C., ele partiu imediatamente para a Sicília para acabar com a revolta dos escravos, chamada de Guerra Servil, enquanto Africanus lutava na Espanha. Foi derrotado por Eunus, líder dos escravos.

Francisco, São: (1182-1226) De Assis, o fundador da ordem franciscana de frades.

Fulgentius, Fabius Planciades: (fim do século V) Gramático latino que nasceu e viveu no norte da África. Além do fato de ser um cristão com inclinações neoplatônicas, não se sabe muito dele. Ainda existem quatro obras que levam seu nome. Aquela a que Agrippa se refere é provavelmente *Mythologiarum libri III ad Catum Presbyterum*, uma mitologia em três livros dedicados a Catus, um presbítero de Cartago. Ela relata 75 mitos em uma forma sucinta e os explica de maneira alegórica, de acordo com as doutrinas místicas dos estoicos e neoplatônicos.

Galeno, Cláudio: (130-?200) Médico grego nascido em Pérgamo, uma importante cidade localizada em Bérgamo, atual Turquia. Quando ele tinha 17 anos, seu pai teve um sonho que o levou a treinar Galeno para a medicina. Cerca de 150 obras foram ou escritas por ele ou a ele atribuídas, fazendo de Galeno o mais influente autor médico de todos os tempos.

Geber: (século VIII ou IX) Esse autor de numerosas obras latinas de alquimia geralmente é considerado o mesmo que Abu Abdallah Jaber ben Hayyam (Haiyan) ben Abdallah al-Kufi, um árabe ao qual se atribui uma obra histórica árabe do século X, a *Kitab-al-Fihrish*, além de 500 outros tratados, a habilidade na arte de fazer ouro e prata e a fama de ter preparado o fabuloso elixir alquímico. Entretanto, há fortes suspeitas de que as obras latinas de Geber sejam traduções do Jaber árabe. M. P. E. Barthelot (*Chimie au Moyen Age*, Paris, 1893) tinha certeza de que os ensaios eram pelo menos árabes, traduções feitas entre os séculos IX e XII.

A mais famosa entre as obras latinas é a *Summa perfectionis magisterii* (Suma de perfeição) e *De investigatione perfectionis* (Investigação da perfeição dos metais). Também atribuídas a Geber são *De inventione veritatis*, *Liber fornacum*, *Testamentum Geberi regis Indiae* e *Alchemia Geberi*.

A noção de que Geber seria nativo sabeu de Harran, Mesopotâmia, vem de um artigo sob seu nome escrito por d'Herbelot na *Bibliotheque Orientale*. A outra opinião, de que ele era mouro espanhol, vem de uma única referência feita por Alberto Magno a um Geber "de Sevilha", provavelmente o árabe Jabir ben Aflah, nativo de Sevilha, do século XI, que escreveu sobre astronomia e trigonometria.

Gellius, Aulus: (século II) Gramático romano. Escreveu *Noctes Atticae* (Noites de Atenas), assim intitulado porque foi composto em uma casa de campo perto de Atenas, durante as longas noites de inverno. É uma coletânea aleatória de extratos em 20 livros de escritores gregos e romanos a respeito de História, Antiguidade, Filosofia e filologia, com observações e comentários de Gellius. O oitavo livro se perdeu, mas o resto ainda existe.

Germa: Não encontrei nenhuma referência a Germa, o Babilônio. O termo "Babilônio" parece ter sido usado por Agrippa como sinônimo de "astrólogo". Nesse sentido, parece se aplicar a Averróis no livro II, capítulo II. Havia uma cidade na Pérsia chamada Germabad.

Graco, Tibério Semprônio: (século II a.C.) Tribuno e cônsul romano, mais bem lembrado por ter sufocado a revolução da Sardenha em 176 a.C. Ele se casou com Cornélia, filha de P. Scipio Africanus, o Velho, e teve com ela 12 filhos. Sua filha, também chamada Cornélia, casou-se com P. Scipio Africanus, o Jovem.

Gregório Nazianzeno: (329-389) Chamado de Teólogo, esse Pai da Igreja Oriental nasceu na Capadócia. Inclinado ao Cristianismo por influência de sua mãe, ele estudou Gramática, Matemática, Retórica e Filosofia em Atenas e Alexandria, e foi discípulo de Orígenes e Atanásio. Recebeu o batismo na casa de seu pai em Naziâncio em 360 e queria levar uma vida contemplativa, afastada, como monge. Mas o violento choque doutrinal entre as facções ariana e ortodoxa da Igreja o afetou. Em 372, ele foi nomeado, contra sua vontade, bispo de Sasima, e por volta de 378 foi para a Constantinopla para cuidar dos vestígios debilitantes da facção ortodoxa, uma tarefa que ele realizou com zelo e muito sucesso. A ascensão de Teodósio em 380 assegurou o triunfo de sua causa. Pouco depois, ele se afastou para uma vida reclusa de composição literária, que finalmente pôde desfrutar. Suas obras consistem em poemas, epístolas e discursos.

Gregório, o Grande, São: (?540-604) Nascido em Roma, de uma família rica, ele recebeu a melhor educação disponível e se destacou em gramática, retórica e dialética. Começou uma carreira política e foi prefeito de Roma em 573, mas pouco depois abandonou a vida pública, usou sua riqueza para estabelecer seis mosteiros na Sicília e um em Roma, e em seguida se retirou no último, como monge. Em 578, ele foi enviado como embaixador da Igreja à corte de Constantinopla e, em 586, tornou-se abade do mosteiro de Santo André.

Após a morte de Pelágio II em 590, Gregório foi eleito papa, muito contra a sua vontade. Ele foi o primeiro monge a se tornar papa, e pode ser chamado de o primeiro dos papas medievais, pois foi por iniciativa dele que o papado ganhou seu grande poder político. Severo contra os pagãos, hereges e clérigos que violavam as regras da Igreja, ele se mostrava estranhamente leniente para com os judeus. Por sua condição de monge, ele defendeu muito a vida monástica e foi acusado de esvaziar os cofres da Igreja com excessiva caridade aos necessitados. Entretanto, sob sua habilidosa gestão, a riqueza da Igreja aumentou e o poder do papado foi estabelecido.

Gulielmus: Ver Guilherme de Paris.

Hadrianus, Publius Aelius: (76-138) Mais conhecido como Adriano, nasceu em Itálica, na Hispania Baetica (alguns dizem, Roma). Quando tinha cerca de 10 anos, seu pai morreu e ele ficou sob os cuidados de seu parente, Ulpius Trajanus, futuro imperador Trajano. Passou cinco anos em Roma e depois embarcou para uma carreira militar na Espanha, mas logo foi chamado de volta a Roma por seu guardião, que o nomeou para sucessivos postos políticos.

Trajano tinha certas dúvidas a respeito de Adriano, por causa de alguns rumores acerca de sua extravagância, mas, após se tornar imperador, foi levado a considerar melhor seu protegido, por influência de sua esposa, a imperatriz Plotina, que arrumou um casamento para Adriano com Vibia Sabina, neta de Trajano. Em 101, Adriano foi questor, em 105 tribuno e em 106 pretor. Serviu com distinção em campanhas militares e ocupou significativos postos políticos em diferentes partes do Império. Trajano estava providenciando para que Adriano fosse seu sucessor e, quando o imperador morreu, em 117, Plotina escondeu a notícia da morte até providenciar uma adoção póstuma de Adriano por Trajano para assegurar sua subida ao trono. Mas isso nem seria necessário. Adriano foi aclamado pelo exército e pelo senado.

Seu subsequente reinado foi um dos períodos mais felizes na história romana. Em vez de tentar estender o Império por meio da guerra, ele fortaleceu suas fronteiras e aprimorou as obras públicas e as estruturas sociais. Continuou a tradição de construir, iniciada por Augusto e repetida por Trajano. Entretanto, era do tipo temperamental, podendo ser sério ou jovial, cruel ou gentil, mesquinho ou generoso, impulsivo ou precavido, afetuoso ou desconfiado, dependendo dos surtos de humor. Mais temido que amado, ele era muito inteligente, dono de paixões fortes e deturpadas e altamente supersticioso. Apesar de todos os seus defeitos, ele presidiu uma Idade de Ouro em Roma e deixou monumentos perenes de sua energia e de seu gênio.

Hama, rabino: Ver Hamai.

Hamai, rabino: (fim do século XII) Conhecido como Hamai Gaon, pseudônimo de um cabalista que teria pertencido à escola de Isaque, o Cego, que floresceu em 1200. Duas obras sobre Cabala que levam o nome dele são *Sepher ha-Yihud*, "provavelmente a respeito do Tetragrammaton" (*Jewish Encyclopedia*), e *Safer ha-'lyyun*, da existência e unidade de Deus.

Helena, Flávia Júlia: (?247-?327) Santa cristã, mãe de Constantino, o Grande. Nasceu em Drepanum, uma cidade no Golfo de Nicomédia (extremo leste do mar de Marmara, Turquia), que seu filho, posteriormente, chamaria de Helenópolis, em homenagem à mãe. Segundo lendas, ela teria descoberto o sepulcro de Jesus e a verdadeira cruz em Jerusalém. Essa fábula surgiu porque Constantino foi o primeiro governante cristão a fazer extenso uso da cruz como símbolo. Diz-se que o corpo dela foi colocado na abadia de Hautvilliers perto de Reims, que era o centro de seu culto, mas ela também era popular na Inglaterra. Ela é representada em trajes reais, usando uma coroa e carregando ou um modelo do santo sepulcro ou uma grande cruz ou os três pregos que traspassaram Cristo. A festa de Santa Helena é em 18 de agosto.

Henina, rabino: Vários rabinos com esse nome são mencionados no *Talmude*, *Midrash*, *Zohar* e contos folclóricos judaicos, particularmente Rav Hanina, que, com Rava Oshaya, "se sentava toda véspera do Sabá e estudava o *Sepher Y'tzira* (Livro da Criação), e os dois criaram para si mesmos um bezerro de três anos, que depois comeram" (do *Talmude*, como citado por Patai 1980, 239).

Heráclito: (?540-?475 a.C.) Filósofo grego nascido em Éfeso, de pais nobres. Pouco se sabe dos eventos de sua vida. Ele recusou o cargo de magistrado-chefe, que era seu por direito, cedendo-o ao seu irmão. É evidente que tinha considerável poder – ele obrigou o usurpador Malancomas a abdicar, e, de tempos em tempos, intervinha nas questões de Éfeso. Entretanto, era por natureza arrogante, mal-humorado e solitário, e seu comportamento lhe rendeu o apelido de "aquele que xinga". Também era chamado de o "Obscuro". No fim da vida, ele se retirou para as montanhas para viver como eremita, comendo ervas, mas foi levado para a cidade quando ficou doente e, logo depois, morreu.

Fundamentada na escola jônica, a filosofia de Heráclito é surpreendentemente moderna. Ele afirmava que todas as coisas se encontram em um estado de constante fluxo e mudança; que os sentidos são "más testemunhas" porque transmitem a ficção de um universo estático e, portanto, não podem ser confiados; que todas as coisas crescem a partir de uma espécie de condensação de um fogo claro, fluido, primordial; e que a verdadeira liberdade só é alcançada pela subordinação do indivíduo à harmonia da lei cósmica. A única obra de Heráclito ainda existente é *Da Natureza*, que expressa suas visões. Fragmentos também foram preservados nos escritos de filósofos gregos posteriores, como Platão.

Hermano de Wied: (1477-1552) Educado por seu pai, Frederico, conde de Wied, para entrar na Igreja, ele se tornou eleitor e arcebispo de Colônia em 1515. A princípio hostil à reforma protestante que assolava a Europa na época, uma disputa com o papado o fez mudar de aliança, e dali em diante ele se empenhou em promover uma reforma ordeira dentro do clero, dando o exemplo com reformas em sua própria diocese em 1536. Quando seus esforços fracassaram, ele convidou Martin Bucer, um amigo de Lutero, para vir a Colônia em 1542. No entanto, a vitória do imperador Carlos sobre Guilherme, duque de Cleves, e a hostilidade dos cidadãos de Colônia acabaram com os esforços de Bucer. Hermano foi chamado diante do papa Paulo III em 1546, deposto e excomungado. Ele retornou a Wied, onde viveu o restante de sua vida.

Hermippus: (século II a.C.) Natural de Smirna, esse historiador e filósofo peripatético grego foi discípulo de Calímaco de Alexandria e é lembrado principalmente por seus escritos biográficos. Ele escreveu uma monografia a respeito dos *Discípulos de Isócrates* e é mencionado por Ateneu.

Heródoto: (484-?425 a.C.) Historiador grego nascido em Halicarnassus, Ásia Menor, de uma família proeminente. Viajou muito entre 464 e 447 a.C. Em 457, deixou Halicarnassus para fugir da tirania de Ligdamis e passou a residir em Samos, mudando de aliança, portanto, da Pérsia para a Grécia. Ajudou a fomentar uma rebelião contra Ligdamis, e quando Halicarnassus se declarou membro da confederação ateniense, Heródoto voltou à sua cidade natal por um curto período de tempo. Em 447 a.C., o clima político mudou de novo e ele foi viver em Atenas. Sua obra literária foi tão bem recebida pelos atenienses que o povo lhe conferiu a grande soma de dez talentos em reconhecimento de seu mérito. Sempre inquieto, em 444 a.C. ele viajou com os colonizadores atenienses até a nova cidade de Turi, em Lucania, Itália. Pouco se sabe do resto de sua vida. Por volta de 430 a.C., ele voltou a Atenas, mas passou a maior parte de seu tempo trabalhando em seu grande livro, o que lhe conferiria o título de Pai da História.

Hesíodo: (século VIII a.C.) Poeta grego nascido em Ascra, Beócia. Escreveu *As Obras e os Dias* e a *Teogonia*. Hesíodo representa a escola beócia de poesia, que era simples e didática, ao contrário da escola jônica, representada por Homero, que era heroica.

Hieronymus, Eusebius Sophonius: (?340-420) Mais conhecido como São Jerônimo. Nasceu em Strido, uma cidade na fronteira entre Dalmácia e Panônia (atual região noroeste da Iugoslávia), filho de pais cristãos. Foi a Roma, onde estudou lei da filosofia, Gramática e Retórica, depois viajou muito. Em Antioquia, uma doença grave mudou sua vida. Ele apreciava muito os clássicos, mas jurou a Deus que a partir de então os renunciaria em favor das Escrituras.

Adotando uma vida de eremita em Cálcis em 374, ele começou a estudar hebraico. Tais estudos o levaram a traduzir as Escrituras, que se tornaram a edição vulgata da Bíblia usada pela Igreja de Roma. Em 382, foi chamado a Roma pelo papa Damaso para ajudar na disputa teológica que assolava Antioquia. As senhoras de Roma eram atraídas por ele e o procuravam para ouvir seus ensinamentos, o que despertou a ira dos homens.

Quando Damaso morreu, em 384, Jerônimo achou conveniente deixar Roma e rumar para o leste. As mulheres o seguiram, determinadas a se tornar freiras. Com o dinheiro de Paula, uma viúva rica, ele ergueu três conventos e um mosteiro em Belém. O tempo todo ele afirmava, veementemente, que não aceitava dinheiro nem presentes, não apreciava as sedas finas, as pedras preciosas reluzentes ou ornamentos de ouro, e não se deixava afetar pelas mulheres, exceto quando elas se distinguiam por fazer jejum e penitência.

No fim de sua vida, ele se envolveu em outra controvérsia da Igreja e irritou tanto seus adversários que estes atacaram seu mosteiro com tropas. Ele fugiu e se escondeu por dois anos, temendo pela própria vida. Voltou a Belém em 418, mas morreu dois anos depois, após uma longa doença debilitante. Jerônimo não parecia ter a piedade que assinalava tantos Pais da Igreja. Lutero dizia, a respeito dele: "Ele não ensina acerca da fé, ou do amor, ou da esperança, ou das obras da fé".

Higino: Nada se sabe da vida desse escritor. Às vezes ele é confundido com o gramático Caio Júlio Higino, um liberto de César Augusto, mas que deve ter vivido muito tempo depois. Ele escreveu dois livros, ainda existentes: *Fabularum liber*, uma série de lendas mitológicas curtas com uma genealogia introdutória de divindades; e *Poeticon astronomicon libri IV*. Esta segunda contém a descrição das constelações citadas por Agrippa no capítulo XXVII, l. II.

Hilarius: Ver Hilário.

Hilário, Santo: (?300-367) Bispo de Pictavium (Poitiers) e um eminente doutor da Igreja do Ocidente, era chamado de *malleus Arianorum* (martelo dos arianos) e de "Atanásio do Ocidente". Nascido em Poitiers de uma família eminente, ele recebeu uma excelente educação para aquela época, incluindo um pouco de grego. Seu estudo dos textos bíblicos o fez trocar o neoplatonismo pelo Cristianismo. Em 353, embora ainda fosse casado, ele foi eleito bispo de Poitiers e imediatamente providenciou a excomunhão do bispo ariano de Arles. Pelo resto de sua vida, manteve uma campanha rigorosa contra o arianismo, embora às vezes fosse acusado por membros da facção ortodoxa de ser muito leniente em seus ataques doutrinais contra os arianos (demonstrando o fanatismo furioso da época).

Hildegardes: (1098-1179) Filha do conde de Spanheim, ela teve revelações que o Espírito Santo lhe mandou escrever em um livro. O livro foi mostrado ao papa Eugênio III, que mandou o bispo de Verdun e São Bernardo de Clairvaux investigar o trabalho. A Igreja considerou as revelações genuínas. Por fim, elas preencheram três volumes, e a santa também escreveu numerosas outras obras místicas e 145 cartas a várias figuras de destaque e governantes. Dessas revelações, ela diz:

> Da infância até hoje, estando eu com 70 anos de idade, tenho recebido sem cessar visões e revelações divinas. Nessas comunicações divinas, parece que sou carregada no ar a regiões longínquas, distantes, e vejo em minha mente as maravilhas que me são mostradas. Não as vejo com meus olhos físicos nem ouço o que é dito com meus ouvidos físicos, nem as descubro por intermédio de meus sentidos físicos; tampouco elas me veem em meu pensamento, ou em sonhos, transes ou êxtases; mas as vejo com os olhos abertos, enquanto estou acordada, às vezes à noite e às vezes de dia. O que vejo, vejo em minha alma; e o que ouço, ouço em meu eu interior (citado por Brewer 1901, 324).

Hildegardis: Ver Hildegardes.

Hiparco: (?190-?120 a.C.) Astrônomo grego nascido em Niceia, Bitínia (atual Iznik, Turquia). Ele introduziu muitas inovações espetaculares, entre as quais um método de representar os céus sobre um plano, a noção de longitude e latitude em geografia terrestre e o uso de uma tabela de cordas semelhante a senos. Suas observações práticas eram muito mais precisas que as de seus antecessores, permitindo-lhe descobrir a precessão dos equinócios, a distância entre a Terra e o Sol e a Lua, o comprimento exato do mês lunar, e a compilar um catálogo de mais de 850 astros, que foi preservado no *Almagest* de Ptolomeu. Infelizmente, todos os seus escritos se perderam, exceto *In eudoxi et Arati Phaenomena*, um comentário do *Phaenomena* de Aratus.

Hipócrates: (?460-?375 a.C.) O mais famoso médico grego da história, chamado de o Pai da Medicina, nasceu na Ilha de Cós, no Mar Egeu. Da família dos Asclepíades, dizia-se que ele era descendente direto não apenas de Esculápio, mas de Hércules, pelo lado da mãe. Seu pai, Heráclides, e o médico Heródico de Selimbria o treinaram em Medicina. Górgias e Demócrito lhe ensinaram Filosofia. Ele viajou muito e praticou suas artes de cura em Atenas, e talvez também na Trácia, Tessália, Delos e Cós, em diferentes períodos. Foi em Larrisa, na Tessália, que ele morreu de velhice – a idade exata não se sabe – diz-se 85, 90, 104 e até 109 anos. De todas essas, a primeira parece ser a mais provável.

Tanto Platão quanto Aristóteles fazem referência a ele. Uma lenda diz que ele acabou com uma peste em Atenas, fazendo fogueiras por toda a cidade. Descendente de uma linhagem de curadores sacerdotes, ele foi o primeiro a separar a Medicina da religião, e também da Filosofia, introduzindo no lugar de ambas remédios naturais e observação prática.

Oitenta e sete obras levam seu nome. Dessas, talvez 12 sejam genuínas. Algumas autoridades acreditam que nenhuma tenha sido de fato escrita por Hipócrates, mas que possam ter sido compostas por seus descendentes.

Hipponax: (viveu em 540 a.C.) Esse poeta grego e inventor da paródia nasceu em Éfeso. Quando foi expulso de sua cidade natal pelos tiranos, ele foi viver em Clazômenas. Um homem de baixa estatura, feio, porém poderoso, tornou-se alvo de ridículo dos irmãos Bupalus e Athenis, que fizeram uma estátua grotesca representando-o. Em retaliação, Hipponax os destruiu em sua poesia satírica, o que, segundo Suidas, os teria levado ao suicídio. Hipponax dirigia sua cáustica astúcia contra todos – seus conterrâneos jônicos, seus próprios pais e até os deuses. Só restam fragmentos de suas obras. Na mesma época viveu um filósofo de Samos, geralmente chamado de Hippon, para distingui-lo do poeta.

Homero: (século IX a.C.) Poeta grego a quem se atribui a autoria dos épicos *Ilíada* e *Odisseia*. Ninguém sabe ao certo onde ou quando ele nasceu, mas se acredita que viveu antes de Hesíodo, e Smirna (atual Izmir, na Turquia) é a mais plausível das sete cidades antigas onde ele teria nascido. Segundo uma lenda, ele era cego e pobre. Os 33 *Hinos Homéricos* não foram escritos por Homero, e sim por seguidores de seu estilo, que eram chamados de homéridas. Houve uma época em que os gregos estudavam Homero com o mesmo fervor com que os calvinistas liam a Bíblia. Ele é o poeta mais influente de todos os tempos.

Horapolo Nilous: (c. 400 d.C.) O nome é uma combinação de Hórus e Apolo. Nilous pode ser uma referência à cidade egípcia do mesmo nome ou ao próprio Rio Nilo. Ele foi um gramático grego que viveu no Egito durante o reinado de Teodósio I (378-395). Segundo Suidas, ele escreveu comentários sobre

Sófocles, Alceu e Homero, e uma obra a respeito de locais consagrados aos deuses. Photius atribui a ele uma obra histórica das fundações da cidade de Alexandria e de suas antiguidades, e o chama de dramaturgo. Uma obra que leva seu nome, os *Hieróglifos*, em dois volumes, alega ser uma tradução do egípcio para o grego por Filipo, do qual nada se sabe. Sua autenticidade pode ser questionada, e alguns afirmam que ela seria do século XV – entretanto, por evidência intrínseca, parece transmitir uma tradição viva dos símbolos hieroglíficos. Foi muito estudada na Renascença como uma fonte de emblemas místicos.

Hrabanus Maurus Magentius: (?776-856) Também chamado Rábano, ou Rhabanus, e às vezes incorretamente citado como Santo Rábano. Arcebispo de Mainz, nasceu em Mainz, filho de pais nobres. Foi à escola em Fulda, onde recebeu as ordem de diácono em 801; depois estudou em Tours com Alcuin, que o chamava de Maurus, por causa de São Mauro. Entre 804 e 814, ele dirigiu a escola em Fulda com grande habilidade, e compôs seu *Excerptio* da gramática prisciana, que se tornou o livro-texto-padrão medieval. Ordenado padre em 814, ele se tornou abade em Fulda em 822 e serviu nessa idade por 20 anos, tentando depois se afastar da vida pública. Mas esse afastamento durou pouco – em 847, ele foi persuadido a se tornar arcebispo de Mainz, onde permaneceu até sua morte. Suas obras são numerosas e incluem comentários das Escrituras e *De institutione clericorum*, obra na qual ele aborda as visões de Agostinho e de Gregório, o Grande, a respeito dos deveres clericais.

Jâmblico: (século IV) De acordo com seu biógrafo, Eunapius, esse filósofo neoplatônico nasceu em Cálcis, Coele-Síria, de uma família rica e proeminente, e estudou filosofia a princípio com Anatólio, depois com Porfírio. Ele reunia muitos discípulos de diversas nações e vivia com eles em Cálcis, em irmandade, talvez em uma tentativa de imitar a irmandade de Pitágoras. Segundo seus contemporâneos, ele teria poderes milagrosos, mas o próprio Jâmblico negava tal afirmação.

O imperador Juliano o considerava o equivalente intelectual de Platão e dizia que ele daria todo o ouro na Lídia por uma epístola de Jâmblico. A maior parte de seus escritos se perdeu. O que resta são cinco livros de uma obra maior em dez volumes sobre filosofia pitagórica, o primeiro dos quais é uma biografia de Pitágoras; e *Dos mistérios dos egípcios, caldeus e assírios*, que Proclo atribuía a Jâmblico e que certamente é de sua escola. Jâmblico morreu durante o reinado de Constantino – segundo Fabrício, antes de 333 d.C.

Iarchas: Líder dos brâmanes da Índia, que hospedou Apolônio de Tiana em sua viagem pelo país e o iniciou perto das "águas de Tântalo". Quando recebeu Apolônio, Iarchas estava sentado em um trono alto, feito de bronze preto e decorado com imagens douradas. Passou a relatar a Apolônio detalhes da origem de sua família e incidentes de suas viagens que ele recebera por meio do poder da visão oculta. Ele confessou a Apolônio que em uma vida anterior ele já fora rei, e no decorrer da visita do sábio realizou vários milagres, tais como expulsar um demônio que possuíra um homem, restaurar a visão aos cegos e mobilidade aos aleijados. Antes de Apolônio ir embora, Iarchas lhe deu sete anéis mágicos, que tinham os nomes dos sete planetas, os quais Apolônio usaria em variados dias da semana.

Ibn Gabirol, Salomão Ben Judá: (?1021-?1058) Poeta e filósofo judeu nascido em Málaga, uma cidade na costa sul da Espanha. Seus pais morreram quando ele era criança. Ele recebeu o apoio de Samuel ha-Nagid (ou Nagdilah), primeiro-ministro da Espanha e patrono das artes, com quem brigava frequentemente. Aos 16 anos, ele já estava compondo poemas e foi o primeiro a popularizar as métricas poéticas árabes em hebraico. Sua poesia é romântica em estilo e abordagem. Os estudiosos do século XII o conheciam como Avicebron (também Avencebrol e Avicebrol) por meio da tradução para o latim de sua obra filosófica, *Fons vitae* (Fonte de vida), que investiga a natureza dos seres criados, a vontade divina e o intelecto sob a perspectiva do neoplatonismo, ao mesmo tempo trazendo tons cabalísticos. Essa obra influenciou a filosofia de Duns Scoto.

Íon: (século V a.C.) O rapsodista, ou cantor de poemas, de Éfeso (antiga cidade do Golfo de Kusada, costa leste da Turquia). Foi contemporâneo de Sócrates, e Platão o usa como exemplo da perspicácia do filósofo antigo em seu diálogo do mesmo título.

Irineu: (século II d.C.) Bispo de Lião (Lyons), ele nasceu por volta de 130 em ou perto de Smirna, na Ásia Menor. Pouco se sabe do início de sua vida. Em 177, ele era presbítero da igreja em Lião. Naquele ano ou no ano seguinte, viajou a Roma para defender a seita montanista e, ao retornar, se tornou bispo de Lião. Gregório de Tours diz que nesse curto período de tempo ele converteu todos os cidadãos de Lião ao Cristianismo (*Historia Francorum* 1.29). Sua moderação em lidar com várias seitas justificava seu nome *Eirenaios* (Pacificador). Sua principal obra, *Contra as Heresias*, sobreviveu intacta em uma tradução latina, a partir do texto original grego. Foi produzida por volta do ano de 180 e é composta de cinco livros. Os dois primeiros descrevem e criticam as seitas heréticas e os outros três expõem as visões de Irineu acerca do verdadeiro Cristianismo. Gregório de Tours descreveu seu martírio sob o regime de Sétimo Severo (que governou entre 193-211), mas a data de sua morte é incerta.

Isaac de Holanda: (início do século XV) Um alquimista que trabalhava com seu filho na fabricação de esmaltes e pedras artificiais. Paracelso dava muito valor às suas pesquisas. Isaac escreveu dois livros: *De triplici ordine elixiris et lapidis theoria* e *Opera mineralia Joannis Isaaci Hollandi, sive de lapide philosophico*. A última é considerada mais importante, apresentando com ilustrações o método para mudar metal básico em *Sol* e *Lua*.

Isaac, o Judeu: Ver Isaac de Holanda. É possível também que, ao dizer "Isaac, o Judeu", Agrippa se refira a Isaac Ben Salomão Israel, um escritor e filósofo médico.

Januário, São: (fim do século II) Também chamado de São Gennaro. O santo padroeiro de Nápoles. Diz-se que foi bispo de Benevento e teria sofrido uma morte de mártir em 19 de setembro de 309. Durante a perseguição de Diocleciano e Maximiano, ele foi atirado em uma fornalha por Timóteo, governador de Campanha, mas saiu de lá sem um ferimento. Insistente, Timóteo o jogou para os animais selvagens na arena. Os animais se abaixaram aos pés dele. Quando mais uma vez condenou Januário à morte, o governador ficou cego. A misericórdia do santo restaurou-lhe a visão. Timóteo, porém, estava decidido a ver o fim de seu mais resiliente adversário e mandou decapitá-lo com a espada.

Séculos depois, quando os restos mortais do santo foram levados a Nápoles, o Monte Vesúvio imediatamente entrou em erupção. Há várias outras fábulas interessantes relacionadas a Januário, mas ele é mais bem conhecido pelo milagre da liquefação de seu sangue seco, preservado em dois vasos de vidro na igreja de São Gennaro, junto à cabeça do santo, que foi doada por Carlos II, duque de Anjou, em 1036. Não resisto a citar aqui uma anedota divertida contada por Brewer:

> Quando Murat era rei de Nápoles, o sangue não liquefazia; o francês, então, colocou dois canhões de frente para a igreja de São Gennaro e disse ao bispo que a explodiria a menos que ele realizasse o "milagre". O bispo protestou, dizendo que não podia ser feito; mas, vendo que Murat falava a sério, ele produziu a liquefação, como de costume (Brewer 1901, 184).

Jarchus Brachmanus: Ver Iarchas.

Jerônimo: Ver Hieronymus.

Joaquim de Flores: (?1145-1202) Recebeu esse nome por causa do mosteiro de San Giovanni Fiore, do qual era abade. Enquanto visitava lugares santos em Constantinopla, quando ainda era jovem, seus companheiros foram mortos pela peste. Isso o impeliu a adotar uma vida ascética e de devoção como monge. Em 1177, ele foi abade do mosteiro de Corazzo, perto de Martirano, mas saiu para fundar sua própria "ordo Florensis" com a ajuda e aprovação do papa Inocêncio III.

Joaquim era um extremo asceta e místico por natureza, que escreveu um grande número de obras proféticas proclamando três eras do mundo, a do Pai, a do Filho e a do Espírito, a última começando em 1260. Sua real influência começou após sua morte, quando surgiram inúmeros comentaristas e seguidores de suas obras. Eram chamados de Espirituais e proclamavam São Francisco como o iniciador da Era de Joaquim do Espírito. Em 1260, um conselho em Arles condenou os escritos de Joaquim e de seus seguidores, mas seus defensores persistiram. Joaquim era tido em alta estima por homens como Roger Bacon, Arnaldo de Vila Nova e Dante.

Joviano: Ver Jovianino.

Joviniano: (fim do século IV) Monge romano. Tudo o que se sabe dele está contido no ataque de São Jerônimo contra suas opiniões heterodoxas, *Adversum Jovinianum Libri II* (393), que diz que Joviniano vivia uma vida pia e ascética em Roma em 388, quando sofreu uma herética mudança de visão e se tornou sensualista e epicurista. Foi condenado por um sínodo romano, sob o bispo Siricius, em 390, e mais tarde excomungado em Milão. Escrevendo em 406, Jerônimo dizia que Joviniano já havia morrido. O único crime de Joviniano deve ter sido o de não gostar do ascetismo fanático de seu século. Não deve ser confundido com o imperador romano do mesmo nome, que morreu cerca de quatro décadas depois.

Judas Macabeu: (século II a.C.) O primeiro grande líder da revolta dos Macabeus contra a tentativa de Antíoco IV, cujo sobrenome era Epífanes, rei da Síria (que governou entre 175 e 164 a.C.), de empurrar à força a religião grega aos judeus. A revolta começou em 168 a.C., quando Matatias, o pai de Judas, se recusou a oferecer sacrifício pagão no altar. Forçado a fugir para as montanhas com seus cinco filhos, ele logo montou um grande contingente de rebeldes para segui-lo. Quando morreu, em 166 a.C., Judas assumiu seu lugar.

Não dando grande importância à revolta dos judeus, Antíoco Epífanes marchou com seu exército até a Pérsia, para levantar dinheiro de impostos, e ordenou ao segundo em comando, Lísias, que dominasse a Judeia, levasse seus habitantes como escravos e destruísse Jerusalém. Lísias e seus generais nobres escolhidos a dedo sofreram uma série inusitada de derrotas. Por exemplo, em 165 a.C., Judas derrotou um contingente de 60 mil soldados de infantaria e 5 mil da cavalaria comandados pelo inapto Lísias, e só com 10 mil rebeldes.

Nesse meio tempo, as coisas não iam muito bem para Antíoco na Pérsia. Ele tentou saquear um rico templo de Diana na cidade de Elimais. Para sua surpresa, os persas resistiram. Quando, por fim, ele suspendeu o cerco, eles perseguiram seu exército em retirada e o dizimaram. Mais ou menos nessa época, o rei ficou sabendo dos eventos na Judeia. O duplo choque lhe provocou uma doença e ele morreu.

Antíoco V, chamado de Epátor (governante entre 164 e 162 a.C.), subiu ao trono com apenas 9 anos de idade, sob a tutela de Lísias, e imediatamente decidiu atacar a Judeia e vingar a humilhação do pai. Foi mais bem-sucedido que Lísias e causou a Judas uma amarga e rara derrota. O jovem rei cercou o templo de Jerusalém, e Judas manteve uma forte resistência. Ficando sem provisões, porém, o rei fez as pazes com os rebeldes e saiu às pressas para defender sua coroa contra o usurpador Filipe, que fora um dos generais de seu pai na Pérsia.

Judas morreu em batalha contra a força superior de Báquides, o general de Demétrio Soter que assumiu o poder em 162 a.C. e cruelmente mandou matar à espada Lísias e Antíoco, com 11 anos de idade.

Juliano, o Apóstata: (331-363) Imperador romano, sobrinho de Constantino, o Grande. Nasceu em Constantinopla e viajou a Atenas em 355, onde estudou Literatura e Filosofia gregas. Mais tarde, naquele mesmo ano, ele recebeu o título de César do imperador Constâncio e foi enviado para lutar contra os germanos na Gália. Teve grande sucesso e conquistou o amor de suas tropas. Em Paris, em 360, eles o proclamaram imperador.

Constâncio marchou contra Juliano em 361, mas morreu a caminho da Cilícia, deixando Juliano como líder indisputado do império. Imediatamente ele proclamou sua apostasia da fé cristã e se declarou pagão. Entretanto, tolerava o Cristianismo e talvez não enfurecesse tanto os antigos escritores cristãos se não tivesse permitido aos judeus reconstruírem o templo em Jerusalém. Em 362, ele atravessou o Rio Tigre para guerrear contra a Pérsia, mas sofreu um ferimento fatal com uma flecha e morreu no campo de batalha.

Seus escritos incluem os *Discursos*, as *Cartas*, uma sátira contra os Césares, chamada *O banquete*, e uma sátira contra Antioquia, chamada *Misopogon*. Sua obra *Contra os Cristãos* se perdeu.

Justino, o Mártir: (?114-?165) Esse antigo Pai da Igreja nasceu em Flavia Neapolis, Samaria (atual Nablus, Jordânia), filho de pais pagãos, e cresceu estudando filosofia grega. Segundo suas próprias palavras, ele passou por uma conversão mística quando, enquanto meditava sozinho em um campo vazio à beira-mar, ele olhou e viu um misterioso velho andando atrás dele. Os dois começaram a conversar sobre Filosofia, e o velho, usando um método de argumento não diferente de Sócrates, convenceu Justino de que o conhecimento Filosófico era fútil e que o verdadeiro conhecimento devia ser obtido por meio dos profetas de Cristo.

> Após ter dito essas e muitas outras coisas, que não há tempo para mencionar no presente, ele foi embora, pedindo que eu as seguisse; e não o vi desde então. Mas logo uma chama se acendeu em minha alma; e um amor pelos profetas, e por aqueles homens que são amigos de Cristo, tomou conta de mim. E enquanto eu ponderava suas palavras em minha mente, percebi que só essa filosofia era segura e benéfica (*Dialogue of Justin with Trypho, a Jew* 8 [*Ante-Nicene Christian Library*, 2:96]).

Ele continuou usando seu manto de filósofo, e vagava por toda parte em busca de convertidos à fé cristã, ficando muito tempo em Roma, onde estabeleceu sua escola. Os filósofos pagãos não o recebiam de bom grado, e seu discípulo Tatiano chega a afirmar que um deles, o filósofo cínico Crescentius, foi quem acusou Justino, resultando em seu martírio.

As mais importantes de suas obras ainda existentes são a *Primeira* e a *Segunda Apologia*, o *Diálogo com Trifo* e o *Discurso* e o *Discurso hortativo aos gregos*.

Kiramides: Ver Kiranus.

Kiranus: Ou Cirano, o suposto autor de um livro que é mencionado como uma fonte no primeiro parágrafo do *Livro dos Segredos* e parece ter sido bem conhecido na Antiguidade. Thorndike descreve a obra como "um livro de data e autoria incertas, geralmente chamado de *Kiranides* de Kiranus, rei da Pérsia" (Thorndike 1929, 2:46:229). O livro apareceu em tradução para o inglês em 1685 sob o título de *The Magick of Kirani King of Persia, and of Harpocration*.

Lactâncio, Lúcio Célio Firmiano: (viveu em 300 d.C.) Há muita confusão em manuscritos a respeito da verdadeira forma de seu nome. É comum citar Cecílio em vez de Célio, e os últimos dois nomes são frequentemente invertidos. Pai da Igreja, nascido na África (ou talvez Itália, em Firmo) por volta de 260, ele estudou na África com Arnóbio e ensinou retórica em Sicca, onde sua fama se tornou tão grande que ele foi convidado por Diocleciano para se estabelecer na Nicomédia. No início do século IV, ele se tornou cristão e foi convidado por Constantino para ir a Treves, na Gália, por volta de 310, para ser o tutor de seu filho, Crispo. Morreu por volta de 330 ou 340 em Treves.

Melhor estilista que teólogo, seus escritos foram atacados por conter heresia não intencional. Sua principal obra é *Divinatum Institutionum*, em sete volumes, uma introdução ao Cristianismo. Também escreveu *De opificio dei sive de formatione hominis*, uma obra pré-cristã demonstrando a providência de Deus a partir da adaptabilidade e beleza do corpo humano; *De ira dei*, um tratado contra o epicurismo; e *De mortibus persecutorum*, na qual são descritos os julgamentos de Deus contra aqueles que perseguiam a Igreja. Esta última se tornou muito popular e serviu de modelo para muitos outros escritores.

Lazarillus: Ver Lazzarelli.

Lazzarelli, Ludovico: (?1450-?1500) Poeta de San Severino, perto de Nápoles, que se tornou discípulo do mago errante e profeta Giovanni Mercúrio. Ele se autointitulava "Lodovicus Enoch Lazarellus Septempedanus, antes poeta, mas agora, por renascimento, o filho da verdadeira sabedoria" (Thorndike, 6:44:438). Em sua *Carta de Enoch*, ele descreve como seu mestre Giovanni Mercúrio andou a cavalo pelas ruas de Roma no dia 11 de abril de 1484 com uma coroa de espinhos, sendo posteriormente examinado por um colégio de cardeais.

Lazzarelli estudou Alquimia com João Ricardo de Branchiis, da Borgonha, que começou a instruí-lo em 1495. Seu *Tractatus de alchimia* contém seu tratado de alquimia, um soneto alquímico, uma receita secreta para o elixir inventado por seu professor João Ricardo em 1495 em Sienna, um tratado de Raymond Lull e várias tábuas alquímicas. Ele é mais lembrado por sua *Crater Hermetis*, um diálogo de renascimento místico que foi editado e publicado por Jacques Lafevre d'Etaples em Paris, em 1505, com o *Pimander* e *Asclepius*. *Crater* foi reimpressa em 1522, e em tradução francesa em 1557.

As datas de nascimento e morte citadas vêm de Francisco Lancillotti, escrevendo em 1765, e devem ser consideradas meras aproximações. É possível que Lazzarelli tenha vivido alguns anos até o século seguinte.

Linus: A personificação mítica de um tipo de canto grego, ou cântico de lamentação, mencionado por Homero. De origem semítica, o nome deriva das palavras *ai lanu* (ai de nós). Várias histórias surgiram em torno desse nome.

Linus seria um belo rapaz, de tipo físico semelhante a Jacinto e Adônis, que gostava da vida natural, o filho secreto de uma musa (Calíope, Psamate ou Calcíope) e Apolo, que foi abandonado para morrer, alimentado pelas ovelhas e por fim destroçado por cães. Pausânias conta essa lenda sem citar a criança em *Guia a Grécia* 1.43.5. Um pouco mais adiante, ele dá outra versão, dessa vez mencionando o nome do herói: "A lenda é que Linos é o filho de Urânia e Amphimaros, filho de Poseidon, e o mais glorioso músico de sua época, mas Apolo matou Linos porque era seu rival no canto" (*Ibid*., 9.29.3 [Levi, 1:369]). Outra lenda conta que Linos era o professor de música de Herácles, e foi morto por seu aluno quando o repreendeu. Isso é mencionado por Pausânias (9.29.3) e também por Apolodoro (*Bibliotheca* 2.4.9).

Linus teria sido o inventor de métodos musicais, o compositor de profecias e lendas, e diz-se que ele adaptou as letras fenícias introduzidas por Cadmo à língua grega. Ele pode ser considerado um dos muitos deuses moribundos da vegetação.

Lívia Drusila: (?57 a.C – 29 d.C.) Mulher de grande beleza e visão política. Casou-se com Tibério Cláudio Nero e teve com ele dois filhos, o futuro imperador Tibério e Druso, do qual estava no sexto mês de gravidez quando se divorciou do primeiro marido para se casar com César Augusto em 38 a.C. Diz-se que ela teria envenenado dois netos de Augusto para abrir caminho para Tibério – e até o próprio Augusto. Quando Tibério se tornou imperador, ela tentou controlar o governo, mas descobriu que seu filho tinha uma vontade mais forte do que ela calculara. Ele a afastou das questões públicas e passou a demonstrar um frio ódio por ela. Quando Lívia jazia em seu leito de morte, ele não a visitou, não participou de seus ritos funerários e proibiu que ela fosse consagrada quando o senado fez a proposta, demonstrando que não era completamente destituído de sentimento religioso.

Lívio Andrônico: (?284-?204 a.C.) O mais antigo e dramaturgo poeta romano foi um grego nascido em Tarento. Quando os romanos capturaram sua cidade em 272 a.C., ele foi levado a Roma como escravo e passou a fazer parte da casa de M. Lívio Salinador, do qual ganhou a parte latina de seu nome. Posteriormente, ganhava a vida ensinando grego e latim, tendo aperfeiçoado sua segunda língua e traduzindo obras gregas, como a *Odisseia*. Quando ele produziu uma peça grega em latim no ano de 240 a.C., mudou o rumo do drama romano, efetivamente matando a forma nativa de Roma. Ele continuou produzindo peças gregas e atuando nelas por trinta anos. Cícero e Horácio não tinham uma opinião muito favorável de seus talentos, e ele parecia não ter muita originalidade. Entretanto, Andrônico estabeleceu o padrão para Plauto, Ênio e todos os outros escritores latinos de comédias e tragédias, garantindo assim que o drama romano nunca mais fosse apenas uma sombra pálida do grego.

Lívio, Tito: (59 a.C. – 17 d.C.) Historiador romano nascido em Patavium (atual Pádua). Passou a maior parte da vida em Roma, onde seu talento literário lhe conquistou a patronagem do imperador Augusto. Foi Tito Lívio que induziu o imperador Cláudio a explorar seus talentos como escritor. Casou-se e foi pai de dois filhos, um menino e uma menina. Quase no fim da vida, ele retornou a Patavium, onde morreu. Durante a vida, ele desfrutou considerável poder político na corte e grande fama pessoal, mas a única obra de sua autoria ainda existente é a *História de Roma*, que o próprio Lívio chamava de *Anais*, em 142 volumes que cobriam desde a fundação da cidade de Roma até a morte de Druso em 9 a.C. Trinta e cinco livros sobrevivem até hoje, intactos; todos exceto dois dos outros são representados por epítomes confiáveis.

Lombardo, Pedro: (?1100-?1160) Mais conhecido na Idade Média como *Magister Sententiarum* (Mestre das Sentenças). Nasceu em Novara, filho de pais obscuros, e foi educado em Bolonha. Viajou para a França apenas com uma carta de recomendação, acabou se estabelecendo como professor em Paris e obteve uma cadeira de Teologia na escola catedrática de St. Victor. Em 1159, ele se tornou bispo de Paris, e provavelmente continuou nesse posto até sua morte, embora haja uma controvérsia quanto a uma possível remoção por ter sido acusado de simonia – venda de objetos espirituais, como indulgências.

Sua grande obra *Sententiarum libri quatuor* é uma coletânea das opiniões dos Pais da Igreja. O primeiro livro trata de Deus; o segundo, do Universo criado; o terceiro, da encarnação, da obra da redenção e das virtudes; e o quarto, dos sete sacramentos e de escatologia. Tornou-se extraordinariamente popular, constituindo-se no texto escolar teológico-padrão, originando numerosos comentários – mais de 180 só na Inglaterra.

Lucanus, M. Annaeus: (39-65) Mais conhecido como Lucano, esse poeta romano nasceu em Córdoba, Espanha. Viajou a Roma ainda muito jovem e estudou com os melhores professores, logo exibindo um talento precoce que despertou o ciúme de Nero, que o proibiu de recitar sua poesia. Lucano conspirou contra o imperador, mas depois se revelou um homem vil, quando se tornou informante mediante a promessa de perdão e denunciou a própria mãe e outras pessoas envolvidas na conspiração. Nero se mostrou igualmente vil, voltando atrás em sua palavra e ordenando a morte de Lucano. A única obra existente desse poeta é *Pharsalia*, que descreve a luta entre César e Pompeu em dez livros. É uma obra inacabada.

Lucas Paciolus: (fim do século XV) Também conhecido como Lucas de Burgo, matemático e frei menorita italiano, que foi amigo íntimo de Leonardo da Vinci e viajou com ele em 1499 de Milão a Veneza, onde os dois se ocuparam de estudos matemáticos antes de se mudarem para Florença. A principal obra de Paciolus é *Summa de arithmetica geometria proportioni et proportionalita*, publicada em 1494. Ela é importante por seu uso sistemático de símbolos e teve forte influência de outro Leonardo – Leonardo de Pisa, um matemático italiano que viveu cerca de três séculos antes. Paciolus também escreveu um tratado de contabilidade, publicado em Veneza em 1495.

Lucrécio, Caro: (?95-?51 a.C.) Poeta romano, autor de *Da Natureza das Coisas*, publicado por volta de 56 a.C., no qual fala da superstição e discursa sobre o mundo natural. Pouco se sabe de sua vida. De acordo com uma explicação acrescida por São Jerônimo à *Crônica de Eusébio*, ele ficou louco ao beber uma poção de amor e compôs o poema em seus períodos de lucidez, cometendo suicídio aos 44 anos. Essa história, no entanto, pode ser uma calúnia.

Lullie: Ver Lully.

Lully, Raymond: (?1235-1315) Também chamado Ramon Lull, ou Raimond Lulle, ou Raymund Lull. Nascido em Palma, Maiorca, esse visionário cristão levava uma vida de cortesão, escrevia poemas de amor e viveu o que mais tarde ele mesmo chamaria de uma vida dissipada com a riqueza herdada de seu pai até 1266, quando recebeu cinco vezes uma visão do Cristo crucificado. Convertido, ele se dedicou por nove anos ao estudo da língua árabe e de temas místicos, com o intuito de cumprir o grande esquema que concebera de converter os muçulmanos e de resgatar o santo sepulcro. Temendo por sua sanidade, sua esposa confiou todo o seu patrimônio à administração de um oficial.

Após trabalhar como professor de árabe e de filosofia, e escrever e argumentar sobre suas ideias em Maiorca, e depois em Paris, em 1291, ele finalmente viajou a Tunis, onde pregou o Cristianismo por um ano antes de ser aprisionado e expulso. Por muito tempo, ele se contentou em dedicar-se a vários projetos na Europa, como, por exemplo, estabelecer colegas missionários e ensinar línguas orientais nas universidades, mas teve um sucesso limitado. Em 1305, foi a Bougie, na África, para pregar, e mais uma vez foi preso por seis meses. Após ser libertado, sua persistência começou a se mostrar frutífera. Algumas de suas propostas foram adotadas, pelo menos em princípio, no Concílio de Viena em 1311. Lully viajou mais uma vez até Bougie para converter os muçulmanos, aparentemente determinado a morrer como um mártir. E nisso teve sucesso. Os cidadãos de Bougie o apedrejaram do lado de fora das muralhas da cidade, em 29 de junho de 1315, até ele morrer. Lully deixou numerosas obras místicas, filosóficas e literárias, mas os tratados de alquimia atribuídos a ele são considerados espúrios.

Lycophron: (nascido c. 320 a.C.) Poeta e gramático grego nascido em Cálcis, Eubeia, filho de Sócles, foi adotado mais tarde por Lico de Régio, e quando jovem passou considerável tempo com o filósofo Menedemus. Ptolomeu Filadelfo o encarregou de arrumar as comédias coletadas para a biblioteca de Alexandria por volta de 285-83 a.C. Ovídio diz que ele foi morto por uma flecha (*Íbis* linhas 529-30). Escreveu 20 tragédias, todas perdidas, e um tratado *De comédia*, também perdido, mas lembrado graças a um poema ainda existente de 1.474 linhas chamado *Alexandra* (ou *Cassandra*), que é repleto de cultura arcana e conquistou ao poeta o apelido de "O Obscuro".

Macróbio, Ambrósio Aurélio Teodósio: (fim do século IV) Gramático grego. Sua *Saturnalia* é uma série de discussões supostamente ocorridas durante as Saturnais. É composta de sete livros e contêm muita informação folclórica curiosa. Ele também escreveu *Commentarius ex Cicerone in somnium Scipionis*, um comentário de um sonho de Scipio relatado por Cícero em *De Republica*, no qual Macróbio fala da constituição do Universo segundo os neoplatônicos. Era muito popular na Idade Média.

Magno: Ver Alberto.

Maimônides, Moisés: (1135-1204) Rabino Moisés ben Maimon, também chamado Rambam por uma extração de letras de seu nome. Filósofo judeu nascido em Córdoba, que na época desfrutava o primor da ciência, filosofia e arte cultivado por seus governantes árabes. Ele aprendeu hebreu e cultura judaica com o pai e se beneficiou com o clima de descoberta e pensamento livre que permeava a cidade. Em 1148, quando Córdoba foi capturada por uma seita mais fanática e intolerante do Islã, começaram as perseguições, e depois de dez anos de dificuldades, Maimônides levou sua família a Fez.

O período em Fez (1160-1165) marcou o início de suas atividades literárias. Suas fortes visões contra a assimilação judaica começaram a atrair uma atenção hostil. Em 1165, ele teve a prudência de sair de Fez e se assentar no Cairo, onde alcançou grande proeminência na corte e dentro da comunidade judaica. O número de seus discípulos crescia, e as pessoas o consultavam por sua sabedoria. O naufrágio de seu irmão Davi, somado à perda de uma carga de pedras preciosas que seriam usadas em comércio, acabou com a fortuna de sua família, e Maimônides foi obrigado a ganhar a vida como médico. Tamanho foi seu sucesso que ele se viu na posição de recusar o pedido de Richard I para se tornar médico da corte na Inglaterra.

A parte mais avançada de sua vida foi feliz, quando ele se casou e teve um filho, Abraão (em 1186). Nesses últimos anos, ele quis evitar controvérsias e escreveu sem parar. Dele, se dizia: "De Moisés a Moisés nunca existiu outro como Moisés", o que testificava a veneração que lhe era dirigida. Sua grande obra é *Moreh nebuhim* (Guia dos perplexos), escrita em 1190. Ele também escreveu numerosas outras obras e comentários.

Marcelo, M. Cláudio: (?268-208 a.C.) Chamado de Espada de Roma por ter dado a Aníbal sua primeira derrota, Marcelo foi cônsul cinco vezes. Ele é mais lembrado por seu bem-sucedido cerco a Siracusa, onde venceu a ingenuidade mecânica de Arquimedes com típica força bruta romana e um bloqueio prolongado. Após matá-lo em batalha, Aníbal deu ao general romano um funeral com plenas honras.

Marco, o Valentiniano: (século II d.C.) Também chamado de Marco, o Gnóstico, nativo do sul da Gália, cuja grande influência se estendeu até a Ásia Menor. Irineu (*Contra heresias* 1.7.2) o chama de mágico porque ele enchia os cálices eucarísticos com água e, por meio de encantações, eles ficavam de cor púrpura e vermelha, como que tingidos com o sangue de Cristo. Também diz que os iniciados nos mistérios de Marco realizavam um casamento espiritual em uma câmara nupcial especialmente construída, na qual, por meio de certas invocações, eles se uniam a Deus "de acordo com a semelhança das coisas do alto".

Margaret da Áustria: (1480-1530) Nasceu em Bruxelas, filha do arquiduque Maximiliano da Áustria, futuro imperador Maximiliano I, que a prometeu em casamento, quando ela tinha 2 anos de idade, ao filho de Luís XI, que se tornaria Carlos VIII. O rei francês se separou dela em 1489 e seu pai começou a procurar outro pretendente. Em 1497, ela se casou com João, herdeiro do trono de Castela e Aragão, mas o marido morreu poucos meses depois. Sem desanimar, ela se tornou esposa de Felisberto II, duque de Savoy, em 1501. Este também morreu apenas três anos depois. Em 1507, Maximiliano a encarregou da guarda do sobrinho dela, Carlos, futuro imperador Carlos V. Ela se tornou regente da Holanda no mesmo ano e governou, com grande habilidade e prudência, até a morte.

Foi Margaret que arrumou para Agrippa o posto de arquivista e historiógrafo do imperador Carlos V em 1528, ganhando dele a lealdade que ele expressa em sua carta a Hermano de Weid, no início de seu segundo livro. A morte de Margaret limitou a influência de Agrippa na corte.

Mário, C. Caio: (155-86 a.C.) Sete vezes cônsul de Roma, ele se distinguiu por sua habilidade na guerra e sua grande crueldade. Conflitos políticos o obrigaram a fugir de Roma após uma sentença de morte em 88 a.C. Foi capturado nos pântanos perto de Minturnae em Lácio (perto da cidade atual de Minturno) e teve a execução ordenada pelos magistrados. Um soldado gaulês (ou cimbro) recebeu a ordem de cumprir a sentença. Plutarco pode contar melhor a história:

> A sala não era muito clara, particularmente aquela parte escura em que estava deitado, de onde os olhos de Mário, dizem, pareciam lançar chamas contra ele, e uma voz alta dizia, no escuro: "Atreve-te a matar Caio Mário?" O bárbaro imediatamente fugiu e, deixando a espada no local, saiu gritando: "Não posso matar Caio Mário". A princípio, todos ficaram atônitos, e logo começaram a sentir pena e remorso, e raiva de si mesmos por terem feito um decreto tão injusto e ingrato contra um homem que havia preservado a Itália, e a quem seria muito ruim não ajudar ("Caio Mário". Em *Lives* [Dryden, 519]).

Mário fugiu para Cartago e, por fim, conseguiu retornar por algum tempo ao poder em Roma.

Marciano Mineu Félix Capela: (início do século V) Escritor latino, nativo de Madaura, na África. Deve ter sido rico e praticado Direito em Cartago. Seu *Satiricon*, ou *De nuptiis Philologiae et Mercurii et de septem artibus liberalibus libri novum*, é uma curiosa espécie de enciclopédia alegórica em nove volumes, em uma mistura de prosa e verso. Os dois primeiros livros falam do casamento entre Mercúrio e a ninfa Filologia, e os outros sete tratam das artes liberais: gramática, dialética, retórica, geometria, aritmética, astronomia e música. Cada arte é personificada como uma cortesã de Mercúrio e Filologia. Essa obra era muito popular na Idade Média.

Maternus, Julius Firmicus: (século IV d.C.) Astrólogo nascido na Sicília, provavelmente em Siracusa, em uma família próspera e emergente. Lá, ele recebeu a educação de um cavalheiro e ganhou um conhecimento da literatura grega que, posteriormente, usaria em seus escritos. Em suas próprias palavras, ele trabalhou como advogado e detestou tanto que abandonou a profissão, chamando-a de "a ocupação de roubar, ou melhor, de banditismo" (*Matheseos* 4.3 [Bram, 117]). Ele é lembrado por duas obras, *Matheseos libri VIII* (c. 334), o último e mais completo tratado de astrologia existente desde o mundo antigo, e *De errore profanarum religionum* (c. 346), um ataque contra as religiões de mistérios sob o ponto de vista cristão. Isso sugere que Maternus passou por uma conversão na década entre as duas obras, se elas foram de fato escritas pela mesma pessoa.

Maximiliano I: (1459-1519) Imperador alemão, filho do imperador Frederico III e Leonora, filha de Eduardo, rei de Portugal. Em 1477, casou-se com Maria, filha de Carlos, o Corajoso, duque da Borgonha, e se empenhou em defender as terras da esposa contra os franceses. O resultado foi favorável em 1479, mas a morte de Maria em 1482 enfraqueceu sua posição e exacerbou seus problemas na Holanda, comprometendo sua autoridade. Em 1485, ele foi escolhido rei dos romanos (isto é, rei germano). O casamento com Bianca Maria Sforza em 1494 lhe proporcionou os fundos necessários para alimentar suas guerras mesquinhas e esquemas grandiosos, como por exemplo expulsar os turcos da Europa.

Em 1505, ele atingiu o ápice de seu poder, voltando os olhos para o título de imperador; mas só em 1508 partiu para Roma e foi coroado. Quando Veneza se recusou a deixá-lo passar, ele se declarou imperador romano eleito, gesto que teve o apoio do papa Júlio II. Uma guerra com Veneza era inevitável. E não foi um sucesso. Maximiliano se desentendeu com o papa logo depois e pensou seriamente em se fazer papa. Nada aconteceu de concreto nesse sentido, mas o fato serve para mostrar como funcionava sua mente. Sua vida foi cheia de empreitadas militares e políticas mal concebidas e executadas. Mais prematuro que tolo, ele falava seis línguas e tinha boa compreensão das artes e das ciências. Escreveu livros, alguns dos quais ilustrados por Albrecht Dürer, mas nenhum de singular mérito.

Mechthild de Magdeburg: (1207-1294) Santo alemão que escreveu um livro chamado *Das Fliessende Licht der Gottheit* (A luz fluídica do divino), uma obra mística baseada nos ensinamentos de Joaquim de Flores.

Mechtindis: Ver Mechthild.

Melampus: O primeiro mortal agraciado com poderes proféticos, o primeiro médico e o indivíduo ao qual se atribui o estabelecimento do culto de Dioniso na Grécia. Em frente à sua casa havia um carvalho contendo um ninho de serpentes. Quando os pais morreram, Melampus ficou com pena dos filhotes e os criou. Uma noite, enquanto ele dormia, as serpentes foram até ele e lhe lamberam os ouvidos. Depois disso, ele descobriu que conseguia entender a língua dos pássaros. Duas obras gregas, ainda existentes, levam seu nome: *Divinatio ex palpitatione* e *De naevis oleaceis in corpore*, as quais, se acredita, foram escritas por um morador de Alexandria no século III a.C.

Metódio, São: (?825-885) Monge nativo de Tessalônica. Viajou com seu irmão Cirilo para cristianizar os povos da Morávia, a pedido do rei Rastilav, por volta de 863. Os dois estabeleceram um seminário com a aprovação do papa João III, causando discórdia entre os membros do clero. Os dois irmãos santos são comemorados juntos pela Igreja Romana, em 9 de março.

Milo: Tito Ênio Milo Papiniano (século I a.C.). Participou de uma revolta política contra César e foi morto em 48 a.C. em uma batalha perto de

Turi, em Lucania, uma região no sul da Itália.

Mithradates VI: (131-64 a.C.) Rei de Ponto, chamado de o Grande. Subiu ao trono em 120 a.C., com 11 anos de idade, e imediatamente precisou tomar medidas extremas para não ser envenenado ou assassinado de outra maneira por sua mãe. Diz-se que teria se acostumado com o uso de antídotos. Forçado finalmente a fugir para as montanhas, ele retornou em 111 a.C. para reivindicar a coroa, jogando a mãe na prisão e executando seu irmão mais novo.

Ele liderou três guerras contra Roma, com notável sucesso. Sofrendo perdas contra a extraordinária habilidade bélica de Pompeu em 66 a.C., ele acabou sendo derrubado pela traição de suas tropas e aliados. Tentou se envenenar em 64 a.C., mas era tão imune a todos os tipos de venenos populares que seu corpo se recusou a morrer. Em meio à frustração, ele foi obrigado a ordenar a um mercenário gaulês que o despachasse com uma espada.

Muitas histórias se desenrolaram em torno dele. Mithradates era famoso por seu amor pela arte e pelos estudos, por seu domínio de 22 línguas, sua grande força e habilidade marcial para matar, suas práticas de magia, sua invulnerabilidade aos venenos e sua grande capacidade para comer e beber. Talvez seja inevitável que alguns livros que tratam de magia natural sejam atribuídos a ele.

Mithridites: Ver Mithradates.

Moisés, o Egípcio: Ver Maimônides.

Museus: Poeta e profeta grego semi-mítico que viveu na época de Hércules em Elêusis, onde presidia os ritos místicos de Deméter. Diz-se que era filho e discípulo de Orfeu, e que teria originado a poesia religiosa na Ática. O mais famoso texto atribuído a Museus é dos *Oráculos*, que eram consultados pelos antigos. Heródoto os menciona três vezes e conta a história do "anunciador de oráculos", Onomácrito:

> "... que apresentou as profecias de Musaeus em ordem... Foi banido de Atenas por Hiparco, filho de Pisístrato, porque inseriu em meio aos escritos de Musaeus uma profecia de que as ilhas próximas a Lemnos desapareceriam, um dia, no mar. Lasus de Hermiona o pegou no ato. Por isso, Hiparco o expulsou, embora até então os dois fossem amigos íntimos (*History* 7 [Rawlinson, 356-7]. Ver também 8 [Rawlinson, 460] e 9 [Rawlinson, 495])."

Pausânias faz uma breve referência a ele em um contexto geográfico: "O Museu é uma pequena colina defronte a Acrópole, dentro da antiga muralha circular, onde dizem que Mousaios costumava cantar, e onde ele morreu de velhice e foi enterrado..." (*Guide to Greece* 1.25.6 [Levi, 1:72-3]). A Museus também se atribui a autoria de hinos purificadores, tratados em prosa, uma *Titanomachia*, contendo a guerra dos Titãs, e uma *Teogonia* a respeito da genealogia dos deuses.

Nectanebus II: (século IV a.C.) Também conhecido como Nekhtnebf, último soberano nativo do Egito e último rei da 30ª Dinastia, listado por Manetho em sua *História do Egito*. Ele governou entre 360 e 343 a.C., assumindo o poder durante uma revolta militar contra seu predecessor, Teos, em meio a uma expedição contra a Pérsia que contava com a habilidade de um contingente de mercenários gregos. Nectanebus não aproveitou a vantagem de suas oportunidades e, quando o rei persa Artaxerxes III Ochus subjugou o Egito em 343 a.C., fugiu primeiro para Mênfis e depois para a Etiópia.

Aqui termina o registro histórico do rei, mas a história prossegue em lenda, em *A vida de Alexandre*, supostamente de Callisthenes, escrita por volta de 200 d.C. De acordo com essa ficção romântica, Nectanebus foi um grande mago que governava todos os outros reis pelo uso de magia simpática. Ele confeccionava figuras pequenas de soldados e navios de guerra representando seus exércitos e os exércitos do inimigo, depois recitava palavras de poder e fazia com que os seus modelos vencessem os outros. Quando, um dia, percebeu por sua magia que a maré do destino se voltara contra ele e que os deuses do Egito favoreciam seus inimigos, ele raspou a cabeça e fugiu para Pella, na Macedônia, onde passou a ganhar a vida como médico e vidente. Quando Olímpia, esposa do rei Filipe da Macedônia, estava para dar à luz Alexandre, o Grande, Nectanebus atrasou o parto até que os aspectos astrológicos estivessem mais favoráveis.

Nicrocreon: (século IV a.C.) Rei de Salamis, Chipre, durante o período da campanha asiática de Alexandre, o Grande (330 a.C.). Após a morte de Alexandre, ele ajudou Ptolomeu contra Antígono, e, como recompensa, Ptolomeu lhe entregou o comando de todo o Chipre. Cícero diz que ele executou o filósofo Anaxarco mandando bater-lhe com um pilão até a morte, para se vingar de um insulto que dele recebera, quando o filósofo gozava da proteção de Alexandre.

Nicômaco: (século I) Esse filósofo pitagórico era chamado Geraseno, em função do lugar onde nascera, Gerasa, na Arábia Pétrea. Nada se sabe de sua vida pessoal. Ele escreveu uma obra sobre a vida de Pitágoras e um tratado místico sobre a decania, ambos perdidos. Duas de suas obras sobreviveram: *Introdução à aritmética*, um relato metafísico da teoria e das proporções dos números, que foi usada como livro-texto até a Renascença; e *Manual de harmonia*, que representa a mais antiga autoridade da teoria pitagórica da música.

Nicolau de Cusa: (1401-1464) Cardeal e teólogo da Igreja católica, filho de um pescador de Cusa (ou Kues) no arcebispado de Treves. Quando menino, ele se mostrou promissor, levando um nobre patrono a pagar por sua educação na Universidade de Pádua, na qual se formou em direito. Quando perdeu seu primeiro caso, abandonou o direito e entrou para uma ordem religiosa, alçando-se rapidamente na hierarquia da Igreja. Entre 1440 e 1447, ele serviu na Alemanha como delegado papal. Em reconhecimento por seus serviços, o papa Nicolau V o nomeou cardeal em 1448 e bispo de Brixen em 1450. Em 1451, ele foi mandado de volta à Alemanha e à Holanda para averiguar abusos eclesiásticos e restaurar a pobreza, a castidade e a obediência das instituições monásticas. O papa Pio II o respeitava tanto a ponto de nomeá-lo governador de Roma durante a ausência do papa em 1459.

Seus escritos mais importantes são filosóficos. Em *De docta ignorantia* e *De conjecturis libri duo* (ambos de 1440), ele afirma que todo conhecimento humano é conjectura, que a sabedoria está no reconhecimento da ignorância e que Deus pode ser apreendido por intuição em um estado exaltado de consciência. Suas crenças foram defendidas um século depois por Giordano Bruno, que o chamava de "divino Cusanus".

Numa Pompílio: (fim do século VIII a.C.) O segundo rei de Roma que, segundo Tito Lívio, reinou entre 716 e 673 a.C.

Numênio de Apameia: (século II d.C.) Filósofo grego de Apameia, Síria, que foi o precursor dos neoplatônicos. Seguia os ensinamentos de Pitágoras e Platão, os quais ele chamava de "Atticizing Moisés", e teve forte influência dos gnósticos valentinianos e dos filósofos judeu-alexandrinos. Proclo, em seu *Comentário sobre Timeu de Platão*, diz que Numênio acreditava em uma trindade de deuses, os quais chamava de "pai", "criador" e "aquele que é criado". O primeiro é pura inteligência, o segundo é o criador do mundo (shakti) e o terceiro é o mundo. Seu objetivo era sincretizar os ensinamentos ocultos dos brâmanes, judeus, magos e egípcios. Muitos fragmentos de seus escritos são preservados em *Praeparatio evangelica*, de Eusébio.

Orígenes: (186-?254) Esse Pai da Igreja cristã nasceu em Alexandria e foi educado com esmero por seu pai, que era um cristão devoto. Mais tarde, ele estudou com Clemente de Alexandria e se tornou professor de gramática para ter o que comer e se vestir. Sua vida era duramente ascética. Quando ele despertou a ira do bispo com suas opiniões inortodoxas, foi obrigado a sair do Egito e, por fim, excomungado. Estabeleceu-se na Palestina, onde se tornou professor. Gregório Taumaturgo foi um de seus alunos e deixou em seu *Panegírico* um relato sobre o estilo de ensinar e o retrato de Orígenes, o homem. Orígenes era altamente habilidoso na língua hebraica, como se verifica em seu *Hexapla*, um comentário do Antigo Testamento e uma comparação de seis versões do texto. Infelizmente, só restam fragmentos dessa obra. Seu trabalho mais importante é *De principiis*, que foi preservado em uma versão faltosa em latim de Rufino.

Orfeu: Uma figura mítica, primeiro poeta grego, considerado o filho de Egro, rei da Trácia, e da musa Calíope. Seu mestre era o deus Apolo. Muitos antigos o consideravam uma figura histórica, mas, na opinião de Aristóteles, ele nunca existiu. A coletânea de poemas que leva seu nome representa as falsificações de gramáticos cristãos e filósofos alexandrinos; entretanto, alguns dos fragmentos são mais antigos e talvez antecedam a Platão. Orfeu é mais conhecido como o autor do poema do século IV de 770 linhas intitulado *Lithica* (grego: *lithos* – pedra), cujo narrador, um certo Teodamas, descreve os usos mágicos de 30 diferentes pedras ao autor, que ele conhece enquanto Orfeu está prestes a fazer um sacrifício no altar do Sol.

Orus Apolo: Ver Horapolo.

Ostanes: (século III) Chamado de Ostanes, o Medo, alquimista que teria sido o mestre do pseudo-Demócrito, o qual escreveu a obra de alquimia *Physica et mystica*. O nome Ostanes é associado a uma obra que trata de uma matéria divina capaz de curar todas as doenças – uma antiga referência ao elixir da vida. São Cipriano chama Ostanes de "chefe" dos magos. O nome aparece nos escritos de Tertuliano e Agostinho, bem como no *Papiro de Leiden*.

Parisiensis: Ver Guilherme de Paris.

Patriarca, Nicéfora: (morreu em 828) Foi secretário de Estado do imperador Constantino V Copronimo. Entrou para um mosteiro e mais tarde chegou ao patriarcado de Constantinopla, em 806. Ele escreveu uma *História bizantina*.

Paulo, Diácono: (725-797) Também chamado Paulo Levita, Paulus Warnefridi e Paulus Casinensis. Nascido de uma família nobre lombarda em Friuli, Itália, quando jovem foi secretário do rei lombardo Desidério e educou a filha do rei, Adelperga. Mais tarde (781), ele se tornou monge em Monte Cassino, onde ganhou a atenção e admiração de Carlos Magno. Teve grande importância na renascença carolíngia. Suas principais obras são: *Historia gentis Langobardorum* e *Historia romana*, que foi composta a pedido da princesa Adelperga. Além destas, ele compilou uma coletânea de homilias (*Homilarium*) a pedido de Carlos Magno, escreveu muitas cartas, poemas, epigramas e uma história dos bispos de Metz.

Paulo, o Eremita: (229-342) O primeiro eremita da Igreja, que viveu no fundo de uma caverna, em uma localidade do Baixo Egito. Segundo a história, quando Santo Antônio tinha 90 anos de idade, teve uma visão mística que lhe disse que ele não era o único eremita, como achava ser, mas que havia outro, mais velho e mais santo que ele. Apoiando-se em seu cajado, Antônio foi em busca desse homem tão piedoso. Andou por três dias e recebeu direções primeiro de um hipocentauro, depois de um sátiro e por fim de um lobo, que o levaram às profundezas de uma caverna. Lá, ele encontrou Paulo, o Eremita, à beira da morte, sob o peso de seus 113 anos.

Enquanto os dois conversavam, um corvo apareceu com um filão de pão. Paulo revelou que foi alimentado por aquele pássaro nos últimos 60 anos. Sabendo que ia morrer logo, e não querendo que Antônio testemunhasse sua morte, Paulo pediu ao homem mais jovem que saísse e fosse buscar o manto de Atanásio, em um convento nas imediações, onde ficava guardado. Ao voltar, Antônio viu a alma de Paulo ser levada ao céu por anjos e encontrou o corpo do santo ajoelhado, em posição de oração. Antônio estava fraco demais por conta da idade e do jejum, e não podia cavar uma sepultura; mas sua deficiência foi compensada por Deus, que enviou dois leões para enterrar Paulo. Após o trabalho deles, Antônio os abençoou, e os leões foram embora com a cabeça baixa, em luto. Essa história encantadora é contada por São Jerônimo em *Vida de Paulo, o primeiro eremita do Egito*, obra escrita por volta de 375.

Pausânias: (século II a.C.) Geógrafo grego, nativo de Lídia. Ele viajou por grande parte do mundo antigo e escreveu um relato do que vira no Peloponeso e no norte da Grécia. É notável o fato de que Pausânias realmente visitou e viu os lugares e as coisas de que escreve, em vez de apenas copiar descrições de autores mais antigos. Além disso, ele fornece muitas informações curiosas a respeito de fontes, rios, montanhas e templos e relata lendas populares de locais com um sério sentimento religioso. Foi a sua descrição do portão do Leão e da muralha em volta da Acrópole em Micenas (2.16.4) que levou à descoberta, por parte do arqueólogo Heinrich Schliemann, dessa cidade perdida. Escrito em dez volumes durante o reinado de Marco Aurélio, a *Descrição da Grécia* é chamada de "pista para o labirinto" das ruínas da Grécia.

Pedro, o Cruel: (1333-1369) Rei de Castela, filho de Alfonso XI e Maria, filha de Alfonso IV de Portugal. Subiu ao trono com 16 anos de idade, enquanto ainda era controlado pela mãe. Por coerção dela e dos nobres que a apoiavam, ele se casou, embora relutante, com Blanche de Bourbon em 1354, mas quase imediatamente abandonou a esposa em troca de uma série de amantes. É ao período dele que pertence a história da cinta. A história provavelmente se origina na *Crônica* de Lopez de Ayala, que havia lutado contra Pedro e tinha uma opinião negativa dele. Pedro mandou prender e matar sua esposa.

Em 1356, ele ganhou poderes políticos plenos e começou a governar com mão de ferro, não confiando em ninguém exceto nos judeus que ele empregava como coletores de impostos e nos maometanos que constituíam sua guarda pessoal. Quanto aos inimigos, ele matava. Inepto e covarde em combate, seu poder foi sustentado por algum tempo pelo Príncipe Negro, mas quando esse aliado o deixou, desgostoso com ele, Pedro foi logo deposto pelo próprio irmão, Henrique, que o assassinou no acampamento de Bertrand du Guesclin, em 23 de março de 1369.

Petillius, L.: (século II a.C.) Em 181 a.C. os livros do rei Numa, o legendário segundo rei de Roma que estabeleceu as formas e cerimônias da religião romana, teriam sido encontrados em uma escavação na propriedade de um certo L. Petillius, que por sua vez os passou a Q. Petillius Spurinus, na época pretor. Q. Petillius Spurinus os examinou e constatou que eram compostos de 12 (ou 7) volumes em latim de direito eclesiástico e o mesmo número de volumes em grego sobre filosofia. Ele convenceu o senado de que as obras em grego deveriam ser queimadas sem serem lidas. Os livros em latim foram preservados. Diz-se que toda a história de como foram encontrados é falsa. Em 176, Q. Petillius Spurinus foi morto em batalha contra os lígures.

Pedro de Apono: (1250-1316) Mais conhecido como Pietro d'Abano, ou na forma anglicizada Peter de Abano. Nascido perto de Pádua, Itália, estudou Filosofia e Medicina em Paris, onde lecionou na Universidade e era considerado um "segundo Aristóteles". Retornando a Pádua para lá se assentar, ele ganhou fama como médico. Sua paixão por astrologia o levou a ser acusado da prática de magia, e ele foi acusado de fabricar dinheiro com o ar e possuir a Pedra Filosofal. Na primeira vez que foi levado diante da Inquisição, foi absolvido, mas na segunda vez foi condenado postumamente, pois morreu durante o julgamento.

Em seus escritos, ele apresenta os sistemas de Averróis e de outros filósofos e médicos árabes. Conta-se que ele teria aprendido as sete artes liberais de sete espíritos que ele guardava em vasos de cristal. O *Heptameron*, ou *Elementos mágicos*, é um grimório atribuído a ele que era bem conhecido na Idade Média. Diz-se que tal obra teria sugerido a Boccaccio o nome para o seu *Decameron*. O abade Trithemius, professor de Agrippa, provavelmente faz referência a ela quando fala de uma *Clavicula* feita por Abano, em *Antipalus maleficiorum* (c. 1500).

Falaris (Phalaris): (século VI a.C.) Governante e nativo de Agrigentum, Sicília. Aparentemente, ocupou cargos importantes em sua cidade, daí chegando a uma posição de autoridade absoluta. Seu governo (570-554 a.C.) foi proverbial em termos de crueldade, mesmo naqueles tempos remotos: "Falaris, cruel em espírito, que queimava suas vítimas em seu touro de bronze, é conhecido para sempre por sua odiosa infâmia, e as liras sob as copas das árvores não lhe dão as boas-vindas, como o fazem com seus tons suaves mesclados aos cânticos gorjeadores de meninos" (Píndaro, *Pythian Odes*, linha 96, tradução de John Sandys [Londres: William Heinemann, 1915], 167).

Ele é mais lembrado pelo touro de bronze, no qual torturava e matava as vítimas, a começar pelo desafortunado inventor do touro, Perillus: "Falaris também queimou no touro os membros do cruel Perillus; o infeliz inventor foi o primeiro a provar sua obra" (Ovídio *Ars Amatoria* 1, linha 654 [Riley, 403]). O tirano foi morto em uma revolta popular de seus próprios seguidores.

Pherecydes: (século VI a.C.) Filósofo grego e teólogo de Siros, uma ilha no mar Egeu. Tinha a fama de ter estudado os livros secretos dos fenícios e viajado pelo Egito. Com seu conhecimento oculto, ele se tornou professor de Pitágoras (Jâmblico, *Life of Pythagoras* 2) e talvez tenha sido responsável pela crença desse último na imortalidade e transmigração das almas. Uma de suas obras que assinala suas visões ainda existia no período alexandrino. Ele morreu de morbus pediculosus (doença de piolhos). Não deve ser confundido com o historiador do século V a.C., que escrevia em prosa, Pherecydes de Atenas, talvez o erro cometido por Agrippa.

Philo Judaeus (Fílon, o Judeu): (início do século I d.C.) Filósofo judeu provavelmente nascido na Alexandria, Egito, por volta de 15 a.C., onde viveu toda a sua vida. Pouco se sabe dele. Jerônimo diz que ele vinha de uma família sacerdotal proeminente. Tinha um irmão, Alexandre, que era chefe dos coletores de impostos, o que indica que sua família era poderosa e rica. Em 40 d.C., ele viajou de Alexandria a Roma como líder de uma delegação judaica, a fim de obter a isenção para os judeus da necessidade de venerar o imperador Calígula como deus. Eusébio, Jerônimo e outros Pais da Igreja dizem que, na época de Cláudio, ele conheceu São Pedro em Roma, mas não há evidências desse encontro.

O trabalho da vida de Philo foi uma tentativa de conciliar a filosofia dos gregos, pela qual ele tinha grande respeito, com os ensinamentos nos livros de Moisés, com o qual ele era comprometido por fé e sangue. Ele fez isso escrevendo comentários a respeito das Escrituras, particularmente o *Pentateuco*, interpretando de forma alegórica histórias da Bíblia e extraindo delas preceitos filosóficos em harmonia com a especulação metafísica grega. Produto de sua época, Philo dominava com perfeição o grego, mas sabia muito pouco o hebraico; e Clemente de Alexandria o chamava, inclusive, de pitagórico. Ele é autor de numerosas obras ainda existentes.

Picatrix, o Espanhol: *Picatrix* é o nome de um dos mais notórios grimórios da Idade Média. É uma tradução de um livro árabe chamado *O objetivo dos sábios*, atribuído a al-Maggriti (isto é, o homem de Madri), um matemático hispano-árabe do século XII. A obra foi traduzida pelo rei Alfonso de Castela, em 1256, e depois para o latim, alcançando grande circulação em manuscrito. O imperador Maximiliano I (1459-1519) tinha uma cópia em sua biblioteca.

O abade Trithemius atribui o nome Picatrix ao escritor do livro, em seu *Antipalus maleficiorum*, como o faz Rabelais em *Pantagruel*, e parece que o livro e seu criador eram confundidos. S. L. MacGregor Mathers, em sua introdução a *The Sacred Magic of Abramelin the Mage* (Mathers 1975 [1900], xvi) assim se refere à obra: "Provavelmente o mesmo que Gio Peccatrix, o Mago, autor de muitos Manuscritos de Magia". Casanova, que gostava de brincar de magia, tinha uma cópia de *Picatrix* em sua biblioteca.

O conteúdo do livro é hermético e gnóstico, enquadrado em uma complexa hierarquia espiritual. Um de seus mais interessantes elementos é sua atribuição de figuras antropomórficas às 36 decanias do zodíaco.

Pirro: (318-272 a.C.) Rei de Epiro e o mais ousado, se não o mais imprudente, líder militar de sua época. Desde os 2 anos de idade, quando ficou sob a proteção do rei Glaucias, após a queda de seu pai, sua vida foi uma longa lista de intrigas políticas e campanhas militares. Glauco restaurou ao menino o trono de Epiro quando ele tinha 12 anos. Ele foi expulso do reino aos 17, encontrou aliados no Egito ao se casar com a filha da esposa de Ptolomeu e reconquistou o trono em 295 a.C., quando tinha 23 anos. Ele liderou uma campanha na Macedônia em 291 a.C., cujo resultado foi se tornar corregente por alguns meses em 286 a.C. Quando foi forçado a sair por causa de intrigas políticas, ele decidiu declarar guerra a Roma. Isso resultou em sua famosa "vitória pírrica" perto de Heraclea em 280 a.C., na qual ele perdeu um número de oficiais e suas melhores tropas que quase correspondia ao número que ele derrotou entre os romanos. Alguém o ouviu dizer, enquanto observava o campo: "Outra vitória assim, e eu voltarei a Epiro sozinho".

Depois de uma campanha de relativo sucesso contra Roma, Pirro foi combater os cartagineses na Sicília. Saiu vitorioso, apesar da rebelião de suas tropas gregas, retornou à Itália em 276 a.C. e, dessa vez, foi derrotado pelos romanos. Invadiu a Macedônia em 273 a.C. e lá foi coroado rei pela segunda vez. Atacou Esparta, mas foi rechaçado, até que o destino quis que ele resolvesse se aventurar contra Argos. Uma mulher de Argos derrubou uma telha em sua cabeça, quando ele se retirava da cidade, e ele caiu do cavalo; com isso, ficou à mercê das espadas dos soldados. E assim morreu o maior guerreiro desde Alexandre.

Pitágoras: (século VI a.C.) Filósofo grego, nativo de Samos. Viajou muito pelo Egito e pelo Oriente, adquirindo conhecimento do oculto. Dizia-se que ele possuía o dom da profecia, e ele acreditava na reencarnação e ensinava que o divino podia ser acessado pelo poder místico dos números. Em Crotona, Itália, ele estabeleceu uma irmandade bastante firme de 300 homens unidos por juramentos e comprometidos a buscar a perfeição da alma por meio de práticas ascéticas e filosóficas. O trabalho deles era feito em segredo e a admissão à irmandade era muito difícil. Pitágoras controlava todos os aspectos da vida de seus seguidores, prescrevendo dieta, exercícios e meditação para gerar harmonia interior e autocontrole.

Com o tempo, o poder político da irmandade ficou tão grande que a população de Cretona se revoltou contra eles e incendiou o edifício em que se reuniam, matando muitos, incluindo talvez o próprio Pitágoras. Outros relatos dizem que ele fugiu para Tarento e de lá para Metaponto, onde fez greve de fome até morrer. Pitágoras não escreveu livro algum, mas seus discípulos preservaram fragmentos de seus ensinamentos, os quais exerceram uma influência profunda em filósofos posteriores, como Platão.

Piteas: (século IV a.C.) Navegador grego de Massilia (Marselha), na Gália. Ele escreveu uma obra, *Do oceano*, relatando suas descobertas em uma viagem da Grã-Bretanha a Thule (talvez a maior das Ilhas Shetland) e uma segunda, *Periplus*, na viagem de Gardira (Cadiz) até o Tanais (talvez o Rio Don, que deságua no mar de Azov). Ele menciona que, em Thule, o dia e a noite duram, cada um, seis meses, levando algumas pessoas a especular que estivesse falando da Islândia. Ele diz ainda que nesses mares do norte não há distinção entre ar, terra e água, todos formando uma massa gelatinosa (gelo) que torna o progresso impossível. É uma pena que suas obras (ou sua obra – alguns afirmam que ele só fez uma viagem e escreveu um único tratado) tenham desaparecido, pois ele foi um notável astrônomo, o primeiro a compreender as marés, e realmente visitou os lugares dos quais escrevia. O que se sabe dele provém principalmente de um extrato de Políbio citado por Strabo.

Platão: (427-347 a.C.) Filósofo grego nascido em Atenas, filho de Arístocon, descendente de Crotus. Sua mãe, Perictione, era parente de Sólon, por descendência. Seu nome original era Arístocles, mas, graças à largura de seu peito, passou a ser chamado de Platão. Ele também tinha testa alta e ombros largos. Quando jovem, competia com sucesso nos jogos, na categoria de lutador, e passava o resto do tempo escrevendo poesia, que, pelo que se conta, ele teria queimado quando ouviu Sócrates falar pela primeira vez.

Aos 20 anos de idade, Platão procurou Sócrates na floresta chamada Academus, onde o filósofo mais velho ensinava a seus seguidores, e permaneceu com ele até sua morte, em 399 a.C.

Depois disso, Platão viajou muito, indo ao Egito, à Sicília e à Baixa Itália, e, segundo relatos menos confiáveis, à Ásia, onde conversou com os sábios hebreus, babilônios e persas. Segundo uma história, Dionísio, o Velho, tirano da Sicília, entregou Platão ao embaixador espartano, Polis, que o vendeu como escravo em Egina, ganhando a liberdade pelas mãos de Anicersis de Cirene.

Voltando a Atenas por volta de 389 a.C., ele ensinou Filosofia sem ser remunerado no ginásio da Academia e em seu jardim em Colonus. Logo se tornaria o mais influente professor na Grécia, tendo como alunos Xenócrates da Calcedônia, Aristóteles, Heráclides, Licurgo, Isócrates e muitos outros grandes homens. Ele também aceitava mulheres como discípulas. Viajou à Sicília duas vezes em missão política para se encontrar com Dionísio, o Jovem, mas teve pouco sucesso como embaixador. Seus *Diálogos*, que ainda existem intactos, são um soberbo monumento à sua busca perene por uma verdade perfeita, mística, sobre a qual a vida humana pudesse basear.

Ele morreu com a pena nas mãos e desejou que seu jardim fosse sua escola. Acabou sendo herdado pelos neoplatônicos, que celebravam os aniversários de Platão e Sócrates com festivais.

Plínio Cecílio Segundo, Caio: (61-113) Mais conhecido como Plínio, o Jovem, filho da irmã de Plínio, o Velho, Plínia e de C. Cecílio, nascido em Novum Comum (atual Como). Quando era jovem, seu pai morreu e o tio se tornou seu guardião. O autor de *História natural* incentivou seu sobrinho ao estudo das cartas do primeiro. Aos 14 anos, o jovem Plínio escreveu uma tragédia grega. Ele estudou eloquência com Quintiliano e, aos 19 anos, começou a falar no Fórum. Logo compareceria como advogado legal diante do senado e no tribunal do Centunvirato. Ainda jovem, ele serviu como tribuno militar na Síria. Foi pretor em 93 e cônsul em 100. Por volta de 103, tornou-se pretor da província de Pontica, onde serviu por dois anos.

Plínio, o Jovem, era rico e generoso, possuía uma natureza gentil, moderada, mas tinha fraca saúde física. Casado duas vezes, não teve filhos. Entre seus amigos, ele prezava muito Tácito, Suetônio e Marcial, e era conhecido como um dos homens mais doutos de sua época. É lembrado principalmente por suas *Cartas*, as quais ele parece ter escrito com um olho voltado para publicação futura, em especial aquelas escritas ao imperador Trajano. Ainda existe também um discurso seu estendido em honra do imperador, o *Panegírico de Trajano*.

Plínio Segundo, Caio: (?23-79) Mais conhecido como Plínio, o Velho, esse historiador natural nasceu em Novum Comum (Como), no norte da Itália, onde posteriormente estabeleceu propriedade. Seu pai o levou a Roma por volta de 35 d.C. para ser educado. Sob influência de Sêneca, ele começou a praticar advocacia. Aos 23 anos, serviu na Baixa Germânia como oficial da cavalaria e viajou muito por essa região. Ele usou o que aprendeu para escrever uma história das guerras germânicas em 20 livros.

Retornando a Roma, ele voltou a trabalhar como advogado, tendo um sucesso apenas moderado, e aparentemente passou o maior período do reinado de Nero (54-68) em retiro, na sua propriedade, estudando e escrevendo. Ele lia livros, ou pedia que lessem para ele, quase sem parar, e sempre fazia anotações. Após sua morte, seu filho herdou 160 volumes de notas para a *História natural*, escrita em ambos os lados das folhas.

Durante o reinado de Vespasiano, Plínio retornou a Roma e ao serviço do Estado, mas sua verdadeira ocupação sempre foi a de escrever. Ele morreu enquanto observava a erupção do Monte Vesúvio em 79 (ver Plínio, o Jovem, *Epístolas* 6.16). De suas muitas obras, só sua *História natural* ainda existe, mas foi seu melhor trabalho, abrangendo todo o espectro da ciência humana da época.

Plotino: (204-270) O maior filósofo neoplatônico nasceu de pais romanos em Licópolis, no Egito. Ele frequentou as aulas de Amônio Sacas, o fundador da escola neoplatônica, em Alexandria até 242, quando aproveitou a oportunidade de acompanhar o imperador Gordiano III em sua expedição contra a Pérsia para estudar filosofia persa e indiana. Com seu recém-adquirido conhecimento, ele estabeleceu uma escola bem-sucedida em Roma, em 244, e teve logo muitos alunos ávidos de aprender, entre os quais Porfírio, a quem ele confiou a edição de seus escritos filosóficos. Porfírio editou os 54 livros de Plotino em seis *Enéadas*, ou grupos de nove livros. Após a morte de Plotino, criaram-se histórias em torno dele, atribuindo-lhe inspiração divina e o poder de realizar milagres.

Plutarco: (?46-?120) Esse escritor grego de ensaios populares nasceu em Chaeronea, na Beócia (não muito longe a leste do Monte Parnasso, Grécia central), de uma família amável e estável de quatro gerações. Quando jovem, frequentou a escola do filósofo Amônio, em Delfos, na qual aprendeu Matemática e Filosofia. Ainda muito jovem, foi nomeado pela cidade como negociador de contendas com as cidades-Estado vizinhas. Foi a Roma em busca de fama e fortuna, e provavelmente dava palestras públicas a respeito de temas filosóficos. Ele próprio escreve que vivia tão ocupado com negócios públicos e palestras privadas de filosofia, que não tinha tempo de aperfeiçoar seu conhecimento de latim.

Plutarco defendia as doutrinas de Platão e atacava as de Epicuro com igual entusiasmo. Parece haver motivo para se duvidar da história de Suidas, segundo a qual ele teria sido elevado ao posto de cônsul por Trajano, e a lenda medieval de que ele se encarregou da educação do jovem Adriano é ainda mais questionável. É provável que tenha retornado a Roma durante o reinado de Domiciano e, depois, expulso, quando esse imperador mandou expulsar todos os filósofos da cidade, no ano de 89. De qualquer forma, Plutarco voltou à sua terra natal, Chaerona, onde abriu uma escola. Viajou muito por toda a Grécia, mas nunca mais voltou a Roma. Ocupou o posto de arconte em sua cidade e tornou-se sacerdote de Apolo em Delfos, no ano de 95.

Seus escritos nos dizem que ele teve quatro filhos homens com sua esposa Timoxena e que em determinada época foi iniciado nos mistérios de Dioniso. Plutarco é lembrado por sua obra *Vidas paralelas*, 46 biografias de gregos e romanos famosos dispostas em pares com o propósito de comparação. Algumas de suas biografias originais se perderam. Ele também é conhecido por uma coleção de 60 ensaios sobre uma grande variedade de temas, sob o título geral de *Moralia*. Alguns desses ensaios são considerados espúrios. Os escritos de Plutarco são ricos em informações de costumes religiosos, superstições e magia.

Pompeu, Magno: (106-48 a.C.) Começou sua carreira militar em 89 a.C., sob a tutela de seu pai Pompeu Strabo, e defendeu a causa dos aristocratas contra os Marianos, lutando com grande sucesso sob o comando de Sula. Ele se tornou cônsul em 71 a.C. e continuou com seus triunfos militares. Quando foi banido do senado, aliou-se com César e formou com ele e Crasso o primeiro triunvirato. Era inevitável que um homem tão ambicioso procurasse poder maior. Quando Pompeu e César se encontraram em Farsália para decidir quem governaria o império, Pompeu foi totalmente derrotado. Ele fugiu para o Egito, onde foi assassinado.

Pontano, Joviano: (1426-1503) Estudioso e poeta italiano, nascido em Cerreto, em Spoleto. Quando ainda era menino, seu pai foi assassinado, privando-o de sua herança. Sem dinheiro algum, ele foi para Nápoles e logo conquistou a proteção de Alfonso, o Magnânimo, rei de Aragão, que fez de Pontano seu conselheiro. Ele estabeleceu uma academia de homens eruditos em Nápoles que sobreviveu ainda muito tempo após sua morte. Suas obras incluem *Urânia*, um tratado de astronomia; *Eridanus*, uma série de elegias; *De conjugali amore*; *De hortis Hesperidum*, um poema didático sobre laranjeiras; e uma história das guerras de Ferdinando I e João de Anjou.

Porfírio: (?233-?304) Nascido em Tiro, ou talvez Batanea, na Síria. Estudou gramática e retórica com Cássio Longino. Seu nome original era Malco (rei), motivo pelo qual seu professor o chamava de Porphyrius (vestido em púrpura), pois púrpura era a cor real. Em 262, ele viajou a Roma e estudou com Plotino com tamanho empenho que abalou seu equilíbrio mental, começando a sonhar com o suicídio como um meio de escapar da prisão da carne.

Só depois de cinco anos de uma vida tranquila na Sicília, ele conseguiu recuperar seu equilíbrio mental. Retornando a Roma, após a morte de Plotino, empenhou-se em difundir logo a doutrina de seu mestre. Em uma fase mais tardia de sua vida, Porfírio se casou com uma viúva que tinha sete filhos. Nada se sabe de sua morte. Sua grande obra, *Adversus Christianos*, não existe mais. Ele também escreveu sobre as célebres vidas de Plotino e Pitágoras, um tratado de vegetarianismo chamado *De abstinentia*, e numerosas outras obras.

Probo, Valério: (século I) De Berytus (hoje Beirute), um gramático romano que escreveu críticas de autores clássicos por meio de notas nas margens ou sinais. Publicou pouca coisa, mas suas palestras ficaram parcialmente preservadas nas anotações de seus alunos. O comentário sobre Virgílio, *Scholia in Bucolica et Georgica*, que leva seu nome, provavelmente foi escrito muito tempo depois. Entretanto, ele é o autor de *De notis*, um fragmento de uma obra maior, perdida, que traz listas de abreviações usadas em escritos oficiais e históricos.

Proclo: (412-485) Chamado de *Diádoco* (o Sucessor), porque era considerado o defensor natural dos ensinamentos de Platão. Nascido em Bizâncio, ele estudou em Alexandria e Atenas. Era um asceta extremista e um místico e venerava não só seus deuses, mas também os de outras nações. Proclo estudou os mistérios órficos e caldeus e foi iniciado em teurgia, ou alta magia, por Asclepegenia, filha de Plutarco, que na época era o mais perfeito expoente dessa sabedoria, que chegara a ela por sua descendência de Nestório. Proclo alegava ser capaz de falar com os deuses, e Marino dizia que ele tinha o poder de chamar chuva, parar terremotos e curar os doentes. Sua maior inspiração foi a de sincretizar a sabedoria de Platão com a de Orfeu, Pitágoras e Aristóteles.

Ptolomeu, Cláudio: (100-178) Mais conhecido apenas como Ptolomeu, esse célebre matemático, astrônomo e geógrafo grego nasceu em Ptolemais, no Egito. Pouco se sabe de sua vida. Ele observou os céus por 40 anos em Canopus, cerca de 24 quilômetros a leste de Alexandria, e morreu com 78 anos de idade. As datas de seu nascimento e morte não são certas, mas ele mesmo registra que suas primeiras observações feitas para sua grande obra astronômica, o *Almagest*, foram em 127, enquanto a última foi feita em 151, o que permite que as datas sejam mais ou menos determinadas. Sua filosofia pode ser descrita como aristotélica.

Em tempos antigos, ele era quase idolatrado. Hephaestion de Tebas o chamava de "o divino Ptolomeu" (*Catalogus codicum astrologicorum Graecorum* 8.2). Além do *Almagest*, que contém um catálogo das estrelas, ele escreveu *Tetrabiblos*, um tratado astrológico em quatro volumes; a *Geografia*, uma descrição do mundo conhecido; o *Centiloquium*, uma coletânea de aforismos astrológicos; *Das aparições das estrelas fixas*; *De música*, em três volumes; além de outras obras de natureza mais técnica.

Rabanus: Ver Hrabanus.

Robert de York: (início do século XIV) Frade e teólogo dominicano inglês que "vasculhara os teoremas ocultos da medicina mais secreta com tanto zelo que conquistou a admiração sincera dos mais doutos médicos" (Thorndike, 3:105). Robert era chamado de Perscrutador e a ele são atribuídas duas obras: *Correctorium alchimyae* e *De impressionibus aeris*, entre outras. Ver Thorndike, 3:6 – particularmente n. 3, p. 104. Ver também nota biográfica de Robert Anglicus.

Rufus de Éfeso: (fl. 100 d.C.) Um célebre médico grego e escritor de medicina que viveu durante o reinado de Trajano (98-117). Nasceu em Éfeso, a principal de 12 cidades jônicas situadas na costa da Ásia Menor (perto da atual Selcuk, Turquia). Ele tinha grande interesse por anatomia e fez numerosos experimentos com animais vivos. Infelizmente, os resultados dessa área de seus estudos só sobreviveram na forma de uma lista de nomes anatômicos. Não sendo seguidor de nenhuma escola exclusiva, ele tentou conciliar e unir o sistema de humores de Hipócrates, o método de sintomas gerais de Themison e o sistema pneumático baseado na operação da alma universal de Ateneu. Foi o primeiro a descrever os sintomas da peste bubônica, em um fragmento de seus escritos preservado nas *Coletâneas de Oribásio*. Um número de obras de Rufus ainda existe.

Sardanapalus: (século IX a.C.) O último rei do império assírio de Nínive foi proverbial por sua luxúria, efeminação e licenciosidade (ver Dante, *Divina Comédia: Paraíso* 15.107). Passava o tempo nos recessos de seu palácio, vestindo roupas femininas e cercado por suas concubinas. Quando o sátrapa de Média e o sumo sacerdote dos caldeus se rebelaram contra o governo dele, ele surpreendeu o mundo, abandonando seus modos decadentes e se revelando um general ousado e bem-sucedido. Por duas vezes, derrotou o exército rebelde e resistiu a um cerco em Nínive por dois anos. Quando ficou evidente que não poderia obter a vitória, ele reuniu suas concubinas e esposas, juntou seus tesouros e posses em uma imensa pilha, ateou fogo e morreu no meio das chamas. A queda do império teria ocorrido em 876 a.C. Essa história, contada por Ctesias, é preservada na obra de Deodoro Sículo. Ver também a tragédia *Sardanapalus*, de Byron.

Saxo Grammaticus: (?1150-?1206) Historiador e poeta dinamarquês. Foi criado para ser clérigo e entrou para o serviço do arcebispo de Absalom por volta de 1180. Absalom o convenceu a escrever uma história dos reis da Dinamarca, *Gesta Danorum* (ou *História Danica*), que ele começou em 1185. Absalom morreu em 1201, e a história, terminada em 1208, foi dedicada a seu sucessor, o arcebispo Andreus. Foi muito lida durante a Idade Média em manuscrito e publicada pela primeira vez em Paris em 1514. Saxo tinha uma educação limitada e senso crítico inadequado. Conjetura-se que tenha nascido na Zelândia por causa de seus firmes elogios aos zelandeses, mas nada se sabe de sua vida pessoal.

Scot, Michael: (1175-1235) Um astrólogo e mago nascido na Escócia. Estudou em Oxford e Sorbonne, aprendeu árabe em Toledo e passou a fazer parte da corte de Ferdinando II da Sicília, na condição de astrólogo. O papa Honório III o tinha em alta estima, bem como seu sucessor, Gregório IX. Ambos pediram ao arcebispo de Canterbury que providenciasse um benefício para Scot. Diz-se que Scot introduziu as obras de Aristóteles na Inglaterra, quando se estabeleceu lá em 1230. Sua melhor obra conhecida sobre fisiognomia, *De physiognomia et de hominis procreatione*, foi reimpressa muitas vezes. Uma lenda, de que ele seria um poderoso mago se espalhou. Dante o menciona no *Inferno*: "O outro era Miguel Escoto [Michael Scot], que conhecia muito bem o jogo da ilusão mágica" (*Inferno*, 20 [Norton, 133]). Dizia-se também que ele foi montado em um cavalo-demônio negro como enviado ao rei da França, e quando o cavalo bateu o casco, todos os sinos de Notre Dame começaram a repicar:

> Um mago de tão temível fama Que, na caverna de Salamanca, Sua varinha mágica no ar ele agitou, Os sinos

repicaram em Notre Dame! (W. Scott "Lay of the Last Minstrel" 2:13).

Scotus, John Duns: (?1265-1308) Também conhecido como John Scot (Escoto) e Joannes Scotus Duns. Teólogo fransciscano e escolástico, talvez nascido em Duns, Berwickshire, que possivelmente estudou em Merton College, Oxford. Ele era escolado em todos os ramos de conhecimento, particularmente matemática, e conquistou o título de *Doctor Subtilis* graças à sua engenhosidade dialética quando palestrava como professor de Filosofia na Universidade de Paris em 1307. Defendeu, com vigor e grande sucesso, a doutrina da Imaculada Conceição contra os dominicanos tomistas.

Em 1308, Duns Scotus foi enviado a Colônia para fundar uma universidade e morreu lá, naquele mesmo ano, de apoplexia. Segundo uma tradição, ele teria sido enterrado ainda vivo. Suas obras são *De modis significandi sive grammatica speculativa*, uma gramática filosófica; *Quaestiones*, questões de lógica; *De rerum principio*, uma obra de metafísica; e *Opus Oxoniense*, um comentário sobre as *Sententiae*, de Pedro Lombardo. Os seguidores de Duns Scotus eram chamados de Dunsmen, ou Dunses, e em épocas posteriores passaram a ser malvistos, de onde teria surgido o termo pejorativo em inglês moderno "dunce" (burro).

Sêneca, Lúcio Ênio (?4 a.C. – 65 d.C.) Filho do famoso retórico romano Marco Ênio Sêneca. Esse filósofo romano nasceu em Córdoba, Espanha, de uma rica e distinta família de cavaleiros. Quando criança, foi levado a Roma por uma tia e recebeu uma educação voltada para uma carreira no senado. Em 32 d.C., ou pouco depois, ele se tornou questor, e logo ganhou reconhecimento como escritor e orador. Em 41, suas perspectivas sofreram um abalo, quando ele foi banido para Córsega por causa de um suposto adultério; mas em 49 foi chamado de volta e se tornou tutor de Nero, recebendo, no ano seguinte, a pretoria.

Ele se tornou um cúmplice um tanto hesitante dos crimes de Nero, apresentando a explicação do imperador ao senado pelo assassinato de Agripina (59 d.C.). Três anos depois, Sêneca tentou se retirar em Campânia, a fim de fugir das intrigas da corte, mas em 65 foi acusado de conspiração e forçado a cometer suicídio. Os escritos ainda existentes de Sêneca são numerosos demais para listarmos. Eles incluem obras de filosofia, história natural, muitas cartas, uma sátira e dez tragédias designadas mais para leitura que para encenação.

Sereno, Q. Samônico: (início do século III) Erudito escritor romano. Sua obra *De medicina praecepta* é um poema incompleto sobre medicina contendo informações curiosas, antigos remédios e fórmulas mágicas – como o encantamento Abracadabra – e foi muito usado na Idade Média. Sereno foi assassinado durante um jantar no ano de 212.

Sérvio Mauro (ou Mário) Honorato: (fim do século IV d.C.) Gramático latino do qual pouco se sabe. Ele é representado por Macróbio em sua *Saturnalia* como um pagão. Não fosse seu *Comentário* sobre Virgílio, Sérvio seria esquecido, mas o *Comentário* é reconhecido como a mais importante obra latina da espécie. Nela são preservadas informações culturais e muitos costumes da vida romana, os quais, do contrário, estariam perdidos. Outras obras de Sérvio são *In secundam donati editionem interpretatio*, uma coletânea de notas da gramática de Hélio Donato; *De ratione ultimarum syllabarum ad aquilinum líber*, um estudo de fins métricos; e *Ars de centum metris*, um tratado de métricas poéticas.

Simeão Ben Yohai, rabino: (século II d.C.) De acordo com a tradição talmúdica, esse estudioso judeu criticou Roma e foi obrigado a se esconder em uma caverna por 12 anos com seu filho, o rabino Eliezer, esperando a morte do imperador Antonino (que governou entre 138 e 161). Nesse período, ele ditou e Eliezer escreveu o *Zohar*. A história tem alguns aspectos interessantes. Diz-se que os dois andavam nus por medo de que suas roupas se desgastassem. Para cobrir a vergonha, eles se enterravam na areia até o pescoço o dia inteiro, só vestindo as roupas para rezar.

Sinésio: (?373-?414) Recebeu o sobrenome de O Filósofo. Nascido em Cirene (uma antiga cidade na Líbia), de pais ricos, quando jovem viajou a Alexandria, onde se tornou neoplatônico e discípulo de Hipata. Em 397, foi escolhido como embaixador por sua cidade natal para ir a Constantinopla e solicitar do imperador Arcádio uma redução de impostos. Ficou lá três anos, escrevendo e, com certeza, aprendendo um pouco de política, antes de ter sua petição atendida. Nesse período (403), casou-se em Alexandria.

Em 410, foi popularmente escolhido para ser bispo de Ptolemais. Como ele era mais neoplatônico que cristão, não ficou muito entusiasmado, mas acabou aceitando o posto que lhe jogavam, embora com reservas filosóficas – recusava-se a aceitar a doutrina da Igreja sobre a criação da alma, a ressurreição literal ou o apocalipse, e teve permissão de continuar casado. Sua gestão como bispo foi turbulenta, porém bem-sucedida. A data de sua morte não é conhecida e pode ter sido, na verdade, em 430. Muitas de suas obras sobreviveram, incluindo uma grande coleção de cartas, 12 hinos neoplatônicos e uma obra alquímica na forma de um comentário sobre o pseudo-Demócrito.

Sócrates: (469-399 a.C.) Filósofo grego nascido em uma localidade próxima a Atenas. Seu pai fazia estátuas e a mãe era parteira. Por algum tempo, ele seguiu o ofício do pai e também serviu como hoplita – soldado de infantaria fortemente armado – nas guerras de Atenas, nas quais se destacou. Em 406 a.C., ele se tornou membro do senado. Não se sabe quando começou a se dedicar totalmente à Filosofia, uma vez que nunca abriu uma escola nem deu palestras formais ou escreveu livros, preferindo perambular pela praça do mercado e nos ginásios, falando de filosofia a quem quisesse ouvir.

Em aparência, ele era robusto e durão, mas com traços elegantes. Andava descalço tanto no verão quanto no inverno e usava as mesmas roupas simples sem se incomodar com o clima ou com a companhia. Isso o transformava em alvo de piadas dos dramaturgos atenienses.

Odiado pelos homens de poder, porque era totalmente incorruptível, destemido e sempre falava e agia de acordo com seus princípios; ele sofreu uma série de acusações falsas, entre as quais a de corrupção da juventude de Atenas e de desprezar os deuses (ver Xenofonte, *Memorabília de Sócrates* 1.1). Se ele tivesse bajulado seus acusadores, teria escapado da condenação, mas preferiu falar com orgulho, sendo sentenciado a beber veneno preparado com cicuta. Morreu sem dor, com 70 anos, sem o menor medo da morte, cercado por muitos de seus amigos.

Solino, Caio Júlio: (fl 210) Historiador latino que escreveu, ou antes compilou, a *Collectanea rerum memorabilium*, uma história geográfica do mundo antigo em 57 capítulos. Nenhuma parte dela é original. A parte maior foi tirada diretamente da *História Natural*, de Plínio, e da geografia de Pompônio Mela. Nada se sabe a respeito de Solino, mas pela dedicatória na *Collectanea* a Oclatinius Adventus, que foi cônsul em 218 d.C., pode-se julgar que o autor viveu na primeira parte do século III. No século VI, a *Collectanea* foi revisada com o título de *Polyhistor*, e é por esse nome que Solino às vezes é erroneamente chamado. A obra se tornou muito popular na Idade Média. Duas adaptações em verso hexâmetro circularam sob os nomes dos autores Teoderico e Pedro Diácono.

Sófocles: (495-406 a.C.) Dramaturgo grego que nasceu no vilarejo de Colonus, bem a noroeste de Atenas. Recebeu a melhor educação da época e se destacou a ponto de receber o prêmio de uma guirlanda em música e ginástica. Quando jovem, era admirado tanto por sua beleza física quanto por sua habilidade na dança. Em 468 a.C., competiu em um concurso de drama contra Ésquilo, mais velho que ele, que se sentiu tão humilhado por ser derrotado por um novato que passou o resto da vida em retiro, na Sicília. Depois desse episódio, Sófocles não teve rivais à sua altura até 441 a.C., quando foi derrotado no concurso de drama por Eurípides. A mais antiga de suas tragédias ainda existente foi *Antígona*, escrita no ano seguinte. No total, sete peças sobrevivem de um possível total de 130.

Há várias versões de sua morte. Segundo uma delas, ele teria se engasgado com uma uva; outra diz que ele perdeu o fôlego de um modo fatal enquanto recitava *Antígona*; uma terceira história diz que ele sentiu tamanha alegria por obter uma vitória com uma de suas tragédias que morreu.

Sorano, Quinto Valério: (século I a.C.) Pouco se sabe a respeito desse escritor romano. Em 82 a.C., ele foi *tribunus plebis* (tribuno do povo), um ofício na administração romana criado para proteger os interesses dos plebeus contra os patrícios. Estudioso linguístico e antiquário, ele era citado com frequência por Varro. Cícero o menciona em seu *De oratore* (3.43) e em *Brutus* (cap. 169). Foi feita uma tentativa de se identificar Valério Solano com Valério Edito (c. 100 a.C.), que escrevia epigramas, muitos dos quais eróticos, baseados em modelos gregos, mas essa associação é incerta.

Spartianus, Aelius: (início do século IV) Um dos seis *Scriptores Historiae Augustae* que escreveram a chamada

História Augusta, uma coleção das vidas dos imperadores romanos, desde Adriano até Carino, cobrindo o período de 117-284, que foi composta durante os reinados dos imperadores Diocleciano (284-305) e Constantino (306-337), com interpolações posteriores. Spartianus foi responsável pelas biografias de Adriano, Aelius Verus, Didius Julianus, Sétimo Severo, Pescennius Niger, Caracala e Geta.

Statius, Publius Papinius: (?61-?96) Poeta romano em Neápolis (Nápoles), filho do distinto gramático Papinius Statius. Ele foi com o pai a Roma quando o último se tornou professor de Domiciano, futuro patrono do jovem Statius. O poeta era especialmente habilidoso na composição extemporânea e na recitação pública de suas obras: "Multidões se formam para ouvir sua voz doce, e os tons melodiosos de *Thebais*, quando Statius alegra a cidade, marca o dia para sua recitação" (Juvenal, *Sátiras* 7, c. linha 82).

Por três vezes, ele ganhou o prêmio anual de poesia no festival em Alba, que foi instituído por Domiciano, mas quando perdeu no concurso capitolino quinquenal em 94, ele retornou envergonhado a Neápolis com sua esposa Cláudia, onde permaneceu até o fim da vida. Entretanto, ele parece ter vivido em conforto e feliz até o fim, com muito pouco do que se queixar. Suas obras ainda existentes são *Thebais*, um épico a respeito dos sete contra Tebas, em 12 volumes; *Achilleis*, um épico inacabado sobre a vida de Aquiles; e *Silvae*, 32 poemas em cinco livros.

Sula, L. Cornélio: (138-78 a.C.) Sobrenome, Félix. Soldado e político romano talvez mais lembrado por ter sido o primeiro a usar o *proscriptio*, uma lista de mortos, na história romana. Morreu de um rompimento de um vaso sanguíneo enquanto sofria de uma mórbida infestação de piolhos, mal conhecido em termos médicos como *morbus pediculosus*.

Tácito, Caio (ou Públio) Cornélio: (?55-?120) Historiador romano. O dia e o local de seu nascimento são desconhecidos, mas deve ter sido por volta de 55 d.C., em uma família respeitável, uma vez que ele mesmo escreve (*Histórias* 1.1) que fora notado e promovido pelo imperador Vespasiano, mais tarde exaltado por Tito, e mais uma vez favorecido por Domiciano. Sua prosperidade continuou sob o regime de Nerva e Trajano. Foi incumbido, junto a seu amigo íntimo, Plínio, o Jovem, de perseguir Mário em 99. Não há registros de sua morte. Suas obras e supostas datas são *Diálogo sobre os oradores* (77), *A Vida de Agrícola* (97), *Germânia* (99), *Histórias* (116) e os *Anais* (118).

Tales: (?636-?546) Filósofo jônico nascido em Mileto (uma cidade localizada na costa oeste da Turquia, perto da foz do Rio Menderes). Ele é famoso por ter previsto um eclipse solar no reinado do rei lídio Alíates, e diz-se que estudou no Egito. Seu nome está no topo da lista dos Sete Sábios da Antiguidade.

Tarquino Prisco, Lucias (Lúcio): (658-578 a.C.) Rei de Roma, chamado o Ancião. Seu pai, Demarato, fugiu das intrigas políticas em Corinto, estabeleceu-se na Etrúria e casou-se com uma mulher etrusca, deixando sua vasta riqueza para seu primogênito, Lucumo, que, apesar de sua afinidade com a nobreza por meio da esposa e do dinheiro, era excluído da política local. Descontente, ele partiu para Roma em uma charrete, com sua esposa ao lado. Foi nessa viagem que ocorreu o episódio da águia mencionado por Agrippa. Tarquino foi um grande guerreiro e construtor, e a ele se atribui o crédito de ter construído o sistema de esgotos romano, o Circo Máximo, o Fórum e o templo do Capitólio. Ele foi assassinado com 80 anos de idade.

Teófrasto: (?372-287 a.C.) Filósofo grego de Eresus, em Lesbos, estudou em Atenas com Platão e depois com Aristóteles, a quem sucedeu como presidente do Liceu. Aristóteles deixou sua biblioteca particular e os manuscritos originais de suas obras a Teófrasto. Ele escreveu muitos livros, em especial: *Da História das Plantas*, em 10 volumes; *Das Causas das Plantas*, dos quais oito volumes ainda existem; e *Das Pedras*.

Thetel: (ou Techel, ou Rechel, ou Cehel) Escritor judeu conhecido principalmente por uma obra a respeito dos poderes mágicos de certas imagens gravadas em pedras preciosas ou semipreciosas. Tomás de Cantempre cita uma tradução para o latim desse texto no 14º livro de *De natura rerum* (Da natureza das coisas), escrito entre 1228 e 1244. Thorndike (2:53:390) conjetura que Thetel é o mesmo escritor que Zethel (Zachel, Zahel, Zehel, Zael, Zoel ou Zebulis), cujo nome aparece em numerosos tratados antigos de astrologia, alguns dos quais listados por Alberto Magno em sua *Speculum astronomiae*. Zethel também é mencionado como autoridade astronômica por Michael Scot (Thorndike, 2:322), Cecco d'Ascoli (*Ibid.*, 959) e Giovanni da Fontana (*Ibid.*, 4:171). Para uma lista de manuscritos atribuídos a Thetel, ver Thorndike 2:53, apêndice 2.

Terenciano Mauro: (fim do século II) Original da Mauritânia, foi um poeta romano que escreveu um poema incompleto em quatro livros, chamado *De literis, syllabis, pedibus, metris* (Sobre letras, sílabas, pés, metros), que se baseou em uma obra de Césio Basso dedicada a seu amigo, o imperador Nero. Do tratado de Basso, nada resta senão alguns fragmentos. Terenciano foi usado como fonte por escritores de épocas posteriores, para prosódia.

Terpander: (século VII a.C.) De Antissa, em Lesbos, ele é considerado o pai da música clássica grega. Segundo Strabo, foi o primeiro a usar a cítara de sete cordas, instrumento que até então só tinha cinco cordas. Terpander viajou a Esparta atendendo a um mandato do oráculo em Delfos e, com sua música, aplacou uma sedição que estava se formando. Na primeira celebração registrada do festival de Karneia em Esparta, em 676 a.C., ele ganhou o primeiro prêmio na competição de música. A ele se atribui uma variedade de inovações, incluindo a introdução de vários novos ritmos e uma nova divisão da ode, e ele ficou famoso por suas canções de bebedeira. Poucos fragmentos de sua poesia sobreviveram.

Teucro: Fundador semimítico e primeiro rei de Troia, suposto filho do deus do Rio Scamander e da ninfa Idaea. Nada consegui descobrir acerca do matemático babilônico com o mesmo nome mencionado por Porfírio.

Themistius: (século IV) Filósofo nativo da Paflagônia, viajou primeiro a Constantinopla, depois a Roma, gozando das graças de seis imperadores sucessivos. Foi nomeado prefeito de Constantinopla por Teodósio em 384 e se tornou tutor de Arcânio, o filho do imperador, em 387. Libânio e Gregório Nazianzeno eram seus amigos e correspondentes, o último tendo chamado Themistius de o "rei dos argumentos". Ele escreveu 36 discursos, um dos quais se perdeu, e morreu por volta de 390.

Tibério Cláudio Nero César: (42 a.C. – 37 d.C.) Imperador de Roma após a morte de Augusto em 14 d.C. até a sua própria, que teve uma gentil assistência, em 37 d.C.

Tibulo, Álbio: (54-18 a.C.) Poeta romano. Suas *Elegias* são curtos poemas de amor em quatro livros. Os primeiros dois sem dúvida são dele mesmo; o terceiro é de outro autor, embora lhe seja atribuído; e o quarto é de autoria parcial de Tibulo, a outra parte é de outro. Horácio era amigo do poeta e deixou uma imagem dele: "Você nunca foi corpo sem alma. Os deuses lhe concederam beleza, riquezas e a arte de desfrutá-las" (Horácio, *Epístolas*, 1.4 [Translation Publishing, 1961], 375).

Timóteo: (446-357 a.C.) Nativo de Mileto, esse célebre poeta e músico desfrutou de pouco sucesso inicial por causa de sua paixão por inovações. Uma vez, quando foi vaiado ao sair do palco, Eurípides lhe disse para não se preocupar, pois logo ele teria o público aos seus pés, o que se comprovou pouco tempo depois – os efésios lhe pagaram mil peças de ouro por seu hino a Ártemis. Diz-se que ele teria aumentado o número de cordas na lira (cítara), segundo Pausânias, acrescentando quatro às sete existentes; mas, segundo Suidas, foram duas às nove existentes.

Tirésias: Vidente cego semimítico, de Tebas. Duas histórias narram sua cegueira. Uma diz que ele viu Atena se banhando e a deusa borrifou água em seus olhos, tirando-lhe a visão. A mãe de Tirésias, Cariclo, recorreu à misericórdia de Atena, que, se compadecendo, concedeu a ele o poder de compreender a fala dos pássaros e lhe deu um cajado mágico de ouro para ajudá-lo a andar.

Segundo a outra história, Zeus e Hera estavam discutindo quem tinha mais prazer no ato do amor, o homem ou a mulher. Decidiram perguntar a Tirésias, porque ele fora de ambos os sexos, um prodígio que aconteceu da seguinte maneira: enquanto caminhava pelo Monte Cithaeron (alguns dizem Monte Cilene), Tirésias viu duas cobras juntas, macho e fêmea. Ele golpeou as duas, matando a fêmea; e imediatamente se transformou em uma mulher. Sete anos mais tarde, ele mais uma vez viu duas cobras e as golpeou com seu cajado, dessa vez matando a cobra macho, o que o fez voltar à sua forma masculina. Tirésias ficou do lado de Zeus na disputa e concordou que as mulheres tinham nove vezes mais prazer no sexo que os homens. Hera ficou zangada, dizendo que "os árbitros eram sempre cegos, e o deixou assim para sempre. Nenhum deus pode contestar as ações de outro deus, mas o Pai todo-poderoso, condoído com a situação, e para compensar, deu a Tirésias o poder de prever o futuro, para que ele encontrasse um pouco de honra na sua punição" (Ovídio, *Metamorfoses*, 3, p. 61 © Madras Editora Ltda., São Paulo, SP).

Tobit ben Korra: (836-901) Matemático e astrônomo árabe em Bagdá, parte do grande avanço do aprendizado árabe iniciado no século VII pela força unificadora de Maomé. Ele trabalhou no observatório construído em Bagdá em 829 pelo califa al-Mamum e é lembrado por sua teoria errônea da trepidação dos equinócios, que tenta explicar a precessão dos equinócios como uma libração, ou oscilação rítmica, da eclíptica – uma noção sugerida por Theon de Alexandria, que escreveu um comentário sobre o *Almagest*, de Ptolomeu.

Tobit também é lembrado por sua tradução dos *Elementos*, de Euclides, e por sua fórmula para obter números amigáveis – pares de números cujos fatores acrescidos equivalem ao outro, e vice-versa. O menor par é 220 e 284. Números amigáveis eram conhecidos pelos pitagóricos, que lhes atribuem propriedades místicas. Tobit é a fonte das estrelas fixas de Agrippa, listadas no capítulo XXXI, l. II, e capítulo XXXII, l. I.

Trajano, Marco Úlpio: (52-117) Nascido em Itálica, Espanha. Seu pai começara como legionário comum, chegando por fim ao posto de governador da Ásia. O pai treinou o filho em seus princípios de austeridade e disciplina militar. Trajano viajou muito por todo o império como soldado e conquistou uma boa reputação. Quando Nerva substituiu Domiciano (assassinado) como imperador em 96, Trajano se tornou delegado consular na Alta Germânia. Necessitando de um forte aliado militar, Nerva adotou Trajano como filho no ano seguinte e, em 98, morreu, deixando Trajano como imperador.

Seus poderes militares asseguravam o completo domínio do exército, e sua simplicidade e honestidade lhe conquistaram o amor do povo. Embora sem deixar que seu poder fosse ameaçado, ele restaurou a honra e a segurança do senado. Sua esposa, Plotina, era tão simples e benevolente quanto o marido. Não havia uma corte real, nem pompa imperial nem intrigas durante seu reinado. A vitória militar na guerra dos Dócios, ao longo do Danúbio, trouxe sete anos de paz.

Em 113, Trajano se empenhou em estender o Império para o Leste. Embora ele tivesse impressionantes vitórias, a campanha foi um fracasso, encorajando o levante dos judeus, que só foi aplacado por Adriano. Adoecendo em 117, Trajano retornou de barco à Itália e morreu em agosto, em Selinus, na Cilícia.

Trithemius, Johannes: (1462-1516) Adivinho, historiador e mago alemão, nascido em Trittenheim, perto de Trier, no Rio Moselle. Seu nome de nascimento era von Heidenberg, mas, de acordo com o costume de sua época, ele adotou o nome de sua cidade natal. Quando tinha apenas 1 ano de idade, seu pai, um vinhateiro, morreu, e a mãe se casou com um homem que o tratava mal. Isso pode talvez explicar sua precocidade e misticismo. Ele afirmava que, quando ainda era criança, um anjo lhe apareceu em um sonho e lhe mandou escolher entre duas tábuas com letras inscritas nelas. Quando escolheu uma, o anjo lhe prometeu atender às suas preces, e sumiu. Desde aquele dia, ele teve fome de conhecimento e aprendeu sozinho a ler alemão em apenas um mês. Sua necessidade de aprender se tornou voraz. Ele ia em segredo à casa de um vizinho à noite que lhe ensinava latim à luz de velas. Como era infeliz em casa, viajou primeiro a Trier e depois a Heidenberg, onde recebeu instrução, nas artes secretas, de um misterioso estranho.

Em 1482, ele decidiu voltar a Trittenheim, mas foi pego por uma borrasca no caminho e teve de procurar abrigo no mosteiro beneditino de São Martino em Sponheim. Lá, de repente, ele resolveu se tornar monge. Tal resolução foi tão feliz que, em 1485, ele foi nomeado abade, contra sua vontade, com apenas 23 anos.

Imediatamente, Trithemius começou a consertar os edifícios em decadência e a reconstruir a biblioteca, que por negligência dos monges tinha se resumido a um total de apenas 48 livros. Nos 23 anos seguintes, ele aumentou o número de volumes para 2 mil. Os livros abordavam todos os assuntos. A fama da biblioteca atraía estudiosos de toda a Europa, e estudantes, como Agrippa e seu contemporâneo, Paracelso, vinham estudar temas esotéricos, tais como alquimia e magia natural. Membros de famílias reais, até o próprio imperador Maximiliano I, consultavam Trithemius, graças à sua erudição.

Sua influência sobre a arte e a ciência da época é incalculável – só se pode conjeturar, por exemplo, o quanto ele influenciou os escritos cabalísticos de Reuchlin ou as proporções neoplatônicas do artista Dürer. Agrippa estava com Trithemius quando escreveu o primeiro manuscrito da *Filosofia Oculta* em 1509-10, que ele dedicou ao seu professor.

Inevitavelmente, Trithemius foi acusado de feitiçaria, acusação que ele negaria com veemência a vida toda. Há uma fábula segundo a qual ele teria chamado o fantasma de Maria, a esposa falecida do imperador Maximiliano. Embora ela não pudesse falar, o imperador a reconheceu por causa de uma verruga que tinha no pescoço, e lhe asseguraram que o espectro não era um demônio disfarçado dela. O dramaturgo inglês Christopher Marlowe (1564-1593) usou uma versão dessa história em sua peça *Doctor Faustus* (ato 3, sc. 2, linhas 63-73).

Em 1506, Trithemius renunciou a seu posto em Sponheim e foi nomeado logo depois abade do mosteiro de S. Jakob em Würzburg, onde permaneceu durante a última década de sua vida. A Trithemius são atribuídas cerca de 70 obras, as mais importantes das quais, em termos de magia, são: *Steganographia*, sobre cifras e alfabetos mágicos; *De septem secundeis*, anjos planetários que regem o ciclo das eras; e *Veterum sophorum sigilla et imagines magicae*, uma série de descrições de talismãs e imagens mágicas.

Túlio, Sérvio: (século VI a.C.) O sexto rei de Roma governou entre 578 e 534 a.C. Sua mãe era escrava da esposa de Tarquino Prisco. Túlio nasceu e foi criado no palácio real como filho do rei e desposou sua filha. Quando os filhos do rei assassinaram Tarquino, em uma tentativa de garantir o trono, que parecia cair nas mãos de seu escravo favorito, Túlio escondeu a morte do rei até que tivesse obtido controle total do governo. Regente sábio e moderado, ele sempre teve o apoio do povo. Tem o crédito de ter estabelecido a constituição e as instituições civis de Roma. Foi assassinado por L. Tarquino Prisco e sua própria filha, Aruns.

Valentino: (século II d.C.) O mais proemiente líder de uma seita gnóstica. Nasceu no Baixo Egito e foi criado e educado em Alexandria. Por volta de 135, foi a Roma como cristão ortodoxo e candidato ao bispado de Roma, mas, quando foi indicado para o posto, começou a revelar suas visões heréticas – ou talvez tenha sido a expressão de tais visões que tenha negado sua colocação. Por volta de 160, ele saiu de Roma e viajou ao Chipre, onde seu rompimento com a Igreja se tornou irrevogável. O gnosticismo valentiniano tinha um sistema elaborado de 30 éons e partilhava com outras seitas gnósticas uma profunda reverência pelo princípio criativo feminino. É descrito em detalhes por Irineu, em sua *Adversus heraeses*.

Varro, Terêncio: (116-28 a.C.) Esse célebre escritor era chamado de "o mais douto dos romanos". Sem dúvida, ele foi um dos mais prolíficos, compondo 490 livros, dos quais só dois ainda existem: *De re rustica libri III*, um tratado de agricultura; e *De lingua latina*, um tratado gramatical repleto de informações culturais curiosas e do qual só seis, dos 24 livros, ainda existem. Grande parte de seu *De cultu deorum* chegou até nós graças às copiosas referências feitas por Agostinho em sua *Cidade de Deus*.

Vaughan, Thomas: (1622-1666) Alquimista inglês e filósofo místico, nascido de uma antiga família galesa em Newton St. Briget, perto de Scethrog-by-Usk, Brecknockshire. Ele se graduou em Oxford em 1642 e, em seguida, dedicou-se com grande fervor à arte da alquimia em Newton, na fazenda de seu irmão gêmeo, o poeta Henry Vaughan, e em vários locais de residência em Londres. *Sir* Robert Murray financiou suas pesquisas. Segundo relatos dele mesmo, Vaughan conseguiu descobrir o fabuloso elixir, como ele o descreve, "um óleo com o qual fiz milagres" (Waite 1888, ix). Ele morreu "quando estava operando forte mercúrio, e parte entrou-lhe no nariz, matando-o" (*Ibid.*, viii). Sob o pseudônimo de Eugenius Philalethes, ele escreveu *Anthroposophia theomagica*, *Anima magica abscondida*, *Magia Adamica* e *Coelum terrae*, todos em 1650, quando se encontrava sob a poderosa influência dos escritos de Agrippa. Na verdade, ele quase deifica Agrippa, tamanhos são seus elogios. Os escritos posteriores de Vaughan incluem *Aphorismi magic eugeniani* (1651), *The Fame and Confession of the Fraternity of R.C.* (1652) e *Aula lucis* (1652).

Verres, Caio: (?120-43 a.C.) Um magistrado romano inescrupuloso cujo interesse maior na vida era ser o cãozinho fiel de algum homem poderoso, obter dele um cargo político e depois pilhar os infelizes cidadãos que estivessem sob seu domínio, finalmente comprando e conspirando para não ser perseguido, traindo seu antigo mestre. Em 82 a.C., ele foi questor de Carbo e membro do partido mariano. Desertou Carbo e se aliou a Sula, que lhe deu de presente terras em Beneventum e, mais importante, segurança contra a perseguição por seus crimes de desfalque.

Em 80 a.C., ele se tornou questor de Dolabella, governador da Cilícia, que ele ajudou a pilhar. Quando Dolabella foi julgado em 78 a.C., Verres o traiu em troca de perdão. Em 74 a.C., por meio de exorbitantes subornos e sua associação com Sula, Verres se tornou pretor de Roma e vergonhosamente abusou de sua autoridade para fins políticos. Enviado como governador a Sicília, a província mais rica de Roma, ele extorquiu tanto dinheiro e deixou a população tão empobrecida que se diz que o povo sofreu mais com ele que nas guerras anteriores.

Incapazes de aguentar mais, os sicilianos imploraram a Cícero que processasse Verres por seus crimes diante do Senado. Cícero concordou. Verres se vangloriava, dizendo que havia roubado tanto dinheiro da Sicília que poderia gastar três quartos de tudo em suborno e ainda continuar rico. Escolheu Hortêncio, o melhor advogado romano, para defendê-lo e tentou fazer com que Cícero fosse substituído por Cecílio, muito menos habilidoso. Os sicilianos rejeitaram a artimanha. Felizmente o juiz e pretor da cidade, Acílio Glábrio, era um homem honesto. Ele empregou um processo técnico de direito romano chamado *divinatio*, no qual os judicantes, sem ouvir evidência, determinavam quem seria o promotor. Cícero continuou. A última esperança para Verro era prorrogar o julgamento até o ano seguinte, quando seus amigos estariam no poder. Mas, empenhado até a alma, Cícero coletou evidências e apresentou o processo em um único discurso, *Divinatio in Q. Caecilium*, e em uma subsequente declaração do caso. A defesa foi pega despreparada. Verres fugiu para Marselha com tanta pilhagem quanto conseguiu carregar. Cícero acabou publicando o restante do discurso que planejara para o julgamento, mas que não tivera tempo de apresentar.

Em 43 a.C., Verres foi proscrito por M. Antônio, que também cobiçava parte de seus tesouros roubados. E assim terminou a vida de um dos mais repulsivos romanos lembrados pela história.

Vila Nova, Arnoldas de: (?1235-1313) Também chamado Arnoldus de Villanueva, Arnoldus Villanovanus ou Arnaud de Villeneuve. Um alquimista espanhol, astrólogo e médico que conquistou uma considerável reputação em Paris, mas foi obrigado a fugir para a Sicília, para escapar da ira da Igreja. Por volta de 1313, foi chamado a Avignon em sua condição de médico para tratar do papa Clemente V, que estava doente; mas ele morreu a bordo do navio antes de completar a viagem. Muitos escritos alquímicos foram atribuídos a ele, embora de autenticidade questionável. Foram coletados e publicados em Lião em 1504, com uma biografia de sua vida.

Vitelo: (século XIII) Também escrito como Witelo ou Vitellio, filósofo natural polonês que escreveu a obra *Optics*, por volta de 1270. Nela, ele tenta resolver o problema de Aristóteles: "Por que é que quando o Sol passa por espaços quadrilaterais, como em trabalhos de vime, por exemplo, não produz figuras de forma retangular, e sim circular?" (*Problems* 15.6.911b [Hett, 1:333]. Ele foi o primeiro a propor a noção de que os arco-íris são causados por refração através de gotas de chuva, em vez do reflexo delas, refutando a visão apregoada por Aristóteles em sua *Meteorologia*. O trabalho de Vitelo baseia-se, em grande parte, no filósofo árabe Alhazen, que morreu em 1038.

William de Paris (Guilherme de Paris): (?1180-1249) Também chamado de Guilherme de Auvergne. Ele se graduou em Teologia na universidade de Paris. Quando era diácono da Igreja, foi a Roma para apelar por uma eleição disputada, impressionou tanto o papa que ganhou o posto de bispo. De 1228 até sua morte, foi bispo de Paris. Durante esse período, concedeu aos dominicanos sua primeira cadeira de teologia naquela cidade e participou de um ataque contra o *Talmude*. Sua principal obra é *De universo*, que trata de magia, adivinhação, demônios, astrologia e as virtudes ocultas.

Xenócrates: (396-314 a.C.) Filósofo da Calcedônia. Seguiu Platão até a Sicília em 361 a.C. Quando Platão morreu (347 a.C.), ele se apegou a Aristóteles e se tornou o diretor da Academia em Atenas de 339 a 314 a.C. Sua filosofia segue intimamente a de Platão, mas ele acreditava que os números ideais e os números matemáticos são os mesmos, uma noção mágica que, em essência, era sustentada pelos pitagóricos, atraindo a crítica de Aristóteles em sua *Metafísica* (13.1, 9). Só os títulos de suas obras sobreviveram, mas é citado e referido com frequência.

Zacarias, o Babilônio: Autor de um antigo lapidário usado por Plínio como uma fonte para o livro 37 de sua *História Natural*. Fora isso, ele e sua obra são desconhecidos.

Zamolxides: Ver Zamolxis.

Zamolxis: Também chamado Zalmoxis ou Gebeleizis. Deus dos Getae, uma tribo da Trácia que habitava o sul da foz do Rio Danúbio. A cada cinco anos, os Getae escolhiam um homem para levar mensagens ao deus e o jogavam para o alto, quando então ele caía sobre lanças apontadas para cima e seguradas pelas mãos dos membros da tribo. Era considerado um bom augúrio se o homem morresse. Heródoto conta essa história e acrescenta:

> Ouvi dizer dos gregos que habitam as praias do Helesponto e do Ponto que Zalmoxis era na realidade um homem que vivia em Samos e fora escravo de Pitágoras, filho de Mnesarchus. Após obter a liberdade, ele ficou rico, saiu de Samos e retornou à sua terra natal. (Heródoto, *História* 4 [Rawlinson, 233])

Zalmolxis teria construído uma câmara subterrânea secreta, na qual se esconde por três anos; e então de repente e milagrosamente saiu para dar crédito à sua doutrina da imortalidade. Quanto a isso, Heródoto comenta, cético: "Pessoalmente, nem ponho muita fé nessa história de Zalmolxis e sua câmara subterrânea nem desacredito totalmente dela: mas creio que Zalmolxis viveu muito antes da época de Pitágoras" (*Ibid.*). Platão o menciona brevemente como uma pessoa habilidosa em magia: "Pois se, como ele declara, você já tem esse dom da temperança, nesse caso não precisa de encantamento algum, seja de Zalmolxis ou de Abaris, o Hiperbóreo, e eu posso lhe dar a cura da cabeça imediatamente" (Carmides 158-b [Jowett, 104]). Dizem que Zalmolxis é idêntico a Sabazius, o Dioniso de

Trácia. Mnaseas de Petra o identificava com o deus Cronus.

Zenotenus: Ver Zenothemis.

Zenothemis: Autor de um lapidário usado como uma fonte de referência por Plínio em sua *História Natural*. Nada se sabe do autor ou de sua obra.

Zoroastro: (fl. c. 1000 a.C.) Também chamado Zaratustra (iraniano) ou Zardusht (persa). O fundador da religião dos magos, nascido na parte norte do atual Irã. Nada se sabe ao certo de sua vida pessoal. Ele foi responsável por abolir o culto sensual dos devas e definir Deus como os dois princípios opostos abstratos – Aúra-Masda, o Sábio Senhor, e Arimã, o Espírito Maligno. Plínio comenta: "Sabemos que Zoroastro foi o único ser humano que riu no mesmo dia em que nasceu. Ouvimos falar também que seu cérebro pulsava com tanta força que repelia qualquer mão que se colocasse sobre ele, um presságio de sua visão futura" (Plínio 7.16 [Bostock e Riley, 2:155]). Ele também afirma: "Dizem que Zoroastro viveu 30 anos no deserto, comendo queijo, preparado de uma maneira tão peculiar, que se tornou insensível aos avanços da idade" (Plínio 11.97 [Bostock e Riley, 3:85]).

Uma coletânea de aforismos metafísicos chamados de *Oráculos Caldeus de Zoroastro* era muito popular na Idade Média, e com certeza Agrippa conhecia pelo menos alguns deles. Segundo Franz Cumont, a literatura atribuída a Zoroastro na biblioteca de Alexandria chegava a dois milhões de linhas, mas nenhum desses textos sobreviveu.

Dicionário geográfico

 caia: Terra na costa norte de Peloponeso.

Aegos-Potamos: Pequeno rio que desaguava no Helesponto (atual Dardanelos), atravessando a região trácia e Chersonesus (atual península de Galipoli). Há uma pequena cidade ao lado do rio com o mesmo nome.

Agra: Uma das antigas divisões (*demus*) da Ática, ficava às margens do Rio Ilissus, cuja fonte era na descida do Monte Hymettus, não muito longe da região sudeste de Atena. Agra continha um templo a Ártemis Agrotera.

Alcomeneum: Talvez Orchomenus. Ver nota separada.

Alexandria: Porto no Baixo Egito bem a oeste do delta do Nilo. Fundada por Alexandre, o Grande, em 332 a.C., serviu como capitólio sob o governo dos Ptolomeus.

Amathus: Ou Amathunstis, antiga cidade na costa sul de Chipre (atual Limassol) que se orgulhava de um célebre templo a Afrodite, a qual, por conseguinte, também levava o nome de Amathusia.

Apolônia: Importante cidade da Ilíria (ficava perto da foz do rio Vjosa, na atual Albânia).

Apúlia: A região na costa sudeste da Itália. O calcanhar da bota da Itália era chamado pelos romanos de Calábria, distinto de Apúlia, que formava fronteira ao sul.

Arábia Feliz: A Arábia era dividida pelos antigos em três partes: Arábia Pétrea – atual Sinal, Israel e oeste da Jordânia; Arábia Deserta – interior e parte norte da Arábia Saudita, leste da Jordânia e Iraque; e Arábia Feliz – sudoeste da Arábia Saudita e Iêmen. A designação "feliz" é derivada das terras baixas férteis ao longo da costa do Mar Vermelho.

Aracinto: Montanha na costa sudoeste de Etólia, perto de Pleuron (próximo ao atual Mesolongion, Grécia central). Escritores de épocas posteriores erroneamente identificavam a montanha na fronteira da Beócia e Ática, associando-a ao herói Amphion: "eu canto os cânticos que, sempre que chamava para casa seus rebanhos, Amphion de Dirce costumava cantar no Aracinto de Ática" (Virgílio *Éclogas* 2, linha 24 [Longsdale e Lee, 14]).

Arcádia: A região montanhosa no meio do Peloponeso, Grécia.

Argo: Cidade em Argolis, Peloponeso (atual Argos). Era célebre pelo culto a Hera. Seu templo, chamado Heraeum, ficava entre Argos e Micenas.

Ariana: As províncias ao leste do antigo império persa (atual região central e leste do Irã).

Arícia: Antiga cidade de Lácio, no sopé do Monte Albano, na Via Ápia, a cerca de 25 quilômetros da antiga Roma. Perto da cidade havia um templo e um bosque consagrado a Diana.

Arpina: Antigo lugar em Elis, perto do Rio Alfeu (não muito longe da atual Olimbia, no Peloponeso, Grécia).

Arrephina: Talvez Arpina. Ver nota separada.

Asculum: Principal cidade de Piceno, uma região central da Itália (atual Ascoli Piceno).

Ática: A áspera região triangular na Grécia, aos arredores de Atenas, que se estende ao sul do monte Parnis.

Aventinum: Monte Aventinus, uma das sete colinas sobre as quais a antiga Roma foi construída. Sustentava o templo de Diana e, por esse motivo, Marcial a chamava de *Collis Dianae*.

Azoto: Cidade livre dos filisteus perto do litoral (atual Ashdoed, em Israel).

Bactria: Província do império persa, a sudoeste da nascente do Rio Oxus (atual Amu-Dar'ya), que o dividia da província persa de Sogdiana, na marge nordeste. Ocupava a parte nordeste do atual Afeganistão. Agrippa a chama de "Ilha Bractia", mas não é mencionada por Ptolomeu, que a agrupa em meio a Casperia e Serica (*Tetrabiblos* 2.3 [Robbins, 147, 159]).

Bastarnia: Região na costa norte do Euxino (Mar Negro), entre os Rios Tiras (atual Dniester) e Borístenes (Dnieper), estendendo-se até o sul, na embocadura do Danúbio. Era lá que vivia a tribo germânica guerreira que enfrentava com frequência os romanos na Macedônia até serem permanentemente expulsos para o norte do Danúbio em 30 a.C. Corresponde, em termos aproximados, ao sul da Ucrânia.

Beócia: Distrito na antiga Grécia, localizado no que é hoje a região central do país. Tebas era sua cidade principal.

Berecinto: Monte Berecinto, uma montanha na Frígia que era consagrada a Cibele, de onde ela recebeu o nome de Cybele Berecynthia.

Bitínia: Distrito da Ásia Menor (Turquia) na costa sul do Pontus Euxinus (Mar Negro) entre Paflagônia, ao leste, e Mísia, a oeste.

Bizâncio: Cidade no Bósforo (Trácia), defronte à entrada para o Euxino (Mar Negro). O imperador Constantino mudou o nome da cidade para Constantinopla em 330 (atual Istambul, Turquia).

Borístenes: Ou Borysthenis, uma cidade na foz do rio do mesmo nome (atual Dnieper, na Ucrânia).

Calábria: Península na região sudeste da Itália; formava parte de Apúlia.

Caldeia: Província babilônica na região que hoje é a área sudeste do Iraque. Em um sentido mais amplo, o termo se aplica a toda a Babilônia.

Caledônia: Nome romano para o norte da Grã-Bretanha, ainda usado em um sentido poético para se referir à Escócia.

Callichoros: Talvez Calycadnus. Ver nota separada.

Calycadnus: Rio em Cilícia Tracheia (atual Goksu na costa sul da Turquia); no entanto, não fica sequer perto da Paflagônia.

Cannae: Vilarejo em Apúlia localizado a nordeste de Canusium (perto da atual Andria, Itália). É famoso como o local da vitória do general cartaginês Aníbal sobre o exército romano em 216 a.C.

Capadócia: Uma região montanhosa da Ásia Menor, com boa pastagem para cavalos (era localizada mais ou menos no centro da atual região leste da Turquia, no Lago Tuz).

Cartago: Grande cidade na costa norte da África (perto da atual Tunes) que, em determinada época, rivalizava com Roma em poder e riqueza. Controlava a região correspondente à atual Tunísia, que era chamada de Carcedônia.

Cáspia: Região dos caspii (caspianos), tribos citas que habitavam as costas sul e sudoeste do Mar Cáspio. Estrabo os localiza na costa oeste; Heródoto e Ptolomeu, na costa sul.

Catana: Ou Catina, cidade na costa leste da Sicília, no sopé do Monte Etna (atual Catania).

Céltica: Uma das três partes nas quais Júlio César dividiu a Gália. Corresponde às regiões central e oeste da França.

Chonia: Distrito no sul da Itália em volta da cidade de Chone. Diz-se que incluía a parte sudeste da região habitada pelos lucanos e leste de Bruttium (o calcanhar da Itália). Há quem pense que seu povo tinha alguma ligação com os Chaones de Epiro, norte da Grécia.

Chrysa: Cidade na costa da Troa, perto de Tebas (ficava ao sul da Ilha de Bozcaada, Turquia, não muito longe da antiga Troia). Havia ali um templo de Apolo Smintheus.

Cilícia: A parte da costa sul da Ásia Menor (Turquia) que se projeta no Mar Mediterrâneo, defronte à Ilha de Chipre, estendendo-se a leste até a atual cidade de Maras.

Ciméria: Os cimerianos eram um povo mítico que habitava o extremo oeste do oceano, envoltos em brumas e escuridão. Houve um povo real com o mesmo nome que vivia à margem do Rio Palus Maeotis (Mar de Azov).

Cinto (Cynthus): Montanha na Ilha de Delos (a oeste da Ilha maior de Mikonos, no mar Egeu). Apolo e Ártemis teriam nascido ali.

Cirenaica: Distrito no Norte da África, localizado na costa do Mediterrâneo entre Marmaridae, a leste, e Syrtis Major (golfo de Sidra), a oeste. Parte nordeste da atual Líbia.

Cirene: Principal cidade de Cirenaica, uma região no norte da África (atual Shahat, Líbia).

Cithaeron: Monte Cithaeron, cordilheira cujo pico mais alto era consagrado a Cithaeronian Zeus, e o local do festival se chamava *Daedala*. Era situado nas fronteiras entre Ática, Beócia e Migaris (mais ou menos entre as regiões atuais de Thivai e Megara, na Grécia).

Citera: Uma ilha ao sudoeste de Lacônia (atual Kithira, ao sul de Peloponeso). Havia uma cidade no interior com o mesmo nome. A ilha foi colonizada pelos fenícios, os quais trouxeram o culto a Afrodite. Por esse motivo, a deusa era chamada de Citerea ou Cythereis.

Cita: Uma grande região ao norte do Ponto Euxino (Mar Negro), fazendo fronteira a oeste com as montanhas Cárpatos e a leste com o Rio Tanais (atual Don). Corresponderia, mais ou menos, ao extremo sul da Rússia europeia.

Claros: Ver Clarus.

Clarus: Pequena cidade na costa da Jônia perto de Colophon (extremo leste do golfo de Kusada, Turquia). Era conhecida por seu templo e oráculo de Apolo, que recebeu o sobrenome de Clarus.

Clazômenas: Uma importante cidade na Ásia Menor, localizada no Golfo de Smirna (atual Golfo de Izmir, Turquia).

Cnidus (Cnido): Ver Gnidus.

Cólquida: Região da Ásia na costa leste do Euxino (mar Negro) que corresponde à atual região oeste da Geórgia, antiga União Soviética.

Comagena: Ver Commagene.

Commagene: Distrito na região nordeste da Síria, notável na antiguidade por suas terras férteis para agricultura.

Crotona: Cidade no extremo sul da Itália (ainda existente). Uma cidade grega fundada em 710 a.C., floresceu como o lugar que Pitágoras escolheu para estabelecer sua escola.

Crustumerium: Antiga cidade sabina em Lácio, localizada nas montanhas à nascente do Rio Alia, não longe do Rio Tibre (cerca de 17 quilômetros a norte de Roma).

Cynops: Talvez Cinópolis, uma cidade do Médio Egito localizada em uma ilha do Nilo. Era uma das principais sedes do culto a Anúbis. Havia também uma cidade do mesmo nome no delta do Nilo.

Delos: A menor das Ilhas Cíclades. Segundo uma lenda, ela foi erguida do mar por Posêidon, ficando à deriva até que Zeus a amarrasse com correntes adamantinas para ser o local onde nasceriam Apolo e Ártemis (fica logo a oeste de Mikonos).

Delfos: Pequena cidade em Fócis (Grécia central), famosa como sede do oráculo de Apolo. Homero a menciona sob seu nome original, Pito. Era considerada o centro do mundo e chamada de "umbigo da Terra". Dentro do templo de Apolo havia uma rachadura que exalava fumaças tóxicas. A pitonisa se sentava sobre esse local, em um tripé, e recebia o dom da profecia sempre que respirava os vapores. Não há o menor traço dessa rachadura em tempos modernos.

Díndimo: Ou Dindyma, ou Dindyorum, uma montanha na Frígia perto da cidade de Pessino (atual Murat Dagi, perto da cidade de Usak, na região centro-oeste da Turquia). Era consagrada a Cibele, que recebia, por isso, o nome de Dindymene.

Dotan: Cidade na região central da Palestina. É identificada com a atual Tell Dotan, localizada cerca de 96 quilômetros ao norte de Jerusalém.

Dotham: Ver Dotan.

Éfeso: Principal das 12 cidades jônicas na costa da Ásia Menor (era localizada no atual Golfo de Kusada, Turquia). Para além de suas muralhas se encontrava um famoso templo de Ártemis.

Elam: Região das montanhas Zagros, no oeste do Irã.

Elêusis: Cidade na Ática que ficava a noroeste de Atenas, na costa perto da fronteira com Megara. Possuía um templo de Deméter e era o local das eleusínias, festival em homenagem a essa deusa e à deusa Perséfone.

Elis: Região na costa oeste de Peloponeso, onde Zeus era adorado em Olímpia, perto de Pisa, com um festival exuberante a cada quatro anos. Elis era considerado um lugar sagrado. Seus habitantes tinham honras sacerdotais, suas cidades não eram muradas e eram livres dos terrores da guerra.

Enna: Também chamada Henna, antiga cidade fortificada na Sicília, considerada o centro da ilha. Um célebre templo de Deméter se localizava lá. Aos visitantes era mostrado um prado em que se dizia que Plutão teria escondido Perséfone e uma caverna na qual os dois teriam desaparecido debaixo da terra.

Epidamnus: Cidade na Ilíria, Grécia (atual Durres, na costa da Albânia).

Epidaurus: Cidade em Argolis (em Peloponeso) no Sinus Saronicus, (Golfo Sarônico), que governava o distrito litorâneo chamado Epidauria, independente até os tempos romanos.

Epidaurus Limera: Cidade na costa leste de Lacônia (no lado leste da extremidade sul de Peloponeso). Não deve ser confundida com Epidaurus em Argolis.

Epiro: Noroeste da Grécia.

Ercta: Também chamada Ercte, ou Hiercte (atual Monte Pelegrino), uma montanha perto de Palermo, na costa norte de Sicília. Teve participação na primeira Guerra Púnica como posição fortificada para os cartagineses.

Esparta: Ver Lacedemônia.

Etna: Montanha vulcânica na região nordeste da Sicília.

Etrúria: Região central da Itália (atual Toscana), o coração do império etrusco, que foi uma grande potência antes da ascensão de Roma.

Fenícia: Nação que fazia comércio marítimo e ocupava um trecho de cerca de 16 quilômetros de largura ao longo da costa leste do Mar Mediterrâneo (litoral do atual Líbano e Síria).

Fregellanus: Uma importante cidade em Lácio que, em tempos antigos, era a região da Itália central ao sul do Tibre. Foi destruída por Optimius em 125, quando se envolveu em uma revolta contra Roma.

Frígia: Região da Ásia Menor (Turquia) que fazia fronteira com Mísia, Lídia e Caria a oeste; Lícia e Pisídia ao sul; Bitínia ao norte; e Lacônia e Galácia ao leste, a última das quais era às vezes considerada parte da Frígia (correspondendo mais ou menos à região centro-oeste da Turquia).

Getúlia: Grande região no interior do norte da África que corresponde à atual região central da Argélia.

Gilboa: Montanha no extremo norte de uma cadeia de colinas em Samoria (atual Jelbun, Israel).

Gnidus: Ou Cnidus (Cnido), célebre cidade lacedemônia na costa oeste da Ásia Menor (Turquia), localizada na ponta do promontório sul de Sinus Ceramicus (Golfo de Kerme).

Gordiana: Gordiaea, Gordyaei, Gordyene ou Corduene, um distrito montanhoso no sul da Armênia Maior, entre Arsissa Palus (Lago Van, na Turquia) e os Montes Gordyaei. Localiza-se na atual área central da Turquia e Armênia.

Grinia: Ou Grynium, antiga cidade fortificada na costa de Sinus Elaiticus (atual Golfo de Candarli, Turquia). Era famosa por seu templo e oráculo de Apolo Grynaeus.

Heliópolis: Duas antigas localidades tinham o nome de Heliópolis: (1) na Síria, principal sede do culto a Baal, cuja imagem era o Sol, o qual os gregos identificavam com Apolo e Zeus (localizada no atual Líbano, não muito longe do leste de Zegarta); (2) e no Baixo Egito (logo a nordeste da atual Cairo). Era a essa cidade que a fênix retornava para renascer.

Helesponto: Estreito ligando o Mar Egeu ao Mar de Marmara, atual Turquia.

Hermópolis Magna: Uma das mais antigas cidades no Egito, era a sede principal do culto a Anúbis e o local sagrado de sepultamento do íbis, o pássaro-símbolo de Thoth (Hermes). A cidade era localizada na margem oeste do Nilo, logo abaixo da fronteira com o Alto Egito (não longe ao sul da atual El Minya).

Hiperbórea: Região mítica onde o Sol nascia e se punha uma vez por ano, habitada por um povo abençoado que adorava Apolo e vivia até mil anos. Originalmente, devia ser uma referência às selvas da Tessália, mas à medida que o conhecimento de geografia se expandia, ela começou a ser atribuída mais para uma área norte, na própria costa do Oceano Hiperbóreo. O termo "hiperbóreo" passou a significar "extremo norte", podendo, nesse sentido, aplicar-se a qualquer coisa.

Hircânia: Província do antigo império persa localizada na costa sudeste do Mar Cáspio.

Homolium: Cidade na Tessália, no sopé do Monte Ossa. Ficava no local da atual Lâmia.

Hypaepa: Cidade na Lídia, na inclinação sul do Monte Timolus, perto da margem norte do Caister (não longe da atual Tiro, oeste da Turquia).

Ida: Duas montanhas tinham esse nome: (1) em Creta, onde Zeus foi criado até a idade adulta; (2) em Mísia, Ásia Menor (localizada cerca de 16 quilômetros ao sul dos confins mais remotos do Golfo de Edremit, noroeste da Turquia). Foi o cenário do estupro de Ganimedes e do julgamento de Páris, e era a antiga sede do culto a Cibele, que por isso era chamada também de *Idaea Mater*.

Idálio: Cidade e Chipre (atual Dali) que era consagrada a Afrodite. A deusa recebia o sobrenome de Idália.

Idumeia: Forma grega de Edom, da Bíblia, que na época dos romanos se estendia ao longo do leste do Mediterrâneo, desde o Hebrom ao norte até Arábia Pétrea ao sul (corresponde à atual região sul de Israel).

Imbros: Uma ilha no norte do Mar Egeu (atua Imroz). Era a sede do culto aos Cabiri, divindades místicas identificadas com Hephaestus. Outra cidade também chamada Imbros se localizava ao leste da ilha.

Judeia: Nome romano para a Palestina, que nas Escrituras era chamada Canaã. Corresponde mais ou menos ao atual Israel.

Lacedemônia: Outro nome para a cidade de Esparta, principal cidade de Peloponeso (Grécia) e capital de Lacônia.

Lácio: Região central da Itália.

Lacônia: Região sudoeste do Peloponeso.

Laurento: Antiga cidade do Lácio, que se localizava não longe do sul de Roma.

Lemnos: Uma das maiores ilhas no Mar Egeu (atual Limnos). Havia duas cidades, Mirian (Mirina), na costa oeste, e Hephaestia, ou Hephaestias, na costa noroeste, a segunda tendo recebido o nome do deus a qual era consagrada. Hephaestus teria caído em Lemnos quando Zeus o agarrou pelo calcanhar e o jogou do alto do céu. Em tempos remotos, a ilha tinha um vulcão chamado Mosychlus.

Leucádia: Também chamada Leucas (ainda existente), uma ilha no Mar Jônico.

Lócris: Região da Grécia entre o Golfo de Corinto e a costa defronte à Ilha de Eubeia. Os nativos eram divididos em povos do leste e do oeste, os últimos sendo uma colônia dos primeiros. Homero só menciona os habitantes do leste, enquanto Thucydides chama o povo do oeste de rude e bárbaro.

Lucania: Região no sul da Itália, no lado oeste de Sinus Tarentinus (Golfo de Tarento).

Lucrinus Lacus: Originalmente uma baía profunda na costa de Campanha (atual Golfo de Pozzuoli, Itália), foi separada do mar por uma violenta atividade vulcânica em tempos pré-clássicos e se tornou um lago de água salgado, famoso por seus leitos de ostras. Em 1538, uma montanha vulcânica chamada Mounte Nuovo se ergueu do lado e o destruiu.

Lícia: Um distrito na costa sudoeste da Ásia Menor que abrangia a projeção semicircular entre o atual Golfo de Antalia, Turquia, e a Ilha de Rhodes.

Lídia: Distrito ocupando a costa média da parte oeste da Ásia Menor (oeste da Turquia). Mísia ficava ao norte e Caria ao sul na península, dividindo-a em três regiões.

Ligúria: Região montanhosa no noroeste da Itália que, em tempos remotos, tinha uma extensão consideravelmente maior que a província atual com o mesmo nome. Sua fronteira norte era o Rio Pó.

Macedônia: Uma região que cobria o norte da atual Grécia, terra natal de Alexandre, o Grande.

Maeotis Palus: O mar interno (atual Mar de Azov) na fronteira entre Europa e Ásia. Os antigos tinham apenas ideias vagas de seu tamanho e forma. As tribos citas que habitavam suas praias eram chamadas de Maeotae.

Dicionário geográfico

Magnésia: Distrito na parte leste da Tessália, na Grécia. Tinha a forma de um trecho montanhoso estreito ao longo da costa delimitada a oeste pela planície tessália (ele compreendia a terra a leste de uma linha entre a atual Larisa e Volos).

Malea: Um promontório a sudeste de Lacônia entre os golfos de Argolis e Lacônia (atual Cape Malea). Era uma passagem temida pelos marinheiros. Ali existia um templo de Apolo Maleates. Agrippa parece confundir esse local com o promontório sul da ilha de Lesbos, que também se chamava Malea.

Maleoton: Ver Maleventum.

Maleventum: Antiga cidade em Samnium na Via Ápia. Os romanos lhe deram outro nome, após a terem conquistado e colonizado: Beneventum (atual Benevento, Itália).

Mallois: Ver Malea.

Mantiana: Mantiana Palus, também chamada Arsissa Palus (atual Lago Van, Turquia), um grande lago no sul da Armênia Maior.

Mareotis: Um lago na costa oeste do Egito separada do Mediterrâneo apenas por um estreito trecho de terra sobre o qual se erguia a cidade de Alexandria. O lago servia de porto para a cidade.

Mares da Ásia Menor (Turquia): Euxino (Mar Negro), Propontis (Mar de Marmara) e talvez o Maeotis Palus (Mar de Azov).

Marmarica: Distrito no norte da África localizado entre Cirenaica a oeste e o antigo Egito a leste. Corresponde à parte noroeste do atual Egito.

Média: Uma província populosa, fértil, do império persa que ficava a sudoeste do Mar Cáspio, na extremidade noroeste do atual Irã.

Megaris: Pequeno distrito da Grécia entre Sinus Corinthiacus (Golfo de Corinto) e Sinos Saronicus.

Mênfis: Antiga cidade egípcia na margem oeste do baixo Nilo (não muito longe, ao sul da atual Cairo).

Meotis: Ver Maetois Palus.

Meroe: Antes de se tornar distrito da Etiópia, Meroe abrangia as terras entre o Nilo Azul, o Nilo e o Rio Arbar e era quase cercado por água a tal ponto que o chamavam de ilha. A cidade do mesmo nome, sua capital, ficava no extremo norte da margem leste do Nilo (perto de Ed Damer, no Sudão).

Metagonitis: A costa norte de Mauritânia Tingitana (atual Marrocos). O nome Metagonium aplica-se a um único promontório nessa costa.

Metana: Uma antiga cidade em Troezenia, distrito a sudeste de Argolis, que ocupava a extremidade peninsular do Peloponeso, na Grécia. A cidade ficava defronte à Ilha de Egina, no sopé de uma montanha vulcânica.

Micenas: Uma antiga cidade em Argolas, cerca de 9,5 quilômetros a nordeste de Argos, no Peloponeso (atual Mikinai). Durante o reinado de Agamenon chegou ao ápice de sua glória e foi a cidade de maior proeminência na Grécia.

Mileto: Uma cidade na costa da Ásia Menor defronte à embocadura do Rio Meandro (atual Menderes).

Minturnae: Cidade no Lácio, perto da embocadura do Rio Líris, onde a cidade italiana de Minturno existe hoje.

Nárnia: Cidade no Rio Nera que flui para o Tibre (atual Narni, Itália).

Nasamonia: Os habitantes dessa cidade eram um povo belicoso da Líbia que viviam na costa de Syrtis Major (Golfo de Sidra). Foram expulsos para o sul, embrenhando-se na África, pelos colonizadores gregos e romanos que vieram para a Cirenaica.

Naucratis: Uma cidade grega no delta do Nilo que foi fundada por volta de 550 a.C. Era o único lugar no antigo Egito onde os gregos tinham permissão de se estabelecer e fazer comércio.

Naxos: A maior das Ilhas Cíclades no Mar Egeu. Nos tempos clássicos, era associada às lendas de Dioniso, chamada as vezes de Dionísias, provavelmente por causa do excelente vinho produzido lá.

Naziâncio: Cidade na Capadócia que se encontrava na estrada de Archelais até Tiana. Sua localização exata não é conhecida. Era a cidade natal do pai da Igreja Cristã, Gregório Nazianzeno.

Neo: Nome romano da ilha de Ios, localizada ao sul de Naxos, no grupo das Sporades. Diz-se que a tumba de Homero está localizada lá.

Nervi: Cidade litorânea da Ligúria (perto da atual Gênova, Itália).

Nise: Ver Nisa.

Norvegia: Noruega.

Numância: Principal cidade de Celtibéria, uma região central da Espanha nos tempos romanos. Ficava em uma colina baixa, mas muito íngreme, e só podia ser acessada por uma única trilha, tornando desnecessárias as muralhas fortificadas. Os celtíberos a usavam como fortaleza contra os romanos. Foi sitiada e, depois de grande dificuldade, destruída por Scipio Africanus, o Mais Jovem, em 133 a.C.

Numídia: Terra na costa norte da África que corresponde à atual região nordeste da Argélia.

Nisa: Também Nyssa, a terra lendária onde Dioniso teria sido alimentado pelas niseidas, ou ninfas de Nisa. Havia uma meia dúzia de lugares com esse nome no mundo antigo, nenhum deles na Arábia. Agrippa provavelmente quer fazer uma referência à antiga cidade descoberta por Alexandre, o Grande, no Vale Peshavar, da atual província fronteiriça ao noroeste, o Paquistão. Até o século atual, uma seção da comunidade Kafir alegava ter origem grega – bem como os antigos habitantes do lugar – e entoava hinos ao deus que provinha de Gir Nysa (a montanha de Nisa), identificado como Koh-i-Mor.

Oásis: Dois oásis a oeste do Nilo eram considerados propriedades dos egípcios: (1) Oásis Maior (Kharga Oásis no Egito); (2) Oásis Menor (Bahariya Oásis no Egito). O Oásis Maior era um dos nomes do Alto Egito, enquanto o Oásis Menor era do Médio Egito. Quando o termo Oásis é usado sozinho, geralmente a referência é ao Menor. Um oásis mais famoso que esses dois era o de Amon (Siwa no Egito), assim chamado porque continha o santuário oracular do deus Amon. Em tempos antigos, ficava na Líbia, e continuou politicamente independente do Egito até os tempos dos Ptolomeus. Alexandre, o Grande, visitou esse oráculo, que o louvava como o filho de Júpiter Amon.

Ocriculum: Uma cidade importante na Úmbria perto do cruzamento dos rios Nera e Tibre (atual Otricoli).

Olynthus: Cidade da Macedônia em Calcidice, que ficava na boca do Golfo Toronaic, mais voltado para o interior (localizado na extremidade do golfo, equidistante das duas penínsulas que cercam o Golfo Toronaic da Grécia).

Orchenia (Orquênia): Região mencionada por Ptolomeu em *Tetrabiblos* 2.3 (Robbins, 143, 159) sob o signo de Leão. Não se sabe a que região é feita tal referência, mas deve ser algum lugar no Oriente Médio, pois se agrupa com outros lugares como Idumeia, Síria, Judeia, Fenícia, Arábia Feliz e Caldeia.

Orchestus: Ver Orchomenus.

Orchomenus: Cidade na parte noroeste da Beócia na costa sudeste do Lago Copais (menos de 16 quilômetros a nordeste da atual Levadhia, Grécia central).

Oxiana: Referência às terras dos Oxiani, povo que habitava a margem norte do Rio Oxus (atual Amu-Dar'ya), que corre para o norte até Oxiana Palus (mar Aral). Corresponde mais ou menos ao Uzbequistão, na antiga União Soviética.

Paflagônia: Região no meio da costa norte da Ásia Menor (Turquia), ocupando a protuberância suavemente arredondada da costa até o Euxino (Mar Negro). A oeste ficava a Bitínia e a leste, Ponto.

Pamphylia: Seção arqueada e estreita na costa sul da Ásia Menor (Turquia) que ficava em Sinus Pamphylius (Golfo de Antalia). Fazia fronteira a oeste com a Lícia e a oeste com a Cilícia.

Paphos: A velha Paphos, uma cidade do Chipre situada perto da costa oeste da ilha, mas não na costa em si. Era a principal sede do culto a Afrodite. Outra cidade do mesmo nome, chamada Nova Paphos, ficava mais no interior. Todos os anos, o sacerdote do templo de Afrodite conduzia uma grande procissão da Nova até a Velha Paphos.

Papia: Ver Pavia.

Parnasso: A parte mais alta da faixa montanhosa ao norte de Delfos, particularmente os dois picos Tithorea e Lycorea. Essa região era densamente arborizada e continha muitas cavernas e vales. Parnasso era sagrada para Apolo e as musas, e também a Baco.

Pártia: Região interior ao sul da parte sudeste do Mar Cáspio que ocupava a protuberância nordeste do atual Irã. Parte do império persa que era habitada por uma raça de guerreiros conhecidos por sua habilidade no manuseio do arco e montados a cavalo.

Patara: Uma das principais cidades de Lícia, ficava em um promontório do mesmo nome 9,6 quilômetros a leste da embocadura do Rio Xanthus (aproximadamente 24 quilômetros a oeste da atual Castelorizone, Turquia). A cidade possuía um oráculo de Apolo que dava respostas somente no inverno.

Patrai: Cidade em Acaia (atual Patrai, Grécia).

Pavia: Cidade no Norte de Itália, não muito longe, ao sul de Milão.

Perga: Antiga cidade de Pamphylia, localizada cerca de 16 quilômetros a leste de Adália, ou Attalia (atual Antalia), na costa sul da Ásia Menor (Turquia) no Golfo de Antalia. Era famosa como sede do culto a Ártemis. Em uma colina perto da cidade ficava um templo muito antigo da deusa, no qual era realizado um festival anual. As moedas de Perga têm a imagem da Ártemis e de seu templo.

Pérsia: Irã.

Pessinuntium: Ver Pessinus.

Pessinus: Ou Pessino, uma cidade na Ásia Menor na inclinação do Monte Díndimo, ou Agdistis, na parte sudoeste da Galácia (perto da atual Usak, Turquia). Era a principal sede do culto a Cibele, que recebia o sobrenome de Agdistis. Seu exuberante templo ficava em uma colina fora da cidade e continha uma estátua de madeira (ou pedra), que foi levada para Roma para satisfazer um oráculo em um dos livros sibilinos.

Phalaesiae: Cidade na Arcádia ao sul de Megalópolis em Peloponeso.

Phaliscia: Phalaesiae.

Pharai: Antiga cidade na região oeste de Acaia, uma das 12 cidades acaianas. Havia nela um oráculo de Hermes. Talvez a cidade se situasse cerca de 16 quilômetros a sudoeste da atual Patrai.

Pharis: Ver Pharai.

Pharsalia (Farsala): O território da cidade de Pharsalus, na Tessália (atual Farsala, Grécia), sobre o qual foi travada a decisiva batalha de 48 a.C. entre Júlio César e Pompeu. César foi o vitorioso.

Phazania (Fazania): Distrito no interior da Líbia, correspondente ao atual Fezzan.

Pireus: Talvez Pyrrhi Castra, um lugar fortificado no norte da Lacônia (sudeste de Peloponeso), onde Pirro provavelmente acampou durante sua invasão do país.

Pisa: Capital de Pisatis, que era a região média de Elis, Peloponeso (não ficava longe da atual Olimbia).

Ponto: Região norte da Ásia Menor (Turquia) na costa do Ponto Euxino (mar Negro) a leste de Paflagônia. O Euxino em si costumava ser chamado de Ponto. Ovídio dá esse nome à costa do Euxino entre as embocaduras dos Rios Istar (Danúbio) e Monte Haemus (costa leste das atuais Romênia e Bulgária).

Praeneste: Atual Palestrina. Uma das mais antigas cidades em Lácio, era ligada a Roma por uma estrada chamada de Via Pristina. Seus habitantes afirmavam que ela fora fundada por Telegono (Telêmaco), filho de Ulisses. Possuía um templo muito famoso e antigo da deusa Fortuna, com um oráculo que era chamado de sorte prístina (*Praenestinae sortes*). Nos tempos do império, o templo da Fortuna foi ampliado a proporções enormes, e a cidade se tornou popular como estação de férias para os nobres ricos. O oráculo continuou a ser consultado até os tempos cristãos, quando Constantino e depois Teodósio o proibiu.

Preneste: Praeneste.

Proconeso: Ilha no Mar de Propontis (atual Ilha de Marmara, no Mar da Marmara, Turquia).

Prosena: Ver Prosymna.

Prosymna: Antiga cidade em Argolis, norte de Argos, no Peloponeso. Possuía um templo de Hera (Juno).

Ramote-Gileades: Cidade no leste da Palestina, possivelmente localizada na atual Tell Ramit, cerca de 1,6 quilômetro ao sul de Er Ramtha, perto da fronteira entre Jordânia e Síria.

Reate: Cidade no Lácio, Itália (atual Riete).

Reatum: Ver Reate.

Samos: Ou Samus, uma das ilhas no Mar Egeu. Um templo de Hera, chamado *Heraeum*, foi construído 3,2 quilômetros a oeste da cidade de Samos, que ficava no lado sudeste da ilha. Esse templo era o principal centro para o culto a Hera entre os gregos jônicos.

Sarmatia: Uma grande extensão de terra que vai desde a atual Polônia, atravessando o sul da Rússia, até o leste, no Rio Volga. Era habitada principalmente pelos citas e, ao oeste, pelos germanos.

Seres: Terra no extremo leste do bicho-da-seda. Para Ptolomeu (fonte de Agrippa), indicava o noroeste da China e Tibete.

Sicília: Atual Sicília, com o mesmo nome.

Soracte: Montanha na Etrúria perto do Tibre, cerca de 38 quilômetros de Roma. O pico coberto de neve era visível desde a cidade antiga.

Sutrium: Antiga cidade da Etrúria, cerca de 64 quilômetros a noroeste de Roma (atual Sutri).

Taenarum: Promontório na Lacônia que forma a ponta sul do Peloponeso (atual Cabo Tainaron). Existia ali um templo de Posêidon. Ao norte, havia uma cidade com o mesmo nome.

Tamiraca: Segundo Smith (1862, 852), "uma cidade e promontório da Sarmatia europeia, na parte mais interior de Sinus Carcinites, que também era chamada de Sinus Tamyraces". Infelizmente, Smith não menciona onde Sinus Carcinites era localizado – algum lugar na costa norte do Mar Negro, talvez perto da atual Yeysk, no Mar de Azov.

Tarento: Antiga cidade grega na costa do Sul da Itália (atual Tarento, com o mesmo nome). Foi capturada por Aníbal durante a Segunda Guerra Púnica em 212 a.C.

Tauris: Pequena ilha próxima à costa de Ilíria, no Mar Adriático, entre Pharus (atual Hvar, próximo à costa da Iugoslávia) e Córcira (atual Kerkira ou Corfu).

Taurus: Montanha de altura moderada, supostamente íngreme e com florestas no topo. É localizada na cordilheira Taurus, no sul da Turquia (atual Aladag).

Tebas (Thebais): Alto Egito.

Tebas: Várias cidades antigas levavam esse nome, sendo duas delas mais importantes que as outras: (1) Thebae no Egito, capital de Tebas (Alto Egito). Ficava na margem leste do Nilo (atual Luxor) e tinha a fama de ser a cidade mais antiga do mundo. Homero a chamava de "cidade dos cem portões". (2) Thebae na Grécia, uma antiga cidade na Beócia que ficava em uma planície a sudeste do Lago Helice (atual Thivai). Mais conhecida como o cenário de *Os sete contra Tebas*, era uma cidade próspera, ferozmente independente, com sete portões construídos em uma muralha quase circular com 14,4 quilômetros de circunferência. Dicaearchus (c. 300 a.C.) diz que era um lugar escuro, com boa água e lindos jardins no verão, mas muito frio no inverno.

Tegea: Cidade na Arcádia (não muito longe, ao sul da atual Trípoli, Grécia). Em determinado período, era dividida em quatro tribos, cada qual tinha uma estátua de Apolo Agyieus, que era venerado na cidade.

Tegyra: Talvez Tegea. Ver nota separada.

Tenedos: Pequena ilha no Mar Egeu, próxima à costa de Troa, perto da embocadura do Helesponto, localizada cerca de 9,6 quilômetros da Ilha de Lesbos e aproximadamente 6,4 quilômetros da costa. Era célebre em tempos antigos por suas belas mulheres e tinha a fama de ser o posto para onde os gregos levaram sua frota a fim de convencer os troianos a aceitarem o cavalo de madeira.

Terásia: Pequena ilha logo a oeste de Tera (atual Tira), no Mar Egeu. Originalmente parte de Tera, mas foi separada da ilha maior por um acidente geológico.

Terma: Cidade na Macedônia (no local da atual Thessaloniki).

Tibre: Uma das cidades mais antigas do Lácio, localizada 25,6 quilômetros a nordeste de Roma. Nos tempos do império, era uma estação de férias muito procurada, na qual os nobres ricos de Roma construíam suntuosas vilas. Havia ali um bosque sagrado e um templo à sibila, ou ninfa, Albunea, ou Albuna, que dava oráculos.

Trácia: Região entre o Ponto Euxino (Mar Negro) e a Macedônia. Era maior em extensão que a parte da Grécia que leva hoje esse nome, abrangendo também a área entre o Euxino e o Propontis (Mar de Marmara).

Treveris: Augusta Trevirorum (Trier, Alemanha), que tem extensas ruínas romanas.

Trezenium: Ver Troezenia.

Tritones: Ver Tritonis Palus.

Tritonis Palus: Também Tritonitis Palus (latim: *palus* – pântano, brejo), um lendário rio e lago na antiga costa da Líbia. Segundo um relato, Atena nasceu no Lago Tritonis, filha de uma ninfa do mesmo nome e de Posêidon: daí seu sobrenome: Tritogenia. Antigos escritores gregos identificavam o Lago Tritonis com o atual Golfo de Gabes, na Tunísia. Posteriormente, ele foi associado com o grande lago de água salgada que existe no interior (Shott el Djerid). Em tempos antigos, esse lago tinha um rio que desembocava nele, mas as dunas do deserto do Saara dificultam essa identificação. Alguns escritores davam uma localização diferente, identificando o lendário rio com o Rio Lathon, em Cirenaica. Apolônio de Rhodes chegou até a transferir o nome para o Nilo.

Troa: A terra em volta da antiga cidade de Troia, na Ásia Menor.

Troezenia: Região na parte sudoeste de Argolis, no Peloponeso, defronte à Ilha de Calauria (atual Poros). Uma cidade chamada Troezena existia a curta distância do mar, no interior. Em tempos remotos, Troezena era chamada de Poseidonia, por causa do culto a Posêidon.

Troglodytice: Terra dos *trogloditas*, ou habitantes das cavernas, referindo-se especialmente às tribos bárbaras que viviam na costa oeste do mar Vermelho, na costa no Alto Egito e na Etiópia.

Troia: Também chamada de Ílion, antiga cidade na parte norte de Mísia, Ásia Menor (não muito longe a sudeste da embocadura do atual Dardanelo, Turquia). Troia foi conquistada e destruída pelos gregos, constituindo o tema da *Ilíada* de Homero.

Turíngia: Antigo distrito da Germânia que ficava na parte sudoeste da antiga Alemanha Oriental.

Toscana: Ver Etrúria.

Úmbria: Distrito da Itália central que, na Antiguidade, era mais vasto que a localidade com o mesmo nome hoje em dia, estendendo-se até as costas do Atlântico.

Índice de citações bíblicas

ste índice inclui tanto as citações diretas quanto as alusões feitas por Agrippa a questões específicas na Bíblia e nos Apócrifos, bem como referências bíblicas presentes apenas nas notas. Quando tive alguma dúvida quanto à localização exata de uma citação, deixei indicado nas notas com a palavra "talvez".

Apocalipse
1:4
1:10
1:11
1:12
1:16
2:14
4:5
4:6-7
4:8
5:1
5:6
7:1-2.15
7:3
7:5-8
8:1
8:2
9:11
10:4
11:4
11:9-12
12:1

12:3
12:7
12:9
12:10
13:13
13:16
13:18
15:1
15:7
16:1
17:1
17:3
17:9
17:10
20:10
21:12
21:14
21:19-20

Atos
1:3
1:3.12
1:11
1:26
2:4
4:12
4:36-7
7:14
8:27-40
12:7-10
16:16
17:34
19:13-6
20:4
28:3-6

Índice de citações bíblicas

Bel e o Dragão (apócrifo)
36
Cântico das três crianças (apócrifo)
28
29-68
35-65
54-60
Cântico dos cânticos
7:5
7:9
1 Crônicas
21:27
2 Crônicas
16:12
18:5
18:19-21
33:7
Colossenses
3:3
3:17
1 Coríntios
2:6
3:16
6:17
12:4-13
13:1
13:13
15:32
15:44
2 Coríntios
6:15
12:1-4
12:2
12:9
Daniel
2:19
2:31-5
3:19
3:20-30
3:25
4:10-7
4:27
4:30
4:32
6:16-9
6:22
6:23
7:2-7
8:16
9:21
9:25
10:13
10:14
10:20-1
12:1
14:31-39
14:32-5
14:35
Deuteronômio
1:4
3:11
4:19-20
4:24
4:29
4:47
5:24
8:2
9:2
13:7
15:1
17:3
27:3
32:6
32:8
32:22
32:39
33:14
33:29
Eclesiastes
3:19
3:20-1
4:8-12
Eclesiástico (apócrifo – Bíblia católica)
Prólogo
3:30
16:26
17:17
24:3.9
24:5
Enoch (apócrifo)
6:7-8

8:1
40:9
70:2
Efésios
2:2
4:11
6:17
1 Esdras
8:1-7
2 Esdras
2:18
4:1
7:32
Ester
1:10
5:1
Êxodo
3:2
3:3
3:11
3:14
4:2-7
7:1
7:10
7:11-2
7:20
7:22
8:6
8:7
8:17
8:19
8:24
9:10
9:23
10:13
12:2-7
12:29
13,2
13:21
14:19-21
14:22
14:28
15:11
15:27
16:5

16:13
16:15
17:6
17:11
17:14
19:1-16
19:19
20:8-11
20:9
20:24
21:2
22:8
22:30
23:10
23:11
23:19
23:20-1
24:16
25:18
26:1
26:7
27:20
28:4-8-36
28:15-20
28:29
30:25
30:34
31:15
31:18
33:2
33:11
33:23
34:28-9
34:30
35:2
Ezequiel
1:1
1:5-14
1:10
1:15-20
1:21
1:26-8
1:27
3:15
5

Índice de citações bíblicas

9
15:8
28:13
34:25-8
48:31
48:35
Esdras
3:1-4
3:10
4:13
7:14
Filipenses
4:13
Gálatas
3:13
Gênesis
1:1
1:3
1:6-8
1:20-24
1:21-24
1:27
1:31
2:2
2:5
2:6-7
2:7
2:9
2:10-4
2:19
2:24
3:8
3:13
3:14
3:17
3:22
4:14
4:15
4:19
4:24
5:1
5:24
6:4-7
6:14-6
7:10-1
7:12

7:13
7:19
8:1
8:21
9:26
10
11:5-7
11:6-7
12:1-9
13:9
14:1
14:18
14:23
15:2
15:17
17:1
17:5
17:12
18
18:3
18:6
18:23-32
19:24
21:29
21:30
24:2
25:6
26:7
26:12
26:24
28:11-8
28:12-5
28:22
29:18-28
30:14-6
31:41
32:24-8
32:30
32:31
33:21
37:5-10
37:28
39:2-21-23
41:17-24
41:32
41:46

42:16
46:27
48:15-6
49:5
49:24
49:28
50:10
Hebreus
1:14
4:12
11:21
12:29
Isaías
1:16
4:1
6:1-7
6:6
7:14
9:6
11:2
11:4
11:9
11:15
13:21-2
14:14
17:5
19:4
24:21
29:1
29:4
30:2
33:7
34:11-14-5
34:14
37:38
38:1-6
40:12
41:23
43:10
45:12
48:12
51:20
53:1
53:3
63:16
65:25

Jeremias
7:14
7:18
15:9
18:17
25:11
25:18
44:17-26
48:10
51:44
Jó
1:2
2:13
3:5
5:19
5:23
6:15-7
17:12
24:16-7
25:5
27:3
28:22
33:23
33:29
37,7
40:15-24
41:1
João
1:1
1:1-14
1:14
2:5
2:6
3:5
3:14
4:14
4:52
5:2-4
5:7
6:70
8:12
11:9
11:49-51
12:31
13:25

Índice de citações bíblicas 1077

14:30	13:3-21
15:16	13:6-8
16:11	13:18
19:31	14:5-6
20:11	14:12-17
20:25	15:19
21:2	16:8
21:20	16:19
I João	19:22
5:19	36:40
Jonas	**Lamentações**
1:7-15	5:16
1:17	**Levítico**
3:4	4:6
3:6-10	6:12-3
Josué	12:2-6
1:1	12:6-91
3:17	14:4-7
4:5	14:7
4:19	14:7
6:2	15:13
6,3-4	15:19
10,12-3	16:8
13,6	19:31
15,8	20:27
18,6	21
21	21:20
24:15-27	22:2-8
Judas	22:3
9	23:8
14-5	23:24
Judite (apócrifo – Bíblia católica)	23:34
4:13	23:36
Juízes	23:41
1:7	23:42
2:13	25:9
3:9-10	25:10
3:14	26:18
6:1-11-34	**Lucas**
6:17	1:36
9:2	1:59-64
9:4	3:23
9:5	7:47
11:24	8:2
12:14	9:49

10:1
10:19
10:20
10:39
10:40
11:1-4
11:41
15:4
15:8
16:9
16:13
16:17
16:19-26
16:22
17:12-9
21:15
21:18
22:19
22:36
23:44-5
23:46
23:54
24:21
II Macabeus (apócrifo - Bíblia católica)
12:26
12:39-45
15:15-6
Malaquias
3:1
3:16
Marcos
1:9
5:30
11:24
15:42
Mateus
1:7
2:2
2:7
2:14-5
3:16
4:1
4:2
4:8

5:3-11
5:22
5:43-4
6:7-13
6:9-13
6:12
7:6
7:22
8:23-6
8:28
8:31
9:22
9:28-9
10:2-6
10:30
12:24
12:45
13:10
13:10-4
13:11
14:20
14:25
14:31
14:32
15:19
15:36
15:37
16:16-7
17:20
18:22
19:14
19:18-21
19:28
19:29
20:9
22:25-6
23:13-29
25:15
25:33-41
25:40
25:42
26:52
27:46
28:1

Miqueias
5:5
Neemias
12:35
13:1
Números
1:5-16
6:27
8:2
11:16
11:24
11:25
12:10
12:14
13:4-15
13:29
16:32
16:35
17:2-5
18:21
19:11
21:7
21:9
21:33
22:4
22:6
22:28
23:1
23:20
24:9
24:20
25:11
26:11
26:55
28:11
28:17
29:1
29:12
29:17
29:32
33:9
Oseias
2:18
I Pedro
3:20

II Pedro
1:5-7
1:21
2:1
Provérbios
1:8
1:17
3:16
3:18
6:6
6:16-9
6:31
9:1
11:22
15:11
17:12
19:12
23:5
23:6
23:32
26:16
26:25
27:20
28:22
28:24
30:15
30:26
30:28
30:31
I Reis
3:5-15
3:12
5:15
7:25
10:1
11:1
11:5
11:17
16:31
17:1
17:6
17:22
18:38
18:44
19:4-8

19:5-8	10:8
19:8	11:4
20:29	12:6
21:9-10	16:10
21:29	18:9
22:20-2	18:10
22:22	22:16-7
II Reis	23:4
1:2	25:5
1:4	26:3
1:10	33:2
2:8	34:7
2:11	34:15
2:15	35:5-6
2:24	37:29
4:32-5	40:2
4:35	44:9
5:10-4	45:3
5:14	47:9
5:18	51
7:6	55:23
8:1	59:7
9:25-6	72:9
9:36	78:49
17:34-5	79:12
17:31	82:1
18:4	82:6
20:6	85:8
20:9-11	88:11
23:13	90:10
25:25	91:1
Romanos	91:9-12
7:23	91:11
9:22	91:13
11:36	91:14
Salmos	92:8
1:4	97:3
5:12	103:5
6:32,38, 51, 102, 130, 143	104:1
7:13	104:4
7:17	104:6
8:3	104:19
8:6	104:21-3
9:13	104:35
9:17	109:6

Índice de citações bíblicas

110:1
112:2
112:3
112:6
112:7
112:9
119:11
119:164
120:134
128:3
128:3
141:2
144:1
148:1
148:4
149:6
I Samuel
5:1-7
10:1-20-7
10:10-3
13:14
16:10-3
16:13
16:23
17:17-8
17:34-5
17:46
19:20
23:9-11
27:10
28:7
28:7-20
28:11
28:15
30:7-8
30:29

II Samuel
21:9
31:4
Sofonias
1:5
Tiago
3:17
5:16-8
II Timóteo
3:8
Tobias (apócrifo – Bíblia católica)
1:1
3:8
4:7
5:4
5:4-16
5:4-6
5:16
8:2-3
8:3
11:4
12:8
12:9
12:15
Zacarias
1:14
3:9
4:2
4:10
4:11
4:14
8:19
9:17
13:4

Bibliografia

ADDIS, W. E. *The Documents of the Hexateuch*. 2 vols. Londres: David Nutt, 1892.

AGRIPPA VON NETTESHEIM, Heinrich Cornelius. *Opera*. 2 vols. Hildesheim e Nova York: Georg Olms Verlag, 1970. Uma reimpressão em fac-símile da edição de Lião, datada pelo editor de 1600 (?). Embora seja estranho, as tábuas da Cabala não aparecem nessa obra, o que limita sua utilidade.

_____. *Three Books of Occult Philosophy*. Traduzidas do latim por J. F. [Londres: 1651]. Londres: Chthonios Books, 1986. Fotocópia em fac-símile da edição londrina de 1651. Usei-a como base para o texto da atual edição.

Allen, Richard Hinckley. *Star Names. Their Lore and Meaning*. Nova York: Dover Publications, 1963. Uma reimpressão de *Star-Names and Their Meanings*, publicada por G. E. Stechert, 1899.

ANDREWS, W. S. *Magic Squares and Cubes*. Nova York: Dover Publications, 1960. Reimpressão da segunda edição de Open Court Publishing, de 1917. O livro é composto de ensaios que apareceram entre 1905 e 1916 no periódico matemático *The Monist*, escrito por Andrews e outros.

Angus, S. *The Mystery-Religions* [Londres: 1925]. Nova York: Dover Publications, 1975. Publicado originalmente por John Murray sob o título *The Mystery-Religions and Christianity*. Um livro útil, mas o autor tem uma tendência a moralizar.

ANTHON, Charles. *A Classical Dictionary*. Nova York: Harper and Brothers, 1843. Um volume grande que aborda uma vasta gama de assuntos com considerável profundidade.

_____. *A Latin-English and English-Latin Dictionary* [1849]. Nova York: Harper and Brothers, 1868.

The Apocrypha (edição autorizada). Oxford: Univ. Press, s.d.

Apolônio de Rhodes. *The Voyage of Argo*. Tradução de E. V. Rieu [1959]. Harmondsworth: Penguin Books, 1985.

APULEIO, Lúcio. *The Golden Asse*. Tradução de William Adlington [1566], s.d. Reimpressão da edição de 1639. O editor não dá o nome, a data nem qualquer outra informação a respeito dessa edição.

AQUINO, Tomás de. *Introduction to Saint Thomas of Aquinas*. Ed. Anton C. Pegis. Nova York: Random House, 1948. Uma seleção dos escritos básicos com uma breve introdução e sem índice. Edição da The Modern Library.

_____. *Summa contra gentiles*. Londres: Burns, Oats and Washbourne, 1928.

ARISTÓFANES. *The Eleven Comedies*. Nova York: Liveright Publishing Company, 1943. Esse texto teve uma tradução anônima do grego e foi publicado em 1912 pela Athenian Society, apenas para assinantes.

ARISTÓTELES. *The Basic Works*. Vários tradutores. Compilado por Richard McKeon, a partir da edição da Oxford Univ. Press, por W.D. Ross. Nova York: Random House, 1941. Peca pela falta de um índice.

_____. *Problems*. Tradução de E. S. Forster. Vol. 7 de *The Works of Aristotle*. Oxford: Clarendon Press, 1927. Não é uma obra original de Aristóteles, embora leve seu nome.

_____. *Problems*. 2 vols. Tradução de W. S. Hett. Cambridge: Harvard Univ. Press, vários anos.

ARNOLD, T. W. *The Little Flowers of St. Francis of Assisi*. Tradução do italiano. Londres: Chatto and Windus, 1908. Uma coletânea de fábulas populares que se desenvolveram em torno da memória do santo.

Ars Notoria. Tradução de Robert Turner [1657]. Seattle: Trident Books, 1987.

AGOSTINHO, Santo. *City of God*. 2 vols. Tradução de John Healey [1610]. Londres: J. M. Dent and Sons, 1957. Contém alguns dos comentários originais de Joannes Vives. Infelizmente sem índice, tornando seu uso difícil.

BACON, Francis. *Essays* [1597]. Filadélfia: Henry Altemus Company, s.d.

BALL, W. W. R. *Mathematical Recreations and Essays* [1892]. Londres: Macmillan, 1905. Essa obra excelente contém um capítulo sobre os quadrados mágicos, a melhor abordagem curta que eu já li.

BARHAM, Richard Harris. *The Ingoldsby Legends, or Mirth and Marvels* [1840]. Londres: Richard Bentley and Son, 1879. As *Legends* (lendas) foram publicadas anonimamente, o que é uma pena, pois dão muito crédito ao autor.

BARING-GOULD, Sabine. *The Book of Werewolves* [1865]. Nova York: Causeway Books, 1973. Talvez a melhor abordagem do tema disponível em língua inglesa.

BARRETT, Francis. *The Magus, or Celestial Intelligencer* [Londres: 1801]. Nova York: Samuel Weiser, s.d. Edição numerada, limitada, contendo o texto em facsímile e pranchas coloridas do original. Um belo livro. Quase um plágio total da tradução inglesa de 1651 de James Freake da *Filosofia oculta*.

BEDE. *A History of the English Church and People*. Tradução de Leo Sherley-Price. Harmondsworth: Penguin Books, 1965.

BEST, Michael R. e Frank H. Brightman. *The Book of Secrets of Albertus Magnus*. Londres: Oxford Univ. Press, 1974. Anexado ao título principal está *The Book of the Marvels of the World*.

BLOFELD, John. *I Ching*. Nova York: E.P. Dutton, 1968. Mais acessível que a pesada tradução de Legge.

BOER, Charles. *The Homeric Hymns*. Chicago: The Swallow Press, 1970.

BOÉCIO. *A Consolação da Filosofia* [523]. Tradução de H. R. James. Londres: George Routledge and Sons, s.d.

BREWER, E. Cobham. *A Dictionary of Miracles*. Londres: Chatto and Windus, 1901.

_____. *Dictionary of Phrase and Fable* [1870]. Londres: Cassell and Company, s.d.

BROWNING, Robert. *Complete Poetic and Dramatic Works*. Boston e Nova York: Houghton Mifflin Company, 1895.

BUDGE, E. A. Wallis. *Amulets and Talismans*. Nova York: University Books, 1968. Publicados originalmente em 1930 sob o título de *Amulets and Superstitions*. Uma coletânea útil por causa de suas muitas ilustrações e pranchas.

_____. *The Book of the Dead*. Nova York: University Books, 1970. Uma tradução do papiro egípcio de Ani. Reprodução da edição de 1913.

_____. *Egyptian Magic* [Londres: 1901]. Nova York: Dover Publications, 1971. Uma visão geral de um tema muito complexo, mas bastante aprazível.

_____. *The Gods of the Egyptians* [Londres: 1904]. 2 vols. Nova York: Dover Publications, 1969. Uma abordagem completa da mitologia egípcia. Talvez a melhor obra de Budge.

BULFINCH, Thomas. *Mythology*. Nova York: Random House, s.d. Essa edição da Modern Library contém, do mesmo autor, *Age of Fable* (1855), *Age of Chivalry* (1858) e *Legends of Charlemagne* (1863), que com o decorrer dos anos passaram a ser consideradas partes de uma única obra. Até hoje, um dos melhores livros sobre o tema.

BURCKHARDT, Titus. *Alchemy* [1960]. Tradução do alemão feita por William Stoddart. Baltimore: Penguin Books, 1974. Não é um livro particularmente bom, mas o estudo geral mais acessível de alquimia.

_____. *Mystical Astrology According to Ibn' Arabi*. Tradução do francês feita por Bulent Rauf. Golcestershire: Beshara Publications, 1977. Uma abordagem muito sucinta, mas que contém informações úteis e básicas.

BURTON, Robert. *The Anatomy of Melancholy* [1621]. 3 vols. Londres: J. M. Dent and Sons, 1961. A quantidade de informações culturais interessantes nessa vasta obra é surpreendente. Um livro grandioso, fruto do trabalho de uma vida.

BUTLER, E. M. *Ritual Magic* [1949]. Hollywood: Newcastle Publishing Company, 1971.

Este é um bom estudo acadêmico dos manuscritos e livros mágicos.

BYRON, George Gordon. *The Poetical Works*. Londres: Oxford Univ. Press, 1926.

CÉSAR, Júlio. *The Conquest of Gaul*. Tradução de S. A. Handford [1951]. Harmondsworth: Penguin, 1967. Alguns homens fazem tudo bem. Se César não tivesse passado tanto tempo conquistando o mundo, ele teria sido um excelente escritor.

Canadian Oxford Atlas. Toronto: Oxford Univ. Press, 1951. Útil porque traz muitos lugares antigos e tem uma clara apresentação topográfica.

CARY. M., A.D. Nock et al. *The Oxford Classical Dictionary*. Oxford: Clarendon Press, 1949. A qualidade do texto nesse livro é decepcionante. Isso fica evidente quando o comparamos com a obra muito superior, *Classical Dictionary*, de Smith.

Chamber's Encyclopaedia. 10 volumes. Londres: W. e R. Chambers, 1868. Esta obra é particularmente importante na área de botânica. As gravuras são excelentes. Os editores não tinham decidido, como se faz nos tempos modernos, que todas as lendas e fábulas deveriam ser omitidas por não terem base científica.

CHARLES, R. H. *The Apocrypha and Pseudepigrapha of the Old Testament*. 2 vols. Oxford: Clarendon Press, 1913.

CHAUCER, Geoffrey. *The Works*. Ed. F. N. Robinson. Boston: Houghton Mifflin, 1961.

CÍCERO. *De senectute, de amicitia, de divinatione*. Tradução de W. A. Falconer. Cambridge: Harvard Univ. Press, 1959.

_____. *The Treatises of M. T. Cicero*. Tradução de C. D. Yonge. Londres: Bell and Delay, 1872.

CIPRIANO. *The Writings*. Tradução de Ernest Wallis. Em *The Ante-Nicene Fathers*. Buffalo: Christian Literature Company, 1886. Cipriano é parte do vol. 5 dessa coleção.

COHEN, A. *Everyman's Talmud*. Nova York: Schocken Books, 1975. Um estudo geral dos temas contidos no *Talmude* com muitas citações.

CROWLEY, Aleister. *Magick in Theory and Practice* [Londres: 1929]. Nova York: Dover Publications, 1976. O melhor livro de Crowley, com a possível exceção de seu *Book of Thoth*, o tarô que ele desenhou usando a artista Lady Frieda Harris como seu instrumento.

CROXALL, Samuel e Roger L'Estrange. *The Fables of Aesop*. Londres: Frederick Warne, s.d. Contém todas as fábulas de Croxall e 50 fábulas adicionais da tradução de L'Estrange.

CRUDEN, Alexander. *A Complete Concordance to the Holy Scriptures* [1736]. Boston: Gould, Kendall and Lincoln, 1847. Uma condensação da edição original.

D'ABANO, Peter. *Heptameron: or, Magical Elements*. No *Quarto Livro Oculto de Filosofia*. Londres: Askin Publishers, 1978.

DAUCHES, Samuel. *Babylonian Oil Magic in the Talmud and in Later Jewish Literature*. [Londres: 1913]. Em *Three Works of Ancient Jewish Magic*. Londres: Chthonios Books, 1986. A obra é reimpressa em fac-símile nessa coleção, sob o título de *Ancient Jewish Oil-Magic*. Trata das técnicas de adivinhação.

DANTE ALIGHIERI. *The Divine Comedy*. Tradução de Charles Eliot Norton [1891]. Boston: Houghton Mifflin Company, 1941. Uma tradução clara em prosa, embora árida.

_____. *The Divine Comedy*. Tradução de Laurence Grant White. Nova York: Pantheon Books, 1948. Uma versão em verso ilustrada com gravuras de Doré.

DAVID-NEEL, Alexandra. *Initiations and Initiates in Tibet*. Tradução de Fred Rothwell. Nova York: University Books, 1959. Muitas visões de magia tibetana, antes da chegada dos chineses, observada em primeira mão pela autora.

_____. *Magic and Mystery and in Tibet* [Paris: 1929]. Tradução do francês. Nova York: Dover Publications, 1971. O título original é *Mystiques et magiciens du Thibet*. Uma reimpressão da edição inglesa de Claud Kendall, Nova York, 1932. Não é mencionado o nome do tradutor, a menos que seja Kendall.

DEE, JOHN. *A True and Faithful Relation of What Passed for Many Years between Dr. John Dee and Some Spirits* [1659]. Ed. Meric. Casaubon. Glasgow: The Antonine Publishing Company, 1974. Uma edição em fac-símile limitada da edição londrina original de 1659. Casaubon pegou uma seção dos meticulosos registros de Dee de seus trabalhos mediúnicos com Edward Kelly e outros médiuns e os imprimiu.

DE GIVRY, Emile Grillot. *Illustrated Anthology of Sorcery, Magic and Alchemy* [1929]. Tradução do francês feita por J. Courtenay Locke [1931]. Nova York: Causeway Books, 1973. O melhor de todos os livros ilustrados de ocultismo, graças à sua excelente estrutura e às meticulosas referências. Uma edição também foi publicada pela Dover, mas a da Causeway é superior.

D'OLIVET, Fabre. *Golden Verses of Pythagoras* [1813]. Tradução do francês por Nayan Louise Redfield [1917]. Nova York: Samuel Weiser, 1975. Extensas e entediantes ruminações sobre os versos pitagóricos, úteis porque trazem os versos em grego, no francês de D'Olivet e em inglês.

Dryden, John. *The Best of Dryden*. Ed. Louis I. Bredvold. Nova York: Ronald Press Company, 1933.

ELIADE, Mircea. *Shamanism* [Paris: 1951]. Princeton Univ. Press, 1972. Edição revisada. Publicado originalmente pela Librairie Payot sob o título de *Le chamanisme et les techniques archaegues de l'estase*. Obra excelente.

ELWORTHY, Frederick. *The Evil Eye* [Londres: 1895]. Nova York: Collier Books, 1971. Um clássico que é notável por suas numerosas ilustrações de objetos e símbolos mágicos.

Encyclopaedia Britannica. 11ª edição. 28 vols. mais índice. Nova York: Cambridge Univ. Press, 1910-11. Alguém me disse uma vez que a 11ª edição da *Encyclopaedia* era a única a possuir algum valor. Concordo. Ainda era um instrumento de estudos útil enquanto estava em mãos britânicas, mas, após chegar à América, perdeu seu propósito.

EPICTETO. *The Enchiridion*. Tradução de Thomas W. Higginson [1948]. Indianápolis: Bobbs-Merrill, 1980. Essa obra é um compêndio das ideias de Epicteto feito por Flavius Arrian, um de seus alunos, que registrou uma série de palestras feitas pelo grande filósofo estoico por volta do ano 125 em Nicópolis.

EURÍPIDES. *The Complete Greek Tragedies*. Vols. 3 e 4. Ed. David Grene e Richmond Lattimore. Univ. of Chicago Press, 1960.

EUSÉBIO. *Against the Life of Apollonius of Tyana Written by Philostratus*. Tradução de F. C. Conybeare, em *Philostratus*. Vol. 2. Cambridge: Harvard Univ. Press, 1969. O tratado aparece como apêndice em *Life of Apollonius*, de Filóstrato.

_____. *The Ecclesiastical History*. 2 vols. Tradução de Kirsopp Lake (vol. 1) e J.E.L. Oulton (vol. 2). Cambridge: Harvard Univ. Press, vários anos.

_____. *The Ecclesiastical History of Eusebius Pamphilus*. Tradução de C. F. Cruse. Londres: Bell and Daldy, 1866. Uma das edições da Bohn Classical Library.

Evan, Joan. *Magical Jewels of the Middle Ages and the Renaissance* [1922]. Nova York: Dover Publications, 1976. Reimpressão da edição da Clarendon Press (Oxford) de 1922.

EVELYN, John. *John Evelyn's Diary* (condensado). Ed. Philip Francis. Londres: Folio Society, 1963.

EVERARD, Doutor John. *The Divine Pymander of Hermes Mercurius Trismegistus* [1650]. Traduzido do árabe. San Diego: Wizards Bookshelf, 1978. Uma reimpressão da edição de 1884 de Hargrave Jennings.

Filóstrato. *The Life of Apollonius of Tyana*. 2 vols. Tradução de F. C. Conybeare [1912]. Cambridge: Harvard Univ. Press, vários anos. As *Epístolas de Apolônio* e o tratado de Eusébio, *Against the Life of Apollonius*, aparecem como apêndices no fim do segundo volume.

_____. *Life and Times of Apollonius of Tyana, Rendered into English from the Greek of Philostratus the Elder.* Tradução de Charles P. Eelss. Stanford, CA: Stanford Univ. Press, 1923.

Fiske, N. W. *Manual of Classical Literature* [1836]. Filadélfia: W. S. Fortescue, 1843. Uma referência útil, mas a disposição do livro é ruim, dificultando a pesquisa.

Flammel, Nicholas. *Alchemical Hieroglyphics* [1889]. Tradução de Eirenaeus Orandus [1624]. Gillette. NJ: Heptangle Books, 1980. Uma reimpressão da edição de W. Wynn Westcott de 1889.

Franck, Adolphe. *The Kabbalah* [Paris: 1843]. Tradução anônima do francês. Nova York: Bell Publishing, 1940. O título original é *La kabbale: ou la philosophie religieuse des Hebreaux*. O mais lido dentre os livros mais velhos de Cabala.

GALENO. *On the Natural Faculties.* Tradução de Arthur John Brock. Pensilvânia: The Franklin Library, 1979.

GASTER, Moses. *The Sword of Moses* [Londres: 1896]. Em *Three Works of Ancient Jewish Magic*. Londres: Chthonios Books, 1986. Uma reprodução em fac-símile da tradução original e comentário de Gaster, junto ao texto original em hebraico. Trata de nomes mágicos.

_____. *The Wisdom of the Chaldeans* [1900]. Em *Three Works of Ancient Jewish Magic*. Londres: Chthonios Books, 1986. Publicado originalmente no exemplar de dezembro de 1900 da *Proceedings of the Society of Biblical Archaeology*. Trata dos anjos dos sete planetas.

GERARD, John. *The Herbal or General History of Plants* [1633]. Revisado por Thomas Johnson. Nova York: Dover Publications, 1975. Uma reimpressão em fac-símile, enorme e bela, obra maravilhosa.

GESENIUS, William. *Hebrew and Chaldee Lexicon.* Nova York: John Wiley and Sons, 1890. Com adições e correções de Samuel Prideaux Tregelles. Uma obra excelente.

GIBBON, Edward. *The History of the Decline and Fall of the Roman Empire* [1776-1788]. Londres: Joseph Ogle Robinson, 1830. Uma edição conveniente, embora nada compacta, de um volume dessa obra enorme.

GINSBURG, Christian D. *The Essenes* [1864] e *The Kabbalah* [1863]. Londres: Routledge and Kegan Paul, 1974. Duas obras encadernadas juntas.

GODWIN, Joscelyn. *Robert Fludd.* Boulder: Shambhala, 1979. Uma visão geral de Fludd, notável por muitas ilustrações tiradas de outros livros.

GOLDSMITH, Oliver. *A History of the Earth and Animated Nature* [1774]. Londres: Thomas Nelson, 1849. Uma obra útil apenas porque Goldsmith preservou muitas das fábulas e da cultura antiga referente a animais. Claro que é completamente inconfiável como fonte de não formações factuais.

GRANT, Kenneth. *Cults of the Shadow*. Nova York: Samuel Weiser, 1976. Um exame das principais figuras no ocultismo ocidental no século presente e dos cultos que se desenvolveram em torno delas.

GRAVES, Robert. *The Greek Myths*. 2 vols. Harmondsworth: Penguin Books, 1957. Excelente. Graves é um daqueles estudiosos que fazem você desejar que a vida humana pudesse ser prolongada em casos especiais meramente por motivos profissionais. Ele partilha dessa distinção com Thomas Taylor.

_____. *The White Goddess* [1948]. Nova York: Farrar, Straus and Giroux, 1973.

GREEN, Robert. *Friar Bacon and Friar Bungay*. Em *Elizabethan Plays*. Ed. Arthur H. Nethercot, Charles R. Baskervill, e Virgil B. Heltzel. Nova York: Holt, Rinehart and Winston, 1971. A peça provavelmente foi escrita por volta de 1592, talvez antes de *Doctor Faustus* de Marlowe.

GREGÓRIO TAUMATURGO. *Writings* (Escritos). Tradução de S. D. F. Salmond. Em *The Ante-Nicene Fathers*. Buffalo: The Christian Literature Company, 1886. Os escritos de Gregório, que não são extensos, formam parte do vol. 6 dessa coleção.

GRIFFITH, F. L. e Herbert Thompson. *The Leyden Papyrus* [Londres: 1904]. Nova York: Dover Publications, 1974. Título original: *Demotic Magical Papyrus of London and Leiden*. O texto está em condições muito fragmentadas, o que dificulta a leitura.

Grimm's Complete Fairy Tales. Nova York: Nelson Doubleday, s.d. Os contos de fada foram publicados pelos irmãos Grimm Jacob e Wilhelm na Alemanha em 1812 e 1815. Não há indicação nessa edição de quem realizou a tradução.

Grimoire of Pope Honorius III. Tradução de B. J. H. King. Sut Anubis Books, 1984. Este certamente não é o verdadeiro grimório do papa Honório, o qual é descrito por Idries Shah, em detalhes, em seu *Secret Lore of Magic*, e por A.E. Waite, em seu *Book of Cerimonial Magic*. Sustenta alguns dos mesmos símbolos, mas pouco ou nada do texto. O que é original é difícil de adivinhar, especialmente porque o editor não diz nada sobre o problema, mas talvez Idries Shah descreva precisamente esta edição quando diz que, durante o séc. XIX, falsos trabalhos sustentam este título, impresso para levar o iletrado a pensar que esta diante do verdadeiro grímorio, o qual no momento quase foi impossível de se obter (Ver *Secrets Lore of Magic*, capítulo 14 [Londres : Abacus, 1972], 253-4).

GUAZZO, Francesco Maria. *Compendium Maleficarum* [1608]. Tradução de E. A. Ashwin. Nova York: Dover Publications. 1988. Uma reimpressão da edição de 1929 de John Rodker, Londres, editada por Montague Summers.

HAMILTON, Edith. *Mythology* [1940]. Nova York: Mentor Books, 40ª impressão, s.d. É surpreendente como essa coletânea de mitos é útil – quase sempre você encontrará nela o que está procurando, o que consiste no teste final de qualquer livro de referência.

HANSEN, Harold A. *The Witch's Garden*. Tradução de Muriel Crofts. York Beach, ME: Samuel Weiser, 1983. Publicado em dinamarquês em 1976 sob o título *Heksens Urtegard*.

Heródoto. *The History*. Tradução de George Rawlinson [1858]. Nova York: Tudor Publishing, 1947. Essa edição é difícil de usar porque os parágrafos não são numerados.

HESÍODO. *Hesiod and Theogonis*. Tradução de Dorothea Wender. Harmonsworth: Penguin Books, 1973. Contém a *Teogonia* e *As Obras [os trabalhos] e os Dias de Hesíodo*.

HINNELLS, John R. *Persian Mythology*. Nova York: Hamlyn Publishing, 1973. Um livro ilustrado de mitologia persa.

HIPÓCRATES. *Writings* (Escritos). Pensilvânia: The Franklin Library, 1979. O tradutor dessa edição não é mencionado. Ela apareceu originalmente em um dos *Great Books of the Western World* publicados pela Enciclopédia Britânica.

HOMERO. *The Iliad*. Tradução de Richmond Lattimore. Univ. of Chicago Press, 1976.

_____. *The Odyssey*. Tradução de Richmond Lattimore. Nova York: Harper and Row, 1977. Essas traduções de Homero são maravilhosas. É difícil imaginar algo que as supere.

_____. *The Odyssey of Homer, with the Hymns, Epigrams, and Battle of the Frogs and Mice*. Tradução de Theodore Alois Buckley. Nova York: Harper and Brothers, 1872. Essa edição é útil porque reúne todos os fragmentos popularmente atribuídos a Homero, além da mais antiga biografia dele, atribuída a Heródoto.

HONE, Margaret E. *The Modern Text Book of Astrology*. Londres: L. N. Fowler, 1975. O melhor livro-texto básico do assunto.

HORÁCIO. *Complete Works*. Introdução de J. Kendrick Noble. Tradutor não mencionado. Translation Publishing, 1961.

HORAPOLO Nilous. *The Hieroglyphics of Horapollo Nilous* [1840]. Tradução de Alexander Turner Cory. Londres: Chthonios Books, 1987. Uma reimpressão da edição londrina original de 1840.

HOW, W. W. e J. Wells. *A Commentary on Herodotus*. 2 vols. Oxford: Clarendon Press, 1928. Os mapas são úteis.

HUGHES, Merritt Y. *John Milton: Complete Poems and Major Prose*. Indianápolis: Odyssey Press, 1975. As notas nessa edição são excelentes.

JAMBLICHUS. *Life of Pythagoras*. Tradução de Thomas Taylor [1818]. Londres: John M. Watkins, 1926. Há muito material pitagórico útil no apêndice da obra.

_____. *On the Mysteries of the Egyptians, Chaldeans, and Assyrians*. Tradução de Thomas Taylor [1821]. Londres: Stuart and Watkins, 1968. Talvez o texto mais importante de ocultismo neopitagórico.

ISHMAEL, rabino. *The Measure of the (Divine) Body Shiur Qoma*. Do *Book of the Angelic Secrets of the Great One (Sefer Raziel Hagadol)*. Em *Book of Enoch*, vol. 3. Los Angeles: Work of the Chariot, 1970. Essa obra também é conhecida como *Proportion of the Height*. A editora não fornece nenhuma informação além do que eu cito. Shiur Qoma é o termo hebraico para "medida da altura", mas isso não é dito de maneira explícita. A obra trata dos nomes e das medições das várias partes do corpo de Deus.

JACOBI, Jolande. *Paracelsus: Selected Writings* [Zurique: 1942]. Tradução do alemão feita por Norbert Guterman. Princeton Univ. Press, 1973. As muitas xilogravuras que ilustram essa seleção são atraentes, embora sem tanta relevância ao texto.

JOSEPHUS, Flavius. *The Works of Flavius Josephus*. Tradução de William Whiston. Londres: George Routledge and Sons, s. d.

Justino, o Mártir. *The Writings*. Em Ante-Nicene Christian Library. Vários tradutores. Edimburgo: T. and T. Clark, 1867.

Juvenal. *The Satires*. Tradução de Lewis Evans. Nova York: Hinds, Noble and Eldredge, s.d.

Keightley, Thomas. *The World Guide to Gnomes, Fairies, Elves and Other Little People*. Nova York: Avenel Books, 1978. Título original: *The Fairy Mythology*, 1880.

King, Edw. G. *The Poem of Job*. Nova York: Cambridge Univ. Press, 1914. Uma bela versão do livro de Jó em sua métrica original, com acentos.

Klibansky, Raymond; Erwin Panofsky; e Fritz Saxl. *Saturn and Melancholy*. Londres: Nelson, 1964. Contém informações úteis sobre os humores.

Knight, Gareth. *A Practical Guide to Qabalistic Symbolism*. 2 volumes em 1. Nova York: Samuel Weiser, 1980. Obra boa como referência rápida ao simbolismo e correspondências com a Cabala que prevalecem no moderno ocultismo ocidental.

KRAMER, Heinrich e James Sprenger. *The Malleus Maleficarum* [1486]. Tradução do latim feita por Montague Summers. Nova York: Dover Publications, 1971. Uma reimpressão da edição de 1928 de John Rodker, Londres. Como eu disse nas notas, um livro maligno.

LACTÂNCIO. *The Writings*. Tradução de William Fletcher. Em Ante-Nicene Christian Library. Edimburgo: T. and T. Clark, 1871. Lactâncio ocupa os volumes 21 e 22 dessa coleção.

Larousse Encyclopedia of Mythology. Nova York: Prometheus Press, 1960.

Legaza, Laszb. *Tao Magic: The Chinese Art of the Occult*. Nova York: Pantheon Books, 1975. Uma apresentação ilustrada desse tema interessante.

Legge, James. *The I Ching* [1899]. Nova York: Dover Publications, 1963.

Lemegeton: Clavicula Salomonis: or The Complete Lesser Key of Solomon the King. Com uma transcrição e notas tipografadas por Nelson e Anne White. Pasadena: The Technology Group, 1979. Essa obra consiste em uma fotocópia pobre do manuscrito 2731 do Museu Britânico, que é um manuscrito inglês do *Lemegetion*, acompanhado de uma transcrição quase ilegível, cheia de erros descuidados e desnecessários. Os cinco livros do manuscrito, que são na verdade cinco obras separadas, são intitulados *The Goetia, The Theurgia Goetia, The Pauline Art, The Almadel of Solomon* e *The Artem Novem*.

LENAGHAN, R. T. ed. *Caxton's Aesop* [1484]. Cambridge: Harvard Univ. Press, 1967. A edição de Caxton contém uma biografia de Esopo tirada da tradução latina do humanista italiano Rinuccio da Castiglione de Arezzo. Ela difere um pouco da versão grega do monge bizantino do século XIII, Maximus Planudes, considerada por muito tempo a fonte original.

LEVI, Eliphas. *Transcendental Magic*. Tradução de A. E. Waite [Londres: 1896]. Nova York: Samuel Weiser, 1979. Contém *Nuctameron of Apollonius of Tyana*.

LIDDELL, Henry George e Robert Scott. *Greek-English Lexicon* (condensado) [1871]. Oxford Univ. Press, 1976.

LÍVIO, Tito. *The Early History of Rome*. Tradução de Aubrey de Selincourt [1960]. Harmondsworth: Penguin Books, 1982. O primeiro dos cinco livros da *História*, de Lívio.

_____. *The History of Rome*. Tradução de D. Spillan e Cyrus Edmond. Nova York: Hinds, Noble and Eldrege, s.d. Contém os livros 1 e 2 da *História*.

LONGFELLOW, Henry Wadsworth. *Poetical Works*. Londres: Ward Lock and Company, s.d.

LUCANO. *Pharsalia*. Tradução de Robert Graves. Londres: Cassell, 1961. Uma tradução viva e fácil de ler, mas o livro não tem notas suficientes nem índice. *Pharsalia*. Traduzido por H.T. Riley. Londres: Henry G. Bohn, 1853. Todas são suas notas que as tornam especialmente valiosas.

LUCRÉCIO. *On the Nature of Things*. Prosa traduzida por John Selby Watson. Versos traduzidos por John Mason Good. Londres: George Bell and Sons, 1901. A edição da Bohn's Classical Library.

_____. *On the Nature of Things*. Tradução de H. A. J. Munro. Nova York: Washington Square Press, 1965.

MACDONALD, Michael-Albion. *De Nigromancia of Roger Bacon*. Gillette, NJ: Heptangle Books, 1988.

Uma edição do museu Britânico Mss. Sloane 3885 e Aditional 36674. A introdução do manuscrito afirma que ele foi descoberto em Alexandria pelos irmãos religiosos Robert e Roger Bacon Lombard.

MAIER, Michael. *Laws of Fraternity of the Rosie Crosse* [1618]. Los Angeles: Philosophical Research Library, 1976.

O trabalho original em latim, intitulado *The Miss Aurea*, foi traduzido para o Inglês em 1656 e dedicado a Elis Ashmole.

Este é um dos textos básicos do momento Rosacruciano, ainda que o própio Maier nunca tenha afirmado ser um Rosacruciano.

MAIMÔNIDES, Moisés. *The Guide for the Perplexed*. Tradução do árabe feita por M. Friedlander. Nova York: Dover Publications, 1956. Reimpresso a partir da edição da Routledge Kegan Paul de 1904.

MANETO. *History of Egypt*. Tradução de W. S. Waddell Cambridge: Harvard Univ. Press, 1964. Essa obra é encadernada sob a mesma capa de edições anteriores do *Tetrabiblos* de Ptolomeu.

MANHAR, Nurho de. *Zohar* [1900-14]. San Diego: Wizards Bookshelf, 1980. Essa é uma tradução incompleta do hebraico, publicada originalmente na revista teosófica mensal *The Word*. Interrompe-se em Lekh Lekha (Gênesis 17,27). Na margem, a paginação do Cremona folio, o *Grande Zohar*, foi acrescentada com o propósito de referência, como se encontra na edição em cinco volumes da edição Soncino inglesa de 1933.

MANN, A. T. *The Round Art*. Nova York: Mayflower Books, 1979. Um dos melhores textos originais de astrologia moderna, notável por suas atraentes ilustrações coloridas e o útil glossário e índice.

MARGARET DE NAVARRO. *Heptameron*. Tradução do francês feita por Arthur Machen. Londres: George Routledge and Sons, s.d. Margaret pretendia escrever um *Decameron*, imitando Boccaccio, mas o plano foi interrompido por sua morte.

MARLOWE, Christopher. *The Tragical History of the Life and Death of Doctor Faustus*. Em *Elizabethan Plays*. Nova York: Holt, Rinehart and Winston, 1971.

MATERNUS, Firmicus. *Ancient Astrology Theory and Practice*. Tradução de Jean Rhys Bram. Park Ridge, NJ: Noyes Press, 1975. A obra peca pela falta de um índice. O título em latim é *Matheseos*.

MATHERS, Samuel Liddell MacGregor. *The Greater Key of Solomon* [1889]. Chicago: The DeLaurence Company, 1914. Uma versão composta, baseada em sete manuscritos da biblioteca do Museu Britânico: um do século XVI, em latim; um em italiano e cinco em francês. Infelizmente, Mathers achou apropriado expurgar as passagens mais diabólicas.

_____. *The Kabbalah Unveiled* [1887]. Londres: Routledge and Kegan Paul, 1962. Uma tradução de parte da obra latina de Knorr von Rosenroth, *Kabbala*

Denudata (Sulzbach, 1677; Frankfurt, 1684), que por sua vez é uma tradução da parte do *Zohar*. Essa edição teve enorme influência nos ocultistas de língua inglesa por volta da virada do século.

_____. *The Book of the Goetia, or the Lesser Key of Solomon the King* [1903]. Califórnia: Health Research, 1976. Essa obra goética, que costuma ser atribuída a Aleister Crowley, mas que deve ter sido elaborada por Mathers, abrange o primeiro livro da coleção que leva o nome de *Lemegeton* ou *Lesser Key of Solomon the King*. Embora a página título afirme que a obra foi compilada de "numerosos manuscritos em hebraico, latim, francês e inglês", é na verdade uma cópia direta do primeiro livro, chamado *Goetia*, do manuscrito Sloane 2731, do Museu Britânico, que é uma edição completa da *Chave menor*. Assim, nenhum conhecimento escolástico específico era necessário, além da habilidade para ler inglês.

_____. *The Book of the Sacred Magic of Abramelin the Mage* [Londres: 1900]. Nova York: Dover Publications, 1975. Uma tradução de um manuscrito francês na Bibliotheque de l'Arsenal, que afirma ter sido escrito por Abraão, o Judeu, a seu filho mais novo, Lameque, em 1458, para lhe passar a operação mágica descrita em detalhes no texto. Sem dúvida, a mais importante contribuição de Mathers, contendo uma técnica verdadeiramente efetiva para transformação pessoal.

MAUSS, Marcel. *A General Theory of Magic*. Tradução de Robert Brain. Londres: Routledge and Kegan Paul, 1972. Útil por sua descrição da história das teorias mágicas, mas não por suas conclusões.

MCINTOSH, Christopher. *The Devil's Bookshelf*. Northamptonshire: Aquarian Press, 1985. Apesar do título promissor, a obra é uma abordagem fraca dos apenas mais famosos grimórios, e não contém nada de original.

MCKENZIE, John L. *Dictionary of the Bible*. Nova York: Macmillan, 1976.

MEAD, G. R. S. *Orpheus* [1896]. Londres: John M. Watkins, 1965.

METÓDIO. *The Writings*. Em *The Ante-Nicene Fathers*. Buffalo: Christian Literature Company, 1886. Metódio ocupa parte do volume 6 dessa coleção.

MORLEY, Henry. *The Life of Henry Cornelius Agrippa*. 2 volumes. Londres: Chapman and Hall, 1856. Até recentemente essa era a única biografia extensa de Agrippa em inglês. Talvez não seja crítica o suficiente por contar com as cartas de Agrippa como sua fonte principal – claro que as cartas de Agrippa só retratariam uma figura favorável dele.

MURRAY, Margaret A. *The God of the Witches* [1931]. Londres: Oxford Univ. Press, 1979.

_____. *The Witch-Cult in Western Europe* [Londres: 1921]. Oxford: Clarendon Press, 1967.

Murray's Classical Atlas. Ed. G. B. Grundy [1904]. Londres: John Murray, 1959.

MYER, Isaac. *Qabbalah* [Filadélfia: 1888]. Nova York: Samuel Weiser, 1974. Uma bela edição dessa obra clássica, que foi uma importante fonte de informação sobre a Cabala nas primeiras décadas do século XX.

MYLONAS, George E. *Eleusis and the Eleusinian Mysteries*. Nova York: Princeton Univ. Press, 1974.

NASR, Seyyed Hossein. *An Introduction to Islamic Cosmological Doctrines*. Boulder: Shambhala, 1978. Como indica o título, a obra é uma visão geral dos grandes estudiosos muçulmanos do passado.

NAUERT, Charles G. *Agrippa and the Crisis of Renaissance Thought*. Urbana, IL: University of Illinois Press, 1965.

ODEBERG, Hugo. *Book of Enoch by R. Ishmael ben Elisha the High Priest*. Nova York: Cambridge Univ. Press, 1928.

OESTERREICH, Traugott K. *Possession and Exorcism* [1921]. Tradução do alemão feita por D. Ibberson. Nova York: Causeway Books, 1974. Título original: *Possession: Demonical and* OTHER. Essa é uma obra definitiva sobre possessão demoníaca. Foi a fonte de referência para a obra de ficção de Peter Blatty, *O exorcista*.

Orígenes. *The Writings*. Volume 4 de *The Ante-Nicene Fathers*. Buffalo: Christian Literature Publishing Company, 1885. Contém *De principiis*, *Against Celsus* e várias cartas.

OVÍDIO, *Fasti*. Tradução de *sir* James G. Frazer [1923]. Cambridge: Harvard Univ. Press, 1989.

_____. *The Fasti, Tristia, Pontic Epistles, Ibis, and Halieuticon of Ovid*. Tradução de Henry T. Riley. Londres: George Bell and Sons, 1881.

_____. *The Heroides, The Amours, The Art of Love, The Remedy of Love, and Minor Works*. Tradução de Henry T. Riley. Londres: George Bell and Sons, 1883.

_____. *The Metamorphoses*. Tradução de Henry T. Riley. Londres. George Bell and Sons, 1884.

_____. *Tristia and Ex ponto*. Tradução de A. L. Wheeler. Cambridge: Harvard Univ. Press, vários anos.

Oxford English Dictionary, Compact Edition. 2 vols. Oxford Univ. Press, 1971.

PAGALS, Elaine. *The Gnostic Gospels*. Nova York: Vintage Press, 1981.

PAPUS. *The Qabalah* [1892]. Northamptonshire: Thorsons Publishers, 1977. Publicados junto com a clássica abordagem oculta da Cabala feita pelo ocultista do século XVIII, Dr. Gerard Encausse (Papus), encontram-se muitos fragmentos de outros escritores, entre os quais a atribuição dos 72 nomes de Deus às quinas do zodíaco por Lenain.

PATAI, Raphael. *Gates to the Old City*. Nova York: Avon Books, 1980.

_____. *The Messiah Texts*. Nova York: Avon Books, 1979. Uma apresentação das lendas judaicas a respeito do Messias.

Pausânias. *Guide to Greece*. Tradução de P. Levi. 2 vols. Harmondsworth: Penguin, 1971.

PEARCE, Alfred John. *The Text-Book of Astrology* [1879]. Washington: American Federation of Astrologers, 1970. É uma reimpressão da segunda edição. Contém uma riqueza de informações, mas é mal organizado.

Pepys, Samuel. *The Diary*. 2 vols. Londres: J. M. Dent, 1906. A edição da Everyman Library.

PÍNDARO. *The Odes of Pindar*. Tradução do grego feita por John Sandys. Londres: William Heinemann, 1915.

PLATÃO. *The Collected Dialogues*. Ed. Edith Hamilton e Huntington Cairns. Vários tradutores. Princeton, NJ: Princeton Univ. Press, 1973. Um texto excelente, mas deveria conter *Alcibíades*.

_____. *The Dialogues of Plato*. 2 vols. Tradução de Benjamin Jowett. Nova York: Random House, 1937. Publicado pela primeira vez pela Mamillan Company em 1892. Contém todos os diálogos que em séculos passados eram atribuídos a Platão.

PLÍNIO, o Velho. *Natural History*. 10 vols. Os volumes 1 – 5 e 9 foram traduzidos por H. Rackhan; vols. 6-8 por W. H. S. Jones; vol. 10 traduzido por D. E. Eichholz. Cambridge: Harvard Univ. Press, 1938-1986.

_____. *The Natural History of Pliny*. 6 vols. Tradução de John Bostock and H. T. Riley. Londres: Henry G. Bohn, 1855-7. Só os dois primeiros dos 32 livros da História Natural foram traduzidos por Bostock. O restante é obra de Riley, e excelente, embora um pouco mais prolixo que a recente edição da Harvard University Press, com a qual eu comparei linha por linha. As notas de Riley são de grande valia.

Plínio, o Jovem. *The Letters*. Tradução de Betty Radice. Harmondsworth: Penguin Books, 1963.

Plotino. *The Enneads*. 7 vols. Tradução de A. H. Armstrong. Cambridge: Harvard Univ. Press, vários anos. Uma tradução excelente.

_____. *Plotinus: The Ethical Treatises* (vol.1), *Being the Treatises of the First Ennead with Porphyry's Life of Plotinus, and the Preller-Ritter Extracts Forming a Conspectus of the Plotinian System*, traduzido do grego por Stephen MacKenna. Londres: Philip Lee Warner, editora da Medici Society, 1917.

_____. *Plotinus: Psychic and Physical Treatises* (vol. 2), *Comprising the Second and Third Enneads*, traduzido do grego por Stephen MacKenna. Londres: Philip Lee Warner, editora da Medici Society, 1921.

_____. *Plotinus: On the Nature of the Soul* (vol. 3), *Being the Fourth Ennead*, traduzido do grego por Stephen MacKenna. Londres e Boston: Medici Society, Limited, 1924.

_____. *Plotinus: The Divine Mind (vol. 4), Being the Treatises of the Fifth Ennead*, traduzido do grego por Stephen MacKenna. Londres e Boston: Medici Society, Limited, 1926.

Esses quatro volumes, suplementados pela tradução de B. S. Page da sexta e última Enéada, apareceram como um da série de Grandes Livros publicada pela Enciclopédia Britânica. A tradução de McKenna sofre, quando comparada, como eu fiz, com a tradução superior de Harvard. Não há muita clareza. Eu preferiria usar a de Harvard nas notas, mas não consegui a permissão.

PLUTARCO. *Moralia*. 16 vols. Vols. 1-5 tradução de F. C. Babbitt; vol 6, de W. C. Helmbold; vol 7, de P. H. De Lacy e B. Einarson; vol. 8, de P. A. Clement e H. B. Hoffleit; vol. 9, de E.L. Minar Jr. F. H. Sandbach e W. C. Helmbold; vol. 10, tradução de H. N. Fowler; vol. 11, de L. Pearson e F. H. Sandbach; vol. 12, de H. Cherniss e W. C. Helmbold; vol. 13, partes 1 e 2 de H. Cherrnise; vol. 14 de P. H. DeLacy e B. Einarson; vol. 15 de F. H. Sandbach. Cambridge: Harvard Univ. Press, vários anos. Esta coleção é composta de todas as obras de Plutaco, exceto *Lives* (Vidas).

_____. *Plutarch's Essays and Miscellanies: Comprising all this Works Collected Under the Title of "Morals"*, traduzidos do grego por várias mãos, corrigido e revisado por William W. Goodwin, 5 vols. Londres: Simpkin, Marshall, Hamilton, Kent and Co., 1974-8. Esta edição foi publicada pela primeira vez em 1684-94, reeditada em 1704 e revisada e corrigida em 1718. A última edição formou a base para essa tradução, que abrange a segunda metade de uma coleção em dez volumes intitulada *Plutarch's Lives and Writings*, editada por A. H. Clough e William W. Goodwin, com uma introdução de Ralph Waldo Emerson.

_____. *Plutarch's Moralia: Twenty Essays*. Tradução de Philemon Holland [1603]. Londres: J. M. Dent and Sons, s.d. A edição da Everyman Library, consistindo em 20 ensaios extraídos da tradução de Holland de *Moralia*.

_____. *The Lives of the Noble Grecians and Romans*. Tradução de John Dryden. Nova York: Modern Library, s.d. Embora Dryden tenha o crédito da tradução na página título, o verdadeiro trabalho de tradução foi feito por outra pessoa. Uma reimpressão da edição revisada de 1874 de Arthur Hugh Clough e William W. Goodwin (ver acima).

Porfírio. *Epistle to Anebo*. Em *On the Mysteries*. Tradução de Thomas Taylor [1821]. Londres: Stuart and Watkins, 1968. Essa obra aparece como prefácio em *On the Mysteries* de Jamblichus e é muito curta. Ela forma a estrutura da obra de Jamblichus, que foi escrita em resposta a questões levantadas na carta.

_____. *On the Life of Plotinus and the Arragement of His Work*. Em Plotinus: *The Ethical Treatises*. Tradução de Stephen MacKenna. Londres: Philip Lee Warner, 1917. Essa obra de Porfírio prefacia as *Enéadas*.

POUGH, Frederick H. *A Field Guide to Rocks and Minerals*. 4ª edição. Boston: Houghton Mifflin, 1976.

PROCLO. *Proclus: Alcibiades I*. Tradução de William O'Neill. The Hague: Martinus Nijhoff, 1965. Esse comentário de Proclo no *Primeiro Alcibíades* é, sem dúvida, mais importante que o próprio diálogo.

PTOLOMEU. *Almagest*. Grandes Livros do Mundo Ocidental, vol. 16. Chicago: Encyclopaedia Britnnica, 1980.

_____. *Tetrabiblos*. Tradução de F. E. Robbins. Cambridge: Harvard Univ. Press, 1980.

RABELAIS, François. *The Works of Mr. Francis Rabelais*. Nova York: Rarity Press, 1932. A tradução não é identificada, mas parece ser de *sir* Thomas Urquhart (livros 1-3, 1653 e 1693) e Peter Anthony Motteux (livros 4-5, 1693-4).

RASHI. *The Pentateuch and Rashi's Commentary*. 5 vols. Tradução de R. Abraão Ben Isaías, R. Benjamin Sharfman, Harry M. Orlinsky e R. Morris Charner. Brooklyn: S. S. and R. Publishing Company, 1949. Essa magnífica edição oferece uma tradução linear do texto e comentário, além do original em hebraico.

REGARDIE, Israel. *The Golden Dawn* [1937-40]. St. Paul, MN: Llewellyn Publications, 1982. Esse é o livro mais importante já escrito a respeito de magia. Regardie é, na verdade, o editor. Ele coletou os documentos de trabalho da Ordem Hermética da Golden Dawn, uma sociedade secreta vitoriana dedicada à prática de magia. É difícil ter certeza de quem realmente escreveu os documentos. O poeta W.B. Yeats parece ter participado deles. S. L. MacGregor Mathers costuma ser considerado o autor primário; mas em suas outras obras Mathers não exibe criatividade alguma. Aleister Crowley, que publicou os documentos pela primeira vez em seu periódico *The Equinox*, não escreveu nenhum deles. Talvez os rituais fossem de fato a escrita de anjos, ou dos "Chefes Secretos", como Mathers os chamava. Independentemente de seu valor oculto prático, o livro é uma monumental obra de arte. Isso ainda não foi levado em conta pela crítica literária convencional.

Remy, Nicolas. *Demonolatry* [1595]. Tradução de E. A. Ashwin. Londres: John Rodker, 1930. Ele contém muitas citações interessantes de obras clássicas e medievais, bem como relatos em primeira mão de julgamentos de bruxas.

Robinson, James M. *The Nag Hammadi Library*. Vários tradutores. São Francisco: Harper and Row, 1981. Os escritos gnósticos.

Rotllin, Charles. *The Ancient History* [Paris: 1730-38]. 2 vols. Cincinnati: Applegate and Company, 1855. Contém grande quantidade de material, mas não é muito confiável em termos de fatos. Útil como fonte de lendas e fábulas.

Rose, H. J. *Religion in Greece and Rome*. Nova York: Harper and Brothers, 1959. Publicado originalmente em dois volumes separados, *Ancient Greek Religion* (1946) e *Ancient Roman Religion* (1948).

SAINT-GERMAIN, Comte C. de. *The Practice of Palmistry* [Chicago: 1897]. Nova York: Samuel Weiser, 1970. Uma exposição muito clara e completa da leitura de mãos. O autor não deve ser confundido com o alquimista do século XVIII, cujo nome ele adotou.

Sale, George. *The Koran* (O Alcorão). Tradução do original em árabe. Londres e Nova York: Frederick Warne, 1887.

SCHOLEM, Gershom. *Kabbalah*. Jerusalém: Keter Publishing, 1974.

_____. *On the Kabbalah and Its Symbolism* [1965]. Nova York: Schocken Books, 1977. Essa é a melhor introdução que eu já li da filosofia da Cabala.

_____. *Zohar* [1949]. Nova York: Schocken Books, 1978. Passagens selecionadas do *Zohar*.

SCOTT, Walter. *Hermetica* [1924]. 4 vols. Boston: Shambhala, 1985. Todos os escritos herméticos estão contidos no primeiro volume.

SCOTT, sir Walter. *Scott's Poetical Works*. Filadélfia: G. and G. Evans, 1859.

SEZNEC, Jean. *The Survival of the Pagan Gods* [Londres: 1940]. Tradução do francês feita por Barbara F. Sessions. Princeton, NJ: Princeton Univ. Press, 1972. Apresenta os deuses da Grécia e de Roma por meio da arte renascentista. Útil por causa de suas muitas ilustrações.

SHAKESPEARE, William. *The Complete Works*. Ed. W. J. Craig. Londres: Oxford Univ. Press. Edição da Oxford India Paper, de 1954.

SKEAT, Walter William. *Malay Magic* [Londres: 1900]. Nova York: Dover Publications, 1967.

SKINNER, Stephen. *The Oracle of Geomancy*. Califórnia: Prism Press, 1986. Útil como guia para as obras existentes que tratam do assunto, mas não contém nada original e reproduz numerosos erros.

SELIGMANN, Kurt. *The History of Magic*. Nova York: Pantheon Books, 1948. Publicado originalmente sob o título superior de *The Mirror of Magic*. Depois de DeGivry, este é o melhor livro ilustrado de magia.

SMITH, William. *A New Classical Dictionary*. Rev. and corrigido por Charles Anthon. Nova York: Harper and Brothers, 1862. Embora algumas partes estejam desatualizadas, a utilidade dessa obra não pode ser ignorada. Ainda é o melhor livro do gênero.

SÓFOCLES, *The Complete Greek Tragedies*, vol. 2. E. David Grene e Richmond Lattimore. Chicago: Univ. of Chicago Press, 1960.

SPENCE, Lewis. *An Encyclopaedia of Occultism* [Londres: 1920]. Nova York: University Books, 1968. Uma grande obra que contém farto material. Infelizmente, Spence não teve o cuidado de identificar suas fontes.

SPENSER, Edmund. *The Works.* Ed. R. Morris. Londres: Macmillan and Company, 1910. Edição The Globe.

STURLUSON, Snorri. *The Prose Edda* (condensado). Tradução de Jean J. Young. Cambridge: Bowes and Bowes, 1954. A obra original de Sturluson consiste em três partes, das quais a maior parte da segunda e toda a terceira – que não tratam de mitologia nórdica – são omitidas.

SUETÔNIO. *History of Twelve Caesars.* Tradução de Philemon Holland [1606]. Londres: George Routledge and Sons, s.d.

SUMMERS, Montague. *The Werewolf* [1923]. Nova York: Bell Publishing Company, 1966.

Sworn Book of Honorius the Magician. Tradução do latim feita por Donald J. Driscoll. Gillette, NJ: Heptangle Books, 1983. Essa edição do grimório é um composto dos manuscritos Sloane 313 e Royal 17-A xlii, do Museu Britânico, o segundo dos quais uma transcrição posterior incompleta do primeiro em latim e inglês, com material adicional não contido no Sloane 313.

TÁCITO. *Complete Works.* Tradução de Alfred John Church e William Jackson Brodribb. Nova York: Random House, edição da Modern Library, 1942.

TASSO, Torquato. *Jerusalem Delivered* [Parma: 1581]. Tradução do italiano feita por Edward Fairfax [1600]. Nova York: P. F. Collier and Son, 1901.

TAYLOR, Thomas. *Ocellus Lucanus* [1831]. Los Angeles: Philosophical Research Society, 1976.

_____. *The Eleusinian and Bacchic Mysteries.* Ed. Alexander Wilder. Nova York: J. W. Bouton, 1875.

_____. *Thomas Taylor the Platonist: Selected Writings.* Ed. Kathleen Raine e George Mills Harper. Princeton, NJ: Princeton Univ. Press. Contém a edição de Taylor dos hinos órficos, além de outras traduções importantes.

TERTULIANO. *The Writings.* Vols. 3 e 4 de *The Ante-Nicene Fathers.* Buffalo: Christian Literature Publishing Company, 1885.

TEÓCRITO. *Theocritus, Bion and Moschus.* Tradução de A. Lang. Londres: Macmillan, 1907. Uma tradução em prosa.

THEON DE SMYRNA. *Mathematics Useful for Understanding Plato.* Tradução de Robert e Deborah Lawlor da edição grega/francesa de 1892 de J. Dupuis. San Diego: Wizards Bookshelf, 1979.

THOMAS, William e Kate Pavitt. *The Book of Talismans, Amulets and Zodiacal Gems* [1914]. Hollywood: Wilshire Book Company, 1970.

THORNDIKE, Lynn. *A History of Magic and Experimental Science.* 8 vols. Nova York: Columbia Univ. Press, 1923-1958. Os volumes 1 e 2 são os mais importantes. Os comentários sobre Agrippa aparecem no volume 5.

_____. *The Sphere of Sacrobosco and Its Commentators*. Chicago: Univ. of Chicago Press. Thorndike oferece uma tradução para o inglês de *Sphere* e uma versão em inglês do comentário de Robertus Anglicus, o que torna esse livro útil para a maior parte dos nativos de língua inglesa que não leem latim. Infelizmente, ele não prosseguiu com o plano até os outros comentaristas. Há muita matéria nessa obra sobre astrologia antiga.

Three Works of Ancient Jewish Magic. Londres: Chthonios Books, 1986. Uma reimpressão em fotocópia de *Sword of Moses*, traduzido do hebraico por M. Gaster (Londres, 1896); *The Wisdom of the Chaldeans*, traduzido por M. Gaster (1900); e *Babylonian Oil Magic in the Talmud and in Later Jewish Literature*, traduzido por S. Daiches (Londres: 1913). A última obra é intitulada *Ancient Jewish Oil-Magic* nessa coleção.

TIBULLUS. *The Poems of Catullus and Tibullus*. Tradução do latim feita por Walter K. Kelly. Londres: George Bell and Sons, 1884.

TRITHEMIUS, Johannes. *The Steganographia*. Livro 1 traduzido do latim por Fiona Tait e Christopher Upton; livro 3 e parte do 4 traduzidos pelo Dr. Walden. Edimburgo: Magnum Opus Hermetic Sourcebooks, 1982. A obra é incompleta, omitindo totalmente o livro 2 com suas complexas rodas de espíritos. É uma pena que uma obra de tamanha importância não tenha sido publicada em sua integridade.

TURNER, Robert. *Henry Cornelius Agrippa His Fourth Book of Occult Philosophy* [1655]. Londres: Askin Publishers, 1978. Uma reimpressão em fac-símile contendo o apócrifo *Quarto livro*; o tratado de Agrippa *De Geomancia*; o *Elementos mágicos* de Pedro de Abano; *Geomancia Astronômica*, de Gerard de Cremona; *Isagoge* ou *An Introductory Discourse of the Nature of Such Spirits as are exercised in the sublunary Bound* por Geo. Pictorius Villinganus; e o primeiro livro de *Arbatel of Magick*, também chamado Isagoge. Todas essas obras aparecem no fim do primeiro volume da *Opera* latina de Agrippa.

VAUGHAN, Thomas. *The Magical Writings of Thomas Vaughan*. Ed. Arthur Edward Waite. Londres: George Redway, 1888.

Virgílio. *The Works of Virgil*. Tradução de James Lonsdale e Samuel Lee. Londres: Macmillan and Company, 1885. Edição The Globe.

Waite, Arthur Edward. *The Alchemical Writings of Edward Kelly* [Londres: 1893]. Nova York: Samuel Weiser, 1976. Traduzido da edição de Hamburgo de 1676.

_____. *The Book of Ceremonial Magic* [Londres: 1911]. Secaucus, NJ: Citadel Press, 1961.

_____. *The Holy Kabbalah* [1929]. Secaucus, NJ: University Books, 1975. A melhor obra de Waite, ainda um dos melhores livros de Cabala já escritos.

_____. *The Turba Philosophorum, or Assembly of the Sages*[Londres: 1896]. Nova York: Samuel Weiser, 1976. Tradução de Waite desse antigo texto alquímico latino.

WARBURTON, Eliot. *The Crescent and the Cross* [1844]. Nova York: P. Putnam, 1849. Um livro de viagem descrevendo as experiências do autor no Oriente Médio, principalmente no Egito e na Síria.

WARD, J. S. M. *Signs and Symbols of Freemasonry* [1928]. Nova York: Land's End Press, 1969. Essa obra contém uma riqueza de imagens simbólicas que vão muito além do título. Ela aborda os significados da postura e dos gestos humanos, preservados em pintura, escultura e outras artes.

WESTCOTT, W. Wynn. *The Chaldean Oracles of Zoroaster* [1895]. Northamptonshire: Aquarian Press, 1983.

_____. *Sepher Yetzirah* [Londres: 1887]. Nova York: Samuel Weiser, 1980. Esta edição do mais antigo texto da Cabala tem grande importância na história da magia, pois Westcott foi um dos pais fundadores da Ordem Hermética da Golden Dawn.

WILHELM, Helmut. *Change: Eight Lectures on the I Ching*. Traduzido do alemão por Cary F. Baynes. Nova York: Pantheon Books, 1960.

WOODROFFE, John. *S'akti and S'akta* [1918]. Madras: Ganesh and Company, 1969.

YATES, Frances A. *The Occult Philosophy in the Elizabethan Age* [1979]. Londres: Ark Paperbacks, 1983.

_____. *Theatre of the World*. Chicago: Univ. of Chicago Press, 1969. Os dois primeiros capítulos contêm uma excelente abordagem de John Dee, e o apêndice A é o prefácio de Dee a *English Euclid*.

_____. *Giordano Bruno and the Hermetic Tradition*. Londres: Routledge and Kegan Paul, 1964.

Xenofonte. *The Anabasis or Expedition of Cyrus and the Memorabilia of Socrates*. Tradução de J. S. Watson. Londres: George Bell and Sons, 1875.

CADASTRO/MALA DIRETA

Envie este cadastro preenchido e passará a receber informações dos nossos lançamentos, nas áreas que determinar.

Nome _____
RG _____ CPF _____
Endereço Residencial _____
Bairro _____ Cidade _____ Estado _____
CEP _____ Fone _____
E-mail _____
Sexo ❑ Fem. ❑ Masc.   Nascimento _____
Profissão _____ Escolaridade (Nível/Curso) _____

Você compra livros:
❑ livrarias   ❑ feiras   ❑ telefone   ❑ Sedex livro (reembolso postal mais rápido)
❑ outros: _____

Quais os tipos de literatura que você lê:
❑ Jurídicos   ❑ Pedagogia   ❑ Business   ❑ Romances/espíritas
❑ Esoterismo   ❑ Psicologia ❑ Saúde   ❑ Espíritas/doutrinas
❑ Bruxaria   ❑ Autoajuda   ❑ Maçonaria   ❑ Outros:

Qual a sua opinião a respeito desta obra? _____
_____

Indique amigos que gostariam de receber MALA DIRETA:
Nome _____
Endereço Residencial _____
Bairro _____ Cidade _____ CEP _____

Nome do livro adquirido: *Três Livros de Filosofia Oculta*

Para receber catálogos, lista de preços e outras informações, escreva para:

MADRAS EDITORA LTDA.
Rua Paulo Gonçalves, 88 – Santana – 02403-020 – São Paulo/SP
Tel.: (11) 2281-5555 – ⓢ: (11) 98128-7754
www.madras.com.br

Para mais informações sobre a Madras Editora,
sua história no mercado editorial
e seu catálogo de títulos publicados:

Entre e cadastre-se no site:

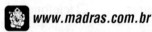 www.madras.com.br

Para mensagens, parcerias, sugestões e dúvidas, mande-nos um e-mail:

 marketing@madras.com.br

SAIBA MAIS

Saiba mais sobre nossos lançamentos,
autores e eventos seguindo-nos no facebook e twitter:

@madrased
/madraseditora